BASLER CHRONIKEN

10

Felix Platter I, *1536, † 1614,
Ausschnitt aus dem Ganzfigurenbildnis von Hans Bock d. Ä., 1584.

FELIX PLATTER

TAGEBUCH
(LEBENSBESCHREIBUNG)
1536–1567

IM AUFTRAG
DER HISTORISCHEN UND ANTIQUARISCHEN
GESELLSCHAFT ZU BASEL
HERAUSGEGEBEN VON

VALENTIN LÖTSCHER

SCHWABE & CO · VERLAG
BASEL/STUTTGART

INHALTSVERZEICHNIS

GELEITWORT

Der vorliegende Band führt die vor mehr als hundert Jahren von unserer Gesellschaft begonnene Reihe der «Basler Chroniken» weiter. Schon im Geleitwort zu der 1968 erschienenen «Beschreibung der Reisen durch Frankreich, Spanien, England und die Niederlande» von Thomas Platter dem Jüngeren wurde erwähnt, dass der Publikationsausschuss unserer Gesellschaft sein Hauptaugenmerk zunächst auf die Selbstbiographien und Reisetagebücher der Familie Platter richte.

In diesem Rahmen durfte die Lebensbeschreibung des berühmten Professors der Medizin und Stadtarztes Felix Platter nicht fehlen. Sie gehört ohne Zweifel zu den klassischen Quellen der Kulturgeschichte des 16. Jahrhunderts und ist deshalb auch schon zweimal publiziert worden, 1840 durch Daniel Albrecht Fechter, 1878 durch Heinrich Boos. Beide Ausgaben sind unvollständig, beide sind natürlich längst vergriffen und beide können zudem den Ansprüchen, die der heutige Leser an die Ausgabe eines solchen Textes stellt, in keiner Weise genügen; sie enthalten weder einen sprachlichen, noch einen personengeschichtlichen, noch einen sachlichen Kommentar. Eben dies ist aber für das Verständnis, die Benützung und die Auswertung des Textes unentbehrlich.

Felix Platters Lebensbeschreibung ist ein eigentümlicher Text; als über Siebzigjähriger hat er seine – im Original nicht erhaltenen – Tagebücher zu einer Autobiographie umredigiert, so dass wir die Frische der täglichen Aufzeichnungen mit den Erinnerungen und Reflexionen des Greises vermischt sehen. Das Spektrum seiner Notizen ist überaus breit; entsprechend hoch sind auch die Anforderungen, die an den Kommentar gestellt werden müssen.

Vor rund zwölf Jahren erklärte sich der Basler Historiker Dr. Valentin Lötscher bereit, eine Neuausgabe des Werkes vorzubereiten. In ihm fand unsere Gesellschaft einen qualifizierten Bearbeiter, der vor keiner Mühe zurückschreckte und der mit zähem Fleiss und nie erlahmendem Einsatz an der Edition, am Kommentar und zuletzt noch an der Beschaffung der Illustrationen arbeitete. Dieser zeitraubenden Aufgabe konnte er sich aber nicht vollamtlich widmen, sondern musste sie neben seiner beruflichen Tätigkeit als Gymnasiallehrer bewältigen. Auch wenn ihm die Behörden zu verschiedenen Malen eine Teilentlastung und im Winter 1971/72 einen Urlaub gewährten, wofür ihnen auch unsere Gesellschaft den geziemenden Dank ausspricht, hat Herr Dr. Lötscher doch während Jahren seine Freizeit und seine Ferien zu grossen Teilen dieser Aufgabe geopfert. Wir danken Herrn Dr. Lötscher herzlich für die grosse Arbeit, die er im Dienste der Wissenschaft geleistet hat. In diesen Dank schliessen wir alle Institutionen und Personen ein, die ihn bei seiner Arbeit unterstützt haben. Für eine grosse Anzahl von Illustrationen stellten uns verschiedene Institute, Firmen und Verlage bereits bestehende Clichés leihweise zur Verfügung; hiefür danken wir ihnen bestens.

Ein Dank besonderer Art sei noch zum Schluss abgestattet. Nur mit einer namhaften Unterstützung durch die Jubiläumsstiftung des Schweizerischen Bankvereins und dank einem Legat von Herrn Dr. Roland Ziegler (†1962), Vorsteher unserer Gesellschaft in den Jahren 1955–1958, konnte das Werk in der vorliegenden Form und Ausstattung gedruckt werden.

Basel, im Herbst 1975

Namens der Historischen und Antiquarischen Gesellschaft zu Basel

Der Vorsteher: Der Präsident des Publikationsausschusses:

Jacques Voltz   *Andreas Staehelin*

EINLEITUNG

Felix Platter und sein Tagebuch

Die Jugendzeit des Autors

Es ist bezeichnend, dass die Gestalt Felix Platters selten ohne einen Hinweis auf seinen Vater erwähnt wird. Denn nirgends ist das Vater-Sohn-Verhältnis so schicksalhaft bestimmend wie bei den beiden grössten Vertretern der Familie Platter, und zwar vorwiegend im positiven Sinne. Das gilt nicht nur für den Sohn, der seine geistige Förderung und damit seine Karriere weitgehend seinem Vater verdankt, sondern es gilt auch umgekehrt für den Vater, der in seinem Sohn die Erfüllung seines eigenen Lebens sah. Die Verbundenheit zeigt sich auch in der Geschichte des Nachruhms, indem die Autobiographien von Vater und Sohn zusammen in einem Bande abgeschrieben wurden, in dem handschriftlichen Sammelband des Claudius Passavant (†1743), gemeinsam im Druck erschienen durch Fechter (1840) und Boos (1878); in Gustav Freytags «Bildern aus der deutschen Vergangenheit» (1859/62) wurden beide in populärer Form einem weiteren Kreis vertraut gemacht, gemeinsam erscheinen sie in zahlreichen modernen Darstellungen wissenschaftlicher Art, in der «Geschichte der deutschen Autobiographie» von G. Misch (1907/31, neu 1949/62) oder in der «Geschichtsschreibung der Schweiz» von Feller und Bonjour (1962, S. 255 ff.), und oft geschieht es, dass bei dem Vergleich der urtümliche Vater als der Originellere erscheint, der Sohn als «Hätschelhans des Schicksals», schon leicht dekadent.

Um Felix Platter zu verstehen, kommen auch wir nicht darum herum, die Schicksalsfigur des Vaters zu betrachten. *Thomas Platter* stammt aus einer armen Bergbauernfamilie des Oberwallis, von jenen germanischen Walsern, die sich durch ihre Zähigkeit, Bedürfnislosigkeit und ungemeine Vitalität auszeichnen. Das Jahr seiner Geburt ist umstritten: während er selbst, der mündlichen Familientradition folgend, 1499 nennt, hat sein moderner Herausgeber Alfred Hartmann jenes um etwa 8 Jahre später angesetzt, also auf ca. 1507. Sicher beweisen lässt sich weder das eine noch das andere. Die Jugendzeit des Thomas ist typisch für viele Armleutekinder jener Zeit. Da der Vater früh starb und die Mutter sich wieder verheiratete, wurde er wie ein Verdingkind hin und her geschoben und musste als Geisshirt unter Gefahren und Entbehrungen sein Brot hart verdienen. Einen zweiten Abschnitt in seinem Leben bilden die Wanderjahre mit den fahrenden Scholaren. Unter unvorstellbaren Strapazen zogen diese Burschen kreuz und quer durch ganz Deutschland, vom Elsass bis nach Sachsen und Schlesien, dazwischen wieder heim in die Schweiz und ins Wallis. Die jungen Studentlein, die «Schützen», wurden dabei von den älteren «Bacchanten» zum Betteln und Stehlen abgerichtet und schamlos ausgenützt. Sieben Jahre dauerte dieses Vagantenleben, in dessen Verlauf Thomas nicht viel Gutes lernte.

Auf die Wander- folgten die Lehrjahre, zuerst in Zürich bei Myconius. Hier stürzte sich der bereits Achtzehnjährige mit dem Mute der Verzweiflung in die Wissenschaft und lernte als Autodidakt Latein, Griechisch und Hebräisch; um nachts beim Studium nicht einzuschlafen, nahm er Wasser, Rüben oder Steinchen in den Mund. Unter dem mächtigen Eindruck Zwinglis schloss er sich damals dem neuen Glauben an. Um etwas zu verdienen, lernte er bei Collinus das Seilerhandwerk; daneben studierte er Homer und Pindar, vor allem nachts, zuweilen aber sogar während der manuellen Arbeit. Bald darauf siedelte er nach Basel über. Die 84 Kilometer von Zürich über den Bözberg nach Muttenz legte er in einem Tage zurück. Bei Meister Hans Staehelin, dem roten Seiler auf dem Petersplatz, machte er eine überaus harte Lehrzeit durch. Mit ihm zusammen zog er 1529 in den ersten, unblutig verlaufenden Kappeler Krieg und tat Botendienste für die Reformierten, wie schon vorher an der Badener Disputation. Er blieb dann eine Weile in Zürich bei Myconius und heiratete auf dessen Rat Anna Dietschi, die bei jenem diente.

Einige Zeit lebte das junge Paar in Visp, wo Platter als Seiler und Lehrer seinen kärglichen Haushalt bestritt. Der Bischof von Sitten trug ihm das hohe Amt eines Schulmeisters der Landschaft Wallis an, doch lehnte Platter aus Glaubensgründen ab. Wiederum zog er, diesmal sein halbjähriges Töchterlein auf dem Räf tragend, nach Basel und nahm hier eine Lehrstelle am Gymnasium an. Bald darauf treffen wir ihn jedoch als Diener des bischöflichen Leibarztes in Pruntrut, bei dem er viele medizinische Kenntnisse erwarb. Eine Zeitlang war er in Basel als Drucker tätig und legte dabei die Grundlage zu seinem künftigen Wohlstand. Als das Geschäft zurückging, liess er sich 1544 von den Ratsherren dazu überreden, seine Lehrstelle am Gymnasium wieder zu übernehmen, diesmal als oberster Schulmeister, als Rektor «auf Burg». Mit der ihm eigenen Energie organisierte er die alte Lateinschule neu und übte sein Amt streng, aber erfolgreich bis ins hohe Alter aus. Zu der festen Niederlassung in Basel gehörten auch der Eintritt in eine Zunft und der Erwerb dreier Häuser an der Freien Strasse; später kam dazu noch der Kauf des Weiherschlösschens in Gundeldingen. Auf diesem Landgut vor den Toren Basels verbrachte er den Grossteil seiner Mussezeit mit bäuerlicher Arbeit. Ein Bild dieser ländlichen Idylle sehen wir in seinen *Briefen* an den in Rötteln und nachher in Montpellier weilenden Sohn. In der ersten Februarhälfte 1572, kurz vor dem Tode seiner Frau, verfasste Thomas auf Wunsch des Sohnes seine unvergleichliche kurze, packende Autobiographie. Zwei Monate später heiratete er in zweiter Ehe die junge Pfarrerstochter, Esther Gross, deren Mutter eine Kleinbaslerin war. Aus dieser ungleichen Ehe entsprossen noch sechs Kinder; es ist, als wollte der Greis dadurch die Kinderlosigkeit seines Sohnes korrigieren; die Platter in Basel sollten nicht aussterben. In hohem Alter erst trat Thomas 1578 vom anstrengenden Schuldienst zurück und verbrachte die letzten Lebensjahre auf seinem geliebten Landgut. Er starb am 26. Januar 1582. Das ist in grossen Zügen der äussere Lebenslauf Thomas Platters; seine häuslichen Verhältnisse, die Gestalt seiner Lebensgefährtin, seine Tätigkeit als Verleger und Rektor, seine Häuser, das Landgut, die Privatpension sowie seine Kinder und die zweite Heirat habe ich an anderer Stelle nachzuzeichnen versucht (B.Njbl. 1975).

Welch märchenhafter Aufstieg aus bitterer Armut und Unwissenheit zu Wohlstand, Bildung und angesehener Stellung! Vergleicht man damit den Werdegang des Sohnes *Felix*, so verläuft hier alles geradliniger, einfacher, fast selbstverständlich; alles erscheint geordnet, vorgeplant, die Wege geebnet.

Wenn wir uns des Jargons der modernen Soziologen bedienen, so könnte man Thomas Platter als Grundschichtkind bezeichnen. Er ist geradezu das Musterbeispiel eines «Frustrierten»: ein Verdingkind, für das niemand Zeit oder Geld übrig hat, das man lieblos hin und her verschiebt, seine Arbeitskraft ausbeutet, während man seinen Bildungshunger ungestillt lässt. Hier gab es wahrhaft keine «Chancengleichheit»! Kein Wunder, dass der körperlich und geistig Unterernährte, Zurückgebliebene aus dieser feindlichen Gesellschaftsordnung ausbrach und dabei in der Fremde «vergammelte». Mit 17 Jahren konnte er noch kaum lesen und schreiben, aber dafür betteln und stehlen. Aber bezeichnend ist, dass er trotz allen – heute unvorstellbaren – Hindernissen dennoch den rechten Weg fand, mit kindlichem Gottvertrauen und wahrhaft eiserner Energie. Thomas Platter hat nie mit wehleidigem Selbstbedauern von seiner schweren Jugend gesprochen, sondern von der Höhe seines Glückes dankbar und stolz auf den dornenvollen Weg zurückgeblickt; die Zeit der Prüfungen so gut wie die späte Erfüllung erschienen ihm als ein Stück des göttlichen Schöpfungsplanes. Seine Schüler, und namentlich sein eigener Sohn, sollten es besser haben, sie sollten von seinen Erfahrungen profitieren, auf seine Hilfe zählen können, aber sie mussten sich zu denselben Idealen bekennen, dem christlichen Glauben, Bescheidenheit und Arbeitsfreude. Ohne je zu ermüden, wiederholte und variierte er diese Forderungen und warnte vor allen Gefahren und Versuchungen, wie Unglauben, Faulheit, Trunksucht, Unkeuschheit, Liederlichkeit. Er war Erzieher und «Prediger» zugleich, vergleichbar einem Jeremias Gotthelf, unbeirrbar im Wesentlichen, aber daneben ein gütiger, fröhlicher Mensch, mit Sinn für Humor sogar, obgleich wohl viele ihn nur von der ernsten, harten Seite kannten.

Wenn wir uns nochmals der soziologischen Terminologie bedienen, so wäre *Felix* ihm gegenüber als Kind des gehobenen Mittelstandes ein-zustufen, der um 38 Jahre jüngere Halbbruder Thomas II dagegen bereits als Kapitalist. Felix wuchs auf in dem stattlichen Hause «zum Gejägd» an der obern Freien Strasse, als Sohn des hochgeachteten Rektors des Gym-nasiums und sass daher an der Quelle der humanistischen Bildung. Sein Vater hatte ihm den Bildungsgang bis zum Dr. med. schon früh vor-gezeichnet und förderte ihn auf alle Weise. Was ihm selbst versagt ge-blieben war, das heiss ersehnte Medizinstudium, das sollte sein Sohn er-reichen; es ist dies der verbreitete Wunsch so vieler Väter, im Sohn, sozusagen in einem zweiten Anlauf, die eigenen Wünsche zu reali-sieren.

Um das hochgesteckte Ziel zu erreichen, wandte Vater Thomas harte Erziehungsmethoden an. Er ging mit der körperlichen Züchtigung ein-mal sogar so weit, dass er nachher selbst die Übertreibung bereute und sich fortan mässigte. Die Mutter und die Kinder mussten in der Druckerei hart mitarbeiten, so dass den Kindern vom Papierstreichen «etwan die fingerlin blieten wolten». Auch herrschten wegen der drückenden Schul-den zuweilen Armut, Sorgen und Streit im Hause. Trotz diesen Schatten-seiten bewunderte Felix seinen Vater und verbrachte, wie schon sein Name ankündigte, eine glückliche Jugend. In einer wenig kinderfreund-lichen Zeit fand er, da es ihm nicht an Phantasie fehlte, in seiner Umwelt reiche Gelegenheiten zum Spielen, wie er uns im Detail schildert. Im Spiel entwickelte er seine Sinne und Fertigkeiten, im Spiel bereiteten sich die bezeichnenden Eigenschaften des Mannes vor: die Neugierde, der Trieb zur gründlichen Erforschung der Dinge, das Sammeln und Ordnen, die ersten musikalischen Versuche. Schon früh lernte Felix mit Hobel und Säge umgehen; Privatlehrer brachten ihm und seiner Schwester Ursula die ersten Grundlagen des Wissens bei, vor allem Latein und Musik. Auch neben der Schularbeit fand Felix stets Zeit für Spiele, für Schwim-men und Reiten, Theaterspiel und allerhand Streiche; mit der Natur und Tierwelt war er vom Landgut her innig vertraut. Er war frohmütig und kontaktfreudig, ja oft sogar übermütig, aber dennoch gelegentlich schüch-tern. Felix hat seine Jugend in minutiöser Weise seelisch erforscht. Man sollte sich hüten, dies als Geschwätzigkeit auszulegen. Er berichtet über kindlichen Aberglauben, lustige Missverständnisse, Träume, Märchen und Geistergeschichten, die wonnevollen Angstgefühle beim Spiel in einer verlassenen Kammer mit einem Blutfleck am Boden, über Spiele, Streiche, Schneeballschlachten, seine Freude an schönen Kleidern, seine Naschhaftigkeit und seine seelische Not unter der Tyrannei eines erpresserischen Kameraden (Kap. 1, A. 170ff.), die Mitarbeit in der Druckerei und den Schulbesuch beim gestrengen Vater, den ersten Kontakt mit Mädchen; beim Theaterspiel erzählt er besonders die lustigen Zwischenfälle. All das ist Neuland, das wie der Beginn einer *modernen Autobiographie* anmutet, zuweilen sogar an Goethe oder gar C. G. Jung erinnert. Verwöhnt wurde Felix nicht. Die Eltern tolerierten wohl seine harmlosen Schwächen, die Naschsucht und den Kleiderfimmel, stachelten aber den bereits vorhandenen Ehrgeiz zu förmlichem Strebertum an. Auch der Entschluss zum Medizinstudium entsprang neben dem väterlichen Wunsch und der persönlichen Wissbegier vor allem dem Streben nach Reichtum und Ansehen.

In der Pestepidemie von 1551 wurde Felix nach Rötteln zu dem befreundeten Landschreiber Dr. Gebweiler evakuiert und lernte hier erstmals auf eigenen Füssen stehen. Einen starken Eindruck hinterliess bei ihm der zuerst verheimlichte Tod seiner geliebten Schwester Ursula; noch 60 Jahre später konnte er den Trauerbrief des Vaters nicht ohne Tränen lesen. Nach seiner Rückkehr immatrikulierte er sich am 29. September 1551 an der Universität und begann unter väterlicher Anleitung das Studium der Physik und Medizin.

Den grossen Sprung in die Welt hinaus tat Felix mit knapp 16 Jahren am 10. Oktober 1552. Es war ein kühnes Wagnis, den Knaben, der kein Französisch kannte, mit einem Rösslein und zwei nicht sehr zuverlässigen Begleitern auf die weite Reise nach *Montpellier* zu schicken. Sie ritten über den Obern Hauenstein nach Balsthal–Solothurn–Bern–Freiburg–Lausanne nach Genf, wo Felix Calvin einen Brief übergab und den Reformator predigen hörte, aber nicht verstand. Mit einem neuen Gefährten, dem Wundarzt Michel Hérouard, zog er durch Savoyen nach Lyon und die Rhone hinunter bis Avignon, von da über Nîmes nach Montpellier. In unmittelbare Todesgefahr geriet er in einer Mörderspelunke bei Mézières VD. In Avignon befielen ihn Heimweh und namenloses Elend, so dass er sein Rösslein im Stall umarmte und weinte (Kap. 2, A. 144ff.). Felix muss einen guten Schutzengel gehabt haben, dass er alle Gefahren dieser Reise überstand und auch in Montpellier selbst nicht auf Abwege geriet; denn an Verlockungen fehlte es nicht. Die Studienzeit in Montpellier (30. Okt. 1552–27. Febr. 1557) bildet nebst der Jugend den Hauptgegenstand des Tagebuches. Felix liess sich Zeit zu gründlichen Studien (4 Jahre 4 Monate) und nahm alles, was geboten wurde, eifrig auf: Botanik mit Exkursionen, Zoologie (speziell Ichthyologie), Medizin, im besonderen die in Montpellier geübte Anatomie und Chirurgie, die in Basel den Scherern überlassen wurde, allgemeine Pathologie, die am Krankenbett geübte Diagnose, Therapie und die von seinem Gastgeber Catalan vertretene Pharmakologie; auch in Randgebieten wie Herbar- und Skeletiertechnik wurde er eingeführt. Er machte fleissig Notizen (Kap. 3, n. A. 717) und übte sich mit seinen deutschen Kommilitonen im Disputieren. Um noch privat zusätzlich Anatomie zu treiben, stahl er mit einigen welschen Kameraden nachts Leichen auf dem Friedhof (Kap. 3, A. 491). Auch schuf er sich bereits damals den Grundstock zu seinen naturwissenschaftlichen Sammlungen (Kap. 3, A. 487).

Felix hat sich in Montpellier ohne Zweifel eine solide Grundlage für seinen künftigen Beruf erworben, wie sie ihm damals keine andere Universität ausser etwa Padua[1] hätte bieten können. Wenn die Wahl auf Montpellier fiel, so lag dies zum Teil daran, dass der befreundete Stadtschreiber Ryhiner bereits für seinen Sohn ein *Austauschverhältnis* mit Catalan angeknüpft hatte. Thomas Platter übernahm dieses Prinzip für Felix, indem er die Apothekersöhne Jakob und Gilbert Catalan in Kost und Logis nahm; es war dies für ihn die einzige Möglichkeit, das Studium des Sohnes im Ausland zu finanzieren. Felix hatte das Glück, die von vielen Hugenotten bewohnte Stadt noch unversehrt zu erleben, bevor ihr die Religionskriege der 6oer Jahre schweren Schaden zufügten. Auch hatte er den Vorzug, eine Reihe ausgezeichneter *Professoren* anzutreffen, besonders Rondelet, Saporta und Honoratus Castellanus, die ihn zu sich einluden und persönlich schätzten. Er genoss das Fremdländisch-Neue des südfranzösischen Lebensstils mit seinen Volksfesten und Bräuchen, nahm gerne teil an Haubaden (Ständchen) vor den Häusern der Schönen und lernte mit Begeisterung die französischen Tänze, den Branle, die Volte, Gaillarde usw. (Kap. 3, A. 49). Sein Lautenspiel öffnete ihm viele Türen und trug ihm auch den Beinamen «l'Allemand du luth» ein. Durch seinen Hausherrn Catalan lernte er vor allem die Volksgruppe der *Maranen* kennen, der aus Spanien vertriebenen Juden, die im geheimen zäh an ihren alten Bräuchen festhielten. Vor allem hielt er sich aber an die Gesellschaft der in der «natio Germanica» organisierten deutschen Studenten, mit denen er in gesundem Ausgleich zur Arbeit Ausflüge in die Umgebung unternahm und auch Trinkgelage, bei denen es übermütig-lustig zuging. Daneben studierte und beschrieb er auch die Volkswirtschaft der Gegend, die Oliven-, Trauben- und Getreideernte, die Fischerei sowie die Gewinnung von Salz und Grünspan (Kap. 3, A. 217–264).

Der ganze Aufenthalt in Montpellier wird begleitet von einem lebhaften *Briefwechsel* mit dem Vater und verschiedenen Freunden. Die fast vollständig erhaltenen Briefe des Vaters (insgesamt 25, ed. Burckhardt, S. 10 bis 100) enthalten unendliche Ratschläge zu gottesfürchtigem Leben und fleissigem Studium, daneben viele häusliche Nachrichten über die Mutter, die Tischgänger, das Landgut und allerhand Stadtklatsch in einer drolligen Mischung von Latein und Dialekt.

1 s. dazu Die Medizinschule von Padua, Ciba-Zschr., Bd. 11/1950, Nr. 12.

Einen breiten Raum nimmt vor allem die *Liebesgeschichte mit Magdalena Jeckelmann* ein. Die schöne, wohlhabende Schererstochter und Nachbarin war wohl dem jungen Felix schon früh aufgefallen, doch hätte er es sicher nicht gewagt, sie anzusprechen. Der eigentliche Initiator war vielmehr Vater Thomas, der sich nach dem Tode Ursulas nach «einer andren dochter» sehnte und sich das bildhübsche, schamhafte «Madlenlin» als Schwiegertochter auserkor. Es ist äusserst reizvoll, im Briefwechsel zwischen Vater und Sohn die Entwicklung dieses Heiratsprojektes zu verfolgen, von ersten zarten Andeutungen bis zum stürmischen Werben des Vaters um die künftige Sohnsfrau, von seiten des Sohnes zuerst die freudige Überraschung über die väterlichen Pläne, die ersten geheimen Liebesgedichte, die Unsicherheit, ob das Gefühl auch erwidert werde, Bedenken wegen des väterlichen Übereifers, die Angst vor Rivalen, die liebenswürdigen Spötteleien der Freunde und schliesslich das ungeduldige Drängen des Vaters zur Heimkehr. Nachher erleben wir das Versteckspiel der schamhaft-schüchternen Magdalena, das erste offizielle Rendez-vous in Gundeldingen, das zweite, intimere unter den Kirschbäumen vor dem Spalentor, die Verzögerungstaktik des Brautvaters, die Brautzeit bis zur «Ehebesprechung», wo nochmals alles in Frage gestellt wird, und schliesslich die zweitägige Hochzeit mit ihren 150 Gästen. Es folgen die Anfänge des eigenen Hausstandes und die Schwierigkeiten mit Vater und Schwiegervater. Es ist gleichsam der Roman eines treuen Liebespaares, gefolgt von einer beispielhaften 56jährigen Ehe, nur vorübergehend überschattet von dem Problem der Kinderlosigkeit, das jedoch durch die Annahme mehrerer Pflegekinder gelöst wird.

Nachdem Felix am 28. Mai 1556 zum Baccalaureus der Medizin promoviert worden war (Kap. 3, A. 739), hätte er gern seinen Frankreichaufenthalt mit einer grösseren *Kavalierstour* beschlossen, wie dies 42 Jahre später sein Halbbruder Thomas tat. Aber die Zeit drängte, er konnte seine Madlen nicht länger warten lassen, und so verzichtete er denn, wenn auch ungern, auf die Spanienreise und ritt von Narbonne an westwärts über Carcassonne nach *Toulouse* und von da der Garonne entlang bis *Bordeaux*, wo er den Ozean oder wenigstens die Gironde sah, von da an nordwärts, wobei er La Rochelle verpasste, und dann über Poitiers–Tours und die Loire-Schlösser nach Orléans und *Paris*. Überall besichtigte er die wichtigsten Sehenswürdigkeiten, in Paris die Notre-Dame, den Louvre und die Königsgräber in St-Denis. Im königlichen Gestüt sah er den jungen Dauphin Franz II. und den Herzog Karl von Lothringen, dem er 45 Jahre später in Nancy wieder begegnen sollte. Er besuchte die Professoren Duret und Goupyl und nahm an zwei Beerdigungen teil. Auch traf er allerhand Schweizer wie schon in Montpellier, zum Teil seltsame Käuze und verkommene Söldner. Platter brachte 3½ Wochen in Paris zu; für die ganze *Frankreichreise* brauchte er *10 Wochen*, zur Hälfte Reittage, zur Hälfte Ruhetage; die Strecke betrug ca. 1750 km, die Tagesleistung also ca. 50 km. Als Weggefährten von Paris ab hatte er den unerfreulichen Kaufmannssohn Jacob Rüedin aus Basel, der ihm viel Sorgen bereitete. Seinetwegen machte er den Umweg über Orléans–Bourges–Cosne s. Loire, von da an ging es alles ostwärts über Clamecy–Vézelay–Avallon–Dijon–Besançon–Montbéliard nach *Basel*. Beim Anblick der Basler Münstertürme feuerte er aus tollem Übermut zwei Schüsse auf ein Gartenhäuslein vor dem Spalentor ab.

Nach der ersten Wiedersehensfreude bereitete sich Felix Platter auf die zwei Hauptereignisse vor, das Doktorexamen und die Hochzeit. Beiden widmet er eine eingehende, liebevolle Beschreibung, die wir durch die Gliederung in je ein Kapitel aus dem Ganzen hervorgehoben haben. Dem *Doktorat* voraus gingen je eine Petition vor dem Dekan und den drei Examinatoren, beidemal in Gestalt einer lateinischen «oration», dann folgte als Vorexamen das «tentamen» über Fragen der Philosophie und Medizin und am Tage darauf das eigentliche Examen, in welchem der Kandidat zwei Thesen von Hippokrates und Galen in einstündiger lateinischer Rede erläutern und in weitern drei Stunden mit den Examinatoren darüber disputieren musste. Etwa zwei Wochen später fand eine öffentliche Disputation statt und nach einem weitern Abstand dann die feierliche Promotion, eine vierstündige Zeremonie mit viel rhetorischem Feuerwerk, Bläsern, Zeremonien und anschliessendem Umzug, an dem die Regierung, die Akademiker und Freunde teilnahmen. Nach beiden Prüfungstagen gab es einen Abendtrunk, zu dem Prof. Baers Tochter extra Küchlein gebacken hatte, zum Abschluss den offiziellen Doktorschmaus in der «Krone», wo es recht lustig zuging. Das Ganze war eine sehr kostspielige Angelegenheit.

Es würde zu weit führen, hier im Detail zu referieren, da ja die Darstellung und der Kommentar für sich sprechen. Das Gleiche gilt auch für die *Hochzeit*, deren Schilderung kulturhistorisch höchst aufschlussreich ist. An 15 Tischen wurden im Haus «zum Gejägd» über 150 Gäste bewirtet, von denen 98 mit Namen genannt werden, nach Gruppen geordnet; es wurden vier grosse Mahlzeiten serviert, an beiden Nachmittagen wurde getanzt.

Mit der Promotion und der Hochzeit hatte sich Felix in Basel *etabliert*, aber die Praxis trug am Anfang wenig ein. Die ersten drei Jahre mussten die jungen Eheleute bei Vater Platter wohnen; für sich privat hatten sie nur die Kammer von Felix und als Ordinationszimmer den unteren, nicht heizbaren Saal. Madlens Aussteuer war eher schäbig (Kap. 8, A. 6ff.), und die 100 Gulden ihrer Mitgift hatte Vater Thomas zum Bezahlen der Hochzeitsausgaben verwendet. Die Einnahmen des jungen Arztes reichten gerade, um sich und seine Frau zu kleiden, aber nicht, um etwas zum gemeinsamen Haushalt beizutragen, «gab zů zeiten also hendel, wie wan alt und iungs by einander wont, sich gmeinlich zů dreg». Madlen musste ausserdem noch im Hause ihres Vaters zum Rechten sehen, so dass sie fast zwei Haushaltungen nebeneinander zu besorgen hatte, «welches mich bekümert, wil ich sy lieb hatt und gern wol gehalten hett, wie eins doctors frauwen gebürt». Aus Hochschätzung duzte er seine Gemahlin lange Zeit nicht, sondern sprach sie in der dritten Person an, was dem demokratisch gesinnten Vater gar nicht gefiel (Kap. 8, A. 18). Eine Befreiung war es daher, als dieser 1561 den Jungen das Doppelhaus «*zum Rotenfluh*» überliess, an Stelle der von ihm versprochenen Ehesteuer von 400 Gulden (Kap. 8, A. 296ff.).

Mit der *eigenen Wohnung* begann für den jungen Arzt und seine Frau ein neues, glücklicheres Leben. Es ist bezeichnend, dass er gleich am ersten Abend schon Gäste zu sich einlud. Auch stellte er eine Magd ein und begann, das Haus baulich zu erneuern; im Jahre darauf liess er durch Meister Israel Petri, «den kunstreichen mahler ... innwendig die gemach mahlen und alles lustig zurüsten», was wohl auf allerhand Dekorationen oder gar figürlichen Schmuck schliessen lässt (Kap. 8, A. 442). Die ärztliche Praxis begann allmählich zu rentieren; bereits zeichnet sich das Bild des wohlhabenden, gastfreundlichen und kunstliebenden Arztes ab, das für ihn später so typisch ist. Zu diesem stattlichen Gehaben gehörte auch der Besitz eines *Pferdes*, das für einen Arzt damals dieselbe Rolle spielte wie heute ein Auto. Pferde bildeten einen beliebten Gesprächsstoff damals; auch Felix hatte grosse Erfahrung auf diesem Gebiet und weiss verschiedene Anekdoten darüber zu erzählen (Kap. 8, A. 228–248). In den ersten Jahren seiner Praxis fand Platter auch noch Zeit für *Reisen* zu Verwandten und Freunden. So ritt er am 13. Juni 1558 mit seinem Schwager Daniel Jeckelmann nach *Baden AG*, wo sein Schwiegervater Franz Jeckelmann zusammen mit dem reichen Eisenhändler Jakob Rüedin im Bade weilte; von dort aus besuchte er zwei uralte Verwandte seiner Mutter Anna Dietschi in Wipkingen, das heute in *Zürich* eingemeindet ist (Schmelzberg), sowie in Zürich seinen Studienkameraden Dr. Kaspar Wolf und den berühmten Naturforscher Conrad Gessner (Kap. 8, A. 90 bis 95). Im nächsten Frühjahr ritt er mit dem Eisenhändler Rudolf Schenk nach *Strassburg*, wo er bei seinem Freund Dr. med. Hieronymus Bopius (Popp) die halbe Nacht mit Tanz und Spass verbrachte (Kap. 8, A. 173f.).

Die Verwandten seines Vaters im *Wallis* zu besuchen, reizte ihn weniger, sonst hätte er sich seinem Vater angeschlossen, als dieser im Sommer 1560 eine Fahrt ins Leuker Bad antrat. Erst im Juni 1563, als Vater Thomas abermals ins Wallis aufbrach und diesmal seine Schwiegertochter dazu einlud, da eine Badekur «unfruchtbaren weiberen gar nutzlich» sei, da willigte er ebenfalls ein, und so auch Madlens Vater. So zogen denn alle vier mit einem Knechtlein und einem Walliser etwas improvisiert über die Wasserfalle–Balsthal–Burgdorf–Thun–Zweisimmen, über den Sanetschpass (2243 m) und durch das wilde Tal der Morse nach Sitten. Die Reise verlief nicht ohne Zwischenfälle. Felix war gar nicht berggerecht ausgerüstet und hatte mehrfach Angst beim Ritt auf schmalen Pfaden und über kirchturmhohe Abgründe; einmal wurde er sogar ohnmächtig. Thomas zeigte seinem Sohn stolz die alte Heimat, und dieser liess auf der Felsplatte, die dem Geschlecht den Namen gab, das Familienwappen anbringen, dann aber reisten sie fast fluchtartig nach dem bequemeren Visp. Der Heimweg über die «scheutzliche Gemmi» bot abermals Schwierigkeiten, und der verärgerte Jeckelmann provozierte in Solothurn seinen Schwiegersohn zu einem Streit, der erst nach einem Jahr beigelegt werden konnte (Kap. 10).

Die berufliche Karriere führte Platter rasch nach oben. Schon bei der Doktorprüfung war der noch nicht 21jährige seinen Examinatoren in manchem überlegen und mochte insgeheim über die anachronistischen Thesen lächeln. Die von ihm 1559 durchgeführte öffentliche *Anatomie* mehrte sein Ansehen gewaltig. An der Universität spielte er schon eine führende Rolle, bevor er ein öffentliches Amt inne hatte (Karcher 39). 1562 wurde er Dekan und 1570 Rektor, welches Amt er insgesamt sechsmal ausübte. Im Jahre 1571 wurde er als Nachfolger von Johannes Huber *Stadtarzt* und *Professor* der praktischen Medizin. Während eines halben Jahrhunderts erfüllte er die Basler Hochschule mit seinem Geist und machte aus der vorher kümmerlichen medizinischen Fakultät ein angesehenes, vielbesuchtes Forschungszentrum.

Dieser ganze zentrale Lebensabschnitt fehlt in seinem Tagebuch. Obwohl er dieses erst 1612, also im Alter von 76 Jahren ins Reine schrieb, beschränkte er sich darin leider auf die ersten 32 Lebensjahre 1536–1567. Wie interessant wäre es doch, etwas über seine Tätigkeit als Dozent zu vernehmen; doch nach dem Doktorat und der Verheiratung nahm er sich nicht mehr die Zeit, neben der ihn ganz ausfüllenden beruflichen und wissenschaftlichen Tätigkeit noch Notizen zum Tage zu machen. Sein Privatleben trat zurück hinter dem Lebenswerk. Nur seine drei *Besuche an Hoffesten* hielt er für wichtig genug, um sie mit allen Details aufzuzeichnen, da er – sehr im Gegensatz zu uns – diese Reisen und Festlichkeiten für interessanter hielt als seinen Basler Alltag.

Überhaupt kommt die *medizinische Seite* in diesem Tagebuch viel zu kurz. Aus der Zeit von Montpellier vernehmen wir allerhand Persönliches über seine Professoren und Mitstudenten, aber die Berichte über Studium, Vorlesungen, Exkursionen, Sektionen usw. beschränken sich auf kurze Hinweise, ebenso die Beschreibung von Krankenbesuchen in

Basel und Umgebung. Die Doktorpromotion wird ausführlich und amü-
sant geschildert, aber nicht von der fachlich-medizinischen Seite. Wahrscheinlich fand er, dies gehöre nicht ins Tagebuch, schon gar nicht in
deutscher Sprache.

Felix Platter als Mediziner

In dieser ganzen Edition ist fast nur von der menschlich-privaten Seite
Platters die Rede; deshalb soll wenigstens in der Einleitung kurz etwas
über *Platter als Mediziner* gesagt werden, soweit dies dem Laien anhand
der vorhandenen Literatur möglich ist. Wie Prof. H. Koelbing ausführt[2],
ist es auffallend, wie verschieden Felix Platter als Wissenschafter einge-
schätzt wird: In den baslerischen lokalhistorischen Publikationen erscheint er als zentrale Figur, während Autoren der allgemeinen Medizin-
geschichte ihn als nebensächlich abtun[3]. Das grosse historische Verdienst
Platters besteht vor allem darin, dass er an der Universität Basel an Stelle
der herkömmlichen Methode, die mit blinder Autoritätsgläubigkeit die
aus der Antike stammenden Lehren des Hippokrates und Galen nach-
betete, die neue, auf *Vesal* zurückgehende *anatomische Richtung* einführte.
Es ist nicht so, dass er etwa die antiken Autoritäten einfach ablehnte, dazu
war er zu sehr Humanist, und zudem gab es ja auf vielen Gebieten kaum
eine andere Lehre; aber da, wo jene den dank der Anatomie erkannten
Tatsachen widersprachen, gab er diesen den Vorzug, d. h. er bekannte
sich zur modernen experimentellen Methode.

Die *Basler medizinische Fakultät* vor Platter hatte zwei grosse Chancen
leider vertan. Die eine bot sich ihr in der Gestalt des genialen Reformers
Paracelsus, der 1526 zum Stadtarzt und Professor ernannt wurde, sich aber
wegen seines exzentrischen Wesens bei allen unmöglich machte und schon
nach anderthalb Jahren die Stadt fluchtartig verlassen musste. An seine
Stelle trat der «geschmeidige Opportunist» Oswald Baer (Karcher 26),
der bis zu seinem Tode fast 40 Jahre lang die Fakultät beherrschte und
keine neuen Lehren aufkommen liess. Besonders wer sich mit Alchemie
befasste, machte sich sofort des Paracelsismus verdächtig. Baer hatte zwar
1531 selbst als einer der ersten nördlich der Alpen eine Anatomie in Basel
gehalten, doch hatte dies keine weitere Folge. Eine zweite grosse Chance
bedeutete für Basel das Auftreten *Vesals*. Er kam 1543 nach Basel, um
hier bei Oporin sein grosses anatomisches Werk «De humani corporis
fabrica libri VII» mit den prachtvollen Tafeln drucken zu lassen. Zugleich hielt er hier eine öffentliche *Anatomie*, bei der Platters zukünftiger

2 Huldrych M. *Koelbing*: Felix Platters Stellung in der Medizin seiner Zeit, Gesnerus 1/2,
  Aarau 1965, S. 59–67 (Vortrag).
3 So F. H. *Garrison*: An Introduction to the History of Medicine, 4. Aufl. (1929), Neudruck
  Philadelphia 1960, und P. *Diepgen*: Geschichte der Medizin, Bd. 1, Berlin 1949.

Schwiegervater, der Scherer Jeckelmann, assistierte. Mit dieser Tat hielt die neue anatomische Richtung hier Einzug. Um Vesal bildete sich ein Freundeskreis, dem auch Thomas Platter angehörte; Felix erinnerte sich noch wohl, dass er als Siebenjähriger den berühmten Gast bei ihnen zu Hause sitzen sah (Kap. 1, A. 74). Basel war die erste deutsche Universität, die sich zu dem neuen Geiste bekannte, aber nur für kurze Zeit; denn der eifrigste Anhänger Vesals, Albanus *Torinus* (zum Thor) wurde aus nicht ganz klaren Gründen abgesetzt, angeblich weil er wegen seiner auswärtigen Praxis die Vorlesungen versäumte, und starb bereits 1549. Baer beherrschte die Fakultät wieder als einziger Ordinarius und liess sie zur früheren Bedeutungslosigkeit zurücksinken. Seit 1552 hielt er nicht einmal mehr Vorlesung, klebte aber weitere 15 Jahre an seinem Sessel.

Studenten hatte es fast keine mehr, und auch Felix, der sich am 29. Sept. 1551 immatrikuliert hatte (Kap. 1, A. 590 und Matr. Ba. II 73), studierte hier kein ganzes Jahr. Er hörte die Vorlesung von Prof. *Johannes Huber*, einem humanistisch gebildeten, weltoffenen Mann, der auch für Paracelsus und Vesal Verständnis aufbrachte. Huber wurde der väterliche Freund seines Lieblingsschülers und wartete, bis dieser von Montpellier zurückkehrte. Felix Platter erfüllte die auf ihn gesetzten Hoffnungen: In Montpellier lernte er die Anatomie in Theorie und Praxis gründlich und führte die neue Richtung in Basel mit stiller Beharrlichkeit ein.

Ob er darüber hinaus eigene Entdeckungen gemacht hat, ist eine andere Frage. Werfen wir kurz einen Blick auf seine Hauptwerke. *1583* erschien seine *Anatomie* unter dem Titel «*De corporis humani structura et usu*» mit 50 Bildtafeln, welche die «kaum zu übertreffenden» Tafeln aus Vesals «Fabrica» in etwas verkleinerter Form wiedergaben; er wollte die Ausgabe für seine Studenten handlicher und preiswerter gestalten und wählte daher das kleinere Hochquartformat, wobei die Bildtafeln wahrscheinlich von Abel Stimmer geschaffen wurden. Für den Text wählte er die damals beliebte Tabellenform, die sich zum Memorieren gut eignete. Er blieb jedoch nicht auf dem Wissensstand Vesals stehen, sondern verarbeitete darin die Fortschritte der letzten 40 Jahre sowie die in *über 50 eigenen Sektionen* gewonnenen Erkenntnisse. Ganz neu war darunter die Entdeckung, dass im Auge die Bilder der Aussenwelt von der Netzhaut aufgenommen werden, und nicht von der Linse. Es brauchte ziemlich lange, bis sich diese Auffassung allgemein durchsetzte, und Joh. Kepler, der 1604 und 1611 in seiner Linsentheorie erstmals klar den Einfall der Lichtstrahlen ins Auge beschrieb, berief sich für den anatomischen Teil respektvoll auf Platter[4].

4 H. M. *Koelbing*: L'apport suisse à la renaissance de l'ophtalmologie, Méd. et Hyg. 22, No. 637/1964, p. 5.

Das zweite Werk Platters ist die «*Praxis medica*», erschienen in drei Bänden 1602–1608, eine Zusammenfassung seiner Vorlesungen. Was uns heute im Zeitalter der Spezialärzte den Zugang dazu erschwert, ist die eigenwillige Einteilung. Bisher hatte man die Krankheiten stets «vom Scheitel bis zur Sohle» nach ihrem Sitz eingeteilt. «Felix Platter klassifizierte die Krankheiten nach den praktischen Bedürfnissen des behandelnden Arztes.» So beschreibt er in einem ersten Abschnitt «de functionum laesionibus» die Funktionsstörungen ohne Schmerz und ohne Entzündung, in einem zweiten handelt er «de doloribus», im dritten «de vitiis», über Missbildungen, Geschwülste usw. (nach Karcher 58f.). Die Einteilung scheint etwas gezwungen, denn der erste Abschnitt enthält neben Störungen der Psyche und der Sinnesorgene auch Atem- und Herzbeschwerden usw., der zweite neben Wunden und schmerzhaften Hautkrankheiten alle Infektionskrankheiten bis zur Pest usw. Er beschreibt bei jeder Störung die einzelnen Symptome, sucht dann sehr ausführlich nach den möglichen Ursachen und gibt schliesslich die Behandlung an («genera, causae, curatio»). Was er nicht absolut sicher weiss, gesteht er offen ein. Dass trotzdem noch allerhand Irrtümer der antiken oder der mittelalterlichen Medizin mitgeschleppt wurden, ist unvermeidlich, da man es damals nicht besser wusste. Nicht einmal der Blutkreislauf war bekannt; erst 1628 wurde er von Harvey entdeckt. Trotzdem erlebte das Buch vier weitere Auflagen, bis 1736!

Typisch für Platters Stellung zwischen Mittelalter und Neuzeit ist seine Beurteilung der *Geisteskranken*. Während man diese vorher und noch lange nachher als «Besessene» in Ketten legte und mit Auspeitschen kurieren wollte, vertrat Platter die Ansicht, in den meisten Fällen handle es sich um natürlich bedingten Irrsinn und empfahl daher eine humanere Behandlung wie Diät, Zureden, Schlafmittel, Bäder und Massage, vor allem aber Geduld und viel Liebe. Dass es jedoch eine kleine Minderheit von dämonisch bedingten Geisteskranken gebe, hielt auch er noch für sicher und fand, dies sei dann nicht Sache der Ärzte, sondern der Geistlichen, durch Gebete den bösen Dämon auszutreiben (Karcher 62–70).

Am folgenschwersten war wohl Platters Verhalten gegenüber der *Pest*[5]. Nach der letzten, schweren Epidemie von 1609/11 verfasste er den Bericht «*Siben regierende Pestelentzen* oder Sterbendt ze Basel, die ich erlebt hab und darby gewesen, auch in fünf letzten als ein Artzet vilen gerathen und gedient, doch durch Gottes sundere Gnadt bißher von denen bewart und erhalten worden». Die ersten sechs Epidemien von 1539/42, 1550/53, 1563/64, 1576/78, 1582/83 und 1593/94 schilderte er aus dem Gedächtnis

5 s. dazu Albrecht *Burckhardt*: Demographie und Epidemiologie der Stadt Basel 1601–1900 (1908), und Rose *Hunziker*: Felix Platter als Arzt und Stadtarzt in Basel, Diss. 1938.

in den Hauptzügen. Beim Ausbruch der 7. Epidemie 1609 jedoch wollte er eine genaue Kontrolle haben und schrieb zu diesem Zwecke zuerst 1610 eine *Stadtbeschreibung*, in der er eine Liste aller Häuser und ihrer Besitzer errichtete; es sind dies die 34 schwer lesbaren Blätter in unserem Sammelband A λ III 3, zusammengeklebt aus vielen kleinen, arg mitgenommenen Zettelchen. Anhand dieser Häuserliste verfasste er dann 1611 eine ausführliche *Pest-Statistik*, indem er von sämtlichen Häusern die Anzahl der Erkrankten, der Gestorbenen und der «Wiederaufgekommenen» angibt und dann das Ganze quartierweise summiert. Leider verschweigt er die Anzahl der Gesundgebliebenen, so dass der letzte Stein in dem imposanten Gebäude fehlt. Die einzigartige Statistik umfasst 93 Folioseiten und befindet sich in dem Mscr. A λ III 5ᵃ der Universitätsbibliothek. Als Summa summarum gibt er: 6408 erkrankt, davon *3968 gestorben*, 2440 wiederaufgekommen[6]. Wenn wir die Einwohnerzahl auf ca. 16 000 schätzen, so ist also jeder vierte Basler damals gestorben! Beim dritten, grossen Sterbendt von 1563/64 sind die geschätzten Zahlen ähnlich (Kap. 11, A. 46).

Angesichts dieser Hekatomben kommt man nicht um die Feststellung herum, dass Felix Platter trotz schonungslosem Einsatz *als Pestarzt versagt* hat. Als Prophylaxe verschrieb er verschiedene Heiltränke aus Aloe, Rhabarber, Enzian, Myrrhen, Wacholder usw., insbesondere den aus Montpellier rezipierten Theriak aus 23 Ingredientien – statt der dazu benötigten Vipern hatte Baer die heimischen «blindenschlich» verwendet[7], dazu empfahl Platter Isolation der Kranken und Quarantäne der Mitbewohner. Zu einer systematischen Absperrung der Stadt konnte er sich jedoch nicht aufraffen. Er hatte dazu nicht die nötige Härte und wäre damit auch sicher nicht durchgedrungen in einer Handelsstadt wie Basel, wo der Tod als das kleinere Übel als der Rückgang des Handels galt.

Dass man schon damals etwas gegen die Pest unternehmen konnte, hatte er zwar in Montpellier gesehen, und noch deutlicher bewies dies das Beispiel der italienischen Stadtstaaten, die die Pest mit Feuer und Schwert ausgerottet hatten. Auch in Basel hatten *Torinus* 1539 und *Pantaleon* 1564 in ihren Pestbüchlein radikale Massnahmen empfohlen, und auch sein Luzerner Freund *Cysat* mahnte 1609 dringend. Dennoch griff Platter nicht durch; wahrscheinlich schätzte er die Basler Mentalität richtig ein und versuchte erst gar nicht, sanitätspolizeiliche Massnahmen vorzuschlagen. In den «Observationes» äusserte er sich dazu ganz fatalistisch, dies sei eben eine Strafe Gottes, und wenn nicht alle Jahrzehnte einmal eine solche Seuche stattfände, so würde die Bevölkerung allzu sehr ansteigen (nach Karcher 72 f.).

6 Hunziker 70.
7 Observationes II 307.

Dass Basel nicht fähig war, die Absperrung durchzuführen, beweisen die Ereignisse 50 Jahre nach Platters Tod, wo die Nachbarn, vor allem die Eidgenossen 1667 den «Bando» über Basel verhängten. Erst als die Urkantone einen Mailänder Funktionär des «Tribunal della Santà» senden wollten, da purgierten die Basler ihre Stadt durch ein so gründliches Reinemachen, dass die Pest schon nach einem Jahr ausgerottet war. Von einer Vertilgung der Ratten wird nirgends gesprochen, doch machte vielleicht der Basler Putzgeist, «verbunden mit der reichlichen Anwendung des mit Wasser gemischten lebendigen Kalkes sowie die Verbrennung der Leib- und Bettwäsche der Pestkranken den Flöhen den Garaus» (Karcher 76).

Wenn wir versuchen, ein *Fazit* von Platters medizinhistorischer Bedeutung zu ziehen, so können wir wiederholen, dass er sicher kein grosser Bahnbrecher vom Format eines Paracelsus, Vesal, Harvey, Pasteur, Koch usw. war. Er hat wohl auf verschiedenen Gebieten, namentlich als Psychiater und Ophthalmologe, Neuland gesichtet, doch blieb ihm der Durchbruch versagt. Seine eigentliche Pionierleistung ist der unentwegte Einsatz für die auf Vesal zurückgehende anatomisch-experimentelle Methode, auch in einem Moment, wo dies dem Zeitgeist zuwiderlief.

Für uns heute am interessantesten unter Platters medizinischen Werken ist wohl das dritte, die «*Observationes*»[8]. Wie die Widmung an den Markgrafen Georg Friedrich von Baden beweist, schloss er das Werk am 28. Febr. 1614, also genau fünf Monate vor seinem Tode ab; es erschien noch im gleichen Jahre im Druck. Die «Observationes» sind eine Sammlung von 680 Krankengeschichten, die Platter in seiner langen Praxis erlebt und aufgezeichnet hat. Sie bilden eine praktische Illustration zu seinem theoretischen Werk, der «Praxis medica» (1602–1608) und sind ebenfalls eingeteilt in 3 Teile: 1. Funktionsstörungen, 2. schmerzhafte oder fiebrige Erkrankungen, 3. andersartige «vitia» wie Missbildungen, Geschwülste usw. Sie beruhen auf einer 56 Jahre umfassenden Praxis des Verfassers als Privatarzt, Professor, Stadt-, Spital- und Gerichtsarzt sowie der vorangegangenen Studienzeit in Montpellier und stützen sich mit Bestimmtheit auf präzise tagebuchartige Aufzeichnungen; denn sie enthalten sowohl das genaue Datum als auch minutiöse Angaben der verwendeten Rezepturen, was aus der blossen Erinnerung nicht möglich wäre. Gewöhnlich gibt Platter Geschlecht, Alter, Beruf und Heimat des Patienten an, diskreterweise meist ohne Nennung des Namens, dann das Datum der Erkrankung, zuweilen mit Vorgeschichte, eine genaue Beschreibung der Symptome, eine Deutung (Diagnose), die angewandte Therapie mit Rezepten in allen Einzelheiten sowie den Verlauf der Krank-

8 Observationum in hominis affectibus plerisque corpori et animo functionum laesione, dolore aliave molestia et vitio incommodantibus libri tres, Basel 1614.

heit; alles beruht, wie mehrfach betont wird, allein auf eigener Anschauung, unter Verzicht auf Zitate medizinischer Autoritäten usw.

Der Basler Medizinhistoriker Prof. Dr. *Heinrich Buess* hat den 1. Teil des Werkes leicht gekürzt in deutscher Übersetzung herausgegeben und damit auch dem Laien zur spannenden Lektüre gemacht[9]. Die «Observationes» lassen uns ahnen, worin die faszinierende Wirkung von Platters ärztlichem Wirken bestand.

Für ihn war jeder Patient ein individueller Fall, körperlich und seelisch ein Sonderfall, für den es den richtigen Weg zu finden galt. Platter war nicht nur als Fachmann in allen Gebieten der Medizin kompetent, von Montpellier her auch in praktischen Dingen sehr gewandt (wie etwa dem Lagern von Brüchen usw.), sondern er verstand es auch, mit den verschiedensten Patienten zu reden, durch geschicktes Fragen das Nötige zu erfahren, selbst dann, wenn es der Patient nicht sagen wollte, aus Scham etwas verschwieg oder aus Eigensinn zuerst Falsches behauptete (Buess, Nr. 210, 214). Gerade im Umgang mit Geisteskranken, denen in Band I ein grosses Kapitel eingeräumt ist, bewies er Phantasie und unglaubliche Geduld. Als Beispiel diene der Fall eines jungen Mannes, der die fixe Idee hatte, er habe einen lebendigen Frosch im Leibe, schliesslich jedoch sich von den anschaulichen Argumenten des Arztes belehren liess (Buess, Nr. 38). Platter war ein glänzender *Menschenkenner* und Psychiater; dank seinem Einfühlungsvermögen, seiner intuitiven Erfassung der Zusammenhänge, seiner Kunst, mit den Patienten zu reden, gewann er deren Vertrauen. Er war der ideale *universale Hausarzt*. Seine Therapie scheint dem modernen Leser zwar etwas einseitig: die zahlreichen Aderlasse, Bähungen, Latwergen, Klistiere und die komplizierten, teuren Medikamente erinnern, wie schon Karcher bemerkt, an die Ärzte Molières. Von diesen unterscheiden ihn jedoch sein einfaches, bürgerliches Auftreten, sein Verzicht auf Talar und pseudogelehrtes Brimborium, vor allem auch seine *zahlreichen Heilerfolge*. Die Misserfolge gibt er offen zu, sei es dass die Krankheit übermächtig war, sei es dass ihm die wahre Deutung versagt blieb. Wenn man bedenkt, dass die entscheidenden Entdeckungen in der Medizin erst in den letzten hundert Jahren erfolgten, so bleibt es bewundernswert, wieviel er mit den damaligen, unvollkommenen Mitteln erreichte! Und dabei handelte es sich in den Observationes neben einigen typischen Fällen sehr oft um komplizierte oder hartnäckige Krankheiten, auch solche, wo mehrere Ärzte vor ihm bereits versagt hatten[10]. Bei letalem Ausgang aus unklaren Gründen sezierte er wenn möglich.

9 Felix Platter: Observationes I, aus dem Lateinischen übersetzt von Günter Goldschmidt, bearb. u. hg. von Heinrich Buess, in Hubers Klassiker der Med. u. Naturwiss., Bd. 1, Bern 1963; Bde. 2 u. 3 sind in Vorbereitung.

10 s. spez. Kap. 9, A. 30a.

Falls es die Verwandten nicht zuliessen, so war er imstande, die Leiche nachts auf dem Friedhof mit blossen Händen herauszuscharren und heimlich dort die Sektion durchzuführen, «so grosse Glut zur Erkenntnis hielt mich fest»[11].

Erstaunlich ist die enge *Verwandtschaft von Tagebuch und Observationes*. Die Berliner Philologin Ingrid Schiewek, die Felix Platters Tagebuch im Zusammenhang einer «Geschichte der deutschen Autobiographie» studiert hat, weist als erste auf diesen Zusammenhang hin[12]. Es gibt Partien der beiden Werke, die den gleichen Fall behandeln: Stupor daemonicus (Buess Nr. 19 und Tagebuch, Kap. 8, A. 253), Schlagfluss infolge aufgelösten Gehirns (Buess Nr. 12; TB, Kap. 3, A. 681), die Crétinkinder von Bremis (Buess Nr. 28; TB, Kap. 10, A. 107), Blutstillen (Obs. 1614, p. 715; TB, Kap. 3, A. 850) usw. Besonders interessant sind die zahlreichen Fälle von *Selbstbeobachtung*. So wie Platter im Tagebuch über seine Kinderkrankheiten und Allergien (rote Augen) berichtet (Kap. 1, A. 95 f. und 101) oder über seine Genäschigkeit (Kap. 1, A. 169 und 180), so spricht er auch in den Observationes über seine Vorliebe für Süssigkeiten (Buess Nr. 196), sein gutes Gedächtnis (Nr. 2), seine Einstellung zum Alkohol (Nr. 34), gelegentliche Schläfrigkeit (Nr. 7), Schluckbeschwerden (Nr. 179), Spasmus an den Augen (Nr. 12), vorübergehend verminderte Sehkraft (Nr. 96, nachher kam er bis zuletzt ohne Brille aus). Auch die Verwandten entgingen nicht der Beobachtung: am Beispiel seines Vaters Thomas demonstriert er die rasche Heilung von Schwindel (Nr. 86), die Überschätzung der Muttermilch (Nr. 203), sowie die Vitalität und Zeugungskraft im hohen Alter (Nr. 224), er registriert die grauen Haare seines jungen Halbbruders (Nr. 224) sowie die Abneigung seiner Neffen Felix und Thomas gegen Käse und alle Früchte (Nr. 193). Nur sind hier die Beobachtungen nicht chronologisch eingeordnet wie im Tagebuch, sondern systematisch im medizinischen Zusammenhang.

Dank dem Erzählertalent Platters nehmen viele Berichte einen *anekdotischen* oder gar novellenhaften Charakter an. Wie Frau Schiewek schreibt, «gehören etwa 40 Darstellungen, also rund 6% der Krankengeschichten zu dieser Art oder kommen ihr nahe, darunter 11 Kriminalfälle», vielleicht noch mehr. Hervorheben möchte ich namentlich die Fälle von fixen Ideen, Melancholie und Tobsucht, wo sich wahre Perlen der Darstellung finden.

11 Observationes (1614) II 407: Ventriculus cum septo perforatus. «Quae vero alia passus sit symptomata, sciscitare mimime licebat, cum corpus insciis parentibus in villae cuiusdam coemiterij sepulchro, media nocte solus manibus scalpendo, nec labore nec terrore deterritus (tanto cognoscendi ardore tenebar) eruerim.»
12 Ingrid Schiewek: Zur Autobiographie des Basler Stadtarztes F. Pl., in: Forschungen und Fortschritte, 38. Jg., H. 12, S. 368–372, Berlin 1964.

Auch das Tagebuch bietet neben der eigenen Biographie eine *Fülle von Einzelschicksalen*. Von den 1100 Personen, die darin vorkommen, werden zwar hunderte nur mit Namen und Stand erwähnt, aber die meisten werden doch irgendwie charakterisiert, sei es durch eine bestimmte Situation oder durch eine typische Eigenschaft. Greifen wir ein paar Beispiele aus diesem Panoptikum heraus: den flatterhaften Gilbert Catalan, die fröhliche Äbtissin von Olsberg, den versoffenen Abt von Muri, den sympathischen Prof. Huber, den kauzigen Oswald Baer, den senilen Scyronius, die «holdselige» Jeanne de Sos, den «unbachenen» Reisebegleiter Jakob Rüedin usw. Der Psychiater erweist sich auch hier als ungemein scharfer Beobachter, doch möchte ich nicht so weit gehen, wie Ingrid Schiewek zu behaupten, er lasse meist «als Antriebsmomente ... bestimmte Charaktereigentümlichkeiten hinter den Geschehensabläufen sichtbar werden». In so vielen Fällen bilden doch die anekdotenhaften Züge vorwiegend schmückendes Rankenwerk, wie es einem begabten Erzähler eben einfällt. Im Umkreis seiner Verwandten und Freunde freilich wird die Darstellung profilierter. Namentlich bei Fehlentwicklungen sieht man wie bei einer Krankengeschichte die Ursache, die zum üblen Ende führt: beim jungen Myconius die Trunksucht, bei Bechius eine unglückliche Geldheirat, bei Beat Hel die Zügellosigkeit. Im letztern Falle spürt man trotz allem eine geheime Sympathie des Erzählers mit dem «schulgsel», der einiges mit ihm gemeinsam hatte (einziger Sohn, Vorliebe für Lautenspiel, Theater, Süsswein), der sich aber nicht zu zügeln vermochte und und auf Abwege geriet (Kap. 3, A. 393 ff.). Nicht immer präsentiert sich ein solches Charakterbild fixfertig, gleichsam gerahmt, sondern man muss die zahlreichen zerstreuten Einzelzüge zusammentragen wie bei einer Mosaikarbeit, so wie ich dies für Platters Mutter, seine Gemahlin, seinen Schwiegervater usw. getan habe («Felix Platter und seine Familie», B.Njbl. 1975).

Merkwürdig *schweigsam* verhält sich Platter gegenüber seinen grossen Kollegen. Den genialen *Theodor Zwinger* (1533–1588), den Professor für theoretische Medizin (mit dem er sich ausgezeichnet verstand), erwähnt er nur beiläufig, *Caspar Bauhin* (1560–1614), den Professor für Anatomie und Botanik, mit keinem Wort. Im Falle Zwingers mag dies nichts bedeuten; wir wissen, dass er ihm in herzlicher Freundschaft zugetan war und ihm einen schönen Nekrolog verfasste, doch fällt ihr engeres Verhältnis erst in die Zeit nach 1559. Dasselbe gilt für *Basilius Amerbach* (1534–1591), den grossen Kunstfreund und Juristen. Wenn Bauhin dagegen mit keiner Silbe erwähnt wird, so mag dabei wohl die Enttäuschung des Lehrers mitspielen, dass sein Schüler und Schützling, der zwar ein grosser Botaniker war, die Lehren Vesals, dem er so viel verdankte, in schmählicher Weise verraten hat, indem er in übler Weise gegen ihn polemisierte.

J. Karcher, der den unbegreiflichen Rückfall Bauhins zu Galen zu erklären versucht (S. 43–48), bemerkt dazu: «Wir wissen nicht, wie sich Felix Platter zu alledem stellte ... doch widersprach es seiner Wesensart, sich auf gelehrte Kontroversen einzulassen.» Eine indirekte Antwort war die 2. Auflage seiner «Structura» (1603), die sein Bekenntnis zu Vesals Lehren bekräftigte.

Sicher mehr als Zufall ist es, wenn im Tagebuch zwei berühmte Namen völlig fehlen: *Paracelsus* (vgl. Kap. 11, A. 89) und *Thurneysser zum Thurn*. Der Letztere war ein Charlatan, und auch der geniale Neuerer war in seinem Auftreten nicht frei von solchen Zügen. Ebendies war Platter im Innersten zuwider. Seit dem mit Skandal und Streit beendeten kurzen Wirken des Paracelsus (1527) war die Alchemie in Basel höchst verdächtig. Nur Zwinger hatte dafür Verständnis, und ihm zuliebe liess sich Platter dazu herbei, an der geheimen Doktorpromotion eines Paracelsisten teilzunehmen (s. Karcher 51). Für eine Skandalnudel wie Thurneysser, dem er immerhin den geheimnisvollen Elch verdankte, hatte er nichts übrig (vgl. Spottgedicht, Kap. 3, A. 690).

Die Einstellung Platters zur *Politik* seiner Zeit muss man aus einzelnen kleinen Indizien zusammensetzen. Sicher ist, dass er kein «homo politicus» war, er äussert sich nur gelegentlich über politische oder kriegerische Ereignisse, doch ohne den grossen Zusammenhang zu sehen. Auf der ersten Seite, unter der Überschrift «vatterlandt» bezeichnet er Basel stolz als Mitglied der Eidgenossenschaft; die Zugehörigkeit zum Reich erwähnt er nicht, da sie sich damals noch von selbst verstand. Seine Sympathie gehört jedoch, entsprechend der seiner Mitbürger, eindeutig der lutherisch-reformierten Seite, den Feinden des Kaisers. Karl V. ist der grosse Feind, vor dem man in Basel zittert. Die Niederlage der Schmalkaldener bei Mühlberg 1547 brachte hier «großen schreck und drurens, do iederman meint, keiser Carli wurdt uns alle ußmachen» (Kap. 1, A. 459). Die gleiche Befürchtung äussert unter Tränen Mutter Platter beim Abschied des Sohnes 1552 (Kap. 2, A. 36). Den damals erfolgten Bau der Steinen- und Elsbethenschanze erwähnt Platter sonderbarerweise nicht, wohl aber die Anwesenheit Schertlins von Burtenbach, der bei Reinach ein Landsknechtsheer in französischem Solde aufstellte, und die vergeblichen Umtriebe seines Gegners «Gûtschick» (Kap. 1, A. 602ff.). Die zwangsweise Rekatholisierung, die man auch hier befürchtete, konnte Felix etappenweise in Strassburg verfolgen, wo der befreundete Pfarrer Ofner vorübergehend abgesetzt wurde (Kap. 1, A. 407). In Montpellier sah er von weitem die Türkenflotte im Hafen von Aigues-Mortes und erwähnt dabei das französisch-türkische Bündnis ohne weiteren Kommentar (Kap. 3, A. 65, 308 und 474). In der Fremde fühlte sich der junge Basler wohl als Deutscher («Germanus sum», Briefe, S. 70) und verkehrte hauptsächlich mit den deutschen Studenten; auf der Heimreise gab er jedoch sich und seine drei deutschen Begleiter keck als Schweizer aus, damit sie als Verbündete Frankreichs besser behandelt wurden (Kap. 4, A. 6 und 59).

Über politische und konfessionelle Probleme hat sich Platter nicht den Kopf zerbrochen. Von Natur aus wie auch als gebildeter Humanist war er äusserst *tolerant*. Er verkehrte ebenso freimütig an den katholischen Höfen von Hechingen, Sigmaringen und Nancy, beim Bischof von Basel oder der Äbtissin von Olsberg wie bei seinen neugläubigen Schutzherren Egenolf von Rappoltstein und Markgraf Georg Friedrich.

Dem modernen Leser wird vielleicht ein gewisser *Mangel an Reflexion* auffallen. Bei den fast abstossend ausführlichen Schilderungen von Exekutionen etwa würde man doch ein Wort des Mitleids oder der Empörung erwarten, besonders da, wo es sich um reformierte Märtyrer handelte. Aber offenbar überwog hier das Sachinteresse des Mediziners. Bei den Märtyrern wird nur sachlich ihre Standhaftigkeit erwähnt; ein einziges Mal wird der Widerwillen des Erzählers sichtbar, als nämlich die Henkersknechte von Montpellier bei ihm in der Apotheke Terpentin holten, um den Scheiterhaufen anzufachen. Und einmal gesteht er sogar, er sei *früher* «*frömmer*» gewesen, d. h. empfindsamer, feinfühliger, als nachdem er die Welt kennengelernt habe (Kap. 1, A. 229). Offenbar wurde er durch seinen Beruf und die Umwelt abgehärtet.

Den ihm vom Vater eingeimpften *Christenglauben* hat Felix sein ganzes Leben hindurch treu bewahrt. Er wusste um die Begrenztheit allen menschlichen Tuns und war fest überzeugt von Gottes Allmacht und unserer Erlösung. Wie seine Frau war er ein fleissiger Kirchgänger und übte auch ein praktisches Christentum in der Hilfe für zahlreiche Patenkinder sowie für Bedürftige.

Gott hatte sein Haus sichtbar gesegnet, auch mit *Glücksgütern* von dieser Welt; seine Praxis aurea erlaubte ihm in der zweiten Lebenshälfte einen herrschaftlichen Lebensstil in seinem prächtigen Wohngebäude am Petersgraben. Über seine reichen *Einkünfte* orientiert die von ihm peinlich genau geführte *Abrechnung;* das andernorts publizierte Verzeichnis seines *Vermögens* und sein Testament, überliefert im «Hausbuch» des Bruders, beweisen, dass er nach heutiger Schätzung mehrfacher Millionär war (s. B.Njbl. 1975). Sein *Privatmuseum*, bestehend aus Kunst- und Naturalienkabinett und einer Sammlung von Musikinstrumenten, wurde von Fürsten und andern berühmten Zeitgenossen (Montaigne, de Thou) bewundert, seine «grünenden» Gärten, die schönsten in Basel, werden noch in seiner Leichenrede gerühmt. *Kunst und Musik, Lebensgenuss und edle Geselligkeit* verklärten sein Alter, das durch gute Gesundheit und jugendliche Schaffenskraft bis zuletzt begünstigt war. Und selbst die *Fürsten-*

gunst wurde ihm reichlich zuteil, wie die drei Hofreisen sowie die erhaltenen goldenen Ketten und Gnadenzeichen beweisen.

Noch ein weiteres Geschenk hatte ihm die Natur gütig verliehen, den
Humor und die *Kunst des Reimens*. In dem Sammelband Mscr. A G v 30
befinden sich, teils von seiner, teils von fremder Hand, *Gelegenheitsgedichte*
zu Namenstagen, Messebeginn, Badefahrten, Gratulationen und «rims-
wise» Beilagen zu Geschenken, gereimte Epitaphien auf Verwandte und
Freunde (Theodor Zwinger), Übersetzungen von römischen Komödien
und französischen Liebesliedern, daneben einige sehr derbe, zotenhafte
Balladen, vor allem aber *Spruchpoesie* mit volkstümlichen Lebensweis-
heiten, ohne Tiefgang und sowohl inhaltlich wie formal von sehr unter-
schiedlicher Qualität. Einiges stammt auch aus fremder Küche. Doch
besass er zweifellos die Gabe, leicht und geschickt Verse zu schmieden,
und er trug sie bei geselligen Anlässen gerne vor, ein Brauch, der in
Basel allzeit geübt wurde. Einiges davon ist bereits publiziert worden[13].
Sein *Humor*, den man in den Gedichten zuweilen vermisst, begegnet uns
dagegen im Tagebuch in den verschiedensten Nuancen. Er ist gleichsam
die Krönung einer ungewöhnlich reichbegabten und glücklichen Persönlichkeit, deren Zauber durch die Jahrhunderte hindurch bis auf unsere
Zeit mächtig ausstrahlt.

Das Manuskript des Tagebuches

Das *Original von Felix Platters Tagebuch* befindet sich auf der Universitätsbibliothek in dem stattlichen Bande A λ III 3 (Format 34/25 cm), ein-
gebunden mit Resten eines prachtvollen mittelalterlichen Antiphonars,
d. h. eines liturgischen Gesangbuches aus weissem Pergament mit roma-
nischer Quadratnotation[14]. Solche Antiphonare wurden in Basel seit etwa
1590 zum Einbinden von Büchern gebraucht, so dass man annehmen
könnte, der Band, der die meisten deutschen Schriften Felix Platters enthält, sei kurz vor oder nach dessen Tode entstanden, was auch zu dem
Ordnungssinn und zur Prachtliebe des Bruders passen würde. Doch ist

13 Karl *Buxtorf*-Falkeysen im Basler Taschenbuch 1850, S. 88–105 («Blicke in das Privatleben Dr. F. Platters») und in den Basler Stadt- u. Landgeschichten aus dem 16. Jh.,
   S. 115–129 (Rappenkrieg); Heinrich *Boos* im BJ 1879, S. 211–221 (Spruchpoesie) und in
   der Platter-Edition, S. 346–352 (Löffel-Gedicht); Rud. *Suter*, in: Die baseldt. Dichtung
   vor J. P. Hebel, 1949, S. 6ff. («Lobspruch des neuwen brauchs ...») und zuletzt Elisabeth
   Landolt, in: Das Markgräflerland, Jg. N. F. 5, H. 1/2, 1974, S. 66–75 («Des Mulberg
   Badts beschreibung»).
14 Der Kenner dieser Materie, Herr Dr. Frank Labhardt, hat herausgefunden, dass es sich
   um Gesänge aus der 3. Nokturn des 4. Fastensonntags handelt, auf der Vorderseite
   Reste von Responsorien, auf der Rückseite die Gesänge zu den Laudes des gleichen
   Festtages.

dies nicht sicher; jedenfalls muss der Codex mindestens einmal neu gebunden worden sein, zuletzt um 1860; denn in dem Rücken findet sich
als Füllmaterial ein Zeitungsblatt mit einer Nachricht über den italienischen Einigungskrieg. Zwei Paar weisslederne Schliessbänder sind abgeschnitten. D. Fechter, der 1840 als erster eine Ausgabe besorgte, erwähnt
in der Vorrede, das Manuskript bestehe aus 184 losen Blättern. Da man
jedoch so spät kaum mehr alte Pergamente zum Einbinden zur Verfügung
hatte, mag man vielleicht einen Einband aus der Zeit nach 1614 vermuten,
der später auseinanderfiel und 1860 mit dem gleichen Einband erneuert
wurde. Wir wissen auch nicht, wann die Handschrift auf die UBB gelangte. Vermutlich wurde sie in der Familie vererbt bis auf Helena Platter,
deren handgeschriebener Lebenslauf (*1683, †1761) dem Bande beigelegt
und später miteingebunden wurde; anderseits wurde damals Platters
Pestbericht davon abgetrennt und gesondert gebunden (Mscr. A λ III 5a).

Der *Inhalt* unseres Codex A λ III 3 umfasst:

1. *Lebensbeschreibung 1536–1564, 184 Bl.*, Format: 32/20 cm, alt nr. 2–90, 91 a, 91 b, 92–184.
   Bis fol. 137 von Felix, ab fol. 137 unten von Thomas II geschrieben. *Der Hauptteil
   unserer Edition.*
2. *Konzept der Jahre 1563–1565*, 16 Blätter kleineren Formats, modern nr. 1–16, teils beidseitig beschrieben von Thomas II in fast unleserlicher Schrift. Der Hauptteil, fol. 1–14ʳ
   ist in Nr. 1 in Reinschrift kopiert, vgl. Kap. 11, A. 62.
3. *Biographica*, 24 Blätter von Felix' Hand, bei Boos und mir als *1*–24** bezeichnet. Fol. 24*
   ist vom Buchbinder irrtümlich hieher versetzt worden und gehört nach fol. 2. Platters
   Bemerkung auf fol. 14* «Extra ordinem dierum descripta» trifft nicht genau zu; er hatte
   einfach nicht Zeit, diese Blätter am richtigen Ort zu integrieren. Ich habe sie vollständig
   im Text übernommen, auch die 8 volkswirtschaftlichen Szenen von Montpellier,
   fol. 17*–19*, die im Anhang an Gewicht verlieren würden.
4. Felici Plateri ... De Mulierum partibus generationi dicatis ICONES, 4 Blätter gedruckt
   = Gynaeciorum sive de Mulierum Affectibus Commentarii, Basel, C. Waldkirch 1586.
5. Felix Platters Rechnung über seine *Einnahmen 1558–1612*, 8 Blätter, modern nr.; übernommen im Anhang meiner Edition.
6a. *Lobgedicht* eines unbekannten Holländers *auf die Stadt Basel:* Poeta quidam Batavus,
   In Laudem vrbis florentissimae ac nobilissimae Academiae Basileae Carmen Heroicum
   Inclyto eiusdem Senatui dedicatum, 1563, autogr. des Verfassers, 4 Bl. 1 a–d. Auf Bl. 1 dʳ
   unten: «Iacobo Rytero dono dedit hoc poeticum scriptum predictus poeta.» Auf 1 d
   autogr. Notiz von Pfr. Jacob Ryterus (1543–1610) über einen Besuch in Aarau 1576
   und den Rebus «A(lles) E(rdgrütt) I(st) O(sterich) V(nderton)». Gauss: Bas. ref. 134.
6b. *Der Stat Basell beschreibung*, autogr. von Felix Platter, 31 Blätter, modern nr. 2, 2 b, 3, 3 b,
   4, 4 b, 5, 5 b, 6, 6 b, 7, 7 b, 8, 8 b, 9, 10, 11 b, 12, 12 b, 13, 13 b, 14, 14 b, 15, 15 b, 16, 16 b,
   17, 18, 19, 20, durch Kleben zusammengestellt. Teilweise gedruckt bei Albert Gessler:
   Eine Wanderung durch Basel im Anfang des 17. Jh., BJb 1897, S. 48–72; verwertet
   ferner im Hist. Grundbuch von Karl Stehlin im St.-A. Ba.
7a-c. *Die drei Hofreisen* Platters zu Festlichkeiten, 7a und 7c autogr., 7b eine neuere, fehlerhafte Kopie. 6+19+20 Seiten (26 Bl.). Übernommen in der Edition, Kap. 13–15, vgl.
   Kommentar.
7cc. Verzeichnuß der personen, so in dem königreich vff der *khindttauffen* gewesen, den
   6. januarij anno *1600* gehaltten worden. 4 Blätter, beidseitig, modern nr. 11–14. Über-

nommen in der Edition nur das anschliessende Gedicht, das vielleicht von Felix Platter stammt, fol. 14.

8. *Keiser Ferdinandus* kompt gon Basell, falsch datiert «Jan. 1562» statt Jan. 1563, 2 Blätter, alt nr. A und B, autogr. Felix. Übernommen in Kap. 9.

9a. Skizze zu einem *Stammbaum* der Platter, von Felix II (1605–1675), schlechter Entwurf, verso einige biogr. Notizen. Vgl. den vollständigen Stammbaum von Aug. Burckhardt im Wappenb. Basel, übernommen von mir im B. Njbl. 1975.

9b. *Histori vom Gredlin*, in flüchtigem Konzept von Thomas II, 2 Blätter. Übernommen in Kap. 12.

9c. *Nachruf auf Helena Platter* (1683–1761, ∞ 1707 Claudius Passavant I), eine Urgrossnichte Felix Platters, Bl. 3–6, autogr. des Sohnes.

In der Beschreibung des Manuskript-Bandes habe ich mich angelehnt an das Inventar von Dr. Martin Steinmann auf der UBB, 1970. Total: 312 Blätter, wovon 6 leer (S. 149–151, 181–183).

Teil 1–3 bilden das Gros meiner Edition. In der Hs. Passavant fand ich ferner noch drei Seiten *Fortsetzung*, enthaltend die Jahre 1566 und 1567, die im Original verloren sind; da über ihre Echtheit kein Zweifel am Platze ist, habe ich sie natürlich übernommen (s. Kap. 11, A. 107). Drei kurze Abschnitte, die schon bei Fechter standen, hat Boos weggelassen, da sie nicht eigentlich zur Biographie gehören und angeblich auf fremden Quellen beruhen: es sind das Kohlenberggericht (Kap. 8, A. 159ff.), die Rheinfelder Fehde (Kap. 8, A. 279–295) und der Kaiserbesuch in Basel (Kap. 9); in einer vollständigen Edition durften sie nicht fehlen. Auch sonst habe ich – ausser der Stadtbeschreibung – alles Wesentliche aus dem erwähnten Manuskriptband übernommen, nach einigem Zögern auch noch die drei Hofreisen, die von Platter selbst als Fortsetzung der Autobiographie verstanden wurden. Damit geht ein altes Desideratum der Geschichtsfreunde, namentlich der Basler Lokalhistoriker, nach einer Gesamtausgabe von Felix Platters Tagebuch in Erfüllung. Im Urtext gab es bisher die Ausgaben von *D. A. Fechter* (1840), der grosse Auszüge daraus brachte, und von *Heinrich Boos* (1879), der etwa drei Viertel des eigentlichen Tagebuches herausgab (die ersten 7 ½ Kapitel meiner Edition), aber bewusst 72 mehr oder weniger grosse Lücken liess und auf den Schluss, die Jahre 1558–1567, verzichtete. Ferner fehlen bei ihm die drei Hofreisen, die jedoch andernorts von ihm selbst sowie von Fechter und Albert Gessler, teils im Urtext, teils in modernem Schriftdeutsch publiziert wurden (s. Quellenverzeichnis). Was die Qualität der Boosschen Ausgabe betrifft, so möchte ich diese gegen Kritiker in Schutz nehmen; Boos hatte viele unserer modernen Hilfsmittel noch nicht zur Hand und bietet trotzdem weitgehend einen korrekten Text. Wenn ich dennoch zahlreiche Lesefehler habe korrigieren können, so war mir dies nur möglich dank dem Vergleich mit der Kopie von Passavant, mit Hilfe des Historischen Grundbuches, der Matrikel-Editionen usw. Die Handschrift Felix Platters ist wohl gefällig und bei einiger

Übung ordentlich zu lesen, doch bietet sie manchmal – namentlich in Eigennamen – allerhand Schwierigkeiten.

Nun ist alles beisammen, und zum ersten Mal mit einem wissenschaftlichen Kommentar; über ihn soll nachher noch ein Wort gesagt werden. Eine Lücke besteht freilich immer noch: ich meine die *Stadtbeschreibung* und das *Pestbüchlein*. Beide hätten den Rahmen dieser Publikation gesprengt. Einen ersten Beitrag zur Publikation der Stadtbeschreibung hat Albert Gessler bereits 1897 geleistet (Eine Wanderung durch Basel im Anfang des 17. Jh., BJ 1897, S. 48–72), und auch im Hist. Grundbuch hat Karl Stehlin sie verwertet. Eine Gesamtausgabe müsste von zahlreichen Ausschnitten aus Merian- und Löffel-Plan begleitet sein. Die Peststatistik, die erst zum Teil veröffentlicht ist (von Rose Hunziker, im Anhang an ihre Diss. med. Basel 1938), könnte daran angeschlossen werden.

Felix Platters Autobiographie ist nicht in einem Zuge geschrieben wie diejenige des Vaters. Als Grundlage dienten dem Verfasser seine tagebuchartigen Notizen, die er wohl schon früh begonnen hatte, spätestens mit der Reise nach Montpellier am 10. Oktober 1552. Seit dem März 1551 hatte er überdies seine und des Vaters Briefe als Quellen. Vorher fehlen alle präzisen Zeitangaben, ausser dem Gratulationsbrief Simon Steiners zu seiner Geburt (Brief vom 1. Febr. 1537: Kap. 1, A. 201). Den Einzug in das Haus «zum Gejägd» im Jahre 1538 weiss er aus der mündlichen Tradition (Kap. 1, A. 32). Mit dem Jahre 1539, seinem dritten Lebensjahr, setzt dann die eigene Erinnerung ein, «die zeit meiner wißenschaft». In bunter Reihe folgen die Erinnerungsfetzen, chronologisch etwas durcheinander. Mehrmals steht statt der Jahrzahl eine Lücke (Kap. 1, A. 74, 75, 124, 127, 129, 359), auch da wo er die Zahl leicht hätte finden können wie bei der Begegnung mit *Calvin* 1541 oder gar dem Besuch *Vesals* 1543, an den er sich nach 70 Jahren noch lebhaft erinnerte. Etwas geordneter wird die Zeitenfolge 1546 und dann 1549 (Überschrift «Continuatio per annos ab A° 1549»). Die ersten präzisen Daten folgen am Ende des Refugiums in Röteln im *August 1551*; da diese aus den erhaltenen Briefen nicht zu erschliessen sind, darf man wohl hier den Beginn von Aufzeichnungen vermuten. Für das erste Kapitel wäre also die Bezeichnung «*Autobiographie*» besser angebracht; mit dem 2. Kapitel setzt das eigentliche «*Tagebuch*» ein.

Die *Redaktion* seiner Jugenderinnerungen sowie die Auswertung seines Tagebuches begann Felix Platter *Anfangs 1609*. Ich ersehe dies aus einem bisher unbekannt gebliebenen Brief, den er am 10. Jan. 1609 «dem ehrwürdigen und wollgelehrten herren Heinrico Strubino, pfarher zů Bubendorff, seinem schwager» schrieb, am selben Tag, da man seiner Pflegetochter Gredlin dritten Sohn, Marcus Rüedin, taufte. Der Brief liegt dem Manuskriptbändchen A λ II 2a bei, das eine Abschrift der Vita Thomas Platters von der Hand des Sohnes Thomas II enthält und kurz zuvor dem befreundeten Pfarrer Strübin zugesandt worden war, geschmückt mit den Wappen Platter-Jeckelmann und den Unterschriften der beiden Ehepaare mit Widmung. Felix gibt seiner Freude Ausdruck, «das ich (= Euch) meins lieben vatters seligen vita zelesen also zů hertzen gangen», dankt für ein Neujahrsgeschenk, «ein neuw bachen zopf», und schreibt im Zusammenhang: «*Ich schrib auch mein vitam*, dorin vil seltzam sachen und herlicheit, so ich gesechen.»

Durch die grosse Pestwelle von 1609–1611 wurde Platter an seinem Vorhaben verhindert; er war als Arzt ständig unterwegs und verfasste in dieser Zeit erst noch die erwähnte Stadtbeschreibung und Peststatistik. Erst *1612* konnte er sich wieder seiner Autobiographie widmen, wie wir aus zwei Hinweisen auf damals noch lebende Personen sehen: Vom Salmen-Annelin sagt er, es lebe wahrscheinlich noch «in disem ⟨1⟩612 jar» (Kap. 3, A. 402), und von den Gästen, die 1557 an seiner Hochzeit waren, seien «uf dem iar ich solches schreib anno 1612» ausser dem Brautpaar nur noch drei Personen am Leben (Kap. 7, A. 136). Die Fortsetzung der Biographie durch Thomas II wurde erst nach dem Juli *1613* oder noch später abgeschlosen; denn beim Tod von Franz Jeckelmann dem Jüngern 1565 wird bereits auf das Grab von dessen Schwester Madlen, Felix Platters Gemahlin, angespielt (Kap. 11, A. 61).

Felix schreibt also in einem Abstand von 60–70 Jahren; dennoch ist die Schilderung stellenweise so lebensnah und voller Details, dass man mit Sicherheit frühere Tagebuchnotizen voraussetzen muss. In zwei Fällen haben wir sogar eine Bestätigung dafür: 1558 schrieb ihm Basilius Amerbach aus Bourges und bat ihn um den «*zedel meiner reiß*» (Kap. 8, A. 127). Dieser enthielt gewiss eine Angabe der Reiseroute und der Distanzen, wie es die Zusammenstellungen in Kap. 2, A. 179ff. und Kap. 4, A. 239ff. zeigen, vielleicht auch Gasthäuser, Preise, Sehenswürdigkeiten usw. Ein ander Mal wird auf ein heute verlorenes «*Jahrbuch und Epistelbuch*» verwiesen, wo die Zahl der Briefe und Reisen verzeichnet war (Kap. 11, A. 18). Auch die Hofreisen sind wohl erst 1612 von Felix Platter ins Reine geschrieben worden, jedenfalls erst nach 1598, wie eine Anspielung in der 1. Reise verrät (Kap. 13, n. A. 13).

Man könnte sich fragen, ob einzelne Partien des Tagebuches nicht aus einer früheren Zeit stammen. Die Schrift variiert zwar nicht stark, aber seltsam sind gewisse orthographische Unterschiede: Auf den ersten zehn Folioblättern sowie auf fol. 15–19 Mitte schreibt Felix stets «unnd» mit 2 n, auf fol. 11–14, 20–137 und 1*–24* fast überall «und» mit 1 n. Doch muss es sich dabei um die übliche Unsicherheit handeln, wobei gewiss nur Monate oder Jahre, aber nicht Jahrzehnte dazwischen liegen.

Dafür sprechen vor allem auch die *Wasserzeichen*[15], die alle auf Papierfabrikate zwischen 1580 und 1600 deuten. Am häufigsten sind:

15 Vgl. C. M. *Briquet*: Les filigranes. Dictionn. hist. des marques du papier, T. 1, Paris 1907, und W. Fritz *Tschudin*: The Ancient Paper Mills of Basle and their Marks, 1958.

1. *Basilisk* mit Ringelschwanz, kleinem Baselstab, Haus mit Monogramm NH = Tschudin
   291, Heusler, *Basel 1594*, auf den fol. 17, 19, 20, 24, 40, 44, 45, 48, 72, *74*, 76, 79, 81, 85,
   86, 88, *91a*, 91b, 93, 96, 97, 112, 117, 120, 121, 124, 126, also 27mal.
2. *Krone* mit Basler Wappen, Kreuz, NH und M, ∼ Tschudin 218, Heusler, *Basel 1595*, auf
   fol. 3, 4, 5, *6*, 7 und spez. *12*.
3. Kleiner *Bischofsstab* ohne Wappen, mit 2türigem Haus, ∼ Briquet I, Nr. 1321, Héricourt
   1595 oder St. Morand 1603, auf fol. *14*, 3*, 5*, 11*, 23*. Vgl. auch Tschudin 139 und 143
   (Heusler, Basel 1607).
4. Wappen *Baden-Hochberg* (mit Querbalken) und Krone, unten Monogramm LB, ∼ Briquet I,
   Nr. 1075, *Basel 1580*, auf fol. 147, spez. 149 und 151 (unbeschrieben), 153, 155, 156, 158,
   163, 164, 169, es ist das von Thomas II verwendete Papier.
   Daneben kommen vereinzelt vor:
5. *Basilisk*, nach rechts schauend, ₀°₀ und C, ∼ Briquet I, Nr. 1392, holländisch, ca. 1600,
   auf fol. 184.
6. Grosser Baselstab ohne Krone, ohne Wappen, fol. 61.
7. Kleine Krone und Wappen mit kleinem Baselstab und darunter ein M mit Kreuz darauf,
   auf fol. 104, 105?, 109?, 112, 114, 115 und Gredlin, fol. 2.
8. Baselstab mit Haus, Varianten zu Nr. 3, auf fol. 19 und 31.
   Das moderne Vorsatzblatt vor der Hausrechnung zeigt einen Anker mit den Lettern
   i i d l R S, = Tschudin 238, Füllinsdorf BL 1828, Papiermühle Schmid.

Felix schrieb auf *lose Blätter* vom Format 20/32 cm, die erst nach seinem Tode gebunden
wurden. Er arbeitete nicht nur mit der Feder, sondern auch mit Schere und Leimtopf. Zahlreiche Blätter sind zerschnitten und *zusammengesetzt*: fol. 3, 4, 10, 19, 24, 29, 33, 34, 35, 36,
37, 44, 48, 50, 52, 55, 59, 64, 65, 66, 67, 69, 70, 74, 80, 81, 83, 95, 100, 110, 112, 113, 115, 117,
118, 119, 126, 131, 132, 133, 134, 135, insgesamt 42; die fol. 2 und 7 sind vom Buchbinder
aufgezogen und repariert worden. Die Fragmente sind meist ein Stück weit übereinander
geklebt, wobei zuweilen über die Nahtstellen hinweg geschrieben wird: fol. 113, 115. Anderorts sind die Fragmente aneinander gestossen und auf der Rückseite durch einen Klebstreifen verbunden, besonders schön *fol. 10*, wo der Klebstreifen deutlich die Schrift Felix
Platters und sogar das Datum aufweist: «Quidam ex militia domum reversus ab hostibus
male ..., sun. 1. Sep. A° ⟨1⟩611.» Ein anderer Klebstreifen weist einige Reisenotizen in F. Platters Schrift auf: «Templum illic, Montauban: Templum antiquib., Burdigatz, Lusinia,
Amboise, Lutetia, Biturigibus, Dion.» Platter verwendete wohl den gleichen ausserordentlich haltbaren Fischleim wie für seine Herbarbücher. Ab. fol. 137, wo die Schrift von Thomas II einsetzt, hören die Klebereien auf, das Papier wird besser.
   Die meisten Blätter haben beidseitig einen *Rand* von je 2,5 cm. Die Randlinien sind rötlich-
braun, desgleichen die 91 *Überschriften*, die als Marginalien den Text begleiten. Sie stehen
fast alle in Kap. 1 und sagen nirgends mehr aus, so dass man sie im Druck ohne weiteres
weglassen konnte. Statt dessen gebe ich – wie Frl. Dr. Keiser in Bd. 9 der Basler Chroniken – durch das ganze Buch hindurch jeweils auf der linken Seite oben das Datum, auf
der rechten Seite oben eine Überschrift als nicht originalen, aber nützlichen Zusatz.

Interessant ist der Vergleich der *Handschriften* Thomas Platters und
seiner beiden Söhne. Es sind gleichsam drei verschiedene Zeiten, die uns
begegnen: Der Vater mit seiner winzigen, aber exakten Gelehrtenschrift
auf kleinstem Postkartenformat wirkt wie ein Stück Mittelalter, Felix
schreibt etwas grösser, eine gefällige, meist gut lesbare Schrift des Re-
naissance-Zeitalters, während der jüngere Thomas mit seinen schleifen-
reichen Lettern typisch barock ist, obwohl er lange vor dem Bruder

schrieb. Ebenso ausgeprägt sind die Unterschiede in Sprache, Stil, Orthographie und erst recht in der *Prätention*: Der alte Thomas verfasste seine Vita auf Drängen des Sohnes; dieser selbst brauchte dazu keine besondere Motivation, sondern folgte als stolzer Renaissancemensch dem natürlichen Streben nach Selbstdarstellung; Thomas II dagegen schrieb seinen Reisebericht als Fleissarbeit «zur Anzeigung eines dankbaren Gemüts» gegenüber dem älteren Bruder.

Nachdem Felix seinen Vater sowie seinen Bruder zum Schreiben angeregt hatte (1572 und 1604), machte er sich, wie wir sahen, 1609 an die eigene Vita. Aber nun wiederholte sich dasselbe wie vor einem halben Jahrhundert: Beruf und Wissenschaft verdrängten das private Unternehmen. Pest, Stadtbeschreibung und Peststatistik füllten die Jahre 1609 bis 1612, dann brachte der 76jährige den Hauptteil der Ernte endlich unter, die Reinschrift des Tagebuches bis zum Jahre 1561. Aber die Zeit drängte. Die drei letzten Lebensjahre 1612–1614 reichten gerade noch zur Abfassung der 3 Bände «Observationes», eine ungeheure Arbeitsleistung für den immer noch Berufstätigen! So ist es verständlich, dass er ab fol. 137 die Reinschrift des Tagebuches seinem Bruder Thomas überliess, der – selbst ohne wissenschaftlichen Ehrgeiz – auch diese Aufgabe gerne übernahm. Thomas schrieb auf den von Felix paginierten Seiten 137–184 die Aufzeichnungen der Jahre 1562–1564 in der Ich-Form nieder und brach dann ab. Für den Kaiserbesuch von 1563 liess er die Seiten 181–183 frei; die Lücke schliesst sich durch das erhaltene Original von Felix (Blätter A/B). Das scheusslich geschriebene Konzept führt noch etwas weiter (1565), ein kleiner Rest ist verloren (vgl. Kap. 11, A. 62).

Wir wissen nicht, ob Felix seinem Bruder diktiert hat. Das flüchtig hingesudelte Konzept könnte dies vermuten lassen. Es enthält da und dort eine Wortgruppe oder einen kurzen Satz auf lateinisch, da Felix wohl zuweilen schneller die Formulierung in der Gelehrtensprache fand; in der Reinschrift hat Thomas diese Stellen dann übersetzt. Dennoch glaube ich eher an eine Redaktion auf Grund von knappen schriftlichen Vorlagen, da ein Diktat für Felix ja keinen Zeitgewinn gebracht hätte. Der ausführliche Bericht über die *Walliser Reise* sowie die persönlich bedeutsame *Gredlin-Geschichte*, die vom übrigen kargen Text abstechen (Kap. 10 und 12), sind vielleicht durch wiederholtes Erzählen belebt und bereichert worden.

Zum Glück besitzen wir in dem prachtvollen Bande Mscr. J I 1 der UBB eine sorgfältige Abschrift nicht nur der Biographie des Vaters, sondern auch aller deutschen Schriften von Felix. Sie geht zurück auf *Claudius Passavant I* (1680–1743), Dr. med. und Stadtarzt, den Gemahl der letzten Platter-Nachkommin Helena, der Urgrossnichte Felix Platters; Passavant erbte von seinem Schwiegervater das ganze Naturalien- und

Kunstkabinett samt den Manuskripten und stellte daher aus Stolz und Dankbarkeit diese schöne Kopie her, wohl nicht von eigener Hand, sondern durch verschiedene Schreiber. Sprachlich behalten sich die Kopisten des 18. Jahrhunderts natürlich vollkommene Freiheit gegenüber dem Original, doch sind wir dennoch darüber sehr froh; denn oft, wo das Original heute beschädigt ist oder fast unlesbar wie die letzten Konzeptseiten, da habe ich gerne den «Passavant» zu Rate gezogen, ebenso für die verlorene Fortsetzung (3 Seiten betr. die Jahre 1566/67). Zum Vergleich diente auch eine Abschrift im Privatarchiv Lotz.

Felix Platters Sprache

Felix Platter schreibt ein *Baseldeutsch*[16], das er jedoch der sich langsam normierenden neuhochdeutschen Schriftsprache anzupassen sucht. Die Stadt Basel vollzog um 1600 als erste Schweizerstadt in ihren schriftlichen Äusserungen den Anschluss an die neue Sprachform. Im Jahre 1610, als eben Platter sich an die Reinschrift seines Tagebuches machte, publizierte der Basler Gerichtsschreiber Joh. Rud. Sattler eine «Teutsche Orthographey», in der er die Neuerungen erklärte und als Richtlinien empfahl. Platter war in seiner Rechtschreibung völlig frei, da er hier ja ganz privat schrieb. Er hielt am baseldeutschen Vokalismus nicht ganz so fest wie Andreas Ryff, doch beweisen die vielen alten Lautformen, dass er ein gutes Baseldeutsch sprach. Schon der alte Schriftdialekt, an den er sich weitgehend noch hielt, bereitete dem Gelehrten, der sich leichter auf lateinisch ausdrückte, einige Schwierigkeiten, ungefähr so, wie wenn wir heute versuchen, Dialekt möglichst lautgetreu schriftlich zu fixieren. Der neuhochdeutschen Schriftsprache passte er sich etwa auf halber Linie an; gelegentlich ging er darin zu weit und bildete dann komische «hyperkorrekte» Formen, wie unsere Primarschüler, die erstmals «Hochdeutsch» sprechen.

Praeteritum   Am meisten Mühe bereitete ihm das *Praeteritum*, das ja bei uns längst ausgestorben war, ausgenommen im Schriftdialekt, der bis ins 17. Jahrhundert hinein verwendet wurde. Dass ihm das Perfekt vertrauter war, verrät schon die erste Seite, wo er beginnt: «Mein mûter ist g⟨ewesen⟩...», dann jedoch «ist» durchstreicht und das g... in «war» verwandelt (Kap. 1, A. 9). Starke und schwache Verben werden verwechselt: «er strief» (straf-

16 Vgl. *Albert Gessler*: Beitr. z. Gs. d. Entwicklung der nhd. Schriftsprache in Basel, Diss. Basel 1888; *Andreas Heusler*: Der alemannische Consonantismus in der Mundart von Baselstadt, Strassburg 1888; *Ed. Hoffmann-Krayer*: Der mundartliche Vokalismus von Basel, Diss. Basel 1890; *Wilhelm Altwegg*: Baseldytsch, in «Basel, ein Stadtbuch», 1932, S. 79ff.; *Ernst Erhard Müller*: Die Basler Mundart im ausgehenden Mittelalter, 1953. Als Berater in sprachgeschichtlichen Fragen halfen mir vor allem die Herren Dr. Rud. Suter und Dr. P. Ochsenbein.

te), schůde (schadete), «verhůt» (verhütete), «berůft» (berief); bei den zweistämmigen starken Praeterita (ich reit, wir ritten) wird falsch ausgeglichen: «wir reiten, wir bleiben»; in Analogie zur 6. Ablautklasse («grůb, trůg, fůr, schlůg») bildet er «*hůlt*» statt «hielt» (7. Klasse, ehemals reduplizierende Verben). Die ganze Unsicherheit zeigt sich auf fol. 95, wo nebeneinander gleich drei Formen für «lief» vorkommen: «er lüf, luft und lof» (Kap. 4, A. 47). Auch Andreas Ryff hat «anfůng, empfůng, fůl (fiel), gůng, underlůsz», Thomas II gar «fuhle, luffe, lussen» ohne ů für «fiel, lief, liessen». Bei den schwachen Praeterita lässt Platter fast immer das Endungs-e fallen: «ich/er wolt, kont, hort», auch da, wo die Formen dann mit dem Praesens zusammenfallen: «er schickt, trauwt, zeigt».

Das lange mhd. â wurde baseldeutsch zu o: strâfe > strof, rât > rot. a Gerade hier schreibt Platter unter dem Einfluss der Amtssprache stets «rat, ratsherren» (auch «husrath», aber «unroth» und «roten»), obwohl bis heute jeder Basler nur «Gross Rot» und «Rothus» sagt. Dass auch er o sprach, steht ausser Zweifel: «broten» (gebraten), sogar «gnodt» (Gnade); ior :iar.

Das e bezeichnet neben dem gewöhnlichen e auch den Sekundärumlaut e von a: statt: stettlin, kasten: kesten (Plur.). Das alte germanische e wird baslerisch zu ä geöffnet: «gäl (gelb), mäß, läser», aber auch e geschrieben: «hertz, leben». Das e bezeichnet ferner die entrundete Form von ö: «er mecht, kente». Lang e erscheint zuweilen als ee: «seer, vereeren, ee (Ehe)».

Das lange mhd. î (nhd. ei), das in allen schweizerischen Dialekten er- i halten ist, erscheint häufig: «wib, rich, isen, ilt, drifach, flisig, ingeben, bichten, zit», aber daneben auch «reiten, gleich, altzeit (immer)». Zur Bezeichnung des langen geschlossenen i verwendet Platter gelegentlich y: y «artzny, darby» wie heute die Dialektdichter, häufiger jedoch ii, das in ii seiner Schrift nicht von ü zu unterscheiden ist: «wiit» (wit, weit), schiit, iiferen, ziitig, er biigt, miilen, schniidt, begiirig, nochgeiilt, siine», weniger sicher «biire» und «hiirni» (hier offenes i, könnte auch ü sein), problematisch: «biigel», s. Kap. 1, A. 446. (Wo ein kurzes i vorliegt, schreibe ich dagegen ü: «külwe, stürnen, würft, rütterlich, süttig, überlüfert, gübel, küfel, verbürgt».) Die Schreibung ü für lang i ist zwar damals sehr verbreitet, doch anderseits schreiben auch Peter Ryff und Andreas Ryff (wenigstens in seiner Autobiographie) das lange i als ii (s. AndreasHeusler in B. Beitr. z. vaterl. Gs. 9/1870, S. XX, und Wilhelm Vischer in B. Chr. 1/1872, S. XIV)[17].

17 Da in der Schrift ii und ü nicht zu unterscheiden sind, musste in jedem Fall sorgfältig abgewogen werden. Herr Dr. Schläpfer (Liestal) hat meine Problemliste in einer Sitzung mit den namhaftesten Schweizer Linguisten in dankenswerter Weise bereinigt und bestätigt. – Vgl. auch Platters Reim «kiiben» auf «bliben», Gedichtband, S. 83 oder bei Val. Boltz: «Sant Pauls bekerung», gedruckt Basel 1551, der Reim «liit» auf «zyt», ferner Virgil Moser: Frühnhd. Grammatik I, Heidelberg 1929, S. 17.

o   Das o bietet keine Probleme. Kurz und offen: «kolben, hoffen, verbotten»; lang und offen: «gfor, wor, geboren»; lang und geschlossen: «do, pfol, wonen, brot, strol (Strahl), stroß».

u   Das u ist kurz und offen wie in «lustig, under» oder lang und geschlossen wie in «hus, mur, grusam, lutten, dusch, drurig», daneben ebenso häufig die nhd. diphthongierten Formen «haus, kraut, aus, lauten».

ei   Von den *Diphthongen* bezeichnet ei sowohl das mhd./nhd. ei in «bein, teil, kleid, keiser, eigen» als auch die diphth. Formen aus mhd. i: «riten > reiten, bliben > bleiben». Am häufigsten braucht Platter das nhd. ei in «mein, dein, sein», da er diese Wörter am meisten zu lesen bekam, oft aber i und ei dicht nebeneinander: «Daß mein hertz ist allein din eigen.»

ie   Das ie ist stets als echter Doppellaut zu sprechen wie im Mhd. («lied, krieg, ziehen»), nie als langes i.

ů   Das ů bezeichnet wie im Mhd. das uo/ue in «bůb, gůt, zů, lůgen, fůs» usw. Daneben verwendet es Platter aber häufig *irrtümlicherweise für ou (nhd. au):* «urlůb, blůw, bům, pfůwen, růch, glůben, strůw (strau, Stroh), zerhůwen»; sicher stets au gesprochen, wie Platters Reim «lůb : staub» beweist (BJ 1879, S. 214).

au   Neben mhd./dial. «hus, bruch, mul» schreibt Platter oft die nhd. Formen «haus, brauch, maul».

ä   Das ä gebraucht Platter neben e für das alte germ. e: «mäß, läser, schärer, dohär, fäl, käfi», für den *Umlaut* von a dagegen fast immer e: «kelte, mechtig, kesten, geferbt, hette, were», seltener «wäre, kämindt».

ö   Das ö («schön, löschen, nöten, stöck, höchlich») und das ü («büle, nüne,
ü   brüge, künig, sün, trübel, münch») schreibt Platter wie wir stets mit 2 Strichlein, so dass wir auf das von Boos verwendete übergeschriebene
(e)   e verzichten können. Die typisch *baslerischen Entrundungen* ö > e («bleter-
(i)   lin, schepft, leffel, kerb, mechte, kente») sowie ü > i («hipsch, tribel, glick, hausthir») sind relativ selten. Platter schreibt nicht «epfel», sondern «öpfel», nur selten «frindlich», sondern «früntlich», ebenso «brüchlich, gefült, nütt, tütsch oder teutsch».

öu   Das öu (ö+ü) führt baseldt. zu e+i, das dann seinerseits zu ai wird:
(eu)   mhd. vröude > fraid. Platter schreibt jedoch weder «Baimli» noch «Haibärg», sondern «Beumlin» und «heuwberg». Nur einmal ein «strosreiber» und ein «seigendt kindt» (Kap. 1, A. 316). Das ist wohl kein Zufall; denn von allen 4 Entrundungslauten ist das ai am wenigsten durchgedrungen.

eu   Statt des mhd./alem. «krütz», baseldt. «kritz», verwendet Platter meist das nhd. «kreutz», ebenso «feur, leuth, heuser» (nicht «hiser»). Dass er jedoch anders sprach, beweist der Reim von «leuth» auf «nütt», vgl. «nüw, fürig, burenbrüten».

Von den vier baslerischen Entrundungen «bees, Dire, Baim, Hiener» üe/ie
ist die vierte am verbreitetsten, und dennoch ist Platter gerade hier sehr (eu/ieu)
unsicher. Er schreibt zwar häufig normal «gieter, brieder, biecher, fieß,
rieffen, ieben, bedriegen, verriempt» usw., doch sehr oft hyperkorrekt
gerundet «heuner, breuder» oder gar «hieuner, brieuder, frieu (früh),
sieus, brieu, mieud, gemieut, hieut und kieustal». Auch Platters Stief-
schwester Magdalena Ryhiner-Platter bietet in ihrem Kochbuch von 1592
neben korrekter «süeßer brüe» ebenfalls «hieuner» an (BJ 1879, S. 225).
Selbst hier folge ich buchstabengetreu der Handschrift, erlaube mir jedoch um der Lesbarkeit willen eine eckige Klammer: «hie[u]ner, frie[u]».

Das zweite typische Merkmal des heutigen Basler Dialekts ist neben
der Entrundung die *Dehnung* der kurzen mhd./schweizerischen Vokale
in «Wăge, Ĕsel, Igel, Bŏde, Stŭbe» zu Längen: «Wâge» usw. wie in der
Schriftsprache, ausgenommen «Vatter, bätte», wo eine Tenuis folgt. Aus
der Schreibweise Platters ist diese Längung nicht ersichtlich; wir wissen
nicht, wie er und seine Zeitgenossen gesprochen haben!

Im baseldeutschen *Konsonantismus* fällt vor allem die häufige *Erweichung* d
der anlautenden Tenues auf: «Disch, Baar, Glaider». Bei Platter steht d b
fast überall: «disch, drocken, drift, drinken, dusch, duben», b oft: «blatz,
blogen», das g fast nie.

Auf die Verwendung von s und ß wollen wir nicht eingehen, um so s, ß
mehr, als sich die beiden in der Schrift oft kaum unterscheiden lassen,
ebenso das auslautende st. Neben «letstlich» (letztlich) schreibt Platter st
häufig «lestlich», was korrektes Mhd. ist; ich habe es daher – im Gegensatz
zu Boos – nicht ausgeglichen. Schlimmer für die Lesbarkeit ist die selt- schs
same Marotte Platters, an fast alle auslautenden sch noch ein s anzuhän-
gen: «duschs, menschs, fleischs, theutschs, weltschs, Lutherischs» oder
noch toller «gewünschst», «erwutschst» (erwischt) oder gar «brüstsche»
(Pritsche), ganz einfach aus Unsicherheit. Hier allein habe ich mich nach
reiflicher Überlegung zu einer Korrektur entschlossen, wie dies schon
Boos stillschweigend getan hat. Dagegen habe ich alle andern Inkonse-
quenzen, die ja damals allgemein üblich waren, übernommen, so auch nn
«uns, unns, und, unnd, undt, unndt», da sie weiter nicht stören. dt

Artikel und Vorsilben werden oft durch Vokalverlust tonlos oder fallen Artikel
weg: «znacht, uf dnacht, in dmetz⟨g⟩, 'kirchen (< kkirchen < d'kirchen),
an «baggen» usw. (Thomas I sogar: «Zürich» = z'Zürich), 'geben, ge-
'bachen, 'broten (gebraten), ufzogen, gmein, gwerb, bschließt, kan be-
(< g'han, gehabt)» usw.

Auf der ältern Basler Mundart beruht der Wegfall des auslautenden t -t
in «nacht, acht, merckt», s. Kap. 1, n. A. 263, 404, 460, 602, Kap. 3, A. 382,
674, Kap. 4, A. 202; BCh. 7, 245. Aus Unsicherheit wird gelegentlich ein
t zuviel geschrieben: «gebreng[t]», «schif[t]lin», «spring[t]» (Kap. 1, n.

ch A. 118; Kap. 3, n. A. 101 und 701). Statt ck wurde oft ch geschrieben und
wohl auch gesprochen, besonders vor t: «ersticht (=erstickt), gerucht,
erschrach, krancheit, strich (= Strick!), gschichtiheit, bedecht, hencht,
kruchen (=Krücken)» (Kap. 1, n. A. 67, 69, 287, 428, 450, 522, 557,
Kap. 2, n. A. 67, Kap. 3, n. A. 22, 203, Kap. 13, n. A. 47). Vgl. Schw. Id.
6, 849f. und BCh 6, 441.

j   Statt j schreibt Platter oft i; ich habe einzig das Wort «Geiegt» korrigiert in «Gejegt» (Gejägd, Jagd), um es besser lesbar zu machen. Kap. 1,
A. 32 usw., s. Register.

Zusammengesetzte Substantive werden oft getrennt geschrieben: «mittag eßen, spon grien (grienspon), ritter spil» usw., Infinitive mit Partikel
«ze» zusammen: «zebringen, zedrachten, zeverdriben»; getrennt habe ich
nur «ze ylen», Kap. 1, n. A. 19.

Syntax   In der *Syntax* fällt einem Platters Vorliebe für *Schachtelsätze* auf: «das
ich in eins Teutschen, do man ein dantz hielt, haus gieng» (Kap. 4,
n. A. 103) ist nur ein mildes Beispiel. Manchmal bietet er in einem Nebensatz eine ganze Kurzbiographie. Störend ist dabei weniger die Länge des
Satzes als vielmehr die weite Trennung zusammengehöriger Satzglieder.
Hier zeigt sich wohl der Einfluss des Lateins von der negativen Seite.

Satzzeichen   In der *Interpunktion* habe ich mir einige Freiheit gestattet, indem ich
Editions-   durch Kommas und Strichpunkte übersichtlicher zu gliedern versuchte.
grundsatz   Mein oberster *Editionsgrundsatz* war sonst überall die absolute *Buchstaben-
treue*, selbst da, wo die Lesbarkeit darunter empfindlich leidet; einzig im
Falle des unwichtigen, aber sehr störenden *schs* (statt sch) habe ich mir
eine Korrektur an der Handschrift gestattet, ebenso dort, wo es offen-
sichtliche Fehler hat, jedoch stets mit Erwähnung im Kommentar. Die
Unterteilung in 15 Kapitel ergab sich aus dem Inhalt.

Kommentar   Der *Kommentar* verfolgt drei Ziele; er bietet
1. eine Erklärung der *sprachlichen* Probleme,
2. *sachliche* Erläuterungen, vor allem geographischer und historischer
Art, aber auch aus dem Bereich der Medizin und anderen Wissensgebieten,
3. *Personen*geschichte.

In den Punkten 1 und 2 hoffe ich die Aufgabe gelöst zu haben: Der Text
ist vollständig und korrekt und sollte mit Hilfe des beigedruckten Kom-
mentars allgemein verständlich sein, wenn man sich ein wenig eingelesen
hat. In Punkt 3, der Erfassung der Personen, habe ich dagegen einige
Lücken offen gelassen, in den letzten drei Kapiteln (Hofreisen) sogar absichtlich. Über den nötigen Umfang der Angaben kann man verschiedener Meinung sein; im Gegensatz zu Boos, der einen Kommentar für
überflüssig hielt, gebe ich einen eher reichen Kommentar. Die Personen-
geschichte, besonders die Genealogie, ist zwar in letzter Zeit allgemein

hinter der Ideengeschichte zu Recht in den Hintergrund gerückt, doch kann sie den Forschern verschiedener Spezialgebiete auch heute wertvolle Aufschlüsse geben. Arbeitsmässig forderte die Identifikation der zahlreichen Personen den weitaus grössten Aufwand, etwa 40 Briefe an Archive und Forscher in der Schweiz, Deutschland und Frankreich sowie langwieriges Suchen im hiesigen Staatsarchiv; doch hatte diese Sucherei etwas Faszinierendes, das an Kreuzworträtsel oder Kriminalroman erinnert. Vielfach benützt, aber lange nicht ausgeschöpft habe ich die Briefe zahlreicher Absender an Felix Platter, die sich auf mehrere Handschriftenbände der Universitätsbibliothek verteilen.

Etwas ungewöhnlich ist die Art der *Verweise* innerhalb meiner Edition. Verweise Um die Druckkosten nicht noch mehr zu steigern, habe ich nicht den Umbruch abgewartet, der die endgültigen Seitenzahlen bringt, sondern benutze als Koordinaten die Kapitelzahl (oben innen auf jeder Seite) und die Anmerkungen, die wie in BCh 8 kapitelweise durchnumeriert sind (also z. B. «Kap. 3, A. 836»). Die normalen Seitenzahlen findet man im Register.

Als *Anhang* zum Tagebuch bringe ich Felix Platters Verzeichnis seiner Anhang *Einnahmen* 1558–1612 sowie seine sieben *Bildnisse* mit Kommentar. Einige Aufsätze, die ursprünglich als Ergänzung zum Kommentar geplant waren, erscheinen in erweiterter Form als eigene Publikation unter dem Titel «*Felix Platter und seine Familie*», Basler Neujahrsblatt 1975. Sie be- B Njbl. 1975 handeln zusammenhängend die Eltern und die Gemahlin Felix Platters, die Stiefmutter und die Geschwister, seine und des Vaters Tischgänger, die Wohngebäude der Familie, die Sammlungen sowie Testamente, Vermögen, Stammbaum und Grabschriften.

Zum Schluss ein Wort des *Dankes* an alle, die mir in meiner langen Dank Arbeit geholfen haben, zuerst der Historischen und Antiquarischen Gesellschaft zu Basel als Herausgeberin, insbesondere Herrn Dr. Max Burckhardt, dem Leiter der Handschriftenabteilung der Universitätsbibliothek, als Initiator und Berater, sowie Herrn Prof. Dr. Andreas Staehelin, dem Statthalter der Gesellschaft und Direktor des Staatsarchivs. Sodann gilt mein Dank dem Erziehungsdepartement Basel-Stadt und der Freien Akademischen Stiftung unter Vorsitz von Herrn Dr. Eduard Sieber, die mir während mehrerer Jahre eine Teilentlastung von meinem Schulpensum gewährt haben, sowie dem Regierungsrat von Basel-Land, der mir im Wintersemester 1971/72 zu einem vollen Urlaub verholfen hat. Unter den zahlreichen Helfern, die mir wertvolle Auskünfte gegeben haben, möchte ich namentlich hervorheben Herrn Prof. Dr. H. G. Wackernagel †, den Volkskundeforscher und Herausgeber der Basler Matrikel, sowie seinen Sohn Dr. Wolfgang Wackernagel, den Rechtshistoriker,

Hochwürden Dr. H. A. von Roten in Ergisch VS und Herrn A. L. Schnidrig, Ing.-Agronom in Pratteln, als Kenner des Wallis, die Germanisten Dr. P. Ochsenbein, Frl. Dr. R. Jörg, Dr. Rud. Suter und Dr. Robert Schläpfer sowie die Altphilologen Prof. Dr. B. Wyss, Prof. Dr. F. Heinimann und Dr. Martin Steinmann als Berater in linguistischen Fragen, Prof. Dr. med. L. Dulieu in Montpellier sowie Prof. Dr. G. Wolf-Heidegger und Prof. Dr. H. Buess in Basel für medizinhistorische Fragen, Dr. h. c. Martin Schwarz und Prof. Dr. Heinrich Zoller für Botanik und Zoologie. Besonderen Dank für manche wertvolle Hilfe und innere Teilnahme schulde ich Frau Dr. E. Landolt und Frl. Dr. M.-L. Portmann, die durch ihre gleichgerichteten Interessen mir zur Seite standen, sowie Herrn Dr. B. R. Jenny, dem vorbildlichen Herausgeber der Amerbach-Korrespondenz. Herr Dr. H. G. Oeri und Frl. Dr. M. L. Portmann lasen mit grosser Sorgfalt die Korrekturen. Ferner danke ich allen Beamten der Universitätsbibliothek und des Staatsarchivs Basel sowie allen Korrespondenten, die ich nicht einzeln nennen kann, zu guter Letzt meiner lieben Gemahlin, die mich mit gutem Rat und viel Geduld allzeit ermuntert hat. Valentin Lötscher

Quellen

Verzeichnis der meistbenützten und zum Teil abgekürzt zitierten Quellen

1. Platter-Texte

a) handschriftliche:

Hs.	Handschrift von Felix Platters Tagebuch (Autobiographie, Einnahmen, Hofreisen), Mscr. A λ III 3 der Univ.-Bibl. Basel, geschrieben 1612, ab fol. 137 von der Hand des Bruders Thomas II.
Pv.	Passavant: Thomae et Felicis Platterorum vitae. Abschrift aus dem Besitz von Claudius Passavant. Mscr. J I 1, Univ.-Bibl. Basel.
Hs. Lotz	Autobiographien von Thomas und Felix Platter, Abschrift aus dem Besitz von Arnold Lotz, Privatarchiv Lotz 355 F 1, St.-Arch. Basel.
	Felix Platter: Beschreibung der Stadt Basel. Häuserverzeichnis von 1610, in dem erwähnten Mscr. A λ III 3.
	Felix Platter: «Siben regierende pestelentzen ...», 1611, Mscr. A λ III 5a Univ.-Bibl. Basel.
Gedichtband	Felix Platter: «Samlung allerhand meist lächerlichen gedichten», Mscr. A G v 30, Univ.-Bibl. Basel.
Hausbuch	Thomas II Platter: Hausbuch (auch «Hauptbuch»), enthaltend Testamente und Inventare, begonnen 1615, Mscr. A λ V 9, Univ.-Bibl. Basel.

b) gedruckte:

Fechter	Thomas Platter und Felix Platter, zwei Autobiographien, hg. von D. A. Fechter, Basel 1840.
Boos	Thomas und Felix Platter. Zur Sittengeschichte des XVI. Jhs. Bearbeitet und hg. v. Heinrich Boos, Leipzig 1878.
Kieffer	Félix et Thomas Platter à Montpellier 1552–1557 et 1595–1599. Notes de voyage de deux étudiants bâlois, anonyme Ausg., übersetzt von L. Kieffer, hg. v. C. Coulet und L. Gaudin, 2 Bde., Montpellier 1892.
Briefe Thomas	Thomas Platters Briefe an seinen Sohn Felix, hg. v. Achilles Burckhardt, Basel 1890.
Obs. 1614	Felix Platter: Observationes in hominis affectibus plerisque corpori et animo functionum laesione, dolore aliave molestia et vitio incommodantibus, libri tres», Basel 1614.
Buess	Felix Platter: Observationes I, aus dem Lat. übersetzt v. Günther Goldschmidt, bearb. u. hg. v. Heinrich Buess, in Hubers Klassiker d. Med. u. Naturwiss., Bd. 1, Bern 1963.
Hartmann, Thomas P.	Thomas I Platter: Lebensbeschreibung, hg. v. Alfred Hartmann, in d. Sammlung Klosterberg, Basel 1944.
Keiser	Thomas Platter d. J.: Beschreibung der Reisen durch Frankreich, Spanien, England und die Niederlande 1595–1600, hg. v. Rut Keiser, in Basler Chroniken, Bd. 9 I u. II, Basel 1968.

Hunziker	Rose Hunziker: Felix Platter als Arzt und Stadtarzt in Basel, im An-hang: ein Auszug aus Platters Pestbericht. Diss. med. Basel, Zürich 1938.
Vgl. zu (Kap. 12)	Albert Gessler: Felix Platters Histori vom Gredlin. Basler Jahrbuch 1893, S. 251–259.
(Kap. 13)	Heinrich Boos: Felix Platters Reiß gen Simringen auf Graf Christofel von Zolleren Hochzeit 1577, BJ 1887, S. 221–232.
(Kap. 14)	D. A. Fechter: Reiß Margroffen Georg Fridrichen zu Baden unnd Hochburg gon Stuttgarten ... 1596 (Auszug), in der P.-Ausg., Basel 1840, S. 196–208.
(Kap. 15)	Felix Platters Schilderung der Reise des Markgrafen Georg Friedrich zu Baden und Hochberg nach Hechingen... 1598, bearbeitet (moderni-siert und kommentiert) v. Albert Gessler, BJ 1891, S. 104–146.
	Albert Bruckner: Briefe an Felix Platter von seiner Mutter, Basler Nachrichten, Sonntagsbl. Nr. 32 vom 7. Aug. 1932.

2. Andere abgekürzt zitierte Quellen, Darstellungen, Lexika, Institute

ADB	Allgemeine Deutsche Biographie. 56 Bde., Leipzig 1875ff.
BCh	Basler Chroniken, hg. v. d. Historischen u. Antiquarischen Gesellschaft Basel, 9 Bde., Leipzig/Basel 1872–1968.
Benzing, Buchdrucker	Josef Benzing: Die Buchdrucker des 16. und 17. Jahrhunderts im deutschen Sprachgebiet. Wiesbaden 1963.
Biogr. univ.	Biographie universelle ancienne et moderne. Paris 1854ff.
BJ	Basler Jahrbuch, Basel 1879, 1882–1959, ab 1960 «Stadtbuch».
BMHM	Bulletin du Musée historique de Mulhouse.
BN	Basler Nachrichten.
B.Njbl.	Neujahrsblätter, hg. v. d. Gesellschaft für das Gute und Gemeinn,ützige Basel 1821ff.
Bonjour, Universität	Edgar Bonjour: Die Universität Basel von den Anfängen bis zur Gegenwart, 1460–1960, Basel 1960.
Bopp	Marie-Joseph Bopp: Evangelisches Pfarrer- und Theologenbuch von Elsaß und Lothringen ..., Colmar 1944.
P. Burckhardt, BCh. 8	Das Tagebuch des Johannes Gast, hg. v. Paul Burckhardt, in Basler Chroniken Bd. 8, Basel 1945.
Burckhardt, med. Fak.	Albrecht Burckhardt: Geschichte der medizinischen Fakultät zu Basel 1460–1900, Basel 1917.
	Albrecht Burckhardt: Demographie und Epidemiologie der Stadt Basel 1601–1900, Basel 1908.
Buxtorf, St.- u. Landgs.	Karl Buxtorf-Falkeisen: Baslerische Stadt- und Landgeschichten aus dem 16. Jh., 4 Hefte, Basel 1863–1868.
BWG	Blätter aus der Walliser Geschichte, Sitten 1895ff.

BZ	Basler Zeitschrift für Geschichte und Altertumskunde, Basel 1902 ff.
Clauss	J. Clauss: Hist.-topogr. Wörterbuch des Elsaß, Zabern 1895.
Daucourt	Arthur Daucourt: Dictionnaire hist. des paroisses de l'ancien évêché de Bâle, 8 tomes, Porrentruy 1899–1913.
Eur. St.-Tf.	F. Freytag v. Loringhoven: Die europäischen Stammtafeln. Neuauflage von Isenburg, 4 Bde., 1956 ff.
Feller/Bonjour, Gs'schreibung	Richard Feller und Edgar Bonjour: Geschichtsschreibung der Schweiz vom Spätmittelalter zur Neuzeit, 2 Bde., Basel 1962.
Fischer	Fischer: Schwäbisches Wörterbuch, Tübingen 1908 ff.
Gauss	Karl Gauss: Basilea Reformata. Die Gemeinden der Kirche Basel Stadt und Land und ihre Pfarrer ..., Basel 1930.
GLA	Generallandesarchiv Karlsruhe.
Grimm	Grimm: Deutsches Wörterbuch.
Häfliger, Apotheker	Josef Anton Häfliger: Die Apotheker und Apotheken Basels, BZ 31/1932, S. 281 ff.
	J. A. Häfliger: Felix Platters Hausapotheke, BJ 1939, S. 18 ff.
HBLS	Hist.-biogr. Lexikon der Schweiz, 7 Bde. + 1, Neuenburg 1921 ff.
HGB	Hist. Grundbuch der Stadt Basel, grosses kartographisches Nachschlagwerk im St.-Arch., erstellt v. Karl Stehlin.
Hirsch	Hirsch: Biographisches Lexikon der ... Ärzte aller Zeiten und Völker, 2. Aufl., Berlin/Wien 1929–1935.
Jenny, Amerbach	Die Amerbachkorrespondenz, Bde. 1–5 hg. v. Alfred Hartmann, Basel 1942 ff., spez. benutzt Bd. 6, hg. v. Beat Rudolf Jenny, Basel 1967, noch eingesehen Bd. 7, 1974.
Jöcher	Christian Gottlieb Jöcher: Allgemeines Gelehrten-Lexicon, 4 Bde., Leipzig 1750–51. Neudruck und Supplement-Bde.
La France Protestante	La France Protestante, par E. et E. Haag, 10 vols., Paris 1846–1859; 2e édition vols. 1–6, Paris 1877–1888.
Karcher	Joh. Karcher: Felix Platter. Lebensbild des Basler Stadtarztes, Basel 1949.
Kindler	J. Kindler v. Knobloch: Oberbadisches Geschlechterbuch, 3 Bde., Heidelberg 1898–1919.
Kneschke	Heinrich Ernst Kneschke: Neues allgemeines Deutsches Adels-Lexikon, 9 Bde., Leipzig 1859 ff.
Kolb	Werner Kolb: Geschichte des anatomischen Unterrichts an der Universität Basel 1460–1900, Diss. med. Basel 1951.
Landolt	Elisabeth Landolt-Wegener: Materialien zu Felix Platter als Sammler und Kunstfreund, BZ 72/1972, S. 245–306.
Lehr	Ernest Lehr: L'Alsace noble ..., 3 vols., Paris 1870.
Leu	Hans Jacob Leu: Allgemeines Helvetisches Lexicon, 20 Bde., Zürich 1747–1765, mit 6 Suppl.-Bdn. v. H. J. Holzhalb 1786–95.

Lexer	Matthias Lexer: Mittelhochdeutsches Wörterbuch, 3 Bde.
Lötscher, Njbl.	Valentin Lötscher: Felix Platter und seine Familie, B.Njbl. 1975.
Lotz	Privatarchiv Arnold Lotz, Sammelwerk zur Geschichte der Basler Familien, über 500 handschr. Hefte, Priv. Archiv 355 c, St.-Arch. Basel.
Matr. Ba.	Die Matrikel der Universität Basel, hg. v. Hans Georg Wackernagel, Bde. 1–3, Basel 1951 ff.
Matr. Mp.	Matricule de l'université de Montpellier 1503–1599, publiée par Marcel Gouron, Genève 1957.
Matr ...	Matrikel Freiburg, Tübingen, Würzburg usw. siehe die genaueren Angaben bei Wackernagel, Matr. Ba.
Merian, Musik	Wilhelm Merian: Felix Platter als Musiker. Sammelbände der Internat. Musikgeschichte XIII, Jg. 2, 1912, S. 272 ff.
Merz, Sisgau	Walther Merz: Die Burgen des Sisgaus, 4 Bde., Aarau 1909 ff.
Neu	Heinrich Neu: Pfarrerbuch der evangelischen Kirche Badens, Teil II, Lahr 1939.
Riggenbach	Rudolf Riggenbach: Die Besitzungen der Walliser in Basel, Blätter aus der Walliser Gs., Bd. 9/1943, S. 474 ff.
Roth, Gundeld.	Carl Roth: Gundeldingen, in Merz, Sisgau 2/1910, S. 295–310.
Rytz	Walther Rytz: Das Herbarium Felix Platters, in: Verhandlungen d. Naturforsch. Ges. in Basel, Bd. 44/1932, S. 1–222.
Schmid, Zollernmusik	Ernst Fritz Schmid: Musik an den schwäbischen Zollerhöfen der Renaissance, Basel 1962.
Schnidrig	Alois L. Schnidrig: Thomas Platter. Ein Denkmal der Anerkennung. Visp 1955.
Schw. Id.	Schweizerisches Idiotikon, Wörterbuch der schweizerdeutschen Sprache, Bde. 1–13, Frauenfeld 1881 ff. (fast fertig).
Seiler	G. A. Seiler: Die Basler Mundart, Wörterbuch, Basel 1890.
St.-A. Ba.	Staatsarchiv Basel. Die einzelnen Taufbücher, Urfehdebücher usw. siehe in den Anmerkungen.
Thommen	Rudolf Thommen: Geschichte der Universität Basel 1532–1632, Basel 1889.
Tonj.	Johann Tonjola: Basilea sepulta ..., Basel 1661.
Un.-Bibl. Ba. oder UBB	Universitätsbibliothek Basel; die Briefe an Felix Platter, meist in den Mscr.-Bänden des Frey-Grynaeum, s. Anm.
Wackernagel, Buchdrucker	Rudolf Wackernagel: Aktensammlung zur Geschichte der Basler Buchdrucker, Buchhändler und Buchbinder, Mscr. St.-A. Ba.
Wackernagel, Gs. d. St. Ba.	Rudolf Wackernagel: Geschichte der Stadt Basel, 3 Bde. in 4 Teilen, Basel 1907–1924. Register v. J. K. Lindau 1954.
Wpb. Ba.	Wappenbuch der Stadt Basel, hg. v. W. R. Staehelin, Basel o. J. (1917 ff.), 551 Stammbäume u. Wappen, ohne Seitenzahlen.
ZGO	Zeitschrift für die Geschichte des Oberrheins, Karlsruhe 1850 ff.

Abkürzungen

G.	= Gemahl(in)	∞	= verheiratet	dt.	= deutsch
S.	= Sohn	recop.	= wiederverheiratet	mhd.	= mittelhochdeutsch
T.	= Tochter	Gf.	= Graf	nhd.	= neuhochdeutsch
Fam.	= Familie	Gfin	= Gräfin	lat.	= lateinisch
St.	= Stadt	Ldgf.	= Landgraf	frz.	= französisch
O.A.	= Oberamt	Mkgf.	= Markgraf	<	= kommt von
Bez.	= Bezirk	Hzg.	= Herzog	>	= wird zu
imm.	= immatrikuliert	Hzgt.	= Herzogtum	Eig.	= Eigentümer
b.a.	= baccalaureus artium	Kfst.	= Kurfürst	N v.	= nördlich von
m.a.	= magister artium	Kg.	= König	S v.	= südlich von
Bg.	= Bürger	s.	= siehe	W v.	= westlich von
BvB	= Bürger von Basel	o.	= oben	E v.	= östlich von
Zft.	= Zunft	u.	= unten	irrt.	= irrtümlich
zft.	= zünftig	v.	= vor/von	Hs.	= Handschrift
d. R.	= des Rats	A.	= Anmerkung	Mscr.	= Manuskript
BM	= Bürgermeister	Kap.	= Kapitel	*	= geboren
OZM	= Oberstzunftmeister	Reg.	= Register	†	= gestorben
Ldv.	= Landvogt	reg.	= regiert	get.	= getauft

Für *Städtenamen*, spez. in Buchtiteln und genealogischen Angaben:

Ba.	= Basel	St. G.	= St. Gallen
Bln.	= Berlin	Strbg.	= Strassburg
Lpz.	= Leipzig	Stgt.	= Stuttgart
Mch.	= München	Zch.	= Zürich

Für *Schweizer Kantone* nach Ortsnamen (spez. im Register):

AG	= Aargau	FR	= Freiburg	SO	= Solothurn
BE	= Bern	LU	= Luzern	VD	= Waadt
BL	= Baselland	SH	= Schaffhausen	VS	= Wallis

Bei *elsässischen* Ortsnamen bedeuten HR = Haut-Rhin, BR = Bas-Rhin, bei *deutschen* Ortsnamen steht D, bei *französischen* F.

[ ] *Eckige Klammern* umfassen Buchstaben, die *wegfallen* sollten.
⟨ ⟩ *Spitze Klammern* umfassen Buchstaben oder Wörter, die zu *ergänzen* sind.
( ) *Runde Klammern* bezeichnen die gewöhnliche Parenthese.
[2] *Zahlen in eckigen Klammern* geben im Text die Seitenzahl des Originalmanuskripts an.
[5*] *Zahlen mit Stern* bezeichnen die 24 Blätter am Schluss des Bandes, die hier jedoch an der passenden Stelle integriert worden sind.

ÆTATIS · 8 3 ·
1 5 81

Der Vater *Thomas Platter I*, *1499 oder später (?), †1582, Porträt von Hans Bock d. Ä., 1581.

Merian-Plan 1615: Obere Freie Strasse mit dem *Haus «zum Gejägd»* (* Nr. 90), wo Felix Platter die erste Lebenshälfte bis 1574 zubrachte.

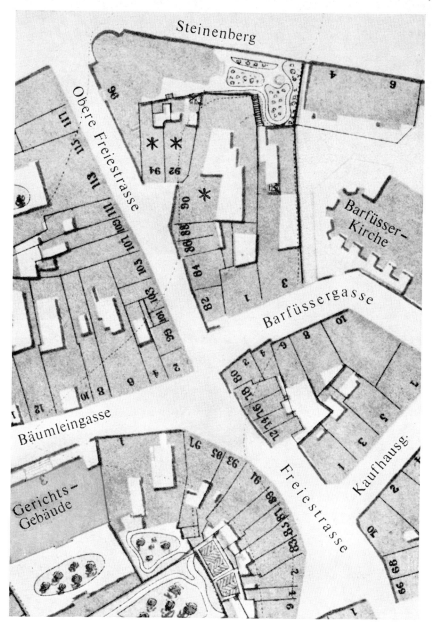

Löffel-Plan 1859: *Die drei Häuser Thomas Platters* an der obern Freien Strasse, «zum Gejägd»
(* Nr. 90), «Gross- und Klein-Rotenfluh» (* Nr. 92/94).

Tafel 4

Die vier Gundeldinger
Schlösschen 1746:

Waldeckstrasse   →

D →

Reinacherstrasse

Gundeldingerstrasse

C →

Bruderholzweg

B →

A →

Margarethenpark   →

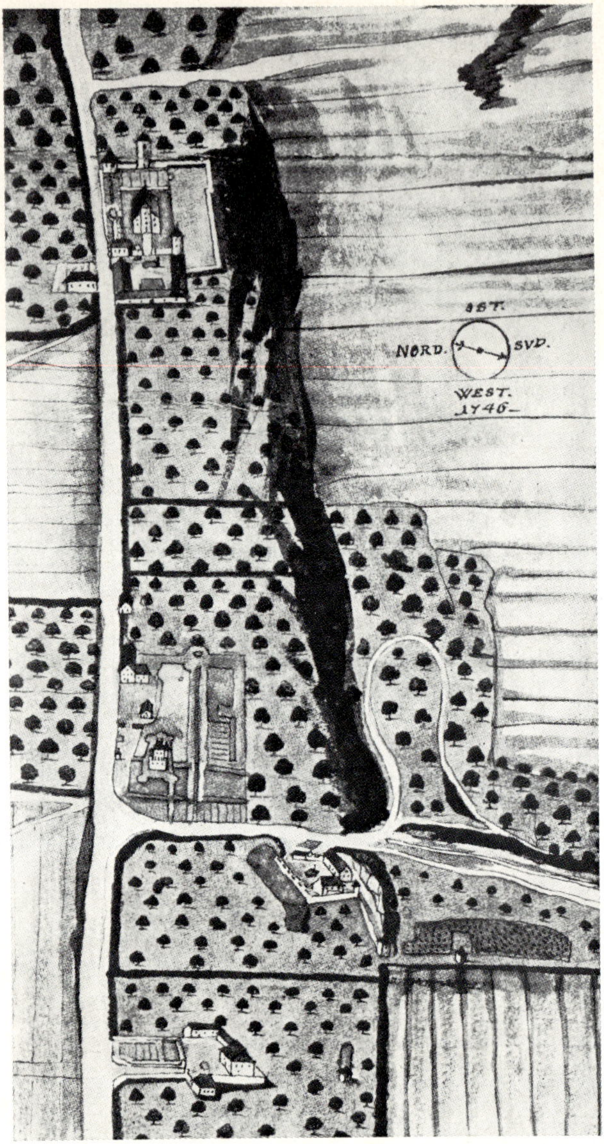

A Vorderes oder Inneres Gundeldingen: Mitte 16. Jh., Hieronymus Iselin, Gundeldinger-
  str. 170/Dittingerstr. 20. Treppenturm erhalten.
B Oberes mittleres Gundeldingen, 1377 erwähnt, 1620 «Neu-Gundeldingen» des Thomas II,
  Bachofenstr. 1, abgebrochen Mitte 19. Jh.
C Unteres mittleres Gundeldingen, 1398 erwähnt, seit 1549 Landsitz von Thomas Platter I,
  Gundeldingerstr. 280, 1972–74 restauriert.
D Äusseres grosses Gundeldingen, Ende 14. Jh. erwähnt, 1660 an Franz Platter I, Gundel-
  dingerstr. 442, abgebrochen.

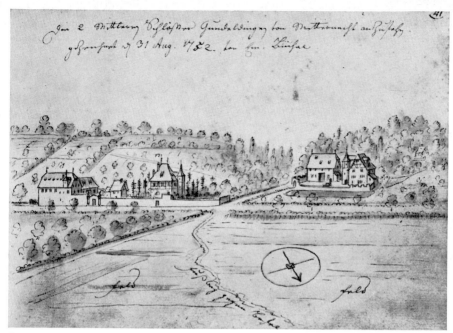

Die zwei mittleren Gundeldinger Schlösschen, nach Emnauel Büchel, 1752. Links das «Thomas Platter-Haus», rechts das einstige «Neu-Gundeldingen» des Thomas II. Im Plan links (Tafel 4) mit C und B bezeichnet.

Das Thomas Platter-Haus, 1972–74 wundervoll restauriert und renoviert.

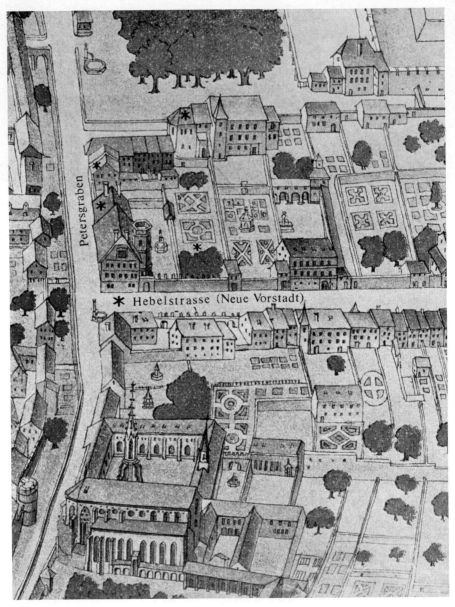

Merian-Plan 1615: * *Felix Platters Häuser «zum untern und oberen Samson»*, Petersgraben 18–22, und (oben *) das *Haus «zum Engel»* am «blatzgeßlin», Petersplatz 15 (vgl. S. 67, A. 115 und 118), dazwischen sein berühmter botanischer Garten.

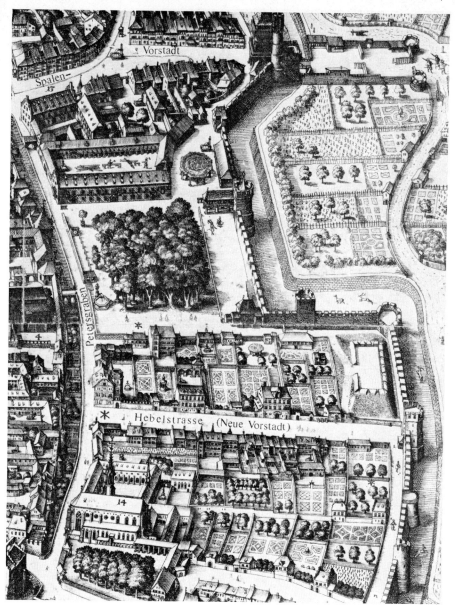

Merian-Plan 1617 (Kupferstich): * «*Dr. Felix Platter-Hof*», bestehend aus den Häusern am Petersgraben/Ecke Hebelstrasse und am Petersplatz; rechts, auf der andern Seite der Hebelstrasse * die Baumgärten Platters beim Bollwerk.

Das Haus «*zum Samson*», Petersgraben 18/Ecke Hebelstr. 1, gekauft und ausgebaut 1574, wo der reichgewordene Arzt in der zweiten Lebenshälfte wohnte. Hier auch sein Privatmuseum.

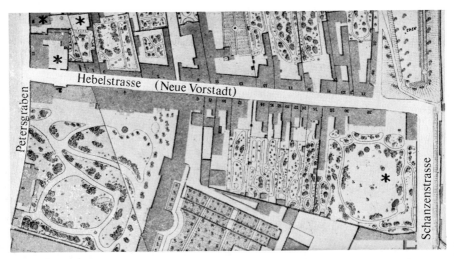

Löffel-Plan 1859: oben links * Felix Platters Hof, unten rechts * seine Baumgärten an der Ecke Hebelstrasse/Schanzenstrasse, wo heute Holsteinerhof und Schwesternhaus stehen.

FELIX PLATTERS TAGEBUCH

Text und Kommentar

1. Jugendzeit in Basel
(Okt. 1536 – 1552)

[2] Anno Christi 1536 bin ich durch gottes deß almechtigen ewige firsechung, gnodt unnd giete ein lebendiger mensch in dise welt geboren, in welchem iar der hochgelert herr Erasmus Roterodamus im julio verscheiden was unnd ich hernoch in dem monat octobris in daß liecht kam[1]. Der geburts tag ist mir nit anzeigt, iedoch wol abzenemmen, daß eß wenig tag vor Simonis unnd Judae beschächen, wil man meiner müter, alß sy noch meinen kindts hinder dem umhang[2] lag, den meskrom doselbst im bett, wie sy oft erzelt hatt, abgewunnen hatt[3] unnd meinem vatter um den meßkrom, den mein müter im durch mich seinen ersten sun geben hette, gelick gewinscht[4] ist worden, welches auch auß meines vetteren brief, Simons[5] zů ⟨Straßburg⟩ an meinen ⟨vat⟩ter geschriben, abzerechnen ist, so uf Simonis unnd Judae datiert, dorinnen er die kindtbetteren grießen laßt unnd iren in die kindtbette einen pfennig 4 batzen vereert unnd dem vatter wegen seines geborenen sünlins congratuliert. Mein vatter ist gewesen Thomas Platter[6] auß Walliß in dem Visper

1 Das *Geburtsjahr 1536* ist nicht eindeutig nachweisbar, da das Taufbuch von St. Peter erst 1537 beginnt. Der Vater, auf dessen Aussage wir angewiesen sind, ist gerade in Zahlenangaben sehr unzuverlässig (vgl. A. 6). Wie Prof. H. G. Wackernagel immer betonte, knüpft die mündliche Überlieferung in der Familie mit Vorliebe an historische Daten an: Schlachten, Naturereignisse, Todesfälle bekannter Leute; daher scheint mir – dank der Verknüpfung mit dem Todesjahr des Erasmus – der Oktober 1536 als Geburtsdatum Felix Platters ziemlich glaubwürdig. Vgl. dazu den Bericht über die Taufe, spez. A. 22.
2 Hs.: umgang. – Umhang baseldt. = Vorhang. Sinn: als sie noch im Kindbett hinter einem Vorhang lag.
3 «*den Messkram abgewinnen*»: Man überraschte einen Freund und rief «Kromet!» (Kauft mir etwas!), dann musste dieser dem andern einen Messkram schenken. Ein alter Basler Brauch, den auch Felix später gerne geübt hat, besonders mit Dorothea Gemuseus oder mit Anna von Bärenfels (vgl. hierüber Karl Buxtorf: Blicke in das Privatleben Dr. Felix Platters. Basler Taschenbuch 1/1850, S. 83ff.) – Sinn: Der Sohn Felix wurde hier von der Mutter dem Vater gleichsam als Messkram geschenkt. Noch heute übrigens beginnt die Basler Herbstmesse jeweils am Samstag vor Simonis et Judae (28. Okt.).
4 Hs.: gelick gewißst = Glück gewünscht.
5 *Simon Steiner*, gen. Lithonius, nicht †1543, sondern †1545 (s. Possa, BWG IX, 107, A. 81), stammte ebenfalls aus Grächen im Wallis, wurde der Famulus des Strassburger Reformators Martin Butzer und Lehrer an der berühmten Lateinschule Johannes Sturms. Er war zweimal verheiratet, das zweite Mal mit Margareta Erbs (†1567), blieb aber kinderlos. Vgl. unten Kap. 1, A. 201.
6 *Thomas Platter*, *1499 (eigene Angabe) oder etwas später in dem kleinen Gebirgsdorf Grächen im Oberwallis, Sohn des Anthony Platter, Bauers in Grächen, und der Amili

zenden[7] geboren, eins gů⟨ten und⟩ wit ußgeh⟨enden geschlechtz⟩ doselbst, ein burger ⟨und⟩ bůchdruker domolen ze Basell, der eben zů der
zyt miner geburt daß biechlin Institutio Christianae religionis[8] Calvini
drucket unnd ungefar 37 jar alt was.

Mein můter war Anna Dietschin[9] von Zürich zů Witkingen geboren,
eins alten unnd eerlichen geschlechtz, dorunter hernoch ettliche geadlet
worden, welche meinem vatter zevor dry döchteren[10], dorunder die ein
vor meiner geburt, Margret genant, zů Bruntrut an der pest in der kindtheit gestorben begraben ligt, die zwo meine schwesteren, Margret die
ander unnd Ursula, noch in leben waren, gebrocht hatt unnd mich iren
sun daß lest kindt in irem zimlichen alter, alß sy über die 40 jar kommen
unnd mein vatter ettlich iar alters halb überdraf, geboren hatt.

Mein geburtzstatt waß Basell[11], ⟨die⟩ witber⟨iempte⟩, lustige, zier-
⟨liche⟩ unnd mit ⟨einer⟩ hohen schůl ⟨von⟩ reformierter, christenlich⟨er⟩

Summermatter. Wurde Ziegenhirt, fahrender Schüler, in Basel Seilerlehrling und Student, Humanist, Korrektor und Buchdrucker, 1540–1578 Lehrer und Rektor des
Basler Gymnasiums. †1582, 26. Jan. ∞ 1. (1529) Anna Dietschi von Wipkingen bei Zürich
(*1495, †1572), 2. (1572) Esther Gross aus Brig VS (†1612). Thomas hat sein reiches,
bewegtes Leben 1572 in einer unvergleichlichen Autobiographie aufgezeichnet, die
öfters ediert wurde, zuletzt durch Alfred Hartmann (wissenschaftlich bearbeitet und
erläutert, Basel 1944). – Hartmann 153 f. hat auf Grund zahlreicher Stellen wahrscheinlich
gemacht, dass Platter etwa acht Jahre jünger war, als er selbst angibt. Diese Kritik ist
nicht unwidersprochen geblieben (s. A. L. Schnidrig: Thomas Platter. Ein Denkmal der
Anerkennung. Visp 1955, S. 11 f.), doch hat auch H. G. Wackernagel in seiner Basler
Matrikel II, S. 7 die Korrektur Hartmanns übernommen. Vgl. dagegen das Alter von
Platters Frau: * 1495 (s. A. 9).

7 *zenden:* so heissen seit der Mitte des 14. Jh. die (ursprünglich zehn) Bezirke des Wallis.
Hartmann 155.

8 Hs.: Institutionum. Dieser Plural ist falsch; auch der Genitiv (abhängig von «biechlin»)
ist nicht üblich. Ich setze statt dessen die normale Form. – Die «Institutio», die erste
Dogmatik des Protestantismus, erschien bei Platter im März 1536, also ein halbes Jahr
vor der Geburt des Felix.

9 *Anna Dietschi* von Wipkingen bei Zürich, *1495, †1572 20. Febr. Die Dietschi waren ein
zürcherisches Bürger- und Junkergeschlecht des 14.–17. Jh. Sie trugen als Wappen in
Schwarz eine goldene Krone, da mehrere Goldschmiede waren. HBLS 2, 722. Über
die Verwandten s. u. Kap. 8, A. 92. Anna heiratete Thomas Platter 1529; sie war mehrere
Jahre älter als ihr Gemahl, sogar wenn dessen Geburtsjahr 1499 stimmen würde; bei
der Geburt des Felix war sie zwar nicht «fast fünzig», wie der Sohn in «Observationes»
S. 256 behauptet, wohl aber etwas über vierzig. Von ihr existieren vier mütterliche Briefe
an Felix, die sie einem Pensionär diktiert hat; hg. von Heinrich Bruckner in Sonntags-
Beilage der Basler Nachrichten Nr. 32 vom 7. Aug. 1932.

10 *Margaretha I*, *1529, † 1531, *Margareta II*, *1533, †1539, *Ursula*, *1534, †1551. Alle drei
Töchter starben an der Pest. Vgl. den Stammbaum, Carl Roth in B.Z. 16/1917, S. 396f.
und Aug. Burckhardt im Wappenb. Basel.

11 *Basel*, römisch Basilea, am grossen Rheinknie, am Schnittpunkt wichtiger Strassen, wohl
ca. 2000 Jahre alt (Gründung der Colonia Raurica 44 v. Chr.), wird 374 erstmals urkund-
lich erwähnt, schon früh Bischofsstadt, freie Reichsstadt, wird durch die Zünfte befreit

religion, auch Helvetischer Eidtgnosch⟨af⟩tischer fryhei⟨t⟩ wol begobte ⟨statt⟩. Doselbsten bin ich in der großen statt[12] auf s. Peters berg in dem hauß zum Schwartzen beren[13] genant, vor dem Andlouwer hof[14] forüber, in welchem mein vatter mit Baltasaro Lazio[15] oder Rauch genant in dem gewerb der truckery gemeinschaft hatt, ⟨geboren⟩.

Auß rath herren Oswaldi Miconii[16] obersten pfarherren im münster, den mein vatter seer liebet unnd von Zürich alher gebracht hatt unnd er mein mûter, die by im gedienet, meinem vatter zû Zürich zur ee geben hatt, wil er zevor ein sun gehapt hatt, so Felix geheißen, wardt mein vatter bewegt, mir auch also ein namen zegeben, welches auch meiner mûter dester lieber, wil solcher nam zû Zürich gemein ist.

Gewan derhalben gevatteren den hochgelerten herren Simonem Gryneum[17], welcher, alß er hort, daß ich Felix heißen solt, neben glick-

von der Herrschaft des Bischofs und des Adels, 1431–1449 Sitz des Konzils, 1501 eidgenössisch, 1529 reformiert, im Besitz einer kleinen Landschaft (1833 abgetrennt), militärisch schwach, aber bedeutend durch Wissenschaft, Handel und Industrie (heute speziell Chemie). Einwohnerzahl zur Zeit Platters ca. 16 000, heute 200 000. Zur Stadtgeschichte siehe Andreas Heusler sowie Rud. Wackernagel, 4 Bde. (bis zur Ref.), Paul Burckhardt (1942), und Bonjour/Bruckner: Basel und die Eidgenossen (1951), zur Universitätsgeschichte Edgar Bonjour (1960).

12 «große statt»: das sog. «*Grossbasel*», der linksrheinische Teil der Stadt, die eigentliche City, 1392 vereinigt mit dem als Brückenkopf entstandenen rechtsrheinischen «Kleinbasel».

13 *Schwarzer Bären* = Petersgasse 13, heute mit 15 zusammen Rückseite des Spiegelhofs. – *Andreas Cratander* (gräz. < Hartmann) aus Strassburg, seit 1515 dauernd in Basel als Buchdrucker, besass 1522–1543 das Haus. Da seine Frau Vronecka Rennerin «nit mer mit der sudlery wolt umb gan» (Hartmann: Th. Platter 118), vermietete er es 1536 an Thomas Platter und seine drei Compagnons, Oporinus, Balth. Ruch und Ruprecht Winter und verkaufte ihnen sein Werkzeug (Hartmann 118f., 121, 172). Im gegenüberliegenden Schönkindhof (Petersgasse 34, noch heute «Druckerei Cratander AG») wirkte er fortan als Buchhändler und Verleger; s. Eugen A. Meier u. a.: Andreas Cratander, Ba. 1966.

14 *Andlauerhof* (vorher Eptingerhof) = Petersgasse 36/38, heute Weitnauerhof. – Der Relativsatz bezieht sich nicht auf diesen, sondern auf den vorher genannten «Schwarzen Bären», «gegenüber dem Andlauerhof» ist nur Einschiebsel.

15 *Balthasar Ruch* oder Rau(c)h, gräzisiert *Lasius*, war bis 1534 Setzer in der Offizin des Episcopius und assoziierte sich dann mit Oporin, Winter u. Platter. Das Unternehmen war ein finanzieller Misserfolg. Der vorsichtige Platter, mit dem Lasius deswegen eine schwere Schlägerei begann, stieg als erster aus; die drei andern wurden völlig verschuldet. Lasius druckte noch 1538–1541 allein weiter. 1540 wurde sein Besitz im «Schwarzen Bären» inventarisiert. Tr. Geering: Handel u. Industrie der Stadt Basel, S. 327ff., 438; Hartmann: Th. Platter, S. 118ff., 172, und Eugen Meier: Cratander, S. 39.

16 *Oswald Geißhüsler*, genannt *Myconius* (d. h. Kahlkopf, ein von Erasmus verliehener Übername. Hartmann 159). *1488 in Luzern, 1510 stud. Basel, Lehrer zu St. Theodor u. St. Peter, kam 1516 an die Grossmünsterschule in Zürich, seit 1531 wieder in Basel, als Pfarrer zu St. Alban, ohne systematisch Theologie studiert zu haben, 1532 Nachfolger Oekolampads, Antistes u. Prof. f. N. T., †1552 13. Okt. Matr. Ba. I 300; Hartmann: Th. Platter 159 u. Amerbach-Korr. 4, 361, A.

17 *Simon Grynaeus:* *1493, †1541, aus Vehringen im Sigmaringischen, 1512 b. a. in Wien,

Abb. 1. *Simon Grynaeus* (1493–1541), Prof. phil. u. theol. in Basel, der Taufpate Felix Platters.
Nach dem Kupferstich von Theodor de Bry.

wünschung sagt: «Ni me fallit animus, hic puer foelix erit», daß ist: oder
alle meine sin driegen mich, eß wirt diser sun foelix, daß ist glickhaftig
sein. Dorumb Utenhofius[18] dise vers hernach doriber gemacht hatt:

> Gym.-Rektor in Buda, musste fliehen, da ref., 1523 in Wittenberg, 1524 in Heidelberg
> als Prof. f. Griech., seit 1529 in Basel als Prof. f. Griech., seit 1536 auch a.o. Prof. theol.
> Er war hochgelehrt und edierte mehrere griech. Klassiker. Nach Ernst Staehelin in
> «Prof. d. Univ. Basel» 1960, S. 32, vgl. Wpb. Ba.; Matr. Ba. II 2 u. HBLS 3, 783. –
> Vom 28. Okt. 1534 an weilte Grynaeus in Tübingen, doch war er am 13. Juli 1535 wieder
> zurück (Hartmann: Amerbach 4, 339). Seine Anwesenheit in Basel im Herbst 1536 ist
> also gesichert, vgl. A. 22.
> 18 *Carl Utenhove:* *1536, †1600, Sohn des Nicolaus, aus angesehener Familie in Gent,
> humanistisches Sprachgenie und lat. Dichter, 1555 kurze Zeit Tischgänger bei Thomas

Hoc tibi qui nomen Gryneus contulit, omen
Nom⟨inis haud⟩ minus contulit ille tibi;
Namque pater nomen tibi cum daret, addi⟨dit⟩ ille:
Hic erit et Felix nomine reque puer.

Mag zů deutsch also leren:

Der nam, den dir Gryneus geben,
wiß⟨t an⟩, du wer⟨dest gli⟩cklich le⟨ben.⟩

[24*] Also segnet mich mein erste götte unnd bandt ⟨mir⟩ in[19] ein goldt-gulden, den man mir ⟨lang⟩ behalten hatt. Der ander war Johan Walderus[20] unnd mein gotten herr Carius Nußbaums[21], eins reichen burgers erste haußfrauw. Ich wardt gedauft in der pfarkirch zů s. Peter nach reformierter kilchen ze Basel gebrauch unnd Felix genant, durch herren D. Paulo Phrygyo[22].

Platter, dann Studium in Paris (wo ihn Felix 1557 trifft) und England, 1568/69 wieder in Basel (Matr. II 176), nach mehrmaligem Ortswechsel 1589 Prof. f. Griech. in Basel, †1600 in Köln. Nach H. G. Wackernagel: Matr. Ba. II 176; Jöcher 4, 1753; Thommen: Universität, 364; Pantaleon: Heldenbuch 3. T., Ba. 1570, S. 524. – Ein gleichnamiger C. U. (vielleicht ein Onkel?) aus Gent war 1528/29 Pensionär bei Erasmus gewesen und befreundet mit Daniel Stiebar. Nach A. Hartmann: Amerbach-Korr. 4, 418. Ein Jacobus U. aus Gent studierte 1557 in Montpellier, Matr. Montp. 139.

19 bandt ⟨mir⟩ in = band mir ein (Einbandgeld, Patengeschenk).

20 *Johann Walder (Walter)*, von Zürich, Buchdrucker, der zweite Pate des Felix. (Bei Knabentaufen hatte man damals – wie heute noch in GR – zwei Paten und eine Patin, bei Mädchen umgekehrt.) Im Basler Drucker- u. Verleger-Katalog (Univ.-Bibl., Dr. Bernoulli) wird W. zwischen 1523 u. 1541 mehrfach als Herausgeber von griech. u. lat. Werken genannt.

21 *Macharius Nussbaum*, *1501, †1553 1. Aug., Sohn des Eucharius N. und der Verena Ris, reicher Gewandmann, zu Safran zft.; ∞ 1. ⟨Ottilia⟩ Nachpur, die Taufpatin des Felix, 2. Maria Langwetter. Priv.-Arch. Lotz, Fasc. 355 und Tonjola 16. – Nussbaum beriet Thomas Platter auch beim Häuserkauf.

22 *Zur Taufe von Felix Platter* (vgl. Kap. 1, A. 1): Diese Angabe kann nicht stimmen; denn Phrygio war seit Juni 1535 in Tübingen. – Paul Konstantin *Sydenstricker*, gräzisiert *Phrygio*, *ca. 1483, †1543 1. Aug., Dr. theol., 1529 Pfr. zu St. Peter in Basel, seit 1532 Prof. für A. T., folgte im Juni 1535 einem Ruf nach Tübingen (Matr. Tüb. 105, 40: 23. Sept. 1535; Hartmann: Thomas Platter 169; Gauss 122; Carl v. Weizsäcker: Lehre u. Unterricht an der ev.-theol. Fak. Tüb. [1887], S. 7; A. Hartmann: Amerbach-Korr. 4, S. 378). – Felix verwechselt also, so unglaublich dies klingen mag, den Namen seines Taufpfarrers. Wollte man an Phrygio festhalten, so bliebe, wie schon Hartmann S. 173 ausführt, nur übrig, Felix Platters Geburt auf den Sommer 1535 zu datieren, was aber aus anderen Gründen nicht möglich ist (der Taufpate Grynaeus war frühestens seit Juni 1536 in Basel) oder aber auf 1537, wogegen der fehlende Eintrag im eben damals einsetzenden Taufbuch zu St. Peter spräche. Für die Richtigkeit des von Felix genannten Geburtsdatums (Okt. 1536) zeugt der – heute leider verlorene – Gratulationsbrief Simon Steiners, der Felix offenbar noch vorgelegen hat: er zitiert ihn ausführlich (A. 201 ff.) und nennt als Datum Simonis et Judae 1536. Auch der Bezug auf das Todesjahr des Erasmus lässt dieses Datum als nahezu sicher erscheinen. – Die noch für Hartmann schwer glaubhafte Verwechslung des Taufpfarrers scheint mir dagegen viel leichter

Waß sich hernoch mit mir zů gedragen habe, dry jar nach meiner geburt, von anno 36, 37, 38 bis ⟨uf⟩ daß 39 iar, so ich sunst nit gedenken
mag, aber von me⟨inem⟩ thůn gehört, sindt firnemlich volgende sachen.
Mein můter hatt ein vorgengere²³ mit einem abgestimleten²⁴ finger,
welche auch meinen pflegt; deren wolt ich kein gnodt haben, unnd wan
sy mir pappen²⁵ mit gemeltem finger instreich, fieng ich an zeweinen,
auch zů zeiten die pappen wider zegeben, also daß man letstlich gespüren
kont, daß ich ab gemeltem finger ein unlust hatt, derhalben auch dise
warteren abschaffen ⟨můßt⟩, auch die rechnung doruß gemacht, ich
wurde, wie man sagt, katzrein werden, wie dan sich hernoch befunden,
daß ich iederzeit ab menschen, welche nit glidt ga⟨ntz⟩, oder deren ein glidt
o⟨der⟩ stuck an i⟨rem⟩ leib gebrosten²⁶, ein abschüchen gehapt, und die,
an denen der bresten gros gewesen, in der iugendt geförcht unnd geflochen.
Man hatt mich auch, alß ich noch in der wiegen lag, wegen deß sterbens
und pestelentz, so ze Basel inreiß und mein vatter deßenthalb mit seinen
dischgengeren unnd haußgesindt gon Liechstal²⁷ zog, auch dohin in der
wiegen gedragen, do dan mein vatter in deß Ůli Wentzen²⁸ haus auf dem

möglich. Felix verwechselt auch sonst in der Erinnerung Personen und Daten, zweimal
sogar seinen eigenen Hochzeitstag (Kap. 7, A. 117 u. 124). Zudem hat er seinen Tauf-
pfarrer nicht mehr persönlich gekannt. Der Hauptpfarrer zu St. Peter war damals der
bekannte Bodenstein gen. Karlstadt (1535–†1541); Helfer war 1529–1536 *Benedikt
Wydmann*, der allerdings im Herbst 1536 in offizieller Mission der Basler Kirche in
Biberach weilte. Dennoch wäre es denkbar, dass dieser Ende Okt./Anfang Nov. 1536
wieder zurück war. Und tatsächlich schreibt Felix, was dem Herausgeber des Thomas
entgangen sein mag, in seinem Text zuerst den Namen Benedikt Wydmann als Tauf-
pfarrer; dann wurde er jedoch unsicher, verglich wahrscheinlich mit der Lebensbeschreibung des Vaters, die er gewiss als Unterlage benutzte, und beugte sich dann der väterlichen Autorität, indem er den Namen Wydmann strich und durch Phrygio ersetzte.

23 Vorgängerin (baseldt.) = Kinderpflegerin, Amme.

24 abgestimlet = verstümmelt.

25 pappen, bappen = Mehlbrei.

26 gebrosten = gebrochen, schadhaft, von «bresten, brast, gebrosten» (stv. IV), dazu das
   Subst. «der bresten», Lexer.

27 *Liestal:* baslerisches Landstädtchen, ca. 13 km SE von Basel, seit der Trennung von
   1833 Hauptstadt des Halbkantons Basel-Landschaft. – Es ist dies die erste der sieben
   von Platter erlebten und beschriebenen Pestepidemien. Vgl. «Prima pestis Anno 1539–41»,
   Observationes (1614) II, S. 302 f.

28 *Ulrich Wenz* der Jung (1507–1539), Weissgerber und später Wirt zum Schlüssel in Liestal,
   Sohn des Ulrich Wenz(el), Tuchscherers, der 1486 BvB wurde. Wappenb. Ba. und
   Priv.-Arch. Lotz, Fasc. 562. – Es waren, wie Thomas erzählt, ihrer 35 Personen, die
   Familie Platter mit ihren Tischgängern; sie hatten eine Stube mit einigem Hausrat
   gemietet, um 1 lb. pro Woche, und blieben dort 16 Wochen. Hartmann: Th. Platter,
   S. 128. – Ob die Tischgänger auch in dem Hause untergebracht waren oder anderswo,
   und wer für sie kochte, verschweigt uns Platter. – Die damalige Epidemie dauerte vom
   August 1538 bis zum Juni 1539. Da Felix noch in der Wiege lag (s. Text), wird der
   Liestaler Aufenthalt wohl eher auf Spätsommer/Herbst 1538 anzusetzen sein. – gon Basel
   sich gethon = sich begeben. Schw. Id. 13, 325 f. mit Zitat.

kirchhof wenig monat gewont, baldt aber wider gon Basel sich gethon. Und bin ich die zeit wir zů Liechstal gewont, einest in der wiegen über den banck hinab gefallen, die nasen etwaß verletzt, daß man ein zeichen altzeit hernoch doran gespürt hatt. Deßen falß ein ursach auch gewesen sein soll, daß nach dem mein můter lang in die nacht ufgebliben unnd gespunnen unnd mich neben ir auf dem banck gehapt hatt, ettliche freudige frevenliche gesellen ein totdenschidelen ab dem kilchhof genomen, ein brennendt wachßkertzlin dorin gekleipt und an einer stangen zů dem fenster, so offen stůndt, darby mein můter geseßen, uf gehept haben, welchen [3] schreckenlichen anblick alß mein můter ersechen, dorab heftig, besunder wil der kopf von der stangen gefallen, durch die stuben gedrolt[29], erschrocken, im geschwinden ufston, die wagen[30] auch umgestoßen sol haben, welches alß eß außgebrochen, sindt die theter, dorunder auch der Strübi[31] einer waß, so hernach schultheß worden, um disen frevel mit der gefangenschaft gestrofft worden.

Anno 38 zug mein vatter zum Gejegt[32], doselbst mir ouch ein unfal begegnet ist, daß, in dem mich mein můter uf den armen gedragen unnd brot abgeschnitten, alß ich darnach griffen[33], sy mich unversechen in den mittlesten finger der rechten handt zeoberst am beer gehůwen unnd daßelbig gespalten hatt, welcher wunden anmol[34] ich iederzeit behalten unnd, alß ich hernoch doruf acht geben, disen bericht wie eß zůgangen sye, entpfangen hab.

Anno 39 meines alters im dritten jar fieng die zeit an meiner wißenschaft[35], dorinnen wie auch in volgenden nechsten jaren meiner noch gar zarten iugendt ich ettlicher sachen, welche ich mir wegen irer seltzame,

29 gedrolt = gerollt.
30 die wage = Wiege, < ahd. waga, wiga = das sich Bewegende, Wiege; bekannter die spätere Form «wagle». Grimm, Dt. Wörterb. 13, 346 Wage II. Freundlicher Hinweis von Prof. E. Müller, Basel.
31 Die *Strübi* waren seit dem 15. Jh. in Basel und dann besonders in Liestal eine Notabelnfamilie; s. Wpb. Ba.; HBLS 6, 579; Priv.-Arch. Lotz, Fasc. 503. Wer der Mitschuldige an diesem Halbstarkenstreich ist, lässt sich kaum mehr ermitteln: *Michael* Strübi (*1500, †1582) erfüllt zwar die Bedingung «so hernoch schultheß worden», ist aber als 38jähriger zu alt, *Crispinus* (*1510, †1574) ist zwar 10 Jahre jünger, wurde später aber nicht Schultheiss, sondern Bürgermeister von Liestal und scheint auch mit 28 Jahren zu alt für einen solchen Unsinn, es sei denn, dass man im Baselbiet länger jung bleibt als anderswo. Nachforschungen im Staatsarchiv Liestal brachten kein Ergebnis, ebenso wenig das Urfehdenbuch VI (1537–1541), Ratsbücher O 6 im St.-A. Ba.
32 *Haus «zum Gejägd»* (Hs.: Geiegt) = Freie Strasse 90, heute «Schilthof», am rechten obern Ende der Freien Strasse (ehem. Handelsbank, heute Bankverein bei der Freienhofpassage). Das Haus hiess vorher «Wissenburg», dann nach der 1539 an der Fassade aufgemalten Jagdszene «zum Gejegt», vgl. Text und Kap. 1, A. 62. – Tf. 2 u. 3 n. S. 48.
33 'griffen = gegriffen.
34 anmol = Mal.
35 wißenschaft: Zeit meiner eigenen Erinnerung.

alß die mir domolen ungewondt hart ingebildet hab, noch ingedenck
bin[36]. Und ist mein lengst gedencken, daß man daß hauß zevor Wiße burg,
darnach aber zum Gejegt genant, dorinnen wir wonten, ußen gemolt hatt,
welches, wie die jar zal doran geschriben dargibt, anno 39 beschechen;
do ich gar wol weis, daß meister Mathis der moler[37] zum fenster auß unnd
in auf die gerist steig, mit farben umgieng unnd den hirtzen kopf mit den
hornen, so noch am haus stot, hundt unnd ieger gemolt hatt. Wie auch
hernoch daß becken hauß[38] vorüber im volgenden iar 40 auch von im
gemolt ist worden mit den moren, deß ich gar wol gedencke. So erinneren ich mich auch, daß um die zeit einer ein groß vogel kefi, so lang in
der stuben gewesen, von dretten gemacht hatt, doran die sticle[39] gemelter
moler mit farben angestrichen hatt. So gedenck ich ouch, welches sich
auch um die zeit und um diß jar 40, in welchem der heis summer waß,
zůgedragen hatt, daß um die zeit am suntag ein frauw mit unns gemeinlich ze mittag aß, die mir altzeit rinck[40] krompt. Auch daß ein zimmerman,
wan er firüber gieng unnd mich uf der gaßen fandt, mich an der handt in
die vorstatt fůrt unnd ein wißbrot um ein haller kauft. So gedenk ich
mich noch der freuden, so ich gehapt, won in s. Niclaus nacht mir gesteurt wardt, do ich lang gemeint, er kem uf einem esel zenacht, und
anderer namen, deren man die kinder beredt, und ich auch gelůbt lan⟨g⟩
hernoch[41]. Item daß meiner můter magt, alß sy im garten hackt, meiner
schwester, der elteren Margretlin[42] den karst mit den zincken unversechen, alß eß darzwischendt geloffen, uf den kopf geschlagen, daß sy eß

36 Hs. (irrt.): bein.
37 meister Mathis der moler = *Matthäus Han*, *ca. 1513, †1576 oder 1594, Sohn des Glasmalers Ludwig H. des Jüngern, also ein Bruder des berühmten Glasmalers Balthasar H.,
   1534 Himmel-Zft, 1543 des Rats, hauptsächlich Dekorationsmaler: Rathaus, Richthaus,
   Spalentor, Landvogteischlösser, Tor zu Liestal. HBLS 4, 55, Nr. 4. Da es unter den
   Basler Malern jener Zeit keinen andern Mathis gibt, scheint die Identität gesichert;
   s. Ed. His: Verzeichnis der Maler, Glasmaler, Bildhauer, welche in Basel ihre Kunst
   ausgeübt und zum Himmel zünftig waren. Mscr. Staatsarchiv Basel, ca. 1875 (Auszüge
   aus dem roten Buch der Himmel-Zunft), ferner Hans Rott: Quellen u. Forsch. z. süd-
   westdt. u. schwz. Kunstgs. im 15. u. 16. Jh., III B, Der Oberrhein, Stuttgart 1936, S. 61 ff.
38 *becken hauß:* Freie Strasse 107, zur Mohrin; Hans Rysse, der Brotbeck von Wyl aus dem
   Thurgau u. seine Frau Agnes, *1531, †1561. Noch im ersten gedruckten Adressbuch
   von 1862 hiess das Haus «zur Mohrin» und beherbergte einen Bäcker. Heute Privatbank
   Sarasin und Librairie Payot.
39 sticle = Stecklein, Stäblein.
40 ringck (Hs. undeutlich) = Ringe, ringförmiges Gebäck, Eierringli, Bretzel, Weggen.
   In Basel seit dem MA verbreitet, auch als «wisung» (Hauszins). Schw. Id. 6, 1072 ff.,
   spez. 1075, mit Platter-Zitat; Grimm, Dt. Wb. 4, 1. Abt. 1, S. 1927 ff.
41 Fortsetzung (nur wenige Wörter) unleserlich: daß es al ... wie man ... – Pv. hat nur bis
   «gesteurt wardt», Boos bis «esel». – Am Satzanfang: «gedenk ich mich» = erinnere ich
   mich. Lexer.
42 Felix meint natürlich das jüngere *Margretlin*; «älter» bedeutet das ältere der beiden noch
   lebenden Mädchen (Margrit II u. Urseli). Vgl. A. 10.

fir todt ins haus gedragen, doruß ein groß geschrey ervolgt, iedoch hernoch an[43] schaden geheilt worden, welcher schwester ich domolen, wie
auch noch einest, daß sy im hembde gesechen um den tisch lauffen, sunst
anderst nit gedencken mag.

[4] Sunderlich hab ich viler dingen noch ein wißen, waß sich anno 41
zůgedragen hatt, do ein hauptschießen ze Basel mit dem armbrust auf
s. Petersblatz gehalten wardt[44], darzů gemeinlich die nachburen und die
Eidtgnoßen firuß geladen, ein gůter theil erscheinen, obgleich die pest,
welche schon zevor geregiert hatt, etwan strenger, etwan nachgelaßen
und wider kommen, noch sich hin und wider erzeigt unnd der armbruster
ze Basell auf dem blatz in allem schießendt doran kranck wardt und baldt
starb[45]. Do gedenk ich, daß ich vil umzüg in der statt mit pfifen und
drummen, vermumet, hab gesechen, dorunder ich mich gar übel vor[46]
denen, so in narrenk⟨lei⟩deren angeth⟨an⟩ hin und wider luffen, mit kolben die bůben schlůgen, entseßen[47]. Daß man mich auf s. Petersblatz
gefiert do zů dem bogenschießen, do ich hauptman Thoman von Schalen[48]
uß Walliß hab[49] gesechen, daß armbrust zum abschießen gerist, an baggen
schlachen unnd abschießen. Item die schieß rein[50], wie gemolte menlin
wiß und schwartz von karten[51] gemacht, welche noch in dem zeughauß

---

43 ân (mhd.) = ohne.
44 S. dazu Paul Koelner, Feuerschützen, S. 93.
45 Wahrscheinlich «*Hans Knüttel* von Dünckelspil, der armbroster», 1534 zu Safran zft.,
   1537 Stubenmeister. Bereits im folgenden Jahr 1542 erscheint tatsächlich ein anderer
   Name. Koelner, Safran-Zft, S. 400.
46 Hs.: von.
47 entseßen = entsetzt. Vgl. Koelner, Feuerschützen, S. 98, 236 ff. – Ein Bild des Pritsch-
   meisters ebd. auf S. 19, einer alten Pritsche auf S. 103. Pritschen sind eine Art Narrenkolben, mit denen man, ohne ernsthaft wehzutun, dreinschlagen konnte; früher mit
   Vorliebe an der Fasnacht verwendet.
48 Nicht der bekannte Notar und Kriegshauptmann, der im Mai 1541 bereits tot gemeldet
   wird, sondern sein ältester, wahrscheinlich illegitimer gleichnamiger Sohn *Thomas von
   Schalen* (1538–1564), Kaufmann in Brig, ∞ 1555 Margaretha Stockalper. Der Reformation zugeneigt, verursachte er 1555 einen grossen Skandal, da er versucht hatte, Zürcher
   Bibeln ins Wallis einzuschmuggeln. Nach H. A. von Roten: Hptm. Thomas von Schalen
   und seine Familie. Blätter aus der Walliser Gs., Bd. 9, S. 293–317, spez. 313 f. – Sein
   Bruder *Johann* v. Schallen (Scalerus) war Tischgänger bei Thomas Platter und lehrte
   Felix das Lautenspiel. Vgl. Kap. 1, A. 149 u. 465.
49 Hs. (irrt.): derhab.
50 *Schiessrain:* Die eingehegte Schiessanlage der Armbrustschützen verlief der Stadtmauer
   entlang am westlichen Rand des Petersplatzes; man schoss aus dem «Stachelschützenhaus»
   (heute: Hygienische Anstalt) in nördlicher Richtung nach dem aus Lehm erstellten
   Schiessrain bei der Einmündung der Bernoullistrasse. – Eine kleinere Zielstatt für Knaben befand sich parallel dazu, dem Petersgraben entlang. Nach Koelner: Feuerschützen,
   S. 18. Vgl. Merian-Plan, Tafel 7 nach S. 48.
51 karten = Karton, Pappe. – Abbildungen dreier solcher Zeigermännlein aus dem Zeughaus bei P. Koelner, Feuerschützen S. 93 ff.

stondt, wan man abgeschoßen hatt, herzů ruckten und zeigten, welche
ich lebendig sein vermeinet. Item wie ein kuchi auf dem blatz ufgeschla-
gen was, dorin mich der koch im spital fůrte. Item wie man ettlichen die
brütschen[52] geschlagen hatt.

Waß sich weiter in gemeltem 40 und 41 jar, auch hernoch in meiner
kindtheit firnemlich zů gedragen, so ich noch in gedechnuß habe, wil
ich von den lengsten meiner gedancken an gerechnet, wil die iar unnd
zeit mir nit in allen eigentlich bekant, doch so ich die gwis weis, darzů
setzen wil, nach und nach verzeichnen.

Ich erinneren mich, daß ich im hembdt in meines göttins haus Simonis
Grynei, der anno 41 peste gestorben, bin gwesen, darnach auch bim vatter
Myconio obersten pfarherren, den ich also nampt wie auch min vatter;
do sas ich hinder dem disch bim fenster unnd beretten mich, ich were
zum fenster auß gefallen; wirt nit weit von der ersten zeit meiner gedechnuß geschechen sein. Wie auch daß ich der freuden mich erinneren, die
ich gehapt, do man mir meine erste hosen anleit unnd daß sy rot gewesen
sindt und an einem suntag geschechen ist, in welchem der vatter ein
großen korb zame kirsen uf den tisch schut[53], deren ich so vil aß, daß
mein freudt in leidt verkert wardt und man mich wider uf nestlen[54] und
die hosen abzien můßt unnd weschen. Ich gedenck auch wol, wie mich
meines vatters dischgenger, welche er do molen hatt, dorunder mir von
Marx Wolfen[55] unnd Peter Otschier[56] noch zewißen, auf die achslen gesetzt unnd dragen haben unnd mich beret, ich sye so lang, daß ich die
büne[57] anrieren kenne.

[5] Man beredet mich auch, wan eß schniidt[58] unnd große fetzen herab
fielen, eß weren alte weiber. Item daß unser nachbur, Grauwenstein[59] genant, ein hundt hatt, der Canis hieß, wie ich den in unserem stelin[60]

---

52 brütschen (Hs. irrt.: brüstschen) = Pritschen, s. o. Anm. 47.
53 schut = schüttete, schwaches Praeteritum (mhd. schutte).
54 uf nesteln: die Nestel (oder Hosenträger) aufbinden.
55 Marx (= *Marcus*) *Wolf:* «Marcus Lupus Sedunensis». Matr. Ba. II 14, 1536/37. Aus der
   Patrizierfamilie Wolf von Sitten, Sohn des Kastlans Bartholomäus W., der 1531 2. Febr.
   zugunsten seiner Söhne Nikolaus u. Marcus testiert. Einer der ersten Tischgänger
   Platters, 1560 Kastlan von Sitten, †1577 10. Aug. Mehrere Bücher u. Briefe von ihm
   haben sich erhalten. Freundl. Mitteilung von Dr. H. A. von Roten.
56 *Peter Otschier* (Oggier, Ochier) aus dem Wallis: Matr. Ba. II 26, 1540/41; 1563 in Leuk
   (die Familie war lange im Besitz des Leukerbades; s. Kap. 10, A. 102), tot 1578 24. Juni.
   Freundl. Mitteilung von Dr. H. A. von Roten.
57 büne (baseldt.) = Zimmerdecke.
58 schniidt = schneite; schw. Praet. zu mhd. snîwen. Platter schreibt das lange i hier als ii,
   Boos las es als ü. Vgl. Einleitung.
59 *Heinrich Grauenstein* und sein frauw Margreth, Rebmann von Klingnau, 1524–1544
   Eigentümer des Hauses «zur Eychen», Freie Strasse 109.
60 stelin: Dimin. zu Stall.

funden im strauw ligen unnd eier darby lagen, so die heuner[61] dohin gelegt, gemeint hab, der hundt habe sy gelegt und also hinuf gebrocht unnd gesagt, der Canis hab die eier gelegt, doruß ervolgt, daß mir der Grauwenstein oft eier zeßen geben, die sin früw sagt, der Canis hette sy gelegt. Ich gedenck auch, daß daß ußer huß, Rotenflů genant[62], noch der schmidt gsellen stuben gwesen ist unnd daß sy unden im haus gekeiglet handt, welches auch am anfang, alß mein vatter daß Gejegt kauft, geschechen sein můs, dywil er baldt hernoch auch beide Rotenflů gekauft hat; item daß Meltinger[63] ein soldner im mittelhauß gewont hatt, sein pferdt dardurch altzyt in unser stall, durch meinen vatter im gelichen, gefiert.

Ich hab seer gern zů geloßt, wan man etwas historien erzelt unnd sunderlich wie die iugendt pflegt, fablen und merlin erzellet. Do dan die alten weiber domolen vil von geisten redten, dem ich ernstlich zůgeloßt hab, aber gar schreckhaft[64] und forchtsam darvon worden, also daß ich nienen allein sein dörfen, besunder znacht nit allein ligen, auch etwan in der nacht mich geförchtet, daß ich geschruwen, do mir allerley wiß ich etwan gehört von Üllengry[65], so den leuthen den kopf abbeiße, unnd andre narry fir kamen, dorumb auch einest in der nacht nienen bleiben wolt, ich lege dan in meines vatters bett, mit iomeren, die schwartze spittelků[66] (wie ich sy dan gegen zeoben alher gsach in die scheur hinuß fir unser huß dreiben) wolte mich freßen.

61 heuner = Hühner. Platter sprach sicher baseldt. «hiener» (schw. hüener) als echten Doppellaut wie noch heute sämtliche schw. Dialekte; in der Schrift versuchte er sich der nhd. Schreibart anzupassen, indem er (hyperkorrekt) zwei Lautgesetze anwandte: zuerst korrekt hüener > hüner, dann aber noch hüner > heuner (wie lüte > Leute, büle > Beule). Daneben verwendet er gelegentlich die normalen Formen: hiener, verriemt, ich miesti usw.

62 «Gross und Klein Rothenfluh» = Freie Strasse 92/94. Platter mietete zuerst (wohl 1538) das Haus «zum Gejägd» (s. o. A. 32), kaufte es dann ca. 1540, ohne etwas anzuzahlen, zusammen mit dem angrenzenden, kurz darauf alle drei zusammen zum Gesamtpreis von 950 Gulden am 31. Jan. 1541. Über die finanztechnisch höchst interessante Abwicklung des Geschäfts s. Thomas Platter, ed. Hartmann, S. 125 ff. Wie der Merian-Plan von 1615 und speziell der Löffel-Plan von 1859 zeigen, standen die beiden Häuser «zum Rotenfluh» zu dem grösseren «Gejägd» (Nr. 90) in einem spitzen Winkel, so daß sie einen dreieckigen Vorplatz zur Freien Strasse bildeten. Alle drei fielen im 19. Jh. dem Neubau des «Schilthofs» zum Opfer (ehemals Handelsbank, heute Bankverein und Freienhof-Passage). – Der Verkäufer war Johann Kechtler von Bartenheim HR, Matr. Ba. I, 347, 1521, ∞ Ursula Güder, «der thůmherren secretary», der 1529 beim Durchbruch der Reformation nach Freiburg i. Br. übersiedelte, aber bis 1541 noch auf einen Umschwung in Basel hoffte. Hartmann: Thomas Platter, S. 175, und Amerbach-Korr. 4, 136. – Tf. 2 u. 3.

63 Meltinger: nicht näher bekannt, fehlt auch im Wpb. Ba. Am Rand steht in der Überschrift «Mentzinger».

64 Hs. (irrt.): schrieckhaft. In der Überschrift am Rand steht jedoch korrekt: schreckhaft.

65 Hs.: üllengrry. Üllengry, -kry = Eulenschrei. Eine Art Kinderschreck wie der «Bölimann».

66 spittelků: Das Spital an der Schwellen, entstanden kurz vor 1265 auf Anordnung des Rats, befand sich an der obern Freien Strasse, auf dem Areal des Musikhauses Hug und

Sunderlich forchte ich, in die kammer, welche im mittelhauß waß, zegon, in welcher deß herren Kechlers, der meim vatter die heuser verkauft hatt, hußroth noch stůndt und under andrem ein drog, in welchem ein kindt ersticht[67] waß und daß blůt man noch am boden gespüret. Welches sich dergestalt zů dragen hatt, daß vor ettlich zeiten die in woner deß hauß ein kindt, so in der wiegen noch lag, gehapt, so die vorgengeren[68] in der kammer uf ein bett, neben dem ein offener lerer drog gestanden, mit der wiegen gestelt, iren gescheften nach gezogen ist unnd die wiegen umgeschlagen und hinab in drog[69] gefallen unnd der deckel vom drog vom fall zůgeschlagen ist; do dan, alß sy wider kommen, daß kindt nienen finden kennen und man vermeint, man habs hinweg gedragen, biß erst über ettlich tag, alß man den drog sunst neben sich geruecht[69a] unnd geöfnet, daß kindt mit der wiegen uf dem angesicht todt ligendt und mit blůt überschoßen mit großer klag gefunden. Welches alß man mirs auch gesagt, ich stettigs ein großen schrecken ab dem ort unnd drog gehapt hab.

[6] Eß war auch ein schreibzeug in gemelter cammer, wie ein dischlin gemacht, grien angestrichen uf dem schaf[70], den hette ich so gern gehapt und mit vil weinen oft begert, aber nütt erlangen mögen. Eß ist auch um dise zeit geschechen, daß in unser gaßen ein Welscher rebman, Mumelin, der Peternellen man[71], doselbst wonhaft mit seiner frauwen und kindt, einen, der in der sproch halben, die er übell Teutsch redt, in den reben

der Schweiz. Bankgesellschaft, welches damals noch nicht durch die Kaufhausgasse getrennt war. Es war eine Mischung von Pfrund-, Armen- u. Waisenhaus, Spital u. Irrenanstalt und erstreckte sich mit Spitalkirche und Nebengebäuden bis zur Barfüsserkirche. Nach der Reformation übernahm es auch die Barfüsserkirche und die leerstehenden Klostergebäude. Durch den Bau des neuen Bürgerspitals an der Hebelstrasse wurde das verlotterte alte Spittel überflüssig und 1843 abgebrochen. Nach Eugen Meier: Das verschwundene Basel (1968), S. 95 ff. sowie Felix Platters Stadtbeschreibung von 1610, Merian-Plan von 1615, Löffel-Plan von 1859 und Adressbuch 1862. – Die obenerwähnte Spitalkuh diente offenbar der Milchversorgung des Spitals; das Halten von Vieh innerhalb der Stadt war damals nichts Ungewöhnliches.

67 ersticht = erstickt. Die Erweichung von -ckt zu -cht ist im Baseldeutschen damals verbreitet. Vgl. A. 69a und Einleitung.

68 vorgengeren (baseldt.) = Amme.

69 in' drog = in den drog.

69a ruchten = ruckten, s. o. A. 67.

70 schaf = Schaft, Schrank, Kommode. Schw. Id. 8, 304 u. 402, Schaff I 2 und Schaft II d, mit Zitat dieser Stelle.

71 «*Mumelin, der Peternellen* m⟨an⟩*»* (in der Hs. sehr undeutlich, fehlt bei Pv. und Boos). In Felix Platters Stadtbeschreibung von 1610 (Mscr. A λ III 3) finden wir in nächster Nähe Platters «Peternellen haus» (Nr. 86). Laut Hist. Grundb. wohnte ein Peter Mumelin an der Freien Strasse neben 84, und als Gemahlin wird tatsächlich eine *Petronella Braun* genannt. Doch passt das Datum der Eheschliessung (St. Leonhard, 1551 30. Aug.) nicht zum andern; offenbar eine Unklarheit Platters.

vexiert, mit dem karst ein streich geben, doran er gestorben ist und der theter enthauptet worden. Wie auch ein anderer, doselbst um die zeit daß ander hauß darvon geseßen, diebstals halben glicher gestalt gericht worden, welches ich domolen gehört, behalten hab[72].

Simon Steiner, mein vetter, kam von Straßburg zů meinem vatter gon Basell, deßen gedenck ich mich allein dergestalt gesechen zehaben, daß er uß der oberen kammer über die privat[73] gangen unnd, alß mich dunck, ein kurtze person gwesen, unnd ein ledere gseß an hatt; můs auch meiner lengsten gedencken eins sein, wil ich sunst nit wider mich von im erinneren kan. Wie auch daß ich den Vesalium[74] by meinem vatter gesechen han, auch den Gemuseum[75] medicum, erinnere ich mich, wie er hinder den tisch auf die gutschen[76] geseßen; můß lang sein, wil Vesalius sein bůch domolen anno ⟨1543⟩ ußließ gon und Gemuseus anno ⟨1544⟩ gestorben

72 Auch der zweite Delinquent lässt sich nicht sicher bestimmen. Am Rand steht: «*Vetterlin, Philippi Vetterlins vatter*» (fehlt bei Boos). Nun finden wir tatsächlich etwas unterhalb von Thomas Platter (Nr. 90–94) an der Freien Strasse 74 im Haus «zum Fassant» seit 1500 einen Michael Vetterly aus Bluditz, Schuhmacher, der seit 1495 BvB war, und seine Frau Ursula, später ein Enneli (Anna); er testierte 1515 13. Apr. Ein anderer Michael und Ulrich, wohl beide Söhne, wurden 1508 BvB. Als Eigentümer des Hauses erscheint 1532–1539 *Ulrich* Vetterlin, dann wieder 1541–1549 (Hist. Grundb.). Vermutlich ist dies der genannte Dieb, und 1549 das Jahr seiner Hinrichtung. Die Kriminalakten ergeben nichts. Das Taufbuch St. Alban verzeichnet zwei Taufen von Kindern Ulrichs: eine Cleophe 1536 20. Febr. und einen Ulrich 1537 13. Apr. Kirchenarchiv St. Alban X 8, 1, S. 2ᵛ u. 9ʳ. Der dem Autor gut bekannte *Philipp* Vetterlin fehlt im Taufregister, doch steht er 1547/48 in der Matr. Ba. II 52.

73 privat = Abort.

74 *Andreas Vesalius:* *1514, †1564, der geniale Erneuerer der Anatomie, ein Niederländer; er kam 1542 nach Basel, um bei Oporin sein Hauptwerk, «De humani corporis fabrica», drucken zu lassen, und führte hier *1543* jene berühmt gewordene *Sektion* eines menschlichen Leichnams durch, die auf die ganze folgende Epoche entscheidenden Einfluss hatte. Er wurde dabei assistiert von dem Scherer (Chirurgen) Franz Jeckelmann, dem spätern Schwiegervater Felix Platters. – An jene denkwürdige Sektion erinnert noch ein *Skelett*, das wohl das älteste erhaltene anatomische Präparat der Welt darstellt. Nach Edgar Bonjour: Die Univ. Basel (1960), S. 171 und Matr. Ba. II 31, 1542/43; Karcher, S. 26f.; Kolb, S. 15 ff. Über die Person des sezierten Delinquenten, *Jakob Karrer*, und die Geschichte des heute in der Anatom. Anstalt aufgestellten Skeletts orientiert ausführlich ein Aufsatz von Prof. Dr. med. Gerhard Wolf-Heidegger, dem Amtsnachfolger Felix Platters, in Vhdlg. d. Naturf. Ges. in Ba., Bd. LV/1944, S. 211ff.: Vesals Basler Skeletpräparat aus dem J. 1543. – Tf. 29 u. 30 nach S. 352.

75 *Hieronymus Gemuseus d. Ä.*, *1505, †1544, Sohn des Hans Gschmus (oder Gmües), Krämers in Mülhausen i. E., stud. unter Glarean in Basel, dann in Frankreich und Turin, wo er 1533 zum Dr. med. promovierte, dann als Arzt in Basel, 1534 Prof. der Naturwiss., dann der Philosophie; bedeutend als Herausgeber (u. a. ein Galen in 5 Bdn.). ∞ Sibylla Cratander, Tochter des Buchdruckers Andreas C. Zahlreiche Schriften. HBLS 3, 432; Schw. Geschlechterbuch VI (1936), S. 226f.; Matr. Ba. I, 351 u. spez. A. Hartmann: Amerbach 3, 236. – Sein Bruder Augustin G. war der Reformator Mülhausens.

76 gutschen = Couch, Diwan.

Es ist auch meines lengsten gedencken eins, daß Henric Billig[77] mir ein hültzen menlin, daß, so man zug, fechten kont, von Straßburg gekrompt hatt, wie auch der kremen[78], so mir meins vatters dischgenger in der mäß gekrompt haben, ich weit ußhin gedenken. Item daß mein vatter im harnest angethon, auch uf die wachten gangen, auch gon Liechstal mit anderen auf die külwe[79] im harnist gezogen unnd ein langen spies gedragen hatt, neben Henrico Petri[80] typographo in einem glidt gangen, um welche zeit er auch deren zum Beren[81] silbergschir, so zwen körb vol waren, doheiman verwart hatt.

Deß sterbens und pest, welche domolen regiert, gedenck ich, daß in unsere gaßen eine im haus Rotenflů, genant die Wettenspißen[82], doran gestorben, zegrab gedragen ist. Item daß deß Christelins[83], so am Gejegt geseßen, hußfrauw gestorben, alß sy zevor einer dochter genesen, welche Pascasia, die wil sy am ostertag worden, genent wardt. So gedenck ich, daß, alß mein schwester Margretlin an der pest kranck worden, mein vatter mich und mein schwester Ursel zů dem drucker Görg[84] und seiner frauwen

---

77 *Heinrich Billing*, †1541, Sohn des Leonhard B., Gastwirts zum Hirzen, u. der Verene Hausmann, Stiefsohn des Bürgermeisters Jakob Meyer zum Hirzen; gewesener Chorherr zu St. Leonhard, guter Freund Thomas Platters, machte mit ihm eine Schweizerreise. Hartmann S. 95–98, 109, 115 ff., 166; s. Matr. Ba. II 2, 1532/33; Wappenb. Ba.; P. Burckhardt in B. Ch. 8, S. 88.

78 kremen: Plur. zu kram, Messkram. Schw. Id. 3, 811 mit Zitat dieser Stelle.

79 külwe = Kilbe, Kirchweih; eine Art militärischen Ausmarsches, verbunden mit Vergnügen; die von 1540 war besonders prächtig.

80 *Heinrich Petri:* *1508, †1579 24. Apr., Sohn des Buchdruckers Adam P. (†1527, nicht 1525) und der Anna Selber (recop. Seb. Münster), studierte nicht in Basel, sondern nur kurz in Wittenberg (imm. WS 1523/24), er war sicher nicht «Dr. med.» (Verwechslung mit Caspar Petri), in Safran- und Bärenzunft, hier seit 1554 Meister, d. R. Dreierherr, Deputat. ∞ 1. 1529 Dorothe Hütschi, eine ehemalige Nonne, †1564 peste, 2. 1565, v. 16. Aug. Barbara Brand, Wwe. v. Hieron. Froben. Er besass das Haus «zum langen Pfeffer», Weisse Gasse Teil v. 28. Hist. Grundb. Reformationsfeindlich. Vernachlässigte ob seinen Ämtern das Geschäft. Nach Wpb. Ba.; BZ 1, 66 und spez. B. R. Jenny: Amerbach-Korr. 7, 177f., wo einige Fehler der ältern Lit. korrigiert werden.

81 Thomas Platter war bei der *Zunft zu Hausgenossen* («Bärenzunft») zünftig. Aug. Burckhardt: Gs. der Zunft zu Hausgenossen, 1950, S. 79.

82 die «*Wettenspißen*»: †1539/42, Hunziker 47: «Wentespiß in unsrer gassen». Auch die Hs. Passavant hat «Wentespiß». Sonst unbekannt.

83 *Christian von Ougstall* wohnte von 1537 bis †1555 oder 1562 in dem Haus Freie Strasse 88 (Häuslein under dem Gejägd). Hunziker, S. 47: Christelin, der rebman neben Gjegt, sein frauw. Die Tochter Pascasia findet sich im Taufregister verzeichnet: Kirchenarchiv St. Alban X 8, 1 (Taufen 1532–1571), S. 44ᵛ; getauft 1542 11. Apr.

84 *drucker Görg:* vielleicht Görg Pürlin, 1531 Druckergeselle, 1536 † Dorothea sein efrow, ∞ 2. 1538 Elisabeth Fricker. Priv.-Arch. Lotz, Fasc. 1. – Der Frauenname passt also nicht (Platter schreibt: Ursell). – Rud. Wackernagel erwähnt in seinem hs. Verzeichnis der Basler Drucker ausser Görg Pürlin einen Jörg Rust, «trucker von Kempten» (S. 188); derselbe nennt in seinem Rechenbuch der Froben u. Episcopius (Ba. 1881, S. 18) ebenfalls einen Drucker Jeorgk, sonst nichts. Wir bleiben also auf Vermutungen angewiesen.

Ursell an einem sambstag zenacht gethon und geflöchtet hatt unnd, domit ich blibe, werchzeug, etwaß zeschnetzlen, daß ich zitlich angefangen, geben, wie ich dan in zerster iugendt glich anfangen, über ein schintlen und dugen[85], wie man um die buche steckt, seiten zespannen unnd doruf zekratzen, daß mir dreffenlich wol gefiel, auch dischlin mit vier beinen geschnetzlet hab. Eß zeigt mir auch der Görg seine vögelin, mich lus⟨ti⟩ger ze machen. Ich bleib aber gar ungern, und alß wir die nacht in der oberen kammer schliefen unnd sy alle am suntag zekilchen gangen waren, alß wir erwachten, sachen ⟨wir⟩ durch die spelt die sunnen durchscheinen und etwaß do⟨rin⟩ wie geschicht zwitzern, erschracken wir seer, vermeinendt, eß wer der ülenkry[86], so die kinder sagen, biße die köpf ab, schruwen und weinten also, daß die nachburen, dorunder der Glieger[87] genant vorüber sas, unserem hußvolck uß der kirchen riefen müßten. [7] ⟨N⟩ach dem eßen wolt ich nit lenger bleiben, nam mein hobel unnd segen in die handt, zog wider heim. Do wolt mein vatter mich nit in die vorder stuben laßen, sunder wonten im stüblin, so gegem garten geth, dywil mein schwesterlin in der vorderen stuben verscheiden was[88]. Ich zog aber, so niemans um dweg waß, heimlich dorin, holt biren, die uf den bencken lagen, die aß ich dan heimlich hinder dem ofen. Mein gescheft waß, in gemolten biecheren daß gemel süchen und dorin bletteren, sunderlich in einem permentenen[89] meßbüch; do hatt ich vil freidt mit dem gemel von vil farben. Item sunst in anderem. So wolt ich altzeit gigen unnd luten haben. Was domolen noch so kindisch, daß ich meint, wie man mich beredt, mein schwesterlin wer in himmel hinuf gangen und keme wider; wan man ein schifertafelen, so an der wandt hieng, rodlet[90], so thete sich der himmel uf. Eß wardt aber zü s. Elsbethen vergraben.

Auß Pemundt[91] nach der schlacht anno ⟨44⟩ kam hauptman Summermatter[92], meines vatters fründt, ließ mich kleiden mit getheilten hosen

---

85 dûge = Brett, Wäscheklammer (buche = Wäsche).

86 S. o. A. 65.

87 der Glieger = *Franz Conrad Schmid*, Gewandmann, Ratsherr u. 1545 Meister zum Schlüssel. Der Name Glüer (Glüger, Glieger) war der Name des ersten Mannes von Conrads Frau, Dorothea Zochan, Hans Rudolf Glüer (†1532) und kommt wohl von dem Besitz des Hauses «zum Glüen» am Kornmarkt (Gerbergasse 1). Nach Paul Burckhardt, B. Ch. 8, 225, A. 12, 292f. A. 60, 295 A. 65. Weitere Angaben über ihn bei B. R. Jenny: Amerbach-Korr. 6, 51, A. 2.

88 Margretlin II, *1533, †1539 peste.

89 permenten = aus Pergament.

90 rodlet, rottlet = rüttelt.

91 Pemundt = *Piemont*, Schlacht bei Cérésole 1544 14. Apr., s. Kap. 1, A. 127.

92 *Georg Summermatter* von Stalden VS, ein Verwandter (die Mutter Thomas Platters war eine Summermatter), seit 1526 Notar, Kastlan 1533, Bannerherr v. Visp 1546, Landeshptm. 1548/49, †1549 8. Sept. Freundl. Mitteilung von Herrn Dr. H.-A. von Roten; HBLS 6, 608, Nr. 1.

unnd wammist, die eine seiten weiß, die andre rot unnd blaw, wie sein
farb waß, welche ich auch hernoch fir mich behalten hab. Dorinnen
branget ich gar lang. Drug auch gemeinlich ein sammat schlepplin[93], daß
mir juncker Gedeon von Ostheim[94] geschenckt hatt.

Die kindsblotteren[95] hab ich gehapt gar iung, auch baldt hernoch die
rothsucht[96], lag uf der gutschen[97] in der stuben, dorinnen auch die drucker
setzten, welche mich verspotteten. Man bracht mir vil sie[u]ß[98] ding zeeßen, auch ein hübsche biren[99] von deß herren von Rischach[100] frauwen,
der Waldneren, do ich by mir selbs gedacht, werst du nur lang kranck,
domit du lang gůte ding eßen kentest.

[8*] Ich hab gleich, so ich an der sunnen gangen, feur rote augen bekommen, sunderlich wan ich mich übt; hab auch rote strich über die
naßen gehapt, das mir doch, alß ich weg kam, vergangen.

93 sammat schlepplin: eine Kappe aus Samt, wohl nicht das einzige Geschenk der reichen
Pensionäre.
94 *Gedeon von Ostheim:* Tischgänger Platters, in Basel imm. am 1. Febr. 1543 (Matr. II, 31).
Aus der elsässischen Adelsfamilie von Ostheim bei Kaisersberg, wahrscheinlich ein
Sohn des Junkers *Heinrich,* Erbschenken in Franken und BvB, der beim Regiment in
Ensisheim als ein Hauptschuldiger am Basler Bildersturm von 1529 galt (s. Rud. Wackernagel in B. Jb. 1899, S. 130). Schon Junker Heinrich besass das früher als «Thiersteiner-
hof» bekannte Haus «zur Sonne» (Albangraben 14) samt dem «Grossen Kolmar» nebenan,
doch ging der schöne Adelssitz in raschem Wechsel 1551 an Niclaus v. Rispach und 1559
an einen genuesischen Grosskaufmann über, wobei ein Brand 1556 grossen Schaden
stiftete. Am 29. Okt. 1566 kaufte jedoch unser Jkr. Gedeon v. Ostheim, der sich auch
als Basler stolz «Erbschenk in Franken» nannte, die väterliche Liegenschaft und liess
hinter dem Hof einen reizvollen Neubau errichten, in dem 1575 der Prinz Heinrich von
Condé Zuflucht fand. Als Gemahlin Gedeons erscheint in dem Kaufvertrag Anna
Marschalk. Schon bald verkaufte der unstete Besitzer jedoch am 29. Aug. 1579 an Graf
Friedrich zu Württemberg und Mümpelgard den Hof, der nunmehr *«Württembergerhof»*
genannt wurde, bis zum bedauerlichen Abbruch 1936 zugunsten des neuen Kunstmuseums. Die besonders schöne Treppenanlage mit dem Allianzwappen Ostheim-
Marschalk wurde in den Neubau übernommen. Nach Hist. Grundb. (Karl Stehlin); K.
Stehlin u. Hans Reinhardt in «Das Bürgerhaus…», Basel-Stadt, I, S. 47 u. Tf. 101 f., II, S. 47 f.
u. Tf. 80–85; Daniel Burckhardt-Werthemann: Bilder u. Stimmen …, S. 35 f. – Da
Gedeons Spur in Basel abreisst, ist er vielleicht identisch mit dem bei Kindler v. Knobloch 3, 290 genannten hzgl.-württ. Hofgerichtsbeisitzer gleichen Namens (1560), Obervogt zu Nagold 1572, zu Wildberg 1585, Tübingen 1589, der 1615 7. Febr. im Alter
von 91 Jahren starb (?). – Über den Vater Heinrich s. Hartmann: Amerbach 5, 118.
95 blôtteren = Blattern.
96 rothsucht = Röteln.
97 gutschen = Couch, Diwan.
98 sieuß (sprich: sieß) = süss. Vgl. Kap. 1, A. 61 und die Einleitung.
99 biren = Birne.
100 von Rischach: Wie aus einer andern Stelle hervorgeht (Kap. 8, bei A. 366), meint Platter
sicher *Ludwig v. Reischach* (s. über ihn Kap. 5, A. 24), doch nennt er als dessen Gemahlin
beidemal – wohl irrtümlich – eine *Waldnerin.* Kindler v. Knobloch 3, 479 dagegen: ∞ 1.
Magdalena Münch v. Münchenstein, 2. Katharina v. Königsbach genannt Naglerin.
Den zweiten Frauennamen hat Platter richtig.

Daß harnbrennen hatt mich oft schmertzlich geblogt, dorft eß, also schamhaftig ich war, nieman klagen, war doch nüt anders den[101] ein scharpfer harn, der nach mittag um dry uren drieb war, und satzt sich an boden, etwas weis, welches so eß drocknen war, wie rein saltz. Ich hab gleich also iung grossen drang im harnen darvon erlitten, daß ich viel ston miessen und mich verbergen, domit mans nit an mir marckt. Ist weniger kommen hernoch und selten, do ich in Franckrich, auch etwan do ich in der ee[102]. Ich frogt D. Cratonem[103] zů Spir dorüber; der meint, ich hett ein stein, erschreckt mich also seer, daß mir die gantze reis, dorin es mir doch so glicklich gieng, verbittert. War doch nüt, und hernoch gegem alter gar ufgehört.

[5*] Mein vatter ⟨hatt⟩ stattliche dischgenger: den Christophel Efinger[104],

101 Hs. irrt.: don.
102 ee = Ehe. – Das Thema seines Harnbrennens behandelt Platter in den Observationes (1614), III, S. 784f.: «Milchige Miction ohne Nachteile». Die Konsultation bei Crato fand 1570 in Speier statt. Vgl. A. 103.
103 *Johannes Crato von Krafftheim:* *1519, †1585, aus Breslau, Sohn eines Handwerkers, berühmter Humanist, Theologe und Arzt. Er studierte in Wittenberg, wo er 6 Jahre Hausgenosse Luthers war. Auf dessen Rat studierte er wegen seiner schwachen Konstitution nicht Theologie, sondern Medizin! In Padua war er Schüler des bekannten Joh. Bapt. Montanus und promovierte dort zum Dr. med. Nach einer kurzen Italienreise praktizierte er in Verona und kam dann 1550 als Stadtarzt in seine Heimatstadt Breslau, wo er 1550 die Tochter des Ratsschreibers Joh. Scharf v. Werd heiratete. Dann wurde er *Leibarzt Kaiser Ferdinands I.,* zuerst nur zeitweilig in Wien, dann 1563 dauernd bei Hofe, nach Ferdinands Tod 1564 Leibarzt der Nachfolger, Maximilians II. und Ferdinands II.; 1581 zog er sich vom Hofamt zurück auf sein Gut, wirkte aber zuletzt doch noch als Pestarzt in Breslau. Crato war als Arzt konservativ eingestellt, entdeckte aber als einer der ersten die Kontagiosität der Pest. Religiös war er tolerant gesinnt, Anhänger Melanchthons, sogar calvinistenfreundlich, und fühlte sich am Hofe deshalb nicht wohl. Er hoffte auf den reformationsfreundlichen Maximilian II., während ihm der streng katholische Ferdinand II. fremd blieb. In *Basel* war er befreundet mit *Theodor Zwinger,* mit dem er ca. 20 Jahre lang Briefe wechselte. Seit 1555 publizierten verschiedene Basler Drucker Cratos Werke sowie seine Ausgaben von Werken anderer Ärzte wie etwa des Paduaners da Monte, seines Lehrers. Nach NDB 3, 402f. und Andreas Burckhardt: Herold, Basl. Beitr. z. Gs.ws. 104/1967, S. 43–50. Zu Cratos relig. Stellung s. J. F. A. Gillet: Crato v. K. u. seine Freunde, 2 Bde., Frankfurt 1860, sowie Rel. in Gs. u. Ggw., 3. A. 1957–1962, I, 1879, über den Mediziner s. Joh. Karcher: Theod. Zwinger u. seine Zeitgenossen, Studien z. Gs. d. Ws. in Ba., Bd. 3/1956, S. 64.
104 *Christoph II. Effinger:* *1531, †1583, seit 1551 dritter Herr zu Wildegg im Aargau, Sohn des Christoffel I. (*1487, †1551) u. der Margaretha Montprat v. Spiegelberg (†1531). ∞ 1551 Sigonia v. Hallwil, Tochter des Hartmann v. H. u. der Maria v. Mülinen. Christoph wurde von schwerem Unglück betroffen: Am Palmtag, am 10. Apr. 1552, während ringsum die Pest wütete, brannte sein Schloss vollständig nieder. Am Tage nachher gebar ihm seine Gemahlin das erste Kind, Hartmann, das jedoch bald starb. 12 Kinder. Nach Th. v. Liebenau: Burg Wildegg u. ihre Bewohner, II. Teil, 1484–1584, mit der Vorgs. des Geschlechts der Effinger (Brugg 1902), S. 155–167 u. Tf. III, und Hans Lehmann: Die Burg Wildegg ..., Argovia 37/1918, S. 85ff. Die Familie *Effinger* war bis 1912 im Besitz von Schloss Wildegg.

war der erst, Ludwig von Dießbach[105], Ludwig von Schoenauw[106], Gedeon von Ostheim[107], Jacob, Hemman, Christophel, Philip Truckseße[108], die mir vil kromten; herr Gedeon schanckt mir ein sammat schlepplin[109], dorin ich lang gieng.

[2*] Mit seinen dischgengeren D. Paulo[110] und Höchstetter[111] machte

105 *Ludwig von Dießbach:* *1537, †1584, Sohn des Josse de D. (1503–1565, aus dem Zweig der Herren von Worb u. St. Christoph) und der Anna von Offenburg, wurde früh zum Seigneur de Termes geschickt, 1554 Leutnant in dessen Garde, hatte eine Affäre vor Kriegsgericht. ∞ Françoise de Miremont, Tochter des Hans M., Herrn zu Christoph bei Yverdon. Er diente unter dem Duc d'Alençon, 1568 Leutnant in der kgl. Garde, 1575 im Dienste des Pfalzgrafen, eng befreundet mit Henri de Bourbon, dem Prinzen von Condé. Nach Ghellinck, le vicomte Gellinck Vaernewyck: Hist. généalogique de la Maison de Diesbach, T. 2, Gand 1921, p. 201.

106 *Hans Ludwig von Schoenau:* Aus der oberrheinischen Adelsfamilie, die das Erbtruchsessenamt des Bistums Basel innehatte. Stud. Basel 1543 1. Febr. (Matr. Ba. II 31), wie sein Bruder Hans Melchior ebenfalls Vogt zu Rheinfelden u. Laufenburg und Hptm. der 4 Waldstätte am Rhein. †1574. HBLS 6, 230, Nr. 9; Merz, Sisgau 3, Stammtf. 11.

107 *Gedeon von Ostheim:* s. Kap. 1, A. 94.

108 *Truchseße von Rheinfelden:* das bedeutendste Adelsgeschlecht der Stadt, seit der Mitte des 12. Jh. erwähnt; es stellte mehrere Schultheisse. – *Jacob II.*, Sohn des Hans Henman I. und der Anna v. Müllenheim, ist von den vieren der bekannteste, ein lustiger Kerl und Jugendfreund des Felix, s. Kap. 1, A. 355 und Reg. – *Philipp I.* war sein Bruder, erwähnt 1563–1594, tot 1595, ∞ Clara Elis. v. Erdmannsdorf; er wurde Befehlshaber der Besatzung in Rheinfelden u. Gen.-Wachtmeister. – *Hans Henman II.*, Sohn Jakobs I., war 1545 noch minderjährig u. starb 1584 2. Apr., ∞ 1. Dorothea v. Wildberg, †1563, 2. Magd. Zorn v. Bülach, †1595. Er war Vogt u. Pfandherr zu Rheinfelden u. kaiserl. Rat, 1563 Privilegienbrief. – *Hans Christoph* ist von den vier Vettern am wenigsten bekannt. Er ist erwähnt zu Rheinfelden zwischen 1560 u. 1570 bei Seb. Burkhard: Gs. d. St. Rheinfd., 1909, S. 338 f. samt den drei andern, nur diese bei W. Merz: Oberrhein. Stammtafeln, Tf. 44. Alle vier waren *Tischgänger Thomas Platters*; in der Matr. Ba. stehen nur Jacob (II 32) und dann noch Sebastian (II 13), wohl der Hellste der Familie zu jener Zeit. Nach Jenny: Amerbach-Korr. 6, 40 ff. ist *Hans Henman II.* ein Bruder von Sebastian. Mit Jacob II. zusammen wurde er am 29. Jan. 1543 immatrikuliert, fehlt aber in der gedruckten Matr. Ba. II 32.

109 *sammat schlepplin:* Kappe aus Samt.

110 *Paul Höchstetter:* *1524, †1563, aus der bekannten Augsburger Patrizierfamilie, die durch Grosshandel mit Getreide, Gewürzen, Tuch und Metallen reich geworden, aber 1529 eine totale Finanzkatastrophe erlitten hatte (Ernst Kern: Studien z. Gs. der Höchstetter ..., Arch. f. Kulturgs. 26/1935, S. 162 ff.). Paul ist ein Sohn des Kaufmanns Georg II. und dessen 2. Gemahlin Sabina Reihing, er studierte 1546/47 in Basel (Matr. II 47: «Paulus Herstetter Augustanus»), 1549 war er als Praktikant am Reichskammergericht in Speier, 1550 als Prokurator, im Apr. 1551 wird er als junger Doktor genannt, seine Charakterfestigkeit gelobt, wegen seines Festhaltens an der Ref. jedoch im Mai 1551 entlassen. 1559 ist er immatr. in Tübingen, 1562 wieder in Basel (Matr. II 137, diesmal richtig «Höchstetter»), wahrscheinlich wieder bei Th. Platter, wo er 1563 bereits starb, wohl an der Pest. Nach einer freundl. Mitteilung von Dr. H. F. Deininger, Arch.-Dir. Augsburg, sowie nach den präzisen Angaben von B. R. Jenny: Amerbach 6, 381 f. – Die Namensform schwankt: «Hoch-, Her-, Heustetter». Wenn Paul H. hier bereits als «Dr. Paulus» erscheint, ist dies retrospektiv zu verstehen.

111 *Höchstetter* ohne Vornamen: wahrscheinlich *Joh. Ludwig*, *1533, †1566, ein Bruder des

mein vatter vil kurtzwil, sunderlich spickspeck[112] uf bretter mit meßeren. Hab auch gsechen, das einer dem anderen ußbott[113], ab dem disch zefallen. Sy schoßen auch mit dem vogelror[114] böltzlin. Ein mol ließen sy das fenster, darus sy schoßen, offen, daß die durdeldüblin auskamen, do mein vatter vermeint, ich hette eß offen gelaßen und übel dorumb gescholten wardt, aber zletst sich mein unschuldt erfandt.

[7] Mein vatter hatt ein dischgenger, ein Stelle, war hauptman Wolfgang Stellinß[115] vetter von Solothurn, mit dem gieng ich all suntag in sein hof, den ich hernoch beseßen, zum morgen brot mit etwas forcht, dan die frauw, so ein Berin[116] waß, den iungen seiner unsuberkeit wegen ruch anfůr. Wir betteten uf den blöcheren[117] by s. Peters blatz alweg zevor, domit er nit zů fast beschulten wurde. Der hof[118] gefiel mit gar wol, docht wenig, daß ich in mit der zeit bekommen, erbuwen unnd inwonen wurde. Mir drümt aber oft, ich schliefe in gemeltem hof uf eim steinenen sitz, so zum ufsitzen uf die pferdt, do ufgerichtet stůndt[119], unnd were lange

obengenannten Paul; er wird zwar nur an dieser einen Stelle als Tischgänger Platters erwähnt, doch hat er damals in Basel studiert (Matr. Ba. II 60, 1548/49) und daher gewiss auch bei Platter logiert, zusammen mit seinem Bruder und andern Augsburgern. 1552 stud. Tübingen, 1556 Montpellier, 1561 Dr. med. Heidelberg. In Montpellier war er einer der besten und lustigsten Freunde Felix Platters. Er wurde Amtsarzt in Esslingen (Württ.) und ertrank 1566 im Neckar bei Esslingen. Wie sein Bruder Paul blieb auch er ledig. Freundl. Mitteilung von Herrn Dr. H. F. Deininger, Arch.-Dir. Augsburg.

112 spickspeck: Messerwerfen nach einem Brett.

113 ußbott = als Wette anbot. Schw. Id. 4, 1871 f. mit Zitat dieser Stelle. Ein primitiver u. gefährlicher Spass!

114 vogelror = leichte Flinte für Vogeljagd.

115 Hauptmann *Wolfgang Stelli* (Stölli), †1565, Sohn des Hans St., Schultheissen zu Solothurn, u. der Mechtild Rentzlinger, ∞ Salome Baer. Er war wie sein Vater Obervogt auf Falkenstein 1517–1532, dann BvB 1532 und später Besitzer des Eckhauses Neue Vorstadt (Hebelstrasse)/Petersgraben, «zum Samson», welches Felix Platter dann 1574 erworben hat. Priv.-Arch. Lotz, Fasc. 1 (Baer) und Hist. Grundbuch. – Der Vetter des Hauptmanns, der Tischgänger bei Platter, ist nicht mehr nachzuweisen. Der Junker selbst wurde noch kurz vor seinem Tode 1565 von Felix ärztlich betreut, s. Kap. 11, A. 60 u. 78.

116 Berin: ⟨ *Salome* ⟩ Baer (1515–1565), Tochter des bei Marignano 1515 heldenhaft gefallenen Bannerherrn Hans B. und der Barbara Brunner; Schwester der Cleopha Offenburg-Baer, ∞ Hptm. Wolfgang Stoelli von Solothurn. Wappenb. Ba. (Stoelli u. Baer).

117 betteten uf den blöcheren: beteten auf den Holzblöcken, Scheitstöcken. Schw. Id. 5, 10. Freundl. Hinweis von Prof. Dr. E. E. Müller, Basel.

118 Felix Platter kaufte das «groß wohnhaus am eck der Neuwen Vorstatt» (Petersgraben 18/ Hebelstrasse) am 8. Juli 1574 von Junker Christoph Waldner um 3750 lb und baute es für weitere 4126 lb 11 ß 7 d prächtig aus (Hausbuch des Thomas II, Mscr. Univ.-Bibl. Ba. A λ V 9, S. 491). 1576 kam dazu das angrenzende Haus «zum Engel» am Petersplatz 15 (heute: Schulzahnklinik), 1595 ein «nebenheußlin»; auch der «Obere Samson» (Petersgraben 22) gehörte zu dem «*Doktor Felix-Hof*». – Tf. 6–8 vor S. 49.

119 Ein solcher Aufsteigestein für Reiter befindet sich noch am Schlüsselberg, am Haus zum weissen Bären, Nr. 5.

iar do also gelegen, welches, so etwas doruf zesetzen, daß ich in ettlich iar ietz besitze, ein anzeigung gwesen sein mechte gerechnet werden. Die frauw was gar huslich, hies unns ein mol an die Kliben[120], das domolen hauptman Stellins was, in herpst[121] kommen. Wir frauwten unns seer, vermeinten gût leben zehaben, aber man braucht unns, trübel abzelesen, und schickt unns ungeßen wider heim, darnoch wolt ich nit mer in daß hauß. Ich[122] gedenck, daß gemelte frauw, die gar groß war, vom roß, alß sy an die Kliben geritten, uf der Rhinbrucken vor aller welt vom roß gefallen unnd, wie man sagt, zimlich entblößt do gelegen ist. Hab auch bi ir ein merchliche große frauw vom adel gesechen, deß juncker von Wolenhusen[123] deß elteren zů Nidersteinenbrun hußfrauw, eine von Rinach, die mocht nit wol durch daß thirlin in die kammer kommen.

[8] Anno ⟨1544⟩ brach man daß tach uf Eschemer innerem thor[124], welches zůgespitzt war, ab unnd legt man die ziegel unnd die rafen[125], latten, in der Rüttneren hof[126] und macht den runden krantz mit zinnen dorumb, wie daß noch ist.

Anno ⟨1544⟩ zugen die Eidtgnoßen ab nach gethaner Pemonder schlacht vor Carmiolen[127], hab ettlich fendlin zerrissen und zerlumpet bim Beumlin hinuf ziechen sechen[128].

120 *Kliben* (Hs.: Kilben; weiter unten steht dann richtig «Kliben»), heute *Klybeck*, alter Adelssitz im N Kleinbasels, wertvoll durch seine Lage über der Landstrasse nach Kleinhüningen, Weiherschloss, 1536–1556 im Besitz von Wolfg. Stoellin. Carl Roth: Schloss Klybeck, B. Jb. 1911, S. 137ff., spez. 144, und derselbe: Burgen Basels II, S. 25; R. Wackernagel: Gs. d. St. Ba. III, 55, 131, 173; Justin Gehrig: Aus Klein-Hüningens vergangenen Tagen (Ba. 1941), S. 44; Eugen Meier: Aus dem verschwundenen Basel (1969), S. 221.

121 in' = in den herbst, d. h. zur Traubenernte.   122 Hs. (irrt.): In.

123 Junker ⟨*Hans Truchsess*⟩ *von Wolhusen*, 1537 österreichischer Vogt zu Landser (bei Mülhausen), ∞ 1. vor 1545 *Catharina von Reinach*, 1545 «Ausbürger» v. Basel (Rud. Wackernagel, B. Jb. 1899, S. 131f.), 1545 Landvogt auf Landskron, kauft den Engelhof am Nadelberg u. verkauft ihn dann 1569 an Marco Perez, 1558 sesshaft zu Niedersteinbrunn bei Landser. B.Ch. 6, 213f., 370f A. 3, 374 u. 8, 250. Vgl. Kap. 8, A.383, und B. R. Jenny: Amerbach-Korr. 6, 238, 595ff.

124 Der *Aeschemer Schwibbogen* (= inneres Aeschentor) am obern Ende der Freien Strasse, abgebrochen 1841.   125 rafen = Dachsparren.

126 *Rüttner hof* = Freie Strasse, Teil von 96, alt 1055, oben an Platters Haus, gleich vor dem Tor. Im 16./17. Jh. Sitz der Junker Reuttner von Wil, s. Kindler III 504. (Nicht zu verwechseln mit Fam. Rütter, Schuhmacher, Freie Strasse, Teil von 96, alt 1056.) Vgl. Kap. 8, A. 331. Ab 1721 «Schilthof», Neubau 1842.

127 Pemond = Piemont. Carmiolen = *Carmagnola*, ca. 25 km S v. Turin. Die Franzosen eroberten im Frühjahr 1544 Piemont mit Hilfe eidgenössischer Söldner. Der Duc d'Enghien belagerte mit einem frz. Heer die Stadt Carignano, bei ihm einige tausend Schweizer unter dem Oberst Wilh. Frölich. Am Ostermontag, dem 14. Apr. 1544, kam es bei Ceresole (ca. 50 km NW v. Turin, an der frz. Grenze) zur Schlacht, in der es den Schweizern gelang, die dt. Landsknechte zu werfen und die Spanier zu vernichten. Nach Rich. Feller in Schweizer Kriegsgs., Heft 6, Bern 1916, S. 28ff.

128 Durch die Bäumleingasse hinauf, wahrscheinlich zum Münster.

Anno . . . . ließ mein vatter den sodtbrunnen zum Gejegt graben. Man
bracht vil glitzerechter stein herfir mit amocryso[129], alß wer goldt und
silber sandt dorin, darvon ich vil aufhůb und mich dorab verwunderet,
weis auch waß freudt mein vatter hatt, do man waßer fandt und wie er
mit der beltzschlappen[130] (wie man domol drůg und meim vatter sein
schwester ein mol eine geweschen hatt und dorob verspottet wardt) Lux
Iselin[131] die vile deß waßers anthütet. Weis auch wol, wie ein reicher
burger mein vatter schalt, daß er daß gelt nit angelegt hett an ein zinß,
mießte ietz alle jar 5 gulden manglen, waßer zedrincken; deßen karcheit
mein vatter schalt, der nie uf gelt anlegen gedocht hatt. Weis auch, wie
einem murer Michel genandt, der im brunnen murt, ein großer stein, von
denen so man hinabließ, uf den kopf und achslen gefallen, also daß man
in[132] gantz blůtig und fir todt auß dem brunnen gezogen und mein
schwecher[133] in geartznet hatt, der auch darvon lam worden, unnd wil
er daß handtwerch nit mer brauchen kennen, ein bott ist worden unnd
in Walliß nachmolen mit seinem roß mer alß 100 klofter hinab in ein
waßer gefallen, doselbst erdruncken, doch sein bilgelin[134] mit briefen an
etwaß gestüdt gehangen bliben, letstlich durch woghelß, die sich hinab-
geloßen, by hendiget wider worden. Ich gedenck auch, do der brunnen
ußgemacht waß, daß herren Hieronimi Frobenii[135] haußfrauw, die erst,
ein Lachnerin, mit dem podegran behaft, wil sy dorab ze drincken ein lust
bekommen, sich uf eim seßel fir den brunnen dragen laßen unnd durch
ein lang gedreigt[136] ror an die brunnen rören gesetzt iren gelust gebießt
hatt[137].

---

129 amocryso = Goldsand, aus ἄμμος = Sand und χρυσοῦς = golden. Wie mir Herr
    Prof. Dr. F. Heinimann freundlich mitteilt, kommt dieses Wort vor bei *Plinius*, Nat.
    hist. 37, 188, «... in hamochryso velut auro harenis mixto» sowie ähnlich bei *Isidor*,
    Etym. 16, 15, § 5; aus einem Autoren wird Platter den Namen kennen.
130 beltzschlappen = Pelzkappe. Schweiz. Id. IX, 612 f.
131 *Lux Iselin* = Joh. Lukas I. Iselin, *1486, †1560, Würzkrämer, des Rats, Besitzer des
    Rosshofs, oder dessen Sohn Joh. Lukas II. (1526–1557). Wappenb. Ba.
132 Hs.: ir.
133 schwecher = Schwiegervater, also der Scherer Franz Jeckelmann. Über ihn s. Kap. 1,
    A. 142.
134 bilgelin = Botentäschlein. (Dimin. zu «bulge» = Ledersack, Felleisen.)
135 *Hieronymus Froben* der alt, *1501, †1563, Buchbinder, Sohn des Stammvaters Johannes F.
    (BvB 1490) und der 2. Gemahlin Gertrud Lachner, die nach dem Tod Frobens (1527)
    Joh. Herwagen heiratete. Hieronymus führte in Gemeinschaft mit seinem Stiefvater Herwagen
    und seinem Schwager Nicol. Episcopius die väterliche Druckerei weiter (Werke
    des Erasmus usw.). ∞ 1. 1525 *Anna Lachner*, 2. 1544 Barbara Brand, recop. Dr. med.
    Heinrich Petri. Wappenb. Ba. und Merz, Sisgau II, 297; Tonjola 19. – Die obige Szene
    spielte also wohl im letzten Lebensjahr Annas.
136 gedreigt = gedreht.
137 gelust gebießt = Durst gelöscht.

Ich gedenck, daß mein vatter den Felix Sierman[138] zegast gehapt, do
im hinderen stüblin, darby auch herr Frobenius gwesen, unnd daß er daß
henckermol genandt[139], den druckeren altzyt geben hatt unnd einest meins
vatters fründt einer ein knab Thoman genant, in den ofen verborgen auß
forcht, wie man in beredt hatt, man wurde ettlich hencken.

Daß wirtzhaus zum Kopf[140] fiel unversechendt in unnd sagt man, eß
weren ettlich umkommen, aber ein meitlin under eim drom[141], domit eß
verwardt wardt, ze underst lebendig noch gesundt herfir gezogen.

Ein eißen hab ich am dumen gehapt inwendig, hat mir mein schwecher[142] geheilt, alß er noch in Eschemer vorstat gwesen unnd ich noch
ein kindt war.

Ein zan im oberen kifel, der mir schmertzen bracht, zog mir schwoger
Daniel[143] auß, alß ich in der ee, darnoch wolt ich keinen mer außzien
laßen.

[9] Ich hatt ein sundere inclination und neigung zů der music, sunderlich zů den instrumenten, dorumb ich dan, alß ich noch gar iung, selbs
anfieng seiten uf schindlen und dugen, die man zů den buchenen steckt[144],
zien, ein steg dorunder machen und doruf mit den henden und herig-

138 *Felix Siermann:* unbekannt.
139 henkermol = reichliches Mahl (Schweiz. Id. II, 158), vielleicht im Zusammenhang mit
    dem Gautschen der Buchdrucker.
140 *Wirtshaus «zum (goldenen) Kopf»* (Kopf = Cupa, Becher) = Schifflände, Teil v. 3, heute
    Eckhaus zur Marktgasse (Evang. Buchhandlung). Früher folgte darauf noch Nr. 5,
    das noch bekanntere Wirtshaus «zur Krone» mit dem Kronengässlein; siehe Photo bei
    Eugen A. Meier: Das verschwundene Basel, S. 187. Der Einsturz erfolgte im Juli 1543;
    B. Ch. 1, 164. Eigentümer 1517–1554 waren Jacob Grünnagel u. seine Frau Barbara.
    Offenbar wurde es gleich darauf wiederaufgebaut, wie die Jahreszahl 1544 an einem
    Pfeiler beweist. Hist. Grundb., Notiz von 1896.
141 drom = Balken.
142 schwecher = Schwiegervater: *Franz Jeckelmann d. Ä.,* *1504, † 1579 7. Jan., Scherer,
    Sohn des Scherers Martin J. u. der Anna, 1527 Himmelzft. erneuert, 1544–1579 Ratsherr
    zum Himmel; ∞ vor 1528 Chrischona Harscher (†1549). 1528–1557 besass er das Haus
    «zum Blattfuß», Aeschenvorstadt Teil v. 4 nb. 6, seit 1545 22. Okt., dann das Haus «zum
    Schöneck», Freie Strasse 20/Rüdengasse Teil v. 1, Eckhaus (heute «Goldene Apotheke»).
    Ausser *Madlen,* der späteren Frau Felix Platters, hatte er zwei Söhne, die ebenfalls
    Chirurgen wurden: *Franz* u. *Daniel;* zwei andere Kinder (Heinrich u. Susanna) waren
    früh gestorben. Priv.-Arch. Lotz, Fasc. 254; Hist. Grundb.; Tonjola 29; Hunziker
    47f.
143 *Daniel Jeckelmann,* *1538, †1580, Scherer, Sohn des Franz J. u. der Chrischona Harscher;
    ∞ 1559 Dorothe Schwingdenhammer. Vgl. A. 142 und Reg. – Ein interessanter Lese-
    fehler findet sich in R. Hunzikers Auszug aus Platters Peststatistik, S. 52: In der Pest
    von 1563 «starb sein sun Daniel, 2 kinder Madelin und Esterlin ...» Dabei steht fest, dass
    Daniel 1580 lebte und bis 1577 noch Kinder zeugte (Priv.-Arch. Lotz, Fasc. 254).
    Eine Nachprüfung des Originals (Mscr. A λ III 5ª) ergab: «starb sei*m* sun Daniel 2 kinder,
    Madlelin und Esterlin ...» So kann *ein* Buchstabe alles ändern!
144 dûgen = Wäscheklammern (bûchenen: Plur. zu bûche = Wäsche).

bogen[145] retzgen[146], welches mir gar wol gefiel. Hort auch meines vatters druckeren, so uf der multrummen[147] und uf dem hackbret (das domolen seer brüchlich) schlugen, dorunder Bartlin Stehelin[148], der firnembst waß, auch dem Schaler[149], meim praeceptor unnd anderen dischgenger, so uf der luten schlugen, ettlich gigten unnd in unsrem haus gar gemein was, gern unnd mit freuden zů. Weis auch alß meins vatters dischgenger einer, Hůber[150] von Bern, in der faßnacht nach dem nachteßen am monschein die luten schlůg, wie mir daß so seer gefallen hatt unnd wie ich gewünscht hab, daß ich solches leren möcht, vermeinende, ich kenne[151] nit herlicher werden. Uß welcher ursach mein vatter mich, alß ich nur acht ierig waß, by Peter Dorn[152] dem lutinisten, den er annam, seine dischgenger die luten schlachen zeleren, auch anfieng laßen leren, unnd geriete mir also, daß er mir den rům gab, ich überdreffe die anderen, hernoch hab ich auch weiter by h. Thieboldt Schoenauwer[153], der von Straßburg alher zů meim vatter kam, gelert, auch bei Veit Bulling[154] dem Augspurger, der mich

145 herigbogen = Fiedelbogen.
146 retzgen, retzen = kratzen.
147 multrummen = crembalum, Brummeisen, eisernes Tongerät mit einer elastischen Zunge, das zwischen den Zähnen gehalten und gespielt wird, so dass die Mundhöhle den Resonanzboden bildet. Grimm: Dt. Wörterb. 6, S. 1810.
148 *Bartholomaeus Stehelin* (Stehle, Celibaeus), (1543)–†1564, Sohn des Hans Stehelin, des «roten Seilers auf dem Petersplatz», welcher der Stammvater des Basler Zweigs der St. war und Lehrmeister Thomas Platters; Bartlin war Tischgänger Platters, Buchdrucker, des Grossen Rats u. Schaffner des Grossen Almosens. ∞ Sara Wolf (1547–1561). Wappenb. Ba.; Benzing: Buchdrucker Basel, Nr. 34.
149 *Johannes von Schal(l)en*, genannt *Scalerus*, aus alter Walliser Familie, Tischgänger bei Platter und dessen Hilfslehrer «auf Burg» (Gymnasium). Näheres über ihn s. Kap. 1, A. 465.
150 *Huber* von Bern: nicht nachweisbar. – Kaum identisch mit Niklaus Huber Lucernanus, Constantie tamen educatus, Matr. Ba. II 48, 1546/47, der durch Amerbachs Vermittlung bei Marcus Hopper in Pension kam (B. R. Jenny: Amerbach-Korr. 6, 429).
151 Hs.: hette.
152 *Peter Dorn* dem (Hs.: den) lutinisten: nicht näher bekannt. – Im Nebenhaus Platters, Freie Strasse 96 (1056 alt) wohnten bis 1534 ein Tischmacher Ambrosius Dorn u. seine Frau Margreth. Da jedoch die Tischgänger meist Auswärtige waren, muss man eher an einen Verwandten von Gerhard Dorn denken; dieser war ein geborener Belgier und lebte von 1580 an als Arzt in Frankfurt a. M., vorher einige Zeit in Basel, wo von 1568 bis 1577 seine Paracelsus-Schriften erschienen. In den Matr. u. Prot. der Universität wird er nirgends erwähnt. Nach A. Burckhardt, Gs. d. med. Fak., S. 63 f. und Thommen 281.
153 *Theobald Schoenauer*, *1520, †1605 30. Juni, von Kenzingen i. Br., Tischgänger Th. Platters, Lautenist, 1556 Bürger von Basel, Schaffner des bischöfl. Offizials. Stammvater der Basler Familie Sch., ∞ 1. 1555 Anna Merian (*1537, †1578, Tochter des Matthäus M., Schneider, u. der Eufrosina Merstein), 2. v. 1585 Agnes Dalcher (†1605). Wappenb. Ba. u. Tonjola 50. Seine erste Gemahlin wurde 1575 24. Sept. Patin von Ursula Platter, dem 3. Kind des Thomas aus 2. Ehe. Hartmann 148. Vgl. Kap. 3, A. 290.
154 *Veit Bulling* aus Augsburg, Tischgänger Platters und Privatlehrer des Felix, kommt in

Harpffen vnd Lauten.

Abb. 2. *Harfen und Lauten*, die Lieblingsinstrumente Felix Platters. Holzschnitt aus Jo s Ammans Darstellung der Stände und Handwerker, 1568.

auch rechnen und schreiben lart[155], also daß ich hernoch in der luten also geiebt wardt, daß man mich zů Mompelier l'Alemandt du lut, den Teutschen lutenisten nennet, auch hernoch in pancheten[156], haubaden[157], vil mich geiebt hab. Do dan zů Rötelen D. Peter[158], do ich im wirtzhaus den buren die luten schlůg, mir zůsprach, ich solte lernen, daß man mir, ich nit den anderen die lauten schlagen mießt. Doruff ich antwortet,

den Matr. Ba. nicht vor. Er muss bald darauf Basel verlassen haben: Matr. Tübingen 128, 34 (Bd. I, p. 331), 4. Juli 1547: Vitus Bulling Augustanus. In den Steuerbüchern von Augsburg ist er nachweisbar: 1548–1551 steht darin nur sein Name, 1552–1554 dagegen «Veit Pulling zu Thubingen», nachher nicht mehr; er dürfte also nur vorübergehend in Augsb. gewesen sein. Freundl. Mitteilung von Herrn Dr. H. F. Deininger, Arch.-Dir.

155 Die gleiche Notiz über Bulling steht in einem Satz auf Blatt 6*, B. wird dort als «Guldischreiber» bezeichnet.

156 pancheten = Banketten.

157 haubaden, frz. aubade = Ständchen, speziell mit Oboe (haut-bois).

158 *Dr. Peter* ⟨*Gebwiler*⟩, Landschreiber zu Rötteln, der während der Pestzeit von 1551 Felix Asyl bot; s. Kap. 1, A. 529 ff. – Boos las irrtümlich «D. Polter» und hielt dies deshalb für einen Familiennamen.

lustiger ze sein so man beide bekeme. Mir gliebt auch seer die spinet unnd orglen, dorumb ich auch gleich, so baldt ich anfieng die luten leren, auch von D. Peter Höchstetter[159], der meins vatters dischgenger was, auf dem clavencordi anfieng zeleren und alß er hinweg zog, solches by Thoman Schöpfio[160], domolß schůlmeister s. Peter, continuierte, zů dem ich all suntag und donstag ein stundt mich zieben gangen, dorinnen auch also proficiert[161], daß ich vil kostens nachmolen in solche instrument, deren ich fir 200 cronen wert etwan bysamen gehapt hatt, hab gewendet[162]. So hab ich auch hernoch von Coitero[163] zů Mompelier und hernoch von einem Engellender uf der ha⟨r⟩pffen[164] gelert zimlich schlachen; den ich am Tenesmo[165] zelon curiert hab. Daß gesang gefiel mir auch altzeit seer wol und lart deßhalben die music, aber singen schampt ich mich, daß mul vor den leuten, wie ich altzyt sagt, ze zenen[166], dan ich gar schamhaft geweßt. Dorumb ich auch nie selbs vil vor der welt, es wer den etwan, wan ich geritten und lustig was, wie auch nit in der kirchen singen dörfen, aber eß dreffenlich gern gehort, biß in mein alter, sunderlich wo nit zů fil kunst darby geweßt, als von eintzigen personen und wen man sang, waß ich etwan mer, sunderlich in der iugendt gehört hatt, auch die pergknappen[167].

159 *Peter Höchstetter:* Er wird weder in der Matr. Ba. noch sonstwo genannt, auch in Augsburg scheint er nicht bekannt. Entweder handelt es sich um einen Bruder der oft erwähnten Paul und Joh. Ludwig H., oder aber Platter verwechselt ihn mit Paul H., den er ebenfalls stets als Dr. bezeichnet. Wahrscheinlich handelt es sich um einen Schreibfehler.

160 *Thomas Schoepf(lin)*, genannt *Schoepfius*, *1520, †1577, stud. Basel 1542, Wittenberg 1544, seit 1544 Schulmeister zu St. Peter in Basel, 1552/53 stud. Montpellier, zusammen mit Felix, 1553 Dr. med. Valence, 1554 Stadtarzt in Colmar, 1565 in Bern. Reisebegleiter des Felix 1552. Nach H. G. Wackernagel, Matr. Ba. II 27. Seit 1547 22. Juni ∞ Anna Suracherin, Tauf- u. Trau-Reg. St. Peter, Ki.-A. AA 16, 1.

161 proficiert (lat.) = Fortschritte gemacht.

162 Felix Platter hinterliess eine *Sammlung von 42 Musikinstrumenten*, u. a. 4 Spinette, 1 Orgel mit 2 Blasbälgen, 7 Violen da gamba, 6 Lauten, 10 Flöten, 2 Mandoren, 1 Zither, 1 Trumscheit. Nach dem «Hauptbuch» von Thomas II, Mscr. A λ V 9 der U.B.ʹ fol. 506ʳᵒ. Vgl. *Wilh. Merian:* F. Platter als Musiker, Sammelbände d. Int. Musikges. XIII, H. 2/1912, S. 272 ff.

163 ⟨*Volcher*⟩ *Coiter(us)* aus Gröningen in Friesland, *1534, †1600, Dr. med., später Stadt-Physicus in Nürnberg, hatte an verschiedenen Akademien in Deutschland, Frankreich und Italien studiert. «Tabulae de cartilaginibus humani corporis ...» 1573. Einer der ersten, die die «osseogeniam foetuum» studierten. Jöcher Bd. 1, 1999; Karcher 41.

164 Hs.: hapffen = Harfe. Schw. Id. 2, 1633.

165 Tenesmus = «roter schaden», Stuhl- oder Harnzwang. Vgl. Kap. 3, A. 815.

166 ze zenen (zähnen) = (hier:) den Mund so weit öffnen, dass man die Zähne sieht, Grimassen schneiden. Grimm 15, 633.

167 Platter sagt (etwas kompliziert), er habe sich gewöhnlich geniert, vor Leuten zu singen, ausser wenn er gerade etwa in lustiger Stimmung war; auch in der Kirche habe er nicht gewagt zu singen, doch habe er stets gern einfache Volkslieder gehört, besonders solche, die er von Jugend auf kannte. – «als von eintzigen personen» besagt wohl, dass er Einzelgesang oder einstimmigen Chorgesang (Bergknappen) lieber hatte als mehrstimmigen Kunstgesang.

[10] Ich bin seer wie der iugendt art, girig über daß obst gewößen, hab
vil obst heimlich gekauft und mich etwan domit also überladen, daß ich
oft gedocht und auch gar iung anfieng urtheilen, eß wurde mir schaden
und in die hart nit[168] gůt thůn, auch am leben abbrechen; noch überwandt
mich die begirt. War fast begirig über sie[u]ße spyßen und confeckt,
auch etwan geschleckt, so ich über meiner můter holdermůs oder anders
ingemacht bin kommen, zuckererbß[169], figen, mertribel[170] heimlich ge-
kremlet, welches alß meiner schůlgesellen einer von mir gesechen, mich
hernoch ettlich iar domit also ingethon, daß ich waß er gewelt thůn
mießen, welcher auch so unferschampt und boßhaft gewesen, daß er
biecher von mir ihme zeschencken mit treuwung, so ich das nit thete,
mich, daß ich zuckererbß gekauft hette, an zegeben, mir zůgemůtet;
welches alß ich in die har⟨t⟩ nit[171] liden mocht und gewißlich die lange
zeit von ihm tribuliert[172], in großem leidt war. Letstlich[173] [3*] alß mich
meins vatters provisor Scalerus, in dessen stüblin ich studiert, auch ob
zuckererbsen fandt und mich strief[174], sagt ich im, wie mich der Langbům[175] so lang tribuliert hett, macht den friden, das mein vatter mir
verzug[176], und kam also uß der noth. Ich hatt ein mol uf ein mol ein klein
zucker ledlin außgeßen; doruf wart mir znacht so wee, daß ich meint,
ich mießte sterben, und meim vatter, by dem ich lag, gar angst macht,
wil ich nit sagen dorf, waß ich geschleckt. Vermein, ich hab auch gferbte
zuckerärbs mit minien[177] und spongrien[178] gessen, das mich also geeng-
stiket[179]. Erleidet mir die zuckererbs, das ich sy mießig gieng.

168 in die hart nit = gar nicht.
169 zuckererbs: Zuckerkügelchen, Bonbons. Fischer: Schwäb. Wb. 6, S. 1294.
170 mertribel: Korinthen oder Sultaninen.
171 s. A. 168.
172 tribuliert = geplagt, schikaniert (Boos las irrt. «inbuliert»). Felix wurde von diesem
    Knaben regelrecht erpresst.
173 Hier habe ich einen Abschnitt aus Blatt 3* des Originals eingeschoben, der genau hieher
    passt, und dafür 1 Satz aus Blatt 10* gestrichen, der weitgehend übereinstimmt.
174 strief = strafte.
175 ⟨Amandus⟩ Langbaum, einziger Sohn des Kornschreibers Balthasar L. u. der Magdalena
    Hiltprand, stud. med. Ba. 1550/51. Matr. Ba. II 67, Wappenb. Ba. u. Hist. Grundb.
    Vgl. Kap. 1, bei A. 301.
176 verzug = verzieh.
177 minien < lat. minium (gr. μίνιον) = Mennig, roter, bleihaltiger Farbstoff. Grimm, Dt. Wb.
    6, 2238 u. Hans Lüschen: Die Namen der Steine, Thun 1968, S. 348. – Es handelt sich
    also um rot gefärbte Bonbons.
178 spongrien = Grünspan, aus mhd. spân grien, das die Übersetzung des mlat. viridum
    Hispanicum, spanisches Grün ist. Es ist ein basisches Kupferazetat, das als Farbstoff schon
    im Altertum bekannt war. Es kam aus Spanien in den Handel. Montpellier hatte im
    Mittelalter das Monopol gewisser Färbereien. Keiser 79, A. 2. Vgl. unten, «Wie man das
    spon grien macht.», Kap. 3, A. 231 ff.
179 Hs. irrt.: geengstikeit.

[10] Eß hatt mich auch der appetit und begirt sie[u]ßer ding dohin gebrocht, daß alß ich gon Mompelier in die apoteck erstlich ankommen b⟨in⟩, do ein mol so vil zucker geßen hab, daß ich darob kranck worden, groß magen wee bekommen und vil gall darnoch erbrochen hab. Und dy wil ein großer mercklicher hafen in der nebencammer vol theriac[180] gestanden, hatt mich der unordentlich appetit bewegt, daß ich oft doruß ein gůten theil ⟨nam⟩ und daß manchmol geßen hab, aber dorab kein mangel befunden, auch auß einem großen hafen zuckerrosat[181] anmeßlich[182] gebrucht. Item oftermolß die lauten den apotecker gesellen, domit sy mir überzückert mandlen geben, geschlagen; lestlich aber, wegen der übernemmung der sießen spyßen dohin kommen, daß wie sy mir in der iugendt angenem, also hernoch anfachen zewider gewesen.

Dem wein hab ich nicht nachgefragt in der iugendt, er were dan sie[u]ß, auch mir, wo der nit also war, etwaß widerstanden, hab auch kein besunderen becher, eb ich in Frankreich gezogen, weins vor mir by dem tisch gehapt, sunder außerthalb etwan ein drüncklin auß meiner můter kenlin nur waßer gedruncken. Und wil ich hitzig, deßen etwan dermoßen, sunderlich wan ich znacht nider gangen bin, nach dem ich zevor hin und wider gloffen was, so vil gedruncken, daß eß in meinem buch, nach dem ich mich gelegt und gekert hab, wie in einem faß geschwanckt und gethönt hatt. Hab auch in Franckreich auß einem sodt[183] in meines herren hauß, doruß man mit seilen von büntzen[184] gemacht, wie die figenkerb[185], waßer schepft, gar vil waßer die gantze zeit, die ich do verbliben, gedruncken, welches mich wie ein milch sie[u]s und seer anmietig dunckt; auch den roten dicken wein zů Mompelier nit on vil waßer vermischet drincken kennen.

In einem winter formiert ich auß schnee zesamen gewalt[186] ein bachofen im garten. Zeoberst in der privat thurn[187] lůgten mir des Růstii[188] döchteren Sara und Rebecca zů, vexierten[189] mich, ich warf mit schneballen

180 theriac: Der *Theriak* ist ein schon im Altertum gebrauchtes Allheilmittel gegen alle möglichen Schmerzen und Krankheiten, noch im 16. Jh. als «regina medicamentorum» bezeichnet. Die Pharmakopöen beschreiben eine ganze Reihe von Mischarten. Nach Keiser 70, A. 1.

181 *zuckerrosat:* Heilmittel aus Zucker und Rosenblättern. Fischer: Schwäb. Wörterb. 6, 1296. – Alle diese Mittel hatten offenbar einen süsslichen Geschmack und lockten daher der verschleckten Jüngling unwiderstehlich.

182 ânmeßlich = unmässig.

183 sodt = Sodbrunnen.

184 büntzen = Binsen (mhd. binez, binz). Schweiz. Id. 4, 1411 f.

185 figenkerb = Feigenkörbe.

186 gewalt: Part. Perf. von «waln», gewälzt.

187 privat thurn = Abtritt-Turm.

188 Über Růst von Trůb s. Kap. 1, A. 352.

189 vexierten = lachten aus, reizten.

zů inen, macht ettlich und schleich heimlich in⟨s⟩ hauß, wolt die stegen hinuf, sy stillschwigendt zeergretschen[190] und mit schnee zewerfen. Alß ich die stegen andraf, war iß[191], doselbst vom brunkeßy[192] verschittet gefroren, doruf schlipf[193] ich, fiel und schlůg daß maul uf ein seigel[194] so hart, daß mir die zen zwey löcher in underen leftzen[195] inwendig schlůgindt. Mein vatter, welcher bim brunnen etwaß schlift, luf herzů, hůb mich uf, man legt mich uf die gutschen[196], beschikt den scherer. Das mul schwal mir, kont übel reden, die suppen branten mich. Heilt baldt, bleiben doch inwendig etwas zeichen.

Ich stoch mich mit einem schreibmeßerlin in die dicke oben deß schenkels zů Rötelen[197], do ich noch daß anmol[198] behalten. Eß waren isene scharpfe zen (wie an den hechlen)[199] oben an der thir, so wie sy abgeschnitten im küngelin hauß, dorin hett ich schier ein schenckel geschlagen, alß ich über ein zun darby geschwenckt hab[200].

[11] Mein vetter Simon Steiner[201] oder Lythonius auß meines vatters heimandt an Grenchen geboren, professor secundae classis zů Straßburg, ein seer glerter man, hatt keine kinder by zweien frauwen so er gehapt gezügt, war seer fro, daß mein vatter, den er sein brůder nampt (dan sy geschwistrige kinder waren), ein sun bekommen; schreib im zůgleich anno 36 dattiert auf Simonis et Judae: Tibi gratulor cui filius natus, mihi cui alumnus, nisi pater nolit. nam hoc scis me semper optasse multis iam annis et adhuc opto omnino aliquem esse Valesium eximie eruditum, ad quam rem cum non minimum momentum adferat fideliter prima illa iecisse fundamenta. ea in re iam tibi operam meam addico. Dominus modo faxit[201a], ut nobis diu sit superstes. Lautet also: Ich wünsch dir glick, daß dir ein sun geboren ist unnd daß ich einen zů ziechen bekommen hab, eß welle eß dan der vatter nit; dan du weist, daß ich ietz vil iaren gewünscht hab und noch wünschen, daß[202] ein ußbundt an gelerte von

190 ergretschen = erwischen.
191 iß = Eis.
192 brunkeßy = Kessel, mit dem man Wasser aus dem Brunnen schöpft.
193 schlipf = glitt aus.
194 seigel = Stufe der Treppe.
195 leftze, lefzge (baseldt.) = Lippe; mhd. lefse; in' (= in den) leftzen = in die Lippe.
196 gutsche = Couch, Ruhebett.
197 *Rötteln:* Schloss bei Lörrach, wohin Felix während der Pestzeit von 1551 geschickt wurde. Vgl. Kap. 1, A. 529 ff.
198 anmôl = Mal, hier: Narbe.
199 hechel: Instrument zum Auskämmen des Flachses.
200 als ich mich über einen Zaun daneben hinüberschwang.
201 Über *Simon Steiner*, s. Kap. 1, A. 5. – Die folgenden Briefe sind leider verloren; die langen Zitate beweisen jedoch, dass Felix sie noch vor sich hatte, was für die Datierung seiner Geburt äusserst wichtig ist; s. Kap. 1, A. 1 und 22.
201a: faxit: Nebenform zu «faciat».
202 Hs.: dan.

Walliseren her einer entstiende, doran dan vil gelegen wil sein, gleich anfangs wol angefiert zewerden, dorin ich dir mein hilf zůsag. Gott geb nur, daß er unns lang lebe. Darnoch schreibt er anno 37 den 1 hornungs: Felicem meum esse filium volo, non tuum, immo vero et tuum, sed non aliam ob causam, quam quod inter amicos omnia sint communia. Daß ist: der Felix sol mein sun sein, nit dein; doch auch dein, dywil under frinden als[203] sol gemein sein. Hernoch weiter in eim anderen brief: Felix tuus unicus nostri erit, alioqui nullam habituri prolem nisi quod serus vesper vehat, daß ist: dein eintziger sun Felix sol unser sein, dywil wir sunst keine kinder bekommen, eß bringe dan der spot abendt etwas mit sich. Hernoch hatt mein vatter mich zů ihm thůn wellen, wan ich acht ierig were, er starb aber anno 43 mit großem leidt meins vatter. Vermacht mir sein gantze lybery[204], wie die groß war; die ich noch hab, alle biecher mit eim kleeblatt gezeichnet, da bey[205] bede bůchstaben.

[12] Nit lang nach meines vetteren Simonis Lithonii absterben fůr mein vatter gon Strasburg und bracht die witwen Margret Erbsin[206] mit gon Basel, do sy by uns im haus ein gůte zeit verbleibt, und alß sy wider nach Strasburg wolt, mein schwester Ursel[207] mit sich nam, die auch ein zeitlang by ir verbleib, aber oft schreib, wie sy ein verlangen hette, wider heim zeziehen, wil unser bäsy[208] sich mit einem prediger herrn Lorenz Ofner[209] verhürath hatt. Darumb der vatter sy wider holt; bracht ein schönen goldtgelen[210] rock mit im heim, daß frembdt by uns was.

[3*] Es hatt mein bäsy zů Straßburg irs brůders seligen döchterlin by ir, genant Madlenlin Erbßlin, ein schöns meitelin; bracht sy mit ir alher, alß sy ein witwen gon Basel kam. Mein vatter gedacht, ein ee uß uns zweien

---

203 als = alles.
204 libery = Bibliothek. – Das Todesdatum stimmt nicht: Steiner starb 1545, s. o. A. 5.
205 Hs. irrt.: daß bey.
206 zu Margret Erbsin s. A. 209.
207 *Ursula Platter*, *1534, †1551. Von ihr sind drei schöne Kinderbriefe aus Strassburg erhalten: Univ.-Bibl. Basel, Mscr. Fr. Gr. I 5, p. 149–151, undatiert, wohl ca. 1546.
208 bäsy (schwz.) = Base, Tante.
209 *Lorenz Offner*, *ca. 1524, †ca. 1587, *in Geispolsheim, 1540 Schüler der 9. Klasse des protestantischen Gymnasiums in Strassburg, stud. 1541 in Wittenberg, 1548–1549 Diakon in Strassburg, Jung St. Peter März (1562)–1572, Pfarrer ebd. Lebte noch 1587. Nach Bopp, Ev. Pfr. u. Theol. Els., Nr. 3668. Im Zuge der teilweisen Rekatholisierung Strassburgs wurde er im Nov. 1549 abgesetzt und pensioniert (s. Kap. 1, A. 404) und kam erst ca. 1562 wieder zu seinem Amt. – Seit Neujahr 1546 war er verheiratet mit *Margaretha Erbs*, der Witwe Simon Steiners. In dem Mscr.-Band Fr. Gr. I 5, p. 66ff. der Univ.-Bibl. Ba. sind 29 interessante Briefe von ihm an Thomas Platter erhalten, 4 weitere im Mscr.Fr. Gr. II 19 u. 54. In einem Brief vom 19. Febr. 1571 (p. 108f.) teilt er dem Freund den Tod seiner Gemahlin Margret am 16. Febr. mit. Er hatte von ihr vier Töchter, Susanna, Anna, Margreth und Martha, sowie einen Sohn Paulus, der 1564 im Alter von 10 Jahren starb; s. u. A. 396.
210 gêl (schw.) = gelb.

mit der zeit zemachen, und wil wir beide iung, nit über 12 jar alt, ein versprechung, wie man in Wallis pflegt, zwischen uns ufzerichten, welches ich heimlich durch meine gesellen, die meinen spotteten, vernam. War nit so iung, das es [211] mir nit geliebt, that mich sthäts früntlich zů im, fůrt eß zů zeiten im stoskerlin[212] herum. Alß sy aber wider gon Strosburg kamen, starb es an der pest, und bekam[213] also über nacht ein andre Madlen, solt also eine des namens haben.

Ein schöne frauw von Solothurn war uf ein zeit ze Basel by mim vatter, die mich stäts kußt, welches ich, gleich wol noch ein kindt, gern hatt. Aber wan meiner můter schwester, so ein alt, arbeitselig[214] mensch war, mich küßen wolt, fluch[215] ich und fieng an schrien. Wan die selbig von Zürich kam am stecken, empfieng sy mein můter gar streng: «wol inhar in iensen namen!»[216] Sy that sich zů mir, sagt altzyt: «Felix, du wirst ein großer herr werden, ich weis, du wirst mir gůts thůn, din můter wil meinen nüt.» Von dem an hab ich nüt mer von ir ghört.

[12] Wil unser baß Margreth by uns ze Basel waß und es in der Basel mäß[217] war, bat sy fir mich den vatter, solte mir ein delchlin[218] kaufen, darnach altzeit mein begirdt stůndt. Der vatter gab mir ein ort[219] eins guldens, die můter solte mir einen kaufen. Ich vermeint, waß eß wer, wil es von gulden lauthet, mocht nit warten, bis die můter mit gieng, luf vorhin, felßt[220] allerley dolchen, die waren al vil mer wert. Do ich keinen bekommen kont, kauft ich ein meßer, docketen[221] und ander narrenwerch; luf heim. Do bekam[222] mir mein můter, entpfieng mich mit meim krom

211 Hs.: (irrt.) er.
212 stoskerlin: kleiner Stosskarren.
213 gemeint ist: und bekam ⟨ich⟩.
214 arbeitselig = gebrechlich.
215 fluch = floh.
216 Wohl denn herein in Teufels Namen! – «iensen»: Genitiv von mhd. «ener», jener; oft zur Umschreibung des Teufels, s. Schw. Id. 1, S. 265 f. u. 3, S. 45. Freundl. Hinweis von Prof. Ernst E. Müller, Basel. Boos hat den schwer zu entziffernden Satz weggelassen.
217 *Basel mäß*: Im Jahre 1471 11. Juli erhielt Basel durch eine Urkunde Kaiser Friedrichs III. das Recht, alljährlich zwei je 14 Tage währende Jahrmärkte, «die man nennet meß», abzuhalten, die eine jeweils vor Pfingsten, die andre im Herbst vor Martini. Während die Frühjahrsmesse schon 1494 abgeschafft wurde und erst 1917 als Schweizerische Mustermesse wieder aufkam, wurde die Herbstmesse regelmässig bis heute auf verschiedenen Plätzen abgehalten, wobei in den letzten 100 Jahren der Vergnügungsbetrieb überwog. Nach P. Koelner: Die Messe. Unterm Baselstab II, S. 96 ff. – Die folgende Szene spielte sich wohl auf dem Kornmarkt, dem heutigen Marktplatz, ab. Wackernagel, Gs. d. St. Basel 2, 481 ff.; Fürstenberger und Ritter: 500 Jahre Basler Messe, 1971.
218 delchlin = Dölchlein.
219 ein ort = ein Viertel.
220 felßt: soll heissen «felscht», feilschte (fälschen = schlecht machen, heruntermachen).
221 docketen, tocketen = Puppen.
222 bekam = begegnete.

gar rauch, balgt[223] mich die Fryestros durch abhin, wolt den kremeren
mein war wider geben, schalte sy, sy hetten mich bedrogen. Ich schampt
mich über die moßen, zog heim; do wardt ich erst von dischgengern
gevexiert. Alß die můter heim kam, mein narry klagt und mich scholt,
lachet mein bäsy wie auch mein vatter und machten den friden.

[3*] Mir kinder noch gar iung můßten auch papir strichen[224], das uns
etwan die fingerlin blieten wolten. Mein můter stief auf[225], wie es in den
druckerien im bruch und macht die pallenleder[226], uß welchen, so sy nit
mer gůt, mir bůben ballen machten.

Es schlůg ein drucker herr seinen sun, der noch iung; der luf auf den
estrig, erhanckt sich selbs. Nomini parco. H. Aliot[227].

Mein vatter laß uns doheiman vor der predig aus der heiligen schrift
und prediget uns. Das gieng mir also iungen mechtig zů hertzen, docht
dick, wie kompts, das gotlose leut sindt, förchten sy nit die häl[228]. Weis
auch wol, das do mein vatter uns laß, wie Gott dem Pharao sein hertz
verstockt hab, das er daß volck nit aus Aegipten hatt laßen ziehen, das
ich mich glich doran sties und nach sinnet, wan auch domolen botschaft
kam, wie man im Niderlandt wegen des glůbens die Christen verfolgt,
sunderlich von zweien döchteren, so verbrent worden, gieng es mir mechtig zů hertzen, also daß ich oft hernoch gedocht, ich were in meiner kindtheit frömer gwesen, dan do ich die welt anfangen brauchen[229].

223 balgt mich = zankte mich aus.
224 papir strichen = P. glatt streichen, glätten (in der Druckerei).
225 stief auf: ungewöhnliches Praet. zu stifen = steif machen, mit Stärke festigen. Schw.
  Id. 10, 1444 u. Fischer 5, 1698 (normal wäre die Form «steif»). Der Sinn des Papier-
  aufsteifens ist nicht ganz klar, trotz Anfragen bei den ersten Experten inkl. Gutenberg-
  Museum in Mainz. Vermutlich diente es wie das Leimen dazu, das Papier weniger saug-
  fähig zu machen; doch sollte dies bereits der Papiermacher besorgen.
226 pallenleder: ballenartige, mit Stiel versehene Tampons, die zum Einschwärzen dienten.
227 Nomini parco = Den Namen verschweige ich. Dennoch hat Felix dann doch (später?)
  den Namen hinzugefügt: H. Alioth. – Bei Boos und Passavant fehlt die Stelle. – Erstaunlich ist das frühe Auftreten dieses Familiennamens in Basel. HBLS 1, 228 und Schweiz.
  Familienbuch I (1945), S. 7 ff. nennen als Stammvater Claudius Alioth, *1580, †1650,
  ∞ Elisabeth Müllheim, Bürger von Biel, und setzen die Einwanderung nach Basel auf
  später an. Dass es jedoch einen A. in Basel schon viel früher gab, beweist eine Stelle in
  den Basler Ref.-Akten von P. Roth, Bd. VI, S. 79 und A. 2: Am 11. Mai 1532 beschloss
  der Rat, «Claude Aliot de Moutier usz Sovoy» wegen Wiedertäuferei auszuweisen, und
  dieser musste am 14. Mai Urfehde schwören. Ein Druckerherr dieses Namens ist allerdings nicht nachweisbar. – Interessant wird die Stelle jedoch durch den Zusammenhang,
  in dem Felix sie erzählt: Er sprach eben von der väterlichen Tyrannei, unter der Mutter
  und Kinder zu leiden hatten, und erwähnt anschliessend den Selbstmord jenes andern
  Druckersohnes. Gewiss hat Felix trotz der rohen väterlichen Erziehungsmethoden nie
  einen solchen Gedanken erwogen, ja er hat – wenigstens im Rückblick – seine Jugend
  als glückliche Zeit empfunden, doch gibt die Parallele immerhin zu denken.
228 häl = Hölle (ältere Form). Schw. Id. 2, 1136.
229 als zur Zeit, da ich mit den Leuten verkehrte. – Das Eingeständnis Platters, die Leiden

[4*] Ich war etwas mûtwillig, wie die iugendt thût, und um zwei stuck hart gestroft von meim vatter, do mich altzeit der Langbûm, deß kornschribers eintziger sun, angeben[230]. Erstlich warf ich stein uß der schûl auf des Philip Dischmachers[231] tach, so hinden an die stros stoßt, brach im ettlich ziegel, bekam mein lon, bin nienerum herter gestroft worden. Demnach kridet ich einmol an der hiltzenen[232] wandt, so bede classes underscheidt, mit langen strichen, und wo ein durgendt loch, fûr ich doran, darnach uf der anderen seiten an der wandt wider zû eim ander, das also die gantze wandt verkridet wardt; entpfieng ouch den lon.

Mein mûter gab mir ein mol ein rappen, do ich noch gar kindisch und ein rot röcklin anhat. Den sties ich in bûsen, kont darnoch den rappen nit mer finden. Do schwang mich mein mûter, das ich sunst nit gedenck vor oder darnoch geschechen sein. Gab mir ein andren, den bhûlt[233] ich in der handt, zog ins scherhaus[234], zog mein röcklin aus, so falt der verloren rappen dorus. Do sagt meiner zûkünftigen frauwen mûter, die domolen noch lebt: «du soltest sorg han und nit ein ding also verlieren.» Ich gedocht, mir ist schon der lon worden.

Mein vatter hette gern mich befürdert, das ich baldt weit gruckt wurdt in der schûl. That mich baldt in die vierte letzgen[235], das ich necher by im wär; sas allernechst an seiner cathedra. Er frogt mich einest, was das Griechisch α purum wer[236], und alß ichs nit kont sagen, schlacht er mit einer nüwen rûten ab der catheder über mich, vermeinend, über den rucken zeschlachen; alß ich in dem obsich sich[237], drift er mich in das angesicht, das es voller schnatten[238] wardt, und giengen ettlich strich über die augen, daß wenig gefelt, ich were an augen verletzt worden. Ich geschwal im angsicht und blûtet an ettlichen orten, das man mich nit über

---

der Märtyrer seien ihm früher «mächtig zu Herzen gegangen», ist wichtig, wenn man bedenkt, mit welcher kalten Sachlichkeit er später über die grauenvollsten Quälereien berichtet. Offenbar wurde er durch die «Welt» abgestumpft, blieb sich aber auch bewußt, dass er früher «frömmer» gewesen.

230 Kap. 1, A. 172 ff.
231 *Philipp ⟨Uebler⟩*, der Tischmacher, Eigentümer des Hauses «zum grossen Elefanten», Freie Strasse 65 ab 1548 bis †1566. Hist. Grundb. – Das Haus stösst hinten an das Gymnasium.
232 hiltzenen = hölzernen.
233 bhûlt = behielt.
234 scherhaus: das Haus «zum Schöneck» (heute Goldene Apotheke), wo Franz Jeckelmann wohnte und wirkte. Vgl. Kap. 1, A. 142.
235 letzgen = Lektion, hier im Sinne von Klasse. Vgl. Th. Burckhardt-Biedermann: Gs. des Basler Gymnasiums.
236 Das α purum steht im Attischen nach einem ϱ statt des ionischen η, z. B. χώϱα statt χώϱη. Freundl. Mitteilung von Prof. Dr. Bernhard Wyss.
237 obsich sich = aufwärts sehe.
238 schnatten = Striemen, Striche.

die gaßen loßen kont, bis [6*] under dem imäß[239], fûrt man mich verhüllet heim. Mein mûter erschrack seer, that gar letz[240] über mein vatter, welchem es auch leidt war, dan in auch darob mein zûkünftiger schwecher, der mich salbet, und D. Paulus Höchstetter[241], schalten, also das er hernoch gar milt gegen mir was, auch die rûten nit mer an mir gebrucht, do er zevor alweg[242] gar ernsthaftig gegen mir gewesen und aus drib[243], mich baldt glert zemachen etwas ruch, etwan dreuwt mich zegeißlen, io mit fießen zedretten, um schlechte ursach; dorunder eine war, das ich ein schribmeßerlin im zerbrochen hatt und hernoch aber eins, dorob ich mich alß geförcht, daß ich fast ein halb jar, eb[244] ers innen worden, nie recht frölich sein kennen. Sunst wan ich etwan kranck wolt sein, er gar meinen alß seins eintzigen suns domolen sorghaft gewesen und, sunderlich wan ich von im in der frembde, aus der moßen geliept und mit schriften solches erscheint worden.

Ich war altzeit zimlich hüpsch kleidet, altzyt von farben, wie domalen der bruch, anfangs mit eim theilten kleidt[245], wie ob gemelt, baldt wißen, darnoch schwebel gälen[246] hosen, do mich alß seer blangt[247], wan meister Wolf Eblinger[248] der schnider am Fischmerckt mir die hosen brechte.

[5*] Von iuget auf, nam ich mir fir, wiit zereißen, auch über mer, so ich kent, macht kleine schiflin von holtz, legt sy in bruntrog und schaltet[249] sy herumb, alß fiere ich uf dem mer. Dorft wol vor tag bim liecht mit meinen gsellen daß gügelwerch[250] driben.

Es war ein spil im collegio, die auferstendnus Christi[251], dorin Henric

239 imäß, imiß = (Imbiss), Mittagessen (baseldt.).
240 that gar letz = war ganz ausser sich, untröstlich (letz mhd. = verkehrt). Seiler, Basler Mundart 188.
241 Über ihn s. Kap. 1, A. 110.   242 Hs.: altweg, wohl analog zu «altzyt».
243 aus drib (Trieb) = mit der Absicht.
244 eb = bevor.
245 d. h. zweifarbig.
246 schwefelgelben.
247 wobei ich ungeduldig wartete. – Felix liebte zeitlebens elegante, in der Jugend sogar stutzerhafte Kleidung.
248 *Wolfgang Eblinger*, der Schneider Felix Platters, wohnte in dem Haus «zum Thorberg», Fischmarkt, Teil v. 4 nb. 5. Am 13. März 1550 verkauften seine Erben ihren Anteil an dem Hause an die Witwe Agnesa Hennflingerin. Hist. Grundb.
249 schaltet = stiess.
250 mhd. gougelwerch = Narrenzeug, Spiel.
251 «*Auferstendnus Christi*»: wahrscheinlich ein lateinisches Drama, da es im Collegium gespielt wurde, vielleicht die «Passio Christi» des *Macropedius*. Zu den *Basler Theaterspielen* in diesem Abschnitt vgl. den zeitgenössischen Chronisten Johannes *Gast*, hg. v. Paul Burckhardt, B. Ch. 8/1945; *L. Aug. Burckhardt:* Gs. der dramat. Kunst zu Basel, Beitr. z. vaterld. Gs., Bd. 1/1839, S. 169ff.; Emil *Ermatinger:* Dichtung u. Geistesleben d. dt. Schweiz, S. 176ff. und Fritz *Mohr:* Die Dramen des Valentin Boltz. Diss. Ba. 1916, mit einer Liste der in Basel im 16. Jh. aufgeführten Spiele. – Zu Macropedius s. Bächtolds Lit.-Gs., S. 256, u. Mohr, S. 16f.

Rihener[252] die Maria. Meins vatters dischgenger machten vil narren, und
teufels kleider waren auch dorin, sunderlich war Jacob Truckses[253] in
narrenkleideren fir al uß[254] mit poßen driben.

[6*] Man hůlt das spil Paulus bekerung auf dem Kornmerckt, so Valentin Boltz[255] gemacht, ich sach zů am eckhaus an der Hůtgaßen, darin
der Felix Irmi[256]; der burgermeister von Brun[257] war Saulus, der Balthasar
Han[258] der hergoth, in eim runden himmel, der hieng oben am Pfůwen[259],
dorus der strol[260] schoß, ein fürige racketen, so dem Saulo, alß er vom
roß fiel, die hosen anzündet. Der Růdolf Fry[261] war hauptman, hatte by

252 *Henric Rihener* (sprich: Rychner): Dies war gewiss nicht der Stadtschreiber Heinrich
     Ryhiner, wie Boos 363 annimmt, sondern dessen ältester Sohn *(Joh.) Heinrich R.*,
     *ca. 1527; über ihn s. Kap. 3, A. 129. Bei den Spielen wirkten meist jüngere Burschen
     mit, besonders für die Frauenrollen.
253 Jkr. *Jakob Truchsess* von Rheinfelden, Tischgänger bei Thomas und Jugendfreund des
     Felix; s. Kap. 1, A. 355.
254 fir al uß = allen andern voran.
255 *Valentin Boltz* von Rufach, Sohn des Valentin B., seit 1534 Pfarrer in Alpirsbach (Württ.),
     Tübingen usw., 1547–1555 in Basel zu Barfüssern und am Spital, dann in Ungerhausen
     bei Memmingen (Schiess III 337), 1559/1560 in Binzen. Bekannter Dramatiker. Über
     sein Spiel von «*Pauli Bekehrung*» s. Mohr S. 103, über die Entstehung des Stückes in
     Laufen B. Jb. 1917, S. 84, über die Basler Aufführung vom 6. Juni 1546 Joh. Gast,
     B. Ch. 8, 270f: «Es war ein strahlender Tag, an dem das Spiel von der Bekehrung Pauli
     öffentlich unter Leitung von Valentin Boltz von den Bürgern mit grosser Pracht auf-
     geführt wurde; der Rat bestimmte den Spielplatz und liess ihn mit Holzschranken um-
     geben, innerhalb deren die Vornehmen samt den Ratsherren Platz genommen hatten;
     das gemeine Volk aber schaute von drei schrägen hölzernen Brügen zu. Nach dem
     Schluss des Spiels, als die Schauspieler wie üblich gegen Abend in der Stadt herum-
     spazierten, litten sie von dem ziemlich starken Regen einigermassen Schaden. So kam es,
     dass sie am folgenden, strahlend schönen Tag fast den ganzen Tag über in der Stadt
     herumspazierten.»
256 *Hans Felix Irmy*, *1539, †1591 oder 1609, Sohn des Gewandmanns Hans Valentin I.
     u. der Ursula Frobenius, ein Jugendfreund des Felix, Gewandmann, ∞ ca. 1568 Barbara
     Scheltner. Wappenb. Ba. Er bewohnte das Eckhaus Hutgasse 1/Gerbergasse, «zum
     goldenen Wind» (heute: Deiss). Hist. Grundb.
257 genauer: der spätere Bürgermeister *Bonaventura von Brunn*, *1520, †1591, Kaufmann,
     d. R., BM 1570–1591; ∞ Maria Harnister (1564–†1583). Wappenb. Ba. u. Tonjola 254.
     Damals war er 26jährig und ledig.
258 *Balthasar Han*, *1505, †1578, der berühmte Glasmaler (Schüler Holbeins), d. R., 1542
     bis 1568 Meister der Himmelzunft. Hartmann, Th. Platter, 178; HBLS 4, 55.
259 Haus «Pfauenburg», Marktplatz 18/Ecke Sporengasse, das die ganze Nordfront des
     damals viel kürzeren Platzes einnahm.
260 strôl, Strahl = Blitz. – Die realistische Darstellung des Blitzes durch eine Rakete war
     eines jener für das 16. Jh. typischen komischen Intermezzi, vergleichbar den lustigen
     populären Einlagen in den geistlichen Spielen.
261 *Hans Rudolf Frey* (1496–1551), tot 1552, Sohn des Hans Friedrich F., Schultheissen zu
     Mellingen; BvB 1504, Stammvater der Basler Familie, Tuchmann, 1529 d. R., dreimal
     verheiratet, s. Wappenb. Ba. Als oberster Deputat u. Pfleger der Schule auf Burg forderte
     er 1541 Thomas Platter auf, Schulmeister zu werden. Hartmann: Th. Platter, 176.

100 burger, alle seiner farb angethon under seim fenlin. Im Himmel macht man den donner mit faßen, so vol stein umgedriben waren etc.

Lang darvor hatt Ulricus Coccius [262] die Susannam[263] uf dem Fischmerck gespilt. Do lůgt ich zů in meins schniders Wolf Eblingers haus[264]. Die brüge[265] war uf dem brunnen und war ein zinnener kasten, darin die Susanna sich weschet, doselbst am brunnen gemacht; darby sas eine im roten rock, was ein Merianin[266], Ulrico Coccio versprochen, aber noch nit ze kilchen gefiert. Der Ringler[267] war der Daniel, noch ein kleins bieblin etc.

Mein vatter spilt in der schůl die Hippocrisin[268], dorin war ich ein Gratia. Man legt mir der Herwagenen dochter Gertrudt[269] kleider an, die mir zelang, also daß ich im umher zien durch die stat[270] die kleider nit aufheben kont und seer verwiestet[271], můßt auf dem Fischmerckt in meins schniders haus[272], von denen so umzogen, abwichen und doselbst die fie[u]s weschen. Zwingerus[273] war die Psiche, Scalerus die Hippo-

---

262 *Ulrich Coccius (Koch)*, auch Essig genannt, *1525, †1585, geb. in Freiburg i. Ue. als Sohn des Ulrich K. u. der Barbara Weingärtner recop. Niklaus Essig (von diesem Pflegevater hatte er den Beinamen). 1542 stud. Basel (Matr. Ba. II 29), 1546 Magister, 1547 Prof. f. Griechisch, dann Dialektik, stud. theol., 1552 Diakon zu St. Martin als Nachfolger v. Joh. Gast, 1562 Pfr. zu St. Peter, 1564 Prof. theol., Rektor und BvB, 1569 Dr. theol.; ∞ 1. Margareta *Merian* (*1525, †1570), dem 13. Kind des Schiffmannes Theobald M., 2. Ursula Faesch. Nach P. Burckhardt, B. Ch. 8, 259 f., A. 10; Wappenb. Ba.; Gauss 96; Tonjola 134.

263 Wahrscheinlich die «*Susanna*» von *Sixtus Birk* (Xystus Betulejus). Dieser stammte aus Augsburg und war in Basel Schulmeister zu St. Theodor, s. Matr. Ba. I 355 und die ausführliche Biographie bei Hartmann: Amerbach-Korr. 4, 385 f. Bereits 1532 hatte er im Kleinbasel die «Historia von der frommen und Gottesfürchtigen Frauen Susanna» aufführen lassen. 1532 gab er das Spiel auch im Druck heraus, 1537 in einer lateinischen Übersetzung. Die zweite Aufführung in Basel fand am 23.Mai 1546 statt, also nur 14 Tage vor dem obenerwähnten Spiel auf dem Marktplatz, nicht «lang davor». Paul Burckhardt, B. Ch. 8, 269, A. 23. Über das Spiel selbst s. L. A. Burckhardt 187f. u. Mohr 103, Nr. 20.

264 Fischmarkt 4, s. o. A. 248.

265 brüge = Tribüne.

266 *Margareta Merian*, s. o. A. 262.

267 ⟨*Ludwig*⟩ *Ringler*, *ca. 1535, †1605, Sohn des Balthasar R. des Jüngern, später bekannter Glasmaler, d. R., Landvogt zu Lugano; ∞ vor 1565 Elisabeth Schmid. Wappenb. Ba.

268 Die «*Hypocrisis*», Tragicomoedia des Gnaphäus (Basel 1544); s. dazu Bächtold, Lit. Gs. 256 u. Mohr 105.

269 *Gertrud Herwagen:* wahrscheinlich die Tochter des Johannes H. des Älteren u. der Gertrud Lachner; s. P. Burckhardt, B. Ch. 8, 326, A. 37 und 407, A. 56. Thomas Platter war als ehemaliger Korrektor Herwagens mit der Familie befreundet.

270 Vor oder meist nach dem Spiel fand gewöhnlich ein Umzug der Schauspieler in ihren Kostümen statt, vgl. o. A. 255.

271 verwüstet, verdorben.

272 s. Kap. 1, A. 248.

273 *Theodor Zwinger*, *1533, †1588, später als Professor berühmt; s. Kap. 3, A. 801.

crisis. Gieng wol ab, allein der regen kam zelest, welcher das spil verderbt und macht, daß wir uns verwůsten[274].

[7*] Man hatt oft spil gehalten zů Augustineren[275] in der kilchen unden, do ietz es verenderet. Altzeit wan der neuw rector das mol geben, haben die studenten mit pfifen und drummen in der herbrig, sampt der regentz geladen und ist man in der proces in die comedy gezogen. Deren so ich gesechen, war das erst die auferstendnus Christi[276], darin Henricus Rihener die Maria war, das ander der «Zacheus»[277], so D. Pantaleon die comedy gmacht und agiert, darin des Lepusculi[278] döchteren auch waren; die dritt comoedi war Hamanus[279], deßen person Isaacus Cellarius[280] hatt, darin war Ludovicus Humelius[281] nachrichter[282]; alß er einen hencken wolt, des[283] Hamanus sun, deßen person Gamaliel Girenfalck[284] agiert, und im der dritt fält[285], in dem er in ab der leiter sties und uff ein britt[286] solt gedretten haben und aber darneben dratt, blib er hangen, und hett Humelius

---

274 verwůsten = verwüsteten, verdarben.
275 Im Augustinerkloster, das in der Reformation säkularisiert worden war, dem sog. «Obern Kollegium».
276 s. o. A. 251.
277 *Zachäus* war ein jüdischer Oberpriester aus dem Kreis der Anhänger Jesu (Lukas 19, 1–10). Der Verfasser, *Heinrich Pantaleon*, 1522–1595, ist der bekannte Polyhistor, damals Professor der lateinischen Sprache. Über ihn s. Kap. 3, A. 267. Über sein Spiel s. Hans Buscher: H. Pantaleon u. sein Heldenbuch, Diss. Basel 1946, S. 82 ff.
278 *Lepusculus:* Sebastian Häsli, *1501, †1576, ein Kleinbasler, 1522/23 Provisor zu St. Theodor, nach auswärtigen Amtsstellen 1550–1555 Helfer zu St. Theodor, zugleich Professor für Griechisch, 1557–1559 Prediger zu Barfüssern u. am Spital, 1560–1576 Archidiaconus. Gauss 100 f.; P. Burckhardt, B. Ch. 8, 344 f., A. 72; Hartmann: Amerbach-Korr. 5, 346, A. 4 und Jenny: Amerbach-Korr. 8, 85 ff.
279 *Hamanus:* wahrscheinlich die Tragoedia Nova des *Thomas Naogeorgius* (Kirchmair), «Hamanus», Leipzig 1543. Vogt u. Koch: Gs. d. dt. Lit., 5. A., Bd. I, 310. Über Naogeorgus s. ADB 23, 245 f. – *Haman*, im Buch Esther der erste Minister des Xerxes, erwirkte von diesem den Befehl zur Vernichtung aller Juden, endete aber selbst am Galgen.
280 Über *Isaak Keller* (*1530, †1596), später Prof. med., s. Kap. 3, A. 165.
281 *Hans Ludwig Hummel*, †ca. 1595, Sohn des Stadtsöldners Hans Hummel, Bruder des bekannteren Balthasar H., Tischgänger und Provisor bei Thomas Platter, erhielt 1545 ein Stipendium und wurde 1554 ff. Pfr. in Therwil, Münchenstein u. Rotenfluh (BL); ∞ 1. 1548 Margreth Moser von Konstanz, 2. 1552 Cath. Bock. Matr. Ba. II 48, 1546/47; Wappenb. Ba. und Gauss 90. – Als Lehrer am Gymnasium inszenierte er in der «Mücke» die «Aulularia» des Plautus, s. Text u. A. 293.
282 nachrichter = Scharfrichter.
283 Hs.: der.
284 *Gamaliel Gyrenfalk* war ein Sohn des Pfarrers Thomas G. von Ba. Er wurde später Substitut des Stadtschreibers von Mülhausen. Nach Phil. Mieg: Nagel et Wieland, Bull. du Musée hist. de Mulhouse, 60, p. 26.
285 der Schritt fehlte, mißglückte ihm.
286 britt = Brett.

der hencker nit gleich den strick[287] abgeschnitten, were er erworgt, hatt darvon ein roten strimen[288] um den halß bekommen.

Mein vatter hat ein Teutsch spil componiert, darin solt ich wirt gsin sein, genant: der wirt zum thirren ast[289]. Alß ers agieren wolt, reiß der sterben in, also daß eß ingestelt wardt, biß ich in Franckrich, do agiert Gilbert[290] mein person.

Auf der Mucken[291] hùlt Humelius[292] mit uns schůleren Aululariam Plauti[293]. Dorin war ich Lycondes, hat ein schönen mantel, so des Schärlins[294] sun war, und Martinus Hùberus[295] mein knecht Strobilus.

Wir knaben also iung wolten underwylen spil machen. In meins vatters höflin wolten wir auch den Saulum[296] spilen, wil wir ettlich sprüch aus der burger spil gelert hatten. Der Roll[297] war Saulus und ich der

---

287 Hs.: strich. Vgl. Einleitung.

288 strîmen = Streifen.

289 Über dieses Spiel ist mir nichts Näheres bekannt. Wohl verloren. Vgl. Kap. 3, A. 313.

290 *Gilbert Catalan*, Sohn des Apothekers Laurentius Catalan in Montpellier, war als Tischgänger bei Thomas Platter, im Austausch gegen Felix. Matr. Ba. II 78, 1553, b. a. 1554 16. Mai.

291 Mucken: das Haus «*zur Mücke*», an der Einmündung des Schlüsselberges (Nr. 14) auf den Münsterplatz, war im 13.–15. Jh. Trinkstube der Ritter und diente häufig als Casino bei Fürstenbesuchen und Bällen; während des Konzils beherbergte es das Conclave, das 1439 Felix V. zum Papst wählte. 1545 wurde es als staatliches Tuch- und Kornhaus neu gebaut, von 1671 bis 1849 diente es als Kunstmuseum und Univ.-Bibliothek, seit 1862 als Schulhaus. Seit 1958 ist es ein Teil des Humanistischen Gymnasiums. Nach V. Lötscher, B. Jb. 1958, S. 86–141.

292 s. Kap. 1, A. 281.

293 *Plautus*, *244, †184 v. Chr., ist neben Terenz der Lieblingsdichter des lateinischen Schultheaters in Deutschland. Seine «*Aulularia*» (Der Goldtopf) ist das dichterische Vorbild zu Molières «*Avare*», welcher ganze Szenen aus der römischen Komödie entliehen hat. In dem handschr. Gedichtband Mscr. A G v 30, in dem Felix allerhand eigene Gelegenheitspoesie und Übersetzungen aufgezeichnet hat, befindet sich auf S. 314–341 ein großer Auszug aus der «Aulularia».

294 des Schärlins Sohn: unbekannt.

295 *Hans Martin Huber*, *1536, †1564, Sohn des Dr. med. und späteren Stadtarztes Johannes H. u. der Barb. Brand, guter Schulfreund des Felix, 1560 stud. Tübingen, 1563 Dr. iur. Bologna, 1564 Prof. f. Kodex in Ba., †1564 peste. Matr. Ba. II 73; HBLS 4, 299; Thommen, Univ. 176, A. 1; Hunziker 50; Tonjola 221. Vgl. Kap. 1, A. 506.

296 «Pauli Bekehrung» des Val. Boltz, s. o. Kap. 1, A. 255.

297 Roll: *Gavin de Beaufort*, Freiherr *zu Rolles* (am Genfersee), Sohn des Amadeus v. Beaufort, Graf zu Varrax u. Frh. zu Rolles, eines kriegslustigen Abenteurers. Nach P. Burckhardt, B.Ch.8, 422, A.20; stud.Ba.u.Tischgänger bei Thomas Platter (Matr.Ba.II 63, 1549/50). Blieb in der Pestzeit 1551 allein bei Platter zurück, und dieser wollte ihn adoptieren. 1570 Bürger v. Ba., safran-zft. und verheiratet mit N. N. (s. Landolt, BZ 72/1972, S. 276, A. 122). ∞ 1573 Gertrud Brand, Tochter des Prof. iur. Bernhard B. u. der Marg. Wagner. Wappenb. Ba. (Tf. Brand) und Merz, Sisgau, Bd. 4, Stammtf. 6. 1573–1578 fürstlichsavoyischer Rat, 1574–1578 Eigentümer des nach ihm benannten Grossen Rollerhofes, Münsterplatz 20. Hist. Grundb.

hergot, sas uf dem heuner[298] steglin, hat ein schiit[299] fir ein strol, und alß
der Roll auf eim schiit firüber reit gon Damascum, warf ich den strol nach
im, draf in uf ein aug, daß er blůtet und grien[300] mit vermelden, er were
arm und von seinen verloßen, drumb blogten wir in, eß werde uns auch
noch darzů kommen etc. Daß gieng mir zehertzen, hab oft doran in der
frembde, wo mir etwas widerwertigs widerfůr, gedocht.

In des Langbůms haus an den Steinen[301], so des herr Iselins war und
ietz Coveti erben haben, machten wir bůben, dorunder er Langbům und
Simon Colroß[302], so hernoch peste gestorben ins Lycosteni[303] haus, war
ein feiner knab[304], und Lucas Just[305], Roll[306] etc. auch spil: die zechen
alter[307] und den Saulus probierten wir oft; wardt doch nüt drus.

[8*] Meins vatters dischgenger agierten auch etwan comoedias, wan
mein vatter gest hatt. Einest hielten sy den 1 actum in Phormione[308], in
dem Sigmundt von Andlůw[309] noch gar ein kindt Crito war und solt den

298 heuner (sprich: hiener) = Hühner.
299 schiit = Scheit, das hier einen Blitzstrahl (strôl) darstellen soll.
300 grien = weinte, ungewöhnliches Praet. zu «grînen» (normale Form: grein, wie rîten, reit).
301 «zum Löwenfels», Steinenvorstadt 36/38 (heute Cinéma Capitol); seit 1558 Eigentümer:
    Jacob Iselin-Schaller; 1597 verkaufte es Ludwig Iselin-Strübin an Jacques Covet-Courtois
    (*1546, †1608 18. Jan.), der 1588–1608 Diakon der franz. Kirche zu Basel war. Hist.
    Grundb.; Gauss 62; Tonjola 284.
302 Simon Colroß, *1536 als Sohn des bekannten dt. Grammatikers und Dichters Hans Kolroß
    (*ca. 1500, †1558), der seit 1530 deutscher Schulmeister zu Barfüssern in Basel war.
    Matr. Ba. II 12, 1536/37 (Vater) und II 66, 1549/50 (Sohn); Wackernagel: Gs. d. St. Ba. 3,
    458; HBLS 4, 530. – Simon, der Spielgefährte des Felix, starb hier 1552 an der Pest.
    Hunziker 48.
303 Konrad Wolfhardt, gen. Lycosthenes, *ca. 1518, †1561, Sohn des Schultheissen W. von
    Rufach, Theol. u. Phil., 1543 Professor für Grammatik u. Dialektik zu Ba. u. Lehrer am
    Pädagogium, 1544–1561 Helfer zu St. Leonhard. Nach Matr. Ba. II 28, 1542/43, hier
    weitere Belege. ∞ Christiana Herbster (Oporin), Wwe. v. Leonhard Zwinger. Wappenb.
    Ba. (Tf. Herbster). Eigentümer des Hauses «zum Eberstein», Freie Strasse 10 (heute
    Buchhdlg. Georg) bis 1547 25. Jan. – «Theatrum vitae», hg. 1565 von seinem Stiefsohn
    Theodor Zwinger. – Sein jüngerer Bruder Theobald: s. Matr. Ba. II 27 u. 623, spez.
    B. R. Jenny: Amerbach-Korr. 6, S. XXXIVf.
304 «war ein feiner knab»: bezieht sich auf Simon Colroß (trotz der Parenthese). – «ins
    Lycosteni haus» (= in des L. Haus) gehört dann zu «gestorben» und setzt voraus, dass C.
    bei Lycosthenes wohnte und dort gestorben ist.
305 Lucas Just, *1535, †1595, Sohn des Heinrich J., Sigrists zu St. Leonhard, u. der Anna
    Geringer; Spielgefährte des Felix, stud. Ba. 1549/50, Pfarrer 1558 in Therwil, 1559/60
    in Grosshüningen, 1560–1595 in Basel. ∞ 1560 Anna Heidelin. Wappenb. Ba.; Matr. Ba.
    II 66; Gauss 93.
306 Roll: s. Kap. 1, A. 297.
307 «Von den zehn Menschenaltern», Spiel von Pamphilus Gengenbach, s. darüber L. U. Burck-
    hardt, Beitr. z. vaterl. Gs. 1, S. 180f. – Zu «Saulus» s. o. A. 255.
308 «Phormio»: von Terenz (*ca. 200, †159 v. Chr.), stellt einen Schmarotzer dar; Vorbild
    zu Molières «Fourberies de Scapin».
309 Jkr. Sigmund von Andlau, *ca. 1536, †1597, Sohn des Arbogast v. A. u. der Eva von Pfirt
    (und nicht «des Dompropsts v. Andlau», wie es in der Matr. Ba. II 79 heisst; wohl eine

kurtzen spruch erzellen: «Ego amplius deliberandum censeo. res magna est.» Doran hatt er ettlich tag gstudiert und wie ers in actu sagen solt, sprach er: «e, e, gug amplius deli li li terandum cen cen censeo» und lies das übrig aus; gab ein glechter. Es ist mir auch vil leidts von meins vatters dischgengeren zů zeiten widerfaren, so ich nit klagen dörfen, sunderlich wan sy etwas von mir wusten, das ich geschlecht[310] oder brochen, domit sy mich nit angeben, mich also lang domit betriebt gemacht und das ich inen volgen mießen; hab dick[311] gedocht, ich wels inen mein leben lang nit vergeßen, io, etwan uf geschriben: Felix, denck doran, aber gleich wider mit inen eins worden und nit mer doran gedocht. Hab auch nit liden mögen, das ein anderer mit mir uneins were. Der Gilg Bodmar von Baden[312], der altzeit grusame lüg erzelt, schneidt mir auf ein zyt daß seil doruf ich reit ab, do fiel ⟨ich⟩ ab aller höhe uf den rucken, das mir der othem lang nit werden kont. Er hatt mich oft gerauft, daß mir büchel[313] uf dem kopf entsprungen.

Der Sigmundt von Andlůw wardt von seiner můter, so zů Nüwenburg[314] wondt, in die faßnacht berůft. Dohin fůr er, Balthasar Humel[315]

Verwechslung mit dem Domprobst Sigmund v. Pfirt, der auch einen Sohn Sigmund hatte), stud. Basel 1553/54 (Matr. II 79) und ca. 1557 in Orléans; ∞ Magdalena Landschad von Steinach (freundl. Mitteilung von Mlle L. Roux, Archiviste-Adjoint du Haut-Rhin, Colmar, während Merz, Sisgau 3, Stammtf. 6 als Gemahlin Susanna III. von Eptingen, *1540, †1622 14. Jan., nennt). BvB 1591 (s. Rud. Wackernagel, B. Jb. 1899, S. 130 u. BUB X, 612. Vgl. HBLS 1, 369; Tonjola 233). – Arbogast v. A. war laut Hist. Grundb. anno 1537 Eigentümer des Andlauerhofs, Petersgasse 36/38, und somit ein Nachbar der Platter. Vgl. Kap. 1, A. 14 und Jenny: Amerbach-K. 7, S. 81, A. 2.

310 geschlecht = geschleckt.

311 dick = oft.

312 *Gilg Bodmar* (Aegidius Bodmer) von Baden AG, (1542), †1570 13. Sept., 1556 der LX, 1557 der XL, 1567 des Rats, 1568 Spitalmeister; ∞ 1566 Veronica Segesser, *1534, †1588 14. März, Tochter des Bernhart S. u. der Magd. Nägeli, recop. Beat Jakob Feer, Herrn zu Castelen, kinderlos. Nach W. Merz: Wappenb. d. Stadt Baden, Stammtf. 4.

313 büchel, bückel = Beulen.

314 Neuenburg a. Rh., ca. 35 km N v. Basel; die Andlau stammten von dort.

315 *Balthasar Hummel*, *ca. 1530, †1605, Sohn des Stadtsöldners im Kleinbasel, Peter Hans H. u. der Margrit Meyer, einer der besten Jugendfreunde des Felix, stud. Basel 1546/47 (Matr. II 48), 6 Jahre Apothekergeselle bei Apotheker Thoman in Basel, 1553–1555 in Montpellier bei Apotheker Catalan, zusammen mit Felix, 1555 BvB u. Safranzft, ∞ 1. 1555 Eufemia Gengenbach (1533–1562), 2. Anna Brand, Tochter des BM Theodor Brand, Wwe. v. Jakob Götz. Wpb. Ba.; Merz, Sisgau 4, Stammtf. 6; Hunziker 48 (Pest ca. 1552, «kam auf»); Häfliger: Die Apotheker u. Apotheken Basels, BZ 31/1932, S. 381. H. war Eigentümer des Hauses «zum Tryböck», Gerbergasse 10, wohnte aber 1580 am Münsterberg 2 und besass noch andre Häuser. Hist. Grundb. Balthasar hatte 9 Geschwister; zwei Brüder waren Pfr. im Baselbiet, Gabriel u. Hans Ludwig, der letztere Tischgänger u. Provisor bei Platter. Von Balth. H. existieren mehrere interessante Briefe an Felix aus den Jahren 1555–1557 in dem Mscr.-Bd. der Univ.-Bibl. Fr. Gr. I 8, S. 148–161, ein Ölporträt in Basler Privatbesitz.

und ich mit im in eim nachen. War die erste reis von Basel; waren beidt
noch kinder. Wir bleiben by ir; sy war evangelisch, schickt mich einest
in die kilchen zelůgen, wie man do handlet. Alß ich heim kam und sy
mich frogt, was ich gesechen hett, sagt: «Ich habe einen im langen
schönen rock, so rott ist, gesechen, hatt ein wiß Schwitzerkrütz am
rucken, der hatt etwas geßen und druncken [9*] und nieman etwas darvon
geben;» darüber sy lacht. Sy hatt dry döchteren by ir, die eltst frauw
Barbel, hatt ein seigendt kindt, die ander Jacobe, schon erwagsen, die
dritt Susanna[316], so hernoch h. Jacob Truckses zur ee bekommen. Ich
sagt inen oft merlin. Do kamen sy dick[317] also nacket, nur den underock
über sich geworfen, hureten[318] um mich und loßten mir zů[319]. Wir solten
daß fasnacht kiechlin einest in h. Jacob von Leuwenberg[320] hus holen,
so vorüber. Do thaten sy mich in iungfreuwliche kleider an, satzten mir
ein guldene huben uf, die mir wol anstundt, wie sy sagten, wil ich ein
breite stürnen, fůrten mich also dohin mit vermeldung, ich were ir bäßlin,
mußt also bim schlofdrunck brangen, daß sy mich nit kanten, bis man
anfieng dantzen, do můst ich mich zekennen geben. Ich und Sigmundt,
wo wir ein pfaffen andraffen, dorften wir in anreden, disputa[321]; dorften
auch ferner wider das bapstumb reden. Es war ein lachen[322] vor dem
haus, darin vil gens; do wolt ich einest nach einer werfen, draf sy an kopf,
daß sy glich todt was, mußt die frauw bezalen. Der alt Hummel, einspennig[323], so im Andlůwer hoff lange jor gewont, holt uns, nam einen
um den anderen[324] hinder sich uf daß roß. Balthasar gieng ze fůs bis wir
heim kamindt.

[9*] Mein vatter hatt vil wonschaft[325] mit den teuferen[326], die er begert,

---

316 Susanna: ein Irrtum Platters; die Gemahlin des Jacob Truchsess v. Rheinfelden war nicht
       eine Susanna, sondern *Salome v. Andlau*. Wappenb. Ba. (Tf. Pfirt) und Trau-Register v.
       St. Peter Ba., Okt. 1555. – Die beiden älteren Andlau-Töchter kann ich nicht nachweisen.
317 dick = oft.
318 huren (baseldt.) = kauern.
319 loßten (schwz.) = hörten zu.
320 *Jacob v. Leuwenberg* in Neuenburg a. Rh.: wahrscheinlich identisch mit Jkr. Jacob Münch
       v. Münchenstein genannt v. Löwenberg, der als Eigentümer des Hauses Petersgasse 5
       (1515–1564) ein Nachbar Platters war. Ein gleichnamiger Neffe lebte später jedenfalls
       in Neuenburg. Hist. Grundb. u. Kindler III 156.
321 durften, d. h. wagten wir, ihn anzureden (indem wir sagten): Disputa (Disputiere mit
       uns!).
322 lachen = eine Lache, Pfütze.
323 einspennig: Geleitsreiter; der Vater Balthasars, Peter Hans Hummel, wohnhaft im
       Andlauer Hof. Er war wohl neben seinem Amt im Dienste der Familie v. Andlau.
324 d. h. Sigmund v. Andlau und Felix, abwechselnd.
325 wonschaft = Verkehr, Beziehungen.
326 Über die nie sehr bedeutenden *Täufergemeinden* in Basel und Umgebung s. Paul Burck-
       hardt: Die Basler Täufer, Ba. 1898, und derselbe: David Joris u. seine Gemeinde in
       Basel, BZ 48/1949, S. 5–106.

Abb. 3. *Sebastian Castellio* (1515–1563), Humanist und Vorkämpfer der Toleranz, ein Freund der Familie Platter. Anonymer Kupferstich.

wie auch Castalio[327] seer dohin sich bearbeitet, zů bekeren, deren eß vil

327 Castalio: *Sebastian Castellio* (Chatillon), der berühmte savoyardische Humanist, Phil. und ref. Theol., *1515, †1563 29. Dez., geb. in St-Martin du Fresne bei Nantua, durch Calvins Vermittlung Leiter einer Schule in Genf, überwarf sich mit jenem wegen theologischer Differenzen und zog 1545 nach Basel, wo er zuerst als Korrektor bei Oporin tätig war, 1553 endlich Professor für Griechisch, ein Vorkämpfer der Toleranz, in steter Armut und in ständigem Kampf mit den Genfern. Lat. Bibelübersetzung und Traktat «De haereticis» usw. Bis zur Anstellung 1553 genoss er mehrmals die segensreiche Unterstützung Bonifacius Amerbachs aus der Erasmus-Stiftung, s. die detaillierten Angaben v. B. R. Jenny:Amerbach-Korr. 6, 366 ff. ∞ 1. Huguine Paquelon, 2. 1549 (in Ba.): Maria Andre, 8 Kinder, 1559 14. Febr. wagte er den Kauf eines Hauses: «zum schlafenden Jakob», Steinenvorstadt 26, Eckhaus mit Rückseite Steinenbachgässlein (heute: Pap. Pfeiffer), Hist. Grundb. – C. stand den Täufern nahe und war gar befreundet mit Blesdijk aus dem Kreis von David Joris, s. Kap. 8, A. 155. Neben H. G. Wackernagel: Matr. Ba. II 44, 1545/46 s. Paul Burckhardt: David Joris ..., BZ 48/1949, S. 40 ff. u. 88; Werner Kaegi:

hatt zů Bodtmigen[328], sunderlich zů Stetten[329] etc. Do war einer, Fridlin Bur[330], wont in der Bachtalen, ein wolhabender bur, hatt erwagsene kind, ein sun, Werlin, und zwo döchteren, An und Ketterin, gar hübsche meitlin und neierin. Die wandleten vil zů uns, wie auch wir zů inen. Mein vatter fůrt oft alle seine dischgenger hinus, verzarten doselbst schenckenen[331]. Darby war einest ein schärer von Riechen, M. Wolf[332], der sagt zů uns: «O ir bůben, wie ist ich[333] ietz so wol, eß wirt baldt anderst werden»; daruf ich oft gedocht. Der Werlin war gar from und ernsthaft, kam vil zů uns, lart mein vatter vil im buren werch, do er sein gůt kauft. Wardt letstlich so heimlich[334], das er von meim vatter lies um mein schwester Ursel[335] werben, das mein schwester mit weinen mir klagt, und mein vatter baldt abschlůg. Sein vatter růmpt unter andrem, etwas auszerichten, sein richthumb, wie alle drög vol weren, die wolt er öffnen. Der gůt Werlin starb hernoch gradt in der wochen, do mein liebe schwester auch starb an der pest anno 51.

Hernoch nam die An ein teufer zů Lörach, Wälin[336]. Do war ich uf der hochzeit; war ein schöne brut. Ich meint, sy solt mit mir reden wider ander mol[337], aber sy that nach der burenbrüten gwonheit, das mich verdroß. Die Margret nam auch ein man ze Stetten; kam auch uf die hochzeit, eb ich in Franckrich zoch; man macht mit mir ein gros fest. Hernoch nam sy den Bartlin Has. Sindt letslich alte runtzlechtige weiber worden und gestorben.

[10*] An einer faßnacht lag ein schnee, darmit wir bůben zehinderst im höflin ein anderen warfen und mir diser unfal widerfůr: Ich war uf dem holtzhaus, do man aufs tach reichen kan; do ballet ich schne und warfs hinab ins höflin gegen den anderen und sy zů mir hinuf. In dem kompt mein vatter, so zerstieben die bůben. Mich wundert, das sy also stil waren,

---

Castellio u. die Anfänge der Toleranz, Basel 1953, und Hs.-Rud. Guggisberg: Seb. Castellio im Urteil seiner Nachwelt, Basl. Beitr. z. Gs.wiss. 57/1956.

328 Bottmingen: Dorf S v. Basel, seit 1534 zu Basel gehörig.

329 Stetten: im Wiesental, zwischen Riehen und Lörach.

330 *Fridlin Bur* in der Bachtalen: vielleicht identisch mit «Fridlin Bachteler, Hptm. des Vierteils zu Röteln», so zitiert in Zs. f. Gs. d. Oberrheins XXIX, S. 321, und von K. Herbster in: Markgräflerland, Jg. 12, H. 2/1941, S. 50ff. – Die Bachthaler sind heute das verbreitetste Geschlecht in Stetten; s. Otto Deisler: Lörrach-Stetten, 1963, S. 231ff. – Zu *Werlin* s. Albr. Burckhardt: Briefe v. Thomas Platter, S. 27.

331 schenckenen: Plur. zu schencki, schänki = jemand zu Ehren veranstaltete Bewirtung mit Trank und Speise, Ehrenmahlzeit. Schw. Id. 8, 956ff.

332 *Meister Wolf*, Scherer von Riehen, ein Täufer: unbekannt.

333 ich = euch (unbetont).

334 heimlich = vertraut.

335 *Ursula* Platter, *1534, †1551.

336 *Wälin:* nicht nachweisbar.

337 wider ander mol = wie der ander mol, wie früher.

dan ich mein vatter nit sach, gedocht, sy werden dich überschlichen und die stegen heimlich hinuf kommen, dich mit schneballen zewerfen. Machte mich derhalben mit ettlich ballen gefaßt, stůndt zehinderst am loch, do die stegen[338] auf hin geth, daß sy mich nit sechen mechten, hůlt ein ballen, so baldt ich einen gesech, zewerfen. So kompt mir unwißendt mein vatter heimlich hinuf geschlichen[339], an dem ich nur die nasen anfangs sach und warf ich in, vermeinendt meiner gsellen einen zedreffen uf die nasen, daß sy im anfieng schweißen[340]. Er sagt: «das ist fin, mein sun», drang hinuf gegen mir, schlůg nach mir, ich aber entran. Das wardt mir hart ob dem nachteßen von im vor anderen, die das kiechlin holten[341], verwißen[342], dan im die naß geschwollen war; kümert mich seer, obgleich mir solches nit mit fleis[343] war, wie iederman rechnen kont, widerfaren.

Wir bůben waren zimlich meisterlos. Mein můter schut ein cumpist aus, dorinnen fule thinne rieben waren. Ich nam eine, wolt dem Walther Rätich[344], so meins vatters kostgenger und bim sotbrunnen stoth, eine an rucken werfen; so kart er sich in allem wurf um und drif ich in auf daß angsicht, das sy dorob zerschmettert. Ich můßt mich lang vor im verbergen, daß er mich nit säche, warden doch wider eins, dan er ein gůter mensch, so lang by mim vatter gwesen, wardt hernoch auf des bischofs von Strosburg schloß vogt lange jar.

Mein vatter erlůbt uns bůben im winter vor dem nachteßen, alß eß finster, doch monschein, mit schnee zewerfen. Ich draf den Ambrosy Froben[345] ettlich mol; so lůft er an mich, würft mich in schnee, fůlt mir daß mul, daß ich schier erstickt, ließ wider von mir[346]; ich luf im noch mit herten schneballen, so lauft er daß schnecklin[347] hinuf nach der stuben, darin Kalbermatter[348] sas und schreib; alß er die thür uf that, warf ich

338 Hs.: stengen.
339 Hs.: geschichen.   340 schweißen = bluten.
341 kiechlin holten: Offenbar zogen auch in Basel um die Fasnachtzeit die jungen Burschen vor die Häuser und baten – wohl mit Singen – um Küchlein.
342 verwißen = verwiesen, vorgeworfen.
343 mit fleis = absichtlich.
344 *Walter Rätig* (oder Rätich, undeutlich): wahrscheinlich aus Straßburger Familie, seine Mutter war Weinzäpferin in Rufach 1551 (Kap. 1, A. 573). Er war Tischgänger Thomas Platters, fehlt aber in der Basler Matrikel und kann auch in Strassburg nicht nachgewiesen werden, obwohl er dort lange Vogt des Bischofs war.
345 *Ambrosius Froben*, *1537, †1602, Sohn des Hieronymus F. und der Anna Lachner, ebenfalls Buchdrucker wie Vater u. Grossvater, ∞ vor 1557 Salome Rüedin, Tochter des Jakob R. des Ältern. Wpb. Ba.
346 Hs.: im.
347 schnecklin = Wendeltreppe.
348 ⟨Niklaus⟩ *Kalbermatten:* aus alter Walliser Familie, *ca. 1536, stud. Ba. 1544/45 (Matr. Ba. II 40) und Tischgänger bei Thomas Platter, wahrscheinlich ein Sohn des Bannerherrn von Sitten, Collinus K., jedenfalls ist er nicht identisch mit dem Nikolaus K., der 1621 als Landeshptm. starb (*erst 1562). Freundl. Mitteilung von Herrn Dr. H. A. von Roten.

nach im, felt sein[349] und drif den Kalbermatter an kopf und natzt ihm seine biecher, also daß ich in hernoch um verzichen betten mûst, dan er ein starcker bengel war.

Ich sas ein mol ob dem heimlichen gmach. Do stûndt der Sigmundt[350] by mir, sties altzyt ein finger under mich und zuckt wider, bis im der lon wardt, das er sich weschen[351] mûst.

[12*] Es kam der schreiber Rûst von Drûb[352] uß dem Ementhal alher, wil im sein frauw gestorben war, mit vil kinden, ein wil oder gar by uns zewonen; war ein alkimist und poet, bracht wol gelt mit im, wardt meins vatters nachbur im Druckseßen hof und sein gûter fründt, wie auch D. Borrhai[353], der auch mit distillieren umgieng. Rûstius kont ein kunst, so in wol genutzt; alß man die götzen in Berner bieth ab that, macht er ein pulver, welches, so er an vergülte bilder sprutzt, fiel daß goldt darvon, so sunst die goldtschmidt mießen abschaben. Alß er ein wil ze Basel wont, hat mein vatter ein frauw Sara, ein Rimlenen[354], die neit im. Die

---

349 felt sein = fehlte seiner, verfehlte ihn.
350 Sigmund v. Andlau: s. Kap. 1, A. 309.
351 Hs.: weschschen. – Offenbar eine Bengel-Latrine, sonst wäre diese Szene unmöglich.
352 ⟨Hans⟩ Rûst von Trub im Emmental, Sohn des bekannten Thüring Rûst aus Wolhusen, Abts von Trub 1510, der 1524 zur Ref. übertrat, heiratete, als Abt resignierte und 1528 bis 1537 Pfarrer zu Lauperswil wurde. Die Gebäulichkeiten wurden 1534 3. Okt. verkauft an Hans Rûst, Landschreiber zu Trachselwald u. Sohn des Abtes. Nach E. F. v. Mülinen: Helvetia sacra I 126, und derselbe: Die weltl. u. geistl. Herren des Emmentales im MA (Bern 1872), S. 54; Schweiz. Geschichtsforscher X, Bern 1838, S. 375 u. HBLS 5, 758. ∞ 2. Sara Rimlenen, s. A. 354. Laut Platter wohnte er gegenüber von ihm, im *Truchseßenhof* = Freie Strasse 113 (heute Kreditanstalt), im Hist. Grundb. ist dies jedoch nicht nachzuweisen.
353 *Martin Borrhaus* (der Name ist keine Gräzisierung, s. A. Hartmann: Amerbach 3, 277; ursprünglich hiess er Burress, nannte sich nach seinem Pflegevater eine Zeitlang Cellarius), *1499, †1564, aus Stuttgart, führte ein bewegtes Wanderleben (bis Königsberg und Krakau), studierte Phil. u. Theol. in Tübingen, Ingolstadt u. Wittenberg (Matr. 1522), war befreundet mit Melanchthon, bekam aber Streit mit Luther, der ihn aus Wittenberg wegwies. Er war ein winziges Männlein, unstet, leidenschaftlich, schwärmerisch, mit den Täufern befreundet; 1526 weilte er in Strassburg und heiratete eine Verwandte des letzten Bischofs von Basel, v. Uttenheim; nach ihrem Tod zog er 1536 nach Basel, war hier kurz als Glaser tätig, begann wieder zu studieren (Matr. Ba. II 20, 1538/39) und wurde 1541 Professor der Rhetorik, 1546 des Alten Testaments (als Nachfolger Karlstadts), war dreimal Rektor und hochgeehrt. Noch zweimal verheiratet. Er pflegte namentlich die Freundschaft mit Curio und Castellio. In seiner Autobiographie erwähnt er auch, dass er öfters versuche, Pflanzen und Metalle in ihre «elementa simplicia» aufzulösen und aus ihren Flüssigkeiten Salze und Öle zu gewinnen. Neben Platter weist auch Pantaleon auf dessen alchimistische Versuche hin. B. publizierte zahlreiche Schriften, die heute nur in wenigen Exemplaren erhalten sind. Er starb in der grossen Pestepidemie 1564 11. Okt. und wurde im Kreuzgang des Münsters bestattet. Nach Bernhard Riggenbach: Martin Borrhaus, ein Sonderling aus der Reformationszeit. B. Jb. 1900, S. 47–84.
354 *Sara Rimlenen:* zweite Gemahlin des Hans Rûst, nicht nachweisbar. Auch Priv.-Arch. Lotz, Fasc. 421, Rümlin/Rimli weist keine Sara auf.

ersach Rûstius, nam sy zur ee, hielt ein statlich hochzyt ins Druckseßen hof. Do macht man im zelieb ein spil im garten, dorin auch meins vatters dischgenger und under denen Jacob Truckses[355] in narrenkleideren so vil boßen reis, das Myconius hernoch bekant, er hette vor lachen schier in die hosen gebruntzt. Rûstius bleib noch ein zeitlang ze Basel. Gsach ein mol ein wiße große kugelen in seim distillier haus, solt silber sein, aus quecksilber gmacht; die zersprang im, das der herdt vol lag. Man entlendt stets gelt von im, daß kont er schwerlich inbringen, sagt ein mol: «Ich mûs uß dißer stat oder ich verdirb oder kum in dhel.» Wan mein vatter in frogt, worumb, gab er zur antwort: «Eß kommen arme leuth, sprechen mich um gelt an; liche ich inen, so gendt sy mirs nit wider, thûn ichs nit, so kum ich in dhel.» Er hatt zwen sün by meinem vatter am tisch, Mathaeum und Tiringum[356], und zwo döchteren Saram und Rebeccam; by der anderen auch ettlich kinder, dorunder einer Hermes hies. Matheus zog gon Paris, verthat dem vatter 200 cronen, do er in erzürnt, wolt in nit mer begnoden, starb baldt hernoch. Ettlich kinder sind zletst gon Bern kommen. Er kauft die Kalchmatten im Sibenthal[357], zog hinweg. Mein vatter gab im das gleit, der mich mit im an der handt fûrt bis gon Liechtstal[358] zum Schlißel. Do zeigt mir mein vatter den Joh. Calvinum, der erst von Strosburg nach Genf zoch[359], der vil mit meim vatter redet, dan mein vatter im sein erst bûch: Christianae religionis institutio gedruckt anno 1536, do ich geboren wardt. Des wirts sun

355 *Jkr. Jakob II. Truchseß von Rheinfelden*, Sohn des Hans Hamann Tr. u. der Anna v. Müllenheim, stud. Basel (Matr. Ba. II 32, 1542/43), Tischgänger Thomas Platters u. Jugendfreund des Felix, 1547 in Dôle, 1557 Hofmeister des Grafen Georg in Mümpelgart (Montbéliard), ∞ 1555 Salome v. Andlau, Tochter des Arbogast v. A. u. der Eva v. Pfirt (vgl. A. 316), 1565 BvB und Schlossherr zu Pratteln. Tot 1594 28. Nov. Nach Matr. Ba. II 32. Felix hat ihn auch ärztlich betreut, s. Kap. 8, 18. Nov. 1562. Nach andern Quellen war er Präfekt von Gemar, 1559 württ. Amtmann zu Horburg. Lehr: L'Alsace noble, T. 3, p. 161; Lutz Illzacher Chronik, S. 116, A. 5; Stammtf. bei Merz: Burgen u. Wehrbauten II.
356 *Thüring Rûst*, Sohn des Hans Rûst, stud. Basel 1557/58, 1559 Heidelberg, 1563 Bologna, 1567 Pfr. zu Ferenbalm BE, 1574–1575 Prof. theol. zu Bern, 1576–†1585 Pfr. zu Sigriswil. Nach H. G. Wackernagel, Matr. Ba. II 109 und HBLS 5, 758. – Die andern Kinder Rûsts kann ich dagegen nirgends finden.
357 *Sibenthal:* alter Name für Simmental. – *Kalchmatt:* Amtsbez. Signau, Gem. Lauperswil, Weiler am linken Ufer der Emme. Geogr. Lex. d. Schw., Bd. 2, 716f.
358 *Liestal:* ca. 15 km SE von Basel, heute Hauptstadt des Kantons Basel-Landschaft. – Zum «Schlüssel» s. Kap. 2, A. 37.
359 *Calvin* war 1538 aus Genf vertrieben worden und kehrte 1541 aus seinem Strassburger Exil nach Genf zurück, wo er bis zu seinem Tode 1564 wirkte. Auf der Durchreise traf er mit Platter im «Schlüssel» in Liestal zusammen. Es besteht kein Grund, an dem Datum zu zweifeln (Matr. Ba. II 45: 1546?), da das Blatt 12* von Platters Mscr. – wie alle *Blätter – Ereignisse «extra ordinem» erzählt. – Hs.: Institutiones. Vgl. Kap. 1, A. 8. – Vgl. Uwe Plath: Calvin und Basel ..., Diss. Ba. 1974, S. 39.

Jacob[360] gab mir sie[u]ßen wein[361]; studiert ze Basel, zog morndes wider mit uns heim. Der Rûst hatt hernoch die Kalchmatten[362] verkauft, zog gon Burtolf[363], do wir in, wie volgen wirt, funden.

Wir solten auf ein zeit in des herr Frobenii[364] haus, der ein gastery hatt, zien verkleidet wie zwen schäfer und ettliche eglogas Vergilii recitieren. Mein gsell der Roll[365] war mit des Christelins[366] unsers nachburen zerrißenen kleider angethon, hatt ein sackpfiffen[367]. Alß man mich wolt an thûn, schampt ich mich, nam mich einer krancheit an, bleib also doheiman; war ze schamhaft, noch iung, nit so verwegen wie mein gsel.

[12] Zů derselbigen zeit war Nicolaus[368] ein Burgunder provisor zů s. Peter, deßen frauw war eebrucks halben von im gescheiden und wie man sagt geschwembdt worden. Der begert meiner bäsy Margreth[369] sy zur ee zenemmen, schickt iren present, ein schönen fliegenwadel von pfûwenfederen gemacht, die er kunstlich machen kont, durch sein iünge-

---

360 *Jacob ⟨Murer⟩*, Sohn des Wirts Martin Murer zum «Schlüssel» in Liestal. Nach H. G. Wackernagel, Matr. Ba. II 45. – Das Wirtshaus «zum Schlüssel» befand sich wie auch der «Stab» damals gegenüber dem Rathaus, da wo heute das Coop-Center «Stabhof» steht; vgl. Kap. 2, A. 37.

361 Hs.: mein.

362 Hs.: Kalbmatten, s. o. A. 357.

363 Burtolf: alter Name für Burgdorf. Felix besuchte ihn dort 1563, Kap. 10, A. 11f.

364 *Frobenius:* der berühmte Drucker u. Verleger Hieronymus F. d. Ä.; über ihn s. A. 135. – Sein *Haus «zum Sessel»*, Totengässlein 1/3, war das glänzende Zentrum der humanistischen Welt. Seit 1542 war das Haus zwar im Besitz von Frobens Schwager und Associé, Niklaus Bischof (Episcopius), doch wohnte Froben wohl weiterhin in dem grossen Hause.

365 *Roll:* s. o. Kap. 1, A. 297.

366 Christelin: Christian v. Ougstall, s. o. Kap. 1, A. 83. – Hs.: Christetlins.

367 sackpfiffen = Dudelsack.

368 *Nicolaus ⟨Petri⟩*, aus Morville in Lothringen, stud. Basel (Matr. Bas. I 339, 1518/19), 1524/25 Kaplan des St. Martins-Altars zu St. Peter u. Lehrer, 1533 Bürger von Basel, ∞ 1. Agnes Schmidt aus dem Aargau, 2. Magdalene Höu aus Lahr. Die erste Ehe war unglücklich und wurde 1533 geschieden. Wann die zweite Frau starb, wissen wir nicht. Ihre junge Schwester Maria besorgte dem Witwer den Haushalt; am 13. Jan. 1546, nachdem er dreimal vergeblich versucht hatte, sie zur Unzucht zu verleiten, tötete er sie durch einen Messerstich, als sie fliehen wollte. Alle Einzelheiten und urkundlichen Belege, vor allem auch über die Vorgeschichte, bei Paul Burckhardt, B. Ch. 8, S. 252ff. in dem Kommentar zu Joh. Gast, der diesen Fall ebenfalls ausführlich erzählt.

369 bäsy Margreth: *Margret Erbsin*, die Witwe des Simon Lithonius, kam 1543 nach Basel zu Thomas Platter. Dieser nannte sie «Base», weil ihr Mann ebenfalls aus Grächen stammte und mit ihm eng befreundet war (s. Kap. 1, A. 5). In diese Zeit fällt die Werbung des Nicolaus Petri. Nachher zog sie bald nach Strassburg zurück, woher sie wohl selber stammte und wo ihr erster Gemahl mit ihr gelebt hatte. 1546 heiratete sie dort den Pfr. Lorenz Offner, wobei die herzliche Freundschaft Thomas Platters auch diese zweite Ehe Margrets begleitete bis zu ihrem Tod am 16. Febr. 1571; s. darüber Kap. 1, A. 209 u. 394ff.

ren sun Samuel[370], der ein hüpsch siden röcklin an hatt, wie er in brocht, alß ich gesehen. Si wolt daß present nit nemmen, zog wider nach Strasburg. Daß verdros Nicolaum so seer an mein vatter, vermeinend er hette irs in zenemmen gewert, das er ein scharpf schwert schlifen lies und her Uebelharden[371] anzeigt, domit wolt er den Platter umbringen. Und do Uebelhardus sagt: «Ir kämen so[372] uf ein radt», antwortet er im: «Komme doruf oder nit, so mûs es[373] sin»; daß doch Gott verhût und er denecht auf das rad kam[374], wie volgt. [13] Es hat Nicolaus eine, die im haus hielt, weis nit eb sy seiner frauwen schwester sye gwesen[375], die war schön. Deren trachtet er[376] nach und wolte sy ein mal mit gewalt nötigen, und alß sy sich wart und von ir sties[377], erzürnt er, erwitscht ein meßer, sticht nach ir und drift sy by der brust, so dief, das sy allein die stegen abluf, schrey: «Er hatt mich gemördet», fiel under der hausthir nider und starb. Nicolaus bhielt das meßer in henden, luf zum haus aus, daß by dem Schwartzen pfol[378] dohinden an des Drübelmans[379], der ein fenlin wiß

370 *Samuel Petri:* *1539 18. Mai aus 2. Ehe (Taufreg. St. Peter, St.-Arch. Ba., Kirchenarchiv AA 18), also damals etwa 5jährig, wurde später Schneider. Er verliess Basel 1560 8. April (Abscheidbuch 1556–1579, St.-Arch. Ba., Ratsbücher D 3, f. 24/24vo) und liess sich in der Gegend von Gernsbach im bad. Murgtal nieder (Fertigungsbuch B 35, f. 8). Mit freundlicher Hilfe von Frau Dr. E. Landolt. Vgl. Kap. 1, A. 393. – Nicht zu verwechseln mit Samuel Petri, dem jüngsten Sohn des Druckers Adam P., B.R.Jenny: Amerbach-Korr. 7, 337f.
371 *Johann Uebelhard:* *1504, †1573, 1542–1573 Pfarrer zu St. Elisabeth in Basel, s. Gauss 154 und Kap. 1, A. 393.
372 Hs.: sy.   373 Hs.: ein.
374 Hs.: gab. – Diese wilden Drohreden des «welschen Pfaffen» gegen Thomas Platter, welche auf einem blossen Verdacht gründeten, verraten bereits seinen exaltierten Geisteszustand.
375 *Mergeli von Lor* = Maria Höu aus Lahr, die 18jährige Schwester Magdalenas, wohnte als Dienstmagd bei ihrem Schwager und harrte vor allem dem Kinde ihrer verstorbenen Schwester zuliebe bei ihm aus. Wappenb. Ba. (Petri) und B. Ch. 8, 252, A. 4.
376 Hs.: nach.
377 als sie sich wehrte und ihn von sich stiess.
378 Die Bluttat geschah am 13. Jan. 1546 nach der Morgenpredigt «uff St. Peters Berg by dem schwarzen Pfahl». P. Burckhardt, B. Ch. 8, 254, A. 4. – Petri war seit 1542 Eigentümer des Hauses Petersgasse 16 bis zu seinem Tod. Das Haus befindet sich am hintern Ende der kleinen Sackgasse, die von der untern Petersgasse bergwärts abzweigt (früher: Schwartzen pfol geßlin). Hist. Grundb.
379 ⟨Jörg⟩ *Trübelmann,* (1513)–1554, Rebmann und Kaufhausknecht, erbeutete 1513 in der Schlacht bei Novara ein blau-weisses Fähnlein, das dann im Münster aufgehängt wurde, und erhielt dafür eine lebenslängliche Pension. Wappenb. Ba.; Rud. Wackernagel: Gs. d. Stadt Basel III 30, 115, u. Hartmann: Amerbach-Korr. 3, 404, A. 3. – Er besass seit 1528 das Haus nebenan, «zum Hintern Eptingen», Petersgasse, Teil von 18, «stosst hinden an den Graben». Petri floh aber wohl nicht durch diesen Hinterausgang des Nachbarhauses und dann durch den Graben zum Rhein, sondern – wie Platter erzählt – nach der St. Johanns-Vorstadt, offenbar in ein (vielleicht ihm bekanntes) Haus und stürzte sich durch den rheinwärts führenden Abort in den Fluss.

und blûw aus Navarren schlacht gebrocht, haus stoßt in s. Johans vorstat, do daß heimlich gmach auf den Rhin geth, reiß daß bret hinweg, ließ daß meßer doselbst ligen und sturtzt sich in Rhin. Die fischer, so nit weit darvon, fûren hinzû, fiengen in auf. Die bat er, wolten im darvon helfen, er hette übel gehandlet. Sy namen in ins haus, dröckneten im seine kleider und halfen im zû s. Johans thor hinaus, von dannen er der Hart[380] zû luf. Es waren aber gleich die soldner, die im nach ileten, do, fiengen in, fûrten in hinin, wardt auf Esche[n]mer thurn[381] gelegt, von dannen er gleich zû meim vatter schickt um ein testamentlin, doraus sich zedrösten. Sein proces wardt bald gemacht, und gleich am mitwochen, nach dem er am mitwuchen acht tag zevor gefangen wardt, hinaus zum hochgricht[382] geschleift, do ein große menge volck was, also daß ich mich verwundert, wie ich das vermeldet, wo sy al löfel nemmen und nit der spis gedocht[383], deßen man mich auslacht. Er wardt lebendig mit dem radt auf die brechen gebunden, gericht und im seine glider zerbrochen, do er lang schrei in Latin: «Jesu, fili David miserere mei!» Daß ist: Jesu du sun Davidt, erbarm dich meinen!» Den letsten stoß gab er[384] im auf die brust, daß im die zungen herauß sprang. Man flechtet in auf das radt und richtet in auf; wardt aber in der nacht heimlich vom radt genommen und dorunder vergraben.

Das er so ein schwer urthel entpfieng, war nit die minste ursach, das nit lang vor im ein Brabender[385] gantz streflich gericht wardt, do man meint, er hette nit so übel alß diser gehandlet und daß gmein volck sagt, dorumb, daß er der glerten einer[386] ist, wirt man seinen verschonen, mit andren drutzigen worten, die glerten geben ein ristlin werch[387], daß es nit

---

380 *Hard:* Wald N von Basel, im Elsass. – Sieben Männer wurden als *Fluchthelfer* gefangen gelegt und mussten Urfehde schwören, darunter sogar zwei Stadtknechte und eine Torwache. Urfehdeb. VII 130. Nach P. Burckhardt a. a. O.

381 Gemeint ist das *innere Aeschentor*, der sog. Schwibbogen am obern Ende der Freien Strasse, also in unmittelbarer Nähe von Platters Haus. Das Tor diente seit dem 15. Jh. als Amtswohnung des «Obersten Knechts» (Polizeidirektors), seit dem 16. Jh. daneben noch als Gefängnis. Ernst Brenner: Entwicklung des Gefängnis- und Strafwesens. Vortrag Basel 1891, S. 32.

382 *Hochgericht:* wahrscheinlich auf dem Gellert, der Hauptrichtstätte für Hängen, Enthaupten, Rädern usw. R. Wackernagel, Stadtgs. II 341.

383 Kindliches Missverständnis des doppeldeutigen Wortes «Gericht». – Offenbar durfte der 9jährige Felix der grausamen Hinrichtung beiwohnen, wie er es für eine andere Exekution (A. 392) ausdrücklich bestätigt. Vgl. V. Lötscher: Der Henker von Basel, B. Jb. 1969, S. 93.

384 er = der Henker.

385 Brabender: ein *Brabanter Fuhrmann*, der Ende 1545 oder Anfang 1546 hingerichtet wurde. Der Fall ist mir nicht aus den Akten bekannt.

386 Hs.: einest.

387 ein ristlin werch: alle erdenkliche Mühe. Zu «risti» (f.) = Bündel gebrochenen Flachses, s. Schw. Id. 6, 1512 ff. mit Zitat der Platter-Stelle. – Platter meint – wohl zu Recht –, die

Abb. 4. *Todes- und Leibesstrafen.* Holzschnitt vom Anfang des 16. Jhs. – Oben: Verbrennen, Hängen, Schwemmen. – Mitte: Blenden, Aufschlitzen, Rädern, Zungenschlitzen. – Unten: Auspeitschen, Enthaupten, Handabhauen.

gschechen wer. Diser Brabender, ein fůrman, hatt sich zů großen Gempß[388] vol weins druncken, den wagen fort nach Basel geschickt und im hernoch zien durch die Hart deß Danielen wirt zů Kembs můter, ein wib von 70 jaren, rittendt nach Kembs angedroffen, dieselbig vom roß gezert und notzwengt, auch sunst vil unzucht mit ir getriben. Nachmolen als er verspetet zů Hünigen über nacht gebliben, doselbst morndeß, alß die sach offenbar worden, ergriffen und gon Basel gefiert. [14] Der wardt durch meister Niclaus den nachrichter[389], der von Bern alher kam, ein stoltzen hüpschen man, mit feurigen zangen auf den kreutzstraßen[390] gepfetzt, gab altzeit ein mechtigen rauch, alß ich gesehen, wardt im ein brust so zimlich groß, dan er feißt war, vom leib by der Rheinbricken, daß sy herfir hieng, gerißen. Darnach fůrt man in hinus zum hochgricht. Do wardt er gar schwach und voller gerunnes blůts auf den henden, also das er stetz sanck, enthauptet, darnoch in ein grab doselbst geworfen und im ein pfol durch den leib geschlagen[391], wie ich selbs gesehen hab, dan mein vatter mich an der handt hinausfůrte[392]. Nach dem Nicolaus wie obgemeldet gericht was, nam Myconius sein iüngeren sun zů sich, der Samuel hies, wardt ein schnider, kam hinweg. Der ander Israel[393] wardt

Basler Justiz habe hier dem Druck der Strasse nachgegeben, um ja den Eindruck zu vermeiden, sie sei gegen Akademiker weniger streng. Tatsächlich urteilten die Basler Gerichte in vielen Fällen über Standespersonen wesentlich milder als über einfache, namentlich landesfremde Leute. Beispiele bei V. Lötscher, B. Jb. 1969, S. 82.

388 groß Gempß = *Kembs*, elsäss. Dorf am Rhein, ca. 15 km N von Basel.

389 Meister *Niclaus ⟨Schnatz⟩*, nachrichter = Scharfrichter zu Basel.

390 kreutzstraßen: Man könnte zunächst an die «Kreuzsteine» denken, welche die Grenzen der städtischen Gerichtsbarkeit kennzeichneten (s. Fechter: Basel im 14. Jh., 1856, S. 144 ff.), vielleicht doch eher an Strassenkreuzungen im modernen Sinne.

391 Die Pfählung wurde besonders bei Sexualverbrechern angewendet, eine der symbolischen Arten von Todesstrafen; s. Lötscher: Henker von Basel, B. Jb. 1969, S. 82.

392 Hier ist der direkte Beweis, dass Thomas Platter sein 9jähriges Söhnlein «an der handt hinausfůrte» und ihn die grauenvolle Exekution mitansehen liess, vielleicht aus pädagogischen Gründen? Dass bei den Hinrichtungen jeweils zahlreiche Zuschauer anwesend waren, wird mehrfach bezeugt; bei der letzten Exekution in Basel am 4. Aug. 1819 sollen es gar 20 000 gewesen sein, eine Zahl, die sich allein durch die Anwesenheit vieler auswärtiger Zuschauer erklären lässt. Lötscher: Henker von Basel, B. Jb. 1969, 92, 109.

393 Beide Söhne des Nicolaus Petri wurden 1546 27. Febr. mit Hans Mader bevogtet. Gerichtsarchiv A 64, nach P. Burckhardt, B. Ch. 8, 258, A. 6. *Israel Petri* wurde Maler, kaufte 1552 die Himmelzunft und heiratete Catharina Hanser aus Bercken (Bergheim bei Rappoltsweiler i. E. oder eher Berkheim im württ. O.A. Esslingen; ihre Verwandten lebten alle in Konstanz). Er starb 1564 an der Pest und seine Frau bald darauf; denn 1565 5. Febr. verkauften ihre Erben, darunter auch Bruder Samuel P., ihr Haus St. Alban-Vorstadt, Teil von 2 (heute: Burghof) an den Prädikanten zu Elsbethen, Joh. Uebelhard. Wappenb. Ba. u. Hist. Grundb. – Über seine Malerei in Platters Haus s. Kap. 9, A. 442 und Elisabeth Landolt in BZ 72/1972, S. 298. Grossen Erfolg als Maler hatte er kaum; denn 1558 20. Juli bewarb er sich vergeblich um das Zinsmeisteramt zu Klingental. St. Arch. Ba. Öffnungsb. VIII, f. 179ᵛᵒ. Freundl. Mitteilung von Frau Dr. E. Landolt. – Über Samuel P. s. Kap. 1, A. 370.

ein moler, hatt mir daß haus Rotenflů inwendig gemolt, hat ein frůw von
Bercken und ettlich kinder, zog hernoch gon Bercken und starben all
an der pestelentz. Erst nach deß Nicolai todt, zeigt Uebelhart meim vatter
an, wes willens Nicolaus gegen im gwesen in umzebringen, der er im
schlechten danck sagt, das er im solches hatt verschwigen.

[11*] Mein bäsy, Lythonii verlaßne witwen, Margret Erbsin[394], alß sy
wider gon Strasburg kam und mein schwester by ir hatt[395], nam sy herrn
Lorentz Ofner, ein prediger, zur ee. By dem bekam sy ein sun und dry
döchteren. Der sun hieß Paulus[396], studiert wol, starb aber iung. Die elter
dochter hies Martha; bekam hernoch auch ein prediger, Creutzerio[397].
Die Anna nam ein schreiber, genant Thoman Walißer[398]; war auch ein
organist, sunst wilden kerlin, der kinder by ir hatt, so noch leben, dorunder einer professor in der schůl[399]; hernoch hat sy den prediger
Monachum[400] bekommen. Die jüngste, so Susanna hieß, hatt den Fab-
rum[401], prediger zů S. Thoman, kan[402], und nach seinem todt den fünf
tzechen schreiber[403], so ein alter man.

Mein můter fůr im schif uf dem Rhein hinab gon Strosburg, nam mich
mit; ist geschechen glich nach dem jar, alß Carolus Quintus zů Strasburg
gwesen[404]. Wir lagen die erste nach zů Brisach bim pflůg, mornder ze

394 Über Margrit Erbs und ihre 2. Heirat mit Lorenz Offner s. A. 209 u. 369.
395 In der Zeit ihrer Witwenschaft (1544–1546) verweilte Margret zuerst bei Platter in Basel
    und nahm dann die kleine Ursula (*1534, †1551) nach Strassburg mit. Von dieser sind
    drei schöne Kinderbriefe erhalten, leider undatiert. Mscr. Fr. Gr. I 5, S. 149–151.
396 Paulus Offner, *1554 25. Apr., †1564 13. Dez. In einem Brief vom 14. Dez. 1564 teilt
    Laurenz O. dem Basler Freund mit, sein einziger Sohn Paulus sei gestern gestorben,
    am gleichen Tag wie dessen erster Lehrer, der 70jährige Joh. Monachus (vielleicht der
    Grossvater des gleichnamigen Joh. M. in A. 400?). – Ein Brief des kleinen Paulus (un-
    datiert) an Thomas Platter, wohl kurz vor dem Tod, teilt mit, er sei «ex octava classe in
    septimam uff gestigen». Mscr. Fr. Gr. I 5, S. 111.
397 Creutzerio: Georg Kreutzer, *in Käsmark (Zips, Ungarn), ∞ 1569 8. Aug. Martha Offner,
    1565–1569 Kaplan in Strassburg am Spital, 1569–1580 Pfr. in Schiltigheim, abgesetzt wegen
    Flaccianismus. Bopp 2808.
398 Thomas Walliser, Lehrer an der Jung St. Peter-Schule in Strassburg, ∞ 1567 29. Juli Anna
    Offner. Vgl. A. 399.
399 Christoph Thomas Walliser, *1568 17. Mai, †1648 27. Apr., Sohn des Thomas W. u. der
    Anna Offner, Praeceptor der 8. Klasse am protestantischen Gymnasium in Strassburg,
    einer der bekanntesten Musiker und Komponisten seiner Zeit. Nach Bopp 5194.
400 Johann Münch (Monachus), *1551, †1623, Sohn des Gymnasiallehrers Isaak M. und der
    Ottilia Schick, ∞ 1578 2. Sept. Anna Offner; Pfarrer in Achenheim usw., seit 1590 in
    Strassburg. Bopp 3514.
401 Johann I. Faber, D. theol., *in Herbsleben (Thür.), heiratete in 2. Ehe 1588 30. Jan.
    Susanna Offner, Witwe von Pfr. Gschwindt. Bopp 1577 u. 1220.
402 kân = ghân, gehabt.
403 Als dritten Mann Susannes nennt Bopp 1220 den Zeugwärter Melchior Jesse (∞ 1598);
    ob dieser mit dem «fünf tzechen schreiber» Platters identisch ist, kann ich nicht feststellen.
404 Karl V. besuchte Strassburg erst am 19. Sept. 1552, so dass dieses Datum für Platters

Strasburg, karten by herrn Lorentz in, do wir schier 4 wuchen bleiben.
Ich verwundert mich ob den frůwen, so in letzen beltzen[405] in die kilchen
giengen. Ich sach zum iungen S. P⟨eter⟩ schon stein hůwen zu alteren[406],
die man wider in der kirchen aufrichten solt[407], hort D. Hedio[408] im
münster predigen und gsach D. Andernach[409], der mich anredt. Man fůrt
uns über die Rhinbruck gon Kiel[410]; do aßen wir ein großen ol[411]. War
einer by uns, so Pantaleon[412] hies. Mein vetter hat dischgenger, die vil
übels von Zwinglio retten, so mir misfiel.

Alß mir heim wolten, drafen wir ein fůr an von Margrafen Baden, die
den Gorius Schielin[413] und sein frauw, die Grůnacherin, und Philip
Lutenburger[414], so nit lang hochzyt hat ghept, nach Basel fůrten. Sy namen uns in die rol, und sas ich in der bennen, fůren gon Marglißen[415],
mornder heim gon Basel. Wir fanden mein vatter seer wundt in eim arm,

Reise nicht in Betracht kommt: Felix reiste bereits am 10. Okt. desselben Jahres nach
Montpellier. Joh. Adam: Evang. Kirchenges. Strassburg S. 267ff., 284. – Wahrscheinlich
handelt es sich um eine Verwechslung. Vgl. A. 407. – Im folgenden Satz: «nach» = nacht,
vgl. Kap. 3, A. 674.

405 letz = verkehrt (den Pelz nach innen).   406 altéren = Altären.

407 Nach der Niederlage des Schmalkaldischen Bundes 1546/47 mußte sich auch *Strassburg*
den Kaiserlichen unterwerfen. Am Samstag, dem 6. April 1549, verliessen Bucer und
Fagius die Stadt, in Begleitung des Matth. Negelin, der sich auch dem Interim widersetzt
hatte. Ende Nov. 1549 musste der Helfer zu Jung St. Peter, *Laurenz Offner*, sowie zwei
andere, auf seine Pfründen und seine Pfarrwohnung verzichten. Joh. Adam, S. 271, 275.
In den Jahren 1549–1559 erfolgte eine teilweise Rekatholisierung: das Münster sowie
Alt und Jung St. Peter führten die Messe wieder ein, die andern Kirchen blieben refor-
miert. Adam, S. 277ff. und Rud. Wackernagel: Gs. des Elsasses (Ba. 1919), S. 223ff. Wenn
Platter Dr. Hedio im Münster predigen hörte und sah, wie man Altäre für St. Peter
bereitstellte, so deutet dies auf die Zeit von 1548/Anf. 1549. – Dass die Frau Thomas
Platters schon früher Strassburg besuchte, am 21./22. Apr. 1546, und dabei einen Geld-
auftrag und Briefe für Bonifaz Amerbach vermittelte, beweist B. R. Jenny: Amerbach-
Korr. 6, 291, A. 1.

408 *Kaspar Hedio*, *1494, †1552, der bekannte Reformator. Bopp 1928.

409 *Kaspar Andernach*, *in Landau/Kurpfalz, 1576–1578 Pfarrer in Granfthal und Hangweiler,
entlassen, weil er der Reformation zugetan, 1579–1581 Pfr. in Markirch, † vor 1586.
Bopp 48.

410 Kiel = *Kehl*.   411 ol = Aal.

412 Pantaleon: wohl nicht der bekannte Basler Polyhistor, sonst würde Platter nicht in
dieser unbestimmten Form sprechen.

413 *Gorius Schieli*: identisch mit *Gregor Vochhenn* genannt Oberlin oder *Schüelin*, Metzger,
d.R., Wirt «zum Schnabel», Spitalmeister, 1552 Vogt zu Homburg, †1558. Nach
Wpb. Ba. dreimal verheiratet, aber nicht mit einer Grunacherin (Priv.-Arch. Lotz).
Bis 1548 hatte er auch ein militärisches Amt inne; Gast nennt ihn «Stadthauptmann».
Über ihn siehe ausfürlich P. Burckhardt: Tagebuch Gast, B. Ch. 8, S. 284, A. 47 und
S. 347.

414 *Philipp Luterburger*, *ca. 1520, †1590, Sohn des Jakob L. und der Elis. Klump, ∞
1. Marg. Selbher; Metzger, Gewandmann und Gerichtsherr. Wpb. Ba. 1555–1586
Eigentümer von Spalenberg 55, 1572– †1590 Marktplatz 13. Hist. Grundb.

415 Márglißen = Márklse, *Markolsheim* im Kreis Schlettstadt. Reichsland III 627.

hatt sich mit einem schnitzer gestochen; den artznet mein zůkünftiger schwecher. Ich růmpt meinen schůlgsellen, wie ich, alß ich domolen meint, so weite reiß gethon hette.

[15] Ich war aller unsuberkeit gehaß und hatt ein abschüchen deßenthalben ab vil dingen unnd wie man sagt katzrein. Daß wußt man an mir, derhalben mich oft mit vexieret, unnd alß mein schwester von gesottenen gurglen ob dem disch ring schnitt unnd an die finger steckt, hab ich ein solchen unlust dorab gehapt, daß ich ir nit mocht zů sechen, sunder von ir wichen můs, und alß sy mir nachilt unnd mit disen angesteckten fingeren begert anzerieren, flichtig macht und hin und wider iaget. Welches, alß sy oft gethan, ich nit allein ab solchen fleischenen ringen, sunder hernoch ab allen ringen, sy weren von goldt oder silber, so man an die finger gesteckt, ein solchen unlust gewunnen, daß ich keine hernoch nimmer gedragen hab, ouch nit on widerwillen in die hendt nemmen hab kennen, jo ab allem dem waß rundt und gelöchert alß wirten[416] und dergleichen ein unwillen gewunnen, welcher alle zeit an mir gewert hatt unnd an mir zeprobieren, eb dem also sye, durch heimlich inschließen eins rings in brot oder die spiß oder in becher zelegen an höfen unnd sunst ist firgenommen worden, do ich dan, wo ich solches gewar worden, übel dorab mich entseßen hab, auch mich vor dem erbrechen kum enthalten mögen.

Ein seifensieder[417] sas ze Basel im Gerbergeßlin, der war gar alt, wie auch sein haußfrauw; sudt seifen, die verkaufft sein alte můter in eim ledlin bim Saffran. Mein vatter gieng einest dofir unnd, alß er sy sach in einem beltzenen Schwebischen hůt, fragt er sy, wannen sy wer. Sy antwortet: «von München», doruf er ir erzellet, wie er vor vil jaren zů München by einem seiffensieder gewont hett in seiner armůt unnd hette vil gůttaten von ihm und seiner hausfrauwen entpfangen. Doruf sy gefrogt, wie er hieß und waß worzeichen er sunst geben kent. Er sagt, sein namen were Thomas, und erzalt ir, wie der seifensieder ein magister der frien künsten were gwesen und hette in einem schönen haus gewont, dorinnen hinder dem ofen ein bur schlofendt gemolt sye gwesen mit obgeschribenem spruch: «o wofen[418] über wofen, wie hab ich so lang

---

416 wirten, Wirtel = Spulenring beim Spinnrad.

417 ⟨*Hans Schräll*⟩, Seifensieder aus München, war Magister der freien Künste in Wien geworden und kam als Glaubensflüchtling nach Basel. Am 3. Apr. 1544 kaufte er das Haus «Eckenbach», Gerbergässlein 12. Die Frau, Margaretha Rütlingerin, verkaufte es 1555 nach seinem Tode. Sie starb, wie Thomas seinem Sohn schreibt, am 17. März 1555. Nach Hartmann: Th. Platter, S. 157. Wie Ochs 6, 190 überliefert, liess sich Schräll in der gespannten Lage von 1547 zu einer schweizerfeindlichen Bemerkung hinreissen und musste dafür bei beiden Räten bei offenen Türen Abbitte leisten; er hatte gesagt: «Wenn die gebornen Basler und Eidsgenossen gesotten und gebraten wären, so wollte er und andre Schwaben und Bayern sie in einem Schlaftrunk fressen.»

418 wôfen (= wâfen, Waffe): Hilfe- oder Klageruf, hier scherzhaft.

geschlofen.» Welches meines vatters erzellen alß die frauw gehört hatt, ist sy ihm um den halß gefallen und weinendt gesagt: «O mein Themlin, wir sindt eben die leut, wegen deß glůbens uß Peieren verdriben unnd ietz in armůt kommen und erhalten uns blößlich in diser statt, ietz ettlich iar.» Dorab mein vatter sich deß unversechenlichen andreffens höchlich verwunderet, gleich mit ir heim gangen, den alten man besůcht unnd sich aller hilf gegen ihm anerbotten, hernoch inen biß in ir todt, der wenig iar hernoch gevolgt, unnd er erstlich, baldt sy hernoch gestorben, mit zegast laden, übersendung eßens, auch gelt lichen, das best gethon, in nur ein vatter, sy ein můter genennet. Doruß die verenderung und unstetikeit deß glicks wol abzenemen, daß dise leuth, so in richtum gwesen, meinem vatter in seiner armůt gůts gethon, nach so langen iaren in armůt geroten, mein vatter in wolstandt sitzen befunden unnd von ihm so vil gůthat herwiderumb entpfangen haben. Die gůten leuth waren sunst der frembden kleidung, sitten und Peierischen sprach halben vom iungen volck zimlich verspottet, dan die frauw im brauch zesagen, wan sy ein kindt lieben wolt: «Du mein hurenkindt». Item alß ein apotecker irem hundt ein purgation ingeben hatt, klagt sy ihm: «Mein hundt scheißt ein di⟨rren dreck⟩, sol niechts mer zur orbeit.»

[13*] Es war ein neieren[419] ze Basel, hies Regel Rüttiman von Zug, deren man[420] wegen der daubsucht zů Zug ingemurt waß. Die kont gar wol neien und kochen, bleib altzeit bäp⟨s⟩tisch; wont gar vil in unßer haus, so sy neigt[421] und kocht, war gar frölich mit den dischgengeren gůter sprichen. Sy that mir vil gůts, ging dick[422] mit mir ins badt, zwaget[423] und wůsch[424] mich, do ich noch ein kindt.

Sy liebet D. Paulus Hechstetter[425] über die moßen, aber er zog darvon. Alß ich hinweg wolt gon Rötelen[426], macht sy mir ein hembdt, doran ein dichter[427] kragen vol vöglen geneigt; nempt ich das vogelhembdt. Ein mol kam sy am suntag z'nacht zum nachtessen, sagt: «Ich hab aber ein gůte hofnung, eß ist aber ein witlig worden.» Alß mein vatter frogt wer,

---

419 neieren = Näherin.
420 man = Ehemann, er war wegen Geisteskrankheit eingesperrt, nicht bekannt.
421 neigt = nähte (g hat die Funktion eines j wie im Mhd.).
422 Hs.: dich; Sinn: oft.
423 zwahen = waschen, baden.
424 Hs.: wůß.
425 Höchstetter: Tischgänger aus Augsburg, s. A. 110.
426 1551 wegen der Pest, vgl. A. 508.
427 Hs. undeutlich: dirht, wahrscheinlich muss es heissen «dicht». Grimm, Dt. Wb. 2, 1056: dicht 2 = stark (Leinwand), mit Vögeln bestickt (geneigt = genäht, hier richtiger: gestickt). Die Hs. Lotz, S. 602 hat «dick»; das würde bedeuten: ein gefältelter Kragen, eine Krause (Schweiz. Id. 3, 790f. mit vielen Bsp. für «dicker Kragen»), doch ist dies hier wegen der Stickereien nicht möglich. Für den 16jährigen sind die erwähnten Vogelstickereien zwar sehr kindlich, doch werden Kinder eben oft altersmässig unterschätzt.

sagt sy Meister Frantz der schärer[428]; dem war sein hausfrauw Chrischon
den tag gestorben, vermein, eß sy Trinitatis gsin. Mein vatter erschrach
dorab, dan sy gůte frindt waren; und hatt mein vatter eben den tag das
Gundeldingen dem Hugwaldo abkauft[429]. Die Rägel wont lang ze Basel,
wercht auch uf den schlösseren, gwan vil gelts, kauft ein hus ze Basel,
übersach sich zelest, daß sy ein uneelich kindt an dwelt brocht, das ich,
wie hernoch volgt[430], aus tauf gehapt. Alß ich in Frankrich, verkauft sy
das haus wider[431], dan sy wegen der religion nit gern ze Basel bleib, zog
gon Seckingen, wie volgen wirt.

[16] Eß wardt einer ze Basel enthauptet, deßen corpus begert von der
oberkeit herr Hans Leuw[432], pfarher zů Riechen[433], der sich fir ein artzet
außgab, solches ufzeschniden oder ze anatomieren. Wardt ihm verwil-
liget unnd hinuß gon Riechen in daß pfarhaus gelüfert. Darzů beschickt
er meister Frantz Schärer[434], so nachmolen mein schwecher worden, dy-

428 *Franz Jeckelmann*, s. A. 142. Seine Frau, Chrischona Harscher, starb 1549, an welchem
   Tag, weiss ich nicht. – Trinitatis = 1. Sonntag nach Pfingsten, das wäre also 16. Juni
   1549.
429 *Kauf des Gundeldinger Landgutes:* am 18. Juni 1549 für 660 Gulden. Über den Kaufvorgang
   und die Verschuldung siehe Thomas Platter, hg. v. A. Hartmann, S. 136f. Der Kauf
   dieses Landgutes und des darauf stehenden Weiherschlösschens war für Platter, der bereits drei Häuser an der Freien Strasse besass, eine sehr gewagte Sache. Er war lange mit
   Schulden überlastet, was gelegentlich sogar zu häuslichem Streit (A. 600) führen mochte;
   doch liebte er sein «praedium» über alles. Das «*mittlere untere Gundeldingerschlösschen*» ist von
   den ehemals vieren am N-Abhang des Bruderholzes das einzige noch erhaltene, ca. 1 km
   südlich der alten Stadtmauern (jetzt Gundeldingerstrasse 280, Thomas Platter-Haus),
   einst ein stolzes Weiherschloss (1398 erstmals erwähnt) mit grossem Landgut, heute von
   hohen modernen Wohnblöcken umgeben, aber 1973/74 schön restauriert. Siehe darüber
   Bürgerhaus Basel I, Tf. 66f. u. S. XXXVII; Merz, Sisgau II, 297ff.; Rud. Riggenbach:
   Die Besitzungen der Walliser in Basel. Blätter aus d. Walliser Gs. 6/1943, S. 474ff. und
   Hans Bühler: Thomas Platter-Haus, Regio Basiliensis III, 1961/62, S. 240ff. mit 4 Zeich-
   nungen. – *Ulrich Hugwald*, genannt *Mutius* («Mutz»), *1496, †1571, von Wilen bei Bischofszell TG stand in jungen Jahren den Wiedertäufern nahe und schwärmte für ein gesundes
   Landleben, ja er bauerte auch selbst. 1539 gab er bei Petri eine lateinische Geschichte
   Deutschlands heraus. Bis 1540 Lehrer am Gymnasium auf Burg, dann seit 1541 Prof.
   f. Logik, Ethik, Poetik. Hartmann, Thomas Platter 178; Matr. Ba. I 340; Feller/Bonjour:
   Gs.schreibung, S. 254; ausführlicher Hartmann: Amerbach-Korr. 5, 177f.
430 s. u. Kap. 1, A. 586.
431 Am 8. Sept. 1569 verkaufte «*Regula Rütemenin* von Zug, die Neygerin, an Heinrich Stein-
   huser den Müller und seine frau Agnesa Khünig das Hof und Hofstatt by sannt Urbanns
   Brunnen, zum hohen Windeckh gnant.» Petersgasse Teil v. 2, Eckhaus. Hist. Grundb.
   Heute: Rest. «Urbanstube».
432 *Joh. Jakob Leu* (Löw), von Laufenburg, zuerst Ordensbruder in Beuggen, 1529–1539
   Pfarrer in Gelterkinden, 1541–1546 in *Riehen*, ∞ Elsbeth v. Hallwyl, ehem. Nonne des
   Steinenklosters. Leu betätigte sich 1539 während der Pest als Arzt in Solothurn und galt
   als «geschickter Anatomicus». Am 16. Juni 1546 bat er um Entlassung als Pfarrer, um
   sich als Schüler Vesals ganz der Medizin zu widmen. Nach Gauss 105.
433 Riechen (dial.) = *Riehen*, Dorf nördlich von Basel, dicht an der badischen Grenze.
434 Der Scherer Franz Jeckelmann, s. A. 142.

wil er herren Vesalio geholfen die anatomy so im collegio steth, ufrichten[435], im behülflich ze sein, dan er sunst wenig domit konte. Mein vatter, alß ein liebhaber[436] der medecin zog auch hinuß unnd Gengenbach der apotecker[437] sampt andren mer, bleiben über die acht tag auß, lag ein großer schnee, also das die wölf schaden theten unnd wol weis, daß ich alß ein kindt domolen geförcht, mein vatter so nit heim wolt, were etwan von wölfen zerrißen. Bi diser anatomy drůg sich zů, wie ich domolen und hernoch oft von beiden meim vatter und schwecher gehört hatt unnd ingedenck bin, daß wil eß seer kalt, vil bettler fir[438] das pfarhaus, dorinnen man daß corpus anatomiert, kommen syen, daß almůsen zeforderen, dorunder sy einen in den sal, dorin daß corpus stuckweiß zerschnitten hin unnd wider lag, ingeloßen, bald[439] der Gengenbach die thür hinder im ingeschlagen[440], von leder zucht, getreuwt, sy wellen mit im umgen, wie mit disem den er do stuckweis ligen seche, wo er nit gelt gebe. Do dan der mensch ab disem schützlichen[441] anblick erschrocken, nit anderst gemeint, dan er mieße sterben, uf die knie[u] gefallen, um gnodt betten, den seckel ufgethon, ettlich batzen presentiert, letstlich wider außgeloßen unnd e[h]r mit großem geschrey darvon geloffen sye. Auch wie sy nochmolen solches mit einem starcken Welschen bettler glichergestalt firgenommen haben, er aber sich nit schrecken laßen, sunder zur weer gestelt unnd ihme Gengenbach nach dem weer[442] gegriffen, vermeinende, so ihm das were worden, hette inen allen gnůg zeschaffen geben. Wie er auch nach dem er außgeloßen, murrisch und mit treuw worten abgewichen sye. Auß welchem handel ervolgt, daß hernoch von Schafhausen herab an die oberkeit alher geschriben ist worden, sy syen glůbwirdig bericht, wie ein mort nit weit von Basel in einem dorf vergangen sye, sy sollen dorob ernstlich inquirieren.

By gemelter anatomy, sagt mein vatter, habe im zenacht gedrůmpt[443],

435 Über die epochemachende Sektion Vesals in Basel 1543 und Jeckelmanns Mithilfe s. Kap. 1, A. 74
436 Hs.: «leibhaber». Thomas Platter interessierte sich selbst lebhaft für die Medizin; zusammen mit Oporin schrieb er das ganze Rezeptbuch des verstorbenen Dr. Joh. Epiphanius ab und kaufte teure Fachbücher. Da es ihm selbst nicht mehr möglich war, Medizin zu studieren, wollte er um so mehr, dass sein Sohn ein berühmter Arzt werde.
437 Entweder Ludwig Gengenbach (†1552) oder Chrysostomus II. G. (†1550), beide Apotheker und Söhne des Apothekers Chrysostomus I. (†1532). Ihr Geschäft befand sich im Haus «zum Trybock» am Rindermarkt (Gerbergasse). Nach J. A. Häfliger: Die Apotheker u. Apotheken Basels, BZ 31/1932, S. 281 ff., spez. 367 ff., Nr. 57 u. 58.
438 fir = vor.
439 baldt = sobald.
440 Sinn: zugeschlagen.
441 schützlich, schüßlich = schrecklich, unheimlich, Schw. Id. 8, 1756 mit Zit. dieser Stelle.
442 das wer(e) = Wehr, Waffe; wenn ihm die Waffe ⟨zuteil⟩ geworden.
443 gedrůmpt = geträumt (baseldt.: draumt).

er habe menschen fleisch geßen, dorab erwacht und sich über die moßen erbrochen. Eß wardt gemelter corpus in beinwerch oder sceleton aufgesetzt durch mein schwecher, ist lange zeit zů Riechen im underen sal im pfarhaus, wie ichs gesechen, gestanden. Und herr Hans Leuw, by dem ich einest übernacht verbliben, von seinem sun hinuß gefiert[444], wegen eines eebruchs außgerißen und nit mer by uns gesechen worden.

Der bildthauwer neben meim hauß, meister Hans[445], ein grob schimpfiger man, that mir vil zeleidt; hatt mir, wan ich zů seinem laden kam, gedreuwt, ußzehauwen. Do ich dan in so übell geförcht, daß ich in, wo ich in gesach, geflochen hab, er mir auch ein mol mit einem biigel[446] nochgeiilt, biß in mein haus, do ich in die kuchi geloffen, vor meiner můter uß schrecken nidergefallen, uf ir ernstlich anhalten, daß ich zevor niemolß klagen dörfen, ir anzeigt, er hab mich geiägt, treuwe mir (sagt ich auß scham, wil ich vom außhauwen nüt reden dorft) er welte mir den kopf abhauwen. Do sy im dermoßen wie er wert gewesen, außgefiltz⟨t⟩[447], daß er so grob nit mer mit mir geschimpft hatt, jedoch nit nachloßen kennen, mich und andre mins vatters dischgenger etwan zů bereden, man hab einen ans[448] halßißen gestelt oder man welle einen richten unnd uns also vergebens gesprengt und generret. Doruß ervolgt, alß er den man, so uf dem kornmerckt brunnen[449], gehauwen, daß i⟨m⟩ einer zenacht uf die nasen gehofiert hatt[450]. Hab im doch hernoch in seiner krancheit, alß ich ein medicus, vil gůts gethon, ⟨da er und sein frauw mich offt umb verzeichung gebetten.⟩[451]

[1*] In der Baselmäs[452] hatt einer model, wie man in die lebkůchen

---

444 von seinem sun hinuß gefiert: bezieht sich auf «ich» (Felix). – Über Leus unmoralischen Lebenswandel (2 illegitime Kinder) s. P. Burckhardt, B. Ch. 8, 273 f., A. 30.

445 Es ist Meister Hans ⟨Tobell⟩ (Thobell, Dobell), der «tischmacher von Stroßburg», ∞ Elspetha Glaser; seit 1529 4. Sept. Eigentümer des Hauses «Ehrenfels», Freie Strasse 84; tot 1558 17. Jan. Nach Priv.-Arch. Lotz, Fasc. 168 u. Hist. Grundb. – Der Schöpfer des Kornmarktbrunnens, s. A. 449.

446 biigel (Hs.: ii oder ü): wohl nicht das nhd. «Bügel», sondern entweder mhd. biegel = Winkel, Ecke, oder eher mhd. bihel, biel = Beil (beyel, beigel usw.). Lexer, Fischer 1, 796 f., Seiler 26 u. Schweiz. Id. 4, 1161 ff. Sachlich passt beides.

447 ausgefilzt = gescholten. – geschimpft = Spass getrieben.   448 Hs.: alß.

449 Nachdem 1529 und 1530 die Statue des Kornmarktbrunnens vom hochgehenden Birsig zerstört worden war (zuerst ein Christophorus, dann ein Harnischmann), schuf Hans Tobell 1547 jenen Harnischmann, der noch heute den Brunnen ziert (1546/47 erhielt er 17 lb 10 ß, «von dem wapner uff dem Kornmarktbrunnen zu hauwen». Albr. Burckhardt, B. Jb. 1886, S. 75). Dieser steht heute auf dem Martinskirchplatz und wird oft fälschlich Sevogel-Brunnen genannt. Nach B. Ch. 1, 103, 111 und 6, 134 sowie R. Wackernagel: Gs. d. Stadt Basel II 284.

450 Verrichtete einer darauf die Notdurft, aus Rache an dem verhassten Künstler.

451 Die letzte Zeile ist abgeschnitten; ich habe die Stelle nach der Kopie von Passavant ergänzt.

452 Basler Messe, Kap. 1, A. 217.

druckt, feil, by der Gelten[453] auf eim tisch. Ich stůndt darby, wie ich auch gern kunststuck zesechen begiirig, růrt eins an; so zert der alt lur[454] mir daß höltzen model uß der handt, würft mirs ins angesicht, daß ich meint, er hette mir die zän ußgeschlagen, erwütsch das model und würf es über alle aufgeschlagene hüslin uß, er lauft mir noch, ich entran, kam heim mit eim geschwullenen mul. Mein můter was erzürnt über den kremer, gieng morndes hinab, schalt in ein alten brauchfüler[455], er gab böse wort, wolt, man solt im daß model zalen, so von dem wurf zerbrochen, bleib aber also darby, wil mein můter im den scherer lon hiesch.

[2*] Ich gedenck, daß Hans Bart[456], so unser nochbur waß gradt vor über, im Schmalka⟨l⟩dischen krieg[457] hinweg zog und nach dem der churfürst Frideric[458] gefangen, wider kam und großen schrecken brocht und drurens, do iederman meint, keiser Carli wurdt uns alle ußmachen[459], sunderlich wil vil, so in der ach[460], gon Basel gewichen waren; der Hans Bart ist in 20 zügen gewesen[461] und in der schlacht zů Moncontur[462] mit listen darvon kommen.

Es war domolen ein wiester bruch[463] ze Basel mit dem büblin[464] grifen. Das was also gemein, auch in firnemmen hüseren, das selten ein magt aus dem haus kam, deren nit der husherr dise eer angethon hette.

Meins vatters provisor, der Johannes Scaler[465], ein gůter schriber und

---

453 *Geltenzunft:* Zunfthaus der Weinleute am Kornmarkt, bei der Einmündung der Freien Strasse, ein prächtiger Renaissancebau.

454 lûr (von «lûren», auflauern) = Schelm, Spitzbube. Schw. Id. 3, 1376.

455 brauchfüler: ein Schimpfwort, vielleicht «Hosenscheisser» (brůch = kurze Unterhose, falsch verhochdeutscht zu «brauch», füler = füller). Auch Herr Dr. A. Hammer vom Redaktionsstab des Schweizerdt. Wörterb. (Id.) hält dies für plausibel.

456 *Hans Bart* der Jüngere, von Geppingen, Schuhmacher, und seine Frau Mergeli (Maria) kauften 1544 23. Dez. das Haus «zur Eyche», Freie Strasse 109 (heute: Kreditanstalt); später liess er sich in Waldenburg nieder und verkaufte das Haus 1551 16. März.

457 Deutscher Religionskrieg 1546/47.

458 *Kurfürst Joh. Friedrich von Sachsen,* der «Grossmütige», der Landesherr und Beschützer Luthers, reg. 1532–1547, wurde im April 1547 bei *Mühlberg* besiegt und gefangen, worauf sein Vetter Moritz, der Hauptverräter der Reformierten, dessen Land sowie die Kurwürde erlangte.

459 Die Angst, der siegreiche Kaiser werde auch die reformierte Schweiz, besonders Basel, angreifen, war hier sehr verbreitet. Daher wurde damals auch das Steinentor mit zwei Bollwerken und einer grossen Bastei befestigt. Ochs 6, 204 und C. A. Müller: Stadtbefestigung, Neujahrsbl. 133/1955, S. 47.

460 geächtet, verfolgt. âch = acht, alte Nebenform. Schw. Id. 1, 77f.

461 Hs.: gewegß.

462 *Moncontour,* NW v. Poitiers, Niederlage der Hugenotten am 3. Okt. 1569; Admiral Coligny führte darauf sein geschlagenes Heer nach La Rochelle zurück. A. Randa, Handb. d. Weltgs. II, 1756.

463 brůch = Brauch.

464 bůben, büeblin = die weiblichen Brüste. Lexer.

465 *Scalerus: Johann von Schallen,* *1525, †1561(?), aus alter Walliser Familie, illeg. Sohn des

lutenist, hatt ein brůder, so ein müntzmeister[466]; kam alher, bleib ein wil by meim vatter. Sy waren über veldt gangen und ⟨hatten⟩ in eim dorf zecht[467], warden uneins, und kam der müntzmeister ins huß, aß ein suppen bim liecht, klagt meim vatter von seinem brůder Hansen, wie er ein ufrůr angefangen hab. In dem kompt der Hans, hat den mantel noch an, stelt sich an[468] banck, erwütsch[s]t ein kanten[469], wil sy nach seim brůder werfen. So erwitsch[s]t in mein vatter, würft in uf den[470] banck, und iucht[471] sein brůder vom tisch, der umfiel; laßsten[472] die liechter, war ein gros gethümmel. Do auch wir kinder schreien, bis man liechter bracht und ⟨sy⟩ von ein anderen brocht.

Scalerus liebet heimlich ein firnemme frauw ze Basel, die eins burgermeisters dochter[473], ein firnemmen man hatt. Zů deren schickt er mich

466 ⟨Niklaus⟩ v. Schallen, *am Pfingstmontag 1519, Sohn des Notars und Kriegshauptmanns Thomas v. Sch.; Tischgänger bei Thomas Platter seit 1538 und dessen Hilfslehrer «auf Burg», unterrichtete den Felix und seine Schwester Ursula in Lautenspiel und Latein. Stud. Basel (Matr. Ba. II 37, 1543/44). Näheres s. H. A. von Roten: Thomas v. Schallen u. seine Familie, Blätter aus der Walliser Gs. 9, S. 293–317, spez. 312f. – Der folgende Abschnitt «Wie Scalerus mit seim brůder uneins wardt», der bei Boos fehlt, steht in der Hs. am Ende der S. 2* und ist hier eingeschoben.

466 ⟨Niklaus⟩ v. Schallen, *am Pfingstmontag 1519, Sohn des Notars und Kriegshauptmanns Thomas u. der Anna Theiler, stud. Basel 1536/37 (Matr. Ba. II 14). Durch des Vaters Testament erbte er mit seinen Brüdern Hans (s. o.) und Egidius das väterliche Haus in Sitten. 1536 wird er Münzmeister von Sitten genannt. Nach H. A. von Roten, BWG 9, S. 310 u. Stammtf. S. 317. Auf der Univ.-Bibl., Fr. Gr. I 5, p. 203f. zwei Briefe des Vaters Thomas v. Schallen an Thomas Platter. Der Vater hat Angst wegen der Pest und bittet am 11. Okt. 1538, seinen Sohn Hans anderswohin zu schicken, wenn möglich auch Niklaus.

467 'zecht = gezecht.

468 an' = an den.

469 kanten = Kanne.

470 Hs.: dem.

471 iucht = juckt, springt.

472 laßsten = löschten.

473 Hs.: burgenmeisters dochter. Um wen es sich handelt, lässt sich leider nicht mehr entscheiden. Man würde gerne an Dorothea Offenburg (*1508) denken, deren Mutter Magdalena O. geb. Zscheckenbürlin als Modell für Holbeins «Venus», für die «Lais Corinthiaca» (1526) sowie für die «Madonna des BM Jak. Meyer zum Hasen» (1526) gedient hat. Vgl. H. A. Schmid: Hans Holbein d. J., Basel 1945–1948, I, S. 196ff., 206f. u. III, Abb. 34, 37, 38, ferner im Katalog von Schmidt/Reinhardt/Treu zur Ausstellung in Basel 1960, «Die Malerfamilie Holbein in Basel», S. 202 u. 205ff. (Schmid hielt noch die Dorothea selber für das Modell, während Treu wohl zu Recht für die Mutter Magdalena votiert). Vieles spräche dafür, dass die ebenso übel beleumdete Tochter Dorothe die von Platter erwähnte desperate Geliebte des Walliser Studenten wäre; dagegen sprechen jedoch die Tatsache, dass ihr Vater, Jkr. Hans O., zwar Ratsherr, aber niemals BM war, und zweitens ihr weiterer, ebenso abenteuerlicher Lebenslauf, s. P. Burckhardt, B. Ch. 8. S. 99f. – Unter den Bürgermeisterstöchtern, die zeitlich in Frage kommen, befindet sich die ebenso bekannte Anna Meyer zum Hasen (*1513, †1558), Tochter des BM Jakob M., ∞ Oberst Niklaus Irmy, d. R. Wir kennen sie alle von Holbeins Altarbild, der «Darmstädter Madonna», wo sie ca. 1529 als 16jährige kniend dargestellt ist; in der durch

ein mol, alß ich noch ein kindt, etwas ze bringen. Alß ich in die stuben allein ingeloßen, ligt sy uf der gutschen[474], kam erst aus dem badt, stoth nachet auf, schücht sich gar nit for mir, nam mir ab, was ich brocht, so mir vergessen. Es hatt sich befunden, das er vil mit ir gehuset, villicht auch ein kindt by ir gehapt, das der gůt man mit seinen andren, alß wer es[475] sein, uferzogen. Do Scalerus hinweg zog, kam sy zů meim vatter, alß wer sy unsinnig, erzelt im alles, was er mit ir gehandlet, wolt den man und kinder verloßen und im nochlaufen, wo mein vatter nit ernstlich gewert. Sy schreib im brief mit irem eigenem blůt, war stets kranck, kümert und starb baldt, vilicht vor leidt. Scalerus wardt in Wallis schůl-meister, starb auch baldt phtisicus, lungensichtig. Kam im von eim fal, den er gethon und hernoch blůt gespeizt, wie er meim vatter schreib, bekant seine sündt und daß in Gott strief forte propter adulterium. Starb anno 1561[476].

[17] Mein můter war zimlich alters[477] (dan ich nit gedencken mag, sy iung gesechen zehaben, bin auch ir lest kindt gewesen), war vil krancheiten underworfen, dem stich[478] sunderlich, darnoch dem hůsten, der sy biß in ir endt geplogt hatt. Do drůg sich zů, daß sy den rothen schaden[479] be-kommen hatt im iar ⟨49⟩ (in welchem by der Meerkatzen[480] daß becken-haus verbran unnd der beck, ein großer man, als er herauß springen wolt und zwischen den fensteren stecken bleib, dorinnen verbrant, wie auch ein knab unnd die frauw vom estrig am zug seil sich herab laßendt, übel

Röntgenstrahlen entdeckten Urfassung von 1526 erscheint sie noch ohne «Schapel», mit langem, offenem Haar (s. E. Treu im Katalog, Nr. 177, und Maria Netter im B. Jb. 1951, S. 109 ff.). Nur dass sie erst 1558 starb, passt nicht zu den Bedingungen. – Am ehe-sten entspricht diesen *Ursula Meltinger* (erwähnt 1516–1545), Tochter des BM Heinrich M. u. der Martha Meyer v. Baldersdorf, in der 2. Ehe ∞ mit dem mehrfach bestraften, rauhbeinigen Söldnerführer Wolf Jacob Hütschy (B. Ch. 8, 272, A. 29), den Platter auch gekannt hat. Beweisen allerdings lässt sich nichts mehr.

474 gutschen = Couch, Diwan.
475 Hs.: er.
476 *Scalerus* wurde Schulmeister in Sitten 1551–1556, 1559 Bürgermeister von Sitten. Er blieb auch dann noch in Verbindung mit Platter. Das von Platter genannte Todesdatum 1561 kann jedoch nicht stimmen. Ein undatierter Brief v. Schallens an Thomas (Univ.-Bibl., Mscr. Fr. G. II 26, Nr. 249) weist auf die Zeit von 1574/75. Mario Possa: Die Reformation im Wallis, Blätter z. Walliser Gs., Bd. IX, S. 293–317, behauptet sogar, Scalerus sei in den 80er Jahren Diakon in Burgdorf gewesen.
477 *Anna Dietschi*, *1495, †1572, war 34jährig, als sie Thomas Platter heiratete, bei der Geburt des Felix bereits 41. Vgl. Kap. 1, A. 9.
478 stich: wahrscheinlich Pleuritis. Grimm, Dt. Wb. 10, 2, II, 2684.
479 rother schaden = Tenesmus, Stuhl- oder Harnzwang.
480 «*zur Meerkatz*», beckenhaus, Petersberg 26, abgebrannt 1549, dann 1564 nochmals. Nach Gross, Chronik 1624. Anschliessend wurde es vom Rat als Zeughaus verwendet. – Der Bäcker, der 1549 verbrannte, ist ziemlich sicher «Claus Peyger, der protbeck», der 1544 als Eigentümer genannt wird, seine Frau, die ebenfalls umkam, Ursula Müllerin. Hist. Grundb. Vgl. Hans Jenny: Morde, Brände und Skandale, Basler Schriften 17, 1970.

zerfiel. Eß ist gedacht beckenhaus, nach dem eß wider aufgebuwen, zum anderen mol abbrendt worden und hernoch von der oberkeit zů einem zeughaus genommen.)

In dem nun mein můter seer kranck, also das man sich sterbens besorgt (iedoch durch gottes gnodt wider auf kam), was mir und meiner schwester seer angst, besorgten uns altzeit einer stiefmůter, die uns übel wurde halten, wie sy uns sagt, auch under andrem, alß wir vor dem beth by ir stůnden, mir ernstlich zůsprach mit vermelden: «Ich besorg, mein sun, so ich stirb, du werdest etwan, so man nit acht uf dich hatt, eb du kum recht erwagsest, wie unsre studenten thůn, ein schlumpe, die kein haußhalterin sy, zum weib nemmen, so bist du verdorben unnd wirt nichts auß dir, dan etwan ein armer verachter tropf und etwan deins vatters provisor[481] oder ein schlechter dorfpfaff.»

Dise wort, ob ich gleich gar iung, giengen mir also zeherzen unnd schneiden so dief dorin, daß ich gedocht (wil ich altzeit auch gern groß wer gewesen, unnd wo ich etwas stattlichs gesach, von iugendt uf gedocht, eb ich auch dohin mechte kommen): nein, du wilt dich also halten, daß du auch hoch anhin kommest und ein eerlichen heurat mit der zeit andreffist.

Derhalben gleich domolen gedocht, wil mein vatter in der artzny gestudiert hatt, auch schöne biecher Griechisch und Latinisch derselbigen kunst erkauft, auch by D. Epiphanio[482] ein zeitlang zů Bruntrut, daß er die kunst larte, anfangs seiner haushaltung gewont und sampt meiner můter im gedient, iedoch armůt halben nit zum gradu unnd doctorat kommen mögen, ich welle dohin zekommen drachten unnd by zeiten mein studieren richten. So bewegt mich auch nit wenig dohin, daß ich D. Sebastianum Sinckeler[483], D. Eucharium Holtzach[484] gesach in scham-

---

481 provisor = Hilfslehrer.

482 *Dr. Joh. Epiphanius*, «ein verriemter doctor», aus Venedig gebürtig, des Herzogs von Bayern Leibarzt, floh wegen der Religion aus München nach Zürich, Basel und schliesslich nach Pruntrut als Leibarzt des Bischofs von Basel, Philipp v. Gundelsheim. Nach Thomas Platter (hg. v. A. Hartmann, S. 97 ff.), der ausführlich über sein trauriges Ende erzählt; sonst nirgends bekannt. Vgl. A. L. Schnidrig: Thomas Platters Jurazeit, Jurablätter 16/1954, S. 109 ff.

483 *Sebastian Sinckeler:* Dr. med., aus Baden-Baden oder Wil dioc. Spirensis, 1515 immatr. Heidelberg, 1535/36 Basel (Matr. II 10), seit 1536 17. März. Ordinarius f. theoret. Medizin, als Ersatz für den oft abwesenden Torinus (A. 487), in seltsamer Doppelbesetzung des Lehrstuhls bis 1545, Hausarzt des Bonifacius Amerbach. Sinckeler verlangte öffentliche Anatomien und botanische Exkursionen, ohne Erfolg (Karcher 26). Er starb 1547. Seine Ehe mit Elisabeth Wysshärin war sehr unharmonisch: «So bald er am morgen uff stat, goth er uß dem huß und kumpt nit mer heim dan schier biß um mittnacht ...» Nach A. Hartmann: Amerbach-Korr. 4, 416 f., wo auch das Datum seiner Anstellung nachgewiesen wird.

484 *Eucharius Holzach:* *1486, †1558, von Basel, Sohn des gleichnamigen Ratsherrn u.

leten röcken[485] mit sammat breit umleit[486] herumb ziechen unnd bey den
leuten groß ansechen haben, unnd daß D. Albanus zum Thor[487] zum
grafen Görg von Mümpelgart[488] oft reit unnd D. Hans Huber[489] domol

> Kleinbasler Schultheissen, immatr. Ba. 1500, Paris 1504, Montpellier 1506, wo Dr. med.,
> ca. 1512 zurück in Basel als prakt. Arzt, 1524 in der med. Fak., aber ohne offizielles
> Amt. Nach H. G. Wackernagel: Matr. Ba. I 260; Albr. Burckhardt: Gs. d. med. Fak.,
> S. 45; P. Burckhardt, B. Ch. 8, 268, A. 22. ∞ 1. Veronica Rispach, 2. Lucia Gerolt.
> Wappenb. Ba. Er besass als ererbtes «Seßhus» den «obern Ziegelhof» im Kleinbasel,
> Lindenberg 8/12/Riehentorstrasse 1 (seit 1576 «Hattstätterhof»). P. Burckhardt, B. Ch.
> 8, 318, A. 27.

485 schamlet mhd. (frz. camelot): aus Kamelhaaren gewoben.
486 Mit breiten samtenen Umschlägen.
487 *Alban Torinus* (Torer, zum Thor): *1489, †1550, 23. Febr., aus Winterthur, seit 1516
in Basel (Matr. I 331), 1524 Mitglied der phil. Fak., 1527 Schüler des Paracelsus (Kolleg-
Notizen!), 1528 in der med. Fak. und Dekan (Matr. I 372), 1529 (?) Dr. med., 1530/31
prakt. Arzt und wohl bald Ordinarius für theoretische Medizin, da er 1535 18. März als
Ordinarius für seine langen Verdienste um die Universität mit einem Expektanzbrief auf
eine Pfründe zu St. Peter belohnt wird (nachgewiesen und interpretiert v. B. R. Jenny:
Amerbach 6, 284). Zugleich bekam er Urlaub für den Sommer 1535, um als Leibarzt des
Markgrafen Ernst nach Baden-Baden zu reiten, nur musste er einen Ersatzmann stellen,
und dieser war dann eben Seb. Sinckeler (s. A. 483). Torinus ritt auch oft zum Grafen
Georg von Mömpelgart (Montbéliard) und zu Herzog Christoph von Württemberg;
er war mehr auswärts als in Basel, und so wurde er 1545 wegen Verletzung der Urlaubs-
bestimmungen als Professor abgesetzt, nachdem er noch 1542 als Rektor geamtet hatte.
T. war befreundet mit Vesal und nach diesem der Exponent der neuen Richtung in Basel,
zugleich auch Humanist. Er liess mehrere griechische medizinische Werke in Basel drucken;
sein Hauptverdienst ist die dt. Ausgabe von Vesals «Epitome», die dadurch auch den
Scherern zugänglich wurde. Als er in Montpellier studierte, entdeckte er in der bischöflichen Bibliothek einen verstaubten römischen Codex, schrieb ihn ab und publizierte ihn
in Basel 1541 («De re culinaria» des Caelius Apitius). Nach Karcher 27. T. schloss sich
früh der Reformation an; seine Gemahlin war Anna Rössler. Nach P. Burckhardt,
B. Ch. 8, 218, A. 7; Albr. Burckhardt: med. Fak., S. 32, 38 ff., Karcher und spez. B. R.
Jenny, a. a. O.
488 s. Kap. 4, A. 232.
489 *Johannes Huber:* *1506, †1571, von Basel, Sohn des Martin H. von Ravensburg (1504
BvB, Wirt «zum Bock») und der Anna (zum Luft?), Schulen in Schlettstadt 1517
(Sapidus) und Basel 1521 (Glarean), stud. med., 1525–1536 als Stipendiat in Paris,
Montpellier und Toulouse, wo Dr. med. und Rektor. 1536 war er in Basel zurück und
wurde hier vor Platter der meistbeschäftigte Arzt. 1544–1549 war er Professor für Physik,
und 1552 wurde er ord. Professor für praktische Medizin und Stadtarzt, während der
Sesselkleber Oswald Baer, ohne Vorlesungen zu halten, beide Titel bis zu seinem Tode
1567 behielt. (Gegenüber der älteren Lit. ist festzuhalten, dass Huber bereits im Frühjahr
1552 laut Anstellungsvertrag BUB 10 Nr. 370 auch das Amt des Stadtarztes erhielt,
wie schon Paul Burckhardt, B. Ch. 8, 218, A. 5 richtiggestellt hat.) Bereits 1543, lange
bevor er Professor wurde, übte er zum ersten Mal das Amt des Rektors aus. ∞ 1. 1535
Barbara Brand, 2. 1541 Marg. Wölfflin (*1522, †1579, Mutter von 17 Kindern). Nach
H. G. Wackernagel: Matr. Ba. I 347; Wappenb. Ba.; Albr. Burckhardt: Fakultät 47;
Karcher 31 und spez. B. R. Jenny: Amerbach-Korr. 6, 506f. «Doctor Hans» war der
väterliche Freund und Wegbereiter Felix Platters. Als Gelehrter war Huber weder Paracelsus noch Vesal einseitig verpflichtet, sondern nahm von beiden Seiten das gute Neue an.

Abb. 5. *Johannes Huber* (1506–1571), Prof. med. und Stadtarzt in Basel. Beglaubigter Holzschnitt aus Pantaleons Heldenbuch.

anfieng auß reiten und ein soldner vor im reiten hatt. Welches mich alleß bewegt, auch dohin zedrachten unnd sunderlich, wil eß mein vatter, do erß an mier marckt, im lies wolgefallen, dan ich gleich vil in kreuter-biecher laß und kreuter begert zekennen leren, macht mir auch ein register, dorin ich, was ich hort oder laß zů den krancheiten dienen, in verzeichnete. Do ich wol weiß, daß mein vatter zů D. Paulo Höchstetter[490], der by uns wont, gesagt: «Der bůb wirt ein artzet geben und wil villicht Gott, wil ich nit dohin hab kommen kennen, daß er dohin komme, unnd sein bruf sye.» Welches mir alleß gar wol gefiel, aber letstlich auch etwas erschrack, alß [18] ich anfieng mercken, waß unlust auch ein artzet mießte sechen und mein vatter mir doruf thütet, do ich meiner můter, die sich in einer krancheit anfieng brechen[491], den kopf zeheben etwaß schucht, do er sagt: «Wilt du ein artzet werden, můst du dich weder ab dem noch andrem unlust schüchen.»

Eß war auch ein zeichen dises meines berůfs, daß ich in zerster iugend gern sach die thier metzgen, allein dorumb, daß ich daß hertz und andre inwendige glider sechen mecht, do ich dick[492] gedocht, so ich die thier noch lebendig ansach: waß wunder dregst[493] du in dir und wirt der metzger finden. Deßhalb ich mich seer doruf gefreuwt, so man schwein gemetzget hatt unnd altzit hoch gebetten um ein urlůb, domit ich dem

490 s. Kap. 1, A. 110.
491 sich brechen = erbrechen.
492 dick = oft.
493 Hs.: dregts.

metzger flißig mechte zů sechen, so er die inere glider zertheilet unnd mit umgieng. Weiß auch wol unnd ist meiner lengsten dencken eins, daß ich klettenbletter zerschnitten unnd, alß ob eß thier weren, ufgehenckt und die oderen[494] dorin herfir gesůcht. Item daß ich ein vögelin in abwesen Scaleri meines praeceptors gefangen unnd besichtiget, eb eß auch blůt ederlin, unnd alß ich an der dicke deß schenckelin ein großes funden, wellen sechen, eb man im loßen[495] kent und mit eim schribmeßerlin ufgestochen, dorab eß aber wider mein verhoffen gestorben, welches mich seer unnd lang hernoch bekümert hatt. Ich hatt auch großen lust, allerley hirtzen- unnd meien kefer[496] und pfifolteren[497] ufzefachen, zebehalten und zebesichtigen, wie sy gformie⟨r⟩t waren, auch andere mucken unnd insecta.

Eß hatt auch meiner můter redt, wie vorgemelt, so vil vermögen, daß ich gleich noch iung, wan ich ein stattlich hochzeit sach, alß J. Philip von Offenburg[498] mit juncker Hiltbrandts von Schauwenburg dochter, der Rispacher[499] mit frauw Barbara deß burgermeister Meiers dochter, mich erbarmdt, daß ich nit auch zů solcher herlikeit kommen kent. Auch gleich noch iung auß thorheit unnd kindtheit auf zimlichs standts jungfrauwen, sunderlich waß haushalteren weren, wil meiner můter redt doruf sunderlich gethüet und dises firander aus[500] gelobet, unnd der welt gleich acht geben unnd etwas geneigt, doch kindtlicher wiß gewesen.

Do dan sich zůgedragen anno 50, daß mein vatter, ob einem nachteßen, alß er den tag in meister Frantz Jeckelmans schärhauß[501] mit Stephan

494 oderen = Adern.
495 loßen = zu Ader lassen.
496 Hirschkäfer und Maikäfer.
497 Hs. undeutlich: «pfizfloteren», richtig: (p)fifoltere = Schmetterling < fi-faltra (reduplizierend wie «pa-pilio»), s. Schw. Id. 1, 820 und 1, 685. Freundlicher Hinweis von Prof. Dr. E. E. Müller, Basel. – Ich habe das Wort «pfifolteren» nach vorn zu den beiden andern Substantiven gerückt; Hs. korrigiert, unklar.
498 Jkr. Hans Philipp von Offenburg: *1499 1. Jan., †1582 16. Dez., Sohn des berühmten BM Hermann O., der die Basler bei Marignano führte, und der Maria Schlierbach. ∞ 1. 1552 4. Febr. Küngolt Hiltprand, Tochter des Jkr. Jakob H., Obervogts auf Farnsburg (nicht Schauenburg), 2. 1565 Marg. Rappenberger, 3. 1570 Susanna Höcklin v. Steineck. Wappenb. Ba. (Tf. Hiltprandt).
499 Hs.: der Rischacher, offenbar eine Verwechslung Platters mit dem ähnlich klingenden Namen, bereits korrigiert von P. Burckhardt, B. Ch. 8, 375 f., A. 6 und BZ 1939, S. 11, A. 13. – Hans Rispacher: *1526, †1552, Sohn des Niklaus R. und der Veronika David, ∞ 1551 8. Febr. Barbara Meyer zum Pfeil, Tochter des BM Adelberg M. Die Hochzeit war besonders prächtig («superbia fastus et in cibo et in vestitu dominatur», bemerkt der kritische Pfr. Gast, B. Ch. 8, 374). Die beiden Egehatten sind von Hans Hug Kluber.; porträtiert worden, s. Öff. Kunstslg. Beide starben 1552 an der Pest. Wappenb. Ba.; Hunziker 48.
500 fir ander aus = vor allem andern, besonders.
501 Über Franz Jeckelmann s. Kap. 1, A. 142. Das Scherhaus = Haus «zum Schöneck», Ecke Freie Strasse/Rüdengasse 1 (heute «Goldene Apotheke»); Franz J. und seine Frau

Alchemie: Schwefelgewinnung im 16. Jahrhundert. Holzschnitt aus der 1. deutschen Ausgabe von Georg Agricola: «De re metallica», Basel 1557.

Der Balbierer.   Der Zanbrecher.

Das Schererhandwerk: Barbier, Zahnarzt, Feldscher und Wundarzt (Chirurg). Oben zwei Holzschnitte aus Jost Amman, 1568, unten zwei Kupferstiche aus Hans v. Gerssdorffs «Feldtbuch der Wundartzney», Strassburg 1534.

am Biel[502] seinem dischgenger gewesen, Magdalenam[503] gemelten Frantzen dochter seer růmpt, wie sy irem vatter, der ein wittlig war, alß iung sy noch war, noch denecht[504] die haushaltung so wol versechen kente unnd wie ein redlicher gesel do wol mit der zeit versorgt wurde, mit anderen allerley umstenden, die er an ir lobet. Welches ich gleich in mein örlin gefaßt, von dem an dohin gedocht und mer, dan sich in diser meinen iugendt villicht gebürt hett, diser sach nachgesinnet unnd mich auch domit bemieget[505], iedoch vor keinem menschen dergleichen gethon, dan allein meinem vertrauwten gesellen Martin Hůber[506], des Han-

Christiane Harscher erwarben es 1545 von Hans Werner Frey, dem Gewürzkrämer. Wahrscheinlich befand sich im Parterre die eigentliche Scherstube, in den obern Stockwerken die Privatwohnung. Die Jeckelmann besassen das Haus während dreier Generationen. Paul Geiger u. Theod. Nordmann: Die goldene Apotheke in Basel (1931), S. 14. – Das *Schererhandwerk* hat sich aus dem Baderhandwerk entwickelt, so dass die beiden Berufe sich zuweilen überschneiden. Das Scheren von Bart und Haar wurde ursprünglich in den Badstuben vorgenommen. Dafür wurde das Rasieren, als diese Mode aufkam, vom Scherer ausgeführt. Der Scherer besorgte aber vor allem auch den Aderlass und die gesamte Wundarznei inkl. Zahnziehen sowie als Gerichtsarzt die Wundschau; er war der eigentliche Wundarzt oder Chirurgus. Neben dieser neueren hat sich die alte Bezeichnung «Scherer» in dem Worte «Feldscher» (Militärarzt) noch lange erhalten. Ärzte und Wundärzte arbeiteten zusammen: der studierte Doctor med. untersuchte, stellte die Diagnose und verordnete, rührte aber selbst keinen Finger; alle praktischen Eingriffe waren dem Chirurgen (griech. = Handwerker) überlassen. Jeder Scherer musste seiner Zunft angehören und vor dem Collegium chirurgorum ein Examen ablegen. Noch heute trägt die Zunft zum goldenen Stern im Siegel den Ärztegott Äskulap. Nach Gustav Steiner: Zunft zum goldenen Stern, 1956, S. 44 ff.

502 *Stephan Ambühl*, Sohn des Landvogts und Landesstatthalters Melchior A. von Sitten VS, Hauptmann in Frankreich. ∞ 1. 1564 Katharina Supra Viam von Varen, 2. 1572 10. Febr. Margaretha von Riedmatten, Halbschwester des Fürstbischofs Hildebrand v. R., †1583 12. Sept. – Sein Sohn Balthasar A., ein überzeugter Reformierter, wanderte nach Bern aus. Freundl. Mitteilung von Dr. H.-A. von Roten. In der Matr. Ba. nicht erwähnt. Der Vater HBLS 1, 336, D. 2.

503 *Magdalena (Madlen) Jeckelmann*, *1534, †1613, Tochter des Scherers Franz J. und der Chrischona Harscher (†1549), die künftige Gemahlin Felix Platters (∞ 1557 21. Sept., vgl. Kap. 7). Sie wird als ausgesprochene Schönheit geschildert. Platters heimliche Liebe wurde schon bald erwidert, doch gab es verschiedene Schwierigkeiten: das lange Studium, die Verschuldung des Vaters und der Egoismus des verwitweten stolzen Schwiegervaters. – Geburtstag: 1534 31. Okt. oder 1. Nov., Todestag 1613 17. Juli.

504 denecht = dennoch.   505 bemieget = bemüht, beschäftigt.

506 Zu *Martin Huber* s. Kap. 1, A. 295. Offenbar wohnte er seit 1550 bis Ende Aug. 1553 bei Thomas Platter. Warum, ist nicht sicher. Wahrscheinlich fand der vielbeschäftigte Vater, Martin sei in der Pension und Privatschule seines Freundes besser aufgehoben. In der Pestzeit, kurz nach Felix' Aufbruch nach Montpellier am 10. Okt. 1552, wurde Martin nach Hause geschickt, kehrte aber schon am 13. Nov. wieder zurück. Auf Pfingsten 1553 wollte er im Solde der Fugger in die Fremde ziehen, am liebsten nach Montpellier oder, da dies nicht ging, nach Italien. Am 31. Aug. 1553 zog er dann nach Ingolstadt. Thomas vermisste ihn nicht, da dieser sehr mutwillig und unbotmässig geworden war («factus erat enim admodum petulans et immorigerus»). Nach Thomas Pl., Briefe, ed. Ach. Burckhardt, S. 11, 17, 28.

sen sun, der by uns wonte, [19] solches min unzitlich, iedoch von Gott firgesechen unnd hernoch geregieret firnemmen geoffenbaret. Hab auch solches mein bedencken unnd anmůt gegen der person wie obstat noch mit worten noch wercken oder einerley gemercken anthütet oder zeverston geben, gleich wol selbs beredt, als ob sy etwaß an meinen geberden mercken kente, derhalben mich geschempt unnd dester minder in ir haus, auch nit on schrecken, daß hor abzehůwen, wandlen derfen[507], iedoch etwaß stiller, ingezogner unnd suberer an kleidung mich hernoch gehalten und im studieren redlich firzefaren, domit ich in der medecin baldt zestudieren anfachen mechte, firgenommen.

Eß reiß aber anno 51 ein sterbendt[508] in ze Basel, welcher auch im vordrigen jar sich hin unnd wider erzeigt hatt und drůg sich zů im mertzen, daß meins vatters dischgenger Niclaus Sterien[509] kranck wardt unnd am suntag, alß er gleich wol zů imeß[510] zeit in einem seßel in der stuben sas unnd alß uns gedunckte zimlich wol auf waß unnd nit wußten, daß eß die pest was, iedoch vom vatter all gon Gundeldingen nachmittag abgefertiget waren, doselbst pfifen zemachen auß widen[511], nachmittag allein in seiner kammer ligendt verschiedt, unnd mein schwester Ursell, alß sy im zeßen bringen wolt, todt do ligen fandt, dorab sy seer erschrocken, auch den leidigen anblick ir iederzeit hernoch hatt ingebildet unnd auch ein ursach irer krancheit gewesen. Alß wir von Gundeldingen um vier ur hinin in die stat zur predig wolten, kam uns botschaft, wir solten dus[512] bleiben, kamen also erst zum nachteßen hinin, do wir erfůren von den nachburen, daß Niclaus gestorben und schon zů s. Elisabethen vergraben was[513]. Mein vatter war seer bekümert, schickt mich morndeß mit Alberto Gebwiler[514], doctoris Petri Gebwilers landschrei-

507 Er genierte sich sogar, ins Scherhaus zu gehen, da er dort vielleicht der heimlich Verehrten begegnen konnte.
508 sterbendt von 1551: nach Platters Peststatistik *die zweite Epidemie, 1550–1553*, s. Observationes (1614) II 303.
509 *Niklaus Sterien* (Sterren) von Sitten VS, † 1551 März, peste, begraben zu St. Elsbethen. Hunziker 48. – Vermutlich ein Sohn des Niklaus St. (*1515/16, tot 1563 10. Sept.), BM von Sitten 1547, Landvogt von Monthey 1551–1553. Freundl. Mitteilung von Dr. H.-A. von Roten und HBLS 6, 544, Nr. 3.
510 imeß (Imbiss) = Mittagessen.
511 Pfeifen aus Weidenrohr, wohl zum Flötenspielen.
512 dus, dusse (baseldt.) = draussen.
513 Die auffallende Eile des Begräbnisses beweist, dass man den Ernst der Lage erkannte.
514 *Joh. Albrecht (Albert) Gebwiler*, 1531–1577, Sohn des markgräflich-badischen Kanzlers und Landschreibers zu Rötteln, Dr. Petermann G., und der Helena Klett aus Rufach, Tischgänger bei Platter 1551, 1553, 1555, stud. Basel 1554/55 und Freiburg 1557 (Matr. Ba. II 86), ∞ 1. Madeleine Scheffer aus Thann, 2. Justina Holzach, 3. Anna Rüedin. Burgvogt zu Binzen 1563–1566, später zu Lörrach, Bürger von Basel 1567. Wappenb. Ba.; Philippe Mieg: Werner Wagner ... et sa famille, BMHM 1957, p.47, A.84; Membrez: Die Burgvogtei Binzen, S. 14; Tonjola 128.

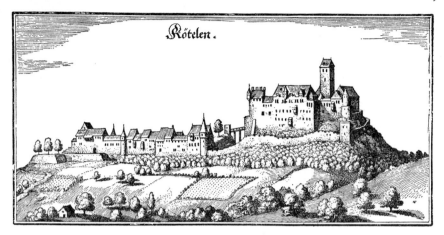

Abb. 6. *Schloss Rötteln*, Zufluchtsort Felix Platters in der Pestzeit von 1551. Kupferstich von Matthäus Merian aus Zeillers Topographia Alsatiae, 1663, verkleinert.

bers zů Rötelen sun, und Petro Horauf[515], seiner frauwen schwester sun, seinen convictoribus gon Rötelen[516], dahin uns Stefan am Biel[517] aus Wallis fůrt. Und zog mein vatter mit den übrigen dischgengeren in das gůt gon Gundeldingen, doselbst ze wonen. Aber es wardt gleich seins meiers Oswalden[518] iunger sun kranck unnd starb hernoch an der pestelentz, dorumb mein vatter die dischgenger al heim schickt, behielt allein Gavinum à Roll[519], wil sich seinen nieman annam, und wonet also ein zeitlang zů Gundeldingen. Mein schwester Ursula gieng hie zwischendt in die statt, wie auch ins haus zů allen sachen zelůgen, und wardt am pfinstag[520] in der kilchen kranck, gieng doch wider hinus in daß gůt, legt sich ze bett, hatt ein bülen am bein, war gleich erschlagen und schwach. Man ließ im[521], gab im in[522], aber es half nüt, sein stündlin war vorhanden. Es redet gar christenlich die 4 tag seiner krancheit, dan eß ein gotselig meitlin[523]

515 *Peter Horauf:* ein Verwandter Dr. Gebwilers, nicht näher bekannt. Er war ebenfalls Tischgänger bei Platter 1551 und 1553 und floh 1551 vor der Pest aus Basel nach Rötteln zu Dr. Gebwiler, zusammen mit dessen Sohn Albrecht und Felix Platter. 1561 wohnt er in Lörrach, zusammen mit Albrecht, s. Kap. 8, A. 314.

516 *Rötteln:* Schloss im badischen Wiesental, N von Lörrach, seit 1503 unter der Herrschaft der Markgrafen von Baden.

517 Über ihn s. Kap. 1, A. 502.

518 *Oswald* hiess der Meier, d. h. der bäuerliche Verwalter von Platters Landgut in Gundeldingen. Auch er starb bald darauf an der Pest, s. Kap. 3, A. 156.

519 *Roll:* s. Kap. 1, A. 297.

520 pfinstag: alte baslerische Nebenform zu «pfingsten». Vgl. Einleitung.

521 liess ihm ⟨zu Ader⟩.

522 gab ihm ⟨Medizin⟩ ein.   523 Hs.: meintlin.

war, in gotsforcht uferzogen. Am fritag gnodet[524] eß vatter und můter, kußt sy, befal seinem lieben briederlin, der ich zů Röteln [20] was, zegnoden, verschiedt seliglich, seins alters by 17 jaren[525]. Morndriß kamen die nachbaren in der stat und sunst vil volcks aus der stat hinaus, die licht[526] zu beleiten; wardt zů s. Elßbethen begraben, do auch mein schwester Margreth[527], so an der pest im heißen summer gestorben, begraben worden. Mein vatter vor kummer lag ettlich nacht aus dem haus by dem herren Myconio, wolt auch nit wider heim, bis alleß von kleideren und was seiner dochter seligen zůgehört, abweg, das eß im nit under die augen käme, gerumpt wurde[528].

Zů Rötelen war ich hiezwischendt by D. Petro Gebwiler[529], landt-schribern, deßen hausfrauw mir vil gůts that. Ich vermeint, man wurde mich baldt wider holen, aber es geschach nit und verhelt man mir meiner schwester todt, vermarckte doch wol aus meines vatters drurigem schreiben[530] und ernstlicher warnung mich wol zehalten und vor sündt und gfor zeverhieten, das eß nit recht zů gieng, biß letstlich ungefor ein frauw von Basel, so ich hinder dem schlos fandt, mich wolt anfachen klagen und aber, so baldt sy mich vermarckt erschrocken sein[531], wider hindersich zoch und, wie mein schwester nur kranck gewesen were, verquanten[532] wolt, anfieng zwiflen und meines herren frauw, was ich gehört, anzeigte. Do sy dan, wil sy schon befelch, mir, daß mein schwester christenlich ver-

---

524 gnodet (gnadete) = nahm Abschied und dankte.
525 *Ursula Platter*, *1534, †1551 21./22. Mai.
526 licht = lich, Leiche, spez. Leichenbegängnis. Schw. Id. 3, 1015.
527 *Margretlin II Platter*, * 1533, †1539.
528 abweg ... gerûm[p]t wurde = weggeräumt wurde.
529 *Peter(mann) Gebwiler*: *1488, †1559 22. Mai, ist wahrscheinlich ein Sohn des Peter Satt-ler (Sellatoris) de Gebwiler, der den Namen der Vaterstadt annahm. Charles Schmidt: Hist. litt. de l'Alsace, 1879, T. 2, p. 171 nennt statt dessen als Vater den Humanisten Hieronymus G., Gymnasialrektor in Schlettstadt, Strassburg, zuletzt Hagenau, und ebenso A. Hartmann und B. R. Jenny in Amerbach-Korr. 3, 544 u. 6, 146f., doch sprechen Alter und Konfession dagegen: Hieronymus ist 1473 geboren, sein 1. und 3. Sohn, Prothasius und Gervasius, erscheinen in der Basler Matrikel 1516 und 1523/24 (I 329, 356); der 2. Sohn, Peter, kann also nicht 1488 geboren sein, und zudem waren Platters Freunde in Rötteln 1552 noch katholisch. Jener Peter, der 1519 bei Zwingli weilte, ist also wohl ein anderer. – Unser Peter, der sich 1505 in Basel immatrikulierte (I 277), was gut zum Geburtsjahr 1488 passt, wurde hier 1507 b. a., 1510 m. a., studierte dann die Rechte in Dôle und erscheint 1537 als Dr. iur., markgräflich-badischer Rat und Landschreiber in Rötteln, wo er ca. 1530 die Witwe des Burgvogtes Ulrich Rappen-berger, *Helena Klett* aus Rufach, heiratete. Wappenb. Ba. Mit freundl. Zustimmung von Herrn Dr. B. R. Jenny.
530 Der Vater schrieb an Felix kurz darauf dreimal, am 6., 19. und 27. Juni 1551, verschwieg aber den Tod Ursulas. Ach. Burckhardt: Thomas Platters Briefe, Nr. II, IV u. III.
531 Ein Accus. cum inf., im Deutschen nachgeahmt; Sinn: sobald sie merkte, dass ich er-schrocken war, wollte sie das Wort zurücknehmen.
532 verquanten = verbergen, vertuschen. Lexer.

scheiden were, anzeigt. Dorüber ich mich hertzlich übel gehůb, dan wir gleich mit einanderen uferzogen waren, auch von meins vatter provisor Johan von Schalen[533] von Sitten in Latinischer sprach und lutenschlachen, welches iedes sy ein wenig kont, underwysen, hatten ein ander seer lieb und mit einander allerley kummers außgestanden, wegen daß uns die můter beredt, der vatter hette Gundeldingen kauft, sich in schulden versteckt, uns wurde die eschen nit bliben etc., welches sy, aus sorgfeltikeit besorgend, also redt und deßenthalben etwan uneinikeit zwischen inen gab, das uns alß dan seer behertziget. So war mein liebe schwester auch erst in kurtzem von Strasburg, do sy by unser bäsy gewesen[534], erst heim kommen, und waren schon werber verhanden, di iren nachstaltindt. Daß alleß macht, daß ich gar unmůtig waß, welches alß mein vatter innen wardt, schreib er mir, dröstet mich, gehůb sich aber im selbigen brief so fast, mit vermelden, wy sy so gedultig gwesen, christenlich verscheiden und wie sy nach mir geiomert, daß ich meint, mein hertz wolt mir zerspalten, auch noch heut by tag, den brief on thren nit läsen kente[535].

[21] Můßte also ze Rötelen, bis der sterbendt etwas sunderlich in unseren gaßen nachließe, verblyben und schreib mir mein vatter oft, wie auch meine gesellen, kam auch der Roll ein mol zů mir, doch heimlich heraus. Man schickt mir mein lauten, doruf alß ich ein mol, durch Johannes den schreiber gebetten, im wirtshaus ettlichen schlůg[536], von meim herren zum nachteßen angesprochen wardt, es were weger[537], es larte einer, daß im anderleut hofiren[538] mießte, ich antwort gab: «Ja herr eß ist aber lustig, wans einer selbs auch kan[539].» Ich repetiert die lectiones mit deß herren sun Alberto und lart den iüngeren Carolum[540], der ein klein dümlin am duben[541] und also sex finger an einer handt hatt und altzeit ein pfaf sein wolt, wie er auch lest probst zů Lutenbach worden, dardurch ich gunst by der frauwen ir můter bekam. Es was domolen noch bepstisch in der margra⟨f⟩schaft[542] und hůlt herr Frideric[543] mäß in der kilchen by des

533 s. Kap. 1, A. 465. 534 s. Kap. 1, A. 207 ff.

535 Brief V vom 7. Juli 1551 bei Ach. Burckhardt und in A. Hartmanns «Basilea Latina», p. 179. Zwei weitere Briefe nach Rötteln schrieb Thomas am 17. Juli und 3. Aug. 1551.

536 ⟨die Laute⟩ schlug. 537 weger = besser.

538 hofieren = (hier:) aufspielen. 539 Zum Lautenspiel s. Kap. 1, A. 152 ff.

540 *Karl Gebwiler:* 1551–1601, Sohn Petermanns (A. 529), Bruder Joh. Albrechts (A. 514), wurde Chorherr zu Lautenbach (NW von Gebweiler, im Lauchtal).

541 duben = dumen, Daumen; seltene Nebenform, Schweiz. Id. 12, 1819 u. 1820 mit dieser Stelle. Unter den Nachkommen des Ehepaars Michael Klett-Surgant hatten einige ebenfalls zwei Daumen an einer Hand, s. Phil. Mieg: Werner Wagner et sa famille, BMHM 1957, p. 48, A. 89.

542 Unter Markgraf Ernst von Baden-Durlach; erst sein Sohn Karl II. (reg. seit 1552) trat zur Reformation über und führte seit 1556 die neue Lehre ein. P. Burckhardt, B. Ch. 8, 174, A. 81 und Eur. St.-Tf. I 85.

543 herr Frideric: nicht näher bekannt.

landtvogts haus. Der war ein gûter zechbrûder; deßen lacht ich oft in der kirchen, wan er meß hielt, dohin ich etwan mit meins herren sünen gieng. Es war auch by uns herr Michel [544], der frauwen sun, so sy ze Hatstat von irem ersten man ghapt. Der was schon gros, vermarckt wol, daß er deß burgvogt[545] Ulrich Müller suns, der im krieg war, frûw nach gieng, do ich allerley gesechen hab[546]. Er zoch aber baldt gon Ingolstat von uns ze doctorieren. Mir spatzierten vil gon Bintzen[547], zû herr Wernhar Wagner[548], welcher der frauwen dochter, D. Michel schwester, hatt und zogen

544 *Michael Rappenberger*, Dr. iur., 1531–1588, Sohn des Burgvogts von Rötteln, Hs. Ulrich R. (tot 1531) und der Helena Klett (recop. Dr. Peter Gebwiler, †1559). Wappenb. Ba. – Hattstatt: zwischen Rufach und Colmar. – Michael war Tischgänger Platters, fehlt aber in der Matr. Ba., Dr. iur. in Ingolstadt (laut Platter), dann Landschreiber zu Rötteln und 1555 BvB; ∞ 1. Apr. 1555 Barbara Varnbüeler aus Lindau (Kirchenb. St. Peter, Trau-Reg.), Witwe des Joh. Heinr. Höcklin v. Steineck, 2. vor 1571 Barbara v. Luternau. Er war sehr begütert. Seit 1561 besass er das *Schloss Oetlingen* (später «Friedlingen») und liess das seit 100 Jahren verödete Schloss wiederherstellen. Ludw. Keller: Gs. d. Stadt Weil a. Rh., Freiburg 1961, S. 38. In Basel besass er seit 1571 (oder schon 1555? s. Platter, Briefe, S. 82) das Haus St. Johanns-Vorstadt 33/35. Hist. Grundb. – 1577 25. Okt. machte er dem Erzhzg. Ferdinand ein Darlehen von 2000 Gulden. B. Ch. 5, 339, A. 2. Vgl. Kap. 1, A. 529 u. 546.

545 Hs.: burgvotzt.

546 Die letzten 12 Wörter sind schwer zu entziffern (zudem ein Schreibfehler: «kreig» statt «krieg») und fehlen bei Boos ganz, bei Passavant fehlt das Wort «frûw». Die Stelle besagt, dass der junge Michael Rappenberger, der damals etwa 20jährig war, der Schwiegertochter des Burgvogts Ulrich Müller nachstieg, während ihr Mann im Krieg war. Boos ergänzte falsch: «vermarkt wol, daß er deß burgvogts Ulrich Müller suns ⟨was⟩ etc.» (trotz des dann sinnlosen Genitivs «suns»). Dieses fehlerhafte «was» machte Michel Rappenberger zum Sohn Ulrich Müllers, woraus sich dann die unsinnige Gleichsetzung Müller = Rappenberger ergab. (vgl. Boos, Register, S. 361f.), gestützt scheinbar durch den gleichen Vornamen des Burgvogts *Ulrich Rappenberger* (Michaels Vater) und seines Nachfolgers *Ulrich Müller*. Die richtige Namensform ist übrigens *Mülner* (s. Kap. 8, Abb. 309). Eine von ihm am 15. Nov. 1557 ausgestellte Urkunde (21/208) zeigt den Namenszug Ulrich Müllner, das gut erhaltene Papiersiegel die Dialektform VLRICH MILLNER. Freundl. Mitteilung von Dr. Haselier, Direktor des Badischen Generallandesarchivs. Ulrich Rappenberger muss spätestens 1531 gestorben sein, da sich seine Witwe damals mit Dr. Peter Gebwiler verheiratete; Ulrich Müllner war sein Nachfolger und lebte noch 1562: er war damals Patient Platters (Kap. 8, A. 309) und war wohl kurz vorher in Ungnade gefallen, denn 1562 treffen wir einen neuen Burgvogt von Rötteln, jenen unbekannten, schwer zu entziffernden «Entringer» oder ähnlich.

547 *Binzen:* kleines Dorf NW von Lörrach, unweit Rötteln, siehe Membrez: Binzen. Das «Schloss» steht noch, ist aber sehr verwohnt und vernachlässigt.

548 *Werner II. Wagner*, *1525, †1564, einziger Sohn des Werner I. W., Bürgermeisters von Mülhausen, und der Margrit Gilgauer; ∞ ca. 1545 *Margreth Rappenberger*, Tochter der Helena Klett aus 1. Ehe mit Hans-Ulrich Rappenberger. – Werner erschlug 1546 im Streit den Schmied Joh. Jak. Spiess und wurde nach einem langen Prozess verbannt, bis mit den Nachkommen des Ermordeten ein gütlicher Vergleich zustande kam. W. erhielt dann 1548 vom Bischof von Basel das Amt eines Burgvogts von Binzen. Nach Philippe Mieg: Werner Wagner et sa famille, Bull. Musée Hist. Mulhouse 1957, S. 46ff. Platter behandelte den Burgvogt W. in Binzen 1564 bis zum Tod; Kap. 11, A. 25.

öpfel und biren noch im hofgarten, do uns der burgvogt[549] vom schloß
etwan ersach und uns beschrey und mit der spisgerten zeschlachen drůwt,
doch so forchtsamer man was, daß er sorgt, wie er vermeldet, ich mechte
übernacht solches an im rechen, den Schwitzeren were nit zedruwen.
Der kam zů letst by margraf Ernsten[550], der domolen regiert, in ungnoden, můst strof geben 1500 gulden, doruß man ein groß veldtstuck[551]
kauft, so noch nach dem burgvogt genempt wirt[552]. Ich half im nach
ettlich jaren, das er gon Basel kam und D. Oswaldi Beri dochter Margreth[553] nam, by deren er ein kindt hatt; ist alles abgestorben und verdorben. Alß man uf ein zeit ein dieben von Rötelen zů hochgericht by
dem Nüwen haus fůrt, erlůbt mir mein herr, das ich mit andren knaben
dohin gieng. Es sprachen mich vil burger an, die aus der stat hinus
gangen; wer gern in die stat gangen, dorft aber nit. Der dieb war gar
frevel, sagt auf der leiteren: «Ich stig an liechten galgen, do werden mich
die rappen[554] freßen etc.»
   Under anderen schreiben, schreib mir mein vatter[555], ich solte mich
dohin schicken, ich miest in der artzny studieren, wolte mich baldt holen,
daß ich deponierte[556], domit ich redlich mechte im studieren firfaren und

549 Sehr verwirrende Konstruktion: Der zweite Teil des Satzes (Obstdiebstahl) bezieht sich
    nicht mehr auf Binzen, wie das «und» vermuten liesse, sondern wieder auf Rötteln. Denn
    der hier genannte Burgvogt kann nicht Werner Wagner sein, sondern nur derjenige
    von Rötteln, *Ulrich Mülner*, auf den allein die folgende Beschreibung zutrifft. Vgl.
    Kap. 8, A. 309 ff.
550 Markgraf Ernst von Baden-Durlach, reg. bis 1552.
551 veldtstuck = Kanone.
552 Das Geschütz bekam den Übernamen des Burgvogts, der «Niemandsfreund»; Kap. 8,
    A. 309 ff.
553 *Margareta Baer*, Tochter des Prof. Dr. med. Oswald B. und der Suselin Iselin, ∞ 1564
    24. Juni Ulrich Müller von Hiltelingen, gewesener Blutvogt zu Rötteln (Hiltalingen bei
    Haltingen, 1702 abgegangen). 1566 25. Sept. gibt Carl Gluer Vogtei auf gegen Margret
  · Baer und nimmt sie deren Vater Dr. Oswald Baer auf. Nach Priv.-Arch. Lotz, Fasc. 22:
    Baer. A. Burckhardt: Med. Fak., S. 37 behauptet: «sie war später unglücklich verhei-
    ratet» mit Hinweis auf Th. Platters Briefe. – Nach dem Wappenb. Ba., Tf. Baer war
    Margareta jedoch um 1550 die Gemahlin von *Jakob Hagast* (oder Hagist), der 1546–1570
    markgräflicher Vogt zu Binzen war. Eindeutig lässt sich die Sache wohl nicht mehr
    klären. Vgl. B. R. Jenny: Amerbach-Korr. 8, 110.
554 rappen = Raben. Lexer.
555 Dieser Brief ist nicht mehr erhalten.
556 Das «*Deponieren*», die «Depositio rudimentorum» (Ablegung roher Reste) war ein alter,
    seltsamer Brauch, der der Immatrikulation vorausging, eine Mischung von Tradition
    und Studentenulk: Unter Aufsicht eines Professors der Artistenfakultät wurden dem
    Jüngling die Haare geschoren, Hände und Nägel mit Feilen gesäubert, ein «Eberzahn»
    gezogen usw. Rud. Thommen: Basler Studentenleben im 16. Jh., B. Jb. 1887, S. 101 ff.,
    oder Edgar Bonjour: Die Universität Basel (1960), S. 138. – Felix immatrikulierte sich
    in Basel 1551/52 (Matr. Ba. II, 73, Nr. 35), also im Alter von 15 Jahren, wie es damals
    üblich war.

in in wenig jaren etwan wider ergetzen, so ich in die ee kommen solt und ime ein andre dochter[557] an stat der abgestorbnen ins haus brechte, in seinem leidt wider zů ergetzen. [22] Das gieng mir dergestalt zů hertzen und erwecht mir meine fordrige gedancken, sunderlich gegen der person, die mein vatter so hoch irer dugent und gschichliheit halben altzyt gelopt hatt, das ich vermeint, do er von einer andren dochter redt[558], eß were eben die, auf die er thütete. Sinete der sachen ernstlich nach und schier nur zevil, dan wil ich sunst also iung auf die Latinische poetey, dorin mich Paulus Pellonius[559] von Schmalkalden instituiert hatt und fir mich selbs auch Teutsche rimen zemachen mich befliß[560] und mir zimlich wol ab-gieng, componierte ich ettliche vers und rimen von der liebe und ir wirckung und richtete es auf obgemelte person, do dan sich zůdregt, das ich ettliche rimen sy anbedreffendt, domit sy nieman funde, in ein wam-mest zwischendt die fietere[561] verbarg und also dorin vergas. Welche von einem schnider, der mir das wammest beßert, funden wurdindt und sy mir unwißendt herrn Michel, der frauwen sun, zelesen gab[562] und er andren, also daß mein intention und anmůt gegen der jungfrauw inen offenbar wardt, dardurch sy mich zespeien[563] wie der bruch ist anfiengen, kam auch solches under meiner gsellen ettlich in der schůl ze Basel, also das es auch meinem vatter geoffenbaret wardt, der nit dergleichen iemol thon hatt, alß wan ers wiße, iedoch im nit mißfallen lies, wil es eben sein mei-nung was und auf solchen heurath zwischen uns beiden, eb[564] er mein willen gespürt, drachtet hatt, doruß wol abnemmen[565], daß es von Gott also war angesechen.

Auf solches hat mein vatter by herr Frantz Jeckelman irem vatter, der im gar geheim[566], etwas ansůchens gethon und in dem nach der Valliser syt gehandlet, welche die kinder in der wiegen ein andren versprechen. Doruf er bescheidenlich, sy seien noch beide iung und wiße man nit, was mit inen noch gott schafen werde, geantwortet; habe sunst ein gůten

557 d. h. eine Schwiegertochter: Magdalena Jeckelmann.
558 Hs.: reidt.
559 *Paulus Pellonius* unterrichtete Felix in der lateinischen Poesie; ob er auch Provisor an der Schule war, ist nicht mehr festzustellen. Th. Burckhardt-Biedermann: Gymnasium, S. 46. In der Matr. Ba. ist er auch nicht zu finden. Wie B. R. Jenny in Amerbach-Korr. 7, 72, A. 3 nachweist, stammte Pellonius aus Schmalkalden und liess sich am 15. Okt. 1549 in Wittenberg immatrikulieren.
560 Felix hat zeitlebens gerne gedichtet. Einige Proben davon sind erhalten in seiner Samm-lung «allerhand meist lächerlichen Gedichten», Mscr. A. G. v. 30 der Univ.-Bibl.
561 fietere = Futter eines Kleides.
562 Hs.: hab (irrt.).
563 speien = spotten, auslachen.
564 eb (baseldt.) = ehe, bevor.
565 abnemmen = folgern, schliessen.
566 geheim = vertraut.

willen und hofnung gegen mir, wellen also der zeit erwarten, sye sunst
nit bedocht, sein dochter noch in ettlich jaren zeverhürathen oder iemans
zeversprechen. Welches alles, ob es gleich heimlich, auch mir und meiner
mûter onwißen beschechen, hab ich doch, wie auch sy und meine gesellen
aus der zesamenkunft beider vetter, so öfter dan zevor beschechen, auch
überschickung weins und andrer eßenden spis, den gûten willen wol
abnemmen kennen, auch etwas des künftigen heurath so dorus ervolgen
mechte mûtmoßen, wie dan meine gsellen mir auch darvon gon Rötelen
etwas, doch vexierens wiß[567], zûgeschriben.

[23] Alß der sterbendt etwas gegen augusto nachlies, lûdt D. Peter[568]
mein vatter heraus gon Rötelen, den 21 august, ze gast. Dem gieng ich
entgegendt in zwilch schlecht[569] gekleidt, das ich mein vatter etwas er-
barmbdt, vermeint, ich were verwildet, derhalben auch an zeit, welte
mich die wuchen holen laßen; zog auf den obendt wider heim.

Am mitwuchen auf Bartholomaei schickt mein vatter den Rollen[570]
hinus, der holt mich, zugen mit einander noch am morge⟨nd⟩ heim, do
es vil weinens gab by meiner mûter, fandt daß haus gar einödt dan zevor,
und war eben am suntag darvor des spitalschmidt Gladirs frauw, die
Bumhartin[571], an der pest gestorben, also das es noch hin und wider
ettlich zupfet.

[1*] Nach dem ich wider von Rötelen nach meiner schwester todt heim
kam, anno 51, vor winter, zog mein vatter ins Elsaß gon Rufach, ein esel
zekaufen, denselbigen daß obß und anders von Gundeldingen in d'stat
zetragen zebrauchen, den kosten mit roßen solches zeverrichten zesparen,
wie es vor zeiten auch in Basel die müller mäl zedragen, wie auch kolen
ab dem Kolenberg gebrucht haben, ietz aber also abgangen, das nit ein
esel mer in Basel verhanden. Es gieng mit im Thomas Schöpfius[572], der
frindt im Elsas hatt, nam mich mit und den Gavin Roll. Zû Rufach karten
wir by des Walther Rätigs[573] mûter in, die ein win zepferin. Ein alter
priester, organist, Thomae alter bekanter, lûdt uns zegast, that uns vil
gûts. Mein vatter kauft ein eßel, den drib der Roll vor uns anhin, alß wir

---

567 vexierens wiß = spottweise.
568 Dr. Peter Gebwiler, s. Kap. 1, A. 529.
569 schlecht = schlicht, einfach.
570 *Roll* = Gavin de Beaufort, Frh. zu Rolles, der letzte Tischgänger, der trotz der Pest ge-
blieben war; s. Kap. 1, A. 297. – Mittwoch nach Barthol.: 26. Aug. 1551.
571 *Küngolt Bomhart* (*1543) †1552, Tochter des Brotbecks Konrad B. und der Marg. Meyer;
∞ *Claudius (= Gladir) Falkeysen* (*1520, †1557), Spitalschmied. Wappenb.Ba. Sie war die
Schwester des Kronenwirts und Spitalmeisters Matthias Bomhart, der mit der Familie
Platter befreundet war.
572 *Thomas Schöpf*, Schulmeister zu St. Peter in Basel, s. Kap. 1, A. 160, u. Kap. 2, A. 13.
573 *Walter Rätig*, ein Tischgänger Platters, sonst – auch in elsässischen Archiven – unbekannt.

heim wolten. Wir besachen das schloß, do ich hernoch oft in gwesen, sachen uf dem kirchhof das mechtig beinhaus, dorunder man in gon kan, mit der[574] überschrift: Hie ligt der ritter und knecht, besich recht, wer einer oder der ander ist; mit andren worten rimenswiß[575]. Wir sachen auch eines ritters grab, doruf er uf dem angsicht ligendt gehůwen, also daß im nur im harnist der rucken ze sechen; sol aus seim befäl gschechen sein, domit im sein frauw nit auf das angsicht bruntzen ken, wie sy im gedreuwt hatt, alß man darvon redet. Wir zogen mit dem esel nach haus, den weideten wir mit distlen im veldt, dan er es lieber aß dan das riebkraut, so er blyben lies und dise as. Manet mich an Castaleonis[576] redt, der zů meim vatter sagt, er solt im nur alt schinhie[u]t[577] und streuwene körblin zeßen gen[578], wer der esel alß gůt und ring[579] zeerhalten. Wir lagen zů Battenheim[580] by eim müller, so Thomae frindt was, über nacht; morgen aßen wir zů Ensisheim frie[u] ein suppen, thaten zů Hapsen[581] ein drunck, zogen noch den obendt heim. Alß wir in der Hart Basel ansichtig waren, sagt mein vatter: «Felix, du freuwest dich heim, aber mich nit, wil ich mein dochter nimen finden»; gieng mir auch zů hertzen.

[23] Ich gieng wider in die schůl, rust mich zum deponieren[582], domit, wie mein vatter wolt und ich ein lust hatt, gleich in der artzny studierte. Es drůg sich eben zů, das Regel Rütiman[583], die neierin, ein uneelich kindt, deßen Cůnz[584] der alt wirt zum Storcken vatter, gebar; das hůb

---

574 Hs.: dem.
575 Die Inschrift des Beinhauses lautet: «Gont her und sehent das reht / hie lit der Her bi dem Kneht / nun gont fürbas în / und lůgent, wer mag der Herre sîn.» Sie befand sich in einer Tür des Querhauses der Liebfrauenkirche, die einst nach dem 1807 aufgehobenen St. Nikolaus-Friedhof führte. Nach Theobald Walter: Aus *Rufachs* alten Tagen, Strassburg 1906, S. 10f. Das malerische Städtchen befindet sich zwischen Mülhausen und Colmar, Carte Michelin 87, pli 18. Besonders sehenswert ist das von Platter erwähnte Münster (Liebfrauenkirche) mit seinen drei verschiedenen Türmen. Nirgends erwähnt finde ich die von Platter beschriebene makaber-komische *Grabplatte* mit dem verkehrt liegenden Ritter. Manch nette Anekdote über Rufach bieten sonst Meinrad Heimfried: Bilder aus d. Elsass, Basel o. J., S. 64ff., und Max Rieple: Malerisches Elsass, Bern 1964, S. 46ff.
576 Castaleo = *Castellio*, Châtillon, der mit Platter befreundete, mehrfach erwähnte Gelehrte.
577 schinhie[u]t: Strohhüte; schine = Streifen zum Flechten, hieut = hiet, hyperkorrekt verschriftdeutscht.
578 zessen gen = zu essen geben.
579 ring = leicht.
580 Hs. irrtümlich: Bartenheim; die Abschrift Lotz hat dagegen richtig tt, Battenheim, zwischen Ensisheim und Mülhausen. Hier war früher tatsächlich eine Mühle. Freundl. Mitteilung von Frl. Marie Helmer, Paris, der Übersetzerin von Thomas Platters Autobiographie (Cahiers des Annales 22, libr. Colin, Paris 1964).
581 Hapsen = *Habsheim*, SE von Mülhausen. – *Ensisheim:* Städtchen ca. 16 km N von Mülhausen, Sitz der vorderösterreichischen Regierung.
582 deponieren: s. Kap. 1, A. 556.
583 über sie s. Kap. 1, A. 431.
584 Cůnz = *Conrad Klingenberg*, Wirt zum Storchen als Nachfolger von Conrad Kienast seit

ich zů s. Peter den 22 septembris auß tauf, sampt meister Görg Hohermůt[585], wardt genant Georg Felix[586], ein schön kindt, so hernoch by M. Jos Stöcklin[587] ze Bern der steinschnider[588] hantierung gelert und im volgender leidiger fal widerfůr: Er zog in Franckreich mit den Berneren, hůlt sich wol, erobert vil gelts und schönen werchzeug. Als er widerkam, begert er, burger ze Basel in seinem vatterlandt zewerden; darzů half ich im, das er gůte verdröstung bekam. Als er aber sein můter Regel, so zů Seckingen wont, besůcht und man im geselschaft leistet, war ein chorherr doselbst, herr Martin darby, verhies im sein dochter underem drunck zů der ee, sampt dusent gulden heurath gůts bar zeerlegen; welches den gůten iungen bewegt, ir die ee zůzesagen, welches in doch hernoch also geruwen, wil er vernommen, daß der chorherr sein dochter mit seiner leiblichen schwester gezügt, das er in unmůt und melancholy hernoch[589] gestorben. Und hatt der pfaf sein dochter eim andren gen, wie auch zelest ausbrochen, selbs mit iren zeschaffen gehapt, dorumb er auch heimlich hinweg nach Costentz gefiert worden und weis man nit wohin sein kommen seie.

Den 29 septembris an s. Michels tag hab ich deponiert[590] unnd mit mir Jacobus Grynaeus[591] und Samuel Gryneus[592], Frideric von Pfirdt[593] und

1521 bis 1554 11. Jan. Hist. Grundb. Stadthausgasse Teil v. 25 nb. 23. 1521 BvB, schon früh ein «sittlich übel berüchtigter Mann», 1535 wegen vielfachen Ehebruchs mit Haft und hoher Geldbusse bestraft, 1545 ebenso, wie Johannes Gast ausführlich erzählt; s. Paul Burckhardt, B. Ch. 8, 246f. – Auch seine Tochter Anna, die mit ihrem Gemahl Hieronymus de Insula, einem Spediteur aus Mailand, 1554 die Wirtschaft vom Vater übernahm, hatte bereits 1548 eine Skandalgeschichte; siehe B. Ch. 8, 306ff.

585 *Görg Hohermůt*, Schneider, 1528 Bürger von Basel, † nach 1566; ∞ 1. Margret?, † nach 1522, 2. vor 1560 Dorothea Nüw, † nach 1566. Nach Priv.Arch. Lotz, Fasc. 235.

586 Nach den Vornamen der beiden Taufpaten. Im Taufbuch St. Peter A A 16, 1 ist der Eintrag leider nicht zu finden.

587 *Jost Stöcklin* von Herzogenbuchsee BE, Arzt am Inselspital in Bern 1546, stiftete 1576 testamentarisch ein Zimmer für drei Kranke. HBLS 6, 559. 1542 2. Sept. erhielt er ein Dienstzeugnis in Basel: «Meister Jost Stöcklin, der Steine, Brüche und Karnoffel, Starblinde, Hasenscharten, Trusen und derglichen Missgewächs schneidet». Abscheidbuch D 2, fol. 30. Nach Eugen Meier im J.Ber.St.Arch.Ba. 1964, S. 36, Nr. 32. – Auch Franz Jeckelmann d. Jüngere hatte bei ihm gelernt, s. Kap. 10, A. 125.

588 steinschnider = bruchschnider, chirurgus.

589 Hier einige Worte unleserlich, vielleicht: «zů Thann in sorg». In beiden Abschriften, Passavant und Lotz, eine Lücke.

590 Vorstufe zur Immatrikulation, s. Kap. 1, A. 556. – Matr. Ba. II 73.

591 *Joh. Jak. Grynaeus*, *1540, †1617, Sohn des Pfarrers und Superintendenten zu Rötteln Thomas G. und der Adelheid Steuber; 1564 D. theol., 1565–1575 ebenfalls Superintendent in Rötteln, 1575 Prof. theol. in Basel und 1586 Antistes. Wappenb. Ba. u. Matr. Ba. II 72, 1551/52.

592 *Samuel Grynaeus*, *1539, †1599, Sohn des berühmten Prof. theol. Simon G. (Felix Platters Pate); 1571 Prof. iur. usw. Wappenb. Ba. u. Matr. Ba. II 72, 1551/52.

593 *Friedrich ⟨Rud.⟩ von Pfirt*, Altkirchensis. Matr. Ba. II 75, 1551/52 u. Kindler 1, 79ff.

andre mer[594]. Ich hort nur dialecticam in paedagogio und sunst in secunda classe Coelium oratorem[595]. Mein vatter iebet mich doheiman in Graecis und fieng mir an compendium Fuchsii[596] lesen und laß physicam. Anno 1552 fûr ich ernstlich fir in meinen studiis, redigiert compendium Fuchsii in tabulas undt hort doctorem Johannem Hûberum[597], der wart professor medicus mit bstallung ierlich 100 cronen erwelt und laß librum Hippocratis[598] de natura humana. Hort auch andre professores[599] und vertrib also den frieling und summer. Hatt hienebendt vil kummer, das mein vatter vil schuldig war und verzinset[600], obgleich das werdt an hüseren und gût vor dem thor vil beßer; dardurch er und mein mûter in zanck oft gerieten, welches mir seer schwerlich war und bekümert. Mûßt vil in meins vatters gût gon. In hundtztagen badet ich in der Birß[601], kam zimlich weit hinab gegen dem Rhin, das wan man mir nit were zehilf kommen baldt erdruncken were.

Verwandt mit dem Domprobst? Laut Brief vom 21. März 1554 an Felix war Friedrich ein Tischgänger Thomas Platters; Univ.-Bibl. Fr. Gr. I 5, S. 143.

594 Gleichzeitig auch *Martin Huber*, einer der besten Freunde Platters (s. Kap. 1, A. 295) sowie *Simon Grynaeus*, ein älterer Bruder Jakobs (A. 591), sowie viele andere. Jedenfalls stehen sie in der Matrikel nahe beisammen.

595 *Coelius Antipater*, römischer Geschichtsschreiber des 2. Jh. v. Chr., berühmt durch seine Geschichte des zweiten punischen Krieges; sein «bellum Punicum» ist mehr ein literarisches Kunstwerk als echte Historie. Von Livius als Quelle benutzt. Lex. d. alten Welt, Artemis-Verlag, Zürich 1965, S. 649, 1074.

596 *Leonhard Fuchs*, 1501–1566, aus Wemding in Schwaben, Schullehrer, Arzt, Prof. Zahlreiche seiner Werke wurden in Basel gedruckt. Nach Häfliger: Das Apothekerwesen Basels, BZ 36/1937, S. 41, A. 143. – Mit dem «compendium» ist wahrscheinlich sein «*Methodus medendi*» gemeint. Wenn Felix das Werk «in tabulas redigierte», so folgte er damit einer auf die Scholastik zurückgehenden, verbreiteten Methode, die dem Lernenden zum leichteren Memorieren diente. Platter schrieb später auch sein eigenes Anatomiebuch «De corporis humani structura et usu» (1583) in *Tabellenform*. Vgl. Kap. 3, A. 677.

597 Über *Johannes Huber* s. Kap. 1, A. 489.

598 *Hippokrates*, griechischer Arzt, 460–377 v. Chr., der Begründer der klassischen Medizin, galt immer noch als die grösste Autorität. «Nachdem die Zeugen des Einbruchs des Paracelsus und des Besuches von Vesal entweder gestorben oder eliminiert worden waren» (Karcher, S. 28), wurden wieder wie früher Galen und Hippokrates erklärt; es war ein Tiefpunkt der Fakultät.

599 Wen Platter sonst noch hören konnte, ist schwer zu sagen: Der andere Ordinarius praxeos, Oswald *Baer*, las nicht mehr. Der Lehrstuhl für theoretische Medizin aber war seit einem Jahr verwaist: *Sinckeler* (Kap. 1, A. 483) war 1547 gestorben, *Torinus* (Kap. 1, A. 487) war abgesetzt, Caspar Petri genannt *Mellinger* (Kap. 8, A. 48) war nur bis 1551 im Amte, der Nachfolger, Isaac *Keller*, (Kap. 3, A. 165) folgte erst im Frühjahr 1553. – Vielleicht besuchte Platter gelegentlich eine Vorlesung einer andern Fakultät, doch sicher nicht zu oft, da er sich nie von seinem Hauptinteresse ablenken liess.

600 s. dazu Kap. 1, A. 429.

601 Die *Birs* ist ein linker Nebenfluss des Rheins, die Birsmündung bei Birsfelden ein beliebter Badeplatz.

[21*] Es war herr Sebastian Schertlin[602] ein obrister, der sich in Protestieren krieg gar rütterlich gehalten, in die ach vom keiser erkent, hielt sich ze Basel, kauft seiner frauwen ein haus[603] gegem Rhin, er aber hielt sich der mertheil zum Blůmen in der herberg nach darby mit den pferden und zweien sünen. Auf den lustert einer von Costentz, der Gůtschick[604] wegen seiner bůbenstuck genant, der nam gelt von herrn Niclaus von Polwil[605], der zů Bourg en Bresse[606] lag, den Schertlin um zebringen. Der hůlt sich ze Basel ein gůte zeit, war wol gekleidt, hielt sich üppig mit den

602 *Sebastian Schertlin* von Burtenbach, *1496 in Schorndorf bei Stuttgart, †1577, als Truppenführer reich geworden, speziell 1527 beim Sacco di Roma, seit 1530 Augsburger Feldhauptmann und Ritter, seit 1548 im Solde Frankreichs. – Karl V. begann, nachdem er seine vier Kriege gegen Frankreich 1544 abgeschlossen hatte, heimlich zum Schlage gegen die Reformierten zu rüsten und schloss ein Geheimabkommen mit Hzg. Wilhelm von Bayern und Hzg. Moritz von Sachsen. Im Juli 1546 kamen ihm die «Schmalkaldener» zuvor. Schertlin führte das Kontingent der süddeutschen Städte. Kurz vor dem Fall Augsburgs (29. Jan. 1547) verliess er die Stadt und kam via Konstanz–Zürich am 24. Sept. 1547 fieberkrank nach Basel. Am 3. Aug. 1548 wurde er vom Kaiser geächtet (ăch = acht, vgl. o. A. 460). Er blieb hier 1547–1551; dann musste er infolge des kaiserlichen Drucks die Stadt verlassen und zog zu König Heinrich II. nach Frankreich. 1552 kam er wieder hieher, um auf Schweizerboden ein Landsknechtheer in französischem Solde aufzustellen. Nach Rud. Thommen: Seb. Schertlin in Basel, B. Jb. 1897, S. 226–263, spez. 238ff. und Paul Burckhardt: Basel im Schmalk. Krieg, BZ 1939, ferner derselbe in B. Ch. 8, 303f., A. 5, zuletzt B. R. Jenny in Amerbach-Korr. 7, 288f.

603 «das Hus, Hofstatt, Stallung und Garten by dem Salzthurm, hinden uff dem Rhin vornen an der Herberg zum grossen Blůmen über ..., und zum cleinen Blůmen genant.» – Es ist das heutige Hotel «*Drei Könige*», das noch lange nachher «*Schertlins Hof*» genannt wurde. Der Sohn Schertlins, Hans Philipp, kaufte es 1548 in Abwesenheit des Vaters um 1300 Gulden von dem Münzmeister Sebastian Eder. Nach Rud. Thommen, B. Jb. 1897, S. 244f. – Er selber weilte öfter in der *Herberge zum (grossen) Blůmen* (heute Rest. «Zur Börse»), schräg gegenüber, der wohl ältesten Wirtschaft Basels. Vgl. Stocker, S. 130f. Der Pfarrer und Chronist Joh. Gast durfte mehrmals mit ihm dort speisen und tat für ihn sogar Botendienste; s. P. Burckhardt, B. Ch. 8, spez. S. 94f.

604 *Hans Birkling* von Radolfzell, genannt *Gůtschick*, s. über ihn P. Burckhardt, BZ 1939, S. 96–99, wo der ganze Verlauf des Prozesses gegen Gůtschick nach den Akten geschildert wird. G. galt damals als «Rosstüscher von Zell»; aus Konstanz, wo er Bürger war, hatte er wegen eines Totschlags fliehen müssen. – Im Auftrag Bollweilers (s. A. 605) sollte er Schertlin in Basel umbringen und «die Namen der Offiziere, die Knechte für Frankreich anwarben, sowie die vorgesehene Marschroute der Fähnlein auskundschaften.» Nach P. Burckhardt, B. Ch. 8, 402f., A. 50f.

605 *Niklaus Freiherr von Bollweiler* stammte aus einem elsässischen Herrengeschlecht (s. Kindler I, 139f.). Nach der Kapitulation von Konstanz wurde er im März 1549 zum königlichen Stadthauptmann ernannt und machte sich dort durch sein brutales Regiment verhasst; 1554 abberufen, 1566 nach Ungarn zum Türkenkrieg, Hofmarschall, kaiserlicher Rat und Landvogt, † in Hagenau 1588 8. März. Nach B. Ch. 8, 351f., A. 86 und 404, A. 51.

606 *Bourg* en Bresse, Hauptstadt des Dép. Ain, in der Nähe der oberen Saône, an der Strasse von Genf nach Paris.

wiberen, that sich ⟨zem⟩ Blůmen[607], nam war der gelegenheit, den ritter Schertlin, den er nit angrifen dorf, mit gift um zebringen, das er zů rust, wartet zů zeiten vor dem tisch dem Schertlin auf und schanckt im in, und alß er meint, kumlich sein[608], that er das gift under den wein ins glaß und wilß im biethen. So kumpt in ein grusen an, das ers nit wogen darf im zegeben, forcht, er mechte es mercken, würft das glas wider die wandt, alß were etwas ongferdt drin gfallen. Man gspurt aber an der wandt aus der gäle, das es gift war, wardt gefangen, bekant glich sein mortlich firnemmen und andre bůbenstuck, wardt verurtheilet zum achß, doch auß firbitt deß Schertlins enthauptet[609]; hatt ein schöne Spanische kappen mit sammat beleidt, die lang hernoch der nochrichter Niclaus[610] drůg. Wir wolten in anatomieren; wil aber die red gieng, er were voller Frantzosen[611], lies man in bleiben. Der oberst Schertlin zoch hernoch mit 22 fenlinen, so sich by Rinach uf dem feldt samleten, in Franckrich dem künig zegůtem[612].

607 Unklare Stelle, muss ergänzt werden durch ⟨zem⟩: that sich = begab sich, s. Schw. Id. 13, 325 f. – «zem Blůmen» s. A. 603.

608 Accus. cum inf.: dass es kumlich (günstig) sei.

609 Die Verhaftung erfolgte in Oberwil am 27. Nov. 1551, die Hinrichtung am 11. Jan. 1552. P. Burckhardt, B. Ch. 8, 404, A. 50. Die obengenannten Geständnisse machte Gůtschick erst nach schweren Folterungen; ebd. A. 51.

610 s. Kap. 1, A. 389.

611 «Franzosen» = Syphilis.

612 Durch den zweiten Verrat des Herzogs und nunmehr Kurfürsten Moritz von Sachsen – diesmal an dem Kaiser – änderte sich das Kriegsglück abermals. Im Vertrag von Friedwalde vom 5. Okt. 1551 erkauften Moritz und seine Parteigenossen die militärische und finanzielle Hilfe Frankreichs, indem sie die Reichsstädte Metz, Toul und Verdun preisgaben usw. – Schertlin sammelte im Febr./März 1552 von Basel aus ein Heer von deutschen Landsknechten in französischem Sold; die Kantone Solothurn, Bern, Zürich, Schaffhausen und Basel stellten ihm Sammelplätze zur Verfügung, Basel solche in Liestal, Dornach und Reinach. Am 22. März 1552 führte er seine Scharen über Laufen–Pruntrut–Montbéliard nach Metz. Nach Rud. Thommen, B. Jb. 1897, S. 250 ff.

2. *Reise nach Montpellier*[1]

(10.–30. Okt. 1552)

[24] Mein begirt und verlangen was von iugendt auf, in der artzny zestudieren und doctor zewerden, dohin auch mein vatter gedocht, wil er auch dorin gstudiert hatt und mir oft anzeigt, wie die doctor in der artzny firtreffenlich weren und mir etwan, do ich noch kindisch, zeigt, wie sy auf roßen daher ritten, ietzundt aber vorhabens, do ich by 15 jar alt und sein eintzig kindt war, domit ich dester er[2] den lauf der studien in der medecin volbringen und den gradum bekommen und dester ehr mich zů ihm wider heim in die haushaltung bringen kente, mich gon Mompelier auf die hohe schůl, do die artzney grůnie⟨r⟩t zeschicken, dohin er dan gleich zevor ettlich iar gedrachtet, mir ein dusch[3] etwan

1 Die Überschrift stammt nicht von Platter, sondern vom Hsg. – *Montpellier* (röm. Monspessulanus, ? Mons puellarum), Hauptstadt des südfranzösischen Dép. Hérault im Languedoc, inmitten eines wichtigen Weinbaugebietes, Zentrum des Austausches von Handels- und Kulturgütern zwischen Spanien und Oberitalien. Die *Universität* ist nach der von Paris die älteste und bedeutendste Frankreichs, ohne dass man ein genaues Gründungsdatum nennen kann. Die *medizinische Fakultät* (erste Statuten 1220) geht auf die freien Ecoles de médecine des 12. Jh. zurück, die dank den spanischen Marranen Anschluss an die überlegene arabische Wissenschaft gewannen. Zur Zeit Platters zehrte die Universität zwar besonders vom Ruhmesglanz der Vergangenheit (Guy de Chauliac, berühmtester Chirurg des Mittelalters, und Arnald von Villanova), doch war sie im 16. Jh. führend auf dem Gebiet der Botanik und hatte bereits einen offenen Sinn für die neue anatomische Richtung. Schw. Lexikon 5, 695; *Karcher* 12, 17; *Keiser* 65 f. Anm. und *A. Germain*, L'école de médecine de Montpellier, ses origines, sa constitution, son enseignement (Publications de la Société archéologique de Montpellier 1880). Den Rat zum Besuch von Montpellier gab wohl Prof. Hans Huber. Felix traf für sein Studium 1552–1557 einen glücklichen Zeitpunkt, gerade noch bevor die Religionskriege der 6oer Jahre der Stadt schwere Zerstörungen brachten. Sein Halbbruder, der um 38 Jahre jüngere Thomas II., studierte dort 1595–1599, als Stadt und Universität sich erst mühsam von den Religionswirren erholt hatten. Aus den Biographien der beiden Brüder sind die Abschnitte über Montpellier in französischer Übersetzung und mit kurzem Kommentar herausgegeben in dem anonymen Werke «Félix et Thomas Platter à Montpellier 1552–57/1595–99. Notes de voyage de deux étudiants bâlois.» Montpellier, 2 tomes, 1892. Nach dem in der Einleitung genannten Übersetzer, dem in Montpellier lebenden Elsässer L. Kieffer, zitiere ich das Buch hier als «*Kieffer*». Für die Abschnitte über Montpellier und die Frankreichreise verweise ich auf die ausführlichere Schilderung des Bruders Thomas, dessen Reisebeschreibung von Rut Keiser in den Basler Chroniker herausgegeben und reich kommentiert worden ist: Bd. 9, 2 Teile, Basel 1968, zitiert «*Keiser*». Eine äusserst wertvolle Quelle ist ferner die gedruckte «*Matricule* de l'Université de Montpellier (1503–99)», publiée par Marcel Gouron, Genève 1957.

2 er = eher.

3 Das Austausch-Studententum war schon damals sehr verbreitet und gerade für Platter lebenswichtig. Wie B. R. Jenny, Amerbach-K. 8, 16 beweist, verhandelte Thomas schon im Aug. 1550 mit Daniel Wydmann in Paris wegen eines günstigen «Tausches».

doselbst, wie Fridericus Rihener[4], mit deß Laurentii Catalani[5] sünen gedroffen, zů bekommen, das ich, wan Fridericus, der schon dry jar zů
Mompelier gewesen, ⟨heim keme⟩, etwan an sein statt kommen mecht,
darzů auch meim vatter von Henrico Vulffio[6], Hieronimi Vulphii[7], der
by uns gewont hatt, brůder vertröstung, die sach bym Catalano, der sünen
praeceptor er gewesen war, eb[8] Fridericus hinin kam, schriftlich anze-
bringen und zeverrichten, auch Fridericus sein best zethon, alß er wider
vom Catalano verreißt, anerbotten, also das mein vatter wie auch ich,
der große begirt hatt gon Mompelier ze zien, mit großem verlangen auf
gelegenheit warteten. Welche gelegenheit sich also begab, daß Fridericus,
deß Jacobi, so bim statschreiber seim vatter waß, dusch[9], von Mompelier
noch Paris zog, und kam an sein statt zum Catalan Jacob Meier von
Stroßburg[10], derhalben der Jacob Catalan vom statschreiber gon Strasburg zů deß Meiers vatter kam, do zevor sein brůder Gilbert Catalan auch
was anstatt deß Hans von Odratzheim[11], der zů Mompelier bim Catalan

4 *Joh. Friedrich Ryhiner* (sprich: Rychner), der jüngere Sohn des Basler Stadtschreibers
   Heinrich R. und der Elisabeth Rössler, *ca. 1532, stud. Montpellier 1549–1552 u. 1553/54,
   dazwischen Paris 1552/53, «disch- und bettgsel» des Felix in Montpellier, Dr. med.
   Montpellier, ∞ Agnes von Brunn, des Rats, Oberst in französischen Diensten, †1584
   in Frankreich. Eines seiner 8 Kinder, Joh. Friedr., Dr. iur. u. BM (1574–1634) heiratete
   Magdalena Platter, die Schwester von Thomas II. Matr. Ba. II S. 61, 1548/49; Matr.
   Montp. 119/1551; Wappenb. Ba.; Buxtorf-Falk. 3, 105; HBLS 5, 777.
5 *Laurentius Catalan*, der berühmte Apotheker in Montpellier, s. Kap. 2, A. 172. Sein Sohn
   Jakob war zuerst in Basel als Tausch und dann in Strassburg, der andere Sohn, *Gilbert*,
   umgekehrt.
6 Gemeint ist: von Henricus Wulff, dem Bruder des Hieronymus. – *Heinrich Wulff* von
   Oettingen bei Nürnberg, Matr. Montp. 109, 1547: Henr. Wolfius, «Ohugensis» (Lesefehler, statt Otingensis, «Basiliensis» gestrichen), Hauslehrer bei Catalan, Dr. med.
   Tübingen, 1553 Stadtarzt in Nürnberg.
7 Heinrichs Bruder, *Hieronymus Wulff*, *1516 13. Aug., †1580 8. Okt., 1535 stud. Tübingen,
   1538 Wittenberg, 1548/49 Basel (Matr. Ba. II, 56: Jeronimus Wolfius Etingensis),
   Tischgänger bei Thomas Platter, gibt bei Oporin Werke des Demosthenes und Isokrates
   und das Corpus historiae Byzantinae heraus; seit 1551 Bibliothekar der Fugger. Ein
   bedeutender, aber unglücklicher Gelehrter; interessante Biogr.: ADB 43, 755 ff.; Nor-
   bert Lieb: Die Fugger und die Kunst ... II, München 1958, S. 309.
8 eb = bevor, ehe.
9 des Jacobi ⟨Catalan⟩ ... Austauschstudent. – Das Folgende ist sehr umständlich ausgedrückt: es waren *drei Austauschpaare* nacheinander, 1. Friedrich Ryhiner u. Jacob Catalan,
   2. der Strassburger Jacob Meier u. Jacob Catalan, 3. Gilbert Catalan u. der Strassburger
   Hans von Odratzheim. Vgl. Kap. 2, A. 5.
10 *Jacob Meier* von Strassburg, Matr. Montp. 115, 1549 u. 220, 1550, starb 1552 in Montpellier «febre continua». Wie aus einem Brief von Vater Odratzheim hervorgeht (Fr. Gr.
   I 5, fol. 163), war er der Sohn des gleichnamigen Jacob Meier. Nach einer freundl. Mitteilung von Archiviste J. Fuchs war der Vater Ammeister von Strassburg.
11 *Hans von Odratzheim* von Strassburg, der «bettgsell» und Mitarbeiter des Felix in der
   Apotheke de L. Catalan in Montpellier 1552/53; in der Matr. Montp. wird er nicht genannt, da er nicht an der Universität studierte, aber auch als Apotheker ist er in Strassburg

Vogelschaubild der *Stadt Basel von SW*, Kupferstich von Matthäus Merian aus der Zeit zwischen 1615 und 1624

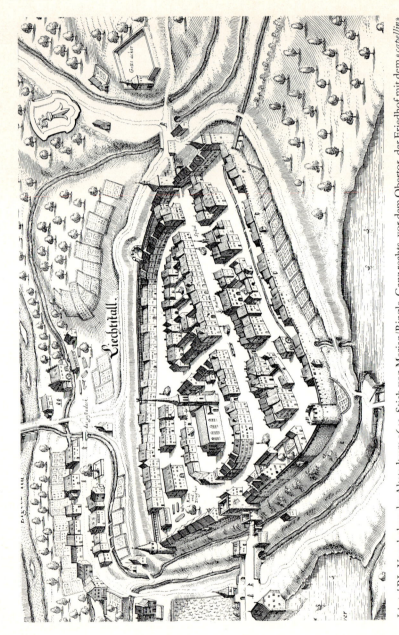

Liestal BL, Vogelschau der Altstadt um 1642, Stich von Merian/Ringle. Ganz rechts, vor dem Obertor, der Friedhof mit dem «*capellin*», wo Vater Thomas von seinem Sohn gerührt Abschied nahm (S. 131).

deßen dusch war und ietz lang by im gewont, also das man vermeint, wie Fridericus seim vatter geschriben, der Odratzheim wurde nit lang mer ze Mompelier bleiben. Auf solches hin und daß Wolfius brief hinder uns geloßen, darin er mich dem Catalan commendiert, auf grodt wol, wil eß die herpstmäs war ze Francfort, dohin die kaufleut von Leon[12] pflegen zezien, entschlos sich mein vatter, mich im widerkeren mit inen nach Leon zeschicken, sunderlich aber, wil Thomas Schöpfius[13] schůlmeister zů s. Peter auch dohin wolt. Wil ich noch iung, gedocht er, were ein gelegenheit, auf mich etwas acht zehaben. Rusteten uns also, und kauft mir mein vatter ein rößlin um 7 cronen und warteten also mit verlangen, wil die pest seer in unser gaßen regiert, bis die kauflit uß der mäß kemen, mit inen hinin zeriten, und sunderlich auf Beringum[14], der aber uns un-wißendt durchzog, also das uns die kaufleuth felten. Es kam aber einer von Paris, Robertus[15], wolt nach Genf reißen, ein feiner mensch, der bleib ettlich tag ze Basel, zů dem geselten wir unns. Namen also die reiß fir, mit im auf zesein, der hofnung etwan, zů Genf witere gelegenheit an zedreffen und do so lang zeverharren, dohin mich on das etwan mein vatter hinthůn wellen oder gon Zürich, wan sterbende leuf sindt ingefallen.

Am 3 octobris anno 52 reit ich auf meim kleinen rößlin gon Rötelen, gnadet D. Petro Gebwiler landtschribern, wie auch seiner hausfrauwen, by denen ich zevor gewont hatt[16].

Die pest was in unserer gaßen, und starb einer von Mompelier, San-trand[17], der by domino Thomae Grynaeo[18] im Truckseßen- oder ketten-

nicht bekannt (Festschrift Apothekerverein). Ein älterer Hans von Odratzheim, wohl der Vater, ist zwischen 1504 und 1551 mehrfach belegt, 1542–1557 als Mitglied des 13er, 15er und 21er Rats (freundl. Mitteilung von Monsieur J. Fuchs, Strassburg). – Dagegen finde ich unsern jüngeren Hans von Odratzheim in einer Liste der Basler Neubürger nach 1550 im St.Arch. Basel, Basel Convolut 1, Nr. 24. Von Vater und Sohn existieren mehrere Briefe: Fr.-Gr. I 5, vgl. Kap. 3, A. 540.

12 Leon = *Lyon*.

13 *Thomas Schöpf(lin)* von Breisach, 1520–1577, stud. Basel 1542, Schulmeister zu St. Peter in Basel seit 1544, Musiklehrer des Felix, stud. Montpellier 1552/53, 1553 Dr. med. Valence, 1554 Stadtarzt in Colmar, 1565–†1577 Stadtarzt in Bern. Nach Wackernagel, Matr. Ba. II 27, 1541/42.

14 *Beringus:* wahrscheinlich einer der beiden Brüder Godefroy oder Marcel Bering, Drucker in Lyon. Kieffer 3.

15 *Robertus* von Paris: möglicherweise *Jehan Robert*, commissaire au Chastelet de Paris. Doch muss dieser – sowie seine Gemahlin Jehanne du Verger – schon früh gestorben sein; denn ihre verwaiste Tochter Catherine, «native de Paris et pour ce présent habitante à Genève», machte dort bereits am 27. Aug. 1560 ihr Testament ihrerseits. Freundl. Mit-teilung von Monsieur Maurice de Tribolet, archiviste d'Etat adjoint; Archives d'Etat de Genève, Akten des Notars Jean Ragueau, vol. 3, p. 557s.

16 Siehe Kap. 1, A. 514 ff.

17 *Santrand:* «Sandravius, dominus Joannes Monspissulanensis». Matr. Ba. II 76, 1552/53.

18 *Thomas Grynaeus,* *1512, †1564, Neffe des Simon G., Pfarrer u. Prof., seit 1546 in Basel seit 1556 in Röttelen als Pfarrer u. Superintendent, 1533 ∞ Adelheid Steuber aus Zürich

hof genant sein tisch hatt, eben ein tag zevor, eb wir auf waren. Der sagt in letsten zügen: «O Basilea, finis mea.» Es starb auch Thomae Grynaei dochter Magdalena[19] und ander in unser nachburschaft; das macht uns hinweg ze ylen.

[25] Am suntag den 9 octobris bandt mir mein vatter zwei hembdt und etwas fatzenetlin[20] in ein gwegßt thůch[21], mit mir zenemmen, gab mir auf die reiß 4 cronen in goldt, die neigt[22] er mir in das wammist und by 3 cronen in müntz, mit vermelden, er hette das gelt entlendt, wie auch daß, so er um das roß geben, schanckt mir zur letze ein Wallis thaler Mathiae Schiners cardinalis[23]; den bracht ich nach jaren wider heim. Mein můter gab mir ein cronen, und sprach mir mein vatter ernstlich zů, ich solte mich nit doruf verlaßen, das ich einzig[24], er wer vil schuldig, doch sy wol das wert do[25]; solte redlich studieren, mich mit meiner kunst auszebringen und flisig, das ich ein dusch bekomme, by dem Catalano anhalten, welle mich sunst nit loßen.

Er lůdt zum nachteßen zur letze[26] meister Frantzen[27], der hernoch mein schwecher worden, das mir nit misfiel und dorus abnam, sy hetten etwas des zů künftigen heuradts halben zwischen mir und seiner dochter sich underredt. Mein můter stelt uns ein broten kingelin[28] fir und ein wachtlen, die hatt ich lang erzogen und sy mir unwißendt zur letze darstellen laßen. Und wie sy ein schimpfliche[29] frauw was, alß Daniel[30] seim[31] vatter heim

(†1590). – Seit 1551 13. Aug. Eigentümer des Ketten- oder Truchsessenhofs in Basel, Freie Strasse 113/115 durch Kauf von Jkr. Hans Hamann Truchseß von Rheinfelden. Wappenb. Ba. und Hist. Grundbuch.

19 Magdalena Grynaeus, *1537, †1552 peste. Wappenb. Ba. – Auch die Familie von Platters Reisebegleiter Schöpf wurde in der Nacht nach ihrer Abreise von der Pest erfasst. Observationes II 303.

20 fatzenetlin = Taschentücher (baseldt., von ital. fazzoletto).

21 gwegßt thůch = Wachstuchrolle.

22 neigt = neit, nhd. nähte. Das g wurde nicht gesprochen, sondern drückt nur das j des Infinitivs aus: neijen.

23 Eine Abbildung des prächtigen Schiner-Talers im HBLS 7, 404, Nr. 7. Das Abschieds-geschenk sollte als Notpfennig dienen, hatte aber wohl für einen Walliser darüber hinaus symbolische Bedeutung: Der streitbare Kardinal (†1522) hatte die Eidgenossen auf den Gipfel ihrer Macht geführt, er war der grösste Sohn des Wallis. – Der von Felix zurück-gebrachte Schiner-Taler existiert noch im Hist. Mus. Basel, Nr. 1903, 1663, freundl. Mit-teilung von Frau Dr. E. Landolt-Wegener.

24 dass ich sein einziges Kind sei.

25 Thomas Platter war tatsächlich schwer verschuldet, doch stellten seine Häuser einen reellen Gegenwert dar.

26 zur letze = zum Abschied.

27 Franz Jeckelmann, der zukünftige Schwiegervater, s. Kap. 1, A. 142.

28 broten kingelin = gebratenes Kaninchen.

29 schimpflich = lustig, spassliebend.

30 Daniel Jeckelmann, Sohn des Meister Franz J., ebenfalls Scherer, d. h. Chirurg, s. Kap. 1, A. 143.   31 seim = seinem (Hs. irrtümlich: sein).

zünden wolt mit der laternen, sagt sy zů mir: «Felix, sitz[32] zum Daniel, er mechte noch dein schwoger werden», do ich, alß ob ichs nit gehört hett, dergleichen thet. Es kam, eb mir recht geßen hatten, einer, der holt meister Frantzen ilents, dem Batt Meier[33], den die pestilentz ankommen, zeloßen[34], also das er gleich nach nün uren urlůb von mir nam, glick wunst und von dannen gieng.

Morndes den 10 octobris kam Thomas Schöpfius und Robertus unser gfert erst nach den nünen ze roß, also daß wir spot ufwaren. Nam urlůb von meiner můter, die weint, vermeinendt sy sech mich nimmermer, wil ich so vil jar ußbliben solt; neben dem sorg sy, wie sy sagt, sy wurden ze Basel all zeschiitren gon[35], wil der keiser Carolus V fir Metz zug[36]. Wir reiten gon Liechstal, 2 meil von Basel, dohin mein vatter, uns das gleit zegeben, schon vor uns ankommen war. Doselbst, alß ich die stegen abgon wolt, were ich wegen der sporen, in denen ich nit gewont hat zegon, schier die stegen nider gefallen. Wir aßen doselbst daß mittagmol zum Schlißel, und schanckt mir der wirt Martin[37], deß Jacoben, der ze Basel studiert, vatter, die irte; waren spot auf. Mein vatter gleitet uns fir daß thor zum capellin[38]. Do er mir die handt bott und gnoden wolt und sagen: «Felix, vale», kont er daß «vale» nit außsprechen, sagt: «va..» und gieng also drurig hinweg, welches mir mein hertz seer bewegt, also daß ich hernoch druriger die reis volbracht, deren ich mich zefor gefreuwet hatt. Eß schreib mir auch hernoch mein vatter, daß, alß er von Liechstal wider gon Basel kommen, hab er unser magt An[39], die zevor

32 sitz (schweizerdt.) = setz dich. Im folgenden eine Anspielung auf das lange voraus geplante Eheversprechen, das von dem verwitweten Brautvater gerne hinausgezögert wurde. Bezeichnenderweise durfte Madlen bei dem Abschiedsessen gar nicht dabei sein, und auch Felix ging über die Anspielung der Mutter schweigend hinweg.

33 *Batt (=Beat) Meier* zum Pfeil, Sohn des Bürgermeisters Bernhard M., führte einen unsittlichen Lebenswandel (vier illegale Töchter), s. darüber Gast, B. Ch. 8, 382f.

34 zeloßen = zu Ader zu lassen.

35 zeschiitren gon = zu Grunde gehen (Scheiter, Stücke). Schw. Id. 8, 1513 mit Zitat.

36 1552. Vgl. Kap. 1, A. 612. In Basel hatte man, namentlich in kirchlichen Kreisen, eine furchtbare Angst vor dem Sieg des katholischen, schweizerfeindlichen Kaisers. Siehe P. Burckhardt, B. Ch. 8, S. 45 u. 94.

37 *Martin Murer*, Wirt zum «Schlüssel» in Liestal, vgl. Kap. 1, A. 360. Sein Sohn *Jakob M.*, s. Wackernagel, Matr. Ba. II 45, 1545/46. – Der «*Schlüssel*» stand damals, ebenso wie der «Stab», gegenüber dem Rathaus, da wo heute sich das Coop-Center befindet, s. Karl Roth in Merz, Sisgau 2, S. 188, Tf. 32 (Joh. Meyer-Plan von 1663) und S. 200, Tf. 33, k. Im gleichen Wirtshaus trafen einst Thomas Platter und Sohn mit dem auf der Durchreise begriffenen Calvin zusammen. Vgl. O. Rebmann: Aus der Geschichte der Liestaler Wirtschaften bis zur Trennung der beiden Basel, Liestal 1938, S. 3, und oben Kap. 1, A. 360, jetzt auch Kunstdenkmäler BL II, hg. v. H. R. Heyer, 1974, S. 261 und 270.

38 *capellin:* vor dem Obertor Liestals, wohl der turmähnliche Bau beim Eingang des ehemaligen Gottesackers, s. den Stich in M. Merians Topogr. 1642 bei Merz, Sisgau 2, n. S. 208, Tf. 34, und Kunstdenkmäler BL II, Abb. 159. – Tf. 12, vor S. 129.

39 *Anna Oswald,* mehrmals an der Pest erkrankt, aber immer wieder «aufgekommen».

frisch, an der pest kranck funden; so sye Thomae Schepfii magt an glicher
sucht eben den tag kranck worden, alß habe Gott uns zevor hinweg zien
laßen, eb er unsre heuser angrif; dan domolen die pest in Basel, wie auch
an unserer gaßen seer regiert[40].

[26] Wir reiten in daß stettle Wallenburg[41], 1 meil von Liechstal, war
schon zimlich spot, noch wolten sy witer riten gon Balstal, die nacht
überfiel uns aber auf dem Hůwenstein[42] und fiel mein rößlein mit mir uf
eim felsen, geschach mir doch nüt; kamen in das dorf Langenbruck[43],
1 meil von Wallenburg, do bleiben wir zum Rößlin übernacht.

Den 11 octobris reiten mir durch daß dorf Balstal[44], 1 meil von Langenbruck, und daß stätlin Wietlispach[45], 1 meil von Balstal, in die stat Solo-

thurn, 1 meil von Wietlispach[46], aßen zů mittag zum
Leuwen. Es war eben der jarmerckt aldo; meister
Georgius der organist fůrt uns in die kilchen, uf die
orgel, doruf auch Thomas Schepfius mein gfert
schlůg. Nachmittag aber zimlich spot reiten wir fir
das kloster Frauwbrunnen[47], 2 meil von Solothurn.
Doselbst auf dem feldt sachen wir ein aufgerichte
tafel an einer sul[48], doran geschrieben: nach der geburt Christi 1375 jor gezelt[49], auf s. Johanstag zů
wienacht wurden die Englischen, so man nempt die
Gigler[50], abhie vor Frauwbrunnen von denen von
Bern durch bystandt Gottes kraft ritterlich über-
wunden und erschlagen. Gott sy ewig lob. Es
war schon dunckel, daß wirs kum lesen konten; ruckten von dannen

40 Zur *Pest* von 1552 vgl. F. Platter: Siben regierende Pestelentzen oder Sterbendt ze
   Basel ..., Mscr. Univ.- Bibl.Basel, verfasst 1611, auszugsweise gedruckt bei *Rose Hunziker:
   Felix Platter als Arzt u. Stadtarzt in Basel, Med. Diss. Ba. 1938.*
41 *Wallenburg* (= Walchenburg, d. h. Burg der Welschen): alter Name (auch Dialekt) für
   Waldenburg im obern Baselbiet, an der alten Römerstrasse über den *Obern Hauenstein*. –
   *Dann über Balsthal–Solothurn–Bern–Freiburg–Romont–Lausanne–Genf–Nantua–Lyon, das
   Rhonetal hinunter bis Avignon, dann über Nîmes nach Montpellier.*
42 Der *Obere Hauenstein* führt von Waldenburg über den Passwang nach Balsthal und Solothurn,
   stellenweise in den Fels eingehauen («Hauenstein»), Teil der Römerstrasse von Augusta
   über Salodurum-Petinesca (Biel) nach Aventicum und in die Waadt. HBLS 4, 89.
43 *Langenbruck*, südlich der Passhöhe (Name von dem Knüppeldamm, der einst durch das
   versumpfte Hochtal führte. HBLS 4, 601).
44 *Balsthal:* solothurnisches Dorf; nachher geht es durch die Klus.
45 *Wiedlisbach:* kleines Landstädtchen nördlich von Wangen a. d. Aare.
46 Hs.: Balstal (Verwechslung).
47 *Fraubrunnen:* halbwegs zwischen Solothurn und Bern gelegen, Zisterzienserinnenkloster, 1528 aufgehoben.
48 sul = Säule. Am Rande eine *Zeichnung* davon.   49 Hs. (irrt.): 1575.
50 Die *Gugler* (nicht «Gigler»), so genannt wegen ihrer spitzen Helme oder Kapuzen, waren
   ein zuchtloses englisch-französisches Söldnerheer von 40 000 Mann; eine grosse Abtei-

durch ein waldt in ein dorf Jegersdorf[51], do wir, wil es finster nacht, bliben müßten. Es waren vil buren im wirtzhuß und beis uns die nacht der rûch zimlich die augen.

Den 12 octobris kamen wir zitlich gon Bern in die statt, 1 mil von Jegersdorf, karten zum Falcken in. Mir[52] besachen die stat, die kirchen und fanen dorin, auch die bären, deren sex waren in irem graben[53]. Darnoch nach mittag ruckten mir fort an die Senis bruck[54]; do dranck ich ab einem schönen brunnen. Bekamen gespanen, ein iung par eevolck, die mit uns biß gon Friburg in Iechtlandt, do sy wonhaft, reißten; dorunder die iunge frauw, alß sy neben mir reit und ir man mit den anderen forthin, under ein zerleiten öpfel[55] kam und, vom roß fallend, an den esten, ein wil zimlich entdeckt[56], bis man ir zehilf kam, hangendt bleib. Zů Friburg, 3 mil von Bern, karten wir zum Wißen kreutz in, do man uns uf Welsche manier anfieng tractieren und legen.

Morndeß den 13 octobris fieng es an regnen, welches mir seer mißfiel, wurden underwegen gar naß, eb wir 3 mil wegß durch Welsche flecken gon Remundt[57] kamen, do wir zum Leuwen inkarten, dröchneten unsere kleider und nach dem mittag eßen zogen wir fort uf Losanna zu, biß in ein flecken Pua[58]. Do verirt Thomas unser gspan von uns, mûßten lang uf in warten, also daß die nacht und starker nebel infiel, verirten also ab dem weg, kamen in ein waldt in der Jurthen[59], do gar nit sicher domolen war zereißen, begerten nur etwan ein schür oder dach vor dem regen uns zů bewaren, draffen glichwol noch langem ein dörflin an, man wolt uns aber nit beherbrigen, dingten ein bůben, der zeigt uns durch den waldt den weg an ein ort heißt Mesieres[60], dohin wir in d'nacht kamen. War doselbst ein schlechte herberg und wenig hüser [27] weit darvon, do war nur die wirtin, hatt nur unden im haus ein gmach on fenster, do war ein langer tisch, darby saßen ettlich Safoisch[61] buren und bettler, hatten broten kestenen[62], schwartz brot und schlechten wein. Mir weren gern

---

lung wurde 1375 bei Fraubrunnen geschlagen. – Hier auch später das unglückliche
     Gefecht vom 5. März 1798 gegen die Franzosen.
51 *Jegenstorf*, bernisches Pfarrdorf mit prächtigem Schloss (heute für Staatsbesuche ver-
     wendet).   52 mir (dial.) = wir.
53 Der Bärenkult in Bern (Wappentier!) ist sehr alt. Hier ein Beweis für die frühe Existenz
     des bekannten Bärengrabens.
54 Senis bruck (?) = Brücke von Köniz. Nach Kieffer 8.
55 zerleiten öpfel = weitverzweigter Apfelbaum.   56 entdeckt: entblösst.
57 Remundt, frz. *Romont*, im freiburgischen Glâne-Bezirk.
58 Pua: Trotz der seltsamen Schreibweise (Schreibfehler P statt R?) kann es nur das Städt-
     chen *Rue* FR sein (dt. Rüw, lat. Rota, hat im Wappen ein Rad). Grosses Schloss.
59 *Jurthen*: Bois du Jorat, s. u. A. 73.
60 *Mézières* VD, Bezirk Oron, nicht zu verwechseln mit dem gleichnamigen freiburgischen
     Dorf bei Romont.   61 Hs.: Savoißs; gemeint sind Waadtländer (seit 1536 bernisch).
62 'broten késtenen = gebratene Kastanien.

von dannen zogen, waren aber gar naß und so finster, daß wir blyben müßten, obgleich die wirtin uns ließ sagen, sy hette weder bett noch stallung; müßten also unsere pferdt in ein engen nideren kie[u]stal stellen, do sy auch gesattlet und zeumpt die gantz nacht verbliben. Alß wir ins gmach kamen, müßten wir zů dem losen gsindle sitzen, gab uns auch die wirtin nüt anders dan inen. Mir marckten baldt, was eß fir gesellen, dan sy unsere weer besachen und drutzten uns, ob wir gleich inen kein ursach gaben. Soffen sich vol, also daß sy hinus drimmleten[63] zů der herstat[64], die am herdt was vor dem gmach, do sy um daß für, so noch verhanden, legerten und do entschliefen. Welches uns wol kam, dan sy schon ein anschlag über uns gemacht hatten, wie der bůb, so uns dohin gefiert und uf dem heuw lag und es von inen hort, uns morndes anzeigt. Wir waren in großen sorgen, beschloßen die leden und rucktent ein schlecht bett, so im gmach stůndt, fir die thüren, legten die blose wer uf den tisch und wachten all die nacht, welche mir, alß eim iungen und der noch nit gewandert, große forch, schrecken und unmůt bracht. Alß ein stundt oder vier firgeloffen, warde Robertus und Thomas zeroth, dywil sy[65] noch in der drunckenheit schliefen und, wie wir horten, rußten[66], im namen Gottes uf zebrechen und heimlich hinus zů unseren pferden uns verfiegen und fortzien, geb wo[67] wir hin kemindt. Dan wir die wirtin schon ob dem nachteßen befridiget hatten, ruchten wir das bett hübschlich von der thür, giengen hinus, fanden sy alle schlofen, zogen in stal, saßen uf unsre noch gezeumte roß (den 14 octobris). So kompt der bůb, so uns znacht gefiert, ab dem heuw zů uns, sagt dem Roberto, dan[68] wir beide kein Welsch konten, sy hetten ein anschlag gemacht, frie[u][69] vor tag im waldt unser zewarten und uns anzegrifen, daß doch Gott verhůt, durch den starcken schlof, dorin sy noch lagen, wil eß noch gar frie[u], wol dry stundt vor tag. Der bůb, dem wir ein gůt drinckgelt verhießen, solt uns ein unbekanten weg uf Losanna zů fieren, wil wir forchten, es mechten ettlich von inen uf der stros unser warten, fůr⟨te⟩ uns durch vil strüch vor tag, biß der[70] anbrach, uf den Losanner weg, do wir gott danckten und kamen um mittag gon Losanna[71], 3 mil von Friburg, karten zum Engel in, gantz naß und muchtlos[72], wie auch unsre roß, die in 24 stunden nit gefietert waren.

63　drimmleten, trümmelten (dial.) = taumelten.
64　herstat = Herdstatt.　　　65　sy = die Räuber.
66　rußten (wohl besser: růßten) = schnarchten. Schw. Id. 6, 1458.
67　geb wo = gleich wo.
68　Hs. das. – Im folgenden gibt Felix zu, dass er damals noch nicht Französisch verstand.
69　frie, früh. Hs.: frieu. Vgl. Einleitung.
70　der (dieser) = der Tag.
71　Losanna: *Lausanne* (lat. Lousonna), Hauptstadt des seit 1536 bernischen Waadtlandes (Canton de Vaud).
72　muchtlos = schwach, ohnmächtig. Seiler, Basler Mundart (1879), 210.

Wir zeigten zů Losanna an, in waß gforen wir gwesen und an welchem ort, do sy anzeigten, eß wer kein wunder gwesen, unser keiner were darvon kommen, dan domolen in der Jurthen[73] vil merdery sich zů drieg, von einer geselschaft, deren fierer der lang Peter genant, welcher nit lang darnach zů Bern geredert worden, und under andren verjehten[74] auch bekant, wie sy zů Messieres vor etwas zyt ettlich studenten mürden wellen, wie Thomas im widerreißen von Mompelier zů Bern hat solchs erfaren und mir hernoch gon Mompelier geschrieben. Nach dem mittag eßen ritten wir dem Genfersee nach, 1 mil biß gon Morsee[75], darnoch zwo mil biß gon Roll, do wir übernacht by eim teu⟨t⟩schen wirt zum Weißen kreutz verblyben.

[28] Den 15 octobris reiten wir am Genfer see fort durch das stetlin Coppet und Nion gon Genf; zum Leuwen war unser herberg. Nach dem mittagessen beschůwten wir die stat und, wil man mir mein lang har, daß ich, wie domolen der bruch war, von iugendt uf drůg, verweis, lies ich dozemol zum ersten mich kolben[76], welches mir die fliß, wie ich meint, bewegt[77], deren ich zevor nie gwar worden. Ich gieng zum herren Calvino[78], bracht im meins vatters brief, darin er mich und Schepfium ihm befal. So baldt er den gelesen, sagt er: «Mi Felix, eß schickt sich eben fein, daß ir ein gůten geferten gleich do by mir andreffen, der ein Mompelierer ist, ein wundtartzet, Michael Edoardus[79] und wirt morn oder übermorgen dohin verreißen, mit dem werden ir wol geleitet werden.» Wir waren fro,

73 *Jurthen* = Bois du *Jorat*, Hügelmassiv der Kantone Waadt und Freiburg. Das «ospedale de Jorat», später Abtei Ste-Catherine, stand schon seit dem 13. Jh. in sehr schlechtem Ruf; bereits 1228 ein Mord; auch Bonnivard wurde hier 1532 festgenommen. Ende des 17. Jh. liess die Berner Regierung 25 der verwegensten Räuber festnehmen und 1702 in Vidy rädern oder hängen. HBLS 4, 411.

74 verjehten = Geständnissen (mhd. jehen = sagen) (Boos: «under andrem verrichten»).

75 Morsee = *Morges;* dann geht es weiter über *Rolle, Nyon* (Noviodunum), *Coppet,* wobei Platter die Reihenfolge verwechselt, bis nach *Genf.*

76 kolben = die Haare kurz schneiden lassen. Grimm, Dt. Wb. 5, 1609 und Schw. Id. 3, 228, beide mit Platter-Zitat. Es scheint, dass der kurze Haarschnitt in Deutschland seit dem beginnenden 16. Jh. aufkam, und zwar zuerst in Augsburg. Offenbar war auch hierin die Schweiz konservativer.

77 welches mir die fliß bewegt = er erkältete sich (alt baseldt. «flessig» = flussfiebrig, mit Schnupfen behaftet. Seiler 117).

78 *Calvin:* Der Vater Thomas war mit ihm befreundet seit dem Druck der «Institutio christianae religionis» (1536).

79 *Michel Hérouard* (Heroardus/Edo(v)ardus): ausgezeichneter Chirurg in Montpellier, ein Sohn des Chirurgen *Eustache* H. und Bruder des Arztes *Guillaume.* Er war ein eifriger Anhänger der Reformation und spielte eine führende Rolle in den Religionswirren der folgenden Jahre. Seine Gemahlin war *Catherine de Farges,* wohl eine Verwandte der berühmten Apothekerfamilie. Der Sohn *Jean* wurde der Leibarzt von 4 französischen Königen. Kieffer 12 und Louis Dulieu in Clio Medica, vol. 1, Oxford 1966, S. 100, Anm. u. in Les chirurgiens barbiers à Montpellier, Languedoc Médical 4/1967, p. 10. Vgl. Kap. 3, A. 530.

besunder dy wil unser gfert Robertus zů Genf verbliben wolt. Warten
also auf den abscheidt, morndes den 16 octobris am suntag, do ich Calvinum am morgen in großer menge volchs horte predigen, aber nüt verstůndt[80]. Fande auch doselbst meiner gesellen einen, Felix Irmi[81], der zů
Genf Welsch lart.

Den 17 octobris můßten wir noch biß nach mittag des herren Edoardt
warten. Der kam mit einem laggeien begleitet ze roß, und deß herren
Potelieri[82] brůder mit im, reiten also ich und Schepfius[83] mit, kamen zů
deß Rottens brucken Zansi[84] genant und darnoch zenacht gon Colonge[85],
3 leucken von Genf, do wir übernacht blyben. In der nacht waren unsre
roß unriewig wegen eins multhiers, so im stal war. Ich můßt uf ston,
fandt, daß mein roß den drog, doran eß gebunden, nidergerißen hatt,
erfror, wil ichs necht[86] wider anbandt, an fießen, so nackendt waren, also

80 Dies ist ein deutlicher Beweis, dass Platter zu Beginn seiner Reise noch kein oder fast kein
    Französisch konnte.
81 Hans Felix *Irmy*, ein Jugendfreund, s. Kap. 1, A. 256.
82 *Potelieri:* Der Namensform am nächsten wäre ein Petrus Bothelherius, dioc. Forojulensis
    (Friaul), Matr. Mp. 91, 1540, der aber sonst nirgends erwähnt wird. Wahrscheinlicher
    wäre einer der Brüder *Jacques und Mathurin Dupuys*, beide Buchhändler in Paris und in
    reger Geschäftsverbindung mit Basel. Die Gleichsetzung der Namen Dupuys und
    Potelier bietet zwar Schwierigkeiten, doch wird ein anderer Dupuys, Thomas in der
    Matr. Mp. 137, 1556 als «Putealis» zubenannt, was deutsch «Brunner» bedeutet, wie
    vielleicht auch Dupuys. Wenn wir die hypothetische Gleichsetzung wagen, ergibt sich
    eine einleuchtende Erklärung. *Jacques Dupuys* war, wie B. R. Jenny in einer reichen bio-
    graphischen Skizze in der Amerbach-Korr. 6, 314ff., A. 8 ausführt, seit 1546 regelmässig
    unterwegs zwischen Basel und Paris und vermittelte dabei Briefe und Geld. Er hatte in
    Basel Deutsch gelernt und besuchte stets die Frankfurter und Basler Messen. Als Thomas
    Platter 1544 Schulmeister wurde, kaufte ihm Dupuys den Rest seines Bücherlagers ab,
    den jener auf der Frankfurter Messe nicht losgeworden war (Th. Platter, ed. Hartmann,
    S. 136). 1552 und 1556 übernahm er den Verkauf der französischen Ausgabe von Mün-
    sters Kosmographie. Thomas Platter schrieb seinem Sohn, der auf der Heimreise in Paris
    weilte, am 9. Jan. 1557, er solle bei J. Dupuys Geld aufnehmen und ihn um einen Reise-
    begleiter fragen, am besten vielleicht mit jenem selbst reiten (Briefe, ed. Ach. Burckhardt,
    S. 99f.). – Sein Bruder *Mathurin Dupuys*, ebenfalls Buchhändler in Paris, von 1539 bis 1559
    nachgewiesen, Besitzer von 2 Häusern an der Rue Saint-Jacques, stand in enger Ge-
    schäftsverbindung mit dem Drucker Froben in Basel. Der junge Nicolaus Bischoff war
    bei ihm 1547 in Paris in Pension. Siehe die ausführliche Darstellung bei B. R. Jenny:
    Amerbach-Korr. 6, 363f., A. 3, und S. Merian: Aus den Lehrjahren Nic. Bischoffs d. J.,
    B. Jb. 1927, S. 26ff., spez. 42. – Ein Wappen Dupuys mit Brunnen: HBLS 2, 768.
83 Thomas *Schoepflin*, sein Reisebegleiter, s. Kap. 1, A. 160 u. Kap. 2, A. 13.
84 Zansi = *Chancy*, reizendes Städtchen am linken Rhoneufer, Kt. Genf, ganz an der
    französischen Grenze. HBLS 2, 538. – «*Rotten*» (m.) ist der alte deutsche Name für
    Rhone. – Hier zog man über die Brücke ans rechte Ufer.
85 *Collonges*, im Dép. Ain, nahe der Rhone, beim Fort de l'Ecluse, ca. 18 km SW Genf. –
    Platter rechnet hier mit «leucken» (keltisch, frz. lieue f.), die je nach Gegend sehr ver-
    schieden waren. Hier 1 Leucke = ca. 6 km.
86 necht(en) = letzte Nacht.

daß mich hernoch im bett ein rûr[87] ankam, die mich also drang, daß ich
kum by zyten vom bett fir die kammer auf ein gang, der außen am wirtshaus gehieng[88], kummen kondt, doselbst mich purgieren mûßt, das doch
meine gespanen, so auch in der kammer lagen, nit gwar warendt. Der
herr chirurgus[89] hat seinem laggeien znacht, alß er nider wolt, befolen,
solte morndes voranhin gon Nantua, den imeß zů bestellen. Alß wir auf-
stûndint, klagt der wirt, wie man im ein unroth uf den gang gemacht,
der were von dannen an der huß muren, so er erst kurtz gewißget[90] hette,
herab gefloßen und im daß haus heßlich vermolt. Doruf der chirurgus die
schuldt alle seim laggeien gab, mit vermeldem, er were drumb so frie[u]
vor tag verreißt.

Zogen also den 18 octobris von Coloinge ein hohen berg auf, der am
Rotten ligt, do ich schlößer gesechen, und wie durch vil felsen in den
kluften daß waßer flüßt und ser ruchst[91], dorüber brucken gondt, so in
die felsen gehauwen; kamen gon Castillon[92], sachen doselbst die berg-
waßer herab fallen und mülenen darby. Sindt also durch ruchen weg
neben eim see in daß guffen stettlin Nantua[93] kommen und bim Wißen
kreutz inkert, darnach aber an einem wilden see dem thal noch fort zogen,
ein gforliche stros, dorin wir ettlich fanden an beumen hangen. Die nacht
überfiel uns, daß wir finster durch ein berg hinab in ein thal kamen, do
einer am bûm auch hieng, daß wier schier an in stießen, dorab mir seer
gruset; kamen also gon Sardon[94], 3 mil von Nantua, karten zum Hirtzenhorn in.

[29] Den 19 octobris zogen wir ein hohen berg auf, do ein schön schloß,
durch ein kestenen waldt, baldt auf ein ebne in das stetlin s. Moritzen[95],
karten zum Cardinalshût in. Nach mittag fûrt man uns in eim schif über
daß waßer Hain[96], von dannen hatten wir ein ebnen weg in die stat

---

87 rûr = Ruhr, Durchfall.
88 gehieng: Praeteritum von g'hange. Schw.Id.2, 1441; eine Art aufgehängten Balkons also.
89 chirurgus: Michael Herorardus, s. A. 79.
90 gewißget (baseldt.) = geweisst.
91 ruchst: sollte wohl heissen «ruscht» = rauscht.
92 Castillon = Châtillon-de-Michaille, auf der Strasse E 46.
93 Nantua, am gleichnamigen See im Dép. Ain, Hauptort des Arrondissements. – «guffen
   stettlin» erklärt Boos 369 (im Wortweiser) als «offenes Städtchen», was sprachlich nicht
   überzeugt. Unter «glufe, gufe» = Nadel, Schw. Id. 2, 607f. fand ich den Beleg für meine
   Vermutung: «das Gufenstädtle Nantua, da nur Gufen usw. gemacht werden», Josua
   Maler 1593. – Bis ins 20. Jh. besass Nantua eine Kamm- und Knopffabrikation, Ritters
   Geogr.-Stat. Lex. (1906) II, 330.
94 Sardon = Cerdon, Dép. Ain, Arrond. Nantua, Ct. Poncin. Ritter I, 425.
95 Saint-Maurice. Kieffer 15.
96 Der Fluss Ain, der kurz vor Lyon in die Rhone mündet, bildete damals die Grenze
   zwischen Frankreich und Savoyen. Platter überschritt also erst hier die französische
   Grenze. Kieffer 15.

Moeul[97], haben zur Cronen by eim Teutschen wirt, der vertrunken war, inkert.

Den 20 octobris sindt wir durch ein eben landt auf Leon[98] zů kommen, sachen vil, so an galgen gehenckt und auf redern lagen. Underwegen dem Schepfio fieng sein roß an hinchgen, also daß er ze fůß fast den halben weg gen můßt. Zů Leon karten wir zum Beren in by Paulo Heberlin[99] von Zürich, war alles Teutsch volck in der herbrig außerthalb der wirtin. Sy hatten auch ein stuben mit einem ofen, das sunst nit breuchlig war. Der meister Edoardt zoch zů seinen leuthen und waß Schöpfii roß, das im herr Wernhardt Wölflin[100] zů Basel angehenckt hatt und ansichtig[101], aber sunst spatheufig[102], im gang[103] hincket, daß erß um ein spot[104] mit verlurst verkaufen můs und sich auf daß waßer hinab biß gon Avinion uf dem Rhotten zefaren, begeben, daß mir leidt was in zů verloßen.

Ich můst zů Leon blyben und meines Mompelierers geferten warten den 21 und 22 octobris, in welcher zeit ich den Mompelierer muschat[105] versůcht, besach die statt und wil ich vernam, daß Rondeletius[106] zů Leon by dem cardinal von Tournau[107] zů s. Johann, fůr ich über daß waßer zů

97 Moeul = *Montluel*, ca. 15 km NE von Lyon. In der Abrechnung (Kap. 2 kurz vor A. 186) schreibt Platter für denselben Ort sogar «Mulve».
98 Leon = *Lyon*, Hauptstadt des Dép. du Rhône, drittgrösste Stadt Frankreichs.
99 Heberlin: nicht weiter bekannt.
100 Werner *Wölflin*, 1535–1578, Tuchmann, des Rats. Wappenb. Ba.
101 ansichtig = ansehnlich.   102 spatheufig = fallsüchtig. Lexer.
103 Hs.: gantz, sollte heissen «gang».   104 Um ein Spottgeld.
105 muschat = Muskateller, Süsswein, den Platter sehr schätzte.
106 *Guillaume Rondelet*: *1507, †1566, Sohn des Gewürzkrämers Jean R. u. der Renaude Moncel in Montpellier, stud. med. Montpellier 1529 (Matr. Mp. 56) und Paris, 1537 Dr. med., 1545 Prof. med. in Montpellier, Leibarzt des Kardinals François de Tournon, mit dem er grosse Reisen machte. Seit 1551 wieder in Montpellier, wurde er eine der Hauptstützen der Universität, berühmt als *Botaniker* (vor allem als Lehrer und Anreger), als *Ichthyologe* (Hauptwerk: «De piscibus marinis libri 18», Lugduni 1554/55) und als leidenschaftlicher *Anatom*. Er übergab selbst seine Familienangehörigen der Anatomie und soll auch einen Kollegen, der im Sterben lag, um Zustimmung gebeten haben. Er brachte die römischen Bäder von Balaruc wieder in Mode und verfasste zahlreiche Schriften, u. a. auch über Staroperationen, Syphilis, Pest, die Zubereitung des Theriaks – man sieht daran die Breite des Einflusses auf Platter –; die wichtigsten sind zusammengefasst in der «Methodus curandorum omnium morborum corporis humani ...», postum 1575, 9 Auflagen bis 1628. Als Kanzler der Universität setzte er 1556 beim König die Errichtung eines Amphitheaters für die Anatomie durch (s. Kap. 3, A. 707). Seit seinem Pariser Aufenthalt, wo er Calvin und Ramus kennenlernte, war er eifriger *Calvinist* und Führer der Hugenotten. Seit 1538 war er verheiratet mit *Jeanne Sandre* (†1560); er wohnte in dem noch bestehenden Eckhaus Rue de la Loge/Rue des Trésoriers de France (Tafel). Er starb an Überlastung und Ansteckung bei einer Ruhrepidemie 1566. – Durch seinen Studienfreund Rabelais ist er in «Gargantua et Pantagruel» als «Rondibilis» verewigt. Nach Biogr. univ. 36, p. 424f.; Keiser 414f. u. spez. *Louis Dulieu*: G. Rondelet, Clio Medica, vol. 1, Oxford 1966, p. 89–111. Bild, s. Tf. 14a vor S. 161.
107 Tournau = *Tournon*, s. A. 106.

im, der sich aller früntlikeit erbott. Geschach mir auch ein gůter schick[108], in dem ich einest über daß waßer gegen s. Johans fir über[109] faren wil, darzů vil wiber die kleine schiflin darzů bereitet am gstadt stets haben, brauchen laßen, nam ich eine in ir schif, also allein; alß wir nun [110] in allem faren waren, hiesch sy mir den lon. Do hatt ich kein müntz; do wolt sy mich nit zelandt fieren, ich geb ir dan den lon, und konten ein ander nit verston, also daß sy mir drůwt, etwan zeerdrencken oder sunst daß waßer hinabzefieren, wie sy dan anfieng thůn, also daß, wolt ich von ir kommen, můßt ich ein dickenpfennig[111], do ichs wol mit eim sos[112] uß-gericht, bezalen, dan sy mir nüt herus geben wolt. Alß sy mich lendet, warfe ich mit steinen zů ir, zoch darnoch ze fůß den umweg über die bruck widerheim. Es drůg sich auch zů, alß ich im inriten zů Leon war, daß man ein Christen im hembdt, der ein wellen strauw uf dem rucken gebunden hatt, außfůrt zeverbrennen.

Zů Leon vernam ich, daß der obrist Schertlin[113], so dem künig disen frieling von Basel aus mit 22 fenlin zůgezogen wie oben vermeldet, mit deß keisers obristen Martin Roß[114] geschlagen und den sig behalten hab, welches ich meim vatter von Leon auß schreib[t], auch wie eß mir auf der reis bis gon Leon gangen wer.

Den 23 octobris fůr Thomas[115] im schif frie[u] auf dem Rhodano darvon. Wir schieden mit druren von einander. Nach mittag kam der Edoardt[116], mein gferdt, schieden von Leon, reiten gon s. Saforin[117], darnoch kamen wir gon Vienne[118], ein alt stettlin, karten in by s. Barbara. Do fanden wir den Thomam wider in der herberg mit seinen schifleuthen und geferten, hatten den tag nit witer wegen des gegenwints kommen kennen; aßen mit einander zenacht.

108 schick = gůter Handel, Vorteil, hier ironisch.
109 Über die Rhone in das Quartier Saint-Jean hinüber.
110 Hs.: nur.
111 dickenpfennig: wahrscheinlich ein sog. «Dicken» = ⅓ Gulden. Nach Hans Reinhardt: Alt-Basler Münzen (Mscr. Ausstellungskatalog 450 Jahre Basler Rathaus), S. 2.
112 sos = solidus, Schilling. – Platter zahlte also mit einem «dicken» (= ⅓ fl = ½ lb = 10 sh) das Zehnfache des üblichen Fahrpreises.
113 *Sebastian Schertlin* von Burtenbach (Hs.: Schörtlin), s. Kap. 1, A. 602.
114 *Martin Roßheim* (†1555), geb. zu Rossheim in den Niederlanden, wechselte von der Partei Wilhelm von Cleves auf die kaiserliche Seite. 1552 verwüstete er die Picardie. Nach Pantaleon: Heldenbuch 1568–1570, T. 3, S. 326. – Nachher wurde er offenbar im gleichen Jahr von Schertlin geschlagen.
115 *Thomas Schöpf*, s. Kap. 2, A. 13.
116 *Michel Hérouard*, s. Kap. 2, A. 79.
117 *Saint-Symphorien*. – Von Lyon bis Avignon folgte Platter der grossen Strasse links der Rhone.
118 *Vienne*: an der Rhone, ca. 25 km S von Lyon.

Morndes den 24 octobris giengen wir fir die statt hinus, besachen ein alten spitzigen turn, den die Römer vor zeiten gebuwen hatten; ist ein piramis, gefiert und gar oben auß zûgespitzt, inwendig hol, ein firnemme antiquitet[119]. [30] Darnoch fûr Thomas im schif und wir zeroß wider darvon, und alß wir etwan ein mil geritten und wider zum flus Rhodan kamen, sachen wir daß schif hinab faren, schruwen ein andren zû. Darnoch kamen wir an ein waßer[120], dardurch wir reiten solten. Eß war aber wegen deß regen wetters also angangen, das wir nit dorin setzen dorften. Hûlten also still am gestadt ein wil; so kompt ein großer herr mit fünf pferden zû uns, wer auch gern über daß waßer gwesen, welcher herr des künigs Henrici[121] kinderen magistrum oder maistre sich nempt, kam vom hof, sprach uns früntlich an und, wil wir nit hinüber konten, sagt er, wir welten do in der neche by eim vom adel der im bekant zemorgen eßen, dywil wurde villicht das waßer fallen. Fûrt uns abweg in ein schlecht[122] haus oder meierhof, do uns der vom adel sampt seiner hausfrauw früntlich entpfiengen und zimlich tractierten, doch um unser besoldung, die wir bezalten. Der herr, der uns dohin gefiert hatt, redt mit mir in Latin, frogte mich allerley sachen von Basel, dem ich zimlich begegnet und allerley umstendt unserer polycy[123] und religion so vil ich domols wußt erzalte, welches im wol gefiel, gwan ein liebe zû mir, daß ich hernoch stets neben im reiten und mit im conferieren mûßt. Er schickt seiner diener einer[124] zeerfaren, eb daß waßer gefallen. Der bereit eß[125], sagt, es were zimlich dief, doch wol zeriten. Also waren wir uf und, wil mein roß klein, war mir angst hindurch zeritten. Der herr aber reit neben mir, sprach mir zû, also das ich mit gottes hilf hindurch kam und sich mein pferdlin wie die gantze reis durch aus wol hielt. Gegen obendt zitlich kamen wir gon s. Valeiri[126] in daß stettlin, do wir über nacht blyben, do

---

119 Am Rande eine *Federzeichnung dieser Pyranmide* von Felix Platter. Es ist die «*Aiguille*», der einzige Rest des römischen Zirkus. Die Legende verknüpfte das Bauwerk mit Pilatus («Grab des Pilatus»). Auch der römische Tempel in Vienne wurde im Mittelalter «pomerium Pilati» genannt, s. darüber Keiser: Thomas II, S. 47 f.

120 Der *Dolon*, linker Nebenfluss der Rhone.

121 Die Söhne *Heinrichs II.* (reg. 1547–1559) und seiner Gemahlin Catharina von Medici waren *Franz II.* (reg. 1559–1560), *Karl IX.* (reg. 1560–1574) und *Heinrich III.* (reg. 1574–1589). Ihr Hauslehrer in der Zeit von 1549 bis 1556 war *Pierre Danès* (*1497, †1579), der zuvor Professor für Griechisch am Collège Royal war und 1557 Bischof von Lavour (Dép. Tarb) wurde. Nach einer freundl. Mitteilung von Monsieur F. Dousset, Inspecteur général des Archives de France, Paris (Bibl. nat., manuscr. frç. 7854, folio 45). Über Danès orientiert Mireille Forget: Les relations et les amitiés de Pierre Danès, in: Humanisme et Renaissance 1936, p. 365–383 u. 1937, p. 59–77, ferner Biogr. univers., T. 10, p. 97 f.

122 schlecht = schlicht, einfach.   123 polycy = Politik.

124 einer (nhd. einen, ebenso Boos). Das Schweizerdeutsche kennt keinen Akkusativ.

125 bereit eß (das Wasser) = ritt ins Wasser. (Praeteritum: er reit, wir ritten.)

126 s. Valeiri = *Saint-Vallier*, Städtchen am linken Rhoneufer.

der herr vil mit mir sprocht, wie auch seine diener, die meinten, wil ich
ein Teutscher, sy solten mirs ob dem nachteßen bringen[127], und wan sy
ein glas mir brachtendt, sagten sy: «allons», das heißt: «lond uns gon»,
ich vermeint aber, es hies «drincken», derhalben, wan ich zedrincken
fordert, sagt ich: «done moi allons», uf welchem won[128] sy mich lang
ließen.

Morndes den 25 octobris zogen wir fort gegen eim berg, do sachen
wir zů der linchgen handt ein alt haus, das nempt man deß Pilati haus[129],
alß sye er dohin von Rom in daß Delphinat ins ellendt vertriben und do
gewont. Darnoch kamen wir an den flus l'Isere[130] dorüber wir im schif
gefaren und darnoch gon Valence[131] die stat kommen, do ein universitet,
und zum Delfin[132] inkert. Nach eßens bracht mir des wirts magt ein
schöne große biiren[133], ich solte sy von iret wegen eßen, aber ich trauwt
der sach nit, zog fort. Kamen an ein waßer Drosme[134] genant, dorüber
man uns im schif fůrt, sachen doselbst daß stettlin Luivron[135], dorus die
von der religion sich hernoch so hantlich gewert haben[136], ruckten alß
dan biß gon Loriol[137] ein stettlin, do wir übernacht bleiben.

Den 26 kamen wir auf den imeß[138] in die stat Montelimar[139] und zů
nacht gon Pierelat[140], do ich zum ersten die ölbeum sach, welche alle
voller oliven hiengen, deren ettlich so unzitig grien, andre so nit gar zitig
rot, die zeitigen schwartz waren, die ich al versůcht, aber gar ungůt und
bitter fandt.

[31] Den 27 octobris reiten wir neben vil ölbeumen in ebne stros bys
zů der langen und dreffenlichen steinenen brucken s. Esprit, von dannen
zogen wir gon Orange[141] in ein gar alt stettlin. Do sachen wir antiqui-

---

127 mir zutrinken.   128 wôn = Wahn, Irrtum.

129 «Des Pilati haus» wird auch von Thomas II. und anderen erwähnt. Über die Legende,
dass Pilatus in das «Delphinat» (Dauphiné) verbannt worden sei und sich hier aus Verzweiflung umgebracht habe, s. Keiser: Thomas II., S. 47, A. 1.

130 *Isère:* linker Nebenfluss der Rhone.

131 *Valence:* Hauptstadt des Dép. Drôme, links an der Rhone, Bischofssitz, damals Sitz
einer Universität, auch für Mediziner.

132 Delfin = Dauphin. Hs. irrt.: Delschin.

133 biren, biiren = Birnen (Boos las «büren»).

134 *Drôme:* linker Nebenfluss der Rhone.

135 *Livron*-sur-Drôme.

136 Die Hugenotten unter Führung von Montbrun stiessen hier 1574 Heinrich III. zurück
und plünderten sein Gepäck. Kieffer 20, A. 1.

137 *Loriol:* Kantonshauptort, links der Rhone, an der E 4, 20 km S von Valence.

138 imeß = Mittagessen.

139 *Montélimar:* Kantonshauptort, an der E 4, 43 km S von Valence.

140 *Pierrelatte:* an der E 4, 23 km S von Montélimar.

141 *Orange:* alte Römerstadt links der Rhone, mit einem prächtigen Triumphbogen, der nach
dem Siege Caesars 49 v.Chr. errichtet wurde, und dem besterhaltenen Theater der römischen Antike. Baedeker (1968/69), S. 361. Die «alte muren» dürfte dieses Theater sein.

teten, ein gebeuw, daß die Römer zum tryumph gebuwen, mit etwas bilderen doran, auch sunst ein gar alte muren. Nach mittag fůrt man uns über ein waßer[142] nach Avinion[143], do nit weit darvon der herr maistre des enfans du Roi urlůb von uns nam, dan er noch weiter wolt, in die Provintz, do er sein wonung hatt, die er mir nampt und dohin lůdt, so ich etwan von Mompelier in die Provintz zuge in heim zesůchen, wolte mir alle frintschaft erzeigen. Alß wir gon Avinion kamen, ein mechtige stat, dem bapst zůgehörig, verlies der Michael Edoard mich, zog er zů einem müntzmeister seinem frindt, by dem er inkart, mich aber ließ er über die lange brucken über den Rhodan in den theil der stat, so enen dem Rhoden ligt und Villeneufve genant wirt, fieren in ein wirtzhaus zum Hanen[144], das ein schlechte herberg war, darinnen vil schifleuth waren mit weiten hosen, blůwen hüblenen[145], die ich übel forcht, wil ich allein und mit keinem menschen reden kont und mich for inen besorgt, auch die nacht wenig schlief.

Morndes den 28 octobris stůndt ich frie[u] auf, war gar unmůtig, das ich also kein menschen kant, auch nit wußt, wo mein gfert, und under solchen rauwen leuthen war, wer gern hinweg gsin, fieng mich an alß ein iungen ein solch verlangen, in mein vatterlandt wider zereißen, ankommen, das ich in stal gieng zů meinem rößlin, umfieng es und weinet, wil auch das rößlin, daß allein do stůndt, nach anderen pferden stets wichlet[146], alß hette es auch ein beduren ab unser einöde. Zog darnoch herus gegen[147] Rhotten uf ein felsen, der uf daß waßer gieng, gehůb mich übel, daß ich also verloßen wer, gedocht, der meister Michel were schon uf Mompelier und hette mich dohinden geloßen, kamen mir schwere gedancken fir, also daß ich schöne wolgeschmackte küßelin[148], so ich underwegen gekauft hatt, deß willens heim zeschicken, zerreiß und in[149] Rhotten schüttet. Aber gott erhielte mich; zog in ein kirchen doselbst, do man, wil eß suntag, sang und orglet, welchs mich ein wenig erquickt; gieng darnoch in mein herberg, aß wenig ze mittag und legt mich auf ein bett, do ich unmůt halben, daß sunst nit mein bruch was, entschlief. Gieng darnoch uf den obendt in die vesper, der music zůzelosen, sas drurig in einem winckel. Alß ich heim kam, schickt der M. Michael sein laggeien[150] zů

---

142 Nicht l'Aygues (Kieffer 20, A. 2), der N von Orange einmündet, sondern ein anderer Nebenfluss der Rhone: *Ouvèze* oder Nesque.

143 *Avignon:* Hauptstadt des Dép. Vaucluse, römischen Ursprungs (Avenio), im 14. Jh. Sitz der Päpste usw. Vgl. Kap. 3, A. 414 ff.

144 Im gleichen Wirtshaus kehrte 1598 Thomas d. J. ein; s. Keiser 287.

145 hüblenen = Diminutiv zu hůbe (Haube, Mütze).

146 wichlet = wieherte.

147 gegen' = gegen den; Rhotten (m.): deutscher Name für Rhone.

148 küsselin = kleine Kissen, Beutel mit aromatischem Inhalt.

149 in' = in den, vgl. A. 147.   150 Lakaien, Diener.

mir, wir wolten frie[u] uf sin; ich entbotte im, ich kente nit in der herberg die nacht belyben, ich besorgte, die marinier[151] wurden mich mürden. Do ließ er mich holen zum nachteßen in eines frindts eins müntzmeisters haus. Do aß ich zenacht und lag in einer kammer, do waren ettlich wogen[152] mit kupfernem gelt, battart[153], welche hernoch falsch sein erfunden und im verbotten waren, und war etwas wider erquickt.

[32] Morndes den 29 zog ich über die Rhodenbruck in mein herberg. Die wirtenen schreib mir uf ein bret mit der kriden, waß ich ir schuldig was, und bettet mit den zů Latin am paternoster[154]. Ich můst ir geben, was sy wolt, dan ich sy nit verstůndt. Zeimt[155] mein rößlin; so kompt meister Michael mein gfert, mit dem reit ich ein rein uf, so facht mein rößlin an mechtig hincken, dorab ich seer erschrack, förchtendt, ich[156] wu⟨r⟩dt do blyben mießen. Alß ich absteig und lůgt, war im ein stein under daß isen[157] kommen; so baldt der hinweg kam, gieng es wider fort. Man fůrt uns in eim schif über daß waßer Gart[158] genant, kamen um mittag gon Siniac[159]. Wir aßen zum Engel ze mittag; do wolt mich des wirts dochter küßen, dorab ich letz that[160], deßen sy meinen lachten, wil ⟨es⟩ bruch, mit dem kus einandren zů grießen. Zů nacht kamen wir in die stat Nismes[161], do wir übernacht zum Roten öpfel bleiben.

Den 30 octobris besach ich frie[u] die antiquiteten zů Nismes, das gros amphitheatrum, doran ußen die gehauwene bilder Romuli und Remi, die alß kinder nachendt, die ein wölfin seigt[162]. Item ein ufrecht gehauwen bildt, so dry angesicht hatt etc[163]. Darnoch reiten wir alzit neben vil ölbeumen in ein stettlin Lunel[164], do ich den ersten muscat dranck. Nach eßens růwten wir ein wenig uf den betteren, wil eß warm war, ob glich by uns winter. Der meister Michel frauwt sich seer heim, wie auch ich, daß wir den obendt solten gon Mompelier kommen, dahin wir reiten und

151 marinier = Schiffer.
152 wôgen (baseldt.) = Waagen.
153 battart: Kupfergeld, Wert: 2 Pfennige.
154 Unklare Stelle, wahrscheinlich: und betete unterdessen den Rosenkranz.
155 zeimt = zäumte.
156 Hs.: in.
157 ißen = Hufeisen.
158 le Gard: rechter Nebenfluss der Rhone, bekannt durch den römischen Pont du Gard (s. u. Kap. 3, A. 413). Von hier aus geht die Reise in SW-Richtung über Nîmes nach Montpellier.
159 Siniac = Sernhac. Kieffer 23.
160 mich ungebärdig wehrte.
161 Nîmes: Hauptstadt des Dép. du Gard, Römerstadt Nemausus mit einem der besterhaltenen Amphitheater, Bischofssitz. Ein zeitgenössischer Stich s. Tf. 21 nach S. 224.
162 nachendt = nackt; seigt = säugt. Vgl. Kap. 3, A. 409 und Keiser 106.
163 Thomas II. schreibt darüber: «ein groß bildt in stein geschnitten mitt einem langen hor, dunckte mich, es wehren drey personen an». Keiser 106. Vgl. Kap. 3, A. 411.
164 Lunel: an der Route nationale 113, 24 km NE von Montpellier.

kamen erstlich gon Chambery[165], dohin die Teutschen von Mompelier
pflegen ein ander im verreißen das gleidt zegeben. Baldt kamen wir uf
ein höhe, do ein krütz stůndt, do sache ich die stat Mompelier und daß
hoch mer, zum ersten. Baldt kamen wir zur bruck by dem wirtshaus
Castelnauw[166]; darnoch nebem hochgricht[167] uf die velder vor der stat,
do ettliche vierthel von menschen, die gericht an ölbeumen hůngen,
welches mich seltzam dunckt; reiten also in namen gottes zů Mompelier
by gůter tag zeit in, war am suntag. Ich bettet im inrit, befal mich Gott,
er welte mir sein gnodt mittheilen, das ich noch volendung meiner studien
gesundt wider daruß in mein heimat zů den meinen kommen mecht.

Auf der gaßen bekamen[168] uns vil stattliche burger von adel und sunst,
die vermummet in wißen hembderen herumb zugendt mit seitenspil und
fanen, hatten silbere schalen von zuckererbs[169] und allerley confect[170]
gefült in henden[171], klopften doran mit silberen löflen und gaben den
stattlichen iungfrauwen, die uf den gaßen stůnden, doruß mit den löflen.
Dise kurtzwil erfrischet mich etwaß. Der meister Michael zeigt mir deß
herr Lorentz Catalans[172] apoteckers haus, so uf dem blatz[173] war am eck,
und reit er von mir in sein haus. Alß ich fir die apoteck kam, stůndt der
herr Lorentz und sein frauw Alienor[174] vor der apoteck, dem spil zů-

165 «Chambéry» gibt es nirgends in der Gegend, wohl identisch mit *Sambres*, zwischen Lunel
     und Montpellier an der N 113, das zwar auf keiner modernen Karte zu finden ist, wohl
     aber auf der alten Karte des Languedoc, s. Vorsatzblatt.
166 *Castelnau*-le-Lez: 2 km NE von Montpellier, heute am Stadtrand.
167 Richtstätte: neben dem jetzigen Friedhof Saint-Lazare. Kieffer 24.
168 bekamen = begegneten.
169 zuckererbs = Bonbons, Dragées.
170 Hs. (undeutlich): confeck.
171 Hs.: hatten.
172 *Laurent Catalan:* Einer der berühmtesten Apotheker seiner Zeit. Der Abkunft nach war
     er *Marrane*, ein Nachkomme der aus Mauretanien stammenden Juden, die Ferdinand der
     Katholische aus Spanien vertrieben hatte («marrano» = verflucht). Sein Vater, *Michael C.*,
     war zu Beginn des 16. Jh. nach Montpellier gekommen und war Grosshändler für Pfeffer.
     Laurent wurde Apotheker und führte die berühmte *«Pharmacie de la Licorne»* (zum Ein-
     horn), die dann von seinem Sohn Jakob und dem Enkel Laurent II. weitergeführt wurde.
     Nach J. A. Häfliger: Das Apothekerwesen Basels, BZ (1937 u.) 1938, S. 52f.; Kieffer 36,
     A. 1; *Fr. Gay:* Une lignée d'apothicaires montpelliérains au 16e et 17e s., 1896, und heute
     Louis Dulieu: La pharmacie de Montpellier, 1973. Einige Briefe von ihm auf der Univ.-
     Bibl. Basel. Die häufiger gebrauchte Namensform lautet «Catelan».
173 blatz = *Place des Cévenols;* er befand sich dort, wo heute die Strassen de la Loge und Saint-
     Guilhem zusammenstossen. Fr. Gay, S. 13 f. Der Name kommt von den aus den Cevennen
     stammenden Leuten, die sich hier am Sonntag versammelten, um sich als Landarbeiter
     anwerben zu lassen. Kieffer 25, A. 1. Heute hier «place Castellane» mit einer modernen
     Halle. – Das grosse Haus, in dem sich Felix nachts fürchtete, enthielt nur die Geschäfts-
     räume Catalans und gehörte einem Lyoner Bürger. Vgl. Kap. 3, A. 185f.
174 *Alienor Bietsch:* Die Hs. bietet die Formen «Biets, Bietschs, Bietzs», wobei statt des t
     ebenso gut ein r gelesen werden kann; noch Boos schwankt zwischen «Biersch» und

sechendt, vor dem laden, der beschloßen war, wil es suntag. Er verwundert sich, daß ich zeroß still hůlt, sunderlich do ich ab stiendt, redet Latin mit im und gab im die brief von meim vatter, dorin aller bescheidt, auch herren doctoris Vuolfii[175], der seiner sünen praeceptor gewesen. Er seuftzget, ließ mein pferdlin in seines schwechers[176] Raphael Biets, eins Marranen, stal fieren, und kam gleich Johan Odratzheim[177], ein Strosburger, der in der apoteck serviert, zů mir, empfieng mich, fůrt mich hinuf ins hus, und zog mir die magt Bietris[178], die hernoch, wie volgen wirt, gehenckt wurdt, die stifel aus.

[33] Also hab ich mit Gottes hilf und bystandt die reiß von Basel bis gon Mompelier vom 10 octobris biß auf den 30 in 20 tagen[179] volbrocht, in welcher zeit ich zwen tag zů Genf stilgelegen und zwen zů Leon, einen zů Avinion, also daß ich 15 tag im reißen volbrocht hab, die 95 milen und leucken ungefor gerechnet[180]:

      6 meilen gon Solothurn,
    17 durch Bern gon Genf,
    21 leucen biß gon Leon,
    37 bis gon Avinion,
    14 bis gon Mompelier, sindt 2 tagreiß[181].
    ⟨95 meilen oder leucen⟩.

«Biets». Richtig ist die Form mit t; denn wie mir Herr Dr. Louis Dulieu, Secrétaire général de la Société de l'Histoire de la Médecine in Montpellier, freundlich mitteilt, lautet der Name in den Pfarrbüchern DEPUECH, Eléonore, fille de Raphaël. Trennt man das Ortspartikel «de» ab, so bleibt Puech, das wohl mit Zischlaut «Püetsch» gesprochen wurde, baslerisch entrundet zu «Bietsch». – Sie war ebenfalls Marranin, starb aber als Katholikin. Ihre Kinder waren Isabelle, *Gilbert, Jacques*, Laurent, Anne, Françoise, Viollan, Constance und Etienne.

175 Dr. med. *Heinrich Wulff* von Nürnberg, s. Kap. 2, A. 6.
176 schwechers = Schwiegervaters.
177 *Johann v. Odratzheim*, wurde einer der besten Freunde Platters, s. Kap. 2, A. 11.
178 Beatrice, am 3. Dez. 1556 als Kindsmörderin gehängt, s. Kap. 3, A. 829.
179 Genauer: 21 Tage. Auch die Zahl der Ruhetage ist nicht genau: in Genf waren es nur 1½ Tage, doch kann man zum Ausgleich den ersten Reisetag zählen, da sie lange in Liestal Abschied feierten. Macht also: 21 Tage minus 5 Rasttage = 16 (nicht 15) eigentliche Reisetage.
180 Platter rechnet mit «*deutschen Meilen*», sog. Schrittmeilen: 1 Meile = 10 000 Schritt zu ca. 75 cm = ca. *7,5 km* (genauer 7420 m, nach Grimm 6, 1907f. u. Brockhaus). Die in Frankreich geltenden «*leuken*» (frz. lieues) waren von Ort zu Ort verschieden (vgl. Kap. 4, A. 239), doch überall etwas kürzer als die deutschen Meilen. Wenn man trotzdem wie Platter Meilen und Leuken zusammenzählt, so gibt das: 95mal 7,420 km = *ca.705 km*, was ungefähr der Strecke Basel–Montpellier entspricht (Autostrasse: 654 km).
181 «sindt 2 *tagreiß*» bezieht sich auf die letzte Teilstrecke. Tabellenform und Summierung stammen vom Herausgeber. Platter ritt an einem Tage gewöhnlich etwa *6 Meilen, also ca. 45 km*. Setzt man wiederum Leuken = Meilen, so ergeben 16 Tagreisen zu 45 km eine Reisestrecke von 720 km (nach der genaueren Rechnung zu 7,420 km nur *705 km* wie oben). – Kontrolliert man Platters Längenangaben für die einzelnen Kurzstrecken

Daruß zerechnen[182], das die leucen etwas minder dan unser miilen.

Verthat auf der reiß[183]: zů Liechstal schanckt mir herr Martin der wirt die irte; zů Langenbruck übernacht 4 ß 8 d, Solothurn zů mittag 4ß 6 d, Jegersdorf zů nacht 4 ß 1 d, Bern 5 ß, zol by der Senisbruck 1 ß, Friburg nacht 6 ß 8 d, Remundt mittag 6 gros[184], Mesiere 10 sos, dem bůben, so uns den weg zeigt 4 sos, Losanna mittag 7 sos, Rol nacht 9 schillig, um ein rosnagel 2 kart[185], Genf 2 tag, 3 teston, 1 sos drinckgelt; zol zů Zansi 1 sos, Coloinge 8 sos, 1 ß drinckgelt, rosbschlachen 3 sos; Nantua mittag 6 sos, Sardon nacht 8 sos, drinckgelt 1 sos, Moritz mittag 6 sos, 1 sos drinckgelt, fůr übers waßer 1 sos, Mulve nacht 8 sos, drinckgelt 1 sos, Leon 1 cron[186] par 46 stüber 11 sos, 1 sos drinckgelt; Wien nacht 9 sos 2 d, in eim haus 6 sos, Valeri 9 ß, drinckgelt 2 sos, schifen über die Lisera 1 sos, aber über Dromon 1 sos, Lorillon 9 sos, Montelimar 8 ß, Pierelat 6 ß, Orange 6 sos, 2 d, schiffen 1 sos, Avingnon 19 sos, 2 sos drinckgeld, Sirneac mittag 5 ß, Nimes 7 sos, Lunel 5 sos.

Hab also uf der reiß die 20 tag verzert sampt dem roß und drinckgelt, auch fůr über die waßer, wie volgt:

bis gon Friburg	1 lb	6 ß	1 d,
zů Genf 3 teston, fa⟨cit⟩	1 lb	10 ß	
zů Leon 1 cron 10 ß, f⟨acit⟩	2 lb	10 ß	
zů Avingion	1 lb		
darzwischendt	4 lb	6 ß	8 d
summa kost die reiß	10 lb	12 ß	9 d[187].

seiner Reise, so findet man erhebliche Ungenauigkeiten, da er die Meilen (7,5 km!) nicht unterteilt, sondern gewöhnlich «1 meil», «2 meil» usw. angibt, z. B. Liestal–Waldenburg, 1 meil (effektiv 14 km, also fast das Doppelte), doch gleichen sich diese Ungenauigkeiten aus. Die *Tagesetappen* liegen zwischen 30 und 60 km, im Durchschnitt also *45 km*, ausgenommen wenn man schon nach 15 km in eine grosse Stadt wie Lyon kam (20. Okt.) oder mit Gegenwind zu kämpfen hatte (23. Okt., nur 27 km). Natürlich wusste Platter nie genau, wieviele Kilometer er tatsächlich zurückgelegt hatte, sondern musste sich an die groben Zahlenangaben der Meilenscheiben halten. Um so erstaunlicher ist seine Genauigkeit.

182 Hs.: zerechnet.
183 Platters Rechnung beruht auf dem damals üblichen karolingischen *Münzsystem:* 1 lb (libra, Pfund) = 20 ß (solidus, Schilling), 1 ß = 12 d (denarius, Pfennig), also wie bis vor kurzem in England. Vgl. Kap. 8, A. 23.
184 gros (lat. grossus) = Groschen, Silbermünze zu 4,2 g, wohl ca. 1 ß, in der Schweiz nur noch als Scheidemünze; früher wertvoller.
185 kart < quart, kleine Münze, ca. 4 Denar (Pfennige). Schw. Id. 3, 487. (Boos: kan?)
186 1 cron = ca. 2 lb. damals. – «Mulwe» = Moeul, *Montluel*.
187 Man kann Platters Abrechnung beliebig drehen und wenden, sie stimmt niemals. Namentlich der letztgenannte Posten «darzwischendt» ist viel zu klein. Auch sonst hat es Fehler, sogar in der «summa», wo er 10 d schreibt statt 9.

3. In Montpellier[1]
(30. Okt. 1552 – 27. Febr. 1557)

Do ich zů Mompelier ankam, vernam ich gleich vom herren Catalan, daß Jacobus Meier von Strasburg, so an seins suns Jacob Catalan dusch by im gewont[2], vor wenig tagen, eb ich kommen, by im febre continua gestorben, dorab er seer druret, besorgt, sein sun Jacob, der by des Meiers seligen von Strasburg vatter war, mechte ietz übel gehalten werden und vilicht mießte er den tisch fir in bezalen. Do ich dan gleich ein hofnung faßt, den herren dohin zebereden, das er in an mein statt zů mim vatter gon Basel schickte und ich also ein dusch bekäme, do dan der herr dester williger mich zů behalten, bis er säch, wo er mit sinen beiden sünen, so zů Strasburg, hinwolt, wil auch Hans von Odratzheim baldt hinweg zezien vorhaben, uf welches ich domalen allein mich an sein statt zebringen ein hofnung hatt, ietz aber dopplete glegenheit, wil der ander gestorben, sich zů drůge.

Ich fandt zů Mompelier ettliche Teutschen, dorunder Jacobus Baldenbergius[3] von s. Gallen, so zevor zů Basel gstudiert hatt, item Petrus Lotichius[4],

1 Die Überschrift stammt nicht von Platter, sondern ergibt sich aus dem Inhalt und ist von mir aus der Edition von Boos übernommen worden. Die wichtigste *Lit.* über Montpellier s. Kap. 2, A. 1.

2 Über die Apothekersöhne *Jacob u. Gilbert Catalan* sowie das Problem der Austauschstudenten s. Kap. 2, A. 9 u. Kap. 8, A. 25 f., zu *Meier* Kap. 2, A. 10.

3 *Jakob Baldenberger* von St. Gallen studierte in Basel und Montpellier und wurde später Arzt in seiner Vaterstadt. Matr. Ba. II 57, 1548/49 und Matr. Montp. 120, 1551.

4 *Petrus Secundus Lotichius* = Peter Lotich, *1528, †1560, aus Schlüchtern in der Grafschaft Hanau, Sohn des Bauern Peter L., Neffe des reformierten Abtes zu Schlüchtern Petrus Lotichius Primus, zeigte schon als Knabe dichterisches Talent, studierte in Frankfurt Philologie, wobei ihm das Lateinische zur zweiten Muttersprache wurde, und seit 1544 in Marburg, dann Leipzig und Wittenberg, wo er Melanchthon zum väterlichen Freund gewann. Nach kurzer Teilnahme am Schmalkaldischen Krieg 1547 begleitete er seit 1550 die Neffen des Würzburger Domherrn Daniel von Stiebar als Hofmeister auf ihrer Studienreise, die sie durch Nordfrankreich bis ans Meer und dann nach Paris führte, wo sie ein Jahr blieben, dann zu Fuss durch Burgund nach Lyon, zu Schiff bis Avignon, dann über Nimes, Pont du Gard nach *Montpellier*, wo sie drei Jahre blieben (1551–1554). 1552 erlangte Lotich dort einen Grad (Matr. Mp., Nachtrag p. 221). Im Frühling 1553 wollte er mit einigen Kameraden, u. a. dem Basler Isaak Keller, nach Toulouse ziehen, doch wurden sie vor Narbonne wegen Spionageverdachts verhört und gezwungen, nach Montpellier zurückzukehren. Nach einem Besuch in der Heimat reiste Lotich 1554 mit seinem Freund und spätern Biographen Joh. Hagen nach Italien. In Bologna, wo es ihm besonders gefiel, erwarb er 1554 den Dr. med. Im Herbst 1555 wurde er hier durch ein Versehen vergiftet und kam nur mit schweren gesundheitlichen Schäden knapp mit dem Leben davon. 1557 erreichte ihn die Berufung nach Heidelberg, wo er als Professor der Medizin und Botanik bald allgemein geschätzt war. Die Folgen jener Vergiftung führten jedoch mehrmals zu schweren Rückfällen seiner Krankheit. Er starb

der firnem poet, so der Stibaren[5], welche dem bischof von Wirtzburg[6] verwant, praeceptor war, item Georgius Stetus[7] von Lipsig,
Johan Vogelsang[8], ein Flemmin, so lange jar noch zů Mompelier verblyben, auch Thomas Schöpfius[9] vor mir ankommen war. Fieng ich baldt
an gewonen, war noch gar lang hipsch wetter und macht man erst die
oliven ab, darzů man die buren brucht, so mit langen stangen sy abschlachen; deren stůnden gar frie[u] vil auf dem blatz vor der apoteck,
machten ein gros gescher. Welches alß ich hort und ufstondt, zum laden
auß lůgt, vermeinte ich, eß weren kriegsleuth mit spießen und erschrack,
baldt aber durch mein byliger dem Odratzheim bericht entpfieng, daß eß
arbeiter waren.

im Alter von 32 Jahren am 7. Nov. 1560. – Seine lateinischen Gedichte gab er z. T. in
Italien, z. T. in Lyon (?) heraus. Die erste Gesamtausgabe erschien (nach einer unvoll-
ständigen von 1561) in Leipzig 1586: «Petri Lotichii opera omnia quibus accessit vita
ejusdem descripta per Joannem Hagium Fr(anconem), poetae, dum vixit, aequalium
primum et intimum», eine zweite Auflage 1594, eine dritte 1754. Nach August Ebrard:
Peter Lotich der Jüngere. Sein Leben und eine Auswahl seiner Gedichte metrisch ins
Deutsche übertragen. Gütersloh 1883. – Zu Lotichs Liebesgedichten s. Kap. 3, A. 527.
5 Die Stibari: sie kommen meist im Plural vor, wobei die Identität der einzelnen nicht
ganz klar wird. Sie gehören jedenfalls zur fränkischen Adelsfamilie der Stiebar auf
Buttenheim, die ausserdem Schloss Prezfeld und viele andere Güter besass. Kneschke:
Dt. Adels-Lex. IX, 36 ff. Der Onkel (nicht der Vater, vgl. Jöcher 4, 837 f.) der jungen
Stibari war der humanistisch gebildete Würzburger Domherr Daniel Stiebar von Buttenheim zu Sassenfurth aus Rabeneck (1503–1555). Er war 1527 von Nürnberg nach Basel
gekommen, trieb hier bei Amerbach juristische Studien (Matr. Ba. I, 361, «Stuber de
Wabeneck») und lebte seit Sommer 1528 als Pensionär im Hause des Erasmus. Im Sept.
1528 zog er nach Paris, 1530 war er wieder einige Monate in Basel bei Erasmus, dann
wurde er Domherr in Würzburg und 1552 Dompropst. Nach A. Hartmann: Amerbach-
Korr. 3, 291. Seine Neffen liess er durch den Strassburger Georg Fischer betreuen; ausserdem gab er ihnen als Gouverneur und Reisebegleiter noch den Dichter Lotich mit
(s. A. 4). – Der Biograph Lotichs, Aug. Ebrard, nennt als Neffen Daniels: Gabriel,
Erhard u. Diemar, an anderer Stelle auch Daniel, Konrad, Marius, Heinrich u. Martin;
Platter erwähnt dieselben, aber statt Daniel und Gabriel einen Paulus! Eine Anfrage
in Würzburg brachte keine Klarheit. Am ehesten fassbar sind Marius, der später Professor in Heidelberg wurde, und Erhard, den ich in der Matr. Heidelberg I, 609 gefunden
habe: «Erhardus Stueber, nobilis de Forchheim, canon. Herbipolensis i Hagis, dioec.
Herbipol.» Das passt zu Platters Bemerkung, die sie als «Freunde des Bischofs von Würzburg» bezeichnet (gemeint ist wahrscheinlich Melchior von Zobel, Bischof v. W. 1544–1558).
– Ein Joh. Joachim Stüber von Buttenheim (nicht «Battenheim»), sicher ein Verwandter
unserer St., hat Thomas den Jüngeren in England und Holland begleitet, s. Keiser,
Register.   6 s. A. 5.
7 Georgius Stetus: Gregorius Schetus Lypsensis studierte in Montpellier 1550 (Matr.
Montp. 116) und verliess die Stadt 1553 29. Mai. Die beiden sind wohl identisch, ebenso
Gregor Schett, stud. med. Leipzig 1537, 1554 ebda. Professor der Chirurgie u. Anatomie,
†1558. Hirsch: Biogr. Lex. Ärzte, 2. Aufl. 1932, Bd. 5, S. 569.
8 Johann Vogelsang von Geldern, ein «Flemin» (Flame), s. Matr. Montp. 122, 1551.
9 Thomas Schöpflin von Basel, Platters Reisebegleiter, der wegen seines hinkenden Pferdes
von Lyon an zu Schiff weiterfuhr.

[34] Ich fieng gleich an lectiones zehören und 2 novembris schreib ich heim[10] meim vatter, wie der Jacob Meier gestorben und daß hofnung wer, eintwederer[11] sünen des Catalani werde zů im kommen; mein herr, ir vatter, hette schon fast willen geben. Ich schreib im auch, wie es sich uf meiner gantzen reis hette zůgedragen, item wie es ein gstalt zů Mompelier und daß man vil bibel und andere biecher, so geistlich, von den unsren gedruckt und hinder eim bůchfierer funden hette, offentlich auf den gaßen verbrent; item daß mein herr mir um mein rößlin 8 cronen bezalt[12], doruß ich ein flaßada[13], ist ein nachtrock von den Catalanischen decken gemacht und sunst kleiden wel.

Den 4 novembris wardt ich von D. Honorato Castellano[14] examiniert und hernoch in die matricul ingeschrieben[15], deßen mir schriftliche kundtschaft gab D. Guichardus[16], alß ich hernoch bacalaureus wardt, durch ein zedel: «Descriptus fuit in albo studiosorum medicinae M. Felix Platerus per manus anno domini 1552, die vero 4 novembris, cuius pater est venerandus D. Saporta nostrae Academiae decanus, qui eiusdem iura persolvit. datum Monspessuli ut supra. P. Guichard.» Ich nam D. Saportam pro patre, wie brüchlich, das ieder studiosus einen nimpt, den er sunderlich rathsfragen kan; geschach aus rath Catelani und daß ich D. Saportae commendiert wardt[17].

10 Dieser *Brief* sowie alle andern von Felix sind leider verloren. Um so we tvoller sind uns daher die kurzen Inhaltsangaben dieser Briefe im Tagebuch.

11 eintwederer = der eine oder der andere der Söhne Catalans, Jakob oder Gilbert, die beide in Strassburg bei Vater Meier wohnten.

12 8 cronen = 16 lb.

13 flaßada = Wolldecke, noch heute in Montpellier so genannt. Kieffer 28.

14 *Honoré Du Chastel* (Castellanus): Honoratus de Castro, Matr. Montp. 97/1544. Dr. med. 1544, Prof. régent als Nachfolger von Schyronius 1557, wurde einer der glänzendsten Professoren der Schule von Montpellier. Königin Katharina von Medici liess ihn für sich und ihre Kinder an den Hof kommen. †1569 in der Armee. Nur 1 Werk: Oratio quae summo medico necessaria explicantur, Lutetiae habita. Paris 1555. Kieffer 106f., A. 2; korrigiert nach Dulieu, Clio Medica vol. 1, Oxford 1966, 93.

15 *Foelix Platerus* Basiliensis, immatr. 4. Nov. 1552. Matr. Montp. 126.

16 *Petrus Guichardus* monspessulanus, Matr. Montp. 71/1534, Dr. 30. April 1545, einer der drei Professeurs agrégés in Montpellier.

17 *Antoine Saporta*, der Studienvater Platters, stammte aus einer alten Medizinerfamilie. Der Grossvater, *Louis I.*, kam aus Lerida in Catalonien über Arles und Avignon nach Montpellier, wo er zum drittenmal die Doktorwürde erlangte; er wurde Leibarzt König Karls VIII. und starb im Alter von 106 Jahren. Der Vater, *Louis II.*, studierte und promovierte in Montpellier und war als Arzt in Toulouse tätig, wo er Ende des 16. Jh. im Alter von 90 Jahren starb. Der Sohn *Antoine* studierte in Montpellier seit 1521 22. Okt. (Matr. Montp. 42), b. med. 1527, Dr. med. 1531 und installierte sich dann in Toulouse; 1539 wurde er régent in Montpellier, 1540 Professor in Nachfolge des alten Griffy (†1539), 1551 Dekan und 1566 Kanzler nach dem Tod von Rondelet; er starb 1573. Er war Leibarzt des Königs und der Königin von Navarra (Matr. Montp. 86, A. 2). Seine Schrift «De tumoribus praeter naturam ...» erschien postum 1624 in Lyon. Der

Den 6 novembris spaziert ich mit ettlichen Teutschen in ein dorf Ville-neufe[18]. Do verwundert ich mich underwegen, daß ich rosmarin[19] uf dem veldt ston sach in großer menge, wie alhie die reckholter[20] stondt. Item meieron[21], thymion[22], die velder vol, so man nit acht, und der rosmarin allein zum brennen brucht, also gemein, daß man mit eslen solchen hinin fiert, winter zeit in caminen domit sich zewermen, do ein burdy, domit der gar bedecht und dorin geschloßen, das man in blösig sicht, etwan nit mer dan ein carolus, ist so vil alß ein doppelfierer, golten hatt[23], sunst zum kochen brucht man knebelin, gemeinlich von eim gstüdt heißt Ilex[24], doran wagsen eichlen und an ein besonderer art findt man berlin, die man samlet und die farb dorus macht, domit man den scharlach rot ferbt, wie auch die charmasin siden, also genant von den berlin, die man chermes[25] heißet, darinnen würmlin sindt, so die farb geben, welche ze-

angehängte Traktat «De lue venerea» stammt nicht von ihm, sondern von seinem Sohn *Jean* (Matr. Montp. 168, 1567), der als Prof. med. in Montpellier die Familientradition fortsetzte. Nach M. Gouron: Matr. Montp.; Hirsch: Lex. Ärzte 5, 22; Jöcher 4, 141. – Saporta war Marrane und stand daher in enger Beziehung zu Platters Pensionsvater, dem Apotheker Catalan, s. Kap. 2, A. 172. – Porträt: Tf. 14b vor S. 161.

18 *Villeneuve*-lès-Maguelone: kleine Stadt gegenüber der damaligen Insel (heute Halbinsel) Maguelone; sie diente im 8.–10. Jh. der Inselbevölkerung als Zufluchtsort vor den Sarazenen, ebenso wie Montpellier. Keiser 94, A. 2f., vgl. Vorsatzblatt.

19 Rosmarin: ein stark aromatischer Strauch der Mittelmeerländer, Lippenblütler, auch als Arznei verwendet.

20 Reckholder = Wacholder (Genièvre).

21 Majoran, Meiran: aromatisches Heil- und Küchenkraut, Röhrenblütler.

22 Thymian: ähnlich wie Majoran.

23 wobei eine Ladung (burdy) Rosmarin, womit der ⟨Esel⟩ beladen und ringsum bedeckt ist, so dass man ihn kaum mehr sieht, nicht mehr als einen Carolus ... kostete. – blösig = knapp, beinahe nicht. Schw. Id. 5, 159 mit Zitat dieser Stelle.

24 Quercus Ilex = Steineiche. Eine Sonderart ist die Quercus coccifera, die Kermeseiche, auf der die Cochenille-Läuse leben, s. A. 25.

25 Der *Kermès* ist eine Schildlaus, ein Parasiteninsekt, das auf den Kermeseichen lebt, daher Kermès ilicis genannt, auf provençalisch «vermillon», auf französisch «vermisseau». Die «Beerlein», von denen Platter spricht, sind die kaum als Tier erkennbaren Weibchen, die sich mit den Stechborsten gleichsam vor Anker legen und mit Hilfe des Rüssels Pflanzensäfte heraussaugen. Selbst nach dem Tode haften sie noch lange an den Sträuchern. Der eingetrocknete Körper überdeckt die darunter befindlichen Eier, die wie ein weisses Pulver erscheinen (O. Schmeil, Lehrb. d. Zoologie, Lpz. 1910, S. 415). Die Cochenille-Laus liefert einen wertvollen roten Farbstoff, die Cochenille oder das Karmin; die Wörter Kermes, carmesin, cramoisi stammen vom arabischen qirmizi = rot. Die Ernte der «vermillons» war im Mai; Scharen von Bauern pflückten den Kermes und verkauften ihn auf dem nächsten Markt pfundweise. Man glaubte damals, der Kermes sei ein nobile excrementum des Baumes, das sich dann in Würmlein verwandle («würmlin ..., welche fligelin bekommen und uß den hütlenen fliegen»). Der Kermès wurde für die Färberei und auch in der Medizin gebraucht. Die Apotheker von Montpellier, Aix, Marseille, Arles mischten zerquetschten Kermès mit anderen Substanzen zum vielgebrauchten «Alkermès», einem Mittel gegen Herzkrankheiten. Nach Keiser 115f., A. 3.

lest, wo man sy nit by zeiten samlet, fligelin bekommen und uß den hütlenen fliegen.

Ich rustet mich ernstlich zum studieren in der medicin, hort am morgen zwo, etwan dry, nach mittag auch sovil lectionen. Den 14 novembris hůlt man ein anatomy im alten theatro, so gfiert was[26], eins knabens, der am brust gschwer pleuritide[27] gestorben, in deßen seiten inwendig in der brust in succingente membrana[28] fandt sich nur ein blauwlechter mosen[29], kein geschwulst noch gschwer[30], an dem ort waren die lungen durch zeserlin[31] angeheft, also wan man sy darvon thůn [35] wolt, man rißen můßt. Es presidiert in diser anatomy D. Guichardus und anatomiert ein scherer. Es kamen über die studiosen vil andre herren und burger darzů, wie auch damoisellen, ob eß glich ein mans person, zů zeschůwen. So gondt auch die münch dorin.

Den 4 decembris spatzierten wir zů dem ursprung deß flus Lez[32], Ledum Latin, so ein halbe tagreis von Mompelier entspringt und uß dem herus[33] flüßt, auch oben herab falt und by Castelnůw[34] aller nechst by Mompelier fir über flüßt und baldt hernoch in daß meer fließt, also daß nur ein tagreiß von seim ursprung biß sein ablauf ins meer ist. In deßen ursprung findt man stein, do daß waßer herab falt, sindt rundt wie ein klugger[35].

Den 5 Decembris war aber ein anatomy eins erwagsenen jünglin⟨g⟩s, so auch wie der ober an der brust sucht gestorben, by dem man auch wie im obgemelten gleiche mangel fandt. Deren presidiert doctor Saporta.

Es war in disem monat december nit fast kalt wie by uns, kein iß noch schnee. Man wermbdt sich allein bim feur, so uf der gmeinen herdtstat, oder die studenten zünden rosmarin an, gibt ein mechtigen flammen und schmeckt wol. Die gmacht halt man zů, beschlißt die fenster, so allein ledlin[36] sindt und der mertheil anstatt der glaß papyrin[37].

26 das viereckig war, im Gegensatz zu dem neuen Rundbau, dem Amphitheatrum anatomicum, das 1556 eingeweiht wurde, s. Kap. 3, A. 707.
27 Pleuritis = Brustfellentzündung, «brust gschwer».
28 in der umgebenden feinen Haut.
29 mose (f.) oder mosen (m.), schwz. = Fleck; blauwlecht = bläulich.
30 gschwer = Abszess.
31 zeserlin = Sehnenbänder.
32 Der Lez, lat. Ledum, entspringt ca. 15 km N von Montpellier und fliesst in NS Richtung
ins Mittelmeer, damals in den Etang de Mauguio, heute bei Palavas-les-Flots. Nach
R. Keiser: Thomas Platter d. J., B. Ch. 9, Basel 1968, S. 91, A. 4.
33 uß dem herus = daraus hervor (aus dem Quellgebiet). Boos 193 las statt «herus» «Gerus»
und suchte dann vergeblich einen Fluss dieses Namens, den es nirgends gibt. Ebenso
Kieffer 30. – Heute fliesst der Lez, von Castelnau kommend, am östlichen Stadtrand von
Montpellier vorbei.
34 Castelnau: 2 km N von Montpellier, an der Strasse nach Nîmes.
35 klugger (baseldt.) = Marmeln.
36 ledlin = Brettlein, Fensterläden.
37 papyrin: aus ölgetränktem, festem Papier.

Man hůlt ein supplication[38], dorin vil pfaffen und münchen giengen mit
umdragen der monstrantzen mit irem sacrament und das wegen des künig
in Franckrich, das eß im glicklich gieng im krieg, den er domalen fůrt
wider Carolum V. den keiser, der domolen Metz blegert hatt, so der
künig kurtz darvor dem Reich entzogen hatt[39].

Den 28 decembris kam Jacobus Huggelin[40], ein Basler medicinae studiosus, gon Mompelier, bracht mir brief, datiert den 27 novembris[41],
darin mein vatter schreib, wie sy in gefor wegen des kriegs so um Strasburg biß gon Metz, so domalen vom keiser Carolo V. in großer kelte
blegert was, sich erstreckt. Item das der sterbendt ze Basel noch wert[42],
auch zimliche theure darby were, ermandt mich aber gar ernstlich mich
wol zehalten, das ich by meinem herren bleiben kente. Er hatte mir zevor
auch geschriben, welche brief ich noch nit entpfangen hatt, bis erst hernoch, wie volgen wirt.

Am wienacht oben sach ich die geferbten kertzen, so allenthalben in
der gremper[43] laden hiengen und man die nacht anzündet. Die apotecker
gsellen, deren zwen waren, sampt Johann Odratzheim, der z'nacht by mir
lag, zogen um mitnacht in kilchen, wie domolen in brauch war, alß eß
noch bepstisch[44]. Ich forcht mich allein zeligen in dem ungehüren hus,
zog in mein studiol, so nit weit darvon oben im haus mit tilen zesamen
geschlagen was[45], verspert mich dorin, hatt ein ampel, las schier bis an
[36] morgen frie[u], biß sy wider kamen, in einem alten Plauto die comoediam Amphytrionis aus.

Am letsten Decembris kam Stephanus Contzenus[46] von Bern gon
Mompelier, der hernoch medicus zů Bern worden.

38 supplication = Bittgang, Prozession.   39 Vgl. Kap. 1, A. 602 u. 612.
40 *Joh. Jacob Huggelin* (Huckely, Hugelius), *ca. 1530, † 1564, Sohn des Schneiders Adam
  Huckely, stud. phil. Basel 1546/47–1552, 1552 m. a., dann med.; 1552 1. Jan. Empfeh-
  lungsschreiben des Rats von Basel für einen Freiplatz an der Universität Paris; Dr. med.
  (vielleicht in Valence?), 1552 28. Dez. in Montpellier (Matr. Montp. 126), 1555 wieder
  in Basel, 1558 hier Professor für Griechisch, später Arzt beim Markgrafen v. Baden,
  †1564 peste; ∞ ca. 1556 Salome Hagenbach, Tochter des Wollwebers Martin H. Nach
  Wackernagel, Matr. Ba. II, 46 und Wappenb. Ba.
41 A. Burckhardt, Brief IX vom 27. Nov. 1552.
42 wert = währt. Zum Sterbendt von 1551/52 s. Kap. 1, A. 508 ff.
43 gremp(l)er = Kleinhändler.   44 Hs.: bepstist.
45 Studierbude auf dem Estrich, mit Bretterwänden eingerichtet.
46 *Stephan Contzenus* (Kunz) von Bern. Er war fast sicher ein Sohn des Stephan und Neffe
  des Reformators Peter Kunz, der am 11. Febr. 1544 starb und in seinem Testament
  vom 31. Jan. 1544 Stephan bedachte. Freundl. Mitteilung von Dr. H. Specker, Staatsarchiv des Kantons Bern. Kunz studierte Medizin in Montpellier 1553–1555, Dr. med.
  Avignon 1556, Stadtarzt in Bern 1556–†1582 8. Aug. Nach Matr. Montp. 127, 1553
  und Kieffer 55, 129. Der Name seiner Ehefrau (Platter behauptet: N. Jung, eines Fischers
  Tochter aus Strassburg) liess sich weder in Bern noch in Strassburg eruieren; sie bezog
  bis 1603 in Bern ein Leibgeding.

Drey Pfeiffer.

Abb. 7. *Drei Pfeifer* mit «Schwegel, Zincken und zwerchpfeiffen», als Beispiel für die damaligen Ständchen. Holzschnitt von Jost Amman, 1568.

Im anfang des neuwen jars fachen glich an allerley kurtzwil, sunderlich ze nacht mit dem hofieren mit instrumenten vor den hüseren mit den cymbalen[47], drümlin und pfiffen darzů, so einer allein verrichtet[48], demnach mit den schalmyen, so gar gmein; item violen, citeren, so domolen erst ufgiengen. Item mit den dentzen, so man haltet in firnemmer burger hüseren, dahin die damoisellen gefiert werden, und dantzt man nach dem nachteßen by nacht liechteren branle, gaillarde, la volte, la direscheine[49]

47   cymbalen = Zimbeln, Schallbecken.

48   wobei ein Musikant die zwei Instrumente allein bediente. Kommt noch heute vor.

49   Felix Platter tanzte sehr gerne, sowohl in Frankreich, wo er die *neuen Tänze* lernte, wie auch nachher zu Hause, und war auf seine Tanzkünste sichtlich stolz. Der *Branle* wurde mit seitwärts gerichteten Schritten und Hin-und-her-wiegen des Körpers, mit Reverenzen und Verbeugungen getanzt. Es gab viele Varianten dieses populären und zugleich hoffähigen Tanzes: den Branle du Poitou mit Stampfen, den Branle des Lavandières mit Klatschen usw. Die lebhaftere, aus Italien stammende *Gaillarde* (Gagliarde, Galliarde) verdankt ihren Namen den hüpfenden, schräg vor- und rückwärts gerichteten Bewegungen im $^6/_8$-Takt. Zu den «cinq pas» fügte sich auf den 5. Taktteil die «Kadenz», d. h. ein hoher Sprung mit nachfolgender «Positur», der Schlußstellung. – Die hier nicht

etc. Daß wert schier biß gegem tag, und wert solch ballieren biß an der faßnacht letsten tag.

[14*] Ein mol solte ich D. Griffi[50] dochter holen und zum dantz fieren, wie breuchlich. Alß ich mit ir dohar zoch und zů einer mistlachen[51] kamen, wolte ich neben sich dretten, ir blatz am suberen ort zemachen, drat ich in die lachen und sprutzt die damoisellen mit dem kott überal, deßen ich mich höchlich schampt, sunderlich wil einer firgieng und meinen spottend sagt, der hat seiner liebsten das wychwaßer geben. Sy gsach wol, das mir nit mit fliß beschechen war, batt mich, ich solte sy wider heim fieren, andre kleider anzelegen, das auch beschach.

[36] Im jenner gleich nach dem neuwen jar hůlten die geistlichen aber[52] ein umgang und supplication, daß der künig sigete im krieg.

Wir Teutschen studenten hůlten ein künigreich[53] mit einer stattlichen moltzeit und music, do ich die luten schlůg.

In dem monat jenner waren die velder schon vol hyacinthen, daß sy blauw darvon schineten.

Den 12 jenners entpfieng ich brief von Basel, welche den 13 novembris datiert waren[54] und durch die kaufleut von Leon übersandt und lang ufgehalten waren, dan sy vor denen, so ich von Huggelio entpfangen und die ersten, so mein vatter gon Mompelier mir schreib, waren. Dorus vernam ich, wie meins vatters magt Anna Oswaldt an der pest kranck

---

genannte *Courante*, ein alter französischer Kunsttanz im $3/_2$- oder $3/_4$-Takt entwickelte sich aus einem pantomimischen Werbe-Spröde-Spiel, das in einen gemeinsamen Tanz der Paare ausmündete; die Courante wurde in ständigem Wechsel von zwei einfachen und einem Doppelschritt nach links, dann nach rechts im Zickzack getanzt. Gaillarde und Courante waren Nachtänze; ihnen ging gewöhnlich ein Vortanz voraus, entweder der ursprünglich spanische feierlich-langsame Schreittanz, die *Pavane* (= Pfauentanz), die mit Barett, langer Robe und Degen getanzt wurde, oder der etwas schnellere *Passamezzo*. Die aus der Provence stammende volkstümliche *Volte* war eine Art Gaillarde, ein Paartanz im $3/_4$-Takt mit gemeinsamem Hochsprung während des Drehens, wobei der Tänzer seine Partnerin kräftig anfasste und in die Höhe hob, was von vielen als unanständig abgelehnt wurde. Vgl. das Tanz- und Lehrbuch des Domherrn Jean Tabourot (= Toinot Arbeau) aus Dijon: Orchésographie (1588, 2. Aufl. 1596), übersetzt und kommentiert bei Albert *Czerwinski:* Die Tänze des 16. Jh. und die alte franz. Tanzschule vor der Einführung der Menuett. Nach Jean Tabourots Orchésographie. Danzig 1878. Fast wörtlich zitiert nach der ausgezeichneten Zusammenfassung bei Rut Keiser, S. 53, A. 4. Hier auch weitere Lit. über Tänze. Eine neue Faksimile-Ausgabe von Tabourot ist seither 1972 in Genf erschienen. – Nirgends gefunden habe ich die von Platter zuletzt genannte «*direscheine*», wahrscheinlich = tire-chaîne, also wohl eine Art Polonaise.

50 Zu *Griffi* (Gryphius) s. Kap. 3, A. 567.

51 lache = Pfütze.

52 aber = wiederum; supplication = Bittgang.

53 feierten den Dreikönigstag (6. Jan.). Vgl. Schw. Id. 6, 159; 3, 334 und den Anhang zu Kap. 15.

54 A. Burckhardt, Brief VIII, S. 10ff.

ORCHESOGRAPHIE

Cefte lettre c finale, fignifie congé comme l'anltre, & n'y a
point de grandR au commencement de ce retour, parce qu'on
le commence fans faire la reuerence, laquelle fe differe iufques
aprés le congé, auant que commencer le cordion.

Capriol.

Expofez moy particulierement & par le menu les geftes &
mouuements fignifiés par ces lettres & memoires.

Arbeau.

La reuerence premier gefte & mouuement, tient quatre bat-
tements de tabourin, qui accompaignent quatre mefures de la
chanfon que fonne la flutte. Anthoine Arena confiderant que
toutes dances commencent par le pied gauche, a efté d'aduis
que la reuerence doit eftre faiéte du pied gauche, toutesfois il
femble en fin qu'il le remette en doute, difant ainfi:

Bragardi certant, & adhuc fub iudice lis eft,
De quali gamba fit facienda falus.

Quand à moy, ie tiens auec mon maiftre, fouz lequel i'ay aul-
trefois appris à Poiétiers, qu'il la fault faire du pied droit:

Ce faifant on a moyen de tourner le corps & la face deuers la
Damoffelle, & luy ietter vn gracieux regard.

Abb. 8. Eine Seite aus der «*Orchésographie*» von Jean Tabourot, 1588, einem Lehrbuch der Tanzkunst, verkleinert. Vgl. Kap. 3, A. 49.

worden, wie oben vermeldet[55], und wider auf kommen, item daß er seine
dischgenger all beurlûbet und daß noch iederzeit die pest regiert. Item
daß Oswaldus Myconius[56] obrister pfarherr im münster den 13 octobris,
der alt und lang ze bett gelegen, am schlag gestorben und im herren entschlafen; der mir noch wenig zevor, alß ich urlûb von im nam, in mein
stambiechlin[57] schreibt disen spruch. Desgleichen, daß sein hußfrauw

55 Kap. 2, A. 39.
56 Über ihn s. Kap. 1, A. 16.
57 Dieses *Stammbüchlein* ist leider nicht mehr erhalten, im Gegensatz zu demjenigen des
    jüngeren Felix Platter II., das auf der Univ.-Bibl. Basel aufbewahrt ist. Vgl. darüber in
    der Festschrift Schwarber, Basel 1949, S. 247f. Christoph Vischer: Stammbücher UBB.
    In den Stammbüchlein, die man besonders auf Reisen gerne mitführte, trugen sich

allein biß an 3 novembris im nachgelept und sanft abgescheiden[58]. Daß auch der ambaßador uß Franckrich, Morelot[59], der domalß ze Basel wont und ein hof, so ietz herr Lux Iselin in hatt, des Frantzosen hof domalen genant, an ein brustenge den 17 octobris gestorben, wie auch der obrist knecht, der Käch[60], uf den tag, an gleicher krancheit. Er ermant mich hoch in disem brief zur Gotsforcht, embsigem studieren und daß ich by dem Catalan mich hielt, domit er sein sun Gilbert von Strasburg, wan die pest nachlies, an mein statt kente fir ein dusch haben, dan mit gelt mich in der frembde lenger zehalten were im unmüglich.

[37] Meins vatters ernstlich schreiben und manen vermocht vil by mir, also daß ich embsig studiert, welches meim alten herren Catalan gar wol gefiel. Er redt altzeit Latin mit mir, uf sein wiß, schlecht und wan ich im etwas Latinischer[61] antwortet, verwundert er sich dorab. Sunderlich aber wan wir nach dem nachteßen by der herstatt uns wermbten, gab mir der alt Cathalan, mein herr, ein alte bibel, Latinisch, darin kein neuw testament, dorinnen ich im laß und leit im zů zeiten ettliche sprich uß, sunderlich, do ich im im profeten Baruch las, wie er wider die bilder und götzen schreibt, gefiel es im wol; dan er, alß der ein Marran was, auch wie die Juden nit vil doruf hielt, dorft aber nit offentlich darwider reden, sagt oft: «ergo nostri sacerdotes», daß ist: warumb handt sy dan unsere priester[62]. Do sagt ich im, wie sy unrecht thäten und wie wir in unserer religion nit litten; bracht vil sprich zeprobieren, daß eß von gott ver-

---

Freunde und Bekannte mit ihrer Unterschrift und einer Widmung – oft einem lateinischen Spruch – zur Erinnerung ein; Adlige fügten zuweilen ihr Wappen bei. – Ein später letzter Nachfahre dieser Stammbüchlein sind die heute noch bei Schulmädchen üblichen Vergißmeinnicht-Alben.

58 Gemahlin des Myconius: Name unbekannt, sie starb am 3. Nov. 1552; «tamquam dormiens obdormivit in Domino». Thomas Platter, Briefe, hg. v. Ach. Burckhardt, S. 11.

59 *Antoine Morelet* du Museau, Seigneur de la Marcheferrière, *ca. 1500, †1552 17. Okt., Sohn des Generals und früheren französischen Gesandten in der Eidgenossenschaft, latinisiert «Maurus Musaeus», 1533/34–1536/37 in Basel als Religionsflüchtling, 1536 16. April Bürger von Basel, 1537 von König Franz I. amnestiert und zurückberufen, seit 1545 als ausserordentlicher Gesandter Frankreichs in der Schweiz. Seit 1546 wohnte er im Sintzen- oder Franzosenhof (nach ihm so benannt), dem später als «Rosshof» bekannt gewordenen Gebäude am Nadelberg 20/22. Hist. Grundb. Weitere Details bei Paul Burckhardt, B. Ch. 8, 231 ff., A. 21. – Nach Morelet besassen den Rosshof die Iselin bis 1781; der von Platter für «ietz» (d. h. 1612) erwähnte Besitzer ist Joh. *Lukas Iselin III.,* 1553–1632, Tuchmann wie sein Vater. Hist. Grundb. u. Wappenb. Ba.

60 der Käch = *Hans Keck,* Schuhmacher von Bregenz, 1517 Bürger von Basel, dann Oberstknecht (eine Art Oberst der Polizei); ∞ vor 1521: Margaretha Jungermann, †1552 17. Okt. an Angina pectoris. Thomas Platter nennt ihn «unser nachpur»: vielleicht wohnte er im nahen Aeschenschwibbogen, der im ganzen 15. Jh. dem Oberstknecht als Wohnung diente; in der Stadtbeschreibung von 1610 erwähnt ihn zwar Felix nicht. Vgl. Wappenb. Ba. und P. Burckhardt, B. Ch. 8, S. 266, A. 20 u. 21.

61 Latinischer (Komparativ), d. h. in besserem Latein.

62 Hs. (irrt.): preister.

botten were. Das gefiel dem Catalan gar wol, sagt wie ich in der iugendt solches hette kennen ergrifen und so weit mit dem studieren kommen, dan er meint, ich were über die mose gelert[63]. Den berichtet ich, wie mein vatter alß gymnasiarcha, oberster schůlmeister, mich also mit anderen von jugendt uf dohin gezogen. Daß bewegt den Catalan, das er dester mer bewegt, sein sun Gilbertum, den er on daß willens was, von Strasburg zů meim vatter ze thůn, dester ehr durch erste gelegenheit zů im zeziechen, schriftlich anzemanen, welches mich seer freuwet, das ich also den dusch zum theil selbs, obgemelter gestalt, hette befürderet, forcht doch die pest, so noch ze Basel regiert, dorumb mein herr nüt wußt und ich im iederzeit verhalten hatt, hette mich sunst nit anfangs, alß der eben doruß kam, ingeloßen, mechte solch werck verhinderen.

Den 14 jenners schreib ich widerumb nach Basel meim vatter, zeigt im an, wie so gůte gelegenheit zů Mompelier in der medecin ze proficieren[64], wegen der exercitien in anatomia etc., insunderheit wil ich in der apoteck, dorin ein gros thůn mein herr hatt, also daß er vier, fünf diener von nöten, ze proficieren wonete, und alle sachen täglich erfiere. Item mein herr und sein husfrauw liebeten mich, alß were ich ir sun. Von nüwen zeitunge sagt ich, wie es allerley redt gebe, daß der künig aus Franckrich mit dem Türcken ein bündtnus gemacht hette[65]. Mein herr Catalanus schreib auch meim vatter, er were vorhabens sein sun Gilbert und Jacob von Strasburg nach Basel zeforderen und den einen zů im, den Jacobum zum statschriber[66] wider zethůn, wil Fridericus[67] deßen dusch er gewesen, wider solt von Paris nach Mompelier kommen. Ich schreib sunst auch meiner

---

63 über die Maßen gelehrt (Kieffer 35: «un puits de science»).

64 lat. proficere = Fortschritte machen.

65 Das *französisch-türkische Bündnis* geht auf das Jahr 1536 zurück und führte 1541/42 abermals zu einem militärischen Zusammenwirken (1541 eroberten die Türken fast ganz Ungarn, 1542 nahm eine französisch-türkische Flotte Nizza ein). Die Jahre 1552/53 brachten eine erneute Intensivierung: Während Karl V. vom 19. Okt. 1552 an bis im Jan. 1553 erfolglos Metz belagerte, hatten die Türken bereits im Mai 1552 eine neue Offensive im Banat unternommen, im Jahre darauf vereinigten sich die französischen Galeeren mit den türkischen und griffen Neapel an. Vgl. Ranke: Dt. Gs. im Zeitalter d. Ref., Phaidon-Ausg., S. 838ff., 1155ff.

66 statschriber: *Heinrich Ryhiner* (sprich: Richner) der Ältere, *?, †1553 18. April, aus Brugg AG, immatr. in Basel 1508 (Matr. Ba. I 293), Bürger von Basel 1518, erst bischöflicher Prokurator, dann Rats- u. Stadtschreiber zu Basel sowie kaiserlicher Notar, bekannt als Verfasser einer Chronik des Bauernkrieges von 1525, hg. v. A. Bernoulli in B. Ch. 6, S. 463–524. ∞ 1. N. Murer, Stieftochter des Bürgermeisters Jakob Meyer zum Hasen, 2. Elisabeth Rössler; er wurde der Begründer des Basler Zweiges der noch heute blühenden Familie, s. Wappenb. Ba. u. Schw. Geschlechterb. XII, S. 314f. Eigentümer des Hauses «zum Rosenfeld», Freie Strasse 40/Ecke Pfluggässlein (vormals Helbing & Lichtenhahn).

67 Joh. *Friedrich Ryhiner:* der jüngere Sohn des Stadtschreibers, 1549–1552 und 1553/54 in Montpellier bei Catelan, s. Kap. 2, A. 4.

mûter, D. Johan Huber, D. Petro Gebwiler, landtschriber zû Rötelen, by dem ich gewont hatt, und meim vetter Laurentio Offnero gon Strasburg, und meinen gesellen, danno der Martinus Huberus[68] und Daniel Wieland[69].

[38] Den 8 hornungs zogen von Mompelier hinweg widerumb heim gon Wirtzburg durch Basel Erhardus und Martinus Stibari[70], des bischof von Wirtzburg frindt, und mit inen Georgius Fischerus[71], ir praeceptor. Item Locherus[72]. Wir gaben inen das gleit, biß in daß dorf Sambres[73]. Do bleiben wir übernacht; driben vil gauglery die nacht.

Ich schreib meim vatter durch dise glegenheit, wie auch mein herr, daß mein vatter solte, so baldt die pest nachlies, den Gilbert von Strasburg beriefen und zû im nemmen, und daß der statschriber, herr Rihener, den Jacobum gleicher gestalt zû sich nemmen solt, wil Fridericus von Paris schreib, wie auch mir, er wolte wider baldt zû Mompelier sein.

Den 12 hornungs, in unsers calender herren faßnacht, waren allerley dentz hin und wider in der statt mit allerley seitenspil und mumerien auf allerley manier. Daß wert[74] auch den mentag, wie auch den zinstag[75], so man mardi gras, den feißten zinstag nempt, an welchem tag junge burger umzogen, hatten am halß seck hangen voller pomerantzen, die gar wolfeil, das man das dotzet[76] um ein pattart, ist 2 d kauft. Item drûgen körb fir schilt. Do sy auf den blatz kamen by Nostre dame, Unser frauwen, warfen sy ein ander mit pomerantzen, daß der gantz blatz vol zerbrochener pomerantzen lag.

Am Eschenmitwuchen facht die fasten an, in welcher man kein fleisch noch eier by lib straf eßen dorft, wie wol wir Teutschen heimlich zû zyten solche spyßen aßen. Do lart ich, ancken[77] im papir ob der kolen zerloßen[78] und eier drin schlachen, wil ich kein ander gschir aus argwon nemmen dorf. Ich[79] warf ein mol schier die gantze fasten die eier schalen, von denen, so ich im ancken und sunst im papir ob dem liecht gebroten

---

68 Der älteste Sohn des Arztes, s. Kap. 1, A. 295.

69 *Daniel Wieland*, *1536, †1581, Sohn und Nachfolger des berühmten Mülhauser Stadtschreibers Ulrich Wieland; Matr. Ba. II 64, 1549/50.

70 Stibari: s. Kap. 3, A. 5.

71 *Georg Fischer* von Strassburg: Matr. Montp. 122, 1551, 1. Dez. Anderweitig nicht bekannt.

72 *Locherus:* vielleicht der wohl auf einem Schreibfehler beruhende «Petrus Lonehius (Saludus), dioc. Herbipolensis», in der Matr. Montp. 122, 1551 23. Nov. Herkunft und Zeit stimmen.

73 Sambres = Saint-Brès. Kieffer 37.

74 wert = währt.

75 zinstag, zyschtig = Dienstag.

76 dotzet (schwz.) = Dutzend. – pattert: Kupfergeld, = 2 d.

77 ancken (schwz.) = Butter.

78 zerloßen = zergehen lassen.

79 Hs. (irrt.): ir.

aß, uf mein studiol[80], die fandt hernoch ein magt, zeigts der frauwen an, die war gar übel zefriden, lies doch darby bleiben. Man zerwirft gemeinlich die hefen, dorin man fleisch kocht und brucht nüwe zů den fischen.

In meins herren haus lebte man gar ring[81], wie auch alle zeit uf Spanisch und wie die Marranen, welche die speis so die Juden miden nit eßen pflegen. Im fleisch tag zů mittag ißt man ein suppen, doruf nauraux[82] oder kraut, von hammelfleisch, selten von ochsen, sindt gůt, wenig brie[u][83] doran; ißt man mit den henden, [39] ieder aus seiner schüßlen; darnoch daß gsotten fleisch. Zů nacht altzeit ein salat, darnach ein klein brettelin[84]. Waß überbleibt, ißt das volck. Brot hat man gnůg, ist gar gůt. Item wein vol uf, der gar rot, wird geweßert fast druncken, welches waßer die magt eim bringt, mag einer vil oder wenig ausschütten, alß dan wein drüber gießen laßen. Waß einer nit ausdrinckt, schüt die magt aus, dan der wein nit über die jor zů behalten, seirt[85] baldt zů eßig.

In der fasten gieng eß zimlich schmal zů. Man gibt ein kraut suppen von köl mit öl kocht; darnoch der mertheil merlußen[86], sindt wie unsere stockfisch, bringt man thir[87] anderswo vom mer; und von merfischen griene blatislin[88], legt man in ein blettlin[89] öl, darüber saltz, dech⟨t⟩s zů, laßt ob der kolpfannen ob dem tisch kochenn; und sunst kleine merfischlin; zů zeiten von den großen thunnen[90], so 14, 15 und mer schů lang; gekocht alles mit öl, dan man kein ancken[91] und deßhalb so lange jor ich da gwesen, kein ancken geßen. Man hatt auch machairaux[92], sardinen, sindt gůte fisch, gesotten und bachen[93], andre fisch, deren sunst vil aus dem mer gebrocht, wie auch die al in großer zal und große krebß, langusta, 2 schů lang, und kleine kreps on scheren, squillae[94], deren man vil kratten vol bringt, sindt in unsrem hus nit vil gebraucht. Zenacht auch in der fasten altzeit ein salat von lattich oder wißen endivien und zů zeiten zwibelen, deren man merckliche hüfen ein spies hoch[95] uf Bartholomaei

---

80 studiol: das erwähnte Studierstüblein im Estrich.
81 ring = gering, bescheiden.
82 nauraux = naveaux. Kieffer 38.
83 brie[u] = Brühe, Sauce.
84 brettelin: brätelin, kleiner Braten.
85 seirt = säuert, wird zu Essig.
86 frz.: merluches = Stockfische.
87 thir = dürr, gedörrt.
88 mhd. blatise (mlat. platessa) = Plattfisch, Seezunge.
89 blettlin = Plättchen.
90 thunen = Thunfisch, Thon.
91 ancken (schwz.) = Butter.
92 machairaux = maquereaux, Makrelen.
93 ˈbachen = gebacken.
94 Squilla mantis = Heuschreckenkrebs (Maulfüssler).
95 ein spies hoch: ein Maß.

uf dem blatz verkauf, gebroten mit einer sie[u]sen brie[u], und schier
den gantzen winter broten kestenen[96]; sunst weder käs noch obs.
Es war gleich im hornung schön wetter und warm. Mich blanget[97] daß
meer zesechen, daß ich noch nit dan von weitem ersechen. Zogen also
den 22 hornungs in daß dorf Perau[98], so am see ligt, etwan zwo stundt
von Mompelier. Do sachen wir glich darby in einer matten ein loch,
dorus gwellet ein waßer ob sich, alß wan eß sutte mit großem grisch[99]
und ist doch yßkalt. Man sagt, der künig habe ein mol eim laggeien
darvon zedrincken geben, der sye an der stett gestorben[100]. Wir kamen

96 'broten kestenen = gebratene Kastanien. Vgl. A. 93.

97 Mich blanget (mhd. u. schwz.) = mich verlangt, ich sehne mich.

98 Perau = *Pérols*, ca. 8 km SE von Montpellier, am Etang de Perols.

99 Daraus quillt ein Wasser hervor, als wenn es sötte mit grossem Geräusch. – Wie mir
Herr Dr. Louis Dulieu in Montpellier, Secrétaire général de la Société internationale
d'histoire de la médecine, freundlich mitteilt, existiert dieses Wasserloch noch heute
zwischen Pérols und der Autostrasse, allerdings in sehr vernachlässigtem Zustand, ja
es dient sogar als Ablagerungsstelle für allerhand Schutt, aber zu gewissen Jahreszeiten
enthält es noch Wasser und strömt dann auch noch Gas aus: es handelt sich um Kohlen-
oxyd. Im 18. Jh. haben sich mehrere Gelehrte mit der Sache befasst, u. a. Henri Haguenot:
Projet d'un mémoire sur les eaux du Boulidou et sur les phénomènes que l'on observe
à un puits de Pérols ... Assemblée publ. de la Soc. royale des sciences de Montpellier du
21 nov. 1743, und derselbe in: Hist. de la Soc. Royale des sciences de Montpellier ...
Tome 1, 1e partie, p. 127s., 1766, et p. 245s., 1778. Der «Brunnen» von Pérols sowie
viele andere dieser Art verdanken ihre Entstehung den vulkanischen Erschütterungen
des Massif Central, welche sich bis zum Mittelmeer ausgewirkt haben. Allein im Dep.
Hérault gibt es zahlreiche vulkanische Erscheinungen, «dickes» oder «volcans», so in
Octon, Le Puech, Caux, St. Thibéry und Agde. Dieser Linie entlang treten auch Thermal-
quellen auf, deren bekannteste sind die von Lamalou-les-Bains und Balaruc, in Palavas-
les-Flots die Source Jeanne d'Arc unter dem Gemeindehaus. In Pérols wurde vor einigen
Jahrzehnten eine zweite solche Quelle entdeckt. Daneben gab es – laut Thomas II. –
in nächster Nähe noch einen Sodbrunnen mit denselben Eigenschaften. Haguenot
beschreibt das Wasser als «trüb, von grünlicher Farbe, sumpfigem Geruch und ohne
Geschmack»; es diente auch lange Zeit als Heilbad. Thomas II. Platter (Ausg. Keiser
S. 144, 153) hat den seltsamen Brunnen von Pérols – vielleicht auf Rat seines Bruders –
1596 gründlich beobachtet und damit Versuche angestellt, über die er ausführlich berichtet: Er hielt drei Hühner über das ausströmende Gas, und diese starben sogleich,
während eine Katze dieselbe Prozedur viel länger aushielt. Es soll vorgekommen sein,
dass Vögel, die über den Brunnen flogen, tot herabfielen. Sogar Menschen gerieten
zuweilen in Lebensgefahr. Thomas behauptet, das Dorf habe seinen Namen «Peirau»
von diesem Kessel. Wie mir Herr Prof. C. Camproux, der Spezialist für romanische
Sprachen in Montpellier, freundlich mitteilt, bedeutet «lo pairol» im Südfranzösischen
(en occitan) tatsächlich «Kochkessel», doch kommt der Dorfname nicht daher, sondern
von lat. petre > occ. peira; Perairolum (schon 804) > Pérols.

100 Dieses Gerücht ist wohl falsch. Glaubhafter ist das Gegenteil, das Thomas berichtet:
das Wasser habe den gleichen Geschmack wie gewöhnliches Brunnenwasser, Jacob
Catalan habe einen Knecht gesehen, der ein ganzes Glas voll ohne Schaden getrunken
habe. Gefährlich sei der Brunnen vor allem im Sommer, wenn aus dem wasserleeren
Loch die giftigen vapores austräten.

Montpellier. Stich aus dem 17. Jahrhundert. Links die Zitadelle (nach dem Religionskrieg), rechts die Türme der Cathédrale Saint-Pierre.

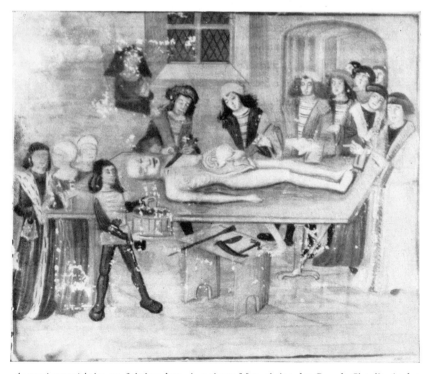

Anatomieunterricht im 14. Jahrhundert. Aus einem Manuskript des Guy de Chauliac in der med. Fakultät in Montpellier.

Guillaume Rondelet, *1507, †1566, einer der bedeutendsten Professoren von Montpellier (s. S. 138). Kupferstich aus seinen Werken.

Antoine Saporta, †1573, der Studienvater Felix Platters, ein Marrane. Professorenporträt in Montpellier.

an see, der gsaltzen waßer hatt[101], ist zimlich breit, nit gar dief, daß einer fast dardurch watten kan. Mir fanden ein schif[t]lin, aber nieman darby, müßten selbs eß mit dem seil, wil kein růder darby, hinüber ziechen, do dan ettlich [40] zugen, ettlich im schif saßen, kamen also wider an das landt, so zwischen dem see und dem hohen meer an ettlichen orten nit über zwentzig schritt breit und obglich das meer flůtet und hohe wellen gibt, falt es[102] denecht nit zesamen. Es wagsen vil merkrüter uf dem boden und gegen dem mer ist es schier mit luter muschlen allerley und fischbein, ossa sepiae bedeckt, kendt man vil wegen[103] in eim kurtzen ort samlen. Daß mer im flůten falt eß wiitt hinder sich, daß der sandt wiit leer doruf man gon kan, aber glich falt eß wider fir sich, einest wenig, einest wiit nach dem landt, daß wan einer, so noch darby, nit fleucht, baldt im in die schů und bas hinuf laufen thůt. Wir zogen uns auß und badeten dorin; ob es gleich noch vor s. Mathis tag war, so war doch daß mer lidelich[104] und der sandt dorumb so warm, das mir uns domit nachent bedeckten, wan uns frieren wolt. Eß macht eim ein scherbe[105] haut, heilt die rudt[106] seer. Ich samlet allerley müschelin von vil farben, item kreps, deren eß vil im see, so rundt und by sitz[107] laufen, und sunst allerley. Zogen alß dan wider über see gon Perau, do wir aßen und znacht wider gon Mompelier.

Man hůlte vil lection: am morgen laß Sabranus, darnoch Saporta, uf in Scyronius, um nüne Rondeletius, nach mittag laß Fontanus, Bocaudus, Guischardus, Grischius[108]. Wir deiunierten[109] zů zeiten am morgen wan

---

101 Der *Etang de Pérols* ist eines der zahlreichen Binnenmeere mit halbsalzigem Wasser, die sich der ganzen Küste entlang ziehen. Vgl. Vorsatzblatt («stagna»).

102 es = das Land, d. h. die schmale, heute jedoch breitere Landverbindung, über die heute sogar die Autobahn führt.

103 wegen = Wagen (voll).

104 lidelich = leidlich, d. h. ziemlich warm.

105 Festigt die Haut; scherp (< mhd. sarf) = trocken, hart, spröde. Seiler, Basler Mundart, S. 252.

106 d'rud[t] = rüde, Räude, Krätze. Seiler 242.

107 by sitz = beiseite, schräg laufen; also: Krabben.

108 Von den hier genannten *8 Dozenten* waren *Saporta, Rondelet, Schyron* und *Bocaud* die vier staatlich besoldeten «professeurs royaux»; *Guichard, Fontanon* und *Griffy* (Grischius) waren «professeurs agrégés». Kieffer 41 ff., A. 2. – Saporta und Rondelet waren die zwei bedeutendsten, s. Kap. 3, A. 17 u. Kap. 2, A. 106. *Jean Schyron* oder *Scurron* (sein eigentlicher Name war Esquiron. Kieffer 142, A. 1) ist in der Matr. Montp. 25, 1514 eingetragen als Johannes *Drulholg*, andusianus (von Anduze/Gard), Nemausensis dioc.; er wurde 1521 Dr. med., gleich darauf Professor in Montpellier, 1530 Régent, 1539 Kanzler, †1556; 1609 erschien in Genf postum sein kleiner Traktat «Methodi medendi seu Institutionis medicinae faciendae libri IV». Kieffer 42 f., Anm. Der vierte Ordinarius war *Jean Bocaud*: Joannes Bocaudus, natione Gallie, dioc. Magalonensis, Dr. med. 1540, Prof. 1547 als Nachfolger von Fontanon, †1561 8. Juli. Nur 1 Werk: «Tabulae curationum et indicationum ...», Lyon. Matr. Montp. 67, 1532 und Kieffer 43, Anm. Bocaud

---

Scyronius laß; der war gar alt, hofiert ein mol in die hosen auf der cathedra[110]. Zogen ein stündlin zů den dryen künigen in der vorstat, nit weit vom collegio[111], namen ein fulliete[112], 1 maß muscat, der seer gůt, ein stückle fleisch, zů zeiten schwines, wil ich by meim herren keins aß[113], ein wenig senf, so seer lieblich[114], und verthat einer etwan ein stüber, dan die moß[115] muscat nit mer alß ein stüber domolen kostet, ist ein batzen[116], oder auch ein carolus, ist ein doppelfierer.

Man promoviert domolen im Mertzen vil baccalaureos, dorunder auch ein Spanier, der erlůbnus hatt dozebleiben, dan domols kein student aus Spa⟨n⟩ien do studieren dorf⟨t⟩. Eß wardt auch Galiotus[117], so an deß Tigurini Schnebergers stat ze Basel gewont hatt (so hernoch medicus zů Cracou in Polonia worden)[118] und teutsch kont, weib und kindt ze Mompelier hatt, bacchalaureus, der vil by uns Teutschen wandlet. Man promo-

war (wie Rondelet) Calvinist; bei seiner Beerdigung kam es darob zu einem Streit. – Über die *Agrégés* s. u. Register. – Der von Platter ferner genannte Sabranus (nach Kieffer «sonst unbekannt») findet sich in der Matr. Montp. 85, 1539: *Jean de Sabran*, der 1548–1555 in Montpellier «docteur régent» war. Ursprünglich hatten alle Doktoren der Fakultät das Recht zu dozieren, zu examinieren und zu promovieren. Seit 1498 gab es die 4 Professeurs royaux, und nach einer Übergangslösung wurde die Zahl der Professoren durch die Statuten von 1554 auf 9 und dann auf 8 festgesetzt. Nach Kieffer 42, Anm. Interessant ist der frühe Beginn der Vorlesungen, offenbar schon um 6 Uhr, sowie die hohe Stundenzahl.

109 deiunierten = déjeunierten, frühstückten.

110 Hs. (irrt.): cathreda.

111 Das «*Collège royal de Médecine*» befand sich seit dem 15. Jh. an der Ecke der *rue du Bout du Monde (heute: rue de l'Ecole de Pharmacie)* und der rue du Calvaire. Nach der Revolution siedelte die medizinische Fakultät in den alten *Bischofspalast* über, wo sie sich noch heute befindet. In das leergewordene Gebäude zog 1803 die Ecole de Pharmacie, die der Strasse den neuen Namen gab. Nach Louis Dulieu: Les écoliers en médecine de Montpellier à l'époque de la Renaissance, Monspeliensis Hippocrates, Nr. 38, hiver 1967, p. 16, und persönlichen Auskünften. Seit ein paar Jahren ist dort nur noch das Labor. nat. de contrôle des prod. pharm., während die Fac. de Pharm. einen Neubau in der weitern Umgebung bezogen hat.

112 fulliete = Folheta, provenzalisches Weinmaß. Nach Levy: Provenzalisches Supplement-Wörterbuch, Bd. 3, Leipzig 1902, S. 524

113 Schweinefleisch war im Hause des Marranen verboten, Kap. 3, ab A. 77.

114 hier: mild.

115 moß = Mass. Welches Mass hier galt, weiss ich nicht. In Basel vergleichsweise betrug die «alte maß» 1,42 Liter.

116 1 Batzen = 10 Rappen oder 20 Pfennige.

117 Sehr wahrscheinlich *Joh. Gallot⟨i⟩us*, bei dem Platter und seine Freunde im geheimen sezierten.

118 Nur der vom Hsg. in Klammern gesetzte Relativsatz bezieht sich auf Schneeberger, alles andere auf den Franzosen Gallotius. – *Anton Schneeberger* stammte aus einer adeligen Zürcher Familie («Tigurinus») und studierte seit 1549/50 in Basel, 1557 in Montpellier, 1558 in Padua, wo er ein liederliches Leben führte, 1560 in Königsberg. Er galt als clarissimus vir ... med. et phil. doctor», praktizierte in Krakau und gab auch wissenschaftliche Werke heraus, so einen «Catalogus plantarum latino-germanico-polonicus» 1557. Nach H. G. Wackernagel: Matr. Ba. II 65; Matr. Montp. 140; HBLS 6, 216.

viert auch ein licentiaten, M. Petrum, in deß bischofs hof mit vil gebreng[t].

Georgius Fischerus, der Stibaren praeceptor, so mit inen bis gon Leon
zogen, kam wider zů uns den 9 Mertzen, und darnoch den 2 Aprellen kam
Michael Hofmann[119] von Hall auch zů uns.

Ich bekam den 6 aprellens meine biecher von Basel, welche mir herr
Gabriel Fry[120] nach Leon verfertiget und herr Thomas Guerin[121], domalß
ein bůchfierer zů Leon, gon Mompelier geschickt hatt, durch den Bon-
homme drucker zů Leon.

[41] Den 7 aprilis wolten wir gon Magelone, so zwischen dem see und
hohen meer ligt, kamen in daß dorf Villeneufe, konten aber kein schif
finden, daß wir über den see fůrindt, můßten also wider heim[122].

Den 22 aprellens gnas des alten Catalani[123] meins herren frauw Elionora
Bietsch, deren vatter Raphael Bietsch hieß, hatt breuder so kaufleut und
ein schwester zů Leon, deß Jhan de la Sala eins medici, so ein Spanier,
frauw, alle Marranen. Sy gnas in dem sal, do mir aßen, hinder eim umhang[124], gebar ein sun, so Laurent genant wardt und heimlich beschnitten
und dauft, wie sy pflegen etc.

2 Maij empfieng ich brief von Friderico Rihinero, der in zwifel satzt,
eb er vor dem winter wider gon Mompelier kommen wolt oder in Italiam
zien.

5 maii zog Thomas Schöpfius, so mit mir nach Mompelier von Basel
aus verreißt, wider hinweg nach haus zů seiner hußfrauw und kinden,
doctoriert underwegen zů Valentz; durch den schreib ich meim vatter,
wie eß mir ergangen. Namlich eß hatt sich zůgedragen, das, nach dem ich
vermeint, eß werde des Catalani sun Gilbert zů meim vatter kommen, wie
mein herr selbs solchs meim vatter hatt im hornung zůgeschriben, daß

---

119 *Michael Hofmann* von Schwäbisch Hall (Hallensis in Suevia), Matr. Montp. 1553 18. April;
vielleicht identisch mit Michael Hofmann aus Schwäbisch Hall (de Hala Suevia dioc.
Herbipolensis), Matr. Heidelberg I 596, 15. Dez. 1546.

120 *Gabriel Frey* (1548–1558), Bürger von Basel 1548, ein Neffe des angesehenen Tuchmanns
und Deputaten Hans Rudolf Frey; ∞ Katharina Wecker, seit 1549 22. Aug. im Mitbesitz
des Hauses Freie Strasse 19. Wappenb. Ba. u. HGB.

121 *Thomas Guerin* (auch Gering oder Göring), identisch mit Thomas Guarin, dem Buchdrucker aus Tournay, *1529, †1592; er beförderte mehrmals Briefe für die Familie Platter
(s. Briefe Thomas, hg. v. Ach. Burckhardt, Register), 1554 wurde er auf der Rückkehr
von der Frankfurter Messe von Strassenräubern ausgeplündert; 1557 ∞ Elisabeth Isengrien (Kap. 5, A. 65). Nach Wappenb. Ba.; Rud. Wackernagel: Buchdrucker ... Basel,
Mscr. St. A. Ba. Aq 148, S. 88; Rud. Wackernagel: Rechnungsbuch Froben u. Episcopius,
Basel 1881, S. 102f.

122 Dafür besuchte er Maguelone dann im Okt. 1553, s. Kap. 3, A. 806 ff.

123 Laurent C. war damals bereits im Grossvateralter, über ihn und seine Familie s. Kap. 2,
A. 172 u. 174.

124 umhang (baseldt.) = Vorhang.

hiezwischendt Conradus Forer[125] von Winterthur, der do studiert und
wegen seines unbesinten schriens, der Schrentzer[126] von uns genant wardt,
alß er in unser apoteck by dem herren stůndt, darby ich nit was, heraus
blodert[127], eß neme in wunder, daß des[128] herr Catalan seine sün⟨sich⟩gon
Basel thůn, dywil die pest doselbst ietz lang regiert hab und noch wäre;
dorab mein herr sich verwundert, das im solches verhalten worden. Zů
dem kam auch diser unwillen: eß war des herr statschreibers eltester sun
Henricus Rihener[129], so by im gewont hatt, doctor worden und gon Salers
in Au⟨v⟩ernien gezogen, doselbst ein weib genommen und dem Catalano
ein zimliche summa gelts schuldig verbliben, welche zů bezalen er Cata-
lanum uf sein vatter wise. Er aber, der vatter, über den sun, wegen das er
wider sein willen gehandlet, eß nit thůn wellen, sunder auf den sun ge-
wisen. Welche beide stuck den Catalan bewegt, das er sein meinung
geendert, den Jacoben sein sun nit mer zum statschriber, noch Gilberten
zů meim vatter nach Basel ze thůn, sunder gon Leon eim kaufman, so
in die fasten mäß nach Francfort zien wurdt, zůgeschriben, in seiner
widerkunft und durch Strasburg reißen, solte er beide sün von dannen
mit ihm nach Leon nemmen, sy von danen heim zenemmen. [42] Welches
alles, alß eß mir unwißendt beschach und ichs hernoch vernam, alß das
gschrei gieng, sy wurdendt baldt zů Mompelier ankommen, erschrack
ich seer, gieng mit Thomas Schepfio, der noch by uns was und sich

125 *Conrad Forrer* von Winterthur, Matr. Montp. 127, 1553, verliess Montpellier 1555 16. April
     und doktorierte in Avignon 1555. Er praktizierte in seiner Vaterstadt und stand in
     regem Verkehr mit Konrad Gessner in Zürich, aus dessen Historia animalium er das
     Tierbuch und das Fischbuch 1563 in deutscher Bearbeitung erscheinen liess. Nachdem
     er sich der Theologie zugewandt hatte, wurde er 1562 in Zürich ordiniert und erhielt
     die Stelle eines zweiten Stadtpfarrers in Winterthur, die er trotz mehrfachen Anklagen
     wegen seiner freisinnigen Anschauungen bis zu seinem Tod behielt. †1594 11. Nov.
     Er hinterliess eine botanische Arbeit, in der er ein neues System der Pflanzeneinteilung
     versuchte. HBLS 3, 201. Matr. Ba. II, 60 Conradus Farerus, 1548/49.
126 schrentzer = Schreier; schrenzen = zerreissen, laut trompeten.
127 blodert (mhd.) = plauderte.
128 Hs.: des. Boos korrigiert zu «der»: «daß der herr Catalan seine sün gon Basel thůn»
     (wo es dann jedoch «gethon» heissen müsste). Ich lasse den originalen Text stehen
     und ergänze nur das «sich»: sich gon Basel thůn = sich nach B. begeben. Schw. Id.
     13, 325 f.
129 *Joh. Heinrich Ryhiner* (sprich «Richner»): *ca. 1527, †1594, der älteste Sohn des Basler
     Stadtschreibers Heinrich R. und der Elisabeth Rössler. Er studierte seit 1542 in Basel
     (Matr. II, 28), als Stipendiat seit 1547 in Paris und 1548 in Montpellier (Matr. Montp. 112),
     wo er 1553 als Dr. med. erscheint. Vielleicht hat er bereits 1549 in Avignon «per saltum»
     doktoriert. Nach Platters Angaben zog er jedoch vor dessen Ankunft (Okt. 1552) unter
     Hinterlassung von Schulden nach Salers in der Auvergne, wo er eine Französin heiratete
     und katholisch wurde. Nach einem ersten militärischen Abenteuer 1547 trat er jetzt in
     französische Dienste und fiel 1594 bei der Belagerung von Laon. Für Felix war er stets
     ein abschreckendes Beispiel. Vgl. ausser den Matr. das Wappenb. Ba., Paul Burckhardt
     in B. Ch. 8, 259, A. 10 und ausführlich B. R. Jenny: Amerb.-Korr. 6, 20f.

meinen annam, in die apoteck, den herren zebefrogen, eb dem also wäre. Doruf er sagt, ja eß wäre wor und wartete alle tag, wan seine beide sün kämindt, zeigte die ursach an, sunderlich uf den Henricum klagendt, worumb solches beschechen, hette sunst an mir nichts zeklagen, were im lieb, wolte sechen, wie er mir underhulfe. Alß ich aber firwendet, mein vatter wurde mich nit so lange zeit, die ich zů Mompelier gedechte ze-verharren, zů volendung meiner studien bis auf den gradum doctoratus, in eim dischgelt erhalten kennen und hette er mir schon verdröstung thon, den dusch anzenemmen, derhalben den gantzen tag drurig, wie auch ob dem nachteßen kleinmietig war, wardt mein herr dorab bewegt, der on daß gern ein sun by meim vatter in den studiis ze proficieren hette gehapt, daß es in rüwet und mich dergestalt dröstet, er sye nit gewis, eb sy kommen; wo sy nit kämendt und noch im Teutschlandt oder schon zů Leon werindt, welle er ietz durch Thoman Schepfium, der wegfertig, schreiben, daß Jacobus der jünger zů meim vatter sol, der elter aber Gilbert solle heim zien. Im fal sy beidt kämindt, welle er mir wol um ein anderen dusch helfen, oder paedagogi etwan eim sein sun um den disch zeunderwisen[130], wie vil studenten sich dergestalt zů Mompelier behelfen. Zů allem glick, eb Thomas hinweg schiedt, kommen die kaufleut von Mompelier aus der Leoner mäs, so um osteren, wider heim, mit welchen[131] seine sün kommen solten, zeigen an, der Leonisch kaufman so gon Franc-fort zogen, sye im widerreißen nit nach Strasburg kommen, derhalben nieman mit sich brocht. Dorab ich seer erfreuwt, alß mein herr mir solches anzeigt, auch glich brief durch Thoman meinem vatter schreib, er solte den Jacobum so baldt die pest nachgeloßen hette, wie dan wir solches innen wurden, zů sich nemmen und Gilbertum nach Leon heim schicken, welches ich auch durch Thoman wie obgemelt meim vatter zůschreib. Bat in auch in gemeltem schreiben, er wolte mir die opera Galeni in folio gebunden, die er hatt, zůschicken etc.

Den 8 Maij wardt dominus Salomon, monsieur d'Assas[132] genant, by deßen můter vil Teutschen woneten, licentiatus promoviert mit vilen solenniteten wie brüchlich.

Mein herr hatt in eim dorf Vendargis[133] gnant ein hus und gieter, doruf ein meier Gillem, der siine beidt sün[134] auf eim esel in kratten[135]

130 Die Funktion des Genitivs «paedagogi» ist nicht ganz klar, wohl aber der Sinn des Satzes: Catalan verspricht Felix, er wolle ihm notfalls zu einem andern Austauschplatz oder zu einer Stelle als Hauslehrer verhelfen. – Die grosse Besorgnis wegen der bedrohten Pension spiegelt sich auch im Briefwechsel zwischen Vater und Sohn.

131 Hs.: welchem.

132 *Jacques Salomon*, seigneur de Bonnail et d'Assas. Matr. Montp. 112, 1548, berühmter Botaniker, Schwiegersohn von Prof. Rondelet, lic. 1553 8. Mai, Dr. 1557 3. Okt.

133 Vendargues, ca. 7 km NE von Montpellier.   134 Hs. (irrt.): sein.

135 kratten m. (schwz.) = Körbe.

nach Basel anfangs gebrocht, war unser religion heimlich zûgethon, redt oft starck wider die Bäpstler, [43] wie auch wider die Marranen, sunderlich wan er ein rusch hatt, dan er in Teutschland glert bscheidt thûn[136], do ich sunst wenig zû Mompelier vol weins hab gesechen, alß unsre Teutschen. In den sitz[t] reit[137] ich den 11 maii mit meins herren frauwen briederen, fûrt ein ieder ein damoisellen, so auch Marranin waren, hinder im, do bleiben wir übernacht, gesach doselb die geißen[138], so do gemein, cabril genant, mit gar langen oren ein spannen lang hangende. Item wie sy so vil Indianisch pfûwen zient[139], nur mit kraut, fieren sy auf die weidt, gantz scharen, darnach zemerckt.

Ich gedenck, wie ich ze Mompelier um der hirten[140] iung spatzen zoch, daß sy so heimlich[141], daß sy mir nochflogen und in bûsen krochen.

Am pfinstag[142] leidt ich ein nüw rot parhosen an, waren gar eng, glatt, oben ein zerhûwen gseslin[143] mit daffet durchzogen, wardt wiit unden ingenestlet, daß ich schier auf den nestlen sas und gespannen, daß ich mich kum bucken kondt; kosteten mich überal nur ein cronen, die domolen nur 46 stüber galt. Die schnider handt daß thûch selbs feil und so einer in yl ein parhosen haben wil, machens si es übernacht.

Um der hirten[144] hatten wir schon ziitig kirsen, verkauft man bim pfund, item figen, die man grossos nempt, sindt gros und die ersten; dan sy zwuret[145] dragen und die besten die letsten sindt, so um den herpst wagsen.

Den 23 maii gieng ich am morgen firs thor spatzieren; brach ettlich granaten blûst, deren vil um Mompelier, ab, drûg sy in dstatt. Alß ich auf dem spatzier blatz by Nostre dame kam, sach ich zwen frembde teutsche studenten, so erst zum thor inkamen. Alß mir zesamen kommen, waren es zwen Basler, Jacobus Geishüsler, genant Myconius[146], wil er Oswaldi

136 kommentmässig zuzutrinken.
137 in den sitz[t] = in *einem* Sitz, d. h. ohne abzusteigen.
138 geißen (schwz.) = Ziegen.　　　139 Truthühner aufziehen.
140 um der hirten = unbestimmte Zeitangabe: zu jener Zeit.
141 heimlich = zutraulich ⟨wurden⟩.
142 pfinstag = Pfingsttag, alte Form ohne g, speziell in Basel; Grimm 7, 1700f., Lexer 2, 247, Schw. Id. 5, 1160ff. u. Fischer 1, 1044f. kennen die Form nicht, sondern nur «pfiste, pfeiste»; in den Basler Chroniken finde ich dagegen häufig «pfinsten», s. B. Ch. 6.
143 gseslin = Hosenboden. zerhûwen, mit daffet durchzogen = geschlitzt und mit kontrastfarbenem Taft (Seidenstoff) unterlegt, nach der Sitte jener Zeit, besonders der Söldner. Die Hosen spannten ihm sehr, doch legte er grossen Wert auf elegante, stutzerhafte Kleidung.
144 um der hirten = um jene Zeit.
145 zwuret = zweimal im Jahr.
146 *Jacob Myconius*, Adoptivsohn des Basler Antistes Oswald Geisshüsler, gen. Myconius, *ca. 1530 in Luzern, studierte seit 1547/48 in Basel und seit 1553 in Montpellier zusammen mit Felix, 1555/56 in Avignon, wo er doktorierte; 1557 bis zu seinem frühzeitigen Tod 1559 Febr. war er Stadtarzt in Mülhausen. Matr. Ba. 54, Nr. 51. An der Hochzeit des

Myconii filius adoptivus war, ein student; item Balthasar Hummel[147], der
by h. Thoman apotecker[148], dohin in mein vatter aus der schůl verschaft,
sex jar in der apoteck famuliert[149]. Die kamen von Basel, waren mit
Zacharia, deß Gladii[150] wirts zum Wildenman sun gon Leon zogen und
dohin kommen den 16 maii, eben do man die fünff marterer so zů Losan-
nen gestudiert haben und über das jar zů Leon im heimzien gefangen
behalten, verbrent[151], do sy zůgesechen und mir, wie es zůgangen und im
marterbuch[152] beschriben, erzellet. Es hatt Myconius von Oswaldo etwas

Felix war er Brautführer. Über sein unglückliches Ende s. u., Kap. 8, ab A. 68. Vgl.
Ph. Mieg: Médecins ... Mulhouse, BMHM 1953, S. 72ff., 103 und V. Lötscher im
B. Jb. 1964, S. 19ff.

147 Über *Balthasar Hummel*, einen der besten Freunde Platters, s. Kap. 1, A. 315.

148 *Thoman* oder Thomas, *apotecker*, laut Häfliger, Die Apotheker ... Basels, BZ 31/1932,
S. 283 «nur einmal genannt». Doch ist er sicher identisch mit dem bei Häfliger S. 403f.
beschriebenen Apotheker *Thomas von Tunsel genannt Silberberg*, der seit 1535 11. Okt. im
«Grossen Löwen» an der Freien Strasse sein Geschäft hatte (Hist. Grundb.: Th. v. 31,
nb. 29, heute Publicitas). Als Gast an der Hochzeit des Felix figuriert er nämlich unter
den Nachbarn der Jeckelmann, die gegenüber im Eckhaus Freie Strasse/Rüdengasse
wohnten. Vgl. Kap. 3, A. 678 u. Kap. 7, A. 94.

149 famuliert = als Gehilfe arbeitete.

150 *Glader Darmasin* (Claudius Darmoisin), von «Hugenben»(?), Wirt zur Mücke, zur Gilge,
zum Schaltenbrand und zum Wilden Mann, Bürger von Basel 1532, ∞ 1. vor 1532
Barbara Kurtz, 2. 1539 Margareta Steck. Ein Sohn Ambrosius wurde Nachfolger im
«Wilden Mann». Der andere, *Zacharias*, «der Zacherli», bemühte sich eine Zeitlang um
Magdalena Jeckelmann, war also ein Rivale des Felix. Wappenb. Ba. u. Hist. Grundb.;
Brief Balthasar Hummel vom 18. Jan. 1555 aus Lyon, Fr.-Gr. I 8, S. 148.

151 Es handelt sich um *Martial Alba, Pierre Escrivain, Bernard Séguin, Pierre Navières* und
Charles Favre, alle aus Südfrankreich stammend. Sie hatten im Frühjahr 1552 ihre wohl
in Genf begonnenen theologischen Studien in Lausanne abgeschlossen und wollten in
ihre Heimat zurückkehren, um dort als reformierte Prediger zu wirken. Unterwegs,
kaum drei Stunden von Genf, stiessen sie auf einen Lyoner Bürger, – wahrscheinlich
einen Lockspitzel –, der sie in ein theologisches Gespräch verwickelte und sie dann nach
Lyon einlud. In seinem Hause wurden sie am 1. Mai 1552 verhaftet. Bereits am 13. Mai
1552 wurden sie als Ketzer zum Tode verurteilt. Die Bittgesuche des bernischen Staates,
zu dem die Akademie von Lausanne gehörte, sowie der evangelischen Städte Zürich,
Basel und Schaffhausen hatten keinen Erfolg. Am 16. Mai 1553 erlitten die fünf Märtyrer
tapferen Mutes ihr Schicksal auf dem Scheiterhaufen. – Infolge eines Kompetenzstreites
zwischen dem Erzbischof von Lyon und dem Parlament von Paris, der «chambre
ardente», hatte sich die Exekution um ein volles Jahr verzögert. In dieser Zeit wechselten
die Gefangenen mehrere Briefe mit Calvin und andern reformierten Pfarrern. Nach
Rudolf Schwarz: Die hugenottischen Märtyrer von Lyon und Joh. Calvin. Berichte u.
Briefe, übersetzt von R. S. in Voigtländers Quellenbüchern Bd. 40, Leipzig 1913.

152 *marterbuch:* 1554 erschien von J. Crispin in Genf das Märtyrerbuch des französischen
Protestantismus. – Wohl eher kannte Platter jedoch die 1597 in Basel erschienene Übersetzung: «Märtyrbuch. Denkwürdige Reden und Thaten vieler H. Märtyrer: Welche
nach den zeitten der Aposteln biß auffs iar Christi 1597 in Teutschland, Franckreich ...
umb der Evangelischen Warheit willen verfolgt unnd jämmerlich gemartert worden»,
im III. Buch, S. 305–327 steht der Bericht über die 5 Studenten. (Exemplar der Univ.-
Bibl. Ba.: Frey-Gryn. C VI 22).

gerbt, das fast mit im, eb er heim wider kam, druf gieng. Dem Humel gab sein vatter 3 cronen zur zerung und ein roß, so er zů Leon um 3 cronen verkauft. Daß verzart er alles uf der reiß und hatt ein mantel an, hatt im sein vatter, so ein einspennig[153], ze Basel geben, war weis und schwartz gwesen, aber daß weis theil schwartz gferbdt, do man den underscheidt wol marckt.

Sy brachten mir brief, den einen langest datiert den 7 aprellens[154], darinnen mein vatter mir allerley schreib, wie eß in der hushaltung gieng, firnemlich [44], daß des Margretlins[155], so meiner můter verwandt was und mein vatter lang zogen und ietz erwagsen, vatter German Dietschin, deßen vatter Felix Dietschin auch noch lebt, von Zürich kommen und eß hinweg gnommen den 12 Martii, daß in gar wee thon habe. Item vom sterbendt, das sein meier Oswaldt zů Gundelthingen langest den 11 januarii am hauptwee[156] gstorben sy und sein anderer meier German auch am hauptwee kranck lige[157] und sein magt An[158] doran sy glegen und wider aufkommen. Das auch der hauptman Niclaus Irmi[159], den man gar kranck von Paris gebrocht und wie ich hernoch innen worden, an heimlichen ort mechtig schaden und füle gehapt, sye gestorben. Schreib auch, daß die pest ietz allerdingen nachgeloßen, dorumb er wider tischgenger

153 einspennig: Geleitsreiter. Hummels Vater war Stadtsöldner in Kleinbasel; daher die Weibeltracht in den Stadtfarben.
154 Briefe Thomas Platters, hg. v. Ach. Burckhardt, Brief X, dat. vom 7. April, Fortsetzung 3. Mai, erhalten von Felix am 23. Mai 1553.
155 *Margretlin Dietschi*: ein Pflegekind, nicht zu verwechseln mit dem «Gredlin» (s. Kap. 12), das Felix und seine Frau später annahmen. – Für Mutter Platter, die immer noch unter dem Verlust ihrer Tochter Ursula litt, brachte die Anwesenheit der jungen verwandten Zürcherin etwas Trost und Ablenkung. Doch vertrug sich das Mädchen offenbar nicht so gut mit seiner Pflegemutter, und so holte es denn sein Vater wieder heim. Thomas schreibt traurig, er hätte gar gerne «des Margretlins vatter wellen sin, wen es sich drülich mit der můtter gehalten hette, so nit, so fare anhi, so will ich inen allen nüt mer nach fragen.» Zur gleichen Zeit erkrankte die Magd Anna Oswald und bald darauf der zuverlässige Pächter Germanus, die Pechsträhne wollte nicht abreissen. «Also lyt alle mü und sorg uff der můtter ...» Briefe Thomas, hg. v. Ach. Burckhardt, S. 16, Brief X vom 3. Mai 1553.
156 hauptwee: eine Art Nervenfieber.
157 Er starb daran am 12. April 1553. Hunziker 47.
158 *Anna Oswald*, Platters getreue Dienstmagd, mehrmals an Pest erkrankt und «wieder aufgekommen». Von ihr existiert noch ein Brief an Felix vom 13. Nov. 1552: Mscr. Univ.-Bibl. Frey-Gryn. I 5, S. 113.
159 *Niclaus Irmy*, *1508, †1552, Sohn des Kaufherrn Hans Friedlin I. und der Rosa Rul, Kaufherr, des Rats, Oberst in französischen Diensten, 1547 Landvogt auf Farnsburg, ∞ vor 1531 Anna Meyer, Tochter des BM Jakob Meyer zum Hasen, die wir aus dem Altarbild Holbeins kennen. Seit 1551 Besitzer der Häuser «Venedig» u. «Rossberg», Stapfelberg 2 u. 4. Hist. Grundb.; Wappenb. Ba.; B. Ch. 8, S. 285, A. 47, S. 347; F. Holzach in Basler Biogr. I, S. 44ff. und BZ 1939, S. 18, 68, 101f. Koelner, Schlüssel-Zunft 309; Tonjola 219.

angenommen, des herren thûmprobsts zwen, Solonem und Sigmunden[160], Hûberum[161], wie auch andre, item Joh. Henricum Pedionaeum[162], der sein provisor was, desglichen, das er Gilberti und Jacobi[163] wertig sy, welche Oporinus mit bringen werde in seiner widerkunft von Francfort und sye des herr statschribers meinung, der vatter solle sy beidt zů im nemmen, bis Fridericus[164] wider gon Mompelier kom, so welle er den Jacoben wider nemmen; warte also auch den tag iren; habe 10 cronen bim herr statschriber entlendt, welche der Isaac[165] dem Catalan schuldig sy, domit sy von Strasburg nach Basel zebringen. Er schreib mir auch, wie im Myconius unfrüntlich gethon[166], solte mich nit von Basleren verfieren

160 *Solon und Sigmund von Pfirt*, die Söhne des Domprobsts Sigmund von Pfirt. Die Familie war mit den Platter eng befreundet. Solon ist wohl identisch mit dem in Matr. Ba. II 106, 1557/58 genannten «Solon a Pfirt, Basiliensis nobilis». Sigmund d. J. studierte in Montpellier, Kap. 3, A. 689.

161 Hans Martin Huber: s. Kap. 1, A. 295.

162 *Joh. Heinrich Kneblin (Pedionaeus)* von Riehen bei Basel, *1531, †1582, immatrikulierte sich in Basel 1547/48 und studierte dann 1551 in Leipzig, 1552 Heidelberg, 1553–1556 war er Tischgänger und Provisor (Hilfslehrer) bei Thomas Platter, 1556 ging er nach «Mulberg», wahrscheinlich dem im Wiesental gelegenen Bad Maulburg, das von Felix Platter gern empfohlen und in einem langen Gedicht beschrieben wurde (s. Mscr. A G v 30, S. 81 ff., freundl. Hinweis von Frau Dr. E. Landolt); 1558–1565 war er Diakon in Badenweiler, dann bis zum Tod Pfarrer in Riehen. 1554 24. April heiratete er die Schwester des Paulus Pellonius (Kap. 1, A. 559). Er galt als guter Astronom. Nach H. G. Wackernagel, Matr. Ba. II 50. Vgl. Burckhardt, Gymnasium, S. 45 f., A. 1.

163 Gilbert und Jacob Catalan aus Montpellier.

164 Friedrich Ryhiner, der jüngere Sohn des Stadtschreibers.

165 *Isaak Keller (Cellarius)*: *1530, †1596, Sohn des Gewandmanns Clemens K. und der Catharina Lompart, seit Sept. 1538 Stiefsohn des Simon Grynaeus (Felix Platters Pate, s. Kap. 1, A. 17), der jedoch 1541 auch starb, darauf nach Bern zu Thomas Grynaeus, 1543–1546 in Strassburg, seit 1545 (wie B. R. Jenny: Amerbach-Korr. 6, 46 f. nachweist) Stipendiat phil. der Erasmus-Stiftung, 1546/47 imm. in Basel, 1547 b. a., 1550 war er (wie B. R. Jenny entdeckt hat) kurze Zeit in England, 1550 20. Sept. m. a. in Basel, 1552 begab er sich als Inhaber des Stipend. med. nach Montpellier (Matr. Montp. 124, 1552 27. März), Toulouse und Valence, wo er 1553 zum Dr. med. promovierte. Auffallend rasch wurde er in Basel 1553 Professor der theoretischen Medizin (nach Wackernagel bereits im Febr. 1552); über wissenschaftliche Leistungen ist nichts bekannt. Seit ca. Anfang März 1555 war er verheiratet mit Anna Höcklin von Steinegg (s. Kap. 3, A. 542); in Basel besass er von seinen Eltern her bis 1574 den Grossen Rollerhof auf dem Münsterplatz. Wappenb. Ba. u. Hist. Grundb. Seinen grosszügigen Lebensstil finanzierte er durch skandalöse Veruntreuungen auf Kosten des von ihm verwalteten Petersstifts; der Deliktbetrag betrug über 80 000 lb. Als die Sache 1579/80 auskam, wurde er abgesetzt und floh (Thommen, Universität 214 ff.). Doch war seine Karriere deswegen noch nicht beendet. Er floh wohl zuerst nach Colmar, wo seine Schwester Anna seit 1556 in 2. Ehe mit dem Stadtarzt Dr. Wecker verheiratet war (s. Kap. 3, A. 788). Am 20. Dez. 1589 wurde der 59jährige noch zum Stadtarzt in Schlettstadt ernannt; er starb am 7. März 1596 in Reichenweier. Nach H. G. Wackernagel, Matr. Ba. II 46, ergänzt durch die neuen Forschungen von B. R. Jenny in Amerbach-Korr. 6, 46 f. und 7, 106 f.

166 Worum es sich bei dieser Unfreundlichkeit handelt, wissen wir nicht, da Felix 1 ½ Folio-

laßen, sunder meinen gescheften ußwarten. Item von nüwen zeitung, das der ratsknecht Hans Graff, so uf dem richthaus wonet, wegen diebstals dem gmeinen gůt, sunderlich den armen kriegsknechten nit geben, was er solt, doch wan es beschechen, verrechnet, gfenglich ingezogen sye, in gfor gericht ze werden, er hatt aber derglichen thon, alß kenne er nit reden und mit schriben geantwortet[167]; ist zlest von stat und landt verwysen und zů Wien in Oesterich ein drabant[168] worden. Item schreib, daß Sultzerus[169] an Miconii stat ins münster kommen, Junius[170] von Arůw zů s. Peter ans Sultzeri stat, Coccius[171] zů s. Martin an Gastii[172] stat, so gestorben.

seiten des väterlichen Briefes unlesbar gemacht hat, indem er jede Zeile dick durchstrich. Der Vater hatte sogar verlangt, er solle den ganzen Brief verbrennen: «quare iubeo ut comburas ...» Briefe Thomas, ed. Ach. Burckhardt, S. 19, A. 7, S. 25. Leider lässt sich der durchgestrichene Text auch mit der Quarzlampe nicht mehr erhellen.

167 Die vor Gericht vorgetäuschte Stummheit – ein amüsantes Detail, das Platter sicher nicht erfunden hat, – wird in der Urfehde *Grafs* nicht erwähnt, doch ist diese fast zehnmal so lang als sonst üblich, was vielleicht mit der umständlichen schriftlichen Verhandlung zusammenhängt. – Von Unterschlagung von Soldgeldern (s. o.) ist hier ebenfalls nicht die Rede. Graf bekannte vielmehr, dass er 1. von dem Burgerrechtgeld (Gebühren der Neubürger) dem «gmeinen gůt» 170 lb. unterschlagen habe, 2. vom Sigelgeld 146 lb 11 ß, 3. vom Brotschaugeld 15 lb 4 ß, «alles dieblich verschlagen, hinderhalten und abtragen», 4. «ouch andere Sommen gelts, so von anckhen khoufft etc. nitt angezeigt, sonders verschwigen», 162 lb 10 ß, die er aber noch besitze, 5. ausserdem «100 gulden In müntz so ich ... mit Listiger, Betrüglicher und Diebscher wyss verhallten und keins wegs Inn Rechnung gebrocht». Nach kaiserlichem und nach Landrecht hätte Graf die Todesstrafe verdient. Doch scheint es, dass er aus seinem und seiner Frau Privatvermögen die Schulden decken konnte. Ausserdem setzte sich der Markgraf Carl von Baden für ihn ein, so dass das Gericht ihn nur mit Verbannung bestrafte, allerdings über das «Lampartsch Birg» oder sonst mindestens 20 Meilen weit, und auf ewige Zeiten; Urfehdenbuch IX, Ratsbücher O 9 (Mscr. St.-Arch.), Blatt 41rff. – Am 16. Mai 1553 verkauften *Hans Graf* und seine Gemahlin Margaretha Hölin (Hohl) ihr Haus Sternengässlein 30/32 an den Obersten Knecht Augustin Steck. Hist. Grundb.

168 drabant = Diener.

169 *Simon Sulzer*, *1508, †1585, der lutherisch gesinnte Theologe, der wegen seiner Gesinnung 1548 aus Bern vertrieben worden war, kam 1549 nach Basel als Pfarrer zu St. Peter und wurde 1553 Antistes, d. h. Pfarrer im Münster und damit Leiter der baslerischen Kirche. Sulzer wich namentlich in seiner Auffassung des Abendmahls von der reformierten Konfession ab und führte wieder Bräuche ein wie die Ohrenbeichte, das Kirchengeläute und die Orgel, die von der Reformation abgeschafft worden waren. Er war in mancher Beziehung ein Sonderfall in der Reihe der Basler Antistites. Gauss 150f. und Fritz Buri: Vermächtnis der Väter. Basler Schriften des Pharos-Verlags, Nr. 6, 1963, S. 28–34.

170 *«Junius»* (richtig wäre: Jungius; der Fehler geht zurück auf Thomas Platter, Briefe, S. 19) = *Johannes Jung*, *ca. 1500, †1562, von Bischofszelle, war zuerst Mönch, dann reformierter Pfarrer und kam 1536 als Erzieher einiger Konstanzer Jünglinge nach Basel. Von 1538 an war er zehn Jahre in Süddeutschland als Reformator tätig, dann war er Pfarrer in Aarau und von 1553 bis zum Tode Hauptpfarrer zu St. Peter in Basel. Matr. Ba. 11, 1536 und Gauss 92, ferner Gauss im B. Jb. 1914, S. 349.

171 Coccius = Ulrich Koch, s. Kap. 1, A. 262.

172 *Johannes Gast:* von 1529 bis †1552 Pfarrer zu St. Martin in Basel (s. Gauss 72) und Ver-

Alß dieser brief den 7 aprilis gschriben und mangel an botten verbliben bis den 3 mai, schribt er witer, wie sithar den 12 aprellens der ander meier auch am hauptwee gestorben zů Gundeldingen und sunderlich schreibt er mit großem klagen und druren, das eben den tag, do er die vordrige geschrieben, den 7 aprellens, der Gilbert und Jacob von Strasburg zů im kommen syen, mit druriger botschaft, der vatter welle, daß sy beidt nach Mompelier heim ziechen[173]; vermeint ich sye etwan ursach, habe mich nit recht gehalten, daß er sein vorhaben den Gilbertum mit mir im dusch ze sein so baldt geendert habe; schreibt mir ernstlich zů. Zeigt doch an, Gilbertus welle recht noch nit hinweg, vermeint, der vatter förchte etwan, sy werden Lutherisch, dorumb er sy beriefe; wel im schriben[174], eß sye sein großer nutz lenger by meim vatter zebliben, facht ⟨erst⟩ a⟨n⟩[175] [45] recht zestudieren, er solle den Jacoben, so jünger, heim nemmen, firnemlich do wenig hofnung, daß Fridericus von Paris nach Mompelier ⟨kommen⟩ werde, wil sein lieber vatter den 18 aprilis im herren entschlafen an dem hauptwee, wie seine beidt meier, so der gantzen stat leidt sye. Vermant mich hiemit mein vatter, ernstlich by meim herren anzehalten und den dusch ußzebringen, wie er auch selbs an in durch dise botschaft schreibt. Mir war gar bang, wider botschaft und bericht zethůn, wie mein herr sein meinung geendert und mich zů entschuldigen; fandt gelegenheit glich 8 tag hernoch.

Schreib den 29 meiens wider durch Georgium Stetum[176] Lipsensem, so von Mompelier heim zog, entschuldiget mich hoch und vermeldet wider, waß mein herren bewegt hatt, seine sün zů beriefen, wie ich solches durch Thoman Schepfium schon geschriben hette, so er on zwifel sithar vernommen, und wie er sein meinung geendert und dem vatter geschriben, sollen den Jacoben behalten, aber Gilbertum heimschicken, förchte nur, der Gilbert sye etwan uf dem weg, dan sein vatter Catalanus sich sithar entlich entschloßen, gleich den obent, er solle beide sün zů Basel by im behalten und sol Gilbertus mein dusch sein, fir den Jacobum wel er meim vatter den disch bezalen; so vil habe ich by im zewegen brocht. Dorus er wol sech, eb ich meim herren lieb sye und mich recht halte, wil ich ietz die gelegenheit, nit allein die kost zehaben und herbrig, sunder auch vom dischgelt mich zů kleiden und erhalten.

fasser eines höchst originellen Tagebuchs, das Paul Burckhardt 1945 in den Basler Chroniken publiziert hat (hier oft zit. als B. Ch., Bd. 8, alles Nähere über Gast siehe dort).

173 Diese Nachricht traf Platter schwer, nicht nur finanziell, sondern auch seelisch, weil er die Ursache in einem fehlerhaften Betragen seines Sohnes vermutete; zum Glück änderte dann Catalan seinen Plan bald.

174 d. h.: er, Gilbert Catalan, wolle seinem Vater schreiben ...

175 Hier sind zwei Wörter unleserlich, ergänzt nach Hs. Passavant.

176 *Georg Schett* von Leipzig, s. Kap. 3, A. 7.

Myconius zog gleich mit den Teutschen gon Frontinian[177], do der muscat wagßt und kam in tisch by anderen Teutschen in Salomonis[178] haus, zecht redlich, hatt sunst zimlich schon in medicina proficiert[179]. Der Hummel wolt zum postmeister Baptista, der by seim herren Thomae apotecker den tisch gehapt und im vil verheißen, ins Bemundt[180] zien, hatt aber kein gelt, war gar kleinmietig. Do beredt ich mein herren, wil Jhan Odratzheim glich 4 tag hernoch den 1 junii hinweg gon Tholosen zog, er solte in an sein stat annemmen[181], welches er beschwerlich, wil er kein Welsch kont, aber Latin, damit der herr mit im reden kont; doch auf mein bitt geschach; doch gab er im das jor kein besoldung, dan allein was im von drinckgelt neben andren dieneren, deren er zwen, zů zyten dry hatt, warde.

Baldt nach dem mein dischherr mir vermeldet, er were willens, beide sün meim vatter zeloßen, und er marcht aus des einen Gilberti schreiben, wie er in batt nit hinweg zů nemmen und an seinem studieren zeverhinderen, entschlos er sich allerdingen und verhies mir beide sün ein ior dry[182], wo nit mer by meinem vatter zelaßen, also daß ich wol by im bis zum doctorat verharren kente, obgemelter gstalt, er wolte mir daß dischgelt zů meiner ufenthaltung behendigen, so vil, alß im ein anderer kostgenger bezalte, gab mir auch gleich gelt, ein Spanische kappen machen zelaßen und ein luten[183] zekaufen, die gar gůt war und mich [46] dry francken kostet. Do ich dan Gott lob und danck sagt, wil er solches also wunderbar geschickt hatt und firnemlich die firsechung gottes auch dorus zemercken, daß der Gilbert, so baldt er gon Basel kommen, in der ersten wuchen, alß er hinweg nach Leon zien solt, ein jungfrauw ersach und so holt wardt, daß er nit mer gedocht zewichen und der ursach halb am vatter so bittlich angehalten, in lenger by meim vatter zelaßen, gleich wol die studia firgewent[184], do doch dise ursach in firnemlich nit zewichen getriben, vermeinend, etwas durch schriben und goben by obgemelter person, jo auch versprechung der ee ußzebringen, do er doch ler strůw gedröst hatt und mer der gselschaft dan den studiis obgelegen, wie er von natur můtwillig und zimlich biebisch war.

---

177 *Frontignan* (Hérault): ca. 20 km SW von Montpellier, zwischen dem Bassin de Thau und dem Etang de Vic.

178 *Salomon* de Boncil et d'Assas, s. o. Kap. 3, A. 132.

179 proficiert = Fortschritte gemacht. Schulz/Basler: Fremdwörterb. 16.–18. Jh., Bd. 2, Berlin 1926, S. 672 f. mit Zitat dieser Stelle.

180 Bemundt = Piemont.

181 den Hummel an Stelle des Odratzheim.

182 ein ior dry = ein weiteres Jahr (dry = obendrein).

183 ein luten: eine *Laute*, das Lieblingsinstrument Felix Platters; in Montpellier war er bekannt als «l'Allemand du luth».

184 firgewent = vorgegeben (als Ausrede).

Mein herr verendert sein apoteck von dem eckhaus auf dem platz an das ander vorüber, do er auch wont in einem engen huß[185]. Ich müßt in sein ander haus, so gros und zierlich und er von Falcone Medico, so auch Hispanus gwesen und ein Marran, geerbt[186]. Do hatt ich ein sal in. Hernoch macht ich mir ein studiol von tilen[187], oben in der kammer, daß ziert ich inwendig mit gmäl, und gab mir mein herr ein vergülten seßel dorin, dan er mich gar wol, von dem er sich entschloßen, seine beide sün by meim vatter zelaßen, hielte, also das wer dorin kam, sich verwundert, das eß so schön was. Es war ein hübsche altonen[188] hoch oben am schnecken[189], doruf ich die stat übersach, auch bis zum meer, daß ich zů zeiten doselbst hort brußen. Do studiert ich oft und zog ficum Indicam, do meim herr ein blatt aus Spanien kommen, doselbst in eim gschir. Ich war allein in dem haus, gieng in die apoteck, so nit weit darvon, gon eßen, und gieng Humelius[190] znacht mit mir heim, lagen in eim bett, das ich nit allein. Er hort gar gern lutenschlachen, sas dick[191] under dem laden und schlůg sy, do mir die vorüber ins herren S. Georgi[192] hus zů loßten, sunderlich sein schwester die damoiselle Martha Guichichandre.

Den 26 junii zog Stephanus Contzenus[193] von Mompelier auf Strasburg, do im eine versprochen was. Ich schreib meim vatter die fröliche

---

185 Von der Place des Cévenols, wo er sein Geschäft in einem grossen, aber fremden Miethause führte, verlegte Catalan 1553 seine Apotheke in sein eigenes, aber engeres Haus, das sich etwas weiter nördlich befand, heute inmitten der Allmend der grossen rue nationale (Avenue Foch), zwischen der Préfecture und dem Square (place des martyrs de la Résistance). Nach Fr. Gay: Une lignée d'apothicaires montpelliérains au 16e et 17e s.. Montpellier 1896, S. 13, 63 (Les maisons Catalan, Plan nach L. Guiraud) u. der freundl, Auskunft von Herrn Dr. med. L. Dulieu. Zum ersten Haus s. o., Kap. 2, A. 173.

186 Die palastartige «Maison Falcon» befand sich gleich nördlich der grossen heutigen Durchgangsstrasse, zwischen der Seitenfassade des Hôtel de la Préfecture und dem ehemaligen Marché aux Fleurs. Vgl. A. 185. – *Jean Falcon* oder Falco, «medicus suo tempore excellens», stammte aus Aragon, Professor 1502, Dekan 1529, †1532. Nach Kieffer 54, A. 1. Die Matr. Montp., p. 4, A. 1 hat irrtümlich «Pierre Falcon», das Reg. der Dozenten, p. 225, dagegen richtig «Jean F.», so auch das Bild in der Aula von Montpellier. – Kieffer nennt als Standort des Hauses die Rue du Camp noou (1892), die als Fortsetzung noch heute als «Rue Cannau» besteht, ganz nahe der alten Universität; der Name «Camp noou» kommt von «campus nudus» und erinnert an das beim Mauerbau um 1000 weitherzig einbezogene Terrain.

187 Ein Studierzimmer mit Bretterwänden. – Hs.: mich (statt mir).

188 altonen = Altane (baseldt.), Terrasse, Balkon.

189 schneck (m.) = Schnecke, Wendeltreppe, Treppenturm.

190 Balthasar *Hummel*, s. Kap. 1, A. 315.   191 dick (mhd.) = oft.

192 *Simon de Sandre*, seigneur de St. Georges, erster Konsul von Montpellier 1559, obwohl er als reformationsfreundlich galt. Der Häuserblock («Ile») am Camp noou (vgl. A. 186) trug den Namen von seinem Vater Guichard de Sandre. Kieffer 55, A. 1. – Platter machte daraus ein «*Guichichandre*». – Prof. Rondelet war mit der vornehmen Familie S. verwandt.

193 Der Berner *Stephan Kunz*, s. Kap. 3, A. 46.

botschaft, das es nun mer gwiß, daß beide sün erzelter wiß bliben wurden; welches auch mein her im schreib und schickt im bynebendt deß Isaaci Cellarii[194] handtgschrift um die 10 cronen, so er im schuldig, solche von im inzezien, an statt deren, so er vom statschriber entlendt und fir seine sün ußgeben. Bitt in auch, daß best zethûn, so Henricus Rihener gon Basel kem, daß erb zeholen, das von dem selbigen Cathalano, waß er im schuldig, bezalt wurde[195].

Der Hans Odratzheim schreib mir von Tholosen, wie er ankommen den 2 Augusti, wie auch hernoch; und kam Jacobus Baldenberger[196] den 6 Julii von Avinion, do er doctor worden, wider gon Mompelier. Am andern tag wardt einer vor der stat by dem frauwenhaus, so im veldt steht, erstochen.

[47] Den 22 julii wardt eins becken sun, ein schöner jüngling gericht. Man fûrt in uf den blatz by Nostre dame kilchen, vor dem rothhaus uf ein brüge[197], so von tilen[198] ufgericht und ein stock[199] obsich stoth und ein tilen baldechtig[200] doran. Do verbandt im der nachrichter die augen, legt in mit dem buch[201] uf den stock und den nachenden halß uf ein stock, nam ein großen weidner[202], so under seim rock verborgen lag, herfir, huw in uf den halß zwen streich, eb er herab fiel uf die brüge, huw im darnoch bede schenckel und arm ab, legts zesamen uf die brüge, den kopf darzwischendt, loßt übernacht ligen, morndes hencht er die stuck fir die statt an ein ölbaum[203], loßt aldo verfulen.

Den 25 julii zogen wir herbatum[204] gon Gramundt[205], ist ein klösterlin, ligt nit wiit von Mompelier, ligt in eim gstrimpt[206] kleiner eichbeumlinen, so ilices heißen und cisti, ledi[207] etc., sindt vil wilde küngelin[208] dorinnen,

194 Der bekannte Basler *Isaac Keller*, s. Kap. 3, A. 165.
195 Damit von diesem (d. h. dem Erbe) dem Catalan die Schulden Ryhiners bezahlt würden.
196 *Jakob Baldenberger* von St. Gallen studierte in Basel (Matr. Ba. II 57, 1548/49) u. Montpellier (Matr. Montp. 120, 1551) und praktizierte dann in seiner Vaterstadt.
197 brüge = Tribüne.   198 tilen = Bretter.
199 stock = Richtblock.
200 baldechtig = ? baldachinartig darüber.
201 bûch = Bauch.
202 weidner, mhd. weidenaere = Jagdmesser, Hirschfänger. Grimm 14¹, 619.
203 Hs.: ölbauw.
204 herbatum = um zu botanisieren, zu «kräutlen».
205 *Grammont:* findet sich nicht mehr auf den heutigen Karten; nach Thomas d. J. (Keiser 152) war es etwa halbwegs zwischen Montpellier und Pérols, damals (1596) war das Klösterlein jedoch zerstört. «Die kirchen ist noch aufrecht, aber alle zierd darauß, unndt hatt man allerhand bauren instrument darinnen.» Auch Thomas erwähnt die vielen «köngelin ..., die wildt sinndt unndt ein liebliches, wollgeschmacktes vleisch haben wegen der wolriechenden, hitzigen kreütern, die sie eßen.»
206 gstrimp = Gestrüpp (Thomas: gestript, garrigues genent).
207 Ilex aquifolium = Stechpalme; Cistus = Cistrose; Ledum palustre = Sumpfporst.
208 küngelin = Kaninchen.

die nieman fachen darf dan die pfaffen dorin, deren wenig und arm sindt. An deß klösterlin muren war ein gefiert ufgericht und dachecht bedeckt grab, doran ein schilt gehûwen mit zweien schlißlen; sagten, es leg do begraben der ritter Peter, deß graven uß der Provintz, so die Magelonen uß dem künigrich Neapolis sol hinweg an die ort gefiert haben, wie in der histori Magelonen begriffen[209].

An dem hus, do ich war, wont ein doctor juris, dessen frauw und basen oft zeoberst uf daß tach saßen und neiten, loßten mir zû, wan ich die luten schlûg[210].

Den 1 Augusti zog Jacobus Baldenbergicus, hernoch doctor zû Sant Gallen, ein gûter Graecus, aber seltzamer schwermer, gon Tholosen.

Den 3 augusti schreib ich aber heim, wié die huntztag so grimheis gewesen syen, wie man die gmach spritzen mies, die gaßen, so on daß eng[211], mit esten und diecheren schatten zemachen verhencken, das gar lang nie gregnet. etc.

Den 10 augusti an s. Laurentzen tag fûrt mein herr mich in sein rebacker. Er sagt zum Balthasar Hummel: «Bautasach, accipe tuum gladium», vermeinendt, er solt ein meßer mit nemmen, drübel abzehûwen. Do bracht der Humel sein degen; do sagt mein herr: «vis pugnare», weit[212] streiten, und gab ich im erst bericht, der herr meinte, gladius hieß ein meßer. In den reben lagen die stöck auf dem boden vnd gros rot drübel doran, dan wenig wiße im brauch sindt, allein Muscateller, so gar gäl und gût sindt. Es hatt auch ein art drübel, so mein herr im garten hatt, sindt [213] wie unsere Lamparter wiß, große beer und fleischecht wie die pflumen, sindt uß der moßen[214] große drübel, daß ich an eim zedragen hatt. Meins herren frauwen lies mir in mein sal, do ich lag, die büne[215] vol hencken, do ich etwan ein tag an eim drübel zeßen hatt.

Den 24 augstens uf Bartholomaei ist der zwibel merckt ze Mompelier. Do macht man hüfen von in strauw gflochtenen zwibelen, so man auf ein ander biigt, wie das holtz, wol 10 schû hoch; ist der gantz blatz mit über-

---

209 Die «Schöne *Magelone*» ist einer jener aus Frankreich stammenden Romane, die auch in Deutschland als «Volksbücher» damals verbreitet waren und noch das Entzücken Goethes und der Romantiker erregten. Inhalt: Der Ritter *Peter von der Provence*, dessen Grab Felix noch in Grammont gesehen hat, entführt die schöne neapolitanische Königstochter, die Liebenden werden auf der Flucht getrennt und finden sich nach jahrelanger Prüfung wieder. Über Magelone vgl. Kap. 3, A. 807.

210 neiten = nähten; lôßten (schwz.) = hörten. – Die meisten alten Häuser in Montpellier hatten Flachdächer, auf denen man abends Luft schöpfte. Kieffer 57, A. 1.

211 so on daß eng = die ohnehin schon eng sind.

212 «weit streiten»: sollte heissen: wilst streiten? Vielleicht eine hyperkorrekte Schreibung von «wit» (= willst) > «weit», wie strîten > streiten. Vgl. Einleitung.

213 Hs.: sendt.

214 uß der môßen (Maßen) = aussergewöhnlich.

215 büne (baseldt.) = Zimmerdecke.

legt, daß nur geng darzwischen sindt. Sindt allerley zwibelen, ettlich gar groß, ettlich wiß und sie[u]s, nit so räs wie die unsern; man ißt in brühen gar vil[216].

Volkswirtschaft in Montpellier[217]

[17*] *Wie man die oliven inmacht*[218]

Die oliven sindt anfangs grien. Die samlet[219] man inzesaltzen, ettlich also gantz, legt man in gutteren[220] in saltzwasser. Andere knütz⟨t⟩[221] man ein wenig mit einem stein und saltzt in, brucht man täglich. Sy werden darnoch rot, und zů letst, wan sy zytig, schwartz. Die brucht man zum öl, wie hernoch. Die Spanier saltzen auch darvon in und eßen sy, wan sy etwas indorren, dan darvor sindt sy gar bitter, wie ich bim Catalan hab geßen.

Wie man das baumöl macht[222]

Daß baumöl macht man in großer menge also: Im November, wan sy zitig, schlacht man sy[223] ab, schüts[224] an ein ort, laßt sy veriesen[225] ob einander, bis sy runtzlecht und etwas indorren. Dan zermalet man sy mit eim aufrechten müle stein, der herumb doruf lauft, gezogen durch ein muleßel, in eim steinenen kasten, daß eß alles mit dem kernen zemůs wirt. Daß faßt man in runde bedöckte körb, setzt ettlich aufeinander, begüßt stets mit süttigem[226] waßer, und dan druckt man sy under einer drotten. So lauft öl und waßer heraus. Dan kert man die körb um, druck⟨t⟩s noch einmol. Dan nimpt man das öl mit breiten isenen löflen oben ab, bhalts in kelleren in großen, irdinen häfen. Item fült geis heut[227] domit, so man in frembde landt schickt. Das öl drotten wert von wienacht bis in frieling.

216 räs (schwz.) = scharf. – Die unterste Zeile der Seite ist verwischt und unlesbar, hier ergänzt nach der Hs. Passavant.
217 Dieser von Felix selbst geschriebene, bis jetzt nicht publizierte Abschnitt steht auf den Blättern 17*–19* («Extra ordinem dierum») und enthält acht Szenen aus dem volkswirtschaftlichen Leben Montpelliers. Statt ihn in den Anhang zu verbannen, schiebe ich ihn hier ein, wo er sich inhaltlich und zeitlich am besten einfügt. Die Gesamtüberschrift stammt vom Herausgeber. Die Titel der einzelnen Szenen stammen dagegen von Felix selbst und stehen jeweils am Rande. Von *Thomas II.* gibt es zu allen acht ähnliche, zum Teil ausführlichere Schilderungen, auf die ich in den Anm. hinweise.
218 *Oliven*, vgl. Keiser 81.
219 Hs.: samlat.
220 guttĕren (schwz.) = Flaschen.
221 knüssen, knüsten, knützen = kneten, quetschen.
222 *Baumöl*, vgl. Keiser 81f.
223 sy = die Oliven.
224 schüts = schüttet sie.
225 veriesen (dial.verjesen) = gären.
226 süttig = siedend.
227 geis heut = Ziegenfelle.

Salzgarten im 16. Jahrhundert. Holzschnitt aus der 1. deutschen Ausgabe von Georg Agricola:
«De re metallica», Basel 1557.

Tafel 16

Weinlese und Zubereitung des Weines. Kupferstich aus «La nouvelle maison rustique» von
Louis Liger (1658–1717).

Der Ölmacher.

Abb. 9. *Der Ölmacher*. Holzschnitt von Jost Amman, 1568. Das Bild zeigt den «aufrechten müle stein», im Hintergrund das Sieden und das Pressen. Auch zum Dreschen wurden Pferde oder Maultiere verwendet.

Wie man daß wagß bleicht, das eß weis wirt[228]

Weiß wachß macht man volgender weis zů Mompelier: Man zerloßt daß wagß in eim keßel. Dan hatt man hültzene form wie heut[229], die netzt man in kaltem waßer, dunckts in daß zerloßen wagß, zůchts gleich wider heraus und zeucht das [das] anhangendt wagß dorab also gantz wie ein hůt; so man derselbigen ein gůten theil hatt, stelt man sy uf ein erhöchten, von blettlinen[230] besetzten boden neben einander under den heiteren himmel an die sunnen, beschüttet sy oft mit kaltem waßer und bleicht sy also an der sunnen, biß sy wiß werden, kert sy etwan um, wo sy nit gnůg wiß.

228 *Wachs*, vgl. Keiser 277.
229 heut = Hüte. – dunckts = taucht sie.
230 blettlinen = Plättchen.

13   Platter

Wie man das spon grien macht[231]

Das spongrien macht man gemeinlich ze Mompelier. Man legt in besundere häfen von gederten drübel kamen[232] und vierechten kupfer blettlinen[233], ein legete[234] um die ander, und güsst abgefallenen wein, wie
gmeinlich zů herpst zeit der alt wein wirt, dorüber; über viertzechen tag
nimpt man die blettlin hiraus, schabet den grienspon, der doran klept,
mit meßeren drab. Die kamen dörret man hiezwischendt und legt sy
wider mit den blettlinen in hafen, und hernoch schabt man daß spongrien
wider ab und thůt das so lang, biß die blettlin ußgenützt sindt; die ab-
schabeten, so man ein gůten theil knettet man zesamen, macht[235] große
gefierte stuck dorus zum kauf.

[18*] *Wie man das meersaltz macht*[236]

Man braucht mersaltz zů Mompelier, das wirt nit weit von Mompelier
by Aeugemortes[237] am mer volgender weis in großer menge gemacht.
Man leitet daß merwaßer durch canel in ettliche kesten, so in die erden
gegraben sindt und mit britteren gefieteret[238]. Daruß schöpft mans mit
eimeren an eim radt gebunden, so die mulesel herumb driben, und leitet
eß in breiter ingrabene briter in der erden im Augsten, so die sun am
heißesten scheint, nur so vil erstlich, daß eß die erden blösig bedeckt,
loßt es also von der sunnen und luft drocknen, biß eß wie ein yß wirt.
Dan gißt man aber[239] merwaßer uß den kesten ein legeten doruf, loßt
blyben, biß die grůben, deren vil sindt, vol werden des saltzes, so do ist,
alß were es ein gefroren yß, hart wie alun[240]; das haut[241] man dan mit
bücklen heraus. Grosse stuck behalt man in schüren, biß man hin und
wider zů mer und landt verfercket. Zů Mompelier war auch ein schüren
vol der saltz stucken. Darvon nimpt man ein theil, schüts[242] in ein kessel

231 *Spon grien*, vgl. Keiser 79. Grünspan, aus mhd. spån grüen, das die Übersetzung des mlat.
      viridum Hispanicum, spanisches Grün ist. Es ist ein basisches Kupferazetat, das als
      Farbstoff schon im Altertum bekannt war. Es kam aus Spanien in den Handel. Die Frauen
      der Stadt betrachteten die Herstellung des Grünspanpulvers, des «verdet» oder «vert-
      de-gris», als ihr «castrense peculium et proprium patrimonium». Wörtlich nach Keiser
      79, A. 2.
232 gedert = gedörrt. drübel kamen = Traubenstiele. Schw. Id. 3, 296.
233 Kupferplättchen.
234 légète = Lage, Schicht.
235 Hs.: man (wohl verschrieben). Die Satzkonstruktion ist nicht klar, wohl aber der Sinn
236 *Meersaltz*, vgl. Keiser 261 f.
237 *Aiguesmortes* > aquae mortuae: altes Hafenstädtchen östlich von Montpellier.
238 Mit Brettern ausgefüttert.
239 aber = wieder.
240 alun = *Alaun* < alumen: weisses Erdsalz, Doppelsulfat, früher in der Färberei und
      Gerberei verwendet.
241 Hs.: haupt. – bücklen = Pickeln.
242 Hs.: schůts, vgl. oben A. 224.

und waßer dorüber, siedet es ein wil, darnoch nimpt man mit eim schům-
löfel am boden heruß, setz⟨t⟩s uf ein ziegelstein, ein stötzlin[243] neben das
ander. So drocknet es, wirt schnewiß, das bruchen sy ob dem disch.

Wie man im meer fischet[244]
   Die fischer faren hinus ins meer, etwan sechs in eim schiflin, hatt
ieglicher zwey růder in der handt. Uf ein stundt wegs do spreiten sy ir
garn, binden ein pantoflen holtz[245] doruf, so schwartz, zum zeichen.
Morndes frie[u] faren sy wider hinus und zient eß in das schif, fast ein
stundt lang aneinander. Do fondt[246] sy allerley fisch, wie auch der großen
krepsen on scheren, so sy *Lingustes,* und mit scheren, sindt blauw, *Nor-
mandts* geheißen[247]. Etwan fiert man das garn, so sy Lou Bouliège[248]
heißen, weit ins mer. Darnoch stondt auf ieder seiten am gestadt by
zwentzig personen, die zient das garn heraus, haben schnier by sich an
benglen, die sy um deß garns seil, doran eß bunden, schlingen, nemmen
den[249] den bengel über die achslen und zient ein ander noch daß garn.
Sindt im anfang uf beiden seiten weit von einanderen, zů letst kommen
sy gar noch zesammen, biß sy daß garn uf daß gstadt bringen. Darin
findt man allerley wunderbar merfisch, wie ich gesechen, dorunder auch
die *Pastinaca marina*[250], so scharpfe pfeile hatt, so giftig und schedlich,
wan man sich doran sticht.

[19*] *Wie man den wein herp⟨st⟩zeit zu Mompelier inmacht*[251]
   Den herpst samlet man zů Mompelier volgender weis in. Man schnidt
in den reben die drübel ab, so gmeinlich rot, schüttet sy also gantz in
bücke[252], deren zwey ieder esel dregt, fiert sy in die statt. Doselbst hat ieder
im keller ein große, runde und tiefe bicken[252] (also daß einer ein mol
dorin erstickt ist), dorin schüt er die drübel also gantz, bis es schier vol,
loßt also ettlich tag verbliben und jesen. Darnoch loßt man den wein

---

243 stötzlin = Klötzlein.
244 *Fischerei,* vgl. Keiser 147.
245 pantoflen holtz: Rinde der Korkeiche. Grimm 7, 1426.
246 fondt sy = fangen sie.
247 *Krebse:* Lingustes sind gewiss *Langusten,* ohne Scheren, rot (Palinurus vulgaris). *Normands:*
    Hummer, mit Scheren, meist blau (Homarus vulgaris); «normands», weil sie speziell in
    Nordsee und Nordatlantik vorkommen. Knaurs Tierreich in Farben, Bd. 5, Niedere
    Tiere, S. 236f.
248 Lou Bouliège: prov. subst. masc. (lou = le); la boulièche ist das grosse Schleppnetz.
249 den = dann.
250 *Pastinaca marina: Rondelet:* De piscibus ..., Lyon 1554/55, Bd. I, S. 331 ff.: *Τρύγων* Graece
    dicitur, Latine pastinaca ... itrij genus quod vulgari lingua «bougnette» vocant, eine Art
    Rochen, nach der zugehörigen Abb. handelt es sich um den Stech- oder Stachelrochen.
    Brehms Tierleben, Bd. 3/1914, S. 113; Grzimek, Bd. IV, S. 117, Figur 2.
251 *Wein,* vgl. Keiser 79f.
252 bücke (basl. bicke) oder auch bocke = grosse Kufe. Schw. Id. 4, 1138ff.

GVLIELMI
RONDELETII
DE PISCIBVS
Liber XII.

De Paftinaca.

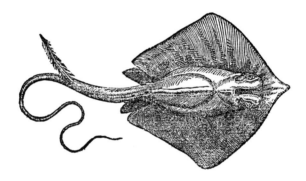

CAPVT I.

LANOS Pifces in duo genera diftinximus: alios enim fpinas habere diximus, alios pro fpinis cartilaginem : fic enim quæ χον- δράχανθα Ariftoteli dicuntur, interpreta- tur Plinius. Eadem ξελάχη & ξελαχώδη Ari- ftoteles appellauit primus, ἀπὸ τῦ σέλας ἔχdυ, autore Galeno , quod noctu cutis eorum fplendeat. Latinè cartilaginea Plinio auto- re dicimus. Cartilagineorum alij plani funt, alij longi . De planis hoc libro tractabimus, in quibus habentur paftinacæ, torpedinum, raiarum fpecies, aliíque pifces memora- tu digniffimi. Ac primùm de paftinaca,quæ notas viréfque maximè

Li.3.de Hift. animal. ca.7. Plinius lib.9. cap.24.

Lib.3.de alim. facult. Ibidem.

Abb. 10. *Der Stachelrochen* (Pastinaca marina). Holzschnitt aus dem Fischbuch von Platters Lehrer, Prof. Guillaume Rondelet, 1554, ca. halbe Größe. Zu Kap. 3, A. 250.

zeunderst durch ein zapfen so doselbst ab, faßt in besunder, ist *wein Claret*[253]. Darnoch legt man ein stangen überzwerch uf die bicken und stigt ein man dorin nachet, haltet sich an der stangen, domit er nit gar drin fal, und drittet die drübel, wan sy auch zevor ettlich tag geiesen. Den wein loßt man auch ab, nempt man *wein Gros*[254], faßt in. Alß dan schüttet man über den rest dreber[255] waßer, loßt aber rûwen, biß einer kompt, so mit dem dröttlin in der stat herumb fart, der halt stil vor dem haus; so bringt man mit züberen heraus und lert den bocken[252] zevollet auß und breßt daß saft auß[256] und heißt den *wein Deigade*[257], drinckt daß gsindt. Die weinleger zû Mompelier dragen die faß in die keller, sindt gmeinlich vier, haben zwo stangen, an denen der win hangt, und hatt ein ieder ein ort[258] von der stangen uf der achslen und ein dicken punt[259] dorunder.

Wie man die frucht nach der erndt dröscht[260]
Daß korn, sobaldt eß abgeschnitten, drûg man auf ein blatz vor der statt, by St. Denyß, machet hufen. Darnoch, so eß by einander, stellet man um und um gerblin in die rinde[261], das die ehre[262] obsich sechen. Und stot ein man doruf, hatt 4, 5 oder 6 roß oder multhier oder esel. Die iagt er, an einer schnûr zesamen kuplet, herumb. Die zertretten das strauw, daß die ehre darvon fallen. Hiezwischendt keren ettlich die garben um, daß eß wol ausgedretten werdt. Dan würft man, was gedretten, in die höhe, daß der windt daß strûw darvon weige[263]. Das grob zücht man darvon. Die frucht, so noch unsuber, schütt man in ein siib, so in der höhe an eim grist hanget. Dardurch sübert man die frucht. Also hatt man baldt gar vil gedröscht, geschicht[264] glich nach der erndt, daß man im winter nüt mit zethûn wie by uns. Und besorgt man sich nit baldt eins regens um die zeit, wil es lang keinen gibt.

[48] Den 13 septembris herbstet mein herr. Eß ist gemeinlich im herbst gar naß wetter, regnet seer, mer alß winters zeit.

253 Claret, *Clairet:* leichter, blassroter Wein.
254 wein Gros: le *Gros rouge*, Tischwein ohne Herkunftsbezeichnung.
255 dreber, Treber: Rückstand bei der Weinbereitung. Passavant: über die übrigen Treber (Plural).
256 Hs. undeutlich: auß oder auch.
257 Deigade = *Décanté*. Décanter = transvaser un liquide qui a fait un dépôt. Larousse.
258 ort = Ende.
259 punt: Zapfen, hier wohl als Polster. Schw. Id. 4, 1399f.
260 *Dreschen*, vgl. Keiser 80.
261 in die Runde (rründe, baseldt. rinde) = «um und um» in der Hs. sehr undeutlich, ergänzt nach Passavant.
262 ehre = Ähren. – obsich = aufwärts.
263 weige = wehe, Konjunktiv.   264 Hs.: geschickt?

Den 14 septembris litte ich großen schmertzen im aug, wegen daß mir der Lois apotecker gsel, ein pulversack zů druckendt, vom pulver ins aug gespritzt hatt; lies dan on gefor nach. Ich hab domolen eben oleum gariophillorum[265] destilliert, lart mich einer.

Den 27 septembris, alß ich gegem obendt in deß Catalani apoteck stůndt, kompt einer auf teutsch kleidt, hatt ein schleplin wie domolen die kinder drůgen auf dem haupt hinin gedretten[266], grüßt mich früntlich; war Henricus Pantaleon[267], der zů Basel helfer zů s. Peter gewesen und professor pedagogii, ab welches ankunft ich mich seer verwundert; redt alß Latin mit menglichen, vermeinendt, wer Welsch kent, verstiendt auch daß Latin. Alß ich in heim fůrt in mein losament[268] und frogt, was ursach er in dise landt kem, zeigt er an, man hette ein pfarherren zů s. Peter von Arůw berieft[269], do er billicher alß hellfer dohin solte gebraucht worden sein, wil er schon theologiae licentiatus were, wie ich dan in selbs dohin ze Basel hab sechen promovieren; daß habe in verursacht, wie auch, das er kein lust, ein prediger zesein, sunder zů zeiten auch mit zoben zeren, gsellenschießen uf dem blatz, auch spilen, lust habe sein zeit zeverdriben und lieber sich der artzny underwinde, auch altzeit lectiones medicas[270]

265 oleum gariophilloreum: Bei diesem Destillat handelt es sich wohl um *Nelkenöl*, das aus den getrockneten Blütenknospen der *Gewürznelken* (Eugenia caryophyllata) gewonnen wurde. Diese wurden seit dem 4. Jh. als teure Spezerei von den Molukken bei uns importiert und auch in der Küche verwendet. Die Gartennelken und andere Caryophyllaceen kamen dagegen erst im 16. Jh. hieher und erhielten ihren Namen nach jenen wegen des Duftes. Knaurs Pflanzenreich in Farben, hg. v. de Wit, Bd. 2, S. 349f. Nach einer freundlichen Mitteilung von Herrn Dr. h. c. Martin Schwarz.

266 Eine oben eingedrückte Kappe.

267 *Heinrich Pantaleon* (Pantlin), *1522, †1595, bekannter Humanist und Polyhistor, studierte in Basel und Heidelberg an der Artistenfakultät und wurde 1544 Professor der lateinischen Sprache in Basel, 1548 der Rhetorik, studierte daneben auch Theologie und Medizin, 1552 promovierte er zum lic. theol. Dann wandte er sich plötzlich von der Theologie ab (s. Text), zog nach Valence und erwarb nach erstaunlich kurzem Studium den Dr. med. Seit 1557 war er in Basel Professor der Physik, 1585/86 Rektor. Daneben beschäftigte er sich aber mit historischen Arbeiten. Kaiser Maximilian II. ernannte ihn zum kaiserlichen Pfalzgrafen und Poeta Laureatus. Sein bekanntestes Werk ist das «Teutscher Nation Heldenbuch», das 1565 in Basel lateinisch, dann 1566 in deutscher Übersetzung herauskam, eine «Heroengalerie im Sinne des von der Renaissance geweckten Ruhmesempfindens». Feller/Bonjour: Geschichtsschreibung I, 255; H. G. Wackernagel, Matr. Ba. II 21, 1538/39; Fleig: Ramus, S. 69.

268 losament = Logis.

269 Dies war *Johannes Jung* (s. über ihn Kap. 3, A. 170), der am 26. Febr. 1553 als Nachfolger Sulzers zum Hauptpfarrer von St. Peter gewählt wurde. Pantaleon fühlte sich mit Recht zurückgesetzt, als Basler, als Helfer zu St. Peter und als lic. theol., doch spielten, wie P. selbst zugibt, auch noch andere, weltliche Gründe mit, vielleicht auch materielle. Joh. Gast, der allerdings für seine Médisance bekannt ist, nennt ihn «stolidus homo et ambitionis mancipium». B. Ch. 8, S. 434, speziell A. 41.

270 Boos ergänzt «medicas» zu «medicinas», besser wäre «medicinae».

Abb. 11. *Heinrich Pantaleon* (1522–1595), der bekannte Basler Polyhistor. Holzschnitt aus seinem «Heldenbuch».

under doctor Albano Thorino[271] gehört, auch Fuchsii[272] libellos gelesen, daß er sich entschloßen firthin studium theologicum zeverlaßen und ein medicus ze sein und die selb kunst zů ieben; derhalben nach Valentz zogen, doctor medicinae worden[273] und also zevollet nach Mompelier

271 *Alban Thorinus:* der Freund und Übersetzer Vesals, vor Platter der einzige Vertreter der modernen Richtung (s. Kap. 1, A. 487). Albr. Burckhardt, Gs. d. med. Fak., S. 32, 38 ff. – Da er 1549 oder 1550 starb, muss Pantaleon also schon früher Medizin studiert haben, wenn auch wohl nicht intensiv.

272 *Leonhard Fuchs* aus Schwaben, Verfasser zahlreicher in Basel gedruckter medizinischer Werke. Vgl. Kap. 1, A. 596.

273 Offenbar kurz vor seinem Besuch in Montpellier. Den Irrtum bei Thommen und Gauss

zien, daß ort zebesichtigen und etwas gelts, so einer zů Pesenas[274] im
schuldig, inzezien. Ich verwundert mich höchlich dorab, dan ich nit wußt,
daß er ie in medicina gestudiert hatt[275], zeigs Myconio an und Humelio,
war uns ein seltzame botschaft. Lůden in znacht im collegium, kamen
andre Teutschen auch darzů, leisteten im gselschaft und zalten auch den
anderen tag fir in die ürte[276]. Under andrem, alß wir im zeitig figen dar-
staltindt, frogt er, ob eß granatäpfel werindt, dan er die frücht nit kant.
Wir gaben im rebheuner, die wunscht er seiner hußfrauw Cleve[277], die
er oft namset. Under andrem nach dem nachtessen spilten wir eim
hüppenbůben seine hüppen[278] ab; der můs zum fenster hinus sitzen und
singen, wie im brauch, do sy üppige liedt singen alla chambre etc. Dorab
verwundert sich D. Pantaleon mit vermelden, daß hett er nie gesehen.
Dorüber Myconius in faßt und sagt: «Es nimpt mich wunder, wil ir selbs
hüppen herumb dragen handt in der iugendt»; dorüber er lacht. Wir
fůrten in auf sein begeren gon Villeneufe[279], doselbst an das meer, do er
groß drucken[280] mit muschlen samlet. Lotichius[281], ein mechtiger poet,
gieng mit uns, und alß Pantaleon in ansprach, carmina underwegen ex
tempore zemachen[282], und sagt: «Germani socii tendunt ad littora maris»[283], sagt Lotichius: «nit maris, qua prima brevis, sed ponti»[284]. Er sang
uns den ritter aus Steurmarck[285] gar auß, war lustig, verdriben also den

wonach Pantaleon schon 1551 doktoriert hätte, hat bereits P. Burckhardt, B. Ch. 8, 434,
A. 41 korrigiert.

274 *Pézenas:* Städtlein ca. 50 km SW von Montpellier, an der N 113.

275 Platter könnte sich zwar täuschen, da er ja erst seit Sept. 1551 immatrikuliert war. Doch
waren Pantaleons Studien in der Medizin gewiss nur kurz und oberflächlich. Bis Ende
1552 war er noch Pfarrer, im Sept. 1553 plötzlich Dr. med. Zudem war Valence bekannt
für rasche und gefällige Promotionen. – Daher das eher verärgerte Staunen Platters,
das er sich jedoch nicht anmerken liess.   276 ürte, irte = Zeche.

277 Hs. undeutlich (fehlt bei Boos), Cleve = *Cleopha Kösin* heiratete Pantaleon 1545, wodurch
dieser zum Schwager des Bürgermeisters Joder Brand wurde, weshalb er sie «oft namset»
(mit Namen erwähnte): Brands Frau war eine Tochter des Ratsherrn Huldreich Kösin,
und Pantaleons Frau war eine Adoptivtochter von Huldreichs Bruder Johannes.

278 hüppenbůben: Eine «hüppe» ist 1. ein röhrenartiges Gebäck, 2. ein Blasinstrument.
Schw. Id. 2, 1488 f. Kieffer 60 interpretiert daher den «hüppenbůben» als «musicien
ambulant», wohl zu Recht.

279 Villeneuve: SW von Montpellier, gegenüber von Maguelone.

280 drucken = Schachteln, Kisten. Seiler 86.

281 *Petrus Secundus Lotichius*, dt. Humanist und lat. Dichter, Studienkamerad Platters, 1558
Prof. med. in Heidelberg, s. Kap. 3, A. 4.

282 lat. Verse zu improvisieren. – Pantaleon war ja auch Dichter, daher der fröhliche
Wettstreit.

283 «Die deutschen Kameraden ziehen an den Meeresstrand.»

284 Lotich hatte recht: Nach der lat. Metrik geht «maris» nicht, wohl aber das gleichbedeu-
tende «ponti».

285 den «ritter aus Steurmark»: ein Meisterlied; s. Goedecke u. Trittmann: Liederbuch
a. d. 16. Jh., S. 340, Nr. 3.

tag. Morndes zoch er nach Pesenas, gelt inzezien, überkam[286] doch nütt. Jacobus Huggelin[287] gab im das gleit, wardt dorüber kranck.

[49] Ich bekam brief[288] von Basel durch den D. Pantaleonem, dorin under anderen warnungen mein vatter mich warnet vom baden in meer, daß mir nit etwas widerfier wie ze Basel in der Birß[289], die mich schier in Rhin gedriben hatt, do ich dorin hab gebadet. Item schreibt, wie Theobaldus Schoenauwer[290] lutinista wider auß Italia zů im kommen und seine dischgenger auf der luten wie zevor underichte, darunder auch D. Peters Gebwilers sun Albertus und frauwen vetter Peter Horauf, die im sterbendt mit mir gon Rötelen geflechtet worden. Item mein můter hab ein badenfart zů Losdorf[291]; das auch zwei fenlin von Basel in Franckrich zogen syen, deren hauptleut Bernhart Stechelin[292], wirt zum Kopf domolen, hernoch z'rütter gschlagen, der Hütsche[293] und Wilhelm Hepdenring[294]; item daß ein schlacht beschechen zwischen margraf Albrecht von

286 überkam (schwz.) = erhielt.

287 *Jakob Huggelin:* Studienkamerad aus Basel, s. Kap. 3, A. 40.

288 Brief XI vom 10. Sept. 1553. Doch steht der im folgenden resümierte Inhalt nicht in diesem ganz kurzen, sondern im folgenden Brief XII vom 27. Sept. 1553, den Felix erst später erhalten hat. Die untere Hälfte davon ist weggeschnitten, wahrscheinlich wegen gewisser Notizen über die Basler Mediziner. Vgl. Kap. 3, A. 166.

289 *Birs:* linker Nebenfluss des Rheins; die Birsmündung, der sog. «Birskopf», ist bis heute ein beliebter Badeplatz.

290 *Theobald Schoenauer:* *1520, †1605 30. Juni, aus Kenzingen/Baden, Stammvater der Basler Familie. Er unterrichtete die Tischgänger Thomas Platters im Lautenspiel und wohnte wohl auch in dessen Haus; er wird meist als «Lutinista» genannt. Später wurde er – wie mehrere Nachkommen – Schaffner des bischöflichen Hofes, 1556 Bürger von Basel, ∞ 1. 1555 Anna Merian, 2. vor 1585 Agnes Dalcher. Stets mit der Familie Platter in Kontakt; die 1. Gemahlin war Patin von Ursula Platter, dem 3. Kind des Thomas aus 2. Ehe. Wappenb. Ba.; HBLS 6, 230; Tonjola 50; vgl. ferner G. A. Wanner in den BN, Nr. 159 vom 18./19. April 1970.

291 *Bad Lostorf:* NE von Olten, Schwefelquelle gegen Gicht und Rheuma usw., seit 1412 bekannt.

292 *Bernhart Staehelin:* *1520, †1570, Sohn des Baders Heinrich St. aus Schlettstadt (Bürger von Basel 1524) und der Anna Brand, Kaufhausschreiber und Wirt zum Goldenen Kopf, kam als Hauptmann in französischen Diensten zu Vermögen und wurde wegen seiner Tapferkeit von König Henri II 1554 zum Ritter geschlagen. Nach einem zweiten Feldzug war er reich genug, verkaufte die Wirtschaft und erwarb 1556 das Schloss Pratteln. ∞ 1. Dorothea Gyssler, 2. Anna Grebel von Baden. 1565 verkaufte er das Schloss Pratteln an Jk. Jak. Truchsess v. Rheinfelden. Matr. Ba. II 5, 1533/34; HBLS 6, 518; Wappenb. Ba.; Merz, Sisgau 3, 165 f.

293 *Hans Jakob Hütschy:* 1515–1560, Sohn des Watmanns Melchior H., des Rats, und der Dorothea Höcklin v. Steineck, zog mehrmals als Reisläufer nach Frankreich. ∞ Barbara Reher. Privat-Arch. Lotz, Fasc. 248. Wappenb. Ba. Er war von jähzornigem Charakter und musste zweimal Urfehde schwören, weil er den Glasmaler Han bedroht hatte. B. Ch. 8, 272, A. 29.

294 *Hans Wilhelm Hebdenring:* (1531)–†1557 in Rom, Hauptmann in französischen Diensten. ∞ Anna Meyer zum Hasen, die Tochter des bekannten BM Jakob M., Witwe von Niklaus Irmy. Wappenb. Ba. Über alle drei Hauptleute s. Aug. Burckhardt: Basler in fremden Diensten, Neujahrsbl. 1917.

Brandenburg und Mauritio hertzogen in Saxen[295], der ab eim schuß hernoch in dryen tagen verscheiden; item das dem künig aus Engellandt mit
gift sye vergeben[296]. Mant mich letstlich gar hoch, flisig in studiis fortzefaren, wil so vil doctores medici schon ze Basel syen und so vil noch
studierten, deren er vil erzelt, auch wil D. Pantaleon von der theologi
dohin geroten, er auch die zal merte. Es schreib mir auch neben anderen
Gilbertus, wie er so gern ze Basel wer, drib vil narry mit seinen amoribus.
Den 4 Octobris zog D. Pantaleon wider nach haus, durch den ich
wider heim schreib; und den 6 Octobris zog auch hinweg nach Avinion
Petrus Lotichius und siine discipuli Erhardus Stibarus, Conradus, Demerus[297].

Auf den tag den 16 octobris hatt man den Guillaume Dalencon von
Montalibon[298], so ein priester gwesen und zur religion sich bekert und
von Genf kam und biecher mit sich bracht und langest gefangen gehalten, degradiert. Man legt im priesterliche kleider an, fûrt in auf ein brüge,
do sas der wichbischof, brucht vil ceremonien, laß in Latin, zog im daß
meßgwandt ab, legt im weltliche kleider an, schabt im die blotten uf dem
kopf und zwen finger etc. Übergab in darnoch der weltlichen oberkeit,
die namen in alß dan und legten in wider gefangen.

Um Lucae den 18 octobris fiengen die professores wider an zeläsen, so
den gantzen summer, wie ir brauch, fyren[299] und allein ettlich um die
besoldung läsen.

295 Markgraf Albrecht Alkibiades von Brandenburg wurde am 9. Juli 1553 von Herzog
Moritz von Sachsen bei *Sievershausen* (E von Hannover) geschlagen.
296 «vergeben» = vergiften. – Der schwächliche Sohn des bekannten königlichen Blaubarts
Heinrichs VIII. und seiner dritten Gemahlin, Jane Seymour, *Eduard VI.*, war 1547
bis 1553 König und starb mit 16 Jahren. Das Basler Gerücht ist wohl falsch, aber
verständlich. Auf ihn folgte die militante Maria die Katholische, unter deren Regierung
1553–1558 einige Flüchtlinge nach der Schweiz und nach Basel kamen. Vgl. Marc Sieber
in BZ 55/1956, S. 75 ff.
297 *Conradus Demerus* fehlt in der Matr. Montp. ebenso wie die Stibari, als deren Kamerad
er hier auftritt. Über diese s. Kap. 3, A. 5.
298 *Guillaume d'Alençon* von Montauban wurde, wie das Märtyrerbuch von Jean Crespin
(Crispinus), Genf 1554, berichtet, von falschen Brüdern verraten und ausgeliefert, in
Montpellier gefangen genommen, verhört und, da er standhaft blieb, am 7. Jan. 1554
zum Tode verurteilt und verbrannt. – Nicht erwähnt werden die von Platter beschriebene
Degradation sowie die Todesart, doch ergibt sich diese aus den Worten eines Leidens-
genossen: Dieser, von Beruf ein Tuchscherer, wurde beim Verhör schwach und wurde
daher zu einer blossen Geldbusse begnadigt, doch sollte er der Exekution seines Mit-
gefangenen beiwohnen; durch dessen Zuspruch und Beispiel wurde der Wankelmütige
jedoch so gestärkt, «qu'icelui ayant reçu nouveau courage, demanda aux juges ou d'être
ramené en prison, ou d'être brûlé avec ledit d'Alençon.» So erlitt er denn drei Tage
später das gleiche Schicksal. – Der Bericht des Märtyrerbuches ist abgedruckt bei
E. Fick: Mémoires de Félix Platter, Genf 1866, p. 136 f. – Viel ausführlicher und lebendiger ist der Bericht Platters über die beiden Hinrichtungen, s. Kap. 3, bei A. 317 ff.
299 fyren, feiern = nicht Vorlesung halten.

Den 22 Octobris am suntag auf den abendt kam Fridericus Rihener[300] von Basel zů uns, bracht mir brief[301], und wardt mein grosser Galenus in folio mir auch von Leon überlüfert. Eß schreiben auch Gilbertus und Jacobus irem vatter. Fridericum nam min herr wider an disch, waren by ein ander in seim haus, so von der apotheck in eim sal, lagen by einander, giengen in die apotheck zum essen. Er zalt im den tisch, dan er sein sun Jacobum nit von meim vatter nemmen wolt. So war des Friderici můter ein witwen, die in auch nit begert[302].

[50] Den 26 Octobris wardt Andreas Croaria von Constentz medicinae baccalaureus[303].

Den 27 Octobris fieng die anatomy an eines wibs, so noch volkommen und feißt und ein kint geseigt hatt, so gestorben; der praesidiert Rondeletius. Under andrem hab ich do wargenommen, das wan sy lang also ligen wie dise, mit denen man wol 14 tag umgangen, daß an denen orten, doruf sy ligen, alß dise unden an den hüften, arsbacken, armen etc., sy so roth wider werden, und die tötdliche gäle farb inen vergoth, alß lebten sy[304]. Die ursach hab ich in meinen observationibus verzeichnet. Wir iebten uns auch, daß wir hundt anatomierten, do ich dan einen in meins herren haus anatomiert und warf hernoch waß übrig, bein und fleisch, in das heimlich gmach. Daß versteckt sich, daß es nit hinab kam; wardt funden, und mein herr nit wol dorab ze friden.

[50] 6 novembris schickt ich vil semina[305] und ettliche frücht allerley nach Basel. Darnoch schreib ich den 10 novembris, wie die Türcken bis nach Aiguemorten[306] noch[307] by uns ankemen, daß wir die schif von

300 s. Kap. 2, A. 4.   301 Brief XII vom 27. Sept. 1553.
302 Die Witwe des Stadtschreibers Ryhiner (†1553) wollte keinen Pensionär; daher gingen beide Catalan-Söhne zu Th. Platter.
303 *Andreas von Croaria:* 1527–1573/74, Studienkamerad Platters in Montpellier, Dr. med. 1564, im Grossen Rat zu Konstanz 1564–1567, ∞ 1. 1555 Magdalena Betz von Arenenberg, 2. Anna Schöninger. Matr. Montp. 124, 1552. Kieffer 69, 75.
304 Die sog. «*Totenflecken*» (livores mortis, Blaumähler) sind eine bekannte Erscheinung, verursacht durch Absinken des Blutes, bläulich-rote bis hellrote Flecken, die auf dem Rücken der Leiche 8–12 Stunden nach dem Tode erscheinen. Observationes (1614) III 704ff. und M. Höfler: Dt. Krankheitsnamenbuch, Heidelberg/New York 1970, S. 154f.   305 semina = Samen.
306 *Aigues-Mortes* (Aquae mortuae): altes ummauertes Städtchen ca. 30 km E von Montpellier, an einem der zahlreichen Etangs gelegen, ehemals ein wichtiger Hafen, aber heute 8 km vom offenen Meer entfernt, ist trotz des römischen Namens erst von Ludwig dem Heiligen geschaffen worden, der für seinen Kreuzzug einen Mittelmeerhafen benötigte: 1248 versammelte er dort 38 grosse Schiffe. Aber die Kanäle versandeten immer mehr; der Anschluss Marseilles an Frankreich 1481 und der Ausbau von Sète im 18. Jh. erledigten die Bedeutung der ältesten französischen Hafenstadt. Es ist erstaunlich, dass die Türkenschiffe noch 1553 hier einliefen. Felix hat das Städtchen gerade vor den Religionskriegen gesehen, die seit 1560 wüteten; Thomas d. J. hat es nachher (1596) erlebt und ausführlich beschrieben; s. Keiser 140ff. Dort auch Lit.-Angaben.
307 nôch = nahe.

weitem im meer sechindt, dan der künig aus Franckrich ein bündtnus domalen mit dem Türcken hatt[308].

3 Decembris bracht man mir die inbundene Galeni opera von Basel, welche ich flisig durchlesen und glosiert[309].

9 decembris kam gon Mompelier Johannes Zonion[310], von Ravenspurg bürtig, der schůlmeister in der kleinen stat Basel gwesen und ein alt wib by 70 jaren, die Jecklinen genant, zur ee genommen, die im gelt geben, doctor in Franckrich zewerden, und hernoch, alß sy gstorben, wider gon Ravenspurg gezogen, doselbst practiciert.

Er bracht mir ein langen brief[311] von meim vatter und andren, datiert den 14 novembris, dorin mein vatter mich höchlich ermant zur frombkeit und flisig zesein, dan wan ich nit andre überdref, wil so gar vil artzet schon ze Basel syen und noch viler gewertig, kenne ich nit wol auskommen. Beschribt mir sein hushaltung und das er Ludovico Lucio[312] die druckery verkauft hab, der im doch zlest nit ghalten, das er sy wider nemmen mießen. Item er habe daß Teutsch spil in der schůl gehalten[313], dorin ich solte Bromius der wirt zum dirren ast gwesen sein und ietz Gilbertus an mein stat verwalthet, wie auch die heupter[314] darby gwesen

308 *Türken:* Die Franzosen schlossen bereits 1535 einen Handels- und bald darauf einen Bündnisvertrag mit Sultan Suleiman II. Nachdem seit 1545 ein Waffenstillstand zwischen Türken und Reich geherrscht hatte, brach 1551 der Krieg wieder aus.

309 «Mitto nunc tibi Galenum ...», zusammen mit dem kurzen Brief XXII vom 24. Okt. 1553, Ach. Burckhardt, S. 29f. Darunter steht zwar: «Recepi 25. Dec. a Tolosa ...», doch ist wohl das Tagebuch hier zuverlässiger.

310 *Johannes Zonion* (griech. = Gürtel): aus Ravensburg, ca. 1553 Schulmeister in Kleinbasel, studierte nach der genannten Heirat, die ihm die Mittel dazu verschaffte, in Montpellier, wo er 1553 einen Grad erwarb (Matr. Montp., Anhang, p. 221) und 1555 doktorierte; 1556 Stadtarzt in Mülhausen i. E.; kehrte nach dem Tod seiner Frau nach Ravensburg zurück. – Wahrscheinlich identisch mit dem 1547/48 in Basel immatrikulierten Jacobus Zonion Ravenspurgensis, der 1557/58 kurze Zeit hier praktizierte. Nach H. G. Wackernagel, Matr. Ba. II, 54.

311 Brief XIV vom 14. Nov., erhalten am 9. Dez. 1553. Burckhardt, S. 30–35. «Attulit Praeceptor Transrhenanus» (= Hopperus).

312 *Ludwig Lucius:* 1551 Ludwig Lüeckh, der corrector von Wetter uß Hessen, 1562 13. April. Ludwig Lück gibt das Burgrecht auf, sein Sohn Basilius behält es. Öffnungsbuch VIII. 144 u. 194, vor 1550 ∞ Barbara Herbster. Alle Zitate nach Rud. Wackernagel: Akten-Slg. ... Basler Buchdrucker, Mscr. St.-Arch. S. 123. Bei Th. Burckhardt, Gymnasium, S. 84, 88 wird L. als Professor der Logik und Verfasser einer lateinischen u. griechischen Grammatik genannt. Über den Sohn Basilius s. Matr. Ba. II 166, 1566/67. – Mit dem Verkauf der Druckerei an Lucius hatte Platter Pech, ebenso mit dessen Nachfolger Stella, s. Kap. 3, A. 782.

313 Wie Felix erzählt (Kap. 1, A. 289), hatte Thomas das Spiel *«Der Wirt zum dürren Ast»* ca. 1550 selbst gedichtet, und Felix sollte darin die Hauptrolle spielen, aber wegen der Pest wurde die Aufführung verschoben. – Der Text des Spiels ist leider nicht erhalten. Vgl. L. Aug. Burckhardt: Gs. der dramat. Kunst zu Basel, B. Beitr. 1/1839, S. 198.

314 heupter = die obersten Regenten: Bürgermeister, Oberstzunftmeister usw.

syen, und so er hoch gehalten, auch der herr von Binnigen, der Niderlender, so David Georgius³¹⁵ heimlich war, der habe ein goldtgulden vereert. Fir zeitung, margraf Albrecht von Brandenburg fier ein krieg wider
die bischof und die Nierenberger etc. Freuwet sich, das ich ein so gůter
lutenist sein sol, wie er vernemme.

Den 11 decembris giengen wir gaßathum³¹⁶, schlůgen Fridericus ⟨Ri-
hener⟩, Huggelius und ich mit drien luten zesamen. Die gentilhommes
hetten uns schier verjagt, ließen uns doch zeletst unsrer stros gon.

Den 14 Decembris zog Marius Stibarus, so hernoch landtgraven Ludtwig aus Heßen medicus, so ich in zů Stůtgarten androffen, und doruf
professor zů Heidelberg wardt, von Mompelier hin weg. Durch welchen
ich an Petrum Lotichium schreib.

19 Decembris hůlt man wider ein anatomy eines alten mans, der gar
böse lungen hatt. Deren presidiert D. Guischardus.

[51] Anno 1554 den 6 jenners hatt man den obgemelten Wilhelm
Dalencon, den man vor 11 wuchen degradiert und sithar in gefangenschaft gehalten, zum todt verurtheilt³¹⁷. Man bracht in nach mittag und
drůg in einer uf der achslen fir daß thor neben ein closter³¹⁸, do die richtstat, und ein bigen holtz ufgerichtet war, und giengen im zwen gefangene
nach, ein thůchschärer im hembdt, hatt ein wellen strauw uf dem rucken
gebunden, und sunst ein erbarer man³¹⁹, wol angethan, welche aus blödi-
keit willens offentlich den waren glůben widerriefen. Der Dalencon hatt
durch ußhin psalmen gesungen; alß er zur bigen kam, setzt er sich doruf,
zog seine kleider selbs ab, bis uf das hembdt, legts suber zesamen an ein
ort, alß wolte ers witer brauchen, redt ernstlich mit den anderen, so ab-
fallen wolten, also das dem, so im hembdt, dropfen schweis wie erbsgros
ab dem angsicht herab floßen, und alß er durch die canonicos, so uf roßen
und multhieren um in hielten, gemant wardt ufzehören, sprang er frölich
uf die bigen und satzt sich an ein sul, so mitten in der bigen aufgerichtet
war, dardurch war ein loch gebort und ein seil dardurch, do ein strick

315 David Georgius: *David Joris*, der grosse Erzketzer, Haupt der niederländischen Täufer,
    war als Religionsflüchtling 1544 nach Basel gekommen und lebte hier unter dem Deck-
    namen Johann von Bruck, wegen seines Reichtums und vornehmen Gehabens allgemein
    geschätzt. Als Besitzer des oberen mittleren Gundeldinger Schlösschens war er seit 1555
    Platters Nachbar und kam gut mit ihm aus. Schon vorher scheint er Felix ein Empfeh-
    lungsschreiben an Prof. Scyronius in Montpellier mitgegeben zu haben. Briefe Thomas,
    S. 47. – Über den Skandal nach Joris' Tod berichtet Felix weiter unten, Kap. 8, A. 140ff.
316 gaßathum = durch die Gassen.
317 Vgl. oben, Kap. 3, A. 298. Das Marterbuch nennt als Datum den 7. Jan. 1554, doch hat
    Platter mit dem 6. Jan. wohl eher recht, da er zusätzlich den richtigen Wochentag angibt,
    s. A. 322.
318 das Dominikanerkloster, hinter der heutigen Promenade du Peyrou. Kieffer 65, A. 1.
319 Hier erzählt Platter von einem dritten Mann, den uns das Marterbuch verschweigt, weil
    sein Beispiel weniger ruhmvoll ist. Vgl. A. 298.

zevorderst; den legt im der nachrichter um den halß, bandt im beide arm ob sich und legt die biecher, so er von der religion von Genf gebrocht, doruf, zunt allenthalben die bigen an. Der marterer sas dultig mit ufgehepten augen gegen himmel. So baldt daß feur die biecher erreicht, zog der nachrichter daß seil und wurgt in also, bis er sein haupt sincken lies, do er sich nit weiter riert und also zů eschen verbrant war, da die beide darby ston und zůsechen můßten und inen zimlich warm wart.

Nach solchem fůrt man sy beidt in d'statt uf daß rathaus, do war darby glich an der kilchen zů unser frauwen, ein brüge[320] ufgericht und ein Marienbildt doruf, vor dem sy wider riefen solten. Man wartet lang. Zlest bracht man nur einen, dan der thůchscherer nit widerriefen wolt, begert man solt in nur tödten und kein gnodt bewysen, wil er gewanchet hab; darum legt man in wider in. Den anderen aber, so ein firneme person schein, stalt man uf die brüge, můßt vor dem Marien bildt knüwen, hatt ein brennende kertzen in der handt, dem laß ein notarius etwas vor, doruf er antworten můs; wardt im also daß leben geschenckt, aber darnoch auf die galeen[321] geschmidet.

Am zinstag hernoch den 9 januarii[322] fůrt man mit dem thůchschärer fir, erwürgt und verbrant in, wie den[323] ersten, do er gar standthaftig und große reuw, daß er gezwiflet abzefallen. Es regnet den tag, das das feur nit brennen wolt, und wil der marterer nit recht erwürgt war, große noth leidt, brachten die münch aus dem kloster, so darby, strauw herfir, daß nam [52] der hencker und holt therbinthin in meins herren apoteck, das feur brennen zemachen. Welches, alß ich den knechten verwiß[324], die es geben, sagten sy, ich solte schwigen, eß mecht mir auch also gon, wil ich auch Lutheraner.

In diser marterer liden drůg sich daß wunder zů, das an dem tag, in welchem man den ersten verbrandt, den 6 jenners, gleich hernoch eß starck donneret. Hab ich mit meinen oren wie auch ander gehört; die pfaffen sagten spötlich, der verbrenten ketzeren rauch brechte daß zewegen. Den 7 januarii hatt D. Franciscus Fontanonus[325], so gar ein blöder,

320 brüge = erhöhte Bretterbühne.
321 Hs.: galeen (ältere Form von «galeren»).
322 Der 9. Jan. 1554 war tatsächlich ein Dienstag. Deshalb sind Platters Angaben zuverlässiger: 6. bzw. 9. Jan. (nicht 7. bzw. 10.).
323 Hs. (irrt.): die.
324 verwiß = verwies, tadelte. Felix war hier erstaunlich kühn, dass er es wagte, die Ladendiener wegen des Terpentins zu tadeln; ihre Antwort verrät deutlich, wie gefährlich eine solche Kritik war, auch für einen Ausländer. Um so merkwürdiger ist der schaurige, fast kommentarlose Naturalismus in seiner Schilderung der beiden Hinrichtungen.
325 *François Fontanon:* Prof. agrégé, speziell Botaniker (Matr. Montp. 85, 1539; lic. und Dr. 1551), Sohn des Prof. Denis Fontanon (†1538). – Das erwähnte Werk des Vaters hiess «Practica medica, seu de morborum internorum curatione libri VI», Lugduni, Frellonibus in 8°, und hatte viele Auflagen. Kieffer 67, A. 1.

iunger medicus und gantz thir[326] und bleich, hochzeit gehalten; war Dionisii, so ein practic geschriben, sun. Der reit altzeit ein multhier, do er mir oft gsagt, sein vatter habe es auch vil jor geritten, also das unser rechnung noch es über die 40 jar alt sein müßt.

Auf diser hochzeit am suntag znacht, do man sy nach dem nachteßen wie brüchlich zur kilchen mit liechteren und instrumenten fiert, darnoch wider nach haus und nach gehaltner collation[327] by offner thüren dantzet, kamen auch darzů monsieur le Beau[328], ein schöner, junger studiosus, der sich von adel ußgab, derhalben auch sein weer drůg, das sunst andre nit thůnt, wie auch ein anderer studiosus Miliet[329], und dantzten do, wie sy dan gůte dentzer by vilen dentzen waren. Es[330] war auch ein anderer student Flaminius[331], ein Italianer, auch ein stoltzer und starcker man, der veracht den monsieur le Beau, hůb im ein fůs fir, daß er schier fiel, doruf im le Beau ein multheschen[332] gab: kamen an ein ander, doch von anderen gescheiden, und threuwet Flaminius dem Beau, solches zerechen. Morndest am mentag glich nach dem mittag eßen, alß le Beau spatziert uf dem gewonlichen gepflesterten blatz vor Nostre dame, kompt Flaminius dohär, wietendt gegen im, mit gezuckten dolchen. Le Beau wicht hinder sich, zuckt sein weer, hebts im entgegen und sagt: «Retire⟨z⟩ vous[333], Flamini» (wich hindersich, Flamini). Er aber begert im daß weer ußzeschlachen und darneben uf in zedringen. So sticht le Beau das weer durch in, das es ein schů lang hinden am rucken hinus goth. Flaminius schrigt: «je suis mort» (ich bin todt), falt nider und ist gleich todt; den dregt man auf einer leiteren darvon. Le Beau lauft darvon, dragt daß bloß weer in henden, verbürgt[334] sich in ein haus; darfir kompt baldt die justitia, der baillif mit den scharianten[335], die fallen ins hus, sůchen in, jagen in uf das tach, do er über ettlich hüser kam, wardt doch zlest gefangen, auf den court de bailli gefiert, do er lang in einer nit harter gefangenschaft verhaft verbliben, letstlich la grace du roi erlangt und ledig worden. Darzů auch etwas geholfen, das le Beau altzeit firgewendt, er[336] sye im in daß weer geloffen. Er wardt hernoch medicus ze Turs, do er noch vor wenig jaren gelept.

326 thir = dürr, mager.
327 collation = Essen.
328 *Le Beau*, später Arzt in Tours, Matr. Montp. 99, 1545.
329 *Milet, Joannes*, dioc. Turonensis (Tours), Matr. Montp. 127, 1553.
330 Hs. irrt.: er.
331 *Flaminius:* weiter nicht bekannt.
332 multheschen, Maultasche = Ohrfeige.
333 Platter meint natürlich «retirez-vous», kennt jedoch die französische Orthographie nicht.
334 verbürgt = verbirgt.
335 Der Amtmann mit den Scharwächtern.
336 er = der andere.

[53] Auf den dry künig tag hůlten wir das künigreich[337] under uns Teutschen im collegio, do uns der alt pedel[338], der in Graecia lang gewont, kocht, und war Andreas von Croaria künig. Zwen tag darnoch hůlt mans[339] ins Rondeletii haus, by dem Hieronimus Betz[340] von Costentz wonet und Clusius[341], der sein amanuensis[342] war, wie auch andre. Do that ich mein erste prob, Welsch zedantzen, wil ich im haus wol bekant was und deß Rondeletii dochter Katharinam, so lang hernoch Salomoni doctori vermechlet, auf der luten lart schlachen.

D. Jacobus Huggelin hůlt sich zimlich statlich über sein vermögen; hatt mangel an gelt, schickt ein eigenen botten gon Basel nach gelt, ein buren, so der Catalan gemeinlich braucht in seine gerten, Antoni genant. Ich gab im brief an mein vatter und andre; schick im theriacam[343] correctam à Rondeletio und den wolgeschmackten pulverem violarum[344], batt in, wolte mir luten seiten[345] schicken.

Den 26 jenners kamen zů uns gon Mompelier zwen aus des künigs von Navarren guardi guardiknecht, Jacob Heilman und einer, Fritz von Zürich, denen leisteten wir gůte gselschaft. Under andrem erzelt uns der Fritz, das in eim kampf eines ochsens mit eim leuwen, der ochß in mit dem horn under dem nabel durchstochen hab, daß im daß waßer hinden zeunderst am rucken ußgeloffen sye, sye im aber mit gottes hilf geholfen

---

337　feierten den Dreikönigstag. Man wählte einen «König» und hielt ein festliches Mahl. Schw. Id. 3, 334 mit P.- Zitat; vgl. Grimm, Dt. Wb. V, 1698.

338　pedel = Pedell, Universitätsdiener.

339　nämlich das Dreikönigsmahl.

340　*Hieronymus Betz* von Konstanz: stud. Montpellier, wohnte im Hause von Prof. Rondelet. Verwandt (?) mit Jacobus Bezius, Constantiensis dioc., Matr. Montp. 121, Nr. 1896, 10 oct. 1552. Vgl. B. R. Jenny: Amerbach-Korr. 6, 530, A. 2.

341　*Carolus Clusius* (de l'Ecluse), *1526, †1609, aus Arras, studierte Sprachen und Jura in Gent und Löwen und Medizin in Marburg, Wittenberg, Strassburg und Montpellier (Matr. Montp. 121, 1551), Dr. med., speziell Botaniker, unternahm Reisen durch Frankreich, Spanien, Portugal, England, Deutschland, Ungarn, wurde kaiserlicher Gartenaufseher in Wien, dann in Frankfurt a. M., 1593 Professor der Botanik in Leiden. †1609 unverheiratet. Div. Übersetzungen u. Publikationen, u. a.: Historiae plantarum rariorum, exoticarum ... Lib. X. Nach Jöcher 1, 1972. J. A. Häfliger nennt ihn «den Schöpfer der modernen deskriptiven Botanik» (Felix Platters Hausapotheke, B. Jb. 1939, S. 20). Ein Freund Lotichs.

342　amanuensis = Sekretär. Von ihm stammt die wegen ihres eleganten Lateins bewunderte Ausgabe von Rondelets Hauptwerk «De piscibus marinis», das dieser auf französisch verfasst hatte.

343　*Theriak* und Mithridat waren die kostbarsten Arzneimischungen jener Zeit. Ursprünglich Gegengift und Pestmedikament, wurden sie später als Allheilmittel verwendet. Zur Herstellung des Theriaks mussten die in unserer Gegend nicht vorkommenden Vipern lebendig von auswärts bezogen werden. Nach J. A. Häfliger: Das Apothekerwesen Basels, BZ (1937 u.) 1938, S. 60f.

344　Veilchenpulver, wurde ebenfalls arzneilich verwendet.

345　luten seiten = Lautensaiten.

Montpellier: Rue-du-Bout-du-Monde (heute Rue de l'Ecole-de-Pharmacie), *alter Standort der Faculté de Médecine*, seit dem 14. Jh. bis 1792. Bleistiftzeichnung 1831, Montpellier.

Montpellier: heutiger Standort der Faculté de Médecine (seit 1792), links neben der Cathédrale Saint-Pierre, im ehemaligen Bischofs-

worden. Den 27 zog von Mompelier Carolus Clusius, der deß Rondeletii amanuensis gwesen und schon, eb ich gon Mompelier kommen, by im gewont; ist hernoch so ein verriempter in herbarum cognitione medicus[346] worden, wie seine scripta anzeigen, hat sunst nit doctoriert und mir hernoch oft geschriben und alter kundtschaft erinneret.

Den 2 Hornungs wardt aber ein anatomy gehalten eins mans, so gestorben. Die verwalthet D. Rondelet.

In der faßnacht zinstag vor der eschenmitwuchen zogen die juristen doctores in gemein herumb in einer mumery; und stritten die burger aber, wie im vordrigen jor verzeichnet, mit pomerantzen werfen gegeneinanderen.

Den 10 Hornungs wardt einer auf dem blatz uf der brüge enthauptet und im alle viere, wie sy im bruch, abgehûwen.

D. Honoratus Castellanus[347], so lang nie glesen hatt, fieng an ze profitieren[348], war gar wolberedt, wie D. Zwingerus.

Den 26 hornungs alß vier wuchen firüber, das der gartner Antony nach Basel geschickt, blanget mich, wan er wider keme, domit ich brief entpfienge, spatziert den tag hinus mit eim, neben den ölbeumen gegen Castelnûw gradt vor dem nachteßen. So sich ich etwas von fer dohar kommen und zû allem, alß wir uns zesamen necherten, war es der Antony, sagt mir vil grie[u]ß von den meinen, by denen [54] er gûten roten wein druncken[349] hett; bracht mir ein groß pacquet brief[350] und D. Huggelin, der in geschickt hatt also in die stat. Do war schon in meins herren haus angericht, daß ich die brief nit lesen kont bis nach dem eßen, allein dem herren seine überantwortet[351], doruß er vernam, daß sy wol auf und, wie sy schriben, wol studierten. In aller freudt, alß ich aß, kamen mir mit der spis zwo gufen[352] ins mul, hette wenig gefelt, ich het eine hinab geschluckt, erschrack übel und gedacht, kein freudt on leidt.

Nach dem nachteßen las ich meins vatters brief, zwen gantz bogen vol rein geschriben, do er mich aber so hoch ermant zur forcht Gottes, zur erbarheit und frombkeit und fliß, mich in allen, was einem artzet zû steth, ernstlich, wie auch in der wundt artzny zeieben, eß syen der artzet so vil ze Basel und noch viler gewertig, das wo ich nit firdref[353], nit werde kennen außkommen, ich sy eins armen schûlmeisters sun, andre von

---

346 Durch Pflanzenkenntnis berühmter Arzt.
347 *Castellanus:* s. Kap. 3, A. 14.
348 hier: Vorlesungen zu halten.
349 Hs.: druncket.
350 Brief XV, ohne Datum, gebracht am 26. Febr. 1554 von Antonius Hortolanus. Burckhardt, S. 35–44.
351 d. h. die Briefe seiner Söhne.
352 gufen (schw.) = Nadeln.
353 firdref (fürtreffe) = mich auszeichne.

firnemmen leuthen und gfrünten etc. Klagt sich auch, daß die magistri im pedagogio im[354] seine schůler, so noch gar nüt proficiert[355], deponieren[356], dardurch sy verderbt werden. Es schreiben mir auch Theobaldus[357] lutinista, schickt mir seiten und ettlich lutenstück, item Gilbertus und andere, mit vermelden, wie man D. Pantoleoni ein übernamen geb: doctor im giesfas, welches dohar keme, das er einer frauwen geroten hab, den schlof zů bringen, sy sol uß einem giesfas waßer uf den kopf dropfen laßen in der nacht oder, wie andre sagen, in ein handtbechi dropfen laßen; man hab ein faßnachtspil dorus gmacht.

Der bott bracht D. Huggelin schlechten bescheidt von seiner můter und kein gelt, meldendt, sy hette keins, derhalben er genötet, wil er gern heim wolt, den Antony gleich 8 tag hernoch des 5 mertzens wider nach Basel schickt. Dem gab ich brief, darin ich auf meins vatters schreiben mich beantwortet, under andrem die gůte glegenheit, in meins herren apoteck allerley artznien zů zebereiten, zeleren hette, dan ein großen verdrib. Schickt im D. Saportae brief und sein rotschlag, den er im die gedechnus zestercken geordnet.

Den 23 mertzens kam ein commissarius von Tolosen gon Mompelier, zog in der stat sampt dem bailif herumb, die Lutheraner (also nempt man do mol die reformierten Christen, und war der nam Calvinisch und Hugenoten noch nit im bruch) zesůchen, und růft man uß mit der drumpeten, wer solche wißte, solche by schwerer peen[358] anzezeigen.

Am tag hernoch verbrant man uf dem blatz in der figur zweier angethoner bilder des bischofs von Mompelier schwester sampt ires mans[359]. Der chaperon von dem wibsbildt also brennendt flog in alle höhe, gab vil glechters under dem volck[360].

Den 27 Martij kam Paulus Stibarus wider gon Mompelier.

[55] Den 31 wardt des alten pedellen sun grichtet; er war ein stattlicher man, hatt ein frauw, die man meint were von adel, zog der mertheil hin und wider in der Provintz herumb, bracht zů zeiten kleinoter mit sich, corallen und anders, daß eß ein argwon gab, er hette sy gebüthet, wie eß auch zlest ausbrach, daß er ein strosreuber, derhalben man im nach-

---

354 Hs. irrt.: in.
355 proficiert = fortgeschritten.
356 deponieren = immatrikulieren.
357 Theobald (Diebolt) Schoenauer. Brief v. 13. Febr. ?, Fr. Gr. I 5, fol. 228: «... etlich luten stick, ein gut pasolmezo mit sampt sim nochtantz ...», vgl. Musik in Gs. u. Ggw. 10, 877 f.
358 peen, poena = Strafe.
359 Hier einige unverständliche Worte: «so gondt gezogen waren» oder ähnlich.
360 Eine unheimliche Lustbarkeit am Tage nach der grossen Ketzerjagd. Kieffer 73, A. 1 vermutet, es handle sich nicht um die Schwester, sondern vielmehr um einen Neffen des Bischofs Pellicier, namens Renan, der von seinem Onkel als lutherischer Ketzer heftig verfolgt wurde.

stalt, dorft nit mer gon Mompelier kommen. Zlest wardt er verkundt-schaft in eim dorf, do er sich aus einem haus mechtig wert, eb er gefangen wardt, bekam wunden im kopf, also daß man in also verbunden gon Mompelier bracht, do er noch wenig tagen wardt uf der brüge wie brüch-lich enthauptet und alle viere abgehůwen etc.

Auf den tag kam der Antoni wider von Basel gon Mompelier, war nur 26 tag ausbliben, bracht D. Huggelin 90 cronen, war fast seiner můter hab und gůt. Er kauft ein schön roß, rist sich uf die heimfart.

Mein vatter schreib mir aber frölich brief[361], wil er uß meins hern brief, wie auch D. Saportae vernommen mein fliß und provectum in studiis. Sagt, D. Hůber sage allenthalben, ich werde ein firtreffenlicher artzet werden, hör er von andren und merck es aus meinen briefen; schribt auch, D. Thomas Schepfius sye von denen von Colmar zum statartzet angenommen.

Den 1 Aprellens kam gon Mompelier Israel Nübelspach[362] von Mar-grafen Baden, ein klein menlin, der sich oft vol dranck; wardt alß dan rot alß ein gsottner krebs. Es kam auch mit im ein glerter man, Johannes Desiderius[363]. Den 2 tag zogen von uns die zwen Costentzer, die ich zů Mompelier fandt, Andreas von Croaria, so hernoch doctor zů Ravens-burg worden, und Paulus Stibarus von Wirtzburg. Item Peter Heel[364] von Kaufbüren, ein langer kerlin, so hernoch ermürdt, wie volgen wirt.

Den 10 Aprilis zog hinweg Jacobus Huggelin, Henricus und Martinus Stibari und ir praeceptor Georgius Fischerus.

Ich schreib heim meim vatter, das ich ein wil kranck wer gwesen am catharro, befal im den Fisc⟨h⟩erus und Stibaros. Morndes reit ich in meins herren meierhof gon Vendargis[365], mit meins herren frindt, darunder damoisellen.

16 aprilis wardt ich gebetten von dem monsieur Guichichandre[366] dem jüngeren, unserem nachburen, einem edelman, einer damoisellen ze-hofieren, so man ein haubade[367] nempt. Do kamen wir um mitnacht und schlůg man erstlich die drummen, die nachburen in der gaßen ufze-wecken; doruf die drommeten, auf daß die haubois (schalmeien), darnoch

---

361 Brief XVI vom 21. März 1554, gebracht am 31. März vom Gärtner Antonius, Ach. Burck-hardt S. 45–48.

362 *Joh. Israel Nibelspach* e Thermis marchionum (Baden-Baden), Matr. Montp. 131, 1554. Matr. Tüb. 126, 11 (Bd. 1, 327), 1546 9. Juni.

363 *Joh. Desiderius:* fehlt in der Matr. Montp., dagegen finde ich ihn in der Matr. Freibg. i. Br. 1, 445, 10. Okt. 1559: Joh. Desiderius ex S. Theodato dioc. Lutringis.

364 *Peter Heel* von Kaufbeuren: unbekannt. – Alle andern Namen kamen bereits vor, s. Register.

365 *Vendargues:* ca. 7 km NE von Montpellier.

366 *Guichichandre* = Simon de Sandre, s. Kap. 3, A. 192.

367 haubade = ein Ständchen (wahrscheinlich abgeleitet von hautbois, Oboe).

zwerchpfiffen[368], uf dieselbige die violen, zů letst dry lauten; wert wol dritthalb stundt[369]. Darnoch fůrt man uns ins pasteten haus, do wir kostlich in yl tractiert wurden und muscat und hippocras[370] druncken und also die gantz nacht vergieng.

[56] Denselbigen tag kam aus dem Pemundt[371] Jacob Schieli[372], ein metzger von Basel, war ein kriegsman, und mit im Heinric Seiler[373], waren gar arm, hatten kein gelt, böse zerrißene kleider und der Schieli geschwolene schenckel und übel erfroren. Wir fůrten sy ins collegium, machten inen gůte feur sich zewermen, gaben dem Basler ein alte flaßada[374], wie wir studenten von Catalanischer decken gemacht drůgen, alte schů und andre kleider, stürten auch etwas gelts zur zerung, tractierten sy znacht gar wol. Do grein[375] Jacob Schieli vor freuden, sprechendt, man hatt mich underwegen hencken wellen, do ich gern zevor gnůg geßen hett, ietz welt ichs ehr liden kennen.

Gleich dry tag noch denen, den 18 aprellens kamen aber[376] zwen Basler guardiknecht wolgebutzt mit iren zerhůwenen kleideren[377], weren und hallenbarten[378], mit namen Hans Brombach[379] der balierer und Hans Pfriendt[380] der metzger, aus deß künigs von Navarren gwardy, wolten heim zien. Wir zugen mit inen in der statt herumb, hůlten sy zgast. Sy waren zevor ze Basel studenten fiendt und schlůgen znacht etwan mit

368 zwerchpfiffen = Querpfeifen, Flöten.
369 dritthalb stundt = 2 $1/2$ Stunden.
370 hippocras: ein Süsswein, noch heute in Basel um die Weihnachtszeit kredenzt. Vgl. Eugen A. Meier: Das süsse Basel, 1973, S. 13.
371 Pemundt = Piemont.
372 *Jakob Schieli:* Metzger aus Basel, Bruder des bekannteren Gorius Sch., ebenfalls Metzgers (wie die meisten Sch.) und Wirts zum «Schnabel». ∞ vor 1530 Chrischona Oesy, Tochter des Ulrich Oe., Metzgers. † 1568/70. Wappenb. Ba.
373 *Heinric Seiler,* von Basel: nicht bekannt.
374 flaßada = Hausrock. Kieffer 76.
375 grein = weinte; Praeteritum von grînen (mhd. stv. I).
376 aber = wieder.
377 Geschlitzte Kleider nach Landsknechtsart.
378 Schwerter und Hellebarden.
379 *Hans Brombach,* der balierer (= Harnischpolierer), immatr. in Basel 1545/46, 1547 u. 1553 wegen Trunkenheit und «ungschickten lebens» mit Gefängnis gestraft, 1554 trifft ihn Felix in Montpellier auf der Heimkehr aus französischem Kriegsdienst. Nach H. G. Wackernagel, Matr. Ba. II 38. Laut Matr. war er Kleinbasler («e Minori Basilea»). – Am Badergässlein 6 wohnte 1539 ein Jakob Brombach, ebenfalls Balierer, ∞ vor 1531 Ursula Tschudy. Hist. Grundb. u. Priv. Arch. Lotz, Fasc. 56. Doch lässt sich der Grad der Verwandtschaft nicht nachweisen. Noch ungewisser ist sein weiteres Schicksal.
380 *Hans Pfriendt,* der Metzger: nicht sicher nachzuweisen. – Ein Hans Pfriendt, Metzger (vielleicht sein Vater) kam von Schan by Beffort, wurde 1523 Bürger von Basel, ∞ Küngolt N. und kaufte 1533 das Haus zum Blumenberg, Imbergässlein 26/28. Auf den Sohn passt jedoch der Eintrag zu St. Peter vom 1. Aug. 1558: Hans Pfriendt ∞ Apollonia Ulin. Hist. Grundb. u. Fam.-Reg.

inen; do inen aber so vil gůtz von studenten beschach, versprachen sy, wan sy heim kämindt, nimmermer wider die studenten zesein, sunder altzeit zů inen halten. Wir gaben inen das gleit biß an die bruck Castelnauw. So letz⟨t⟩ man sich mit eim drunck und zum worzeichen, das sy firthin nit mer wider die studenten sein welten, dauft man sy mit eim glas mit wein, über den kopf hinab geschüttet.

Den 21 aprilis zog Fridericus Rihener, mein disch und bettgsel, von Mompelier hinweg nach Salers in Limosin zů seinem brůder[381]. Wir gaben im das gleit in ein dorf, do zechten wir die letze mit im, bis eß gar spott wardt, do er erst hinweg reit und mir am thor erst wider in die statt kamindt. Er Fridericus verirt in der fünstere[382], also daß er schier die gantze nach umreit und kam zeletst wider in daß dorf, do er von uns gescheiden, entbot uns morgen frie[u], er were do. Zogen ettlich wider zů im hinuß und schlempten do auf ein nüws, bis er wider verreit.

Den 28 Aprellens kam zů uns Johannes Culmannus[383] von Stůtgardt, so mit domino Rudolpho Gualthero[384] ze Basel etwan gwesen war und hernoch medicus hertzog Christofels von Wirtenberg worden.

Im Meien zogen wir ans mer, badeten dorin, vergrůb mich ins warm sandt; dry tag hernoch bekam ich ein cathar. Ich purgiert mich hernoch. Des Odratzheim, so ze Poitiers, brief entpfieng ich.

Den 22 maii kam Stephanus Contzenus[385] Bernensis von Strasburg wider zů uns gon Mompelier, bracht mir brief[386]. Do schreib mir mein vatter, wie so iunge studenten Basileae wibeten, Wildicius[387] hernoch

381 s. dazu Kap. 3, A. 129.
382 fünstere = Finsternis. Gerundete Schreibform neben baseldt. «finsteri». Vgl. Einleitung. – Die ganze «nach» = nacht, s. Kap. 3, A. 674.
383 *Johannes Culmannus* von Stuttgart wird in der Matr. Montp. 129, 1554 infolge eines Lesefehlers als Joh. Culvianus, Coppingensis aufgeführt (anderorts «Geppingensis», also von Göppingen, E von Stuttgart), laut Platter Medicus bei Hzg. Christoph v. Württemberg. Jöcher 1, 2245 nennt ihn als Herausgeber der «Argumenta in Hippocratis opera», ebenso Rud. Wackernagel im Rechnungsbuch der Froben u. Episcopius, S. 103.
384 *Rudolf Gualtherus* (Gwalter), *1519, †1586 ist der bekannte Zürcher Theologe, der im Hause Bullingers zusammen mit Regula Zwingli aufwuchs und diese nachher heiratete, nach Studien in Basel (Matr. Ba. II 21, 1538/39), Zürich, Lausanne und Deutschland Pfr. zu St. Peter in Zürich wurde und 1575 Nachfolger Bullingers als Antistes. Nach HBLS 4, 26. – Der alte Thomas Platter kannte ihn von der Wiege an (Hartmann: Th. Platter, S. 59).   385 *Stephanus Contzenus* (Kunz): s. Kap. 3, A. 46.
386 Brief XVII vom 3. Mai 1554, Ach. Burckhardt S. 48 ff.
387 *Wildicius: Joh. Rudolf Wildysen:* *1534, †1569, Sohn des Schlossers u. Landvogts auf Homburg Georg W. und der Christiana Gernler, immatr. Basel 1547/48 (Matr. II 52), wurde 1557 Pfarrer in Lausen, 1557–1564 in Diegten und 1564–1569 in Liestal. Gauss 164. Wer seine Gemahlin, «Dorothe neierin», war, ist unklar: Das Wappenb. Ba. nennt Dorothea Bechsler (*1538); Peter Stöcklin: Zur Gs. d. Kirche v. Diegten, Baselbieter Heimatbl. 30/1965, S. 373 nennt *Dorothea Fischmordt*, ebenso Gauss 164; Thomas Platter schreibt in seinem Brief S. 49: «Wildysen duxit mines tischmachers selgen frowen schwester nomine Dorlin.»

pfarher zů Liechstal die Dorothe neierin, Maternus Vach[388] die alte Wild-
isenen, deß vordrigen můter, ein alt weib, Pedionaeus[389] sein provisor
Pellonii sororem, Bartholomeus Schindler[390] gar ein alt wib, Eblingerus[391]
eine. Item das den 28 aprilis 2 fenlin von Basel in Franckrich zogen syen,
deren hauptleut Bernhart Stechelin und der Hü⟨t⟩schen[392]; wie vil doctores ze Basell syen, mit diser warnung: nisi excellueris, esuriendum tibi
erit (wan du nit firdrifst, würst du hungeren mießen). Er schreib [57] mir
auch von Batt Hälen[393], der auch unser schůlgsel gwesen, das er gehandlet
hab also, daß er nit mer dörf dismal in statt kommen, welches sich also
zů gedragen hatt: er war ein eintzigen sun, hübsch von gestalt, dranck
kein wein, er were dan sie[u]s, lichbeth[394] mit der redt, dem lies man vil

388 *Maternus Vach (Vech):* von Lörrach, studierte in Basel 1548/49 (Matr. II 56) und wurde
    1558-†1572 Schlossprediger auf Farnsburg. 1554 heiratete der junge Student «die alt
    Wildisenen», d. i. Christiana Gernler, die Mutter seines Studienkameraden, die zuerst mit
    Georg Wildysen, dann mit Hans Lux Dichtler verheiratet gewesen war, «ein alt weib».
    Solche Missheiraten kamen damals öfters vor, vgl. den Fall Zonion, Kap. 3, A. 310, so
    dass man Thomas Platters Mahnung versteht, er fürchte, «... du werdest etwan, so man
    nit acht uf dich hatt, eb (ehe, bevor) du kum recht erwagsest, wie unsre studenten thůn,
    ein schlumpe, die kein haußhalterin sy, zum weib nemmen». – Die «alte Wildisenen»
    besass das Haus zum Grünenstein, Freie Strasse 93, und verkaufte es 1554 27. Febr.
    weiter. Hist. Grundb.; Wappenb. Ba. (Gernler); Wackernagel, Matr. II 56.
389 *Pedionaeus* = Joh. Heinr. Kneblin aus Riehen, s. Kap. 3, A. 162.
390 *Bartholomäus Schlindli* (nicht «Schindler») war ein Sohn des Kummetsattlers Anton Schl.
    (1538 Himmelzunft) und der Maria Günthardt. Wie B. R. Jenny anhand der Amerbach-
    Korrespondenz nachweist (Bd. 7, 486f.), erhielt der arme Student, «den doctor Hans
    ⟨Huber⟩ Medicus und ⟨Thomas⟩ Platerus hoch commendirn», am 4. Aug. 1550 eine
    Unterstützung von Amerbach, und 1551 weiterhin dreimal; ab 2. März 1552 wurde er
    dann städtischer Stipendiat. In der Matr. Ba. II 84 wird er erst 1553/54 gemeldet, doch
    ist mit ihm, wie Jenny überzeugend nachweist, der 1551/52 immatrikulierte «Sebastianus
    Schlindlerus» identisch. – Der Name des «alten Weibes» findet sich im Priv.-Arch. Lotz,
    Fasc. 448: Anna Zolek; das Datum ergibt sich aus Th.Platters Brief, S. 49: 1554 30.Aprilis
    «ein alte vettel über Rhin». Nach dieser Heirat, die ihn finanziell befreite, liess sich Schl.
    zu «ongeschickten reden» hinreissen, «er schiße dem rector und allen miteinandren ins
    hertz; er dörfe iren nützit, er habe sins eignen zeleben ...», und wurde dafür gefangen
    gelegt. Wackernagel: Matr. Ba. II 84. Nach dem b. a. 1554 25. Okt. und m. a. 1556
    11. Febr. war er 1557–1561 Pfarrer in Sulzburg, nachher in Lyßelen (Leiselheim in der
    Herrschaft Hochberg). Mit der 2. Heirat musste er bis 1568 warten: ∞ Agnes Nussbaum,
    Witwe von Hector von Troy, Schulmeister zu Müllheim. Tot 1574 1. April.
391 *Johannes Eblinger* war ein Sohn von Felix Platters Schneider, Wolfgang E. und der Agnes
    Henflinger, die am Fischmarkt wohnten (Kap. 1, A. 248). Er studierte in Basel und
    Wittenberg und wurde 1553–1556 Professor der Dialektik am Pädagogium in Basel,
    dann Pfarrer in Benken BL 1565–1568, dann wiederum Lehrer und schliesslich 1576
    bis †1612 Pfarrer in Mülhausen. Seine Gemahlin war eine Sara N. Matr. Ba. II 34/1543 und
    Gauss 65.   392 s. darüber Kap. 3, Text bei A. 292f.
393 *Hans Beat Häl (Hel)* (bei Boos und Kieffer irrt. «Haler», korrigiert schon von Paul
    Burckhardt, B. Ch. 8, 372ff.) von Basel, Sohn des Krämers Urs H. und der «hüpschen
    Schererin», immatr. in Basel 1547/48, Matr. II 52. Vgl. A. 394.
394 lichbeth mit der redt: unklar, doch muss es sich um eine Sprechart handeln oder einen

noch, wil er eintzig, wardt ein studendt, gieng vil gaßathum mit der luten,
die er schlachen kundt, zog den meitlinen noch, wardt in spylen mumerien gebrucht, schlůg etwan mit der purs[395], letstlich versprach er sich mit
einer dochter, die ein Muntzingerin[396] was auß der kleinen stat, ein neierin,
die do hanck[397], die nam er zur ee; hatt zwey kinder by ir, Beatum und
Jacobum, die gar wol geroten[398], wenig von irem vatter wißen, sunder
vom großvatter erzogen sindt, dan ir vatter gleich in seinem wesen firfůr,
henckt sich an ein dochter des Gorius Wentzen, so zum Salmen auf dem
Kornmerckt wont, stiefdochter, Salmen Annelin gemeinlich genant[399].
Do dantzt man im haus by instrumenten zů zeiten auf Catalanischen
decketen, das die nachburen nit hören solten, in der nacht, und wardt die
dochter von im schwanger. Do die sach ausbrach, reiß Batt aus[400]; sy
wardt sampt irer můter, wil sy im verdocht, sy hette darzů geholfen,
gefangen[401]. Das kindt wardt getauft und daß Salmen Anele verwisen,
hatt lang zů Schliengen gewont, wol dry man gehapt[402] und, alß ich
meint, lebt sy noch in disem ⟨1⟩612 jar. Er, Batt, zog in Luthringen,

Sprachfehler, wahrscheinlich lispet = nhd. lispelt. Schw. Id. 3, 1462. – Kieffer 78 übersetzt: «à la voix flûtée».

395 schlůg etwan mit der purs = schlug sich gelegentlich mit den Studenten (Burschen).
Er war bereits 1547 wegen Büberei, Völlerei und Diebstahls an seiner Mutter eingesperrt (Urfehde vom 4. Febr. 1547, Urfehdenb. VIII, 31). Als Student wurde er 1549
vom Rektor «eingelegt», da er Schulden machte, nachts herumzog und mit nachgemach-
ten Schlüsseln den Eltern «über die trög» gegangen war (Urfehde vom 14. Febr. 1549,
Urfehdenb. VIII, 99). Nach P. Burckhardt, B. Ch. 8, 372, A. 3.

396 *Barbara Munzinger:* aus der bekannten Kleinbasler Familie, Tochter des Fischers Heinrich
M. und der Verena Kösin, die Heirat erfolgte am 13. Jan. 1551. Im gleichen Jahr wurde
Häl zünftig zu Safran. – Aber auch jetzt setzte er das Lumpenleben fort. Im August 1553
lag er sechs Tage und Nächte im Turm, da er als Anfänger einer «Mummery» mit
Gesellen herumgezogen war und die Eltern nicht gehorchte, bei denen er offenbar
noch wohnte. Er schwor, alle Zunft- und Weinhäuser zu meiden und nur daheim bei
Frau und Eltern zu essen und zu trinken. Urfehdenb. IX, 49, vom 24. Aug. 1553. Nach
P. Burckhardt a. a. O.   397 hanck = hinkte.

398 *Hans Beat Häl* wurde Rektor des Gymnasiums, *Hans Jakob* Pfarrer auf Farnsburg. Matr.
Ba. II 170 u. 206.

399 *Salmen Annelin* = *Anna Bottschůh,* *1537, †nach 1612, Tochter des Weinmessers Hans B.
und der Margret Isenflam recop. *Gregor Wentz,* Salmenwirt. Batt Häl versprach ihr auf
seiner Frauen Tod hin die Ehe. Nach P. Burckhardt a. a. O.

400 Genauer: er wurde zuerst eingesperrt und machte im Gefängnis einen Selbstmordversuch.
Die Todesstrafe wurde ihm erlassen, doch wurde er aus Stadt und Landschaft Basel ver-
bannt. Urfehde vom 17. Juli 1554, Urfehdenbuch IX, 70. Nach P. Burckhardt a. a. O.,
A. 3. Über sein trauriges Ende in Frankreich erzählt Platter selbst.

401 Im März 1554. Auch Anneli wollte sich das Leben nehmen, wurde darauf zwar nicht
verbannt, wie Platter behauptet, sondern gegen die hohe Busse von 50 Gulden freigelassen, durfte aber die Stadt nicht verlassen. Auch in den folgenden Jahren wurde sie
noch zweimal wegen Ehebruchs bestraft. Nach P. Burckhardt a. a. O., A. 3.

402 1557 heiratete sie Hans Neher, Wirt zum Sternen in Schliengen/Wiesental. Wappenb. Ba.
(Bottschůh).

henckt sich an ein klosterfrauw zů Rimelsperg[403], vermein, es sye eine
von Tintevillen gwesen, die fůrt er hinweg; man ilt im nach, bekam sy
wider, nach langem wardt er auch gefangen, und alß er gebunden auf
einem wagen durch ein waßer gefiert wardt, gieng der wagen von einander, und fiel er ins waßer und erdranck; eb eß casu[404] geschechen sye
oder mit fleis[405], las ich bleiben.

Den 25 junii zog hinweg Hieronimus Poppius[406] ein Strosburger, den
ich ze Mompelier, alß ich darkam, doselbst studierendt befunden und
hernoch medicus ze Strosburg worden und doselbst gestorben.

Ich gab im sampt anderen das gleit ze roß bis gon Lunel[407]. Morndes
reiten wir gon Nismes[408], besach do die antiquiteten, daß amphitheatrum,
so gar weit; an einem ort deßelbigen am stein sicht man die figur in-
gehauwen Romuli, so die statt Rom erbuwen, und seins brůders Remi,
so noch kinder und an einer wölfin sugen[409]. Man[410] sicht auch ein bildt

403 Rimelsperg = Rümerlsberg, Rémiremont, SE von Epinal, an der obern Mosel, Route
nationale 66. Die Nonnen von Rémiremont waren seit jeher für ihre sehr freie Lebensführung bekannt.

404 casu = zufällig.   405 mit fleis (schwz.) = absichtlich.

406 *Hieronymus Poppius* = H. Bopp aus Strassburg, Matr. Montp. 119, 1551, Sohn des Jakob
B., wurde laut Platter später Arzt in Strassburg und starb dort. Wir wissen nur wenig
über ihn. Er wird erwähnt im Livre de la bourgeoisie des Strasbourg 1440–1530 als
Nr. 369.375 : Bopp Jérôme 1553 ; zwei Briefe von ihm befinden sich im St. Thomas-Archiv
(AST 345 u. 347), vom Jahr 1553 betr. eine Domherrenstelle, die ihm Martin Bucer
zuhalten wollte, um ihm das Theologiestudium zu ermöglichen, die ihm aber entzogen
wurde. Da er von der Theologie zur Medizin überwechselte, verlangten die Scholarchen,
dass er auf jene Einkünfte verzichte. Er war nicht, wie Platter behauptet, mit einer Schwester
von Zimpertus Lins verheiratet (Kap. 3, A. 483), sondern heiratete am 16. Febr. 1556
Anna Schenckbecher (M 119 c, f° 37 r.). 1557 erscheint er als Pate von Barbara, Tochter
des Nicolaus Hugo Kniebs (N 213, f° 57 r.), der 1542/43 in Basel immatrikuliert war.
Matr. Ba. II, 29. 1564 vermachte er dem Almosen ein Legat von 25 lb. (O. Winckelmann:
Das Fürsorgewesen der Stadt Strassburg, Teil II, S. 261). Freundl. Mitteilung der Herren
Ph. Dollinger, Dir. des Arch. et de la Bibl. Munic. de Strasbourg, und J. Fuchs, archiviste.

407 Lunel (Hér.): an der Route nationale 113, 24 km E von Montpellier.

408 Zu *Nîmes* vgl. Kap. 2, A. 161 ff. Platter besichtigte vor allem das *Amphitheater*. Dieses
ist von den ca. 70 römischen Amphitheatern der Welt das am besten erhaltene, der Grösse
nach steht es an der 20. Stelle (133 auf 101 m, 21 m hoch, 2stöckig; Innenmaße der Arena
69 auf 38 m; 38 Sitzstufen, Fassungsvermögen: ca. 20 000). Seit der Völkerwanderung
war das Bauwerk in eine Festung verwandelt, bis ins 19. Jh. war der Innenraum verbaut
und bot zeitweilig bis zu 2000 Menschen Unterkunft. Guide Michelin «Provence», p. 108,
und Emile Espérandieu: L'amphithéâtre de Nîmes, Paris 1967. Thomas d. J. hat das
Amphitheater 1596 besucht und weit ausführlicher beschrieben als Felix, s. Keiser 105 ff.
Hier auch div. Lit.-Angaben über Nîmes.

409 *Romulus und Remus* mit der säugenden Wölfin: ein rechteckiger Block aus gewöhnlichem
Stein, auf einem Pilaster beim Nordeingang des Amphitheaters, Höhe 49 cm, Breite
89 cm, relativ schlecht erhalten. Eine Abb. bei Emile Espérandieu: Recueil général des
bas-reliefs de la Gaule romaine, Bd. 1 (Paris 1907), p. 310, Nr. 459, und auch in dem
kleinen Führer desselben Autors, planche III.

410 Hs.: Mans (in Vorwegnahme: «eins mans»).

eins mans in drifacher gestalt[411] und andre vil seltzame sachen, so ich
besach. Zenacht kam ich in das dorf Serinac[412], bleib do übernacht. Des
morgens zogen wir nit wiit von dannen, die wunder bruck, so dryfach
über daß waßer geth, zů besichtigen, Pont du Gard genant, do die underst
nechst ob dem waßer sex bögen hatt, die ander, so auf deren stoth, elf,
und die oberst, so auf der mittlesten stoth, 35, von mercklichen großen
quadersteinen; ist gar hoch, gondt von eim berg zum anderen, oben
bedeckt, inwendig wie ein canal, dardurch daß waßer gefiert worden vor
zeiten, wie nochvolgende figur, die ich domolß abgerißen[413], anzeigt:
[59] Auf den obendt reit ich gon Avinion. Morndes meßte ich die
lenge der steinenen langen brucken[414], so über den Rhodan geth, hatt
by 1300 meiner schritten in der lenge, in der mitte ein eck[415] und capellen
doruf, ist mit gefierte wißen blettlinen[416] besetzt, also glatt, daß man nit
wol dorüber riten kan, sunder daß roß an der handt fieren můs. Man[417]
sagt domolen, eß fäle kum, daß uf der brucken nit funden werden: zwen

411 man in drifacher gestalt: Auch Thomas d. J. hat diesen, wie auch die Wölfin, gesehen und
beschrieben: «Item an einem eck ist auch ein groß bildt in stein geschnitten mitt einem
langen hor, dunckte mich, es wehren drey personen an eim leib.» Keiser 106. Auch diese
Plastik habe ich in dem grossen Sammelwerk von Espérandieu gefunden:Bas-reliefs ...,
Bd. 3, Paris 1910, p. 432, Nr. 2668. Sie befindet sich zwar nicht mehr in Nîmes, sondern
im Museum von Lyon: «Tête provenant de Nîmes», *Tricéphale* (dreifacher Kopf), zwei
der Gesichter sind bärtig, das dritte bartlos. Die Gesichter des mit einem Kranz ge-
schmückten Kopfes schliessen hinten nicht zusammen, der Stein war zweifellos gegen
eine Mauer gestellt (also wohl am Amphitheater, wie beide Brüder Platter bezeugen).
412 Serinac = *Sernhac*, zwischen Nîmes und Avignon, nahe der Route nationale 86.
413 abgerißen = entworfen, gezeichnet. – Auf Blatt 58 eine Skizze des berühmten *Pont du
Gard:* W von Remoulins, das an der Route nationale 86 liegt. Der Pont du Gard ist
ein Teil eines 41 km langen Aquädukts, welcher das Wasser von zwei Quellen bei Uzès
nach Nîmes transportierte. Er soll unter Agrippa, dem Schwiegersohn des Augustus
(15 v. Chr.) entstanden sein. Länge: 269 m, Höhe: 49 m, grösste Spannweite: 24 m;
die drei Stockwerke haben 6, 11 und 35 Arkaden, wie Platter richtig angibt. Baedecker,
Midi de la France (1889), 179 und Guide Michelin, Provence (1966), p. 116f. – Tf. 22a.
414 bruck: der berühmte *Pont d'Avignon*, im Mittelalter die letzte der vier Rhonebrücken
zwischen Lyon und dem Meer (Lyon, Vienne, Pont St-Esprit, Avignon), erbaut 1177
bis 1185 durch den später heilig gesprochenen Hirten Jean Bénézet und seine «Frères
Pontifs», 900 m lang, mit 22 Jochen; sie verband Avignon mit Ville-Neuve, das dem
König von Frankreich gehörte, während Avignon – nominell noch Reichsgebiet – durch
päpstliche Legaten und Vice-Legaten verwaltet wurde (damals den bekannten Alexander
Farnese), erst die Revolution brachte 1791 die endgültige Vereinigung mit Frankreich.
Zur Zeit Platters war der «Pont-Bénézet» noch intakt, wenn auch oft beschädigt; erst seit
1660 verfiel er endgültig, heute bestehen noch vier Joche. Seit 1825 gibt es statt dessen
eine Hängebrücke, seit 1965 eine Brücke in Vorspannbeton. Guide Michelin, Provence,
p. 63, 118 u. J. Girard: Avignon, guide (1930).
415 eck: ein erweiterter Pfeiler mit einer Kapelle, wo damals noch die Gebeine des hlg.
Bénézet aufbewahrt waren.
416 blettlinen: viereckige weisse Plättlein aus glattem Stein.
417 Hs. irrt.: magt.

münch, zwen eßel und zwo gmeine metzen, die vom bapst in der statt gefryet, wil sy ir tribut geben, haben zwo gaßen in, die zimlich lang und in allen hüseren dises gsindlin, dorunder ettlich kostlich angethon, sich do erzeigen, auch etwan die firgenden laden[418] in ire hüser, auch etwan anfallen; haben ein oberste under inen, so man zum spott eptißin nempt, můs (wie die redt domol gieng), so ein student ir begärt, im vergebens zewillen werden. Eß hat ein universitet[419] in der stat und creert man doselbst doctores. Item ist des bapst palast[420] noch do, dorin etwan die päbst residiert, do sy von Rom dohin den sedem verendert; man zeigt uns ein käfi von isen zeoberst doran, dorin nit lang ein reformierter Christ ingeschloßen, lang am wetter hatt mießen sein leben enden. Gegen obendt reit ich wider gon Nismes und morndes den 29 junii wider gon Mompelier; hatt also die reis in 5 tagen verbrocht.

Den 8 julii draumt mir eigentlich, ich hette ein schmertzen in der handt und gieng ze Basel ins schärhaus um roth; do hab die dochter, mein zukünftige, mir etwas darüber gelegt, dorab ich růw[421]. Do ich erwacht, hůlte ich eß fir ein zeichen zů künftiger ee.

Den 2 augusti schreib ich heim durch die kaufleut so gon Leon in die mäs zugendt, under andrem meines haltens[422] halben, schreib ich meim vatter, hab mit mir D. Saporta conferiert, der werdt in schriftlich berichten, item ich iebe mich im distillieren etwas. Ich schrib vil künst ab, so mir die doctores vertruwen und uß des Falconis schriften[423], so mein herr in einer kammer in dem haus ich wone, so Catalanus von Falcone geerbt, verschloßen behalt, darin ich solche abzeschriben nit one gefor mit einer leiter gestigen. Schrib im auch mein reiß zů der bruck Pont du Gard.

Den 10 Augusti gieng ich mit dem Hummel und Myconius aber[424] in

418 die Vorübergehenden einladen.
419 *universitet:* Avignon besass seit dem 13. Jh. eine Schule, an der die Rechte gelehrt wurden. Aus ihr entwickelte sich allmählich eine Universität, auch mit den anderen Fakultäten; in der Revolution wurde sie aufgehoben; s. Keiser 126, A. 1.
420 *bapst palast:* Um den Parteistreitigkeiten in Rom zu entgehen, zogen sich die Päpste seit 1309 unter dem Einfluss des französischen Königs nach Südfrankreich zurück, zuerst in das Comtat Venaissin, dann in das Comté de Provence, nach Avignon. Hier blieben sie – es waren sieben Päpste – bis 1378, die Gegenpäpste auch nachher noch bis 1403. Benedikt XII. baute hier das finstere Palais vieux, sein Nachfolger Clemens VI. das Palais nouveau. Der Papstpalast war zugleich Residenz und Festung; die mächtigen Türme ragen z. T. bis über die Höhe von 50 m. – Thomas d. J. hat Avignon viel ausführlicher beschrieben: Keiser 115–129; über die Gs. des Arelatischen Reichs orientiert der reiche Kommentar der Herausgeberin, S. 122ff.
421 růw: Praet. zu růwen, Ruhe bekam.
422 haltens = Verhaltens.
423 *Falconis* schriften: es handelt sich hier wohl um seine «Notabilia supra Guidonem», vgl. dazu Kap. 3, A. 469.
424 aber = wieder.

meins herren reben, wie vor eim ior, aßen uns voller drübel, deren ein große menge, dorunder vil seer gros.

Den 19 Augusti kam gon Mompelier zwen junckeren, so do ein gůte zeit verbliben sindt, namlich herr Morenholdt[425] und J. Burck[426]. Es kam auch der Benedictus Burgauwer[427] von Lindau, so hernoch medicus ze Schafhusen worden.

[60] Den 26 augusti gleiteten die Teutschen nach dem nachteßen einen heim mit der dortschen (nachtliecht), an die kam der capytany mit der wacht der scharianten[428], nam ettlichen ire weer und dolchen. War ein gros geschär vor mins herren apoteck, dorin wir waren und heraus luffen. Do wolt Stephanus Contzenus sein dolchen glat nit[429] dem capitany geben. Do kam mein herr Catalan, der begert, er solte in im geben; daß geschach und wardt also gestillet. Morndes verklagten sy den capytany vor dem baillif, man hette wider der Teutschen fryheit[430] gehandlet, dorüber dem capitany ein filtz[431] wardt und uns verheißen, solte nit mer geschechen.

Den 4 septembris anno 1554 bekam ich brief[432] von meim vatter, in welchen er förcht, es sye mir etwas geschächen, wil er so lang kein brief von mir gehept; schreibt auch, Lotichius und Visc⟨h⟩erus syen by im gwesen, vil gůts von meim provectu studiorum[433] im gesagt und habe Lotichius mich alß sein schwager grießen laßen. Das er mich sein schwager wie auch altzyt ze Mompelier nempt, ist dohar kommen: alß ich erst gon Mompelier kam und im collegio ettlich Latinisch versus componiert, sas Lotichius zů mir, der ein firtreffenlicher poet war, ich aber nit wußt; las meine versus mit vermeldung, er mechte wol den modum versus componendi leeren von mir. Ich erbott mich, zeigt im etwas. Wie solches andre Teutschen innen warden, lachten sy meinen und zeigten an, wie

425 *Junker Sebastian Morenholt* Brackenhaymensis, Matr. Tübingen 129, 9/4. Nov. 1547 (auch Marholt, Maurholt). Brackenheim: württemberg. Neckarkreis.
426 *Junker J. Burck:* nicht bekannt.
427 (Hs. «den» statt der) *Benedikt Burgauer II.* von Lindau, * 1533 24. Febr., †1589 10. Dez., ursprünglich Schaffhauser, Sohn des Benedikt B. I., der Prediger in Schaffhausen und seit 1541 in Lindau war, m. a. 1554, dann stud. in Montpellier 1554 (Matr. Montp. 132), Dr. med. Avignon 1556. Bürger von Schaffhausen 1558, Stadtarzt 1561, Eherichter 1586. Er heiratete eine Baslerin, Sara Peyer (s. Wappenb. Ba., Peyer). Sein Sohn und sein Enkel, Joh. I. u. Joh. II., wurden ebenfalls Stadtarzt in Schaffhausen. HBLS 2, 438. – Ein anderer Verwandter, Benedikt B. (ein Sohn?), studierte 1589/90 in Basel, s. Matr. Ba. II 376.
428 scharianten = Polizei.
429 glat nit = absolut nicht.
430 Die deutschen Studenten bildeten eine Landsmannschaft, «la nation allemande», und genossen das Vorrecht des Waffentragens usw., nicht nur in Montpellier, sondern auch an andern Universitäten.
431 filtz = Verweis, Rüffel.
432 Ach. Burckhardt: Briefe Thomas Platters, Nr. XVIII vom 13. Aug. 1554.
433 Fortschritt der Studien.

er ein firtreffenlicher poet wer, der erst kurtz ein biechlin carminum zů Leon het drucken laßen[434]. Gieng also zů ihm, verwiß es ihm und sagte: «Ir haben mich zierlich beschißen», und als er sagt: «was beschißen»? antwortet ich, wie ich domol im brauch zereden von Basel gebrocht: «io vetter»; do er sagt: «nit vetter, aber euwer schwager wil ich sein», hernoch mich nit anderst schimpfswis[435] müntlich und schriftlich genent.

Es schreib auch mein vatter, Gilbertus sye baccalaureus worden[436]. Über dise brief gab ich antwort den 21 Octobris hernoch.

Den 18 Septembris gnas des Catalani frauw Elienora[437] einer dochter; wardt Anna geheißsen, war das ander kindt, so der Catalan by ir hatt, dywil ich by im was.

Den 21 Septembris zogen von Mompelier hinweg von Teutschen: Andreas Burg[438], Antonius Zitwitz[439] und Gregorius Zimmerman[440].

Den 28 septembris als der profos[441] gon Mompelier kam, ließ er volgende richten. Den ersten tag reit der profos mit ettlichen reuteren vor hin, doruf volgt der stattbleser, so vor dem man richten wolt vorblies, darnoch der übeltheter, mit im die münchen; war ein hübscher, iunger [61] man, hatt helfen mürden; man fůrt in vor dem rothaus auf ein hültzene brüge, daruf waren zwei höltzer über ein ander geschrenckt wie ein Andres krütz und ußgeschnitten, do man im die glider zerstoßen solt. Er stůndt ufrecht, redet rimensweis, alleß waß er thon hett, gar zierlich und bschloß eß mit dem «pries saincte Marie, quelle prie son filz de me donner le Paradis». Der nachrichter zog in aus, bandt in mit zertonen armen[442] und schencklen uf daß krütz, wie man by uns die brechen[443] binden thůt, und nam ein groß schwer isen, so uf einer seiten etwas scharpf, nempt man massa, schlůg im die glider ab, wie man by uns rederet, heißen sy massacrer[444]; den letsten streich gab er im uf die brust und tödt in domit.

Man hanckt am nochvolgenden tag einen, so falsche müntz macht, auch doselbst an ein niederen galgen, so nur ein arm.

434 Zu *Lotichius* s. Kap. 3, A. 4 und 527.
435 schimpfswis = im Spass.
436 Am 16. April 1554, Matr. Ba. II 78: «Gilbertus Catalanus Monspissulanensis».
437 Hs. Alienour, s. Kap. 2, A. 174.
438 *Andreas Burg:* unbekannt.
439 *Antonius Zitwitz:* Antonius Czetwitz Pomeranus, eigentlich: von Zitzewitz, studierte in Basel 1553/54, Matr. II 79, 1550 Canonicus zu Kamin und pomm.-herzogl. Hofrat. Wohl ein Verwandter (Sohn?) des bei Jöcher 4, 2214 genannten Jacob Z.
440 *Gregorius Zimmermann:* unbekannt.
441 profos = Gerichtsvollzieher.
442 mit zertonen armen = mit ausgebreiteten Armen.
443 breche: Flachsbreche, dann auch Folterinstrument.
444 Hs.: massarrer.

Desgleichen fûrt man ußgefülte kleider mit einer masca in gstalt eins mans uf dem schlitten. Den legt man auch uf ein krütz und schlůg in auch uf alle glider, wie man ein rederet, und waß daß die figur mit dem namen doran geschriben eins Griechen[445], so zů Mompelier gestudiert hat und ein wunderkunstlicher fechter war. Bekam doselbst ein damoisellen Gillette d'Andrieu zur ee, so nit ein gůten namen hat, doch zimlich rich und schön, hat ein lange nasen, also wan man sy küßen wolt auf den dentzen, wie im bruch, und einer ein zimliche nasen ⟨hat⟩, nit wol zů den leftzen, doruf man pflegt ze küßen, zůkommen kondt; diser Griech wardt verspottet von eim canonico Pierre Santrafi[446], alß er daß waßer abschlieg, alß hette er mit seiner frauwen gehauset, dorüber in der Griech glich erstochen hatt und darvon geloffen. Wardt also in der figur gerichtet. Sy bleib ze Mompelier, kam vil in des Rondeletii, dem sy etwas verwant, haus, zů den dentzen. Do, alß ich ein mol mit ir dantz, in stifel und sporen, alß ich von Vendargis kam, im dire deirri[447] mit den sporen an irem rock hangendt uf die brust fiel, darin ich noch etwel zelten[448], die ich klein zerfiel, das mir geschwant und mir aufhelfen můst[449].

Den 4 novembris entpfieng ich brief[450] von meim vatter, dorin der mertheil er schreibt von Falconis practica ze drucken[451], wie sein vidua gern wolt. Item schreibt, wie Thomas Guerinus, alß er aus der Franckforter mäs kommen, von stroßreuberen geblindert sye worden; deren firnemmer[452] war der wirt zum Adler zů Laufenberg[453], den hernoch Thomas Guerinus ze Basel verbotten[454], er aber zefůs ußgerißen und das pferdt vergantet worden. Es wardt auch von Genfischen kaufleuten einer

---

445 Grieche: Nach der Forschung von Dr. med. L. Dulieu, Montpellier, hiess dieser Jacques *de Marchetti* und wurde später Herrscher in der Moldau. Clio Medica, vol. 1, Oxford 1966, p. 89, Anm.

446 *Pierre Santrafi:* unbekannt, wahrscheinlich ein Verwandter des dominus Joannes Sandravius, Monspissulanensis, der eben damals in Basel studierte. Matr. Ba. II 76, 1552/53. Vgl. Kap. 2, A. 17.

447 *dirre-deirri:* unbekannter Tanz, auch bei Czerwinski (Kap. 3, A. 49) nicht erwähnt. Vielleicht von «tire-d'aile» = kräftiger, schneller Flügelschlag oder aber von der deutschen Kindermelodie «dire-däri», s. Schw. Id. 13, 1209.

448 etwel zelte: einige «Zältli» (Bonbons), die ich beim Hinfallen zerdrückte. Zu «etwel» s. Grimm 3, 1187 u. Schw. Id. 1, 1590ff. zelte: «Die confekte, die pilulen, Kügelein und die rund Zeltlin und die gevierten Täfelin». Spleiss 1667; Schw. Id. 4, 1169. Platter braucht dafür sonst das Wort «zuckererbs», in Basel üblich ist «Täfeli», das zürcherische «Zältli» ist vielleicht aus dem Wortschatz der Mutter übernommen. – Die Hs. Passavant u. Lotz lassen die Stelle weg.

449 so dass ich ohnmächtig wurde und ⟨man⟩ mir aufhelfen musste.

450 Brief XIX vom 5. Okt. 1554, Ach. Burckhardt, S. 55–58.

451 s. darüber Kap. 3, A. 538f.

452 firnemmer = Anführer.

453 wahrscheinlich Laufenburg.

454 verbotten = angezeigt. Über Guarinus s. Kap. 3, A. 121.

in diser strasreubery erschoßen; ist by Biesen[455] neben Brysach geschechen.

[62] Den 11 novembris am suntag hůlt man meins herren eltester
dochter Isabella die zamengebung mit eins kaufmans von Besier[456] sun,
war auch ein Marran; gschach in dem haus, do ich wont, im großen sal;
hůlt man dentz in einem langen sal und lange schmale tafel, darby mir
saßen, daß fast einsen knüw deßen vorüber reichten. Es waren ettlich
damoisellen darby, als[457] Marranen, darunder eine des Pierre Sos[458] dochter, Jhane de Sos, gar ein frintliche iungfrauw, die im dantz und gesprech
sich gar früntlich zů mir that, das ich in ir schier vernarret, hatt hernoch
D. Saportam, den alten, alß er ein wittlig worden, bekommen; gedenck
noch, daß sy ein mol so vil kestenen[459] geßen hat, das man ir ein christier[460]
geben mießen. Man fůr wider hinweg und lies der britgam sein schwester
by der hochzeiteren, ein kleins rüntzele[461], aber wunder gesprech[462] und
holdtselig.

Ich wondt domalen allein ins Catalani haus, nach dem Fridericus verreißt, und gieng allwegen der Humel noch dem nachteßen, so in der
apoteck gehalten wardt, mit mir heim, daß ich nit allein leg, bracht mir
überzückert mandlen, daß ich im die luten schlieg. Es kamen oft Teutschen zů mir, sunderlich Myconius, zum schlofdrunck, dan ich den
schlißel zum keller hatt, darnoch mein herr nit vil nachfrogt, dan der
wein by inen nit blibt. Es schlof[463] einmal ein Teutscher in ein klein keller
in, so beschloßen, under der thüren uf dem rucken ligendt hinin; kam
über den hippocras. Wir gaben im ein kanten[464], die fult er, kont sy aber
nit ufrecht hinus bringen, mȗßten mit becheren uns laßen geben und also
samlen, zogen in dan zelest wider heraus; waren also, wie die iugendt
thȗt, mȗtwillig. Wie auch do wir dem Catalan aus einer kammer, in
welcher er vil aufgehenckt merthribel[465] hatt, durch ein katzenloch unden
an der thür mit eim langen spis[466] die drübel herus zogen und dan die

455 Biesen: Dialektform für Biesheim.
456 Béziers. – zamengebung = Hochzeit.
457 als Marranen = alles, lauter M.
458 *Pierre Sos:* Ein Petrus de Sos, Monspelliensis, immatrikulierte sich laut Matr. Montp.
　　130 1553 in seiner Vaterstadt und wurde am 13. Febr. 1556 Baccalaureus, wahrscheinlich
　　ein Sohn des Obengenannten, also ein Bruder der schönen Jeanne.
459 késtenen = Kastanien.
460 christier (Basel) = Klistier. Schw. Id. 3, 700.
461 rüntzele, Dimin. zu «Runzel», kleine runzlige Person. Schw. Id. 6, 1166 mit Zitat dieser
　　Stelle.
462 wundervoll gesprächig.　　　　　463 schlof = schloff, schlüpfte.
464 kante (f.) = Kanne.
465 tribel (baseldt.), trübel, treubel (m.) = Traube; meertribel = getrocknete Trauben,
　　Rosinen.
466 spis = Spiess.

kammen[467] wider hinin legten; do der Catalan vermeint, die ratten hetten sy herab geworfen und gfreßen; was nit recht thon.

Den 14 novembris schick ich ein kisten von britteren zamen geschlagen noch Leon nach Basel zeverfergen[468], darin des D. Falconis bůch opus practicum[469], das man ze Basel drucken solt, wan man der witwen by 100 cronen darvon gebe. Item waren darin zwen groß merkrebs gedert[470], langusta on schär und ein breiter runder krebs eins tellers breit. Ich schickt auch ein Indianisch figen blatt, das mein vatter setzen solt, nam es von meinem bům, so ich uf der altonen in eim züber hatt und gezogen, das er hoch und vil bletter hatt, wie auch mein herr in seinem garten ein bům gar groß mit vil stammen, der frucht drůg, hatt; war im anfang ein blatt darvon ers gezügt, aus Italia kommen. Ich schickt auch vil mermuschlen, [63] item von schönen großen granatöpflen ettlich sie[u]s, ettlich bitzenlechtig[471], wenig saur, so ich in gerten kauft und Antony mir ettlich uß seim garten darzů gab, waren überal 90[472], darzů by 63 schön pomerantzen, ein kratten vol meertribel und figen, darvon mein vatter auch anderen vereeren, der mertheil selbs behalten solt. Schick im auch vier große gschir wie hefen vol mitridat[473], den man dispensiert hatt, und ein klein sceleton und ein brief darby.

Den 16 novembris schickt ein Teutscher den gartner Antoni, gelt zeholen, nach Strasburg; gab im brief an mein vatter, darin ich im schreib, wie die Türcken erst gestrigs tag mit 25 galleen[474] zů Aeugemorten 4 klein meil von Mompelier ankommen sye und zů Frontignian, do der gůt muscat wagßt, by 18, und das man vermeint, sy werden etwan um die rifier[475] den winter bliben, welches nit gůt were, haben vil gschütz by inen und syen wol gstafiert.

Es hůlt um der hirten[476] D. Rondeletius ein anatomy eines affens, an deßen leberen wie auch miltze vil bleterlin[477], waren vollen wassers,

467 kammen = Stielwerk der Trauben.
468 Eine Kiste, aus Brettern zurechtgemacht, nach Lyon, um sie nach Basel zu befördern. Vgl. Kap. 3, A. 532 u. 537.
469 Platter täuscht sich hier: Das «Opus practicum» *Falcons*, oder vielmehr seine «Additiones ad Practicam Antonii Guainerii», die dem Gesamtwerk Gainiers beigefügt sind (s. Jöcher 2, 509 u. 2, 827), waren längst gedruckt. Das fragliche Manuskript hiess «Notabilia supra Guidonem», doch war nur der Titel lateinisch, der Text dagegen französisch. Nach Kieffer 88, A. 1, vgl. Kap. 3, A. 538 f.
470 gedert = gedörrt.
471 bitzenlechtig = halb süss, halb sauer.
472 überal 90 = im ganzen 90.
473 Über den *Mithridat*, eine Spezialität Catalans, s. Kap. 3, A. 343.
474 Hs.: galleen, alte Form von «Galeeren».
475 rifier = Revier, also im Winterquartier.
476 um der hirten = um diese Zeit.
477 bleterlin = Bläschen.

durchsichtig, die glich brachen, wan mans anriert; scheinen die an der läber etwaß libfarb, aber unden by der gallen gälecht[478], am miltz dunckel; halt[479], sy an der waßersucht gestorben.

Gleich doruf, den 21 Novembris, hůlt er aber ein anatomy eines wibs, so an der geburt gestorben und ein schöne courtisanen war gewesen; deren můter[480] war noch gros und eins zwerch fingers dick, dan das kindt erst von ir kommen was.

Wir giengen um der hirten[481] verbutzt[482] in der maschen oder mumery hin und wider, do die dentz waren, und schlůg ich uf die lauten.

Den 28 Novembris kam von Memmingen Zimpertus Lins[483] zů uns, dessen schwester hernoch D. Poppus zů Strasburg zur ee genommen.

Den 5 Decembris bekam ich brief[484] von meinem vatter, durch Leon an mich geschickt, altzeit mich warnendt wol zehalten. Es schreib mir auch Coelius Secundus Curio[485], durch welche auch Augustinus, sein sun, mich griessen lies. Es schreib auch mir Gilbertus, altzeit sein liebe, die er gegen deren wie ongemelt driege, vermeldendt und mit ettlich versibus beschribend, mit zwifel, ich mecht im schaden thůn.

Ich hatt altzeit ein drib in mir, mich in allem, was eim medico von nöten zewißen und dorin sich nit gern alle fast bemiegen[486], zeleren, domit ich, wil ich stets hort, wie vil medici schon ze Basel weren und deren [64] man noch wertig, auch wan ich heim kem, mich wißte auß-zebringen, auch etwan anderen vorgon, wil ich wol wußt, das mein vatter vil schuldig und ein schlechte besoldung von seim dienst, mit disch-gengeren fast sich ausbringen můßt, mir wenig ze hilf wurde kommen mögen, docht domolen wenig, daß er erst im hohen alter wider wiben

478 gälecht = gelblich.
479 halt = Ich denke, er sei ...
480 můter = Gebärmutter.
481 s. A. 476
482 verbutzt = maskiert.
483 *Zimpertus (Simprecht) Lins:* Studienkamerad des Felix in Montpellier, aber in der Matr. Montp. nicht enthalten. Dagegen finde ich ihn in der Matr. Tübingen 134, 1 (Bd. 1, S. 346): Sympertus Lyns Memingensis, 6. Mai 1550, u. bei Schiess, Briefwechsel Blaurer III 344. – Zu Dr. Poppus (Hs. undeutlich, fast wie «Pappus») s. o., Kap. 3, A. 406.
484 Brief XX vom 11. Nov. 1554.
485 *Coelius Secundus Curio:* * 1503, †1569, der grosse Humanist, Philologe und Theologe; er war nach längerer Tätigkeit als Dozent und Literat 1542 aus seiner italienischen Heimat vor der Inquisition nach Lausanne geflohen und wurde 1547 in Basel Professor für Rhetorik. Neben Castellio, dem er bei der Arbeit an seinem Werk «De haereticis» half, war er der Hauptvertreter humanistischer Bildung im nacherasmischen Basel. Matr. Ba. II 47, 1546/47; die Monographie von Markus Kutter: C. S. Curione, Basler Beitr. z. Gs.wiss. 54/1955 sowie die biogr. Angaben bei B. R. Jenny: Amerbach-Korr. 6, 507f. – Der erwähnte Sohn Augustinus ist wenig jünger als Felix, er wurde 1564 Nachfolger seines Vaters als Professor der Rhetorik, s. Matr. Ba. II 79, 1553/54.
486 bemiegen = bemühen.

Apotheke im 16. Jahrhundert. Titelholzschnitt der Schrift «Reformation der Apotheken ...»
von Otto Brunfels, Strassburg 1536.

Das Einhorn mit der Aufschrift «Venena pello». Titelbild von Laurent Catelans «Histoire ...
de la lycorne», Montpellier 1624.

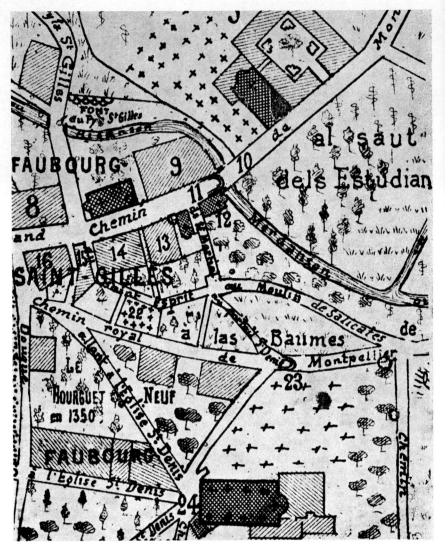

Leichenraub in Montpellier: Der Ausschnitt aus dem zeitgenössischen Stadtplan zeigt oben das Augustinerkloster, wo sich die Studenten versammelten, unten (24) die Eglise Saint-Denis mit dem Friedhof (23), wo sie nachts die Leichen für die Anatomie stahlen. Am linken Bildrand Stadtmauer und Graben, links davon die ummauerte Altstadt. Zu S. 209ff.

und so vil kinder zügen wurde. Solcher drib macht, daß ich neben stettigem studieren und lectionen zehören, mich seer ůbte in praeparationen allerley artznien wol in der apoteck ufzemercken, das mir hernoch gar wol bekommen, und neben insamlung viler kreuter, die ich in papir zierlich inmacht[487], sunderlich in der anatomy seer mich ze ieben begerte. Derhalben allerley glegenheit sůcht, nit allein in thieren, sunder auch menschen, so man die im collegio anatomiert, flisig acht zehaben, auch do man etwan heimlich ein corpus aufschneidt, darby zesein, auch selbs anzegrifen, ob mir glich wol anfangs solchs seer abschüchlich was, gab mich auch, uß begirt dorin firzedreffen und corpora zebekommen, mit anderen Welschen studiosen etwan in gefar. Darzů half ein bacalaureus medicinae Gallotus[488], so ein frauw hat, bürtig von Mompelier, zimlich reich, der in seinem haus solches pflegt ein wil zeverrichten, darzů er mich und andre ettlich auch berůfte, todte corpel, so erst den tag begraben, heimlich mit gwerter handt vor der stat uf den kilchhöfen by den klösteren ußzegraben und dan in dstat in sein haus zedragen und doselbst anatomieren; hatten bestelte ettlich, so ufsechen hatten, wo und wan ettlich begraben wurden, alß dan uns znacht heimlich dohin ze verfiegen.

Wardt ich also erstlich ufgemant den 11 decembris. Do fůrt uns Galotus schon by iteler nacht fir die stat in das Augustiner kloster[489], do war ein verwegner münch, frere Bernhardt, der sich verkleidet und half uns darzů. Wir thaten heimlich im closter ein schlafdrunck[490], der wert bis mitnacht. Darnoch zogen wir in aller stille mit den weren fir daß kloster

487 Platter legte hier den Grundstock zu seiner später berühmt gewordenen *Pflanzensammlung*. Vgl. J. A. Häfliger: Felix Platters Hausapotheke, B. J. 1939, S. 18ff.; Peter Merian: Nachrichten über Felix Platters Naturaliensammlung, Verhandl. Naturf. Ges. Basel vom Aug. 1838 bis Juli 1840, IV, Basel 1840, 93–102; Walther Rytz: Die Gs. eines alten Herbars, Schweizer Bibliophilen-Ges., Festschr. Bern 1931; Walther Rytz: Das Herbarium Felix Platters, Verhandl. der Naturf. Ges. in Basel, Bd. 44, Teil 1, Basel 1933. Ein Verzeichnis der wichtigsten Namen und Wörter aus den Rezepten Platters in den «Observationes», hg. v. Heinrich Buess, S. 174–179. Vgl. Ludovic Legré: La botanique en Provence au 16e s., Félix et Thomas Platter, Marseille 1900; V. Lötscher im B. Njbl. 1975, Kap. 11.

488 Sicher identisch mit *Johannes Gallotius*, Deppensis (von Dieppe), der am 23. Jan. 1554 Baccalaureus wurde. Matr. Montp. 115, Nr. 1797. Gallotus hatte ca. 1549/50 in Basel studiert, s. Kap. 3, bei A. 117, fehlt aber in der Matr. Ba. – Ein Nicolaus Gallotus, vielleicht ein Verwandter, studierte 1558 in Basel, s. Matr. Ba. II 112, aber: diocesis Rhemensis (Reims).

489 Das *Augustinerkloster* lag im NE der Stadtmauer, auf dem linken Ufer des Verdanson, nahe der Strasse nach Nîmes. Nach dem alten Stadtplan bei Louis Dulieu: Les écoliers en médecine de Montpellier ..., Monspeliensis Hippocrates, No. 38, hiver 1967, p. 12s. Es wurde 1562 von den Hugenotten zerstört. Kieffer 91, A. 1.

490 schlafdrunck: nicht wörtlich, sondern «Abendtrunk».

s. Denyß[491] uf den kilchhof, do scharreten wir ein corpus herus, nur mit den henden, dan der grundt noch lugk was[492], wil es erst den tag war vergraben. Alß wir uf daß corpus kamen, legten wir ein seil doran und zarten eß mit gwalt heraus, schlůgen unser flaßaden röck[493] darumb und drůgens uf zweien benglen bis an das stattthor; war um dry uren in der nacht. Do thaten wir die corpora an ein ort und kloften am kleinen thürlin, dardurch man etwan in und auß loßt. Eß kam ein alter portner herfir im hembdt, that uns daß thürlin auf. Wir batten in, er wolt uns ein drunck geben, wir sturben vor durst. Wil er den wein holt, zogen iren dry die corpora hinin und drůgens ob sich in des Galotins haus, daß nit fer vom thor, das also der thorwechter nit gwar wardt. Wir zogen hernoch, und alß wir die lilachen[494], darin sy verneigt was, öfneten, war es ein wib, hatt krume fie[u]s von natur, so inwerdts ein anderen ansachen. Die anatomierten wir und fanden under andrem [65] auch ettlich oderen[495] alß vasorum spermaticorum, die nit nitsich schlecht[496], sunder auch krum und by sitz giengen. Sy hatt ein bligenen ring[497] an, dorab mir, wil ich sy haßen von natur, seer unlustet.

Wil uns die sach geroten, ließen wir nit noch und alß wir fünf tag hernoch innen warden, daß ein student und ein kindt, aber[498] uf s. Denis kilchhof begraben war, zogen wir aber znacht zum thor hinus, den 16 decembris in das Augustiner kloster[499]. In seiner zell[500] zechten wir ein gůt hůn mit köl, den wir aus dem garten holten, gekocht und gůtem wein, deßen er uns provision macht[501]. Zogen darnoch aber mit weren[502],

491 Das «*Kloster St. Denis*» befand sich weiter südlich, am E-Rand der Altstadt, wo heute der Jardin du Champ de Mars ist. Vgl. A. 489. Es war gar kein Kloster, sondern das Pfarrhaus des Sprengels St. Denis, obwohl hier die Priester fast wie Mönche zusammenlebten; es ging ebenfalls in den Religionskriegen 1563 zugrunde. Kieffer 92, A. 1, 94, A. 1. Die nun folgende Erzählung von dem *Leichenraub* ist die am besten bekannte Episode des ganzen Tagebuchs; sie ist u. a. auch durch Gustav Freytag weit herum bekannt geworden.
492 da der Erdboden noch locker war.
493 flaßaden röck = Nachtröcke.
494 lilachen = Leintuch.
495 óderen = Adern; vasa spermatica = Eileiter.
496 nitsich (schwz.) = abwärts; schlecht, schlicht = gerade, also: Eileiter, die abwärts nicht gerade verliefen, sondern ebenfalls krumm und schräg. Freundl. Erklärung von Prof. Dr. med. Heinrich Buess, Medizinhistoriker, Basel.
497 blígenen ring = bleiernen Ring, worab mir ... sehr grauste. Wahrscheinlich handelt es sich in diesem Zusammenhang um einen Gebärmutterring, s. Schw. Id. 6, 1072, mit Zitat dieser Stelle. – Über die seltsame Aversion Platters gegen Ringe s. Kap. 1, bei A. 416.
498 aber = wiederum.
499 Hier ist ein Satz gestrichen und nicht mehr lesbar, wahrscheinlich betr. frère Bernhardt. Das «seiner» bezieht sich auf ihn.
500 Hs. irrt.: zelt.
501 mit dem er uns versah.
502 mit weren = mit Waffen.

dan die münchen zu s. Denis waren gwar worden, das wir zefor ein frauw
doselbst ausgraben hatten und uns getreuwet, Myconius drůg sein bloß
schwert, die Welschen rappier, uf den kirchhof, scharreten beide corpora
heraus, schlůgen aber unsere nachtröck dorumb und drůgen sy uf den
benglen bis ans thor. Dorften nit wol anklopfen, fanden ein loch under
dem thor, do schlof[503] einer hinin; dan man nit fast die thor do bewart,
stießen die corpora unden durch hin und zog der dorinnen waß; schlofen
alß dan all nochhin, do ich im hindurch schliefen, am rucken ligendt,
mein nasen verletzt. Drůgen die corpora in des Galoti haus, do wir sy
ufthaten. War das ein ein student, der uns gar wol bekant was, den schneiden wir auf, war gar verzert, hatt faule luncken, mit schreckenlichem
gestanck, das wir alß mit eßig beschütten můßten, fanden auch steinlin
in den lungen; das kindt war ein bieblin, machten ein sceleton doruß.
Alß ich frie[u] in mein haus wolt und lutet, wolt mich der ladenknecht,
so by mir pflegt zeligen, nit hören, schlief also starck, das, ob ich gleich
mit steinen an die leden warf, ihn nit wecken kont, můßt also mit eim
Welschen meinem gesellen den morgen ein wil růwen. Hernoch haben
die münchen zů s. Denis den kilchhof verwachen mießen und wan studenten kommen, haben sy mit flitzbögen[504] uß dem kloster geschoßen.

[66] Am wienachttag kam der gartner Antony wider von Strasburg,
bracht mir brief von meim vatter, datiert 10 decembris[505]; war in 14 tagen
von Basel gangen bis gon Mompelier; item brief von Sebastiano Castalleone, doctore Hugelio, Gilberto[506] und andren.

Gegem neuwen jar waren vil dentz und mumerien, darin ich gebraucht
wardt, wil ich Frantzösisch dantzen gelert und uf den instrumenten
geiebt.

Wir reiten nach dem neuwen jar aber gon Vendargis, in meins herren
maß[507].

Den 7 januarii zog mein gsell Balthasar Humel wider heim nach Basel.
Ich gab im vil brief, erstlich an mein vatter, do ich unter anderem im
schreib, wie der grav von der Camer, comte de Chambre[508] aus Safoi,
so suspeck gwesen alhie ze Basel, do er zum Wildenman in der cur
gelegen, alß wer er[509] außsetzig und im nit geholfen worden, ze Mompelier curiert sy und ich solche remedia by handen hab, wie auch andre
schöne curen täglich seche und aufzeichne, auch in anderen mich flisig
iebe, sunderlich in der anatomy, do ich im erzel, wie mir die corpora

503 schlof = schloff, schlüpfte.
504 flitzbögen = Pfeilbögen. Schw. Id. 4, 1065.
505 Ach. Burckhardt, Brief XXI.
506 Zu Castellio, Jakob Huggelin, Gilbert Catalan, s. Register.
507 maß < maison, hier: Landgut; *Vendargue:* 7 km NE von Montpellier.
508 *comte de chambre:* unbekannt, vgl. Briefe, S. 73.
509 Hs.: es.

ausgraben und heimlich anatomieren. Schrib im auch die ordnung meiner studiorum, wie ich die halte und wil ich allerley außerthalb dem disch notdürftig, beger ich, er welle willen gen[510], daß ich iärlich 25 cronen, solches alleß mir auszerichten, wie auch ettlich reißen, möge von meim herren empfachen uf rechnung deß anderen seins suns dischgelt, so er meim vatter bezalen soll, so 18 cronen that. Sprich im auch zů, solle sich nit zefast bemiegen[511] wie er schribt, seine schulden gantz abzezalen, eb ich heim kom, ich welle im wils gott, so ich in die haushaltung kom, in nit witer beschweren. Er sol auch nit sorgen, wie er mir geschriben, das ich mich los verfierren und ein wib nem im Welschlandt wie[512] D. Heinric Rihener; ich hab meine gedancken heim gesetzt. Zeig im auch an, wie einer von Wien aus Oesterich, Zisel genant[513], for meiner ankunft ze Mompelier deß Rondeletii schwester Katharinam zur ee gnommen hab und zů kirchen gefiert und mit sich, alß wel er sy heim fieren, bis gon Leon gefiert, doselbst sitzen laßen und seim kaufhern anzeigt, eß sye sein concubin. Do sy, alß er sy verlaßen, wider nach Mompelier kommen, doselbst sy also by irem brůder dem apotecker ein witwen, wil[514] ich ze Mompelier gewont, verbliben, er aber Zisel hernoch von Türcken erschlagen worden in Ungeren.

Den 17 Januarij wardt aber[515] ein anatomy ettlich tag gehalten eins jungen gsellen, im collegio, under D. Guichart.

Den letsten januarii wir aber[515] cadaveratum[516], [67] gruben znacht uf dem kirchhof vor der statt ein alt weib, so den tag begraben, auß der erden, item ein kindt, drůgen sy ins Augustinerkloster vor der statt, do wir unser glegenheit by brůder Bernhardt, do wir sy auch anatomierten und altzeit hinus giengen; dan in die stat die corpora zebringen, hette nit wol kennen zewegen brocht werden heimlich, sunder wer zelest außbrochen[517]. Die Teutschen zurnten schier, das sy nit auch dohin kommen kennen und ichs nit auch inen anzeigt hatt; dorft eß aber nit, dan ich den Welschen gar ernstlich zeschwigen versprochen hatt.

Den 2 februarii hab ich mit meim hinckeden schůmacher, so wir Vulcanum nempten, abgehandlet, sol mir daß gantz jar alle suntag ein nüw par schů bringen und sol fir daß gantz jar im nur dry francken zalen, that

---

510 willen gên (geben) = erlauben.
511 bemiegen = abmühen.
512 Hs.: wil.
513 *Zisel:* wahrscheinlich identisch mit Erhardus Zeyselius (Zeysl) aus Oberbayern. Matr.
   Montp. 116, Nr. 1809, 7. Mai 1550 (Waidhofensis, dioc. Freisingensis). – Zu Katharina
   Rondelet s. Kap. 3, nach A. 342.
514 wil, wîl: (nicht kausal) während.
515 aber = wiederum.
516 cadaveratum = um Leichen zu holen.
517 außbrochen = ausgekommen, bekannt gworden.

einer unserer 10 batzen; er drůg altzeit die alten wider hinweg. Wir bruchten domol schů nur mit einfachen dinnen solen, hab nie dopplet schů
dragen, dan wan es nas ist oder im winter, stoßt man die fieß mit den
schůen, escharpin, in die pantoflen (müles) und goth dorin[518].

Ich gedenck, daß ich an des schůmachers laden oft gsach sitzen einen
im langen rock, hatt ein abgehůwene nasen und gieng iemerlich an der
krucken; deßen ursach ich erfůr, also zůgangen sein: er war ein schreiber,
schöner junger man gewesen zů Nismes, do hatt er eim doctor juris sein
weib gebůlt, der in mit ettlichen studenten, so all vermaschiert gwesen,
überfallen im beth by des Bigotti[519] (also hies der doctor) frauwen ligendt
und im gebunden die gmäch[520] abgeschnitten, wie auch die nasen, sampt
den spanoderen[521] und also jämerlich zůgerist, uf die gaßen in der nacht
gedragen und do ligen laßen, do er, alß er nach langem geheilt, ze Mompelier also sein leben ellentglich verschlißen[522] můßt etc.

Den 23 Februarij wardt aber[523] ein übeltheter vor dem rathhaus uf
der brüge[524] geköpft und im alle viere abgehauwen, darnach vor die statt,
wie brüchlich, an die ölbeum gehenckt. Den tag zog hinweg: Lampertus
Lapforus[525], Grochius und sein gspan Petrus.

Den 28 Februarij wardt der gartner Antony, so zevor dry mol in
Teutschlandt geschickt worden, abermals nach Strosburg abgefertiget.
Dem gab ich brief, schreib meim vatter under andrem, daß mir die röte,
so ich in der iugendt im angesicht über die nasen und augen gehapt[526],
allerdingen vergangen sye, obgleich in dem landt vil grössere hitz sye
dan by uns. Ich schreib auch D. Huggelio über sein begeren, so er schrift-

---

518 escarpins = leichte Hausschuhe; mules = Pantoffeln, hier: Überschuhe. Der wöchent-
　　liche Schuhwechsel war ein erstaunlicher Luxus; offenbar wurden die alten Schlappen
　　dann von ärmeren Leuten ausgetragen. Der Preis pro Jahr betrug 3 Fr = 3 × 16 ß 8 d
　　= 50 ß oder 2½ lb, für 1 Paar Escarpins also knapp 1ß , was dem halben Pensions-
　　preis für 1 Tag entspricht. Vgl. Kap. 8, A. 26.
519 *Guillaume Bigot*, Philosophieprofessor in Nîmes.
520 gmäch = Penis und Testikel.
521 spanoderen = Sehnen. Schw. Id. 1, 88 (Ader).
522 verschlißen: zerreissen, verbrauchen, hier: elend zubringen. – Das Opfer war ein Musiker
　　namens *Petrus Fontanus* (nicht zu verwechseln mit Fontanon, den Platter irrtümlich auch
　　einmal «Fontanus», sonst aber Fontanonus nennt), der im Hause des Dr. Bigot logierte.
　　Die Tat fand am 8. Juni 1547 statt, Haupttäter war wohl der ehemalige Diener Bigots,
　　Verdanus. Bigot stellte sich freiwillig zur Haft und war während des langen Prozesses,
　　in dem er sich nur mühsam verteidigte, gefangen. Seine Frau lief ihm inzwischen
　　davon. Er wurde schliesslich freigelassen, sein Ende ist unbekannt. Nach Kieffer 98,
　　A. 2.
523 aber = wiederum.
524 brüge = Bretterbühne.
525 *Lapforus:* wohl identisch mit Lambertus Lyffartus Clivensis (von Cleve), Matr. Montp.
　　131, 1554. – Grochius (evtl. Gochius) und Petrus: nicht näher bekannt.
526 rote Augen, s. Kap. 1, nach A. 100.

lich gethon, welche damoisellen, so Lotichius «sydera» nempt[527], sich
verhürathet haben. Namlich die der Lotichius so seer geliept hatt, wil
sy deren, so er ze Wittenberg lieb hatt, gleich sach und er «Tunicatam»
in seinen carminibus nempt, einem doctor juris aus Avernia[528] verhürathet sye. Item mademoiselle Poulliane einem von Avinion. Schreib
auch Balthasaro Hummelio[529].

[68] Den 3 tag martii wardt zum doctore medico promoviert Gulielmus
Edovardus[530], des Michaelis wundtartzets, so von Genf mit mir gon
Mompelier gereißt, brůder; kam uß weiter reiß har, aus Sicilia und promoviert in D. Saporta zů s. Firmin in der kilchen mit großer solemnitet
und orglen. Er danckt ab in fünf oder sexerlei sprachen, dorunder auch
die teu⟨t⟩sche, ob er glich nit teutsch sunst reden kont. Man fůrt in zierlich herumb, mit einem sydenen busch uf dem viereckechten parret, mit
schalmien und drůg man fenckelstengel mit verzückerten bilden in dieser
procession, hůlt darnoch ein stattliche collation mit vil confeckten, die
man außgibt, mer alß ein centner; item kostlichen hippocras und hůlt
man darnoch die dentz etc.[531]

Den 8 aprilis kam der Antoni von Strasburg wider. Durch den schreib
mir mein vatter[532], wie die alte seifensiederen[533] von München den 17
martii gestorben sye; item das die Solothurner nach des bischofs todt[534]

527 Über *Peter Lotich* s. o. Kap. 3, A. 4. Er war kein glücklicher Liebhaber, dafür vielleicht
um so eifriger als Dichter. Die erste Jugendliebe in Wittenberg 1546, eine Claudia,
wurde ihm bald untreu, doch besang er sie noch jahrelang nachher. In Montpellier
entflammte er 1552 für ein Mädchen, das seiner ersten Liebe stark glich – er nannte sie
in seinen Gedichten bald Tunicata, bald Kallirhoe – , doch erkrankte diese im Frühjahr
1553 und starb trotz den Bemühungen Prof. Rondelets und anderer Ärzte. Ein italieni-
sches Hirtenmädchen, das er im folgenden Jahre heiraten wollte, war bereits für das
Kloster bestimmt. Nach Aug. Ebrard: P. Lotich, Biogr. u. Auswahl seiner Gedichte,
übersetzt, Gütersloh 1883.

528 Avernia = Auvergne. Bei dem angeblichen Bräutigam der «Tunicata» handelt es sich
offenbar um eine Verwechslung. Vgl. A. 527.

529 Die unterste Zeile von fol. 67 ist unlesbar (abgeschnitten); ich habe ergänzt nach der
Abschrift Passavant.

530 Gulielmus Edovardus = *Guillaume Hérouard:* er fehlt in allen üblichen Lexika, doch ist
er gewiss ein Sohn des Chirurgen Eustache H. und ein Bruder von Michel, dem Reisebegleiter Platters. – Vielleicht ist er identisch mit Gilbert H., der von Platter nur einmal
genannt wird, s. Kap. 3, A. 691. Freundliche Mitteilung von Dr. Dulieu, Montpellier.

531 Über diese Zeremonien, deren Kenntnis wir allein Felix Platter verdanken, sowie über
die Frühzeit der Universität Montpellier unterrichtet heute am besten *Louis Dulieu:*
Les écoliers en médecine de Monpellier à l'époque de la Renaissance, Monspeliensis
Hippocrates 38/1967, p. 9–26. Vgl. Kap. 3, A. 739.

532 Brief XXII vom 28. März 1555, Burckhardt, S. 66ff.

533 seifensiederen: die Witwe Marg. Schräll-Rütlinger. Thomas Platter hatte einst als Student
bei dem Ehepaar in München Aufnahme gefunden, s. Kap. 1, A. 417.

534 Nach dem Tod Bischof Jakob Philipps von Gundelsheim 1553 nahmen die Solothurner
die Herrschaft Erguel ins Burgrecht auf. Das Kapitel von Basel verpfändete darauf die

gern etwas vom bistumb ingenommen hetten, sye doch die sach verdragen. Item er ermant mich hoch, solle mich firthin nit mer in die gefor,
corpora zur anatomy auszegraben, begeben. Ermant mich hoch, fliß an-
zekeren, daß ich etwas besunders in der artzny leere. Sy haben 22 medicos
zelt, deren 17 schon doctores by uns, die anderen baldt werden werden;
es diene gar wol zur practic, so einer selbs die artznien kenne bereiten,
wie sein herr doctor Epiphanius, dem eß gar wol gedient; darzů wil ich
in der apoteck wone, gar große gelegenheit habe. Demnach mant er mich,
wil ich, wie er vernommen, ein gůter lutenist und dentzer sye, mich hiete,
daß ich nit etwan von Welschen wiberen ingenommen werde, dan er im
werck, so ich heim kom, mir eine zegeben, die mir wol gefallen werde;
entdeckt mir den handel, wie er mit herr Frantz Jeckelman schon langest
geredt, ein hürath zwischen mir und seiner dochter anzestellen, befindt
an im, daß im die sach nit zewider, befäl es doch gott, etwas entlich
zeschließen bis zů meiner widerkunft; riembt⁵³⁵ mir die dochter, wie ein
eerliche, wolkönnende und züchtige dochter sy sye, habe auch wol vor-
langest, wie auch neuwlich von meim gsellen Balthasar Hummel verstanden, wie ich selbs zů iren ein geneigten willen und liebe drage, habe
mir eß also vilicht ehr, dan eß sein solt, offenbaren wellen, [69] meine
sachen dohin zerichten, domit ich dester belder mein cursum studiorum
volbringe⁵³⁶ und heimkomme, dahin mich auch dise sach driben werde.
Schreibt auch, D. Saporta hab im geschriben und vil gůts von mir vermeldet und begert mir zů vergunnen baccalaureus medicinae zewerden.
Zeigt auch an, daß er die drucken⁵³⁷, so ich mit allerley geschickt, ent-

---

Herrschaft um 7000 Goldgulden den Bielern, 1554 kaufte der Bischof sie zurück; unter
der Vermittlung Solothurns kam es dann 1556 zu einem Vertrag, den Franchises d'Erguel.
HBLS 2, 21.

535 riembt = rühmt.

536 Hs.: wolbringe.

537 drucke = Kiste. Diese enthielt u. a. einige präparierte sonderbare Meerestiere («monstra
marina») und ein von Felix hergestelltes Mäuseskelett, das ihm das fachmännische Lob
seines künftigen Schwiegervaters eintrug («mire etiam placuit Tuo Francisco tonsori ...»),
sowie 4 Häfen voll Mithridat, 90 Granatäpfel, 63 Pomeranzen, «ein kratten vol meertribel und figen, darvon mein vatter auch anderen vereeren, der mertheil selbs behalten
solt». Die Früchte waren besonders für die Mutter bestimmt, während der Vater «die
seltzamen spyss nit essen» konnte: «pomarantzen machend mier zen lang, ... Granat
nåment zů lang will, trübell isst dmůtter und wen iemantz krank ist, ich yss nach mim
alten bruch ein gůt stuk habermüss wie ander puren.» Gefallen fand er auch an den Samen,
besonders für «kürbss und ziblouch», während er für die schwieriger zu pflegenden
exotischen Pflanzen (Feigen) mit dem Anpflanzen zuwarten wollte. Lieber wären ihm
ein paar neue Rebensorten gewesen ... Neben vielen Ratschlägen für weitere Sendungen
aber spricht er vor allem seinen Dank aus, die Freude über die reiche Sendung war
überwältigend, besonders auch die Freude des Schenkens: «Dedi omnibus quibus man-
dasti et pluribus ...» Briefe, S. 67.

pfangen hab, dorin auch deß Falconis bůch[538]; daß welle keiner ze Basel drucken, wil eß halb Welsch, halb Latin[539], man gebe dan eim wol 200 cronen; derhalben welle erß wider nach Leon schicken. Letstlich zeigt er an, Gilbertus meins herren sun werde uf den winter wider heim kommen, warnet mich vor im, solle mich vor im hieten, dan er im boden nüt sol[540], halte vil uf im selbs, wil er baccalaureus, sye doch nüt hinder im; deßglichen sye er üppig, verthieig[541].

Es schreib mir auch der Hummel, daß Isaac Keller ein edle frauw genommen, die hochzeit sy seer kostlich gsin[542]. Item, das D. Huggelin deß margraven zů Durlach medicus sye worden, und das Claus Meier[543], so ein witlig war und die redt gieng, er wurbe um die ich begert, gestor-

538 Notabilia supra Guidonem, scripta, aucta, recognita ab excell. Medicinae dilucidatore, *Joan. Falcone*, Montisp. Acad. decano ...
539 ungenau: ausser dem lat. Titel ist alles französisch. Deshalb lehnten es die Basler Drucker ab. Schliesslich erreichte die in Lyon lebende rührige Witwe, dass es 1559 von Jean de Tournes gedruckt wurde. Kieffer 88, Anm.
540 da er ein vollständiger Nichtsnutz sei. – Das schlechte Urteil über *Gilbert Catalan* ist allgemein. So schreibt auch Hans v. Odratzheim d. Ä. aus Strassburg, er habe nie einen wüsteren, unsaubereren Buben in Pension gehabt, jener habe ihm das Gemach, das Bett und die Decken so schändlich verwüstet, dass niemand neben ihm liegen oder wohnen wollte. Er gab viel aus und hatte doch immer wieder Geld, sei es durch Zusendung von zu Hause oder durch Schuldenmachen. Bei der Abrechnung betrog er wahrscheinlich, indem er dem Vater eine Rechnung der von Odratzheim ausgegebenen Summen unterschlug; denn O. war sehr unangenehm überrascht, nach 4 Jahren vom alten Catalan plötzlich noch eine nachträgliche Forderung zu erhalten, und wandte sich um Hilfe an Felix Platter. Brief vom 7. Juli 1557, Fr. Gr. I 5, fol. 63 f. Die Eltern Platter warnen Felix vor ihm «als vor eim hällen tüfell», denn er sei «instructissimus ad seducendos adolescentes». Die Mädchen aber schwärmen für den schönen Südfranzosen, und selbst Mutter Platter kann sich seinem Charme nicht ganz entziehen; denn im Sept. 1555 schreibt sie an Felix – durch die Feder eines Tischgängers –, der Gilbert sei «ein hüpschen gsel in Tüt⟨sc⟩hland worden, die meittly sind im zů Basel schier alle hold ..., ich gäb öpes drum, das du so ein hüpschen und schönen bart hättest als er, dan würdest dem Madlen Scherer wol gefallen.» Brief 3 (Recepi 6. X. 1555), Fr. Gr. I 8, fol. 65. – Nach dem in Basel missglückten Lizentiat brachte es G. in Montpellier nach 2 Jahren zum Bacc. und nach weiteren 6 Jahren 1564 zum Dr. med. (Matr. Montp. 135, 1555). Die Apotheke übernahm der jüngere Bruder Jacob, s. Kap. 3, A. 750.
541 verthie-ig < vertun = verschwenderisch.
542 Der erwähnte Brief Hummels vom 20. März 1555 (Fr. Gr. I 8, fol. 148 ff.) vermerkt nur kurz, dass «doctor Isac gwibet hatt ein Hecklinen», dagegen berichtet Gilbert Catalan in seinem geschwätzigen Kauderwelsch: «und ist ein solche ochzeit gesin, daß in vil iaren deß glichen nut gesehen ist worden», und schwärmt dann von den «schönen nimphen», die er mit den 9 Musen vergleicht; zu tanzen wagte er jedoch nicht mit den adligen Fräulein und wartete statt dessen mit einem Mummenschanz auf, wofür er und seine Gesellen am folgenden Morgen vor den Rektor zitiert und eingelegt wurden. Brief vom 28. März 1555, Fr. Gr. I 8, fol. 43 f.
543 *Niklaus Meier zum Pfeil*, Sohn des Bürgermeisters Bernhard M., *1515, verwitwet seit 1547, war zwar ein reicher Tuchherr, aber 19 Jahre älter als Madlen und deshalb kein gefährlicher Rivale für Felix.

ben were, ich solte on sorg sein. Es schreib mir auch der lutenist Theobaldus[544] und schickt mir luten seiten; der war wider aus Franckrich von
Avernia[545], dohin er kurtz dorvor verreißt, wider kommen, wolt zů einem
vom adel, der in berůft und vil verheißen hatt, aber kurtz eb Theobaldus
kam, im schlos von seinem knecht ermürdet worden, das also Theobaldus,
ungeschaft wider nach Basel můßt. Kam wider by meim vatter in und
lart ettlich seiner dischgenger luten schlachen. Es schreib mir auch von
Strasburg mein vetter Laurentius[546] und Johan Odratzheim, mein gwese-
ner gsel in der apotheck ze Mompelier.

Den 16 Aprilis zogen von uns Conradus Forerus von Winterthur und
Johannes Zonion, so die alte frauw ze Basel hatt. Do der ein hernoch
pfarher zů Winterthur worden und do neben dem artznen geprediget.
Dem anderen starb baldt sein alte frauw, zog darnoch in sein heimat gon
Ravenspurg. Den 22 Aprellens zog hin weg Michael Hofmann von Hall
und Israel Nebelspach von Margraven Baden.

Mein vatter schickt mir zwey schöne fäl[547], grien geferbt, doruß macht
ich ein kleidt, mit griener siden durchzogen. Do branget ich mit, und
verwunderten sich die gentilhommes, wan ichs anhatt uf den dentzsen,
dan domalen gar keine lederehosen im brauch by uns waren. Der schnider, so mir sy gemacht, hatt sy mir zimlich eng gemacht, klagen, eß wer
zů wenig leder gwesen, befandt sich aber letstlich, daß er seiner frauwen
auch ein seckel[548] darvon gemacht hatt und ein gůten theil darvon gestolen etc.

[70] Den 23 aprellens schreib ich aber heim und antwortet auf meines
vatters brief, so der Antony gebrocht hatt, sunderlich über das er mir
vermeldet, wie er mir beger, wan ich heim kom, die zeschaffen[549], do ich
on das, wie er von Humel verstanden, lange zeit lieb gehapt, dorüber ich
im beken, das dem also sye und begere nit mer, so ich mein lauf biß zum
doctorat volbrocht und ich heim kom, dan daß sy mir werde, welches
in zweien jaren ich verhoffen ze volbringen, hab auch und kenne[550] meine
gedancken sunst an kein ort setzen, allein daß es nit allein irs vatter,
sunder auch ir wil sye; dan ich keine, die nit ein sunderen geneigten

544 *Theobald Schoenauer*, s. Kap. 1, A. 153 u. Kap. 3, A. 290, «schick euch auch hie noch
     ewerm begeren etlich luten stick, ein gůt pasolmezo ...», Brief vom 13. Febr. 1555,
     Fr. Gr. I 5, fol. 228.
545 Avernia = Auvergne.
546 *Laurentius Offner*, s. Reg., ebenso zu den andern Namen.
547 fäl = Felle. – «Ich schicken dier zwei fäll zů hosen», schreibt der Vater, und im gleichen
     Brief: «Das du erlich bekleidet komest ..., bin ich ouch woll zů friden, idque propter
     praxeos dignitatem ... sic mundus vult decipi.» Briefe Thomas, ed. Burckhardt, S. 75, 73.
548 seckel = Beutel, Täschlein.
549 zu verschaffen.
550 kenne = könne.

willen und liebe gegen mir drage, nemmen wolt; begär auch, mein vatter welle solches mit gelegenheit an ir erfaren, auch mich berichten, wes alters sy sye, dan wil sy etwas elter dan ich, werde sy vilicht nit so lang, bis ich kom, unverheurath bleiben[551].

Ich schreib auch Theobaldo Schoenauwer, danckt im um die seiten und schickt im ettliche meiner lutenstuck, das er säch, waß ich uf der luten hette zůgenommen. Schreib auch Coelio Secundo Curioni, Sultzero, Gilberto und Humelio.

Den 30 Aprilis promoviert man ein licentiaten mit gewonlicher solennitet.

Den 9 Maij kam Ulricus Giger ut Chelius[552], D. Gigers filius, zů uns von Strasburg, der hernoch medicus doselbst worden. Mein vatter hat im brief geben an mich, aber alß er von Leon gon Avinion im Rhodano geschiffet, haben sy ein schifbruch erlitten, in welchem er sein bagaie[553] sampt den briefen verloren und kum mit dem leben davon kommen; sindt auch 6 von der geselschaft und 5 roß erdruncken. Ich beredt mein herren, wil ich allein in Falconis haus was, das er in an tisch annam, domit ich ein gspanen[554] hett.

Es kam den tag auch Theodorus Birckmannus[555] von Cöln, ein glerter

551 Madlen war 1534 geboren, also gut zwei Jahre älter als Felix, und wurde heftig umworben; doch wollte der verwitwete Vater sie überhaupt kaum freigeben, vgl. Kap. 7, Hochzeit.

552 *Ulrich Giger alias Chelius*, Sohn des Strassburger Arztes Ulrich G., studierte in Montpellier (Matr. Montp. 134, 1555) und wurde später ebenfalls Arzt in Strassburg. – Der Vater (*ca. 1500, †1556/61) war in Pforzheim geboren, studierte in Wittenberg und war eine Zeitlang Famulus des Paracelsus, 1529 wurde er Stadtarzt in Solothurn, studierte mit Stipendium in Paris weiter (Dr. med. wo?) und kehrte dann nach Solothurn zurück, wo er auch den französischen Ambassadeur de Boisrigault als Leibarzt betreute. Daneben war G. auch politisch tätig: Seit 1534 im Dienste des Diplomaten und Feldherrn Guill. du Bellay, führte er für diesen Verhandlungen zu einem Bündnis zwischen Frankreich und den deutschen Fürsten gegen Karl V., 1536 ging er nach Strassburg, als Arzt und zugleich diplomatischer Agent, 1539 weilt er am kaiserlichen Hof zu Toledo, am Reichstag zu Hagenau ist er vermittelnd tätig. Er hatte diplomatische Beziehungen zu Bürgermeister Bernhard Meyer von Basel und zu Kurfürst Ottheinrich von der Pfalz. Nach Hirsch: Lex. Ärzte 2, 708 und R. H. Blaser: Nova Acta Paracelsica, Suppl. z. VI. Jb. d. Schweiz. Paracelsus-Ges., Einsiedeln 1953, S. 10, 61, A. 7.

553 bagaie = Bagage.

554 gspanen (schwz.) = Kameraden.

555 *Theodor Birkmann:* aus einer berühmten Kölner Druckerfamilie, studierte 1555 in Montpellier (Matr. Montp. 134; Kieffer 109, 149). Er und sein Bruder Arnold waren um die Mitte des 16. Jh. als gelehrte Ärzte bekannt, «die in manchen Stücken die Lehrsätze Theophrasts annahmen, den Hippokrates und Galen hochschätzten und sich der Anatomie beflissen.» Jöcher, Erg.-Bd. 1, 1886. Arnold half dem Pantaleon bei der Redaktion von Biographien für sein «Heldenbuch». Th. B. steht zum 14. März 1551 in der Matrikel der Universität Köln (Keussen, S. 1048 u. Anm.), für Aug. 1558 auch in der Matricula Nationis Germanicae Artistarum der Universität Padua (vgl. C. Knod: Rheinld. Stud. im 16./17. Jh. a. d. Univ. Padua, Ann. Hist. V. f. d. Ndrhein 68, Köln 1899, S. 168).

gsel und gûter instrumentist, zû uns, der hernoch mit mir durch Franckreich gereißt. Item Johannes Sporerus[556].

Den 17 Maij starb D. Saportae sein frauw, die wir studiosi halfen ze grab beleiten.

Den 20 Maij fieng ein disputatio quodlibetaria an, eines, so licentiat werden wolt. Werdt ettlich tag. Ich opponiert auch und sunst kein Teu⟨t⟩scher[557].

Den 29 maii nam ich mich zepurgieren pilulas coccias[558] in, die purgierten mich mer alß sextzechen mol, das ich wegen großen drangs in o⟨n⟩macht fiel, das man mein herren holen mûst, der seer erschrack. Wardt aber um den imeß[559] beßer, kont aber nit zum eßen, derhalben man mir etwas in mein haus schickt. Alß ich etwas aß, hort ich ein Jacobsbrüder[560] singen, dem rûft ich hinuf zû [71] mir, fragt in von wannen er were[561]. Do sagt er von Hesingen[562], so by Basel läg; er hies Heinric Müller. Ich gab im zeßen und drincken, 3 ß und ein bügsen mit theriac, solt er underwegen verkaufen, auch brief an mein vatter, die er überlüfert hatt.

Den 14 Junij zogen mir gar frie[u] herbatum[563] hinus ans mer, und morndes z'nacht war ich aber by einer haubade[564], do wir dry luten hatten.

Den 19 Junij kam Casparus Vuolphius[565] von Zürich zû uns, so hernoch medicus zû Zürich worden.

B. vertrat eine ausgleichende Richtung zwischen Tradition und Paracelsismus. Wahrscheinlich steht er hinter der im Verlag Birckmann entstandenen Paracelsus-Ausgabe (Leo Norpoth: Kölner Paracelsismus ..., Jb. Köln. Gs.-V. 27, 1953, S. 133 ff.). Nach freundl. Mitteilung von Dr. Kleinertz, Städt. Archivrat, Köln.

556 *Johann Sporer* von Strassburg, Matr. Montp. 134, 1555, sonst unbekannt.

557 Alle Akademiker hatten das Recht, an der Disputation teilzunehmen, doch wagten wohl nur wenige Studenten, sich aktiv zu beteiligen.

558 pilulae cocciae = Abführpillen mit Aloe.

559 imeß, Imbiss = Mittagessen.

560 Jacobsbrüder: Pilger, die nach Santiago (St. Jakob) de Compostela in Spanien zogen und unterwegs bettelten.

561 Hs.: ware.

562 *Häsingen* im Elsass, heute am Stadtrand von Basel. Der Pilger Heinrich Müller ist kaum mehr zu eruieren (verbreiteter Name). Erstaunlich ist, dass Felix einem Unbekannten einen Brief anvertraute und eine Büchse von dem kostbaren Theriak schenkte, s. Kap. 3, A. 343.

563 herbatum = um zu botanisieren, zu «kreutlen».

564 war ich wiederum bei einem Ständchen. – Der Name «haubade» kommt von «haut bois», Oboe.

565 Vuolphius: *Hans Kaspar Wolf* von Zürich, *1532, †1601, studierte 1552 zusammen mit Georg Keller mit einem Stipendium versehen, 1552/53 in Basel, 1553 in Paris, 1555 in Montpellier (Matr. Montp. 134), 1557 Dr. med. Orléans, 1558 Padua; er wurde 1566 Stadtarzt und Prof. phys. in Zürich, 1577 Professor für Griechisch. Nach H. G. Wacker-

Den 24 junii hůlt Honoratus Castellanus[566] ein statlich panquet zenacht, bat mich, ich welte die luten schlachen, heimlich hinder der tapißery verborgen; das ich that. Er hatt mich lieb, fůrt mich mit im zů den krancken; ich as auch etwan mit im in seinem haus [14*]. Ich schreib dem Ca⟨s⟩tellano zů zeiten consilia, die er mir dictiert; war gantz willig, domit ich etwaß lernete.

Doctor Gryphius[567], ein alter, richer medicus, hatt ein iunge, hüpsche frauw, und wont D. Honoratus Castellanus, ein schöner man, neben Gryphio. Der beschickt mich ein mol, ich solt mein luten mit bringen nach dem nachteßen, fůrt mich ins D. Griphij haus, der nit anheimsch war. Die frauw lag im bett, schreib sich kranck; zů deren sas Honoratus, ir zeroten, greif ir den puls, und můßt ich ir uf der luten spilen, sy zeerfrischen, welches ich gern that, dem doctor, der gar glert war und von im etwas hoft zeleren, zů gefallen. Ich marckt aber wol, daß der frauwen Honoratus lieber war dan ir man, wie auch die gmeine redt gieng.

[71] Den 6 julii wardt einer gerichtet, war ein bur, der kont sich in teufels kleider verkleiden und feur aus dem mul, oren und mundt heraus spreiten; hatt also ettlichen pfaffen von weitem in welden sich erzeigt und wan sy in beschworen, hat er geantwortet, er sy der tüfel, und wan sy im nit gelt geben, wel er sy znacht holen und ettlich dermoßen erschreckt, daß sy im gelt ligen laßen. Letstlich alß nieman in angrifen dorft, haben die burenhündt in ergriffen und wo man im nit wer zehilf kommen, hetten sy in zerrißen. Man hatt ⟨in⟩ vor dem rothhuß an ein galgen gehenckt und glich herab gnommen, den kopf, arm und schenckel abgehůwen. D. Honoratus, mit dem ich zemittag hatt geßen, fůrt mich in ein hus, do vil damoisellen und gentilhommes, do ichs sach[568].

[72] Den 14 augusti zog juncker Morenholdt wider hinweg mit seinem laggeien, der lang ein bösen schaden am großen zechen gehapt; also do er nit heilen wolt und die bein schwartz, in meister Michel Edoard cauterisieren[569] miessen mit glie[ie]nden isen, dorab er iemerlich schrey und mir ettlich löcher in mein kappen biß; nach dem gieng daß bein heraus und heilet baldt.

nagel, Matr. Ba. II 77. – 1559 ∞ Anna Rösch von Zürich. Über sein Stipendium s. Traugott Schiess: Briefe aus der Fremde (von G. Keller an Gwalther), Njbl. Stadtbibl. Zürich 1906. Zur Genealogie HBLS 7, 584.

566 Castellanus: *Honoré Du Chastel*, einer der besten Professoren von Montpellier, zugleich Hofarzt, s. Kap. 3, A. 14. Felix lernte bei ihm namentlich die praktische Arbeit am Krankenbett. Dass er mit dem jungen, lebensfreudigen Mann auch persönlich befreundet war, beweist die folgende Anekdote.

567 Gryphius (bei Pl. auch «Grischius»): Dr. *Antoine Griffy*, Matr. Montp. 56, 1529, Sohn von Gilbert G., der 1539 als Kanzler starb, Prof. agrégé in Montpellier. Kieffer 43, Anm., korrigiert nach Matr. Montp. 80, A. 1.

568 d. h.: von wo aus ich der Hinrichtung zuschaute.

569 cauterisieren = ausbrennen.

Eß zog auch hinweg Culmannus nach hus[570]. Ich schreib meim vatter durch in, wie wir so ein heißen summer ghapt haben, daß ettlich leut in der hitz gestorben, vil an hitzigen feberen, daß auch die pest nit weit von uns um Tolosen regiert, item daß D. Honoratus im herpst werdt an hof gon Paris und do das jor auß verblyben, daß mir leidt, wil er mich seer wol gmeint hab und glert, item wie ich anfach etwas practicieren. So dan zeig ich im an[571] der Marranen glůben; Gilbertus, so er heim kom, werde auch wider in dmäß und bichten mießen, dan die Marranen neben den Jüdischen ceremonien, so sy haben, vil auf die mäß halten und mer uf die jungfrauw Mariam dan Christum. Der Catalan loß vil meßen fir siine sün, domit sy wol groten, singen. Mein herr habe mich ein mol gefrogt, eb die Luterschen an Christum glůben, und alß ich in underwysen unsers glůbens halben, hab er gsagt: «wan ich gnůg gelt bekom, wil ich nach meinem heil drachten, wan ich meinen kinderen verlos[572], das sy nach meim todt mir meß kennen laßen singen, wirt ich wol selig». Item wie er altzyt sag: «noli foenerari fratri tuo sed alieno»[573], daß die Marranen noch flisig under innen halten. Er sye sunst ein gůter man, der mich lieb hab.

Den 16 Augusti kam Petrus Milaeus[574] aus Teutslandt zů uns, darnoch den 23 Sigismundus Rott[575] von Strasburg, der hernoch doselbst medicus worden, und mit im Johan Wachtel[576], auch von Stroßburg, ein apo-

570 Nach Göppingen, E von Stuttgart.
571 Sodann erkläre ich ihm.
572 verlos = ⟨Geld⟩ hinterlasse.
573 «Leihe nie deinem eigenen Bruder, sondern lieber einem Fremden» (Boos las «venerari» statt «foenerari»).
574 *Petrus Milaeus:* Stavianus, helvetius, ditionis Friburgensium, 26 oct. 1555; Matr. Montp. 155, Nr. 2103. Wohl identisch mit Petrus Myleus, Stavianus, Sabaudus, der 1551/52 in Basel immatrikuliert war = Pierre *de Molin* aus Estavayer FR. Matr. Ba. II 71. Vgl. HBLS 5, 129. – Ein Verwandter Peters (Bruder?), Theophylus Mylaeus Stavianus, studierte zur gleichen Zeit in Basel: Matr. Ba. II 75.
575 *Sigismund Rot:* aus Strassburg, studierte 1552 in Tübingen (Matr. Tüb. 139, 113; Bd. 1, S. 364: 29. April 1552) und seit 1555 in Montpellier (Matr. Montp. 134), zusammen mit Felix; später Arzt in Strassburg. Er war verheiratet 1. 24. Juli 1559 mit Barbara Maier, Tochter des Franz M., 2. 8. Okt. 1583 mit Felicitas Moessinger, Witwe des Philipp Ingolt. Er starb 1588. Im Strassburger Archiv befinden sich eine Reihe von Dokumenten betreffend seinen Nachlass (série V 140–22), 1562 wird er zusammen mit seinem Bruder Peter genannt in einem Prozess gegen Johann von Lampertheim (série III 20–16), 1571 erscheint er als Vormund der Tochter des Franz Meyer (série VII 7–23). Freundl. Mitteilung von Dir. Ph. Dollinger. Ferner wird Roth erwähnt bei J. W. S. Johnson: Badekurverordnungen im 16. Jh., Archiv f. Gs. d. Medizin Bd. 5 (1911), S. 126ff., und als Käufer von Landbesitz 1579 (Strassburg, Kontraktstube No. 224, fol. 93v–94v u. No. 203, fol. 322r–323r, 405r–405v). Freundl. Mitteilung von J. Fuchs, Archiviste, und Dr. Wickersheimer, Strasbourg.
576 *Johann Wachtel,* Apotheker aus Strassburg: Um diese Zeit gab es zwei Apotheker dieses Namens, beide in der «Capell S. Jacobs» an der Spiessgasse, also wohl Vater und Sohn;

tecker; der verdingt sich zum Catalan in die apoteck, doch můßt er im etwas an disch zalen. Er erzelt uns, wie juncker Erasmus Böcklin von seinem schafner Onophrion Beck vor dem münster zů Strasburg vor ettlich wuchen sye erstochen worden, der hernoch gon Milhusen in die fryheit kommen, doselbsten bis ans endt hußheblich verbliben[577].

Den 26 augusti kam Sigismundus Weisel[578] von Breslauw; war ein gůter schitz, hatt ein hundt Fasan[579], der im die vögel aus dem waßer holt, die er schos. Do er sein gelt verzart, hatt er in langer zeit keins entpfangen, můßt schier in armůt sich behelfen mit dem, was er schos von reier und mervögel und im die andre Teutschen stürten[580]; war doch grob und unverstendig, ist hernoch medicus zů Breslauw worden und erst kurtzlich gestorben.

[16*] Wir Teutschen pflegten von eim thor hinus zespatzieren und um ein berglin ze gon und zů einem anderen thor wider hinin, verzog sich etwa ein halb stundt. Do můßt jeder aus anstiftung Lotichij ein stein in mitten am berglin legen; erwůgß also, daß zlest ein zimlicher hufen do lag. Ist zů gedechnus der Teutschen ufgericht.

[73] Den 30 augusti zog ich mit den Teutschen, so das mer noch nit gsechen hatten, wil sy neuwlich ankommen, ans meer. Do samleten wir kreuter und muschlen und badeten dorin. Der Wachtel (von Strasburg) kondt nit schwimmen, gieng doch zimlich dief hinin, und alß ich um in her schwum, hůb er mir die fies, daß ich undergieng und sof ein gůten theil gesaltzen waßers. Alß ich herfir kam, erwutscht ich in by den kopf, sties in under das waßer, hůlt in ein gůte wil; alß ich in gon lies und er den kopf herfir zog, sach er iemerlich und drof im das wasser zur nasen und mul heraus; er war seer über mich erzürnt, vergieng im aber baldt.

s. Festgabe des Deutschen Apothekervereins in Strassburg 1897, S. 182. – Der Sohn, Hans Wachtel der Jünger, wird 1560 11. Febr. genannt als Pate des Peter Gams (N 213. fol. 128r); 1583 16. März verkaufte er ein Stück Land an Sigismund Roth, s. Anm. 575.

577 *Onophrion Beck*, ca. 1515–1572, stammte aus einer angesehenen Strassburger Druckerfamilie, die zu den Vorkämpfern der Reformation gehörte. Am 6. Juli 1555 hatte er in dem noch katholischen Münster einen Streit mit dem katholischen Junker *Erasmus Böcklin von Böcklinsau*, Oberst eines dt. Inf.-Rgts. Beck fühlte sich von dem betrunkenen Gegner bedroht und tötete ihn im Verlauf des Streits vor der Kirche durch einen Dolchstich. Als der Kaiser einen Haftbefehl gegen ihn erliess, suchte und fand der Täter Schutz in Mülhausen i. E. Im Prozess zu Strassburg 1559 wurde auf Notwehr erkannt (sein Advokat war Hans Ulrich Zasius), doch blieben seine Güter eine Zeitlang blockiert. Nach Phil. Mieg u. L. G. Werner: Onophre Beck ..., Bull. Musée Hist. de Mulhouse 1957, p. 65–72. – Das Opfer, *Erasmus Böcklin v. B.*, war ein Sohn des Strassburger Stettmeisters Claudius B. und Bruder des kaiserlichen Hofmarschalls und Dompropsts zu Magdeburg, Wilhelm B.; s. Kindler I, 130, 132 u. 482 sowie B. Ch. 8, 80, A. 236.

578 *Sigismundus Woyssell*, Vratislaviensis, Matr. Montp. 138, 1556 8. Okt., später Arzt in Breslau.

579 Fasan: wahrscheinlich = «Fass an!»

580 stürten = beisteuerten. – Wahrhaft ein armer Teufel, der von den Almosen der Kameraden leben musste!

Den 9 Septembris zog hinweg Nicolas Cheuererus[581] von Welschen Nüwenburg, ein chirurgus, der uns Teutschen lang gedient hatt; wonet by dem chirurgo Ihan Pardris[582], der frindt zů Elicourt hatt by Mimpelgardt.

11 septembris kam Stephanus Contzenus wider zů uns gon Mompelier. Durch den schreib mir der Humelius von Basel[583], vexiert mich mit deren, so ich hoft zeerwerben, mit vermeldung, es were die gmeine sag ze Basel und nit fast heimlich, ich werde sy nemmen; lobt mir sy seer etc. Zeitung schreibt er, daß Wilhelm Heptenring, so hauptman Irmins witwen zur ee genommen und sein schriber war, ietz hauptman, ein fenlin knecht von Basel hinweg gefiert hab, in welchem zug er bleib[584]; item daß meiner zůkünftigen brůder Frantz[585] deß Schöllins dochter Mergelin zur ee habe bekommen, die im wol zůgebrocht hab; item D. Zonion hab kein practic, D. Pantaleon sy ze Blumers[586], D. Huggelin bim margraven, D. Hans Hůber sy rector. Er klagt sich seer, wie schwer im die haushaltung sye, er habe kein vertrib in der apoteck; man ordiniert gar wenig, man halte nüt ze Basel auf gschickte artzet, man schreib mer Teutsche recept dan Latine, die medici richten der mertheil purgierung mit dem senet[587] aus, sie[u]sholtz und ander narrenwerch. D. Isaac[588] mach selber den kranchen gmein lumpenwerch[589]; er wolt lieber ein bettelvogt ze Basel sein,

581 *Nicolaus Cheurerus* (bei Kieffer: «Cheverus»): «Friburgensis helveticus.» Matr. Montp. 124, 1552. – Platter dagegen behauptet: aus Neuchâtel.

582 *Jean Perdrix:* Chirurg, geb. in Héricourt, wo er bis 1507 lebte, 1533 in Avignon eingebürgert, 1547 in Saint-Germain-en-Laye, in Montpellier erwähnt 1522–1572, seit 1555 als Chirurg am Hôpital Saint-Eloi; 1547 ∞ Charlotte Boucaud oder Bocaud, kathol. Konsul 1567 und 1572, † 1572 22. Okt. Nach Louis Dulieu: Les Chirurgiens Barbiers à Montpellier à la Renaissance, Languedoc Médical, No. 4, 1967, p. 14 mit weiteren Details.

583 Dieser interessante *Brief* Hummels, der den Basler Ärzten ein sehr schlechtes Zeugnis ausstellt, befindet sich auf der Univ.-Bibl. Basel, Mscr.-Band Frey-Grynaeum I 8, S. 150, datiert vom 18. Aug. 1555. – Zu den zahlreichen bereits genannten Personen s. das Register.

584 *Wilhelm Hebdenring* fiel nicht auf diesem Zuge, sondern erst 1557 in Rom. Seine Gemahlin, «hauptman Irmins witwe», war die bekannte Bürgermeisterstochter Anna Meyer zum Hasen, s. Kap. 1, A. 473 und Kap. 3, A. 159 u. 294.

585 *Franz Jeckelmann d. Jüngere*, *ca. 1530, †1565 9. Jan., der ältere Sohn des Scherermeisters Franz J. und der Chrischona Harscher, war ebenfalls Chirurgus und «bruchschnyder». In der Pestepidemie um 1551 wurde er angesteckt, kam aber wieder auf, «hatt die pest uf dem auglid, do altzyt hernoch ein zeichen sich erzeigt, und das auglid mit mehr beschliessen können.» Hunziker 47. – 1555 heiratete er Mergeli (Maria) Schölli, Tochter des Sattlers und Ratsherrn Caspar S. und der Barbara (Grebli?). Priv.-Arch. Lotz, Fasc. 456. Am 17. Mai 1561 kauften sie das Haus Spalenberg 35. Hist. Grundbuch.

586 Blumers = *Plombières*-les-Bains, in den Vogesen, Arr. Epinal.

587 senet = Sennesblätter (Cassia), abführend.

588 Dr. Isaac ⟨*Keller*⟩.

589 Der alte Vorwurf der Apotheker an die Ärzte, diese pfuschten ihnen ins Handwerk.

dan ein apotecker. Sy kennen nüt, die medici, dan purgieren, brauchen keine rechtgeschaffne remedia wie ze Mompelier; dröstet sich minen, ich werde die sach in ein rechten gang bringen. Solches schreiben erwecht mich, das ich gedocht, noch wol wißen, vor anderen zů beston, auch vil ding in gang bringen, so domalen nit brüchlich gwesen, alß christieren[590] und andere topica[591], allerley dienstliche remedia, wie dan hernoch durch gottes hilf beschechen.

[74] Under uns Teutschen studiosen vereinbarten sich 13, mit einandren nach Marsilien zeziechen, darunder ich einer war, hatt ein multhier bstelt zeriten. Contzenus hatt ein hüpsch pferdt von Strosburg brocht, war unser hauptman, Wolphius, Burgauwer, Rot, Chelius, Wachtel, Myconius, Lins[592] und andre, so der mertheil ze fůs. Wir reißten von Mompelier den 15 septembris biß in das stettlin Lunel[593], 1 tagreis von Mompelier, morndes den 16 septembris zogen wir in daß stettlin s. Gillis[594], und nach dem imeß eßen kamen wir znacht gon Arles, ligt am Rhodano, so nit weit darvon ins meer flißt, darüber wir, eb wir darkamen, faren můßten; theil⟨t⟩ sich doselbst in zwen arm, darzwischendt ligt ein fleck Camurges[595]. Zů Arles bliben wir den 17 septembris; wir giengen in doctoris Francisci Valeriolae[596] haus, der bewis uns vil frindtschaft, zeigt uns sein libery, dorunder seine scripta, ettlich merfisch gedört, dorunder ein orbis marinus[597], schreib unsere namen auf, vermant uns im oft ze-

590 christieren (ältere Form) = Klistieren.
591 topica (zu griech. τόπος = Ort): Mittel, die nur auf die leidende Stelle des Körpers wirken, wie Einreibungen, Umschläge und Blähungen.
592 *Zimpertus Lins:* aus Memmingen, studierte in Tübingen (Matr. Tüb. 134, 1; Bd. 1, S. 346: Sympertus Lyns Memingensis, 6. Mai 1550) und Montpellier (Matr. Montp. 133, 1554, irrtümlich «Luis», wohl ein Lesefehler des Herausgebers) und erwarb 1556 den Dr. med. in Avignon.
593 *Lunel:* 24 km NE von Montpellier, an der Route nationale 113.
594 *St. Gilles:* 30 km E von Lunel, an der Route nationale 572; von da weitere 19 km nach Arles. Vgl. Vorsatzblatt.
595 Camurges = *Camargue*, die bekannte Landschaft zwischen den beiden Rhone-Armen. Ein Dorf dieses Namens gibt es nicht. – Das Rhonedelta hat sich im Lauf der Jahrhunderte ziemlich verändert: Stellenweise rückt das Land infolge der Anschwemmung jährlich 10–50 m gegen das Meer vor, während anderorts das Meer Fortschritte macht, z. B. bei St-Maries-de-la-Mer. Arles befand sich damals noch näher am Meer und konnte von allen Schiffen erreicht werden. Guide Michelin: Provence (1966), S. 74f.
596 *François Valleriola:* *ca. 1504, †1580, einer der gelehrtesten Ärzte seiner Zeit. Er studierte zuerst in seiner Heimatstadt Montpellier (Matr. Montp. 24, 1514), vor allem bei Rondelet, dann praktizierte er in Valence und lange in Arles, wo er auch heiratete. Ob und wo er doktoriert hat, ist unbekannt. 1572 wurde er als Professor nach Turin berufen und wirkte dort bis zu seinem Tode. Er publizierte mehrere Werke in Lyon und Venedig, einen Kommentar zu Galen sowie besonders epidemiographische Arbeiten. Nach Hirsch, Biogr. Lex. Ärzte, Bd. 5, 697. Platter besichtigte sein Naturalienkabinett und lernte bei ihm, Meertiere zu präparieren und auszustopfen. Karcher 18.
597 orbis marinus: ein Buch über Meertiere und -pflanzen, unbekannt; vielleicht das berühmte

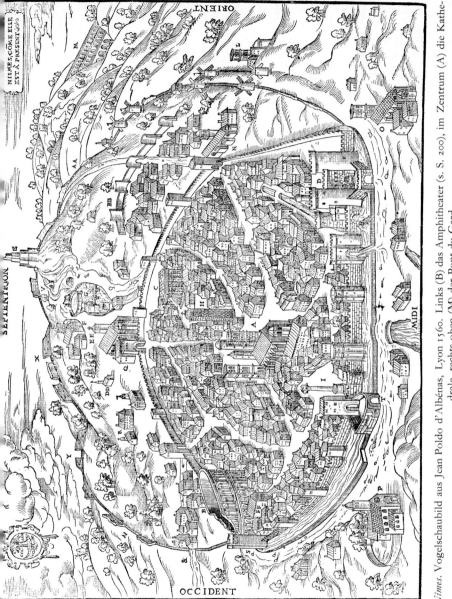

Nimes. Vogelschaubild aus Jean Poldo d'Albénas, Lyon 1560. Links (B) das Amphitheater (s. S. 200), im Zentrum (A) die Kathedrale, rechts oben (M) der Pont du Gard.

Der Pont du Gard. Zeichnung von Felix Platter, fol. 58, stark verkleinert.

Arles: Das Amphitheater, zur Zeit Platters in eine Wohnsiedlung umgewandelt. Anonymer Stich von 1646.

schriben, entbot sich alles gůts, fůrt uns in der statt herumb, zeigt uns[598]
vil antiquitates, darunder seulen, welche gar groß, so von steinen
goßen[599] sindt, welche kunst, Valeriola sagt, kente er auch. Wir sachen
zwo große, wol 20 ellen lang, stůnden neben einanderen und oben druf
ein steinin grab in der vierung beschloßen, ein Römische antiquitet[600].
Er zeigt uns auch die rudera eins amphytheatri[601] und gebeuw an den
kirchen, welche mit bocksblůt und milch sollen gemacht sein; vor der
statt war ein alt gemeur, darin wie in eim keller vil grabstein von marmelstein, weis, darin vil Latinische inscriptiones waren[602].

Werk seines Lehrers Rondelet, das im Jahr zuvor erschienen war: «De piscibus
marinis ...» (?)

598 Hs. irrt.: und.

599 Gegossene Säulen sind ein Unsinn. Die antiken Säulen bestanden aus Säulentrommeln,
die aus je einem Block gehauen und auf einander gesetzt waren, wobei sie durch ihr
Eigengewicht zusammenhielten, oder aber aus Monolithen. Vgl. die folgende Anm.

600 *zwei Säulen:* wahrscheinlich die zwei Säulen, die zur Bühnenwand des szenischen *Theaters*
gehörten. Auch die ungewöhnliche Höhe würde dazu stimmen: 20 ellen = ca. 11 m. –
Platter konnte nicht ahnen, dass diese Säulen zu einem Theater gehörten, da dessen Frei-
legung erst im 19./20. Jh. erfolgte. Das Theater stammte aus der Zeit des Augustus,
hatte einen Durchmesser von 102 m und fasste 7000 Personen. Nach den Rekonstruktions-
zeichnungen von J. Formigé (Guide Michelin, Provence, p. 54) muss der Bau dreimal
so hoch gewesen sein wie die beiden erhaltenen Säulen. Diese sind abgebildet bei Sautel
u. Imbert: Les villes romaines de la vallée du Rhône (1926), p. 28/29, sowie bei Roger
Peyre: Nîmes, Arles ... (1929), p. 81. Beide Säulen sind Monolithe, die eine aus dem
gelben Marmor von Siena, die andere aus afrikanischem Stein. Der darüberliegende
quaderförmige Block, den Platter irrtümlich für einen Sarkophag hielt, ist ein Gesims-
fragment der Bühnenwand. – Es ist allerdings nicht ausgeschlossen, dass es sich bei
den zwei fraglichen Säulen um diejenigen auf dem *Forum* handelt; R. Keiser 135, A. 1
vermutet dies sogar. Doch sind die Forumsäulen (Abb. bei Sautel u. Imbert, p. 37)
weniger hoch und völlig verbaut; das darüberliegende Giebelfragment lässt kaum die
Idee eines Sarkophages aufkommen. – Thomas II. hat die beiden Säulenpaare des Theaters und des Forums gesehen, «von einem unbekanten stein, daß ettlich meinen, sie seyen
gegossen», und knüpft daran allerhand krause Legenden. Keiser 132, 135 f.

601 *Amphitheater:* Es stammt ebenfalls aus der Gründungszeit der Kolonie Arles (46 v. Chr.)
und misst 136 × 107 m, es fasste 21 000 Zuschauer, jeder Stock hatte 60 Arkaden. Im
Mittelalter wurde es in eine Festung verwandelt und nachher in eine Wohnsiedlung
mit über 200 Häusern und einer Kirche. Platter sah es also in einem sehr schlimmen Zustand («rudera» = Schutt). Abb. bei Sautel u. Imbert, p. 20–25 (vor und nach der Frei-
legung) und Peyre p. 74f.

602 alt gemeur vor der statt: die Kirche *Saint-Honorat* (13. Jh., z. T. Ruine), die am Ende des
antiken Gräberfeldes steht. *Les Alyscamps* heisst der berühmte antike Friedhof, der sich
zu beiden Seiten einer baumbestandenen Allee weit dahinzieht. Er wurde im Mittelalter
beträchtlich ausgebaut, viele Vornehme von Arles und der weitern Umgebung liessen
sich hier beisetzen. Man unterscheidet drei Schichten von Gräbern: 4./5. Jh., 9./10. und
12./13. Jh.; dazu kamen noch 19 Kirchen und Kapellen. Guide Michelin, Provence (1966),
p. 56. Seit der Renaissance wurden leider Sarkophage an berühmte Besucher verschenkt,
z. T. auch zu Bauzwecken verwendet. Die schönsten befinden sich heute im Musée d'art
payen (Eglise Ste-Anne) und Musée d'art chrétien. Abb. bei Peyre, p. 94–109. Vgl.

Den 18 kamen wir um mittag in ein herberg, ligt allein, ist ein brunnen darfor, genant s. Martin; do aßen wir zů mittag. Darnach kamen wir in ein flecken s. Chamas[603], in welchem ein thor ist, 60 schritt dick. Den 19 aßen wir zemittag zů Pinnes[604]. Alß wir zevor durch Cabanes[605] zogen, do schreib ich mit dem wein, so rot was, in ein biechlin, alß were eß bresil[606]. Zugen darnoch durch steinechtig veldt, biß wir gon Marsilien[607] kamen, horten, eb wir ankamen, mit großen stucken schießen[608], dan[609] es waren ettlich galeren ankommen aus Corsica und war ein mechtig drommeten. Do ich inreit, sach ich ein großen bům voller zeitiger figen, dan eß die rechte zeit, daß sy zytig waren und sindt derselben gar vil zů Marsilien. Wir karten in die herberg au Leurier[610]. Ich gieng noch den obendt ans mer, sach, wie der port so weit, voller schiffen stůndt, wie ein große stat, dorin vil thürn, under andren war ein galion unseglich groß schif, mit hohem mastbům und seglen, doran im fanen: plus ultra[611] stůndt; war den Spanieren abgewunnen, hůlt vil volchs.

[75] Morndes den 20 septembris kamen zů uns zwen Teutschen, Hans Mus und Philips Kram, waren von des Ritgrotz[612] compagny, kostlich

Keiser 136f. Die verbreitete Etymologie *Alyscamps* < campi Elysaei (Champs Elysées, Paradies) ist wohl falsch, aus sprachlichen Gründen (ein e wird nicht zu a, eher umgekehrt) wie aus sachlichen (eine Nekropole ist kein Paradies). Les Alyscamps sind wohl eher «le champ des Alysses» (alises), das Feld der Elsbeeren, wie Armand Dauphin glaubhaft macht: Arles, Les Alyscamps, 1951, p. 41 s.

603 *St-Chamas:* am Etang de Berre.

604 *les Pennes*-Mirabeau, ca. 10 km N von Marseille. Nach Bonnerol: La Guide ... de France I, p. 184.

605 *Cabanes:* E von Berre, an der Strasse nach Marseille, findet sich nicht auf modernen Karten, wohl aber auf der zeitgenössischen des Ortelius, s. Vorsatzblatt.

606 bresil: brasilianisches Farbholz, aus dem man wohl rote Tinte herstellte.

607 Marsilien = *Marseille:* die älteste Stadt Frankreichs, um 600 v. Chr. von den Phokäern gegründet (oder schon um 900 von den Phöniziern), seit 1482 zugleich mit der Provence zur Krone Frankreich gekommen, grösster Handelshafen des Landes. Vgl. die ausführliche Beschreibung bei Keiser: Thomas II, S. 195 ff. Felix hat vor allem den Hafen beschrieben.

608 stucken = Kanonen.

609 Hs. (irrt.): das.

610 Leurier: wahrscheinlich = Laurier, zum Lorbeer. Die Wirtschaft lässt sich nicht mehr nachweisen, wohl aber eine «rue du Laurier», bei A. Fabre: les rues de Marseille, freundl. Mitteilung von A. Ramière de Fortanier, Archiviste en chef, Marseille.

611 «plus ultra»: Devise Karls V.

612 *Ritgrot* (Genitiv: Ritgrotz) ist vermutlich identisch mit *Georg von Reckenroth,* wie F. Dousset, Adjunkt des Directeur général des Archives de France, Paris, mir freundlich mitteilt. Laut seinem Nachweis bezog R. seit 1540 eine Pension vom König von Frankreich (Archives nat., K 87, no. 14) und erhielt von ihm am 2. April 1544 auf 10 Jahre den Besitz der Herrschaft Tremblevif en Blésois (Arch. nat., KK 898, fol. 5). Er wurde 1546 durch den Landgrafen von Hessen zu Franz I. geschickt (Archiv Marburg, Aktenbündel Frankreich, Korresp. des Landgrafen mit Georg v. R.). Von König Heinrich II. wurde er im Jan. 1548 naturalisiert als «Georges de Requerolt, colonel de Lansquenets au service

angethon mit Sexsischen bloder hosen[613], mit siden bis uf den herdt hangendt, violbrun, die salutierten uns, fûrten uns hin und wider, erstlich zû dem gubernator, den graven von Tende[613a], deßen frauw neben im in seinem sal spatziert, hatt die linen ermel mit silberen ketten durchzogen. Dem gab ich brief von Honorato Castellano, darin er mich commendiert. Er entbott sich alles gûts, gab uns ein alten Schwitzer zû, so in seiner gwardy, der uns herumb fûrt und alle ding[614] zeigt. Der sagt uns, er were lang im castel s. Marie, so uf dem berg, welcher vorüber ligt, steth und der port darzwischendt, in der guarsinon[615] gwesen und zenacht einest mit dem teufel gehûwen, das er wichen mießen, derhalben man in chasse diable gmeinlich nempt. Er fûrt uns uf die polwerck, so in der stat uf daß mer gondt, doruf vil schlangen[616] und gschütz, so wiit ins mer heraus reichen mögen im schießen; wir gsachen eins, war by 48 schû lang, item andre isene stûck, so in die muren ingemurt und man hinden zû inladen mûs. Wir zogen an daß port, dorin stûnden 37 galeen[617] und sunst vil nauen. In den galeen waren die gefangenen Galiotten[618], ettlich in roten, ettlich blauwen wullenhembderen und spitzhuben, zû iedem rûder, deren vil, dry; die sindt doruf geschmidet, braucht man zum rûderen, zû zeiten auch, wan man stil ligt, mießen sy andre werch in der statt thûn, mit dragen sunderlich. Wir fanden auch Teutsche drunder; einer war ein bügsen meister, der wardt mit gelt den tag ledig, das er mit uns aß. Sy schnetzlen auß allerley holtz, firnemlich aus dem lentischo[619], hübsche kestlin und zangrübel[620], kunstlich gmacht und sunst allerley; wir kauften

du Roi» (Arch. nat., JJ 258A, no. 40, fol. 33 vo); im gleichen Monat erhielt er das erwähnte Landgut zu dauerndem Besitz (JJ 258A, no. 6, fol. 5 vo). Reckenroth befehligte 1554 und 1555 die deutschen Landsknechte im französischen Dienste in Siena. Blaise de Monluc in seinen Commentaires (éd. P. Courteault, tome II, p. 13, 44, 59, 65, 87, 118) nennt ihn «le *Rincroq*» oder «le colonel Reincroc». – Als «*Reckrode*» erscheint er bei Ranke, Gs. d. dt. Ref., mehrmals. Weitere wichtige Fakten bei B. R. Jenny: Amerbach-Korr. 6, 458f., A. 1.

613 Pluderhosen, Knickerbocker mit «Überfall» bis auf die Füsse.

613a *Claude de Savoie, comte de Tende*, 1507–1566, Sohn des René, Bastard von Savoyen; nach dem Tode des Vaters 1525 wurde er dessen Nachfolger als Gouverneur und Grossseneschall sowie «amiral des mers du Levant», 1526 ∞ Madeleine de Tende; hugenottenfreundlich. Encycl. des Bouches-du-Rhône, t. IV, Dict. biogr.; nach einer freundl. Mitteilung von Archivdirektor A. Ramière de Fortanier, Marseille.

614 Hs. (irrt.): dingt.

615 guarsinon = Garnison. Das «Castel s. Marie» ist das heutige Fort de Notre Dame de la Garde.

616 Feldschlangen, dünne, lange Geschütze.

617 galeen: ältere Form für Galeeren.

618 Galiotten = Galeerensklaven. Unter ihnen waren auch zahlreiche Hugenotten, besonders nach 1560; La France Protestante gibt ein langes Verzeichnis dieser Galériens.

619 Pistacia lentiscus, Mastixbaum.

620 zangrübel = Zahnstocher.

inen allerley ab, so ich noch zum theil hab. Wan einer in die galeen kompt, mag wol sorg zum seckel haben; wan inen in gemein etwas vereert[621] wirt, so blosen die bleser, so sy under inen haben, in allen galeen auf, das eß weit im mer erschalt. Die zwen Teutschen von adel lůden uns ze gast, hůlten uns ein panquet in unserer herberg, brachten ein iedem ein[622], daß sy gar druncken warden. Ich hatt des wein suffens nit gewont, dranck domolen aus drib zevil, das wie ich schlofen wolt, drimlet[623] und man mich ausziechen můs, das mir nie geschechen war, und morndes durstig und kranck waß, biß ich wider ein süpplin aß. Die zwen junckeren hatten sich in kleideren ins bett gelegt und alles vol die nacht bruntzt[624] und bekamen die violbrunen[625] hosen hin und wider, wo sy genetzt, breite flecken und gar ein andre farb, das es ein schandt zesechen was, dan man wol marckt, wo[r]von eß kommen war.

[76] Morndes am sambstag den 21 septembris zogen wir hin und wider, alles zů besechen, fanden ein medicum, den wir ze Mompelier kant hatten, kauften corallen, so balliert[626], ich ein großen ast und einen, so nit baliert, um 23 batzen unser werung; die andre⟨n⟩ kauften runde wie paternoster, so gar wolfeil waren; es war einer feil wol einer ellen lang mit vil esten, hett ich um 1 cron kaufen kennen, hat aber nit überig gelt. Wir zogen in ein hof, do sach ich zwen strußen[627], ein schwartzen und wysen, so hoch, daß ich inen kum uf den kopf reichen mocht; sy aßen krüsch[628], warf inen ein schlißel dar, sy ließen in aber ligen. Item ich sach wider[629] aus barbary mit den großen gewundenen wedlen[630], welche, so man wie sy gewunden abmißt, wol 20 ellen lang sindt[631]; item wider[629], die mechtige durcheinander geflochtene horn handt und lang hor bis an herdt[632]. Do war auch ein mor, der mechtige quader stein lupft, uf den kopf und agslen fallen lies. Es waren auch Türcken do und vil soldaten, die mit dem gubernator, so er herumb zog, mit hallenbarden und bügsen in gleiteten. Nachmittag giengen wir in die galeen, beschůwten daß ge-schütz, das dorin stoth, item den banck, doruf die kriegsleut stondt, die růder galiotten etc. Ich bleib so lang doruf, daß ich daß waßer verhielt,

---

621 vereert = geschenkt.
622 tranken allen zu.
623 drimlet = taumelte.
624 ’bruntzt (mhd. und dial.) = gepisst.
625 violbrun = violett. Lexer.
626 balliert = poliert.
627 strußen = Straussenvögel.
628 krüsch (dial.) = Kleie, Abfall beim Mahlen.
629 wider = Widder, Schafböcke aus Afrika.
630 wedlen = schwänzen.
631 ca. 11 m, unglaublich, wohl ein Schwindel.
632 bis an den Boden.

vermeint ich mie[u]st zerspringen, mûst auß der galeen, gieng in die apoteck, kont nit harnen, macht mir ein beiung[633], biß daß waßer gieng. Wir fûren uf einer nauen von dem port, so mit ketten überzwerch beschloßen, ufs weite mer, ein meil wegs heraus, weren weiter gefaren zû eim schlos, so doselbst immer uf einem felsen ligt[634], es konten aber ettlich daß mer nit liden, fiengen sich an erbrechen also daß wir wider zeruck heim fûren.

Am suntag den 22 septembris zogen wir nach mittag wider hinweg. Alß wir ein gûten weg hinus kamen, sprach mich Sigismundus Rot an, so zefûs, er were gar miedt, ich solte in ein wenig uf mein multhier, das ich reit, sitzen laßen. Ich steig ab; so baldt er aufsas, gab er im die sporen, rant von uns voranhin, mûs wol ein gantze stundt in stiflen nocher gon[635], do mir gar heis wardt, welches mich seer an in verdroß, war auch an im ein unhöflicheit. Wir zogen durch Penes, bleiben zû Cabanes übernacht[636].

Den 23 septembris schlûgen wir von der stros, durch welche wir von Mompelier kommen waren, auf Avinion zû, aßen zû mittag zû Salon[637], do Nostredamus[638] der verriempt calender und nativitetmacher[639] wonet, den ettlich Teutschen ansprachen. Darnoch zogen wir durch Orgun[640] und kamen uf den obendt gon Avignon.

[77] Wir bleiben den 24 septembris zû Avignon, do ich schon zwuret[641] was gewesen, hatten stattliche music in der herberg, und kamen die Juden, wie ir brüch, zû uns dorin, verkauften uns allerley waren, was wir nur[642] begerten, brachten sy, sunderlich von linwat und sunst kleideren kennen sy ufbutzen, alß wer es neuw; beschissen also die leut[643]. Nach mittag zogen wir in der stat herumb, die selbig allenthalben zû besichtigen. Zogen auch durch die zwo unsubere gaßen Pont Drunrat und

---

633 beiung = Bähung, Sitzbad (oder Dampf), um die Blasenmuskeln zu lösen; wird noch heute angewendet.

634 Das durch seine Gefängnisse einst berüchtigte *Château d'If*, bekannt geworden vor allem durch den «Graf von Monte Christo» von Alexandre Dumas.

635 *ich* musste wohl ...

636 Vgl. Kap. 3, A. 604f.

637 *Salon:* an der N 113, zwischen Arles und Marseille.

638 *Nostradamus* (Michel de Notre Dame): *1503 in St. Rémy in der Provence, promovierte 1529 in Montpellier zum Dr. med. und wurde bekannt durch seine aufopfernde Hilfe bei der Pest sowie vor allem durch seine Prophezeihungen in Versen (1555). Später wurde er Leibarzt Karls IX. Er starb 1566 in Salon bei Aix-en-Provence. Nach Matr. Montp. 58, 1529, Schweiz. Lex. 5, 1091 u. Hirsch 4, 386f.

639 Verfasser von Almanachen und Horoskopen.

640 *Orgon*, halbwegs zwischen Salon und Avignon.

641 zwuret = zweimal, auf der Hinreise im Okt. 1552 (Kap. 2, A. 143) und auf dem Ausflug im Juni 1554 (Kap. 3, A. 414ff.).

642 Hs.: nun.

643 Avignon hatte eine beträchtliche Judengemeinde. Thomas II. hat sich ausführlich über sie und ihre religiösen Bräuche geäussert, s. Keiser 289–308.

Peirre[644], do das frauwenzimmer vor den heuseren sas, ettlich statlich angethon, schreien uns nach: lantz hiszer haster[645]; es erwutzt eine eim[646] sein parret, luf mit ins haus. Ich verlur ettlicher meiner gsellen, die man znacht vexiert mit einer, so von Troy aus Champagne do wonet. Wir giengen in die finster Judengaßen, do kont einer nüt forderen, das nit einer oder der ander hatt, und arbeiteten do selbst jung und alts.

Den 25 zogen wir gon Serinac[647], do wir ze morgen aßen, und nochmittag giengen wir hinus zů der drifachen bruck Pont du Gard, die ich vor auch besechen hatt, zů besichtigen, wil ettlich der unseren sy noch nit gesechen hatten, bleiben zů Serinac die nacht. Eß spilten ettlich und warden vol, fiengen ein unflot[648] an, sunderlich Contzenus wolt alle todt han und mit dem füßlin[649] erschießen; dem widersetzt sich Burgauwerus starck; hatten zeschaffen, den lerman zestillen, und wert der unwillen ein wil hernoch, also das Contzenus, dem man alle schult gab, von uns morgen frie[u] reit.

Den 26 septembris zogen wir uf den mittag gon Nismes und znacht gon Lunel und morndeß den 27 kamen wir wider gon Mompelier. Die reiß hatt gewert 13 tag[650]. Verthat 6 cronen, iede zů 46 stüber gerechnet; můßt roslon zalen 3 ℔ 5 sos, jedes ℔ par 20 stüber.

Den 6 octobris kamen meine landtleuth und schůlgsellen von Basel gon Mompelier, Theophilus Berus[651], D. Oswaldi sun, und Oswaldus Hugwaldus[652], Hugwaldi filius, wolten alle medici werden. Mit denen

644 Pont Truncat und Peyre. Kieffer 118.
645 Der genaue Wortlaut ist mir nicht klar. «Landsknechte (= *lantz*), kommt hieher!», wie der Herausgeber H. Kohl interpretiert (in Voigtländers Quellenbüchern, Bd. 59, Leipzig 1913, S. 123), dürfte den Sinn im allgemeinen treffen. «lantze buon compagnon» auch in einer Canzone von Orlando di Lasso. – Der Rest vielleicht eine Obszönität.
646 Hs.: «Myconio», dann durchgestrichen und ersetzt durch «eim» (= einem).
647 Serinac = *Sernhac*, halbwegs zwischen Nîmes und Avignon, SE von der N 86.
648 unflot, Unflat = Dreck, hier: Streit.
649 füßlin < frz. fusil, Gewehr.
650 Vom 15. bis 27. Sept. 1555. Sie führte über Lunel–St. Gilles–Arles–Camargue–St. Chamas–Cabanes-les Pennes nach Marseille und zurück über les Pennes–Cabanes–Salon–Orgon–Avignon–Sernhac–Pont du Gard–Nîmes–Lunel nach Montpellier.
651 *Theophil Ber (Baer):* Sohn des Prof. med. Oswald B. und der Suselin Iselin, immatrikulierte sich in Basel 1550/51 und studierte dann in Basel, Orléans, Montpellier und Paris Medizin, geriet aber auf Abwege. 1570 wurde er Diener von Georg Hans v. Zweibrücken. Nach H. G. Wackernagel, Matr. Ba. II 67 und Wappenb. Ba.
652 *Simon Oswald Hugwald:* *1537 als Sohn des Schulmeisters und Humanisten Ulrich H., immatrikulierte sich ebenfalls 1550/51 in Basel und studierte seit 1554 Medizin, Okt.–Dez. 1555 in Montpellier, führte sich schlecht auf und hinterliess Schulden; «sunst ein gůt ingenium» nach dem Urteil Felix Platters, zog als Hauslehrer nach Montélimar und wurde dann Lektor in Tournon. In Basel bestand er am 24. Juli 1561 das Doktorexamen und wurde später Stadtarzt in Luzern (erwähnt 1572). Nach H. G. Wackernagel, Matr. Ba. II 68. – Mit Theophil Baer und Gilbert Catalan bildete er zusammen ein übles Trio, s. Kap. 3, bei A. 694ff. Vgl. Jenny: Amerbach-K. 8, S. 110, 320.

war auch Gilbertus Catalan, meins herren sun, von meim vatter mit inen bis gon Leon zogen und doselbst by deß Catalani schwoger, eim medico Jhan de la Sale⁶⁵³ Hispano, wil er ein wenig kranck war, by 14 tagen verbliben. Sy kamen mit langen Schwitzer schwerteren, gantz teutsch kleidt⁶⁵⁴, alß weren sy soldaten, und grober geberden; brachten mir vil brief. Mein vatter schreib mir⁶⁵⁵, ich solt nit vil gselschaft mit inen han, sy weren alle dry verwent, verfûrten ein anderen, solt mich hieten; ermandt mich starck, wil so vil medicinae studiosi, ich solt müglichen fliß anwenden, wil ich gûte gelegenheit, mit den doctoren und wundt-artzeten zeconversieren und in der apoteck alleding zû erfaren, das ich firdreffe; ich solt mich nit auf sein gût verlaßen, er wer nit ein her, sunder ein armer außgeme⟨r⟩gleter schûlmeister und bur, solt nit anderst mein rechnung machen, alß wurde ich kein oder schlecht patrimonium⁶⁵⁶ haben, werde mich mit meiner kunst erneren mießen; wißaget mir also, wie es fast hernoch gangen und mich doch gott höchlich begobet. [78] Er vermeldet auch wie er die druckery wider nemmen mießen, die er Ludo-vico Lucio verkauft hatt, hab ein nüwe stuben darzû gebuwen und ietz Mi-chaeli⁶⁵⁷ Stellae ein ior lang verlichen, der sye Vesalii consanguineus. Er habe ietz vil dischgenger, darunder D. Petri Gebwileri sun auch, Albertus und Carolus; item sein stiefsun, D. Michel Rappenberger, sy burger ze Basel worden, hab ein reich weib, ein Farenbülerin bekommen und s. An-tony erkauft. Letstlich schreibt er, wie er mir hab ußgericht, was ich im befolen zeerforschen, deren auf die ich hoff zû bekommen gemie[u]t gegen mir, hab es schwerlich zewegen bringen kennen, wil sy nit ausgang, dan in die kilchen und daß geschrey gang, wir haben einandren, doch zelest mit ir allein zeredt kommen und anzeigt, ich begere zewißen, eb sy ein lust und liebe zû mir habe, so es gott fiegt, wan ich wider käm und um sy werben wurde, mich zehaben. Daruf habe sy schamhaftig geant-wortet, was irem vatter gefal, gefalle auch ir, sy habe altzyt gûts von mir gehört und altzeit wolgemeint, habe sich glichwol, daß ich ir firus gefalle, gegen irs vatters gotten, die alte Schultheßen Fren⁶⁵⁸ vermercken laßen.

653 *Jhan de la Sala:* Dr. med. aus Spanien, Arzt in Lyon, verheiratet mit ? Bietsch, der
     Schwester der Eleonore Catalan-Bietsch, also ein Schwager des Apothekers Catalan.
654 'kleidt = gekleidet.
655 Briefe XXIII und XXIV vom Sept. 1555, bei Ach. Burckhardt S. 76–87.
656 patrimonium = väterliches Erbgut.
657 Hs. irrt.: Miacheli. – Über Lucius, Stella, die Söhne Gebwiler und Michael Rappenberger
     s. Register.
658 *Verena Schulthess,* «die mûter Frön», an anderer Stelle auch «ir alte blinde mûter Frön»,
     war die Patin des Scherers Franz Jeckelmann und zugleich die Vertraute von dessen
     Tochter Magdalena, mit der sie gelegentlich sogar zusammen schlief. Vater Thomas
     benutzte die alte Frön sogar als Postillon d'amour: «Zû Letzt han ich iren ein langen
     brieff geschriben, den han ich einer fromen alten frowen gen, die hatt Meister Frantzen
     uss dem touff gehan, die wusst vorhin umb den handell und zoch in an by mier, und wusst

Eß habe auch er mein vatter und můter in irem haus zegast by irem vatter geßen zum anderen mol, wie auch er by inen, darus er den gůten willen gnůgsam gespüre. Sy die Madalena hab auch willens, mit irer gschwyen[659] gon Gundeldingen am suntag zespatzieren, do welle er ein obeneßen anrichten; wardt also ab disem schreiben wol zefriden und aufermuntert. Eß schreib mir auch mein můter[660], ermant mich, baldt heim zekommen. Humelius schribt mir auch, wie Gilbertus hinweg on rot gezogen, wil er zum magisterio nit hat kennen kommmen, warnet mich vor im wie auch seinen gesellen, begert von mir trochiscos de Tyro[661]. Pedionaeus schribt mir, er habe mein genealogy[662] gestelt, sagt von hohen dingen. Theobaldus Schoenauwer schribt mir, wie er so schöne luten, zipreßen, helfenbeinen, sandalen[663], welle mir ein cypreßin behalten. Albertus Gebwilerus schreibt, wie Carolus Utenhovius der gwaltig Graecus und poet mins vatters dischgenger sye. Item wie ein lenen uf der Rhinbrucken, doruf vil volcks lag, ettlichen flößen, so under der bruck sich versteckt, zůzesechen, gebrochen sye und über die 50 menschen hinab gefallen, darunder[664] syben erdruncken, der Heinrich Sprenger der schloßer[665] den rucken uf dem floß zerfallen, die andren ußkommen, dorunder ein meitlin, daß senf hat holen wellen und in einer handt ein vierer gehapt, in der anderen daß kentlin nit gon loßen im aberfallen, auch also wider herus gezogen worden[666].

Jacobus Catalan schreib mir auch, er were gern by meinem vatter.

eben vill drum. dorumb ich iren ouch dorfft vertruwen, und das sy nit sorgeti was ich gschriben hette, lass ich iren den brieff für, den nam sy von mier, und gab in Magdalenlin, der hatt im woll gefallen, und sagt sy mier druff, es hette gsagt: Was sin vatter hiesse, das weltes thůn, io wan im sin vatter ein süw hirt gäbe, es welt im volgen, doch verhoffete es, er wurde im keinen über sinen willen gen. Sagt ouch under andrem, es hette gesagt, die Liebe hatt ietz eben lang gewäret (scilicet zwischend dier und iren) und flissig gfraget, wen du wurdest heim komen.» Ach. Burckhardt, Briefe, S. 84f.

659 gschwyen = (künftige) Schwiegermutter.
660 Brief Fr. Gr. I 8, fol. 65, erhalten am 6. Okt. 1555.
661 trochiscos de Tyro: Tabletten, tyrische Pillen.
662 genealogy = Horoskop.
663 wie er so schöne Lauten aus Zypressenholz, Elfenbein und aus Sandelholz ⟨habe⟩.
664 Hs.: darüber.
665 Ob dieser trotz der Verletzung davonkam, ist nicht ganz klar. Einen Schlosser *Sprenger* (ohne Vornamen) treffen wir zwei Jahre später unter den Gästen an Platters Hochzeit, doch könnte es auch ein Verwandter sein.
666 Über den Unfall auf der *Rheinbrücke* berichtet Wurstisen ähnlich: «Am fünften Augusti hatte sich nach Nachtessens Zeit auf der Rheinbruck eine grosse Menge Leute besammlet, den jungen Gesellen, welche auf die heisse Tagzeit zu baden, ab der Bruck zu springen, und sonst allerley Abendtheur im Wasser zu treiben pflegten, zuzusehen. Von diesen lägerte sich eine Anzahl unsorgsamlich auf die Lehnen ...», im Detail etwas abweichend: ca. 40 Personen ins Wasser gestürzt, fünf ertrunken, ein Beinbruch. Basler Chronik, Ausg. 1772, Bd. 2, S. 671.

Den 6 Octobris kam auch gen Mompelier Albertus Blaurerus[667], so hernoch medicus zů Heidelberg worden. Item den 12 kamen zwen Teutschen vom adel von Burges, Hans Moritz von Wensheim[668] und Rienhart von Heidensdorf[669], die mir brief brachten von Georgio Fischero[670], dem ich hernoch wider schreib.

Eß kam auch um der hirten[671] Hans Muß, der uns zů Marsilien geselschafft geleistet, gon Mompelier, sůcht uns heim, und mit im ein Geisberger, so burger zů Avignon, ein kaufman[672]. Denen wir gůte geselschaft leisteten.

[79] Den 21 octobris entbot uns Gilbertus, er wurde die nacht in seins vatters gůt gon Vendargis[673] kommen. Do reiten unser ettlich im entgegen, entpfiengen in vor Vendarges, drůg ein hohen, spitzen hůt, wie die rüter, mit einer cappen dorunder. Wir bleiben über nach[674] doselbst; morndes reiten wir mit im in die stat, wardt von den seinen doch zimlich schlecht entpfangen und in das haus, dorin ich wont, logiert, do ieder sein besunder studiol in der kammer hatt, und lagen by einander.

1 novembris wardt der gartner Antony aber[675] von einem Teutschen nach Strasburg geschickt. Ich gab im antwort uf seine brief, so ich den 6 octobris entpfangen hatt[676], darin ich im schreib, er solte meines wolhaltens halben nit so sorgsam sein, ich wiße mich nun mer zeverhalten; item die letzionen hetten ietz auf Lucae angefangen, aber es weren wenig professores verhanden, sy zugen der practic nach; item ich redigier die

667 *Albert Blaurer:* aus der berühmten Konstanzer Notablenfamilie, studierte in Montpellier 1555 (Matr. Montp. 136), und doktorierte 1556 in Avignon. Doch fällt die Identifikation etwas schwer: Ein Bruder des Reformators Ambrosius B., Thomas B., hatte einen Sohn Albert, der 1573 in Heidelberg Medizin studierte und Leibarzt in Zweibrücken, Arzt in Landau, Professor in Heidelberg, Stadtarzt in St. Gallen und zuletzt Pfarrer in Leutmerken wurde; doch kann dessen Geburtsdatum 1543 nicht zu unserem Albert passen. Kindler I, 101, Stammtafel und HBLS 2, 266, Nr. 13. Wie Dr. B. R. Jenny vermutet, handelt es sich um einen Schreibfehler: Albert ist wohl 1534 geboren, dann stimmt die obige Biographie mit Sicherheit; denn Platters Angabe der Ankunft Blaurers, 6. Okt. 1555, stimmt genau mit der Matr. Montp. überein.

668 Hans Moritz von Wensheim: unbekannt.

669 Rienhart von Heidensdorf: unbekannt.

670 Hs.: Fihcero. Über Georg Fischer s. Kap. 3, A. 71.

671 um der hirten = um diese Zeit.

672 Hans Muß und Geisberger: unbekannt.

673 *Vendargues:* ca. 7 km NE von Montpellier.

674 nach = nacht. Platter schreibt 4mal so und lässt wie andere Basler auch sonst zuweilen das Schluss-t weg, was durch die mundartliche Aussprache bedingt ist. Vgl. Einleitung. Schw. Id. 4, 643 ff. kennt die Form «nach» nicht, Seiler 217 nur in Zusammensetzungen wie «nach'puebe, nach'gschir» usw.

675 aber = wiederum.

676 Die Briefe XXIII u. XXIV bei Ach. Burckhardt, S. 67–87.

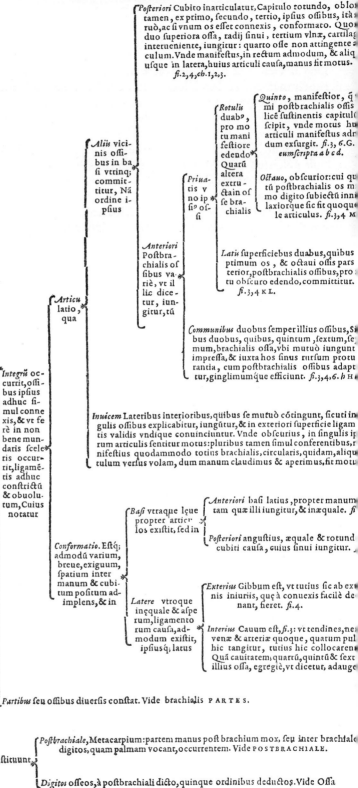

MANVS ossea, ad apprehensionem fabricata, ossibus XXVIII componitur. Quorum alia *Tab.10.fi.1 ad 9 vsque*

Breuiora, BRACHIALE seu carpi dictum, partem illius brachio adhuc adhærentem vel inter cubitum & postbrachiale sitam constituût. Quæ duo, cum diuersis articulorum modis illi copulentur, discriminis huius causa, duobus ossium ordinibus, quorum singuli rursum quatuor ossibus constant, tum etiam ad varios manus motus commodiùs obeundos, brachiale efformari debuit. Quod describitur etiam, tum quatenus

Integrû occurrit, ossibus ipsius adhuc simul connexis, & vt ferè in non bene mundaris sceletris occurrit, ligamêtis adhuc constrictû & obuolutum, Cuius notatur

Articulatio, qua

Posteriori Cubito inarticulatur, Capitulo rotundo, oblongo tamen, ex primo, secundo, tertio, ipsius ossibus, ità ruò, ac si vnum os esset connexis, conformato. Quo duo superiora ossa, radij sinui, tertium vlnæ, cartilag interueniente, iungitur: quarto osse non attingente a culum.Vnde manifestus, in rectum admodum, & aliq usque in latera, huius articuli causa, manus fit motus. *fi.2,4,ch.1,2,3.*

Aliis vicinis ossibus in basi vtrinq; committitur, Nâ ordine ipsius

Rotulis duab9, pro motu mani festiore edendo Quarû altera extructa in osse brachialis

Quinto, manifestior, q̃ mi postbrachialis ossis lice sustinentis capitulû scipit, vnde motus hu articuli manifestus adr dum exsurgit. *fi.3, 6.G.* eumscripta a b c d.

Octauo, obscurior: cui qu tû postbrachialis os m mo digito subiectû inni laxiorque sic fit quoque le articulus. *fi.3,4* M

Priuatis v no ipfi9 ossi

Anteriori Postbrachialis ossibus variè, vt illic dicetur, iungitur, tû

Latis superficiebus duabus, quibus ptimum os, & octaui ossis pars teriori, postbrachialis ossibus, pro tu obscuro edendo, committitur. *fi.3,4 K L.*

Communibus duobus semper illius ossibus, Si bus duobus, quibus, quintum, sextum, se mum, brachialis ossa, vbi mutuò iungunt impressa, & iuxta hos sinus rursum protu rantia, cum postbrachialis ossibus adapt tur, ginglimûmque efficiunt. *fi.3,4,6. h H*

Inuicem Lateribus interioribus, quibus se mutuò côtingunt, sicuti in gulis ossibus explicabitur, iungûtur, & in exteriori superficie ligam tis validis vndique conuinciuntur. Vnde obscurius, in singulis ip rum articulis sentitur motus: pluribus tamen simul conferentibus, m nifestius quodammodo totius brachialis, circularis, quidam, aliqu tulum versus volam, dum manum claudimus & aperimus, fit motu

Conformatio. Estq; admodû varium, breue, exiguum, spatium inter manum & cubitum positum adimplens, & in

Basi vtraque lęue propter artici los existit, sed in

Anteriori basi latius, propter manum tam quæ illi iungitur, & inæquale. fi

Posteriori angustius, æquale & rotund cubiti causa, cuius sinui iungitur.

Latere vtroque inæquale & aspe rum, ligamento rum causa, admodum existit, ipsiusq; latus

Exterius Gibbum est, vt tutius sic ab ext nis iniuriis, quę à conuexis facilè de nant, fieret. *fi.4.*

Interius Cauum est, *fi.3*: vt tendines, ne venæ & arteriæ quoque, quarum pul hic tangitur, tutius hic collocaren Quâ cauitatem, quartû, quintû & sext illius ossa, egregiè, vt dicetur, adauge

Partibus seu ossibus diuersis constat. Vide brachialis PARTES.

Longiora: vt quæ constituunt,

Postbrachiale, Metacarpium: partem manus post brachium mox, seu inter brachiale digitos, quam palmam vocant, occurrentem. Vide POSTBRACHIALE.

Digitos osseos, à postbrachiali dicto, quinque ordinibus deductos. Vide Ossa DIGITORVM.

PART.

Abb. 12.

firnembsten biecher Galeni in tabulas[677]; item mir gefalle wol, daß ich ze Basel solle doctor promoviert werden; ich vermein vom frieling über ein iar heim ze kommen, beger doch, welle mir erlůben die reiß durch Tolosen, Paris und Franckrich zenemmen, domit ich den merentheils Franckrichs durchzien möge. Letstlich danck ich im, das er meine sach by mcincr zůkünftigen und irem vatter so flisig verricht, bitt in nochmolen flisig anzehalten, domit ich vergwißert werde, dan ich gar ein geneigten willen gegen ir habe, der ie lenger ie mer zůnemme. Deßen dan ursach auch, daß Humel, do er by mir was, wil er ir nochbur gwesen[678], sy so hoch geriempt, wie auch ietzt Gilbert, der on underlas von ir sage, der mir bekent, sy hab den pris vor allen iungfrauwen, deren er auch holdt gewesen, doch nit offenbaren dörfen. Ich schickt zwei schöne sidene gestickte küßelin mit wolgeschmackten gůten Cypri[679] und zwen gros corallen zincken[680] iren und irem vatter.

Den 2 Novembris hůlt man ein anatomy eines wibs im collegio, deren praesidiert D. Bocaudus.

Den 10 Novembris hatt Galotus fir uns Teutschen ein anatomy angericht heimlich; war ein alt weib, so am schlag gestorben. Do man ir die hirnschalen öfnet und die hirnfäl, do zerflos ir das hiirni wie ein stärcke[681] herab über daß angsicht, so weich war es.

677 Die Darstellung in *Tabellenform*, die sog. «methodus resolutiva» war damals beliebt. Zwinger hatte sie bei Falloppio in Padua kennengelernt und schrieb mehrere seiner Werke in dieser Form. Crato v. Krafftheim gab eben 1555 einen Galen-Kommentar in Tabellenform in Basel heraus, Platter schrieb so sein Lehrbuch der Anatomie 1583. Nach J. Karcher: Th. Zwinger ..., Basel 1956, S. 21 ff.

678 *Balthasar Hummel* war sechs Jahre in der Lehre bei dem «Apotheker Thoman». Wenn Hummel hier als Nachbar der Jeckelmann bezeichnet wird, die in dem Hause «zum Schöneck» wohnten (Ecke Freie Strasse/Rüdengasse, s. Kap. 1, A. 501), so beweist das, dass ich jenen Apotheker Thoman zurecht identifiziere mit Thomas von Tunsel genannt Silberberg, welcher im Hause «zum roten Löwen» beim Steblinsbrunnen wohnte (Freie Strasse 29/31, heute Publicitas AG). Hist. Grundb. Basel. Ein Joh. Wolfgang von Thunseck genannt Silberberg, vielleicht ein Sohn des Apothekers, wurde gleichzeitig mit Hummel in Basel immatrikuliert. Matr. Ba. II 48, 1546/47. – Von Balth. Hummel sind 6 interessante Briefe an Felix Platter erhalten: Fr.-Gr. I 8, fol. 148–161, Univ.-Bibl. Basel.

679 Wohlriechende kleine Kissen waren sehr in Mode damals, ursprünglich als Abwehrmittel gegen die Pest.

680 Korallenäste.

681 Stärkemehl. – Platter beschreibt den Fall in den «Observationes», 1614, S. 14f.: Apoplexia ex cerebro dissoluto et fluido. Bei Buess I, Nr. 12.

Abb. 12. *Textseite aus Platters Anatomie* von 1583: Manus (die Hand), leicht verkleinert. Erklärung im Bilderverzeichnis u. Kap. 3, A. 677.

Den 22 Novembris schneidt der wundtartzet Michael Edoard eim iungen canonico ein krampoderen (varicem) am schenckel heraus, domit den flus abzestellen, so dardurch in ein schaden sich satz, der dorunder am schenckel war.

Den 9 Decembris bekam ich brief von meim vatter, schickt mir 2 biecher, und den 10 Decembris aber ein⁶⁸²; den brachten mir zwen doctor so Brüßen, D. Valerianus Fidlerus⁶⁸³ und D. Bartholomaeus Wagnerus⁶⁸⁴, die er mir recommendiert.

Den 13 decembris kam der Antoni bott wider von Straßburg. Mein vatter schickt ein langen brief ingebunden wie ein biechlin, darin er mir glick wünscht⁶⁸⁵, das ich die Marsilier reiß glicklich verbrocht und by den doctoren in gůtem gunst sye und wie er hör, das ich in studio medico so redlich zů nemme und ze Basel doctorieren [80] welle, welches mir gar růmlich sein werde, dörf mich nit entsetzen, ob ich gleich in mathematicis nit versiert, D. Berus habe gesagt, man seche mer daruf, daß einer in physicis und medicina proficiert habe⁶⁸⁶. Es freuwt in auch, das mir Teutschen der religion halben nit angefochten⁶⁸⁷ werden. Letzlich erzelt er mir, was er by M. Frantzen und seiner dochter ußgericht habe, namlich daß der vatter die antwort geben, wil ich noch anderthalb jar ausbleiben werde, kenne man nit also entlich ein versprechung thůn, er welle aber die zeit erwarten und seiner dochter kein man hiezwischent geben, ob gleich vil um sy werben; wan ich dan heim kom, sye es noch zeit gnůg, die sach zů beschließen, habe sunst gar ein gůte neigung gegen mir, von dem er vil gůts höre, wie ich ein geschickten artzet geben werde. Es habe auch sein dochter glich falß durch die alte frauw geantwortet, sy begere kein man und welle kein, sunder also meiner zůkunft erwarten, alß dan, so es gott und irem vatter, do sy wol wiß auch im gefallen werden, gefellig, hab sy zů keinem mer alß zů mir ein lust und liebe. Habe auch er mein vatter irem vatter den einen corallen ast und beide küßelin vereert, wil

---

682 Briefe XXV (29. Okt. 1555) u. XXVI (18. Nov. 1555), Ach. Burckhardt, S. 88 f.

683 *Valerius Fiedler:* Dr. med., *1525, †1595, Sohn des Felix F., eines Schweizers, der wegen seines reformierten Glaubens die Heimat verlassen hatte, um sich in Preussen niederzulassen. Der Vater war Historiker und Poet, der Sohn Arzt. Geb. zu Danzig, stud. in Königsberg, 1548 Bacc. phil., Dr. med. zu Bonn, Leibarzt des Markgrafen Albrecht von Preussen, dann bei dessen Sohn, dessen Hofmeister er gewesen war; Arzt in Danzig, 1571 Rektor des Gymnasiums zu Elbing, 1576 Stadtphysikus zu Königsberg. Jöcher 2, 604. Vgl. Amerbach-Korrespondenz 6, 236.

684 *Bartholomäus Wagner:* ebenfalls aus Preussen, aber nicht näher nachzuweisen. Ein gleichnamiger Student aus Danzig, vielleicht ein Sohn, findet sich in der Matr. Ba. II 344, 1586/87.

685 Hs.: wünsst. – Dieser lange *Brief* ist offenbar verloren, vielleicht gerade wegen des abweichenden Formats («biechlin»).

686 proficiert = Fortschritte gemacht.

687 Hs.: angefochtet.

sy die dochter nit nemmen dörfen[688], ermant mich, fließig in studiis firzefaren, und neben anderen vermeldet er auch deß vatter und seiner
dochter grůs und wünschung aller wolfart, damit ich zefriden gwesen.
Er schreibt mir auch, ich sol deß herren thůmprobsts sun Sigmundt[689]
um ein dusch ze Mompelier helfen; item das Theobaldus Schoenauwer
den tag, so der 25 novembris, hochzeit mit einer Merianin dochter über
Rhin gehalten. Es schreib mir auch Humelius, schickt mir von einem
ellendt klůwen[690], gab ich D. Giliberto Edoardo[691]. Item Theobaldus[692]
ladet mich auf sein hochzeit.

688 nit nemmen dörfen = nicht anzunehmen wagte. – Diese, heute fast unvorstellbare ex-
treme Zurückhaltung Madlens erklärt sich zum Teil aus angeborener Scheu und strenger
Erziehung, vor allem aber durch die Klatschsucht und Médisance der Basler. Thomas
Platter verstand es dennoch, als Brautwerber seines Sohnes das Terrain vorzubereiten,
durch Grüsse, Briefe, kleine Geschenke und Einladungen; er wandte sich dabei sehr
geschickt bald an den Vater Jeckelmann, bald an die vertraute «můter Frön», bald an
das «Magdalenlin» selbst.

689 *Sigmund von Pfirt*, Sohn des Domprobsts Sigmund v. Pf., dessen Familie mit Platter eng
befreundet war. Sigmund war – zusammen mit seinem Bruder Solon – Tischgänger bei
Thomas Platter. In der Basler Matrikel ist er nicht erwähnt, wohl aber sein Bruder Solon:
Matr. Ba. II 106, 1557/58. – Zugleich mit Felix Platter u. a. deponierte am 29. Sept. 1551
auch ein Friedrich Rudolf v. Pfirt (Matr. Ba. II 75), dessen Verwandtschaft jedoch nicht
ersichtlich wird. Vgl. Thomas Platters Briefe, Register, und Kindler 1, 79 ff.

690 ellendt klůwen = Klauen eines *Elchs oder Elens*. Diese galten in der mittelalterlichen
Pharmakopöe als besonders kostbare und wirkungsreiche Medizin gegen das fallende
Weh, die Epilepsie, und zwar musste man das Horn am 8. Dezember, an welchem Tag
der Elch seine grösste Kraft besitzt, vom Hufe abschaben ...! Nach Joseph Häfliger:
Felix Platters Hausapotheke, B. J. 1939, S. 24 und Häfliger: Pharmazeutische Altertums-
kunde, Zürich 1931. Der Brief Hummels, der das Geschenk begleitete, ist neben anderen
erhalten im Mscr.-Band I 8 Frey-Gryn. der Univ.-Bibl. Basel; er ist datiert Sonntag vor
Catarina = 24. Nov. 1555 und kam erst am 13. Dez. in Montpellier an. – Der Elch ist
die grösste lebende Hirschart und erreicht Pferdehöhe; er war früher in ganz Deutschland verbreitet, heute nur noch in nördlicheren Regionen. *Ein lebendes Exemplar* dieser
seltenen Tierart konnte man eine Zeitlang *in Platters botanischem Garten* hinter seinem
Haus am Petersgraben/Ecke Hebelstrasse besichtigen, Gewöhnlichsterbliche freilich nur
gegen Eintrittsgeld (vgl. seine Abrechnung im Anhang). Hier hat es der französische
Magistrat und Historiker Jacques-Auguste *de Thou* gesehen und beschrieben: «une espèce
d'âne sauvage, de la grandeur des mulets de Toscane ou de l'Auvergne, le corps court
et de longues jambes, la corne du pied fendue comme celle d'une biche, quoique plus
grosse, le poil hérissé (mit gesträubtem Haar) et d'une couleur jaunâtre et brune». –
Interessant ist vor allem der Besitzer des Tieres: es ist der von Geheimnis und Skandal
umwitterte Arzt, Alchimist und Wundermann *Leonhard Thurneysser zum Thurn* (*1530,
†1596), ein Basler aus der angesehenen Familie Thurneysen, der nach einem abenteuer-
lichen Leben Leibarzt des Kurfürsten von Brandenburg wurde und im Grauen Kloster
zu Berlin alchimistische Studien trieb und Orgien feierte (s. HBLS 6, 783 und den dem-
nächst im J.-B. des Basler Kunstmuseums erscheinenden Aufsatz von Dr. P. H. Boerlin;
der historische Roman von Pfr. Rud. Schwarz ist dagegen dichterisch-frei). Wie mir
Dr. Boerlin freundlich mitteilt, wurde der Elch von Thurneysser bei seinem ersten Basler
Aufenthalt 1579 hieher gebracht und stiess gleich seinem Besitzer auf Furcht und Miss-

Den 17 decembris zogen Theophilus Berus und Oswald Hugwaldt wider von uns; waren nur zwen monat by uns gsin und die zeit sich gar übel gehalten, also daß Hugwalt im kopf wundt wardt und Theophilus sunst schadthaft. Gilbert hatt von inen beiden ze Basel gelt entlendt und dem Theophilo vil versprochen, er welte in zů im in sins vatters hus vergebens nemmen und derglichen thon, alß wel er sein schwester Margret[693] zur ee nemmen, aber im nüt gehalten, darumb sy uneins waren. Gilbert dorft dem vatter nit sagen[694], das er inen gelt schuldig. Do entlonden[695] sy 17 cronen vom Catalan, wie auch von anderen Teutschen, zogen darnoch darvon, zeigten deß Gilberts vatter an, sein sun wers inen schuldig, dorab der vatter, so on das wegen Gilberti liderlikeit übel zefriden, seer über in zurn. Oswaldt, so sunst ein gůt ingenium, zog gon Leon, bekam glegenheit zů Montelimar und Pierelat, do er ein wil by eim herren bleib, letstlich ein lectur zů Tournon bekam. Theophilus zog hin und wider, bescheis die lüt, kam über lang in Hispaniam, von dannen er ein wib über langen gon Basel brocht, sagt, were sein eefrauw, andre, sy were sein concubin, kam zlest hinweg, alß eß ausbrach[696], das er eim polnischen herren zů Paris 100 francken entfiert, das man sithar nüt von im vernommen.

Den 22 Decembris zog hinweg Johan Culmannus, wider nach dem Teutschlandt.

Auf den tag fieng die anatomy an eines meitlins; deren presidiert D. Guichardus.

Den 27 Decembris kamen gon Mompelier Ludovicus Hechstetter von Au⟨gs⟩purg, so zevor meins vatters dischgenger gwesen, und Melchior

trauen. Eine alte Frau wollte ihm einen mit Nadeln gespickten Apfel zu fressen geben und konnte im letzten Moment vom Wärter daran gehindert werden. Wahrscheinlich wurde das Tier nicht alt. Unter welchen Umständen es in Platters Garten eingestellt wurde, wissen wir nicht. Platter scheint Thurneyssers Alchemie und Lebensführung sehr misstraut zu haben. Frau Dr. E. Landolt hat in dem Gedichtband Mscr. A G v 30, p. 382 u. 385 ein *Spottgedicht Platters* auf Thurneysser gefunden; es steht auf der Rückseite eines Andruckes seiner «Structura ...», dürfte also 1584 oder kurz nachher entstanden sein. «Den seich den thust du destillieren ...»

691 *Gilbert Hérouard:* nach Dr. Dulieu identisch mit Guillaume (Gilbert) H., Dr. med.; daneben gibt es allerdings in der Matr. Montp. 79 einen 1537 immatrikulierten Gilbertus H. aus Montpellier, der wohl kaum erst 1555 doktorierte wie jener Guillaume, vgl. oben Kap. 3, A. 530.

692 Theobaldus = Diebolt *Schönauer*, s. o. Kap. 1, A. 153.

693 Über Margareta Baer s. Kap. 1, A. 553.

694 dorft nit = wagte nicht.

695 entlonden = schwz. entlehnten, nhd. entliehen, seltsame gemischte Form des Praet., s. Grimm, Dt. Wb. 3, 570 mit Platter-Zitat.

696 ausbrach = auskam.

Rotmundt[697] von Ro⟨r⟩schach am Bodensee, der by D. Sultzer ze Basel vorhin gestudiert hatt.

[81] Den 4 januarii zog D. Saporta hinweg ans künigs von Naverre monsieur de Vandosme hof[698], do er all jar 3 monat zedienen um 800 francen pension sich verpflicht hatt. Er sprach mich an, mit dem baccalaureat zeverzien[699] bis zů seiner widerkunft; gab mir brief an mein vatter.

Den 6 januarii waren batteliers[700], spilleut, ze Mompelier, theten wunderbarlich spring[701], hatten auch ein leuwen, der solt mit einem ochsen kempfen; sy kauften nit fast ein starcken ochsen, segten im die vordriste spitzlin an beiden hornen ab und brachten erstlich den leuwen auf den schaublatz, legten in an einem großen seil gebunden an ein stock, der am mitten deß blatz in die erdt gegraben waß, darnoch legten sy den ochsen auch mit einem seil an den stock und hetzten mit stupfen den leuwen an ochsen; der leuw sprang nach im, aber der ochß sties in mit den hornen ettlich mol von sich, so mechtig, daß wo die horn scharpf weren gwesen, er in wol hette kennen umbringen; letstlich alß der leuw im stets weich[702] und der ochs mie[u]dt, sprang der leuw über die horn geschwindt wie ein katz uf sein rucken, beiß und druckt in zeboden, also daß er blyben můst, starb aber drum noch nit, dan man in erst schlachten můs.

Den 13 januarii hůlten die Teutschen ir künigreich[703] zum nachteßen, nach welchem Ludovicus Hechstetter und Melchior Rotmundt bleiben fast die gantze nacht und alß sy wol bezecht, sagt Hechstetter, der ein mechtigen bart hatt, zum Rotmundt: «du milchmaul». Rotmundt antwort: «loß mich dir auch ein milchmul machen», fůrt in ins scherhus, lies im sein dicken bart suber mit dem schärmeßer abscheren und sties in im in bůsen. Morndes als Rotmundt gsach, das man in, den Hechstetter, nit mer kant, leidt er ein mantel im um, satzt im ein Teutschen hut uf und fůrt in zů mir und anderen Teutschen herumb mit vermelden, eß wer ein Teutscher, so erst kem und uns brief brecht, thaten wir im vil

---

697 *Melchior Rotmund:* aus der Rorschacher Familie, die wegen ihres reformierten Glaubens 1560 nach St. Gallen übersiedelte; Sohn des Kaspar R., Ammann zu Rorschach, und der Prisca Neukomm von Lindau, stud. in Basel 1550/51 (Matr. Ba. II 69), 1552 in Tübingen, 1555 in Paris, 1556 Montpellier (Matr. Montp. 136); in St. Gallen wurde er 1564 Eherichter, 1580 des Rats, 1588 Stadtarzt, † 1597. – Stifter der heute noch blühenden Linie ist sein Bruder Kaspar, der in Lyon ein Handelshaus besass. Schw. Geschlechterb. V, 526f.

698 *Anton von Bourbon,* *1518, †1562, 1537 Herzog von Vendôme, 1555 König von Navarra (in Nordspanien), Vater von Henri IV, König von Frankreich u. Navarra. Stammtf. in Propyläen-Weltgs. 7/1964, S. 342.

699 zeverzien, zu verziehen = zu warten.

700 batteliers = Spielleute.

701 Hs. undeutlich: spring[t] = Sprünge.

702 weich = zurückwich.

703 feierten die hlg. 3 Könige (1 Woche später).

reverentz an, giengen mit im zum Salamander ins wirtshus, in zegast zehalten. Alß wir zum disch sitzen wellen, wirft Hechstetter sein mantel von sich und sagt: «ir narren, kennen ir mich nit, daß ich der Hechstetter bin?» Doruf wir alle also in ein glechter kamen, das ich fir mein theil meint, ich mießte zerspringen.

[19*] Alß[704] das alt theatrum anatomicum ins collegij garten in die fierung gebuwen, nit so kumlich zůzesechen[705], buwt man bas unden im garten ein nüws in drfinde[706], wie ein klein amphithea⟨t⟩rum, ingeschloßen, und steinene sitz[t] von unden an durch ufhin in die rinde[707], also daß iren vil uf den tisch, do das corpus lag, fast glich einer wie der ander sechen kont, do man hernoch altzyt in anatomiert.

Wan mein herr Catalan lies zucker erbs[708] machen und man die ob der kolen in eim keßel berliert[709], stalt er den starcken buren Antoni[710] an, wil eß schwere arbeit. Alß der in der arbeit, gieng im das hembd neben dem letzlin heraus. Ich erwutsch[s]t ein schär, that derglichen, im das hembd ufzehůwen; das geriet über mein willen, schne⟨i⟩dt nit allein daß hembdt, sunder auch den seckel (schrotum) entzwey, daß im der klucker (testis) heraushieng. Er war übel zefriden; schanckt im ein teston[711]; wardt bald heil.

[18] Den 14 januarii schickt ich nach Basel brief durch die Leoner kaufleut an mein vatter und andre. Schreib under andrem meim vatter von meinen studiis, item wie wir ietz ein neuw kumlich theatrum zur anatomy hetten; ich were baccalaureus worden, wo nit D. Saporta zum kunig von Navarren hette verreißen mießen, wie er auß des Saportae brief, so er an in geschriben und mit schickte, vernemmen wurde. Schreib im auch wie Theophilus und Oswaldt[712] sich so übel gehalten und weg gezogen, das auch Gilbert gar unnütz und dem vatter vil bekümernus machte, der mir mer gůter wort dan seim sun gebe. Er zog oft vor tag fir unser hůß, do

---

704 alß, kausal: da.

705 viereckig, nicht so praktisch zum Zusehen.

706 ein neues, rundes.

707 in die rinde (basl.) = in die rinde, rundherum, vgl. A. 706. – Dieses neue Amphitheatrum anatomicum wurde 1556 eingeweiht, s. A. Germain: L'école de Montpellier ..., Publ. de la soc. arch. de Montp., Nr. 39, 1880, p. 368 Es ging auf die Initiative von Rondelet zurück und die Gunst König Heinrichs II., vgl. Kap. 2, A. 106. Heute sind keine Spuren mehr davon zu sehen.

708 zucker erbs = Bonbons.

709 berliert (< Beerlein) = zu Kügelchen goss.

710 Antonius: Catalans Gärtner, der oft für Briefsendungen nach Strassburg und Basel gebraucht wurde.

711 teston: eine Silbermünze (als Schmerzensgeld). Der Vorfall, der leicht hätte schlimme Folgen haben können, zeigt, dass der noch nicht 20jährige Felix wie seine Kameraden zuweilen unsinnig übermütig war.

712 Theophil Baer und Oswald Hugwald, s. Register.

Basilius Amerbach, *1534, †1591, der berühmte Jurist, Humanist und Kunstsammler, Prof. in Basel seit 1562, eng befreundet mit Felix Platter. Gemälde von Hans Bock d. Ä., 1591.

Theodor Zwinger I, *1533, †1588, ein grosser Humanist und Mediziner, Prof. in Basel seit 1565,
seit 1580 für theoretische Medizin. Der beste Kollege und Freund Platters. Gemälde von Hans
Bock d. Ä.

fandt er, daß in meim studiol die ampelen brent, dan ich uf war und studiert, in seinem aber war keine und alß noch dem nachteßen er mich auch etwan studieren by der ampelen schin sach, den Gilberten nit, hanckt Gilbert ein brennede ampel in seim studiol ans fenster, wen [713] er znacht zů den dentzen gieng oder am morgen schlief, den vatter also zů bedriegen. [82] Letstlich schreib ich, mir were leidt, daß ich uf die ee versprechung so vil gesetzt und mein vatter dorumb by M. Frantzen angehalten, er mechte es zürnen, batt in also, die sach berůwen zelaßen, mich beniege der antwort, so er geben und gůten willens, so sy beide gegen mir dragen, und bitt in, mich des frevels halben zů entschuldigen, ich welle wils gott über ein jor mich uf die reis nach haus zezien begeben, do ich sunst, wo das nit we[e]r, noch ettlich jar andre lender auch zesechen ausbleiben. Bitten auch mein vatter, nit witers die sach mit zevil sy zeüberlaufen[714], dan allein so kumliche gelegenheit zedriben, damit auch es dester stiller verblibe, welle doch sy von meinet wegen fast grießen und, so in dunckt gůt zesein, ein brieflin, so ich an M. Frantzen geschriben, so offen und er läsen kan, zeüberantworten, darin ich mich entschuldige und darnebendt alles gůts anerbiethe. Item schreib ich im, wie Gilbert mir bekant, wie er eben die ich geliebt, alß baldt er gon Basel kommen, lieb habe gewunnen und noch liebe, aber sithar sich an eine gehenckt, so weder hübsch noch reich, die er also liebe, auch vilicht mit ir gmeinschaft habe, daß er wol iren wie auch D. Berus Margret vergeßen werde; wie mir auch Contzenus anzeigt hab, er habe im ein ring, do er ze Basel war, entwert[715] und in in eim kiechlin deren so er lieb gewonnen, schicken wellen, aber undutlich abgewysen worden.

Ich schreib an herrn D. Sultzer, Theobaldum[716] und Humelium.

Eß kam um der hirten[717] Fridericus Rihener zů uns, zoch aber baldt wider hinweg; gab im daß gleit biß gon S. Paul.

Den 6 Hornungs hůlt man im nüwen theatro collegii zwo anatomien mit einandren eins meitlins und einer frauwen; deren praesidiert Rondeletius, deßen seltzame opiniones ich flisig hort und ufzeichnet.

Den 15 hornungs bekam ich brief von kaufleuten, die mir mein vatter schreib, datiert 6 januarii[718], darin er mir klagt, wie er 22 tag schmertzen gelitten in der rechten schultheren und arm, doch anfang wider beßer werden, item eß blange[719] mein zůkünftige mit vermelden gegen der alten

---

713 Hs. irrt.: wer.
714 zeüberlaufen = zuviel zu besuchen. Felix fürchtete, der Vater könnte es übertreiben und lästig fallen.
715 entwert = gestohlen.
716 Theobald Schönauer.
717 um diese Zeit. – Saint-Paul 20 km W v. Montpellier.
718 Ach. Burckhardt, Brief XXVII.
719 blange = sehne sich.

frauw[720], sy förcht, sy werde nit erleben mögen, bis ich heim kom, sol mich befürderen, über ein jar ufzesein, er beger nit mer, dan daß ich die fromme wolkennende dochter zur ee bekom.

Ich entpfieng auch brief von Hugwaldt, von Leon und darnoch zů Montelimar geben. Item uß Italia schreib mir Petrus Lotichius und einer, so by J. Morenholt zů Bononien[721].

Den 27 hornungs kam ein Teutscher gon Mompelier, nampt sich Johan Christophel fryherr ...rnburg[722], herr zů Sunnenberg[723], sagt, er were an gelt abkommen[724], begert etwas steur[725], er wolte, so iemandts in sein landt käm, im ein pferdt schencken. Wir hůlten in zegast, marckten wol, das ein drug darhinder, fergten in fort[726]; wir warendt darnoch innen, das er ein goldtschmidt war, falsche müntz gemacht und gerichtet sol sein.

Den 10 Martij erschein ein comet, den wir zů Mompelier sachen. [83] Den 18 Mertzens zogen hinweg gon Avingon[727] ze doctorieren: Jacobus Myconius, hernoch medicus zů Milhusen, Benedictus Burgauwer, hernoch medicus zů Schafhusen, Stephanus Contzenus, hernoch medicus zů Bern.

Den 24 hatt man mit der trummeten ußgerieft den frieden zwischen dem keiser Karolo V. und künig Henrico II.[728].

1 Aprilis zog Zimbertus Lins und Blaurerus gon Avignon ze doctorieren.

Ich schickt brief nach Basel, schreib meim vatter, daß ich über ein jor mit gottes hilf nit weit von Basel sein wolt; wie man so liederlich läse zů Mompelier und ettlich gar unnutzlich, firnemlich der alt Scyronius, so cancellarius academiae wer[729]. Ich schreib auch von Gilberto, wie er so liederlich, verthieig[730], den vatter bedrug und er gar übel mit im zefriden sye, wie er auch mir vil leidts thiee, also daß fro, baldt von im zekommen. Myconius sye noch zů Avinion, do er doctorier, werde darnoch gon Basel kommen, hab wol gstudiert, werde ein gůten practicum geben. Hugwald sye zů Montelimar, ler ettliche iunge, by dem sye der

720 Ihre Vertraute, die Vren Schultheß.
721 Bononia = Bologna.
722 Die ersten Buchstaben sind verwischt, auch die Hs. Passavant hat eine Lücke.
723 *von Sonnenberg:* regimentsfähige Familie von Luzern. Vgl. Kap. 8, A. 352.
724 an gelt abkommen = er habe sein Geld verloren. Die Konstruktion ist nicht klar: eine(r) Sache abkommen = e. S. loswerden, nach Schw. Id. 3, 271 u. Grimm 1, 63 (aber ohne «an»!); oder «ân» = ohne?
725 steur = Hilfe, Unterstützung.
726 fergten (<fertigten) fort = schafften fort.
727 Avignon.
728 Hs. irrt.: Henrico I. – Mit dem Frieden ist der Waffenstillstand von Vaucelles gemeint. Propyläen-Weltgs. 7/1964, S. 93.
729 Scyronius: s. o. Kap. 3, A. 108.
730 verthieig = verschwenderisch.

Tell apotecker von Basel[731], er hab vil schulden gmacht zů Mompelier, die im übel nachreden. Theophilus[732] sy nach Paris; letstlich wie ich wol zefriden sye, wil ich nun gwis wiße, das meiner zůkünftigen gemie[u]t so geneigt gegen[733] mir sye. Ich schrib im auch, wie wir privatas disputationes under uns Teutschen hielten, damit wir uns gar nutzlich exercierten und daß ich der erst sy geweßt, so respondiert, wie auch noch mir andre, und alle wuchen also einest uns ůbten.

[15*] Dywil wenig disputationes dan pro gradibus zů Mompelier in der hohen schůl gehalten werden, haben die teutschen studiosi under inen selbs ettliche angericht, sich redlich ze ieben[734], und hatt erstlich anno 53 Thomas Schöpfius zwaret[735], Jacobus Baldenberger einest ⟨eine disputation⟩, darnoch erst lang hernoch, do vil Teutschen verhanden, anno 56, ich Felix Platter III mol, den 10 Maij, den 7 Aprilis, den 18 Octobris, item Caspar Wolphius III, den 19 Aprilis, den 26 Julij, den 14 Novembris, Dydimus Obrecht[736] IV, den 2 Aprilis, den 12 Julij, den 30 Augusti, den 1 Novembris, Melchior Rotmundt III, den 1 Maij, den

731 *Tell*, Apotheker von Basel: nicht nachweisbar.
732 Theophil Baer.
733 Hs.: geben.
734 Hs.: zeieben. – Von den 10 hier genannten deutschen Studenten, die sich im *Disputieren* übten, standen die letzten 6 noch in den ersten Semestern, ja die meisten erwarben überhaupt keinen Grad in Montpellier. Doch mussten alle die Kunst des lateinischen Disputierens üben, denn dies wurde schon beim Bacc. med. verlangt und später erst recht (für Montp. s. Kap. 3, A. 739, für Basel Kap. 6, A. 6 ff.). Da keine Themata hier erwähnt werden, zitiere ich einige aus der Matr. Montp. aus den Jahren 1539–1554: An hominis vita medici opere diuturnior possit fieri? – An usus piscium sit salubris tum sanis tum aegris? – De quaestione utrum in arthritide vinum sit utilius aqua. – De quaestione an medicina sit scientia et ea excellentissima? – Victus tenuis et labor magis sanitatem tueantur quam plenus et otium – (zusammengestellt von L. Dulieu: Les écoliers en méd. de Monp., Monspel. Hippocrates 38/1967, p. 8). – Die erste gedruckte *Doktordissertation* in Montpellier erschien 1501, die zweite (die einzig vollständige dieser Zeit überhaupt) 1586; diese stammt von dem Dänen Andreas Kragius (Craig), der später in seiner Heimat Professor wurde. Er immatrikulierte sich in Montpellier 1584 18. Juni, wurde Bacc. med. 1585 3. Juni und Dr. 1585 10. Aug., nachdem er zuvor anderswo lange studiert hatte (Matr. Ba. II 299 u. Matr. Montp. 186). Seine «Laurea Apollinea Monspeliensis», die er auf dem Heimweg in Basel bei Henric Petri drucken liess, ist jedoch trotz ihrer 286 Seiten «keine Dissertation, sondern ein Bericht über die Examensvorgänge» (H. G. Wackernagel) und enthält u. a. auch noch die Lobgedichte seiner Freunde. Dulieu a. a. O.
735 zwaret = zweimal.
736 *Didymus Obrecht* Argentinensis: Matr. Tüb. 139, 76 (1, p. 363), 3. Febr. 1553; Matr. Montp. 136, 1556. Er war wahrscheinlich der Sohn des Thomas O., Beamten am Pfennigturm, und der Elisabeth Roth, und vielleicht der Bruder des Ammeisters Heinrich O. (1596, 1602), vgl. Ms. 1058, f° 139r. Er heiratete am 2. Jan. 1559 Ursula Beynheim, Tochter des Hans B. (s. Neue Kirche M 106, f° 41). Nach Ms. 1058 soll er 1597 gestorben sein. Freundl. Mitteilung von Monsieur J. Fuchs, archiviste, Strasbourg. – Als Verfasser eines Garteninventars erscheint Didymus Obrecht, Dr. med. in Strassburg, bei D. Fretz: Konrad Gessner als Gärtner, Zürich 1948, S. 133.

Die Jacobs Brüder.

Abb. 13. *Jacobs-Brüder:* Pilger, die nach Santiago de Compostela in NW-Spanien zogen. Holzschnitt von Jost Amman, 1568.

23 Augusti, den 25 Decembris, item Ludwig Höchstetter II, den 9 Augusti, den 29 Novembris, item Ulricus Chelius I, den 20 Septembris, item Sigismundus Rott I, den 3 Maij, item Johannes Sporerus I, den 4 Octobris, summa q 21 disputationes, dorin allerley tractiert wirt, wie auch vil parerga, deren exemplar ich noch byhanden hab.

[83] Den 29 aprilis kamen von Zug uß dem Schwitzerlant fünf Jacobs brie[u]der737, mit namen Felix Vauster, Oswald Brandenberg, Thomas Stadlin, Jacob Ůliman, Caspar Fry, so nur ein handt und 15 mal zevor zů s. Jacob, dohin er in andrer namen gieng, gewesen. Mir leisteten inen gar gůte gselschaft, hatten mich schier beredt, ich were mit inen zogen,

---

737 *Jacobs brieder:* Pilger nach Santiago de Compostela. – Ausser Vauster (?) handelt es sich um bekannte Zuger Geschlechter: Brandenberg HBLS 2, 341, Stadlin HBLS 6, 489, Ulimann HBLS 7, 114, Frey HBLS 3, 246. – Die St. Jakobs-Pilger hatten in Europa ihre festen Routen mit Raststätten. In Paris, wo sie stets durch die lange rue Saint-Jacques und Saint-Martin zogen (Kap. 4, A. 118), erinnert an sie eine Gedenktafel am Fuss der Tour Saint-Jacques. Freundl. Mitteilung von Monsieur Surirey de Saint Rémy, Paris.

Hispaniam zesechen, wo nit die große hitz, so domalen war, mich hette wendig gmacht. Ich hab hernoch under disen einen zů Basel zum Wildenmann angedroffen, der ein fenrich was und kam aus Franckrich, do wir einanderen wider der reiß halben erinnerten.

Den 2 Meiens bekam ich aber brief von meim vatter[738], darin neben dem er mich mant zů allem gůten, auch mant sorg zehaben, daß ich im baccalaureat zů bekommen wol beston möge und meine sachen dohin richte, das ich über ein jor ufs lengst heim kom, dan mein zůkünftige vil werber hab etc., welches mir auch Humelius schreib.

Eß schreib mir auch Myconius von Avignon und Baldenbergius, darnoch von Leon wider Myconius, so heim zog; war doctor mit Burgauwer, Lins und Blaurero worden.

Den 16 maii kam D. Saporta wider vom künig von Navarra; ich rust mich, daß baccalaureat zů entpfachen.

[84] Den 28 meiens wardt ich baccalaureus in der medecin, promoviert in collegio regio durch D. Antonium Saportam, der mein praeses war. Es disputierten nur die doctores medici der hohen schůl daselbst wider mich, alß D. Scyronius, D. Gryphius, D. Fontanonus, D. Edoardus und licentiatus Salomon, L. Franciscus Feina[739], und weret der actus von 6 uren

---

738 Ach. Burckhardt, Brief XXVIII vom 6. April 1556, «recepi» 2. Mai 1556.
739 Feina: *François Feynes* (Feyneus, Feyanus): Matr. Montp. 129, 29. Okt. 1553, *Anfang 16. Jh. zu Béziers, †1573 zu Montpellier. Nach M. Gouron wurde er 1556 bacc., lic. und Dr. med., 1557 oder 1558 Professor als Nachfolger von Schyron. Nach L. Dulieu wurde er 1563 Prof. méd. régent als Nachfolger von Bocaud und 1567 bestätigt. Er hinterliess eine 4bändige «Medicina practica», die 1656 zu Lyon publiziert wurde. Louis Dulieu: Rondelet, Clio Medica, Oxford 1966, vol. 1, p. 93. Vgl. Jöcher 2, 596 und Biogr. Univ. 14/1856, p. 81. Die andern Examinatoren kennen wir bereits; s. Register. – Die *Examina* waren damals schon sehr zahlreich. Die erste Stufe, das *Baccalaureat* der Medizin, bestand man nach etwa 3 Jahren, dann folgten während 3 Monaten Vorlesungen, in denen der Kandidat ex cathedra vor seinen Kameraden medizinische Texte kommentierte; dann die 4 Examen «per intentionem» (adipiscendi licentiam), wo es galt, 4 Thesen in je einer einstündigen lateinischen Rede zu vertreten. Darauf folgten die «Points rigoureux», 4stündig, wo die ganze Medizin geprüft werden konnte, vor allem gab es zwei pathologische Thesen und einen Kommentar über einen am Vorabend herausgepickten Aphorismus des Hippokrates. Das *Licentiat* selbst war dann eine Zeremonie ohne Examen. Die Triduanes brachten in 3 Tagen weitere 6 einstündige Prüfungen. Alles in allem zählt Dulieu 18 Prüfungen. Das Ganze war gekrönt vom *Doktorat*, das eine feierliche, aber sehr teure Zeremonie ohne Examen darstellte. Nach einer sehr langen Liste von Geld- und Naturalausgaben betrugen – nach der Reduktion durch ein Reformgesetz von 1550 – allein die Ausgaben für das Licentiat oder das Doktorat 35 écus d'or: nämlich 20 für die Universitätskasse, 3 für den Promotor, 9 für die andern anwesenden Doktoren zusammen, 1 für den Generalvikar des Bischofs, 1 für den Pedell und 1 als Schreibgebühr, dazu Ausgaben für Geschenke an Wein, Früchten, Kuchen, den Doktorschmaus, Handschuhe, Kerzen, Trinkgelder und eine Menge Zuckertäfeli zum Verteilen ans Volk, Platter spricht gar von einem Zentner! Eine grosse Rolle bei den Zeremonien spielte «*la robe rouge*» (auch «robe de Rabelais»), mit der man den Doktoranden zur Schluss-

am morgen biß 9. Darnoch zog man mir ein rot kleidt an, dorin danckt ich ab, carmine, darinnen ich auch der Teutschen gedocht, hatt im anfang ein lange orationem, recitiert ich ußwendig, zalt hernoch 11 francen und 3 sos, und gab man mir brief und sigel. Den brief schreib mir Johannes Sporerus, wil er gar suber schreiben kont; wardt versiglet zů s. Firmin, do der universitet sigilla behalten werden, durch D. Guichardum.

Den 1 junii kam aus Niderlandt ein spangischer großer herr, bracht mit sich ein niderlendische grevin, so ein frauwenzimmer by sich hatt, war sein eewib, fůrt sy in Spangen[740]. Wir Teutschen tryumphierten, das die welschen frauwen so ein schöne[741] teutsche frauwen sachen, wil sy sunst wenig wibsbilder von Teutschen gesechen, dan alte oder heßliche wiber, so nach s. Jacob bilgers weis zient und singen und bettlen um die spis.

Den 2 junii verbran eins kaufherren eckhus uf dem blatz Nostre dame; die muren, so steinen, blyben, sunst bran es gar aus; es wart[742] schier nieman, sunder stůnden[743] der mertheil do allein zůzesechen, halten nienen die ordnung zelöschen, wie by uns ze Basel im bruch.

Den 7 junii hůlten die von adel ein ringlinrennen zů Mompelier, deren pferdt stattlich geziert mit decken und federbuschen allerley farben und kostlikeit.

Den 11 junii war so heis wetter, mit einem brennenden windt, das ettlich schnitter im veldt in der erndt uf dem velt todt verblyben. [16*] Mir gedenck auch, daß wan wir zů dem waßer giengen zebaden, daß der boden im feldt also heis war, daß es einem durch die schů, so thin dragen werden, brant, und die hundt sich übel geheben, wan sy uf dem feldt lauffen. [84] Daß weret bis an 15 junii. Do kam ein solch wetter, mit donner und blitzg, alß ich mein tag gesechen; es schlůg der strol[744] an vil ort, darunder auch in s. Hilari kirchen[745], warf ein theil des thurns herab, kart den altar in der kirchen um, zerschlůg vil bilder und verbrant sy, zerschlůg auch und brant die kirchthür. Hernoch den 25 kam ein großer hagel, do stein fielen eines eys groß; und darnoch den 11 julii kam wider ein wetter und schlůg aber daß wetter in ein thurn, deßen

zeremonie und zum feierlichen, von Musik begleiteten Umzug schmückte; hier durfte sie schon der Baccalaureus während der Schlussansprache tragen. Nach Dulieu a. a. O., S. 6ff. Der rote Talar, den ich in mehreren Exemplaren gesehen habe, wird noch heute verwendet. – Vgl. dazu die Doktorpromotion in Basel, Kap. 6. Zu den Disputationsthesen Kap. 3, A. 734.

740 in Spangen = nach Spanien.
741 Hs.: schine.
742 wart = wartete, d. h. half.
743 Hs.: stůndet.
744 strol = Blitzstrahl.
745 St. Hilarius-Kirche: in der Vorstadt, neben der Predigerkirche; kurz nach dem Wiederaufbau wurde sie 1561 durch die Hugenotten zerstört. Nach Kieffer 132, A. 1.

obristen gübel es herab warf. Es[746] war ein großer schrecken unter dem volck, wil solche wetter nit gemein in denen landen, do eß etwan den gantzen summer nit regnet, um der hirten[747] aber solche wulchen brüch gab, das ettlich in holen gaßen vor dem thor erdruncken und ich einest in der statt, alß ich znacht heim wolt und finster war auf der gaßen, mit dem regen überylt wardt, daß ich über die knüw im waßer gieng und in sorg stůndt, ich mießte erdrincken. Es gieng zevor ein geschrey auß, auf Magdalenae tag den 22 julii wurde der iüngst tag kommen, das die angst dester größer macht denen so glůbten, dise wetter weren die vorbotten.

[85] Den 19 junii kamen von Burges zů uns zwen Strasburger, Jacobus Rebstock[748], so hernoch deß bischofs von Basel cantzler worden, und Ludwig Wolf[749] von Rencken; hatten Marsilien zevor besůcht, brachten mir brief von D. Valleriola von Arles. Sy zogen nach dryen tagen den 22 junii nach Teutschlandt. Ich gab inen brief an mein vatter, darin ich im ze wißen that, daß ich baccalaureus worden, mit gůtem lob und glickwünschung meiner landtsleuthen der Teutschen, denen ich zů danck ein pancket gehalten hab, item daß ich ietz starck mich uf die practic geb, dieselbig auch an ettlichen Teutschen, so kranck gwesen, uebe; bitt in auch, an mein herren zeschreiben, das er mir zur reiß, so ich daß ander jar firnemmen welle, daß gelt, so im sein Jacob fir den tisch schuldig, erlegen welle, auch ein roß kaufen etc.[750]

Ich schreib auch Balthasaro, Myconio und meim vetteren gon Strasburg[751].

D. Saporta hůlt hochzeit um die zeit mit der Jhane de Sos, war auch ein Marranin, ein holdtselige dochter, die mir vil früntlickeit auf deß Catalani dochter Elisabeth hochzeit erzeigt hatt.

Den 3 julii růft man aus ze Mompelier, daß man keinen von Arles oder

746 Hs.: er.
747 Um diese Zeit.
748 Über *Jakob Rebstock* s. Kap. 8, A. 409.
749 *Ludwig Wolf* von Rencken: nicht näher bekannt.
750 Zu dieser Abrechnung s. Kap. 8, A. 25 u. 26. – In dem obenerwähnten Brief Thomas Platters (A. 738) steht ein Urteil über *Jacob Catalan*, den jüngeren, wohlgeratenen Sohn des Apothekers: «Jacobus in meam classem promotus est, studet bonis literis, quantum stultitia sinit (soweit es seine Torheit zulässt), sed adiuvant blanda mea verba et virga virtutis (mein Lob und die Zuchtrute der Tugend helfen ihm nach) ... Ist ein fin frintlich biebli et mire astutus (wunderbar schlau), wirt ein gůt Spanierlin werden» (S. 93). Auch bei Mutter Platter versteht er sich einzuschmusen: «das läkerlin kan sich gar frintlich mit der můtter halten, drum er sin den ouch nütz engiltet, hatt in lieb. Studet vincere fratrem studendo, quae aemulatio mihi placet ... Vater Catalan könne ihn ruhig dalassen bis zu Felix' Rückkehr, er werde an ihm gewiss noch Freude erleben ...», S. 82. Tatsächlich übernahm Jacob später mit Erfolg die väterliche Apotheke.
751 Pfr. Laurenz Offner. – Balthasaro = B. Hummel.

Marsilien inlies und niemandt dohin verreißte, wil die pest an denen ort seer regiert. Den 14 julii zogen die zwen Breußen D. Valerianus und Bartholomaeus[752] hinweg, gab inen das gleit bis gon Chambry[753], sampt Theodorico Birckmanno. Do schreiben wir die gantz nacht ein biechlin de componendis medicamentis, so Rondeletius inen mitgetheilt zur letze, ab, wie auch ein sunder recept, hor machen zewagsen, so sy hoch hielten und uns alß ein secretum mit theilten und vermeinten uns domit die bert machen zewagsen, wil wir noch blut[754] ums maul und gern domit ein ansechen uns gemacht hetten, bestrichen oft z'nacht uns ums maul und verwûsten[755] die küßen und ließen uns manchmol das maul mit dem schärmeßer schaben, das doch nüt half.

Den 1 augusti kam zû uns Melchior Stübenhaber[756] von Memmingen, einer von adel, nur spatzierens wis, hatt Sexsi⟨s⟩che hosen, do der bloder bis an herdt hinab hieng[757], dorab die Welschen sich seer verwunderten. Der erzelt uns den schweren zûstandt[758], so sich zû Burges den 1 julii verloffen zûgedragen. Namlich alß den tag deß pfaltzgraven Friderici[759], der hernoch churfürst worden, sun, Herman Ludwig, der zû Burgis studiert, mit seinen leuthen und anderen Teutschen hinus gegen obendt auf ein matten spatzieren wolt, sich zû belustigen, und über das waßer

752 Valerianus Fiedler und Barthol. Wagner: s. Kap. 3, A. 683 f.
753 Chambry: wohl identisch mit *Sambres*, E von Montpellier, nur auf der zeitgenössischen Karte des Vorsatzblattes.
754 blutt (schwz.) = nackt.   755 verwûsten = verwüsteten.
756 *Melchior Stübenhaber* studierte in Tübingen: Matr. Tüb. 139, 64 (1, p.363), Melchior Stebenhawer Memingensis, 1. I. 1553.
757 Golfhose, Knickerbocker mit Überfall («bloder») bis zu den Füssen.
758 zûstandt: hier Unfall, das Bootsunglück vom 1. Juli 1556 (s. u.). – *Bourges:* ca. 200 km S von Paris, Hauptstadt des Dép. Cher, an der Mündung des Berrykanals in die Yèvre, mit schöner frühgotischer Kathedrale. Das Städtchen besass früher eine berühmte *Universität*, die 1463 von Ludwig XI. gegründet worden war. Besonders in der Jurisprudenz war diese neben Bologna und Orléans führend. Viele deutsche Studenten kamen nach Bourges; vor allem als 1553 in Heidelberg die Pest ausbrach, kamen die meisten hieher, unter Führung eines ihrer Lehrer, Niklaus Gisner. Noël Garnier: La nation allemande à l'univ. de Bourges, Revue Bourguignonne, publ. p. l'Univ. de Dijon 1908, t. 18, Nos. 3–4, p. 5–67; René Gandilhon: La nation germanique de l'univ. de Bourges ..., dans Mém. de la Soc. hist. du Cher, 4e série, t. XLI, 1934/35; R. Gandilhon: Visite de Bourges par deux étudiants bâlois, Félix et Thomas Platter, Bourges (o. J., nach 1933). – – Das *Bootsunglück*, bei dem fünf Menschen ertranken, ereignete sich auf dem Auron, einem Nebenflus der Yèvre, s. darüber speziell Journal de Jehan Glaumeau, Bourges, 1541–1562, publié par Hiver, Bourges 1867, p. 83, sowie Jean Chaumeau: Hist. de Berry, Bourges 1566, p. 244.
759 Pfalzgraf und später *Kurfürst Friedrich III.*, der Fromme, reg. 1559–1576. – Sein Sohn Hermann Ludwig, damals ca. 15jährig. – Ein Bruder des Ertrunkenen, Christophorus, kam 1568 auf der Durchreise nach Basel und liess sich hier samt Gefolge immatrikulieren: Matr. Ba. II 175.

Avaricum[760], so nit breit, aber dief, mit hohem gstat, faren wolt in eim weidling, in den er sich begab mit ettlichen, überzefieren, und der iung fürst eim waßer hundt[761] etwas hinus ins waßer geworfen zeholen, alß sy sich uf daß bort des weidlings gelendt im zů zesechen, sye der weidling umgeschlagen und sy alle heraus ins waßer gefallen, darunder der jung fürst, by 15 jaren alt, gleich undergangen; sein praeceptor Nicolaus Judex außgeschwummen, alß er aber den fürsten nit gesechen, wider hinin gesprungen, den fürsten erwitzst[762], ob sich gehalten, wil aber dem praeceptor ein nestel an hosen zerbrochen und das Sexsisch schwer gseß hinab geseßen und nit schwimmen kennen, [86] syen sy beidt erdruncken, wie auch Hieronimus Reiching[763] von Augspurg, so vor jaren meins vatters dischgenger gwesen; item mit inen Johannes Belloucus[764], ein Pariser, sampt dem schifman, der sy gefiert. Olevianus[765], so auch mit ins waßer gfallen, hatt in großer gfor globt, so im gott heraus helfe, welle er das studium juris, dorin er domalen studiert, verloßen und theologiam studieren, wie er dan gethon, alß er kümerlich auskommen und hernoch der firnem theologus zů Heidelberg prediger worden. Der fürst wardt sampt den anderen zun Barfůseren zů Burgis begraben, und hůlt Nicolaus Gisnerus[766], so hernoch[767] pfaltzgrävischer rath worden, die funebrem orationem, so ich gedruckt hab by handen[768].

760 Avaricum = *Auron*, Nebenfluss der Yèvre. – «La Fosse des Trois-Allemands» erinnert noch an das Unglück, befindet sich jedoch weiter flussabwärts, nach dem Zusammenfluss.
761 waßer hunt: ein für die Entenjagd abgerichteter Hund.   762 erwitzst = erwischt.
763 *Hieronymus Reiching:* aus der Augsburger Patrizierfamilie R., studierte seit 1548/49 in Basel (Matr. II 60) und war Tischgänger bei Thomas Platter, desgleichen *Paul R.* (Bruder oder Vetter?, Matr. II 60), der im gleichen Jahr bei einem Duell ums Leben kam, Kap. 3, A. 824. Die Auskünfte des Stadtarchivs Augsburg erlauben leider keine genealogische Einreihung.
764 *Johannes Belloucus:* ein Pariser, «de Beauvoir». Glaumeau 84.
765 ⟨*Caspar*⟩ *Olevianus* aus Trier, *1536 10. Aug., † 1587, studierte Jura in Paris, Orléans und Lyon, wo er 1557 doktorierte. In der erwähnten Lebensgefahr tat er das Gelübde, die protestantische Religion anzunehmen und Theologie zu studieren. So ging er denn nach Genf und Zürich, predigte dann in Trier und dozierte Didaktik, wurde aber verhaftet und gefangen gelegt. Der Kurfürst von der Pfalz berief ihn 1560 zum Prof. theol. und Prediger nach Heidelberg. Jöcher 3, 1058. Zwei Namensvettern aus Trier, Friedrich und Anton O., studierten übrigens in Montpellier, s. Matr. Montp. 140, 1557 und 171, 1570.
766 *Nicolaus Gisner:* auch Cisnerus (Kistner), studierte seit 1558 23. Okt. in Padua, s. Knod: Oberrhein. Studenten im 16. u. 17. Jh. auf d. Univ. Padua, ZGO, N.F. XVI/1901, Nr. 293. Wurde später Prof. iur. in Heidelberg. Bei Knod weitere biogr. Details. – Boos 262 hat den lustigen Lese-(oder Druck-?)fehler «pfaltzgrävi scherrath» (falsch getrennt), woraus dann bei Kieffer 136 ein «chirurgien» du comte Palatin wurde!
767 Hs.: hernos.
768 An der Beerdigung nahmen 120 Deutsche teil, meist Studenten. Laut Platter und Gandilhon wurden die Opfer zu Barfüssern bestattet («dans l'église des Carmes déchaussés de Bourges»), laut Glaumeau 85 dagegen der Fürst in der Eglise des Jacobins, die andern in der Eglise de St. Hippolyte.

Den 25 augusti entpfieng ich brief von Basel, dorunder mein vatter mir fünf bogen zesamen gleit wie ein biechlin in octavo vol geschriben schickt[769], also hertzlich war im angelegen, daß ich redlich befürderte ad gradum und im volgenden jar mechte heimkommen, wil mein zůkünftigen schwecher anfieng blangen[770], wegen das er kein růw von ettlichen auch firnemmen werberen, so sein dochter zur ee begerten, auch mein vatter wol gespürte, daß mein zůkünftige wegen deß geneigten willens gegen mir, den sy durch ein alte frauw, irs vatters gotten[771], ime geoffenbart habe, solches gern säche und sy anfienge blangen. Ermant mich hoch, gott flysig anzeriefen um sein gnodt, winscht mir glück zů dem entpfangenen doctorat[772] und ermant mich, daß ich mich nit etwan berette, ich were geschickter, dan es aber were; es werde mir ein gros lob sein, so ich ze Basel doctor werde, welches der oberkeit und burgeren baß gefallen wert, dan so ich anderswo doctoriert, wie die andre, so man sagt, nit so geschickt sein, das sy in unser hohenschůl den gradum annemmendt, und sye die gmeine redt: accipimus pecuniam et mittimus stultos in Germaniam[773]. Erzelt auch, daß vil doctores by inen syen, haben aber wenig außerthalb D. Hůber zeschaffen; derselbig sage vil gůts von mir, ich werde in ersetzen, hab er vor den heupteren[774] in einem pancket gesagt, auch vor meim künftigen schwecher und seiner dochter; die übrigen doctores, so von Mompelier kommen, meine gesellen, syen mir verbünstig[775] etc. Er erzelt mir auch uf mein begeren, was man den doctorat zů erlangen in examinibus und disputationibus ußsten zů Basel mieße[776], item das keiner dörfe ze Basel artznen, so anderswo doctor worden, er habe dan zevor disputiert und ein summa gelts by 12 und mer gulden erlegt, do doch der doctorat nit über 20 gulden in gelt facultati zeerlegen

769 Dieser *Brief* ist weder mit Nr. XXIX noch XXX identisch, die Felix beide im August 1556 erhielt. Er ist wesentlich länger und stimmt auch im Inhalt nicht überein; offenbar ist er verloren gegangen, wie jener andere lange Brief abweichenden Formats, den Felix am 13. Dez. 1555 erhielt, vgl. Kap. 3, A. 685.

770 blangen = ungeduldig warten.

771 vatters gotten: *Vren Schulthess*, Madlens Vertraute, der sie ihre Liebe zu Felix offen eingestand. Schon in seinem Brief vom 6. Jan. 1556 schrieb Thomas darüber: «Ea nuper anui, de qua alias ad te scripsi, dixit, Ach gott, ich förcht, ich werd nit erläben, das der Felix wider kom. et alia multa solet saepe dicere, quae certi amoris indicia manifestissima praebent ...; fama iam totam pererrat urbem, illam tibi addictam et promissam.» Aber auch von den zahlreichen Freiern ist hier die Rede: Er höre jenes Gerücht gar nicht ungern, «ut pauciores eam ambiant, habet enim illa quotidie prope novos, qui strenue repelluntur ...» Ach. Burckhardt, S. 90.

772 doctorat: Verwechslung mit dem Baccalaureat (28. Mai 1556).

773 Wir nehmen den Narren das Geld ab und schicken sie wieder nach Deutschland heim.

774 heupteren = Stadtvätern (Bürgermeister, Oberstzunftmeister usw.).

775 verbünstig = missgünstig, neidisch. Lexer.

776 in Basel ausstehen müsse. – Über den äusseren Verlauf, Bewerbung, Tentamen, Examen, Disputation usw. orientierte ihn Thomas bereits in dem Brief XXIX, Ach. Burckhardt 94.

fordere. Schreibt auch, er vernem, ich sy ein gûter lutenist, wie auch, daß ich auf der spinet schlache, das sy lustig, allein das es mich vom studieren nit abhalte. Under andrem zelt er, wie zwen nüwe doctores gefelt mit purgieren, also daß einer von eim doctor ein artzny genommen, daß in zetodt purgiert hab, der ander hab sich selbs mit purgieren schier umgebracht. [87] Er ermant mich auch, mich nit zevil, daß ich die Teutschen artznen, brauchen ze laßen, damit ich nit in die straf kom, die man pflegt zû Mompelier denen anthûn, so artznen und noch kein gradum haben: namlich man setzt sy hinderfir uf ein eßel, mûs den wadel[777] fir den zûm in henden haben und fiert in also mit gespet[778] in der stat herumb, zur stat hinus und werfen die bûben mit kot nach im. Sunst schribt er auch, daß der margraf Carol von Baden daß pabstumb abgethon und man ietz in der margrafschaft predige[779], item daß Hilarius Cantiuncula, Claudii Cantiunculae cantzlers zû Ensisheim sun[780], sye ze Basel gwesen, der etwan meins vatters dischgenger was und von im gon Wittenberg zum Philippo Melanctone gloffen, darnoch in Italiam zogen, glert und gûter poet wider kommen, hernoch by Bücken[781] über den Rhin

777 wadel = Wedel, Schwanz; also verkehrt auf dem Esel sitzend.
778 gespet = Gespött.
779 Schon sein Vater, Markgraf Ernst (†1553), erlaubte die lutherische Predigt. Der Sohn, *Karl II.*, *1529, †1577, reg. seit 1552/53, vollzog selbst den Übertritt und führte seit 1556 die Reformation in Baden durch. Stammtafeln z. Gs. der europ. Staaten I/II, Marburg 1965, Tf. 85.
780 Der Vater, *Claudius Cantiuncula* (Claude Chansonette), *ca. 1494, †1549 Okt., stammte aus Metz, studierte in Löwen und Basel und wurde hier 1518 Prof. legum (Zivilrecht), machte im Jahr darauf den Dr. iur. und wurde 1519 bereits Rektor. Da er dem alten Glauben anhing, verliess er Basel schon 1524 und wurde 1540 schliesslich österreichischer Kanzler in Ensisheim. Er war einer der bedeutendsten Juristen seiner Zeit, erfüllt vom Geist des Humanismus, befreundet mit Erasmus, Zasius und Bonifacius Amerbach, der sein Nachfolger auf dem Basler Lehrstuhl wurde. Matr. Ba. I 334, 1517; A. Hartmann: Amerbach-Korr. 2/1943, S. 289; G. Kisch in «Professoren d. Univ. Basel aus 5 Jahrhunderten», hg. v. Andr. Staehelin, 1960, S. 30 – Sein ältester Sohn, *Hilarius Cantiuncula*, *ca. 1530, †1556, war zwar begabt, aber etwas schwierig. Bei Thomas Platter, wo ihn der Vater 1545 als Tischgänger plazierte, hielt er es nicht aus, sondern lief im April 1547 davon. Lange vergeblich gesucht, tauchte er im Sommer in Erfurt auf, im Frühjahr 1548 kam er in das Haus Melanchthons in Wittenberg. Dort lernte er auch den neulateinischen Dichter Lotichius (s. Kap. 3, A. 4) kennen; er bewunderte ihn und eiferte ihm nach. Am 23. Okt. 1548 war er in Freiburg i. Br. immatrikuliert (Matr. Bd. 1, 371), 1550 in Padua (Knod a. a. O., Nr. 188), dazwischen und nachher weilte er in Bourges, dann wieder in Padua und mehrmals in Venedig, in Basel, unermüdlich reisend. Im Sommer 1556 ertrank er beim Baden im Rhein bei Beuggen. Im Vorjahre erschien in Venedig sein «Hendecasyllaborum liber», eine Sammlung von Gedichten, die über den poetischen Wert hinaus interessante biographische Angaben über seine zahlreichen Freunde enthalten; ein Gedicht mit autobiographischem Gehalt erwähnt auch Thomas Platter. Nach der ausführlichen Biographie bei Beat Rud. Jenny: Ammerbach-Korr. 6, 235 ff., A. 7 und 7, 221 ff.
781 Bücken = *Beuggen* bei badisch Rheinfelden.

schwimmen wellen und doselbst erdruncken. Er klagt auch, daß Michael Stella[782], Vesalii vetter, dem er die truckery um den zins alle wuchen ein gulden verlichen, nach 30 wuchen on zalung hinweg geloffen; verlier also an im 30 gulden, wie auch vil am Lucio, der sy zevor bestanden. Mir schreib auch der Humel der apotecker, daß er ein kindt by seiner frauwen bekommen[783], so ich were anheimsch gsin, were ich gvatter worden, wie dan im volgendt jar eß geschechen, item mein vatter hab mir ein schöne zipreßene luten kauft; er habe an Magdalenae tag an mich gedocht, wie wir pflegten doran pasteten zeeßen, so ich bezalt. Dan also hatten unser ettlich Teutschen im brauch, das, wo man einen fexiert[784] mit einer, do die redt gieng, das er sy bekommen solt und ir tag kam, müßt er ein guten theil pasteten zalen. Er schreib auch, D. Huggelin hette ein hübsche dochter zur ee genommen, ein Hagenbachin, hette aber nit vil zu im brocht und hette er alß verstudiert, und daß übrig an die hochzeit angewendet, daß sy wenig hetten, sein muter auch deßenthalben alß verkauft het und der dochterman sy erhalten mießt. Item schreibt, daß des D. Zonions alte vettel gestorben sy und er medicus zu Milhusen an stat D. Michaelis Parisii[785], so zu Schlestat sye, worden; item D. Bopp zu Strosburg hab auch gewibet eine Gslechterin[786]. Es schreib mir auch

---

782 *Michael Martin Stella* (Stern) aus Brüssel (Brabantinus), in Basel immatrikuliert 1546/47 (Matr. II 49); 1555 Bürger von Basel: «aº 1555 uff mittwoch den 22. octobris ward Michel Martin Stern von Bruxell zu burgern angenommen et juravit more solito» (Öffnungsbuch VIII, 168v.). Über die Verwandtschaft mit Vesal s. M. Roth: Andreas Vesalius in Basel, Beitr. z. vaterl. Gs., Bd. 12/1884, S. 181. Thomas Platter verpachtete ihm die Druckerei, die er zuvor an Ludwig Lucius verkauft, aber wieder hatte zurücknehmen müssen (Kap. 3, A. 657); «will versuchen, wie sich der halten welle, bin ouch nit mer sins, die truckery zu verkouffen, möcht noch dinen kindern woll komen, ouch mier, wan ich nit mer mecht schulmeister sin ...» Brief vom Sept. 1555, Ach. Burckhardt, S. 81. – Im Aug. 1556 teilte er Felix mit, Stella sei ohne zu zahlen davongelaufen.

783 *Johann Chrysostom Hummel*, *1556 (fehlt im Taufreg.), † nach 1564. Wappenb. Ba. – Das zweite Kind Hummels, dem Felix dann zu Gevatter stand, war eine *Margaretha*, * oder getauft 1557 31. Okt. zu St. Leonhard (Taufreg.), † 1610 31. Okt., ∞ 1. ca. 1576 Hans Rud. Brand, Tuchmann u. Ochsenwirt, 2. Christian Syff, Ochsenwirt. Taufreg. u. Wappenb. Ba. – Der Brief Hummels befindet sich auf der Univ.-Bibl., Mscr. Fr. Gr. I 8, S. 158f.

784 fexiert = vexierte, fuxte, aufzog.

785 *Michael Bäris* (Parisii, Name vielleicht vom elsässischen Pairis?): *ca. 1520, †1571, in Basel immatrikuliert 1536/37 (Matr. II 11: Mich. Beris Milhusanus) seit 1541 Famulus des Bonifacius Amerbach und dessen erfreulichster Stipendiat, 1543 b. a., 1546 mag., dann als Stipendiat der Medizin in Paris und Montpellier, 1550 1. Juni Dr. med. in Valence, Stadtarzt in Mülhausen 1551–1554, wo er die Tochter von Dr. med. Jörg Maler (Pictorius) heiratete, 1554–1559 in Schlettstadt und 1559 bis †1571 wieder in Mülhausen. Nach A. Hartmann: Amerbach-Korr. 5, 338 u. Ph. Mieg: Méd Mulhs, BMHM 61/1935, p. 103.

786 Gslechterin = Tochter aus vornehmem Geschlecht (Kieffer 139 meinte, dies sei ein Eigenname «Gleschter»), s. Kap. 3, A. 406.

D. Sultzerus und dominus Castalio[787], item Myconius, daß D. Wentikum[788]
auch ein früw ⟨genommen⟩, D. Isaac schwester, die zevor den Israel
Eschenberger[789] substituten gehept, der gechlingen in der rothstuben gestorben war; item der Emanuel Bomhart[790], wirt zur Kronen, mein gwe-
sener schůlgsel, alß im mein zůkünftige abgeschlagen worden, wie ich
hernoch vernommen, habe die Wachterin von Milhusen zur ee bekommen, ein hübsch menschlin und rich; spottet meinen auch wegen deren,
so mein zůkünftige solte werden und ich mit verkertem namen Eldam
Uchmomon, wie auch mein terminum (studiorum) genempt hab[791] und
lobt mir sy. Item der zunftmeister Blesy Schölly[792] sy wegen argwon, das
er übel den herren hus gehalten, abgesetzt; die Augustiner kilchen sy

787 Der bekannte Humanist *Seb. Castellio*, s. Kap. 1, A. 327.
788 *Joh. Jakob Wecker gen. Wentikum* (Wentokum), *1528, †1586, ein Graubündner, aber in
　　Basel geboren und hier 1543/44 immatrikuliert, studierte 1547 in Wittenberg und dann
　　in Italien, wo er zum Dr. med. promovierte; 1557 wurde er Prof. d. Dialektik in Basel,
　　1560 d. lat. Sprache, 1558 Consiliarius der Medizin und 1565 Dekan, 1566 Stadtarzt in
　　Colmar, wo er 1586 starb. Nach Matr. Ba. II 37 u. Albr. Burckhardt: Med. Fak. 54f. –
　　Laut H. G. Wackernagel verfasste W. mehrere medizinische Werke, die er hier drucken
　　liess, u. a. 1576 «Medicinae utriusque syntaxes» und 1577 «Kunstbuch» (enthält im 4. Buch
　　Anweisungen, «einen ungestalten oder ungeformten Leib ⟨zu⟩ zieren und schön ⟨zu⟩
　　machen, fürnemmen und adelichen weibspersonen vast dienstlich»). – 1556 heiratete er
　　Anna Keller, die verwitwete Schwester von Prof. Isaac Keller, die als Verfasserin eines
　　beliebten Kochbuches bekannt ist (s. Albr. Burckhardt: Med. Fak. 55).
789 *Israel Eschenberger* (Boos und Kieffer haben «Enhenberger»), Matr. Ba. II 33, 1542/43
　　Aeschenbergius, 1547 27. April. Bach. art., dann Substitut, der 1. Gemahl der oben-
　　genannten Anna Keller, «géchlingen» (jählings) gestorben 1554. Vgl. Wappenb. Ba.
790 *Emanuel Bomhart:* *ca. 1533, †1562, Sohn des Matthias B., Mag. art., Wirt zur Krone,
　　des Rats, und der Anna Hermann, Mitschüler von Felix, immatr. Ba. 1548/49, 1552 b. a.,
　　1558 Wirt zur Krone (an der Schifflände), 1556 ∞ *Anna Wachter* von Mülhausen (recop.
　　Bürgermeister Remigius Faesch, Wirt zur Krone). Matr. Ba. II 56 u. Wappenb. Ba. Vgl.
　　Kap. 8, A. 61.
791 Das *Rückwärtslesen* eines Wortes («*Anagramm*») war eine beliebte Spielerei. ELDAM er-
　　gibt somit MADLE⟨N⟩ ⟨Jeckelmann⟩. Neben der heute üblichen Dialektform Madlen
　　war auch «s'Madlè» gebräuchlich, Seiler (1879), S. 200. Ebenso klar ist SUNIMRET =
　　TERMINUS ⟨studiorum⟩, der für Felix so wichtige baldige Abschluss. Schwieriger ist
　　UCHMOMON: Ich vermutete zuerst, dass das Anagramm NOMOMCHU = NOM
　　EN CUL bedeuten könnte, d. h. «von hinten gelesen», doch fand ich dafür nirgends eine
　　Bestätigung. Wahrscheinlicher ist das griechische οὐχ μῶμον = ohne Tadel (οὐχ = nicht,
　　μῶμος = Tadel, wobei allerdings das χ vor Kons. sowie der Akkusativ des Nomens
　　nicht korrekt sind), doch gibt es kaum eine andere Erklärung als: «die Madlen ohne Fehl
　　noch Tadel».
792 *Blasius Schölli:* *vor 1495, †1559, Sohn des Sattlers Hans Sch., des Rats, selber Sattler
　　und Gewandmann, war Meister und Ratsherr zum Schlüssel, von 1545 bis 1555 Oberst-
　　zunftmeister; 1555 wurde er wegen Veruntreuung abgesetzt und floh im Febr. 1556 in
　　die Freiheit nach Mülhausen, konnte aber später wieder nach Basel zurückkehren. Nach
　　P. Burckhardt, B. Ch. 8, 222, A. 11. – Er war verheiratet 1. vor 1520 mit Anna N., 2. vor
　　1524 mit Verena Rys, Witwe des Eucharius Nussbaum, 3. 1555 12. Juli mit Christiane
　　Hagenbach (*1528, †1608). Priv.-Arch. Lotz, Fasc. 456.

zum kornhaus gemacht[793]; er loßt under anderen auch den Johan Vogel-
gsang, so lange zeit zů Mompelier gwesen, grießen. Es[794] schreib mir
auch herr Thiebolt Schoenauwer, schickt mir seiten und vexiert mich,
es warte ein schöne Helena aus Griechenlandt uf mich, und sagt mir ein
grůs von Daniele Tossano[795], der domalen by mim zůkünftigen schweger
zů tisch was und hernoch so ein herliger theologus worden.

Ich bekam auch brief von Stephano Contzeno von Avinion und Oswaldo Hugwaldo, so paedagogus eines[796] sun zů Montelimar, und dem
Tellen, apotecker, der by im war, darin sy mir under andrem wegen des
baccalaureats gratulierten.

[88] Den 6 septembris im herbst, alß ein rebman die drübel in die große
standen, so sy im keller haben, uß dem bücke[797] schütten wolt, falt er
domit hinin und, eb man im zehilf kommen mag, erstickt er.

Den 9 septembris bracht mir einer, so nach Tolosen reißt, aber ein
brief von meim vatter, den 20 augusti datiert[798], darin mein vatter schribt,
waß große hitz sy disen summer gehapt haben, daß wo eß nit vor wenig
tagen grechnet hette, vil gwegs wie auch iunge beum verthorret weren.
Mant mich aber[799], mich uf zůkünftigen frieling heim zemachen, man
warte meinen mit verlangen; item D. Hans Hůber sy gar wol an mir,
riem mich allenthalben, sye ietz ze Baden mit seiner frauw; item von
D. Amerbachii sun, Basilio[800], sag man vil gůts, wie auch von Zwingero[801],

---

793 *Augustinerkloster:* Kirche in Kornhaus verwandelt 1556. Nach Zwinger war das «Divi
 Augustini Coenobium Musis hodie et Cereri conservatum». Kunstdenkm. BS III, S. 170.
794 Hs.: er.
795 *Daniel Tossanus (Toussain):* *1541, †1602, aus Mömpelgard, Sohn des Pierre T., 1555/56
 immatr. in Basel, 1557 b. a., 1557 in Tübingen, 1559 m. a., wurde reformierter Pfarrer
 in Orléans; 1572 wurde er vergeblich von den frz. Protestanten in Basel als Pfarrer
 erbeten, hielt jedoch im Dez. 1572 hier einen Vortrag über die Bartholomäus-Nacht in
 Paris; später in Heidelberg Dr. theol. und Prof. theol. Nach H. G. Wackernagel, Matr. Ba.
 II 94.
796 Hs.: einsen.
797 bücke = Bütte, Hutte. Schw. Id. 4, 1144.
798 Ach. Burckhardt, Brief XXX, S. 96 ff.
799 aber = abermals, wieder.
800 *Basilius Amerbach:* *1534, †1591, der berühmte Jurist, Humanist und Kunstsammler,
 einziger Sohn des Prof. iur. Bonifacius A. und der Martha Fuchs, 1548/49 immatr. in
 Basel, studierte in Tübingen, Padua, Bologna, Bourges, Dr. iur. 1560/61 in Bologna,
 wurde 1562 a.o. Prof. f. Kodex in Basel, 1564 Prof. f. Pandekten, mehrmals Rektor;
 ∞ 1561 Esther Rüedin, 1574 Pate von Thomas II. Platter, eng befreundet mit Felix Platter.
 Mit Basilius starb die Familie im Mannesstamm aus. Nach H. G. Wackernagel: Matr. Ba.
 II 61; Wappenb. Ba.; A. Hartmann in «Professoren d. Univ. Ba.» 1960, S. 50; A. Hartmann
 u. B. R. Jenny: Amerbach-Korr., bis jetzt Bde 1–7, Basel 1942 ff.
801 *Theodor Zwinger:* *1533, †1588, der berühmte Basler Humanist und Mediziner, Sohn des
 Kürschners Leonhard Z. und der Christina Oporin (recop. Conrad Lycosthenes), ging
 zuerst bei Thomas Platter in die Schule und bei seinem Stiefvater, dem Historiker
 Lycosthenes, zog dann, von Wanderlust erfasst, ohne Wissen der Eltern nach Lyon, wo

der sye erst uß Italia kommen und werde wider hinin. Mant mich, wil ich ein instrumentist, solle mich flisig auf der harpfen ieben, sy gar ein schön instrument, daß nieman ze Basel kenne, er habe gar ein hüpsche große harpfen etc. Eß schreib mir auch Paulus Hueberle[802], wirt zum Beren zů Leon, item Daniel Tossanus ein Welschen brief, zum theil Latin, riempt mir, wie ich so hoch gelopt werdt by meister Frantzen und seiner dochter, von allen, die mich kennen, wißaget mir, ich werde es noch allen artzeten vor thůn, riempt mir mein zůkünftige wegen vil faltiger dugent und sagt mir ein grůs von ir und vil gůtem gesprech, so sy meinethalben mit einandren haben.

Den 1 octobris zog ich mit ettlichen Teutschen von adel, namlich Hunno von Annenberg, Wilhelm von Stotzingen, Mathis Reitter, Burhinus, gon Magelonen. Wir sachen im dörflin Villeneufe[803] die meer trübel, wie sy die ufhencken und an der sunnen, so noch starck um der hirten[804], derren[805]. Fůren über den see, kamen zum kloster Magelonen, daß zwischen dem see und hohen meer ligt, uf dem erdtrich, so zimlich schmal[806];

er 1548–1551 in einer Druckerei arbeitete; mit dem dort gewonnenen Geld studierte er 1551 in Paris Philologie bei dem Humanisten Petrus Ramus, sodann ab 1553 Medizin bei dem Vesal-Nachfolger Falloppio in Padua, wo er 1559 zum Dr. med. promovierte. Seine Freunde Felix Platter und Basilius Amerbach hielten ihn 1559 in Basel zurück und verhalfen ihm 1561 zur Heirat mit der reichen Tochter des Oberstzunftmeisters Rüedin, *Valeria Rüedin*, Witwe von Joh. Lucas Iselin, so dass er sich, ohne viel zu praktizieren, der Weiterbildung und der akademischen Karriere widmen konnte: er wurde 1565 Prof. f. Griechisch, 1571 f. Ethik, 1580 f. theoret. Medizin. Nach Karcher 37 und Matr. Ba. II 55. Er vollendete und publizierte 1565 das von Lycosthenes begonnene dreibändige «Theatrum vitae humanae» (eine Exempelsammlung menschlicher Charakteren), schrieb 1577 eine «Methodus apodemica» (eine geistvolle Anleitung zu Reisen), sowie einige med. Schriften, postum ediert von seinem Sohn, mit einer Biographie aus der Feder Felix Platters. Vgl. G. Wolf-Heidegger in «Professoren d. Univ. Basel» 1960, S. 48, und Karcher, S. 49 ff., wo Zwingers geistvolle «Physiologia medica» gewürdigt wird, ferner M.-L. Portmann: Th. Zwinger und sein «Theatrum vitae humanae», in BN vom 10. Sept. 1965.

802 *Paulus Hueberle:* Wirt zum Bären in Lyon. Drei Briefe von ihm an Felix Platter: Univ.-Bibl., Fr.-Gr. I 8, f. 136 ff.

803 *Villeneuve*-lès-Maguelonne: ca. 7 km S von Montpellier, gegenüber Maguelone, das damals auf einer Insel gelegen war. Vgl. A. 806.

804 Um diese Zeit.

805 derren = dörren.

806 *Maguelone* liegt in der Mitte des ca. 40 km langen schmalen Landgürtels, der sich von Sète bis zum Grau du Roi parallel zur Küste dahinzieht und die verschiedenen Etangs vom Meere trennt. Die Stadt wurde wohl wie Marseille von den Phönikern gegründet, diente lange als Meerhafen, fiel dann aber zu Beginn des 8. Jh. in die Hände der Sarazenen («Port Sarrasin» oder «Heidenport») und wurde deshalb 737 von Karl Martell erobert und zerstört. Die Stadt erholte sich nie mehr ganz davon und wurde von dem aufstrebenden Montpellier abgelöst. Das Bistum Maguelone (seit dem 6. Jh.) wurde 1536 nach Montpellier verlegt, doch behielten die Bischöfe weiterhin den Namen des alten Sitzes bei. Die Insel war schon damals verödet. Nach den Religionskriegen zerstörte Lud-

wir besachen die kilchen, der bischoven von Magelonen begrebnußen, wie auch der Magelonen in einem engen verschloßenen ort, do sy ligen sol[807], stigen hinuf uf die altonen[808], domit daß kloster zum theil bedeckt, sachen weit in das meer gegen Aphrica; hernoch sachen wir zwen brunnen[809], noch by einandren, do der ein sie[u]s, der ander gesaltzen waßer gibt; zogen zenacht wider heim.

Den 19 octobris nach mittag zogen unser ettlich Teutschen nach Aiguemorten[810]. Die nacht fiel in, eb wir dar kamen, mußten durch vil wießte pfitzen[811] watten, also daß wir gantz besudlet, sunderlich der Melchior Rotmundt mit seinen wißen hosen, in fünsteren nacht fir die stat kamen, so beschloßen, karten vor der statt in eim schlechten wirtzhus in, hatten doch gûte rebheuner zeeßen. Der Höchstetter macht uns mit seinen boßen[812] die zeit kurtz, das wir nit vil schliefen. Morndeß besachen wir die statt und giengen uf einer dicken muren herumb die statt, besachen den alten merhaven oder port und ein thurn am meer[813], doruf ein lanternen, dorin elf personen ringswiß herumb sitzen kennen, dorin man feur anzindet vor zyten, zur anzeigt, wo man anfaren solt. Wir satzten uns uf ein schif, fûren uf dem see, biß gegen Perau[814], von dannen zefûß wider heim.

[89] Den 22 octobris fieng ich an, uf der harpfen leeren spylen, und lart mich Coiterus, ein Frieslender, den ich am roten schaden zevor curiert hatt[815].

wig XIII. 1633 den Rest, mit Ausnahme der Kirche. Nach Guide Michelin: Gorges du Tarn, 1967, p. 58f.; Baedeker, Midi de la France, 1889, S. 190–194; Keiser 94ff., spez. A. 3. Hier auch eine geographische Skizze von Thomas II, die M. noch als Insel darstellt. Vgl. Vorsatzblatt.

807 Zur Geschichte der «*schönen Magelone*» s. Kap. 3, A. 209. Auch Thomas II. hat *ihr Grab* gesehen: «... sindt wier in der Magelone kirchen gangen unndt haben auf der linken seiten in der mauren ein loch gesehen, welches vor zeiten vermauret wahr, daß man mit einem liecht hatt müßen hinein zinden; yetz aber ist es offen; darin solle die schöne Magelone mitt sampt dem Peter auß der Provintz (= Provence) balsamiert neben einander geseßen sein; yetz aber ist alles hinweg.» Keiser 97. Auch die Bischofs- und andere Gräber sind hier erwähnt.

808 altonen = Altane, Terrasse. Thomas II.: «Daß tach ist mitt viereckten quadersteinen, wie die heüser zu Montpelier gebauwen, bedecket, ist nitt vast gäch (= steil), dann man allenthalben ohn einige mühe darauf gehn kan; an allen orten hatt es erhöhte zinnen, von denen man gar weit auf das meer, in den see unndt daß landt sehen ... kan.» Keiser 97.

809 Auch die «zwen sodtbrunnen» sind bei Thomas II. beschrieben. Keiser 98.

810 Über *Aigues-Mortes* s. Kap. 3, A. 306.

811 pfitzen = Pfützen, Lachen.   812 bossen = Possen, Spässe.

813 *La Tour de Constance*, von Ludwig dem Heiligen begonnen, erreicht mit der Laterne eine Höhe von 30 m, der Durchmesser beträgt 20–22 m, die Dicke der Mauern bis zu 6 m. Der Turm hat später auch als Gefängnis für die Hugenotten gedient. Nach Baedeker, Midi de la France, S. 216.

814 Perau = *Pérols*, ca. 8 km SE von Montpellier, am Etang de Pérols.

815 «roter Schaden» (Tenesmus) = Stuhl- oder Harnzwang. – Der Friese *Volcher Coiter*

Den 3 novembris opponiert ich in quodlibetaria disputatione Salomonis[816] in collegio regio ettlich argument, daß noch kein Teutscher, wil[817] ich ze Mompelier geweßt, gethon.

Den 4 und 8 macht man mumerien[818], so man cherubin nempt; damit zoch ich auch vermaschiert in D. Saporta haus, do man dentz hielt und ich auch dantzt und mich seiner frauwen ze kennen gab, wegen vorgender kundtschaft[819].

Den 18 novembris starb doctor Johannes Scyronius, so gar alt und cancellarius universitatis war; macht sein nepoten Blasinum zum erben[819a].

Den 22 novembris schreib ich meim vatter und antwortet im auf sein langes an mich gethon schreiben; schick den brief durch Catalani schwecher Raphael Bietz gon Leon; bekant erstlich, daß ich ein schwer sach über mich nem, doctor ze Basel zwerden, wil ich noch so iung, erst 20 iaren, noch kein härlin bart, habe aber mich dermoßen mit disputieren schon geiebt, das ich hof, mit eeren zů beston, wan ich uf den frieling heim kom. Ich erzel im die ordnung, so ich im studieren halten, sunderlich auch wie ich vil schöne remedia bekom und abschrib, darunder vil mir Birckmannus mittheilt, so er zů Cöln von medico D. Georgio Fabro[820] bekommen, wie auch andre, so die studiosi aus Italia gebrocht, do wir ein andren mittheilen, wie ich locos communes in tota medicina mach[821] etc; erzel im auch, wie vil ich in allen medicinae partibus proficiert[822], in praxi, chirurgia, theoria, item ich welle mich firderen, daß ich etwan um osteren

(vgl. Kap. 1, A. 163) wird von Felix Platter in der Vorrede zu «De corporis humani Structura et Usu libri III» (Basel 1583) neben Vesal, Realtus Columbus und Gabriel Falloppio als eines seiner Vorbilder genannt. Karcher 41.

816 In irgend einer Disputation Salomons. Dieser war ein berühmter Botaniker, s. Register. – Dank seiner guten Vorbildung im Latein sowie seinen gründlichen Fachkenntnissen konnte Felix dies allein wagen.

817 wil = dieweil, während.

818 mumerien (Boos: mumien!) = Maskeraden, Mummenschanz.

819 da wir uns schon vorher kannten; es war die schöne *Jeanne de Sos*, die Felix fast betört hatte. Vgl. Kap. 3, A. 458 ff.

819a *Joannes Blazinus*, s. l. (Schyron.), Matr. Montp. 99, 1545 24. Sept.; nihil dedit nec doctoribus nec studentibus. Später «dioc. Montispessulani», Dr. 1551 25. Aug.

820 Dr. med. *Georg Faber* in Köln: nicht näher bekannt, vielleicht identisch mit einem Dr. Georg Faber (med.?), der laut Ratsprot. der Stadt Köln vom 13. Mai 1551 zur Leistung eines bürgerlichen Eides auf eine Gaffel (zünftischer Zusammenschluss) angehalten wurde; evtl. auch identisch mit jenem G. F. aus Hattingen/Ruhr, der am 1. Juni 1513 in der Matr. d. Univ. Köln verzeichnet ist und am 22. Juni 1514 mit dem Bacc. abschloss (s. Hermann Keussen, Matr. Köln, Bd. II, S. 712 u. Anm.). Nach einer freundl. Mitteilung von Herrn Dr. Kleinertz, Städt. Archivrat, Köln.

821 locos communes: hier nicht «Gemeinplätze», sondern Auszüge, Résumés in *Tabellenform*, wie sie damals, namentlich zum Memorieren, oft gemacht wurden. Von Zwinger, Coiter und Platter sind ganze Werke in Tabellenform erschienen, s. Kap. 3, A. 677.

822 proficiert = Fortschritte gemacht.

zů künftig heim kom, wel auch nit in eestandt mich begeben, bis ich doctor worden und mich ein wenig erzeigt hab. Welches auch on zwifel meiner zůkünftigen bas gefallen werde, dan so ich on den gradum hochzeit hielte. Ich schrib im auch die leidige zytung von dem fürsten, so zů Burges erdruncken ist[823], und daß von den fünf Augspurgeren[824], so by meim vatter under Hieronimi Wolphii paedagogia ze tisch gangen vor jaren, Hieronimus Reiching mit den fünfen erdruncken sye, Paulus Reiching aber im Niderlandt, alß ein fein gsel ein arm abgehůwen, den er uf den todt verwundt, beidt uf dem syen blyben. Item der Aeschenheimer von München hab sich zetodt druncken, und lebten allein noch Ludovicus Hechstetter, der in loße grießen. Es sol auch Conradus Meier von Au⟨g⟩spurg noch leben. Gleich zwen tag hernoch schreib ich aber ein brief, den ich der post auf Leon zů gab; dorin entschlies ich mich, daß ich mit Theodorico[825] von Cöln im zů künftigen jar nach Paris verreißen wel; mein herr welle mir ein roß kaufen und zerung biß dohin geben, er sol mir zů Paris etwas gelts zur heimfart procurieren.

Um die zyt erhůb sich ein rumor under den studenten wider die professores, wegen daß sy so wenig läsen; samleten sich zesamen, zogen mit gwerter handt fir die collegia und wo sy studiosos fanden, die letzgen[826] horten, fordereten sy die herus, wie auch der Hechstetter, so mit den Teutschen kam, mich, der ins Saportae letzgen war, den ich nit gern erzurnt, hies [90] herus kommen und nit nachlies, bis ich kam und mit anderen studenten allerley nationen, ein große zal, fort zog, uf das parlament haus, do wir ein procurator hatten[827], der auf die doctores ires unfleis halben in unsrem namen klagt, mit begeren, nach altem brauch wider zwen procuratores uns laßen von studenten anzestellen, die gwalt haben den professoribus ire stipendia inzehalten[828], wo sy nit lesen. Doruf die doctores sich durch ein anderen procurator verantworten, doch warden zwen procuratores den 25 novembris geordnet und wardt also die unrůw gestilt.

Den 3 decembris wardt des Catalani gewesene dienstmagt Bietris[829], die mir die stifel ußgezogen, alß ich gon Mompelier kam, uf dem blatz an ein galgen mit einem arm, so gar nider, gehenckt und erwürgt. Sy war vor eim jar von uns kommen zů einem pfaffen, by dem sy schwanger

823 s. o. Kap. 3, A. 758.
824 Die *5 Augsburger* Tischgänger Platters sind in der Basler Matrikel dicht beisammen: II 60, Nr. 57–61, 1548/49. Vgl. Reg.
825 *Theodor Birckmann*, s. Reg.
826 letzgen = Lektionen.
827 Hs.: hatter.
828 hier: zurückhalten.
829 Bietris = *Béatrice*. – Schier unglaublich ist die kalte Sachlichkeit, mit der Felix über das Schicksal der armen Magd berichtet, ohne ein Wort des Tadels an den wahren Schuldigen!

worden und do sy des kindts gnesen, ins heimlich gmach geworfen, do eß todt funden. Man gab sy zů einer anatomy, die hielt man ettlich tag im collegio; ir můter[830] war noch gros und gswullen, dan erst acht dag war, daß sy gnesen. Darnoch nam der nachrichter die stuck, bandt sy in ein lilachen[831] und hancks also an galgen fir die statt.

Den 4 decembris warden mir brief von meim vatter, den 15 novembris datiert[832]. Ermant mich aber gar ernstlich, die vorhabende reiß durch Franckrich anzestellen, das ich nit in gfor mich begeb, item in nit in großen kosten zebringen, welchen er nit wurdt erschwingen kennen; item er habe die druckery Petro Pernae[833] eim Italo sampt den 2 heuseren verlichen, so baldt aus Italia kommen wert; Basilius Amerbachius sy wider kommen, gar ein gschichter glerter iunger; Stephanus Contzenus hab ein frůwen ze Strasburg gnommen, Jungin, so im etwas zůbring, eins fischers dochter; der margraf von Baden Carolus hab schon allerding reformiert, nem vil praedicanten an; Thomas Gryneus kom gon Rötelen, Nisaeus[834] gon Schopfen, Pedionaeus gon Mulberg, Schindlerus auch etwan hin etc; item der pfaltzgrav zů Heidelberg[835] hab auch reformiert. Letstlich befilt er mir Gasparum Collinum ein Valliser, so wol gstudiert und ein apotecker wil werden, im zů meim herren zehelfen. Es schreib mir auch Collinus selbs, Latine[836].

830 můter = Gebärmutter.

831 lilachen = Leintuch.

832 Dieser Brief ist verloren.

833 *Petrus Perna* (Hs.: «Petrae»): Buchdrucker aus Lucca, seit 1542 in Basel. Thomas Platter verkaufte ihm eben damals sein «werchzüg zů der trukery», da er in den Schuldienst übertrat. Perna war aus Glaubensgründen hieher gekommen, immatrikulierte sich 1543 und wurde 1557 Bürger von Basel; er war verheiratet mit Johanna Verzasca. Während etwa 40 Jahren arbeitete er als Drucker in der St. Johanns-Vorstadt, seit 1558 selbständig, wobei er ein höchst eigenwilliges Verlagsprogramm entwickelte: die Bibel des Seb. Castellio, die Werke Ochinos und Vermiglis, Guicciardini, Giovio, Machiavelli und zahlreiche Schriften des Paracelsus! Näheres über den höchst originellen Mann s. Werner Kaegi: Hist. Meditationen, Basel 1942, S. 130ff. – Matr. Ba. II 32 und Hist. Grundb.: St. Johanns-Vorstadt 28, seit 1563 Eigentümer. P. starb 1582 16. Aug. peste.

834 *Johannes Nisaeus* aus Augsburg, *ca. 1527, †1599, wurde nach Studien in Wittenberg, Basel und Tübingen 1551 Prof. f. Poetik am Pädagogium und Prof. d. Rhetorik in Basel, 1557 Pfarrer u. Superintendent in Schopfheim; 1570 bis †1599 war er Pfarrer in Emmendingen und zugleich Hochberger Superintendent. Nach H. G. Wackernagel, Matr. Ba. II 49, 1546/47. – Zu den andern s. Reg. In den Namen der vier Basler oder mit Basel verbundenen Pfarrer zeigt sich der starke Einfluss der Rheinstadt auf die Reformation in Baden.

835 *Otto Heinrich*, reg. 1556–1559.

836 *Collinus = Kaspar Ambüel* (Gaspard Am Biel, Am Buol): aus der berühmten Walliser Familie, aber nicht eindeutig nachzuweisen. Wahrscheinlich ist er identisch mit dem im HBLS 1, 336, D 1 genannten Gaspard Ambühl, *gegen 1520, bekannt unter dem Namen Collinus, Arzt und Apotheker in Sitten, der zu den grössten schweizerischen Gelehrten seiner Zeit gehört; er war befreundet mit Konrad Gessner und Erasmus, denen er wissen-

Um der hirten[837] war eß gar kalt, daß eß vor dem thor an ettlichen orten also gf⟨r⟩or, das die Teutschen doruf schliffen[838], ab welchem die Welschen sich verwunderten, wil es nit brüchlig. Man sagt, der Rhodan were by Arles überfroren. Den 14 decembris wardt ein mörder gericht zů Mompelier, wegen seiner mißethat wie volgt. Er hatt vor dry jaren, do er ein junger bůb, eim canonico gedient, der einzig in eim hus wont und gar kündig[839], vil goldts in dem wammest verneigt[840] by im drůg, welches der lecker[841] vermerckt und mit eim anderen anschlůg[842], sy wolten in umbringen; derhalben, alß der canonicus bim feur sas und ein rebhůn brotet, gegen nacht, schlacht er in mit einem bengel, das er falt, stechen im darnoch die gurgel ab, nemmen daß golt von im, so vil geweßt, und laufen darvon. Denen wirt, alß es offenbar, ein sargant[843] nachgeschickt, der sy an eim ort angedroffen, aber, mit gelt bestochen, nit hatt angezeigt. Sy zient nach Spanien, werden underwegen, [91a] wil sy nit gwarsam[844] mit dem goldt umgiengen, sunder spiegleten[845], von strosreiberen angriffen und geblindert. Der ein, so bim canonico gedient und recht thäter, zücht in Spanien und wil er kein gelt, verdingt sich zů einem schůmacher, do er verblib, bis im der bart anfacht wagsen, do er dan meint, man wurdt in nit mer kennen, wil auch by dry jaren nach der tadt verloffen, zücht wider durch Mompelier in daß stettlin Lunel, do er verkundtschaft, gefangen wardt, gon Mompelier gefiert. Man grůb den canonicum uß, so dry jar im grab glegen, zeigt in im; es ervolgt aber kein zeichen, wie man meint, mit dem blieten[846], dan er schon zimlich ußdorret. Er bekant daß mort, wardt

schaftliche Mitteilungen über das Wallis machte; er hat auch ein Werk über die Thermalbäder des Wallis hinterlassen. – In dem obenerwähnten lat. *Brief* (Univ.-Bibl. Ba., Mscr. Fr. Gr. II 8, Nr. 418, dat. 19. Okt. 1556) bemüht er sich bei Felix um eine Apothekerstelle bei Catalan, er sei schon in vorgerücktem Alter usw. Wie mir Kaplan Dr. H.-A. von Roten, Montana VS, freundlich mitteilt, ist ein Gaspardus Am Buol appotecarius im Burger-Archiv Sitten beurkundet am 29. Aug. 1560; wenig später scheint er gestorben zu sein, denn im Abschied eines Ratstages vom Aug. 1561 ist vom Apotheker von Genf die Rede, der an die Stelle des verstorbenen Caspar Ambuel gesetzt wird. – Collinus wird auch erwähnt bei Häfliger, Apothekerwesen, BZ 36/1937, S. 78.
837 um der hirten = um diese Zeit.
838 schliffen: Praet. zu *schleifen* = mit Anlauf auf dem Eise gleiten (ohne Schlittschuhe), am besten auf einem künstlich gewässerten Streifen von ½ m Breite und 3–10 m Länge, eine früher von Kindern häufig betriebene Sportart.
839 kündig = bekannt.   840 verneigt = eingenäht.
841 lecker = Schelm.
842 anschlůg = den Anschlag machte.
843 sargant = Sergent, Polizist.
844 gwarsam = vorsichtig.
845 spiegleten = das Gold blinken liessen.
846 blieten (basl.) = bluten: alter Volksglaube, dass die Wunde des Ermordeten zu bluten beginne beim Hinzutreten des Mörders (vgl. Nibelungenlied usw.).

erkant zur maßacre[847]. Do appeliert er gon Tolosen. Alß man in dohin fiert und sy über ein waßer fůren, entran er inen, wardt doch hernoch wider gefangen und dohin gefiert. Do wardt im zů Tolosen ein schwerere urtheil, welche ze Mompelier den tag an im volstreckt wardt, wie volgt. Nach dem man im die urtheil offentlich verlesen hatt, satzt in der hencker auf ein karren, seiner frauwen, die auch zů im sas, in die schoß, pfetzt in mit glieienden zangen iämerlich bis fir deß canonici hus, do das mort beschechen, do huw er im uf eim britt[848] uf dem karren beide hendt ab. Des nachrichters frauw verhůb[849] im die augen und wan ein handt abgehůwen war, nam sy ein hanen, schneidt in unden auf und streift in im über den stumppen, daruß daß blůt sprang, bandt eß zamen mit eim strick, doruf daß blůt sich gleich allerdingen gstalt[850]. Darnoch fůrt man in auf den court de bailly, schlůg im den kopf ab und wardt glich geviertheil, die stuck fir die stat an die beum ufgehenckt. Der sariandt[851], so in fangen sollen und mit gelt bestochen faren lies, wardt uß des mörders angeben auch gefangen und an karren oben nacket gebunden und dywil man den mörder herumb fort, můß er nocher volgen und geißlet in der hencker oftermal bis uf das blůt; wardt darnoch verwysen.

Anno 1557 den 10 Jenners hůlt man ein anatomy im collegio eins mans; dorin praesidiert D. Guichardus.

Den 12 jenners gieng ich mit ettlichen von adel vermaschiert in ein firnem haus, do man dentz hielt und die sunst[852] nit ein gůten namen hatt; do bleiben wir biß mitnacht, dan eß kamen auch andere vil mumerien. Die frauw im haus gab fir, sy hette ein kostlich paternoster[853] verloren, und sůcht man hin und wider under dem volck, man fandt es aber nit. Wir zogen darnoch heim; do fiel der argwon auf mich, wil ich heim war gangen, ich mechte eß funden haben, richteten heimlich den Augustiner münch frere Bernhart an, der mir bekant, mich heimlich zeexaminieren, welchem ich bscheidt gab, daß er mich nit weiter begert zefrogen. Verdros mich so übel, das ich nit mer begert, zů den dentzen zegon und dester lieber hinweg zezien begert. Es wardt es auch der Catalan innen, daß ich also felschlich verschreit was; der sagt mir, es were kundtbar worden, das sis[854] eim pfaffen heimlich geschenckt hett und daß ir herr nit wißt, alß ob sis verloren, der glichen thon.

---

847 maßacre = Blutbad, hier: Hinrichtung. – Hs.: maßader.

848 britt = Brett.

849 verhůb, Praet. von verheben = hielt zu, verdeckte. – Die Frau des Henkers sass hinter ihm, und er ihr im Schoss.

850 gstalt = stillte. – Die medizinische Seite des Falles schildert Platter in den Observationes (1614) III 725.

851 sariandt = Sergent, Polizist.   852 die: gemeint ist die Hausherrin.

853 paternoster = Rosenkranz.

854 sis = sie es (das «paternoster»).

[91b] Den 12 und 14 jenners schickt ich brief gon Basel an mein vatter, wie auch ein drucken[855], dorin meine biecher und allerley von sceletis, meerfischen etc. und was ich ingesamlet; dan ich mich uf die reiß rust. Ich schrib meim vatter, wie ich nach osteren verhofte noch vollender reis[856] ufs lengst im meien doheim zesein; ich wißte wol, wie schwer mich wurde ankommen ze practicieren, was mie[u] und arbeit darby, verhoffte doch, gott wurdt mir gnodt geben, daß es mir wurde wol abstat gen, dan ich hab schon vil proben gethon, wel auch vil kumlichere gattung mit artznien, dan by uns im brauch, zehanden nemmen und mir dardurch ein rům machen. Ich bitt in, mir zů Paris zeverschaffen, wan ich darkum, daß ich gelt hab, schrib im auch, der Catalan begere, solle sein sun den Jacobum um osteren heim schicken, mit dem kenne auch des thůmprobst sun Sigmundt[857] hinin kommen, ich hab im ein dusch by eim kaufman, dessen sun gradt mit dem roß wider heraus kommen kenne, funden. Befil auch mir alle zegrießen, sunderlich die, so meiner ankunft sich freuwen, und war das der letste brief, so ich von Mompelier heim geschriben han.

Den 18 jenners gieng ein schwangere frauw uf eim in die höhe gespannenen seil, wie die funambuli pflegen[858].

Ich wardt zum obendrunck von meinen gsellen, den 21 januarii geladen, stalten mir ein pasteten fir, dorin war ein katz, darvon ich unwißendt aß, alß were eß ein haß, war aber wegen des betrugs nit wol zefriden.

Den 26 jenners entpfieng ich die letsten brief von meim vatter ze Mompelier, den 29 decembris datiert[859], dorin er mich starck mant, nit ze sumen, sunder auf die reis fürderlich zemachen, mein zůkünftiger schwecher wurdt baldt unwillig.

Vermeldet, Contzenus sy medicus zů Bern worden, Schöpfius zů Colmar, Myconius zů Milhusen; gibt mir anleitung, wo ich gelt zů Paris entpfachen solle. Eß schreib mir auch D. Johan Huber gar ein früntlichen brief, auch Coelis Curio, wie auch Balthasar Hummel, der mir schreib, daß Jacob Keller[860] und Lux Gebhart[861] zwo schwesteren herrn Andres

---

855 drucke (f.) = Kiste.
856 nach abgeschlossener Reise (vollen: intrans. Verbum = voll werden).
857 Sigmund von Pfirt, s. Reg.
858 funambuli = Seiltänzer.
859 Dieser Brief vom 29. Dez. 1556 ist ebenfalls verloren.
860 *Hans Jakob Keller:* *ca. 1531, †1603, Sohn des Gewandmanns Clemens K. und Bruder von Prof. med. Isaac K., ∞ 1556 Barbara Meyer zum Pfeil, Tochter des Beat M. u. der Christiane Bischoff. Wappenb. Ba.
861 *Lucas Gebhart:* *1523, †1593, Sohn des Niklaus G., des Rats, und der Maria am Rhein, ∞ 2. Maria Meyer zum Pfeil. Gebhart war Gewürzkrämer, des Rats, Oberstzunftmeister 1578, Bürgermeister 1592. Wappenb. Ba.; HBLS 3, 414; Koelner: Schlüssel-Zunft 338; Tonjola 139.

Meiers[862] genommen, item Ambrosius Frobenius herrn Batt Riedis doch⟨t⟩er. Eß schreib mir auch herr Sigmundt von Pfirt, der thůmprobst.

Ich rust mich uf die reiß mit Theodoro Birckmanno von Cöln, der mein gspan wardt, ein glerter junger man, des elteren bůchdrucker zů Cöln verriempt gewesen, der nit allein uf den instrumenten, sunder auch uf der pfiffen wol geiebt war und deßenthalben uf der reis, wo gelegenheit, uns belustigen konten. Ich kauft ein roß von meim nochbur[863], eim von adel, Guillaume de Schandre[864], welches er von Wachtel, so eß von Strosburg gebrocht, kauft hatt; war zimlich starck und gůt, auch ansichtig; so kauft Birckmannus auch eins. Ich verkauft mein gůte luten, die mich übel růw, und hůlten den 24 februarii wir beidt unsere gesellen in eim wirtshus[865] zegast, letzten uns[866] mit inen. Ich gnodet[867] meinen doctoribus und anderen gůten frinden, auch ettlichen damoisellen.

Den 27 februarii, so der letst on einen[868] war, gnodet ich meinem herren Catalano, der weint, das im die dren herab luffen, auch seiner frauwen Elienora und allem hußgesindt, und kamen die Teutschen, die uns gleiten wolten, mit dem Birckman, wie auch der Gilbert fir die apoteck, do ich auf sas[869] und im namen gottes, mit bekümerten hertzen, dan mir der abscheidt uß dieser geliepten statt, do ich so lang gewont, wee that, in zimlicher compagny und reutery zur stat hinus reiten, bis in ein flecken Fabregues; do aßen mir zů mittag und kamen znacht in ein stettlin Lupian, den tag 4 leucen[870] verbracht, und gaben uns noch weiter das gleit der Gilbert, Rot und Wachtel.

862 *Andreas Meyer zum Pfeil*, *vor 1538, †1573, ist der ältere Bruder von Maria (*1538 27. Febr.) und Barbara (*1539 28. Juli), sein Geburts- oder Taufdatum fehlt. Er heiratete 1. N. Ringler, 2. Veronica Ryhiner, 3. Judith von Wyler, er war Gewandmann wie sein Vater, seit 1558 zünftig zum Schlüssel und zu Safran. Nach Priv.-Arch. Lotz, Fasc. 336.
863 Hs.: nochburg.
864 *Guillaume de Sandre:* nicht näher bekannt, vielleicht ein Verwandter von Simon de S., s. Kap. 3, A. 192.
865 wirtshus: wahrscheinlich im «Goldenen Kreuz», wo die Studenten ihre gemeinsamen Mahlzeiten einnahmen. Kieffer 150, A. 1. – Die Strasse heisst heute noch danach.
866 letzten uns = taten uns gütlich.
867 ich gnodet, gnadete = dankte.
868 letst on einen = der vorletzte.
869 auf sas = mich aufs Pferd schwang.
870 leucen: 4 Meilen = ca. 30 km; die Leuken sind etwas kürzer. Vgl. Kap. 4, A. 239. – *Fabrègues, Loupian, Saint-Thibéry:* SW von Montpellier, an der Strecke nach Béziers. Vgl. Karte bei Keiser 425.

4. *Frankreichreise und Heimkehr*

(27. Februar bis 9. Mai 1557)

[92] Morndes zogen wir durch s. Tubery bis gon Beziers[1], do wir hin nach mittag kamen, ist 6 meil[2], war der herren faßnacht. Ich lies mich ansagen by des kaufherren sun, so meins herren dochter, die Isabel, hatt[3]. Aßen den imeß[4] im wirtzhaus, so kompt baldt ein mumery mit seiten spylen, mannen und jungfrauwen zů uns; alß sy die maschgen abtheten, waren es eben der Isabellen man, seine schwestren und verwanten. Die hůlten doselbst by uns die dentz. Lůden uns zegast in irs vatters hous, fůrten uns durch die statt, zeigten under anderen antiquiteten ein pasquillum, so ein steinen alt bildt[5]. Man hůlt uns ein herlich panquet in der Isabellen schwechers haus, darby vil frauwenzimmer. Nach dem nachteßen, wil eß kalt, macht man uns ein feur in ein kamin; do sas ich allein by einer damoisellen, so gäl siden gstrickt hosen an, die schwetzt vil mit mir gantz früntlich, eb ich heim welle und also die Welschen meitlin verloßen etc. Gilbert dantzt dywil mit seinen basen, wie auch meine Strosburger gesellen. Ich gedenck, daß domalß ein klein sticklin von einem hindersten zan mir abbrach, dorab ich seer erschrack, wil ich zevor all meine zen unverletzt hatt, gedocht, ich wurde etwan witer schaden an zenen liden. Wir bleiben übernacht in dem hauß.

1 *Béziers:* lat. Biterrae, am Orb, 72 km SW von Montpellier, Hauptstadt des Arrond. Hérault, beschrieben von Thomas II., Keiser 311f. – Die *Hauptetappen* der Reise sind Narbonne–Toulouse–Bordeaux–St. Jean d'Angély–Poitiers–Tours–Orléans–Paris–Orléans–Bourges–Clamecy–Dijon–Besançon–Basel. Vgl. Kap. 4, A. 239.

2 6 Meilen = 45 km ⟨von Loupian entfernt⟩.

3 Gemahl der Isabella Catalan: mir unbekannt.

4 imeß, Imbiss = Mittagessen.

5 steinen alt bildt: mit grösster Wahrscheinlichkeit die *Statue de Pépézut* oder Pépézuc, die die in *Béziers* einen legendären Ruf genoss. Sie steht hinter dem Rathaus am Eingang einer Gasse. Nach der Abbildung und Beschreibung bei Espérandieu: Recueil gén. des bas-reliefs de la Gaule romaine I/1907, p. 351, Nr. 547 eine Statue aus weissem Marmor, 1,75 m hoch, wahrscheinlich einen Kaiser darstellend, vielleicht Augustus; Brust und Beine nackt, der Kopf aus grobem Stein ist modern, die Arme und untern Beine fehlen. Der echte Kopf gelangte im 16. Jh. nach Montpellier und wurde 1587 in der Chambre du Conseil über einer Türe zur Zierde angebracht, wovon die Maurerrechnung noch erhalten ist. 1913 fand Mlle Guinand in der Bibl. nat. eine Zeichnung dieses prächtigen Kopfes, die fast sicher auf den jungen Augustus schliessen lässt. Der Name *Pépézut* scheint nicht ganz geklärt: Vor der Augustus-Theorie glaubte man, die damals noch lesbare Inschrift ...P.P.ESV bedeute IMP.P.ESV (Imperator Pius Esuvius). Nach Emile Bonnet: La statue de Pépézuc, in Monspeliensia, Tome I, fasc. 1, Montpellier 1928/29, p. 57ff. Das Wort «*Pasquill*» (sonst = Schmähschrift) hängt vielleicht zusammen mit «Pasquino» = Name einer Statue in Rom, an der Ecke des Palazzo Orsini (Torso eines Gladiators), an die man Spott- und Schmähschriften anzuheften pflegte. Rigutini-Bulle, Ital. Wörterb. 1907, I 562; Nagel: Reiseführer Frankreich, 1951, S. 995.

Morgen den 1 mertzens namen wir urlůb, und bleib Gilbert by seinen frinden. Wir fier[6] ritten fort bis gon Narbona[7], sindt 4 leucken; do kamen wir vor mittag an. Man examiniert uns, wer wir wären, under dem thor, und[8] als wir sagten: «Suisses», Schwitzer (welche mer fryheit haben dan die andre, so man Alemandt oder Teutschen nempt, wil die andren mit dem künig in verein)[9], kam einer, holt uns fir den gubernator, dem wir sagten, wir weren studenten, begerten Franckrich zů besichtigen, und ers nit glůben wolt, sunder einen holt, der mit uns Latin redet, erzeigten wir uns also, das er wol glůben můßt, daß wir studenten weren, und wil ich im ein Latinischen brief wis, so D. Hůber an mich geschriben und ich ungefer by mir hatt, datiert ze Basel, vermarcht er wol auch, daß ich ein Schwitzer war, welches auch meine gesellen gnoßen[10]. Ließ uns derhalben der gubernator in die herberg fieren und wol zetractieren befelen. Im allen eßen kompt ein mumery, dan es in der faßnacht, dorunder einer vermaschiert teutsch mit uns redet, dan er in Teutschlandt gwesen war, war vom adel; that die maschen ab und leistet uns den gantzen tag gůte geselschaft, fůrt uns in der stat herumb, zeigt uns der stat muren stercke, doruf mir herumb giengen, item vil antiquiteten, so sich in den ringmuren erzeigten; under andrem verwunderten wir uns ab den großen kertzen in der kirchen, doruf man mit leitern stigen můs.

Den anderen ⟨tag⟩ mertzens, ist le mardi gras, der feißt zinstag, by uns die junge faßnacht, karten der Rot und Wachtel wider nach Mompelier, namen von uns urlůb. Do fieng mir worlich an bang werden, sunderlich am morgen, alß ich im bett lag und gedocht die gfor und weite der vorhabenden reis und nach[11] ich Mompelier nit mer sechen wurdt; gieng mir zehertzen, das mir auch die augen übergiengen.

[93] Ich und mein gfert Birckman zugen also allein on alle geselschaft, die wir auch hernoch lang nit bekamen, im namen gottes fort, ließen den

---

6 wir fier: neben Felix Platter und seinem Reisekameraden Theod. Birkmann die beiden Begleiter Rot und Wachtel.

7 *Narbonne* (Arrond. Aude), an der N 9, ca. 100 km SW von Montpellier, die letzte Stadt von Platters Reiseweg nahe dem Mittelmeer; nachher wandte sich P. westwärts nach Toulouse–Bordeaux.

8 Hs.: uns.

9 Das Verhältnis der Schweiz zu Frankreich war bestimmt durch den Ewigen Frieden von 1516 und das Soldbündnis von 1521, das dem König erlaubte, je 6000–16 000 eidgenössische Söldner anzuwerben.

10 Die drei deutschen Begleiter Platters, s. A. 6. – Weniger Glück hatten dagegen auf ihrer Reise nach Toulouse der Dichter Lotichius und seine deutschen Kameraden. Wegen des spanisch-französischen Krieges wurden sie von dem mürrischen, misstrauischen Gouverneur von Narbonne für Spanier gehalten und nach Montpellier zurückgeschickt, unter schlimmsten Drohungen für den Wiederholungsfall. Nach Kieffer 152f., Anm. (vgl. Lotichii opera, ed. Burman, t. I, p. 105.)

11 nach = nachher.

Spanischen weg, so nach Parpinian[12] geth, zur linchgen ligen und zogen zur rechten, kamen uf den imeß gon Mous[13] und znacht in die stat Carcasone[14], ligt zum theil im boden, zum theil auf dem berg. Bracht die tagreis 8 leucen.

Den 3 mertzens war die eschenmitwuchen, do wir von deren an kein fleisch mer die gantze reiß hatten zeeßen; ritten wir durch gantz bösen weg auf den mittag gon Alsumes[15], sindt 3 leucen, von dannen durch Villepance und kamen znacht gon Castelnau d'Arry, auch 3 leucen. Es war gar finster, alß wir dardurch nach der herberg reiten, alß daß neben der metzg im firriten mich übel an ein hocken, doran man das fleisch henckt, sties. Alß wir znacht aßen, wolt einer, so mit seim diener auch do inkart, mit uns znacht eßen; wil aber er reuwisch, bleiben wir allein, und kam doch zů uns hinin nach dem nachteßen mit vermelden, er hette gehört, wir wolten nach Tholosen, er wolte mit uns, wie frie[u] wir auf wolten sein; alß wir aber im nit truwten, und der wirt uns warnet, sagten, wir wißten nit wie baldt. Derhalben, domit er nit mit uns reit, waren wir for tag uf in aller stille, sattleten die roß und reiten darvon. Wir waren nit weit von der statt, so kompt er nocher geritten mit seim knecht, dorab wir seer erschracken, reiten also drurig mit im, dan er wol bewert, doch kein füstling[16], den sy nit fieren dorften. Mir underretten uns, ein abweg zenemmen, daß wir von im kemindt. Alß wir zů eim waldt kamen, thaten derglichen, wir hetten etwas vergeßen, wolten gleich do sein, necherten uns gegen der stat, er[17] hůlt dywil stil mit seim knecht. So baldt er uns nit mer sechen kont, schlůgen wir abweg dem waldt zů, dorin wir uns dief verbargen, in stetiger sorg, er wurde uns ergretzschen[18], und reiten also unwißendt, wo wir hin kämendt, wil wir gar ab weg; kamen zelest heraus uf Villefranche und Villenouvelle zů mittag nach Baierges[19], sindt 4 leucen. Nach mittag zogen wir durch ein weldlin nach Tholosen[20]. Eß schnigt[21] ein wenig, so uns frembdt und zů Mompelier nit baldt geschicht. In dem wir also fort faren, sechen wir einen dohar ze fůs zien,

12 Parpinian = *Perpignan*.
13 Mous = *Moux*, an der N 113, halbwegs zwischen Narbonne und Carcassonne.
14 *Carcassonne*, an der N 113, ca. 50 km W von Narbonne, berühmt durch die besterhaltenen Mauern aus dem Mittelalter.
15 Alsumes = *Alzonne*, an der N 113, W von Carcassonne, desgleichen Villepance = *Villepinte* und *Castelnaudary*.
16 füstling = Faustrohr, kurzes Gewehr.
17 Hs.: ein.
18 ergretzschen = erwischen.
19 *Villefranche*, *Villenouvelle*, (Baierges =) *Bazïège:* an der N 113, SE von Toulouse.
20 Tholosen = *Toulouse*, die alte Hauptstadt des Languedoc, an der Garonne, Erzbistum, Universität, nach Paris die grösste, reichste und bedeutendste Stadt Frankreichs damals (Urteil von Thomas II., s. Keiser 409).
21 eß schnigt = es schneite (g = j).

fůrt ein hündlein an eim seil, war übel gekleidet, hatt den degen über die achsel und sang teutsch, dorab wir uns verwunderten. Reiten zů im und grüßten in uf teutsch, do er uns frogt, eb wir Teutschen weren; sagt ich, daß ich von Basel; fragt er gleich, eb ich herr Thomas Platter kante, der wer vor zeiten ze Basel sein schůlmeister gwesen; doruf ich mich im zeerkennen gab, ich were sein sun; doruf er sagt: «Bist du der Felixlin, den ich by im sach? Du bist ietz groß worden.» Erzalt im, wie ich ze Mompelier gstudiert, ietz uf der heim fart were und wolt zevor Franckrich ein wenig besichtigen. Doruf gab er sich zeerkennen, er were Samuel Hertenstein[22], deß D. Philippi Hertenstein von Lucern, so ein medicus, sun (der ist hernoch ein predicant worden und in die Pfaltz zogen), hette auch in der artzny gstudiert, doch nur ein empiricus, hette zů Tholosen lang practiciert, vil gelts gwunnen und im ein namen gmacht, aber vor etwaß monaten in krieg ins Pemondt zogen und wenig erobert, welle [94] also wider nach Tholosen zien, do er wol bekant, etwaß weiters do, eb er heim zug, zů bekommen[23]. Zog also mit uns bis noch Tholosen, kamen in flecken Castane[24], nit weit von der statt; do luf er in ein wirtshaus, růft dem wirt, der in gleich kant und in hies wilkum sein, nampt in monsieur docteur, bracht wein, gab uns drincken und zalt ers, der Samuel, der sunst wenig gelt hatt. Darnoch fůrt er uns in die gwaltige statt Tholosen, darfor im ettlich bekamen[25], die in al kanten und wilkum hießen sein; er zucht über ettlich daß weer uß[26], drib also boßen mit inen. In der statt fůrt er uns in das wirtshus zů s. Peter, do in[27] der wirt auch kant; er bleib by uns in der herberg. Sindt auch von Baierges 4 leucen.

Morndes den 5 mertzen bleiben wir zů Tholosen, besachen[28] die größe der stat und wie die statmuren mit bachenen steinen gebuwen; item die kilchen, darin eine[29], do in der kruft zwelf sylbere sarcken[30] sindt, do in

---

22 *Samuel Hertenstein,* Sohn des Dr. med. Philipp H., aus dem berühmten Luzerner Geschlecht, war in Basel 1546/47 immatrikuliert als «Zoffingensis», war 1549 noch hier, stud. med., praktizierte lange in Toulouse als «empiricus» (d. h. ohne abgeschlossenes Studium, als Naturarzt), zog in den Krieg nach Piemont und traf auf der Rückkehr nach Toulouse mit Felix zusammen. Matr. Ba. II 46.

23 Hs.: erb (undeutlich) er heim zug. – Sinn: um, bevor er heimzog, etwas noch da (in Toulouse) zu verdienen. So auch in der Abschrift Lotz, S. 181. Boos 277 hat: etwaß weiters do erb er, heim zug zů bekommen (sinnlos). Kohl 149 do.

24 *Castanet:* Dorf an der N 113, S von Toulouse.

25 bekamen = begegneten.

26 zog zum Spass das Schwert gegen sie.

27 Hs.: im.

28 Hs.: beschachen.

29 *St. Sernin* (< St. Saturnin) in Toulouse, eine der schönsten romanischen Kirchen (11. bis 13. Jh.), s. Keiser 416, A. 1.

30 sarcken = Särge, Reliquienschreine.

ieder von den zwelf apostlen sol reliquias haben[31], so die Jacobsbrieder[32] wan sy nach Compostel zient, auch besûchen, wil der leib s. Jacobi auch do ligen soll und allein der kopf zû Compostel[33]. Dannethar singen sy:

Wir finden geschriben ston.
Wir handt noch 100 meil ze gon,
in ein stat, heißt Tholosen,
do ligen die zwelf apostel gût,
die schmecken wie die rosen.

Es stoht ob dem portal deß ingangs in die kruft geschriben, so ich glesen:

Omnia si lustres aliena⟨e⟩ climata terrae,
Non est in toto sanctior orbe locus[34].

Wir sachen auch eine alte heidische kilchen, sol templum Isidis gwesen sein, do das pflaster von gfierten[35] ste⟨i⟩nlinen wie würfel, glantz wie goldt, und ich by handen[36], do man uns sagt, wan man eins do begriebe, were es übernacht wider her vornen[37]. Insunders ist wol zesechen die mülenen, so in dem großen flus Garunna sindt, in einer brucken, so darüber geth und daß waßer geschwelt in diefe runde kesten fallendt den wendelbûm herumb dribt und also die stein zum molen[38] gedriben werden; deren sindt vil, wie wir besechen handt. Wir giengen in ein druckery, do fandt ich einen arbeiten, so Thomas hies, hatt vor zeiten meinem vatter in der druckery posteliert[39]. Man sagt, eß regiert die pestelentz an ettlichen orten.

Derhalben wir mordnes den 6 martii den wirt bezalten, aßen zû mittag noch doselbst, und wolt der Hertenstein gar nit, daß wir die irtin fir in

---

31 genauer: von 6 Aposteln und vielen andern Heiligen. Baedecker, Midi de la France, 1889, S. 53. Ein genaues Verzeichnis gibt Thomas II, s. Keiser 417f.

32 Jacobsbrieder: Pilger, die nach Santiago (St. Jakob) de Compostela in Spanien zogen.

33 Hs. (irrtümlich): Compostel in Franckreich.

34 Distichon, bedeutet: Wenn du alle fremden Länder durchziehst, so findest du doch auf der ganzen Erde keinen heiligeren Ort.

35 gfierten = viereckigen.

36 und ich war dabei, als man uns sagte, ...

37 Auch Thomas II. berichtet von den «kleinen, viereckten, (wie sie sagen), gegossenen steinlinen, vergüldet unndt versilberet ...» (Keiser 409) an den Wänden eines *heidnischen Tempels*, während Felix von «pflaster» spricht. Der folgende Satz ist schwer zu erklären: Wenn man eins (d. h. doch eines dieser Steinchen, oder ist wohl an ein Begräbnis gedacht?) da begrabe, so komme es über Nacht wieder heraus, vielleicht etwa wegen des heidnischen Bodens?

38 molen = Mahlen. – Die *Mühlen von Bazacle* schildert Thomas II. als ein wahres Wunderwerk, neben der Kirche St. Sernin die zweite grosse Attraktion von Toulouse: «... Der mülen sindt zwo, unndt hatt yede sechszehen gäng, unndt yeder gang treibt zwen mülestein. Gehet also streng, daß täglich mehr als für 100 000 menschen mäl gemahlen wirdt; dann man dormit die gantze statt unndt auch ein theil deß landts versicht.» Keiser 422.

39 posteliert = Botendienste besorgt. Schw. Id. 4, 1797 mit Zitat P.

geben, gab uns daß gleit biß in ein flecken Fronton[40], ist 4 leucen, ist ein kloster darby. Do thaten wir ein drunck zur letze mit dem Samuel Hertenstein; der grein[41], alß er von uns scheiden solt, und sagt: «Ir zient ietz heim zů den euweren; daß gott erbarm, daß ich also herumb schweifen. Ich wil auch heim und nit wider gon Tholosen, sunder den nechsten uf Leon zů.» Schiedt also von uns, schreib mir in mein biechlin sein namen, und von dem an hatt man nüt mer von im vernommen, wohin er kommen sye oder gestorben. Wir ritten fort, daß wir uf dnacht gon Montauban[42] kamen; ist 3 leucen.

Den 7. am morgen besachen wir den flus d'Arn[43], zogen zur statt hinus, ein schöne kilchen zů besechen, so glich voraußen, do die portal schön marmelsteinen[44]. Alß wir hinin giengen, hůlt [95] der münch mäs by dem altar[45]. Ich hatt ein hundt mit mir, hieß Pocles, welchen namen ich im geben, wil Sigmundt Rott, der noch nit welsch[46] reden kont zů Mompelier, vermeint, wan er ein latinisch wort verkürtzte, verstienden es die Welschen, derhalben, alß er einmol ein becher, «poculum», begeren wellen, sagt: «Aporte moy de pocles», und wir in auslachten, ich auch darnoch mein hundt Pocles nampt, auch andere hernoch also lang genant hab. Diser hundt, alß er den münch bim altar sach, so gedeckt, etwas eßen und drincken, vermeinend, man äße do, kratzt dem münchen an der stol, im etwas zegeben, do alß baldt der sigrist in also iemerlich mit geißlen schlůg, das er mit großem gschrey aus der kilchen lüf und der streichen hernach nimmermer vergaß und hernoch in kein kilchen, do ein bedeckter altar war, nimmer wellen, wie auch, do ich gon Paris hernoch kam und von dannen gon s. Denis spatziert, wie hernoch volgt, und in die kilchen wolt, er darvon wider nach Paris luft[47] in mein herberg und do ich in heim bracht, wan man daß nachtmal geben wolt und deß herren tisch bedeckt wardt, so baldt er daß sach, darvon lof, do er aber sunst, wo man allein predigte und nüt bedeckt hatt, mit mir in die kilchen luft; also war ein lange zeit der streichen, so im by dem bedeckten altar warden, stets ingedenck, dorumb er auch in kein papistische[48] kirchen

---

40 *Fronton:* 4 Leuken = 30 km N von Toulouse,

41 grein = weinte (st. Praet. v. grinen).

42 *Montauban:* an der N 20, ca. 50 km N von Toulouse, Hauptstadt des Dép. Tarn-et-Garonne, am Tarn, Bistum, einer der wichtigsten Plätze der Calvinisten, z. T. reformiert geblieben, Fakultät für protestantische Theologie. Baedeker, Midi ..., p. 22.

43 d'Arn = *Tarn*, mündet unterhalb Moissac in die Garonne.

44 marmelsteinen = aus Marmor.

45 Hs.: alter.

46 Hs.: Welchst.

47 luft = lief; merkwürdige schw. Form neben den Formen «lüf» und «lof» im gleichen Satz! Normal wäre zu loufen (redv. 3): lief. Vgl. Einleitung.

48 Hs.: papistiße.

gon wellen, sunder glich floch, das ettlich, so die ursach nit wußten, vermeinten spotzwiß, er were gar Lutherisch. Hatt in auch letstlich sein
leben kost dises nachgedencken, dan do mein vatter lang hernoch in
Walliß wolt und den hundt mit sich nam und an Grenchen[49] in seiner
heumat den priester ansprechen wolt, der domolen mäß hielt, so baldt
der hundt den priester bim altar im mäßgwandt sicht, noch ingedenck,
wie es im vor ettlich jaren zů Montauban gangen, darvon geloffen und
alß mein vatter forcht, er verluf sich, im nachgeschickt, er ie lenger mer,
alß volgt man im nach, in dem bürg sich verloffen, das er nit mer funden
worden und mein vatter wie auch mich übel durt.

Wir zogen nach mittag von Montauban in ein flecken Musach[50] genant,
ist 4 leucen, do wir über nacht bleiben.

Den 8 mertzens reiten wir 3 leucen in den flecken Magister[51], dannethar
die studenten sagen, so do wandlen, der Donat[52] habe do glebt, wil Musa
und Magister by einander do ligen[53]. Ich gedenck, daß ich underwegen
kie[54] sach, deren ich keine in ettlich jaren gesehen. Nach mittag zogen
wir aber 3 leucen in die kaufman stat Aagen[55], dorin vil Italiener kaufleut
wonen. Es kam ein münch zů uns uf der gassen und frogt, eb wir nit zum
Julio Scaligero[56] wolten, der do wonet und verriempt was; aber eß war
spot, also das wirs underließen.

Den 9. alß wir fort zogen, kamen wir an ein ußlůf des flußes Garona;
dan sy war so groß, daß sy doselbst ußgebrochen und wer dorüber wolt,
in eim weidling, der do stůndt und von eim bort zum anderen sties, wie
über ein brucken gon můst. Wir forchten, unsre roß dorin zestellen; der

---

49 Grenchen = *Grächen* im Oberwallis, Mattertal, vgl. Kap. 10, A. 66.

50 Musach = *Moissac*. – Nach dem Umweg über Fronton-Montauban folgt Platter von hier
an wieder der N 113 und der Garonne bis nach Bordeaux.

51 Magister = *Lamagistère*, Dorf halbwegs zwischen Moissac und Agen, fehlt auf gewöhnlichen Karten. Vgl. Ritter II, 14 u. Keiser 430, A. 1.

52 *Donat:* röm. Grammatiker des 4. Jh.; seine «Ars grammatica» war das verbreitetste
Schulbuch des Mittelalters.

53 Wortspiel mit den Namen Musa⟨ch⟩ und Magister, s. A. 50 u. 51.

54 kie = Kühe (baseldt. entrundete Form).

55 *Agen:* röm. Agennum, an der Garonne und N 113, Hauptstadt des Dép. Lot-et-Garonne,
Bischofssitz, Altstadt und Kathedrale.

56 *Julius Caesar Scaliger:* *1484, †1558, bekannter Arzt, Philologe und Dichter; gebürtig
aus Padua, studierte, nahm Solddienste bei Kaiser Maximilian und dem König von
Frankreich, wandte sich dann der Medizin zu und kam 1525 mit dem Bischof von Agen
nach Frankreich. In Agen verheiratete er sich und begann seine literarische Laufbahn.
Er sammelte auch Pflanzen und schrieb über Theophrast, Aristoteles, Hippokrates, ferner
eine lat. Grammatik (1540) und eine Poetik (1560). Er lebte bis zum Tode in Agen, allseits
bewundert und hochgeehrt. Nach Keiser 431, A. 2. – Felix hätte Gelegenheit gehabt,
von dem grossen Humanisten empfangen zu werden, doch unterliess er den Besuch,
da «es spät war»; in Wirklichkeit wollte er, wie die meisten Medizinstudenten, sich nicht
von humanistischen oder konfessionellen Dingen ablenken lassen.

Birckman wogts zum ersten, geriet im nit on gfor. Ich war in engsten, wogt eß auch mit meim roß; do fieng der weidling an gnepfen[57], also daß daß roß schier am anderen port heraus sprang ins waßer und doruß ans bort, war allernechst bim großen flus, in welches so eß kommen wer, were ich [96] um daß roß und all mein bagaie[58], so daruf gebunden, kommen und in iomer in der frembd geroten. Glich darunder kamen wir in ein stat, so an der Garunna ligt, Port de s. Marie; reiten witer fir ein stat Aguilles[59]. Do wolt man uns nit inloßen, wir schwüren dan, wir weren nit zů Tholosen gwesen, wegen der pest, so do regieren solt. Wir sagten, weren allein firüber zogen, weren Schwitzer. Also lies man uns in; ist 3 leucen von Aagendt[60]. Alß wir in die herberg in reiten, horten wir ein papagey, der redt, lacht also natürlich, alß were es ein mensch, wie wir auch vermeinten, do er uns růft und wilkum hies sein. Nach dem eßen zugen wir gon Marmande[61], 3 leucen.

Den 10 mertzens zogen wir gon s. Basilien[62]; von dannen gon Relauw[63] und nach mittag gon s. Macary[64], darnoch gon Langoun[65]. Do hatten wir ein gforlichen weg zeriten, wegen der strosreubery, so do geiebt wirt, dorumb man den waldt Cap de l'homme nempt. Wir zogen mit forcht fort, kamen by iteler nacht fir die stat Bourdeaux[66], do die porten schon beschloßen waren und der wechter über uns schrey, wis uns in die vorstadt, so darby, do wir inkarten. Hatten den tag 12 leucen verbrocht. Der wirt gab uns sepia[67], merspinnen zeeßen, so ich noch nie geßen.

Morndes den 11 zogen wir frie[u] in die stat Bourdeaux, karten zum Cardinals hůt, so am port deß mers ligt, in. Es war ein Berner in der stat, burger doselbst, hatt seitenspil fiel[68] und andre war, der wardt unser innen, kam gleich zů uns, entbot sich alleß gůts gegen uns, bracht mir ein harpfen und Birckmanno ein lauten, daß wir kurtzwil hetten, fůrt

57 gnepfen = sich neigen.
58 bagaie = Bagage, Gepäck.
59 Aguilles = *Aiguillon:* Schloss und Stadt bei der Mündung des Lot in die Garonne; *Port-Ste-Marie* ebenfalls an der Garonne und an der N 113, desgleichen die folgenden Orte.
60 Aagendt = *Agen*, s. o. A. 55.
61 *Marmande:* 28 km nach Aiguillon.
62 s. Basilien = *Ste-Bazeille*, 6 km NW von Marmande.
63 Relauw = *la Réole*, 13 km NW von Ste- Bazeille.
64 s. Macary = *St-Macaire.*
65 Langoun = *Langon*, 18 km W von la Réole.
66 *Bordeaux:* röm. Burdigala, war eine der bedeutendsten Städte Galliens, am Anfang der Garonnemündung gelegen, Hauptstadt des Dép. Gironde, Sitz eines Erzbischofs und einer Universität, Haupthafen und Handelszentrum in Südwestfrankreich. Über die Geschichte der Stadt s. Keiser 436, A. 2, hier auch die Lit.
67 sepia = Tintenfisch.
68 fiel (verschrieben?) = feil.

uns hin und wider in der statt, leist uns die dry tag, do wir do blyben, gûte geselschaft. Wir sachen den port deß meers Oceani, darvon ein arm gon Bourdeaux sich erstreckt und wie daß mer falt, daß die schif drocken stondt, uf den obendt wider wagßt, daß sy wider im diefen mer stondt. Es waren große nauen do; sachen die Engellender do wein laden. Wir zogen auf das haus, do das parlament von Tholosen wirt gehalten[69], und die stat überal, dorunder von antiquiteten ein amphitheatrum[70] und ein gar alt haus eines praetoris, große alte seulen etc. Man gab uns in der herberg under andern fischen groß lampretten[71] zeßen, so doselbst gmein; wir musicierten, das vil zů uns kamen und uns vil eer bewysen.

Den 14 martii saßen wir[72] in ein schif genant Equillon[73], gradt by der herberg uf den arm des mers, namen die roß zů uns und schiften, bis wir in daß hoch mer, den oceanum kamen gegen nidergang gelegen, wie daß mer zů Mompelier gegen mittag, so nit falt. Wir kamen an ein stat, so am mer ligt, genant Blay[74], ist halber weg von Bourdeaux gon Rochelle; do stûnden wir auß und aßen; ist 7 leucen von Bourdeaux. Darnoch reiten wir bis gon Mirambeau[75], ist auch 7 leucen.

Den 15 mertzens reiten wir fort, draffen under wegen den profoßen[76] an mit ettlich pferden, der streift uf die übeltheter, fieng einen doselbst, lies in mit der halfteren binden und mit fieren. Wir kamen gon Pons[77], sindt 4 leucen, und nach mittag erstlich gon Sainctes[78], darvon daß landt Sainctoigne[79] gnant [97] wirt. Reiten fort, draffen einen von s. Jhan d'Angeli[80], do hin wir wolten, ein feinen man, der gar früntlich mit uns

69 Das Château de l'Ombrière, wo seit 1462 das *Parlament* der Guyenne tagte. Keiser 436, A. 2, 438.

70 Das Palais Gallien, der Überrest des röm. *Amphitheaters* aus dem 3. Jh.; es fasste ehemals 15 000 Zuschauer. Baedeker, Frankreich 1969, S. 305; Keiser 439, A. 1.

71 lampretten: aalartiger Fisch, Neunauge.

72 saßen wir = setzten wir uns.

73 Equillon: vermutlich = Aquilon (Nordwind).

74 *Blaye:* nicht «am mer», sondern an der Gironde (der nach der Vereinigung mit der Dordogne zum Mündungstrichter erweiterten Garonne), auch nicht «halber weg» zwischen Bordeaux und La Rochelle, sondern nur 33 km N von Bordeaux. In der Kirche Saint-Romain zu Blaye sollen, dem Rolandslied zufolge, die Leichen Rolands, Oliviers und des Erzbischofs Turpin beigesetzt sein; s. dazu Keiser 445, A. 4, 449. – Von da geht es weiter auf der N 137 in N-Richtung: Mirambeau, Pons, Saintes.

75 *Mirambeau:* an der N 137, ca. 30 km NE von Blaye.

76 profoß = Gerichtsvollzieher, Polizist.

77 *Pons:* an der N 137, ca. 23 km N von Mirambeau.

78 *Saintes:* an der N 137, ca. 21 km NW von Pons, die Hauptstadt der Provinz Saintonge, an der Charente. Von hier hätte Platter in Richtung NW noch 67 km weiterreisen müssen, um nach La Rochelle zu gelangen. Statt dessen zog er auf der N 138 nach St-Jean d'Angély und verpasste dadurch sein Ziel.

79 Sainctoigne = *Saintonge*, s. A. 78.

80 *St-Jean d'Angély:* 26 km NE von Saintes, mit einer Benediktinerabtei, die 11 Jahre später in den Religionskriegen zerstört wurde.

redt und deß landts art anzeigte, auch das wir nit weit von Rochelle[81];
wil wir aber wider hinder sich hetten mießen, ließen wirs blyben, das
mich reuwt. Bleiben über nacht zů s. Angeli, ist von Pons 9 leucen, die
dorumb kürtzer anfachen werden. Ich gedenck, daß der burger von
s. Jhan zů mir sagt: «Vous aves ung beau nes», wolt mich also loben,
ich wäre hübsch wegen der nasen.

Den 16 martii reiten wir gon s. Ones[82], darnoch zum mittag eßen gon
Villedieu[83], sindt 4 leucen, darnoch znacht gon Chenet[84], 7 leucen.

Den 17 mertzens kamen wir gon Lusignan[85], 4 leucen. Do sachen wir
das schloß uf dem berg, do die Melusina[86] gewont sol haben, und ein
großen garten, so darzů gehört. Nach dem eßen zogen wir in die gwaltige
stat Potiers[87], 5 leucen.

Den 18 mertzens bleiben wir zů Potiers, besachen die stat, stigen auf
den turn, hatt vil gerten, wie ze Basel. Es war ein bůchfierer do, hatt ein
Basel stab in seinem schilt, by dem hatt h. Bernhart Brandt[88], alß er in
Franckreich, gewont. Wir beschůwten auch des künigs schlos so doselbsten.

Den 19 mertzens reiten wir von Potiers mit eim geferten, den wir zů
Potiers andrafen, des wir fro, wil wir von Narbona keinen gehept und
unsers wegs wolt, bis in die stat Chastelerault[89], 7 leucen; von dannen
znacht gon Portepile[90], 4 leucen, do wir übernacht bleiben.

81 *La Rochelle:* wichtiger Atlantikhafen, bereits seit 1554 der Hauptstützpunkt der Hugenotten. Nachdem Platter dieses Ziel verfehlt hatte, zog er auf der N 150 *in Richtung NE
   nach Poitiers: St-Jean d'Angély–Aulnay–Villedieu–Chenay–Lusignan–Poitiers.*
82 s. Ones = *Aulnay*, an der N 150, 17 km NE von St- Jean d'A.
83 *la Villedieu,* do., 5 km nach Aulnay.   84 Chenet = *Chenay,* do., 38 km nach Villedieu.
85 *Lusignan:* do., 16 km NE von Chenay.
86 *Melusine:* die bei uns durch das Volksbuch bekannte sagenhafte Gründerin des Schlosses
   der Adelsfamilie der Lusignan: mère des Lusignans > mère Lusigne > Merlusine. Nach
   Keiser 491, A. 1.
87 Potiers = *Poitiers:* alte Hauptstadt des Poitou und des Dép. Vienne, Bistum, Universität.
88 *Bernhard Brand:* *1525 oder 1523, †1594, der bekannte Prof. iur., Sohn des populären
   Scherers und Bürgermeisters Joder (Theodor) B. und der Chrischona Koesy; der jung-
   verheiratete Professor lief am 1. April 1552 von Amt und Familie davon, um sich dem
   Regiment Irmy anzuschliessen, das nach Frankreich zog, nachher bekleidete er mehrere
   Amtsstellen, 1570–1577 und 1590–1594 war er Oberstzunftmeister; er war seit 1548
   verheiratet mit Rahel Herwagen, der Tochter des Johann H. und der Gertrud Lachner,
   2. seit 1568 mit Margareta Wagner von Mülhausen, Tochter des Burgvogts Werner W.
   u. der Marg. Rappenberger; 1563 wurde er durch Kaiser Ferdinand bei dessen Basler
   Besuch geadelt. Merz: Sisgau 4, Stammtf. 6; Wappenb. Ba.; Matr. Ba. II 37, 1543/44;
   Gast, B. Ch. 8, 424; Tonjola 299. – bůchfierer: Wechel, Kap. 4, A. 129.
89 *Châtellerault:* Von Poitiers weg geht die Reise in Richtung NE über Châtellerault, le Port-
   de-Piles, Ste. Maure, Montbason, Candé nach Tours, auf der N 10. – Châtellerault liegt
   34 km NE von Poitiers an der N 10, nahe dem Zusammenfluss von Vienne und Clain,
   wo Karl Martell 732 die Araber besiegte.
90 Portepile = *le Port-de-Piles:* an der Vienne und N 10.

Den 20 mertzens kamen wir gon s. More[91], 3 leucen, darnoch gon
Monbason[92], 4 leucen; nach mittag fůrt uns unser gfert ein wenig abweg,
ein schön schloß zů beschůwen, so eim marquis gehort, der doch nit do
sas, sy nemptens Cande[93]; waren schöne schilt und helm dorin. Ich gsach
doselbst ein thurn allein ston, war ein daubhuß[94], inwendig voller löcher,
durch ufhin und in der mitte ein leiter so umgieng, daß man zů allen
nesteren kommen kondt. Darnoch kamen wir in die schöne stat Turs[95],
3 leucen, die schön brunnen hatt und deß künigs gwaltig schloß.

Den 21 zogen wir von Tours nach Amboise[96]. Underwegen reiten wir
neben vil felsen, so außgehölt waren und woneten die leuth dorin[97], etwas
beschloßen, waren ire hüser on tach; deren waren ein gůten theil. Kamen
darnoch gon Amboise, 7 leucen, do ein schön küniglich schloß, das wir
besachen. Nach eßen zogen wir fort gon Blois[98], 8 leucen, do glichfalß
ein gwaltig küniglich schloß ist. Alß wir ze Blois inreiten über die bruck,
so über die Loire geth, sprang ein frauw von derselben hinab in das
waßer, sich selbs, wie wir hernach verstůnden, umzebringen. Sy fůr weit
hinab, eb man sy lendet. Ich sprang vom roß, luf hinab zů ir, sy othmet
noch; ein apotecker sties ir tefelin[99] in, die kont sy nit zerbißen, noch
hinab schlucken, steckten ir also im halß, halfen mer, das sy dester ehr
erstickt, dan daß sy etwas hulfen.

[98] Den 22 kamen wir gon s. Laurent[100], 7 leucen, do wir zů mittag

91 s. More = *Ste-Maure:* an der N 10, 35 km SW von Tours.
92 *Montbazon:* an der Indre, 13 km SW von Tours.
93 *Cande:* nicht zu verwechseln mit Candes am Zusammenfluss von Vienne und Loire,
    W von Chinon, oder mit Candé zwischen Tours und Blois, da beide zu weit weg sind.
    Laut Baedeker: Le Centre de la France, Leipzig 1889, S. 22 befindet sich unser Candé
    zwischen Tours und Montbazon, SW der Bahnlinie von Châteauroux und besitzt ein
    schönes Schloss aus dem 16. Jh.
94 daubhuß: ein Taubenschlag.
95 *Tours:* die alte Hauptstadt der Touraine und des Dép. Indre-et-Loire, zwischen der Loire
    und dem unweit flussabwärts in sie einmündenden Cher, Sitz eines Erzbistums (hl. Mar-
    tin!). – Von da an führt die Reise *der Loire entlang aufwärts bis Orléans,* und zwar auf der
    linksufrigen Strasse, die der rechtsufrigen N 152 parallel läuft. Stationen: Amboise, Blois,
    St-Laurent, Cléry, Orléans.
96 *Amboise:* 15 km E von Tours, an der Loire, mit prächtigem Schloss.
97 Noch heute dienen diese schon von Caesar als Getreidespeicher benützten Höhlen im
    porösen Sandstein Tausenden als Wohnung; s. A. Galliker: Im Herzen Frankreichs,
    Zürich 1954, S. 33. Ein Bild der «maisons troglodytiques» bei J. Levron: La vallée de la
    Loire, Paris 1948, p. 129.
98 *Blois:* am rechten Ufer der Loire, halbwegs zwischen Tours und Orléans, Hauptstadt
    des Dép. Loir-et-Cher mit sehr schönem Schloss. Blois wurde königliche Residenz und
    spielte unter Ludwig XII. und Franz I., also bis kurz vor Platters Besuch, eine ähnliche
    Rolle wie später Versailles. – Die andern Loire-Schlösser hat Platter, wohl aus Zeit-
    mangel, nicht beachtet.
99 tefelin, Täfeli (baseldt.) = Bonbons, hier: Tabletten.
100 *St-Laurent*-des-Eaux: halbwegs zwischen Blois und Orléans.

aßen. Nach dem eßen reiten wir fir ein flecken Clery[101], do ein kloster, dahin man große walfarten thůt, zů unser frauwen, Nostre dame de Clery. Wir sachen im firriten in der kirchen vil liechter brennen, mechtig kirchen zier. Zogen fort, bis wir gon Orleans[102] kamen, do wir zum Lantzknecht von Teutschen genant inkerten.

Zů Orleans bleiben wir den 23. 24. 25. Es war ein große zal Teutschen in der stat, von hoch und nider standts, darunder uns vil geselschaft hielten. Sunderlich war doselbst Sigismundus von Andlůw, mein gewesener ze Basel schů⟨l⟩gsel, der mir ein stattlich panquet hielt, mit allerley confeckt, doran ich mich überas, sampt dem gůten wein d'Orleans zevil dranck, das ich die nacht kranck wardt, wie auch morgens frie[u], darzů auch geholfen, daß ich die gantze reiß mer fisch hab geßen, also daß den morgen mir gar wee und von vil Teutschen besůcht wardt und die redt under inen gieng, ich wurde sterben. Wardt doch gleich uf den imeß[103] beßer, do ich etwas as, also das ich noch mittag in eins Teutschen, do man ein dantz hielt, haus gieng und allerley welsche dentz mit verwunderung der anderen Teutschen dantzte. Sy waren stets um uns, wil wir zwen zesamen die luten schlůgen, harpfen etc., die sy uns mittheilten. Sy fůrten uns auf die bruck, zeigten uns das steinene jungfrauw bildt, so ein antiquitet[104], item in die kirchen s. Croix, do zeigt man uns die lenge, die Christus sol gehapt haben[105]. Wir stigen auf den thurn, so gantz blyen[106] war, do war ein gar lange leiter, doruf man zeoberst zum spitz stigen kont, wie dan ettlich hinuf stigen. Alß ich aber nochen wolt und ufs halb hinuf kam und die leiter so gar vom thurn heraus gieng, daß man hinab an die gaßen sach und die leiter anfieng schwanchen, zog ich wider hindersich

101 *Cléry*-St-André: ca. 12 km SW von Orléans, mit gotischer Basilika Notre Dame, die das schöne Grabmal Ludwigs XI. enthält.

102 *Orléans:* seit der Römerzeit wichtiger Strassenknotenpunkt am nördlichsten Punkt des grossen Loire-Bogens, auch strategisch von Bedeutung (1429 Jungfrau von Orléans!), Hauptstadt des Dép. Loiret, Bistum, seit 1309 *Universität,* an der auch viele Deutsche studierten.　　103 imeß, Imbiss = Mittag(essen).

104 antiquitet: Trotz zwei Ungenauigkeiten Platters («antiquitet» und «steinen») handelt es sich zweifellos um das zu Beginn des 16. Jh. auf einem steinernen Sockel errichtete Bronzedenkmal zu Ehren der *Jeanne d'Arc.* In der Mitte stand ein hohes Kruzifix, darunter aufrecht die heilige Jungfrau, zu beiden Seiten kniend der König und die Pucelle d'Orléans. In den Religionskriegen wurde das Denkmal 1562 zum Teil zerstört und 1570 restauriert, wobei das Kruzifix durch ein Kreuz und eine Pietà ersetzt wurde. In diesem Zustand hat es Thomas II. dann 1595 gesehen und beschrieben, s. Keiser 533f. 1745 wurde das Denkmal von der Brücke entfernt, 1792 eingeschmolzen. Die freundl. Auskunft von Monsieur H. Charnier, Directeur des Services d'Archives du Loiret, basiert auf J. de la Martinière: Notes sur le culte de Jeanne d'Arc, le monument ..., Mém. Soc. Arch. et Hist. de l'Orléanais, t. 37/1936, p. 109–141.

105 Unklar, worum es sich dabei handeln könnte, da die Kirche Sainte-Croix in den Religionskriegen stark gelitten hat.

106 blyen = aus Blei.

hinab, dorft es nit wogen, allerdingen hinuf ze stigen. Es schreiben mir
vil, wie auch der von Andlůw, ir namen zur gedechnus in mein stam-
biechlin[107], dorunder die nachvolgende[108]:
Reinhart Pohart von Neywenstein,
Henricus Schweblin, von Zweibrucken bürtig, He⟨rr⟩ von Schönberg,
Phil⟨ipp⟩ Christ⟨oph⟩ von Söwen,
Georgius Nessel, ein Strosburger,
Nicolaus Wernerus von Kippenheim,
Phil⟨ipp⟩ Stockhammer von München, Wolf Stockhammer,
Joh⟨ann⟩ Friese, ein Sax,
Arnolt Booch, ein Sax,
Daniel Goll von Schletstat,
Johann Achilles Yllißung, der hernoch ein fryherr worden und mich gon
    Spir berieft, sin frauw zecurieren.

107 *stambiechlin:* Dasjenige von Felix ist leider nicht mehr erhalten, wohl aber das seines
     Neffen Felix II; s. darüber Christoph Vischer: Die Stammbücher der Univ.-Bibl. Basel in
     der Festschrift Schwarber, Basel 1949, S. 247 ff. – Die Stammbüchlein, wie sie heute noch
     von Schulmädchen geführt werden, waren damals bei den Studenten verbreitet: sie ent-
     hielten jeweils die Unterschrift, zuweilen eine Widmung, mit Vorliebe lat., gelegentlich
     ein Wappen.
108 Felix nennt hier 19 Namen von deutschen Studenten, von denen ich knapp die Hälfte
     identifizieren kann. Die zeilenweise Anordnung im Text stammt vom Herausgeber. –
     Henricus Schweblin von Zweibrücken: Matr. Tüb. 136, 62 (1, S. 353), Heinricus Schwebling
     Bipontanus, 1551 22. Aug. – *Daniel Goll* von Schlettstadt: Matr. Tüb. 138, 42 u. 142, 29;
     1552 18. Juli und 1554 30. Mai. – *Joh. Achilles Illsung:* aus dem berühmten Geschlecht
     Ilsung (von Tratzberg) von Augsburg, Sohn des Melchior I., in Ingolstadt 1546 Juli,
     Padua 1552 Febr., Freiburg 1555 Nov. (Matr. Freibg. 413), um 1572 kaiserlicher Rat u.
     Gesandter, Landvogt in Schwaben u. zu Neuburg, †1609. ADB 14, 34. – *Christophorus
     a Schönberg,* in Bavaria. Matr. Tüb. 140, 78: 1553 7. Sept. – *Georg Leukircher* Almengauus
     (aus dem Allgäu?). – In Tübingen ist ein Jacobus L. Memingensis immatrikuliert am
     23. Mai 1556, Matr. 145, 7, vielleicht ein Verwandter? – *Peter Heel* von Kaufbeuren
     studierte in Montpellier bis 1554 2. April. Vgl. Kap. 3, A. 364. – *Balthasar von Grüdt* wird
     erwähnt als «Nobilis Dom. Baltazar de Grudt, Schaphusianus» bei Alphonse Rivier:
     Schweizer als Mitglieder der dt. Nation in Orléans, ASG 2/1874, S. 245. Vielleicht ein
     Verwandter des Abtes von Muri, Christoph v. G.? – *Gerold Escher* von Zürich, 1583–1596,
     Sohn des Johann E., wurde 1573 Stadtschreiber von Zürich, des Rats 1593, Obervogt
     von Stäfa, 1595 Gesandter an den König von Frankreich. HBLS 3, 74. – *Caspar Everhard*
     von Ingolstadt: s. Thomas Stanger: Epithalamium in nuptias Caspari Everhardi, iuris
     utriusque doctoris ... et Marthae, spectatissimi viri Balthasari Bart, Monacensis patritii,
     filiae. Ingolstadt 1568. Zit. nach Schottenloher, Bibliogr. 1, 5589. – *Heinrich Langen-
     mantel* von Augsburg, Sohn des Wolfgang L. (†1557) und der Ursula Baumgartner
     (†1566); ∞ 1. Ursula Täntzl von Tratzberg, 2. Maria Jakobina Weber. Nach der Lange-
     mantel-Stammtf. von Joh. Seifert, Regensburg 1721. Freundl. Mitteilung von Archivdir.
     Dr. H. F. Deininger, Augsburg. – *Ludwig Sturmfeder,* a Boppenwiler. Matr. Tüb. 142, 65;
     1554 19. Juli, schwäbische Adelsfamilie mit Stammsitz bei Oppenweiler O.A. Backnang.
     – *Wernher von Bentzenauw:* wahrscheinlich aus der oberbayrischen Familie Pienzenau
     (Pentzenau). Vgl. Hartmann, Th. Platter 157.

Chris⟨toph⟩ von Schönburg,
Georgius Le⟨u⟩wkircher, Almangauus,
Petrus Heel von Kaufbüren, so hernoch zů S. Martin by Arles ermürdt
   worden, ein gar langer kerlin,
Balthasar von Grüdt,
Geroldt Äscher von Zürich, hernoch statschriber doselbst,
Caspar Everhardus von Ingelstat,
Henricus Langemantel von Augspurg,
Wer⟨n⟩her von Brentzenauw,
Ludwig Sturmfeder etc.[109]

[99] Den 26 alß wir zwen wolten auf sein, war mein sattel verderbt,
zerhuw in und kauft ein anderen, reiten fort mit gůter geselschaft, die uns
das gleit gaben bis gon Tourin[110], do wir uns latzten[111]. Darnoch fůren
wir fort biß gon Angerville[112], von Orleans 4 leucen.

Den 27 kamen wir gon Estampes[113], darin mein roß mit mir fiel, doch
on schaden abgieng, ist 6 leucen. Wir[114] zogen noch fort bis Charstres[115],
do mir ze morgen aßen, 5 leucen, darnoch nach mittag durch Montheri[116]

109 Die grosse Zahl der *deutschen Studenten in Orléans* ist auffallend, schon seit dem Mittelalter;
   sie waren organisiert als «deutsche Nation» und genossen gewisse Vorrechte. Unter
   ihnen war stets ein Gruppe Schweizer, die recht oft sogar den Vorsteher (procuré)
   stellten. Im letzten Viertel des 15. Jh. kamen die Humanisten hieher, besonders von der
   juristischen Fakultät (röm. Recht!). Auch die Reformation brachte keinen Unterbruch,
   s. Sven Stelling-Michaud: L'ancienne univ. d'Orléans et la Suisse du 14e au 16e s.
   (Genf, o. J.). Während der französische König seine reformierten Untertanen auf die
   Scheiterhaufen schickte, schenkte derselbe 1555 den deutschen Studenten in Orléans,
   Bourges und Poitiers das Recht, ihren Glauben auszuüben. Einige einflussreiche Professoren in Orléans waren reformiert, so besonders der berühmte Jurist *Anne Du Bourg*,
   der am 23. Dez. 1558 zum Märtyrer wurde. Von seinen ca. 20 Schweizer Studenten waren
   fast alle ebenfalls reformiert, u. a. der Basler Humanist *Daniel Widmann* (Matr. Ba. II 62,
   1549/50), gen. Oesyander, und *Hans-Conrad von Ulm*, Herr von Teufen u. Wellenberg ZH,
   der 1555 procuré de la nation germanique war. Vgl. HBLS 7, 114, Nr. 12. – Auch Felix
   Platter liess seinen Namen in die Matrikel eintragen (s. Rivier 245), doch ohne dort zu
   studieren.
110 Tourin = *Toury*, an der *Strasse Orléans–Paris (N 20)*, ca. 33 km N von Orléans. Die
   weitern Stationen sind: Angerville, Etampes, Arpajon, Montlhéry, Paris.
111 latzten: gemischtes Praet. zu letzen = sich erlaben.
112 *Angerville:* an der N 20, 68 km SW von Paris.
113 *Etampes:* an der N 20, 50 km SW von Paris, im Dép. Seine-et-Oise.
114 Hs. (irrt.): wirt. (Antizipation des t von «fort»).
115 «Charstres»: ja nicht zu verwechseln mit Chartres, sondern identisch mit dem heutigen
   Arpajon, 30 km S von Paris, «d'abord appelée Châtres-sous-Montlhéry devenue Chatellenie
   et érigée en marquisat sous le nom d'Arpajon, en oct. 1720, en faveur de Louis d'Arpajon ...», nach «La Guide des chemins de France de 1553», par Charles Estienne, publiée
   par J. Bonnerot, Bibl. de l'Ecole des hautes Etudes, fasc. 265/1936, p. 324, Nr. 309. –
   Auch Martin Zeiller: Topogr. Galliae, Frankfurt 1655 ff., erwähnt in Bd. I, p. 71,
   «Chastres, ein Stättlein, acht Meylen von Paris auff Orléans zu».
116 *Montlhéry:* kleines Städtchen ca. 20 km S von Paris.

gon Paris, ist 9 leucen. Wir sachen underwegen auf dem berg das nunnen kloster Mont Martre[117], darnoch um Paris vil windt mülenen. Wir riten ze Paris durch s. Jacob stroß[118], gar lang, eb wir zur herberg[119] kamen, zum Kreutz, ligt vor dem Porcelet über. Ich fandt in unser herberg ein Jochum von Straßburg[120], so hernoch stetmeister worden. Morndeß verdingten wir uns à s. Barbe vor dem Mortier d'or, der apoteck über, hatten oben ein klein kemmerlin und bett dorinnen; do pursierten[121] wir die zyt, ich do bleib, so do that vierthalbe wuchen[122].

Ich fandt zů Paris Carolum Utenhovium[123] den glerten jungen man, so nit lang by meim vatter am disch gwesen, der mir vil von meins vatters hushaltung erzelt und oft by uns über nacht bleib. Ich fandt auch den Balthasar Krůgen[124], ein seltzamen fantasten, der altzeit mit uns wolt, hatt kundtsame in der gantzen stat, wenig gelts und kondt doch auskommen. Ich fandt auch under des künigs guardiknechten im wirtzhus zum Schof, do ir herberg zů zeren, den großen und langen seckler Jocklin von Basel, hatt bös schenckel. Es[125] war ein gwardiknecht Fritz von Zürich, hatt ein frauwen, der uns ein obendrunck gab. Ich sprach D. Duretum[126] und D. Gubillum[127] an, so die firnembsten von den medicis

---

117 *Mont-Martre:* im nördlichen Teil von *Paris,* aber durch seine Hügellage weithin sichtbar·

118 Die *Grand rue de Saint-Jacques,* bereits in vorrömischer Zeit bekannt, führt auf dem linken Seine-Ufer von der Porte St-Jacques zwischen Sorbonne und Collège de France hindurch über den Petit Pont mitten auf die Ile de laCité; mit ihrer Fortsetzung rechts der Seine, der rue St-Martin, bildete sie genau den Durchmesser der ummauerten Altstadt. Franklin: Plan de Paris de 1540, p. 235, und Hillairet: Dict. hist. des rues de Paris (1963), t. II, p. 438ss.

119 Herberge (Hs.: herberb) zum *Kreuz* sowie das «Porcelet» (Ferkel) gegenüber (Hs.: übel) sind beide auf dem Plan de Berty nicht zu finden. Freundl. Auskunft von M. Surirey de Saint Rémy, Conservateur en chef de la Bibl. hist. ... Paris, der auch meine andern Angaben über Paris kontrolliert hat.

120 Jochum: entweder Diebold *Joham von Mundolsheim,* der 1565, 1566, 1568 u. 1569 Stettmeister von Strassburg war, oder Heinrich Joham v. M., der 1566/67 u. 1569 dieses Amt innehatte. Nach freundl. Mitteilung von M. J. Fuchs, archiviste, Strasbourg.

121 pursierten = logierten. – *Sainte Barbe* ist nicht mehr zu finden, wohl aber die bekannte Apotheke zum «*Mortier d'or*» (zum goldenen Mörser) an der rue Saint-Jacques. Plan archéologique de Paris du 12e au 17e s., planche XIV. Freundl. Mitteilung von M. Surirey de Saint Rémy (A. 119) und F. Dousset, Adj. Arch. de France.

122 vierthalbe wuchen = 3½ Wochen, vom 28. März bis 21. April 1557.

123 *Carolus Utenhovius:* Humanist, neulat. Poet und Sprachgenie aus Gent (s. Kap. 1, A. 18). Seit Anfang 1557 war er in Paris. laut Brief Thomas Nr. XXXI vom 9. Jan. 1557, Burckhardt, S. 99.

124 *Balthasar Krug:* Sohn des Lohnherrn u. Obervogts Sebastian K., Halbbruder des spätern Bürgermeisters Kaspar K.; Wappenb. u. Matr. Ba. II 62.

125 Hs.: er. – Die Auberge du *Mouton* befand sich an der rue Saint-Jacques. Plan archéol., pl. XIV. Vgl. A. 121.

126 *Louis Duret,* *1527, †1586, Dr. med. 1552, Prof. au collège royal 1568, Leibarzt der Könige Karl IX. und Heinrich III. Larousse du XXe s., t. 2, 1010. Nach dem Urteil von Karcher 23 ein Traditionalist.

127 Gubillus = *Jacques G. Goupyl:* gelehrter Hellenist und ausgezeichneter Arzt aus dem

neben D. Fernelio[128], deßen vetter der druckerherr Wechelus[129] mich allenthalben hinfûrt. Der künig Henricus II war alla ville Acoustree[130] by 6 leucken von Paris; wir besachen sein schlos Louvre. Ich zog in vil collegia, auch vil kilchen, firaus Nostre dame, do wir hinuf steigen, biß

Poitou, Dioz. Luçon. Er promovierte 1548 in Paris und wurde Professor am Collège royal. Von ihm stammen gute Ausgaben der griechischen Klassiker der Medizin, auch des Rufus Ephesius (vgl. Kap. 11, A. 44). Er starb bald nach 1563, aus Gram über den Verlust seiner Bibliothek im Bürgerkrieg. Hirsch, Biogr. Lex. d. Med., 2. Ausg., I/1929, S. 812. Mit freundl. Hilfe von Frl. Dr. M. L. Portmann, Assistentin am Med.-hist. Inst. Basel.

128 *Jean Fernel:* «le Galien moderne», *1497, †1558, geb. in Clermont-en-Beauvaisis, sein Vater stammte aus Amiens. Er studierte mit Leidenschaft Mathematik, Philosophie und zuletzt Medizin, wurde 1530 Dr. med. in Paris und dozierte seit 1531 als Régent. Er war Vesals Lehrer. Mit seinem Werk «De naturali parte medicinae» (Paris 1542) beeinflusste er massgeblich für die nächsten 100 Jahre, noch über Harveys Entdeckung des Blutkreislaufes hinaus, das Denken über die Funktionen des Körpers. Die Schrift ist völlig frei von jeglicher Magie und Astrologie und stellt den «Gipfel an innerer Ordnung und Systematik», den «Höhepunkt und Abschluss der gesamten antiken mittelalterlichen Physiologie» dar (Rothschuh). Die Stelle eines Leibarztes Heinrichs II. schlug er zweimal aus, um seiner eigenen Arbeit leben zu können, nahm sie dann aber doch an und starb an den ungewohnten Strapazen eines Feldzuges. Er war berühmt geworden durch seinen Unterricht, durch seine med., astronom. und math. Schriften sowie durch seine Meridianmessungen. Zitiert nach R. Keiser 595, A. 2. Vgl. Larousse du XXe s., t. 3, 453; Biogr. universelle XIII 595 ff., hier auch ein Verzeichnis seiner Schriften; K. E. Rothschuh: Das System der Physiologie von Jean Fernel (1542) und seine Wurzeln, in Verhandlungen des 19. Intern. Kongresses f. Gs. d. Med., Basel 1966, S. 529–536, mit Lit.-Angaben.

129 Wechelus: *Andreas Wechel,* aus den bedeutenden Buchdrucker- und Buchhändlerfamilie W. (urspr. «Wechelin»). Sein Vater *Christian* W. «von Basel» (?) wurde 1522 in Paris als Buchhändler angenommen; er hatte dort seine Geschäftsräume an der Rue St-Jacques im Haus «zum Basler Schild» oder «zum Baselstab», 1527/28 übernahm er dieses Haus von dem bekannten Buchhändler und Verleger Conrad Rösch, der sich 1522 in Basel eingebürgert hatte und sich nunmehr als «buchkeuffer», nicht mehr als Verleger betätigte (s. Amerbach-Korr. 6, hg. v. B. R. Jenny, S. 312, A. 2). Die Herkunft von Basel ist sehr unsicher: es gab weder vorher noch nachher W. in Basel; vielleicht rührt die Behauptung daher, dass W. in Paris das Haus «sub scuto Basiliensi» übernommen hatte. Christian edierte – allein bis 1544 – weit über 300 wissenschaftliche Werke in verschiedenen Sprachen: Klassikerausgaben, med. und philol. Werke; ca. 1554 starb er oder zog sich vom Geschäft zurück. Seither erscheint sein Sohn *Andreas:* sein Geburtsjahr ist unbekannt, doch wurde er schon 1535 in Paris als Buchhändler aufgenommen. Bei ihm fanden viele Deutsche und Schweizer freundliche Aufnahme, so Ludwig Camerarius, Felix Platter u. a. Wegen seiner betont protestantischen Einstellung hatte er viele Schwierigkeiten. 1569 wurden seine Bücher verbrannt, sein Vermögen eingezogen, er selber musste das Land verlassen. Er durfte zwar später zurückkehren, doch kaum hatte er sich wieder etabliert, traf ihn 1572 die zweite Katastrophe: nur dank seinen Beziehungen entkam er knapp dem Wüten der Bartholomäusnacht und zog darauf nach Frankfurt a. M., wo er sich geschäftlich bald erholte. Er starb 1581, wahrscheinlich an der Pest. Nach Allg. Dt. Biogr. 41, 364 ff.

130 ville Acoustree = *Villers Cotterets* an der N 2, 69 km NE von Paris, vor Soissons. – Henri II., reg. 1547–1559.

auf das blyen[131] tach; sachen die großen glocken, so dorin hangen. Ich gieng zů einem goldschmidt auf der Goldschmidtbrucken[132], war von Basel, deß rütter Davidts brůder, Jacob Davidt[133], by dem arbeitet Felix Keller[134] von Zürich; kauft doselbst ein kettemlin von goldt um 6 cronen, wan ich heim kem zů vereeren, item by eim bůchbinder ein schön deutsch testamentlin, stattlich ingebunden, lies deren namen bůchstaben doruf drucken, deren ichs vereeren wolt, sampt der trüw. Ich sach ein mol ein procession aux Innocens[135], darin so vil pfaffen und münchen, daß eß schier ein stundt wert, eb sy al firüber giengen. An eim suntag gieng ich um die stat, so wiit man gon kan, mocht von morgen frie[u] bis mittag kum solches volbringen. Es starb ein firnemmer Polnischer herr, den begleiteten wir [100] by der begrebnus. Ein Teutscher wardt wundt, znacht, hinden im schenckel, nit wiit von der knüwbreien[136]; ich besůcht in, do war im[137] zimlich frisch; morndes alß ich wider zů im kam, war er todt. Wir begleiteten die licht[138] stattlich; man drůg nachtliechter, doran sein wopen; war uns allen leidt. Ich[139] gieng auch zů dem Martin Bezard[140] von Lucern, der wont zů s. Jhan Gaillardt[141] in einer gaß, dorin

131 blyen = bleiern.
132 «Pont au Change, heißet die Wegsel oder der Goldtschmidt bruck, weil eytel gelt wegsler unnd goldtschmidt darauf wohnen; sindt nidere heüser, mießen vast alle 50 jahr erneüweret werden ...» Keiser 599.
133 *Hans Jakob David*, Goldschmied in Paris, † Febr. 1565, war ein Sohn des Heinrich D., Wechslers, des Rats, und der Ursula Irmy; er war verheiratet mit Margret Herni († nach 1565). Sein Bruder war Hans David, Ritter, †1567. Nach Priv.-Arch. Lotz, Fasc. 81. (Abweichend von den Angaben des Wappenb. Ba.) Vgl. B. R. Jenny in BZ 73/1973, S. 51ff., spez. A. 41.
134 *Felix Keller* ist wohl der bei Werner Schnyder: Zürcher Ratslisten 1225–1798, Zürich 1962, S. 586 genannte Goldschmied, der am 1. Febr. 1535 getauft wurde und am 4. März 1599 starb. Nach den Hofmeisterschen Tabellen (einem ungedruckten genealogischen Werk im Zürcher Stadtarchiv) war Felix ein Sohn des Balthasar K., der sich im Zürcher Staatsdienst mehrfach ausgezeichnet hatte, und somit ein Bruder (oder Halbbruder) des Dr. med. u. Prof. phys. Georg K. (s. Matr. Ba. II 76), der als Stadtarzt von Zürich 1603 starb. Felix K. war zünftig zu Schneidern, 1573 Zwölfer zum Schaf, 1583 Vogt gen Greifensee, 1591 Schultheiss, 1595 bis †1599 Ratsherr. Nach einer freundl. Mitteilung von Dr. U. Helfenstein, Staatsarchiv des Kantons Zürich.
135 Eglise des *Innocents*: an der rue Saint-Denis, an der NE-Ecke des 1787 aufgehobenen Friedhofs. Hillairet: Dict. hist. des rues de Paris, t. II, p. 394s.
136 knüwbreien = Kniekehle.
137 Hs.: eim.
138 lich⟨t⟩ = Leichenbegängnis.
139 Hs.: in.
140 Magister *Martin Betschart* von Schwyz war als offizieller königlicher Stipendiat der Schwyzer nach Paris gekommen, wo er zeitlebens blieb und, mindestens im Geheimen, zum neuen Glauben übertrat. Der merkwürdige Kauz, der vor allem wegen seines durch Narben entstellten Gesichtes und wegen der Geschichten, die er über deren Entstehung erzählte, bekannt war, wohnte 1557 im Dirnenviertel, wo er eine Pfandleihanstalt betrieb. Früher scheint er sich sein Leben als Korrektor verdient zu haben. Sein Haus war der

die gmeine wiber wonent, drib ein gwerb und wůcher mit gelt, daß er auf pfender allerley außleicht, deren er daß haus allenthalben vol hatt. Den sprach ich[142] an um gelt, wie im mein vatter, den er kant, dorumb geschriben hatt; der leich mir 12 cronen, damit ich heim mechte kommen. Ich erinneren mich, das er im bruch altzeit die nasen mit speicher[143] riben, deßen ursach ich[144] vernam, daß ein wunden über die nasen gehapt und vermeint, daß anmol[145] also domit ze vertriben.

Im aprellen spatzierten unser ettlich hinus gon s. Denyß[146], do die künig aus Franckrich in eim kloster begraben. Der weg ist durch aushin besetzt, stondt underwegen hohe steinene krütz, so s. Deniß mit dem abgehůwenen kopf in[147] der handt[148]. Wir karten zum Mören in, spilten do im ballenspil[149]. Morndes besachen wir ⟨die⟩[150] kirchen, darinnen vil sachen zů besechen, namlich: die begrebnußen des künigs Caroli VIII und Ludovici XII, Francisci I[151], doran man noch werckt. Item seiner

Treffpunkt vieler Schweizer Studenten, die zum Teil bei ihm in Pension waren und oft von ihm Geld liehen, wie auch Felix Platter. Im Nov. 1529 wurde er erstmals Procurator der germanischen Nation in Paris (Martinus Besardus, natione Suicus) und bekleidete dieses Amt wieder 1531, 1537, 1547, 1550/51, 1554, 1561/62, 1564, 1569; ebenso war er 1530 u. 1568/69 Quästor der Nation (E. Chatelain: Les étudiants Suisses ... (à Paris), Paris 1891, S. XLVIII). Man pflegte ihn deshalb kurz als den «decanus Germanorum» zu bezeichnen. – Alle diese Angaben verdanke ich B. R. Jenny: Amerbach-Korr. 6, S. 422f., A. 2. Jenny erwähnt hier weitere Details über B., vor allem dessen Fürsorge für Schweizer Studenten, seine Schwierigkeiten bei der Zimmersuche (u. a. für den Zürcher Caspar Wolff) infolge der Profitsucht der Zimmervermieterinnen und seine Sorgen wegen der «morum corruptio summaque vitiorum omnis generis licentia impunitasque».

141 *Champ Gaillard:* seit Anfang 16. Jh. Name für das *Dirnenviertel* an der rue d'Assas und rue Clopin, das in einem Parlamentsbeschluss vom 4. Dez. 1555 erwähnt wird. Jaillot: Recherches crit., hist. et top. ... Paris, 16e quartier, la place Maubert, Paris 1774, p. 6 u. 28. In der Umgebung der heutigen Ecole Polytechnique. Nach der freundl. Auskunft von M. Surirey de Saint Rémy, Conservateur en chef Bibl. hist. Paris.

142 Hs.: in.
143 Speichel.
144 Hs.: in.
145 anmol = Mal, Narbe. Vgl. Kap. 4, A. 140.
146 *Saint-Denis:* 7 km N von Paris, Basilika, Grablege der französischen Könige seit dem 7. Jh., über dem Grabe des hl. Dionysius. Vgl. Gaston Brière: L'Eglise abbatiale de Saint-Denis et ses tombeaux, 1908, und Kap. 4, A. 151.
147 Hs.: en.
148 Das folgende ist etwas verworren: im der er hinus gangen sol gerůwet haben.
149 *ballenspil:* Das Jeu de Paume war damals sehr verbreitet. Thomas II. berichtet, «ettliche sagen, daß es bey 1100 ballenheüser zu Paris habe, aber so nur halb so viel, wie ich glaub, in gantz Paris sindt, ist es ein hüpsche zahl». Keiser 594. – Der Gasthof zum «Mören» ist kaum mehr festzustellen.
150 ⟨die⟩ ergänzt (schon von Boos). Die Tinte hat an dieser Stelle das Papier durchgefressen.
151 Seitdem Ludwig der Heilige (†1270) zu Ehren seiner Vorfahren die ersten *Königsgräber* hatte im Chor erstellen lassen, wurden alle französischen Könige bis zur Revolution hier beigesetzt; 1793 wurden die Gräber verwüstet, nachher restauriert. Thomas gibt davon

můter und dochter grab und anderer künigen und küngenen, gar kostlich gehůwen; uf dem einen zwey von metal gegoßene bilder deß künigs und küngenen; um daß ein stůnden vier nachende wibs bilder von marmel, daß einer von weitem meint, sy weren lebendig. Do war auch eines conestables begrebnus[152].

Item von helthum[153]: ein crucifix vom woren ⟨krütz⟩, doran Christus sol ghangen sein; ein großer driecker[154] nagel, damit Christus ans kreuz sol gnaglet sein; der kopf s. Dionysii in silber und goldt ingefaßt; der kopf s. Benedichti; die handt s. Thomae; ein zan Johannis Baptistae;, das gelt, so Judas entpfangen, den herren zů verroten; der laternen, so Judas dragen, do man Christum gefangen.

Item von kostlichen sachen; ein crucifix von luter goldt, außerthalb dem arm, so darvon genommen und ein anderer von silber übergült an dstat gethon, ein ander krütz von edlen gesteinen; den küniglichen scepter, doruf ein hernlin[155] von einhorn; ein einhorn 6 schů lang, stůndt in eim züber mit waßer hinder eim altar; daß waßer gibt man den presthaften zů drincken[156]; ein schalen von kostlichen steinen in goldt inge-

eine vollständige Liste (Keiser 892 f.), während Felix nur die der drei zuletzt gestorbenen Könige erwähnt: Das Grab *Karls VIII.* (reg. 1483–1498), das heute nicht mehr erhalten ist, wird genannt bei Gilles Corrozet: Les antiquitez ... de Paris (1550), p. 32: «Charles huytiesme. Son effigie est à genoulx du coste de Septentrion.» Pigariol de la Force: Description de Paris ... (1742), tome 8, p. 13, präzisiert: «de marbre noir et orné de figures de bronze dorées.» Die beiden andern Grabstätten sind in jedem Führer erwähnt: Die von *Ludwig XII.* (reg. 1498–1515) und seiner Gemahlin Anne de Bretagne ist besonders prächtig (Platter schreibt irrtümlich L. XI., dessen Grab sich jedoch in Cléry befindet, er meint indessen zweifellos das von L. XII.): es ist das erste freistehende Monumentalgrab der Renaissance in St-Denis, mit offenen Arkaden nach Art des Visconti-Denkmals in Pavia; auf dem Dach ist das Herrscherpaar kniend dargestellt, um den Sarg herum die zwölf Apostel und an den Ecken die vier Tugenden (Platters «vier nachende wibs bilder von marmel»). Photo und Würdigung bei M. Dumolin: Les Eglises de France, Bd. Paris et la Seine (1936), p. 390 ff. – Als schönstes Grab gilt das von *Franz I.* (reg. 1515–1547), seiner Gemahlin Claude de France und ihrer Kinder, errichtet 1517–1559; es stellt einen Triumphbogen dar, mit ionischen Säulen und klassischen Linien, auch mit Figurenschmuck, aber nüchterner, kälter als das andere. Photo und Würdigung bei Dumolin, p. 396 f.

152 Das des Connétable *Bertrand Du Guesclin* (†1380), des tapfersten und zugleich hässlichsten Mannes seiner Zeit, oder aber das seines Waffengefährten, des Connétable *Louis de Sancerre* (†1402), dessen – auch chronikalisch belegtes – Schielen der Künstler getreu wiedergegeben hat. – Der *Connétable* (< comes stabuli) war als Kronfeldherr der höchste Würdenträger nach dem König.

153 *helthum* (Heiltum, Reliquien): auch darüber sowie über den königlichen Schatz (s. nächstes Alinea) hat Thomas II. viel ausführlicher berichtet, s. Keiser 895 ff. Sogar Karls des Grossen Schwert und Rolands Horn waren dabei.

154 driecker = dreieckiger.

155 Hs.: he ... lin? (ergänzt von Boos).

156 Das *Einhorn* galt als eine der kostbarsten Arzneien. Erst später hat man erkannt, dass es sich bei diesem meterlangen hornartigen Gebilde um den Stosszahn des Narwals

faßt, sol des künigs Salomons gwesen sein; dry künigliche kronen; ein tafel voller edelgesteinen; ein schwert, so künig Ludtwigs gewesen; item die künigliche kleider, hosen [101] und schůch[157]. Item von antiquiteten: die bildnus Antonii und Cleopatrae, Neronis; item ein küfel[158] von einem elephanten.

Im aprili fůrt man mich aux Tournelles[159], do des künigs margstal. Do sach ich des künigs pferdt voltiieren, dumlen, in die rinde und rennen, daruf oft nur iunge paie[160] saßen. Der delphin Franciscus[161], so hernoch künig worden und die künigin aus Scotlandt[162] genommen, die domolen im hof, lůgt zum fenster heraus und neben im der hertzog Carolus uß Luthringen[163], der sampt seim adel al gäl gekleidt, ze Paris war, wil im deß künig Henrici dochter vermechlet war. Der delphin erwutsch[s]t ein hundt, warf in zum fenster heraus uf ein paie, der auf dem roß sas, der den hundt erwutst in allem dumlen des pferdts[164]. Ich erinnert den hertzog von Lothringen by 45 jaren hernoch, alß ich by ir fürstliche gnadt zů Nanse[165] war, diser that, der sich höchlich dorab verwundert, das ich deßen noch ingedenck war.

handelt. Man unterschied in den Apotheken zwei Sorten, Unicornu marinum, die eben genannte, und Unicornu fossile, das aus fossilen Mammutzähnen bestand. Bezeichnend für die hohe Wertschätzung ist auch, dass das Einhorn bis ins 18. Jh. hinein Catalans Apotheke als Firmenschild diente («Pharmacie de la Licorne», s. Register). Auch Platter scheint daran noch geglaubt zu haben; jedenfalls erzählt der Luzerner Renward Cysat, dass er bei ihm ein Stück Unicornu fossile gesehen habe, das dieser in der Birs gefunden hatte. Vgl. Laur. Catalan: Von der Natur, Tugenden, Eigenschaften u. Gebrauch des Einhorns, Frankfurt a. M. 1625. – Nach J. A. Häfliger: Felix Platters Hausapotheke, B. Jb. 1939, S. 26f. mit weiteren Lit.-Angaben.

157 Von all diesen Herrlichkeiten ist seit der Revolution nichts mehr vorhanden. Baedecker Paris.

158 küfel: gerundet < kifel (dial.) = Kiefer.

159 Das *Hôtel des Tournelles* befand sich an der Nordseite der Place des Vosges unweit der Bastille und diente Ludwig XI., Ludwig XII. und Heinrich II. als Residenz. Gleich davor, an der rue Saint-Antoine, wurde der letztere 1559 im Turnier tödlich verwundet; seine Gemahlin Catharina von Medici befahl darauf die Zerstörung des Gebäudes. Rochegude et Dumolin: Guide pratique à travers le vieux Paris, 1923, p. 248. Freundl. Mitteilung von M. Surirey de Saint Rémy.

160 paie = Pagen.

161 delphin = Dauphin, Franz II., reg. 1559–1560, s. Kap. 2, A. 121.

162 Die 16jährige *Maria Stuart*, die seit frühester Kindheit am französischen Hofe weilte.

163 Herzog *Karl II. von Lothringen*, *1543 18. Febr., †1608 14. Mai; ∞ Claudia, Tochter von König Heinrich II. Nach Isenburg: Eur. St.-Tf. I 14 fand zwar die Hochzeit erst 1559 5. Febr. statt (nach Hübners Geneal. Tab. I 281 im Jahre 1558); vielleicht war im April 1557 die Verlobung?

164 der auf dem galoppierenden Pferde den Hund auffing (erwutst).

165 Nanse = *Nancy*. Vom Kardinal Karl de Lorraine wurde Platter im März 1601 zu einer Consultation nach Nancy berufen und zu einer «edlen und vornehmen Matrone» geführt, die schon lange an einem schmerzhaften Icterus (Gelbsucht) litt. Das Weisse des Auges und die Körperhaut waren gelb, der Urin fast schwarz («Icterus niger», herrührend

Ich hette gern gferten kan[166], heim zů zien, wil Birckmannus zů Paris blyben wolt und ich mein roß noch ieder zeit auf hielt. Fandt ettlich so nach Strasburg durch Luthringen zien wolten, mit denen ich mich auf den weg begeben wolt. Aß die letze[167] mit denen von Bruck, so kommen gradt die nacht ettlich Basler gon Paris, mit einem soldner Hans, namlich Basilius Amerbach[168], Caspar Herwagen[169], Aurelius Frobenius[170], Eusebius Episcopius[171], Bernhart Burckart[172], so noch gar iung war by 12

von Obstruktionen der Leber; Observat. III 574ff.). Platter verordnete Infusionen, Purgantien, Sirup und Pillen mit Terpentinöl usw. und erreichte eine wunderbare Heilung, die ihm das Vertrauen der ganzen Familie eintrug. Bei dieser Gelegenheit kam er auch mit dem Vater des Kardinals, Herzog Karl II. (A. 163) wieder zusammen. – Wie Karcher 105 behauptet (leider immer ohne Quellenangabe), stand Platter auch bei der Schwester von König Henri IV., *Catherine* (1559–1604), Gemahlin des Henri de Lorraine, Duc de Bar, in Gunst. Sie war sogar sicher seine Patientin, vielleicht gar der oben beschriebene Fall. Denn Platter erhielt vom Herzog ein Gnadenzeichen «propter consilium uxoris» (E. Landolt, BZ 72/1972, S. 255), und dies kann nur der junge Herzog Henri sein; denn die Gemahlin von dessen Vater, Claudia (A. 163), war 1601 längst tot.

166 kân = ghân, gehabt.

167 die letze = Abschiedsessen. – die *von Bruck:* vielleicht *Petrus Pontanus,* dioc. Auxitani, Matr. Montp. 120, 1551 9. Nov., sowie evtl. ein nicht imm. Verwandter von diesem(?).

168 *Basilius Amerbach:* später berühmt als Humanist, Jurist und Sammler, s. Reg. – Die Familien der sechs Reisegefährten, darunter die vier berühmtesten *Druckerfamilien,* waren vielfach miteinander liiert.

169 *Caspar Herwagen:* *1528, †1577, er ist nicht, wie bisher allgemein angenommen wurde, ein Sohn des Buchdruckers «zum Sessel», Johannes H., sondern dessen Neffe. Wie B. R. Jenny in Amerbach-K. 8, 143f., A. 1 nachweist, war Caspar ein illegitimer Sohn von Johannes' Bruder, der im österreichischen Städtchen Thengen im Hegau Priester war. Er studierte in Basel 1545 (Matr. Ba. II 43), zusammen mit Theobald H., wohl seinem Bruder, und wurde 1546 b. a. Eine Zeit lang stand er im Dienste des Bischofs Nausea von Wien, den er 1551 an das Konzil von Trient begleitete. Nach Studien in Basel, Bourges und Poitiers und nach erfolgter Legitimation doktorierte er ca. 1559 in Poitiers. 1564 wurde er in Basel zum Prof. codicis gewählt, trat jedoch 1571 in markgräfliche Dienste als Landschreiber auf Rötteln. 1565 ∞ Sabine Schaerler.

170 *Aurelius Erasmus Frobenius:* *1539, †1587, Sohn des Buchdruckers Hieronymus F. und der Anna Lachner. Der Vater war der erwähnte Compagnon seines Stiefvaters Joh. Herwagen; die Offizin gab vor allem die Werke des Erasmus heraus, was sich auch in dem 2. Vornamen des Sohnes ausdrückt. Dieser wurde ebenfalls Drucker wie sein älterer Bruder Ambrosius, der Spielgefährte von Felix (s. Reg.). ∞ Chrischona Burckhardt. Von seinen 9 Kindern führte der gleichnamige Sohn die Buchdruckerei weiter. Wappenbuch Ba.

171 *Eusebius Episcopius* (Bischof): *1540, †1599, Sohn des Druckers Niklaus E., des Rats, und der Justina Froben, auch Buchdrucker und -händler, ∞ Agnes Meyer zum Pfeil, Herr zu Hiltalingen, erhält 1581 kaiserlichen Wappenbrief. Wappenb. Ba.; Matr. Ba. II 83, 1553/54; Tonjola 143; Benzing: Buchdrucker, BS Nr. 43.

172 *Bernhard Burckhardt:* *1545, †1608, Sohn des Christoph B. und der Gertrud Brand, der Tochter des Bürgermeisters Theodor Brand; er wurde Tuch- und Seidenkrämer wie sein Vater, Mitglied des Kleinen Rats, des Stadtgerichts und des Stadtwechsels; dreimal verheiratet, s. Wappenb. Ba.

jaren, item Jacobus Riedin[173], des zunftmeisters sun, der nur mit den
anderen dohin etwas zesechen verreißt und baldt mit dem soldner wider
nach Basel wolt, welche gelegenheit, do ich androffen, fro was, sunderlich,
wil mir der Riedi versprach, er welte nur zwen tag ze Paris verharren,
auch im heim reißen den nechsten mit mir fort und sich nienen sumen[174].
Lies derhalben meine andre geferten, so durch Luthringen wolten, hinweg zien, denen eß nit wol sol uf der reis gangen sein, wie ich hernoch
vernommen, das eß nit gottes wil war, mich mit inen uf den weg zegeben.
Ich schreib meim[175] vatter durch den correctorem Bempelford[176], so ettlich jar zů Leon und Paris in den druckerien corrector gwesen und noch
Basel, ich welte wils gott im meien zů Basel sein; den mein vatter mir
schreib nach Paris und starck mant, heimzekommen[177]. Ich dreib hiezwischendt[178] am Riedi, der mich aber mer tag, dan er versprochen, uf-
hielt und alß er im ballenspil spilt und an ein eck fiel mit dem aug, daß
eß im seer verschwul, kont er erst nit fort, můßt in verbinden, wie auch
schier die gantze reiß im heim zien.

Letstlich, alß ich mich klagt, ich kem um mein gelt, gab er willen,
doch unwillig uf zesin. Reiten also den 22 aprilis[179] von Paris mir zwen[180],
sampt Hansen dem soldner hinweg. Wir kamen kum zum thor hinus,
vermeinendt den nechsten weg durch die Champaigne auf Basel zů, wie
under uns abgeredt, [102] den weg zenemmen, so wirt er anders ze roth
oder hats vor hin im sin und mir verhalten, sagt, er kenne nit also den

173 *Hans Jakob Rüedin d. Jüngere* (sprich: Riedi): *1538, †1564, Sohn des Eisenhändlers u.
     Oberstzunftmeisters Jakob R. und dessen 3. Gemahlin Anna Ehrenfels. – Obwohl
     Platter ihn nur «Jakob R.» nennt, unterscheidet ihn sein Doppelname von seinen Halb-
     brüdern Jakob I. aus 1. Ehe (†1539) und Jakob II. aus 4. Ehe (1570–1610). – Er war der
     höchst unerfreuliche Reisegefährte des Felix auf der Rückkehr von Paris nach Basel.
     Er wurde Wechsler und heiratete Rosina Irmy, die Tochter des Obersten Niklaus Irmy
     u. der Anna Meyer zum Hasen, s. Reg. Er starb 1564 peste. Wappenb. Ba.
174 sich nienen sůmen = sich nirgends versäumen. Hs.: niemen (evtl.: sich von niemandem
     aufhalten lassen).
175 meim = meinem. Hs.: mein.
176 *Bempelford:* In der Matr. Ba. II 102, 1556/57 erwähnt als «Theodericus Pempelfurdus
     Dusseldorfensis», Korrektor zu Lyon, Paris und Basel. Vgl. Reg.
177 In dem *Brief* XXXII vom 31. März 1557 (Ach. Burckhardt, S. 100) mahnte der Vater:
     «Quare si tuis rebus consultum vis, advola», und in der Nachschrift: «Vale et veni.
     Vola etc.» Es ist der letzte der erhaltenen Briefe. – In dem vorhergehenden (Nr. XXX
     vom 9. Jan. 1557) riet Thomas dem Sohn, er solle bei Dr. Utenhovius in Paris 12 cronen
     5 ß 10 d einziehen, die ihm dieser für seine Söhne Carolus und Christophorus noch schulde.
     Auch bei Dr. Jacobus de Puys könne er Geld bekommen. Sonst solle er allenfalls an
     Dr. Martinus Besardus (s. A. 140) gelangen, was Felix dann auch getan hat. Zugleich
     riet er ihm väterlich: «Krom etzwas der Můtter zů Paryss und dem M., doch nit zů thür,
     dan du hast nit vil gelt und ich noch minder.» Ach. Burckhardt, Briefe S. 100.
178 Hs.: hieschwischendt.
179 Hs.: mertzens.
180 mir zwen = wir zwei. Hs.: mit zwen.

nechsten weg wider heim, er mieße zevor auch andre stet in Franckrich besechen und welle ietz auf Orliens, es sy im leidt, das er mir zůgesagt, mit mir heim zeriten, ich verhindere in, das er nit möge ein umgang in Franckreich thůn. Ab welcher redt ich seer erschrack, das er den weg zien wolt, den ich zevor schon gethon und mich also lang umfieren und um das gelt zebringen, wolt recht im namen gottes wider von im nach Paris. Do lagt sich der soldner zwischen den gspan[181], mit vermelden, er[182] werde nit witer dan bis gon Orliens, von dannen uf Burgis und den nechsten wider heim; sein herr vatter habe im nit witer erlůbt, oder gelt geben, dan er sy ein britgam, mießte heim zien, hochzyt zehaben; eß sy im nit ernst, witer in Franckrich dan gemeldet zezien, sye auch mir nit um zwo tag reißen um. Da ließ ich mich bereden, zog recht furt und gedocht, so er von Orleans erst witer hinin wolt, in zeloßen und auf andre glegenheit warten, kamen also gon Monheri[183], do wir zů mittag aßen. Alß wir die irte[184] zalen solten, erhůb erst der stritt zwischen uns. Der Riedi wolt, ich solt fir den soldner auch zalen, alß wol alß er, die halbe irti[184], deßen ich mich gentzlich widrigete, dan der soldner inen zůgeben war, und alß sy mir sagten also abgeredt, sy solten den einspennig hinin verzeren und der Riedy wider heraus[185], welches ich im sagt und daß ich in nit gedingt hette, er dörfte mir nit mein roß versechen, ich kenne es noch selber thůn, wie zevor in der langen reiß beschechen, ich vermög nit am gelt, so ich hab, fir mich die reis biß gon Basel, do er mich erst umzüg, uß zesteen, vil minder erst den soldner bezalen[186]. Kamen an einander, das wo der soldner, ein finer man, nit gescheiden hett, es zů schlegen kommen wer. Wolt also wider von inen nach Paris, do mich der Hans batt, ich solte nit wichen, er hette unrecht, dan sein vatter in im zů geben, ich sy im nüt schuldig, er welle ehr sein irte selbs zalen. Doruf ich mich bereden laßen, mit vermelden, so er etwas meim roß wartete, wel ich in anderwerts vereeren[187], und redt er also dem Riedi zů, das er mich domolen unbekümert gloßen, aber baldt hernoch uf halbem weg iederzeit mir verwißen, sein diener mieße mir mein roß auch hieten und zeumen und welt nüt fir in zalen, das ich, wil ich nit mer von

181 legte sich in den Streit, d. h. vermittelte.
182 er, d. h. Jacob Rüdin.
183 *Montlhéry* < Mons Leherii, kleines Städtchen S von Paris, berühmt durch die Schlacht Ludwigs XI. gegen Karl den Kühnen im Jahre 1465, s. Keiser 544, mit Zeichnung.
184 irte, Ürte = Zeche.
185 Die andern sollten den Führer auf dem Hinweg nach Paris verköstigen, der Rüdin auf dem Rückweg.
186 ich vermöge nicht, von meinem Geld die Reise bis Basel zu zahlen (uß zesteen), da er mich noch zu Umwegen zwinge (mich umzüg), noch viel weniger, den Söldner zu entlöhnen.
187 vereeren = beschenken, bezahlen.

inen kont, zwo cronen inschos und also mich entblößt, daß ich von Mümpelgart, von im, vollendt heim zekommen, gelt entlenen mûst und hernoch dem soldner mein ritrock schanckt, den er lang gedragen. [103] Wir reiten den tag uf dnacht biß gon Estampes[188], den tag 14 leucen. Den 23 aprilis kamen wir auf dem besetzten weg, wie es dan schier zwischen Paris und Orleans durchaus mit blatten besetzt ist, bis gon Turin[189] und darnoch wider gon Orleans, sind 20 leucen; karten wider zum Lantzknecht in.

Den 24. 25. aprilis bleiben wir zû Orleans; man leistet uns aber gûte geselschaft. Ich hatt ein bügsen, hatt mir der Krûg[190] zû Paris zekaufen geben; die[191] schos der von Andlûw am baggen ab, die sties in, daß er seer blûtet. Es geschach mir auch ein pos[192] mit der bügß: im tag eb ich gon Orleans kam, wolt ich sy abschießen, druckt ab, so wolt sy nit los gon, ursach daß der han so hart uf dem tigel[193] lag, daß er nit mocht ufgon; so baldt ich den hanen wil wider ufzien vom digel und ich in ein wenig lupf, lauft das radt um und der digel uf und falt der han mit dem stein in digel, gibt feur und goth die bügß ab, der stein gradt nebem soldner firus, das wenig gfelt het, ich hett in droffen, das er doch nit hat war genommen.

Den 26 aprilis zogen wir von Orlians hinweg gon Menestreau[194], 6 leucen, darnach übernacht gon Pierefcte[195], 6 leucen. Den 27 aprilis gon Nevi[196], 6 leucen; es regiert die pest doselbst, zogen nach eßen baldt darvon, kamen znacht gon Bourges, in die verriempte stat, 6 leucen, do wir ettlich Teutschen fanden; karten in au Beuf corone, bleiben den 28. doselbst. Wir besachen die kirchen[197], welche die witteßste sol sein in gantz Franckreich, auch die gröste glocken im thurn doselbst. Darnoch

188 *Etampes:* an der N 20, halbwegs zwischen Paris und Orléans. Platter reiste also *bis Orléans den gleichen Weg zurück.*
189 Turin = *Toury,* an der N 20, ca. 33 km N von Orléans.
190 *Balthasar Krug:* s. oben A. 124.
191 Hs.: der.
192 pos (m.) oder posse (f.) = neckischer oder dummer Streich.
193 tigel = Zündtiegel, Zündpfanne am Gewehr. Schw. Id. 12, 1118f. mit Zitat dieser Stelle.
194 *Von Orléans weg zog Platter auf Nebenstrassen in Richtung SE.* Menestreau = *Ménétréol,* halbwegs zwischen Orléans und Bourges; Platter zog «gon» Ménétréol, vermutlich ohne es direkt zu berühren, sondern von Pierrefitte über Neuvy nach Bourges.
195 Pierefcte = *Pierrefitte,* NW von Ménétréol. Die Distanzangaben Platters werden hier ziemlich unklar.
196 Nevi = *Neuvy:* 29 km NW von Bourges. Zu *Bourges* vgl. Kap. 3, A. 758.
197 St-Etienne in *Bourges,* frühgotische Kathedrale, fünfschiffig mit Umgangschor, es ist jedoch nicht die weiteste Kirche Frankreichs, wie Platter behauptet, sondern trotz ihren 6200 m² Grundfläche kleiner als Amiens, Chartres oder Reims. Vgl. A. Boinet: La cath. de Bourges, Paris 1911, spez. S. 37, oder P. Pradel: La cath. de B., Paris 1938. Platter hatte das Glück, die Kathedrale noch in ihrer vollen Schönheit zu sehen; fünf Jahre später wurde sie von den Hugenotten schwer beschädigt. Boinet 19f.

kamen wir in ein thurn, dorin ein gefe⟨n⟩gnus von einem isenen getter, in welchem ein künig lang sol gefangen sein gwesen[198]; hinder der thüren deß thurn stůndt ein armbrust ein mans lang und gros, so gar alt.

Den 29 aprilis reißten wir von Bourges, nit den gmeinen weg, sunder[199] ein besunderen, so man uns anzeigt uf Divion zů sein, dywil der durch Nevers nit gar sicher. Kamen erstlich um mittag aux Aix d'Angelot[200], 4 leucen. Darnoch reiten wir fir Senserre[201] über, so an eim berg ligt, welche stat so große hungersnoth hernoch in der langen blegerung hatt erlitten; kamen znach[202] gon Cosne[203], ligt an dem flus Loire, 8 leucen.

Den 30 kamen wir in ein verbrent stettlin, Entrain[204], 4 leucen, darnoch znacht gon Clemenci[205], 4 leucen.

Den 1 meiens reiten wir gon Verdelet[206], 4 leucen; ligt uf dem berg; darnoch gon Avalon[207], 7 leucen, hernoch gon Pressi sus Tis[208], 7 leucen.

Den 2 meiens gon Viteau[209], 4 leucen, demnach gon Chaleur[210] und Fleure[211], 5 leucen. Mir begegnet ein große gfor den tag: alß ich einem fůßweg nach zwischen zweien wyeren[212] reit, wardt der weg ie lenger ie schmeler, also daß ich nit mer fort komen kont und daß roß nit um keren, noch absitzen, můst das roß mit höchster gfor hinder schalten[213], wer gar baldt in wyer, so uf beiden syten, gefallen.

198 La Grosse Tour. Wie Thomas II. berichtet, war in diesem Turm *Lodovico Sforza* il Moro gefangen, seit dem Verrat von Novara (1500) bis zu seinem Tode. René Gandilhon: Visite de Bourges par deux étudiants bâlois (1934), p. 6. Nach anderer Version soll er im Kerker zu Loches gestorben sein; der zeitgenössische Jean Chaumeau de Lassay: Hist. de Berry, 1566, S. 154, nennt dagegen ebenfalls die Grosse Tour zu Bourges. Keiser 520, A. 1.

199 Hs.: surder. – *Von Bourges nach Dijon* (Division) reiste Platter nicht über Nevers, da er den Weg für unsicher hielt, sondern in Richtung NE auf dem «*Gros Chemin Vieil*» oder «Chemin de la Chaussée» (s. Bonnerot, La Guide de France 265, p. 347) über Aix d'Angillon, Sancerre, Cosne a. d. Loire, Entrains, nach *Clamecy*, und von da in Richtung E über Vézelay, Avallon, Précy-sur-Thil, Vitteaux, La Chaleur, Fleury s. Ouche nach Dijon.

200 Aix d'Angelot = *les Aix d'Angillon*, 20 km NE von Bourges.

201 Senserre = *Sancerre*, ca. 50 km NE von Bourges, nicht zu verwechseln mit Sancergues.

202 znach = znacht; s. dazu Kap. 3, A. 674.

203 *Cosne* an der Loire, an der Kreuzung mit der N 7.

204 *Entrains s. N.:* an der N 457.

205 Clemenci = *Clamecy:* Städtchen an der Yonne und der N 77.

206 Verdelet = *Vézelay?:* kleines Städtchen auf einem Hügel mit einer prachtvollen Kloster-kirche, der grössten Frankreichs.

207 *Avallon:* kleines, ummauertes Städtchen. Von da auf der N 6 und N 70 weiter Richtung E.

208 Pressi sus Tis = *Précy-sus Thil.*

209 *Vitteaux:* 48 km W von Dijon, von da auf der E 43 weiter.

210 *La Chaleur:* bei Sobernon, auf modernen Karten nicht zu finden. Gefunden bei Alph. Roserot: Dict. topogr. du dép. de la Côte d'or, Paris 1924, p. 25.

211 *Fleury s. Ouche:* 17 km W von Dijon, in der Nähe eine moderne Kapelle mit Riesenstatue Notre-Dame d'Etang. Guide Bleu Frankreich, Paris 1956, p. 204.

212 wyeren = Weihern.   213 rückwärtstreten lassen.

Den 3. kamen wir zitlich gon Digeon[214], 3 leucen. Wir zogen fir die
statt in der Carthüser kloster, do schöne begrebnußen sindt der hertzogen
aus Burgund, item ein gehůwener ölberg, doran vil [104] bilder von
münchen gehůwen ligen. Es kam zů uns der jung Caspar Krůg[215], der
ein zeit lang do gewont und das Teutsch gar vergessen hatt, herr Caspar
Krůgen sun. Wir zogen noch mittag wider hinweg bis gon Mouni[216],
3 leucen.

Den 4 maii kamen wir gon Auxone[217], reiten über ein lange bruck,
4 leucen, und nach mittag bis gon Dol[218], 3 leucen, do wir die statt noch
den obendt durchgiengen.

Den 5 maii zogen wir uf den mittag gon Ranschon[219], 4 leucen, und
znacht gon Bisantz[220], 4 leucen; karten zum Hirtzenhorn in.

Den 6 maii bleiben wir zů Bisantz und dywil der Riedi zevor doselbst
gewont hatt und Welsch glert, fůrt er mich in das selbig haus, dorin ein
damoisellen, so seins husherren dochter war, Barbel genent, mit deren
wir vil sprochten und schlůgen die luten und dantzten; dise jung frauw
hab ich nach 43 jaren, alß ich gon Bisantz berůft, funden, war gar alt und
heßlich, hatt zwen pancerten von ioren gehapt[221]. Ze nacht leisteten uns
in der herberg gselschaft ettlich vom adel, die Buren genant[222], fůrten
uns nach dem nachteßen herumb, fir der Italiener kaufleuthen, die da
wonten, hüser, mit denen sy fientschaft; hetten gern etwas unrůws angefangen, gaben uns darnoch in iren wonungen ein collation und fůrten
uns wider in die herberg. Der Riedi legt sich, alß er wol bezecht, in daß
bett überzwerch, also daß ich nit ligen kont; er wolt kurtzum nit wichen,

---

214 Digeon = *Dijon:* röm. Dibio, seit 1015 Hauptstadt des Herzogtums Burgund, heute
　　des Dép. Côte d'or, Universität, Bistum, Industrie- und Weinhandelsstadt. – Im W der
　　Stadt die Chartreuse de Champmol, die ehemalige Begräbnisstätte der Herzöge, in der
　　Revolution verwüstet.
215 *Caspar Krug* d. Jüngere: *1542, †1582, Sohn des grossen Bürgermeisters Caspar K. u.
　　der Anna Nussbaum, weiter nicht bekannt. Er starb im Pestjahr 1582; sein Grabgedicht
　　bei A. Buxtorf: Gräber u. Grabinschriften St. Leonhard, B. J. 1944, S. 31.
216 *Mouni:* unbekannt, in der Gegend von Genlis. *Von Dijon nach Dôle* (47 km) folgte Platter
　　der N 5/E 2.
217 *Auxonne:* an der N 5, 19 km NW von Dôle, mit Saône-Brücke.
218 *Dôle:* über dem Doubs, 1274–1678 Hauptstadt der Franche-Comté an der Kreuzung
　　von N 5 u. N 73. *Von Dôle nach Besançon* auf der N 73.
219 Ranschon = Ranchot, zwischen Orchamps und Besançon, s. Keiser, II 918,
　　A. 3.
220 Bisantz: der dt. Name für *Besançon,* röm. Vesontio, im Mittelalter lange Hauptstadt der
　　Franche-Comté Burgund, dann Reichsstadt Bisanz, 1678 zu Frankreich; am Schnitt-
　　punkt mehrerer wichtiger Strassen.
221 pancerten = Bankerte, illegitime Kinder; von ioren = erwachsene. – Die letzten
　　6 Wörter schwer lesbar, fehlen bei Boos.
222 die *Buren:* unbekannter, seltsamer Name für eine Adelsfaktion.

bis ich im also nachendt auf das angesicht sas. Wir warden aber uneins, wie fast uf der gantzen reiß, dan er gar unbachen[223] war und, wil er reich, hochdragent, hatt nit vil gesechen, blogt mich stets, er mießte mir den soldner erhalten, den ich doch nit zebrauchen begert oder etwas wie obgemelt schuldig wer fir in ze zalen und doch uf sein unbillich zů můten zwo cronen ingeschoßen hatt. Er vexiert mich stets, was ich fir ein doctor werden wolt, es werdt mich nieman brauchen, sein frindt D. Hans[224] der sye ein verriempter doctor etc. Jetz wolt er mir mein hundt, den ich von Mompelier brocht, erschießen etc., also daß er mir die reis heimzů, deren ich mich freuwen solt, übel verbitteret, wil ich zevor mit dem Birckman so früntlich uf der reiß gelept. Sunst war er im anfang gar geneigt gegen mir zů Paris, frauwt[224a] sich meiner geselschaft, hielt auch wol von mir, wil ich lang außblyben war und weit gereißt, mußt in auch wie vermeldet am aug verbinden, schier uf der gantzen reiß, eb er heilt, do er mir vil verhies, wo ich mechte, eb er heimkem, geheilt werden. Wir waren auch dutzgesellen, auf nestel abschniden[225], deren er mir vil, so siden, abschneidt, und wan ich mein namen etwan schreib, molt er mir ein schärmeßer darzů, wegen meiner zůkünftigen[226], und ich im ein rosen, wil sein hochzeiteren Roß hies[227]. Zlest, alß wir ze Basel, batt er mich um verzichung, schlůgen oft zesamen uf der luten und vereert er mir auf meiner hochzyt ein klein schelelin, etwan einer cronen wert, wegen der cur, die ich an im thon, und die gab, so er und sein frauw steurten.

[105] Den 7 maii verreißten wir von Bisantz nach Beaulme[228], do das nunnenkloster und die eptißen, 4 leucen, darnach bis gon Clereau[229], 2 leucen.

Den 8 maii kamen wir vor mittag gon Mümpelgart[230], 4 leucen, karten zum Morenkopf in. Do kam zů uns juncker Jacob Truckses[231], so grav

223 unbachen = ungebacken, unreif, unverständig.
224 Dr. Hans Huber, s. Reg.
224a frauwt = freute, vgl. Schw. Id. 1, 1254f.
225 *Nestelabschneiden:* wohl ein Scherz unter Duzfreunden.
226 Der Schererstochter Magdalena Jeckelmann.
227 *Rosina Irmy:* *1537, †1609, Tochter des Obersten Niklaus Irmy u. der Anna Meyer zum Hasen (s. Reg.). Hans Jakob Rüdin heiratete sie noch im gleichen Jahr 1557.
228 *Von Besançon nach Basel* (ca. 150 km) ging die Reise in Richtung NE, zuerst auf der N 83, dem Doubs entlang, über *Baume-les-Dames* (30 km NE von Besançon), Clerval, Montbéliard, Seppois, Waldighofen nach Basel.
229 Clereau = *Clerval:* 15 km NE von Baume-les-Dames.
230 Nach weitern ca. 15 km verliess Platter die N 83 und ritt nach Mümpelgart = *Montbéliard* (ca. 20 km SW von Belfort), das von 1397 bis 1796 württembergisch war. Vgl. A. 232.
231 Junker *Jakob II. Truchsess* von Rheinfelden, Tischgänger Thomas Platters und Jugendfreund des Felix, war 1557 Hofmeister bei Graf Georg in Mümpelgart. Vgl. Reg.

Görgen von Mümpelgart[232], der do hof hielt, hofmeister war[233], leistet
uns geselschaft, wardt gar bezächt, gieng heim, zog die stifel an, ob wir
in gleich batten zebleiben, half doch nüt, reit mit bis an das waßer, dardurch mir reiten mûßten, darin er schier erdruncken wer, so im nit ettlich,
die im der graf nachschickt, außgeholfen hetten und heim wider gefiert.
Es[234] war auch by uns D. Alexander[235], domalß des fürsten bstelter medicus, so uns hatt geselschaft gleistet. Wir reiten fort bis gon Sapois/Sept[236],
3 leucen, ist daß letst dorf, do man welsch redt.

Den 9. aßen wir zû Valticofen[237] zû mittag, 2 leucen, do der Riedi von
mir begert, im mein mantel zelichen, wil sein filtz mantel zerbrochen,
deßen ich mich etwas beschwert, wil ich noch ein Spanische kappen im
fellis[238] ingeschloßen, nit gern herus that und verwûstet, do er glich erzürnt den mantel mir in kott werfen wolt. Verbittert mir auch also die
freudt, so ich hatt, die nacht in mein vatterlandt zekommen; doch fro, das
ich baldt von im kommen solte.

[106] Dise mein reiß von Mompelier vom 27 Hornung bis den 10
Meiens durch Franckrich begrift 72 tag, thût 10 wuchen und 2 tag, in
welchen ich geritten 35 tag, thût gradt fünf wuchen, ist die halbe zeit,
namlich[239]

von Mompelier	gon	Tholosen	6 tag, sindt	36 leucen,	
„ Tholosen	„	Burdeaux	5 „ „	33 „	
„ Burdeaux	„	Potiers	4 „ „	40 „	
„ Potiers	„	Orleans	4 „ „	41 „	
„ Orleans	„	Paris	2 „ „	34 „	& wider
„ Paris	„	Orleans	2 „ „	34 „	
„ Orleans	„	Burges	2 „ „	24 „	
„ Burges	„	Digeon, Dol und Bisantz	7 „ „	59 „	
„ Bisantz	„	Basel	3 „ „	16 „	
			⟨35 tag⟩	⟨317 leucen⟩	

232 *Graf Georg von Württemberg:* *1498 4. Febr., †1558 18. Juli, Sohn des Herzogs Heinrich
    u. der Eva von Salm, ein eifriger Anhänger der Reformation; 1526 verkaufte ihm sein
    älterer Bruder, Herzog Ulrich, die Grafschaft Mümpelgart, doch seit 1543 übernahm
    der lutherisch gesinnte Herzog Christoph die Statthalterschaft für seinen Oheim Georg.
    Dieser nahm am Schmalkaldischen Krieg teil und fiel dadurch beim Kaiser in Ungnade,
    bis er 1553 die Regierung in M. wieder übernehmen konnte. Er hielt sich öfters in Basel
    auf und erregte hier gelegentlich Ärgernis wegen seines sittenlosen Lebenswandels.
    Im Jahre 1555 13. Sept. heiratete der 57jährige die 19jährige Tochter Barbara des Land-
    grafen Philipp von Hessen und bewahrte durch einen Sohn das Haus Württemberg vor
    dem Aussterben der Mannslinie. Hübner, Genealog. Tabellen (1708), Tab. 201 und Paul
    Burckhardt: Tagebuch Gast, B. Ch. 8 passim, s. Reg.
233 Hs.: nach «war» folgt nochmals «zu uns» (Wiederholung).
234 Hs.: er.

Thůt überal die reiß, so ich geritten: 317 leucen; do aber, so ich ieden tag
6 teutsche mil rechnete, nur 210 myl thete, die 117 leucen mer thůnt dan
unsre milen[240], ursach, das die leucen um Paris gar kurtz, das man 17 eins
tags reiten kan; ie witer aber man von Paris kompt in Franckrich, ie
lenger sy werden und unsren milen nit unglich.

Die übrige zeit der 5 wuchen und 2 tag, so ich in meiner reis durch
Frankrich stil glegen, thůt

zů Tolosen	1 tag,		zů Paris	25 tag[242],
„ Burdeaux	3 „		„ Bourges	1 „
„ Potiers	1 „		„ Bisantz	1 „
„ Orleans[241]	5 „			⟨37 tag⟩
in beiden molen				

Und hab also mit Gottes hilf dise reis glicklich verbrocht und wider
zů den meinen kommen, dem sy lob und pris in ewikeit.

235 Dr. Alexander: unbekannt.

236 Sept = *Seppois* an der Larg, halbwegs zwischen Montbéliard und Basel.

237 Valticofen = *Waldighofen* an der Ill, ca. 20 km W von Basel.

238 fellis < frz. valise = Felleisen (Volksetymologie).

239 Dieser Abschnitt steht in der Hs. eine Seite weiter hinten. Die Tabellenform stammt vom
     Herausgeber. – Platter rechnete mit *«deutschen Meilen»* zu ca. 7,5 km. Ein *Tagesritt* betrug
     also ca. 45 km. Vgl. Kap. 2, A. 180f. – Eine Nachprüfung auf einer modernen Karte
     ergibt eine *Reisestrecke von ca. 1750 km*, was also einer Tagesleistung von 50 km entspräche.

240 Dieser Satz ist unklar, wird aber durch die Fortsetzung verständlich. Vgl. A. 239.

241 d. h. beim ersten Aufenthalt in Orléans 3 Tage, beim zweiten 2 Tage.

242 Im Mscr. ist der Aufenthalt in Paris hier nicht genannt, wohl aber mitgerechnet. Setzt
     man laut Reisebericht 25 Tage dafür ein, so stimmt die Rechnung, immer exkl. die
     Reisetage.

5. *Wieder in Basel*

(seit 9. Mai 1557)

Wir ritten nacher Basel[1]. Do sach ich mit freuden beide münsterthürn[2], die ich so lange jar nit gsechen hatt; schos mein bügsen ab in ein garten hüsle thür, 2 kugelen, und reiten zum Spalenthor[3] hinin, zur Gens[4], do der Riedi absas. Und gleitet mich der Hans soldner durch die Gerbergeßlin über den Barfůßer blatz, do uns J. Görg von Bruck leidlich angethon[5], wil sein vatter kurtz darvor gestorben, bekam; darnoch durch das

1 nacher = nach.

2 *Basler Münster:* Nach einer karolingischen Bischofskirche, deren Krypta 1947 auf der Pfalz gefunden wurde, entstand um 1000 der romanische Kaiserdom, der von Heinrich II. dem Heiligen 1019 geweiht wurde; ein Rest davon ist in dem Untergeschoss des Georgsturmes erhalten. Die heutige Kirche, ein im wesentlichen spätromanischer Bau, wurde um 1200 erbaut, nach dem Erdbeben von 1356 in gotischem Stil erneuert, durch Anbauten erweitert und im 15. Jh. gekrönt durch zwei elegante gotische Turmhelme (64 und 62 m hoch). Hans Reinhardt: Das Basler Münster. 2. Aufl. 1949. Auch nach den Greueln des Bildersturmes blieb das Münster den Baslern das eigentliche Wahrzeichen der Stadt, in einer Zeit, in der es noch keine anderen Hochbauten gab, über alles hervorragend und repräsentativ. Felix' Worte verraten sein lange empfundenes Heimweh nach diesem Anblick, sein Übermut die unsinnige Freude des Wiedersehens.

3 Das *Spalentor* war von den fünf Basler Toren nebst dem Aeschentor das wichtigste: es war der Eingang für alle Gäste und Waren, die aus Frankreich, Burgund und dem Elsass durch den Sundgau nach Basel kamen. Erbaut vor 1408, der Vorbau 1473/74, mit reichem gotischem Figurenschmuck, gilt das Spalentor noch heute als das schönste schweizerische Stadttor. Abb. bei Eppens: Baukultur, 2./3. Aufl., S. 43/44; Carl Roth: Das Spalentor, B.J. 1936, S. 1–30. – Felix ritt von Waldighofen her über Folgensbourg, Burgfelden auf der Burgfelderstrasse zum Spalentor.

4 «*zur Gens*» (Gans) heisst das noch erhaltene stattliche Bürgerhaus am untern Spalenberg (Nr. 2, heute Neue Schweizer Bibliothek), das im 14. Jh. von der Familie «zur Gense» bewohnt und von ca. 1540 bis im 17. Jh. hinein im Besitz der Rüedin war; s. Karl Bischoff: Das Haus zur Gens, B.J. 1921, S. 120–143, mit dem prächtigen Hauswappen. Eine Photo des Hauses bei Eugen A. Meier: Das verschwundene Basel, 1968, S. 121. – *Die Rüedin* (baslerisch «Riedi») stammten ursprünglich aus dem Elsass und hatten dann während dreier Generationen in Rheinfelden eine sehr geachtete Stellung eingenommen. *Jakob R. d. Ä.*, *1501, †1573, der die Eltern früh verloren hatte, liess sich in jungen Jahren in Basel nieder und machte rasch Karriere als Eisenhändler, Bankier und Wechselherr. 1534–1542 war er Zunftmeister zu Hausgenossen, seit 1544 Ratsherr, 1549 Vertreter Basels beim Bundesschwur in Paris, 1559–†1573 Oberstzunftmeister. Das Haus zur Gens erweiterte er nach oben durch das «Rebhuhn», nach unten durch das «Smaleneggg» (Schneidergasse 34) und baute das Ganze einheitlich aus. Er heiratete nacheinander vier Frauen, die ihm je vier Kinder schenkten, von 12 Kindern erlebte er noch 45 Enkel und 27 Urenkel. Wappenb. Ba.; P. Burckhardt, B. Ch. 8, 220f., A. 8, und speziell K. Bischoff: Haus zur Gens, B.J. 1921, S. 138f. – Der mehrfach genannte Sohn *Hans Jakob R.* (s. Kap. 4, A. 173) war der unangenehme Reisegefährte des Felix.

5 leidlich angethon = in Trauerkleidung. Sein Vater, *Johann von Bruck*, der berüchtigte *David Joris* (s. Kap. 3, A. 315, und Kap. 8, A. 140ff.), war am 25. oder 26. Aug. 1556 im Spiesshof gestorben; die Kunde von seiner Ketzerei verbreitete sich erst im Frühling

Spitalgeßlin[6] biß zů meins vatters hus zum Gejegt. Do stůndt einer, frogt eim doctor nach, hatt ein waßer[7], so er im besechen solt, welches vilicht ein tütnus[8] zůkünftiges berůfs. Wir luteten[9], war nieman do heiman, dan eß am suntag war um die obenpredig, do die megt, der vatter aber zů Gundeldingen im gůt. Die můter war by den nochburen, die kam an laufen, weint und entpfieng mich, war gar thir[10] und mager, hatt doch ein grienen schirletz[11] an und wiß schů, wie domol im brauch. Ich ferget[12] den soldner ab, schanck[13] im mein mantel. Baldt kam mein vatter mit dem Castaleone[14], die hießen mich wilkum sein, verwunderten sich ab meiner lenge, wil ich die jar meines abwesen fast um kopf und halß lenger worden. Es entpfiengen mich meine nochburen und war ein groß freudt in der gaßen. Und wie ich hernoch innen worden, so luff der hebam Dorly Becherer[15] magt fir meins künftigen schwechers hus, gwan meiner zůkünftigen auch das bottenbrot ab[16], dorab sy erschrack, wil sy zelauth geschruwen. Man rustet das nachteßen, darby blyben meine gsellen, so

1558. – Als Besitzer des obern mittlern Gundeldinger Schlösschens waren die von Bruck Nachbarn der Platter und mit ihnen befreundet. Sie haben in der Zeit von 1544 bis 1559 «vil freund gemacht und sich in die gemeinschafft der burgern mit allen dingen, wie sie gemöcht haben, yngelassen». Durch ihren Reichtum, ihre Freigebigkeit, ihr musterhaft frommes Leben waren sie allgemein hochgeschätzt. *Georg* («Junker Jörg») war das älteste von 11 Kindern des David Joris und der Dierkgen Willems, *ca. 1525; er vermählte sich 1554 mit *Valeria Rüedin*, der 17jährigen Tochter des bereits verstorbenen Jakob R. d. Jüngern und der Sophie Tschudi, wurde Bürger von Basel, 1558 zft. zum Schlüssel, † ca. 1570. Er ist der Stammvater der Basler Bürgerfamilie. Nach Paul Burckhardt: David Joris ..., BZ 1949, speziell S. 18 u. 23.

6 *Spitalgeßlin:* die heutige Barfüssergasse, die vom Barfüsserplatz zur obern Freien Strasse führt. Das Haus «zum Gejägd» war Nr. 90, ganz oben rechts, s. Kap. 1, A. 32 u. 62. Felix vermied es also, direkt bei seiner Braut vorbeizugehen (mittlere Freie Strasse/Ecke Rüdengasse).

7 Ein Uringlas, eines der Symbole der med. Fakultät.

8 tütnus = Vorbedeutung, Omen.

9 luteten (normal: lüteten) = läuteten.

10 thir = dürr, mager.

11 schirletz, Schürlez = Kleid, Rock, Mantel. Schw. Id. 8, 1264 mit Zitat dieser Stelle.

12 ferget = fertigte ab, entlöhnte.

13 schanck = schenkte; ungewöhnliches st. Praet.

14 Castaleone: der bekannte reformierte Gelehrte *Sebastian Castellio*, der zu Platters Freunden gehörte, s. Kap. 1, A. 327.

15 *Dorothea Becherer:* laut Platters Stadtbeschreibung von 1612 wohnte sie im «Eichhörnlein», Freie Strasse 76. Nach dem Wappenb. Ba. war sie bereits 1542 tot. Eine andere Dorothea Becherer (wohl eine Verwandte) stand jedoch 1559 15. Febr. für eine Tochter des Isaac Aland Patin, Kopien Kirchenb., Priv.-Arch. Lotz 355 A 3, 100. Vielleicht ist sie identisch mit der Dorothea X, der Gemahlin von Niclaus Stamm, der 1544 14. Juni das «Eichhörnlein» kaufte. HGB, Freie Strasse 76.

16 Wer einem Bekannten eine gute Nachricht als erster überbrachte, hatte Anrecht auf ein kleines Geschenk, das «bottenbrot». Vgl. das «Kromet»-Rufen bei Messebeginn, Kap. 1, A. 3.

meinen innen worden und mich gleich besůchten, der Humel apotecker und der Theodorus Bempelfort, so zur [106] Kronen[17] lag. Nach dem nachteßen gaben wir dem Bempelfort das gleit zur Kronen, giengen die Fryenstros ab, do mich mein zů künftige sach firüber gon in der Spanischen kappen und floch[18]. Alß wir zur Kronen kamen, gab uns der wirt Emanuel Bomhart ein drunck, und war eben do Daniel Wielandt[19] von Milhusen, sampt seim schwoger Frantz Jeckelman, meiner zůkünftigen brůder, do mich der wirt, welcher um mein zůkünftige geworben hatt, vexiert[20], das ich wol marckt, das der handel zimlich war ausgebrochen[21]. Zog darnoch wider nach haus[22].

Alß mir nun gott wider heim half, dorab meine elteren frolockten, kam am morgen den 10 maii der Humel zů mir, mich um einander zefieren; zogen erstlich über den Münster blatz. Do ersach[23] mich herr Ludwig von Rischach[24], verwundert sich, wer ich were, wil ich ein sammat parret uf hatt und mein wer[25] drůg, dem ich mich erklert. Darnoch salutiert ich D. Sultzer, pfarherren im Münster, darnoch D. Hans Hůber, der mich früntlich entpfieng und alleß gůts anerbott, wie auch D. Isaac und Os-

17 *Die «Krone»* war eines der ältesten Gasthäuser Basels, an der Schifflände gegenüber dem Salzturm, an der Ecke der ebenfalls verschwundenen Kronengasse. Vgl. Stocker: Basler Stadtbilder (1890), S. 189 ff., eine Abb. bei Eugen A. Meier: Das verschwundene Basel (1968), S. 187. – Der Wirt war damals *Emanuel Bomhart*, ein ehemaliger Schulfreund des Felix, über ihn s. Kap. 3, A. 790.

18 Die schüchterne Zurückhaltung Madlen Jeckelmanns mag typisch sein für die peinliche Sittenstrenge der «höheren Töchter».

19 *Daniel Wieland:* Sohn des Stadtschreibers von Mülhausen, Ulrich W. (s. Reg.), und dessen Nachfolger im Amt; er hatte sich im Jahr vorher mit Sophie Schoelly verheiratet, Franz Jeckelmann mit deren Schwester, Mergelin Schoelly.

20 vexierte = fuxte, aufzog. – Ein kleiner Spass lag nahe, da Bomhart selber vergeblich um Madlen geworben hatte.

21 Dass seine bevorstehende Verlobung stadtbekannt war.

22 Hier steht in der Hs., fol. 106 (21 Zeilen) der resümierende Bericht über die Frankreichreise; ich habe ihn ans Ende des 4. Kapitels vorgeschoben.

23 Hs.: ersack.

24 *Ludwig von Rischach* (Reischach), Junker: jüngster Sohn des Bilgeri und der Afra von Helmstorff, aus altem Geschlecht (Linie zu Hohenstoffeln, Stammburg R. in Hohenzollern), *ca. 1484, im Deutschritterorden 1504, Hofmeister in Beuggen 1518, Komtur ebenda 1521, wurde wegen seiner Heirat und reformierten Gesinnung abgesetzt, begab sich nach Basel und wurde hier 1529 19. Febr. ins Bürgerrecht aufgenommen. Mit der Landkomturei verglich er sich 1537 und erhielt vom Deutschen Orden 1550 eine Jahresrente von 200 fl.; er wohnte im «*Reischacher Hof*» (Münsterplatz 16), der noch heute seinen Namen trägt, starb hier 1564 9. Juni und wurde im Kreuzgang des Münsters beigesetzt. Seine erste Gemahlin war Magdalena Münch v. Münchenstein, ∞ vor 1528 (während Platter, Kap. 8, A. 366, fälschlich von einer Waldnerin spricht), die zweite war Katharina v. Königsbach gen. Naglerin, Wwe. von *Jkr. Jakob v. Bärenfels* (1516–1585). Nach Kindler v. Knobloch III 479; P. Burckhardt, B. Ch. 8, 311, A. 19; A. Hartmann, Amerbach-Korresp. 4, 343, A. 2; Tonjola 20.

25 wer: einen Degen, wie die deutschen Studenten.

waldus Berus²⁶. Ich vereert D. Hansen den Clement Marot, schön zů Paris ingebunden²⁷. Darnoch zogen wir das Martins geßlin hinab; alß wir zeunderst kamen gegen der schol²⁸, stůndt mein zůkünftige am schol banck, das ich doch nit acht, erblickt mich, luf in die schol hinin und wider heim. Ist auch hernoch nit weiter in d'metz⟨g⟩ gangen, wil sy die metzger anfiengen vexieren. Ich zoch zum D. Huggelin, by der Mer katzen²⁹ wonent, grůst in und sein frauw, wie auch andre ettlich, die übrige nochvolgender tagen.

[107] Alß ich wider nach haus kam, mûßt ich mit meim vatter by dem thůmprobst³⁰ zů mittag eßen, welcher sein sun Sigmundt mit dem Jacob Catalan nach Mompelier langest geschickt hatt. Der frogt mich allerley;

26 Isaak Keller und Oswald Baer, die beiden Prof. med.

27 *Marot:* Platter brachte seinem väterlichen Freund und Beschützer Prof. Dr. med. Hans Huber, wohl auf dessen Wunsch, einen Band Gedichte von Clément Marot (1496–1544), dem bekannten, von Marguerite de Navarre protegierten Renaissancedichter. Er selbst hat sich nicht mit zeitgenössischer Dichtung befasst, um sich nicht von seinem Fachstudium ablenken zu lassen.

28 Die *grosse School* (<scala = Stufe) war mit dem anstossenden Schinthaus (Schlachthaus) die grösste Fleischlaube Basels und hatte mit den beiden andern Scholen zusammen das städtische Monopol des Fleischverkaufs. Sie befand sich mindestens seit 1317 (Hist. Grundb.) über dem Birsig zwischen der Sporengasse und Sattelgasse, also auf dem untern Teil des Marktplatzes und wurde 1887 abgebrochen. Siehe Eugen A. Meier: Das verschwundene Basel (1968), S. 182 ff.

29 *Meerkatze:* Dr. med. Jacob Huckelin (s. Reg.) und seine Frau Salome Hagenbach erscheinen im Hist. Grundb. zwar als Eigentümer des «grünen Drachens» (Freie Strasse 37), Miteigentümer war Huckelis Schwiegervater Martin Hagenbach bis 1556. Zugleich besass dieser jedoch 1550 das Haus «zur hintern Meerkatz» (Freie Strasse 22), und die jungen Eheleute waren vielleicht bei ihm anfangs in Untermiete.

30 thůmprobst: *Sigmund von Pfirt,* *1491, †1574, Sohn des Friedrich v. Pf., Ritter und bischöflich-baslerischer Vogt zu Pruntrut, und der Christiane von Anweil, Domherr zu Basel, schloss sich der Reformation an, heiratete und wurde 1533 Bürger von Basel. Nach dem Tod des Domprobstes Dr. Andreas Stürzel übergab der Rat die Probstei 1537 dem reformierten Mitbürger Sigmund von Pfirt. Doch erhoben auf Grund päpstlicher Bullen zwei katholische Bewerber darauf Anspruch: zuerst Joh. Faber, Bischof von Wien, und nach dessen Tod der Augsburger Domherr Ambrosius von Gumppenberg. Der Streit zog sich mehr als anderthalb Jahrzehnte hin und beschäftigte sowohl den Kaiser wie die Tagsatzung. Sigmund behielt sein Amt bis zu seinem Tod, war aber allein auf diejenigen Einkünfte angewiesen, die aus Basler Boden eingingen. Nach P. Burckhardt, B. Ch. 8, 376f., A. 8 und R. Wackernagel, B. J. 1899, 130. Laut Wappenb. Ba. war er viermal verheiratet: 1. N. Waldner, 2. Afra Vay, 3. Agatha v. Laufen, 4. *Anna v. Staufen* (Felix nennt sie «Anastasia», s. Kap. 8, A. 364; seine Mutter nennt sie vertraulich «das Ana, die frauw thumprobsten», im 1. Brief an Felix in Montpellier, s. BN, Nr. 32, S.-Blg. v. 7. Aug. 1932, hg. v. A. Bruckner). Die letzte Heirat erfolgte 1539 14. Juli laut Mscr. Urkunden-Buch VIII, St.-A. Ba., C 8, fol. 56. Wegen Unverträglichkeit mit seiner Frau wurde er 1545 ins Gefängnis gelegt und hatte anschliessend Hausarrest. B.J. 1899, S. 140. – Die Platter waren mit der Familie eng befreundet: seine Tochter aus 1. Ehe, Susanna, wollte der Domprobst gerne mit Felix verheiraten; seine zwei Söhne Solon und Sigmund waren bei Thomas Tischgänger, s. Reg. und Platterbriefe, S. 17 u. 100.

under andrem wardt ich bericht, das er sich, wil ich noch in Franckreich war, vernemmen laßen, eb[31] er mins vatters und mein wil deß hüradts halben wußt, er mechte mir wol sein dochter Susanam, die er by seiner ersten frauwen der Waldnerin ghapt, zur ee geben, die domolen by der grävin zů Richerwir[32] im frauwenzimmer war, ein schön mensch, so baldt hernoch starb. Nach eßens fûrt mich mein vatter in sein gůt gon Gundeldingen, redt underwegen mit mir, ermant mich, nit zů schnel ze reden, wie die Welschen sunst im brauch haben, und erzelt mir sein haushaltung, auch sunst der übrigen bedreffen, deß doctorats und eestandts sachen. Ich fieng glich an die cipreßene luten, so mir der h. Thieboldt geben, zů zeristen, item ein große harpfen, so mein vatter lang gehept, zů bezien, meine biecher, scripta, alleß in ordnung risten; verdreib also die gantze wuchen.

Mein vatter stellte hiezwischendt die sachen an, das ich mit meiner zůkünftigen reden kente und sy mit mir. Lůdt derhalben M. Frantzen und sein dochter den zůkünftigen suntag hinus gon Gundeldingen nachmittag do anzekommen, war der 16 meiens, ein lustiger tag und meiens zeit. Ich zog nach dem eßen mit h. Thiebolt Schoenauwer[33] hinus, schickten unsere luten voran und alß wir zů Gundeldingen in[34] hof ingiengen, sachen wir zwo iungfrauwen doselbst ston, dorunder die ein der Schenkkenen bas war[35], dem Daniel, M. Frantzen sun zůgesprochen, die ander sein dochter Magdalena, die ich früntlich grůst, wie auch sy mich, nit on verenderung der farben. Kamen also ins gesprech, darzů auch baldt ir brůder Daniel kam. Spatzierten hin und wider in dem gůt, mit vilerley redt, in welcher mein zůkünftige gar bescheiden und stil züchtigs wesen war. Alß es um dry ur, kamen wir wider ins hus, giengen hinuf, schlůg ich und h. Thieboldt die luten zesamen; ich dantz gaillarde, wie mein bruch. In dem kompt auch M. Frantz ir vatter, der mich wilkom sein heist, satz⟨t⟩en uns[36] zů tisch und thaten ein obendrunck, eim nachteßen gleich, bis eß spot war, das wir zeit hatten in dstat zegon. Underwegen im heim gon gieng ir vatter und der mein vorhin, und ich und Daniel mit dem frauwenzimmer hernoch in früntlichem gesprech, in welchem die Doro-

---

31 eb = bevor.
32 Richerwir = Reichenweier/*Riquewihr*, ca. 12 km NW von Colmar, die Perle aller oberelsässischen Städtchen. – Wer die erwähnte Gräfin sein könnte, ist rätselhaft; vielleicht darf man bei dem «frauwenzimmer» an eine Art Pensionat denken.
33 Diebolt Schoenauer, s. Kap. 1, A. 153.
34 in' = in den.
35 *Dorothea Schwingdenhammer*, Tochter des Hufschmieds Matthys S. und der Ursula Ringysen, ∞ 1559 11. Dez. *Daniel Jeckelmann*, Scherer, Sohn des Scherers Franz J. und der Chrischona Harscher, Schwager von Felix Platter. Geburtsjahr unbekannt, wohl ca. 1539, † nach 1580. Wappenb. Ba.
36 Hs.: satzen und.

the, die etwaß frecher, mit reden herusbrach und sagt, wan zwei einander
gern sechen und hetten, soll mans nit lang machen, dan gar baldt ein
unglick darzů kommen mecht. Bim polwerch[37] schieden wir von einander,
M. Frantz und sein geselschaft zun Steinen[38], mein vatter und die sinen
zum Eschemen thor hinin heim zů. Legten uns also mit seltzsamen gedancken fir mein person an die růh.

[108] Am zinstag den 18 maii reit ich uf meim roß, daß ich noch ein
zeitlang behielt, gon Rötelen, h. D. Peter Gebwiler den landtschreiber
und sein hausfrauwen ze grießen, by denen ich anno 51 im sterbendt
mich wie obgemeldet aufgehalten. Sy entpfiengen mich mit frolocken
und erzalt mir die frauw, wie sy ietz unseren glůben angenommen hetten,
wil der margraf Carly ir herr alß geendert[39], der wolt ir noch nit recht ge-
lieben, ist doch zletst christelich sampt irem herren zů Lörach verscheiden.

Ich war embsig, meins vatter stüblin, do ich studiert, lustig ufzebutzen,
begab mich uf daß dreien an meins vatter dreistůl[40], dischmacher werch
etc, daß ich neben meinen studiis und instrumenten braucht. Ich firnißt
meins vatter bůchkasten, lart mich deß bildthauwers frauw die kunst,
die ich anfangs nit recht verstůndt, do sy sagt, ich mie[u]ßt zur lim
drencke den lim stoßen und ich vermeint, ich solte in im mörsel stoßen
und durch ein siblin rederen[41]; gar übel zeit vergebens mit hatt. Ich fieng
an, embsig zů dem doctorat mit studieren mich risten.

Mein schwecher und mein vatter, domit ich vergwißt wer meiner
zůkünftigen, die ich seer anfieng lieben und doruf drang, wie auch ir
nit zewider, so ich zum theil uß ir gebrocht, alß uns der můter Frönen[42]
bas, die metzgerin Bůlacherin in ir matten kirsen zeeßen vor Spalen thor,
zesamen sampt der Dorothe, so auch mit gieng, geladen, und wir uns
wol ersprochen mochten, faßten ein rot, eß solte D. Hans Hůber die
werbung thůn[43], welches, alß er von meim vatter gebetten, gern thäte
und deßhalben M. Frantzen[44] ins Münster vor mittag beschickt, die wer-

---

37 polwerch: das Bollwerk «Dorn im Aug» in der Nähe des heutigen Bahnhofs.
38 Steinentor: Daniel begleitete wohl seine Braut, die in der Spalenvorstadt wohnte, und
   wählte daher den Weg durch die Steinen, der ein wenig (aber nur sehr wenig!) kürzer
   war.
39 *Markgraf Carl II.*, der seit 1553 regierte, führte ab 1556 die Reformation in seinem Gebiet
   energisch durch.
40 dreistůl = Drehbank.
41 rederen = rütteln, sieben.
42 *muter Frön* ist die mehrfach erwähnte Verena Schultheß, die alte Patin Franz Jeckelmanns
   und Vertraute Madlens, s. Kap. 3, A. 658. Die Verwandtschaft mit der Metzgerin
   Bulacher sehe ich nicht, da Wappenb. Ba. und Priv.-Arch. Lotz hier versagen.
43 Die Werbung tat also nicht der Bräutigam selbst, sondern ein guter Freund, wenn
   möglich eine Respektsperson.
44 Meister *Franz Jeckelmann*, s. Kap. 1, A. 142 u. 501.

bung thet und ein bewilgete antwort uf ein eebredung[45] bekame, dieselbige uf den obendt, alß er, D. Hans, zů mir kam, mit frolocken, wie
sein bruch war, mir verkünte, glick wunste, doch vermeldet, eß begerte
mein schwecher, daß die sach stil verblibe, bis der doctorat firüber, alß
dan kente man die sach zů ende bringen, deßen ich wol zefriden.

Es hatt mein zůkünftigen schwecher lustig gmacht, den willen entlich
drin zegeben[46], der sunst iederzeit hinder dem hag gehalten, dan[47] er förcht,
mein vatter stecke in großen schulden und das er dischgenger hatt, do er
sein dochter, wie er sagt, nit gern in schulden oder die unrůw stoßen
wolt. Do er aber von meim vatter ⟨hört⟩, das die schulden klein gegen
seim vermögen, so an hüseren und dem gůt, er noch hatt, und selbs begert
der dischgengeren sich abzethůn, war er zefrieden und dester mer, wil er
der junckeren zů Lantz [109] kron und Inslingen, denen er dient und in
gar lieb hatten, also das er dem alten Richen[48] sein sun Jacob uß tauf
gehept und er stetig by im war, auch ein roß deßenthalben in der junckeren dienst hielt, roth gehapt, die eß im rieten[49], wie auch herr Caspar
Krůg[50], hernach burgermeister, der mich gesechen und von seim apo-

45 Die «Ehebesprechung», die wohl speziell die finanzielle Seite des Projekts betraf.
46 Seine Einwilligung zu geben. – Das logische Subjekt (*was* ihn endlich dazu bewog) folgt
    erst im nächsten Bandwurmsatz: «Do er aber ... hört ...»
47 Hs.: das.
48 *Jakob II. Reich zu Reichenstein:* Stammburg R. ob Arlesheim, seit dem 17. Jh. eine Ruine.
    Jakob «der alt» war der Sohn des Marx R., Vogt und Pfandherr zu Pfirt, Herr zu Lands-
    kron und bischöflicher Kämmerer, und der Elisabeth v. Bärenfels, * ?, tot 1561, ∞ Brigida
    von Schönau, wurde 1506 Vogt und Pfandherr zu Pfirt sowie nach 1535 Junker zu
    Landskron, Inzlingen und Brombach. Er hatte 10 Kinder, u. a. die Söhne Jakob III.,
    Marx III., Hans Georg I. und Hans Thüring II. (s. Reg.). Nach Kindler v. Knobloch III,
    388 f. und Merz: Sisgau 3, Stammtf. 10/11. – Felix wurde durch seinen Schwiegervater
    bei den Reich eingeführt und hatte die ganze Familie zu Kunden. Vgl. Reg.
49 Nämlich die Zustimmung zur Heirat.
50 *Caspar Krug:* *1513, †1579, Sohn des Schlossers Sebastian K., der bereits Werkmeister
    der Stadt, d. R., 13er, Deputat sowie Obervogt auf Ramstein und Homburg war, und
    der Elisabeth Isenflamm, selbst Eisenhändler, ∞ Anna Nussbaum, 1547 d. R., 1557
    Oberstzunftmeister, 1559 Bürgermeister, öfters Gesandter an die Tagsatzung, 1552 zu
    König Henri II in Zabern i. E., 1563 zur Begrüssung Kaiser Ferdinands I. an die Grenze
    Basels (Rede!), vom Kaiser geadelt. Er bewohnte den prächtigen *Spalenhof* (Spalen-
    berg 12, heute Théâtre Fautcuil, s. Bürgerhaus I, Tf. 84–86, S. XLIV u. Eppens: Bau-
    kultur, 3. Aufl. 1937, S. 122, 138); der Hof war von 1564 bis 1732 im Besitz der Familie.
    Sehr stolz klingt sein Epitaph im vordern Kreuzgang zu St. Leonhard, das sich an den
    Vers «aspicite o cives ...» des altrömischen Dichters Ennius anlehnt: «Aspicite, o cives,
    Caspari Crugii, consulis vestri, qui reipublicae Basiliensi domi forisque consulendo, iudi-
    cando et imperando, prudentia, fide et auctoritate singulari praefuit profuitque, herois
    quanti quantulum sepulcrum.» «... wie gross der heroische Mann, wie winzig klein das
    Grabmal!» Grosszügiger, selbstbewusster spricht kaum eine andere der ca. 800 Basler
    Grabinschriften. Zitat und Urteil nach Peter Buxtorf: Gräber u. Grabinschriften ...,
    B. J. 1944, S. 28 f.

tecker Hummel vil gûts von mir gehört, auch mein vatter sein sun Ludt-wig[51] by im am disch hatt, der im sagt, er solte gott dancken, ich gefiele im wol, hette gûte hofnung, ich werde ein firnemmer doctor werden, dan ich schon mit martzipan, so ich angeben, welche domolen nit im bruch, ein gûte prob an seiner frauwen, die zweier kinder genesen und gar schwach war, gethon, also daß mein schwecher letstlich die sach gar wol gefallen und nit zewider gwesen, wan ich in das scherhus gangen und mit seiner dochter gesprocht[52] hab, welches doch mer in seinem abwesen in der stille hernoch geschechen, do ich zur hinderen thür im geßlin stil hinin gezogen und doselbst unden im hus vil molen mit ir in allen zucht und eeren geschwetzt; darwider er nüt geredt, sunder derglichen thon, er wiße nüt darumb; hatt auch iederzeit den handel so lang er kennen ufzogen[53], wil er ein witlig, die dochter, so im so wol hushielt, wie er rûmt, nit gern uß dem haus hat geben.

Viertzechen tag nach meiner ankunft den 30 maii war ir vatter zû Lantzkron, wie schier der mertheil, dan sein sun Daniel mit eim knecht den laden versach, lûdt mich mein zûkünftige durch ir magt Ketterin, die mir altzeit vil von irem gûten willen fir sich selbs erzelt, zum imeß eßen am suntag zegast, do ich flisig erschein und nieman do fandt, dan sy und ir alte blinde mûter Frön. Wir aßen vor ußen by der kuchi, dan juncker Marx Rich hatt die vorder stuben in, do in D. Hans im holtz ligen hatt[54], der von mir nüt wußt. Sy hatt zevor den Daniel abgefertiget; do schwetzten wir allerley und wan sy etwan abtrat, so rûmpt mir die alte frauw, wie sy so züchtig und erschrocken, solte mich nit irren laßen, das sy so schamhaftig und nit derglichen thet, sy wiße gwis, das sy mich von hertzen lieb hett, begerte nit mer dan ir leben by mir zeschlißen, mit anderen mer worten, wie sy wol gestalt, sy lege zû zeiten by ir etc., wie

51 *Hans Ludwig Krug:* *1557, †1610, Sohn des Bürgermeisters Caspar Krug (s. A. 50) und der Anna Nussbaum, ebenfalls Eisenkrämer, d. R., ∞ vor 1584 Anna Mentelin, Tochter des Hieronymus M. und der Anna Wild. Wappenb. Ba. (nur Mentelin, Krug hört vorher auf). Die Grabinschrift ebenfalls bei Buxtorf, B.J. 1944, S. 30. – Man könnte an einen Irrtum Platters denken, wenn er zum Jahr 1557 – im Geburtsjahr Ludwig Krugs! – diesen als Tischgänger seines Vaters erwähnt, doch muss man nur ergänzen: «später» sein Tischgänger war, so stimmt die Sache. Man muss sich klarmachen, dass Felix im Jahre 1610 retrospektiv erzählt! Die Notiz verrät uns nebenbei, dass Thomas – entgegen seinen Versprechungen gegenüber Jeckelmann – eben doch noch später Pensionäre hatte. Der Satz «der im sagt» (Zeile 2) bezieht sich auf den Vater C. Krug.
52 gesprôcht: ungewöhnliches gemischtes Praeteritum, Sinn: Gespräch geführt. Im Dialekt noch das Dimin. «gespröchlet».
53 ufzogen: hier = aufgeschoben.
54 Wahrscheinlich Junker *Marx Reich III.v. Reichenstein,* tot 1577 (oder Marx IV., tot 1593?), ein Sohn des Jakob II. R. (s. o.); offenbar hatte er eine venerische Krankheit und machte deshalb unter Dr. Hans Hubers Aufsicht im Scherhaus Jeckelmanns eine Guajakholz-Kur durch. Vgl. Reg.

die alten wiber wol kennen einen also ufwecken. Und bleib schier bis
nacht; gieng hinweg eb[55] villicht ir vatter käm, deßen ich mich doch wie
auch sy nit schuchten[56], welches mich dester mer verwundert, wil er
altzyt sagt, er hette seiner dochter noch nie nit darvon gsagt und wißte
nüt eigentlichs, dan von der gaßen redt und gsach doch, daß wir zesamen
wandleten.

[110] Den 10 junii lůdt mich facultas artium zegast zur Kronen[57],
schanckten und gratulierten mir und meim vatter, welches mich wol
frůwt, das sy wider vereinbart waren[58], darzů auch, das ich ⟨ze⟩ Basel
promovieren wellen, wolgeholfen.

Ich rust mich zum gradu und domit ich ein prob zevor thet, eb ich
petiert, erbott ich mich gegen der facultet der artzeten in den hundtstagen
im collegio ze profitieren[59], das mir glich vergünstiget wardt. Schickt
mich derhalben darzů, verkauft mein roß, durch hilf h. Gabriel Fryen,
um daß halb gelt, das es mich kost hatt, so mein vatter zů sich nam, also
daß ich wenig gelts hatt. Studiert flisig bis den 21 julii, do ich anfieng
läsen[60], bleib den mertheil doheim, zog doch etwan zů h. Thiebolt Schönauwer, do wir, auch etwan mit uns D. Wecker, die luten schlůgen im
Flachslander hof[61] im stüblin, so uf den Rhin gieng. Item zů dem h. Jacob
Riede, meim geferten von Paris, wie auch h. Ambrosio Frobenio, welche
alle schon verhürath waren; Ambrosius mit h. Jacob Riedins des elteren
dochter, hat, eb ich uß Franckrich kam, hochzeit ghept, der iünger Riedi
erst sit unser ankunft, darzů er mich, so mich wundert, nit geladen, wie
aber ich in hernoch. Ich war auch vil by dem apotecker Humel, der lůdt
D. Hansen und mich in sein garten by s. Lienhart[62]. Alß ich mit dem
doctor dohin gieng, sachen wir mein zůkünftige in bendel und borten
und griener schuben[63] dohar zien, hatt ein kindt ghept dem Wiesten zů
s. Lienhart[64], welches sy drůg. Die zeigt mir D. Hans, mit vermelden,

---

55 eb = bevor.
56 schuchten, schüchten = scheuten (Hs. schwer lesbar; Boos: schrecken).
57 Krone: s. Kap. 5, A. 17.
58 Anspielung auf den früheren Streit zwischen Thomas Platter und der Artistenfakultät
    um das Aufsichtsrecht der Universität über das Gymnasium usw.
59 profitieren = Vorlesungen zu halten.
60 läsen = Vorlesungen zu halten.
61 *Flachsländerhof* = Rheinsprung, Teil von Nr. 16, also Teil des späteren Reichensteiner-
    hofes (Blaues Haus), und nicht der noch heute so geheissene Flachsländerhof an der
    Petersgasse. Hist. Grundb.
62 garten by s. Lienhart: Balth. Hummel besass laut Hist. Grundb. seit mindestens 1575
    bis 1585 das Haus Unterer Heuberg 21, evtl. schon 1557? Vgl. Kap. 1, A. 315.
63 schuben, Scheube usw. = Schürze.
64 ein kindt ghept = gehalten, d. h. aus der Taufe gehoben. Eine *Judith Wiest*, Tochter des
    Wollenwebers Christoph W. und der Elisabeth Ryff wurde laut Taufregister am 9. Mai
    1557 zu St. Leonhard getauft, wobei Magdalena Jeckelmann als Patin genannt wird (vgl.

sy wurde mir gwis werden, ir vatter hett es im zů Lantzkron, do sy zesamen kommen, in dhandt verheißen; drib also seine boßen, wie er dan
ein gantz lustiger herr und altzeit mir wol angewesen, dorumb auch mich
hernoch zů gvatteren genommen.

In der zeit wardt h. Thomas Guerin[65] die jungfrauw Elisabeth zum
Falcken versprochen, welcher, alß er vil zů mir wandlet mit dem Bembelfort[66], batt mich ein mol, ein music anzestellen, seiner geliepten zum
Falcken zehofieren, dem ichs verhies, doch daß solche music auch an ort,
so mir gefiel, brucht wurde. Rusten uns also und zogen spot nach dem
nachteßen fir meiner zůkünftigen haus. Wir hatten zwo luten, schlůg ich
und h. Thiebolt Schönauwer zesamen, darnoch nam ich die harpfen. Der
Bembelfort zog die violen; alß er sy uf ein fas stellen wolt, fiel es um,
macht ein rumor; der goldtschmidt Hagenbach[67] pfiff darzů; war gar ein
zierliche music. Man gab uns kein anzeigung[68], dan mein zůkünftiger
schwecher anheimsch war. Zogen also darvon zum Falcken, do wir,
nach dem wir ghofiert, ingeloßen wurden, hielten ein stattlichen schlofdrunck mit allerley confeckt. Zogen alß dan wider nach hus, do die
wechter bim Grienen ring[69] an uns komen, die aber, nach dem wir gůten
bescheidt gaben, faren ließen. Ich gieng hernoch oft spatzieren in meiner
zůkünftigen hus, doch so vil müglich, heimlich, do ich vil narrenwerch,
wie die leut thůnt, so sy by iren liebsten sindt, anfieng und redet, daruf
sy mir bescheidenlich kont antworten. Ich kleidet mich anderst, nach
unserem bruch domolen, do man nur gferbte kleider drůg, kein schwartze,
es wer dan leidt. Lůdt sy ein mol wider hinus gon Gundeldingen, do sy
aber mit der Dorothe[70] erschein und uns ersprochten[71]. Es fiengen ettlich
uf mich acht haben und alß ich noch dem nachteßen aus irem haus einest

Wappenb. Ba. u. B.Ch. I, 196). – Am gleichen Tage jedoch kam Felix erst von Montpellier heim; er verwechselt also diese Taufe offenbar mit einer andern, oder aber Madlen
ging aus einem andern Grunde in jener Gegend vorbei, und Felix vermengte dies später
mit jener Taufe.

65 *Thomas Guarin* oder Guerin/Geering, der «Buchdrucker aus Tournay», *1529, †1592,
     ∞ 1557 *Elisabeth Isengrien*, *1539, †1606, Tochter des Buchdruckers Michel I. (1500–1557)
     und der Elisabeth Linder (1503–1578); «zum Falken(berg)» = Freie Strasse 51. Wappenb.
     Ba. und Hist. Grundb.

66 Theodor Bempelfort aus Düsseldorf, Korrektor in Basel.

67 *Jakob Hagenbach:* *1532, †1565, Sohn des Martin H., Wollweber, St. Alban-Schaffner u.
     Obervogt auf Homburg, und der Ottilia Meyer zum Hirzen; er war Goldschmied auf
     der Freien Strasse, ∞ Sophia Brattler. Wappenb. Ba., vgl. Hunziker 51.

68 anzeigung = Zeichen, Einladung zum Hereinkommen. Vgl. das andere Ständchen, wo
     sie mehr Erfolg hatten.

69 Grienen ring = Freie Strasse 56, Eckhaus zum Ringgässlein, heute Knopf AG.

70 Dorothe Schwingdenhammer, vgl. oben, Kap. 5, A. 35.

71 ersprôchten = uns aussprachen, s. Kap. 5, A. 52.

gieng, zogen mir zwen nach, hetten mich gern gesteubt[72], verschlůg mich[73] aber vor inen, daß mir nüt beschach.

Es war ein witwen, juncker Stofel Offenburgers hinderloße, ein Bärin[74], der Stöllene [111] schwester, die hatt iren sun Jonam zů Paris, von dem ich ir botschaft gebrocht. Die lůdt mich und h. Diebolt Schoenauwer zů einer morgen sup, do wir musicierten, dan sy gar frölich und nit gar ein gůt geschrey hatt[75]. Die kam oft in meins vatters haus und hort mich lutenschlagen und andren instrumenten; kam zlest nur ze vil und wider mein willen, wie auch meins vatters. Das erfůr mein zůkünftige, fieng an etwas iiferen und wie ich zů ir kam, etwas ruch ansechen und antworten. Ich marckt gleich die ursach, begegnet ir, das sy zůfrieden.

Den 21 julii, alß ich am suntag zevor an die kirchthüren anschlachen loßen, ich wurde läsen, fieng ich im collegio in aula medicorum an zeläsen, hat zevor ein lange perorationem, darnach expliciert ich librum Galeni de causis morborum, darby waren fast alle medici und der mertheil professorum im anfang, hernach hatt ich zwen auditores, waren Niderlender[76]. Die giengen nach der letzge[77] mit mir heim, stigen uf den mulbeerbaum, so in meins vatters garten, und aßen mulbeere. Zeigt inen singulariteten, damit ich sy flisig macht mich zů hören. Beharret also mit dem profitieren al wuchen 4 mol am morgen um 8 uren, bis den 13 augusti.

72 gesteubt = geschlagen. Schw. Id. 10, 1077, mit Zitat dieser Stelle.

73 verschlůg mich = versteckte mich. Schw. Id. 9, 441, mit Platter-Zitat.

74 *Cleopha Baer* (Ber): *1511, †1557, Tochter des Hans Baer, Tuchmanns und Gerichtsherrn, der 1515 bei Marignano als Bannerherr fiel, und der Barbara Brunner; 1530 ∞ Jkr. *Christoph Offenburg* (1509–1552), Schlossherr zu Binningen seit 1532 13. Aug. (BUB X, 156, Nr. 158). – Sie war nicht der «Schöllene» (so die Hs.), sondern der «Stöllene» Schwester, d. h. der *Salome Baer* (1515–1565), ∞ Jkr. Wolfgang Stölli (Stelly). Dieser war ein Tischgänger Thomas Platters und wohnte von 1545 bis 1555 in dem Haus zum Samson am Petersgraben/Ecke Hebelstrasse, das Felix später für sich erwarb. Vgl. Kap. 1, A. 118. – Der Sohn *Jonas Offenburg*, *1546 22. Juli, †1597, war verheiratet mit Dorothea Büler und wurde später herzoglicher Rat zu Innsbruck. Merz, Sisgau 3, Stammtf. 7 und Wappenb. Ba.

75 keinen guten Ruf hatte. – Sie war damals mindestens 46jährig und konnte daher Madlen als Rivalin kaum gefährlich werden.

76 *Niderlender*: Laut Matr. Ba. II 98 ff. kommen in Frage Egbertus Schatter, Joannes Eiltz oder die Brüder Westerwaldt. Nach ihrem Gebaren müssen es sehr junge und naive Studentlein gewesen sein. Felix imponierte ihnen mit den «singulariteten» seines Naturalienkabinetts. Vgl. H. R. Guggisberg: Die niederländischen Studenten an der Universität Basel, BZ 1959, S. 241, A. 26.

77 letzge = Lektion.

6. Doktorat
(14. Aug. – 20. Sept. 1557)

[111] Am volgenden tag den 14 augusti fiegte ich mich zů D. Oswaldo Bero[1], decano der medecin facultet, und petiert durch ein orationem den gradum medicum, doruf ich uf morndrigen tag bescheiden wart, am suntag nach mittag in D. Oswaldi hus hinder dem münster[2], do die dry, so

1 *Oswald Baer* (Berus): *1482, †1567, geb. in oder bei Brixen im Südtirol, taucht 1507 erstmals in Basel auf als Apotheker, reist dann 1507 nach Italien, wohl zum Studium. 1509 ist er Lateinlehrer in Schlettstadt, 1510/11 studiert er in Basel und praktiziert 1511 als Arzt in Basel, wird 1512 Dr. med. (oder 1512 zuerst Dr. phil. und 1513 Dr. med.) und 1523 ordentlicher Professor der Medizin in Basel (nicht 1513, s. Jenny: Amerbach-K. 8, 110), 1528–†1567 Stadtarzt und viermal Rektor der Universität. Er hörte 1552 auf zu lesen, behielt aber Sitz und Stimme in der Fakultät bis zum Tode. Nach H. G. Wackernagel: Matr. Ba. I 305 u. Albr. Burckhardt: Gs. d. med. Fak. (1917), S. 35 ff. Vgl. Rud. Wackernagel: Geschichte der Stadt Basel III 131. – Baer hätte schon 1526 die Stadtarztstelle übernehmen sollen, doch wollte er neben seinem Ordinariat nicht auf die einträgliche, von seiner Frau übernommene Apotheke verzichten und konnte deshalb nicht gewählt werden. Statt seiner wurde der geniale Paracelsus Stadtarzt, doch hatte er bald mit allen Streit, und als er fliehen musste, da erschien «der geschmeidige Opportunist Baer als der geeignete Mann, die medizinische Fakultät in der althergebrachten Haltung wieder erstehen zu lassen». Karcher 26. Auch den Unterbruch der Universität in den Reformationsjahren 1529–1532 überstand er gut: 1532 war er wieder Rektor und einziger ordentlicher Prof. med. Dem Drängen Sinckelers nachgebend, hielt B. 1531 erstaunlicherweise eine Anatomie, in unserer Gegend die erste, aber zugleich auch die letzte bis zum Auftreten Vesals 1543. Torinus, der Hauptvertreter der neuen Richtung, wurde abgesetzt und starb 1549, Sinckeler starb 1547, Mellinger trat zurück, so dass B. wieder alleiniger Ordinarius war. Damit überhaupt noch gelesen wurde, bestellte der Rat 1552 Dr. Johann Huber (Kap. 1, A. 489) zu seinem Nachfolger, doch behielt Baer seine Titel bis zum Tode; seine Amtszeit war ein wissenschaftlicher Tiefpunkt. Er zehrte jedoch von seinem früheren Ansehen und war überdies persönlich sympathisch. Platter hat ihn geschätzt und geehrt. Nach Karcher 25–29. – Er war dreimal verheiratet: 1. vor 1519 mit Barbara, der Witwe eines Apothekers, wahrscheinlich des Hans Caromellis, 2. mit Suselin Iselin, Tochter des Jakob Iselin, Oberstzunftmeister und Obervogt auf Farnsburg, und der Sabina Bapst v. Bolsenheim. Er hatte einen Sohn Theophil und eine Tochter Margaretha, die ihm beide Sorgen machten (s. Reg.). Platter rühmt seine Gelassenheit im Unglück und seine stete Fröhlichkeit («qui per urbem incedens cantabat»), auch den tapferen Einsatz des über 80jährigen in der Pestzeit 1563/64 (Observationes 1614, II, S. 307). Er schrieb ihm ein lateinisches, «leicht burschikoses» Epitaph, s. bei Karcher 29 u. Tonjola 24. Nach Wappenb. Ba.; Albr. Burckhardt und Karcher a. a. O.

2 Baer wohnte auf dem *Münsterplatz* in einem der dem Domstift gehörenden Häuser. Ein Verzeichnis dieser Gehöfte («Volgen die hoff und huser darvon man nüt gibt») zählt die verschiedenen Inhaber auf, unter ihnen auch Oswald Baer, aber leider nicht in topographischer, sondern beliebiger Reihenfolge, so dass sich Baers Haus nicht genauer lokalisieren lässt. St.-A. Ba., Mscr. Domstift SS 2, letztes Blatt (den Hinweis auf die Domstiftsakten verdanke ich B. R. Jenny: Amerbach-Korr. 6, 250, A. 6). – Daneben besass Baer seit 1516 das Haus «zum grossen roten Löwen», Freie Strasse Teil von 31 nb. 29, und seit 1529 5. Juni bis 1565 28. Mai das Haus Malzgasse Teil von 27 nb. 23. Hist. Grundb.

«*Der newe Doctor* kommt mit dem Rector aus der promotion». Radierung von Hans Heinrich Glaser, Basel 1634.

Tafel 26

Die Prüfung des Promovenden. Kupferstich Nürnberg 1725.

Doktorschmaus im Collegium illustre, Tübingen 1589. Kupferstich von L. Ditzinger nach
J. Christof Neyffer.

des consilii oder collegii medici waren, by einandren waren, der decanus Oswaldus, D. Johannes Hůberus, D. Isaac Cellarius. Vor denen hůlt ich aber ein oration, den gradum petierent[3], und alß sy die censur mit mir hielten, zeigte ich an, wie lang ich medecinam studiert; item zeigt meine brief des magisterii und baccalaureats in der medicin zů Mompelier erlangt. Waren sy über alß zefriden. Allein do sy mein alter frogten[4] und ich das anzeigt, ich wurde ietz im october ein und zwentzig jar alt, macht der decanus ein discours dorüber, es solte einer nit minder dan 24 jar alt sein. Ließen mich also heim zien, welches mich verdroß, vermeinend, sy wurden mich etwan meiner jugendt halben nit promovieren wellen, das doch nit war, sunder hatten sunst ir bedencken dorüber, wie mirs morndes D. Isac erklert, brüchlich zesein, eim eins und anders fir zehalten. Ich klagts meim zůkünftigen schwecher uf den obendt. Der wardt erzürnt, sagt, wellen sy euch hinderen, so gib ich euch mein roß, zient wider nach Mompelier und promovieren doselbsten. Hette sich aber diser sorg aller nüt bedörfen, dan inen nit ernst gewesen, sunder leidt, so ich wegzogen wer.

[112] Morndes den 16 augusti berůft mich pedellus zum tentamen[5]. Daß wart gehalten in D. Oswaldi hus von inen drien, darinnen sy mir vil quaestiones, firnemlich medicas ufgaben, doruf ich hertzhaft respondiert, wil sy nit so schwer, alß ich zevor vermeint sein werden. Es wert doch dry gantzer stundt, von dem einem biß viere, nach welchem sy mir zwei puncta ufgaben, morgens zů explicieren, namlich ein aphorismum Hippocratis: mutationes temporum pariunt morbos etc. item definitionem medicinae Galeni in arte parva: medicina est scientia salubrium etc.[6] Nach solchem hatt des D. Oswaldt dochter Margret kiechlin bachen und uns ein obendrunck geben, darby sy mit mir gar lustig waren, den ich hernoch bezalt.

Daß examen[7] wardt morndes den 17 augusti gehalten, aber an dem ort,

---

3 Hs.: petetierent.

4 Hs.: frogter.

5 *Tentamen:* Probe, Vorprüfung, welche Fragen der Philosophie und Medizin betraf und nicht über zwei Stunden dauern sollte; s. E. Bonjour: Die Universität Basel (1960), S. 174. Die drei Examinatoren waren Baer, Huber und Keller.

6 «Die Wechsel der Zeiten bringen Krankheiten hervor» (Hippokrates) und «Die Medizin ist die Wissenschaft von den Heilmitteln» (Galen). Beide Themen waren für den modern geschulten Platter Anachronismen. Karcher 30. – Später, als Platter selber Professor war, wurden vernünftigere Disputationsthemen gestellt, s. Fritz Husner: Verzeichnis der Basler med. Universitäts-Schriften von 1575–1829, in: Festschrift Brodbeck, Ba. 1942, S. 137–269. Vgl. Kap. 3, A. 734 (Montpellier).

7 *Examen:* Während die Statuten aus der Gründungszeit nur allgemeine Weisungen enthielten, brachten erst die 1570 unter Platter eingeführten «Leges» genauere Vorschriften über den Aufbau der Fakultät, Examen usw.; s. Albr. Burckhardt: Gs. d. med. Fak. (1917), S. 354–373, spez. 366ff., und E. Bonjour: Die Universität Basel (1960), S. 172ff.

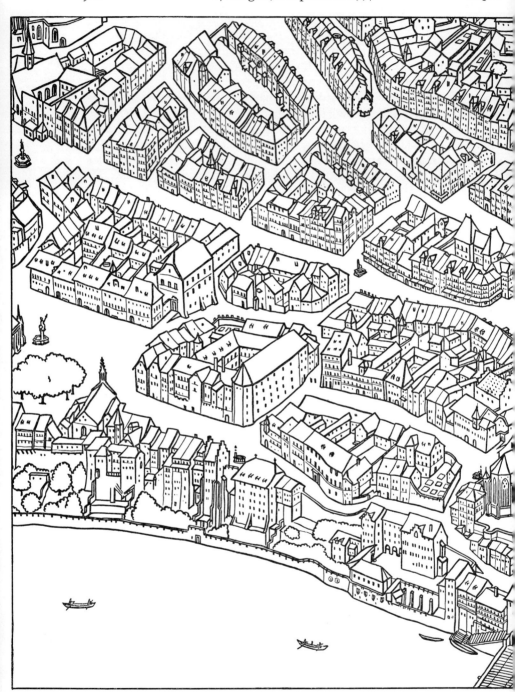

do ich themata, so mir übergeben, fast ein stundtlang memoriter[8] expliciert, alß wan ich profitierte[9]; darnach disputierten die dry doctores darwider, wert auch wol dry stundt, sunderlich D. Oswaldus, so ein großer philosophus sein wolt, mich zimlich iůbt. Letstlich hiesen sy mich abdretten, und[10] alß sy mich wider hinin namen, zeigten sy mir an, wie brüchlich, daß ich auch publice disputieren mießte, nochvolgender tagen, und gab man uns wider ein obendrunck, den ich sampt der vereerung[11] der dochter bezalt.

Am fritag hernoch den 20 augusti hůlt ich inen ein nachtmol zur Kronen, darby sy lustig waren.

Ich rust mich zum disputieren und entpfieng vom decano zwo themata, die mir nit fast gefielen, hatte wol statlichere genommen, so ich selbst, wie ietz brüchlich, solche hette dörfe erläsen. Die lies ich mit etwas außlegung dorüber drucken; die schlůg man am suntag den 29 augusti an die vier pfarkirchen und schickt sy allen doctoribus und professoribus durch den pedellen, der sy uf künftigen donstag darby zesein lůde. Gleich morndes kam mich ein feber, sampt dem cathar, wie es domolen umgieng, daß grupenwee[12] genant, an, also daß eß mich schier verhindert. Dise sucht regiert domol weit und breit, wie auch ze Mompelier, wie ich hernoch vernam, und nempt sy coqueluche[13].

Fůr doch fir[14] den 2 septembris am donstag mit der disputaz, so gehalten wardt in aula medicorum, fieng an am morgen um 7 uren, weret bis zwelfe. Darby waren fast alle academici, wil eß lang nie gehalten

Bei Platter bestanden die Doktorprüfungen aus Petition, Tentamen, Examen, Disputation und Promotion, die ersten drei im Haus des Dekans am Münsterplatz, die beiden letztern in der Aula medicorum im «Obern Collegium» (dem ehemaligen Augustinerkloster, wo seit 1847 das Museum steht).

8 memoriter = auswendig; aber an dem ort = wieder in Dr. Baers Haus.
9 profitierte = Vorlesung hielte.
10 Hs.: uns.
11 vereerung = Geschenk für Margaretha Baer.
12 grupenwee = Keuchhusten; Grûpi = Husten, Schnupfen; grupen = kränkeln, fröiteln. Schw. Id. II 790f.
13 coqueluche = Keuchhusten. (Boos: coque tuche).
14 Ich fuhr dennoch weiter.

Abb. 14. Ausschnitt aus dem *Merian-Plan* von 1615: Unten rechts über einer hohen Stützmauer die alte *Universität*, das sogenannte «Untere Collegium». Das «*Obere Collegium*» mit der Aula medicorum, wo Felix Platter doktorierte, war in dem mächtigen Gebäude mit Eckturm und Kreuzgang, dem ehemaligen Augustinerkloster (gegen die Bildmitte, heute Naturhist. Museum). – Hinter diesem Block, am Schlüsselberg, das markante Haus «*zur Mücke*». – In der Talstadt die mittlere und untere Freiestrasse; hier, beim Steblinsbrunnen das Haus «*zum Schöneck*» (heute «Goldene Apotheke»), wo die Familie Jeckelmann wohnte.

worden, und disputierten allein die doctores medici, dan es nit über ein oder zwen studiosos medicinae hatt, denen D. Hûberus und Isaacus[15] professores domolen lasen. D. Oswaldus disputiert starck gegen mir, vil de calore nativo, auß dem Avicenna[16], dem begegnet ich ex Fernelio[17]; D. Hûber, D. Isaacus, hernoch und nach inen D. Pantaleon, Bechius und D. Huggelin, der vil argument brocht uß dem [113] conciliatore[18], die ich al zevor geläsen hatt und wußt, derhalben ims glich widerlegen kont. Es disputierten auch andere magistri philosophi. Bestûndt also mit gottes hilf by eeren. Nach gethaner disputation hatt ich wider ein disch vol zur Kronen ze gast, darzû alß mein vatter neben andren doctoren auch D. Huggelin batt uf dem Münsterblatz und vor deß Spires hus[19] ein großer stein do versetzt uß gwißer ursachen, wie auch vorüber war, und D. Huggelin nit doruf acht hab, im hindersich wichen, alß in mein vatter bim rock zoch mit zegon, struchet[20] er über den stein und fiel hinder sich zû ruck, daß im seine schû, so ußgeschnitten mit hornen[21], in die höhe sprungen, dorab ein glechter entstanden, sunderlich dywil im sunst nüt wirsers[22] widerfûr. Ich zoch nach dem eßen an das gewonlich ort, meiner zûkünftigen die überstandenen strus, die freudt zeverkinden, dan sy in sorgen, wil ich noch den flus[23] hatt, der mich zimlich auch in der disputatz dreibe und das ich auch zur nasen aus schweist, es wurde mich etwan hinderen.

Den 6 septembris beschickten mich die doctores von der facultet und

---

15 die Professoren Huber und Keller. Es gab also ebensoviel Professoren wie Studenten! – Erst nach 1570 stieg die *Zahl der Medizinstudenten in Basel* allmählich, dann aber vor allem dank Platter zu erstaunlicher Höhe: 1575–1630 waren 1033 immatrikuliert, von denen 863 zum Dr. med. promovierten. Albr. Burckhardt, med. Fak., S. 155, A. 6.

16 *Avicenna:* arabischer Philosoph und Arzt um 1000 n. Chr., Autorität der mittelalterlichen Medizin. – de calore nativo = über die Körperwärme.

17 *Jean Fernel:* der damals noch lebende Prof. med. in Paris, königlicher Leibarzt, der «Galien moderne», der den scholastischen Arabismus ablehnte; s. Kap. 4, A. 128.

18 «*conciliatoren*» (= Vermittler) waren medizinische Werke, die in der Blütezeit der Scholastik beliebt waren. In ihnen wurde versucht, die zahlreichen Widersprüche zwischen den anerkannten Autoritäten mit Hilfe einer raffinierten Dialektik wegzudisputieren. Nach B. Mayrhofer: Wörterbuch z. Gesch. d. Med., Jena 1937, S. 119. Mit freundlicher Hilfe von Herrn Prof. Dr. med. H. Buess und Frl. Dr. M.-L. Portmann, Basel.

19 Spires hus: *Johannes Spyrer*, Schaffner der hohen Stift, ursprünglich Hutmacher, Bürger von Basel 1535, dann Domprobsteischaffner, †1594, ∞ Elisabeth Hagmeyer, war seit 1550 3. Juni Eigentümer des Hauses Augustinergasse 17 («Markgrafenhof genant, vor dem Augustiner closter über»). Es ist das drittletzte rheinseitige Haus der Augustinergasse vor dem Münsterplatz, also im weitern Sinn noch zum Platz gehörig. Hist. Grundbuch; Eppens, Baukultur (2./3. Aufl.), S. 94; Wappenb. u. Fam.-Reg.

20 strüchen, strûcheln = straucheln. Lexer.

21 Er trug sogenannte Schnabelschuhe.

22 wirsers = Schlimmeres.

23 flus = Schnupfen.

gaben mir den bescheidt, das ich zum doctorat were zů gloßen, wunsten mir glick und stalten mir heim die zeit und den tag, uf welchen ich doctor solte promoviert werden, welches auch mit freuden von den meinen und geneigten warde angenommen.

Fieng derhalben an auch dohin die sach zů richten und warden mir zwen promotores geordnet, h. D. Isaac, der mir die themata zetractieren übergab, und D. Oswaldus Berus, der mir die insignia geben solt. Ich lies die intimation[24] drucken und am sambstag zoch ich herumb mit D. Isaaco[25] und dem pedello; der lůdt die heupter[26], deputaten[27], academicos und vil meiner gůten frinden, darunder auch mein zůkünftiger schwecher ad actum uf den zůkünftigen mentag, schickt auch gon Rötelen heraus, doselbst D. Petrum[28] und D. Michel[29] zeladen. Und am suntag schlag der pedel die intimationem an der vier pfarkirchen thüren.

Am mentag den 20 septembris fůrt man mich in des decani Beri haus. Do drancken sy malvasier[30] und gleiteten mich in einem schwartzen schamelot[31], rings umher und wo die nät, mit sammat einer handtbreit allenthalben ußen verbremdt[32], in roten hosen und rotem sidenem attlaßen wammist[33], nach dem collegio. Alß wir fir D. Hůbers haus[34] kamen, fiel D. Oswalden in, daß ich auch etwas profitieren ex tempore sol[35], und wil er kein bůch bestelt, namen sy eins uß D. Hůbers stüblin und giengen also in aulam medicorum. Die war statlich tapeßiert allenthalben, und vol volcks, dan lang zevor kein doctor promoviert hatt. Ich stalt mich in die undere cathedram, D. Isaac in die obere und nach dem bleser, so do waren, ufgeblasen, hůlt D. Isaac die oration und proponiert mir die themata, daruf ich mein oration, so lang war, ußwendig pronuntiert, uf welche mich D. Isaac zum decano oblegiert[36], D. Oswaldo, und gieng ab der

---

24 intimation: (hier) öffentlicher Anschlag. Vgl. Abb. 14 bei E. Bonjour: Universität, S. 144, Einladung zu einer Magisterpromotion.

25 Prof. Dr. Isaac Keller.

26 Die vier obersten *Häupter* des Staates waren die zwei Bürgermeister (alt und neu) und die zwei Oberzunftmeister (alt und neu).

27 Deputaten = Aufsichtsbehörde der Universität.

28 Dr. Peter Gebwiler, s. Reg.

29 Dr. Michel Rappenberger, dessen Stiefsohn, s. Reg.

30 malvasier: Süsswein.

31 schamelot: aus Kamelhaaren gewobener Stoff (frz. camelot), hier wohl ein Mantel.

32 verbrembdt: mit handbreitem Samt verbrämt.

33 einem Wams aus Atlas (hochglänzender Seide).

34 Haus «zum hohen Sunnenlufft», Augustinergasse 1, beim Brunnen, wo Augustinergasse, Rheinsprung und Martinsgasse zusammenstossen; seit 1540 4. Okt. im Besitz von Prof. Joh. Huber.

35 unvorbereitet eine Vorlesung halten.

36 oblegiert: (hier) zu gehen auffordert. – Hs. undeutlich, Boos: allegiert. – Zur Promotion vgl. Bonjour: Universität, S. 174ff.

cathedra, daruf D. Oswaldt mich entpfieng und nach gethoner kurtzen oration, fûrt er mich mit vorgendem[37] pedellen mit dem sceptro uf die hohe cathedram und mit gewonlicher solennitet satzt er mir mein sammat parret auf, doruf ein schoener krantz und brucht die übrige ceremonias, darunder [114] auch er mir ein ring ansteckt, ab welchem ich mich, wil sy mir von natur zewider, wie anfangs gesagt[38], ein wenig entstutzt, iedoch blyben lies. Alß er mich nun[39] fir ein doctor ußgerieft, sprach er mich an, ich solte ein prob thûn, unversechens über etwas offentlich uszelegen. Schlûg er ein blat ettlich im bûch herumb, zeigt mir ein ort, do las ich den text, als stiende er dorin[40], fieng denselben an aus zelegen, so schlacht er daß bûch zû mit vermelden, eß were gnûg, bschließt also sein det[41] und befilcht mir, die dancksagung ze thûn, daß ich mit einer langen oration ußwendig uß sprach und hiemit den actum also beschloß, der über die vier stundt gewert hatt, doruf die vier bleser anfiengen blosen und zogen in der procession also uß dem sal zû der Cronen, do daß pancquet angestelt war, und gieng mit mir der rector D. Wolfgangus Wißenburger[42], hernoch der alt herr doctor Amerbach[43] und andre academici in zimlicher zal, der pedel vor mir und die bleser, so durch die gaßen biß zur herberg bliesin.

Es waren by 7 tisch by der moltzyt, waren gar wol tractiert und zalt

---

37 vorgêndem = vorausgehendem.

38 Über Platters Allergie gegen Ringe s. Kap. 1, bei A. 416.

39 Hs.: nur.

40 Das heisst doch, dass Extemporieren nur eine Fiktion war. Die langen lateinischen Reden waren vorbereitet, ja sogar sorgfältig auswendig gelernt. Überhaupt scheinen die Disputation sowie die Promotion vor allem rhetorisch-philosophische Wortgefechte mit grossem Gepränge.

41 schloss also sein Tun ab. – «det» gehört zu mhd. tat, taete (stf.) = Tat, Tun, Handlung, Werk (Lexer). Wie mir Herr Dr. A. Hammer vom Schweizerdt. Wörterbuch (Id.) freundlich mitteilt, sind in der ältern Sprache Formen mit Umlaut noch gut belegt; vgl. Schw. Id. 13, 2012ff., spez. 2018, Anm.

42 *Wolfgang Wissenburger:* *1496, †1575, Sohn des Jakob Suter gen. Wissenburger, Weber, d. R., und der Agatha Schäublin, in Basel imm. 1510, war 1518–1529 Spitalprediger in Basel, 1520 Dozent der Mathematik, 1529–1541 Pfarrer zu St. Theodor und 1543–1548 zu St. Peter, 1540 Dr. theol., 1541–1554 Prof. für Neues Testament; er war neben Ökolampad der wichtigste Reformator in Basel. Matr. Ba. I 302; Gauss 165; Wappenb. Ba. und P. Burckhardt, B. Ch. 8, 40 u. 64ff.

43 Der berühmte Jurist und Humanist *Bonifacius Amerbach:* *1495, †1562, Sohn des Johannes A., des Stammvaters der Basler Familie, nach Studien in Freiburg i.Br. und Frankreich Dr. iur. in Avignon, 1524 Prof. iur. in Basel und Stadtkonsulent, 5mal Rektor; Freund des Erasmus, Glarean, Grynaeus und Zasius, Erbe des Erasmus und Besitzer des Amerbach-Kabinetts; ∞ 1527 Martha Fuchs. Er wurde 1519 von Holbein gemalt. Matr. Ba. I 297 und Th. Burckhardt: Bonif. Amerbach u. die Reformation, Basel 1894. Sein riesiger Briefwechsel ist herausgegeben v. A. Hartmann, Bde. 2–5, Bde. 6 u. 7 von B. R. Jenny, Basel 1943–1974.

doch nur 4 batzen fir ein person[44], wert[45] bis drien, dan domolen man nit also lang sas, wie zů ietziger zeit. Man danckt ab, wie gewonlich, mit forgendem[46] scepter; das verrichtet D. Isaac. Der fůrt mich nach dem eßen mit D. Michel Rappenberger in sein haus in s. Johans vorstatt zů s. Antonii[47], do thaten wir ein obendrunck und zog darnach heim, dohin sy mich geleitteten.

Mein zůkünftiger schwecher, so auch by der moltzeit gewesen, schanckt meinem vatter 5 gulden an kosten der moltzyt deß doctorats. Ich hůb glich baldt uf einander fünf kinder uz tauf, eins dem Melchior Renner, eim drucker[48], 2. dem murer in der Wyßen gaßen, M. Hansen[49], 3. dem Peter Weis, dem hůtmacher[50], 4. dem Blaurer[51], 5. hernoch auch dem Balthasaro Humelio sein dochter[52].

44 Felix verglich wohl mit den ums Dreifache gestiegenen *Preisen* von 1612, wenn er hier von «nur» 4 Batzen spricht. 4 Batzen waren = 40 Rappen = 80 Pfennige oder 6 ß 8 d. Das ist gut das Doppelte des Preises für ein normales *Festessen*, das Doppelte des 1546 amtlich festgelegten Preises von 3 ß für ein Fleischmahl. Auch noch 1560 zahlte Christian Wurstisen in derselben «Krone» für sein Baccalaureatsessen nur 3 ß 18 d pro Person, also ca. die Hälfte. Die *Zahl der Gäste* wird leider nicht genannt; wenn wir – wie bei der Hochzeit – 10 Personen pro Tisch rechnen, waren es also ca. 70. Falls diese hohe Zahl stimmt, würde also das Essen allein *23 lb 8 ß* gekostet haben (nach den Berechnungen der damaligen Preise bei Paul Burckhardt, B. Ch. 8, 449). Dazu kamen noch (laut Albr. Burck-hardt: Gesch. d. med. Fak., S. 9) *25 ½ fl (Gulden) als Gebühr für das Doktorat*, je 1 fl für beide Promotoren, 2 fl. (!) für den Pedell, 2 fl. für Wein und Konfekt, also weitere 31 ½ fl. oder *47 lb 5 ß*, dazu die nicht erwähnten Kosten für diverse Abendtrünke, die Trompeter usw.; so kann man sich vorstellen, wie tief der verschuldete Vater Platter in die Tasche greifen musste. Zum Glück gab ihm der Brautvater Jeckelmann 5 Gulden = ca. 7 ½ lb als Beitrag an das Doktorat, was immerhin für etwa 23 Essen ausreichte. – Und am 9. Okt. 1557 stiftete der Rat «Schenkwin». Item IIII Kannen uff Herr Toman Blaters Sons Doctorat.» Wochenausgabebücher St.-Arch., Finanz G 18, S. 292. Ich verdanke diese Notiz Frau Dr. Elisabeth Landolt-Wegener.

45 wêrt = währte, dauerte.

46 forgêndem = vorausgehendem. – D. Isaac = Prof. Isaac Keller.

47 über *Dr. Michel Rappenberger* s. Kap. 1, A. 544 u. 546.

48 Das erste *Patenkind* Felix Platters war *Bernhard Renner*, der 1557 (ohne Dat.) zu St. Leonhard getauft wurde, Sohn des Setzers Melchior R., ∞ 1554 11. Aug. mit Elisabeth N.; die andern Paten waren Prof. iur. Bernhard Brand und eine Holzachin. Taufen St. Leonhard, Abschrift Priv.Arch. Lotz 355 A 9, S. 183.

49 *Peter Hans Murer* (Maurer), Sohn des Hans M. und der Dorothea Meier, getauft 1557 2. Nov. zu St. Peter. Der Vater wird im Ämterbuch d. Stadt Basel, St.-Arch., Mscr. Ratsbücher S 1, 16, S. 309 als Richthausknecht erwähnt.

50 Das dritte Patenkind ist *Philipp Weytz*, Sohn des Peter W., getauft 1557 12 Sept. zu St. Alban. Tauf-Reg. – Der Vater, Peter Weytz der hůttmacher, aus dem Wallis, 1545 Bürger von Basel, ∞ vor 1547. Fam.-Reg. – Mitpaten waren Heinrich Blauwner und Barbara Rüttner. Priv.-Arch. Lotz 355 A 3, S. 94.

51 *Blaurer:* unbekannt.

52 Die Tochter seines Freundes Balthasar Hummel war *Margaretha Hummel*, die 1557 31. Okt. zu St. Leonhard getauft wurde. Mitpaten waren Dorothe Schenk und Dorothe Riffin. Abschrift der Taufregister, Priv.Arch. 355 A 9, S. 185.

7. Hochzeit
(22./23. Nov. 1557)

[114] Baldt nach dem ich doctor worden, drang mein vatter doruf, daß auch der heurath zwischen mir und jungfrauw Madlen beschloßen wurde. Redet zů endt deß septembers ir vatter dorumb an, wil ich nun alleß volbrocht mit lob und eeren und die sach lutbrecht¹, solte er helfen nun mer die sachen außmachen, darüber er gůten bescheidt gab, zoch doch altzeit die sach hinder sich, dan er sein dochter, wie obgemeldet, ungern aus dem haus gab. Letzlich alß er in mitten des octobers wider angerant war, wardt er schier unwillig, mit vermelden gegen meim vatter, dan ich nit mit im darvon redt, so war er der mertheil zů Lantzkron, [115] man welte in schier überylen, eß kente nun mer, bis die Basel mäs fir über, nit ehe sein. Daruf man also wartet.

Ich mocht hiezwischendt on schüchen wol in sein haus gon, welches mich verwundert, das es im nit mißfiel, wil es noch kein beschloßene ee war und alß baldt hindersich hette gon kennen. Geschach doch in allen züchten und eeren, do wir von allerley sachen eerliche gesprech hielten, vexatz driben. (Etwan klagt ich mich, ich hette vil gelts verthon, were schuldig in Franckrich, welte es nach und nach bezalen.)² Etwan half ich ir kütten³, latwergen⁴ machen, etwan vexiert ich ir brůder Daniel mit seiner zůkünftigen, verdriben also die zeit. Insunderheit geschach mir ein gůter bos⁵, alß man der meß inlüten wolt, an Simonis und Judae abendt; solchen iren abzegwinnen, alß ir vatter abwesendt, zoch ich heimlich am morgen um nün uren hinden in ir hus, so stets doselbst offen, und alß ich nieman sach, dan sy al in der underen schärstuben waren, schlich ich die stegen hinuf bis auf den estrig und lůgt zum tagloch uß, zů hören, wan man um zwelfe der mäß inluth. Wartet also dry stundt, blanget und fror mich. So baldt man anfieng lüthen, schlich ich stil herab, that die scherstuben thir uf mit dem geschrey: kromen mir!⁶ Vermeint, sy doselbst zů ergretzschen⁷. Do war nieman da und sagt die magt, sy wer

1 lutbrecht = bekannt.
2 Hs.: Den eingeklammerten Satz hat Platter gestrichen. – Das ganze ist natürlich als Spass gemeint, als «vexatz», hatte aber doch einen wahren Kern: Felix hatte zwar nicht «vil gelts verthon», doch hatte er immerhin noch Schulden bei Catalan, die er zwei Jahre lang nicht zahlen konnte, und die Ausgaben für Doktorat und Hochzeit belasteten ihn schwer.
3 kütten (basl.) = Quitten.
4 latwergen = durch Einkochen verdickter Fruchtsaft.
5 bos (m.), posse (f.) = neckischer Streich.
6 «kromen mir!» = Schenkt mir was! Ein altbaslerischer Brauch, den Platter noch viele Jahre hindurch pflegte, s. Kap. 1, A. 3.
7 ergretzschen = erschrecken.

hinweg gangen, wie sy ir hatte gsagt. Aber sy hatt sich heimlich under die stegen verborgen und gewartet; ⟨lief⟩ baldt daruf herfir in die stuben mit riefen, mir den krom abgewunnen, welchen ich verrichtet richlich, wie sy dan auch mir ein krom gab. Ich wolt ir daß kettemlin, so ich von Paris brocht, vereeren, do batt sy mich, ich welte eß behalten, eß mechte ir ein gschrey[8] bringen, eß kenne ir noch wol werden, nam aber daß testamentlin schön gebunden, daß ich ir auch gekrompt hatt. Hatten also unser spil ein zeit lang, wie die jungen leuth thůn; do ich in dem monat october eben 21 jar alt worden, und sy zů endt deß selbigen 23 jar alt war.

Nach der Basel mäs fieng mein zůkünftiger schwecher an, wil er nit mer hindersich zien kont, sich zů der zesamengebung[9] zeristen. Wardt 8 tag nach Martini uf den donstag den 18 novembris angestelt. Do erschein man in seinem haus um 4 uren und waren auf seiner seiten h. Caspar Krůg, hernach burgermeister, h. Martin Fickler[10], meister Gorius Schielin und Batt Hug[11], sein frindt, und sein sun Frantz Jeckelman, auf unserer seiten D. Hans Hůber, h. Mathis Bomhart[12], h. Henric Petri. Man handlet vom zů gebrochtem gůt und vermeldet mein zůkünftiger schwecher, sein dochter wurde mir beßer alß 300 ℔ wert zů bringen, dorunder 100 gulden in barem gelt, daß ander in kleideren etc. Do man mein vatter frogt, was er mir geben wurdt, sagte er, er kente nichts nennen[13], [116] er hette nur mich, were alleß sunst mein. Alß man in aber ermant, er solte etwas namsen[14], dan es mechte enderungen geben (wie auch hernach beschach)[15], antwortet er, hette sich nit bedocht, wolte doch 400 gulden nennen[16], die er aber mir nit gen kent, wir solten darfir by im den tisch han, dan er kein gelt hette, mir zegeben, were sunst vil schuldig. Über solches gab es

---

8 gschrey = Geschwätz, Nachrede.

9 zesamengebung = eheliche Verbindung. Schw. Id. 2, 93.

10 *Martin Fickler:* Tuchmann aus Straßburg, Bürger von Basel 1526, seit 1533 3. Mai Eigentümer des Hauses Stapfelberg 2/4 («zum Venedig» und «zum Rossberg», ∞ Angnesa ?, evtl. identisch mit Martin Figler, der nach 1551 verheiratet war mit Anna Grehl, der Witwe des Tuchmanns Beat Frey. – Hist. Grundb.; Wappenb. Ba., Tf. Frey; Koelner: Schlüsselzunft 24 u. 308f.; BUB X 386.

11 *Batt Hug:* Sohn des Schiffsmanns Peter H. und der Agnes N., Fischkäufer und Meister zu Fischern, d. R., ∞ 1. vor 1538 Magdalena Richolf, 2. 1560 Margret Fuchs. †1582. Priv.-Arch. Lotz, Fasc. 249.

12 *Mathias Bomhart:* *1540, tot 1573, Goldschmied, Bruder des Kronenwirts Emanuel B., ∞ Ursula Wachter, Witwe des Dr. med. Hans Jakob Myconius. Wappenb. Ba. – Zu den andern Namen s. Reg.

13 Hs.: nemmen.

14 Hs.: nansen.

15 Gemeint ist die zweite Heirat des Vaters und der daraus hervorgehende Kindersegen.

16 Hs.: nemmen. – Die 400 Gulden, die Thomas hier nennt, sind eine stattliche Summe (ca. 600 lb), die er jedoch nie flüssig hatte.

ettlich gspen[17], das mein schwecher uß brach, er wolte sein dochter nit also in ein unrûw der dischgenger stecken, wolte ehe uns by im han, verwißt meim vatter, daß er schuldig, das mein vatter seer bekümert wardt und, wo die eerenleut do nit gewert hetten, vilicht ungeschafter wiß[18] von einander kommen weren. Das war der erste anstos, der mir begegnet und bekümernus, wie auch meiner zůkünftigen, die in der kuchi solches hort und in ängsten stůndt. Doch wardt die sach gerichtet, do mein vatter sagt, er begerte nit mer, dan der dischgenger abzekommen[19], kenne aber nit also uf ein stutz[20] beschechen. Von dem an war mein vatter etwas unlustig, das mir hernoch die gantze hochzytliche freudt verbitteret. Man gab uns zesamen; vereert meiner hochziiteren das gulden kettemlin, so ich von Paris gebrocht hatt. Darnoch hůlt mein schwecher daß gast mol mit gůtem gesprech und traction, ußerthalb der music, die ich am liebsten hette gehapt.

Nach dem nachteßen, alß ich ein gůt nacht blösig[21] gewünscht, im heim beleiten gieng auch meiner hochzyteren brůder, schwoger Frantz mit, welcher des Schölins dochter hatt, so im zimlich zůgebrocht hatt, und ein bruch schnider war, welcher sich mit seiner schwester nit wol iederzeit hatt kennen verdragen, dan er alle ding im haus meisteren wellen und verwirren, daß sy nit liden wellen und dem vatter klagt, welcher iederzeit mit iren hůlt. Derselbig ein wenig besteibt[22], wie er on das vilmolen fantestig wardt, nam mich im heim gon an ein ort, mit vermeldung, ich durt in[23], daß ich sein schwester bekem, die er mir schalt, darus man sein verstandt meßen kennen, mir aber denecht bedancken[24] macht. War also der ander anstos[25] zů meinen zůkünftigen freuden.

Man ristet streng uf die hochzit, so am mentag hernoch solte gehalten werden mit inkaufen und metzgen, dan mein vatter sich mercken lies, wil er ein einzigen sun, welle er recht, ob wir glich von unser linien kein blůtsverwanten oder nochen frindt hetten, iedoch andre gůte günner und meim schwecher zegefallen seine frindt volkommenlich laden [117] und lůdt also am sambstag den 20 novembris nach volgende personen mit iren wiberen, kinder, so sy hatten[26].

17 gspen = Späne, Streit.
18 ungeschaft = hässlich, grob. Schw. Id. 8, 323.
19 möchte gern die Tischgänger loswerden (was jedoch nicht ganz stimmte; vgl. Kap. 5, A. 51).
20 uf ein stutz = plötzlich.
21 blösig = kaum, beinahe nicht. Schw. Id. 5, 159 mit Zitat dieser Stelle.
22 besteibt = angetrunken, verwirrt. Schw. Id. 10, 1088 mit Zitat dieser Stelle.
23 ich dauerte ihn, d. h. er bedaure mich.
24 bedancken = Bedenken.
25 anstos = Anfechtung, Sorge. Offenbar war dieser Franz Jeckelmann – wie zuweilen sein Vater – ein Rappelkopf; er hätte seiner Schwester schwer schaden können.
26 Seltsam ist es, dass die Einladungen erst zwei Tage vor dem Fest erfolgten. – Von den

Auf meiner seiten von verwanten war niemant, dan mein vatter Thomas Platter und můter Anna Dietschin und ich Felix Platter, die die hochzeit hielten. Sunst von unsert wegen ließen wir laden: erstlich die nachburen, zur rechten h. Peter Pernas[27], der meins vatter druckery hatt, den Cůrath schůmacher[28] zum Gimmul, war meins schwechers götti, den obersten knecht, den Stecken[29] uf dem thurn, Heroldum den alten[30], im geßlin am

Gästen werden 98 namentlich genannt, von denen die meisten identifiziert werden können. Felix gliedert sie nach Gruppen: *a) von Platters Seite:* zunächst die Nachbarn der obern Freien Strasse, und zwar geht er bei seiner Aufzählung aus von seinem Haus «zum Gejägd» (Nr. 90 bis 94), zuerst «zur rechten» hinauf (Nr. 96) bis zum Tor und auf der ungeraden Seite (Kreditanstalt) hinunter bis zum Bäumlein (Nr. 117 bis 99), dann «zur linchgen», d. h. links vom «Gejägd» (heute: Passage Freienhof) hinunter bis zur Barfüssergasse (Nr. 88 bis 82) und bis zum Spitalgässlein (heute Kaufhausgasse) (Nr. 80 bis 72). Dann folgen die Freunde von der Zunft zu Hausgenossen (Bärenzunft), Drucker, von der Universität, vom Adel, von den Räten, von der Schule, vom Handwerk, Freunde von Felix und ausländische Gäste, zusammen 52 Personen. – *b) von Jeckelmanns Seite:* Verwandte und Freunde, dann die Nachbarn der mittleren Freien Strasse, und schliesslich Honoratioren und Gönner, zusammen 46 Personen. Neben dem Brautpaar und dessen engeren Familien (7 Personen) und den namentlich genannten 98 Gästen waren noch ca. 50 Angehörige (Frauen und Kinder) anwesend, insgesamt also über *150 Personen.* Das Hochzeitsmahl wurde in verschiedenen Räumen von Platters Haus «zum Gejägd» serviert, an 15 Tischen.

27 *Petrus Perna* aus Lucca (Italien), seit 1542 in Basel, hatte 1557 von Thomas Platter dessen «werchzüg zur trukerery» gekauft und arbeitete im Haus «zum Gejägd», das jedoch im Besitze Platters blieb; vgl. Kap. 3, A. 833. – Felix Platter wurde 1559 23. Nov. Pate seines Söhnleins Peter; Taufb. St. Alban, Kopie Priv.-Arch. Lotz 355 A3, S. 104.

28 *Conrad Rütter* (Ritter), Schuhmacher, Sohn des Hans R., Schuhmacher, und der Anna Settelin; er war das Patenkind Franz Jeckelmanns, getauft 1536 21. Febr. («götti» bedeutet schwz. sowohl Pate wie auch Patenkind), Eigentümer des Hauses «zum Gimul» Freie Strasse Teil von 96, gleich oben an Platters Haus, das letzte Haus vor dem Tor. Priv.-Arch. Lotz, Fasc. 408 u. Hist. Grundb. – Seinem Sohn Hans Conrad wurde Magdalena Platter 1559 20. März Patin; Taufb. St. Martin, Kopie Lotz 355 A3, S. 100.

29 *Augustin Steck:* seit 1546 8. Mai Oberstknecht, d. h. Chef des Polizeiwesens. (Platter schreibt irrtümlicherweise «den Kecken», Hans Keck war der Vorgänger Stecks im Amte und bereits seit 1552 tot, wie bereits Paul Burckhardt, B. Ch. 8, 267, A. 20 u. 21 nachgewiesen hat. Die Ähnlichkeit der beiden Namen macht die Verwechslung verständlich.) Steck hatte seine Amtswohnung «uf dem thurn», d. h. im *Aeschen-Schwibbogen*, gleich oben an Platters Haus. Er war der Sohn des Ratsherrn Hans St. und seit 1569 selber Ratsherr von Gartnern, ∞ mit Mergeli Sparhör, † 1578. Er führte zuweilen ein liederliches Leben und wurde zweimal gebüsst, s. P. Burckhardt, B. Ch. 8, 266f., A. 20 u. 21 und Hist. Grundb.

30 *Joh. Basilius Herold:* *1514, †1567, aus Höchstädt a. d. Donau, Polyhistor, Germanist und Pfarrer, seit 1540 bei Oporin als Korrektor tätig, ab 1542 Pfarrer in Reinach, Pfeffingen usw., ein höchst interessanter Mann, mit dem Kaiser vertraut (vgl. Kap. 9, Kaiserbesuch 1563); doch war ihm die Universitätskarriere verschlossen wegen seiner unehelichen Herkunft, s. Hartmann: Amerbach-Korresp. 5, 472f. H. war verheiratet mit 1. N. Gernler, 2. mit Veronica Blaunerin und besass seit 1556 6. Febr. das Haus Luftgässlein 9, direkt beim Aeschen-Schwibbogen. Hist. Grundb.; Matr. Ba. II 23, 1539/40; Gauss 84. – Über H. siehe jetzt die Diss. von Andreas Burckhardt in Basler Beitr. z. Geschichtswiss. 104/1966.

turn, Schröter der schůmacher am eck[31], Peter Weitz der hůtmacher[32], Hans Rütter der schůmacher[33], Hůtmacherin witwen[34], Kreutzer schůmacher[35], Risse der beck[36], Sprenger der schloßer[37], Thůchmennin die uf dem steg[38], windenmacher Spielin, der underkeifer[39], Steinmüller, der schloßer am eck bim Beumlin[40], zur linchgen Stackel[41], schniderin am Gjegt[41a], Peternel[42], bildthauwerin die witwen[43], Ůtz Bütel der schůmacher an der Schwellen[44], den Wagner im Löchlin[45].

31 *Hans Schröter:* Schuhmacher, Eigentümer von Freie Strasse 117, Eckhaus (heute Kreditanstalt).

32 *Peter Weitz:* Hutmacher, 1545–1580 Eigentümer des Hauses «Schloßburg», Freie Strasse Teil von 117 nb. 115. – Felix war seinem Sohne Philipp Pate, s. Kap. 6, A. 50.

33 *Hans Rütter:* Schuhmacher, Bruder von Conrad R., s. Kap. 7, A. 28. – Auch ihm stand Magdalena Platter 1560 28. Febr. für seine Tochter Magdalena zu Gevatter; Taufb. St. Alban, Kopie Lotz 355 A3, S. 105.

34 Hůtmacherin witwen: *Margretha Ernny,* Witwe des Hutmachers Niklaus Mennlin, 1550 bis 1571 Eigentümer des Hauses «zur niedern Schwelle», Freie Strasse 111. Hist. Grundb.

35 *Hans Kreutzer:* Schuhmacher, Freie Strasse 109.

36 *Hans Risse:* Brotbeck von Wyl aus dem Thurgau, 1532 Bürger von Basel (Fam.-Reg.), seit 1531 4. Febr. Eigentümer des Hauses «zur Mohrin», Freie Strasse 107, gegenüber dem «Gejägd». Hist. Grundb. (heute: Librairie Payot).

37 ⟨Heinrich⟩ *Sprenger der schloßer:* wahrscheinlich Freie Strasse nb. 115 auf S. v. 113. Er wird zwar nicht selbst genannt, wohl aber Zimmermann Sprenger, vielleicht ein Verwandter. Hist. Grundb. Lotz 484.

38 Thůchmennin die uf dem steg: *Elsbetha,* Witwe des Niclaus *Dumena* (Dumayna, de Menna), «duchman uß Franckrich, so ein zytlang ze Solothurn hushablich gewont»; er wurde 1544 Bürger von Basel und safranzft., kaufte am 12. Febr. 1550 vom Spital das Haus Freie Strasse Teil von 103 nb. 105 und starb bald darauf; denn im Juli 1551 prozessierte Niclaus Dumeynas «eewürtin contra Hans Selltinhartt den Khüffer», den Besitzer des Nebenhauses, 1562 verkaufte die Tochter des N. D. selig das Haus. Fam.-Reg., Hist. Grundb. und Koelner, Safranzunft 588.

39 *windenmacher Spielin:* Wilhelm Spiel, «Unterkäufer», und seine Frau Elsbeth Sibenschuh werden 1561/62 als Eigentümer des Hauses «zum blauen Stein», Freie Strasse 99, erwähnt. Hist. Grundb.

40 *Leonhard Steinmüller,* der schloßer am eck bim Beumlin, wahrscheinlich der Vater. Wappenb. Ba. Eigentümer von Freie Strasse 97. Hist. Grundb.

41 Ein *Georg Stachel,* Schuhmacher, war 1580–1587 Eigentümer von Freie Strasse Teil von 103 nb. 101, vielleicht schon früher dort in Miete; ∞ vor 1571 Margr. Hüglin. Hist. Grundb. u. Fam.-Reg. – Jetzt folgen die Nachbarn der *linken (geraden) Seite,* vom «Gejägd» (heute Freienhof) an abwärts, Freie Strasse 90 bis 82.

41a Die «schniderin am Gjegt» ist wohl die Gemahlin von Caspar *Hach,* Elsbetha Hagenstein; die beiden wohnten als Eigentümer seit 1564 9. Dez. im Hause Freie Strasse 88, vielleicht schon früher in Miete, vgl. Kap. 8, A. 236.

42 Peternel = *Petronella Braun,* ∞ 1551 30. Aug. Peter Mumelin, Rebmann, Taufreg. St. Leonhard BB 23, S. 386, wohnhaft Freie Strasse 86 (Stadtbeschreibung 1610: «Peternellen haus»). Hist. Grundb. Vgl. Kap. 1, A. 71.

43 bildthauwerin die witwen: Obwohl kein Name genannt ist, handelt es sich gewiss um *Elsbeth Glaser,* die Gemahlin des bekannten Bildhauers Hans *Tobell,* der anfangs 1558 als

So dan andre unsre gůte günner von unser zunft zum Bären[46] die meister und ratsherren, den Stempfer[47] auf der Isengassen, den Hafengießer am Fischmerckt[48], herr Jacob Meier[49], h. Henric Petri[50], typographos h. Hier. Frobenium[51] und h. Oporinum[52]; von der hohen schůl

tot gilt, also womöglich bereits 1556 gestorben ist. Die beiden waren Eigentümer des Hauses «Ehrenfels», Freie Strasse 84, also gleich neben «Peternellen haus». Hist. Grundb. Vgl. Kap. 1, A. 445 u. 449.

44 *Utz (Ulrich) Bütel*, schůmacher: laut Stadtbeschreibung Platters (1610) wohnhaft im Eckhaus Freie Strasse 82/Barfüssergasse 1 (heute Confiserie Pellmont). HGB.

45 Wagner im Löchlin = *Peter Wild*, der Wagner von Wissenburg, meist «Peter Wagner» genannt, 1497 Bürger von Basel (Fam.-Reg.), Eigentümer des Hauses «zum Löchlein», Barfüssergasse 1, dessen Hof sich hinter den Häusern Freie Strasse 82–88 hindurchzog, bis zu Platters Haus und Barfüssern Garten, s. Löffelplan (Nr. 82: heute Pellmont). Peter Wild war laut HGB bereits 1541 tot, also war der Besucher jener jüngere Peter Wild, der 1558–1561 drei Kinder taufen liess. Priv.-Arch. Lotz, Fasc. 573.

46 *Die Bärenzunft (Hausgenossen)* ist – neben Schlüssel (Kaufleute), Safran (Krämer) und Gelte (Weinleute) – eine der vier sogenannten «Herrenzünfte». Sie umfasste alle Münzer, Wechsler und Goldschmiede, aber auch die Hafen- und Kannengiesser (s. A. 48). Seit ca. 1380 hat sie ihr Zunfthaus im Haus «zum grauen Bären», Freie Strasse 34, das 1576 und 1895 durch Neubauten verändert wurde (heute zum Teil vermietet an Chaussures Vendôme und Tanzschule Fromm). Von dem Hause hat sie wie die meisten Zünfte ihren populären Nebennamen. – Wenn auch *Thomas Platter* bärenzünftig war, so wird dies persönliche Gründe haben; an sich waren die Drucker in ihrer Zunftwahl frei, die meisten schlossen sich der sehr vielseitigen Safranzunft an. Koelner, Zunftherrlichkeit (1942), S. 59f., 126ff. Vgl. August Burckhardt: Zunft zu Hausgenossen (1950), wo S. 79 Thomas Platter mit Bild und Text gewürdigt wird. Auch *Felix* muss der gleichen Zunft angehört haben, spricht er doch ausdrücklich von «unserer» Zunft. Bei Max Bachofen: Wappentafeln u. -scheiben der Meister zu Hausgenossen (1959) wird in Taf. 5 sein Neffe *Felix II.* als Meister 1664–1670 genannt.

47 der Stempfer = *Hans Meier gen. Stempfer*, Sohn des Jakob M., Goldschmied an der Eisengasse, seit 1531 zft. zu Hausgenossen, 1553 d. R., 1557 Deputat, †1571 2. Dez. Ämterbuch d. St. Ba., St.-Arch. Mscr. Ratsbücher S 1, 16, S. 38 u. 117 und Priv. Arch. Lotz, Fasc. 331.

48 *Hafengießer* am Fischmarkt: Ein Name ist nicht genannt. Nicht mehr in Frage kommt der Kannengiesser *Kilian Meyer*, Eigentümer des Hauses «zum Riesen», Fischmarkt 3, der 1542 die Bärenzunft erwarb und 1546 starb, wohl aber Onophrion Wehrli oder Balthasar Hueber, ebenfalls Kannengiesser und im gleichen Hause wohnend. HGB u. Priv.-Arch. Lotz, Fasc. 331.

49 *Jacob Meier:* sicher nicht der von Boos gemeinte Bürgermeister Jakob M. zum Hirzen (†1541), sondern wahrscheinlich der Vater des Stempfers, s. A. 47; Bärenzunft gekauft 1503, Lotz, Fasc. 331.

50 *Heinrich Petri:* Buchdrucker, Dreierherr u. Deputat, 1554 – † 1579 Meister der Bärenzunft. Vgl. Kap. 1, A. 80 und Aug. Burckhardt, Hausgenossen, S. 10.

51 *Hieronymus Froben* der alt: der grosse Drucker der *Erasmus*-Werke, s. Kap. 1, A. 135.

52 *Oporinus* = *Joh. Herbster:* *1507, †1568, Buchdrucker, Sohn des bekannten Malers Hans Herbst aus Straßburg, 1526 Lehrer an der Pfarrschule zu St. Leonhard, 1530 Leiter der Lateinschule beim Münster, dazwischen Sekretär des *Paracelsus*, 1533 am Pädagogium, 1538 an der Universität; seit 1542 widmete er sich ganz der Druckerei. Sein Glanzwerk ist *Vesals* «Humani corporis fabrica», 1543. Hartmann: Th. Platter 163 und Wappenb. Ba.

h. Simon Sultzer pfarherren[53], D. Oswaldt Bär, D. Hans Hûber, D. Isaac Keller, h. Coelium Curionem, h. Sebast. Castalionem; von denen vom adel juncker von Rotpurg[54], den von Pfirdt, thûmprobst[55], juncker Stûfer[56]; von räthen h. Doppelstein[57], hernoch burgermeister, h. Jacob Riedi[58], der alt und jung, so mit mir aus Franckrich kommen, h. Balthasar Han[59]; von der schûl M. Mathis[60] und Hertelium[61], schûlmeister s. Peter, item deß Megandri witwen[62] über Rhin, deren dochter Ester mein vatter nach 15 jaren zur ee bekommen[63]; von handtwerch Graßer der schnider[64], von

53 *Simon Sulzer:* Pfarrer, Prof. theol. und seit 1553 Antistes als Nachfolger von Myconius, s. Reg. – Als weitere Vertreter der Universität erscheinen die befreundeten Dozenten *Bär, Huber, Keller, Curio* und *Castellio,* s. Reg.
54 *Jkr. von Rotberg:* wahrscheinlich *Hans Jakob I.,* *nach 1498 Aug., †1565, Sohn des Ritters Arnold v. R., Herr zu Bamlach u. Rheinweiler, und der Kunigunde von Baden, wurde 1517 Bürger von Basel, ∞1519 Margarita v. Andlau, vielleicht immatr. Univ. Ba. 1536/37 (Matr. Ba. II 14: *«Jacobus a Rotperg Basiliensis»,* ob mit unserm Hs. Jak. identisch?), gab 1543 das Burgrecht auf und wurde Landvogt von Rötteln. Er hatte 1539 eine Hofstatt in der St. Albanvorstadt inne und war 1561 Stubenmeister im Adelszunfthaus «zum Seufzen». B. J. 1899, S. 122. Über die Rotberg s. Merz: Oberrhein, Stammtf. 30/31, sowie K. Tschamber: Friedlingen u. Hiltelingen (1900), S. 149ff.
55 *Sigmund von Pfirt,* Dompropst: s. Reg.
56 *Jkr. Christoph von Staufen:* (1524), †1563 22. Febr., 1524 Bürger von Basel. Der «Staufer» gehört zu jenen neu aufkommenden Vertretern der Nobilität, die sich dem bürgerlichen Leben einfügten und die Reformation annahmen, ja er nahm sogar am Kappeler Krieg teil. Nach Rud. Wackernagel: Gs. d. St. Ba. III 385 u. Anm. S. 76. Den Stachelschützen stiftete er 1542 eine prächtige Scheibe, s. Abb. bei Koelner, Feuerschützen, S. 23. Er war verheiratet 1. mit der Gräfin Agnes von Lupfen, 2. Katharina von Brunn, 3. Barbara David. Wappenb. Ba. (v. Brunn). Er ist begraben zu St. Leonhard. Tonjola 182. Vgl. Kap. 8, A. 360.
57 *Sebastian Doppenstein* (Hs.: Doppelstein): *1497, †1570, Sohn des Hans D., Siebmacher, d. R., und der Dor. Zungenberg; er war Tuchmann, zft. z. Schlüssel u. z. Safran, lange Zeit Obervogt zu Waldenburg, seit 1552 d. R., 1560 Oberstzunftmeister, 1564 Bürgermeister, oft Gesandter zu eidg. Tagsatzungen; ∞ 1. vor 1526 Maria Göbel, 2. vor 1538 Susanne Hütschi. Wappenb. Ba., Tonjola 27 u. P. Burckhardt, B. Chr. *8,* 436, A. 44.
58 *Jakob Rüedin d. Ä.,* der reiche Eisenhändler und spätere Oberstzunftmeister sowie sein unangenehmer Sohn Hans Jakob, s. Kap. 5, A. 4 u. Reg.
59 *Balthasar Han:* der berühmte Glasmaler u. Meister der Himmelzunft, s. Reg.
60 M. (= Meister?) *Mathis,* Lehrer: unbekannt. Th. Burckhardt-Biedermann: Gs. des Gymnasiums zu Basel (1889) kennt keinen Matthäus; auch Gauss, Basilea ref. und die Matrikel ergeben nichts.
61 *Hertelius = Jakob Härtlein:* *1536, †1564 peste, aus Hof im Voigtland, immatr. Basel 1553/54 (Matr. II 82), befreundet mit Bonifacius Amerbach, bis 1564 Schulmeister zu St. Peter, zuletzt noch Helfer zu St. Peter. Gauss 81. Er wohnte an der Freien Strasse ca. 103 (Stadtbeschreibung 1610: Hans Jak. Hertli).
62 *Maria (Mergelin) Küeffer* aus dem Kleinbasel, ∞ Nicolaus *Megander (= Gross,* aus urspr. Walliser Geschlecht: Gresselten von Brig), Pfarrer in Lützelflüh BE. Nach dessen Tod war sie als Lehrerin im Kleinbasel tätig, wo sie 1559 ein Haus an der Untern Rheingasse 6 besass, «z. schwarzen Rad». HGB.
63 Ihre Tochter *Esther Gross,* geb. in Langnau, heiratete 1572 24. April den alten Thomas

metzgeren Jacob Schärer uf dem Heuwberg[65], und Walther Harnister[66]. Von meinen gsellen D. Michel Rappenberg[67], Emanuel Bomhart, wirt zur Kronen, Balthasar Humel, apotecker, Thieboldt Schoenauwer, Lorentz Richart[68]; item von außlendische waren gschriftlich geladen D. Peter Gebwiler, landschriber zů Rötelen, Růstius von Burdorf[69], Laurentius Ofnerus von Strasburg[70], D. Jacobus Myconius von Milhusen[71].

Auf meins schwechers seiten wurden geladen: erstlich von seinen verwanten und befründeten waren er, meister Frantz Jeckelman der vatter, mit seinem sun Daniel[72], noch unverheurat, und M. Frantz der iünger[73], steinschnider in Eschemervorstat, so dan Wolf[74] und Hans[75] Jeckelman

Platter und gebar ihm noch 6 Kinder, unter ihnen den hier oft zitierten *Thomas II.* (*1574, †1628), ebenfalls Stadtarzt u. Prof. med. Nach Platters Tod heiratete sie in 2. Ehe Hans Lützelmann; sie starb 1612 17. Febr. Hartmann 147, 181; s. V. Lötscher: Felix Pl. u. seine Familie, B. Njbl. 1975, Kap. 12.

64 (Bei Boos irrtümlich «Großer der metzger»). – *Georg Graßer* der schnider aus Amberg, Bürger von Basel 1531, ∞ Anna Falkeysen, tot 1559; er ist der Stammvater der Basler Familie. Wappenb. Ba.

65 *Jakob Schärer*, Metzger, d. R., nach 1550–1578 Eigentümer des Hauses «zum Paradies», Heuberg 6. HGB.

66 *Walter Harnister*, Metzger, d. R., aus der reichen Metzgerfamilie, die von 1504 bis 1542 den vornehmen Spiesshof am Heuberg 7 besass. Nach Priv.-Arch. Lotz, Fasc. 205ª war Walter jedoch 1557 14. Febr. gestorben; vielleicht war der erwähnte Gast ein gleichnamiger Sohn? – Vgl. B. R. Jenny: Amerbach-Korresp. 6, 194 u. Kommentar zu Nr. 2390 sowie Bd. 8, S. 69f.

67 über ihn und die andern «gsellen» s. Reg.

68 *Lorenz Richard:* *1530, †1610, Scherer u. Wundarzt, d. Kl. R. und am Gericht, Sohn des Scherers u. Wundarztes Jakob R., d. Gr. R., und der Chrischona Rys; ∞ 1.1558 Judith Schoen, 2. 1593 Barbara Zerkinden aus Bern. Wappenb. Ba. Er wohnte am Fischmarkt.

69 *Hans Rust* von Trueb im Emmental, Schreiber, Alchimist und Poet, Sohn des Abtes Thüring R. Er kam als Witwer mit Kindern nach Basel und wurde Thomas Platters Nachbar und Freund im Truchsessenhof, Freie Strasse 115 (heute Kreditanstalt). Vgl. Reg. – Burdorf: ältere Form von Burgdorf.

70 *Lorenz Offner:* Pfarrer in Strassburg, verwandt mit Familie Platter, s. Kap. 1, A. 209 u. 396.

71 *Jacob Myconius:* Adoptivsohn des Oswald M., Dr. med., 1557 Arzt in Mülhausen, Brautführer an der Hochzeit des Felix, s. Kap. 3, A. 146 u. Reg.

72 *Daniel Jeckelmann:* der zweite Sohn, ebenfalls Scherer, *1538, †1580, ∞ Dorothe Schwingdenhammer 1559 11. Dez.

73 *Franz Jeckelmann d. J.:* der erste Sohn, *ca. 1530, † 1565, Chirurgus und «bruchschnider», ∞ 1557 Maria Schölli, s. Kap. 3, A. 585.

74 *Wolf Jeckelmann:* wenig bekannt, wahrscheinlich Wolfgang J., der Brotbeck, Beckenzunft gekauft 1530, ∞ vor 1532 Agnes N., † vor 1561. Der Grad der Verwandtschaft ist nicht ersichtlich. Priv.-Arch. Lotz, Fasc. 254. Seit 1532 11. Jan. Eigentümer des Hauses «zum Sonnenberg», Aeschenvorstadt 8. HGB.

75 *Hans Jeckelmann:* entweder ein Sohn des Bäckers Wolfgang J. (A. 74), *vor 1546, ∞ vor 1567 Anna Rorbas, oder aber Hans J. Leinenweber, 1535 Bürger von Basel, Webernzunft, ∞ vor 1535 Verena N. (Lotz 254).

und Davidt Eichman[76] an den Steinen, item Batt Hug[77], meister zun
Fischeren, und sein sun Caspar[78], ein schreiber, und sein schwecher Ulrich
Schůler[79], item Zacheus Keller[80], so dan wegen seiner suns Frantzen frauw
Caspar Schöllin[81], Fridlin Werdenberg[82], Gengenbach[83]; item wegen
Daniels künftigen hürath Lienhart und Růdolf Schenck[84], isenkremer,
Matis Schwindhammer[85] und sein sun und dochterman Peter Lotz[86], [118]

76 *David Eichmann:* Schürlitzweber an den Steinen, Sohn des Erhart E., Webers, und der
   Dor. Rockensberger; ∞1546 8. Aug. Esther Häberling. Er verkaufte 1552 sein Haus
   Kohlenberg Teil von 7 nb. 5 (Steinenvorstadt, aussen am Eselstürmlein) und starb 1564
   11. Sept. Nach HGB und Lotz 109.
77 *Batt Hug:* Fischkäufer, d. R., Zunftmeister zun (= zu den) Fischeren, s. Reg.
78 *Caspar Hug:* Sohn des Batt H., Schaffner zu St. Clara, ∞ Elisabeth Schüler, †1562/63.
   Lotz 249.
79 *Ulrich Schůler:* Schaffner zu St. Clara, ∞ Elisabeth Wyßlin, Schwiegervater von Caspar
   Hug (A. 78). Lotz 271.
80 *Zacheus Keller:* Weinmann und Schaffner der hohen Stift, ∞ 1. vor 1554 Anna Sporhan,
   2. ca. 1567 Agnes Zehnder. Lotz 271 und 483. Um 1550 besass er das Haus Blumenrain
   nb. 12 auf S. v. 10. HGB. Er starb 1567/68, sein Testament BUB X, S. 500.
81 *Caspar Schölli:* Sattler, d. R., Sohn des Hans Sch., Sattlers, d. R., und der Agatha N.,
   Himmelzunft erneuert 1535, 1547 Ratsherr bis † 1564 28. Sept. Er war verheiratet mit
   1. vor 1543 Barbara (Grebli?), 2. vor 1549 Anna Frey. Von seinen zahlreichen Kindern
   heiratete Mergeli den Scherer Franz Jeckelmann d. J., Sofia den Stadtschreiber von Mülhausen, Daniel Wieland, und Anna den Stadtschreiber zu Liestal, Hans Werner Battmann. Nach Lotz 456.
82 *Friedrich Werdenberg:* *ca. 1503, †1572, Bäcker, d. R., Sohn des Marcus W., Bäckers, d. R.,
   und der Elisabeth N. Er war verheiratet mit 1. vor 1532 Ursula Trost, 1532 geschieden,
   dann 2. *Catharina Schölli,* der Schwester Caspars (A. 81). Seit 1547 besass er das Becken-
   haus Aeschenvorstadt 2. Wappenb. Ba. u. HGB.
83 *Gengenbach:* unklar welcher, vielleicht Baptist G., Gewandmann, oder Zacharias G.,
   Seckler, beides Brüder der oben (Kap. 1, A. 437) genannten Apotheker.
84 *Rudolf Schenk* und sein Sohn *Lienhart,* beide Eisenkrämer, d. R., seit 1547 Eigentümer
   des Hauses Freie Strasse 87, «zum Württemberg». Lienhart war vor 1533 in 1. Ehe verheiratet mit Dorothea Hertysen, Tochter des Schlossers Wilhelm von Sygen gen.
   Hertysen, und der Dorothe *Ringysen.* Daher die Verwandtschaft mit M. Schwingdenhammer (A. 85). In 2. Ehe heiratete er Ursula Heydelin, Tochter des Oberstzunftmeisters
   Marcus H. Nach Fam.-Reg. und Lotz 403. – Der Vater Rudolf starb 1563/64 an der Pest,
   wobei sich Felix als Arzt ein «pestilentz bletterlin auf der handt bim dumen» zuzog.
   Hunziker 51. – Die Witwe Lienharts, Ursula Schenk-Heydelin, erwarb 1579 das Haus
   «zur obern Scher» an der untern Freien Strasse (alte Nr. 1040 = Nr. 6 laut Plan 3) und
   führte dort den Eisenladen weiter. HGB.
85 *Matthias Schwingdenhammer:* Hufschmied in der Spalen, Schmiedenzunft 1527, ∞1529
   Ursula Ringysen, † vor 1568. Stifter einer Scheibe 1566, s. Koelner, Feuerschützen,
   S. 281. Matthis war der Schwiegervater von Daniel Jeckelmann. Welcher seiner
   Söhne an der Hochzeit des Felix dabei war, ist nicht mehr festzustellen. Vgl. Wappenb. Ba.
86 *Peter Lotz:* Metzger, ∞1556 Sara Schwingdenhammer, eine Schwester der Dorothe,
   †1611. Wappenb. Ba. – Nach diesen Verwandten *folgen nun die Nachbarn der Jeckelmann*
   von der untern Freien Strasse: Anm. 87–100.

Basler Bürgersfrau. Getuschte Federzeichnung von Hans Holbein d. J.

Bildstickerei von Magdalena Jeckelmann, 1591, im Hist. Museum. Links: Streit von Sara und Hagar (nach Tobias Stimmer), rechts: Vertreibung Hagars und Ismaels. Sujet: *Kinderlosigkeit* und späte Erfüllung, ein zentrales Problem von Platters Gemahlin, s. Kap. 12.

Theodor Brand, *1488, †1558, Scherer und Wundarzt, seit 1544 Bürgermeister, der ranghöchste von Platters Hochzeitsgästen. Ölbild von 1544, Original unbekannt. Nach einem Lichtdruck auf der UBB.

so dan von meins schwehers nachburen der Spörlin[87], alt und iung[88], Hans Pfannenschmidt[89], Růdolf Tellicher[90], der schnider Dellicker[91], Hans Pfannenschmidt[92] des Spörlins dochterman, schnider, Huggelin der glaser[93], Thoman apotecker[94], Dschudenen[95], J. Görg von Bruck[96], ir dochterman, h. Gabriel Fry[97], Wagnerin im geßlin[98], Davideren im eck be⟨i⟩m Brunnen[99], Barbel Kürsneren, unden am Wegsel[100].

87 *Andreas Spörlin:* *1506, †1587, Küfer, d. R., Sohn des Zunftmeisters Jerg Sp. und der Ursula Bomhart, 1546 Ratsherr von Spinnwettern, 1574 Obervogt von Münchenstein; ∞ 1. ca. 1533 Dorothea Wertenberg, 2. 1580 Agathe Würtz; Eigentümer des Hauses «zum roten Bären», Freie Strasse 28. Vgl. B. Ch. 8, 286f., A. 51.

88 *Georg Spörlin:* Sohn von Nr. 87, *1537, †1600, ebenfalls Küfer, 1564 Ratsherr von Spinnwettern, 1592 Lohnherr, 1594 Dreizehnerherr, 1595 Landvogt zu Münchenstein, viermal verheiratet: Krug, Rapp, Ottendorf, Löffel. Sein Sohn ist der bekannte Bürgermeister Sebastian Sp. Nach Wappenb. Ba. u. HBLS 6, 478. Eigentümer von Freie Strasse 28 wie d. Vater.

89 *Hans Pfannenschmidt:* *1516, †1592, Schuhmacher, Weinmann, Eisenkrämer, Schultheiss in Kleinbasel, ∞ 1. vor 1544 Cath. Geering, 2. 1556 Barb. Spörlin, Tochter des Andreas Sp. (A. 87), 3. vor 1586 Agnes Werdmüller. Lotz 376.

90 *Růdolf Döllika* (Delliker): Krämer, seit ca. 1537 bis 1565 Eigentümer des Hauses «unterm blauen Schwanen», Freie Strasse Teil von 22 nb. Rüdengässlein 1, also Jeckelmanns nächster Nachbar. HGB. Seine Gemahlin war Marg. Schmidlin.

91 der schnider *Dellicker:* unbekannter Verwandter von Rudolf D. (A. 90), wahrscheinlich Eigentümer von Freie Strasse Teil von 22 nb. 24, ein Schneider.

92 Wohl eine irrtümliche Wiederholung von Pfannenschmidt (A. 89). Ein Schneider Pf. ist mir nicht bekannt, und der Schwiegersohn Spörlins war auf jeden Fall der Schuhmacher und Schultheiss Hans Pf., s. A. 89. Die Brüder von Hans waren Velti, Schuhmacher, und Conrad, Eisenkrämer. Nach Lotz 376.

93 Huggelin der glaser = *Stephan Huggelin,* ein Bruder des Arztes Hans Jakob H., ∞ 1543 Anna Zyper. Wappenb. Ba.

94 Thoman apotecker: fast sicher identisch mit *Thomas von Tunsel* genannt *Silberberg* (s. Kap. 3, A. 148), ∞ Anna Russinger, seit 1535 11. Okt. Eigentümer des «grossen roten Löwen», Freie Strasse nb. 29 auf S. v. 31, beim Steblinsbrunnen, gegenüber von Jeckelmann.

95 d'Dschudenen = *Sophie Tschudi,* Tochter des Gerbers Hans T. und der Sofia Rotysen, ∞ 1. Jacob Rüedin d. J. (†1539), 2. Hans Jakob David. Ihre Tochter Valeria Rüedin, *1537, heiratete 1554 den Jkr. Jörg von Bruck, den Sohn des David Joris. Nach Paul Burckhardt: David Joris u. seine Gemeinde, BZ 48/1949, S. 22f. – Das Wappenb. erklärt zwar Sophie für tot 1544, doch steht dem Platters Aussage entgegen. – Jedenfalls nicht zu verwechseln mit der «alten Tschudine», der Mutter der obigen, Sophie T.-Rotysen, die noch 1543 als Witwe das Haus «zur Vigilanz», Freie Strasse 21 kaufte, welches dann ihr Enkel Jörg v. Bruck 1585 an Andreas Ryff weiterverkaufte. Stocker 228ff.

96 *Jkr. Georg von Bruck:* Schwiegersohn von Sophie Tschudi (A. 95, vgl. Kap. 5, A. 5).

97 *Gabriel Frey:* Tuchmann aus Lenzburg, «Vetter» Hans Rudolf Freys und seiner Söhne, 1548 Bürger von Basel, ∞ Kath. Wecker, seit 1549 Miteigentümer von Freie Strasse 19. Wappenb. Ba. u. HGB.

98 Wagnerin im geßlin: *Elspetha Vitzthumb,* Jacob *Wagners* von Ryxen Ehefrau, bis 1558 3. Mai Eigentümerin des Hauses Freie Strasse Teil von 22 nb. 24 (22 = Eckhaus Rüdengasse), also direkte Nachbarn. HGB.

99 Davideren im eck: *Ursula Irmy,* Witwe des Wechslers Heinrich *David,* Eigentümerin von Freie Strasse 18, Teil von 20, am Rüdengässlein. HGB.

100 *Barbel Kürsneren:* Gemahlin des Michele *Treiger,* der 1547 25. Jan. Freie Strasse nb. 10

Sunst von anderen mein schwechers gûten ginneren lûdt man h. Theodor Brandt, burgermeister[101], h. Caspar Krûgen[102], hernoch burgermeister, h. Thoman Girenfalck[103] prediger und h. Severin Ertzberger[104], h. Martin Fickler[105], M. Joder, scherer by der Rhinbrucken[106], item M. Gorius Scheli[107], Jacob Rapp[108], Ůli Bratteler[109], Hans Bůlacher, al⟨t⟩ metzger[110], item die alte mûter Frän, so blindt war, meins schwechers

kaufte. – Der «Wegsel» ist der sog. Stadtwechsel, d. h. die städtische Wechselstelle beim Kaufhaus (Freie Strasse 12), HGB.

101 *Theodor Brand:* der bekannte Bürgermeister, Scherer und Wundarzt, *1488, †1558, Sohn des Scherers Bernhard B. aus der adligen Familie Brand. Der erste Kleinbasler von den Zünften und zugleich der einzige Ratsherr der Schererzunft, der es bis zu der höchsten Würde brachte, ein äusserst tüchtiger und versöhnlicher Staatsmann. Eigentümer des Eckhauses Ochsengasse Teil von 1/Grempergasse, nur 1534/35 belegbar. HGB. Vgl. Wappenb. und F. Holzach in Basler Biogr. II, 83–134.

102 *Caspar Krug:* Eisenhändler, 1557 Oberstzunftmeister, 1559 Bürgermeister, grosser Diplomat, s. Kap. 5, A. 50.

103 *Thomas Girenfalk* (Geyerfalk) von St. Gregoriental in den Vogesen, kam aus einem Kloster in Freiburg i. Ue. 1524 nach Basel als Prediger bei den Augustinern und war wesentlich an dem Durchbruch der Reformation beteiligt, 1529–1535 amtete er als Pfarrer zu St. Elsbethen, dann bis †1560 als Archidiakon. Nach H. G. Wackernagel, Matr. Ba. II 22, 1539/40. Sein Amtsbruder Joh. Gast, der ihn hasste, überliefert seinen Übernamen «kämifäger». B. Ch. 8, 354. G. war verheiratet mit Benigna Schlierbach. Gauss 75. Gast erwähnt einen Sohn Daniel, Platter einen Sohn Gamaliel (Kap. 1, A. 284).

104 *Severin Erzberger* (Hs. undeutlich, bei Boos ohne Vornamen, im Reg. «Fritzberger»): *1520, †1566, Sohn des Cosmas E., studierte in Basel und wurde 1544 Prof. f. Griechisch am Pädagogium, 1542 Pfarrer zu St. Jakob, dann St. Alban und St. Martin. Matr. Ba. II 5, 1533/34 u. Gauss 67. Er war verheiratet mit Salome Buchser aus Aarau. Wpb. Ba.

105 *Martin Fickler:* Tuchmann aus Strassburg, s. Kap. 7, A. 10.

106 Meister *Joder, scherer* by der Rhinbrucken: Aus Platters Stadtbeschreibung von 1610 (Mscr. Univ.-Bibl.) geht eindeutig hervor, dass es sich um einen Angehörigen der Schererfamilie *Richart* handelt: «Joder Schärer Richart», gleich neben dem Rheintor. Von den zahlreichen Söhnen des Scherers und Wundarztes Jakob R. (†1553) übten zwei den gleichen Beruf aus: der uns wohlbekannte *Lorenz* (Kap. 7, A. 68) und *Konrad* (*1538, †1613). Wpb. Ba., Fam.-Reg. und Lotz 395. Bei *Joder* (Theodor) scheint es sich um einen dritten Scherer in der gleichen Generation zu handeln, der jedoch sonst nirgends erwähnt wird.

107 *Gorius Schieli* (Hs.: Scheli): wahrscheinlich identisch mit Gregor Vochhenn genannt Oberlin oder Schüelin, Metzger, d. R., Wirt zum Schnabel, Spitalmeister usw. Wpb. Ba.

108 *Jacob Rapp:* Metzger, d. R., †ca. 1563, Sohn des Caspar R., Metzgers von Thann; er war 1558–1563 Zunftmeister zu Metzgern. ∞ 1. vor 1532 mit Maria Lützelmann, 2. 1554 mit Catharina Grentzinger. Wpb. Ba.

109 *Ulrich Bratteler:* (1544), †1581, Metzger, d. R. und Bannerherr, ∞ 1. Katherina N., 2. Agnes Erzberger. Wpb. Ba.; Eigentümer von Freie Strasse 46, hier wird seine Gemahlin als Lucia Freudenberger bezeichnet (Testament vom 15. Febr. 1578). HGB.

110 *Hans Bulacher d. Ä.:* Metzger (wie die meisten Bulacher), aus Häsingen i. E., Bürger von Basel 1542, ∞ Dorothea Bolli, † vor 1587 13. Dez.; Eigentümer von Leonhardsgraben 38? HGB.

gotten[111], die Breitschwertenen[112], Wentzenen die alte[113] und junge[114],
M. Claus scherers witwen[115], so dan ein statknecht über Rhin, Hans
Vogel[116].

Am suntag hernoch den 21 novembris[117] verkündet man uns im münster wie brüchlich und ristet man die tisch in meins vatters beiden hüseren
zů und waß zur hochzeit gehort, darzů vil hulfen, und kocht M. Batt
Oesy[118], wirt zum Engel in der Spalen vorstat. Auf den obendt zog ich
in meins schwechers haus, sach zů, wie sy meien[119] machten, darzů die
Dorothe[120], so den Daniel bekommen solt, half. Bleib also ob dem nachteßen by inen, dan mein schwecher anderswo aß. Alß ich heim kam, fandt
ich den herr schreiber Růst[121], meins vatters alten bekanten, so von
Burtolf uns zelieb uf die hochzeit kommen und ein schönen Ementhaler
käs mit brach[122]; der sas noch bim tisch by meinem vatter, der in großer
widerwertikeit war, wie er morgen so ein große zal leuthen, so geladen
waren, spysen und tractieren wolt, bredt sich selbs, es wer unmüglich,
wurde damit zeschanden werden, that gar letz[123], sunderlich do ich heim
kam, entpfieng er mich gar ruch mit schelten, ich säs by meiner brut, lies
in sorgen, hulf im nüt etc. War gar über mich erzürnt, das der herr Růst
gnůg im ab zeweren und zedrösten hatt. Mir war ab disem tritten anstos
und verbütterung meiner hochzeit freuden so bang, wil ich deßen noch
nit gewont, also gescholten zewerden, und bishar mer gelopt und fry
gehalten worden, wol sach, wie es firthin gon wurde, wan ich selb ander
uf meinem vatter ligen mie[u]s, daß mir alles verleidet, gieng mit druren
schlofen, gedocht oft närrisch, wan daß thor offen were gwesen, ich solte
wider darvon zien.

111 můter Frän: *Vren Schultheß*, die Patin Franz Jeckelmanns und Vertraute Magdalenas,
s. Kap. 3, A. 658.
112 *Breitschwertenen:* sehr unsicher, evtl. Margaretha Trygysen, Witwe des Jodocus B., 1553
recop. Jkr. Göldli in Zürich?
113 Wentzenen die alt: *Margaretha Isenflam*, ∞ 1. Hans Bottschuh, 2. *Gorius Wentz*, Krämer. –
Aus. 1. Ehe war sie die Mutter des berüchtigten Salmen-Anneli, s. Kap. 3, A. 399.
114 Die *junge Wentzenen* ist wohl eine ihrer Schwiegertöchter (Gorius hatte mehrere Söhne),
s. Wpb. Ba.
115 *Claus Scherer:* im Haus «zum Stein», Freie Strasse 89, bis 1531; seine Witwe blieb offenbar
hier.
116 *Hans Vogel:* Stadtknecht in Kleinbasel, nicht näher bekannt.
117 Hs.: irrtümlich «octobris» (schon von Boos korrigiert).
118 *Batt Oesy*, Wirt zum Engel, und seine Frau Christiana Schwartzin, Eigentümer des Hauses «Grünenberg» gen. «zum Engel», Spalenvorstadt Teil von 3 nb. 1 anno 1558, tot
1572. HGB.
119 meien (baseldt.) = Blumenstrauss, hier wohl: Dekorationen.
120 Dorothea Schwingdenhammer, s. Reg.
121 *Hans Růst* aus Burgdorf s. Kap. 7, A. 69.
122 brach = brachte.
123 letz (schwz.) = falsch; that letz = benahm sich aufgeregt.

[119] Morndes am mentag den 22 novembris[124], war s. Cecilia tag, war ich noch, wegen das ich nit vil geschlofen hat, gantz unmůtig, legt mein britgam hembdt, daß man mir geschickt, an, mit einem guldenen kragen und vil guldenen spengelen, an einem kurtzen krös[125], wie domol brüchlich, und rot syden attlas wammist und libfarbe hosen zoch ich an; kam hinab, fandt mein vatter nit mer so unrichtig, wil er, alß er aber[126] klagen wolt und doch alle überflißikeit do war, ein gůten filtz[127] von der frauw Dorothe Schenckenen[128], die auch half und ein herschlich weib war, bekam. Alß sich die hochzeit leut by uns versamlet hatten, giengen wir in der procession fir meins schwechers haus und gieng mit mir D. Oswaldus Berus, der, ob er glich gar alt, auch rot kleidt war, mit einem oben[129] außgeschnittenen siden, attlaßen wammiß und schamalotenen[130] rock, wie ich auch einen an hatt, sampt dem sammaten parret, daß man mir vor der hochzeiteren haus, doruf ein beerlin börtlin[131] mit blůmen, auf satzt; zogen also um nün uren in daß münster, hernoch die hochzeitere in einer libfarben schuben[132]; die fůrt h. Henric Petri[133], dan D. Hans[134], der es langest versprochen, entschuldiget sich leidts halben, kam doch uf die hochzeit, do er auch dantzt. Nach gethoner predig gab man uns zesamen; ich gab ir ein ring gewunden fir 8 cronen, und zogen also zum Gejegt, do man uns zedrincken gab und ich die hochzyteren hinin fůrt, deren man in der oberen stuben richlich gobet.

Es waren fünftzechen disch dargelegt so alle wol besetzt waren, mer

124 Hs. irrtümlich: «octobris».
125 krös = Krause, gefältelter Kragen. Grimm, Dt. Wb. 5, 2406.
126 aber = wieder; unrichtig = verdrossen.
127 filtz = Vorwurf, Tadel.
128 *Dorothea Schenk*, dieses «herschlich weib», war wohl Dorothea Hertysen, die Gemahlin des Eisenkrämers Lienhart Schenk, s. Kap. 7, A. 84, sie wird 1557 als Mitpatin von Margar. Hummel erwähnt.
129 Hs.: außgeschnittenen oben (Wiederholung).
130 schamaloten: aus Kamelhaaren gewoben. Die modisch-kecke Kleidung des 75jährigen Professors ist typisch für die Lebens- und Prachtfreude, die sich trotz aller Sitten- und Kleidermandate nicht zügeln liess. – Rot war die Farbe der Mediziner.
131 beerlin börtlin = Perlen-Borten, ein mit Perlen versetzter Brautschmuck, der hier aber auch dem Bräutigam zuteil wird. Vgl. J. W. Hess: Basler Kulturbilder, BJ 1905, S. 121, A, 8.
132 «schube» (Hs. undeutlich, Boos las «scherbe»!), besser «schoube» oder «schöübe» bedeutet allg. schwz. «Schürze», in Basel ist es dagegen fremd («Firduech» oder «Schurz», s. Kap. 10, A. 9); laut Schw. Id. 8, 94 kann es auch einen langen, weiten Mantel bezeichnen, laut Schmeller, Idiot. II, 354 dagegen einen Kittel oder eine Weiberjacke, was hier am besten passt. Vgl. J. W. Hess, BJ 1905, S. 121, A. 9.
133 *Henric Petri*, der Buchdrucker und Zunftmeister zu Hausgenossen; wenn er hier als Brautführer auftritt, so ist das wohl ein weiteres Indiz dafür, dass auch Felix der Zunft angehörte.
134 Prof. Dr. med. Joh. Huber.

als mit 150 personen[135], on die so uf warteten, deren auch ein gûte zal zum nach disch kam. Do dan sunder zemercken, daß uf dem jar ich solches schreib, anno 1612, von allen ich nit mer wißt, der lebte, dan wir beide, domalen britgam und braut und Romanus Winman[136] der custos domol, item jungfrauw Michol von Pfirdt[137] und Madlen Hug[138], so ietz gar alt und domalen zum ersten mol die bendel ufsatzten[139]. Die manspersonen saßen im sal unden im haus gegem garten[140], in welchen die werme von der stuben darnebent, die druckstuben genant, durch daß gros thor, so offen stûndt, hinin gieng. Die übrigen mannen saßen im mittelhuß in der langen stuben, darzû man durch daß schnecklin[141], so vom Gejegt hinuf gieng, ingon kon⟨t⟩. Die wibspersonen saßen in der druckstuben, die jungfrauwen in der oberen stuben zum Gejegt, und was fir frauwen nit blatz hatten, unden auch doselbst. Eß sas neben mir h. Theoder Brandt burgermeister.

Die tractation war volgender wiß: man stalt vier mol uf[142]: ein ghach-

135 Dies ist, besonders für bürgerliche Verhältnisse, eine ausserordentlich hohe Zahl von Gästen. Im 17./18. Jh. versuchte man stets durch Mandate, die Gästeschar zu beschränken, zuletzt allgemein auf 50, doch wurden diese Vorschriften oft durch alle möglichen Kniffe umgangen, Njbl. 1929, S. 30.

136 *Romanus Winmann:* Provisor (Hilfslehrer) am Gymnasium seit 1554, als Nachfolger des Alandus, der sich im Aug. 1554 verheiratet hatte und das Schulmeisteramt in Liestal annahm; seit 1559 Pfarrer, †1613. Jenny: Amerbach-K. 8, S. 10, A. 2.

137 *Michol von Pfirt:* Tochter des Domprobsts Sigmund v. Pf. und der Anna v. Staufen. Am 18. März 1574 wurde die Witwe Anna v. Pf. mit Felix Platter bevogtet, die Töchter Michol, Barbel und Esther mit Diebold Schoenauer. Urteilsbuch 1573/74 St.-Arch. A 82, Nr. 69.

138 *Madlen Hug:* Tochter des Zunftmeisters Batt H. und der Magdalena Richolf, getauft 1547 25. Mai, ∞1569 Hans Subinger, Sattler. Lotz 249.

139 die bendel ufsatzten: erstmals als Haar hochsteckten und die *Jungfernbändel* trugen. Diese waren eine an Hochzeiten und Taufen getragene Kopfbedeckung in Form eines ziemlich hohen, runden Körbchens ohne Boden, das oft mit Goldstoff und Perlen geschmückt war. Schw. Id. 2, 93 und BJ 1897, S. 168. Ein solches «Schapel» oder «Schäppeli» trägt die 16jährige Anna Meyer zum Hasen auf Holbeins bekanntestem Madonnenbild, s. Kap. 1, A. 473.

140 Dieser weite Saal neben der Druckstube befand sich offenbar im *Hause «zum Gejägd»*, *Nr. 90*, das von allen dreien das grösste war, vgl. Merianplan von 1615 und speziell Löffelplan von 1859 bei Kaufmann: Die bauliche Entwicklung d. St. Ba., Njbl. 1948, S. 61 u. 52. Die Häuser «*Gross- u. Klein Rothenfluh*», *Nr. 92/94* standen zum «Gejägd» im spitzen Winkel, so dass sie einen dreieckigen Vorplatz an der Freien Strasse bildeten.

141 schnecklin: Treppenturm, der das «Gejägd», das unterste der drei Häuser mit dem Mittelhaus verband. – Seltsam ist die Gruppierung der Gäste in Männer, Frauen und Jungfrauen. Die meisten Männer sassen in dem ungeheizten, nur indirekt erwärmten grossen Saal.

142 d. h. in *vier Gängen:* 1. Als Entrée servierte man gehackten Lummel (Lendenfleisch), Suppe, Fleisch (wohl geräuchert) und Hühner, 2. ein Fischgericht, hier: Hecht, 3. Braten («brôtes», heute «Brôtis»), Tauben, Hahnen, Gänse, Reismus und Gállërte (sultz, Sulze mit eingelegten Fleischteilen, hier: Leber), 4. als Dessert Käse und Obst. Das Verständnis

ten lummel, suppen, fleisch, heuner, gsotten hecht, brotes, duben, hanen, genß, rißmůs, lebersultz, käß, obs etc. Man hatt gůten wein, allerley, dorunder Rangenwein[143], der inen gar wol schmackt. Die music war Christelin der bleser[144] mit seiner violen, cantores die schůler, dorunder Romanus Winman und anderer provisor[145]; sangen under andrem daß gsang von löflen[146].

Nach eßens, so nit lang wert[147] wie ietz im bruch, danckt herr Jacob Meier ratsher zum Beren ab[148], an stat h. Heinrich Petri, der gescheften halben den imeß ausbleib. Es fůrt D. Myconius die [120] hochzeiteren in D. Oswaldt Bery haus[149], do dantzt man unden im sal, war vil volcks und

      dieser Gangfolge verdanke ich einem Ratsmandat von 1628 über Hochzeitsessen, das mit dem Platterschen Hochzeitsmenü weitgehend übereinstimmt. Es steht bei Emil Schaub: Bilder aus d. Sittengs. Basels, Njbl. 1929, S. 29.

143 *Rangenwein:* ein beliebter Elsässer Wein aus der Thanner Gegend, vgl. Kap. 8, A. 117.

144 *Christelin* der bleser: nicht identisch mit Christian von Ougstall, dem Nachbarn von Nr. 88, da dieser 1555 tot ist.

145 provisor = Hilfslehrer; zu Winmann s. o., A. 136.

146 *gsang von löflen:* In dem von F. Platter angelegten Gedichtband A G v 30 befindet sich auf S. 418–423 ein «gsang von löflen» zu Ehren des Ratsherrn und Deputaten Alexander Löffel d. Ä. (ca. 1526–1591), abgedruckt bei Boos, S. 346–352. Nur die Überschrift mit dem Palindrom «LEFEL/⅂ƎℲƎ⅂» (baseldt. = Löffel) ist von Felix selbst geschrieben, doch stammt wahrscheinlich auch das Gedicht von ihm, wie verschiedene medizinische Anspielungen vermuten lassen. In dem von Boos übersehenen gereimten Brief Platters auf S. 416f. schreibt dieser: «Als die frauw Christina ⟨Hagenbach⟩, herr Burgermeister Schulthes hausfrauw an mich begärt, etwas von Löffeln zedichten, hab ich solches mit disem schreiben verricht und iren zůgeschickt.» Er schreibt darin, er wundere sich eigentlich über diesen Wunsch, denn die Auftraggeberin könne ja selber besser dichten als er, wie sie auf einer Reise in Plumers (Bad Plombières) und in ihren geistlichen Liedern bewiesen habe. Zudem sei kürzlich ein Löffel-Gedicht im Druck erschienen. Randbemerkung: «her Burgermeister ⟨Hans Conrad⟩ Meyer von Schafhusen hatt etwas von Löflen gedruckt, der frauwen zůgeschickt» (vgl. Leu 16, 217 und Matr. Ba. II, 139). Dennoch will er etwas zur Mehrung der Hochzeitsfreuden beitragen (wohl das nun folgende Gedicht) und gratuliert. – Das Gedicht in dieser Form muss also um 1578 entstanden sein, doch abgesehen von den wenigen Zeilen, die auf die Ämter der Familie Löffel anspielen, enthält es sicher ältere Teile, da ja der besagte «gsang» bereits an der Hochzeit von Felix vorgetragen wurde. Man kann sich eher fragen, weshalb diese lange, ziemlich fade Reimerei über die verschiedenen Arten von Löffeln ausgerechnet an Platters Hochzeit produziert wurde, obwohl gar niemand von jener Familie an dem Feste anwesend war. Offenbar diente sie (wie bei der Hochzeit Schultheiss-Hagenbach) neben anderem zur Unterhaltung; man konnte ja nicht immer essen oder tanzen.

147 wert = währte, dauerte. Es scheint, dass sich in dem halben Jahrhundert zwischen Platters Hochzeit und der Abfassung seiner Biographie die Dauer und wohl auch Üppigkeit der Festessen noch steigerte, wohl im Zusammenhang mit der Verstärkung des bürgerlichen Patriziats.

148 dankt ab: Der Ratsherr von Hausgenossen dankte im Namen der Gäste und gab damit zugleich das Zeichen zum Aufbruch. – Genauer: der Vater des Ratsherrn, s. A. 47.

149 Das Haus von Prof. Oswald Baer auf dem Münsterplatz, s. Kap. 6, A. 2, offenbar doch ein grösseres Haus, da man in grosser Zahl darin tanzen konnte.

statliche leuth darby. M. Lorentz Richart, so noch ledig, schlůg die luten und gigt der Christenlin darzů, dan domolen die violen nit so im bruch wie ietziger zeit. Ich wolt höflich sein mit meiner hochzeiteren, wie ich in Franckrich by den dentzen gewont; wil sy mich aber frintlich abmant und sich schampt, lies ich ab, dantzt doch auch, doch allein ein gaillarden[150], aus anstiftung D. Miconii.

Darnoch zogen wir wider zum nachteßen in meins vatters haus, waren eben so vil disch alß zum imeß mol, drůg man auf voreßen von heuner mäglin, kreglin etc[151]; suppen, fleisch, heuner, gsotten karpfen, brotes wie zů mittag, wildbrätpfeffer, daß mir von Rötelen geschickt wardt, fischgalleren, kiechlin etc.

Nach dem nachteßen, alß es zimlich spoth, gnodet[152] man ein ander und, domit eß nit vil gschär und vexatz geb, verbarg ich mich in meins vatters kammeren, dohin man auch stilschweigendt mein hochzyteren verzuckt[153], deren ir vatter mit weinen dermoßen gnodet, das ich meint, sy wurde sich gar verweinen, fůrt sy in meins vatters stüblin darnebendt und kamen ettlich wiber der iren zů ir, dröstent sy; denen gab ich von eim claret[154], so ich in eim feßlin hinder dem ofen hatt und selbs gar gůt gemacht, zedrincken, und alß sy hinweg gescheiden, kam mein můter, so allzyt frölich was und sagt, die junge burß sůchte mich[155], wir solten uns verbergen und schlofen gon, fůrt uns heimlich die hinder stegen uf, durch der magt kammer, in mein kammer, oben im haus gegem garten, do wir ein wil saßen und, wil es kalt, uns übel fror, legten wir uns im namen gottes schlofen und wußt nieman von der purß[156], wo wir weren hinkommen. Wir horten über ein wil mein můter hinuf kommen über daß heimlich gmach, dorob sy sitzendt haupthelig[157] sang, wie ein junge dochter, do sy doch schon in höchstem alter war, dorab mein hochzyteren hertzlich lachen thet.

---

150 Felix renommierte bei Gelegenheit gerne mit seiner welschen *Tanzkunst*, wohl nicht immer zur reinen Freude seiner Gemahlin. Zur Gaillarde s. Kap. 3, A. 49.
151 voreßen = Entrée, Vorspeise oder Ragoût; hiener (P. schreibt «heuner»), mäglin, kreglin etc. = Gekröse («ein pfeffer an mägli und krägli». Schw. Id. 3, 792). Vgl. Njbl. 1929, S. 29.
152 gnôdet, gnadet = dankte.
153 verzuckt = wegführte. Trübner 7, 660.
154 claret = Süsswein.
155 Ein alter, aber übler Brauch der jungen Burschen, die Neuvermählten durch allerhand Spässe («vexatz») zu plagen. – die burß oder purß (fem. sing.): mlat. bursa, zunächst: Beutel, Börse (auch die «Börse» der Bank stammt daher), dann: Gemeinschaft der im Konvikt lebenden Studenten, allg. Burschen.
156 s. A. 155.
157 haupthelig = aus voller Kehle (<hellen = tönen). Schw. Id. 2, 1142, mit Zitat dieser Stelle.

Morndeß am zinstag bracht daß Ketterin, ir magt, meiner hochzyteren andre kleider, die liesen wir in[158], und wie es ein holdtselig mensch, drib es vil seltzame schnocken[159]. Hernoch samlet sich daß hochzeit volck wider zum mittag eßen, so um elf uren anfieng, dan man nit so unzitlich war, wie ietz im bösem bruch. Es war eben so vil disch besetzt, alß den ersten tag und nit mindere tractation sampt dem brutmůß[160], daß man schon an statt des weinwarms darstelt. Man dantzt aber[161] nach dem eßen bis nacht, do waren by dem nachteßen noch ein gůte zal von volck und sunderlich alle jungfrauwen, die alle by gůter zeit urlůb namen und heim zogen.

158 în = hinein (Boos: ir).
159 schnocken = Schnaken, Spässe.
160 Hs.: bruntmůs (schon von Boos korrigiert). Ein Brei von feinem Mehl und Milch, worunter, wenn er bald ausgekocht ist, Zucker und Safran gerührt wird. Vgl. Basler Kochbuch 1790, 58. Schw. Id. 4, 494, mit Zitat dieser Stelle. – Das im folgenden genannte «*weinwarm*» ist eine Art Glühwein; Grimm, Dt. Wb. 14¹, 1006f., vgl. Kap. 8, A. 96.
161 aber = wiederum. Diese «*Nachhochzeiten*» am folgenden Tag wurden in den späteren Sittenmandaten besonders verboten und gelegentlich bestraft. Bei Felix Platters Hochzeit waren es mit dem nachfolgend genannten Nachtessen im gesamten vier grosse Mahlzeiten und zwei Tanzanlässe!

8. Hausstand und Praxis

(1557 – 1562)

[121] Man hatt richlich gobt[1] auf der hochzeit, darvon ich allein bekommen ein becherlin, so h. Jacob Riedin der jünger gobt, wie oben fermeldet, und 2 ducaten, die mein vetter von Strasburg[2] mir hatt geschickt. Daß übrig nam mein vatter zur zalung des unkostens, so vil das beschießen mocht[3], dan ich an kleideren hernoch, alß ich etwas gwan, auch vil bezalt hab. Es bleib auch gar vil über von heuner, gensen etc., das in die würtzhüser[4] verkauft worden. Mein vatter nam auch die 100 gulden, so mein frauw mir zůbrocht hatt, und bezalt glichfalß domit ab. Mein schwecher hatt mir nüt[t] gobt, anzeigend hernoch, er hette mir 5 gulden am doctorat mol bezalt, doran solt ich mich beniegen[5], gab ir auch noch lange jar kein bett, dan ein spanbeth[6]. Sy bracht etwaß schlechten[7] husrath, ein alte pfannen, dorin man ir pappen[8] kocht hat, und breite hültzene schüßel, darin man ir můter, wan sy ein kindtbetteren gwesen, daß eßen gestelt, lies ich ir hernoch molen und etwas sunst schlecht gschir, das sy in unser kammer hinder ein ramen stackt[9]. Der Růst zog am mitwuchen frie[u] hinweg, aßen mit im zemorgen. Darnach fieng man gleich an, die hushaltung bestellen, darzů mein frauw roten[10] und ordnung geben solt. Do gab es allerley bedencken, dan mein schwecher hatt nur ein magt im haus, die im, dem Daniel und einem gsellen hushalten můst; do dan mein frauw in sorgen, es gienge[11] nit recht zů, stets hinab gon můst, auch etwan lang do verblyben und ordnung geben. So hatt mein vatter noch dischgenger und allerley unmůs[12] im haus, also das wir beide iunge eeleuth gleich wol geblogt warden, weren lieber

---

1 'gobt, gegâbt = Geschenke gemacht, speziell an Hochzeiten. Zu jener Zeit wurden häufig auch Geldgeschenke gemacht, wie im Falle Platters, wobei Vater Thomas das meiste zur Bestreitung der riesigen Ausgaben verwendete. Um Auswüchse zu vermeiden, wurde die Höhe der erlaubten Geschenke im 17. Jh. amtlich begrenzt. Njbl. 1929, 32f. Für das 19./20. Jh. vgl. Johanna Von der Mühll: Basler Sitten, 1944.
2 vetter: *Laurenz Offner*, Pfarrer in Strassburg, s. Reg.
3 soweit das reichen mochte.
4 würtzhüser = Wirtshäuser.
5 beniegen = begnügen. – Dieser Geiz des Schwiegervaters Jeckelmann zeigt sich auch in der im folgenden beschriebenen schäbigen *Aussteuer* seiner einzigen Tochter und kontrastiert merkwürdig mit der aufwendigen zweitägigen Hochzeit.
6 ein Spannbett (mit untergespannten Gurten).
7 schlecht = schlicht, einfach.
8 pappen = Brei.
9 stackt: gemischtes Praet., steckte.
10 rôten = raten.
11 Hs.: gienige (verschrieben).
12 unmůs = Umtriebe.

allein in einer hushaltung gwesen, aber wir vermochtens nit, müßten fast dry jar also by mim vatter am disch blyben und ich mich also meiner kammer und deß underen sal, so im winter kalt, die kranchen zeverhören, behelfen. Do gab es zů zeiten allerley anstös, wil ich nüt in dkuchi inschießen kont[13], dan ich gnůg zeschaffen uns zekleiden und etwan, so ich etwas firschlůg[14], an meinen kleideren, so ich noch in leden schuldig, zů bezalen, welches, so ich nit that, mir verwißen wurdt. Gab zů zeiten also hendel, wie wan alt und iungs by einander wont, sich gmeinlich zů dreg. Mein vatter wolt, eß solte ein gemeine hushaltung sein, im innemmen und außgeben, solten altzyt by im verbleiben, ich were doch eintzig[15]; item er kente nit on dischgenger sein, der kosten gieng über in. Do hette aber mein frauw gern gehept, das mir eintzig woneten, wolte sich mit ringem[16] behelfen, mein vatter solte uns hierzů die versprochene eesteur geben und ir zůbrochte 100 gulden, domit wolten wir wol ußkommen, welches aber mein vatter, wil er kein [122] par gelt, noch gülten[17], nit thůn kont. Und aber mein schwecher seer dreib und uns sein behausung anbot, solte by im wonen, ich aber mein vatter nit loßen kont, noch erzürnen wolt, also daß best darzů redt, wir welten uns, biß ich in beßere practic kem, ein zeitlang leiden; sprach iren zů, also das sy daß best thet und fast beidt haushaltungen, mein und irs vatters, versechen můst, welches mich bekümert, wil ich sy lieb hatt und gern wol gehalten hett, wie eins doctors frauwen gebürt, dorumb ich sy auch lange zeit nit gedutzt, sunder geert[18], das mein vatter nit gern sach, meint eß solte nit sein. Insunderheit irt mich[19], das ir vatter erst einen uß dem kloster Můrbach, welcher ein schaden am arm hatt, zeheilen, zů sich ins hus nam, dardurch sein haushaltung mer beschwert wardt und mein husfrauw mer bemieget[20], auch derselbigen auszewarten. War also der erste anfang meiner haushaltung mit allerley betreubnußen geschaffen.

---

13 nichts für das Essen bezahlen konnte (Haushaltgeld).
14 firschlůg = ersparte.
15 sein einziges Kind.
16 mit ringem = mit wenig.
17 weder Bargeld noch Zinsen, Renten usw.
18 «geert» oder «geerzt», d. h. in der 3. Person sing. angesprochen. Diese *Höflichkeitsform* ist wohl in der Renaissancezeit aufgekommen wie im Italienischen, wo sie bis heute erhalten ist. Das Schw. Id. I, 401 belegt die er-Form a) als höfliche Anrede an Standespersonen, so in Graubünden, b) als Anrede an Diener und Mägde, die man doch nicht duzen will, so in Basel im 18./19. Jh. (von mir selbst noch in den 30er Jahren gehört bei einer Frau Merian). Unter bürgerlichen Ehegatten war diese Höflichkeitsform gewiss ein Sonderfall, doch zeugt dieser für Platters hohe Achtung gegenüber seiner Frau und für seine feinen Umgangsformen, die dem demokratisch-knorrigen Vater als maniert erschienen.
19 irt mich = irrte, störte mich.
20 bemieget = bemüht, belastet.

Firnemblich aber ängstiget mich, daß ich meim gwesenen herren Laurent Catalan ein summa gelts zů Mompelier schuldig verbliben und mein vatter, wil er schon vil fir seine zwen sün[21], dorunder der ein mein dusch, hatt ausgeben, auch sy am disch erhalten, so alles an meiner schuldt abzogen, den rest, so ich schuldig, nit zalen kont, auch ich nit vermocht denselbigen zůbezalen, derhalben im schreiben můst, er welte mir ein zeitlang daß best thůn[22], welche zeit sich etwas lang ußhin sich verzoch und allerley unglick dorin fiel, wie hernoch volgt, auch unrichtikeit in überschickten ußzügen, welche also zelest richtig gemacht und bezalt volgender weis.

Ich hab die zeit, so ich ze Mompelier gwesen bin, thůt 4 jor und 4 monat, on den tisch, so ich bim Catalan durch ein dusch ghapt, in gelt: erstlich waß ich aus meinem rößlin glößt, tat 7 cronen, darvon 2 cronen dem scherer geben mießen, der mir uf der reiß gon Mompelier firgestreckt hatt; sunst was mir der Catalan nach und nach geben hatt zur kleidung, biecher zekaufen und anders notwendig, auch auf die reiß gon Marsilien, so dan uf die reiß bis gon Paris, sampt dem roß, so by 70 francken kost, that alles 454 francken 6 sos und 10 denier[23]. Dargegendt hatt mein vatter bezalt[24] fir Gilbertum und Jacobum, do Gilbert 2½ jar[25]

---

21 Die Söhne Catalans, Gilbert u. Jakob, s. Reg.

22 daß best thůn = Geduld haben.

23 Frankreich kannte seit 1360 den *Franc d'or*, der bis 1380 weiter geprägt wurde, von 1575 bis 1641 den Franc d'argent. Schw. Lex. III/1946, 552. Platter rechnet mit dem Kurs von *1 Franken* = ⁵/₆ *Pfund*, oder umgekehrt: *1 lb* = ⁶/₅ *fr* = 1,20 fr. oder 1 fr. 4 sos. Offenbar handelt es sich um den Franc d'or, da der Silberfranken nur etwa den 10. Teil davon galt; zudem stammen die Notizen Platters (1557) aus der Zeit vorher. Gemäss dem *karolingischen Münzsystem* unterteilte sich der Franc (wie in Deutschland u. England das lb) in 20 solidi (sos, *sous*) oder 20 × 12 = 240 denarii (*deniers*, d). Daneben rechnet P. auch mit der *Krone* = 2 lb = 2,40 fr. Diese Angaben haben die Zustimmung des Fachmanns, Herrn Dr. Josef Rosen, gefunden.

24 bezalt = ausgegeben (allg. Ausgaben, exkl. Tischgeld).

25 Hs. sehr undeutlich (korrigiert und verschmiert): 2½ oder 3½; Boos hat 3½ jar. Anhand von Thomas Platters Briefen lässt sich jedoch eindeutig nachweisen, dass *Gilbert Catalan* nur 2½ Jahre in Basel war: «Septima Aprilis venit ad nos Basileam Gilbertus meus cum fratre ...». Brief vom 3. Mai 1553, Ausg. Ach. Burckhardt, S. 22. Seine Rückkehr erfolgte wohl in den ersten Septembertagen 1555. Jedenfalls teilt Gilbert in einem Brief vom 28. März 1555 aus Basel, den der Gärtner Antonius am 8. April gleichzeitig mit einem Brief von Platters Vater an Felix überbrachte, diesem mit, er werde «dici a cinq moys» wieder zu Hause sein, d. h. Ende Aug./Anf. Sept. 1555, was einem Aufenthalt von 2½ Jahren entspricht. Der Brief Gilberts, zum grössten Teil in gebrochenem Deutsch geschrieben, befindet sich auf der Univ.-Bibl. Ba., Mscr. Fr. Gr. I 8, fol. 43/44. Am 12. Sept. 1555 immatrikulierte sich Gilbert in Montpellier (Matr. Montp. 135), 1558 wurde er Bacc. und am 18. April 1564, reichlich spät, Dr. med. – *Jacobus* sollte nach dem Willen seines Vaters auf Ostern 1557 heimkommen, reiste aber schon am 20. Febr. 1557 ab, vgl. A. 26.

by im gsin, Jacobus 3½ jar, 19 wuchen, 3 tag, an gelt 133 cronen[26], 1 franc, 4 sos. Item dischgelt war man im schuldig fir zwei jar dry wuchen, die beide brieder lenger by meim vatter am disch waren, dan ich ze Mompelier, that 37 cronen; und die gantze sum 170 cronen, 23 sos, 3 d; thůt ze francken gerechnet 409 francken 8 ß 7 d. [123] So bleib ich also dem Catalan schuldig noch herus 44 francken, 17 ß 3 d, welche summa ich anfangs vil höher sein meint, dywil mein vatter 18 cronen von h. Peter Löfel[27] wegen des D. Riheners entpfangen und ich vermeint nit wider Gilberto geben hett, do er doch 12 cronen dem Gilbert, alß er heim wolt, darfon um ein roß geben und mein vatter in der rechnung vergeßen, doch zlest befunden wardt, wie vilicht auch die 6 cronen, das man aber nit wißen kont und derhalben, alß wan ers noch schuldig, neben den 44 franc 17 ß 3 d passieren lies, do es doch zwifelhaftig.

Wil ich nun meint, ich were dem Catalan wol 40 cronen schuldig und ich mein vatter nit weiters beschweren wolt, der sunst vil an mich gewent,

26 Hs.: 183 cronen. Dies ist sicher falsch, da 183 + 37 nicht = 170. Wahrscheinlich hat sich Platter bei der Abschrift seiner früheren Notizen verschrieben, nämlich eine 8 statt einer 3, da die beiden Ziffern sich ähneln. Wenn wir also 133 cronen setzen, so stimmt die Rechnung schon eher: 133 cor 1 fr 4 sos + 37 cor = 170 cor 24 sos (Platter: 170 cor 23 sos 4 d.) – *Tischgeld:*

Gilbert war in Basel 2½ J. =	912 Tage
Jacob war in Basel 3½ J. 19 W. 3 T. =	1414 Tage
	zusammen 2326 Tage
Felix war in Montpellier 4 J. 4 M. =	1582 Tage
abzüglich 19 Tage (Reisen in der Umgebung)	– 19 Tage 1563 Tage
	Differenz: 763 Tage

Ohne Abzug der Reisetage beträgt die Differenz nur 744 Tage, was zwar näher bei der von P. angegebenen Zahl (2 J. 3 W. = 751 Tage) liegt, aber auch nicht genau stimmt. Das Tischgeld für diese 751 Tage betrug 37 Kronen = 74 lb oder 1480 ß; das macht *pro Tag fast 2 ß*, pro Monat 60 ß oder 3 lb, was der um die Jahrhundertmitte üblichen Monatspension von 2½ lb etwa entspricht (vgl. B. R. Jenny: Amerbach-Korr. 6, 308ff., A. 3). Die Gesamtschuld Catalans (vgl. oben) betrug somit (allgem. Ausgaben + Tischgeld-Differenz) nach Platters Rechnung 170 cor 23 sos 3 d = 409 fr 8 ß 7 d. Die *Abrechnung* ergibt: allgemeine Schulden Platters: 454 fr 6 sos 10 d oder 453 fr 26 sos 10 d

abzüglich Schulden Catalans	409 fr 8 sos 7 d
Restschuld Platters	44 fr 18 sos 3 d

was von Platters Ergebnis um 1 ß abweicht.

27 *Peter Löffel:* Pierre Cuiller, der Krämer, aus dem franz. Jura in Basel eingewandert, 1511 safranzünftig, 1511 ∞ Brigitta Einfaltig, 1524 Bürger von Basel, † nach 1563, Vater des in Kap. 7, A. 146 genannten Ratsherrn Alexander L., der 1575 als erster namentlicher Eigentümer des «Bäumlihofs» («Klein-Riehen») erwähnt wird. Nach Wpb. Ba. u. H. Bühler: Der Bäumlihof, B. Stb. 1972, S. 42. Offenbar spielte L. hier den Mittelsmann in Geldfragen. Joh. Friedrich Ryhiner war 1553/54 ein zweites Mal bei Catalan in Pension, diesmal ohne Tausch, da die inzwischen verwitwete Mutter den jüngeren Catalan ebenfalls Thomas Platter überliess. Daher die Geldschuld Ryhiners an Platter, welches Geld dieser wiederum zu Ausgaben für Gilbert verwendete.

item dem Bezardo[28] zů Paris die 12 cronen, so er mir firgesetzt, zalen laßen, war mir angst, wo ich die nemmen wolt, und wie obgemelt den Catalan batt gedult zedragen. Hiezwischendt, wil eß sich schier zwei jar verzoch, schreib mir Gilbertus, er bedörfte ettlicher biecher, die solt ich im an die schuldt schicken und wil ich dorunder meins vatters bibliothec vil fandt, batt ich in dorumb, solche mir begunnen zeschicken, daß er bewilliget. Nam derhalben darvon große opera, wie sy Gilbertus begert, die andere kauft ich h. Thomas Guerin[29] ab, der mir drum half, waren geschetzt uf die 60 gulden, der mertheil schön ingebunden in bretteren, die half mir Guerinus, der zů Leon ein bůchladen hatt, in ein faß inschlachen, that darzů noch weiter ein Vesalium[30], den schanckt ich Gilberto und ettliche schencke deß Catalani frauwen und schickt er, Guerinus, solche dem druckerherren Guillaume Gazeau[31], mit befelch, die selbige dem D. Jhan de Sale[32] des Catalani schwoger zů zestellen, der es[33] nit hat wellen nemmen, bis er weiteren bescheidt von Mompelier ⟨bekäm⟩. Hiezwischendt stirbt der Gatzeau an der pest, und schlies man im daß hus zů und confischiert man im alles, wil er vil schuldig, und damit auch meine biecher; welches, alß ich innen worden, hab ich lang hernoch durch intercession der oberkeit alhie an gubernator den Mandelot[34] zů Leon heraus gebrocht und den Daruthen[35], so mir verheißen sy anzenem-

28 Bezardus = *Martin Betschart* von Schwyz, der seltsame deutsche Studentenvater in Paris, der zugleich ein Leih- und Wuchergeschäft betrieb, s. Kap. 4, A. 140 und Thomas, Brief XXVI vom 9. Jan. 1557.

29 *Thomas Guerin*, der Buchdrucker aus Tournay, der gelegentlich Briefe für die Familie Platter beförderte, s. Kap. 3, A. 121.

30 *Vesalius:* wohl dessen berühmtes, prächtig illustriertes Werk «De humani corporis fabrica», Basel 1543.

31 *Guillaume Gazeau* (Gazeius, Gazellus) ist nachgewiesen als Drucker in Lyon von 1544 bis 1562. Ich verdanke den Hinweis der freundl. Mitteilung von Monsieur F. Dousset, Adjoint au Dir. gén. des Archives de France in Paris, der folgende Belegstellen angibt: Jean Muller: Dictionn. abrégé des imprimeurs-éditeurs français du 16e s., Vlg. Libr. Hietz, Baden-Baden 1970, p. 35; H. M. Adams: Catalogue of Books printed on the Continent of Europe 1501–1600, in Cambridge Libraries, Cambr. 1967, t. II, pp. 479 u. 717s. (Liste der von Gazeau edierten Werke 1548–1557); Bibliographie lyonnaise von Jules Baudrier: Recherches sur les imprimeurs, libraires ... de Lyon au 16e s., 12 vol. Lyon 1895–1921, spez. T. 8, p. 5, T. 9, pp. 134, 194, T. 10, pp. 117s., 437. Guillaume hatte einen Bruder *Jacques* Gazeau, der 1542–1548 Buchhändler in Paris war.

32 *Jhan de Sale* (de Lasala), ein Spanier, Dr. med., Arzt in Lyon, seine Frau war eine Depuech, Schwester von Eleonore D., Kap. 3, A. 653.　　33 Hs.: er.

34 *François de Mandelot*, *1529, †1588, bekämpfte die Reformierten in Südfrankreich und wurde 1563 Lieutenant général und 1568 Gouverneur der Provinzen Lyonnais u. Dauphiné. Larousse du 20e s., T. 4/1931, p. 640; Grand Larousse encycl., T. 7/1963, p. 23.

35 Daruthen: *Guillot (Guyot) und Jean Darud* oder Darut, aus Fétigny in Burgund, damals in Lyon wohnend, später in Basel als Ausbürger aufgenommen (25. April 1560, BUB X, 455f.). Sie erlitten beide 1572 in Lyon den Märtyrertod, s. France protestante, 2e éd., T. 5, p. 113.

men und zů verfertigen, übergeben, die sy auch baldt Jacobo Catalan wellen übergeben, der domalen zů Leon war, er aber deßen kein befel vom Catalan dem vatter, wil eß lang angestanden, solchc anzenemmen, do dan hiezwischendt die Daruthen wegen der religion sindt ermürdt worden und ir gůt confisciert, waß biecher im haus funden, darunder auch meine, verbrent worden und also min schuldt, so ich dem Catalan zethůn, unbezalt verblyben. [124] Ob ich nun gleich wol, wil ich gehalten, waß sy begert und durch ir sumnus[36] der schaden geschechen, ihnen nit wider zezalen schuldig meins erachtens wer gewesen, jedoch von wegen entpfangener gůthat von Catalano, hab ich, wil mir gott die handt erstreckt[37], nit wellen im den schaden zů meßen, sunder in bezalen, welches auch beschächen, do ich durch h. Friderich Richener die 44 francken und noch weiter die 6 cronen, so noch zwifelhaft, eb ich sy schuldig were, abrichten und bezahlen laßen[38] und also auß der angst, die mich lang geblogt, kommen.

Ich hatt vor dem nüwen jar, wie auch hernoch anno 58 im frieling noch nit vil zeschaffen, that mich doch redlich herfür, etwan in molzeiten[38a], etwan auch sunst wo gelegenheit, von krancheiten und wie denen zehelfen zereden, also das ich etwan, so ichs doheiman that in byseins meins schwechers, wan er by uns aß, der ein gůter chyrurgus und auch vil erfaren, von im etwas angeredt und angetastet wardt, ich wurde noch viel erfaren mießen, es habe by uns ein ander thůn, daß[39] ich alß ein iunger nit fast gern hatt und etwan widerpart hůlt, můst mich doch, wil ich noch kein practic, themietigen[40]. Es drůg sich zů, das doctor Thieboldt Surgant[41], der Fuckeren innemmer ze Than, die domolen die Oesterichische

---

36 sůmnus = Versäumnis. Offenbar blieben die Bücher 15 Jahre lang bei den Brüdern Darut liegen.

37 weil mich Gott zu Wohlstand gelangen liess.

38 Diese Bezahlung erfolgte also demnach erst 1572, nach dem Tod der Brüder Darut, welches Ereignis wohl Platter aufs neue an seine Schuld erinnerte.

38a molzeiten: kein Lesefehler; Platter spielt auf Gastmähler an, wo von Medizinern und andern Interessenten über Fachfragen diskutiert wurde. Als Beispiel zitiert Frl. Dr. M.-L. Portmann einen Brief des Christoph Aichinger an Theodor Zwinger vom 13. Juni 1581, Fr. Gr. Mscr. II 23, Nr. 15.

39 im Sinne von «was».

40 themietigen = demütigen, d. h. dem erfahrenen und reichen Schwiegervater Recht geben, was Felix gewiss sauer ankam.

41 *Theobald Surgant:* †1558, Schaffner u. Ratsherr zu Thann i. E., Sohn des Gabriel, der ebenfalls Schaffner u. d. R. war, ein Neffe des grossen Basler Theologen u. Frühhumanisten Hans Ulrich Surgant. Er studierte seit 1509 in Basel, wurde 1511 b. a., 1515 m. a., später Dr. med. (wo?). Nach H. G. Wackernagel: Matr. Ba. I 294, Wappenb. Ba. u. Hartmann: Amerbach-Korr. 1, 167, A. 5. Seine Gemahlin war Katharina Religius (Platter nennt sie irrtümlich «Katharina Kruse»). Beide waren Patienten Platters; ihre Todesdaten sind beglaubigt durch Theob. Walter: Alsatia superior sepulta, Gebweiler 1904, S. 51: Theobald † 1558 25. Sept., Katharina † 1566 26. April. Sie hatten 5 Söhne: Theobald d. Jünge-

byligende örter pfandtswis inhatten, welcher zwen seine sün, Oswaldt und Frantzen by meim vatter am tisch hatt, mich zum Storcken[42] ze gast lůdt und mit mir ettlicher anligen halben conferiert, ein solch gefallen ab meinem bescheidt entpfieng, das er mich lůdt, etwan zů im gon Than zekommen, wolte mir kundtschaft zů Rümerlsberg[43] dohin in der practic, wie auch by inen gebraucht zewerden, machen, das ich etwan zeleisten verhies.

Hiezwischendt reit ich auch den 9 januarii mit meim schwoger Daniel zum alten juncker Jacob Richen von Richenstein[44] gon Lantzkron, deßen, wie auch seiner gantzen frindtschaft, mein schwecher bestelter chyrurgus was und doruf ein roß hielt, doselbst kundtschaft zemachen. Do dan der alt juncker in frantzösischer sproch vil mit mir von den landen, do ich und er vor zeiten gwesen, ersprochet[45], auch von der artzny, doruf ich also bescheidt geben, das hernoch sein gantze frindtschaft[46], die groß war, wie hernach volgen wirt, mich hatt gebraucht, dan er baldt hernoch mit todt verblichen.

[20*] Es waren der artzet, so ex professo sich der artzny annamen und übten, vil, do ich gon Basel kam, alß nemlich von graduierten: 1. D. Oswald Beer, statarzt, 2. D. Hans Hůber, 3. D. Isaac Keller, 4. D. Adam von Bodenstein, genant Carlistat[47], 5. D. Henric Pantaleon, 6. D. Caspar

ren, Gabriel, Hans Oswald, Christoph u. Franz-Sebastian, deren zwei (Hs. Oswald u. Franz) Tischgänger Thomas Platters waren. – «Oesterichische byligende örter» (bei Boos 325 ein komischer Lese- oder Druckfehler: «Oesterichisch ebyligende örter»): die nahegelegenen österr. Orte (Grimm, Dt. Wb. I, 1380). Tatsächlich war die zu Thann gehörige Herrschaft Isenheim 1551 für 6000 fl. pfandweise an die *Fugger* übergegangen. Nach Friedrich Metz: Vorderösterreich, 2. A., Freiburg i. Br. 1967, S. 556.

42 Das *Wirtshaus «zum Storken»* (Storchen) ist eines der prominentesten Basels, gelegen in nächster Nähe des Fischmarktes, des alten Zentrums der Handelsstadt. Zur Hausgeschichte s. Stocker, S. 159–174, und Eugen A. Meier: Das verschwundene Basel (1968), S. 166f. mit Photos. Meier schreibt «Fürsten, Grafen und Kardinäle, eidgenössische Gesandte, reiche Kaufleute und berühmte Gelehrte (u. a. Erasmus, Paracelsus u. Oekolampad) steigen im Storchen ab und führen in den eleganten Gemächern Gespräche und Verhandlungen ...». Der erste Storchenwirt wird um 1500 erwähnt. 1953–1957 wird das originelle alte Gasthaus durch einen Neubau der Steuerverwaltung mit Restaurant u. Grossgarage ersetzt.

43 *Rümerlsberg* = Rémiremont, NW von Thann. Surgant verschaffte Platter einige Kunden in dieser Gegend.

44 *Jakob II. Reich von Reichenstein*, «der alt», †1561, Junker zu Landskron, Inzlingen und Brombach, s. Kap. 5, A. 48.

45 ersprochet = geplaudert.

46 frindtschaft = Freundeskreis.

47 *Adam von Bodenstein gen. Karlstadt:* *1528, †1577, Sohn des berühmten Theologen Andreas Rud. B. gen. Karlstadt (aus Karlstadt in Franken) und der Anna von Mochlau. Der Vater war ein eifriger Parteigänger Luthers in Wittenberg, überwarf sich dann aber mit ihm (L. zählte ihn zu den «Schwarmgeistern») und kam 1534 nach Basel, wo er als ord. Prof. theol. u. Pfr. zu St. Peter wirkte, bis er 1541 an der Pest starb. – Der Sohn war

Petri, genant Mellinger[48], 7. D. Guilelmus Gratarolus[49] Pergomast, 8. D. Jacob Huggelin, 9. D. Jacob Wecker, 10. licentiat Philippus Bechius,

schon 1537 (!) hier immatrikuliert und studierte seit 1548 Medizin in Basel, Freiburg, Leipzig, Mainz und Ferrara, wo er 1550 doktorierte. 1558 wurde er ins Consilium medicorum aufgenommen, aber 1564 wegen häretischer und anstössiger Bücher aus Consilium und Fakultät ausgeschlossen, blieb aber dennoch in Basel und huldigte weiterhin seinen *paracelsischen* Anschauungen. Nach dem Tod seiner 1. Gemahlin, Esther Wyss (†1564 peste), heiratete er 1565 in 2. Ehe Maria Jakobea Schenk zu Schweinsberg, wurde 1572 Bürger von Basel und Schlossherr zu Pratteln. Wie sein Vorbild machte er grosse Reklame und hohe Preise, ja er scheute auch vor betrügerischen Versprechungen nicht zurück. Nach Albrecht Burckhardt, Fakultät, S. 56ff. Er trieb alchemistische und astronomische Studien und gab vor allem die Werke seines Meisters heraus (ca. 30 Bücher). Daneben auch verschiedene eigene Publikationen, u. a. über ein homöopathisches Mittel gegen die Pest, das er gross anpries. Dennoch starb auch er an der Pest 1577. Burckhardt, Fakultät 56ff.; Matr. Ba. II 17; Wpb. Ba.; Hunziker 51; Tonjola 128. Felix selbst äussert sich über ihn in den «Observationes» I 133, Nr. 160 sehr kritisch.

48 *Hans Caspar Petri gen. Mellinger:* *1500/07, †1561, ein Sohn des bekannten Buchdruckers Joh. Petri von Langendorf und der Barbara Mellinger (Wpb. Ba.); er verlor früh beide Eltern und machte sich in Basel durch seine missglückten hochfahrenden Heiratspläne zum Stadtgelächter, zog dann anfangs März 1533 mit Conrad Gessner, Joh. Fries und Heinrich Billing nach Frankreich, in Basel immatrikulierte er sich erst 1537/38 (Matr. II 16), also im Alter von mindestens 30 Jahren. Nach Rud. Bernoulli: Akademiker-Katalog ging er bereits im Herbst 1537 erstmals nach Montpellier. Nach B. R. Jenny war Petri im Herbst 1538 in Lausanne als Arzt tätig und kehrte am 1. Juli 1539 aus Baden nach Basel zurück. Bis Okt. 1538 war er im Besitz eines Frankreich-Stipendiums, das er kaum benützte, ab Sommer 1539 im Genuss des medizinischen Erasmus-Stipendiums. Von 1541 bis 1545 studierte er dann in Montpellier, von Amerbach namhaft unterstützt (Petri bezog in 6½ Jahren gesamthaft 260 fl.), und doktorierte 1545 in Basel, als einer der ganz wenigen medizinischen Doktoranden vor Platter. «Der Grund dafür, dass Amerbach den höchst seltsamen Petri so sehr förderte, mag darin liegen, dass der Vater Petris einst Teilhaber am Geschäft Joh. Amerbachs gewesen war und Petri in üblen finanziellen Verhältnissen lebte.» Nach B. R. Jenny: Amerbach-Korr. 6, S. XXXIX. 1547–1551 war er als Nachfolger Sinckelers Prof. der theoretischen Medizin, schied dann aber aus. 1552 heiratete er die Witwe des Prof. Alban zum Thor, Anna Rössler, verliess sie aber schon nach einem halben Jahr und zog als Leibarzt zu Herzog Christoph v. Württemberg. Vorübergehend scheint er auch nachher in Basel praktiziert zu haben (s. o., Text), dann taucht er 1559 in Speyer auf und stirbt 1561 in Deutschland. Nach Werner Kolb: Gs. des anat. Unterrichts an d. Univ. Ba., Med. Diss. Basel 1951, S. 19ff., und speziell B. R. Jenny: Amerbach-Korr. 6, der S. 19f., A. 3 und S. XXXIXff. Petri sehr ausführlich behandelt.

49 (Hs.: Gulielmus). *Guilelmus Gratarolus:* *1516, †1568, geb. in Bergamo, daher «Pergomast», als Sohn eines Arztes, studierte in Italien und wurde 1537 Dr. med. in Padua. Er musste als Protestant fliehen und kam 1552/53 nach Basel (Matr. Ba. II 77), 1558 wurde er Mitglied des Consiliums. 1562 ging er als Prof. med. nach Marburg, kehrte aber nach einem Jahr nach Basel zurück. Er galt als «un des plus célèbres médecins du 16e siècle» und hielt wohl auch Vorlesungen, wenigstens war er 1566 Dekan. Er war heimlich *Paracelsist* und befasste sich eifrig mit Alchemie; seine zahlreichen populären med-.naturwiss. Schriften sind ohne wissenschaftlichen Wert. Wackernagel: Matr. Ba. II 77, und Albrecht Burckhardt: Fakultät 53f.

11. dominus Johannes Bauhinus[50]. Darzů kamen D. Jacobus Myconius, D. Jacobus Zonion, zugen aber baldt hinweg. Sunst waren empirici[51] der Ziliochs zů S. Alban[52], so auch an ein doctor stat gebrucht wardt, und Ottonis Brunfelsii witwen[53], auch in großem thůn. Darzů kam ich, D. Felix Platter, und ein jar hernach D. Theodorus Zwingerus. Waren also artzet in Basel um die zyt anno ⟨1⟩557/⟨1⟩558 by 17. Do můßt ich künst anwenden, wolt ich mich mit der practic erneeren, darzů mir Gott sein reichen segen hatt mitgetheilt. Es war auch seer verriempt domolen der Amman[54], so man nempt der bur von Utzensdorf, zů dem mercklich vil volck zog, kondt aus dem waßer worsagen und brucht seltzame künst lange jar, dardurch er gros gůt hat erobert. Nach im ist der jud von Alßwiler[55] mechtig gebrucht worden lange zeit. Es war auch ein alt weib im Gerbergeßlin, die Lülbürenen[56] genant, so auch ein zůlauf von kran-

50 *Johannes Bauhin d. Ä.:* *1511, †1582, der Vater der Basler Gelehrtenfamilie, geb. in Amiens, studierte in Paris unter Jakob Sylvius und erlangte als Arzt und Chirurg grosses Ansehen (Leibarzt der Marguerite de Navarre), musste aber 1538 als Anhänger der Reformation aus Frankreich fliehen und gelangte über England und die Niederlande 1541 nach Basel. Hier wurde er 1542 Bürger und erwarb sich seinen Lebensunterhalt zunächst als Korrektor in der Druckerei Frobens, wo er Sebastian Castellio kennen lernte. Dieser hatte grossen Einfluss auf ihn. Dass Bauhin zur Joristengemeinde hielt, wie Carl Roth behauptet (Wpb. Ba.), sehe ich nirgends belegt, doch standen er und Castellio geistig jener Sekte zweifellos nahe. B. praktizierte in Basel als Arzt und Chirurg und wurde 1580 noch Dekan, aber nie Professor. Er war verheiratet mit Jeanne Fontaine. Sein Sohn *Johannes d. J.* wurde der berühmte «Vater der Botanik», sein Sohn *Caspar* wurde ebenfalls ein namhafter Anatom und Botaniker, Prof. in Basel und Nachfolger Felix Platters als Stadtarzt. Wpb. Ba.; Burckhardt, Fakultät 127f.; Matr. Ba. II 107 und HBLS 2, 49.

51 *empirici* = praktizierende Ärzte, die nicht studiert haben, also eine Art Naturärzte. Vgl. Karcher 34.

52 der *Ziliochs* zu St. Alban: unbekannt.

53 *Otto Brunfels* aus Mainz, *1488, †1534, war ein sehr vielseitiger Mann, Humanist und Anhänger der Reformation, Freund Zwinglis und Huttens, Pfarrer, Schulmeister, Botaniker, Mediziner (1532 Dr. med. Basel), zuletzt noch Stadtarzt in Bern. Matr. Ba. II 3. B. war bahnbrechend in den Naturwissenschaften, besonders in der *Botanik*, schrieb aber auch über Pädogogik, arabische Sprachen, Arzneimittellehre und Theologie. HBLS 2, 376. Berühmt wurde er vor allem durch sein von Hans Weidnitz illustriertes Kräuterbuch, «Herbarum vivae eicones ...», Strassburg 1530, dt. Ausg. 1532. Vgl. B. Njbl. 1975, S. 135. – Über sein reformatorisches Wirken am Oberrhein s. Karl Seith in Das Markgräflerland, Jg. 23/1961, Heft 1, S. 34. – Seine Frau, *Dorothea Helg*, eine Baslerin, war die Tochter des Müllers Wolfgang H. und der Catharina N. (Wpb. Ba.). Nach dem Tod ihres Mannes war sie ebenfalls in Basel medizinisch tätig. Bis 1567 3. Dez. besass sie das Haus Petersgasse 5, ab 1567 27. Nov. ein Haus an der Schneidergasse nb. 18 (alt 583), rechts am Eingang zum Andreasmarkt. HGB. Sie starb nach 1572.

54 *Amman* (Hs.: amman), gen. der bur von Utzensdorf: unbekannt.

55 *der jud von Alßwiler* (Allschwil b. Basel): unbekannt.

56 *die Lülbürenen* im Gerbergeßlin: trotz der bekannten Adresse im HGB nicht nachzuweisen, offenbar keine Hausbesitzerin.

chen hatt, wie auch beide nachrichter[57] alhie, Wolf und Görg, gebriedere
Käse⟨r⟩[58], deren eltester brûder zû Schafhusen verriempt gewesen in der
artzny, wie auch ir vatter Wolf, nachrichter zû Thübingen.

[125] Ich fieng auch mittenzû[59] kundschaft by den burgeren und denen
vom adel zû machen, die mich sunderlich probierten mit überschickung
des harns, dorus ich wißsagen mûßt, dorin ich mich also wußt zehalten,
daß sich ettlich verwunderten und mich anfiengen bruchen.

Es kamen ettlicher meiner gesellen von Mompelier zû uns gon Basel,
alß Sigismundus Rot von Strosburg und der apotecker Wachtel, den
20 Januarii, und darnoch den 2 Martii Lodo⟨v⟩icus Hechstetter von
Au⟨g⟩spurg und Marcus Wolfhardus[60]. Wir leisteten inen gûte geselschaft, wie auch Myconius[61], so domalen ze Basel, wil im die iungfrûw
Ursel Wachterin von Milhausen, die by irem schwoger, meister Rûdolf

---

57 nachrichter = *Scharfrichter*, Henker. Diese besassen infolge ihrer Tätigkeit bei den Folterungen anatomische Kenntnisse und wurden, obwohl als «unehrliche Leute» verrufen,
   dennoch von Kranken heimlich nachts aufgesucht, da man ihnen geheime Kräfte und
   Künste zutraute. Vgl. V. Lötscher: Der Henker von Basel, B. Stb. 1969, S. 74–114, spez.
   S. 99ff.

58 *Georg Käser* (Hs.: Käse) wird als Basler Scharfrichter von 1572 bis 1603 erwähnt. Er war der
   Sohn des Wolf K., Scharfrichter in Tübingen; er war verheiratet 1. mit Ursula Metzger,
   2. 1590 mit Magdalena Wysslin, 1592 wurde er Bürger von Basel, wahrscheinlich nach
   vorangegangener Ehrlichsprechung. Er scheint mit seinem ärztlichen Nebenberuf ordentlich verdient zu haben; denn 1585 erwarb er durch Vermittlung des Obersten Knechts
   das Haus Theaterstrasse 14/16 (alt 835), «hinden uf den grossen Birsich stossend», später
   «zur Engelsburg», heute Restaurant «Merkur», und 1594 durch Vermittlung seines
   Schwagers Christoph Wysslin das Haus Steinenvorstadt 41/43 (heute «Café Mexicana»),
   am andern Ende des ehemaligen Steinenbrückleins. HGB und Ochs 6, 502. Seine Amtswohnung hatte er wie alle andern Basler Henker «am Kohlenberg», genauer an der
   Kohlenberggasse (früher «Henkergässlein») Nr. 2, wo heute das alte Leonhards-Schul-
   haus steht (vis-à-vis Mädchengymnasium).

59 mittenzû = unterdessen.

60 *Marcus Wolfhard*, Memingensis, erwähnt in der Matr. Montp. 136/1555, Nr. 2119. – In
   der Basler Matr. II 275, 1579/80 und II 502, 1600/01 erscheinen ein Leo und ein Marcus
   Wolphardus Memmingensis, die beide hier zum Dr. med. promovierten, wahrscheinlich
   Verwandte des Obigen, vielleicht Sohn und Enkel.

61 Der Arzt Dr. *Hans Jakob Myconius*, *ca. 1530, †1559, der Adoptivsohn des Antistes
   Oswald M., s. Kap. 3, A. 146. Er heiratete am 7. Febr. 1558 *Ursula Wachter*, die reiche
   Tochter des † Oswald W. und der Amélie Tagsberg aus Mülhausen, Trauzeugen waren
   die Pfr. Simon Sulzer und Hans Uebelhardt sowie die Ärzte Hans Huber und Felix
   Platter. Nach Philippe Mieg: Les médecins et chirurgiens du Vieux-Mulhouse, Bull.
   Musée Hist. Mulh., t. LXI, 1953, S. 9. Nach dem frühen Tod ihres Mannes heiratete
   sie in 2. Ehe den Basler Goldschmied *Mathias Bomhart*. Mieg. S. 9, A. 24. – Ihre ältere
   Schwester, *Anna Wachter*, heiratete am 10. Jan. 1556 in Mülhausen dessen Bruder *Emanuel
   Bomhart*, den Kronenwirt in Basel, in 2. Ehe 1562 den Bürgermeister Remigius Fäsch,
   ebenfalls Wirt zur Krone. Stocker 191 u. Wpb. Ba. – Der Basler Glasmaler *Rudolf Wachter*,
   der Bruder Annas und Ursulas, heiratete 1556 *Rebekka Bomhart*, so dass die beiden
   Häuser sogar dreifach verbunden waren. Wpb., Bomhart.

Wachter[62] dem glaßmoler wont, versprochen war, by deßen eetag zur Kronen ich gewesen. Und hat solchen hürath herr Ůlrich Wielandt[63], der statschriber von Milhusen, ir vogt, zewegen brocht. Alß Myconius des Hechstetters, unsers Mompelierischen gesellen ankunft kant[64] und wir im zum nacht essen geselschaft hatten gleistet, fůrt er uns zum schlofdrunck in meister Rudolfs hus, do sein hochzyteren war, zer Sunnen. Do wir gůter dingen waren, dantzten, hatten unsere luten, harpfen und spinet, doruf der Hechstetter geiebt[65]. In dem komt ein mumery[66], dorunder Isaac Liechtenhan[67] war, der gern die Ursel gehept hett und nit wußt, daß sy dem doctor Miconio versprochen war. Alß sy in die stuben dratten und der Liechtenhan sicht, das die, so er gern hette gehapt, dem doctor uf der schos sas, marckt er wol, das er ze spot kam, kart sich baldt um und zog mit seiner geselschaft wider fort.

Man hielt baldt die zamengebeten[68] mit D. Myconio und obgemelter Ursel zur Kronen, darby ir vogt war, der statschriber Ulrich Wieland,

62 *Rudolf Wachter,* der Glasmaler aus der reichen Mülhauser Familie (vgl. A. 61), wurde 1555 11. Mai Bürger von Basel. Er erscheint im HGB erst 1585 als Eigentümer des *Hauses «zer Sunnen»,* Rheinsprung 1, nb. Eisengasse 3, Hinterhaus (heute: Spillmann), wohnte jedoch schon 1558 dort, wie Felix bezeugt. In der Pestzeit 1564 erlitt er Verluste in seiner Familie: «Dem Gvatter Rudolf zur Sunnen kinder», notierte Felix. Hunziker 53. – 1584 3. Mai zahlte ihm der Conseil d'Etat de Neuchâtel «douze florins (Gulden) pour deux fenestres qu'il a faictes de son mestier de vitrier, des armoiries de Madame ⟨la Comtesse de Neuchâtel⟩, en la ville de Mulhausen ...» (Schweiz. Künstler-Lexikon, Bd. III, Frauenfeld 1913, S. 408), wahrscheinlich für das neue Rathaus (s. Kap. 8, A. 75); möglicherweise stammen noch andere Scheiben dort von ihm. Er starb 1596. Vgl. Ganz: Glasmalerei, S. 17 u. 56.

63 *Ulrich Wieland:* *ca. 1500, †1564, Sohn des Ulrich W. d. Ältern in Rappoltsweiler aus einer Familie schwäbischen Ursprungs, und der Adelheid Dachsfeld. Er ist eine der markantesten Gestalten jener Zeit, Stadtschreiber zu Münster im Gregoriental, dann zu Rufach und 1541–1564 zu Mülhausen, Oberhaupt einer mächtigen Familie, deren Mitglieder in Kempten, Rufach, Colmar und Schlettstadt in den höchsten Ämtern sassen. Er war verheiratet mit *Clara Zimmermann,* Tochter des Hans Z., Vogt zu St. Hippolyte, und Nichte des berühmten Humanisten *Jakob Zimmermann.* Wieland ordnete die Kanzlei und schrieb nach dem Rathausbrand von 1551 die Eidesformeln und Reglemente neu auf (4 Bde.); von Kaiser Ferdinand erreichte er 1563 die Bestätigung der alten Freiheiten der Stadt Mülhausen. Nach Phil. Mieg: Deux notabilités mulhousiennes du 16ᵉ s., Bourcard Nagel et Ulrich Wieland, BMHM LX, S. 26f.; Wpb. Ba. (z. T. unrichtig).

64 Hs.: kam.

65 geiebt = geübt.

66 mumery = Maskengruppe.

67 *Isaac Liechtenhan:* *1529, †1608, Eisenkrämer, Sohn des 1524 aus Leipzig eingewanderten Eisenkrämers Ludwig L. und der Elisabeth Pur; er war safranzünftig, d. R. und Gerichtsherr der mindern Stadt, ∞ 1. vor 1569 Salome Östreicher von Freiburg, 2. ca. 1573 Margret Gebhart, Tochter des Bürgermeisters Lucas G. Nach Wpb. Ba. und Tonjola 52.

68 *zamengebete* = Zusammengebung, Heirat, die aber hier der Hochzeit um einige Wochen (?) vorausgeht. Die «zamengebete» ist jedoch mehr als eine Verlobung, eher Synonym für Heirat. Felix verwendet oben für den gleichen Anlass den Ausdruck *«eetag».*

und der apotecker[69], so hernoch von Milhusen wegen eins incesti ent-
loffen. Die hochzeit wardt angestelt uf den 1 Maij anno ⟨1⟩558 zů Milhusen, dohin ich auch geladen wardt. Sy fůren mit der hochzyteren den
tag am suntag stattlich von Basel am morgen hinweg, aßen zů mittag zů
Sieretz[70]. Ich war erst nach mittag uf, mit meins schwechers[71] schimelin,
ein freudig rösslin. War allein, dan mein frauw nit hinab wolt. Draf die
hochzeit leut auf dem veldt zwischen Hapsen[72] und Milhusen an, die sich
schon zum inritt in die ordnung stalten. Man schos aus Milhusen mit
grobem geschütz[73]. Ich reit mit dem hochzyter voran, der voltiiert sein
roß durch die gassen, wie auch Daniel Wielandt[74], so die hochzyten mit
vil Milhuseren entpfangen. Man aß zů nacht uf dem nüwen rathaus, dan
daß alt kurtz darvor verbran, und wardt das neuw zierlich gebuwen[75].
Man tractiert uns stattlich, und kam zum nachteßen D. Hans Hůber, der
auch geladen und on daß zum apt von Můrbach, dem Stören[76], riten wolt.

69 apotecker: unbekannt.
70 *Sierentz:* an der N 66, halbwegs zwischen Basel und Mülhausen.
71 schwecher = Schwiegervater.
72 Hapsen = *Habsheim:* an der N 66, ca. 2 km SE von Mülhausen.
73 Alter Hochzeitsbrauch, auf dem Lande noch heute etwa geübt.
74 *Daniel Wieland:* *1536, †1581, Sohn des Ulrich W. (s. oben A. 63), stud. Basel seit
   1549/50 (Matr. II 64), Dr. iur., 1558 kaiserlicher Notar, 1564–1575 Stadtschreiber zu
   Mülhausen als Nachfolger seines Vaters, Hptm. über ein Fähnlein Eidgenossen in franz.
   Diensten, ∞ 1. 1556 Sophia Schoelly aus Basel (†1564 peste), 2. Agnes Fininger aus Mülhausen. Wpb. Ba. u. Ph. Mieg, a. a. O., BMHM LX, S. 26f.
75 Das alte *Rathaus* von 1431 war am 1. Febr. 1551 samt dem Archiv verbrannt. Der Neubau
   wurde sofort begonnen und 1553 beendigt; als Steinmetz wirkte der Basler Bürger Michel
   Lynthumer, Malerei und Fassadenschmuck stammen von Christian Bockstorffer aus
   Colmar, zwei Scheiben von dem obengenannten Rudolf Wachter. Nach Ernest Meininger:
   Hist. de Mulhouse, 1923, p. 55. Der schöne Bau mit der doppelten Freitreppe, der den
   Rathäusern von Bern und Freiburg ähnelt, wurde in den Jahren nach 1966 renoviert. –
   Die kaiserliche *Stadt Mülhausen* hatte sich bereits 1466 mit den Städten Bern und Solothurn
   verbündet, um dem wachsenden Druck Habsburgs zu widerstehen, und schloss sich 1515
   vollends als Zugewandter Ort der Eidgenossenschaft an; s. darüber die ausführliche Studie
   von Philippe Mieg: La politique de Mulhouse au temps des deux greffiers Gamsharst
   (1486–1525) im BMHM 1959–1963, eine Zusammenfassung davon gibt Paul Stintzi im
   B. Stb. 1966: Mülhausens Bündnis mit Basel und den 13 Orten. Die Hauptstadt des Oberelsass fiel 1798 an Frankreich, behielt aber auch nachher, namentlich auf wirtschaftlichem
   Gebiet, eine enge Verbindung mit Basel aufrecht. Am Rathaus der Stadt prangen noch
   heute die Wappen der alten 13 schweizerischen Orte, und die «Regio»-Idee versucht,
   diese traditionelle Freundschaft in der Zukunft zu verstärken.
76 *Johann Rudolf Stoer von Stoerenburg:* *1499, †1570, seit 1536 Coadjutor und 1542–†1570 Abt
   von Murbach und Luders, «ein prachtvoller Fürstabt», s. Gatrio: Die Abtei Murbach,
   Bd. III, 1895, S. 113, 173ff., 192ff. Er war auch ein Freund und Gönner des Basler Pfarrers Joh. Gast, s. B. Ch. 8, S. 8of., A. 237, S. 218 und Paul Burckhardt in B. Z. 1943,
   S. 162f. – Hs.: «den» Stoeren (irrt.). – *Murbach* befindet sich ca. 4 km NW von Gebweiler.
   Das ehemalige Ritterstift war im 8./9. Jh. das kulturelle Zentrum des Oberelsass; von der
   riesigen Kirche in romanischem Stil stehen nur noch Chor, Querschiff und die zwei Tür-

Es war auch under vilen von Basel der statschriber Mentzinger[77] by der hochzyt.

[126] Am volgenden tag hůlt man den kilchgang, und war der britigam kostlich in dammast negelinfarb[78] angethon, mit sammat umgeben. Das panket hůlt man stattlich. Darby auch herr Niclaus von Polwils[79], gesanter, zů dem D. Myconius schon kundtschaft gemacht. Es war auch aldo der schafner vom Oelenberg[80], der Spiritus genant, der nach mittag wider heim wolt. Alß ich das ob dem eßen von im vernam und on das hinab uf die hochzeit gereißt, domit ich gon Than käme, do selbst by D. Surgant[81] inzekeren, der mich zů befürderen verheißen, bin ich, ob eß gleich zimlich spot, mit dem schafner, der mir den weg wisen wolt, hinweg geritten, ob sy mich gleich ungern verließen, doch verhies ich, morndes wider zekomen. Der schafner verlies mich zů Oelenberg, von dannen reit ich über daß Ochsenveldt[82], kam gon Than, do die nacht infiel, kart by D. Surgant in, der gradt wegfertig, morndes nach Spir[83] zeriten in namen der Fuggeren, deren innemmer er war zů Ulm. Er hůlt mich übernacht, hat by im sein sun, herr Thomas Surgant[84], thůmherren zů S. Ursitz und probst zů S. Urban. Do macht ich kundtschaft. Morgen aßen wir ein sup,

me. Rieple: Malerisches Elsass, S. 43ff. Über den Abt Stoer vgl. Kap. 8, bei A. 222 u. 267. – Dr. Hans Huber, der Leibarzt des Abtes Stoer war, verband seinen Besuch an der Hochzeit mit einer Krankenvisite, ebenso wie Felix Platter.

77 *Hans Friedrich Menzinger:* *1520, †1584, Sohn des Steinmetzen und städtischen Werkmeisters Hans M. und der Ursula Jeuchdenhammer, Schüler Birks in der Lateinschule, immatr. Basel 1535/36, ∞ Kath. Burckhardt, 1553 Ratschreiber, 1569 Stadtschreiber, daneben bischöflicher und kaiserlicher Notar, 1563 geadelt. Nach H. G. Wackernagel: Matr. Ba. II 8 und A. Hartmann: Amerbach-Korr. 4, 436, A. 3.

78 negelinfarb: nelkenfarbig (bräunlich?). Nach Grimm: Dt. Wb. 7, 266 bei den Färbern eine *braune*, aus rot und falb gemischte Farbe. Das Schw. Id. 4, 692 sowie das Schwäb. Wb. von Fischer vermeiden eine klare Angabe des Farbtones.

79 *Niclaus von Polwils* = Freiherr von Pollweyler, Bollwiler, kaiserlicher Rat und Landvogt, s. Kap. 1, A. 605.

80 *Oelenberg:* Augustinerkloster bei Reiningen, ca. 8 km W von Mülhausen. Der Name des Schaffners ist mir nicht bekannt; «Spiritus» ist natürlich ein Übername.

81 *Dr. Theobald* (Diebolt) *Surgant,* d. R. zu Thann, s. Kap. 8, A. 41.

82 *Ochsenfeld:* W von Mülhausen, zwischen Thann und Sennheim (Cernay) breitet sich das unheimlich anmutende Brachland des Ochsenfeldes aus, so benannt nach seinem vielbesuchten Tiermarkt. Der Sage nach soll hier im Jahr 58 v. Chr. Julius Caesar den Germanenführer Ariovist geschlagen haben. Rieple 29.

83 Spir = *Speyer.*

84 *Thomas Surgant:* Sohn des Dr. Diebolt S., Domherr zu St. Ursanne (St. Ursitz) und 1556 bis 1570 Propst daselbst und Erzpriester des Dekanates Elsgau (Ajoie). Er führte die Gegenreformation durch und übernahm den Wiederaufbau der Kirche und des Städtchens, die 1558 durch Feuer teilweise zerstört worden waren. Nach Daucourt, Dict., Bd. 6 und HBLS 6, S. 9. Im Wpb. Ba. fehlt Thomas. – Was «St. Urban» (Kt. LU) hier bedeuten soll, ist mir nicht klar, wohl eine Verwechslung Platters mit St. Ursitz.

und zoch ich mit dem D. Surgant zum thor wider hinus, der sich vil gůts gegen mir, mich in kundtschaft zebringen, anerbot. Er reith uf alten Than[85] zů, und ich wider nach Milhusen, do ich den tag, wie auch den volgenden, auf der hochzyt frölich was, und reit den 4 Maij wider heim[86]. Die pracsis fieng glich mir an zehanden kommen und zů nemmen, bruchten mich vil burger und andre, dorunder die firnembsten, herr Ludtwig von Rischach, der von Pfirt, thůmprobst, die von Ûtenheim[87] und ir fründt, juncker Batt Morandt von Andlûw[88], der juncker Christopher Stůfer, der herr Sultzer, herr Bernhart Brandt, juncker Ludtwig von Windeck[89] etc.

Den 13 Junij reit ich mit meim schwoger Daniel gon Oberbaden[90] zů meim schwecher, der mit herr Jacob Riedin do badet. Morndes reiten wir gon Zürich, uf Wirelos, Höng und Wipkingen[91], meiner můter heimat, darvon sy mir vil gesagt hatt, frogt nach den Dietschenen. Deren ich zwen fandt, Felix und sein sun Gebhart Dietschi, so zevor by uns vor jaren ze Basel gwesen, wonten uf dem Schmeltzberg[92], war der Felix

85 alt Thann: Vieux-Thann, der östliche Stadtteil von Thann, früher selbständig.

86 Die Hochzeit dauerte also vier volle Tage!

87 Die von Utenheim besassen nach der Familie Baer den «Kleinen hintern Ramsteinerhof», Rittergasse 19, der nach dem auf sie folgenden Geschlecht gewöhnlich als «Hohenfirsten-hof» bezeichnet wird. Hans von Utenheim zu Ramstein (tot 1555 6. Mai) sowie seine Gemahlin Esther I. von Eptingen (tot 1561) bewohnten den Hof bis zu ihrem Tod; die Nachkommen der auswärts wohnenden katholischen Familie behielten den Hof als Ausweichmöglichkeit, Kaiser Ferdinand I. logierte 1563 in dem prächtigen grossen Gebäude, das sich mit terrassenförmigen Gärten und hohen Stützmauern fast schlossartig über der steilen Rheinfront erhebt. Siehe Kap. 9, A. 27.

88 Jkr. Beat Morand von Andlau: aus altem elsässischem Ministerialengeschlecht, das im Sisgau und Basler Bistum begütert und mit dem dortigen Adel vielfach verschwägert war. HBLS I, 369. Beat Morand war verheiratet mit Rosina v. Utenheim zum Ramstein. Kindler III 141 (v. Müllenheim). 1564 war er Vogt zu Rufach, wo ihn Platter am 21. Mai als Patienten besuchte. Nach J. Lutz, Illzacher Chronik, S. 116, A. 5 war er bereits 1559 Vogt zu Rufach.

89 Jkr. Hans Ludwig von Windeck wurde 1555 als Bürger von Basel aufgenommen, s. Rud. Wackernagel im B. J. 1899, S. 130. – Zu den andern Namen s. Reg.

90 Oberbaden: das schweizerische Baden im Aargau (Aquae). Die «Badenfahrten» waren damals bei Kranken und Gesunden sehr beliebt; das Bad war ein Mittelpunkt des geselligen Lebens. – Der «schwecher» ist der Schwiegervater Jeckelmann, Jacob Rüedin dessen Freund, der reiche «isenkremer» vom Spalenberg.

91 Würenlos liegt SE von Baden, an der Strasse nach Zürich; Höngg und Wipkingen, der Heimatort von Anna Dietschi, sind heute in Zürich eingemeindet.

92 Schmelzberg (Hs.: Schneltzberg): Die heutige Schmelzbergstrasse, die sich von der ETH den Abhang des Zürichbergs hinan bis zur Hochstrasse zieht, erinnert noch an den Schmelzberg, der früher zur Gemeinde Fluntern gehörte. In dieser und in Wipkingen gab es Dietschi: die beiden Genannten sind wahrscheinlich identisch mit Felix Dietschi, †1560 20. Okt. zu Wipkingen, und Gebhart D., †1567 31. Aug. im Spital; als Felix Dietschis zu Fluntern Ehefrau wird genannt Elsbeth Arterin, †1573 4. Jan. Nach der freundl. Mitteilung von Dr. U. Helfenstein, St. Arch. d. Kt. ZH.

dubgrůw[93], kam in eim hembdt herfir. Zů Zürich salutiert ich den Gesnerum[94] und Wolphium[95], zog darnoch aber baldt wider heim. Mein schwoger wolt mir zů Zürich ein winwarm kochen, nam roten, suren

93 dubgrůw = taubengrau, uralt.
94 *Conrad Geßner:* *1516, †1565, der berühmte Zürcher Naturforscher und Polyhistor. Er hatte 1532–1534 in Paris und Bourges studiert und sich dann 1537/38 in Basel immatrikuliert, wo er – als einer der ganz wenigen in jener Zeit – auch zum Dr. med. promovierte, unsicher ob schon 1538 bei seinem ersten kurzen Basler Aufenthalt (so H. G. Wackernagel in Matr. Ba. II 16) oder erst im Winter 1540/41, nachdem er in der Zwischenzeit in Montpellier geweilt hatte. Über «Conrad Gessners Beziehungen zu Basel» orientiert der Basler Medizinhistoriker Heinrich *Buess* in der Ztschr. Gesnerus, 1948, H. 1/2, S. 1–29. In dem ersten bedeutenden Werk Gessners, der «*Bibliotheca universalis*» (Zürich 1545) sind zahlreiche Basler Gelehrte aller Fakultäten gewürdigt, namentlich die Philologen und Humanisten, in den «*Pandekten*» (Zürich 1548) desgleichen die Basler Verleger, besonders der von ihm hoch verehrte Oporin sowie Hieron. Froben und Nik. Bischoff. Zu seinem Lebenswerk, der fünfbändigen «*Historia animalium*» (1551–1587) haben zahlreiche Basler Gelehrte als Mitarbeiter beigetragen, wohl als Lieferanten von Bildern oder Mitteilungen, so Bodenstein, Cosmas Holzach, Hier. Froben, Hugwald, Hospinian, Oporin, Seb. Münster und Pfr. Joh. Gast. – Dankbarkeit und Freundschaft verbanden Gessner mit *Myconius*, der zusammen mit Bullinger den armen Schulmeister in Zürich unterstützt und zum Medizinstudium geführt hatte, sowie mit *Thomas Platter*, bei dem er in Zürich Latein gelernt hatte. – Unter den jüngeren Basler Freunden sind *Felix Platter*, *Theodor Zwinger* und *Joh. Bauhin* zu nennen. Mit ihnen führte er einen interessanten Briefwechsel, besonders herzlich mit dem gleichgesinnten Bauhin. Denn die *Botanik* war das Lieblingsfach Gessners; die letzten Jahre galten ganz der Anlage eines systematisch geordneten *Herbariums*, das durch eifriges Sammeln und einen regen Tauschverkehr immer grösser wurde. Sein letztes Werk, die «*Pflanzengeschichte*», blieb jedoch unvollendet, da der Verfasser 1565 von der Pest hinweggerafft wurde. Aus dem *Briefwechsel mit Felix Platter* sind 12 Briefe aus den Jahren 1558–1565 erhalten, die *Josef Peine* ins Deutsche übersetzt und herausgegeben hat (Diss. med. Düsseldorf 1941). Trotz der Freundschaft zum alten Thomas nimmt Gessner hier eine wesentlich kühlere, distanzierte Haltung ein, ja es ist sogar einmal von einer Entfremdung die Rede. Der ewig bedrängte ältere Gelehrte beneidete wohl den vom Glück verwöhnten jungen Arzt und meinte, wenn dieser nicht sofort antwortete, so sei es, weil er nur seiner gewinnbringenden Praxis nachrenne. «Vielleicht war es eine gewisse Leichtlebigkeit Platters, die dem von Sorgen geplagten Gessner missfiel», so vermutet wohl zu Recht *Heinr. Buess* a. a. O., S. 21, dem ich diese ganze Anmerkung verdanke. Aus dem Nachlass Gessners erwarb Platter 1565 wahrscheinlich einen Teil von dessen Herbar, vor allem Pflanzenbilder, und fügte sie seiner eigenen umfangreichen Sammlung ein, die er seit 1552 während sechs Jahrzehnten weiter ausbaute, und die er nebst seinen andern Schätzen gerne gegen Entrée zeigte. Über das *Herbarium Felix Platters* orientieren die ausführliche Darstellung von *Walther Rytz* in Verhandlungen der Naturf. Ges. in Basel, Bd. 44, 1932/33, S. 1–222 und zusammenfassend (wesentlich nach Rytz) *V. Lötscher* im B. Njbl. 1975, Kap. 11. – Über *Conrad Gessner* s. HBLS 3, 498; *Heinrich Buess:* Schweizer Ärzte ... Basel 1945, S. 13ff.; *D. Fretz:* K. Gessner als Gärtner, Zürich 1948; *Hans Fischer:* C. Gessner 1516–1565, Njbl. der Naturf. Ges. Zürich 1966 sowie *Heinrich Zoller:* Conrad Gessner als Botaniker, in «C. G. 1516–1565», Zürich 1967, S. 57ff. Seit 1972 erscheint in Zürich eine prachtvolle Faksimile-Ausgabe der «Historia Plantarum». hg. v. Hch. Zoller, Martin Steinmann u. Karl Schmid, bis jetzt 3 Bde.
95 Wolphius = Dr. med. *Hs. Kaspar Wolf* in Zürich, s. Kap. 3, A. 565.

wein und eier darzů, hatt des zuckers vergeßen. Daß war so saur, das eß auch die hundt nit eßen wolten, und an der farb als drůsen[96]. Zog baldt wider heim.

Es drůg sich zů, das herr doctor Diebolt Surgant, alß er von Spir wider heim gon Than kam, sich übel bfandt mit eine⟨r⟩ enge, und geschwallen[97] im die schenckel. Vermeint, eß keme im von eim fal, so er under wegen mit dem roß gethon. Und alß solches ie lenger ie mer zůnam, beschreib er mich, ich solte hinab kommen und mein husfrauw mit bringen. Und wil gradt den 1 Julij S. Diebolts tag, des patronen deren von Than, kente⟨n⟩ wir daß festin gradt gsechen, das man den tag hielte. Er schickt [127] uns sein rebknecht mit einer bennen[98] den 29 Junij; doruf fůr mein frauw und reit ich. Zů Lanser[99], als wir zů mittag aßen, fanden wir den Batt Helen. Der war gar rüwisch[100], dorft nit gon Basel, wie oben gemelt. Wir kamen gon Than[101], karten by D. Thieboldt und seiner husfrauwen Katharina Krusin in[102]. Die thaten uns vil gůts. Am fritag noch dem nachteßen an S. Thieboldt tag zundt man ein thannen, so uf dem blatz by S. Thiebolts kirchen aufgerichtet, an[103], und kommen ab dem berg by Than allerley bůben, so fachlen dragen und die anzünden. Auch dregt

---

96 drůsen = Drusen, Weinhefe. Hier vernehmen wir das Rezept des «winwarms»: Rotwein, Eier, Zucker. Vgl. Kap. 7, A. 160.

97 geschwallen = schwollen an. Es handelte sich um eine Herzinsuffizienz, die zu Wassersucht und Angina pectoris führte.

98 benne = Korbwagen auf zwei Rädern. Lexer.

99 *Landser:* S von Mülhausen.

100 Hs.: rüwrischs = voll Reue. *Hans Beat Häl* war wegen seines unmoralischen Lebens 1554 aus Stadt und Landschaft Basel verbannt worden, s. Kap. 3, A. 393ff. Er war Schulkamerad Platters, und dieser mochte ihn, obwohl er es nicht ausspricht, trotz allem gut, da er wohl einige verwandte Züge bei ihm entdeckte: einziger Sohn, hübsch und lebensfreudig, mit Vorliebe für Süsswein, Lautenspiel und Tanz, aber ohne Platters Selbstdisziplin. Felix wich dem Verbannten nicht aus und erzählt dessen übles Ende mit kühler Sachlichkeit.

101 *Thann:* ca. 20 km NW von Mülhausen, an der N 66, hübsches altes Weinstädtchen an der Thur mit prachtvollem spätgotischem *St. Theobalds-Münster*, das 1516 von dem Basler Meister *Ruman Faesch* mit einem einzigartig schönen Turmhelm gekrönt wurde. Von Faesch stammt auch das Kornhaus. Nach *Meinrad Heimfried:* Bilder aus dem Elsass. Mit Zeichnungen von C. A. Müller. Basel, Cratander (o. J., nach 1945), S. 48ff. Vgl. *Rieple,* S. 26 und Hans Haug: L'art en Alsace, 1962, mit Photos Nr. 126f.

102 Die Gemahlin Theobald *Surgants* hiess *Katharina Religius* und starb am 26. April 1566, wie die Grabinschrift im Thanner Theobaldsmünster mit Sicherheit bezeugt; s. Theobald Walter: Alsatia superior sepulta, Gebweiler 1904, S. 51. Warum Platter sie Katharina Kruse nennt, ist mir nicht klar. Vgl. Kap. 8, A. 41.

103 Noch heute wird alljährlich in Thann das *St. Theobalds-Fest* in der hier genannten Weise gefeiert und lockt viele Besucher an. Nur wurde es zu Platters Zeiten offenbar am Tag des Patrons selbst, am 1. Juli gefeiert («fritag», der wirklich auf 1. Juli 1558 fällt), heute dagegen am Vorabend, also am 30. Juni, s. Heimfried a. a. O., S. 49 und Guide Michelin: Vosges ..., p. 167.

der Schäfer[104] daß fenlin in der statt, zücht mit den burgeren um das feur etc. Am suntag hernoch, alß ich D. Thieboldt etwas fir die geschwulst geroten, nam ich mein abscheidt, und fůrt ein burger von Than, Negelin[105] genant, mein frauw hinder im biß gon Lanser. Do zog er noch dem mittag eßen von uns wider heim. Und nam ich mein frauw uf mein roß hinder mich, ritten also allein fort, und alß wir in die Hart[106] kamen und gar heis war, kont mein frauw nit mer auf dem roß blyben, sas ab und růten ein wil. Darnoch kont sy nit mer uf das roß kommen hinder mich, biß ein fůrman kam, der iren uf half. Wir reiten in großer hitz heim. Dohin wir zitlich um vier uren ankamen.

Hernoch, alß D. Thieboldt geschwulst zů nam und die wassersucht verhanden wardt, beschickt er mich wider VII mol, nämlich den 16 Julij, bleib uß 6 tag, den 28 Julij, bleib uß 5 tag, den 11 Augusti, bleib auß 5 tag, den 17 Augusti[107], bleib auß 3 tag, den 4 Septembris, bleib aus 5 tag, den 11 Septembris, bleib aus 4 tag, den 22 Septembris, bleib aus 5 tag. Bin also VIII mol zů im geritten und außbliben V Wuchen und III tag.

In dißer zeit hab ich vil mie[u] by gemeltem herre zů Than gehapt, an dem die geschwulst täglich zůnam, und floß im vil wasser uß dem scroto[108]. Er mů̈ßt wegen der enge stets ufrecht sitzen, wie auch die gantze nacht. Do ich lang altzeit by im verharren und wachen můst, so mir gar beschwerlich was. Zů letst, den 25 Septembris, am suntag zwischendt elfen und zwelfen, alß er stetz hies thür und fenster uf thůn, wil im so eng, verschiedt er im seßel.

Ich hatt auch sunst vil ze Than zeschaffen und bracht mich in kundtschaft. Reit einest gon Sennen[109] zů Hans Kräme. Der laboriert paralysi linguae[110], das er gar nit reden kondt, wardt im aber so vil geholfen, daß er wider redt, doch lißplet. Es brucht mich auch der innemmer zů Than,

104 Schäfer: *Jakob Schäffer*, Statthalter des Landvogts, laut dem Inventaire-sommaire des archives municipales de la ville de Than, vf. von E. Herzog, Colmar 1940. Nach Art. CC 10 zahlte die Stadt Thann einem J. Sch. eine Jahresrente von 25 Gulden mittels eines eingezahlten Kapitals von 500 Gld. Nach einer freundl. Mitteilung von Chr. Wilsdorf, Directeur des Services d'Archives du Haut-Rhin, Colmar.

105 *Negelin*, Bürger von Thann: nicht näher bekannt.

106 *die Hart* oder Hard: Wald N von Basel, zwischen Mülhausen und Rhein.

107 Hs.: 12. August, was unmöglich ist; die Hs. Passavant (undeutlich) vielleicht: 17. Aug.

108 scrotum = männl. Geschlechtsteil. – Die Krankheitsgeschichte Surgants ist geschildert in den Observationes (1614) III 610 (hier ohne Namen, aber: Dr. iur., Thann, †1558 25. Sept.): Bei Bauchwassersucht Wasser aus den Füssen und dem Scrotum ... ausfliessend, über 3 oder 4 Maß (= 4½–6 l).

109 Sennen = *Sennheim* (Cernay), an der N 83, ca. 12 km NW von Mülhausen. – *Hans Kräme*: nicht näher bekannt.

110 Lähmung der Zunge.

Gabriel Engelin[111], der stathalter Schäfer, der moler Christophel Hechel[112], der probst von S. Ursiz[113], juncker Ludtwig von Rinach[114], der im theubelen[115] ein kannen wolt nach mir werfen, starb an der hauptsucht[116]. Im herbst war ich ze Than. Do wardt mir gůter rangen wein[117], wie auch oft hernoch, der doselbst wagßt. Den dranck ich gern, dywil er sie[u]s, aber ir alten wein, so gemeinlich geschweblet[118], mocht ich nit, dranck ehr ir schlechten wein, so man nempt strauwrappis[119], wie auch sunst ich den Elseßer, so er alt und geschwe[r]blet[118] gar ungern hab gedruncken.

[128] Sy haben den bruch zů Than, wan die drübel zeitigen, werden wechter oder panwart geordnet von den firnemsten burgeren. Die mießen tag und nacht biß zum herpst vor der stat blyben und zů nacht

---

111 *Gabriel Engelin:* weiter unten heisst er Gabriel Engelhart, Einnehmer zu Thann. Im Inventaire-sommaire des archives municipales de la ville de Thann (par E. Herzog, Colmar 1940) kommt der Name nicht vor, wohl aber der ähnlich lautende Kaspar Haegelin, d. R. zu Thann. Freundl. Mitteilung von Dir. Chr. Wilsdorf, Arch. du Haut-Rhin, Colmar.

112 Ein *Christoph Heckel* war um diese Zeit tatsächlich Mitglied des Rats zu Thann. Freundl. Mitteilung von Dr. Chr. Wilsdorf, Colmar (Inventaire ... Thann, BB 11). Vgl. Brief Heckels an Felix Platter, Univ.-Bibl. Ba., Mscr. Fr. Gryn. I 6, No. 57.

113 probst von S. Ursiz = *Thomas Surgant*, s. Kap. 8, A. 84.

114 *Jkr. Ludwig von Reinach:* Das Oberbad. Geschlechterbuch von Kindler v. K., Bd. III, S. 441 nennt einen gleichnamigen Adligen, immatr. Freiburg 1536, mit Münsterol belehnt 1539 usw., sesshaft zu Roppach (<Rotbach, frz. Roppe), NE von Belfort, ∞ Katharina Böcklin v. Böcklinsau; dieser starb jedoch schon 1558, während Platters Kunde noch 1564 lebte, s. Kap. 11, bei A. 57. Wie Archiv-Dir. Wilsdorf aus Colmar freundl. mitteilt, handelt es sich wahrscheinlich um einen Reinach vom Zweige von Montreux (E von Belfort, zwischen Belfort und Dammerkirch), der eigentliche Stollen der Reinach-Roppe enthalte keinen Ludwig.

115 im theubelen = in der Wut (schw. «taub» = wütend), vgl. Kap. 11, A. 57.

116 *hauptsucht* = Nervenfieber, Flecktyphus. Karcher 97. Der Name «hauptweh» (Cephalalgia) kommt von dem wichtigsten Symptom. Die Krankheit befiel meist robuste Männer, die gern tranken, seltener Frauen, Kinder fast nie. 1572 starben daran 30 Männer fast zur gleichen Zeit, ca. 10 Tage nach der Infektion. Observationes II 94f.

117 Der *Rangenwein* verdankt seinen Namen dem bei Thann gelegenen berühmten Rebberg. Sowohl Seb. Münster wie auch Fischart u. a. rühmen ihn, warnen aber zugleich vor seiner Heimtücke, s. A. *Moschenroß:* Thann à travers son passé, Rixheim 1947, S. 8, A. 2, vgl. *Rieple:* Malerisches Elsass, S. 25. Platter liebte ihn wegen seines süssen Geschmacks, wie er ja überhaupt ein Faible für Süssigkeiten hatte.

118 geschweblet = geschwefelt. Weiter unten, Hs.: «geschwerblet».

119 strauwrappis: Der *Rappis* oder Räppis ist ein (moussierender) Wein aus Trauben (samt den Kammen), die man in einem Fasse unter Zusatz von altem Wein (auch Gewürzen) fest verschlossen vergären lässt. Spreng (Basel ca. 1760) definiert: «Spanwein, ein angemachter berwein oder sonst köstlicher Wein, welchen man mit einem Zusatz von Zitronen, Gewürze und Eichspänen vergähren und eine Zeit ligen lässt.» Frz. Lehnwort: mlat. vinum raspaticum >afrz. *raspeiz, nfrz. râpis, vin râpé. Nach Schw. Id. 6, 1183f. – Das Präfix «strauw» (= Stroh) deutet auf billig und scharf: Klemmer, Rappiser, Strohwein, Rachenputzer, Schw. Id. 3, 646.

in einer hütten, so uf dem berg, ligen, haben ein gans zum wechter; solche[120] werden hernoch gemeinlich in rhat gebraucht.

Eß kam D. Myconius[121] einest gon Than von Milhusen, mit dem reit ich spot von Than nach Milhusen. Er hat vil neuwen rangenwein druncken, das im wee im buch wardt, alß er uf das Ochsenfeldt kam, wol⟨t⟩ abstigen; wil eß aber spot und, so wir uns lang sumten, nit wol gon Milhusen kommen hetten kennen, dreib ich in fortzefaren; so geschicht im ze kurtz[122] und hofiert die hosen vol. War übel zefriden, zog sein hembdt und wüscht[123] sich, wil[124] sunst weder laub noch gras uf dem witen Ochsenfeldt; sties das hembdt in die bulgen[125] und reiten also fort.

Ich entpfieng diß ⟨15⟩58 jar 41 brief von meinen gsellen uß Franckrich und anderschwo har, die mir glick wunsten zum erlangten doctorat, wie auch des eestandts, erinnerten mich alter vexatzen[126], des termini, den ich ietz erlangt und hinderfir «sunimret» genempt. Basilius Amerbachius schreib mir auch von Burges[127], begert von mir den zedel meiner reiß. Sunst kamen der mertheil brief von den patienten, sunderlich von Than. Gilbertus Cognatus[128] kam gon Basel, der glert man.

Gwan also zum anfang zimlich gelt. Dißjars draf sich mit dem volgenden by 117 lb, 10 ß on den rangenwin, 3 viertzel korn etc.

Anno 59 practiciert ich redlich in Basel, wardt auch das jar wider gon Than berieft. Dahin ich V mol reißt, namlich den 23 Hornungs zum innemmer Gabriel Engelhart[129], so das viertegig feber hatt; bleib aus 4 tag.

---

120 solche = die vornehmen Bannwarte.
121 Der Arzt Dr. Hans Jakob *Myconius*, Stiefsohn des Antistes, s. Reg.
122 Sinn: kam zu spät. – Hs.: geschickt.
123 Hs.: wüsch[s]t = wischte, putzte.
124 weil. – Hs.: wil [er].
125 bulge = Satteltasche.
126 vexatzen = Neckereien. Dazu gehört auch das Rückwärtslesen von Wörtern wie TER-MINUS (= Abschluss der Studien)/SUNIMRET, eine beliebte Spielerei Platters in Montpellier, die verrät, wie kindlich er in vielen Dingen noch war. Vgl. Kap. 3, A. 791.
127 Dieser Brief ist nicht erhalten. Amerbach wollte offenbar von Platter dessen Reiseroute für die Heimreise erfahren.
128 *Gilbertus Cognatus* (Cousin): *1506, †1567, studierte Jus und dann Theologie in Dôle, wurde Geistlicher, dann kam er 1530 zu Erasmus und wurde dessen gelehrter Famulus, 1535 wurde er Domherr in seiner Vaterstadt Nozeroy in der Franche Comté, er unterrichtete junge Leute und nahm einige in Pension. 1558 unternahm er eine Italienreise, wobei er wohl bei dieser Gelegenheit nach Basel kam. 1567 wurde er auf Befehl des Papstes Pius V. wegen Verdachts der Ketzerei in Besançon gefangen genommen. Bald darauf starb er. Seine Werke (lat.) sind 1562 in Basel verlegt worden. Nach Jöcher 1, 2155f. Vgl. P. Burckhardt in B. Ch. 8, S. 87. Ausführlicher Allen: Erasmus-Briefe, Bd. 9, 42 und Jenny: Amerbach-Korr. 7, S. 37f.
129 *Gabriel Engelhart:* s. Kap. 8, A. 111.

Item den 30 Junij zu eim von Dannen[130], gon Gebwiler und Mûrbach; bleib aus 6 tag. Item den 16 Julij gon Than zû frauw Katharina Krusin, D. Diebolt seligen hinderlaßene witwen[131], so kranck worden; bleib aus 5 tag. Item aber zû ir den 4 Augusti; bleib aus 6 tag. Aber gon Than zû des stathalters Schefers frûw; bleib aus 4 tag. Aber den 5 Octobris gon Than zû der Surgantin; bleib aus 7 tag, nam mein frûw mit in herpst[132]. Bleib aus die fünf ritt IV wuchen IV tag. Aber ein ritt gon Ranspach[133] gethon, wie hernoch volgt.

Ich überkam dis ⟨15⟩59 jar 30 brief, dorunder auch einen von herr Egolf von Knöringen[134], thûmherren zû Augspurg, der zû Friburg im Brisgeuw studiert und by mir ze Basel in der cur gewesen, hernoch bischof zû Augsburg worden. Casparus Wolphius[135] nam ein wib, Annam Röschin zû Zürich, das er mir mit frolocken zû schreib.

D. Myconius[136], so gar intemperanter lebt, hatt das feber im vordrigen summer bekommen, wolt den luft verenderen, kam zû seinem schwoger Emanuel[137], wirt zur Kronen. Eß bösert sich iederzeit, überkam die gälsucht, zuletß⟨t⟩ volgt daß grimmen[138] doruf, und starb den 26 Februarij anno 59 zur Kronen im hinderen stüblin; wardt zû [129] S. Martin uf dem kilchhof begraben. Er hatt in der kurtzen zeit der 10 monaten, die er in der ee, von seiner frauwen gût by 500 gulden verthon und schulden gemacht. Man vergantet seine kleider, und kauft ich ein negelin farb damasten libröcklin, mit sammet breit verbrembdt[139].

130 Dannen = *Thann*, s. Kap. 8, A. 101; *Gebweiler:* W. von der N 83, zwischen Mülhausen und Colmar; *Murbach:* 5 km NW von Gebweiler.
131 s. Kap. 8, A. 102.
132 in den herbst, d. h. auf eine Herbstreise.
133 *Ranspach:* an der N 66, 9 km NW von Thann.
134 *Joh. Egolf von Knöringen:* Bischof von Augsburg 1573–†1575. Gams: Series episcoporum (Ratisbonae 1873), p. 258. Kindler v. Knobloch II, S. 328.
135 Der befreundete Zürcher Arzt *Dr. Kaspar Wolf* (s. Kap. 3, A. 565) heiratete *Anna Röust*, eine Enkelin des mit seinem Vater befreundet gewesenen Zürcher Bürgermeisters Diethelm R., s. Rud. Wolf: Biographien z. Kulturgs. d. Schweiz, Bd. I, Zürich 1858, S. 43ff. Freundl. Mitteilung von Dr. U. Helfenstein, St.-Arch. d. Kt. ZH.
136 Der mehrfach genannte Pflegesohn des Reformators. Zu seiner leichtsinnigen Lebensart vgl. die Anekdote oben. Auch Vater Platter warnte den Sohn eindrücklich vor diesem gefährlichen Freund. In seinem *Brief* vom 3. Mai 1553 (Ach. Burckhardt, Nr. X, S. 15–26) sind fast 1¹/₂ Folioseiten von Felix durchgestrichen und unlesbar gemacht, wogegen auch die Infrarotlampe nichts mehr ausrichten kann; der Vater hatte vorsichtshalber sogar verlangt, den Brief sofort zu verbrennen: «quare iubeo, ut comburas», was Felix zum Glück nicht ausführte. Durch das Résumé des Briefes bei Felix lässt sich jedoch vermuten, dass sich der getilgte Abschnitt auf Myconius bezieht, welcher pikanterweise den vor ihm warnenden Brief selber an Felix überbrachte! Vgl. Kap. 3, A. 166.
137 *Emanuel Bomhart*, Kronenwirt, s. Kap. 3, A. 790.
138 daß grimmen = Darmgicht.
139 Offensichtlich das Hochzeitskleid des Verstorbenen, Kap. 8, bei A. 78. – In dem Nachlass befand sich auch das von seinem Vater vererbte kostbare Original des *erasmischen «Lob der*

Den 13 Martij beschickt man alle deß Niderlenders, so zů Binnigen gewont hatt und sich Johan von Bruck nampt, aber Görg Davidt sunst geheißen und ein schreckenliche seckt im Niderlandt angerichtet hatt[140], sün, döchteren, dochtermenner und so im verwandt, fir roth[141] und schickt hiezwischendt schloßer und zimmerleuth mit ettlichen verordneten vom rhath uf ire heuser vor der stat, alle ghalter aufzebrechen und schriften und biecher zeersůchen, die uf daß richthaus zebringen, wie auch zwo seiner contrafetungen[142]. Man fůrt sein frindtschaft alle gefangen. Gab ein gros geschrey in der stat, wil die sach ußbrach, so bis har so lang verschwigen blyben war. Es kam erstlich aus von eim dischmacher Henric[143], so mit im aus dem Niderlandt kommen. Den hab ich oft ghört heimlich darvon mit meim vatter reden, eb es lautbrecht wardt[144]. Man handlet in diser sach ernstlich, wie solchs von Wurstisio beschriben[145], examiniert sy in der gfangenschaft. Man lies auch die biecher die theologos abläsen und die falschen leerartickel auszeichnen[146], übergabs der

140 Torheit», das die Brüder Holbein mit kecken Randzeichnungen bereichert hatten. Erst dank dem unermüdlichen Amerbach gelangte das einzigartige Buch später nach Basel zurück; s. Phil. Mieg: Médecins et chirurgiens du Vieux-Mulhouse, BMHM 1953, 72ff., 103 sowie P. Ganz u. E. Major: Die Entstehung des Amerbachschen Kunstkabinetts, J.-B. Öff. Kunstslg., N. F. III, 1907.

140 Über «David Joris und seine Gemeinde» orientiert der gründliche Aufsatz von Paul Burckhardt in der BZ 48/1949, S. 5–106, alle ältere Lit. siehe dort. Hier nur ein paar kurze Hinweise. Der in seiner Heimat bedrängte berüchtigte Ketzer kam mit seiner ganzen Sippe, dem «niederländischen völkli» 1544 nach Basel und verbrachte hier als hochgeachteter Bürger die letzten zwölf Jahre seines Lebens (†1556 26. Aug.). Er erwarb für sich und die Seinen den stattlichen Spiesshof am Heuberg, das Weiherschloss zu Binningen (daher der fragwürdige Junkertitel), das Gut zu St. Margrethen und das obere mittlere Gundeldinger-schlösschen, wodurch er der Nachbar Thomas Platters wurde, der ihn sehr schätzte. Er nannte sich hier Johann von Bruck (aus Brügge). Burckhardt a. a. O., 24ff.

141 fir roth = vor den Rat. Zitiert wurden die drei ältesten Söhne Davids sowie zehn andere Männer; ihre Namen s. bei Burckhardt 73.

142 Konterfei (<frz. contrefaire), Bild. Das eine wurde vom Henker verbrannt (siehe Text), das andere hängt heute im Kunstmuseum, s. Tf. 32 vor S. 369.

143 Heinrich von Freda oder Freden, Tischmacher, auch aus der Gegend von Münster gebürtig, seit 1553 in Binningen. Burckhardt 27. Nach den Untersuchungen von Burckhardt (s. S. 58, 63) war es jedoch nicht er, sondern Hendrik von Schor, der die Ketzerei Davids ausbrachte, er veranlasste seinen Landsmann, den Buchhändler Peter v. Mecheln, zur öffentlichen Anzeige.

144 bevor er auskam. – Ausser Platter wussten auch andere mehr oder weniger genau über die Niederländer Bescheid: Adam von Bodenstein, Joh. Bauhin, Curione und Castellio.

145 Wurstisen, Basler Chronik, in der Ausgabe von 1772 im 8. Buch, Kap. 23 u. 24, S. 673ff.

146 Aus dem riesigen beschlagnahmten Schrifttum, das zum grössten Teil in der «Jorislade» der Univ.-Bibl. aufbewahrt ist, wurden – vor allem aus Davids «Wunderbuch» – die «elf Artikel» ausgezogen, die von dem messianischen Anspruch Davids und anderen Ketzereien handeln. Die verhörten Joristen leugneten zuerst standhaft und gaben erst nach einigen Wochen Gefangenschaft und unter starkem Druck (jedoch ohne Folter) teilweise ihr Mitwissen zu.

regents[147], darby ich auch gseßen, die es alles ketzerig erkanten. Es gieng ein geschrey, man hette den Davidt Görg nit vergraben, sunder verbalsamiert ins Niderlandt geschickt; derhalben sein grab zů S. Lienhart geöfnet wardt, do er gefunden, und schneidt mein schwecher[148] zum worzeichen im ein zopf von seinem roten bart. Darnach that man in wider in daß grab. Den 11 Maij lies man die gefangene, seine kinder und verwandten, auf gethone urfecht aus. Und darnoch, den 13 am sambstag vor pfinsten, hůlt man im hof under dem richthaus über deß Görg Davidt cörpel, der glich wol nit doselbst, sunder allein ein kasten mit seinen[149] biecheren und sein bildtnus, an einer stangen ufgericht, das malefitz gericht; wardt mit urthel erkent, solches alles zeverbrennen. Man übergabs dem scharpfrichter, der fůrt sy hinus, wie man sunst ein übeltheter aus zefieren pflegt. Und do man uf den Barfůsser blatz kam, bracht man von S. Lienhart sein ausgegrabenen cörpel im todtenbaum[150]. Die fůrt man fir Steinen thor an die gewonliche richt statt[151]. Do war ein schiiterbigen, doruf satzt der nachrichter den todtenbaum, zerreis in, daß der cörpel allerdingen sichtbar war, dorüber ein schamlater[152] rock, hatt ein sammete spitzhuben auf, mit rotem scharlat[153] gefieteret. Er richtet in auf; war noch zimlich gantz und kantlich, hatt die augen ingefallen und beschloßen. Man legt die biecher neben in und richtet sein contrafetung uf, an der stange uf der biige, zundt das feur an und verbrant alles zů äschen[154]. Darby war ein gros volck, wie auch ich mit Sebastiano Castalleone[155] zůlůgt. Ueber ettlich tag am zinstag[156], nach gethaner morgen

147 die Regenz: die leitende Universitätsbehörde, der auch Platter angehörte.
148 Der Scherer Franz Jeckelmann musste dem toten Ketzer ein Stück seines roten Bartes abschneiden, ein Detail, das nur von Platter überliefert wird.
149 Hs.: seiner.   150 todtenbaum = Sarg.
151 Die wichtigste *Richtstätte* war seit dem 15. Jh. diejenige vor dem Steinentor, die sog. «Kopfabhaini», da wo früher der Turnplatz war, heute der birsigwärts liegende Parkplatz vor dem Zoologischen Garten. Vgl. Lötscher: Henker von Basel, B. Stb. 1969, S. 88f.
152 schamlat <frz. chamelot, aus Kamelhaaren gewoben.
153 scharlat: feines Wollzeug, Scharlach.
154 Hs.: äßen. – Diese postume Bestrafung des David Joris gab da und dort Anlass zu bissiger Kritik; in der Innerschweiz spottete man, in Basel verbrenne man die toten Ketzer und lasse die lebenden laufen. Ochs 6, 222.
155 *Sebastian Castellio* (Castalio, Châtillon), der bekannte welsche Humanist, der als Glaubensflüchtling seit 1544 in Basel weilte, war wegen seiner Sympathien für die Davidische Sekte verdächtig. Als Davids Leiche ausgegraben wurde, munkelte man auch über ihn allerhand: er sei ganz bleich geworden, er sei in Haft genommen worden usw.; Burckhardt, BZ 1949, S. 88. Obwohl er nahe an der Richtstätte wohnte, ist es doch erstaunlich, dass er trotz seiner Sympathien für David an dessen Exekution dabei war. Bemerkenswert ist auch das Zusammensein mit dem befreundeten Felix Platter, der zwar als Professor Mitglied der verurteilenden Kommission war, doch als Mensch vielleicht Mitleid mit den betroffenen Familien hatte. Vgl. dazu den feinsinnigen historischen Roman von Pfr. *Rudolf Schwarz:* Die Selbstprüfung des Bonifacius Amerbach, in «Schwarz auf Weiss», Fehr-Verlag, Zürich o. J.   156 zinstag (schwz. zischtig) = Dienstag.

[130] bůspredig, erschinen alle Davidtschen, so gefangen gwesen[157], im münster vor des herren disch, do D. Simon Sultzer ein ernstliche ermanung that. Do widerrůften sy al der Davidischen seckt und bekanten, das es ein tüflische leer sy gwesen. Doruf verseinten[158] sy sich wider mit der kirchen, und sprach D. Sultzer der gemein zů, sy fir glider der kirchen wider aufzenemmen.

Den 18 Mertzen hůlt man das Kolenberger gericht[159], so lange zeit nit gehalten worden, volgender weis. Auf dem Kolenberg[160] neben des nachrichters wonung, under der selbigen linden, ist ein blatz umschranket, do haltet man es. Daß gricht besitzen die friets knaben oder seckdrager, dorunder der richter Lamprecht heißt, und můs ieder under inen ein nachenden fůs in ein züber mit waßer han. Vor denen erschein meister Pauli der nachrichter[161], klagt wider ein anderen frembden nachrichter

157 Und auch die andern, insgesamt ca. 30 Männer und Frauen, vermutlich alle noch lebenden zehn Kinder Davids, die Schwiegersöhne und -töchter usw.; sie wurden einzeln aufgerufen und mussten abschwören. Burckhardt a. a. O., S. 93f.

158 Hs.: e undeutlich. Sinn: versöhnten.

159 Der *Kohlenberg zu Basel* war seit alten Zeiten eine *Freistätte allen fahrenden Volkes,* der Bettler, Spielleute, Dirnen, Taschendiebe usw., wo alle diese als «unehrlich» geltenden Leute sich drei Tage aufhalten durften, ein seltsames «Privileg», das Basel nur mit drei andern Reichsstädten teilte. Vgl. L. A. Burckhardt: Die Freistätte der Gilen und Lahmen auf dem Kohlenberg, Basler Taschenb. 2/1851, S. 3ff.; Rud. Wackernagel: Gs. d. St. Ba. II 343, 377f.; Werner Danckert: Unehrliche Leute, Bern/Mch. 1963, S. 209ff. und zuletzt V. Lötscher: Der Henker von Basel, B. Stb. 1969, S. 102ff. Ursprünglich ausserhalb der Mauer von 1280 gelegen, erst gegen Ende des 14. Jh. in die Stadt einbezogen, bildete das Gebiet zwischen Leonhardsgraben und Steinengraben, kurz «der Kohlenberg» genannt, eine Art eigene Siedlung. Hier wohnten nicht nur *der Scharfrichter* mit seiner Familie (vgl. oben, Kap. 8, A. 58) und seinem Knecht, sondern auch die Totengräber, Sackträger, Dolen- und Kloakenreiniger, kurzum alle Outcasts, die von Hüten und Wachen frei waren. Daher kommt vielleicht der alte Name «*Freiheitsknaben*» oder «Freiheiten», mit dem man diese Leute betitelte. Sie alle unterstanden nicht dem städtischen Gericht, sondern dem Reichsvogt, der im Namen des Kaisers hier Recht sprach. Bei Frevel oder «Unzüchten», d. h. Schelt- und Schlaghändeln, tagte unter seiner Oberhoheit das *Kohlenberger Gericht,* bestehend aus sieben Freiheitsknaben. Es beruhte auf dem alten deutschen Grundsatz, dass jeder von seinesgleichen gerichtet werden soll. Das Gericht tagte unter der Linde vor dem Henkerhaus, nach einem uralten, seltsamen Zeremoniell, das wohl schon damals niemand mehr recht verstand.   160 Hs.: Kolenberger.

161 Die von Platter beschriebene Gerichtssitzung von 1559 betraf einen Streithandel zwischen *Hans Jakob Gilgen,* dem Scharfrichter des Bischofs von Basel, und dem baselstädtischen Scharfrichter *Pauli Füerer.* Ein Blatt der Justizakten LL 3 im St.-Archiv, das eine spätere Abschrift eines Dokuments von 1559 darstellt, in etwas anderer Form abgedruckt in den Rechtsquellen Basel I, 425ff. nennt uns alle Namen der Beteiligten: Der Vogt war der Oberste Knecht *Augustin Steck,* der Richter *Peter Lambrecht* usw. – Unklar ist dagegen das Datum: Das erwähnte Blatt nennt Donnerstag, den 28. Mai 1559, was sicher falsch ist (28. Mai 1559 = Sonntag!), Platter schreibt 18. März, das wäre ein Samstag. – Weitere Gerichtstage fanden 1573, 1586 und 1597 statt; den letzten hat *Andreas Ryff* noch miterlebt und in seinem «Cirkell der Eidtgnoschaft» 1597 beschrieben, s. Basler Beitr. XIII/1893, S. 25ff.

schelt worten halb. Hatt ieder sein firsprecher[162] vom stat gericht, welche sy im firdragen dutzen, alß Timotheus[163] sagt: Lamprecht, du richter etc. So sich daß gricht nimpt zů bedencken, dretten sy ab in die neben stuben. Do sind ettlich verordnete herren, deren roth sy haben; spricht es alß dan der richter offentlich aus. So er ein urtheil felt, stoßt er den züber mit waßer mit dem fůs um. Solche grechtikeit sol die stat Basel haben, so ein nachrichter wider den anderen ein ansprach hatt, solches vor dißem gricht an dem ort rechtlich auszefieren. Es[164] war ein grosse menge der zůsecheren.

Es drůg sich zů im Aprellen, daß man ein gefangenen wegen diebstals, dorunder auch er dem zur Wißen duben[165] ein buchkessel[166] ausgebrochen und hinweg dragen, richten solt, welches alß ich vernam, mein schwecher, wil er des raths, ansprach, mir um das corpus zehelfen[167]. Alß er aber vermeint, ich wurde nüt, daß corpus wurde dan von der universitet begert, ußrichten, auch vilicht vermeint, ich wurde etwan ⟨nit⟩ im anatomieren beston, dribe ich in nit witer, sunder zog selbs zum burgermeister Frantz Oberieth[168], dem ich mein begeren eröfnet und um das corpus, so er gericht solt werden, bat. Der sich verwundert, daß ich allein solches underston wolte; erbott sich alles gůts, wel eß morndes fir roth bringen[169]. Man stalt den übeltheter fir, mitwuchen den 5 Aprilis, der wart zum schwert verurtheilt[170]. Glich alß der roth auf war, kompt mein schwecher, zeigt an, man habe mir daß corpus bewilliget und werde eß zů S. Elsbethen in die kirchen, nach dem er gericht, fieren, do solte ichs anato-

162 Hs.: firsprechen.

163 *Timotheus:* Mitarbeiter des Paulus in Ephesos, der von seinem Meister in zwei Briefen zur Standhaftigkeit und Amtstreue ermahnt wird.

164 Hs.: er.

165 «zur wißen duben»: Marktplatz, Teil von 8 nb. Gerbergasse 1 (heute: Sandreuter), damals Wirtshaus; Eigentümer seit 1539 Hans Galle der württ, tot 1585. HGB.

166 buchkessel = Waschkessel (basl. bůchhus, Bauchhaus = Waschküche).

167 Sinn: Ein Dieb sollte hingerichtet werden. Als ich das vernahm, sprach ich meinen (Akk.!) Schwiegervater an, er möge mir zu dem Corpus verhelfen.

168 *Franz Oberried:* 1507, †1562, d. R., 1556 Oberstzunftmeister, 1560 Bürgermeister, Sohn des Hans O., Wechslers, d. R. (1529 nach Freiburg i. Br., Stifter von Holbeins Altarbild) und der Amalie Zscheggenbürlin; ∞ 1. Agnes Wissenburger, 2. Margaretha Frank. Wpb. Ba. u. Ochs VI 353. Das Damenbrett in seinem Wappen soll auf Kaiser Maximilian II. zurückgehen, mit dem er einst Schach spielte. Ochs VI 356, A. 13.

169 Er wolle es morgen vor den Rat bringen.

170 Der am 5. April 1559 zum Tod durch das Schwert verurteilte *Dieb* ist in den Kriminalakten leider nicht mehr zu finden. Im Wochen-Ausgaben-Buch sind lediglich die Auslagen für seine Gefangenschaft und für den Totengräber vermerkt, ohne dass ein Name genannt wird: «Sambstag den 22. Aprill A° LIX°. ... Item IX lb IX ß VI d sind uber den Armen Menschen, der mit dem schwert gerichtet worden ist, in gfangenschafft gangen», und 14 Tage später, am 6. Mai 1559: «Item X ß dem Todtengreber von Einem Enthaupten zuvergraben.» Wochen-Ausgaben-Buch Dez. 1555–Juni 1562, Mscr. St.-Arch., Finanz-Acten G 18, SS. 521 u. 525.

Anderas Vesalius, *1514, †1564, Erneuerer der Anatomie, das Vorbild Platters. Holzschnitt nach einer Johann Stephan von Calcar zugeschriebenen Zeichnung, 1543.

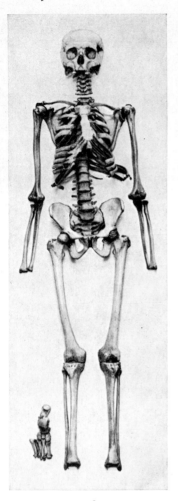
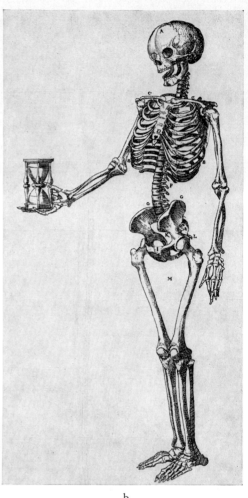

a   b

Zwei berühmte *Skelette in Basel:*
a) Das *Vesal-Skelett* von 1543. Das älteste erhaltene anatomische Präparat der Welt. Anatom. Anstalt, Photo.
b) Weibliches Skelett, präpariert von Felix Platter, fragmentarisch erhalten. Kupferstich aus seinem Anatomiebuch (1583), wohl von Abel Stimmer.

mieren, aber solches den doctoren und wundartzeten anzeigen laßen, das
sy auch, wan sy wolten, darby erschinen; wie auch beschach, sampt vil
volck, daß zůsach, das mir ein großen rům bracht, wil lange jar von den
unseren allein einest von D. Vesalio ein anatomy ze Basel gehalten[171].
Ich gieng dry tag mit um; darnoch sodt ich die abgesüberte bein und
satzt sy zesamen, macht ein sceleton[172] darus, daß ich noch ietz über die
fünft⟨z⟩ig und dry jar by handen ⟨hab⟩. Sein můter war im [131] spital
die kirchenmůter. Kam einmol zů mir, lang hernoch, um roth. Die hat
vernommen, das ir sun in beinwerch in meim haus were, wie es dan wor
ware, dan ich im ein schön kensterlin darzů hatt bereiten laßen, dorin er
stůndt in meiner stuben. Sy sas uf dem banck darby, sach es ernstlich an,
dorft doch nüt sagen, biß sy hinweg gieng, sagt sy zum volck: «Ach,
mocht man im nit die erden gunnen!»

Um Johannis reit ich mit herr Růdolf Schenck gon[173] Strasburg, mein
vetter Laurentius Ofnerum heim zesůchen, do ich auch meine bekante
doctores, sunderlich Hieronimum Poppium, der schon do practiciert und
in der ee was, heimsůcht. Der hůlt mir ein panquet zum nachtmol. Do
musicierten mir[174], und war ein gůter lutenist by uns, meister Wolf. Do
dantzten wir biß in die mitte nacht auf teutsch und welsch. Under andren
jungfrůwen war auch deß doctors frauwen schwester, ein hübsch mensch.
Die hatten sy, mir unwißendt, vexierens wiß bere[t]dt, ich wer gon
Stroßburg kommen, um sy zewerben. Die that sich gantz früntlich zů mir.

171 *anatomy:* Seit der berühmten Sektion durch Andreas Vesalius (s. Kap. 1, A. 74) im Jahre
    1543 hatte in Basel niemand mehr eine öffentliche Sektion durchgeführt. Der junge *Felix
    Platter* nahm als erster nach seiner Rückkehr aus Montpellier im *Nov. 1557* eine *private
    Sektion* vor, «in praesentia medicorum in aedibus defuncti». Es handelt sich um den Fall
    eines Knaben, der beim Spielen mehrmals den Hochstand machte und infolge eines Herz-
    fehlers bald darauf verschied. Der Fall ist in Platters *«Observationes»* S. 597 beschrieben,
    vgl. Albrecht Burckhardt: Gs. d. med. Fak. (1917), S. 66 und Karcher 36. Anderthalb
    Jahre nach dieser im Tagebuch nicht erwähnten privaten Autopsie führte Platter im
    April 1559 in der *alten Elisabethenkirche* jene oben beschriebene drei Tage dauernde *öffent-
    liche Anatomie* durch, die ihn berühmt machte. Die nächste hielt er im Nov. 1563 im Un-
    tern Collegium, die weiteren in ziemlich grossen Abständen in den WS 1571/72, 1585/86,
    1592/93 (Burckhardt, Fakultät, S. 66 u. 399), daneben aber bis 1583 *über 50 Privatsektionen*
    in der Elendenherberge und im Spital. Nach Karcher 40, 43.
172 Dieses *Skelett eines Diebes* (Kap. 8, A. 170), das Platter in einem «kensterlin» (Kasten) auf-
    bewahrte, vererbte sich wohl in der Familie und ging so früher oder später zu Grunde,
    während die Skelette eines Weibes, eines Kindes und eines Affen, die er 1573 der Univer-
    sität schenkte, zusammen mit dem Vesalschen Skelett in zwei besonders angefertigten
    Kästen in der Aula aufbewahrt wurden und – mit Ausnahme des Kinderskeletts – bis
    heute erhalten sind. Vgl. dazu B. Njbl. 1975, S. 139f. – Die Mutter des anonymen Diebes
    war *«kirchenmůter»* im Spital, wobei uns diese unklare Angabe bei der Suche nach dem
    Namen leider nicht weiterhilft. Die beste Quelle für Kriminalfälle, Johannes Gast, hört
    leider 1552 auf, und auch Wurstisen und Ochs lassen uns hier im Stich.
173 Hs. undeutlich («von»), Sinn jedoch klar: gon. – Über Schenk, Offner und Poppius s. Reg.
174 mir (schwz.) = wir. – Meister Wolf, lutinist: unbekannt, auch in Strassburg.

Alß ich aber um mitnacht sagt zů der gselschaft, wan mein frauw zů Basel wißte, das ich so lang panquetiert, wurde sy in ängsten sein, hatt ich das spyl gar verderbt und war nit mer so wert. Wir reiten hernoch auf Schletstat und Colmar wider heim.

Ein brunst erhůb sich ze Basel in herr Fridlin Werdenbergs[175] haus um mitnacht. Die funcken stoben biß in meins vatters hof, wardt do gelöscht, das nur der hinder stock inwendig verbran. Ein andre brunst erhůb sich den 17 Augustens in Martin Schmidts[176] haus.

Den 9 Septembris anno 59 wardt ein rebman gerichtet ze Basel, so man das Hapsenmenlin[177] nampt, der zimlich alt war und by Riechen am rein[178], do ein gehürst[179] ist, ein meitelin von sex jaren doselbst not gezwengt. Der wardt uf eim karren an den vier kreutzgaßen mit feurigen zangen gepfetzt, darnoch hinuß gefiert, doselbst enthauptet, daß corpus in ein

175 *Friedrich Werdenberg:* *ca. 1503, †1572, Bäcker, d. R., Sohn des Marcus W., Bäckers, d. R., und der Elisabeth N.; ∞ 1. vor 1532 Ursula Trost, geschieden 1532, 2. vor 1544 Catharina Schölli; seit 1547 Eigentümer des Hauses Aeschenvorstadt 2/Ecke Elisabethenstr., heute Handwerkerbank. Wpb. Ba. u. HGB.

176 *Martin Schmidt:* nicht näher bekannt, weder im HGB noch im BUB zu finden. Unter den typischen Schmiedefamilien finde ich zwei Schmiede namens Martin: Martin Isenflam (†1546) und Martin Schwingdenhammer (Spalenvorstadt, † vor 1544), die trotz des frühen Todes für die Hausbezeichnung in Frage kommen. Die Feuersbrunst vom 17. Aug. 1559 wird sonst nirgends erwähnt.

177 *Hapsenmenlin = Felix Hemmig:* Im Gegensatz zu dem obenerwähnten Dieb ist uns der Fall Hemmig aus den Kriminalakten in aller Ausführlichkeit bekannt: «Felix Hemmigkh, der hie zůgegen stodt, het bekent unnd veriechen. Alls er an einem Sontag von Ryehenn harJnn gon Basell gangenn unnd zwey Junge dochterlin under wegen befunden, das er das Ein, sye onge⟨ver⟩ Neunthalb Jar allt, by der hannd genomen (das ander sye geflochenn), dasselbig dochterlin mit gůten Worten ibereilt, es mit Ime gangen, welches er ab dem weg in [Jnn] die studen gefüret, Ime zůgesprochen, es sollte sich nider setzen, der meynung, die werch der Unküschheit ... mit Ime zůpflegen .. und alls das dochterlin angefangen zů schreyenn, das er Ime mit der hannd den Mund verhept, bitz er die Werch der Unküschheit mit ime vollebracht ...» Criminalia 32, H 1 (Register S. 1375). Und auf der Rückseite steht unter der Überschrift «Felix Hemmigs Urgicht: Uff Sambstag denn ix (9.) Septembris Anno 1559 ward uff dise urgicht Erkant: das diser däther nach Pruch, gewonheit und alltem harkummen der Stat Basell an die ... ? Mallstet sollte gefüret, mit glüyennden zangen gepfetzt, danethin hinus zů dem hochgericht gefůrt und mit dem Pfoll, und was dorzů gehort, gerichtet werdenn, aber uß gnaden (!) ward er uff den 4 Crützstraßen mit glüyenden zangen gegriffen, demnach by der Richtstat obgemelt enthauptet und durch den todten corpel ein Pfol geschlagen.» – Der *Sohn* des Delinquenten, «*Wolff Hemick* der Rebman uß mindren Basell» wurde wegen Beschimpfung der Stadtknechte für kurze Zeit verhaftet: «Alsdann unserer g. herren sinen vatter Felix .. gefencklichen angenomen, hatt diser den stattknechten übell zůgeredt, deshalben er ouch in gfenckniß glegt, und uff sambstag den 26 Augstmonats ditz 59 Jars, mitt gmeyner urphet gnediglichen wider ußglossen.» Urfehdenbuch IX (1551–1562), Ratsbücher O 9 im St.-Arch., p. 183 verso. – Über die medizinische Seite des Falles s. Observationes 1614, III, p. 562 b.

178 rein = Rain.

179 gehürst = Gesträuch, Gebüsch.

grab gelegt und im ein pfol durch den leib geschlagen und do zůgedeckt mit grundt verbliben, wie vor jaren der Brabander fůrman auch gerichtet worden[180]. Der nachrichter meister Pauli[181] felt mit dem streich, alß er in köpfen wolt, hůw in ze kurtz gegen den zenen und hackt im erst an der erden den kopf ab, warf das richtschwert von sich, verschwůr, keinen mer zerichten; welches er auch hůlt, kauft ein pfrůndt, wonet auf dem Barfůßerblatz im hüslin bim brunnen under des helfers haus[182]. Er gab sein richtschwert[183] den herren, so noch im zeughaus[184]. Sagt mir einmol, alß er kranck lag und ich zů im gieng, er hette im baurenkrieg[185] mer als 500 köpf mit abgehůwen. Schanckt mir ein goldgulden, den er domolen, wie er anzeigt, verdient hatt[186].

Den 3 Decembris war schwoger Daniels, meiner frůwen brůders, zesamengebeten, und hůlt man im sein hochzeit mit der Dorothe Schwin⟨g⟩-

---

180 Zum Fall des Brabanter Fuhrmanns s. Kap. 1, A. 385. – Auch dieser wurde als Sittlichkeitsverbrecher mit einem Pfahl durchbohrt, was als sog. symbolische Strafe zu werten ist (Pfahl = phallisches Symbol). Vgl. Danckert: Unehrliche Leute, S. 46.

181 Der oben (Kap. 8, A. 161) genannte *Pauli Füerer* (Fuhrer), als Basler Scharfrichter nachgewiesen 1559, 1569 (nach 1552, vor 1572). – Die im folgenden geschilderte *Fehlleistung* war kein Einzelfall; es kam öfters vor, dass der Scharfrichter unpräzis traf und dass ein Knecht oder ein etwa anwesender Kollege ihm helfen musste. Gelegentlich wurden solche Stümper mit Geldbussen bestraft oder abgesetzt, zuweilen sogar von der Volkswut körperlich bedroht. Lötscher, B. Stb. 1969, S. 80f.

182 Als «*Helfers Lichten haus. Brunnen derfor*» wird das Haus in Felix Platters Stadtbeschreibung von 1610 genannt. Pfarrer (nicht «Helfer») Jakob Leucht (Liecht, Lichtius) war von 1588 bis †1617 am Spital tätig; 1557–1559, also zur Zeit der erwähnten Episode, war Seb. Lepusculus (Häsli) Prediger zu Barfüßern und am Spital, s. Gauss 100f. Neben der Amtswohnung des Spitalpfarrers, zwischen der Barfüsserkirche und dem heutigen Casino, stand das bescheidene Häuslin, in das sich Pauli Füerer zurückzog. Ein Bild von J. J. Schneider zeigt noch den ursprünglichen Zustand, der nach 1844 durch den Bau des scheusslichen Kaufhauses verdorben wurde; zum Glück musste dieses seinerseits bald darauf dem Musiksaal weichen. Die Absenkung des Platzes und der Bau der «Klagemauer» erfolgten 1936. Vgl. Eugen A. Meier: Das verschwundene Basel (1968), S. 19ff.

183 Das alte *Basler Richtschwert* ist noch heute im Hist. Museum zu sehen, zusammen mit der Amtsrobe und einigen andern Attributen des Scharfrichters. Es ist ein gewaltiger Zweihänder, trotz der später erfolgten Verkürzung von respektabler Länge. Ein Wappenschild mit Reichsadler und Habsburger Löwen sowie einige undeutbare Buchstaben schmücken die Klinge, die aus dem 3. Viertel des 13. Jh. datiert und offenbar aus der gleichen Werkstatt stammt wie das Schwert Ottokars von Böhmen in der Wiener Waffensammlung. Die Schwertklinge ist aus der Zeit, da die Habsburger als Reichsvögte die hohe Gerichtsbarkeit in Basel besassen, als Rechtssymbol überliefert worden. Nach der Beschreibung von Prof. Dr. H. Reinhardt im Hist. Mus. Eine Abb. bei Lötscher im B. Stb. 1969 bei S. 80.

184 Das *Zeughaus* am Petersplatz, das 1937/39 dem Neubau der Universität weichen musste.

185 Der grosse deutsche *Bauernkrieg* von 1525, in dessen Schlachten und Strafgerichten ca. 10 000 Bauern umkamen.

186 Diese Stelle bestätigt eindeutig, dass der Scharfrichter zu den Patienten Platters zählte, dass also der Arzt sich um das sonst geltende Tabu nicht zu kümmern brauchte.

denhammeren in meins vatters haus. Darby vil volcks, geschach den 11 Decembris[187].

[132] Schwoger Batt Hugen[188], dem meister zů fischeren, war zevor, den 7 Decembris sein frauw am brust gschwer gestorben. Die war gar alt und gnas erst eines kindes, daß sy seigt. Es starb auch domolen dem herr Lorentz[189], so meins vatters corrector gwesen war und domolen spital schriber, sein frauw.

Den 21 Decembris vergrůb man herr Blesy Schöllin[190], so zunftmeister gewesen und wegen argwon, er hette dem gmeinen gůt etwas entwert[191], entzetzt worden. Dorumb er auch hinweg gon Milhusen in die fryheit geflohen, doch zelest wider gon Basel kommen, aber nit mer in roth kommen. Herr Hans Jung, pfarher zů S. Peter, that im die lichtpredig[192], růmpt in aber nit faßt. Seine frindt erbten vil von im, wie auch sein hußfrauw Christiane[193], so hernoch den herr Lienhart Lützelmann zur ee bekommen.

Anno 60 fůr ich mit practicieren redlich fort. Kam ie lenger ie mer in kundtschaft by vil burgeren, die mich bruchten. Dorunder ettlich vom adel, der von Rotpurg, die in Ütemer hof, der von Pfirdt thůmprobst, burgermeister Krůg und Doppelstein, D. Michel Rappenberger, herr Jacob Los[194],

187 Über *Daniel Jeckelmann* s. Kap. 1, A. 143.
188 Über *Batt Hug* s. Kap. 7, A. 11. – Warum er als «Schwager» bezeichnet wird, sehe ich nicht; vielleicht war er mit einem Mitglied der Familie Platter irgendwo gemeinsam Pate, vielleicht bedeutet es nur «Freund der Familie» wie «Vetter» oder «Onkel». Seine erste Frau, die damals starb, war *Magdalena Richolf*; Wpb. Ba. – *brust gschwär* = Pleuritis, so bei Paracelsus und Felix Platter (Anatomie eines Knaben, der am brustgschwer, pleuritide, gestorben). Schw. Id. 9, 2128f.
189 *Lorenz ⟨Krieg⟩*, laut Ämterbuch Oberschreiber des Spitals 1551–1560. Ratsbücher S 1, 16, S. 100 u. Ordnungsbuch A⁹ 88, S. 512, hier mit dem Zusatz: von Winterthur. Vgl. HBLS 4, 545. Sonst lässt sich Lorenz Krieg nirgends nachweisen, auch nicht als Korrektor Thomas Platters. In Rud. Wackernagels Akten-Slg. z. Gs. der Basler Buchdrucker, -händler u. -binder, Mscr. St. Arch. A⁹ 148 findet sich ein einziger Lorenz, ein L. Hofer, der aber niemals Spitalschreiber war. Somit spricht die Sachlage doch eher für Lorenz Krieg.
190 s. Kap. 3, A. 792.
191 Hs.: entweer; entwehrt = entwendet.
192 Hs.: lichtpredig = Leichenpredigt, vgl. Kap. 1, A. 526.
193 Hs.: Katharina (Irrtum). Die 3. Gemahlin Blesi Schöllis war *Christiane Hagenbach*, *1525, †1608, Tochter des Tuchscherers Franz H., d. R. zu Mülhausen, und der Elisabeth Weltsch, ∞1555 12. Juli mit Blasius Schölli, recop. 1561 mit Lienhart Lützelmann (hier stimmt Platters Angabe wieder), 3. mit Ulrich Schultheiss, Bürgermeister. Wpb. Ba. u. Lotz, Fasc. 456 (Schölli). Vgl. Kap. 3, A. 792.
194 *Jacob Los:* †1560, wahrscheinlich Sohn des Hans L., der 1494 immatr. wurde; ∞ 1549 *Helena Surgant*, Tochter des Gabriel S., Stadtschreibers zu Thann. Los kaufte 1535 das Haus «zur Hohen Schwelle» (später Erlacherhof), St. Johanns-Vorstadt 17, 1540 erwarb er von Jkr. Hans Meyer v. Hüningen dessen ausgedehnten Grundbesitz samt Freihof in Gross-Hüningen (BUB X, Nr. 432). Anno 1549 war er Eigentümer von Holbeins Hus,

Batt Brandt[195], Herwagen[196], Martin Schöllin[197], Pauli Kiefer[198] etc., die mich vil gebraucht. Item reit ich auf die practic, dohin ich berieft wardt XX mol diß jars. Namlich den 10 Aprilis gon Colmar zů Marx Wetzel[199], der důb war, beschriben von dem rath doselbst. War in der carwuchen. Do predigt ein pfaff den passion auf dem münsterblatz uf einr[200] brüge. Man leistet mir statliche geselschaft. Bleib aus 4 tag. Item den 6 Maij gon Friburg ins Brisgauw[201] zů D. Valier[202], so ein jurist und phtisicus war. Morndes reit ich im heim riten gon Sultzberg[203] zum Antonio, dem geistlichen verwalther, der mir und meinen geferten gůten Laufemer win gab. Zog den anderen tag wider heim.

Mich gleitet der von Knöringen[204] und der Überackener[205], so beidt

St. Johanns-Vorstadt Teil von 22 nb. 20, zwischen dem «Mohrenköpflein» (Teil von 20 nb. 22) und Hans Frobens Haus. HGB, Wpb. Ba. u. B. Ch. 7, 373. Über Los und seinen Garten s. H. Christ in der BZ XIV, S. 11.

195 *Beat Brand* (1532–1564, tot 1569), Gewandmann, d. R., ∞ *Katharina Isengrien*, Wpb. Ba. – «Ins her Bat Branden haus starb sein dochter An, und ein sun,; kamen auf (= erholten sich) sein hausfrauw die Isengrienin und dochter Justin, die ich in der cur hatt.» 3. Sterbendt 1563/64. Hunziker 52.

196 *Johannes Herwagen* d. Jüngere (1530–1564), Sohn des Druckers und Verlegers Joh. H. des Älteren und der Gertrud Lachner; ∞ *Elisabeth Holzach*. Wpb. Ba.

197 *Martin Schölli:* *vor 1510, †1564, Sattler, Sohn des Sattlers Ulrich Sch. und der Dorothea N.; ∞ vor 1533 *Anna Feigenwinter*.

198 Pauli Kiefer = *Pauli Keiser* der Küfer, wohnhaft «zum blauen Mann» an der Freien Strasse 48. Im HGB erstmals 1530 genannt. Er zeichnete sich in der Schlacht am Gubel 1531 aus. Nach dem Taufbuch von St. Martin hat Pfr. Gast bis 1543 noch vier Kinder von ihm getauft. B. Ch. 8, 208, 210 A. 128. – Zu den bereits früher erwähnten Patienten Platters s. Reg.

199 *Marx Wetzel* (Marx = Marcus), Sohn des Egenolf W., Bürger von Colmar 1558 u. 1566, †1579. W. war reformiert. Sein Sohn Elias studierte in Genf 1581, wurde «greffier de justice», Stettmeister usw., floh aber 1628 vor der Gegenreformation nach Basel. Freundl. Mitteilung von Christian Wolff, Dir. des Serv. d'Archives ... Belfort: La famille Wetzel, Annuaire de la soc. d'hist. ... de Munster, tome XV/1960, p. 15, 32.

200 Hs. undeutlich: brüge = Tribüne.   201 Hs.: Brisgruw.

202 *Dr. iur. Valier:* unbekannt. – phtisicus = schwindsüchtig.

203 *Sulzberg:* Benediktiner-Nonnenkloster, das bei Einführung der Reformation aufgehoben wurde. Das Städtchen Sulzburg liegt halbwegs zwischen Freiburg und Basel; Markgraf Ernst nahm hier 1515–1535 seine Residenz und erbaute das Schloss. – Der geistliche Verwalter *Antonio* ist nicht mehr zu ermitteln.

204 *Joh. Egolf von Knöringen:* Bischof von Augsburg 1573–†1575, s. Kap. 8, A. 134.

205 Die *Oberacker* oder *Überacker* (Übelacker, Überecker usw.) sind eine salzburgisch-bayrische Adelsfamilie, Stammburg «über der Ach». Wurzbach: Biogr. Lex. d. Kaiserthums Östr., Bd. 48, S. 249–266 mit 2 Stammtaf. Der Begleiter Platters ist entweder *Virgilius* Überecker a Sighartstein, canon. Salzburgiensis, immatr. Freiburg i. Br. 1555 15. Okt. (Matr. Freibg. 413), oder der zugleich ebenda immatr. *Joh. Georg* ... ex Saltzburgo nobilis (Brüder?), die beide vorher in Ingolstadt studiert hatten. Einen Bischof gab es allerdings in dieser Zeit nicht in der Familie (Verwechslung Platters mit dem andern Begleiter). – Ein Nicolaus O., Constantiensis studierte 1563/64 in Basel, Matr. Ba. II 149.

bischof worden. Bleib aus 3 tag. Item den 12 Junij reit ich gon Olßperg[206] ins closter zů der eptissin, die mich zevor gebraucht. Vetter juncker Hans Vualther Bocksdorf[207], der hatt die frantzösisch sucht. Den legt ich ze Basel ins holtz[208], war ein lange cur an dem gottlosen man. Bleib aus 2 tag.

Item den 17 Junij reit ich ⟨gon⟩ Bruntrut[209] zů des schulthes Colinets[210] frauw, so ein Surgantin; die am feber lag, welches sy in der kilchen im hochzeit tag, alß man sy zesamen gab, hat angestoßen. Man bewißt mir vil eer. Bischof Melchior[211] lůdt mich gon hof, frogt mich auch roths. Bleib aus 7 tag. Item den 12 Julij reit ich gon Crentzach[212] zů herrn Hannibal von Berenfels[213] husfrauw. War ein kindtbetteren mit der frauw Ursell, hat daß feber. Bleib aus 2 tag.

Item den 14 Julij aber gon Olsperg, wider zů dem juncker[214]. Bleib aus 1 tag.

Item den 15 Julij gon Bintzen[215] zů Alberto Gebwiler[216]. Bleib aus 1 tag.

206　*Olsberg* AG: am rechten Ufer des Violenbaches, Bez. Rheinfelden, Dorf und altes Zisterzienserinnenkloster. Beide gehörten bis zum Übergang an den Kt. Aargau 1803 zum *vorderösterr.* Reg.-Bez. Möhlinbach. Der Konvent bestand aus Töchtern des sisgauischen Adels, hatte aber unter Bauernkrieg und Reformation stark gelitten. Die Äbtissin *Katharina von Hersberg* erneuerte 1548 das Kloster. Sie war wohl eine Tochter des Hans Rudolf von H. (†1555) und starb 1588. HBLS 5, 344 u. 4, 199f. Platter besuchte sie ärztlich mehrmals und weiss allerhand Amüsantes zu erzählen, s. Kap. 8, bei A. 328.

207　*Jkr. Hans Walter Bocksdorf:* unbekannt, wohl ein Verwandter der Äbtissin.

208　*Guajakholz:* Gattung der Erythroxylaceen (Zentralamerika), dessen Harz – neben dem Quecksilber – das bekannteste Heilmittel gegen die Syphilis war.

209　*Pruntrut*/Porrentruy gehörte zum Bistum Basel und war seit der Reformation Residenz der Fürstbischöfe, seither vergrössert und verschönert. 1815 kam es mit dem Grossteil des Bistums an den Kanton Bern (Jura bernois).

210　*Johann Colinet:* Schultheiss (prévôt) von Pruntrut, Notar des bischöflichen Hofhalts, ∞ 1. Esibel Reboursat, 2. Marie Surgant, † vor 1572. Freundl. Mitteilung von Dr. André Rais, Delémont.

211　*Melchior von Lichtenfels:* *1517, 1554–†1575 Fürstbischof von Basel. Er fand das Bistum in schlimmer Verfassung, verschuldet und durch Bündnisse der Untertanen im Birstal mit Basel, im Münstertal mit Bern, der Auflösung nahe. Auch begann die Reformation im Bistum Fuss zu fassen, ohne dass der sehr tolerante Herrscher es verhindern konnte. HBLS 4, 674. Umso schärfer begann dann die Gegenreformation unter seinem Nachfolger, dem kämpferischen Jakob Christoph Blarer von Wartensee (1575–†1608), dem «zweiten Begründer des Bistums». – Felix Platter gewährte dem Bischof ein Anleihen von 1000 Gulden, s. Lötscher, Njbl. 1975, S. 168.

212　Crentzach = *Grenzach:* nächstes badisches Grenzdorf rheinaufwärts, ca. 4 km E von Basel, markgräfliches Lehen derer von Bärenfels.

213　*Jkr. Hannibal von Bärenfels:* *1535, †1601, aus altem Basler Ministerialengeschlecht (Stammburg oberhalb Aesch), das von 1377 bis zur franz. Revolution das Schenkenamt des Hochstifts Basel innehatte; Sohn des Jakob v. B. und der Katharina Nagel von Küngsbach (Kindler III 504); ∞ *Judith von Eptingen* (†1587). Merz, Sisgau 3, Stammtaf. 6.

214　juncker: wohl der obenerwähnte Hs. Walter Bocksdorf.

215　*Binzen:* Dorf ca. 3 km NW von Lörrach, mit altem, verwohntem Schloss.

216　*Joh. Albrecht Gebwiler:* der Sohn des befreundeten markgräflich-badischen Kanzlers und Landschreibers zu Rötteln, Dr. Petermann G., und der Helena Klett, bei welchem Felix

Item den 29 Julij aber gon Bintzen. Von dannen gon Rötelen zum burg-vogt[217]. Bleib aus 2 tag.

Item den 4 Augusti wider gon Crentzach zur frauw. Bleib aus 2 tag.

Item den 24 Augusti gon Hapsen zů Fridlin Wißkopf[218].

Item den 25 Augusti wider gon Rötelen. Bleib aus 2 tag.

Item den 7 Septembris gon Hapsen. 2 tag.

Item den 13, 20, 25 Septembris drymol gon Hapsen gritten. 3 tag.

Item den 4 Octobris gon Bruntrut zů herrn Rugeren burgermeisters Hans Schmidt husfrauw[219]. Bleib aus 4 tag.

Item den 15 Octobris gon Milhusen zů Onophrion [133] Beck[220]. Und von dannen den 18 gon Gebwiler, mit dem burgermeister und alten stat-schriber Wielandt[221]. Die mich begärten, bim apt Stör[222] zů befürderen durch den Mertzen[223], welcher ein schriber gewesen und des apts inkom-men amendiert[224], dardurch aus großen schulden, so über die 100.000 gulden gereicht, gebrocht, auch er selbs so reich worden, das er den Schramberg in Wirtemberg und Stafelfelden an sich kauft, so noch des Bap⟨s⟩ts nachkommen inhaben, der des Mertzen dochter zur ee bekom-men und rich worden, do er vor ein armer student zů Friburg war. Den

die Pestzeit 1551/52 zugebracht hatte. Albrecht war 1563–1567 Burgvogt zu Binzen. Vgl. Kap. 1, A. 514.

217 Burgvogt zu Rötteln: wahrscheinlich *Ulrich Müllner*, vgl. Kap. 1, A. 546 und Kap. 8, A. 309.

218 *Fridlin Wißkopf:* nicht näher bekannt. – Habsen = *Habsheim*, an der N 66, 2 km SE von Mülhausen.

219 *Jean Faivre* (= Hans Schmidt), *dit Rougecul* (celui qui a le «cul» rouge, donc qui porte des pantalons rouges), Sohn des Perrenat Rougecul, war Bürgermeister von Pruntrut 1564 bis 1585. Platter macht aus Rougecul einen «Rugeren». Seine 1. Gemahlin war eine Anne N., die 2. eine Catherine Henselin. Freundl. Mitteilung von Dr. André Rais, Dir. des Archives de l'ancien Evêché de Bâle, Pruntrut.

220 *Onophrion Beck* stammte aus einer angesehenen reformierten Strassburger Druckerfamilie und musste nach Mülhausen fliehen, weil er im Streit einen katholischen Adligen erschla-gen hatte, s. Kap. 3, A. 577.

221 Über *Ulrich Wieland* s. Kap. 8, A. 63.

222 *Joh. Rudolf Stoer von Stoerenburg:* *1499, †1570, seit 1536 Coadjutor, seit 1542 bis †1570 Abt der Klöster Murbach und Luders, «ein prachtvoller Fürstabt und Reichsfürst». Gatrio: Die Abtei Murbach, Bd. II/1895, S. 113, 173ff., 192ff. Vgl. B. Ch. 8, S. 8of. A. 237, S. 218, ferner BZ 1943, S. 162f. Dr. Joh. Huber war sein Leibarzt, nachher Felix Platter. – Über die Familie s. P. Stintzi: Burgen und Schlösser d. Elsass, Mülhausen 1951, p. 60.

223 *Rochus Mertz:* †1563, ∞ *Anna Maria Bapst*, Tochter des Nicolaus B. von Rottersdorf, Herrn von Richwiller und der N. Schütz von Traunbach. Im Dienste des Abtes Stoer reich geworden, kaufte er den *Schramberg* (ca. 24 km NW von Rottweil, bei der Mündung des Lauterbaches in die Schiltach) und *Staffelfelden*. Vielleicht hat er dieses von dem kin-derlosen Bruder seiner Gemahlin, Joh. Rudolf Bapst, geerbt., – Die Tochter des Rochus Mertz, *Anna M.*, (Oberbad. Geschlechterbuch I, S. 44) heiratete den *Georg Bapst* (er-wähnt 1567, 1579); auf ihn und seine Nachkommen ging die Herrschaft Staffelfelden über. Freundl. Mitteilung von Monsieur Philippe Mieg, Ingénieur, Mulhouse.

224 Hs.: amodiert (undeutlich); amendiert = verbessert.

Mertzen fanden wir eintzig[225], dan im sein sun iemerlich gestorben und,
wie man sagt, verheg[t]zt worden; wont by Johan Reisißen, dem statschriber[226]. Ich bleib aus 6 tag.
Den 23 Novembris reit ich gon Hauwigen[227] zů eim krancken. 1 tag.
Bleib also auß, die XX rit, 42 tag, thůt 6 wuchen. Gwan dis jars an gelt
353 lb 10 ß. Ich bekam daz jar 41 brief.
Ich wonet noch by meinem vatter in seinem haus. Hatt nur ein meitlin,
so auf uns wartet. Macht mir heimlich ein forroth, wan ich selbs zehaus
zug, etwas in henden zehaben. Alß das riten angieng, kauft ich mir den
30 Junij ein eigen roß, ein brünlin; das versach ich selbs und juncker
Peter von Wendlinsdorf[228], der meines vatters dischgenger was, wie auch
meine duben[229]. Ich verkaufts wider den 20 Augusti, gwan by 5 oder
6 cronen doran. Kauft aber von herr Görg Zicklin[230], deßen sun ich
artznet, so in der huft geschwär bekam, doran er noch hinckt, und statschriber zů Milhusen, ein pferdt ab, in der farb ein schleier[231], war gar

225 eintzig = allein; die nächsten 2 Wörter (dan im) undeutlich.
226 *Johann Reisißen:* Stadtschreiber zu Gebweiler 1554, kaufte 1554 vom Abt Joh. Rudolf
Stoer den Hof «uff der Wyhersmatten». Gatrio: Die Abtei Murbach, Bd. II, S. 142, A. 2. –
Vom Bruder Johanns, Sebald R., Bürger zu Thann, stammen zwei Briefe an Felix Platter;
Mscr. der Univ.-Bibl. Ba., Frei-Gryn. I 6, p. 111 u. 212. BMHM 1923, p. 17.
227 *Hauingen:* N von Lörrach, am rechten Ufer der Wiese.
228 *Peter von Wendlinsdorf:* Tischgänger Thomas Platters 1560, nicht näher bekannt. Ein Jkr.
Peter Jacob von Wendelstorff (Vendlincourt) kaufte am 5. Mai 1589 den Wendelstorffer
Hof am Rheinsprung 18, wo 1762/65 dann der Neubau des «Weissen Hauses» entstand;
er wird hier bezeichnet als fürstlich Murbachischer Rat und Vogt zu Häsingen. Ob dieser
mit unserem Peter v. W. verwandt oder gar identisch ist, weiss ich nicht. – Ein Niklaus
v. W. war 1558 Obervogt von Pfeffingen. Merz, Sisgau 1, S. 20; B. J. 1899, S. 142; HGB
und Koelner: Feuerschützen 280f. – Offenbar teilte sich Felix Platter mit seinem Kameraden in den Besitz des Pferdes.
229 duben: Die *Taubenzucht,* das «düblen», war eine der zahlreichen Liebhabereien Platters.
Vgl. Kap. 8, bei A. 307.
230 Görg Zicklin: *Hans Georg Zichle* von Frankfurt heiratete 1549 Salome Mutschlin, wurde
Bürger von Basel 1549 12. Dez. und safranzünftig 1553 8. Dez. Er war 1588 Schulmeister
zu St. Peter und starb 1598 24. Aug. Nach Fam.-Reg. und Koelner: Schlüsselzunft
(1953), S. 326. Bis 1564 31. Jan. besass er «Rotgebs hus» am Spalenberg hinter Nr. 12
(«Spalenhof», heute Théâtre Fauteuil), das er dann an Bürgermeister Caspar Krug verkaufte. Vgl. Kap. 5, A. 50. – Sein ältester *Sohn, Hans Georg Zichle* ist im Nov. 1552 geboren, seit 1566/67 in Basel immatr. (Joh. Georgius Zichlius, Taufname Hans Ziegly),
studierte 1576 in Padua und 1581 in Siena (vermutlich Jurispr.), heiratete 1583 Margaretha
Pfeileisen gen. Müller von Basel und wurde nach dem Fininger-Handel von 1589 Stadtschreiber in Mülhausen bis zu seinem Tode 1620 3. März, wobei er in diesen 32 Jahren
eine lebhafte diplomatische Tätigkeit entfaltete (61 Missionen). Le vieux Mulhouse,
Tome I/1895, p. 275ff. – Über das tragische Ende seines ältesten Sohnes *Hans Philipp Z.*
s. Ernest Meininger: Un cas de haute trahison à Mulhouse, BMHM 29/1905, p. 11, 34,
hier auch eine Stammtaf. der Familie.
231 schleier (verhochdeutscht) < mhd. slier, schwz. Schlier = Lehm. Schw. Id. 9, 638. Hier:
lehmfarbenes Pferd.

geng²³² und schön, auch der züg mit meßenem zeug schön versetzt²³³; hatt ein große begirt darzů. Můßt ims wol bezalen. War sunst²³⁴ wildt, ließ nit gern ufsizen, kont auch die sporen nit lyden, das ich an im wußt. Kont doch mit vortheil uf in kommen. Er dobet aber seer vor dem haus, wan ich auf sas, daß ich nit achtet. Ein mol satzt²³⁵ ich Caspar Hach²³⁶, mein schnider, doruf, mirs ein wenig außzereiten am suntag nachmittag; alß er mit mie[u] doruf kam und die sporen inschlůg²³⁷, rant er mit im darvon, dan er in nit halten kont, die Fryen stroß hinab und über Rhin auß. Do eß ein thür an eim hůß, do mans halten wolt, inschlůg und furt rant bis gon Riechen²³⁸. Do eß in eim misthufen besteckt bleibt und, wil er alle vier ißen verloren, mir an der handt barfůs²³⁹ heim gebrocht wardt.

Ich lies auch mit dem pferdt versůchens wiß, der mirs abkaufen wolt, den herr Christofel Surgant²⁴⁰, reiten; ders auch glich anhuw²⁴¹ und es bis gon Crentzach²⁴² hinus rant und barfůs²³⁹ wider heim bracht und nit mer bhalten wolt. Ich bin auch hernoch über etwas zeiten uf gemeltem pferdt, das so wildt war, um Johannis²⁴³ von Strasburg in 16 stunden bis gon Basel gritten²⁴⁴ und noch by tag uf die Rhinbruck gangen, die größe des Rhins zesechen, auch wie ich zů S. Johan thor im har riten ab schos²⁴⁵, hatt mein roß ein sprung thon, daß mir dorab der hůt und kappen, wie

232 geng: mhd. gengec = rüstig.

233 das Sattelzeug mit Messing (basl. «Mesch») schön verziert.

234 sunst (mhd.) = in solchem Masse, so.

235 satzt = setzte. Hs.: sanzt.

236 *Caspar Hach:* Spätestens seit 1564 9. Dez. wohnten Caspar Hach der Schneider und seine Frau Elsbetha Hagenstein im Hause Freie Strasse 88, also gleich neben Platters «Gejägd» (Nr. 90), vielleicht schon früher; denn der frühere Besitzer, Christelin von Ougstal, war 1555 gestorben. 1564 verkauften die Erben dann das Haus an Caspar Hach. Dieser starb im Okt. 1582 (5. Sterbendt, s. Hunziker 56, aber nicht «Hath», sondern Hach). HGB.

237 Hs.: [in] inschlůg.

238 *Riehen:* NE von Basel, von der Rheinbrücke an ca. 5 km (heute fast mit der Stadt zusammengewachsen).

239 barfůs: ohne Hufeisen.

240 *Christoph Surgant:* ein Sohn von Dr. Theobald Surgant, Platters bekanntem Patienten in Thann, ∞ Marg. Jakob, Pruntrut. Wpb. Ba.

241 anhuw = anhůb, anhielt.

242 Crentzach = *Grenzach:* nächstes badisches Grenzdorf rheinaufwärts, ca. 4 km E von Basel.

243 um Johannis = 21. Juni, also am längsten Tag. Von Sonnenaufgang (4½ h) bis -untergang (20½ h) sind es also tatsächlich 16 Std.

244 Eine wahre Rekordleistung. Rechnet man mit einer Entfernung von 134 km, so kommt man ohne Rastzeiten auf einen Durchschnitt von gut 8 km/h. Wenn man die Rast- und Esshalte einrechnet, so muss Platter grosse Strecken im Galopp geritten sein.

245 ab schos: Es ist nicht ganz klar, ob Platter aus Übermut etwa einen Büchsenschuss abgab, wie er das bei seiner Heimkehr aus Frankreich tat (Anfang v. Kap. 5) – das würde den wilden Sprung des Pferdes erklären –, oder ob «ab schos» (intransitiv) zu verstehen ist als «davonritt», nachdem er beim Tor hatte anhalten müssen.

man domolen pflegt zedragen, entpfiel. Ich draf under wegen deß Fryen laden diener Dietherich Schulthes[246] an. Der fůrt ein roß an der handt, so herr Lux Aebhart[247] zů stůndt; mit dem wolt er mir nach ilen, aber daß pferdt, so 46 kronen kostet, starb die nacht[248]. Der Pulver hernoch kauft mir eß ab, gab 2 portugaleser, so 24 cronen thaten, dorumb.

[134] Man bracht in disem jar zů mir gon Basel ein chorherren von Lucern, ein Wallißer, der lam war, ich solt in curieren[249] Mein vatter, der in lang kent hatt, nam in ins haus, do er stets ligen můst und die bett verunreinet[250]. Alß ich lang an im curiert und nüt helfen wolt, sagt er zůletst zů mir: «Ich wil wider heim, ir werden nüt außrichten, dan die krancheit ist übernatürlich. Ich hab den bösen geist mit beschweren von eim zů Lucern verdriben, welcher, alß er ausgefaren, mir getreuwt und gsagt: Pfaff, du hast mich oft veriagt, ich wil dir ein letze gen[251], warf mich nider an die hertstatt, doran ich mich gestoßen, daß ich also lam worden.» Zog also hinweg. Über ein jor, alß ich gon Lucern kam und zů im gieng hinuß in hof, do er wonet, im die zalung, so er meim vatter schuldig, abzeforderen und by im in der stuben sitz, bringt man im ein beseßenen, bům starcken man in eim zerhůwenen roten kleidt[252]. Den drůgen zwen und warfen in in die stuben. Der war graget[253] und wendet daß angsicht gegen rucken, redet kein wort. Sy sagten, er were also ettlich tag on spyss und dranck. Mir gruset dorab, nam urlůb von im. Do er mich bat, ich wolte meim vatter nit sagen, das er noch ein teufelschwerer

---

246 Vielleicht identisch mit *Dietrich Schultheiss*, dem Krämer, der zusammen mit seiner Frau Margretha Finckh 1565 14. Juli das Haus «zum Monen» (Halbmond) an der Freien Strasse 3 kaufte. HGB.

247 Einen Lux Aebhart finde ich in Basel nicht; vielleicht sollte es *Lux Gebhart* heissen, über ihn s. Kap. 3, A. 861.

248 Natürlich nicht Platters Pferd, sondern das andere; hatte es sich bei der Verfolgung übernommen? Schwer vorstellbar ist überhaupt dieses Pferderennen durch die engen Gassen! – Auch der Käufer von Platters Teufelspferd ist nicht bekannt; «der Pulver» ist wohl einer der in Basel beliebten Übernamen.

249 Es handelt sich, obwohl hier kein Name genannt wird, zweifellos um *Franz Venetz*, den Teufelsbeschwörer (Exorzist), eine bekannte Gestalt. Er war der Sohn des Landeshauptmanns Egidius V. aus Naters VS und der Perroneta de Platea. Er war das Patenkind des Kardinals Schiner und wurde am 20. Dez. 1535 als «presbita et homo literatus» auf Bitten seines Vaters Domherr von Sitten. Am 19. Nov. 1557 berichtet er dem Domkapitel, er sei in Luzern zum Chorherrn gewählt, und verlangt Urlaub. Über ihn s. Blätter aus der Walliser Gs., VII, S. 382. Freundl. Mitteilung von Dr. H. A. von Roten.

250 Hier ein weiterer Beweis, dass Platter im väterlichen Hause *Privatpatienten* aufnahm, selbst so unangenehme Fälle wie den unreinlichen Venetz oder den syphilitischen Bocksdorf, obwohl er keinerlei Personal hatte ausser einem einzigen Dienstmädchen, für die junge Gemahlin des Arztes eine fast unzumutbare Belastung des Haushalts!

251 ein letze gen: (ironisch) den Lohn geben.

252 zerhůwen = geschlitzt, nach Landsknechtart.

253 g(e)raget = starr, steif. Schw. Id. 6, 718.

were; das er im oft gewert hette, er aber, stetigs etwas zegwinnen, darby bleib, auch besondere besoldung darvon hatt[254].

Mein vatter zog disen summer in Wallis, hatt ein badenfart im Leucker badt[255], do im vil eer widerfůr. Mein frůw versach hiezwischendt mit der můter die hushaltung, dan wir noch by ir woneten. Er verlor domolen mein hundt, den ich von Mompelier gebrocht hatt und er mit sich genommen an Grenchen[256], der in kein kirchen wolt, do man mäs hielt, und dorüber sich verloffen hatt, wie oben in meiner heim reiß, do ich ze Mompelier was, vermeldet worden[257], welcher verlust des hundts meim vatter die gantze reis verbitteret hatt.

Es starb dis jars den 4 Septembris der medicus ze Basel, Philippus Bechius[258], so von Brisach bürtig und licentiat zů Liptzig worden, hernach gon Basel kommen und ein witwen zur ee genommen, so neben meins schwechers hus wont und gern sein knecht, den Pauli Heidecker[259] von Zürich, ein scherer und gůten lutenisten, hette zur ee genommen und im schimpfweis[260] ein hechlen[261] ins bett heimlich gelegt, dardurch er in liden, wan[262] er ir nit gwar wer worden, kommen wer; und ein grober schimpf[263] war von ir, so sunst[264] ein zengisch und thir wib was, dorumb sy der schärerbursch nit wolt. Aber wil sy etwas vermocht[265], Bechius sy nam, und hernoch ab irem zenckischen leben oft klagt, wie auch, sein

---

254 Die medizinische Seite des Falles ist beschrieben in Platters «Observationes», 1614, I, S. 18, unter dem Titel «Stupor daemoniacus, in quo corpus immobile et insensibile rigebat, et collum inversum erat», ed. Buess I, Nr. 19. Vgl. Karcher 81f. Platter hat wenig später den seltsamen Chorherrn Venetz in Luzern kurz besucht, Kap. 8, A. 356.

255 *Leuker Bad:* Kap. 10, A. 102.

256 Grenchen = *Grächen,* der Geburtsort Thomas Platters; kleine, zerstreute Gemeinde im Vispertal, NE von St. Niklaus, 1617 m hoch, s. Kap. 10, A. 66.

257 Kap. 4, nach A. 45. Der Hund hiess «*Pocles*».

258 *Philipp Bechius (Bächi):* *1521, †1560, aus Freiburg i. Br. (nicht Breisach), Jugendfreund Pantaleons, ging einen ähnlichen Weg wie dieser: er studierte Artes, Theologie und Medizin in Basel, Wittenberg und Leipzig, wo er bereits 1546 Latein dozierte, wurde 1553 Prof. für Griechisch in Basel, 1558 in die med. Fak. aufgenommen. Matr. Ba. II 17, 1537/38 und Albr. Burckhardt, Med. Fak., S. 56. Er war der Lieblingsneffe von Pfr. Joh. Gast, s. B. Ch. 8, 107ff. Eine sehr ausführliche Biographie gibt B. R. Jenny in Amerbach-Korr. 7, 273–277, wo Bächi sympathischer erscheint als bei Gast und Platter.

259 Ein als Bader bezeichneter *Paulus Heidegger* starb in Zürich 1567; Eintrag im Totenbuch Bullingers, datiert 22. Mai (Stadtarchiv, Abt. VIII C 48). Ebenfalls ein Paulus Heidegger (wohl identisch) heiratete 1557 17. Juni eine Margret Kloterin. – Freundl. Mitteilung von Dr. U. Helfenstein, Zürich.

260 schimpfweis = zum Spass.

261 hechle = Nagelbrett zum Ausspitzen (Hecheln) des Hanfs.

262 Hs. undeutlich (war?). Sinn: wenn er ihrer (der Hechlen) nicht gewahr geworden wäre, hätte er grossen Schaden erlitten.

263 Ein grober Spass.

264 sunst = dermassen: die ein so zänkisches, dürres Weib war.

265 etwas vermocht = Geld hatte.

weib wer ein schüt[266]. Sunst hûlten sy wol haus, und hatt er ein zimliche
practic, bekam auch dis jars dienstgelt vom apt von Mûrbach[267], daß Hans
Hûber zevor gehapt und im der apt abgeschlagen, wil er, alß in das feber
ankommen, ⟨in⟩ verloßen und nur, wie er sagt, so er gsundt, [135] in
besûcht; auch das er, wie man sagt, sein wopen auß seiner stuben hinweg
gethon und ins heimlich ort solt gesetzt haben, das den alten herren also
bekümert hatt, das er hernoch, alß er durch des von Schauwenburgs[268]
hilf [er] fir den apt komen, auf die knüw nider gefallen und mit weinen
sich entschuldiget hatt, so vilen höchlich mißfallen[269]. Obgemelter herr
Bechius wardt disen summer kranck, hatt ein herte in der rechten syten
und wa⟨r⟩dt gar gäl. D. Hans und D. Isaac[270] redeten ims aus, eß were
nur ein magen bleiung. Ich besûcht in auch ein mol, ob er mir glich nit
wol an war. Zeigt im an, eß wer ein Scyrrhus hepatis[271] und geferlich,
man mießte andre mittel brauchen, die ich im erzalt und im gefielen; batt
mich, solche aufzezeichnen und im bringen, wolte mir volgen. Ich redte
recht darvon. Alß ich nun den rotschlag flisig gestelt und im bringen wolt
und anluthet, ließ man mich vor der thüren ston, und hort, daß die frauw
zû im sagt: «Woltest du dem iungen scher[t]pfkengel[272] volgen, eß wer
dir ein große verkleinerung.» Also zog ich fort. Er starb baldt, blietet
seer, eb er verschiedt, war gäl wie wagß. Sein frauw lebt nit lang hernoch,
verlies 3 kinder. Deren wardt Hospinianus[273] vogt. Zwei meitlin starben
im großen sterbendt anno 64, der sun Abraham[274] studiert bis zum

266 ein schütt = Schutt, Unrat.
267 Abt Stoer von Stoerenburg, s. Kap. 8, A. 222.
268 *von Schauenburg:* vielleicht identisch mit dem weiter unten genannten Ulrich Thiebold v.
　　Sch.
269 Diese servile Haltung will nicht so recht passen zu dem berühmten, sympathischen
　　Prof. Huber, falls das Gerücht überhaupt stimmt.
270 die Professoren *Hans Huber* und *Isaac Keller.*
271 Scyrrhus hepatis = Leberschrumpfung (Zirrhose).
272 scherpfkengel: kängel, chängel, känel = Dachkänel, bildlich: langer, hagerer Mensch.
　　Schw. Id. 3, 362f. scharpf, scherf = scherb, trocken, spröde (oder: scharf, wild). Grimm
　　8, 2581f.; Schw. Id. 8, 1246; Seiler 252. Sinn: diese lange, dürre Stange.
273 *Hospinianus (Wirth):* Da kein Vorname genannt ist, kann es sich um den bekannten, aus
　　Stein stammenden Humanisten *Johannes* (*1513, †1575) handeln, der seit 1542 Prof. in
　　Basel war, seit 1555 Pfarrer in Oberwil (Matr. Ba. II 30 u. Amerbach-Korr. 6, 161ff.,
　　Würdigung durch B. R. Jenny), oder aber um den in Basel ansässigen (? Bruder) *Lienhart*
　　(†1564), den Druckerherrn, Gemahl der Anna Meyer zum Hirzen, wohnhaft Gemsberg
　　2/4 (heute Rest. «Löwenzorn»). Wpb. Ba.; HGB; Koelner, Schlüsselzunft 319 u. Priv.
　　Arch. Lotz 241, das die Vormundschaft über Bächi nicht erwähnt. Wohl eher Johannes
　　(compater).
274 *Abraham Bächi:* zweiter Sohn des Philipp Bechius, getauft am 30. März 1558 zu St. Martin.
　　Taufpaten waren Dr. Amerbach, Dr. Huber und Elisabeth Isengrien. Taufbuch St. Mar-
　　tin, Kirchen-Archiv W 12, 1, S. 106v. Über seine med. Studien s. Matr. Ba. II, 213,
　　1572/73. – Ein dritter Sohn, *Joh. Rudolf,* wurde am 11. Okt. 1559 zu St. Martin getauft;
　　Paten: der Abt von Murbach, Hans Rudolf ⟨Stoer v. Stoerenburg⟩, vertreten durch Jkr.

doctorat. Ich wardt sein vogt nach Hospiniani todt, nam in zů mir, schickt in darnoch in Franckrich und half im, daß er dienst bekam zů Welschen Nüwenburg. Do er ein wil bleib und practiciert, zog aber mit dem obristen Vögelin[275] von Friburg ins Niderlandt dohin; der Duc Dalencon[276] sy fůrt, doselbs starb er, und war alles, was sein vatter verloßen, mit im aufgangen. Ich hette im aber durch ein hürat, so er gelept, wol undergeholfen, wie ich im schon auch ein condition bekommen hatt. That also dem gůts, deßen vatter und můter mich gehaßt. Also schickt eß Gott.

Item in disem 60 jar drůg sich große enderung in Franckrich zů, dan künig Henric der II in Franckrich in eim turnier zů Paris mit dem gebrochnen sper in daß aug gestochen, starb den 10 Julij. Im volgt nach sein sun Franciscus der elter, der die künigin Mariam aus Scotlandt hatt, welcher auch das jar im December am oren wee starb. Uf den Carolus sein brůder volgt[277].

[20*] Ich hab XIII bäpst überlebt[278], nemlich:

1. war Paulus III.	7. Gregorius XIII.
2. Julius III.	8. Sixtus V.
3. Marcellus II.	9. Urbanus VII.
4. Paulus IV.	10. Gregorius XIV.
5. Pius IV.	11. Clemens VIII.
6. Pius V.	12. Paulus V.

Hans Jakob von Friburg, sowie Joh. Pincierus Hessus und Eva von Andlau. Taufbuch a. a. O., S. 112ᵛ. (Die Abschrift Lotz 355, A 2, S. 101 nennt irrtümlich statt dessen Oporin und Anna v. Andlau.)

275 Vögelin = de Féguely, seit 1415 in Freiburg i. Ü. eingebürgerte Familie, evtl. Jost, Johanniterritter, Herr zu Cugy usw., 1590 Bürgermeister, oder einer seiner Brüder Jacques und Pierre, denen 1574 von König Heinrich III. Adelsbrief und Wappen bestätigt wurden. HBLS 3, 129; vgl. Leu VII, 62ff. und Arch. Soc. d'Hist. Fribourg VIII/1907, 155ff.

276 Duc d'Alençon = Franz, *1555, †1584, vierter Sohn des Königs Heinrich II., seit 1566 Duc d'Alençon, seit 1576 Duc d'Anjou (nachdem sein Bruder Heinrich III. König geworden war). Grand Larousse, T. 1/1960, p. 226, und Stammtafeln der europ. Staaten II/1965, Taf. 17. Seltsam ist, dass er auf den Namen Franz getauft wurde, obwohl damals sein gleichnamiger Bruder noch lebte (s. A. 277); Platter nennt deshalb den König «Franciscus der elter». D'Alençon führte Krieg gegen Spanien und wurde von den freigewordenen Niederländern 1582 zum Generalstatthalter ausgerufen, starb aber 1584.

277 Französische Könige, Haus Valois: König Heinrich II., *1519, reg. 1547–†1559, Sohn von Franz I. (reg. 1515–†1547), seit 1533 verheiratet mit Katharina von Medici, starb an der erwähnten Turnierwunde, aber nicht 1560, sondern 1559 10. Juli. Auf ihn folgten seine drei Söhne: Franz II., *1544, reg. 1559–†1560, der Gemahl der Maria Stuart, dann Karl IX., *1550, reg. 1560–†1574, der an der Bartholomäusnacht mitschuldig war, und schliesslich Heinrich III., *1551, reg. 1574–1589, der im «Krieg der drei Heinriche» ermordet wurde und seinen Verwandten, den reformierten Heinrich von Navarra zum Nachfolger bestimmt hatte: Henri IV., Haus Bourbon. Stammtafeln II/1965, Taf. 17. – Zum 4. Sohn von Henri II s. A. 276.

278 Dieser kleine Abschnitt stammt von einem der Blätter «extra ordinem dierum descripta»

[21*] *Zwispalt zwischen Basel und Rhinfelden*[279]

Es erhůb sich ein unwillen zwischen der stat Basel und Rhinfelden volgender ursach halben. Ein burger von Rhinfelden, Ruchenacher genant, zecht vil molen in Basler gebieth mit den buren. Do er etwan böse wort außsties wider die schwitzer in gemein, nampt sy kiegschnier[280], eß were kein kalb im selben dorf, die buren hettens gemacht etc. mit anderen schmoch worten, so er oft dreib, wan er vol wardt. Kam derhalben in gfangenschaft, do er sich ußredet, eß were drunckener wyß beschechen. Wardt ledig, doch mit einer schweren urfecht[281] gelaßen. Do er aber nit nachlies und mit eim anderen uß dem selbigen dorf heiloßen kunden sich verbundt, an eim Basler dise gfangenschaft zerechen und aber mit schelt worten und schweren[282] die urfeecht übersach, wardt er widerum gefangen gon Basel gefiert und verurtheilt, man solt im die

(20*) und mag hier an einer Stelle erscheinen, wo er am wenigsten den Zusammenhang stört. – Platter vergisst in seiner Liste nach Nr. 10 und nach Nr. 11 die zwei kurzlebigen Päpste Innozenz IX. (1591) und Leo XI. (1605); anderseits hat er den letztgenannten Papst Paul V. (1605–1621) nicht überlebt, so dass die Behauptung «Ich hab 13 bäpst überlebt» trotz allem stimmt: 12+2−1=13.

279 *Rheinfelden:* Das schmucke Städtchen oberhalb Basels ist – ursprünglich nur auf der linken Rheinseite – im 11./12. Jh. entstanden; die auf einer Rheininsel gelegene Burg, der «Stein», ist etwas älter. Die Herrschaft Rheinfelden gelangte an die Zähringer und später an Habsburg. Die Stadt selbst war seit 1218 reichsfrei, kam aber schon früh unter österreichische Herrschaft (1330–1415 erste österr. Pfandschaft). Wieder reichsfrei wehrte sich Rheinfelden gegen eine zweite Pfandschaft, unterstützt von Basel, Bern und Solothurn, die 1448 den «Stein» eroberten und schleiften. Aber schon 1448 wurde die Stadt durch einen Überfall des österreichischen Adels überrumpelt und nun dauernd unterworfen; alle Andersgesinnten und alle Armen wurden vertrieben. Die Reformation wurde schon früh unterdrückt. Im 30jährigen Krieg sowie in den französischen Eroberungs- und Revolutionskriegen hatte die Stadt viel zu leiden. 1803 wurde sie samt dem ebenfalls österr. Fricktal dem schweiz. Kanton Aargau zugeteilt. – Seit dem Umschwung von 1448 galt Rheinfelden als Bollwerk des Adels und besonders schweizerfeindlich. Auch mit Basel kam es, namentlich im Schwabenkrieg und nachher, gelegentlich zu Reibereien. HBLS 5, 608ff.; Sebastian Burkart: Gs. d. St. Rheinfelden, 1909; Karl Schib: Gs. d. St. Rheinfd., 1961.

280 *kiegschnier* = Kuhschänder. geschní(g)en = gehijen, gheje, grobes Wort für fallen, dann u. a. ärgern, gelüsten und widernatürliche Unzucht treiben. Substantiv: gehijer oder gschnyer. Schw. Id. 2, 1106ff., spez. 1111 und 9, 1212ff. – Das schlimmste Schimpfwort gegen die Schweizer, neben den harmloseren «Kuhschweizern» und «Kuhmäulern». Besonders seit dem Schwabenkrieg war das böse Wort verbreitet und reizte die Schweizer schwer; es genügte daher allein schon das Muhen oder Plärren.

281 Diese Urfehde *Ruchenachers* war im Basler Urfehdenbuch IX (1551–1562, Ratsbücher O 9 im St.-Archiv) trotz langen Suchens nicht zu finden, auch nicht in dem Bande O 22, der einige Nachträge enthält. Auch in den Kriminalakten sowie in dem Aktenbündel Rheinfelden fehlt der Fall. Dagegen erfahren wir aus andern Rheinfelder Akten (s. A. 285) seinen vollen Namen: *Matthäus Ruchenacher,* der «Retz» genannt.

282 schweren, schwören = fluchen.

zungen zum nachet[283] auszien, doch uß gnaden vor⟨m⟩ Steinen thor sampt seinem gsellen enthauptet. Er hatt ein rot recklin an wie sein gsel und ein schön hůt auff. Bekent, sein bös maul brecht in um sein leben. Begert auch, das Ave Maria zesprechen, das im herr ...[284] prediger, der in dröstet, zůließ.

[22*] Die von Rhinfelden waren diser handlung halben übel zefriden, vermeinten, man hette allein, daß er die Schwitzer verachtet hat, gerichtet. Und drůg sich eben zů, das einer von Münchenstein eim, der Attenschwiler genant, und ⟨den⟩ die von Rhinfelden gefangen hatten, aus der gfangenschaft hulf, das er entran. Wardt dorüber ergriffen und baldt fir das malefitz gestelt[285]. So schickt ein ersamer rath zů Basel herr Henric Petri und herr Bernhart Branden der räthen hinuf, dem Münchensteiner

283 «nachet» (Hs. undeutlich) oder «nacket» sind hier gleichbedeutend mit «nacken» im Sinne von «Hals». Diese Bedeutung kennt ebenfalls Grimm, Dt. Wb. 7, 239u. Die Formen auf -t sind auch belegt im Schw. Id. 1, 164f. sowie im Sprachatlas d. dt. Schw., Bd. 4, Karte 25. Nach freundl. Mitteilung von Herrn Dr. A. Hammer vom Redaktionsstab des Schweiz. Wörterbuches (Schw. Id.).
284 Hier eine Lücke in der Hs., da sich Platter nicht mehr an den Namen erinnerte.
285 Über diesen Fall sind wir besser unterrichtet, vor allem durch das Ratsprotokoll von Rheinfelden (Stadtarchiv Rheinfelden, Mscr. Archiv-Nr. 8b, S. 57roff.) und eine Sammlung von Gerichtsakten (Archiv-Nr. 82, 32 Seiten), die mir Herr Bezirkslehrer Arthur Heiz freundlicherweise in Photokopien zugesandt hat. Der bei Platter anonyme Delinquent heisst *Bartholomäus Eckstein*, «der Weber von Zürich», sesshaft in Maisprach BL, sein langjähriger Gesinnungs- und Geschäftsfreund *Hans Jacob Adlschw(e)iler*, wohnhaft in Münchenstein BL, der sich auf «Nigromantia und Alchemey» verstand und sich deshalb bei Kurfürst Ottheinrich um eine Anstellung bewarb. Der Fall hat seine *Vorgeschichte:* Eckstein erregte schon viel früher in Rheinfelden Ärgernis wegen seiner feindlichen Einstellung; in seiner Urfehde vom 28. Dez. 1548 bekannte er, 1. er habe in Rheinfelden an einem Sonntag einem auf Leib und Leben nachgestellt, 2. dieser Mann sei Matthäus Ruchenacher (den wir als ebenso fanatischen Schweizerfeind kennen, s. Text), 3. er habe auch Hansen von Esslingen, Bürger zu Rheinfelden, an Leib und Leben abgesagt, 4. desgleichen dem Jochum Seiler. 5. Als sein Freund Adlschwiler einen Rechtstag in Rheinfelden hatte, wo er noch ein Haus besass, da kehrte Eckstein mit ihm auf dem Heimweg noch in der «Roten Kanne» in Basel ein, wo sie schwere Drohungen gegen Ruchenacher ausstiessen; E. wollte diesen «wie Kraut zerhacken» ... 6. Beide hassten Rheinfelden so, dass sie es «in eschen legen und verprennen» wollten usw. – Die Rheinfelder versuchten, diesen gefährlichen Mann gefangen zu nehmen, doch entwischte er ihnen. Sie klagten darauf beim Landvogt auf Farnsburg, Jkr. Hemann v. Offenburg (St.-A. Ba., Criminalia 26, E, Tom. 2, f. 188³); dieser liess seinen Untertan zu Maisprach gefangen nehmen und die erwähnte Urfehde schwören. Eckstein war kurze Zeit sehr demütig, aber bald darauf wieder «thrutzlich und hochmiettig». Als Adlschwiler 1554 in Rheinfelden gefangen gelegt wurde, da sann sein Freund Tag und Nacht auf Hilfe, schickte ihm durch dessen Tochter Briefe, ein Seil, eine Feile usw., half ihm zur Flucht über die Stadtmauer, und als jener wegen des kurzen Seils unglücklich fiel, trug er ihn zu einem Weidling und brachte ihn auf den rettenden Baselbieter Boden. Auch nachher kam er noch mehrmals unvorsichtigerweise nach Rheinfelden, sogar an strategisch gefährliche Orte, nahm fremde Weidlinge weg usw., bis er schliesslich anfangs Februar 1561 geschnappt und sofort vor Gericht gestellt wurde. – Über Hans Jakob Adelschweiler (†Aug. 1564), den Sohn des Rheinfelder Stadtschreibers s. B. R. Jenny: Amerbach-Korr. 7, 291ff.

ein bystandt zethůn. Die den anhůlten, nit also mit im ze ylen; er hette schon wie ein gůter frindt dem anderen aus nöten zehelfen, ⟨gehandelt⟩; wer drumb nit am leben zestrofen. Man gab inen bscheidt, sy solten nur zemorgen eßen, wolten darnach sich beroten. Hiezwischendt aber sy aßen, ließen sy im daß haupt abschlachen[286], welches ein gantze burgerschaft also verdroß, daß eß baldt ein lerman hette geben und nit mer die burger do inkeren wolten. Es hatt auch der stathalter Egs[287] nit gůten credit mer ze Basel.

Doruf wardt auch einer, Claus Meier von Rhinfelden, ettlicher mißhandlung halben gefangen, ylt man doch nit mit im, bleib doch lang in der gefangenschaft auf Eschemer thurn[288]. Do er durch den ofen, den er durchbrach, in das vorder theil kam und sich hinder der thüren hielt, bis im des obersten knecht bas[289] zeessen bracht, do er sy erwirsch[s]t[290] und hinin warf, daß ir geschwandt[291], der aber hinus drang, die thür verriglet und darvon kam.

286 Die zwei *Missivschreiben Basels* zugunsten Ecksteins sind erhalten in dem handschr. Band im St.-A. Ba., Missiven B 8 (1559–1562), S. 224f. Bürgermeister Franz Oberried schreibt am 8. Febr. 1561 an Seb. Truchsess, Pfandherrn des Steins Rheinfelden: «... hatt Barthlin Ecksteins, unseres unnderthanen Eewürtin. hütigen tags mitt bekümberten gemüet unnd hertzen fürgepracht, wie ... Schultheissen unnd Rhadt der Statt Rynfelldenn denselben Jren Eeman der nechstverruckten Tagenn ... fencklichen habent annemen unnd Jnziechen lassen, das er sich by dem fischerhus underthalb der Statt R. gelegenn ... (das seinem Freund A. gehörte) alls einem ungewonlichen faar über den Ryn hab füeren lassenn ...» Der Rat bittet, dass dies «mitt bescheydenlicher unnd Lydlicher straff bedacht werde» und appelliert an des Truchsessen «fründtlichen und Nachpurlichen willenn». Am folgenden Samstag, dem 15. Febr., wurde ein zweites Bittschreiben abgesandt. – Der Rat zu Rheinfelden beriet in mehreren Sitzungen über den Fall Eckstein, am 6., 7., 15. und 19. Februar 1561. Am 19. riet er der Bevölkerung, «das sy von wegen des gerichten Eckhsteins still gegen denen von Basel sein söllen», und verstärkte die Torwache. Am 20. Febr. 1561, während die Basler Ratsboten in der Stadt weilten und sich vertrösten liessen, wurde Eckstein mit dem Schwerte hingerichtet. – Christian *Wurstisen* (Diarium 1557–1581, hg. v. R. Luginbühl, BZ I/1901, S. 66f.) verteidigt den Delinquenten als unschuldig, und Luginbühl spricht gar von einem Justizmord. Dabei stellt der Fall Eckstein einfach das Gegenstück zum Fall Ruchenacher dar. Wer die Urfehde übertrat, wurde damals mit dem Tode bestraft; bei Eckstein kam noch erschwerend die Gefangenenbefreiung hinzu. Die Basler meinten sogar milde zu sein, wenn sie ihren Delinquenten zur einfachen Enthauptung «begnadigten».

287 *Ludwig von Eggs:* 1550 Landschreiber in Rheinfelden, 1563 lic. iur., Rat des Erzherzogs Ferdinand, 1565 Amtsmann des Steins Rheinfelden und der Herrschaft Wehr, 1592 geadelt, †1593 15. Febr. in Säckingen; Gemahlin Verena Wenz. Nach Kindler I, 182; BUB X und Urkundenb. Beuggen, ZGO 31, S. 179. Vgl. auch Seb. Burkart: Gs. d. St. Rheinfd., S. 342 und Matr. Ba. II, 337f.

288 Eschemer thurn: der *Aeschen-Schwibbogen* am obern Ende der Freien Strasse, also gleich neben Platters Haus. Vgl. Kap. 1, A. 381.   289 bas: die Base.

290 erwirscht (<wirs, Komparativ zu «weh») = verletzte. Seiler 316.

291 ir geschwandt = sie wurde ohnmächtig. – Der Fall *Claus Meier* fehlt ebenfalls in den Akten, da es ja gar nicht zu einer Urfehde kam.

Tafel 31

Zur Rheinfelder Fehde (S. 366ff.). Kupferstich von Matthäus Merian, 1663.

David Joris, †1556, der heimliche Erzketzer Basels, ein Nachbar der Platter in Gundeldingen. Bildnis von Jan von Scorel. Zu S. 349ff.

Der unwill zwischendt beiden stetten weret noch, und fiengen die von Rhinfelden fünf, darunder zwen uß der kleinen stat Basel[292] waren, noch iung und der ein gar thorechtig, wegen ettlicher schlechten sachen, die sy entwert[293] hatten. Man macht inen ein kurtzen proceß. Warden alle fünf an ein hochgericht, by Warmbach[294] ufgerichtet, gehenckt, dorunder die zwen Basler von ersten, welche iederman bedurt, wie ich auch mich, der dohin geritten zulůgt. Geschach den 24 Februarij anno 1561[295].

[135] Anno 61 zog ich von meinem vatter in sein nebenhaus zum Rotenflů[296]. Das gab er mir in. Allein behielt er die ober kammer noch ein zeit lang fir seine dischgenger, bis er mir das gantz haus ingab, sampt dem anderen doran. Das solt ich fir eigen han, an bezalung meiner eesteur, der 400 gulden, und meiner frůwen zůbrochte 100 gulden, die mein vatter entpfangen und verthon. Was also by meim vatter zehaus gwesen 3 jor 7 wuchen[297].

Ich fieng glich die erste nacht an, gest han, herr Wernhar Wölflin[298], herr Růdolf Schenck[299] etc., wie auch hernoch, wan ich von außreisen heim kam. Hůb an, am haus beßeren und bauwen. Hůlt ein magt.

[136] Die practic nam ie lenger ie mer by mir zů; bruchte⟨n⟩ mich fast alle, so von adel ze Basel woneten. Man bracht ein hauptman a⟨l⟩her von Ensisheim, Rummel genant[300], ein Niderlender; war by dem landt-vogt, so domalen war der grav von Eberstein[301]. Der war contract vom

---

292   Kleinbasel.

293   entwert = gestohlen.

294   *Warmbach:* rechtsrheinisches Dorf unterhalb Badisch-Rheinfelden.

295   Laut Wurstisen, Diarium, S. 66 einen Monat früher: 23. Jan. 1561. – Alle vier Abschnitte der Rheinfelder Fehde leicht gekürzt bei Buxtorf-Falkeysen: B. Stadt- u. Landgs., 16. Jh., 3. H., S. 48ff. und in Seb. Burkarts Rheinfd. Gs., S. 200f.

296   *Haus Rotenflů:* Freie Strasse 92/94, s. Kap. 1, A. 62. – Das gab er mir în (= ein) = Das überliess er mir.

297   Vom Hochzeitstag (22. Nov. 1557) an bis etwa Mitte April 1560.

298   *Werner Wölflin,* *1535, †1578, Tuchmann, d. R. Nach Wpb. Ba.

299   *Rudolf Schenk:* Eisenkrämer, d. R., s. Kap. 7, A. 84.

300   *Rummel:* unbekannt.

301   Das Stammschloss der *Grafen von Eberstein,* Neu-Eberstein (heute Ruine) erhob sich hoch über dem Murgtal, S von Gernsbach, ca. 7 km E von Baden-Baden. Die Familie spielte im 13.–17. Jh. eine Rolle. Kolb: Bad. Lex. 1, 245f. und Baedeker. Der von Platter genannte Landvogt zu Ensisheim ist ohne Zweifel *Graf Philipp II. v. Eberstein* (1523–†1589 11. Sept.) Sohn des Grafen Wilhelm IV. (1497–1562) v. E. und der Johanna Gräfin zu Hanau-Lichtenberg (†1572). Er hatte wie sein jüngerer Bruder Otto IV. dem Kaiser im Felde gedient und war 1556 kaiserl. Landvogt und oberster Hptm. der vorderösterr. Lande bis mindestens zum Tode des Vaters 1562. Er war verheiratet mit 1. 1556 Anna Gräfin von Donliers (†1563), 2. 1564 Katharina Gräfin von Stolberg und Wertheim, beide Ehen blieben kinderlos. Im spanischen Dienst war Philipp katholisch, nachher reformiert wie seine 2. Gemahlin. Er war arg verschuldet. Die letzten 12 Jahre war er geistesgestört und hatte einen Stellverteter. Die Nachfolge übernahm sein Bruder *Otto IV.* der das Geschlecht fortsetzte. Ihre Schwester Kunegund war verheiratet mit Christoph

grimmen worden[302], lam an handt und fießen; that man ins schärhaus an Fischmerckt, zů meister Lorentz[303]. Er kont zum wenigsten sich weder keren noch wenden. Den curiert ich, daß er wider heim reiten kont mit seiner frauwen, ein Niderlenderen, die in holt. Ich hatt auch domalen in der cur den Peter Mägereth[304], so auch im scherhaus lag und löcher unden ⟨hatt⟩, doruß der harn schwitzt; wert lang. Sein vatter wont zů Engelsot, by der isenschmeltze, ein reicher man, hatt vier sün, dorunder einer burger ze Befort, hernoch burgermeister. Der ander, Theobald, D. juris, hernoch des apts von Můrbach cantzler; der iüngst wirtet mit dem vatter. Der Peter, so ein kriegsman und in Niderlandt in kriegen gwesen, alß Philippus künig in Engellandt war[305]. Zů im wandlet oft juncker Christophel von Ramstein[306], so auch uß dem zug kam. Der mich hernach lange jar braucht. Der Megereth lies mir ein isene ofenblatte zů Engelsot gießen, wegt 7 centner.

Froben Graf *von Zimmern*, dem Verfasser der originellen Zimmerischen Chronik, der an Philipps erster Hochzeit teilnahm und die Fress- und Saufgelage in Bitsch nachher beschrieben hat; s. dazu B. R. Jenny in seiner Diss.: Graf Froben Chr. v. Zimmern, Konstanz 1959, spez. S. 114. Diesem verdanke ich auch den freundl. Hinweis auf das Buch von G. H. Krieg von Hochfelden: Gs. der Grafen von Eberstein, Carlsruhe 1836, s. spez. S. 158ff. u. St. Tf.

302 contract vom grimmen: vor Schmerzen zusammengezogen. grimmen = Zähneknirschen oder Schauder in Folge von Schmerz, Schw. Id. 2, 734.

303 *Lorenz Richard:* Scherer am Fischmarkt, s. Kap. 7, A. 68.

304 *Peter Mägereth:* Der Vater Peters ist wahrscheinlich *Claude Megerer* oder *Maigré*, Schultheiss von *Engelsot* (Angeot). Dieses liegt ca. 13 km NE von Belfort, der Name kommt von einer Quelle; das Schloss gehörte ursprünglich einer Adelsfamilie gleichen Namens (Baquol 27). Wie mir Herr Chr. Wilsdorf, Directeur des Services d'Archives du Haut-Rhin, freundl. mitteilt, war Claude Megerer – zusammen mit Dela Deschamps in Belfort – Mitbesitzer der Bergwerke von Etueffont (NE von Belfort, an der Strasse von Giromagny nach Rougemont). Das Archiv Colmar besitzt unter dem Aktenzeichen C 611 mehrere Beschwerdebriefe aus dem Val de Rosemont gegen die beiden Hüttenbesitzer: «Les plaignants les accusaient de dégrader leurs bois, de monopoliser les grains, d'acheter des bien-fonds pour lesquels ils prétendaient être francs de subvention et de contribution ...» Die Beschwerden fallen in die Jahre 1562/63 und sind gerichtet an die Regierung in Ensisheim. – *Theobald Megerer* ist bezeugt bei Knod: Oberrhein. Studenten ... in Padua, ZGO 16 (1901), S. 192, 249 sowie im Urkundenbuch Beuggen, ZGO 31, S. 182 als lic. iur. 1580, bei Gatrio: Die Abtei Murbach i. E., Bd. 2, S. 230, 254 als murbachischer Kanzler. Laut Vorderösterreich, hg. v. Alemann. Inst. Freiburg i. Br. 1959, II, S. 513 kaufte Thomas Mägrer (wohl Verwechslung mit Theobald M.), Kanzler der Abtei Murbach, 1583 das Schloss Ingelsot; dieses blieb fortan im Besitz der Familie. – Zu Giromagny («Schermänien») und Auxelle s. Tr. Geering: Handel und Industrie d. St. Ba., S. 434f. und Friedrich Meyer: Andreas Ryff, Reisebüchlein, BZ 72/1972, S. 41 und 113, A. 48. Zu Dela Deschamps s. u., Kap. 8, A. 382.

305 König *Philipp II.* von Spanien (reg. 1555–1598), das Haupt der Gegenreformation, war der Gemahl von *Maria der Katholischen*, Königin von England 1553–†1558.

306 *Hans Christoph von Ramstein:* Sohn des Beat Ludwig v. R. und der Maria Jakobea v. Utenheim; vorderösterr. Rat zu Ensisheim 1575, Vogt zu Isenheim 1583, zu Rufach 1583 bis 1587, †1612 13. Nov. Gemahlin: Johanna von Syrgenstein. Kindler III 319.

Es hat meister Lorentz der schärer[307] vil duben, und wil ich auch vil hatt, dübleten wir vil mit einander. Ich gab wol 18 taler dis jars um duben, kauft die aller thürsten, die gschwingten genant, und cyprische mit kurtzen schnebelin; lies von Strasburg bringen, das par um 2 gulden. So mir eine entflog von den kostlichen, můs ich sy thür lösen, etwan auch mit eim gulden. Hatt also mein freudt domit, wie auch mit lutenschlagen im schärhaus, do meister Lorentz zů mir schlůg.

Ich wardt hinweg berieft und verreißt auf die practic IX mol dis jars. Bleib aus 2 wuchen und 3 tag. Gon Fischingen[308] zů eim krancken, 1 tag. Item gon Rötelen zů Ulrich Mülner[309], dem burgvogt, so mir altzyt treuwt hat, do ich zů Rötelen anno 51 gewont und in die gerten gieng, hernoch meiner[310] fro wardt und um verzichung batt, alß er in der krancheit meiner[310] bedorft. Half im auch hernoch, do er in ungnoden des Marggraven kam und um 1500 gulden gestroft wardt, daruß die große bügß, so man den «Niemandtsfrindt» nempt, wie man domolen dem burgvogt ein übernamen gab, erkauft worden und auf Hochberg steet, das er ze Basel underkam und D. Beri dochter Margreth zur ee nam[311], by deren er ein kindt ⟨hatt⟩ und hernoch baldt starb.

Ich reit auch gon Lörach, und hernoch wider zwuret[312] zů Albrecht Gebwiler[313] und Peter Horauf[314], die do kranck lagen. Ich reit auch gon

307 s. o. A. 303. Zur Taubenzucht vgl. Kap. 8, A. 229.
308 *Fischingen:* kleines Dorf ca. 10 km NW von Lörrach.
309 zu Ulrich Mülner s. Kap. 1, A. 546 u. 552.
310 Hs.: meinē = meinen; der richtige Genitiv des Personalpronomens lautet jedoch mîn oder mîner, nhd. meiner.
311 Dieser Satz ist abhängig vom vorletzten: Half im auch hernoch ..., das er ze Basel underkam usw. Zum Inhalt vgl. Kap. 1, A. 553.
312 zwuret = zweimal; mhd. zwi(e)r, zwire (Lexer) und basellandsch. zwurig (Seiler 330).
313 *Albrecht Gebwiler* war der Sohn des mit der Familie Platter befreundeten markgräflich-badischen Kanzlers und Landschreibers zu Rötteln, Dr. Peter G., bei dem Felix in der Pestzeit 1551 Zuflucht gefunden hatte; s. Kap. 1, A. 514, Text.
314 *Peter Horauf* (Harouff), «doctoris Petri Gebwilers frauwen schwester sun», also ein Sohn eines N. Horauf und einer N. Klett, ist nicht näher bekannt, auch nicht in der badischen Nachbarschaft. Zusammen mit Albrecht Gebwiler war er 1551 und 1553 Tischgänger bei Thomas Platter. Am 25. Jan. 1560 finden wir ihn im Eheregister von St. Peter: Petrus Harouff von *Hattstatt* (8 km SW von Colmar) ∞ *Regina Guttinn* von Retelen (Chr. M. Vortisch: Markgräfler Einträge in den Basler Kirchenbüchern im 16. u. 17. Jh., Das Markgräflerland 29/1967, H. 1, S. 15ff., Nr. 11). Wenig später, am 2. März 1560 wurde der «Junker Peter Harrouff», zusammen mit Philippus Orellus von Luggarus (Locarno) ins Basler Bürgerrecht aufgenommen. Öffnungsbuch 8 (1530–1565), St.-Arch. Ba., S. 185 verso. Vgl. Priv.-Arch. 578, A 1 (Weiss), S. 371. Schon wenige Wochen später jedoch wurde er wegen übler Behandlung seiner Ehefrau eingesperrt und um 20 lb gestraft: «Demnach und er liederlichen und unnützlich hußhaltet, gegen seiner Eefrowen unfridsam lebt, Ein Bygell (? = Beil, vgl. Kap. 1, A. 446) unnd ein Büchsen schafft noch Iren geworfen, Sy tretten, gschlagen, mit einem wydner (<mhd. weidenaere = Jagdmesser) verletzt, Gott übell gelestert, und dermoßen so ongebürlichen mit Jren gehandlet, das

Rhinfelden und Birseck zů Martin Jacob dem burgvogt[315]. Item gon Pfeffingen zum obervogt Ramerstal[316]. Item gon Brunttraut zů des bischofs cantzler, Esajas Danckwart[317]. Der laboriert colico dolore et convulsionibus[318]; hatt des bischofs dochter Euphrosinam. Bleib do 4 tag im november. Hat vil ze thůn zů Bruntrut bim Colinet[319] und andren. War by bischof Melchior[320] [137] in sundren gnaden und aß der mertheil ze hof, do ir fürstlich gnaden mit mir vil conversiert. Hatt sunst auch ze Bruntrut vil, die mich bruchten, alß Hans Baumgart[321] der meier, Erhardt Baiol[322], Johan Colinet[323] schulthes, Servatius Bitschin genant

sin Eefrow Jm Jnn den graben entrynnen müßen. Ist er acht tag Jnn gfenckniß gleyt, umb XX lb stebler gestrofft und uff Sambstag den 13 Aprellens ditz 60 Jars, mit gmeyner *urphet* gnediglichen wider ußgloßen, hatt darby ouch geschworen, das er hinfürt mit siner Eefrowen fridsam und früntlich Leben, sich des übertrinckens und der Liederlichen unnützen gsellschafft ... abthůn und wol hußhalten solle, desglichen die bemelte stroff biß Sambstag nechstkünfftig unsern gnedigen herren ans bret (auf den Zahltisch) überantworten welle.» Urfehdenbuch IX (1551–1562), Ratsbücher O 9 im St.-A., S. 198 verso. – Zugleich wurde «*Michell Füster* von Sant Gallen ein scherer» mit ihm gefangen gelegt, «alsdann er by Peter Horrouff ein gůte Zyt gewont, mit Jm geßen und truncken, hin und wider zogen, sinem onnützen Liederlichen hußhalten zůglůgt, und Jn wol hette mögen abnemmen von synem toben und wüten, als er sin Eefrowen gantz onbürlich tretten und gschlagen ...».

315 *Martin Jacob*, Burgvogt (Obervogt) von Birseck; Merz: Sisgau III 111. – Die (untere) *Burg Birseck*, östlich oberhalb Arlesheim, zeitweilige Residenz der Basler Bischöfe, zerfiel im Erdbeben 1356, 1793 wieder zerstört; seit 1435 bis ins 18. Jh. sass auf Birseck, später in Arlesheim und zuletzt in Basel, ein bischöflicher Vogt, der das ganze Birseck (Bezirk Arlesheim usw.) verwaltete. HBLS 2, 255.

316 Ramerstal: *Hans Jakob Reymerstall*, Obervogt von Pfeffingen, identisch mit Roemerstal, adlige Familie des Fürstbistums Basel, aus dem Elsass stammend; HBLS 5, 666. – Von Hans Jakob existieren zwei Briefe an Felix Platter: Univ.-Bibl., Mscr.-Band Frey-Grynaeum I 6, S. 211, 235. – Das *Schloss Pfeffingen*, beim gleichnamigen Dorf, S von Aesch, heute eine Ruine, war lange Sitz der Grafen von Thierstein, seit 1522 bischöflich, doch war die Stadt zum Teil Pfandgläubigerin, und der Vogt musste auch ihr schwören. HBLS 5, 420.

317 *Esajas Dankwart:* seit 1546 Sekretär, seit 1558 Kanzler des Bischofs von Basel, seit 1554 23. April «grand bailli» (Obervogt) des Birseck, †1562 Febr. in Pruntrut. (Demnach wäre er wohl der Vorgänger Martin Jacobs als Obervogt des Birseck.) Er war verheiratet mit *Euphrosyna von Gundelsheim*, Tochter des Bischofs von Basel, Jakob Philipp von G. (reg. 1527–†1553). Freundl. Mitteilung von Dr. André Rais, Conservateur des Archives de l'ancien Evêché de Bâle, Pruntrut. Über Pruntrut als Residenz der Basler Bischöfe s. Kap. 8, A. 209.

318 Kolik: Bauchgrimmen, vom Dickdarm. Konvulsionen = Krämpfe.

319 *Johann Colinet:* Schultheiss von Pruntrut, Notar des bischöflichen Hofhalts, s. Kap. 8, A. 210.

320 Bischof *Melchior von Lichtenfels*, reg. 1554–†1575, s. Kap. 8, A. 211.

321 *Hans Baumgart* (Jean Verger ou Vergier), Bürgermeister von Pruntrut, ∞ Catherine (Cathin) Loreillard. Freundl. Mitteilung von Dr. André Rais.

322 *Erhardt Bayol* (Bajol): aus alter Delsberger Familie (s. HBLS 1, 541), *ca. 1554 als Sohn des Bürgermeisters Georges B. (Notar, Bürgermeister 1559–1565) und der *Jeanne Deschamps*, einer Tochter von Platters reichem Patienten Dela Deschamps. Er studierte 1560/61 in Basel: «Erhardus Baiol Porrentrutensis», Matr. Ba. II 125. Freundl. Mitteilung von Dr. André Rais.   323 *Johann Colinet:* s. o., Kap. 8, A. 210 u. 319.

Fingerlin[324] etc. Item sunst vilen, so mich drumb erschůcht[325], geroten, gon Milhusen Onophrion Beck[326], hauptman Hans Finiger[327], der eptißin von Olsperg[328]. Die hat ein vetteren by ir, Jhan Baptist Bůbenhofer[329], war ir schier zůgeheim, wie auch hernoch ein anderer, den von Herlisperg, der ir ein tafelen in die kirchen schön gemolt machen lies, do er contrafetet[330] knüwt und ich zur eptißsin lachent sagt, ich glůb, die frauw seche im gebet mer uf die contrafetung dan uf andre heilgen. Sy war ein frölich wib. Alß sy mich anfangs beschickt und ich fir das kloster kam und noch iung, kein bart, meinten sy nit, daß ichs were; den ir die junckeren, so zů Rhinfelden wonten und ich gedient, ⟨mich⟩ iren gelopt, bis ich mich iren zů erkennen gab und hernoch seer gebraucht, auch oft geladen, sampt meiner hausfrauwen, zů allerley kurtzwil alß faßnacht etc., do wir die luten gebraucht, mumery und andre spil. Sy beschickt ein mol mein hausfrauw in ir gmach, do hatt sy ein gmacht geschnizlet nacket kindlin, gar zierlich, alß lebte eß und schlief; hatt es in ein wiegen, zeigt es meiner frauw mit vermelden, eß were geschickt. Main frauw vermeint, eß were lebendig, marckt doch zlest den drug, deßen wir alle lachten. Ich gedocht, in klösteren ettlichen wer das ein bruch, die rechte kinder also mit zeverbergen.

Ich hab sunst auch von haus uß curen gebraucht, zů Wil by juncker Rüttner[331], zů Than by ettlichen, dorunder der Ströli[332], Jacob Küwer[333],

324 *Servatius Bitschin* genannt Fingerlin: Dr. iur., Rat des Bischofs von Basel, wohnhaft in Pruntrut, verheiratet mit *Jeanne Deschamps*, der Witwe des Erhard Bayol, s. A. 322. Er prozessierte 1584–1587 im Namen seiner Frau gegen Adam Camus von Hertzberg, Vogt der Herrschaft von Rougemont, wegen ihrer Rechte auf zwei Weiher bei Evette im Tal von Rougemont, die den Erben des Dela Deschamps zugesprochen waren. Freundl. Mitteilung von Dr. Chr. Wilsdorf (Cote C 846 des Archives dép. Colmar).

325 Hs. undeutlich; Hs. Passavant: ersuchten.

326 *Onophrion Beck:* s. Kap. 3, A. 577.

327 *Hans Fininger:* Sohn des Panthaleon F., Müller, und der Elisabeth Tilger (recop. Michel Thiser), war Bürgermeister von Dammerkirch, Wagner in Mülhausen, Hauptmann in Piemont; ∞ 1. N. Wygerich von Schlettstadt, 2. vor 1543 Agnes Kleinpeter, Witwe von Ludwig Roppolt. Er starb 1561. Nach Phil. Mieg: La révolte des Fininger, 2e partie, BMHM 64/1956, p. 80 (Stammtf.).

328 Über das Kloster *Olsberg* und *Katharina v. Hersberg* s. Kap. 8, A. 206.

329 Joh. Baptist *Bůbenhofer:* unbekannt, dem Vornamen nach ein Elsässer. – Der andere Vetter der Äbtissin, ein v. *Herlisberg* ebenfalls unbekannt, vielleicht ist der Name identisch mit v. Hersberg.

330 contrafetet = nachgebildet, frz. contrefait, vgl. Konterfei.

331 Rüttner: Die *Reuttner* stammen ursprünglich aus St. Gallen (Rütiner), der Basler Zweig nannte sich seit der Übernahme des Schlösschens Weil am Rhein «*Reuttner von Weyl*», heute Grafen Reuttner. Platters Kunde ist *Johann Jakob R.*, Sohn des Oswald R. und der Dorothea N., minderjährig 1542 und 1546, studiert 1552/53 in Basel (Matr. Ba. II 76: J. J. Rutinerus, Basiliensis), 1554 vom Markgrafen von Baden mit Lehen zu Herten und Degerfelden belehnt, wohnt 1563/64 im «Schlössli» zu Weil, wird bischöfl. Vogt zu Zwingen, †1585 oder 1586; ∞ *Kunigunde v. Reischach*, Tochter Ludwigs v. R. und der Kath. v.

scherer zů Heimersdorf, Madame de Mailly[334], zů Bintzen bim burgvogt
Wernher Wagner[335], zů Eimatingen pfarherr Johan Mittelbach[336], zů
Dälsperg caplan Bögle[337], zů Crentzach der von Berenfels[338].
Ich entpfieng dis jars allerhandt brief by 84, do ich fast uf al antworten
mießen. Gwan mit der practic 374 lb 8 ß 6 d.

[23*] Es kam einest der von Gritt[339], apt zů Muri, gon Basel, kart by
meim vatter in, zů dem er kundtschaft in Wallis im Leucker badt gemacht. Wir schickten ein bůben nach meim vatter, so zů Gundeldingen
was. Dem sagt der bůb, der bapst von Muri were kommen, er solte heim,
welches ein glechter gab[340]. Mein vatter lůdt im herr Jacob Riedin, der
in kant, zegast. Alß der apt verreißt, lůdt er mich und herr Thiebolt[341],
die im mit luten gehofiert hatten, wir solten zů im gon Muri ins kloster
kommen. Wir vereinbarten uns hernoch, reiten mit einander den ersten
tag gon Frick[342], do wir übernacht bleiben. Morndes zogen wir gon

Königsbach gen. Nagel. – Hans Jakobs Grossvater kaufte 1519 in Basel den Thiersteiner-
hof, welcher als Reuttner-, später Schilthof (Freie Strasse 96, neben Platters Haus) bis im
18. Jh. im Besitz der Familie blieb. Nach Kindler v. Knobloch III 504 u. B. R. Jenny:
Amerbach-Korr. 6, 248. Vgl. auch Ludwig Keller: Gs. d. St. Weil a. Rh., 1961, S. 59
u. 136.

332 *Hans Strölin*, des Rats zu Thann. Arch. de Thann, BB 11. Freundl. Mitteilung von Mlle
    L. Roux, Arch.-Adj. du Haut-Rhin, Colmar.

333 *Jakob Küver* (Kiefer?): unbekannt. *Heimersdorf:* an der N 432, ca. 6 km S von Altkirch.

334 *Jeanne de Mailly*, Gräfin: 2. Gemahlin des Barons von Froberg, sesshaft in Heimersdorf,
    s. Kap. 8, A. 426.

335 *Werner Wagner*, Burgvogt zu *Binzen* (NW von Lörrach), s. Kap. 1, A. 548.

336 *Johannes Mittelbach* (Mittelballner): ein Religionsflüchtling aus der Steiermark, studierte
    1552/53 in Basel (Matr. Ba. II 79: Johannes Mittenburgerus ex Stiria), 1556–1558 Pfarrer
    in *Eimeldingen* (W von Binzen, ca. 6 km N von Basel). Heinrich Neu: Pfarrerbuch d. ev.
    Kirche Badens v. d. Ref. bis z. Ggw., II 415. – Markgraf Karl II. begann 1556 die Ein-
    führung der Reformation in Baden. In seinem Auftrag schickte der Basler Antistes Simon
    Sulzer ref. Pfarrer in alle bad. Dörfer; an die Spitze der Diözese Rötteln trat Prof. Thomas
    Grynaeus. Nach Carl Roth in Das Markgräflerland, Jg. 10, Heft 2/1939, S. 60.

337 *Kaplan Bögle:* unbekannt.

338 *Jkr. Hannibal I. von Bärenfels:* s. Kap. 8, A. 213.

339 *Christoph von Grüt:* Abt von Muri 1549–†1564. Er war der Sohn des Joachim v. G., des
    bedeutendsten Führers der altgläubigen Partei in Zürich gegen Zwingli. HBLS 3, 778.
    Thomas lernte den Abt im Leuker Bad kennen, also 1560. Daraus ergibt sich die Datie-
    rung dieses Blattes 23*, das übrigens auch bei Boos 329f. steht, wenn auch ohne den
    Schluss.

340 Hs.: hab.   341 *Diebolt Schoenauer*, s. Kap. 1, A. 153.

342 Die beiden ritten über Rheinfelden–Säckingen–Frick, den *Bözberg*, wobei sie bei *Bözen*
    den kleinen Abstecher nach *Elfingen* machten, nach *Brugg*, und von da der Reuss entlang
    aufwärts nach *Muri*. Am ersten Tag legten sie bis Frick 36 km zurück; die zweite Tages-
    strecke betrug jedoch nicht, wie Platter meint, «zwo groß milen» (15 km), sondern das
    Doppelte: nach Brugg 16 km, und nach Muri ca. 30 km. Das entspricht zwar dem nor-
    malen Tagesdurchschnitt Platters von 45 km (vgl. Kap. 4, A. 239), doch hielten Umweg,
    Morgensuppe und schlechte Wege die Reisenden lange auf.

Bötzen, darnach ab weg zur kilchen Elfingen, do wir by herr Matheo, predicanten zů Bötzen, inkarten, der uns salmen zur morgen sup gab. Von dannen reiten wir durch ein unwegsamen weg gon Bruck, von dannen nach Muri[343]; waren zwo groß milen, doran wir wol sex stundt reiten, also daß es nacht war, eb wir dar kamen. Wir draffen in der fünstere ein holen gaßen an, war ein diefe lachen[344]; ich reit vor anin, kam mit beschwerden darus, verbarg mich nit weit darvon, wolt sechen, wie herr Thieboldt dardurch kem. Alß er anfieng drin kommen, sagt er: «Oho, sindt wir so lang gritten und mießen erst in dem kot verderben!» Do lachet ich. Alß ers hort, sagt er: «Waß böser bůben findt man uf der stroß!»

Alß wir ze Muri ankamen, sas der apt bim nachteßen, war schier im endt, hatt ein gůten rusch. Wir satzten uns zů im, waren durstig. Er bracht uns stets[345], und alß er nit mer mocht und wol bezecht wardt, sagt er: «Es möcht mein todt sein, sy schlachen mir keinen ab[346], sy sindt so willig.» Er lies uns in sein kammer legen, thet daß kensterlin[347], dorin das silber geschir, auf, auch die drög[t] und sagt: «Daß ist alles euwer, sindt nur gůter dingen!»[348] Morndes hůlt er uns statlich, zeigt uns nach mittag sein sen hof[349]. Am mentag reit herr Thieboldt wider heim; ich bleib bim apt. Der reit am zinstag mit mir gon Bremgarten[350] in sein hof, do aßen wir ze mittag. Darnoch reit er wider heim, gab mir sein schreiber Loriti, der reit mit mir gon Lucern, die stat zů besechen.

Do kart ich in der herberg in. Morndes leistet man mir gůte geselschaft, dorunder der schulthes von Mecken[351], ritter des helgen grabs, und Antonyus Clauser[352], des apoteckers Clausers sun, so man den richsten Eidt-

343 *Muri:* auf halber Strecke zwischen Brugg und Luzern. Bedeutendes ehem. Benediktinerkloster, vor und nach der Reformation eines der reichsten Klöster, damals jedoch schwer geschädigt. Der versoffene Abt von Grüt passt so recht in diese Zeit des Niedergangs vor dem Wiederaufstieg unter Jodocus Singeisen (1596–1644). HBLS 5, 215.

344 lache (f.) = Pfütze.

345 bracht uns stets = trank uns stets zu.

346 Sie «stiegen ihm nach», Form des commentmässigen Trinkens.

347 kensterlin (basl.) = Kästchen.

348 sindt (3. Pers. Pl. Ind., heute: sinn) baseldt. statt des Imperativs 2. Pers. Pl., also: seid!

349 sen hof = Bauerngut.

350 *Bremgarten:* malerisches Städtchen an der Reuss, ca. 10 km N von Muri, mit Amtshof des Klosters Muri.

351 Der Schultheiss von *Luzern* ist, wie mir Herr Schmid vom St.-Arch. des Kts. Luzern freundl. mitteilt, *Nikolaus von Meggen* (Personalregister von Dr. P. X. Weber). Er war ein Schüler Glareans und Schwager des Kardinals Schiner, machte 1519 eine Pilgerfahrt nach Jerusalem und wurde nach zahlreichen anderen Ämtern 1545 Schultheiss von Luzern, wo er die kaiserliche Partei anführte. †1565. Näheres s. HBLS 5, 65.

352 *Anton Clauser:* Apotheker und Grossrat, †1568, Sohn des steinreichen Apothekers *Konrad Clauser* (*1480, †1553) aus Zürich, niedergelassen in Luzern. Auch dieser unternahm eine Pilgerfahrt nach Jerusalem, vermutlich auch Reisen nach Ägypten und China. Über seine

gnos schetzt und zwo döchteren in die ee geben hatt, eine dem juncker
Sunnenberg, die ander juncker Heinric Fleckenstein, und jede 50.000
gulden vom vatter gerbt hatt.

Wir[t] thaten ein obendrunck in des von Sunnenbergs haus, der vil
instrument hatt, domit wir musicierten. Alß wir vor dem nachteßen uf
der brucken stůnden und by uns der schulthes von Mecken, kompt einer
in hosen und wammeß blůw gekleidet, dohar geloffen, blůtet im angesicht, darvor er das fatzenetlin³⁵³ hatt, klagt dem schulthes, man het in
wellen mürden und hett in einer also gebißen, dergstalt, wie wir sachen,
daß der ein packen allerding³⁵⁴ ofen war, das man im die zän durch-
hinderen sach. Hernoch hatt es sich erfunden, daß es ein pfaff war, den
einer by seiner frauwen hatte fund⟨en⟩ und in erwitscht, zeboden geworfen und, alß er ⟨kein ander wehr hatte, im⟩ mit den zenen also das
angsicht ⟨zerbißen, darnach von im entrunn⟩en und also darvon ge-
loffen³⁵⁵.

Ich besucht⟨e domalen den herr⟩ Frantz Venetz³⁵⁶ heim, den teufel-
bschwerer; ⟨zog morndrist widerumb⟩ nacher hauß.

(Hier beginnt die Handschrift von Thomas II.)³⁵⁷

[137] Anno 1562 bekame ich von tag zu tag ije lenger ije mehr pratick,
so woll in der statt bey den einwohneren, als auch von frömbden, welche
theils zu mir kamen und sich ein zeitlang aufhielten, meine mittel zu
gebrauchen, theils gleich widerumb fort reiseten und die mittel sampt
meinen rhadtschlägen mitt nammen, theils frömbde forderten mich in

Ämter usw. s. HBLS 4, 501. Wie mir Herr Schmid vom St.-Arch. Luzern freundl. mitteilt, war die eine Tochter Konrads, *Anna Catharina* verheiratet mit *Jkr. Jakob von Sonnenberg*, *1533, †1576, Sohn des Christoph v. S., s. HBLS 6, 447; die andere, *Anna* Cl., war
die 1. Gemahlin von *Jkr. Heinrich v. Fleckenstein*, *1484, †1559, der an den Schlachten
von Dornach, Novara, dem Dijonerzug und Marignano teilgenommen hatte, Landvogt
im Thurgau und in Baden war, Schultheiss von Luzern 1535, Ritter, diplomatisch tätig,
durch Seiden- u. Wolltuchfabrikation und Kornhandel reich geworden. HBLS 3, 171.
353 fatzenetlin <ital. fazzoletto = Taschentuch. Schw. Id. I, 1144f.
354 Hs.: allerlerding.
355 In der Original-Hs. ist der Rand ein Stück weit zerstört. Die eingeklammerten Stellen
    sind mit Hilfe der Kopie Passavant ergänzt; nur statt des fehlerhaften «ihn» habe ich den
    Dativ gesetzt: im mit den zenen das angsicht zerbißen. – Die gleiche Anekdote («Malae
    portio mordicus abrupta») erzählt Platter in den «Observationes» 1614, III, p. 557f., aber
    fälschlich auf 1574 datiert, lange nach dem Tod der Begleitpersonen von A. 351f.
356 Über *Franz Venetz*, den Teufelbeschwörer, s. Kap. 8, A. 249.
357 Hier beginnt der von dem jüngeren Halbbruder *Thomas II.* geschriebene Teil, auf der
    gleichen Seite 137, wo der Bruder aufgehört hat. Thomas schreibt in der Ich-Form, also
    wohl auf Diktat des Felix oder nach dessen Notizzetteln, wohl eher das letztere. Es
    sind die Seiten 137–184 des Manuskriptbandes und 16 Seiten Brouillon. Die Reinschrift
    behandelt die Jahre 1562–1564, das Brouillon das Jahr 1565. Nicht nur die Schrift, son-
    dern auch die Orthographie ist sehr verschieden von der des Felix (vgl. Einleitung).

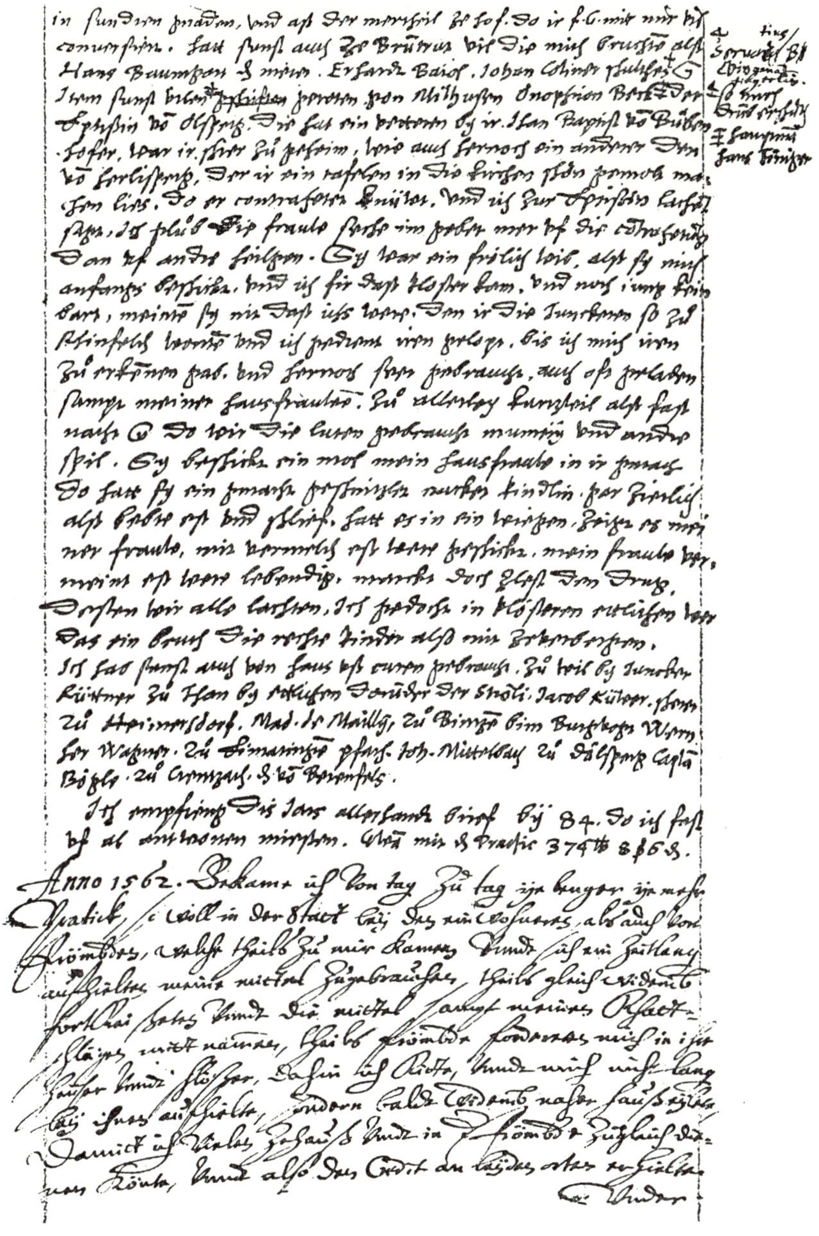

Abb. 15. *Schriftprobe* aus dem Tagebuch Felix Platters, Mscr. A λ III 3, fol. 137, ca. halbe Größe. Im letzten Drittel, ab Anno 1562, die barocke Schrift von Thomas II.

ihre häuser und schlösser, dahin ich ritte und mich nicht lang bey ihnen
aufhielte, sondern baldt widerumb naher hauß eylete, damit ich vielen
zehauß und in der frömbde zugleich dienen könte und also den credit an
beyden orten erhielte.

[138] Under denen, die mich zu Basell rhatts frageten und meine mittel
entweder abforderten oder daselbsten brauchten, erinnere ich mich noch
von den fürnembsten nachfolgender personen. Erstlich brauchte mich
oft der edel[358] und vest junker Hanibal [359] von Berenfels zů Crentzach,
für sich und die seinen. Item junker Christoffel von Stauffen, welcher ein
blasen stein gehept und gar lang auch am blateren geschwer geserbt hatt,
hab ihn gar lang in meiner chur gehept; lettstlich ist er gar waßersüchtig
worden und, nach dem ihme der brandt in die aufgebrochenen schenkel
kommen, gestorben. Er verehrt mir ein affen, damit ich desto williger
wehre, verhieße mir ein vergültes ührlin, so bey 12 gulden wert, daz ich
nach seinem todt haben solte. Daruf ich ihm lächerig geantwortet, der
junker sollt mir es bey seinem leben geben, sonst möchte ich minder sorg
haben, daz er lang lebete. Nach seinem todt schluge mir sein tochter daz
ührlin ab, daß mich verursachet, desto mehr ihren zufordern. Diser
junker hatt dise tochter Anastasiam von einer grävin von Lupfen gezeuget, so zevor ein herren von Stauffen gehept[360], und als der herr von
Stauffen gestorben, und er sein hofjunker gewesen, hatt er sie ghen Basel
entführet und daselbsten zur kirchen geführet, darüber herr Antonius[361],
gemelter grävin sohn, sehr übel zufriden und ihm nach dem leben ge-
trachtet, auch alhie uf der Rheinbruck über ihn zuket[362] hatt, als er ihn
ohngefehrt auf der Rheinbrucken angetroffen hat, dohero ⟨d⟩er Stauffe-
ner, also nennet man ihn, sich nit dorft auß der statt laßen. Nach dem
die grävin von Lupfen gestorben und bey St. Lienhart begraben[363], hatt
er noch 2 frauwen zur ehe genommen. Sein tochter Anastasia ist nachmahlen mitt dem herrn Sigmundt von Pfirdt, thumprobst zu Basell, ver-
heurahtet worden[364], hatt söhn und töchteren gezeuget, darvon nachmahlen soll meldung beschechen.

358 Hs. undeutlich: adll.
359 Hs. undeutlich; zu *Hannibal von Bärenfels* s. Kap. 8, A. 213.
360 Die erste Gemahlin des Junkers *Christoph von Staufen*, die Gräfin *Agnes von Lupfen*, war
     die Witwe seines Oheims *Leo von Staufen*; er selber war ein Bastard von dessen Bruder.
     Ich verdanke diese Erklärung, die sich sonst nirgends findet, Herrn Dr. *Beat Rudolf
     Jenny*, Amerbach-Korr. 6, S. 65, A. 3. Vgl. Kap. 7, A. 56. – Zu *Anastasia* s. A. 364.
361 *Antonius:* unbekannter Sohn der Gräfin von Lupfen aus 1. Ehe.
362 zuket = die Waffe gezogen, um ihn umzubringen.
363 Tonjola 182: (Der Jkr. Christoph v. Staufen starb 1563 22. Febr., begraben zu St. Leon-
     hard) «und ligt bey ihme begraben Fraw *Agnes zu Lupffen*, sein Gemahel».
364 *Anastasia von Staufen*, die oben erwähnte Tochter des Freiherrn Christoph v. St. und der
     Gräfin Agnes v. Lupfen, heiratete am 14. Juli 1539 den Basler Domprobst *Sigmund von Pfirt*
     und wurde 1545 wegen Unverträglichkeit mit ihm zusammen ins Gefängnis gelegt, s.

Item pflegeten auch meines rhats deß David Geörgen söhn, kinder und verwanten, die Niderländer genennet, so sich zu Binningen, Gundeldingen, zum Roten hauß und im Holee auffhulten, deren historij anderstwo gedacht worden[365]. Item der herr Ludwig von Rischach[366], so zevor commenthär ze Beüken gewesen und sich erstlich mit einer Waldnerin, ijetz aber mitt junker Jacob [139] von Berenfels wittfrauw, frauw Köngspächin genant Naglerin vermehlet wahre und unser religionsgenoß, hatt kindt bey ihren gezeugt. Item der thumbdechant zu Freyburg. Item Honorius ein Italiener[367]. Item der alte junker von Mülinen[368], so alhie gestorben, und als man ihn im münster begraben wolt, schlug die bor[369] einem ein schenkel entzweij. Item der alt Habspurger[370], so zů Miilen gewohnet. Peter Horauff von Lörach. Er⟨h⟩ardt Bayol, deß burgermeisters sohn von Brunntrutt, den ich ein gutte zeitt alhie in der chur gehept

Kap. 5, A. 30. Ihr Gemahl starb 1574, und Anna erhielt als Vogt den ihr befreundeten Felix Platter; Urteilsbuch, St.-A., A 82, Nr. 69, Donnerstag, 18. März 1574. – Verwirrend wirkt Platters Formulierung, sie sei «nachmahlen» mit dem Domprobst verheiratet worden, obwohl diese Eheschliessung 24 Jahre vor dem hier erzählten Krankenlager und Tod des Vaters (1563) stattfand, doch erklärt sich diese Verzerrung aus dem grossen zeitlichen Abstand des Erzählers: Platter schrieb 1612!

365 Zu *David Joris* und den Niederländern s. Kap. 8, A. 140ff.

366 Über *Ludwig von Reischach* und seine Gemahlin s. Kap. 5, A. 24.

367 Domdechant von Freiburg und Honorius: beide unbekannt.

368 *von Mülinen:* aargauisches Rittergeschlecht und habsburgische Ministerialen, seit dem 13. Jh. in der Gegend von Brugg, auf den Burgen Kasteln, Rauchenstein, Wildenstein und Auenstein, seit dem 15. Jh. in Bern eingebürgert, s. HBLS 5, 179ff. – Der «alte Junker» ist *Hans Albrecht IV. v. M.*, *1538 26 Mai, Sohn des Hans Friedrich III. und der Elisabeth von Reischach. Er heiratete Barbara von Luternau und wurde nach dem Tod seines Bruders Paul 1570 Herr zu Castellen und Rauchenstein; 1575 trat er in die Dienste des Duc d'Alençon und des Prinzen von Condé und starb den Soldatentod. Nach W. Merz: Die mittelalterlichen Burganlagen des Kantons Aargau I/1905, S. 279ff., Stammtaf. b. S. 282; Leu, Lex. 13, 381 und Familiengesch. u. Genealogie der Grafen v. M., Berlin 1844, S. 28. Merz, Sisgau IV, 109 nennt ihn als Besitzer von *Wildenstein*, dagegen fehlt er im HBLS 5, 179f. sowie im Schweiz. Geschlechterbuch V/1933, S. 451f. Sein Todesjahr ist nicht klar ersichtlich: Nach Leu 13, 381 wurde er 1578 noch Landvogt im Meyental, nach Merz war er bereits 1575 tot. – Ebenfalls ein Kunde Platters war Hans Albrechts Bruder *Hans Ludwig IV.*, Herr zu Wildenstein und Auenstein, *1525 15. Juli, †1572, ∞ Ursula von Bärenfels, Kap. 11, A. 71. – Eine Farbphoto von *Schloss Wildenstein* bei Ric. Berger: Châteaux suisses I, Neuchâtel 1963, p. 87.

369 die bor = Totenbahre (lang a = baseldt. lang o).

370 Der «alt Habspurger» hat nichts mit Habsburg zu tun, sondern ist ein Habsberger, und zwar *Hans Hartmann v. Habsberg*, bezeugt seit 1544, Oberamtmann der Herrschaft Badenweiler 1569, 1583 (Kindler I 501), sesshaft in *Müllheim*, das im Dialekt «Mülle, Mille» heisst (vgl. Hebels «Z'Müllen in der Post»). Das Grabmahl Hans Hartmanns und seiner Gemahlin *Glodina geb. Rot* (vgl. Kap. 11, A. 114: «eine von Rottin») befindet sich noch heute in der Martinskirche zu Müllheim, s. Karl Seith in Das Markgräflerland, Jg. 23, Heft I/1961, S. 35, 235 mit Photo. – Brief der Glodina v. Habsberg an Felix Platter: Univ.-Bibl., Mscr. Frey-Grynaeum I 8, S. 72. – Zu Horauf und Bajol s. Reg.; die beiden Domherren zu St. Ursanne kenne ich nicht.

hab. Herr Niclaus canonicus zu St. Ursitz. Père Bernhart canonicus zu St. Ursitz. Ludwig Her[371], deß iietzigen wegselherren großvatter. Die Tschudenen, der Pfannenschmidt, der schafner zu St. Johans. Item ettliche von Altkilch, Herr Carinus[372] von Lucern, so bischof Erasmi[373]

371 *Ludwig Her(r):* Gremper, d. R. und Gerichtsbote, †1569, Vater des Goldschmieds Niklaus H. und Grossvater des *Johannes H.*, *1553, †1628, Goldschmied, d. R., Landvogt zu Farnsburg, 1616–†1628 Oberstzunftmeister. Wpb. Ba., vgl. B. Ch. 8, 438, A. 48; Platter nennt diesen als Wechselherrn. – Zu Tschudenen und Pfannenschmidt s. Reg.

372 *Carinus = Ludwig Kiel:* *ca. 1496, †1569 17. Jan., Humanist aus Luzerner Familie, Sohn des Hans K. und der Schultheissentochter Caecilia Ritzi. Über ihn orientiert die eingehende Biographie von Willy Brändly: Der Humanist Ludwig Carinus, Innerschwz. Jb. f. Heimatkunde 19/20, Luzern 1959/60, S. 45–100, wo auch einige Angaben von H. G. Wackernagel in der Matr. Ba. I 309 korrigiert werden: Kiel ist nicht um 1480 geboren, sondern erst ca. 1496, wie Brändly, S. 94, A. 7 überzeugend nachweist; er immatrikulierte sich in Basel 1511/12 und wurde 1514 b. a.; seit 1513 war er Inhaber einer Chorherrenpfründe in Beromünster; als Reisebegleiter der Freiherren von Limpurg zog er weit herum, sein bekanntester Schüler war der spätere Bischof von Strassburg, Erasmus von Limpurg (s. A. 373), auch er war lange Präzeptor der Fugger-Söhne Markus und Johann. Er war befreundet mit vielen Humanisten, besonders mit Nesen, Glarean und Erasmus; dieser überwarf sich mit ihm, da Kiel sich 1529 in Strassburg der neuen Lehre angeschlossen hatte, und befehdete ihn unnötig. Wegen seines Glaubens verlor K. 1531 auch sein Kanonikat in Beromünster, zog mit seinen Zöglingen auf zahlreiche Universitäten, 1546 erhielt er vom Bischof von Strassburg, seinem ehemaligen Schüler, eine Pfründe am inzwischen evangelisch gewordenen Thomas-Stift. Er war befreundet mit Butzer und Capito. *In Basel* weilte er mehrmals, dauernd seit 1555; er machte sich hier namentlich verdient um die Herausgabe und lat. Übersetzung der griechisch schreibenden Historiker des byzantinischen Reiches, wobei sein Freund Hieronymus Wolf Übersetzung und Kommentar besorgte, Joh. Oporin den Druck und die Fugger die Finanzierung. Wohl ohne in Phil. oder Medizin doktoriert zu haben, war er doch in Basel als Arzt tätig und starb hier 1569 17. Jan. Dank den Fuggern war er ziemlich wohlhabend und konnte daher in seinem Testament zahlreiche Vergabungen machen, u. a. für sein Patenkind, den «Schweizerkönig» Ludwig Pfyffer, für seinen Freund Wolf, für die Siechenhäuser von Luzern und Basel sowie einen Stipendienfonds für bedürftige Studenten. Vgl. Fritz Husner in Festschr. f. K. Schwarber, S. 143. – Alle weitere Lit. bei Brändly, hier vor S. 45 auch ein *Porträt* des Carinus.

373 *Erasmus von Limpurg:* Sohn des Schenken Christoph v. L. und der Agnes von Werdenberg, Bischof von Strassburg von 1541 12. Aug. bis †1568 27. Nov. Gams: Series episcoporum (Ratisbonae 1873). p. 315, und B. R. Jenny: Graf Froben Christoph von Zimmern, Konstanz 1959, S. 71, 184, 214, A. 78. Erasmus v. Limpurg war gegenüber der Reformation äusserst tolerant, ähnlich seinem Verwandten Georg III. v. L., dem Bischof von Bamberg (1505–1522), «der mit Luther korrespondierte und der die gegen Luther gerichtete päpstliche Bulle bekanntzumachen verbot». Nach Willy Brändly, a. a. O., S. 99, A. 240. Erasmus berief auch den zur Reformation übergetretenen Johannes Sturm nach Strassburg. Seine eigene Schwester bekannte sich offen zur evangel. Kirche; ebd. S. 85. – Ein *Porträt* von ihm, gemalt von Hans Baldung Grien, befindet sich in der Gemäldegalerie von Strassburg, abgebildet bei F. F. Leitschuh: Strassburg, in der Reihe Berühmte Kunststätten, Leipzig 1903, S. 131. Eine Vita des Bischofs in Pantaleons Heldenbuch III, 1570, 386ff. (dt.) sowie in dessen Prosopographia III, 1566, p. 396 (lat., kürzer). – Zu den folgenden Namen, Megeret, Richart, Frobenius, die bereits vorkamen, s. Reg.

von Straßburg praeceptor gewesen und nachmahlen facultati philosophiae ein stipendium legiert hatt. Peter Megeret von Engelsodt, den ich alhie bey meister Lorentz Richart in der chur gehapt hab, wahre ein soldat. Der alt herr Frobenius. Herr Rudolff Fäsch[374], landtvogt zu Wallenburg, deß burgermeister Remigii vatter. Ettliche pfaffen von Rheinfelden. Der bischoff schafner[375]. Der Stempfer, ettliche von Colmar. Junker Bilian von Eptingen[376]. Der stattschreiber alhie[377]. German Zoß[378]. Onophrion Beck, der zuvor den junker Becklin zu Straßburg erstochen und deßwegen zu Mülhusen in der freyheit sich aufhulte. Junker Christoffel Waldner[379], Lux von Brunn[380] und andere.

374 *Hans Rudolf Faesch* der Ältere: *1510, †1564, Sohn des Steinmetzen und Werkmeisters Paul F. und der Anna Maria Hoffmann, war Goldschmied, d. R., 1533–1560 Landvogt zu Waldenburg, 1563 vom Kaiser geadelt; er war seit 1529 verheiratet mit Anna Glaser, der Tochter des abgesetzten Schultheissen Anthony Glaser. Wpb. Ba. u. HBLS 3, 101, Nr. 4, Tonjola 162. – Sein jüngerer Sohn *Remigius Faesch*, *1541, †1610, war Kronenwirt in Basel und heiratete 1562 die Witwe seines Vorgängers Emanuel Bomhart, Anna Wachter (vgl. Kap. 8, A. 61); er war 1586 Gesandter nach Paris und wurde 1602 Bürgermeister. HBLS 3, 101, Nr. 5 und Merz, Sisgau IV, 33; Tonjola 56.

375 Der Schaffner in des Bischofs Hof war *Caspar Trölin*: Er war der Sohn des Stadtsoldners Ulrich T. und der Rosina Rutschmann und heiratet 1. Barbara Leberlin, 2. 1551 Margaretha Bomhart, 3. nach 1564 Margaretha Franck, die Witwe zweier Bürgermeister; s. Wpb. Ba. (Trölin, Bomhart, Doppenstein). Seine zweite Frau starb in der Pest von 1564: «Des Schafners Drölins im Bischofshof hausfrauw, die Bůmhartin, und sein dochter Madlen, mein gotten ...» Platters Pestbericht, Hunziker 51. Trölin starb ca. 1568; sein Nachfolger im Amt wurde der bekannte Diebold Schoenauer. Mscr. Ratsbücher S 1, 16, S. 641 und E. A. Stückelberg: Der Bischofshof in Basel, Zs. f. Gs. Oberrheins 31, S. 27.

376 Bilian von Eptingen: sicher identisch mit *Puliant v. Eptingen* (1516–1559 18. Okt., tot 1566 23. März), Herr zu Waldighofen, Blochmont, Hagenthal und Neuweiler, sesshaft in *Waldighofen* (ca. 20 km W von Basel, an der Strasse nach Delle) als Marschalk, ∞ Anna von Ramstein. Merz, Sisgau III, Stammtaf. 9 und Aug. Burckhardt: Herren von Eptingen, Geneal. Handb. z. Schw. Gs. III, Zürich. 1912, Taf. IV, Nr. 199. Im BUB X, 105f., 209 usw. wird er zusammen mit seinen Brüdern Matthäus und Petermann erwähnt und dabei gelegentlich auch «Buliann» genannt.

377 Der «stattschreiber alhie» ist – falls man «alhie», wie ich annehme, auf Basel beziehen muss – *Heinrich Falkner*, *1506, †1566, Sohn des Weinmanns und Oberstzunftmeisters Ulrich F. und der Margret Tschan; er wurde 1543 Ratsschreiber und nach Heinrich Ryhiners Tod 1553 Stadtschreiber; 1563 geadelt. Zur Genealogie s. Wpb. Ba. Das Verzeichnis der Rats- u. Stadtschreiber bis 1550 s. Aug. Bernoulli in B. Ch. 4, 131ff.

378 *German Zoss*, †1564, Rotgerber. Sein Grossvater, Vater und drei Brüder waren alle Schindler. Er war verheiratet mit 1. Barb. Mentelin, 2. Eva Freuler, Wpb. Ba.

379 *Jkr. Jakob Christoph Waldner von Freundstein*: *1528, †1588, Sohn des Hans Jakob W. und der Kath. v. Hallwil, wurde 1556 Bürger von Basel, er war reformiert und dreimal verheiratet: 1. 1551 Dorothea v. Mülinen, 2. Dorothea v. Bernhausen, 3. 1583 Ursula v. Bärenfels. Wpb. Ba. Über die elsässische Adelsfamilie der Waldner s. HBLS 7, 369.

380 *Lucas (Lux) von Brun*: *1527, †1562, Gerber, d. R., Bruder des Bürgermeisters Bonaventura v. B., ∞ Küngolt Scherrer. Wpb. Ba. – Zu allen hier nicht kommentierten Namen dieser Liste s. Reg.

Deßgleichen bin ich oft in die frömbdt auf der pratick erforderet worden, hab auch diß jahr 109 brief empfangen und bin diß jahr XXV mahl auß der statt Basell zu meinen patienten geritten. Namblich für erst den 16 Jenners naher Befort[381] zu dem Dela des Champs[382], einem gar reichen burger, welcher zwey dörfer inn hatte, Frise und La Coste, [140] auch so viel weyer im Rosenfelsthal sein wahren, daß er die ganze fasten durchauß alle tag einen konte ablaßen und fischen, darunder einer so groß wahr, daß er besorgt, der landtsfürst wurde ihm ihn abnemmen; darumb er den halben weyer junkern Truckseßen von Wollhausen[383] zukaufen geben. Auch hatt er sehr viel bergwerch zu Assele, und in der gesellschaft[384], wollt mir ein viertheil umb 6 thaler geben, daß nachmahlen bey 1000 thaler wert wahre, also haben sie zugenommen, dann man sie anfangs nicht hoch achtet. Er wahre sonst ein grober, neydiger, unfletiger baur; sein haußfrauw hieß Johanna[385], deß

381 *Belfort:* 65 km W von Basel, an der grossen Heerstrasse zwischen Rhein- und Rhonebecken («Burgunder Pforte»), unter Vauban zur starken Festung ausgebaut, heute ca. 50 000 Einwohner.

382 *Dela des Champs:* reicher Bürger von Belfort, bereits 1539 nachgewiesen als Dela Deschan, Meier zu Plancher-les-Mines, W von Belfort (Ztschr. f. Gs. Oberrheins 118/1970, S. 209, A. 1 Schluss). 1562/63 zusammen mit Claude Megerer bezeugt als Besitzer der Bergwerke von *Etueffont* (NE von Belfort, an der Strasse von Giromagny nach Rougemont), s. Kap. 8, A. 304. Platter nennt ihn ferner als Besitzer der Bergwerke von Assele (*Auxelles*), W von Giromagny, wo Silber, Kupfer und Blei gefördert wurden. Vgl. Traugott Geering, Handel u. Industrie d. St. Ba., 1886, S. 434. Er beass die Dörfer Frise und La Côte, zur Gemeinde Lepuix gehörig, Ct. de Giromagny. Das Rosenfelstal (Rosemontoise) ist reich an Weihern, die bis heute der Fischzucht dienen.

383 *Jkr. Hans Truchseß von Wolhusen:* Die Familie stammt ursprünglich aus dem luzernischen Entlebuch und gelangte 1529 in den Besitz des elsässischen Dorfes *Niedersteinbrunn* (ca. 9 km S von Mülhausen). Jkr. Hans erscheint 1537 als Vogt in dem habsburgischen Landser, zu dessen Herrschaft das Dorf Niedersteinbrunn gehörte. Am 26. März 1545 liess er sich als Ausbürger ins Bürgerrecht zu Basel aufnehmen. Er kaufte 1545 22. Sept. mit seiner 1. Frau Katharina v. Reinach von dem Drucker Bebelius den Hof zum Engel am Nadelberg 4 und behielt ihn bis 1569. Damals war er bereits Landvogt auf Landskron; seit 1558 war er sesshaft zu Niedersteinbrunn (W von Landser). Seit 1550 war er in 2. Ehe verheiratet mit Ursula Reich v. Reichenstein, nach 1580 in 3. Ehe mit Susanna v. Roppach. Wpb. Ba.; B. Ch. 6 u. 8, Register. Die Truchsess von Wolhusen blieben im Besitz von Niedersteinbrunn bis 1694. Die Witwe des Ultimus, Maria Franziska von Andlau, liess 1695 den noch heute bestehenden Teil des «Schlosses» bauen und mit Allianzwappen schmücken. Nachher besassen die Reinach den Sitz bis zur Revolution. Eugène Wacker: Pages sundgoviennes, Colmar 1947, I, p. 29.

384 in der gesellschaft: d. h. in Gemeinschaft mit anderen (Aktiengesellschaft).

385 *Johanna N.,* Tochter des Landrichters von *Vesoul* (65 km W von Belfort), nicht näher bekannt, verheiratet mit Dela Deschamps. Neben den zwei obengenannten Söhnen *Bartholomäus* und *Jacob* entsprossen der Ehe zwei Töchter, deren eine, *Jeanne Deschamps* verheiratet war mit 1. George Bajol, Bürgermeister von Pruntrut 1559-1565, 2. Servatius Bitschin, Dr. iur. u. bischöfl. Rat in Pruntrut. Freundl. Mitteilung von Dr. Wilsdorf, Directeur des Archives du Haut-Rhin, Colmar. Die andere Tochter heiratete Michael Camus von Herzberg.

landtrichters von Vesou tochter, der auf ein zeit wegen der religion einen ließ aufhenken, welcher vom galgen herunder fiel und doch stracks wider aufgehenkt wardt. Die frauw konte wahr woll kochen; hatt ihme 2 söhn geben, Bartholome und Jacob. Deß Bartlomei sohn hatt ohngefahr 40 johr hernach herren Mentzinger[386], unseren rhattschreiber, zwischen Sieretz und Basel in der Hart erschoßen und geblünderet, auch 600 gulden in seiner muter wohnung à La Coste in ein trog verborgen, die man widerumb bekommen und also den thätter außkundtschafftet hatt; ist nachmahlen an Saffoyschen hoff kommen.

Alls nun Hans Meger⟨e⟩t[387], der wirt, so nachmahlen burgermeister zu Befort worden, am morgen umb 8 uhren mitt mir von Basell verritten, kamen witer nach mittag ghen Altkilch, aßen kurtz, ritten baldt wider streng fort, kamen ghen Chevremont[388]. Da wahre daß waßer überfroren, wier ritten mit großer gefahr durch daß eyß, dann es brache unter uns, und konten wier nicht eylen. Wie wier ghen Peruse kamen, [141] ist aller nechst bey Befort, als wier daselbsten auf dem mist unsere pferdt stallen ließen, empfiel mir unwißendt ein klein büchlin Galeni[389] ad Glauconem und blib da ligen, welches ein baur nach viel jahren mir ghen Befort zukaufen brachte, wahre umb ettwas verfaulet. Alls wier nachts spath bey ihme ankommen wahren, fandt ich ihn überauß kranck am brustgeschwär[390] ligendt, er wahre gar undultig und gehub sich überauß übel, versprach mir guldene berg, und wardt doch schlechtlich von ihm belohnet; und dieweil er sehr reich, weit bekandt und große fründtschaft hatte, hoffete ich, durch dise chur ein große belohnung und weitberümpten nammen zuerlangen, darumb ich ihme viel nächer wachete, auch alles waß mir bewußt wahre, hatt brauchet, bin nicht allein sein artzett, sondern auch sein wundartzett und apotecker gewesen, und als ich ihme auf ein zeit nachts ein süplin wollt zu eßen geben, wahre ich so voller

386 *Hieronymus Menzinger:* *1559, †1610 (oder 1600?), Sohn des Stadtschreibers Hans Friedrich M. und der Katharina Burckhardt, selber Ratsschreiber und d. R., wurde von einem Enkel des Dela Deschamps in dem elsässischen Hard-Wald ermordet. Nach Tonjola 1610 20. Juni (nach dem Wpb. Ba. 1600).

387 *Hans Megerer* (Megeret) ist wohl einer der oben in A. 304 genannten vier Söhne des Schultheissen von Engelsot, *Claude* M.: Hans wurde später Bürgermeister von Belfort; seine Brüder waren der Soldat *Peter*, der von Platter kuriert wurde, sodann *Theobald*, lic. iur. und Kanzler des Abts von Murbach, sowie der unbekannte Jüngste, der die Wirtschaft weiterführte.

388 *Chèvremont* und *Pérouse* liegen kurz vor Belfort. – Die Strecke Basel–Belfort (65 km) liegt beträchtlich über dem Durchschnitt von Platters Tagesritten (45 km), besonders in Anbetracht der winterlichen Jahreszeit.

389 *Galen:* berühmter griechischer Arzt des 2. Jh. n. Chr. – Seine Schrift an Glauco: «De medendi methodo», bei Kühn: Galeni opera omnia, Bd. XI, S. 1–146; nach Helmut Leitner: Bibliogr. to the ancient medical authors, Huber 1973, S. 26. Mit freundl. Hilfe von Frl. Dr. M.-L. Portmann.

390 brustgschwär: Brustfellentzündung, Pleuritis. Schw. Id. 9, 2128f.

schlaff, daß ich es ihme in busen geschüttet hab, vermeinendt, ich gieße es ihme in mundt. Und weil ich nicht im brauch hatt, lang von hauß zu bleiben, ferckt ich[391] ein botten ab ghon Basell, an mein liebe haußfrauw und vattern, damit sie wißten, wo ich wehre, ließe mir auch allerhandt artzneyen für meinen patienten von Basell bringen. Blibe also bey ihme in großer angst und mühe biß auf den 7 tag hornungs, da er anfienge widerumb gesundt werden, und als ich verhoffet, bey 100 kronen für die stattliche chur von meinem patienten zuempfangen, gab er mir mehr nicht dann 30 kronen, sagt, wann ich lenger wehre [142] bey ihme ge-blieben, wolte er mich stattlicher verehret haben[392].

Dieweil aber der Baßlische bischoff[393] mich zu seinem cantzler Danck-wart[394] beschriben[395], konte ich lenger mich nicht bey ihme aufhalten. In wehrender zeitt sahe ich zu Befort daß hanenspil[396], da man ein könig under ihnen machet, welches mir sehr woll gefiele. Ich machet auch kundtschaft zum her Frantz freyherr von Mörspurg[397], der ein schönen dreyzeug[398] hatte, und konte ich auch sehr woll dreyen; ich kam offt zu ihme in daß schloß, da er mitt seiner heßlichen concubinen wohnete. In wehrender zeitt kame auch ein Burgunder zu meinem patienten, der sagt, er hette vor zeitten zu Basell die schöniste jungfrauw gesehen, als ihme ije fürkommen wehre, vor ihres vatters hauß schier gegen seiner herberg über; lettstlich erfandt es sich, daz es mein ietzige haußfrauw wehre, welches mich sehr freuwet und zur fürderlichen heimbkehrung verursachete.

Den 21 Jenner ritte ich mit Jacobo, meines patienten sohn, naher Mümpelgart[399], artzneyen abzufordern, und kamen denselbigen abendt widerumb ghen Befort.

---

391 ferckt <fertigte, schickte ich ab.   392 verehret = honoriert.

393 *Bischof* von Basel: Melchior v. Lichtenfels, s. Kap. 8 A. 211.

394 *Esajas Dankwart* Kanzler, s. Kap. 8, A. 317.

395 beschriben = schriftlich zu kommen gebeten.

396 hanenspil = Hahnenkampf, uraltes grausames Spiel, das die Streitsucht der Hähne aus-nützt.

397 *Franz von Mörsberg* (1530–1565, tot 1567), Freiherr zu Mörsberg und Belfort, Sohn des Hans v. M. und der Johanna v. Salm, aus altem sundgauischem Adelsgeschlecht, das zeitweilig in Basel eingebürgert war. Der Stammsitz Mörsberg/Morimont, heute Ruine, in der Gegend von Pfirt. Franz war verheiratet mit 1. Barbara v. Pfirt, 2. Elisabeth v. Gilgenberg, 3. Juliana v. Nidbruck. Wpb. Ba.; Merz, Sisgau III, Stammtaf. 4; Kindler III, 100. Er war 1552–1558 württembergischer Obervogt im Schwarzwald mit Sitz in Sulz. Er wird als «leichtfertiger Mann» bezeichnet, «was angesichts der skandalösen sitt-lichen Zustände, die in seinem Elternhaus geherrscht hatten, nicht verwundern kann.» B. R. Jenny, Amerbach-Korr. 6, 513f., Anm. Um 1560 erwarb Franz in Basel den späteren «Hattstätterhof», Lindenberg 8, 12/Riehentorstr. 1, s. HGB u. B. Ch. 8, 268, A. 22.

398 dreyzeug = Drehbank für Tischlerarbeiten.

399 *Mümpelgart* = Montbéliard, ca. 20 km SW von Belfort, damals württembergisch, vgl. Kap.4, A. 230 und 232.

Mülhausen i. E.: Das neue Rathaus von 1552, wo Felix Platter an einer Hochzeit teilnahm. Zu S. 340f.

Die Landskron im Sundgau, Sitz der Reich von Reichenstein. Kupferstich von Matthäus Merian, 1663.

Pruntrut: Die Residenz des Bischofs von Basel, in dessen Dienst Platter eine Zeitlang stand. Kupferstich von M. Merian, 1663.

Den 31 Jenner wardt ich zu Esaias Danckwart, dem bischoflichen cantzler gehn Bruntrutt erforderet, kam mitt dem Jacob hin, wier kehrten bey dem Camus[400] ein, welcher meines patienten tochter zur ehe hatte. Der cantzler lag schwerlich am grimmen[401], hatt die geyichter[402] und grosse schmertzen in glideren, ich blibe nur ein abendt da, umb mitternacht rüstet man uns ein gute morgensuppen zu von fischen, hechten, und gab uns viel [143] guten, sießen burgundischen wein, man lueße[403] uns die porten der statt aufmachen, und ritten wier alsobaldt nach mitternacht zur statt hinauß, damit wier desto ehr wider zum patienten kommen mögen.

Als wir ghen Veseran[404] kamen, ließe mein gespann Jacob den pfaffen auß der kirchen von der früemeß forderen. Der kam im meßgewandt zu uns laufen, und als er uns 24 eyer in butter in ein platten geschlagen und dieselbigen wolte auf den tisch stellen, warfe er die platten under obsich, und schwammen die eyer in der stuben herumb; alsbaldt schlug er andere 24 in ein platten; die aßen wier, tranken gutten wein und bliben so lang bey dem pfaffen, biß er gar voller wein wardt. Demnach luffe er uns in hosen und wamist nach, und hulte ihn der Jacob für sein fatzmann[405], hencket ihm sein hutt an die beume und reitzet ihn, ein gutten weg nach zulauffen, welches uns verhinderet, daz wier erst gar spaht gehn Beffort kamen, welches mein patient sehr zürnet.

Und dieweil der bischoff Melchior mir selbs zugeschriben wegen seines cantzlers, der sehr kranck wahr, auch mein patient vom brustgeschwär widerumb gentzlich liberiert wahre, verreyßet ich den 7 hornungs am sambstag vor faßnacht von Befort, kamen auf den imbiß ghen Courte-

---

400 *Adam Camus (Cämy) von Hertzberg:* Vogt der Herrschaft Rougemont. Seine Verwandtschaft mit den *Deschamps* ist nicht klar. Platter behauptet, C. habe eine Tochter des Dela Deschamps zur Frau gehabt. In den Akten erscheint er als Enkel mütterlicherseits von Deschamps; andernorts erscheint eine Jeannette Camus als Witwe von Dela Deschamps. An anderer Stelle (Kap. 11, n. A. 78) bezeichnet Platter *Michael Kemmi* (= Cämy, Camus) als Gemahl einer Tochter des Dela Deschamps. Servatius Bitschin genannt Fingerlin, prozessierte gegen Adam Camus wegen zweier Weiher bei Evette im Tal von Rougemont, s. Kap. 8, A. 324. Als Nachfolger der Reich v. Reichenstein besass Adam Cämy das Schloss *Benken* im Leimental seit 1592 29. April; sein Sohn musste es jedoch 1602 verkaufen, da der katholische Schlossherr der Stadt Basel auf die Dauer missfiel. Merz, Sisgau I, 93f. und C. A. Müller, Burgen BL, S. 27f.

401 grimmen = Kolik.

402 geyichter = Gichter, Krämpfe.

403 lueße = liess.

404 Veseran: wahrscheinlich *Faverois*, NE von Delle, dt. Faverach, alte Form: Feferas. Freundl. Mitteilung von Herrn Dr. Chr. Wilsdorf, Directeur des Services d'Archives du Haut-Rhin, Colmar. – Dazu passt auch die angegebene Zeit (Frühmesse), was für Sevenans oder Vézelois (beide nahe bei Belfort) nicht zutrifft.

405 fatzmann: hielt ihn zum Narren.

mas[406] in ein klösterlin, aßen da zumittag und kamen nachts spaht ghon Brunntrutt. Ich fandt den kantzler [144] gar kranck, er redet ab[407] und hatt dieselbige nacht die geyichter[408] 7 mahl gehept; so oft sie inn verließen und er zu ihm selber kame, fluchet er gar starck und grausam. Ich mußte die gantze nacht bey ihm bleiben, wahre sehr miett, und wachete auch mit mir der licentiat Rebstock[409], den ich zuvor in Franckreich erkannt hatte[410] und nachmahlen sein successor am dienst wardt[411]. Deß cantzlers frauw Euphrosina hatt in derselbigen nacht hüener nach St. Apollinaris[412] geschickt und ein fahrt für ihren herren thun laßen. Es wahre auch der vogt François de⟨s⟩ Bois[413] bey uns, der vogt, welchen mein vatter vor viel jahren zu Bruntrutt auch kennet hatt. Und als ihn die geyichter zum sibenden mahl gar stark angestoßen, ist er vom selbigen paroxysmo[414] gegen tag verschieden, darob der bischoff sehr bekümmeret worden. Und ob schon der bischoff sonst pfleget, daß faßnacht fest stattlich zu halten, stellet er doch alles ab und ließe daß schloß mitt schwartzem thuch belegen an viel orten. Ich aße mitt dem bischoff zů mittag, demnach leget ich mich nach eßens ein wenig in deß Rebstocks gemach schlaffen, ruhet ein wenig, zunacht aße ich wider an deß bischoffs tafelen. Am montag füeteret ich woll, tranck guten, sießen burgundischen wein, der mich erwermet, daz ich ohne kelte auf den imbiß ghen Oltin-

406 Courtemas: sprachlich am nächsten läge Courtemaîche, ältere Form: Cordomasge, doch hat es da kein Kloster, und zudem liegt es nur etwa 6 km N von Pruntrut, so dass es auch zeitlich nicht passt ($^5/_6$ der Strecke Belfort–Pruntrut bis zum Mittagessen, und dann erst «nachts spaht» nach Pruntrut?).

407 er redet ab = redete irre, delirierte. Schw. Id. 6, 557, Nr. 6.

408 geyichter = Krämpfe.

409 *Jakob Rebstock:* lic. iur., bischöflich-baslerischer Kanzler seit 1562, als Nachfolger Dankwarts; ∞ Madlen Wagner, Tochter des Werner W., Burgvogts von Binzen, und der Margreth Rappenberger. Er stammt aus Strassburg und ist wohl identisch mit «Jacob R. Argentinensis» bei Knod, Oberrheinische Studenten im 16./17. Jh. an d. Univ. Padua, ZGO, NF, Bd. XVI, 249, 195.

410 Am 19. Juni 1556 kam Rebstock von Bourges her nach Montpellier und traf hier mit Felix Platter zusammen, s. Kap. 3, bei A. 748.

411 und ⟨der⟩ (= Rebstock) später Nachfolger Dankwarts als bischöfl. Kanzler wurde. Platter wechselt oft sehr frei das Subjekt des Satzes.

412 *St. Apollinaris:* W von Volkensburg, ist ca. 5 km von der Schweizer Grenze (Schönenbuch) entfernt, Propstei der Abtei Lützel; s. Paul Stintzi im Basler Volkskalender 1965, S. 43ff. mit Photo des prächtigen Gutshofes.

413 *François de(s) Bois:* als Burgvogt von Pruntrut bezeugt 1567, ∞ 1. Ottile Belorsier, 2. Marguerite Thevin. Freundl. Mitteilung von Herrn Dr. André Rais, Pruntrut. – Thomas Platter lernte ihn in Pruntrut kennen, als er um 1530 mit seiner Frau zusammen im Dienste des Arztes Dr. Joh. Epiphanius dorthin zog. Boos 69, Hartmann 97. – Ein *Hermann de Bois,* Schulthess zu Pruntrut, war 1505 im Besitz von «Murers Hus», Freie Strasse 41. HGB. Wohl ein Verwandter von François.

414 Paroxysmus = höchste krampfartige Steigerung einer Krankheit. geyichter = Gichter, Krämpfe.

gen[415] und nachts ghen Basell kame; wahre 24 tag außgebliben und von meiner haußfrauwen gar fründtlich empfangen.

[145] Den 26 hornung bin ich ghen Schwertzstatt[416] zu junker Johann Jacob von Schönauw[417] geritten, der kurtz zuvor vom bapst von Rom kommen wahr, dohin er mitt dem graven von Hohen Ems[418] verreyset, welcher dem bapst verwandt wahr und er denen von Ems verhoffet also ein große verehrung[419] vom bapst zuerlangen; er hatte ein krebs auf dem rücken, doran er auch gestorben. Ich habe auch nachmahlen oft seiner frauwen, die eine von Rischach wahr, gerohten.

Den 9 Mertzen ritte ich zu junker Hans Georg von Reinach[420] ghen Heitwiler, wahr ein gelehrter vom adel, deßen praeceptor in Frankreich Sphyractes[421], so nachmahlen alhie profeßor iurium worden, gewesen.

415 *Oltingen:* an der Ill, nahe der Schweizer Grenze, ca. 15 km SW von Basel.
416 Schwertzstatt = *Schwörstadt:* am N-Ufer des Rheins, zwischen Rheinfelden und Säckingen.
417 *Jkr. Joh. Jakob von Schönau:* aus alter vorderösterreichischer Adelsfamilie (Stammburg bei Colmar), die das Erbtruchsessenamt des Bischofs von Basel besass und die sich in die Linien zu Oeschgen (Fricktal), Laufenburg, Schwörstadt, Wehr und Zell verzweigte. HBLS 6, 230; Merz, Sisgau I, 70; Merz, Burganlagen u. Wehrbauten III, S. 85, 110 mit Stammtaf. – Joh. Jakob v. Sch. ist der Sohn des Hans Caspar v. Sch. und der Anna v. Reischach. Seine Gemahlin hiess ebenfalls Anna v. Reischach. Nach Stammtaf. bei E. von der Becke, Stammtafeln des Adels des Grossherzogtums Baden, 1886, S. 422. Er war sesshaft in *Schwörstadt*, s. A. 416. Sein zweiter Sohn, *Iteleck*, ebenfalls mit einer Reischach verheiratet, erbaute das reizende Schlösschen in Oeschgen, N von Frick AG, das dem Thomas-Platter-Haus in Gundeldingen ähnelt und ebenfalls vor kurzem restauriert worden ist. Türsturz von 1597 mit Wappen im Hist. Mus. Basel.
418 Wahrscheinlich *Jakob Hannibal I. von Hohenems,* *ca. 1530, †1587 1. Jan., Sohn des Wolfgang Dietrich v. H. und der Clara *Medici;* der Bruder seiner Mutter war Joh. Angelo v. Medici, als *Papst Pius IV.* (1559–1565), der die wichtige Schlussphase des Konzils von Trient gestaltete. – Jakob Hannibal war ein berühmter Heerführer, seit 1565 verheiratet mit Hortensia *Borromeo,* der Schwester des grossen Kardinals Carlo B. – Sein Bruder *Marx Sittich II.* (*1533, †1595) Bischof von Konstanz, dann Kardinal. Hannibals Sohn, *Marx Sittich III.* spielte als Erzbischof von Salzburg 1612–1619 in der Gegenreformation eine bedeutende Rolle. Josef Bergmann: Die Edlen von Embs zur Hohenembs, 1. Teil 1170–1560, Denkschriften d. klass Ak. der Wiss., phil.-hist. Kl., Wien, Bd. 10/1860, S. 93–194, vgl. Kindler I 296 und HBLS 3, 33.
419 verehrung = Geschenk.
420 *Hans Georg von Reinach:* aus altem, ursprünglich aargauischem Dienstmanngeschlecht (Stammburg Reinach AG), das seit dem 15. Jh. vor allem im Elsass begütert war, s.HBLS 5, 575. Hans Georg wurde zusammen mit zwei Brüdern und zwei Vettern 1539 mit der habsburgischen Feste *Fröningen* belehnt (ca. 7 km SW von Mülhausen, bei Illfurt, Kreis Altkirch). Er bezog die Burg und begründete mit seiner Gemahlin Agnes v. Hagenbach die Linie Reinach-Heidweiler-Fröningen. Er war lic. iur. und Berater des Bischofs. Vautrey III, S. 114. Seine 2. Gemahlin war Anna v. Roggenbach. – Das Schloss *Heidweiler*, seit 1487 im Besitz der Reinach, steht heute noch, am Rhein-Rhone-Kanal, ebenfalls im Kreis Altkirch. Theobald Walter: Das Schloss Heidweiler u. seine Bewohner, Strassburg 1918; Jb. Sundgau-Verein III/1935, S. 95ff.
421 *Sphyractes* (gräzisiert) = *Joh. Jeuchdenhammer,* *1508, †1578, Sohn des Basler Hufschmieds Hans J., Schüler des Bonifacius Amerbach, 1525 Provisor an der Theodorsschule, 1529/30

Und hulte man damahlen gemelten von Reinach, junkern Hans Georg Reich von Reichenstein[422] und junkern Melchior von Schönauw[423] für die drey gelehrtisten edelleut in unseren landen. Der von Reinach hatte ein groß hauptwehe und wahre gar melancholisch.

Den 13 Martij ritte ich wider zu ihme ghen Heitwiler; blibe, biß er gesundt wardt.

Den 27 Martij ritt ich ghen Ilfurt zu junker Hans Wilhelm von Reinach[424] kindt; kame den anderen tag widerumb heim.

Den 16 May ritte ich ghen Freningen zu junker Hans Wilhelm von Reinach[424].

Item den 30 Junij ritt ich ghen Bencken zu jungfrauw Salome Hüglenen[425], gewesenen Thomae Huglers, vogts zu Mönchenstein, tochter.

[146] Im Augstmonat ritt ich mit junker Hanibal von Berenfels zu seinem schwecher, Bilian von Eptingen, ghen Waldigkhofen.

Lehrer zu St. Peter, dann mit königl. Stipendium zu dreijährigem Studium in Paris, 1537 Examen in Bourges, 1537 Prof. iur. in Basel. Nach H. G. Wackernagel, Matr. Ba. II 15, 1537. ∞ 1. Elisabeth Füllringer, 2. Ursula Irmy. Wpb. Ba.

422 *Jkr. Hans Georg v. Reichenstein:* ein Sohn Jakobs II. des Alten, Herrn zu Landskron, Inzlingen u. Brombach, und der Brigida v. Schönau, s. Kap. 5, A. 48). Geburtsjahr unbekannt, erwähnt seit 1550 zu Inzlingen, seit 1557 Landvogt zu Rötteln, 1581 Vogt zu Thann, tot 1583; ∞ Esther II. v. Eptingen (erwähnt 1579). Wpb. Ba. und Merz, Sisgau 3, Stammtaf. 6. – *Inzlingen:* Wasserschloss NE von Basel, direkt jenseits der Schweizer Landesgrenze.

423 *Jkr. Hans Melchior v. Schönau:* *1526, †1582, Sohn des Hans Othmar, Landvogts der 4 Waldstädte am Rhein und kaiserlichen Rats, des Stammvaters der Laufenburger Linie, und der Margaretha Truchsess von Rheinfelden. Nach Schulbesuch in Rheinfelden und Brugg AG kam er nach Basel, wo er bei Simon Grynaeus wohnte, durch ihn und dessen Neffen weiter unterrichtet wurde; mit 16 Jahren zog er nach Toul, um Französisch zu lernen und die Rechte zu studieren, 1544 nahm er am dtsch.-franz. Kriege teil, dann studierte er in Paris, Orléans, Bourges, Angers und Poitiers bis 1547. Während des Krieges von 1552 lag er mit Kriegsvolk in der Besatzung zu Bregenz, dann zog er mit seinem Vater zusammen in den Türkenkrieg nach Ungarn. Beim Tode des Vaters 1554 übernahm er dessen Amt als Hauptmann der 4 Waldstädte am Rhein, zugleich wurde er Landvogt der Herrschaft *Laufenburg,* später auch der Grafschaft Hauenstein, 1565 übernahm er den «Stein» zu *Rheinfelden* und wurde geheimer Kriegsrat. Er hatte einen «schweren grossen leib, so mancherlei flüssen (als er uber die 40 jar kommen) underworffen», doch war er ein tüchtiger und beliebter Verwalter, «in freyen künsten wol gestudieret, ... gegen mengklichen freundtlich», gerecht und freigiebig. Seine Gemahlin war Maria von Landsberg. HBLS 6, 230, Nr. 8; Merz, Sisgau 3, Stammtaf. 11 (Reich v. R.); E. von dem Becke, Stammtafeln Baden (1886), S. 422 und vor allem Pantaleon, Heldenbuch (1568 bis 1570), Teil 3, S. 421f.

424 *Hans Wilhelm von Reinach:* ein Bruder des obengenannten Hans Georg (A. 420), erwähnt 1539, zu Fröningen mitbelehnt 1555, 1567 usw., tot 1588; ∞ 1. Kunigunde v. Sulz, 2. Salome v. Flachslanden. Er wohnte in *Fröningen,* ca. 7 km SW von Mülhausen. Warum sein Kind (wohl vorübergehend) in dem nahen Illfurth weilte, ist nicht ersichtlich, vgl. Kap. 11, 30. Mai 1564.

425 *Salome von Sulz genannt Hügelin:* Tochter des Thomas Hugler, Vogts zu Münchenstein. Der Besuch Platters in Benken lässt vermuten, dass Thomas Hugler auf Schloss Benken

Item bin ich auch im Augstmonat zweymahlen ghen Heimerstorff zu dem herren Niclaus freyherren von Froberg[426] geritten, deßen haußfrauw, Madame de Mailly, am brustgeschwär[427] kranck lage.

Den 2 Octobris bin ich zum Bubler[428], schultheßen zů Meyenen, haußfrauw geritten; bin 3 tag außgebliben. Er wahre damahlen so jung, daß, als ich ihn über 40 jahr widerumb besuchet, wolte er schier nitt glauben, daz ich es wehre, vermeinendt, ich seye vor langem gestorben, er kante mich nitt mehr.

Den 20 Octobris ritt ich ghen Prattelen zu junker Jacob Truckseßen[429].

Den 24 Octobris ghen Thann zu Sebastian Heckel[430], stattschreibern daselbsten.

Den 1 Novembris ritt ich ghen Olsperg zu der eptißin von Hörsperg; bleib 3 tag auß.

Den 4 Novembris ritte ich ghen Heitwiler zu junker Hans Georg von Reinachs haußfrauwen.

Den 5 Novembris ghen Veldbach[431] zum probst.

Den 6 Novembris und nachgehendts zweymahl ghen Prattelen.

---

wohnte. Ein Berchtold Hug (Hüglin) v. Sulz (vielleicht ein Bruder des Thomas?) war 1562–1568 Besitzer des Schlosses. Merz, Sisgau I, 92. *Benken* liegt S von Basel, im Leimental, dicht an der elsässischen Grenze. – Später (1573) wird Salome als Witwe des Marx III. Reich v. Reichenstein erwähnt. Merz, Sisgau III, 138.

426 Die Herren von *Froberg* (Montjoie), die ihre Stammburg in dem jurassischen Doubstal unweit St. Hippolyte hatten, erwarben später als Lehen die Dörfer *Hirsingen* und *Heimersdorf* (6 km bzw. 9 km S von Altkirch), wo sie Schlösser bauten und ihre Linien danach benannten; besonders prächtig war der Neubau des Schlosses Hirsingen von 1742, der in der Revolution leider zerstört worden ist. Die Familie hat im Lauf der Jahrhunderte manchen Haudegen und manchen kirchlichen Würdenträger gestellt. – *Niklaus*, Freiherr v. Froberg, Sohn des Philipp v. F. und der Maria v. F. war sesshaft in Heimersdorf; er war verheiratet 1. 1553 mit Jeanne du Tartre, 2. Gräfin Jeanne de Mailly; er starb 1566. Freundl. Mitteilung von Mlle L. Roux, archiviste-adjoint, Colmar. Vgl. Lehr: L'Alsace noble, t. 2, p. 362 und Theob. Walter: Alsatia sup. sepulta, S. 58.

427 brustgeschwär = Brustfellentzündung.

428 *Bubler:* nicht näher bekannt; Meyenen = Meyenheim an der E 9, ca. 18 km N von Mülhausen. Ein Bubler besass das Haus «zum schwartzen moren», Freie Strasse 107. Nach Felix Platter, Sterbendt 1611, 7. Dez.

429 *Jkr. Jakob II. Truchseß von Rheinfelden:* Tischgänger bei Thomas Platter und Jugendfreund des Felix, s. Kap. 1, A. 355. Seit 1565 war er Schlossherr zu Pratteln, wahrscheinlich schon vorher, wie die obige Stelle vermuten lässt.

430 *Sebastian Heckel:* Stadtschreiber von Thann. BUB X, S. 472. Zwei Briefe von ihm an Felix, s. Mscr. der Univ.-Bibl., Fr.-Gr. I 6, Nr. 89, 194.

431 Velbach = *Feldbach:* kleines Dorf an der N 432, 6 km NW von Pfirt, bekanntes ehem. Benediktinerpriorat, 1144 gegründet, Nekropole der Pfirter Grafen; erhalten ist noch die romanische Basilika. Stintzi/Wacker: Sundgau (1943), S. 137f. Probst zu Feldbach war 1554–1560 Pierre Cecil, 1566 Rolin Tullier. Freundl. Mitteilung von Mlle L. Roux, Arch.-adj., Colmar, nach Grandidier: Nouvelles œuvres inédites, t. 3.

Den 10 Novembris ritt ich ghen Thann zu junker Wilhelm vom Rust[432], stattvogt daselbsten; blib 4 tag außen. Er wahre gar grimig. [147] Den 16. Novembris ritt ich ghen Mülhausen zum burgermeister Geörg Diser[433]; der war gar kranck. Den 18 Nov. ritt ich ghen Prattelen zum Trukseß. Den 29 Nov. wardt ich zu einem burger ghen Befort berufen, ritt mitt dem Martin apotecker[434] zu ihm ghen Befort. Der schlag hatt ihn getroffen, wardt widerumb gesundt.

Den 2 Decembris ritten wier gar spath von Befort hinweg, warden benachtet und kamen bey eiteler nacht durch Gottesthal, Le val de Dieu[435]. Im walde hörten wier ein jämerlich gespänst geschrey, dorab deß bauren hundt, der mitt uns gung[436] und uns den weg zeiget, so sehr förchtet, daß er sich under das roß verkroche. Wier kamen schier erst umb mitternacht ghen Damerkirch[437], kehrten bey dem Sattler ein, der dem stattschreiber Wielandt von Mülhusen verwandt wahre. Die meidlin kamen vermumet auß der keltstuben[438] zu uns in die herberg, dantzeten mitt uns biß an tag. Ich verzehret 2 gulden und schlieff dieselbige nacht nichts. Den 3. Decembris kam ich wider in zimblicher kelte ghen Basell. Den 5. Decembris ritte ich zu deß von Hohenfürsts[439] haußfrauw, als

432 *Jkr. Wilhelm von Rûst* (Ruest, zem Ruost): aus einer der vornehmsten Familien des Oberelsass, Vogt zu Thann und Sennheim 1547, erhielt 1573 das Dorf Zillisheim (7 km S von Mülhausen), zu dem auch das Schloss Biss gehörte; er heiratete Magdalena von Sickingen und starb in Sennheim 1613 30. Juni. Nach Sitzmann: Dictionnaire de biogr. ... de l'Alsace, t. 2, p. 623 und Stintzi: Burgen u. Schlösser des Elsass (1951), S. 31.

433 Georg Diser: wohl eine Verwechslung mit *Hans Michel Thiser:* Dieser war ein Sohn des Matthias Th. in Mülhausen, zahlte Steuern seit 1521, wurde 1526 Zunftmeister, 1545 des Rats, 1546 Bürgermeister von Mülhausen. Er war von Beruf Schneider, ∞ mit 1. Elisabeth Tilger, 2. Elisabeth Hügelin. 1560 kaufte er von Adam von Hohenfürst den Hof der Edeln v. Pfirt an der Franziskanerstrasse. Er starb 1562 21. Nov. Nach Ernest Meininger in BMHM 41/1921, p. 104 und Phil. Mieg in BMHM 65/1957, p. 46ff.

434 «Martin apotecker» ist bestimmt *Martin v. Werenfels*, der einzige Martin unter den Basler Apothekern, *1542, †1593, Sohn des Niklaus v. W. und der Ursula Koch, aus einer typischen Apothekerfamilie. Sein Vater (†1561) kommt auch bei Thomas Platter vor, s. Hartmann 104, 167. Martin kaufte 1569 das elterliche Haus «zur Metz» am Fischmarkt (alte Nr. 153) und heiratete 1571 Margret Ottendorf (*1540, †1610). Häfliger: Die Apotheker u. Apotheken Basels, BZ 31/1932, S. 410, Wpb. Ba. (Werenfels und Dürr).

435 Hs. undeutlich: nan de Dieu – *Gottestal* (Valdieu): kleines Dorf 19 km E von Belfort, an der Strasse nach Mülhausen und am Rhein-Rhone-Kanal, mit einem Benediktiner-Klösterlein, das 1560 eine Kommende wurde. Stintzi/Wacker: Sundgau 151.

436 gung = gieng, falsche Rückrundung.

437 *Dammerkirch* (Dannemarie): Kantonshauptort an Larg und Rhein-Rhone-Kanal, 24 km E von Belfort, an der Strasse nach Mülhausen. – Der Sattler: unbekannt.

438 keltstube: chilt, chält = Nacht, Abendgesellschaft der Hausbewohner und Nachbarn zu Arbeit, Scherz oder Spiel. Schw. Id. 3, 242ff.

439 *Johann Adam von Hohenfirst:* *?, †1579, Sohn des Adam v. H., sesshaft zu Illzach (N von Mülhausen). Die Familie der Hohenfirst besass von 1501 bis 1613 das *Schloss zu Illzach* und

sie umb ein sohn kommen wahr; kame folgenden tag widerumb heimb.

Den 28. Decembris ritte ich zum burgvogt Entringer[440] ghen Rötelen. Den 30 Decembris ritte ich ghen Breitenbach[441] zů einem bauren und kame denselbigen tag wider heim; wahre ein starcker ritt.

[148] Und ob ich schon viel zu schaffen hatte mitt einheimischer und auslendischer pratick, fienge ich doch auch an, im mittleren hauß bauwen, ließe die große stuben firnißen, und den meister Israel[442], den kunstreichen mahler, deß Nicolai, so man vor jahren geröderet hatt, sohn, inwendig die gemach mahlen und alles lustig zurüsten. Der mahler und sein frauw, die von Berken wahre, starben nachmahlen beyde an der pest. Ich ließe auch hin und här im hauß allerley schreiner arbeit fertig machen und daß hauß mitt bezieren.

Zu dem hatt ich auch ein grossen lust zu allerley lebendigen thieren, derhalben hulte ich neben meinen schönen dauben auch köngelin[443] im höflin und einer kammeren under dem tach, konte nicht müeßig noch rühig sein.

bewohnte es auch, wie die zahlreichen Einträge im Taufbuch beweisen. Daneben besass sie zwei Höfe in Mülhausen, bis 1561 den Pfirter Hof an der Dreikönigsgasse, bis 1579 einen andern an der Barfüssergasse, in Basel seit ca. 1561 den Hohenfirstenhof an der Rittergasse, s. Kap. 9, A. 27. Hans Adam heiratete 1559 20. Nov. *Claranna von Eptingen*, Tochter von Joh. Puliant v. E., und hatte von ihr 9 Kinder. Für die reichen Beziehungen sprechen die 17 (!) Zeugen an Hans Adams Eheberedung, lauter Vertreter der oberrheinischen Adelsfamilien (s. J. Lutz: Illzacher Chronik, Rappoltsweiler 1898, S. 116, A. 5), für ihren Reichtum die Erbteilung von 1586 19. Sept., die auf 108 Seiten ein Verzeichnis der Liegenschaften, Kapitalien, Fruchtgefälle und Gülten, des Hausrats in Basel, umfassend Möbel aller Art, Leinwand (474 Servietten!), Decken, Zinn-, Messing- und Kupfergeschirr gibt. Nach Lutz: Illzacher Chr. 117–123; Merz, Sisgau 3, St.Tf. 6; Ph. Mieg: Nagel/Wieland, BMHM LX, p. 27, A. 91; Th. Walter: Alsatia sup. sepulta 84. – Das von Platter erwähnte verstorbene Söhnlein sowie das im Jahr darauf verlorene Kind (Kap. 11, A. 2) sind *Joh. Ulrich*, getauft 1561 23. Jan., und *Johann*, getauft 1562 27. Sept. Illzacher Chr. 116.

440 *Entringer* (Hs. undeutlich: evtl. Eutringer oder Euhinger?), Burgvogt zu Rötteln, unbekannt, trotz freundl. Mitarbeit der Herren Christian Martin Vortisch, Lörrach, und Fritz Schülin, Binzen.

441 *Breitenbach:* Dorf im Kt. Solothurn, E von Laufen; von Basel ca. 27 km und zurück, also über dem Tagesdurchschnitt von 45 km.

442 *Israel Petri*, der Maler, Sohn des 1546 hingerichteten Burgunder Provisors Niclaus P., s. Kap. 1, A. 368ff., spez. 393. Seine Frau war Catharina Hauser von Berkheim (bei Esslingen Württ., oder das elsäss. Bercken?).

443 köngelin, küngelin (schwz.) = Kaninchen. – Zu Platters Vorliebe für Tauben vgl. Kap. 8, bei A. 229 u. 307.

9. Kaiserbesuch in Basel
(8./9. Jan. 1563)

Keyser Ferdinandi einzug

In disem 1563 jahr[1], freytags den 8. Jenners, hatt sich der allerdurchleuchtigest herr, keyser Ferdinandus, gegen Basell genäheret und selbigen abendt umb 5 uhren nach mittag sein einritt gehalten, wie er von dem Wurstisio in seiner Basler Chronick am 642. blatt, von dem Felix am blatt A und B ettwas ausführlicher ist beschriben worden.

[A] Keiser Ferdinandus kompt gon Basell[2]

Keiser Ferdinandus kam diß jars von Francfort nach der krönung[3] uff

1 Hs.: 1562 (verschrieben). Der *Kaiserbesuch* in Basel fand am 8./9. Jan. 1563 statt. – Nach dem einen Satz von seiner Hand hat Thomas II. die nächsten drei Blätter, die Seiten 149 bis 151 des Mscr., leer gelassen, um hier die zwei Blätter A und B von Felix abzuschreiben, unterliess es dann aber doch. Vgl. die nächste Anm.

2 Die Blätter A und B, die den Bericht über den Kaiserbesuch von 1563 enthalten, sind von Felix geschrieben. Sie befinden sich gegen Ende des Bandes A λ III 3, doch lassen sie sich, wie es Thomas ja wollte, hier chronologisch einfügen, ohne dass sie den Rahmen der Autobiographie sprengen. – Platters Bericht ist – trotz dem Hinweis auf Wurstisens Basler Chronik – durchaus original. Er erzählt aus eigener Erinnerung, soviel ihm «noch in gedechnuß verbliben», mit verschiedenen Details, die bei andern Chronisten fehlen. Vor allem erwähnt er als einziger die Rolle des Joh. Bas. Herold, s. A. 5. Neben Platter gibt es die sehr kurze Darstellung in der Fortsetzung der Chronik von Fridolin *Ryff* (B. Ch. 1, S. 170), dann die erwähnte «Basler Chronik» von Christian *Wurstisen*, S. 642, Peter *Ochs* VI 225ff. sowie eine moderne kritische Beschreibung durch Rudolf *Luginbühl*: Der letzte offizielle Kaiserbesuch in Basel, B. Jb. 1903, S. 49–71. – Wichtig ist die in den Chroniken nicht erwähnte Tatsache, dass Basel den Besuch des Kaisers durchaus nicht wünschte, sondern wenn möglich verhindern wollte, da man wegen der unabgeklärten Doppelstellung als Reichsstadt und Mitglied der Eidgenossenschaft Bedenken hatte. Seit dem Beitritt der Stadt zur Eidgenossenschaft 1501 war kein Kaiser mehr hier gewesen, Basel nahm an den Reichstagen nicht mehr teil und zahlte keine Reichssteuer. Doch war die Trennung vom Reich nie anerkannt, sondern nur still geduldet worden. Zur politischen kam die religiöse Gegnerschaft: Im Schmalkaldischen Krieg hatte Basel vor der Macht des katholischen Kaisers gezittert. Trotz allem fühlte man sich irgendwie noch dem Reiche verbunden, wollte jedoch die komplizierte Rechtslage lieber nicht erörtern. So hatte der Rat denn Johannes Herold, der dem Kaiser willkommen war, nach Frankfurt gesandt, um sich informieren zu lassen. Vom Hofmarschall erfuhr Herold, dass der Kaiser gewillt wäre, Basel zu besuchen, wenn er eingeladen würde. Der Basler Rat war über diese Meldung sehr betroffen und beriet darüber am 2. Jan. 1563. In einem geheimen Schreiben bat er seinen Vertreter, er solle ganz privat versuchen, dem Kaiser diesen Plan auszureden, indem er notfalls auf die drohende Pestgefahr hinweise. Diese faule Ausrede verfing beim Kaiser jedoch nicht, ja er wiederholte seinen «ganz gnedigen unnd begirlichen lust unnd willen», so dass Basel jetzt nicht mehr kneifen konnte und eine offizielle Viererdelegation mit einer devot gehaltenen Einladung nach Freiburg sandte.

3 Kaiser *Ferdinand I.* hatte im Nov. 1562 seinen Sohn *Maximilian II.* in Frankfurt zum rö-

Straßburg, von dannen gon Friburg ins Brißgeuw, am wienacht obendt, wardt in herr Wilhelm Böcklins hof inlosiert[4]. Dise oberösterich⟨isch⟩e landt hůlt⟨en⟩ ein landttag zů Friburg wegen deß bösen pfennigs. Der wardt domolen bewilliget, und alß man von Basilio Heroldt[5], dem histo-

mischen König wählen und krönen lassen und zog nun über Strassburg, Colmar und Breisach nach Freiburg i. Br. Dort hielt er einen Landtag ab, der auf sein Betreiben die Erhebung des «bösen Pfennigs» (eine Weinsteuer) beschloss. Man glaubte, er werde nun über den Schwarzwald nach Innsbruck ziehen, doch zog der alte Herr im Winter den bequemeren Weg über Basel vor.

4 inlosiert = einlogiert. – *Wilhelm Böcklin v. Böcklinsau* (†1585) war ein Sohn des Strass-burger Stettmeisters Claudius B.; er wurde 1534 Schultheiss in Freiburg i. Br., dann kaiserlicher Rat und Hofmarschall usw., s. Kindler I 130–132. – Sein Bruder war der früher erwähnte Erasmus B., s. Kap. 3, A. 577. – Weitere Details über B. s. B. R. Jenny: Amerbach-Korr. 6, 197ff.

5 *Johann Basilius Herold*: *1514, †1567, vgl. oben, Kap. 7, A. 30, stammt aus dem schwäbi-schen Höchstädt an der Donau, das den pfälzischen Wittelsbachern unterstand. Er war in Basel der treueste Anhänger von Kaiser und Reich. Andere deutsch-national gesinnte Philologen und Historiker, wie Beatus Rhenanus und Glarean, hatten wegen der Refor-mation die Stadt verlassen; nur der Basler Heinrich Pantaleon propagierte in seinem «Teutscher Nation Heldenbuch» dieselbe Gesinnung. Doch dieser war als Professor rasch zu Ansehen gelangt, während Herold in Basel völlig isoliert war; nicht einmal zu dem geistig verwandten Pantaleon hatte er eine nähere Beziehung. Der kleine, feiste, von Unrast und Geltungssucht getriebene Mann war sehr impulsiv und stiess viele dadurch ab. Religiös indifferent, schloss er sich – wie Amerbach – dem Basler Bekenntnis an, hoffte aber stets auf eine Versöhnung der Parteien durch den Kaiser. Herold war stets voller Pläne, doch fehlte es ihm an Zeit, Geld und vor allem Glück, um sich ruhig seinen Studien widmen zu können. Nach einem etwa zehnjährigen Vagantenleben war seine Bildung eher dürftig, und als er nach Basel kam, bemühten sich die Fugger bei Bonifaz Amerbach vergeblich darum, ihm ein Stipendium aus dem Erasmus-Legat zu verschaffen. Er erhielt aus diesem zwar mehrmals Unterstützung und konnte sich auch an der Univer-sität immatrikulieren (Matr. I 23, 1539), doch war ihm als Unehelichem ein akademisches Examen versagt.
Als Pfarrer amtete er 1542/43 in dem baslerischen Dorfe Reinach und 1548–1556 in Pfef-fingen und Arlesheim, zuletzt nochmals 1564, doch war er gar nicht beliebt und hatte Schwierigkeiten. So widmete er sich denn seit 1550 mit ganzer Leidenschaft der Druckerei, namentlich seit 1556, wo er auf Veranlassen der Drucker nach der Stadt übersiedelte. Er diente mehreren Druckern, namentlich Oporin, den er verehrte. Eine grossangelegte kostspielige Stammtafel der fränkischen Herrscher, bestimmt für den Kurfürsten von der Pfalz, seinen ehemaligen Landesherrn, trug ihm zwar in seiner neuen Heimat 1556 das Bürgerrecht ein, erwies sich finanziell jedoch als grosser Misserfolg. Es folgten eine Übersetzung von Dantes «De monarchia» und anderer kaiserfreundlicher Traktate sowie ein schwülstiger Panegyrikus auf Kaiser Ferdinand. Seine beste Arbeit war ohne Zweifel die auf glücklichen Handschriftenfunden basierende Ausgabe von acht alten deutschen Rechtsbüchern («Originum ac Germanicarum antiquitatum libri», Henric Petri 1557), die er ebenfalls in patriotischem Sinne unternahm, um die Überlegenheit des deutschen Rechtsdenkens über das Jus Romanum darzutun und gegen dessen Rezeption zu pole-misieren. Auch seine zahlreichen andern Publikationen dienen der Verherrlichung des deutschen Volkes und seiner Sprache sowie des «sacrosanctum Imperium» und seiner Fürsten.

rico, so zů Basel wonet und der keiserlichen majestät geheim⁶, vernam, daß ir majestät ein lust ⟨hett⟩, Basel zesechen, wardt sy durch meiner herren gesanten⁷, darunder herr Heinrich Petri der bůchdrucker die redt gethan, geladen. Und alß ir majestät bewilliget, dohin zekommen, rust man sich starck ze Basell, und theilten die furier die herbergen auß und zeichneten sy an, nit allein in gemeinen herbrigen⁸, sunder auch in der firnembsten und kumlich[i]sten⁹ mit gemachen und stallungen ⟨versechenen⟩ heuseren. Do man auch mandiert, alle sachen zum besten anzerichten. Man gab auch ordnung, daß vol auf mit fleisch und fisch proviandt

Der Kaiserbesuch in Basel musste für einen Mann wie Herold den Höhepunkt seines Lebens darstellen, und tatsächlich ist dies der einzige Moment, wo der seltsame Aussenseiter aus seiner Isolation heraustritt, wo er für kurze Zeit in der Politik der Stadt Basel eine Rolle spielt. Schon im Jahre 1557, als er zu einer Archivreise in Deutschland weilte, sandte er dem Basler Rat wertvolle Informationen über das Wormser Religionsgespräch. Er hatte Kontakt mit wichtigen Persönlichkeiten der Diplomatie, dem alt Vizekanzler Matthias Held, Reichsvizekanzler Seld, dem Grafen von Helfenstein, der ihm sogar mit Geld aushalf, dem Bruder des Erzbischofs von Trier, dem bayrischen Gesandten Simon Eck usw., und brachte Nachrichten über den Verlauf des französischen Krieges heim. Am Reichstag von 1559 in Augsburg weilte er wahrscheinlich als offizieller Abgesandter Basels, wobei er bei der Gelegenheit den Titel eines «familiaris aulae» (Mitglied des kaiserlichen Hofs) für sich ergatterte. Im Dez. 1561 war er in dem schwäbischen Städtchen Günzburg, wo der kaiserliche Rat Joh. Ulrich Zasius seinen Amtssitz hatte, und versorgte die Heimatstadt mit politischen Neuigkeiten.
Als Ende Nov. 1562 die Wahl und Krönung Maximilians II. in Frankfurt zustande kamen, schickte der Basler Rat – etwas verspätet zwar – einen Sonderbeauftragten in die Krönungsstadt, sehr wahrscheinlich wiederum Herold. Jedenfalls meldete dieser dann von Freiburg aus den Baslern den kaiserlichen Wunsch, ihre Stadt zu besuchen. Vgl. A. 2. Welche Rolle Herold bei den Feierlichkeiten des Kaiserbesuchs selbst gespielt hat, wird nirgends erwähnt; wahrscheinlich zog er mit dem kaiserlichen Hofstaat mit. Jedenfalls reiste er mit diesem und zwei anderen Basler Gesandten weiter bis nach Innsbruck, wo es ihm nach drei Monaten zähen Verhandelns endlich gelang, die kaiserliche Bestätigung der alten städtischen Privilegien sowie eine Verlängerung der Pfandschaft auf Gross-Hüningen zu erlangen.
Eine glückliche Zeit verbrachte der finanziell stets bedrängte Polyhistor danach auf einem Schloss des Grafen Wilhelm Werner von Zimmern, zwar ohne seine geplante Weltgeschichte zu schreiben, aber in angenehmem Kontakt mit dem geschichtsbegeisterten alten Herrn und dessen Neffen Christoph, dem Verfasser der Zimmerschen Chronik. 1567 starb er an unbekanntem Ort, ziemlich vereinsamt und verschuldet. Diese biographische Skizze beruht auf der ausgezeichneten Arbeit von Andreas Burckhardt: Joh. Basilius Herold, Basler Beiträge 104/1967, spez. S. 93–263.
6 geheim = vertraut, befreundet, wohl eine Übersetzung des lat. Ausdrucks «a secretis», wie A. Burckhardt 212, A.113 vermutet.
7 Basels Gesandte waren die Ratsherren *Werner Wölflin, Hans Rud. Fäsch, Henric Petri* und *Bernhard Brand*, s. Reg. «Ist geordnet, das h. Heinrich Petri alls der elter (damals 55jährig) die red thun solle.» «Ist auch bedacht, das si sich des Fußvalls gepruchen sollen ...» Mit dieser Geste der Unterwürfigkeit wollte man den Monarchen offenbar günstig stimmen.
8 gmeinen herbrigen = öffentlichen Herbergen, Gasthäusern.
9 kumlich (baseldt.) = bequem, praktisch.

verhanden were, befal, die gaßen allenthalben zesüberen, und verbott by
ernstlicher strof, daß kein, so der inridt geschäch, sich uf der gaßen finden
liese, und ordnet die gewapneten leuth, daß geschitz und anders, so
hierzů von nöten[10].

Alß nun die keiserlich majestät ze Friburg aufbrach und zů Nüwenburg[11] daß nacht leger hatt und morndeß von dannen auf Basell ruckt,
reiten die herren heupter[12] nach mittag ir majestät entgegen, dieselbig ze
entpfachen. Denen reiten die soldner, in iren casagen wiß und schwartz
angethon[13], und ettlich drummeter vor, und geleitet sy die iunge burgerschaft, wol außgebutzt und beritten, hatten alle casagen über schöne
panzerhembd angethon, die ermel doran ußgethon und hangendt, die
hie[u]t[14] mit weißen strausfederen geziert, dorunder ettlich, die in ersten
glideren ritten, guldt ketten auch am halß fůrten, und waren derselbigen
nach zů by hundert ze roß, welche pferdt auch schön geristet waren.

Man entpfieng ir majestät by der Wysen brucken[15], und that herr
burgermeister Caspar Krůg ze fůß die redt. Nach welchem alß man
zur statt reit, daß geschütz mit großen stucken an allen orten und pol-
wer⟨k⟩ stark zum anderen mol abpreng[16], und alß man under daß Blesi
thor[17] kam, dorunder vil geharnest und bewerte burger stůndindt, waren
vier vom rath, herren Heinrich Petri, Falckner, Brandt und Merian der
goldtschmidt, in iren burgers raths röcken angethon, mit entdeckten
heupteren, hůlten ein dammastenen himmel, der weiß und schwartz ge-

10 Besonders auffallend ist die Sorge der Regierung um die *Sicherheit*. Drei Tore, das St.
    Alban-, das St. Johann- und das Steinen-Tor sollten geschlossen bleiben, die andern mit
    je 10 Mann, 8 unten, 2 oben, besetzt werden ... Die Nebengassen sollten durch Ketten
    abgesperrt werden. Während des Aufenthalts des Kaisers wurde niemand aus der Stadt
    gelassen. Auf der Landschaft sollten sich die Untertanen gerüstet halten ... Luginbühl 57.
11 *Neuenburg a. Rh.:* rechtsrheinisches Städtchen halbwegs zwischen Freiburg und Basel.
12 herren heupter: Da der regierende Bürgermeister *Franz Oberried* wenige Tage vorher,
    am 26. Dez. 1562 gestorben war, waren es der alt Bürgermeister *Caspar Krug*, die beiden
    Oberstzunftmeister *Sebastian Doppenstein* und *Jakob Rüedin* der Ältere sowie der Stadtschrei-
    ber Heinrich *Falkner*, die dem Kaiser bis zum Zollhaus an der Wiesenbrücke entgegen-
    ritten.
13 Kasacken, Reitmäntel in den Stadtfarben.
14 hieut (!): sprich «hiet» (Hüte).
15 *Wiesenbrücke:* Die aus dem Badischen kommende Wiese mündet unterhalb von Basel bei
    Kleinhüningen, das heute zur Stadt gehört, in den Rhein. Die alte Wiesenbrücke – als erste
    in unserer Gegend 1432 errichtet – befand sich am westlichen Ende der Langen Erlen
    (bei der «Ressliritti»); sie wurde seither dreimal ersetzt, zuletzt 1955 durch eine Beton-
    brücke. Nach Eugen A. Meier: Das verschwundene Basel, S. 246 mit einem Farbbild
    von Brücke und Zollhaus.
16 oder: abgieng (Hs. undeutlich).
17 Das *Bläsi-Tor* in Kleinbasel, bei der Tramhaltestelle Kaserne, 1867 abgebrochen. Der
    Name kommt von dem Stift St. Blasien, das 1256 einen Platz neben diesem Tor kaufte,
    den sog. Bläserhof, der bis 1806 im Besitz des in Basel begüterten Klosters blieb; s.
    Eugen A. Meier: Das verschwundene Basel, S. 236.

theilt war, mit vier stangen gleichsam getheilt gemolt[18], ob sich über die keiserlich majestät, so ze roß sas, und fürten dieselbig also dorunder biß in die herberg. Neben ir majestät gieng zefůß der herr burgermeister Krůg[19], drůg sein Schweitzer barretlin in der handt; der wardt von ir majestät von vil sachen im inzug, waß ein oder daß ander were, auch waß eß betheute, gefrogt. Do dan under andrem die erste frag war, die statt Basell were nit seer befestiget; doruf der burgermeister, man habe[20] gůte nachburen, wißlich erstlich die Östericher und andre anstoßende, alß mit denen man kein gespan[21], demnach die Eidtgnoschaft, von denen man schirm hette, antheuthende geantwortet.

[B] Diser inrit geschach um fünf uren, und reiten die heupter, so zeroß belyben waren, mit iren burgeren, soldneren und drummeter zevor, doruf die regierung zů Ensisheim, deren edle iungen mit schefelinnen[22] vorreithen, doruf die kaiserschen grafen, herren prelaten und vom adel. Auf solche die keiserlich majestät under obgemeltem himmel, und vor derselbigen vil drummeter mit des Reichs farben, herbucken[23], vil drabanten zefůß um ir majestät, doruf volgten die archier[24] in harnist zeroß, by fünftzig fürten schwartze fanen, hernoch die reuter etc.

War[25] überal zeroß in großer zal. Also zog man auß der kleinen statt[26] über die bruck, die Ysengaßen auf, über den kornmerck, die Fryenstros bim beumlin hinuf biß fir Ütenheimer und Rechburgerhof[27], und stůnden

18 Ein Baldachin aus weiss und schwarzem Damast, mit venezianischer Seide eingefasst, auf 6 (nicht 4) in den Standesfarben bemalten Stäben mit vergoldeten Knöpfen ruhend. Die Träger waren die von Platter genannten Ratsherren Henric Petri, Bernhard Brand und Theodor Merian, nicht aber Heinrich Falkner, sondern Hans-Rud. Fäsch, Ulrich Schultheiss und Hans Esslinger.

19 Er war «ein man solchen libs, das er fast keyserlicher majestet ze pferdt sitzende glich lang was.» B. Ch. 1, 170.

20 Hs. irrtümlich: gabe.　　　21 gespan, span (mhd.) = Streit.

22 schefelin = Lanze (schäfflin, schevelin, frz. javelot). Grimm, Dt. Wb. 8, 2034f.

23 herbucken = Heerpauken.

24 archier (frz.) = Bogenschützen.

25 Hs. undeutlich. In der Abschrift Lotz ist das erste Wort weggelassen.

26 kleine statt, auch das «mindere Basel» = Kleinbasel. Nachdem schon in älterer Zeit verschiedene Siedlungen rechts des Rheins bestanden hatten, entstand die Stadt Kleinbasel in der Zeit nach dem Bau der Rheinbrücke 1226 durch den Bischof Heinrich von Thun, und zwar systematisch angelegt, bestehend aus drei parallel zum Rhein verlaufenden Längsgassen und einer senkrecht dazu stehenden Quergasse als Mittelachse und Fortsetzung der Brücke. Die Stadt hatte auch schon gleich ihre Befestigung mit zwei Toren, dem Riehen- und dem Bläsitor. Rud. Kaufmann: Die bauliche Entwicklung d. St. Basel, T. 2, B. Njbl. 127/1949, S. 7ff. und C. A. Müller: Die Stadtbefestigung v. Basel, Teil 1, B. Njbl. 133/1955, S. 27ff. – Der *Einritt* erfolgte also – von Freiburg her über die Wiesenbrücke – durch das Bläsitor, Untere Rebgasse, Greifengasse, Rheinbrücke, Eisengasse, Marktplatz, Freie Strasse, Bäumleingasse zur Rittergasse.

27 Der *Utenheimerhof*, in dem der Kaiser logierte, ist heute bekannt unter dem Namen *Hohenfirstenhof* oder Kleiner, hinterer Ramsteinerhof = Rittergasse 19. Er steht hinten rechts

vom thor an, die gantze stroßen, dardurch der inrit geschach, auf beiden seiten ein burger an dem ander in harnes⟨t⟩ und gewer und kleidung zum zierlichsten gerist und gebutzt. Und wardt in gemelte hof die keiserlich majestät, und die übrigen hin und wider by den burgeren und in herbrigen zum besten ingefurie⟨r⟩t.

Vor dem nachteßen kamen die heupter sampt den firnembsten räthen ab dem richthaus[28] in Utenheimer hof, in ir majestät gemach, presentierten derselbigen das geschenck, so do waß ein großer silberer becher, dorinnen dusent goldt gulden, ein wagen mit heißen summer wein[29], an faßen der stad wopen, hundert seck haberen, mit dem Basel stab bezeignet, und ettlich hirtzen[30]. Eß war die nacht den frembden stattlich hin

an dem Gässlein, das gegenüber dem «Delphin» (Eckhaus Rittergasse 10/Bäumleingasse) senkrecht zur Rittergasse rheinwärts führt. Ursprünglich stand das ganze Terrain im hintersten Teil des Gässleins im Besitz der *Herren von Ramstein*, die zum Ministerialadel des Bischofs gehörten. Nach ihnen hiessen die Liegenschaften zu beiden Seiten des Gässleins, die durch eine auf Allmendland erstellte Mauer verbunden waren, links der Grosse hintere Ramsteinerhof (Nr. 17), rechts der Kleine hintere Ramsteinerhof (Nr. 19). Dieser dürfte nach dem Erdbeben von 1356 entstanden sein, aber wohl kleiner als der heutige Bau. Er gelangte 1530 an *Hans von Utenheim* (tot 1555), einen Verwandten des Bischofs Christoph v. U. (reg. 1501–1527). Seine Gattin *Esther*, die Tochter Jakobs V. v. Eptingen, erweiterte den Besitz durch den Erwerb der ehem. «St. Johansen Caplaney» sowie durch den Einbau einer Badstube in die Scheidemauer zwischen Grossem und Kleinem Ramstein. Nach ihrem Tod gelangte der Hof an *Hans Adam v. Hohenfirst* (†1579), dessen Familie aus Neuenburg a. Rh. stammte und im Sundgau begütert war. Seine Gemahlin *Claranna v. Eptingen*, die Nichte der Esther v. Utenheim (s. o.), vollendete den Erweiterungsbau 1583 sowie wohl auch die von den grossen Stützmauern getragene stilvolle Gartenanlage, die auf den Basler Stadtansichten stets so markant hervortritt. Nach Merz, Sisgau 3, Stammtaf. 6; Bürgerhaus BS ... I, Taf. 70/71, S. XXXIX und speziell G. A. Wanner: Der Hohenfirstenhof, BN, Nr. 252, 21./22. Juni 1969. Die Hohenfirst waren – ihre Vorgänger, die Bär und Utenheim – katholisch, wodurch sich der Hof als kaiserliches Logis besonders empfahl.

Der andere von Platter genannte Hof, der *Rechburgerhof*, ist identisch mit dem oben erwähnten Grossen hintern Ramsteinerhof (Nr. 17). Auch dieser hat eine grosse Geschichte. Während des Konzils nahm dort 1440–1442 der eben gewählte Papst Felix V. bei Heinrich v. Ramstein Quartier. Und als 1473 Kaiser Friedrich III. Basel besuchte und im Bischofshof abstieg, logierte man den Sohn und Nachfolger Maximilian nebenan im Grossen Ramsteinerhof. Dann erfolgte bald der Niedergang der Ramstein: sie verkauften ihr Stammschloss (bei Bretzwil BL, heute Ruine, s. C. A. Müller: Burgen BL, S. 58ff.) und 1523 auch die gleichnamige Herrschaft an Basel. Ihr Hof an der Rittergasse gelangte nach verschiedenen Wechseln 1562 25. Juli an *Franz Rechburger* und seine Gemahlin Salome Iselin. R. war Stadtwechsler, seit 1566 Ratsherr der Hausgenossen und 1579–1589 Oberstzunftmeister (B. Ch. 7, 485). Der heutige Bau, ein spätbarockes Palais, stammt von dem Kaufmann Samuel Burckhardt-Zaeslin aus den Jahren 1728–1732; Architekt war Carl Hemeling. Nach G. A. Wanner in den «Basler Nachrichten».

28 richthaus = Rathaus.

29 Wein von dem heissen Sommer 1540, davon 3 Fässer; dazu 7 Fässer guten Weiss- und Rotwein.

30 Die *Geschenke* wurden, da der Kaiser spät gegen Abend eintraf, erst am folgenden Tag

und wider geselschaft geleistet. Ich aß by dem Ambrosio Frobenio[30a], by des keisers heroldt; war ein lustiger man. Man hůlt die nacht strenge wacht. Morndeß gieng ir majestät in deß herr Rechburgers haus. Do war ein altar ufgerichtet. Do hort er mäß. Nach dem mittageßen brach ir majestät wider auf, wardt gleicher gestalt von burgeren ze roß, doch von anderen, nit denen, so in gestrigs tags empfangen hatten, hinweg geleitet, und vom hof bis S. Alban thor[31], auch von anderen burgeren gerüstet die gaßen bestelt. Und zog also ir majestät ze nacht gon Rheinfelden, von dannen nach Schafhausen, do ir majestät mit kriegsvolch, so ir entgegen zugen, empfangen wardt, auf Costentz zů. Und gieng ein redt aus, ir majestät were zů Straßburg am richesten, zů Basell am zierlichsten, zů Schafhausen am kriegisten entpfangen worden[32].

überreicht. Infolge der Verspätung wurde auch auf das vorgesehene solenne «*Imbissmahl*» verzichtet. Dieses sah vor: «1. zum voressen uff jeden Tisch ein pasteten mit jungen tuben oder hünlen, 2. suppen unnd follgentz fleisch unnd inn jeder pfannen 2 versottne hennen, 3. ein essen heißgsotten fisch, 4. wildprett in einem pfeffer, 5. gebrotes, junge hennen, tuben unnd salmen rückhen, 6. kaltsannen (Sahne), 7. obs unnd käs.» Auch das Nachtmahl sollte 6 Gänge umfassen und benötigte 80 Pfund Rindfleisch, «2 kelber, 4 gyzi oder lember, das wildprett, 50 alter hennen oder Kappunen, 100 junge hüner unnd 50 tuben.» Statt der zwei festlichen Mahlzeiten im «Schlüssel» fand nur 1 Bankett statt, und zwar wohl im kaiserlichen Logis in kleinerem Rahmen, sowie im «Roten Ochsen», wo 94 Harschiere mit 54 Knaben untergebracht waren, und im «Silberberg», wo 17 Harschiere mit 11 Knaben logierten, ferner in einzelnen Privathäusern, wie z. B. bei Ambrosius Froben. Nach Rud. Luginbühl im B. J. 1903, S. 63.

30a Dem Buchdrucker *Ambrosius Froben* (Kap. 1, A. 345), der wohl noch bei seinem Vater Hieronymus († März 1563) in dem geräumigen *Hause* «*zum Luft*» an der Bäumleingasse 18 wohnte, wo Erasmus zuletzt gelebt hatte. Wer der kaiserliche Herold ist, weiss ich nicht; war es vielleicht der kaiserl. Rat und Hofmarschall Wilh. Böcklin (s. A. 4)? Eine Anfrage im österreichischen Haus-, Hof- und Staatsarchiv brachte keine eindeutige Antwort. Doch handelt es sich wahrscheinlich um den bei Wurstisen als vornehmster Begleiter genannten österreichischen Kriegs- und Staatsmann *Graf Georg von Helfenstein*, *1518, †1573, Präsident des Kammergerichts, auch diplomatisch und dichterisch tätig, seit 1559 kaiserlicher Hofmeister (was etwa Platters «heroldt» entsprechen mag); ADB 11, S. 686f. – Von Platter im Tagebuch nicht erwähnt ist auch Böcklins Schwiegersohn, der bekannte Kriegshauptmann *Lazarus von Schwendi*, der im Gefolge des Kaisers nach Basel reiste und die Gelegenheit zu einer Konsultation bei Platter benutzte. Er hatte wegen Urinschwierigkeiten zahlreiche Ärzte befragt, auch die drei kaiserl. Leibärzte Crato v. Kraffthaim, Julius A. v. Alessandrini und Pietro Andrea Mattioli; Platter brachte ihm durch Sitzbäder und dilatum Terebinthiace usw. erstmals Erleichterung und besuchte ihn auch nachher öfters auf seiner Burg. Observationes (1614) III, S. 763f.

31 Durch die Rittergasse, den St.Alban-Schwibbogen, die St.Alban-Vorstadt und durch das äussere St.Alban-Tor; «es gaben im auch min herren das geleyt bisz gen Augst.» B. Ch. 1, 170.

32 Ähnliche Clichés wurden auch für andere Städte verwendet, zum Teil je nach Quelle verschiedene. – Die *Gesamtausgaben* Basels für den Kaiserbesuch von 1563 betrugen mindestens 5000 Gulden, im Vergleich mit der Jahresrechnung 1562/63 etwa 10% der Staatseinnah-

Und wardt auch hernoch außgeben, alß ir majestät mit dem bischof von Costentz, dem cardinal von Emß[33], über see gefaren were und latinisch zů dem cardinal gesagt: «Vos estis piscatores hominum», habe er, alß er nur verstanden, daß er von fischen redt, ir majestät geantwortet: «Ja, allergnedigster keiser, eß hatt schöne grundt forenen[34] in disem see», dorab die keiserlich majestät sol gelacht haben. Und ist mir sovil von gemeltem keiserschen inzug in Basell [mir] noch in gedechnuß verbliben bewußt.

[152] Anno 1563 reit ich oft ghen Rheinfelden zu der frauw Dorothe von Schweigkhusen[35], welche der frauw Eva von Andlauw und Ulrich Tieboldts von Schauwenburg muter schwester, auch junker Hans Adam von Hohenfürst stieffmuter wahre. Also den 9, 10, 12, 13, 16. Item 21 und 22 Hornungs, da ich auch offt von junker Melchior und Lutz von Schönauw rhatts gefragt wahr. Den 17 Hornung reit ich ghen Rötelen zu burgvogt Entringer, und den 23 Hornung ghen Olsperg und Rheinfelden.

Den 21 Hornung starb der junker Stouffemer, dem ich so lange zeitt gedienet und dessen im vordrigen jahr meldung beschehen.

Den 5 Mertzen reit ich ghen Weil zum junker Jacob Reutner. Den 29 und 30 Mertzen reitt ich ghen Brinigkhofen[36] zu junker Haman von Brinigkhofen, dem ich lang gedient hatt, reitt auch zu ihme den 20 und 21 Aprilis.

men oder 15% der Ausgaben! Luginbühl, S. 7of. Der reelle Gewinn dagegen war gering (s. o.); einige Familien erhielten überdies kaiserliche Adelsbriefe, machten aber davon keinen Gebrauch.

33 *Marcus Sittich II. v. Hohenems*: *1533, ein Neffe des Papstes Pius IV., zuerst im Kriegsdienst tätig, dann Bischof von Konstanz 1561 19. Aug. – 1589, Kardinal 1561, † in Rom 1595 15. Febr. Nach Gams, Series episcoporum 272 und J. Bergmann: Die Edlen v. Embs ... I, 177. Über seine Verwandtschaft s. Kap. 8, A. 418.

34 forene, forne <mhd. forhe = Forelle. Schw. Id. I, 935. – Auch Wurstisen erzählt diese Anekdote in seinem Diarium, hg. v. R. Luginbühl, BZ 1, S. 82.

35 *Dorothe von Schweighausen*: Laut Theobald Walter, Alsatia sup. sepulta, p. 43f., 54 war sie eine geborene *v. Pfirt* († 1563 5. Mai), 1544 für ganz kurze Zeit verheiratet mit Jacob Leo Hack v. Schweighausen, der bereits am 10. Febr. 1544 verstarb. Die erste Gemahlin ihres Gatten war Margaretha Anna v. Reinach (1533). Das Geschlecht der Schweighausen, das aus der Gegend von Sennheim stammt, starb 1572 aus. – Die von Platter angegebenen Verwandtschaften Dorothes kann ich nicht belegen.

36 *Brünighofen*: Das Dorf liegt ca. 15 km SW von Mülhausen, unweit Illfurt, am Rhein-Rhone-Kanal; das Schloss steht nicht mehr. Die Familie, die sich danach benannte, war in Mülhausen begütert und mit den bedeutendsten Adelsfamilien verwandt. Stintzi/ Wacker: Sundgau 134. Platters Kunde ist nicht Hamann der Ältere, da dieser schon um 1525 nach Bourogne in der Gegend von Belfort übersiedelte und dort ein neues Schloss baute, sondern *Jkr. Hans Hamann d. Jüngere*, der 1555 erstmals erwähnt wird, 1559 seinen Anteil an Brünighofen erhielt und kurze Zeit das väterliche Schloss bewohnte; er war ein Sohn von Itel-Peter v. B. und verheiratet mit Maria Dorothea Cantiuncula, er starb 1584 15. April. Nach Th. Walter: Les sires de Brinighoffen, BMHM 39/1919, p. 31, spez. 56f. u. St. Taf., und Th. Walter: Alsatia sup. sepulta, S. 69.

Den 22 Aprilis reit ich zu junker Marx Reich von Reichenstein[37], so zu Bieterthal in einem kleinen heußlin saß; hatt dem Kempfen von Entzen sein frauw, die Kapplerin, hinweg geführt, wahre gar arbeitselig[38], sonderlich am gemütt und den füeßen, doran er im Metzer krieg sehr erfroren wahr. Ich hab bey den 60 ritten zu ihme gethan, weil niemandts so woll als ich mitt ihm konte umbgehen. Zu letzt wardt er ihrenthalben gefencklich weggeführet. Den 19 und 27 Maij bin ich wider zu ihme geritten, wie denn schon zevor [schon] seiner gedacht ist worden.

37 *Jkr. Marx Reich von Reichenstein:* wenig bekanntes Mitglied einer berühmten Familie, sesshaft zu *Biedertal* (ca. 20 km SW von Basel, direkt jenseits der Schweizer Grenze bei Rodersdorf). Aus dem Stammbaum geht nicht klar hervor, ob es sich um Marx III. handelt, als dessen Witwe bei Merz, Sisgau III 138 allerdings 1573 eine Salome von Sulz, gen. Hüglerin, erscheint, oder aber um Marx IV. (tot 1593). Die hier als seine Gemahlin genannte «Kapplerin» ist *Elisabeth Kappler*, die Witwe von *Ambrosius Kempf*. Dieser – nicht zu verwechseln mit dem gleichnamigen Onkel, der 1553 starb – ist ein Sohn des Daniel Kempf von Angreth, der 1490 mit der Burg Angreth bei Gebweiler belehnt wurde und sie 1513 wiederaufbaute, und der Anna Elisabeth Schaler v. Leimen; er war tot 1560. Kindler II 269 und B. R. Jenny, Amerbach-Korr. 6, S. XLIVf.

38 arbeitselig = gebrechlich. – Metzer krieg: 1552. – Nicht ganz klar ist mir die Stelle «ihrenthalben gefencklich weggeführet»: wahrscheinlich war der Gemütskranke so unverträglich, dass er «ihrenthalben», d. h. zum Schutze der Frau, versorgt werden musste?

Einritt Kaiser Ferdinands I. in Basel am 8. Jan. 1563. Anonymes Historienbild, 19. Jh.

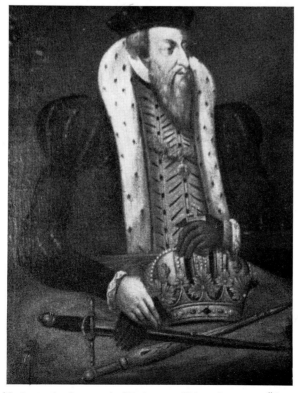

Kaiser Ferdinand I., *1503, †1564, 1530 dt. König, 1558 Kaiser. Anonymes Ölgemälde im Rathaus Rheinfelden, Geschenk des Kaisers.

Der Hohenfirstenhof, Rittergasse 19, das Basler Quartier Kaiser Ferdinands, Rheinseite. Zu S. 396f

10. Reise ins Wallis[1]
(2. Juni – 19. Juli 1563)[2]

[153] Im Junio nach dem pfingstag wolte mein vatter in Wallis ghon, aße mitt uns zu imbiß die letze[3], bey welchem mein schwächer, herr

1 Die Heimat der Platter, *das Wallis* (VS = Valais), hat lange Zeit ein ausgesprochenes Eigenleben geführt. Das Land besteht, wie der Name «vallis» sagt, aus dem Tal des *Rotten* (Rhodanus, Rhône) und seinen Nebentälern, zu beiden Seiten eingerahmt von den gewaltigen Mauern der Berner und Walliser Alpen, die in dem Matterhorn (4482 m) ihren markantesten Gipfel erreichen. Die *Geschichte* beginnt mit der Unterwerfung der keltischen Urbevölkerung durch die Römer und dem Eindringen des Christentums (Martyrium des heiligen Mauritius und der Thebäischen Legion). Die römische Herrschaft wird abgelöst von der burgundischen und fränkischen; auf die Merowinger und Karolinger folgen das zweite hochburgundische Königreich und das deutsche Kaiserreich. In mehreren Schüben bis ins 9. Jh. dringen die Alemannen über die Grimsel ins Oberwallis ein.

Das *Bistum*, das auf das 4. Jh. zurückgeht (Bischof Theodul oder Theodor), ist das älteste der Schweiz. Seit dem 11. Jh. ist der Bischof von Sitten der weltliche und geistliche Oberherr des Landes. Er muss sich seit dem 13. Jh. ständig gegen die wachsende Macht des Herzogs von *Savoyen* verteidigen; das Unterwallis geht mehrmals verloren, die Hauptstadt wird mehr als einmal erstürmt und geplündert. Die deutschen *Oberwalliser* steigen von ihren Dörfern herunter zum Kampf, ihre «Zenden» finden Unterstützung bei den Innerschweizern: 1403 erstes Bündnis mit Uri, Unterwalden und Luzern. Nach dem Untergang der alten Feudalsippen (Raron) besiegen sie, diesmal von Bern unterstützt, bei Sitten 1475 die Savoyer und erobern das welsche Unterwallis zurück. Sie zwingen Sitten ihre Sprache auf und lenken die Bischofwahlen, ihre Patrizier folgen den savoyischen Kastellanen in der Regierung des Unterwallis.

Seit dem Ende des 15. Jh. wird das Wallis, das der Eidgenossenschaft als «Zugewandter Ort» verbunden ist, in neuem Parteihader zerrissen zwischen der französischen Partei (Jost von Silenen, dann Georg Supersaxo) und der mailändischen (Matthäus Schiner). Der ehrgeizige Kardinal treibt grosse Politik und führt die Eidgenossen für den Papst in die Mailänder Kriege, wird aber 1515 bei Marignano von der französischen Übermacht geschlagen und muss seine Heimat verlassen.

Die *Reformation* dringt auch im Wallis langsam ein, obwohl der Bischof 1528/29 sich mit den katholischen Orten und sogar mit Savoyen verbündet. 1551 beschliesst der Landrat die *religiöse Duldung*; der neue Glaube gewinnt vor allem beim Adel Anhang, ja bis in die Kreise der Domherren und der bischöflichen Familie hinein, bis dann nach 1600 die Gegenreformation das Wallis völlig zurückgewinnt. Trotz den inneren Zwistigkeiten und den Mazzen-Aufständen (s. Kap. 10, A. 94) erlebt das Land zwischen 1450 und 1550 eine Blütezeit, namentlich auf künstlerischem Gebiet. Sozial gesehen ist das Wallis *bäuerlich und aristokratisch*, neben unglaublicher Armut der Bergdörfer gibt es den fürstlichen Glanz des Patriziats (Stockalper z. B.). Der Grundzug des Deutsch-Wallisers ist seine unverwüstliche Zähigkeit, kriegerische Tüchtigkeit, konservative Gesinnung gepaart mit Revoluzzergeist und eine urtümliche, ans Althochdeutsche erinnernde Sprache sowie Sinn für altes Brauchtum. Sehr deutlich ist die geistige Verwandtschaft mit Graubünden (Walser!). Nachdem das Wallis in der Revolutionszeit ein Vasallenschicksal erlitt, zuerst als eigene Republik und dann als französisches «Département du Simplon», ist es seit 1815 ein Kanton der Schweiz. Das welsche Unterwallis hat an Gewicht das deutsche

Frantz Jäckelmann[4], auch wahre, und wolte mein vatter noch denselbigen abendt biß gehen Dornach ghen. Under dem imbißeßen sagt mein vatter zů meiner frauwen: «Madlen, ich wolte, daß du mitt mir zugest und ein badenfahrt in Wallis hieltest, weil du keine kinder hast, dann es unfruchtbahren weiberen gar nutzlich ist.»[5] Mein schwächer hatt ein rößlin, wahr auch lustig, und weil er ein eigen rößlin hatt, sagt er: «Ich will auch mitt.» Da gab ich gleich auch mein willen darzu, sonderlich weil ich auch mein eiges roß hatte. Mein vatter hatt zevor ein mauleselin auß Wallis gebracht, daß offeriert er meiner frauwen, sie solte darauff reiten. Darumb rüsteten wier uns gleich auf die reiß.

Folgenden tag, am mittwochen den 2 Junij umb 4 uhren nach mittag, zug mein vatter, mein schwächer, ich und mein frauw von Basell hinweg, hatt ein buben bey mir; kamen auf die nacht an die bruck ghen Dornach. Mein vatter gung zefuß und wahre allezeitt mit dem Hans apotecker von Sitten[6], der jährlich zweymahl herauß kame, der erst in der herberg. Wann wier zu einem waßer kamen, fuhrten wier meiner frauwen den maulesel beym zigel hindurch.

Den 3 Junij fuhren wier die Waßerfallen[7] hinauff, ist ein überauß ge-
Oberwallis übertroffen, das sich durch Kraftwerke und Tourismus nur mühsam gegen die drohende Entvölkerung zu wehren versucht. HBLS 7, 374–405; André Beerli: Wallis (Unbekannte Schweiz, TCS, o. J.). Die historische Spezial-Literatur findet sich sehr reich in den Blättern aus d. Walliser Geschichte (zit. BWG). Zahlreiche wertvolle Informationen verdanke ich Hochwürden *Dr. H.-A. von Roten, Kaplan* in Montana, jetzt in Ergisch.
2 Man beachte das Datum: 1563. D. A. *Fechter*, der in seiner Platter-Edition von 1840 erstmals einige Auszüge von der Walliser Reise veröffentlichte, schrieb irrtümlich 1562, und alle andern Publikationen, die darauf zurückgingen, haben den Fehler übernommen. Platter selbst schreibt in den «Observationes» irrtümlich von der Walliser Reise von 1562, wie er sich auch beim Datum des Kaiserbesuches irrt. Entscheidend ist, dass die Angaben der Wochentage für 1563 stimmen, für 1562 dagegen nicht. Der Reisebericht wird hier zum ersten Mal vollständig ediert.   3 letze = Abschiedsmahlzeit.
4 schwächer = Schwiegervater, über ihn s. Kap. 1, A. 142.
5 Dieselbe Wirkung wird verschiedenen Bädern nachgesagt. Jedenfalls hat die Kur in Leukerbad (s. Kap. 10, A. 102) nicht geholfen: Die Ehe Felix Platters blieb leider kinderlos.
6 *Hans apotecker* von Sitten ist vielleicht identisch mit Hans Afantheker (!) oder *Ambort*, der 1576 starb; er ist sicher nicht Hans Uffembod, civis castellanus et farmacopola Sedunensis, der bereits 1551 tot war. Freundl. Mitteilung von Dr. H.-A. von Roten.
7 *Die «Wasserfalle»* ist ein heute ziemlich vergessener Juraübergang zwischen Passwang und Kehlenköpfli, der stets nur Saum- und Fussweg war und daher von lokaler Bedeutung. Der Name (ein alter Dat. Sing. «in der Wasserfallen») kommt von dem imposanten Felszirkus, den die hintere Frenke dort gebildet hat. Platter folgte der kürzesten Verbindung *Basel–Dornachbrugg–Hochwald–Seewen–Reigoldswil–Wasserfalle–Mümliswil*, die bereits 1447 als «Baselweg» erscheint. Der Weg ist sehr beschwerlich (Passhöhe 1019 m) und war lange ziemlich gefährlich; noch 1614 fingen die Waldenburger in der Wasserfalle einen grossen Bären, und im «Schelmenloch» trieb sich allerlei Gesindel herum. Nach Paul Suter im B. Jb. 1932, S. 99–122, mit Zeichnung von Em. Büchel, Karte und Photo. Heute Gondelbahn.

fahrlicher weg zureiten, und kamen über den berg ghen Rigeschweyr[8], von dannen auff den mittag ghen Balstall; da aßen wier zumittag. [154] Mein knab, Pierre Bonet von Brunntrutt, hatt in ein nagel getretten, hincket, und wahre im sandt und wust in daß wündlin kommen, also daß er kaum mehr ghen hatt können. Ich und mein frauw fuhrten ihn zum waßer, da zuge er den strumpf auß, ich griblet ihn mitt dem meßerlin in dem windlin, thatt daz sandt und wust herauß, mein frauw lugt uns zu, und als er in ein ommacht fuhle, luffe mein frauw hinzu, wolte ihn halten, daz er nitt umfalle. Da beschiße er sich in der angst und luffe ihme der unraht zu den hosen auß, meiner frauwen auf den blauwen schurtz[9], sie lieffe auch von ihme, ließ den unflat ligen. Als er wider von der ommacht zu sich selber kame, wusche er sich selbs bey dem bach und wardt gleich ges[a]undt, als ich ihm im kleinen löchlin griblet, daß er sich durch daz groß loch purgieret. Nach dem imbißeßen luffe er widerumb dapfer fort, und kamen wier zu nacht ghen Wangen[10] in daz stettlin.

Den 4. Junij kamen wir durch Subingen und Kriegestetten auf die nacht ghen Burdolff[11] zum schreiber Rusten[12], der uns sampt seiner hauß-frauwen Sara Rimlenen stattlich und woll tractiert hatte. Wier bliben folgenden sambstag, den 5. Junij, gantzen tag bey ihme zu Burdolff. Den 6. Junij am sontag kamen wier auf die nacht ghen Thun[13]. Der wirt wahre herr Heinrich Rihiners, deß stattschreibers zu Basell bruder; wier bliben da über nacht.

Folgenden 7 Junij namen wier den neheren und kurtzen weg durch daß Sibenthal[14], damit wier desto ehr ghen Sitten kemen; wier bliben auf

---

8 Rigeschweyr: Trotz der seltsamen Schweibweise kann es sich nur um *Reigoldswil* handeln (alte Form: Rigolzwiler); doch täuscht sich Platter in der Reihenfolge, da dieses Dorf vor der Wasserfalle liegt, nicht dahinter.

9 schurtz (masc.) baseldt. = Schürze.

10 *Wangen* ä. d. Aare, dann weiter in S Richtung, die nächsten zwei Dörfer sind solothurnisch.

11 Burdolf (dial.: Burtlef): alte Namensform für *Burgdorf BE*, frz. Berthoud, Städtlein im Emmental, Bezirkshauptort. Burgdorf war ein Zentrum der ausgewanderten reformierten Walliser, dank der von Hans Brünlein hier gegründeten Schule; er war 1547–1551 Schulmeister in Sitten, als Vorgänger des Scalerus, dann in Brig, von wo er 1555 nach Bern fliehen musste. Nach Mario Possa: Die Ref. im Wallis ..., BWG IX, S. 1–221, spez. 94ff.

12 *Hans Rüst* von Trub im Emmental, ein Sohn des bekannten Abtes von Trub, der zur Reformation übergetreten war, s. Kap. 1, A. 352.

13 Von Burgdorf in S Richtung ca. 40 km bis nach *Thun* BE. – Der Bruder von Heinrich *Ryhiner* ist nicht mehr zu eruieren, auch nicht mit Hilfe der Sammlung Lotz. In Frage käme am ehesten Niclaus R., bezeugt 1525–1548, d. R. zu Aarau, von wo er 1548 nach unbekanntem Ort wegzog. Wpb. Ba.

14 Sibenthal = *Simmental*, ein breites, dichtbesiedeltes Tal des Kantons Bern, bekannt durch seine Fleckvieh-Rinderzucht. – Erlibach = *Erlenbach*, ca. 15 km nach Thun.

den imbiß biß zu [155] Erlibach. Da wahre ein predicant, glaub Simon[15] genennet, der hatte zu Basell gewohnet; er kam zu uns und leistete uns gutte gesellschaft. Da sahe ich zum ersten die dünnen brot wie pergament, klepfer genennet[16], deren man 10 an ein nodlen stecken kan, und dieweil es disen nachmittag regnet, bliben wir auch die nacht daselbsten. Den 8 Junij zugen wier durch viel schöne matten, in einem thal gelegen, da lang graß wahre auf beyden seiten, nitt weit von Sanen[17]. Da kam ein predicant zu uns, der barfüßeren sohn, und tranken wier da den ersten roten Wallis wein. Meinem schwächer schmacket er so woll, daß er sehr lustig darvon wardt. Demnach ritten wier durch ein gar rauchen, steinechten felsen; wahre schon zimblich spaht. Und dieweil mein schwäher einen seiner hendschu vergeßen hatt, wardt er wegen deß rauchen, bösen wegs sehr ungedultig und sagt, er wölle seinen nachkommen ein brieff hinderlaßen, daß ihren keins nimmermehr in diß landt zieche. Er wolte sich nicht trösten laßen, kamen also mit großer mühe spaht ghen Steig, ist ein eintzig wirttshaus, sahen Sanen auf der rechten handt. Der wirt im Steig wahre nicht anheimiß, die wirtin aber lag zu bett, wahr ein kindtbetterin, sagt, sie hette weder haberen noch speiß. Mein weib rüstet uns von eyeren und milch ettwaß zu eßen.

Den 9. Junij wahren wier gar früe auff, man meyet schon in den matten, und zogen den hohen Sanen berg auff[18], fanden so vil schutt, daß die roß hinein fielen und die Sibenthaler uns herauß helfen mußten. Wir fanden daß Chamaenerium, Auriculam ursi und andrer schöne gewegs[19]. Auf

---

15 *Simon* ⟨*Lütold*⟩: vormals Chorherr des Augustinerstifts Interlaken, 1528–1535 Prädikant zu Steffisburg. Als sein Freund, der Reformator *Peter Kunz* 1535 an das Münster zu Bern berufen wurde, trat Lütold dessen Nachfolge als Prädikant zu Erlenbach an und wirkte dort bis †1569. Freundl. Mitteilung von Herrn Dr. H. Specker, St.-Arch. Bern.

16 «klepfer» als Brotart ist nirgends bekannt, auch nicht bei der Redaktion des Schweizerdt. Wörterbuchs (Id.); zugrunde liegt sicher das Verb «chlepfen» = knallen, krachen, knacken. Schw. Id. 3, 334. Das Walliser Brot war meist alt und knackte, wenn man es brach.

17 Von Zweisimmen an in Richtung S durch das Tal der kleinen Simme hinauf nach *Saanen* BE, dem Hauptort des Saanenlandes (Pays de Gessenay), zwischen schönen Berghängen in einer Talebene mit fettem Wiesengrund, bekannt durch seinen Weichkäse, den Fätscherin (Vacherin). Von Saanen an, der Saane (Sarine) nach südwärts bis *Gsteig*. – Von Erlenbach bis Gsteig sind es ca. 50 km, für die drei Fussgänger eine respektable Tagesleistung, namentlich für den 64jährigen Thomas. (Die «Städter» Felix, Madeleine und deren Vater waren zu Pferde.)

18 Von *Gsteig* an (1189 m) stiegen sie nun steil hinauf auf den *Sanetschpass* (2243 m), und dann durch das Tal der wilden *Morse* (frz. Morge), die im Mittelalter die Grenze zwischen bischöflichem und savoyischem Gebiet bildete, hinunter nach Sitten. Man rechnet dafür gute 10 Marschstunden.

19 *Chamaenerium* = Epilobium angustifolium (so Conr. Gessner), Weidenröschen, oder aber Lysimachia (so Joh. Bauhin), Weiderich. – Die *Auricula ursi* findet man in keinem modernen Werk, wohl aber bei Dodonaeus (Antwerpen 1583), dessen Abb. S. 148 eine Primula

[156] dem berg es fieng an gar warm werden, und nam der durst starck bey uns überhandt. Baldt kamen wier auf den höchsten boden, der Zehrboden genennet, da man die saumroß pfleget laßen ruhen, wie wier dann auch saum roß daselbsten antraffen, welche wein in daß Sibenthal fuhrten; sie lußen uns auß den logelen[20] trincken. Der Hans Apoteker hatt Wallißer keß bey sich, von denen aßen wier; mein schwäher tranke aber so viel, daß er seines leidts wegen deß verlohrenen handtschus vergaß. Wier sahen ein gar hohen berg darbey, von dem viel waßer kenel leiten[21] in die gärten gerichtet wahren, und kamen zu einem brücklin[22], dardurch floße ein waßer, in welches ich ein stein von dem brücklin hinunder warfe und 18 zehlett, ehe er daß waßer berüert. Auf der brucken begegnet uns ein weib, saß auf einem saumroß, hatt ein logelen[20] auf dem rucken, ein kunklen under dem arm, spanne und ritte also über die schlechte brucken, darüber ich kaum ghen dorftt. In solcher großen hitz hub mir anfangen die nasen schweißen, mein vatter und schweher wahren schon vor uns, mein haußfrauw blib bey mir, und weil mir ommechtig worden, vermeint sie, ich wehre todt, schruwe meinem und ihrem vatter starck zu. Ich befahl, sie solte mich decken, dann ich schwitzte und forcht, der schweiß möchte an mir erkalten. Mein vatter und schwäher kamen auch in solcher angst wider zu mir; ich wahr gar krank, doch erholet ich mich baldt, daß wier [157] nachmahlen anfiengen, in Walliß in die großen gebürg sehen, und kamen in Saviège[23], von dannen man hinunter sichet. Es wahr schon

auricula oder hirsuta darstellt. Freundl. Auskunft von Herrn Prof. Dr. Heinrich Zoller, Basel. – Das Chamaenerium auch in Felix Platters Herbar, s. W. Rytz, Verh. d. Naturf. Ges. Ba. XLIV/1932, S. 157, 215, die Auricula ursi dagegen nicht.

20 logel (m. oder n.) = längliches Fässchen zum Weintransport auf Saumtieren. Schw. Id. 3, 1167.

21 leite (mhd.) = Leitung; «kenel leiten» ist also pleonastisch. *Die Kännel* oder Suonen, frz. bisses, spielen im VS eine ungeheure Rolle. Ihre Länge beträgt gesamthaft ca. 2000 km, was etwa der Strecke Zürich-Leningrad entspricht; die kleineren Verteilungskanäle, die das Wasser auf die Felder verteilen, sind zusammen mehr als 10mal länger. Zum Teil aus Gletschernähe wurde das kostbare Nass durch ausgehöhlte Lärchenstämme, die oft in schwindelnder Höhe an den Felswänden aufgehängt waren, teilweise auch durch ausgehobene Gräben zu Tal geleitet, wo es – gewöhnlich in Abständen von drei Wochen – auf die einzelnen Wiesen, Äcker, Gärten und Rebberge verteilt wurde. Die Einrichtung und Wartung der (heute vielfach modernisierten) Kännel kostet enorm viel Mühe und Geld. Aber das mittlere Rhonetal ist die regenärmste Gegend der Schweiz. Das Zusammenspiel von steppenhaftem Klima und künstlicher Bewässerung hat aus dem Wallis ein in Mitteleuropa einzigartiges Kulturland gemacht. – Die «Bisse de la Tzandre», die Felix gesehen hat, fasst ihr Wasser am Fusse des Sanetsch und leitet es nach der Gemeinde Conthey. Am meisten Kännel hat es am Lötschberghang, aber auch in Platters engerer Heimat haben alle Dörfer rings um Stalden, Törbel, Embd, Grächen und Visperterminen ihre Suonen. Nach Walter Schmid: Komm mit mir ins Wallis, Bern 1964, S. 153ff. Vgl. A. 23 u. HBLS, Suppl., S. 165f.

22 Vielleicht der Pont Neuf oder Pont du Diable.

23 *Savièse:* nicht 1 Dorf, sondern eine ganze Landschaft mit einzelnen Siedlungen, ca. 1 Stun-

Abb. 16. *Sitten/Sion*, von NW gesehen. Holzschnitt aus der Chronik von Johannes Stumpf, Zürich 1548, S. 351, verkleinert. Von links nach rechts: *Tourbillon* mit dem bischöflichen Sommerschloss, auf dem andern Hügel *Valeria* mit Schloß und Kirche der Domherren, gegen die Bildmitte die bischöfliche Residenz *Majoria;* rechts in der Talstadt die *Kathedrale* Notre-Dame-du-Glarier.

umb 4 uhren; man gab uns ein trunck, darvon wardt ich wider erquicket. Demnach ritten wier durch böse, steinige, gefahrliche weg, biß wier entlich[24] ghen Sitten[25] kamen.

de oberhalb Sitten. Hier endigte ebenfalls eine der berühmten langen Wasserleitungen, doch ist die alte Bisse 1935 durch einen modernen Tunnel ersetzt worden, der zwar weniger schön, aber solider und praktischer ist.

24 Hs.: «entlich am sambstag den 12 Junij ...» – Das ist sicher ein Irrtum, obwohl der 12. Juni 1563 tatsächlich auf einen Samstag fällt. Das würde ja bedeuten, dass sie auf der Sanetsch-Route dreimal übernachtet hätten! Die ganze Schilderung (früh auf der Passhöhe, um 4 Uhr schon in Savièse) zeigt doch eindeutig, dass sie am gleichen Mittwoch, dem 9. Juni, in Sitten ankamen. – Dann stimmt auch die Angabe über den Aufenthalt in Sitten eher: «ettliche tag», «bey 7 tag», genau: 4 Tage mit 5 Übernachtungen. – Wahrscheinlich war Felix bei seinen Notizen etwas zerstreut; er war immerhin eine Zeit lang ohnmächtig gewesen, und abends wurde noch wacker gezecht!

25 *Sitten/Sion:* das römische Sedunum, Sitz des ältesten Bistums der Schweiz und Hauptstadt des Kantons VS. Das Stadtbild wird beherrscht von den zwei Hügeln, der bischöfli-

Als wir in die statt hinein ritten, da sahe ich ettlich ohne wamist stehen, hatten ihr seiten wehr an ohne scheiden, und traffen ohngefehrt haupt-mann Marx Wolffen[26] an, welcher deß Collinaei[27] weib heimblich in ber-gen erhulte und ihrer liebe pflegte. Solcher Wolff ist auch meines vatters kostgenger gewesen; er sagt, wier sollen bei ihm einkehren, aber mein vatter wolte es nitt, sonder wir kehrten bey dem wirt Gröli[28] ein, deßen sohn auch meines vatters kostgenger gewesen ist; und ist Franciscus Gröli[29] lettstlich zu Basell in der artzney doctor worden. Man leistet unns gleich die erste nacht gutte gesellschaft und verehrte uns 30 kanten mitt wein. Wier wahren alle gar lustig, und gab man mir ein kemmetlin[30] ein neben der stuben; mein vatter und schwecher lagen oben in der kamme-ren. Die ofen sindt nicht von kachlen, sonder nur von stein und mauren wie im Burgundt. Wier bliben ettliche tag zu Sitten.

Der bischoff[31] nam unsere pferdt in sein marstall, daß sie uns nichts

chen Festung *Tourbillon* (heute Ruine) und der den Domherren gehörenden Kirchenburg *Valeria* (heute Museum und gut erhalten); s. Beerli, S. 102ff. mit Plänen u. Photos; Allet: Sitten, Schw. Heimatb. 23/1948.

26 *Marx Wolf:* «Marcus Lupus Sedunensis», Matr. Ba. II, 14, 1536/37. Aus der Patrizier-familie W. von Sitten, Sohn des Kastlans Barthol. W., der 1531 2. Febr. zu Gunsten seiner Söhne Nikolaus und Marcus testiert. Einer der ersten Tischgänger Platters. 1560 Kastlan von Sitten, † 1577 10. Aug. Mehrere Bücher und Briefe von ihm haben sich erhalten. Freundl. Mitteilung v. Herrn Dr. H.-A. von Roten.

27 *Collinaeus:* rätselhaft. Wenn man ihn mit Collinus gleichsetzen darf, so würde man zuerst an Kaspar Ambühl denken (Kap. 3, A. 836), doch wissen wir nichts von dessen Ehe.

28 *Johann Gröli:* *ca. 1517, testiert 1585 8. Jan., Sohn des Paul G., Kastlans von Sitten. Er wird 1558 und 1571 erwähnt als Burger u. Gastwirt von Sitten, vermählt mit der edlen Claudina Beverodi. Freundl. Mitteilung von Herrn Dr. H.-A. von Roten.

29 *Franz Gröli:* Sohn des Johann G., wird 1558 20. Dez. Augustiner Chorherr vom Grossen St. Bernhard und wird vom Propst Benedikt de Forest zum Rektor des reichen Hauses dieser Propstei in Sitten ernannt. Später weltlich, stud. med. in Basel (Matr. Ba. II 128, 1560/61) und Tischgänger bei Thomas Platter, stud. med. 1563, 1565 in Montpellier, 1569 Dr. med. Basel, von Felix ohne Erfolg in Mülhausen als Stadtarzt empfohlen, darauf Arzt im VS, ∞ 1571 3. Sept. Elisabeth Stockalper, Tochter des Landeshauptmanns Peter St., wird 1586 Kastlan von Ayent, 1587 Bürgermeister von Sitten, ertrinkt aber im Rotten bei Sitten 1589 24. Juli. Wpb. VS 117, HBLS 3, 754, freundl. Mitteilung von Dr. H.-A. von Roten, und Phil. Mieg: Médecins de Mulhouse, BMHM 1953, p. 75.

30 *kemmetlin:* heizbares Kämmerlein (<kemenate). – gab ein = gab, wies zu.

31 Bischof von Sitten war 1548–1565 *Johannes Jordan:* *1491 oder 1494, †1565. HBLS 6, 388; 7, 388; 4, 412, ferner Mario Possa: Die Reformation im VS bis zum Tode Bischof Joh. Jordans 1565, BWG IX (Diss. 1940), S. 1–221, wo verschiedene auf Josias Simler (Valle-siae descriptio 1574) zurückgehende Fehler korrigiert werden. – Jordan war gegenüber der Reformation so tolerant, dass diese bis in die leitenden Familien, ja sogar ins Dom-kapitel eindringen konnte. Da im Lande VS keine Hochschule bestand, war der Einfluss Basels und Zürichs sehr gross. *Thomas Platter* brachte, wie er in einem Brief an Bullinger mitteilt, 1538 zehn Knaben aus dem VS nach Basel mit, wo bereits fünf junge Walliser bei ihm in Pension waren («tischgenger»), weitere würden noch folgen. Possa, BWG IX, 90. Auch in einem Brief an den Landeshauptmann Peter Owling schreibt er, er habe eine

kosteten. Wir bliben bey 7 tag zu Sitten, wurden täglich zu imbiß und zunacht zu gast geladen. Hauptman Marx Wolff ließ uns schier nit in der herberg [158] eßen; er verehret mir und meiner frauwen hüpsche kleider. Hauptmann Heinrich in Alben[32], (deßen weib gar gern wein tranke und mich ettwan mit dem wein in daß bett tribe, auch im bett zwange, ihren bescheidt zuthun), tractiert uns auch gar stattlich. Der bischoff zu Meyerin[33], Theodorus[34], hulte uns auch zu gast und Johann Kalbermatter[35]. Item die thumbherren, deren 18 wahren, darunder auch Hiltebrandt Riedtmatter[36], der vor jahren auch meines vatters kostgenger gewesen und nachmahlen bischoff worden. Item sein bruder Jacobus Riedtmatter[37], der auch meines vatters tischgenger gewesen. Die thumbherren luden mein schwecher zu ihnen hinauff, tractierten ihn stattlich und beherbergten ihn über nacht. Die granatöpfel blüeten im Wallis wie auch der safran in großer menge; den verehrt man uns, wie er am berg Tur-

ganze Reihe Walliser Schüler bei sich. Jak. Wackernagel: Ein unbekannter Brief Th. Platters. BZ 26/1927, S. 151f. Schon 1535/36 setzte der Zustrom von Walliser Studenten an der Universität Basel ein, zweifellos unter Platters Einfluss, so dass der Landrat im Herbst 1536 beschloss, diese Studenten zurückzurufen; 1545 erfolgte ein neuer Rückruf. Erstaunlich genug ist jedoch, mit welchen Ehren der «abtrünnige» Thomas Platter vom Bischof und vom Domkapitel aufgenommen wurde! Im Juli 1563 sandte ihm der Bischof durch seinen Stallmeister Franz ein Präsent von über 20 Kronen ins Leukerbad; das war ungefähr die Summe, die er jährlich aus seinen Gefällen und Tellen im Zenden Visp bezog! BWG IX, 231.

32 *Hptm. Heinrich In Albon* von Visp, Sohn des Walter In A. und Neffe des berühmten Landeshauptmanns und Humanisten Simon In A., als dessen Erbe er 1543 auftritt. 1536/37 in Basel (Matr. II 14), 1546 Bürger von Sitten, Landvogt von Evian 1548–1550, Hptm. in Frankreich, † vor 18. Nov. 1565. Einer seiner Enkel, Marcus, wurde Calvinist und zog nach Bex. – Nicht zu verwechseln mit dem gleichnamigen Notar Heinrich, Sohn des Peter In A. von Stalden und Bruder des Landeshptms. Johannes In A. Freundl. Mitteilung von Herrn Dr. H.-A. von Roten.

33 Meyerin = *Schloss Majoria* in Sitten. Seit der 2. Hälfte des 15. Jh. wohnten die Bischöfe von Sitten im Sommer auf Tourbillon, im Winter auf der 1373 erworbenen Burg Majoria in der Cité, bis die grosse Feuersbrunst von 1788 beide zum Einsturz brachte. HBLS 6, 389.

34 Theodorus: Vielleicht ist damit *Theodor Jossen* gemeint, ein natürlicher Enkel des Bischofs Jordan. Sein Bruder Alexander (s. A. 40) war Kämmerer oder Kammerherr des Bischofs. Wie Herr Dr. H.-A. von Roten vermutet, übernahm es Theodor vielleicht in ähnlicher Funktion, die Gäste im Namen des Bischofs zu empfangen. Dieser hatte übrigens, ohne wohl je verheiratet zu sein, drei illegitime Kinder und verstand es, sie gut zu versorgen. BWG X, 70f. Vgl. A. 40.

35 *Johann Kalbermatten:* Sohn des 1551 verstorbenen Landeshauptmanns gleichen Namens, 1546 als Student nach Paris gesandt, † 1570 als Landschreiber oder Staatskanzler des VS. Gemahlin: Anna Zerwerren. Freundl. Mitteilung von Herrn Dr. H.-A. von Roten.

36 *Hildebrand v. Riedmatten:* aus einer der bedeutendsten Walliser Familien, die im 16./17. Jh. sechs Bischöfe von Sitten stellte. Er war ein Sohn des Peter R. von Visp, Domherr zu Sitten 1550, Bischof 1565–1604 4. Dez. HBLS 5, 625, Nr. 13 u. Wall. Wpb.

37 *Jakob v. Riedmatten:* Bruder Hildebrands, Hptm. der Schweizer Truppen, die den König Karl IX. bei dem Rückzug von Meaux 1567 retteten. HBLS 5, 625, Nr. 12.

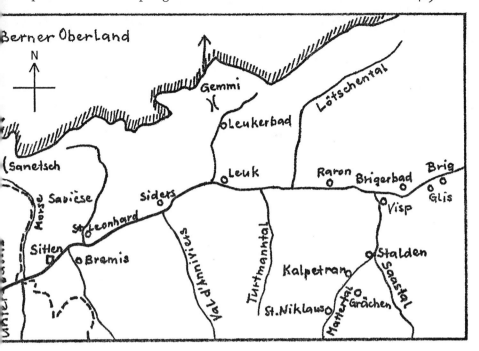

Abb. 17. *Kartenskizze des Oberwallis*, bestehend aus dem Tal des Rotten (Rhone) und seinen Nebentälern; westlich der Morse (Morge) und der gestrichelten Linie das Unterwallis. Zur Reiseroute der Platter s. Kap. 10, A. 132.

billon wagset, er ist gar gutt. Sie verehrten uns mitt großen becheren, die Exuperantius[38], ein goldtschmidt von Zürich gemacht hatt, den wein. Als nun mein schwäher und mein haußfrauw in das Leugger badt wolten, begleitet man uns herrlich von Sitten ghen St. Lienhart[39]. Da hatt Alexander Jossen[40] vatter, der meines vatters commensalis gewesen, ein schön

38 Der Domherr Johannes Venetz, (1551)–†1569 Pfarrer von Sitten, erwähnt in seinem Testament vom 19. Jan. 1569 6 silberne Becher, die ihm der verstorbene Goldschmied *Exuberantius Winkler* zu Sitten einst gemacht hat. Freundl. Mitteilung von Herrn Dr. H.-A. von Roten. Der gleiche Goldschmied lieferte auch der Familie Allet verschiedene Silbersachen; er starb in Sitten vor dem 12. Jan. 1564. H. A. von Roten in BWG XI, 136f. – Der obengenannte Domherr war übrigens auch reformationsfreundlich und korrespondierte mit Bullinger. Annales Valaisannes 1962, 365.

39 *St. Lienhart/St. Léonard:* Rhone aufwärts ca. 5 km nach Sitten, heute bekannt durch den unterirdischen See.

40 *Alexander Jossen:* Sohn des Egidius (Gilg) J. des Älteren, eines natürlichen Sohnes von Bischof Joh. Jordan. Sein Bruder, Egidius d. Jüngere, brachte es sogar zum Landeshauptmann. Alexander war 1557–1563 Kämmerer oder Kammerherr des Bischofs, seines Grossvaters. BWG XII, 216, Stammtaf. der Familie Jossen. Über die Verwandtschaft mit dem Bischof BWG X, 70f.

hauß bauwen, da man daß gemach erstlich tefelet[41], demnach darauf
mauret. Nachmahlen kamen wier durch Sider[42], den flecken, da uns der
junker viel ehr bewise. Von Sider zogen wier den berg hinauf durch die
reben zu junker Peterman von Hengart[43] in sein wohnung in den reben;
der war in der Mailander schlacht geschoßen worden, daß er lamb am
schenckel gewesen; er empfieng uns stattlich, gab uns schöne gemach ein
und hulten uns über nacht.

[159] Den 15 Junij am zinstag zogen wier ghen Leugg, aßen bey
junker Aleth[44] und zugen demnach z'nacht in daß thal ghen Baden, so
in der Gemmy liget, in daß Leugger badt[45], da viel wirdtshäuser sindt;
die Schiner und andere kostgenger wahren wirdt. Wier kahrten zum
Beren ein, da mein schwecher, mein frauw und vatter sampt mir 3 bett
inn hatten; folgenden tag verdingten sich mein schwecher und mein
frauw an[46] wirt, yegliches drey kronen für 4 wochen fürs gemach und
daß badt.

Mein vatter wolt mich in sein heimat führen, ließen sie beydt recht

---

41 tèfelet = getäfelt, mit Holz ausgebaut. Das schöne Haus des Egidius Jossen in St. Léonard (heute: Zen Rùffinen) ist abgebildet im «Bürgerhaus der Schweiz», Band VS, S. XXII u. Taf. 54. Freundl. Hinweis von Herrn Dr. H.-A. von Roten.

42 *Siders/Sierre:* malerisches Städtchen an der Rhone mit ehemals bischöfl. Burg, 16 km oberhalb Sitten.

43 *Petermann Hengart (de Platea):* Sohn des Claudius und Neffe des Bischofs Philipp de Platea, Landvogt von St. Maurice 1526/28 und von Evians 1546/48, Bannerherr des Zenden Siders seit 1534, † ca. 1565; ∞ 1. Stephanie Supersaxo, Tochter des berühmten Georg, 2. 1536 Kath. Emerici, Tochter des Grosskastlans Johannes. Er wohnte in dem alten Herrensitz der Platea zu *Anchettes bei Venthen* (Venthône, heute seit fast 400 Jahren Besitz der Familie de Preux). Das Schloss ist noch heute inmitten von Reben und Baumgärten gelegen. Freundl. Mitteilung von Dr. H.-A. von Roten. Eine Abbildung bei Beerli 180. – Ganz in der Nähe steht der spukhafte Wohnturm von Muzot (1250) des Dichters R. M. Rilke, s. Beerli 177ff. Mehrere de Platea haben in Basel studiert, s. Matr., Reg.

44 ⟨*Peter*⟩ *Allet:* aus einer alten Patrizierfamilie, Sohn des Peter A., Meiers des Zenden Leuk, und der Perrina de Berterinis, *ca. 1510, †1569, «Mistral» des Bischofs im Zenden Leuk, ∞ N. N., Enkelin des Thomas von Riedmatten aus Visp, 1542/43 Landvogt von St. Maurice, 1554 Bannerherr des Zenden Leuk, 1558/59, 1564/65 und 1568/69 Landeshauptmann. Im Pfarrarchiv Leuk noch 1 Brief von Thomas Platter an ihn vom 20. Sept. 1558. Nach der Biogr. von H.-A. von Roten in BWG XI, 130–137. Vgl. Wall. Wpb. 5f. u. HBLS 1, 235, Nr. 3.

45 Über das *Leuker Bad* s. u., Kap. 10, A. 102. – Thomas und Felix liessen Madlen und Vater Jeckelmann dort zurück und zogen nun zu Fuss in die alte Heimat nach Grächen. Dem heimatverbundenen alten Walliser war es ein Herzensanliegen, das Land der Väter und die Verwandten wiederzusehen und dem Sohne stolz zu zeigen; zugleich war es für ihn, vielleicht bewusst, ein Abschied für immer. Der Sohn zog vor allem dem Vater zuliebe mit, getrieben wohl auch von seiner lebhaften Wissbegierde, doch eher mit gemischten Gefühlen. Typisch für sein Missverständnis ist schon seine stutzerhafte *Reisekleidung:* ein Wams aus rotem Atlas (satinartige Seide), rote Hosen und ein Samthut, wahrscheinlich auch ebenso unpassende Schuhe!

46 an' = an den.

baden und giengen wier den 17 Junij am donnerstag wider fürhin ghen
Leugg zufuss, und sendet ich mein roß zu ruck durch meinen knaben,
dem bischoff ghen Sitten. Ich wahre hüpsch rott bekleidet, hatt ein rot
attlasen wamist, rote hosen und ein sammeten hutt von ungeschorenem
sammet auf. Wier zugen am Roddan daß landt auff und kamen ghen Visp,
ist ein hüpscher flecken. Wier bliben daselbsten übernacht, und kamen
ettliche Platter, so im flecken wohnten, zu uns in die herberg, leisteten
uns gesellschaft. Am morgen früe zogen wier hinderen in daß thal, da daß
waßer Visp herauß fleußet[47], über ein deckte brugg[48]. Von dannen kamen
wier zu einer anderen brugg[49], die vor kurtzen jahren zuvor von einem berg
zu dem anderen gewölbet wardt, und stundt daß bockstell noch darunder.
Als ich ein stein hinunder wurfe, konte ich 30 zehlen, ehe der stein daß
waßer berüerte. Von dannen kamen wier ghen Saßen; ist ein sonder [160]
thal[50]. Wier aber schlugen zur rechten handt daß ander thal hinein[51];
wahr ein schmaler weg, daß ich mehrteils mitt der einen handt mich
am berg hulte, auf der anderen seiten in ein grimme dieffe hinab sahe[52].
Daselbsten begegnet uns der Hans in der Bünde[53], unser vetter: hatt ein
theilet kleidt[54] an und ritt auf einem kleinen rößlin ohne zaum, nur mitt
einem seil umb den kopf, und saß auf einem bast[55], sprang herab, sagt:

47 Das *Vispertal*, das sich nach 7 km bei *Stalden* in Mattertal und Saastal gabelt. Hier beginnt
die unheimlich rauhe, urtümliche Heimat Thomas Platters, die bei dem verstädterten
Felix vor allem Schrecken und Staunen hervorrief; er hat das Wallis später nie mehr aufgesucht.

48 Die *gedeckte Holzbrücke* über die vereinigte Visp existiert nicht mehr, wohl aber die 1554/
55 von *Ruman Ruffiner*, dem Sohn Ulrichs, erbaute «Steinbruggen in der Rytlin» die sog.
Neubrücke kurz vor Stalden, die aber Platter nicht benützt hat.

49 Hier handelt es sich sicher um die von *Ulrich Ruffiner* nach 1544 gebaute, noch heute bestehende *Kinbrücke*, 1½ km SW von Stalden, die in 65 m Höhe die von der Matter Vispe
gebildete Kinschlucht überwölbt (Chi, Kin = Abgrund, Tobel). Platters Experiment
mit dem hinuntergeworfenen Steinchen beweist, dass es sich nur um diese extrem hohe
Brücke handeln kann; Herr A. L. Schnidrig, der grosse Kenner des VS (s. dazu Kap. 10,
A. 66), stimmt mir hier bei. Wenn Platter unter der Brücke noch das «*bockstell*» sah, also
das hölzerne Leergerüst, das man zur Aufführung hoher Gewölbe verwendet (Grimm,
Dt. Wb. 2, 208), so zeigt dies, dass sich der Bau der Brücke lange hingezogen hatte, was
seine ganz bestimmten lokalpolitischen Hintergründe hatte. – Über die Baumeister Ulrich
und Ruman Ruffiner s. u., Kap. 10, A. 88.

50 Das *Saastal;* die Ortschaft, wo sich die beiden Täler trennen, heisst *Stalden* (= «steiler,
rauher Weg»).

51 Das *Matter-* oder *Nikolai-Tal*, das nach Zermatt führt.

52 In das «Chi» (Abgrund) der Matter Vispe. A. L. Schnidrig, Thomas Platter, S. 90. In
den letzten 40 Jahren sind, wie mir Herr Schnidrig mitteilt, in «den Merjen» zwei moderne
Brücken über das hohe Tobel gebaut worden.

53 Über Hans in der Bünde s. u., Kap. 10, A. 69.

54 «theilet kleidt» bedeutet, wie mir Herr Schnidrig erklärt, die aus Hose und Brusttuch
(Gilet) bestehende, also zweiteilige Kleidung der Älteren, während die Jungen ein zu-
sammengenähtes, einteiliges Gewand trugen.

55 bast = Bastsattel.

«Biß mir Gott willkomm, vetter Thomas! Ist daß dein sohn?», wolt mich
gleich zwingen, auf sein roß zusitzen, saget, ich wehre müedt. Ich wehrete
mich lang, forchte mich wegen deß schmahlen weges zugehen, will ge-
schweigen zu reiten, ich wolt nicht aufsitzen, biß wier kamen ghen
Galpetran[56]. Da mir mein vatter daß ort gezeiget, an welchem er seinen
großvatter, den alten Hans Summermatter[57], gefragt hatt, ob er nicht
begere zusterben, und er geantwortet: «Ya, wann ich wißte, waß mir dort
kochet wehre.»
    Da fieng der weg an, gar gech[58] werden, durch lörchen beüm[59] hinauf
gegen dem grimmen berg an Grenchen. Ich mußte auff daß rößlin sitzen,
weil er uns deßwegen vom Grenchen entgegen kam, und sprang er hinder
mich, hulte mich, ich verhieb[60] die augen, er trib mich fort. Wier kamen
auf ein ebene hüpsche matten[61], da grausame pinwäldt sindt und viel
bären darinn wohnen; man sihet in das Augstall[62] und viel schneegebirg.

56 *Kalpetran:* vielleicht <callis (Pfad) + petra (Fels), 3 km nach Stalden, am linken Ufer der
    Matter Vispe. GLS 2, 719. – Die folgende Stelle ist, wie die Herren Schnidrig und von
    Roten übereinstimmend beschreiben, beim sogenannten «*Liechtbiel*», wo Thomas Platters
    Öhi (mûter brûder) *Anthoni Summermatten* wohnte, Kastlan im Visper Zehnden.
57 Der Vater von Thomas Platters Mutter, *Hans Summermatter*, der angeblich 126 Jahre alt
    wurde und der behauptete, er kenne in der Visper Kilchhöri weitere zehn Männer, die
    über 120 Jahre alt seien. Hartmann, Th. Platter, S. 24f.
58 gech, gäch = steil. Hier beginnt der eigentliche *Aufstieg.* Herr Alois L. Schnidrig, der die
    Gegend genau kennt, schreibt: «Es darf angenommen werden, dass Thomas Platter als
    alter Geisshirt zur Abkürzung den frühern *Felsweg am Schwarzloch* vorbei eingeschlagen
    hat; denn die folgende Ortsbezeichnung 'ebene, hübsche Matte' bezieht sich unzweifel-
    haft auf das Gebiet '*im Boden*', wo der Pfad gegen die 'Bine' aufsteigt.» Schnidrig, Th.
    Platter, S. 90. Auch Herr Dr. H.-A. von Roten vertritt unabhängig davon die gleiche
    Ansicht. – Die Talstrasse folgt statt dessen weitere 6 km der Matter Vispe und zweigt
    erst in St. Niklaus ab, um dann in zahlreichen Kehren endlich nach Grächen hinaufzu-
    führen.
59 lörchen beüm = Lärchen, der charakteristische Baum der Hochalpen; die grössten
    Lärchenwaldungen der Schweiz gibt es in den obern Abschnitten des Saas- und des
    Mattertales. GLS 4, 717.
60 verhieb = hielt zu, schloss.
61 den «*Boden*» ob Kalpetran, s. o., A. 58. – *pinwäldt* (pinus): Nadelwälder, speziell Arven
    (Zirbelkiefern) und Lärchen. – *bären:* Bis um 1800 waren Bär und Luchs in diesen Wäl-
    dern verbreitet; die Vordertatze des letzten hier erlegten Bären hängt als Trophäe an
    einem Bauernhaus in Grächen, s. A. L. Schnidrig: Grächen, Schwz. Heimatbücher 49/50,
    1952, S. 84, Abb. – Vom «Boden» ob Kalpetran steigt man durch einen steilen Wald
    hinauf nach Grächen. Die erste Siedlung ist der *Weiler* «*Bine*», unterhalb des Plateaus von
    Ober-Grächen gelegen. «Bine» bedeutet im Oberwalliser Dialekt «Acker, Feld», die ältere
    Form dazu ist «Bünde». Auch diese Beschreibung verdanke ich den Herren Dr. von Roten
    und Schnidrig (Th. Platter, S. 90). – Der Weiler, nach dem sich die Familie Biner be-
    nannte, besteht heute aus 11 Häusern mit 72 Einwohnern und einer Kapelle. Schwz. Ort-
    schaften-Verzeichnis, Bern 1967.
62 Augstall = *Augstbordpass*, Passübergang (2893 m) mit Maultierpfad südlich des Schwarz-
    horns, der St. Niklaus mit dem Turtmanntal verbindet; gleich gegenüber von Grächen.
    GLS 1, 104.

Wier traffen gleich vor einem hauß ein alten, hundertjährigen, blinden mann an, der hatte kinder, [161] die fast alle daub grauw wahren; sie wohnten alle in einem hauß. Er sagte, er habe meines vatters großvatter gar woll kennet, und seyen noch 10 im selbigen zehenden eben so gewesen als er, wie es mein vatter auch gedacht hatt[63]. Daß hauß wahre von zusamen gelegten lörchenbeümen wie ein holderschlag[64] gemachet. Meines vatters baß, ein Platterin, kochet uns ein milchsuppen; sie hatt keine zöpf, sonder nur offen haar und ein grauw jüppen[65] an. Ich wardt gar müedt, leget mich ein weil auf daß strauw ruhen und entschlieffe. Der Hans an der Bündi ludt uns z'nacht in sein hauß, ist zimblich weit von dem, da wier geeßen, wie dann daselbsten brüchlich, daß die heüßer gar weit voneinanderen stehendt[66]. Mein vatter fraget einer nach, die hatt

63 Vgl. oben, A. 57.
64 holderschlag: holder = Holunder, schlag = (Falle, Käfig), Haus, Geisspferch. Schw. Id. 9, 192 u. 235 mit Zitat dieser Stelle. Doch war es sicher nicht ein «Haus aus Holunderzweigen» (sic!), sondern, wie Platter schreibt, aus Lärchenbäumen, die jedoch wie bei einem Stall oder Stadel nicht verarbeitet waren. (Der glückbringende Holunder, der in Volkslied und Zauberei eine Rolle spielt, wurde gerne neben Häusern und Stadeln gepflanzt, doch erklärt dies den Ausdruck «holderschlag» nicht.) Der Sinn ist zweifellos «einfache Hütte».
65 jüppen <frz. jupe = Rock.
66 Für *Grächen* (1610 m, Bezirk Visp) ist die Streusiedlung typisch. Die Gemeinde setzt sich zusammen aus etwa 20 Weilern. – Die alten *Weiler- und Flurnamen* deuten etwa auf die ehemalige Rodung hin, wie «Ritti, Wildi, Brand, Stockplatz, in de Rone (verkohlter Strunk)», auf die Bodenbeschaffenheit, wie «z'Blattu (davon «Platter», s. u. A. 75), Steinet, auf den Gräben», auf Wald, wie «im Tann, Hohlerch, Haselrufi», auf Tiere, wie «Bäruweida, Wolfbord, Fuxegge», oder auf den früher sehr intensiven Getreideanbau, wie «Gersteri, Howweten, zur Mihli, Hohstadel und Namen mit -Biel». Auch der Gemeindename «Grächen» – Platter braucht stets die ältere Form «Grenchen» – kommt wohl von lat. granum (Korn) oder grenarium (Kornspeicher), vgl. anderswo Gränichen, Grenchen, Granges usw. Nach A. L. Schnidrig: Grächen, Schw. Heimatb. 49/50, S. 23, 44f. Grächen liegt auf einer waldumrahmten Terrasse über dem rechten Ufer der Matter Vispe, nahe dem Felssporn über der Vereinigung des Nikolai- und des Saastals, 4 km NE über St. Niklaus. Die Hochebene muss in prähistorischer Zeit bergsturzartig abgesenkt worden sein; die dadurch entstandenen Höhenstufen, die als Teilrutsche anzusehen sind, bilden den Hauptgrund für die Streusiedlung. Die zwei grössten Weiler sind das am Fuss des grossen Grächerwaldes stehende Kirchdorf *Obergrächen* und das tiefer unten, über dem steilen Abhang zur Visp gelegene *Niedergrächen*. Die ältesten schriftlichen Dokumente stammen von 1295 («De Grangiis») und 1303 («Greneken»), die ersten «Statuten des Berges Grächen» von 1553. Die Einwohnerzahl betrug früher immer um 300, im Jahre 1941 690, 1960 848, wovon 325 in Grächen-Dorf. Anzahl der bewohnten Gebäude 127, wovon 49 im Kirchdorf, 323 Ställe, 80 Kornstadel und 72 Speicher. Gleich nach Platters Besuch 1563 wurde Grächen – wie Basel und grosse Teile der Schweiz – von der Pest schwer heimgesucht, so dass aus der 2. Hälfte des 16. Jh. fast keine Nachrichten vorliegen. Schnidrig: Grächen, S. 15, 61f. u. passim; GLS 2, 384; Schw. Ortsch.-Verz. Bern 1967. Bis in die Neuzeit hinein war das Dorf wirtschaftlich so gut wie autark; auch das ungemein dauerhafte Lärchenholz zum Häuserbau boten die nahen Wälder. Alles Nähere lese man in den im Hohliecht-Verlag erschienenen Schriften des in Grächen aufgewachsenen

vor jahren mitt ihme der geißen gehüetet; der Hans führt uns in ihr hauß, sie wahre ein heßliche, uralte frauw, klopft (pinum sylvestrem) hartzepfen[67] auff. Sie kanten einander nicht mehr; mein vatter sagt, er hett sein tag kein schönere jungfrauw gesehen, dann sie zu ihrer zeitt gewesen. Lettstlich ful[68] sie mir umb den hals, sagt: «Sindt mir Gott willkomme, mein laube vetter!» Also sagen sie, wann sie einen «lieben» nennen. Nach dem kamen wier in deß Hansen in der Bünde[69] hauß; deßen böß weib zu ihme sagte: «Bringest mir aber[70] gäst; wol inhin ins teüfels nammen!» Er antwortet: «Biß z'friden[71], biß z'friden!» Sie rüstet uns ettwas von milch zu, darein pfeffer geworfen wardt, der mich sehr im hals brennet, und tranken guten Augstaller wein[72]. [162] Nach dem nachteßen streüwet man uns in die stuben und lagen wier darauf. Da saget mein vatter: «Sihestu, Felix, wie man mich so woll alhie empfanget!»

Am morgen früe kamen viel meidlin, brachten mir waßer in ofen kachlen[73], ich solte es beschauwen und sagen, waß ihnen anlege. Mein vatter fuhrt mich zu des Simonis Lithonij bruder[74]; der wahr gar arm, dem verehrt ich 10 schilling.

Autors *Alois Larry Schnidrig* (Ing.-Agronom, heute in Pratteln BL): Nr. 1: Thomas Platter. Ein Denkmal der Anerkennung, 1955, Nr. 2: Grächen, Walliser Bergdorf an der Mischabel, Schw. Heimatbücher 49/50, 1952, Nr. 3: Buntes Grächer Mosaik, volkskundliche Nachlese, 1958; ferner: Rehabilitation der Platter-Familie, in Basellandsch. Ztg. 21. Dez. 1966.

67 hartzepfen: Arvenzäpfen oder harz-epfeli: Frucht des Zirbelnussbaums, pinus cembra. Schon ahd. erscheint der Name «Apfel» für Zapfen der Nadelholzbäume. Schw. Id. 1, 382. Das Endungs-n bei Platter deutet doch wohl eher auf «Zäpfen»; der Sinn ist derselbe. – Die Kerne davon wurden gerne gegessen. Vgl. Grimm, Dt. Wb. 4², 523 mit Zitat dieser Stelle: Harz-zapfe*n*.

68 ful = fiel.

69 *Hans in der Bünde:* Auf dem in A. 61 erwähnten Gehöft «In der Bünde» (später »In der Binen») wohnte damals die bekannte Grächener Familie. Ein *Peter* In der Binden war 1566 28. Febr. einer der vier Vorsteher von Grächen im Handel gegen ihren Geistlichen Peter Schelbetter. Ein *Moritz* In den Bunden der ältere kaufte ein Gut 1562 2. Febr. *Nikolaus*, Sohn des Moritz in der Binden kaufte 1555 16. Febr. zu Grächen von Jakob in der Binden für seinen Vater Moritz einen halben Stadel und einen Acker gelegen in der Binden hinter dem Haus des Käufers. Der «vetter» Hans in der Bünde und seine böse Frau finden sich leider nirgends verzeichnet. Freundl. Mitteilung von Herrn Dr. H.-A. von Roten. Die Grächener Familie Biner ist längst ausgestorben, dagegen blüht noch eine Walliser Familie Inderbinen in Zermatt.

70 aber = wieder.

71 biß = sei (Imperativ).

72 Augstaller Wein: aus dem Aosta-Tal.

73 ofen kachlen: kachel (schwz.) = Schüssel, Topf, Nachttopf («brunzkachel»). Schw. Id. 3, 119. «ofen» hat nichts mit «Ofen» zu tun, sondern bedeutet, wie mir Herr Schnidrig erklärt, «offen, ungedeckt». – Die Urinuntersuchung war eine der Hauptfunktionen des Arztes (Uringlas als Berufssymbol verbreitet); die Einwohner wollten sehen, ob der junge Arzt etwas könne.

74 Über *Simon Steiner* gen Lithonius s. o., Kap. 1, A. 5. In den Urkunden finden sich, wie

Deß gleichen kamen wier in daß hauß, da mein vatter erboren wahr; da wahr nichts dann ein zusamen geflochten stücklin hauß, wie gemeldet, von lörchenbeümen, und wahr gleich neben einem hohen felsen oder platten, davon die unseren die Platter sindt genennt worden, und die wohnung «das hauß an der platten»[75], welches von niemandts mehr bewohnet wahr. Nach dem imbiß, bey welchem uns viel gesellschaft leisteten und stark tranken, thatten wier ein trunck auf der platten. Ich forcht als, es möchte einer hinunder fallen, und gab ein kronen, daß man mein wapen[76] solte in die platten hauwen sampt dem namen; mag aber nicht wißen, ob es verrichtet worden.

Nach dem abendttrunck eyleten wier wiederumb ab dem berg, dann wier kein lust hatten, lenger da zuverharren, in daß thal hinab, in welchem

mir Herr Dr. H.-A. von Roten freundl. mitteilt, verschiedene Steiner damals in Grächen, aber nicht als Brüder von Simon nachzuweisen. Als «Arme» kämen vielleicht Theodul St. und Katharina, Tochter des verstorbenen Theodul in Betracht, die 1566 4. Jan. der Kirche eine Abgabe schulden.

75 Von diesem *Haus «ze Blatten»* leiteten die Platter ihren Namen ab. Der Weiler dieses Namens befindet sich in *Niedergrächen* und besteht heute aus einem stattlichen Wohnhaus und mehreren Stadeln. Die eigentliche Platte liegt nahe dem Abhang zum Matter Tobel und ist mit einigen Speichern überbaut. Photo bei Schnidrig: Grächen, S. 71. An der Stelle des Althauses von 1674, das 1934 seinerseits renoviert wurde, stand vorher das *Stammhaus der Familie.* In den 20er Jahren dieses Jh. wurde von Baslern an dem Hause zer Blatten eine Marmortafel angebracht mit der Aufschrift «Geburtshaus des Thomas Platter». Wie bereits O. Pfister in Die Alpen, Bd. 5/1929, S. 56, nachwies, war dies weder das Geburtshaus des Thomas noch das Stammhaus der Platter, sondern höchstens an dessen Stelle.

Das *Geburtshaus Thomas Platters* stand einige hundert Meter weiter südwärts, beim Südfuss des Grächbiels, im Weiler «*auf den Gräben*». Es war eines jener uralten lärchenen Blockhäuser ohne Jahreszahl, die ohne weiteres 500 Jahre überleben können. Es stand Ende des 15. Jh. einige Zeit leer und war später als «Hexenhaus» verschrien. 1921 wurde es abgerissen. Der Vater des Thomas, Anton, hatte noch im Stammhause gewohnt, dann aber dieses verlassen, weil er seine Schuldzinsen nicht mehr zahlen konnte; die Wucherer hatten ihn «verderbt». So musste er sich als Schuldenbäuerlein mit dem primitiven Haus auf den Gräben abfinden, das wohl eng und wenig erfreulich war. Nach Schnidrig: Th. Platter, S. 13ff. und Grächen, S. 15f. – Den Anfang der Verwechslungen machte bereits Felix, indem er – im Gegensatz zum Vater, vereinfachend, aber verfälschend – das Haus «ze Blatten» als Geburtshaus seines Vaters bezeichnet. Das Geschlecht der Platter war früher in Grächen und im Vispertal stark vertreten; schon 1505 werden in Grächen vier Platterfamilien angeführt. Die ursprüngliche Schreibweise war wohl mit B: «z' Blatton, ze Blatten, Blatter». Unser Thomas schrieb sich stets «Platter», in der latinisierten Form «Platerus». – Möglicherweise stammen von dem Weiler «ze Blatten» auch die Steiner (Lithonius), jedenfalls bezeichnet Thomas den Simon St. als seinen Vetter.

76 Das *Platter-Wappen* (s. Wpb. Ba.) zeigt in Blau eine stark geschliffene weisse Platte mit einer weissen flügelnden Taube darauf. Die Platte erinnert an die Abstammung aus dem Bergdorf Grächen, die Taube symbolisiert den Aufschwung in der Wahlheimat Basel und war auch das Lieblingstier des Felix. Wie A. L. Schnidrig, Th. Platter, S. 93 richtig bemerkt, entspricht das Wappen wohl «eher dem kultivierten Schöngeist des Sohnes Felix als dem zu strenger Sachlichkeit neigenden Sinne des Vaters».

ein flecken ligt, Gasen[77] genennet. Vor Gasen, zu Mülebach[78] bekame uns ein tochter, welche mein vatter kennet, die hatt zwen große kröpf, dann nur under St. Lienhardt unden im landt haben sy kröpf, oben am Grenchen wachsen ihnen keine kröpf. Hans in der Bünde fuhrt uns den berg hinab; ich mußte aber[79] auf [163] sein rößlin sitzen, ritte über viel gräben und steinene platten, die schmahl wahren, forchte mich sehr übel; als wier den berg hinab kamen an daß waßer[80], sahe es scheützlich, wie es herab fallet. Es wahr ein höltzene bruck darüber mitt runden flecklinen[81]; ich wolt absitzen auß forcht, daß daß rößlin mitt mir darauf strauchen möchte, da sprang Hans hinder mich, stupfet daß rößlin, ich thatt die augen zu, befahl mich Gott und kame also woll über die bruck, da die fleckling weit von einander lagen. Wier kamen zur vesperzeitt in Gasen, da kamen uns meines vatters blutsfreündt entgegen, brachten uns guten Augstaller wein entgegen, gaben uns zutrinken. Wier wolten in dieser wilde nicht mehr bleiben, es wahr schon spath, darumb mußten wier ihnen heimblich entlaufen, kamen also erstlich ghen Galpetran, von dannen zu der bedeckten bruck bei Saßen[82], und lettstlich zimblich spath wider ghen Visp[83]. Wier wahren gar fro, dann es ein feiner flecken ist. Wier kehrten bey meines vatters bassen einer ein, die ein wirtin wahr. Sie tractierte uns gar woll mitt guten Roddan vischen und bratforelen, und leistet man uns gute gesellschaft. Es wahre sonsten auch ein hüpsche

77 Gasen = *St. Niklaus.* Der alte Dorfnamen ist noch erhalten in dem östlich auf der Höhe gelegenen Gassenried; der heutige Name stammt von dem Kirchenpatron. Hartmann, Th. Platter 156, A. – Für den Abstieg wählte Thomas also nicht mehr den steilen Felsenpfad nach Kalpetran, sondern den viel längeren, aber bequemeren Umweg über St.Niklaus, wohl aus Rücksicht auf Felix. Vgl. A. 58.

78 *Mühlenbach:* Hier begeht Felix einen verzeihlichen geographischen Irrtum. Denn der kleine Weiler M., wo die erwähnte Begegnung stattfand, liegt nicht «vor Gasen», sondern 1½ km SW von der Bahnstation Stalden, also weiter unten im Tal, aber auch bei einer Brücke, was die Verwechslung erklären mag. – Der *Kropf,* der vor allem auf Mangel an Jod zurückzuführen ist, kam im Rhonetal relativ häufig vor. Wenn er – nach Platters Behauptung – sich auf das Unterwallis beschränkte, so mag dies mit dem Trinkwasser oder Salz zusammenhängen.

79 aber = wieder, wie auf dem Hinweg.

80 Hs.: waßen.

81 flecklin = Bohlen, Dielen, auch rohes Rundholz, Prügel zur Bedeckung von Brücken. Schw. Id. 1, 1191f.

82 Saßen = *Saas* ist der Name der Talschaft. HBLS 6, 496 u. 5, 780. *Stalden* ist der Hauptort des gleichnamigen Kirchspiels, vgl. A. 47 und 50.

83 In Visp endet der dreitägige Ausflug nach Grächen. Auffallend ist die grosse Eile des Aufbruchs: «Wier wolten in dieser wilde nicht mehr bleiben.» Ja, fast unhöflich ist der überstürzte Abschied von den Verwandten in St. Niklaus («heimblich entlaufen»), aber die Zeit drängte, denn sie waren erst nach dem «Abendtrunk», also wohl am späten Nachmittag in Grächen aufgebrochen, und bis Visp waren es etwa 20 km. Man spürt deutlich das Aufatmen des Städters Felix, als sie endlich aus dem wilden Tal heraus in dem «feinen flecken» Visp ankamen!

«*Das Bad zu Leuk*» (?), Gemälde von Hans Bock d. Ä., 1597, zu S. 420f.

Die «Kinbrücke» bei Stalden VS, erbaut 1544 von Ulrich Ruffiner, 65 m hoch über der Matter
Vispe, zu S. 411.

Grächen VS, die Heimat Thomas Platters, mit Weisshorn und Brunegghorn. Vgl. S. 113.

Grächen: Das *Haus an der Platte,* an der Stelle des alten Stammhauses. Rechts hinten (mit Stadel) die Felsplatte, die dem Weiler «z'Blatten» und der Familie den Namen gegeben hat.

frauw da im wirdtshauß, die griffe ein Platter gar grob an, daß ver-
droße sie.

Folgenden morgen, am sontag, den 20 Junij zogen wier von Visp ghen
Brig, daß landt auff[84]. Da bekam[85] uns daß volck, als es in die kirchen
gunge. Wier giengen über ein schöne matten, den fußweg, das volck aber
folget [164] dem karrenweg nach, der sehr unfletig von kott wahre. Ich
fraget, warumb solches beschehe. Sie sagten mir, die andacht seye desto
größer, wann man ein solchen heßlichen weg gange. Wier giengen zu
Brig in die schöne kirchen, da deß Georgij Super Saxum[86] stattliche
begrebnus[87] zusehen. Es ist ein hoher kirchthurn, ab welchem der, so

84 Nach dem strapaziösen Ausflug nach Grächen war der Sonntagsspaziergang nach Brig
(9 km) und zurück direkt erholsam.   85 bekam = begegnete.

86 *Georg Supersaxo* (Jörg Auf der Flüe): *ca. 1450, †1529, der Gegenspieler von Matthäus
Schiner (*ca. 1465, †1522), ein Söldnerführer, Demagoge und Parteimann grossen Stils,
der «Königsmacher» im Wallis. «Das Schicksal wollte es, dass die beiden bedeutendsten
Figuren der Walliser Geschichte ausgerechnet zur gleichen Zeit durchs Leben schritten.
Kein Land, und wäre es noch so gross gewesen, hätte auf die Dauer diese zwei Menschen
nebeneinander vertragen. Es musste so kommen, dass diese Talente ihrer Heimat nicht zum
Segen gereichten, sondern zum Verderben wurden. Das Wallis wollte eines Tages weder
den einen noch den andern.» (Walter Schmid in seinem VS-Buch, 1964, S. 193.) Beide
stammten aus dem Goms, der obersten Talstufe des VS. Der eine machte eine militärische
Karriere, der andere eine geistliche; beide waren Schützlinge des Bischofs Jost von Silenen.
Aus Machtgier setzte der undankbare Söldnerführer den franzosenfreundlichen Fürst-
bischof 1496 mit Waffengewalt ab, eifrig unterstützt von seinem gleichgesinnten Freund.
Zum Dank für diese Hilfe wurde Nikolaus Schiner, der greise Onkel des Matthäus, zum
Bischof von Sitten erhoben, der Neffe zum Dekan von Valeria und bald darauf selber
zum Bischof. Dann trennten sich die Wege der beiden Freunde. Während Schiner seiner
Gesinnung treu blieb und die Eidgenossen im Bündnis mit dem Papst mehrmals über
die Alpen führte, wurde Supersaxo das Haupt der französischen Partei. Jetzt begann ein
gnadenloser Kampf mit wechselndem Erfolg. Kardinal Schiner musste nach der Niederlage von Marignano seine Heimat verlassen; es gelang ihm noch, die Wahl Karls V. zum
Kaiser zu organisieren und die gehassten Franzosen aus Mailand zu vertreiben, doch ver-
darb er sich wegen ein paar französischer Gegenstimmen die fast sichere Wahl zum Papst
(1521). Der «schreckliche Supersaxo» erlebte Verbannung, Gefangenschaft und Folter,
Wiederaufstieg zu fast fürstlicher Stellung, aber nach Pavia (1525) abermals die Absetzung.
Beide grossen Walliser starben im Exil. HBLS 6, 609 u. 185 usw.

87 Fürstlich wie sein Leben ist auch *Supersaxos Grabmal* in der spätgotischen, von Ulrich
Ruffiner für ihn 1519 erbauten Pfarrkirche zu *Glis bei Brig;* der in der *Anna-Kapelle* stehen-
de Schnitzaltar, von der vielseitige Meister (ohne die Figuren) geschaffen hat, zeigt den
Stammbaum Jesses, Geburt und Anbetung Jesu, auf der Rückseite der Flügel den Stifter
Supersaxo und Gemahlin samt ihren 23 Kindern, im Hintergrund Valeria. Es fehlt jedoch
die Grabplatte, und *Stumpf,* der in seiner Chronik (Zürich 1548, XI. Buch, S. 658vo)
Anna-Kapelle und die «fürstliche begredb» begeistert schildert, fügt hinzu: «aber er ist
nicht darein kommen.» Vgl. Jenny: Kunstführer d. Schweiz, 4. A., Bern 1945, S. 371 und
Beerli, VS 255ff. Rudolf *Riggenbach* (Basler Denkmalpfleger, †1961, ein grosser Freund
des VS) hat «Die Kunstwerke des 15. u. beginnenden 16. Jh. im VS» in einem Vortrag
1924 geschildert; neu hsg., übersetzt u. reich ill. von A. Donnet in Annales Valaisannes,
Serie 2, Bd. 12/1963, S. 161–228, s. spez. S. 200, 219 und Taf. 33/34.

die stalden bruck gemachet hatt, zu todt ist gefallen[88]. Ob dem altar ist ein schöne tafelen, daran seine söhn und töchteren alle abcontrafeitet sindt. Vide Chronic[89].

Demnach giengen wier ghen Brig[90], ist ein hüpscher flecken; da wurden wier bey dem imbißeßen gar woll tractiert, und kamen ettliche meines vatters kostgenger. Nach mittag zugen wier fürauß in daß badt[91],

88 Bei diesem Architekten handelt es sich so gut wie sicher um *Ulrich Ruffiner*, *ca. 1490, † nach 1546, vgl. oben, A. 49. Er stammte aus einer alten Baumeister- und Steinmetzenfamilie aus dem damals noch deutschen Prismell (heute Riva) im Val Sesia, südlich des Monte Rosa. Er kam in jungen Jahren (nach 1505) in das «bautenreiche VS», wo er eine ausgezeichnete Lehre machte und vor allem die Zubereitung des Walliser Tuffs lernte, den er in Zuben am Eischollberge oder in Aproz bei Nendaz ausfindig gemacht hatte und seither bei allen Bauten verwendete. Er profitierte von der Baubegeisterung jener Zeit und arbeitete im Auftrag der beiden grössten Walliser, Schiner und Supersaxo. Für den Kardinal, der mit ihm am 8. Sept. 1514 in Leukerbad einen noch erhaltenen Vertrag abschloss, baute er die *Theodulkirche in Sitten*, bis schliesslich der Auftraggeber seine Zahlungen ganz einstellte. Der Kirchenbau von *Raron* trug dem Baumeister das Bürgerrecht ein; gleich neben der Kirche errichtete er sich selber sein Haus, mit seinem Steinmetzzeichen 人 und der Inschrift «disen buw hat macht ulrich ruffener von preßmell do man zalt 1513 iar». Für Supersaxo erbaute er die oben erwähnte *Anna-Kapelle in Glis*, verschiedene «behausungen von steinwerck auf schlösser manier» und Brücken, vor allem die prächtige, 65 m hohe *Kinbrücke*, d. h. Abgrundbrücke über die Visp bei Stalden, die Sebastian Münster 1546 eben nach ihrer Vollendung erlebte und mit Grausen beschrieb (Kosmographie, Ausg. v. 1567, S. 471). Auch der Ausbau des Lötschbergpasses war 1519 geplant. Die letzten Lebensjahre war der «firnem und ehrsam Meister Ulrich Ruffner seßhaft zuo Glyß», in dessen Umgebung so viele seiner Werke standen. – Diese knappe Biographie beruht auf den Forschungen von *Rud. Riggenbach:* Ulrich Ruffiner und die Bauten der Schinerzeit im VS, Vortrag Brig 1929, und Das Lötschbergprojekt Ruffiners von 1519, Berner Taschenb. 34, 1929, dort auch Lit. u. Belege. – Die interessante Nachricht von Ruffiners tödlichem Sturz vom Kirchturm zu Glis findet sich nur bei Felix Platter und war bisher unbekannt. Für einen grossen Baumeister eigentlich ein imposantes Lebensende.

89 Vide *Chronic:* wohl ein Hinweis auf den anderswo (bei A. 94) als Quelle zitierten *Joh. Stumpf:* Gemeiner loblicher Eydgnoschafft ... Chronick, Zürich 1548, XI. Buch = VS, wo auf S. 658[vo]f. von Supersaxo und der Kapelle zu Glis die Rede ist, vgl. oben A. 87. – (Vielleicht könnte «Chronick» aber auch ein heute verlorenes Itinerar Platters bedeuten, das bei der Reinschrift 1612 als Quelle diente.)

90 *Brig:* Stadt und Bezirkshauptort, damals noch nicht so bedeutend; der wirtschaftliche Aufschwung zum «reichen Brig» erfolgte erst im 17. Jh. (Bergwerke, Simplonpass, Stockalperpalast). HBLS 2, 355f.

91 *Brigerbad:* zwischen Brig und Visp, auf der rechten Seite der Rhone. Das Thermalschwimmbad hatte seine grosse Zeit, nachdem der Eigentümer des Bades, Peter Owlig (Aulig) den Meister Ulrich Ruffiner beauftragt hatte, die heissen Quellen von den kalten zu scheiden. Im 16. Jh. pflegten reiche Mailänder hier ihre Kuren zu machen. Beerli 253 und Jos. M. Schmid: Brigerbad, BWG I 416ff. *Stumpf* (Chronik, S. 659vo mit Bild) schreibt: «... sein wasser ist lustig, gantz schwäblig: etlich achtens mit Alaun vermischet, ... gar heilsam dem ausserlichen schaden deß leibs als Schebigen und Blaterichen: dienet wol den unbärhafftigen Weybern. Er benimpt den Hauptfluss der nasen und das zitteren der Gliederen, heilet die Tauben oren und stillet den Krampff.» Und *Thomas Platter*, der

ist ein recht schwebelbadt. Peter Aubinus[92], deßen sohn auch meines vatters kostgenger gewesen ist, wahre meister über daß badt, und hatt ihn nachmahlen ein roß zu todt geschlagen. Demnach zogen wier nitt sich[93] ghen Rharen und sahen underwegen die matzen[94] an einem baum hangen, vide Stumpfium. Sie hunge an kettenen. Zunacht kamen wier widerumb ghen Visp am sontag.

von Hptm. Simon Inalbon zu einer Badenfahrt eingeladen war, berichtet begeistert: «Das bad wirket an im, das unser ettlich in in das bad mußten tragen; badet zwo stund und gieng an zweien kruken wider druß ... das han ich gesächen und andre ding mer, das da wunder were zů hörren.» Hartmann: Th. Platter 117. Im 17. Jh. machten Bergrutsche und Überschwemmungen dem Kurort ein Ende. Heute ist das Bad wiederhergestellt und besucht.

92 Peter Aubinus: wohl verschrieben statt Aulinus: *Peter Aulig (Owlig)*, der 1521–1546 Besitzer des Brigerbades war, s. BWG I 416ff. Er war der Sohn des Kastlans Anton, studierte in Zürich und Mailand und wurde selber 1519, 1521 und 1525 Kastlan, 1536 Bannerherr von Brig, 1538–1539 Landeshauptmann, und starb 1546. HBLS 5, 368, Nr. 3. – Sein Sohn, den Felix als Tischgänger seines Vaters erwähnt, ist wahrscheinlich identisch mit jenem *Peter*, den Thomas Platter in einem Brief an den Landeshauptmann Peter Owlig in Brig, datiert aus Liestal vom 26. Okt. ⟨1538 oder 1539⟩, grüssen lässt und hofft, er werde bald kommen: «Salutato ... et filium Petrum, utinam ille mecum iam sit, non credis quam pulchre illi pergam», hg. v. Dionys Imesch im ASG 1902, S. 27ff. Vgl. Jac. Wackernagel in BZ 26/1927, S. 144 und Hartmann, Th. Pl., 172. Vielleicht ist dieser jüngere Peter der im HBLS 5, 368 unter Nr. 6 genannte, der 1584 Landvogt von Monthey wurde.

93 nitt sich, nidsi = abwärts. *Raron*: Bezirkshauptort, ehemaliger Zenden und im 13. Jh. Hauptsitz der gleichnamigen mächtigsten Familie des VS. In Raron konnten sie wieder die Spuren Ulrich Ruffiners verfolgen. Von da kehrten sie die ca. 8 km wieder nach *Visp* zurück, da sie dort eine gute Unterkunft bei einer Base gefunden hatten. Vgl. oben.

94 *Die Matze* < ital. mazza = Keule, war ein Symbol der Volkserhebung im VS des 15./16. Jh., ein aus Holz geschnitztes menschliches Gesicht mit Bart, umwunden von Dornen oder Reisig. Die Matze wurde auf einem öffentlichen Platze aufgestellt oder aufgehängt und diente als Sammelpunkt der Aufwiegler. Jeder, der teilnehmen wollte, schlug einen Nagel in die Keule. Der Matzenmeister trug diese dann den Aufständischen voran, sei es gegen verhasste Adelige oder gegen politische oder religiöse Neuerungen. HBLS 5, 60f. u. Schw. Id. 4, 610f. Bei allen Umwälzungen im VS, angefangen vom Aufstand gegen die Raron 1414 bis zu den oben erwähnten gegen Jost von Silenen, Schiner und schliesslich gegen Supersaxo war stets die Matze mit im Spiele. Riggenbach, Annales Valaisannes, Serie 2, Bd. 12/1963, S. 202. *Stumpf* erwähnt sie in seiner Chronik, S. 668, 729, die Platter sahen sie noch bei Raron an einem Baume hängen, wohl von dem letzten Aufstand in den streng katholischen oberen Zenden 1562, wo das Volk im Zenden Goms die Matze erhob, um gegen die Fortschritte der Reformation und die Gewährenlassen der Regierung zu protestieren. Der Streit wurde erst Ende 1563 beigelegt, also nach der Reise der Platter. Nach Possa: Gs. d. Ref. im Wallis, BWG 9, S. 195. Vgl. HBLS 7, 390 u. H. G. Wackernagel: Trinkelstierkrieg, in Altes Volkstum d. Schweiz, Basel 1959, 229, A. 2. Nach dem Ende der grossen Wirren verschwand die Matze vollständig. Eine in Stein gehauene Matze sehen wir am untern linken Rand der «goldenen Pforte» der Kirche von *Glis*, eine bärtige Wildmannmaske, welche die Meisterhand *Ruffiners* neben andern Spielereien am Sockel angebracht hat. Beerli 255 mit Abb. S. 257. Riggenbach a.a.O., S. 200, 212.

Den 22 Junij am zinstag zogen wier von Visp hinweg nitt sich dem badt zu[95]. Man verehret mir ein murmelthierlin, welches mir auf dem saum roß ersticket, und kamen erst gar spath ghen Leück[96], dann wir gar spath von Brig außgezogen wahren, und kehrten zu Leück bey der wirtin ein, deren sohn meines vatters [165] tischgenger gewesen. Es kamen zu uns Aleth und Peter Ochier[97], die mitt uns ein abendttrunck thatten; sie machten uns ein salat von knoblauch und begerten, wier solten da bleiben; hatten noch 2 stundt in daß badt. Wier gungen den berg hinauf, und begleiteten sie uns ein stuck wegs mit den kanten[98]. Da gnadet[99] mein vatter dem landt Wallis, und kamen wier bey eiteler nacht daß thal hinderen, dem badt zu. Ich hatt ein scheinwürmlin[100] und ballete es in der handt umbeinanderen. Es wahr sehr gefahrlich zugehen, und noch viel gefahrlicher zureiten, dann es mechtige und grausame dieffenen hatt. Nicht weit darvon ist ein dorf, heißet Albenen[101], an einem waßer, da ist ein glettscher von eyß, und bindet man daselbsten den hüeneren ettwas an, daß sie nitt verfallen, sondern auf dem glettscher ghen können; dannenher man sagt, daß landt seye so rauch, daß man die hüener darinnen beschlagen müeß.

Wier kamen gar spaht ghon Leügg zu dem badt[102]; sie waren schon

<hr/>

95 nitt sich, nidsi = abwärts. – badt = Leukerbad. Von Visp her sind es ca. 36 km.

96 *Leuk/Loèche:* Das an der Sprachgrenze gelegene alte Städtchen besitzt ein bischöfliches Schloss, einen von Ruffiner zum Rathaus umgebauten Wohnturm der Viztume sowie Wohnhäuser der untengenannten Familien Allet und Ambühl. Es war damals –noch mehr als Sitten und Siders – ein Herd jenes zugleich «patriotischen» und «protestantischen» Geistes, der gegen die Autorität des Bischofs opponierte; die Adligen schickten ihre Kinder in reformierte Schulen (Thomas Platter!), zum grossen Ärger der altgläubigen obern Zenden. HBLS 4, 666f. und Becrli 205 mit Stadtplan.

97 *Peter Ochier* (Otschier) aus Leuk, der 1540/41 Tischgänger bei Thomas Platter gewesen war (Matr. Ba. II 26), gehörte wie auch der Sohn der nicht mit Namen genannten Wirtin diesem reformierten Kreise an. Ihr eifrigster Parteiführer war der weiter unten genannte *Peter Ambühl* (A. 103), mit dessen Frau zusammen Platter im Leukerbad badete. Der andere Leukener, *Peter Allet,* Bannerherr des Zenden Leuk und dreimal Landeshauptmann des VS, gehörte dagegen einer gut katholischen Familie an, vgl. Kap. 10, A. 44 u. HBLS 1, 235. Das hinderte sie nicht daran, bei Knoblauchsalat und Walliser Wein zusammenzusitzen, besonders in Gegenwart der Basler Gäste, genau wie diese am bischöflichen Hofe gastlich empfangen wurden. Der scharfe Wind der Gegenreformation setzte im Wallis sehr spät ein.

98 kante (schwz.) = Kanne, natürlich Weinkanne.

99 gnadet = dankte, sagte lebwohl, nämlich dem Rhonetal, da sie jetzt in die Dalaschlucht und dann über die Gemmi zogen.

100 scheinwürmlin: ein Glühwürmchen.

101 *Albinen:* 1277 m, ca. 1 Stunde oberhalb von Leuk, nahe der Sprachgrenze (Flurnamen fast alle romanisch), seit dem 18. Jh. durch zwölf an einer Felswand befestigte Leitern mit Leukerbad verbunden. In der Nähe Ruffiner-Brücke über die Dalaschlucht.

102 *Leukerbad:* 1411 m, in der Dalaschlucht, auf den grünen Matten eines nach S offenen Kessels, umrahmt von ungeheuren Kalksteinmauern, die schon Sebastian Münster

alle schlaffen. Wier klopfeten am sälin, dorinnen mein weib lage, hüpschlich an. Sie thatte uns auff, und war mein schwecher gar übel zufriden, daß wier so spath ankommen wahren.

Ich blibe die sechs tag im badt, gab ettlichen rhattschläg und luget, wie sie badeten. [166] Es wahr sehr viel volcks da. Ich badete nur ein eintzig mahl, und da ich im badt saße, kame hauptmann Peter am Biehels frauw[103], setzt sich so noch zu mir, daß ich mich schampte, welches doch ihr brauch ist. Es wahren viel hundert personen im badt, und under denselbigen zwen fürnemme herren von Bern, die alle badeten. Mein vatter blibe auch im badt und badete.

Bißweilen spatzieret ich hinauß zum heilbadt, welches gar heiß ist, ettwan aße ich zu abendt bey unserer frauwen brunnen, der an einem

schreckten: «horrenda saxa», in der dt. Ausg. «grawsame Felsen, die erschrockenlich seind anzusehen ...» Die Bäder wurden bereits in prähistorischer Zeit benützt. 1229 wird erstmals das Dorf erwähnt: «Boez, Buez» <boscum, 1315 das Bad. Die heissen, an Kalk und Schwefel reichen Wasser treten in etwa 20 Quellen zu Tage, deren mächtigste, die St. Lorenz-Quelle auf dem Dorfplatz mit einer Temperatur von 51° C und 23 Sekundenlitern hervorsprudelt, das sind rund 2 Millionen Liter pro Tag. Sie wirken gegen Rheuma, Gicht, Hautleiden und erlauben einen mehrstündigen Aufenthalt im Bad. Die Episode, die Felix erzählt, bestätigt ausdrücklich, dass man gemeinschaftlich badete. Man badete in natürlicher Nacktheit, man ass auf schwimmenden Tabletts, man musizierte, spielte und amüsierte sich auf alle Art; von den Galerien aus konnte man zusehen. Zahlreiche Bilder bestätigen den sehr freizügigen Badebetrieb jener Zeit, so auch das Gemälde «Badefreuden in Leuk» von Hans Bock d. Ä., 1597, im Kunstmuseum Basel (dessen Lokalisierung allerdings umstritten ist). Und wenn die Unfruchtbarkeit der Frauen in den Heilbädern kuriert wurde, so hatte dies oft seine natürlichen Gründe. – Leukerbad wurde von Kardinal Schiner ausgebaut und gefördert, doch wurden seine Einrichtungen 1518 von einer Lawine zerstört; auch später wurde das Bad öfters von Lawinen schwer geschädigt. Besitzer des Bades war zu jener Zeit bis 1658 die aus Albinen stammende *Familie Ochier* (Otschier), deren Sohn Peter mit dem Platter Abendtrunk hielt. HBLS 4, 668 mit Bild und 5, 341; Beerli 197ff.; Bielander: Leukerbad in alten Zeiten, und Oriani: Die St. Lorenz-Quelle, beide im Wall. Jb. 1955; Ed. Fuchs: Sittengs. 1909, I 440–461.

103 *Peter Ambühl* von Leuk, *1527, †1596, Sohn des Vinzenz A., stud. Freiburg i. Br. 1549, 1549/50 Basel (Matr. II, 62), dann in Paris, sprachengewandt, eifriger Anhänger der Reformation, 1562 Hptm. im Dienste des Prinzen Louis de Condé, auf Seiten der Hugenotten, unter Henri IV geadelt, auch im VS Inhaber hoher Ämter, einer der Führer der reformierten Partei. Seine 1. Gemahlin war eine N. Zen Triegen von Raron, die 2. Gemahlin, die im Text Platters vorkommt, ist *Anna Cavelli*, Tochter des Barthol. C., Kastlans von St. Maurice; Ehevertrag 1559 3. April, Testament 1601 3. Jan., † vor 1601 15. Dez. Freundl. Mitteilung von Dr. H.-A. von Roten; Wall. Wpb. 8; HBLS 1, 336; Alfred Grand: Wall. Stud. auf auswärtigen Hochschulen, BWG VI, S. 103, No. 41. Pantaleon traf Peter Ambühl im Leukerbad im Aug. 1567 und widmete ihm eine Biogr. in seinem Heldenbuch 1570, III, S. 521. Sein Haus in Leuk: s. Beerli (TCS): VS, S. 201, 205. – Ein Zeitgenosse Peters (vielleicht verwandt?), *Kaspar Ambühl*, lat. Collinus, war als Arzt und Apotheker in Sitten tätig und verfasste ein Werk über die Thermalbäder des VS. HBLS 1, 336, Nr. 1 und Beerli 201. Vgl. Kap. 3, A. 836.

unserer frauwen tag[104] soll anfangen lauffen und am anderen unserer
frauwen tag sich widerumb verlieren. Mein frauw und mein schwecher
badeten redlich fort, mir aber wahr die weil sehr lang. Ich zoge den
29 Junij am zinstag ghen Sitten, mein bub brachte mir daß roß von
Sitten und ein luten von hauptmann Marx Wolfen[105], die er mir in daß
badt schickte. Ich ritte derowegen durch Leuck hinab ghen Sitten, mein
bub aber gienge den neheren weg über die leiteren bei Fahren[106] und trug
die lauten über ein gefahrlichen weg. Allerweil ich zu Sitten biß an sechs-
ten tag verblibe, brachte man mir von Bremis[107] der kinderen, die torecht
sindt, haben große zungen, können nicht reden, und so einer bey schönem wetter durch Bremis reißen will, sichet er die narrechten kinder
auf den straßen in die sonnen sehende sitzen, welche so seltzame affenspil
treiben, daß einer von ihnen aufgehalten wirdt, darumb einer sein tag
reiß bey schönem wetter nicht vollbringen kann. [167] Wann es aber
regnet, kommen sie nicht auf die straß, darumb einer bey regen wetter
sein tag reiß woll verrichten kann. Man braucht mich auch sonsten hin
und wider zu der pratick, also daß ich nichts verthatte, sonder viel schier
stets zu gast aße; der bischoff hatt mein roß in seinem marstall, und tractierte man mich gar woll.

Den 6 Julij, weil ich vermeint, es seye zeitt, ritte ich wider ghen
Baden[108] hinauff, namme zuvor gar urlaub zu Sitten und kam auf die
nacht widerumb in daß badt. Da wartet ich, biß man auf sein wolt heimb
zu. Mein bub bracht auch damahlen von Sitten meinem schwecher sein
roß und meiner haußfrauwen ihr maulesel. Inmittels mußte ich auch zu
einem kranken junkeren ghen Agaren[109] reiten bey Leuck; der hatte die
sciatik[110]. Als ich ihn fraget, ob er nicht gefallen wehre, gab er mir auf
Wallißer sprach dise antwort: «Ich hab mich nicht zerheyt.» Nachdem
ich ihme geraten, hatt er mich verehret[111] und bin ich zunacht widerumb
ghen Baden kommen. Wier rüsteten uns zur heimfahrt. Mein schwecher

104 Hs.: tal.
105 *Marx Wolf:* Kastlan von Sitten, ehemaliger Tischgänger Thomas Platters, vgl. Kap. 10,
    A. 26.
106 *Varen,* frz. Varone: 100 m hoch steil über der Rhone, westlich von Leuk, s. HBLS 7, 197.
    Offenbar gab es da früher ebenfalls Leitern wie bei Albinen. Heute führt eine Fahrstrasse,
    die förmlich über dem Abhang hängt, von Varen über Salgesch nach Siders (s. Beerli
    195ff.); diesen kürzeren Weg wählte Platters «bub», während er selbst den Umweg über
    Leuk vorzog.
107 *Bremis,* frz. Bramois: kleines Dorf 4 km E von Sitten. GLS 1, 326. – Über die Crétins von
    Bremis s. Observationes 1614, S. 35: «Stultitia originalis», ed. Buess I, Nr. 29.
108 *Baden,* Bad: damals üblicher Name für Leukerbad.
109 *Agaren:* kleines Dorf SE von Leuk, an der grossen Strasse.
110 sciatik (<griech. ischion Hüfte) = Hüftnervenschmerz (frz. sciatique).
111 verehret = honoriert.

forchtet sich vor der scheutzlichen Gemmi[112], die ihren namen hatt von einem kemmy; es solle vom badt biß auf die Gemmi 1200 klofter hoch sein, wie es dann der hauptmann Frölich[113] von Solothurn hatt laßen abmeßen, dieweil es gar stotzig und abscheuchlich anzusehen ist. Wier letzten uns mitt yedermann, demnach dingeten wier zwen mannen, [168] die uns unsere roß furten.

Wier zogen den 14 Julij am mittwochen frie[u] den berg auf durch den Krachen genannt, stets durch kehrweg, da wier noch reiten konten, doch furt einer meiner frauwen ihr roß; wann es an kehrweg kame, kehrte man es umb bey dem schwantz, daß der kopf hinaußlueget. Baldt fieng es an gar hoch werden, biß wier ettwan in 2 stunden zu der Dauben[114] hinauf kamen. Da ist ein brücklin, ab welchem mich der vatter hieße hinab sehen, die wirdtshäuser im badt scheineten gar klein, und wahren die wolcken under uns, glaubten auch, daß es under uns im thal regnete, bey uns aber scheinete die sonne gar hell. Wier kamen auf ein ebene, so ein rucher weg ist und doch hübsch mitt blumen bezieret[115]. Wier ritten fort und kamen zu einem see[116], der wahr noch an ettlichen orten gefroren, zogen also fort fast biß noch umb 10 uhren; do fiengen wir an widerumb herauß in daß Bernerlandt zusehen. Umb den mittag zugen wier den berg nittsich durch die lörchen ein langen weg, der auch zu reiten ist, biß wier an Kandersteg[117] kamen. Da aßen wier im wirdtshuß zumittag, wahren sehr froh, daß wier den berg überstigen hatten. Nach mittag zugen wier daß thal ab, so sehr rauch ist, und sindt doch zu beiden theilen schöne matten. Wier ließen Frutigen[118] allernechst auf der linken handt ligen, da die Barbel und Samuel, so meines vatters dienst gewesen, wohneten. Es hatte ein prediger daselbsten, Salomon[119] genennet, der konte kein Latein; waß ein teutscher prediger.

112 *Gemmi:* alter Bergpass (2322 m), der Leuk mit Kandersteg BE verbindet, nur Fussweg und Saumpfad, bereits in prähistorischer Zeit benützt. Die Etymologie «kemmi» ist richtig: von lat. caminus, frz. chemin. Vor dem 16. Jh. war für die Passhöhe der Name «Gurnigel» (<corniculum) üblich. HBLS 3, 431.

113 Über Hptm. Frölich s. u., A. 128. – In der Zahlenangabe verwechselt Platter wohl den Höhenunterschied mit der absoluten Höhe: 1 altes dt. Klafter = 6 Fuss = 1,90 m, 1200 Klafter wären also 2280 m, was der wirklichen Höhe 2322 m nahekommt.

114 *Dauben:* vom Daubenhorn, in dessen gigantische Wand der Gemmipass eingehauen ist, Passhöhe: 2322 m.

115 die heutige Spitalmatte, Alp Wintereggen.

116 *Daubensee:* 2214 m hoch, 2 km lang; dann geht es über Schwarenbach hinunter, heute in 35 Kehren.

117 *Kandersteg* BE: 1177 m hoch, Endpunkt des Gemmipasses.

118 *Frutigen:* grosses Dorf, Hauptort des Kandertals, kurz vor der Mündung des Engstligenbaches.

119 *Salomon ⟨Rappenstein⟩:* In Frutigen war zwar 1550–1565 Andreas Rappenstein Pfarrer, im nahen Adelboden wirkte jedoch 1560–1563 dessen Sohn Salomon, der dann 1565–1579 Prädikant zu Frutigen war. Platters Angabe ist in etwas weiterem Sinn zu verstehen:

[169] Baldt darnach kamen wier ghen Mülenen[120] in ein schönen flecken, darinnen viel beren heüt hungen. Wier bliben daselbsten übernacht. Man legt uns in ein kammeren, da lagen viel bauren, denen stancken die fieß gar sehr, wier hatten ein unrühige nacht. Am morgen früe kame die Barbel von Frutigen zu uns, brachte uns hüpsche keßlin[121] und bekümmeret sich sehr, daß wir nicht bey ihren einkehret hatten. Am morgen verreyßeten wier von dannen und kamen auf mittag ghen Thun an see, kehreten widerumb bey unserem vorigen wirdt, dem Ryhiner[122], ein. Es kam der praedicant von Sigrißw[e]il[123] zu uns, wir trancken gutten reiffwein und Oberhofer[124], und zogen nach mittag hinweg, kamen auf die nacht biß ghen Bern. Wier kehrten im wirdtshuß ein, aber mein schwecher herberget bey Jos Stöcklin[125] dem steinschneider, da mein schwager Frantz[126] daß handtwerck deß steinschneidenß erlehrnet hatt. Wier bliben 1 tag zu Bern still ligen, hatt viel gesellschaft und aßen bey meister Jos Stöcklin denselbigen tag.

Am sambstag den 17 Julij zugen wier von Bern hinweg, kamen durch Frauwenbrunn[127] ghen Solothurn, kehrten bey der Kronen ein; wahr aber zu der zeitt, als der hauptman Frölich[128] ließe anfangen, sein hauß gegen der Kronen über mahlen. Es leisteten mir ettliche junge burger gesellschaft, welche ich zuvor in [170] Frankreich kennt hatte. Mein schwecher warnete mich aber wie auch sonsten zevor, ich solte nichts von der religion reden, und wahre trauwrig, weil er auch mußte irten außgeben. Ich antworte ihme, ich wußte mich woll zu verhalten. Ob dem tisch under

Frutigerland statt Dorf Frutigen. – Salomon hatte 1554/55 in Basel studiert (Matr. Ba. II 86), wodurch er der Familie Platter bekannt wurde. Über Rappenstein, Vater und Sohn, s. Zwingliana VII, S. 630. Freundl. Mitteilung von Herrn Dr. H. Specker, Staatsarchiv Bern.

120 *Mülenen:* kleines Dorf im Kandertal, zwischen Frutigen und Spiez.
121 keßlin = Käslein.
122 *Ryhiner:* s. Kap. 10, A. 13.
123 *Sigriswil:* am N-Ufer des Thunersees.
124 Oberhofer: Wein von *Oberhofen*, am N-Ufer des Thunersees. – reiffwein = Fasswein.
125 Vielleicht identisch mit *Jost Stöcklin* von Herzogenbuchsee, Arzt am Inselspital in Bern 1546, der 1576 noch lebte. HBLS 6, 559. Vgl. Kap. 1, A. 587. – steinschneider = Chirurg.
126 *Franz Jeckelmann* d. Jüngere: s. Reg.
127 Frauwenbrunn = *Fraubrunnen* BE: Dorf halbwegs zwischen Bern und Solothurn, benannt nach dem ehemaligen Kloster (fons beatae Mariae), denkwürdig durch die Gefechte von 1375 (Gugler) und 1798.
128 *Hptm. ⟨Wilhelm⟩ Fröhlich:* *1504, †1562 4. Dez. bei Paris, berühmter Söldnerführer aus vornehmer Zürcher Familie, trat trotz Verbot in französische Dienste und verlor dadurch sein Bürgerrecht; dank dem Sieg bei Ceresole erhielt er 1544 das Bürgerrecht in Solothurn und liess sich dort nieder. 1556 geadelt, Oberst über die Schweizer Truppen in Frankreich. Im Juli 1563 war er zwar nicht mehr am Leben, doch wurde der Auftrag wohl von seinen Söhnen gegeben, die beide ebenfalls Hauptleute in frz. Diensten waren. HBLS 3, 346. – Das Hotel «zur Krone» steht noch heute, es ist das letzte Haus vor der Ursus-Kirche.

dem eßen sagt einer von meinen gesellen von ettlichen großen wunder-zeichen, die die heiligen thatten, so lächerig, daß auch die anderen seine mitt gesellen dorab lachten. Ein anderer saget, der könig in Frankreich hette täglich ein tonnen goldts einkommen; da sagt ich, daß sindt viel tonnen goldts. Darüber erzürnet sich mein schwächer sehr und saget, ich solte daß maul zuhalten[129], welches mich sehr verdroß und schemete mich vor meinen gesellen. Nachmahlen kamen wier widerumb in daß gespräch. Da redet ich auch darzu, das nichts schaden konte, und wie er sich widerumb darüber erzürnet, warfe ich die kreps, so ich vor mir hatte, in die platten und sprache: «Ich kan eüch doch nütt rechts thun; ich wolt, daß ich nicht mit eüch gereyßet hette», stunde vom tisch auf, gunge in mein kammeren. Mein haußfrauw folget mir nach. Demnach gunge ich auf den kirchhoff, wahre schon spath, sie folgte mir aber nach, mein vatter dorft nichts darzu sagen, er mußt sich auch leiden; mein schwecher sagt und klagt, er verthäte sein gelt und verlure sein zeitt; nachts legt er sich in ein besondere kammeren.

[171] Am morgen früe den 18 Julij, ehe wier aufstunden, ritte mein schwäher allein in der stille ghen Balstall[130]. Wier ritten auch von Solo-thurn hinweg und traffen mein schwecher noch ob dem imbiß an. Ich vermeint, sein zorn were auß, aber er wolte nichts mitt mir reden. In wehrendem eßen kame ein geiger, wolte uns spilen, fraget mich darumb; ich saget ya, er solle nur aufspilen. Darüber erzürnet sich mein schwächer aber so sehr, daß er abermahlen vom tisch aufstunde, auf sein roß saße und allein ghen Liechstall ritte. Wier folgeten ihm nach eßens nach. Wie wir hinkamen, hatte er schon zunacht geeßen und lage albereit im bett, also daß wier ihn nicht sachen. Nach dem nachteßen gunge ich mitt meiner frauwen in deß stattschreibers[131] hauß, der deß Schellis tochter hatt, schlaffen und bliben daselbsten übernacht.

Den 19 Julij am montag in aller früe ritte mein schweher aber allein von uns hinweg und kame vor uns ghen Basell. Wier ritten hernach,

129 Der alte *Jeckelmann* zeigt sich hier nicht von der besten Seite. Er war nicht nur geizig und belehrte den Schwiegersohn gerne, sondern er war auch zänkisch. Der tiefere Grund seines Zorns war wohl der Ärger über die ausgestandenen Strapazen. Man begreift, dass schliesslich auch Felix der Kragen platzte; lange genug hatte er sich von dem reicheren und erfahrenen Schwiegervater schulmeistern lassen. Seine Reaktion fiel zwar etwas hef-tig aus, doch war er ebenso schnell wieder zur Versöhnung bereit, während der nach-trägerische Alte fast ein Jahr lang zürnte. Am peinlichsten war die üble Szene wohl für Madlen, doch hielt sie tapfer zu ihrem Gemahl.

130 *Balsthal* SO nach der Klus. Von hier aus zogen sie aber nicht wie auf dem Hinweg über die Wasserfalle, sondern den bequemeren Weg über Langenbruck–*Oberen Hauenstein* (734 m)–Waldenburg nach *Liestal*.

131 ⟨*Hans Werner Battmann*⟩: Stadtschreiber zu Liestal, ∞ vor 1561 Anna Schölli, †1566. Koelner, Schlüsselzunft 337 und Priv. Arch. Lotz, Fasc. 456. – Vater Jeckelmann logierte wohl in einem Gasthaus, vielleicht im bekannten «Schlüssel».

kamen auf den mittag auch hin; war mir allein leidt, daß wier nicht mitt einanderen widerumb zu Basell ankommen[132].

Mein schwecher namme sich meiner nichts mehr an, biß der große sterbendt recht angunge, vergleichet uns der große jamer[133], und mußte doch mein haußfrauw täglich hinab in sein hauß gehen und zur haußhaltung sehen, weil mein schwager Daniel[134] schon die hochzeitt 2 jahr nach mir in meines vatters hauß gehalten und die werchstatt versehen hatt[135].

132 So endet (mit einem Missklang) die *Walliser Reise* der Platter. Sie dauerte – *zusammengefasst* – 48 Tage, vom 2. Juni bis 19. Juli 1563. *Hinreise:* Basel–Dornachbrugg–Hochwald–Seewen–Reigoldswil–Wasserfalle–Balsthal–Wangen a. A.–Subingen–Kriegstetten–Burgdorf (3 Tage und 1 Tag Rast)–Thun–Simmental–Erlenbach–Zweisimmen–Saanen–Gsteig–Sanetschpass–Sitten (4 Tage und 4 Tage Sitten)–St. Léonard–Siders–Leuk–*Leukerbad* (2 Tage), insgesamt also *in 14 Tagen*. Madlen und ihr Vater blieben, wie mit dem Wirte abgemacht, *4 Wochen im Bad*, während Felix mit seinem Vater eine *6tägige Fussreise* unternahm: rhoneaufwärts nach Visp, dann ins Vispertal über Stalden–Kalpetran *nach Grächen* und zurück über St. Niklaus–Stalden–Visp (3 Tage), dann nach Brig–Brigerbad–Visp–Raron–Visp und zurück nach Leukerbad (3 Tage). 6 Tage blieb die ganze Familie hier beisammen, dann rückte Felix, der sich langweilte, aus nach *Sitten*, wo er eine Woche blieb. Nach einer weiteren Woche im Bad brach man am 14. Juli auf zur *Heimreise*, die über die Gemmi–Kandersteg–Mülenen–Thun–Bern–Fraubrunnen–Solothurn–Balsthal–Ob. Hauenstein–Liestal in *6 Tagen* wieder nach Basel führte.

133 Im Juli 1564, als Thomas Platter, seine Frau und drei Dienstboten des Hauses an der Pest erkrankt waren, gab Jeckelmann seinen Groll auf und kam zu Hilfe: «Mein schwecher heilet ihm die pestilentz blateren.» Kap. 11, A. 49.

134 *Daniel Jeckelmann* heiratete 1559 11. Dez. Dorothea Schwingdenhammer, vgl. Reg.

135 werchstatt: d. h. im «Scherhaus» seines Vaters an der Ecke Freie Strasse/Rüdengasse. – Madlen musste jahrelang «beidt haushaltungen, meins und ires vatters, versehen ..., welches mich bekümert, wil ich sy lieb hatt und gern wol gehalten hett, wie eins doctors frauwen gebürt.» Kap. 8, vor A. 18.

11. Praxis 1563 – 1567

[172] Gleich am folgenden tag 20 Julij nach meiner widerkunft empfieng ich brieff, ich solte ghen Brunntrutt zu burgermeister Brünis[1] frauw,
da ich zwen tag außblieb. Der bischoff Melchior von Liechtenfels ludt
mich ghen hoff; da erzellet ich ihme mitt verwunderung mein reiß, die
ich in Wallis gethan hatte.

Im October den 25, 26 und 27 ritte ich ghen Iltzach[2] zum juncker Hans
Adam von Hohenfürst; sein haußfrauw wahre umb ein kindt kommen.
Von disem junckern von Hohenfürst gedencket mir, daß, als sein knecht
auf ein feÿrtag zu Iltzach mitt den bauren uneins worden und sie ihn
geschlagen, er in daß schloß hinein geloffen, sein bügsen oder rohr mitt
sich hinaußgebracht, und sein juncker solches ohngefehr ersehen, unwißendt wie die sachen beschaffen, er sein schwein spieß[3] erwütschet und
seinem knecht under die bauren nachgefolget seye, welche vermeint, er
wölle sie angreiffen, haben ihme derwegen die bauren unschuldiger weiß
2 finger am schweinspieß abgehauwen. Hernacher als er viel jahr heimblich gebrochen gewesen und niemandt nichts darvon gesagt hatt, auch
seinem eigenen eheweib nicht, ist er heimblich ghen Colmar gezogen,
hatt sich laßen schneiden und ist vom schnitt gestorben, daß sein frauw
nicht bey ihme gewesen, als er gestorben.

Den 1. Novembris reitt ich ghen Stein in daß Wisenthal zu juncker
Thyring Reich von Reichenstein[4], [173] welcher im stein bey Landtskron

1 *Perrin oder Pierre Brünin*, Bürgermeister der Stadt Pruntrut 1557–1575; er empfing 1575
29. Aug. den Fürstbischof Jakob-Christoph Blarer von Wartensee und starb noch im
gleichen Jahre. Er war verheiratet 1. mit Anne N., erwähnt 1565, 2. *N. Vergier oder
Verger*, Tochter des Henry V. und der Marguerite L'Hoste, nach 1575 recop. Jean Do-
court, Sekretär der Stadt Pruntrut. Die 1. Ehe war kinderlos, aus der 2. Ehe stammen
Claudine, getauft 1565 7. März, Jean Germain, getauft 1567 13. Mai, Marthe, getauft
1569 19. April. Freundl. Mitteilung von Herrn Dr. André Rais, Conservateur des Archives
de l'ancien Evêché de Bâle, Porrentruy.
2 *Illzach:* N von Mülhausen. Über Hohenfirst s. Kap. 8, A. 439 und Kap. 9, A. 27.
3 schwein spieß oder «Saufeder»: Waffe für die Wildschweinjagd, Schw. Id. 10, 576f. Vgl.
Wappen Reich v. Reichenstein.
4 *Hans Thüring Reich von Reichenstein:* Sohn Jakobs II. R. zu Landskron und der Brigitte v.
Schoenau, erwähnt zu Biedertal und Brombach 1541, tot 1561; ∞1541 *Margareta Stör v.
Störenberg* recop. ⟨N. Kraft⟩ von Dellmensingen zu Steinen im Wiesental. Kindler III
388. – Über Thüring Reichs Sturz von dem hohen Felsen unterrichtet das schön illu-
strierte Buch «Die Reichenstein'sche Kapelle in Mariastein», hg. von den Benediktinern
von Mariastein 1943. Die Familie R. hatte sich wegen der Pest 1541 von der *Landskron*
nach dem 1½ km nahen *Mariastein* in das Bruderhaus geflüchtet; am Luzientag 1541
13. Dez. stürzte Junker Hans Thüring R. über den Felsen, auf dem die Kapelle steht, aus
einer Höhe von 40 m in die Schlucht, kam aber mit dem Leben davon. 1543 stiftete sein
Vater Jakob II. ein *Mirakelbild*, auf dem der wunderbare Vorgang in synchronistischer
Weise dargestellt ist: die zwei Hügel mit dem Kloster und der Landskron, der Absturz,

über den hohen felsen abgefallen wahre und davon ist hinckendt worden, seiner haußfrauwen, welche hernach einen von Telmesingen genommen hatt[5], daß ihre freündt nicht gern gesehen, und als der selbig, ihr mann gestorben, ist sie mitt ihrer tochter in wehrender pest ghen Stein geflohen und wohneten im wirdtshauß. Die tochter starb an der pestilentz, welche algemach anfieng zu regieren; als man sie zu Stein vergrub, fandt man die spitzschu, wie man sie vor jahren getragen. Ihr muter starb ihren baldt nach.

Im November hulte ich im collegio ein offentliche anatomeÿ eines manns, den man enthauptet hatt[6].

die Auffindung des schlafenden Verletzten, dessen Transport in die nahe Flüh-Mühle, 1 Woche später die Rückkehr auf die väterliche Burg, über allem der himmlische Hof; auf der Rückseite eine Beschreibung in Worten durch den Wallfahrtspriester *Jakob Augsburger*. – Von dem gleichen unbekannten *Meister C. H.*, der das Votivbild geschaffen hat, stammt das Brustbild eines vornehmen bärtigen, leicht schielenden Mannes, das möglicherweise Jakob II. Reich v. R. darstellt, den Vater des Geretteten und vielfachen Wohltäter Mariasteins. Rud. Riggenbach in dem genannten Gedenkbuch.

5 *Kraft von Dellmensingen:* Dellmensingen in Württemberg, ca. 12 km SW von Ulm. Die Kraft waren eines der ältesten Patriziergeschlechter der Stadt; Hans Kraft (†1577) sowie sein Sohn Hans Ulrich waren beide Bürgermeister. Vgl. ADB 17, 11; Kneschke 5, 259f. und Kindler III, 388. – Bei dem 2. Gemahl der verwitweten Margareta Stör v. Störenberg (vgl. A. 4) würde man gerne an *Gregor Kraft* denken, der laut Merz, Sisgau III, St. Tf. 11 auf der Burg zu Steinen im Wiesental sass. Ein Gregor K. war immatrikuliert zu Tübingen (Matr. Tüb. 140, 32 rursus) 1553 6. Juni, in Basel 1554/55 (Matr. Ba. II 87); «Georg Jacob» K. v. D. wurde zusammen mit Benedikt K. 1556 22. Juni Bürger von Basel und war 1556–1564 Besitzer des Klybeck-Schlösschens, das er von Jacob und Benedikt K. übernahm. Carl Roth im BJ 1911, S. 144 und K. E. Marchtaler: Basler Neubürger aus Württemberg 1550–1700, Bl. d. V. f. württ. Fam.-Kunde 1932. Dennoch kann es sich nicht um Georg handeln, denn dieser war 1574 noch an Leben, während der Gemahl Margaretas vor dieser 1563/64 starb. Zudem wird Gregor anderorts als Gemahl der Ursula von Küttenach (1557) genannt. Ph. Mieg, BMHM LX, p. 27, N. 91.
Der Stammbaum der Kraft v. D. ist voller Probleme. Gregor und Benedikt scheinen beide Söhne von Peter Kraft und der Marie Cleophe Lamparterin v. Greifenstein zu sein; Peter war Pfleger in Erbach und starb 1541. Freundl. Mitteilung von Dr. Huber, Oberarchivrat Ulm. In der Basler Matrikel findet sich ausser Gregor noch ein «*Casparus a Telmesin*», Matr. Ba. II 110, 1557/58; ein weiterer Bruder Christian, der jedoch ledig blieb, ist in Basel zu St. Peter begraben. Benedikt (s. o.) war verheiratet mit Marg. Stöhrin v. Wagenburg; eine Schwester Genoveva angeblich ∞ Dr. Maximilian Scharrer (?) in Basel, † ca. 1586, begraben mit ihrer Mutter zusammen im Kloster zu Konstanz.
Alle diese Angaben bringen keine Klärung, auch nicht die drei von Gregor erhaltenen *Briefe* der Univ.-Bibl., Mscr. Fr. Gryn. I 6, fol. 1, 32 u. 186. Im ersten, datiert in Stein⟨en⟩ vom 2. Jan. 1570, bittet er Platter um ärztliche Hilfe für seinen Nachbarn, den Vogt zu Weitenau (6 km NE von Steinen), der zweite ebenfalls, im dritten bittet er um Tabletten für seine Frau. Als Besitzer des Schlosses zu Steinen erscheint *Gregor Krafft* um 1550 bis 1580 bei C. A. Müller: Burgen u. Schlösser, Das Markgräflerland 4/35, 1973, S. 63 und E. F. Bühler: Das Schloss zu Steinen, Das Markgräflerland 9, 1938, S. 36ff., 83ff.

6 *Anatomie* eines Enthaupteten Nov. 1563: Es handelt sich offenbar um das Corpus des «*Hans Hartmann* vonn Nydouw, den Bader, welchen man mit dem schwert hat richten lassen», Ausgaben für die Gefangenschaft bei dem Obersten Knecht 6 lb 16 ß 6 d. Wochen-Ausgaben-Buch Finanz G 19, Sa. d. 24. Nov. 1563.

Den 8 Decembris reit ich drey tag ghen Brunntrutt zum herr Hans Nagel[7].

Den 13 Decembris ritt ich ghen Stein in daß schlößlin, zu deß anderen Krafften schwester, einer von Telmesingen[8], die mit dem burgvogt von Rötelen verheürathet wahr und kläglich an einem muter krebs starbe.

Den 24 Decembris reit ich ghen Wallenburg zu herr Rudolff Fäschen[9], der an seines vatters statt kommen. Er lag am grimmen oder leibweh, es wahr gar kalt, und bracht ich 3 tag zu.

Sonsten hatt ich auch viel andere praticken in der statt und von den frömbden, welche zu mir ghen Basell umb rhatt kamen. Als nemblich brauchte mich der schafner in deß bischofs hoff[10], der Ocoli[11], ettlichen von St. Ursitz[12], dem alten juncker von Rotberg, Lienhart Schenken haußfrauw selig, herren Ottendorf[13], herr Schulthes[14], herr Frantz de

7 Die Ritterfamilie *Nagel* war usprünglich in der Gegend von Lindau ansässig und siedelte gegen Mitte des 15. Jh. nach dem Breisgau über. Über *Burkhard* N., Fürstabt von Münster, der sich der Reformation anschloss und einen Adelssitz in Mülhausen kaufte, orientiert Ph. Mieg: Deux notabilités mulh. du 16e s., BMHM LX, 1949/52, p. 1ss. – Ein *Johannes* N. von der Alten Schönstein, Sohn des Jakob N., wird zusammen mit seinen Brüdern Burkhard und Dietrich 1541 als unmündig erwähnt. Mit seinem Bruder Dietrich zusammen ist Hans 1553 Gerichtsherr zu Schliengen. Ein «Joannes Nagel de Lohr» (Lahr/Baden) war 1537/38 immatr. in Basel, Matr. II 15. Wahrscheinlich ist Hans identisch mit jenem «adolescens quidam nobilis cognomento Nagel», der bei B. R. Jenny: Amerbach-Korr. 6, 441, A. 4 erwähnt wird.

8 *Dellmensingen:* vgl. A. 5. Der «andere Kraft» ist vielleicht Gregor oder Benedikt K., die beide 1556 Bürger von Basel wurden. – Die Schwester, «eine von Telmesingen», die mit dem Burgvogt von Röteln (Entringer?) verheiratet war und 1563 starb, ist nicht mehr zu identifizieren.

9 *Hans Rudolf Fäsch d. J.:* *vor 1531, †1566, Sohn des Goldschmieds und Ratsherrn Hans Rudolf F. (*1510, †1564) und der Anna Glaser; der ältere Bruder des Bürgermeisters Remigius F.; er heiratete 1551 Maria Gysin, wurde bärenzünftig 1553, Ratsherr 1560, Landvogt zu Waldenburg. Priv. Arch. Lotz, Fasc. 123 und Leu, Lex. 7, 98.

10 «schaffner in des bischofs hoff» war *Caspar Trölin* bis †1568, s. Kap. 8, A. 375.

11 Ocoli = *Öuglin* (Oiglin, Ecklin): vielleicht *Hans Ulrich*, Sohn des Hans O. und der Martha Haller, Gewandmann (1514–1564), 1535 zft. zum Schlüssel und zu Safran, ∞ Barbara Meyer, Tochter des Bernhard M. zum Pfeil und der Helena Baer, machte diverse Stiftungen, †1564. Wpb. Ba.; BUB X, 311; Koelner, Schlüsselzft. 314; P. Burckhardt, B. Ch. 8, 318ff., A. 29.

12 St. Ursitz = *St. Ursanne*, vgl. Reg.

13 *Jacob Ottendorf* genannt Rephůn (Rebhuhn): ein Sohn des Sebastian O. und der Lucia Keller, Tuchmann, 1532 Schlüsselzunft erneuert, ebenso 1532 Safran und Weinleuten, ∞ 1. 1532 Marg. Oiglin, 2. 1572 Marg. Spitzler, Hauptmann, 1549 Landvogt zu Homburg, † vor 1576. Wpb. Ba., Leu 14, 346 u. Lotz, Fasc. 368. Er besass seit 1565 das Haus Petersplatz nb. 14 auf S. von 15 («*zum Engel*») und 1575 Teil von 15 nb. 16, welche dann 1576/1595 Felix Platter erwarb. HGB, vgl. V. Lötscher im B. Njbl. 1975, Kap. 10. Als Vogt von Homburg stiftete er 1551 eine Wappenscheibe für die Kirche von Läufelfingen, s. Albr. Burckhardt im BJ 1888, S. 264f. mit Bild sowie P. Ganz, Glasmalerei, S. 18. – Mit «herren Ottendorf» (Plural?) meint P. wohl auch diverse Verwandte, s. Wpb. Ba.

14 Schulthes = *Ulrich Schultheiss:* *1535, †1599, Sohn des gleichnamigen Stammvaters, Ge-

Bois, der von Ryschach, thumprobst[15], der von Hohenfürst, schulthes zu Meyenen[16], der Stauffer, die Oeuglinen, juncker Haman von Brünigkhofen, Dr. Wolff Weißenburg, burgvogt zu Rötelen[17], herr Bernhart Brandt. (Vide numerum epistolarum et peregrinationum alibi descriptum, im Jahrbuch und Epistelbuch.)[18]

Anno 1564

[174] In disem jahr regieret die pestilentz starck zu Basell. Den 4 Jenner ritt ich ghen Engelsodt zu Peter Megerets mutter, brachte 3 tag zu. Von dannen ritt ich ghen Beffort zum Dela des Champs, bleib überall sechs tag auß. Der wirt zum Kopf, der Gisler[19], gab mir daß gleit, sampt einem Franckfurter, Hector[20] genennet, welcher auß Frankreich auß dem krieg kommen und nachmahlen burgermeister zu Franckfort worden ist. Den 11 Januarij ritt ich ghen Bintzen zum vogt Werner Wagner, den 12. ghen Olsperg zur eptißin, den 13. und 14. ghen Bieterthal zum Marx Reichen von Reichenstein. Den 19. Jan. ritt ich ghen Weil zu Reitner[21]. Den 23. Jan. ghen Bintzen zum vogt. Den 26, 27, und 28. ritt ich ghen Rötelen zum landtvogt von Anweil[22].

wandmanns aus Ensisheim (Bürger von Basel 1518, †1550), war ebenfalls Gewandmann, ∞1552 Barbara von Brunn, 1558 Zunftmeister, dann Ratsherr zu Kaufleuten (Schlüssel), 1575–1577 Oberstzunftmeister, 1579–1599 Bürgermeister. Wpb. Ba. (von Brunn); Koelner, Schlüsselzunft 323; B. Ch. 7, 485.

15 thumprobst = Dompropst *Sigmund von Pfirt*, s. Reg., ebenso für die andern bereits kommentierten Personen!

16 Meyenen = *Meyenheim*, ca. 18 km N von Mülhausen. An anderer Stelle (Kap. 8, A. 428) nennt Platter seinen Namen: *Bubler*, nicht bekannt.

17 burgvogt zu Rötelen: wahrscheinlich der zweimal namentlich genannte «Entringer» (oder «Eutringer»?), unbekannt.

18 «*Jahrbuch und Epistelbuch*», in denen Felix die Zahl seiner Reisen und der von ihm erhaltenen Briefe aufzeichnete; verloren.

19 ⟨*Philipp*⟩ *Gyssler:* aus einer Metzgerfamilie, Sohn des Jakob G., Ratsherrn zu Metzgern, und der Elisabeth Zünduff (Catharina Holbein, die Tochter des Malers, war seine Stiefmutter), er war selber auch Metzger und Wirt zum Kopf, ∞1552 Ursula Ris, † nach 1575. Wpb. Ba. – Über das Wirtshaus zum Kopf s. Kap. 1, A. 140.

20 «*Hector*» *aus Frankfurt:* entweder Hans Hektor zum Jungen, Bürgermeister in den Jahren 1582, 1587 und 1604 oder Hans Hektor von Holzhausen, Bürgermeister in den Jahren 1584 und 1589. Georg Ludwig Kriegk: Dt. Bürgertum im MA, Bd. 1/1868, S. 479ff. Ich verdanke den Hinweis der freundl. Mitteilung von Dr. Andernacht, Stadtarchiv Frankfurt.

21 Reitner = *Reuttner von Weil*, s. Kap. 8, A. 331.

22 *Johann Albrecht von Anweil:* *1509, †1568, aus altem Thurgauer Adelsgeschlecht (Anwyl, Andwil), ist der 2. Sohn des Fritz Jakob v. A. und der Anna von Klingenberg, geb. in Bischofszell, 1521 immatr. Freiburg, 1532 19. Aug. ∞ Anna Agatha *Stürtzel* v. Buchheim, Enkelin des berühmten Kanzlers Dr. Konrad St. 1535 wurde Joh. Albrecht *Landvogt zu Rötteln* als Nachfolger seines ältern Bruders Fritz Jakob, blieb aber nicht lange

Den 4. Februarij ritte ich ghen Bintzen zum vogt Wagner, den 5. Hornung ghen Rötelen zum vogt. Den 10. ghen Bieterthal zu juncker Marx Reich von Reichenstein. Den 13, 14 und 15. Febr. ritte ich ghen Olsperg zu der eptißin auf die faßnacht und nam mein frauw mit mir. Den 17. Febr. ritt ich wider ghen Bintzen. Den 18 und 19 Hornung kam doctor Isac Keller zu mir ghen Bintzen, führt mich mitt ihme wegen kurtzweil ghen Schopfen zu seiner schwiger, der Meißin[23], welche ein wittfrauw wahr, die ein Hecklin gehapt hat, welcher sie von Zürich weg geführt hatt. Den 22. Hornung wie auch den 27. und 29. ritt ich ghen Bintzen zum vogt Wagner.

[175] Hiezwischen bauwet ich streng an meinem mittlesten hauß, brauchet den schreiner, mahler und maurer.

Den 4., 9. und 21. Mertzen ritte ich wider ghen Bintzen zum vogt Wagner, der sehr kranck wahr. Item den 5. und 6. Aprilis ritte ich auch zu ihm, starb entlich noch gar jung, verließe viel kinder und ein groß gutt. Doctor Peter Gebwilers stiefftochter, die alte Rusingerin[24],

dort – schon 1540 treffen wir als Landvogt zu Rötteln Jakob von Rotberg, dessen Gemahlin ebenfalls eine Enkelin des Kanzlers Stürtzel war. Joh. Albrecht siedelte nach Freiburg i. Br. über und wurde dort Bürgermeister. Er schloss eine 2. Ehe mit Dorothea von Bernhausen 1543 und trat im gleichen Jahr in den Rat ein, 1544/45 war er Bürgermeister, 1546 Schultheiss, 1547/48 wieder Bürgermeister usw. 1549 verkaufte er den ererbten Stürtzelhof an Dr. Mathias Held, den ehemaligen Vizekanzler und Rat Karls V. Gegen diesen hatte er einen langen Prozess, der ihm die Stadt verleidete. Ein Opfer seiner reformierten Überzeugung war er nicht, doch verweigerte er 1553 die Mitarbeit im Rate. 1554 wurde er Bürger zu Basel (St.-A., Öffnungsb. VIII, 159, 8. Jan. 1554) und wohnte wohl auch hier, ohne jedoch Hausbesitzer zu werden. Im Dez. 1556 wurde er wiederum Landvogt zu Rötteln nach dem Tod Markgraf Ernsts und der Nachfolge des reformiert gesinnten Sohnes Karl; dieser nahm Anweil unter seine Räte auf und führte mit ihm und Grynaeus die Reformation durch. (Der katholische Jakob v. Rotberg zog sich vom Amt zurück und lebte bis †1568 im Ruhestand.)
Seine rechte Hand war der Landschreiber Dr. *Peter Gebwiler*, dessen Frau sich erst nach einiger Zeit an die Reformation gewöhnen konnte. In Rechtsfragen konsultierte A. oft den befreundeten Bonifacius Amerbach. 1565/66 erhielt er von Markgraf Karl II. den Edelsitz *Hiltalingen*, den er 10 Jahre früher erworben hatte, um 12 000 fl zum Erblehen. Nachdem er Jahre lang unter der Alterskrankheit der Ritter, dem Podagra, gelitten hatte, starb er 1568. Seine Witwe heiratete Burkard v. Anweil, wohl einen Verwandten. Nach Albert Ludwig: Ldv. J. Albr. v. Anweil, Das Markgräflerland, Jg. 10/1939, Heft 1, S. 1–17. – Der älteste der Söhne Albrechts, Joh. Burkart v. A., schrieb am 30. Okt. 1570 von Hiltalingen aus (im *Felix Platter* wegen eines erkrankten Knechts, im Dez. bat er ihn für sich selbst um Rat. Univ.-Bibl., Mscr. Fr.-Gryn. I 6, 201.

23 *Barbara Meiß* war in Mömpelgard Prinzessinnenerzieherin gewesen und wurde die 2. Gemahlin von Apollinaris Höcklin von Steineck. Ihre Tochter Anna heiratete Prof. Isaac Keller. Nach B. R. Jenny: Amerbach-Korr. 6, 228, A. 1.

24 Die «alt Rusingerin» ist *Anna Wagner*, *1552, †1630, Tochter des Burgvogts zu Binzen, Werner W., und der Margreth Rappenberger; sie ist also nicht «Doctor Peter Gebwilers stiefftochter», sondern deren Tochter. Sie heiratete 1576 15. Okt. zu St. Peter in Basel *Theodor Russinger*, *1553, †1610, Klosterschaffner, des kl. u. geh. Rats, Landvogt im

ist sein tochter. Er hatt ein schönes hauß gehept zu Mülhausen, darinnen er gewohnet hatt; dieweil er aber meister Rudolff Wachters
stieff vatter erstochen hatt[25], hatt er mießen von dannen hinweg
ziehen. Den 11. und 12. Martij ritte ich ghen Iltzach zum juncker von Hohenfürst. Den 13 Mertzen ritt ich von Iltzach ghen Mülhusen. Den 21. Martij
ghen Bintzen. Den 24. und 31. Martij ritt ich ghen Mönchenstein. Den
5./6. Aprilis reit ⟨ich⟩ ghen Bintzen, den 10. ghen Birseck zum vogt
Martin Jacob. Den 14. und 15. Apr. reit ich wider ghen Wallenburg[26]
zum vogt. Den 27. Apr. ritt ich ghen Thann, zum stattschriber Sebastian
Heckel 2 tag. Ich hatt seidenwürm[27], die schluffen mir damahlen auß.
Den 10. Maij ritt ich ghen Apollinaris zum probst, herr Tieboldt[28]. Den
17. Maÿ ritte ich ghen Bietherthal zum junker Marx. [176] Den 21 Maij
ritt ich ghen Ruffach zu junker Morandt von Andlauw. Er wahr vogt im
schloß und sehr krank. Von dannen ritt ich ghen Mülhusen und am
dritten tag ghen Basell. Den 26 Maij ritt ich ghen Angenstein zu einem,
der Jung[29] hat geheißen, hatt D. Zipparts tochter, die an der pestilentz
krank lag; man bauwet damahlen erst daß schloß. Ob dem imbiß gab

Maggiatal und von Locarno. Wpb. Ba. und Ehe-Reg. St. Peter. Vgl. Christian Martin
Vortisch: Markgräfler Einträge in den Basler Kirchenbüchern im 16. u. 17. Jh., Das
Markgräflerland Jg. 29/1967, Heft 1, S. 28. Zur Familie R. s. HBLS 5, 770.

25 Der 1546 von Werner Wagner im Streit erschlagene Schmied *Joh. Jakob Spiess* war verheiratet mit Amelia Tagsberg, der Witwe von Oswald Wachter und Mutter des Glasers
Rudolf Wachter; er war also tatsächlich des Letztern Stiefvater. Der Streit drehte sich um
die begehrte Stelle eines Einnehmers der St. Johanns-Ritter in Mülhausen: Spiess hatte
zuerst die Stelle erhalten, sollte sie dann aber an den besser ausgewiesenen und dazu protegierten W. Wagner abtreten. Vgl. Kap. 1, A. 548. – Das schöne Haus in Mülhausen ist
das Haus «zum Wurm», das früher als Hohe Stube gedient hatte. Als Wagner 1556 straf-
weise Mülhausen verlassen musste, verkaufte er es an Bürgermeister Michel Thiser.
Nach Phil. Mieg: W. Wagner et sa famille, BMHM 1957, p. 46ss., spez. 48, A. 92 und 60,
A. 123.

26 Wallenburg <Walchenburg: ältere Form von *Waldenburg* (dial.); zu Vogt Rudolf Fäsch
s. Kap. 11, A. 9.

27 Platter hatte die *Seidenwürmer* in Frankreich kennen gelernt und sie darauf auch in Basel
eingeführt, worauf er nicht wenig stolz war. Die Seide von Würmern galt damals als
Heilmittel; im Jahre 1595 löste er aus dem Verkauf von Seidenfaden die stattliche Summe
von 90 lb, s. Buchhaltung, Anhang.

28 (?) Thiebold Brüstlin, Probst 1566–1570. Freundl. Mitt. von Mlle L. Roux, Colmar.

29 *Hieronymus Jung* in *Angenstein* (Burg im Birstal bei Aesch), ∞ Anna Zipper von Angenstein, Tochter des Dr. iur. Wendelin Zipper, Advokat und Syndicus des Domstifts Basel,
der 1557 mit dem Schlosse A. belehnt worden war. Zipper hatte sich verpflichtet, die arg
zerfallene Burg innert 8 Jahren wieder aufzubauen. HBLS 1, 377. Wie mir Monsieur
Philippe Mieg aus Mülhausen freundl. mitteilt, war Platter mit Zipper befreundet und
lieh ihm zum Aufbau die hohe Summe von 1000 Gulden zu 5%. Lehen Revers Doctor
Wendel Zipper vom 20. Febr. 1568, Arch. de l'ancien Evêché de Bâle in Pruntrut, Lehen
Revers 1556–1575, No. 2, 299, fol. 211.

Cosmas und Damian, die Schutzheiligen der Medizin. Holzschnitt von Urs Graf, 1514.

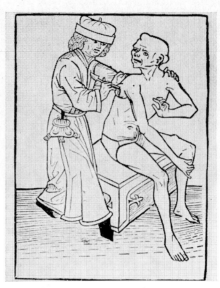

Wundarzt schneidet Pestbeule. Holzschnitt aus Hans Folz, Nürnberg 1482.

Arztbesuch bei einem Pestkranken. Anonymer Holzschnitt, 1512.

man uns ein waldtrappen[30], und weil der Jung sagt, ein tauber hundt[31] habe ihm den kopf abgebißen, darumb wolte niemandts darvon eßen. Die frauw starb damahlen. Den 28 Maij ritt ich ghen Mülhusen; da regieret die pest auch. Den 30 Maij ghen Freningen zu junker Wilhelm von Reinachs tochter.

Den 3 Junij ritt ich ghen Mülhusen und nam mein haußfrauw mit mir, damit sie ein wenig auß dem staub keme. Wier bliben fünf tag bey dem alten stattschreiber, dem Wielandt, und gungen oft zu Esaias[32] in deß von Hohenfürsts hoff, sahen, wie man die todten begrub, dann es starben sehr viel. Der Esayas, so im gemelten hof wohnet, warfe mich auf ein zeit mit einem faulen ey, daß stancke sehr übel. Als wier wider ghen Basell verreyßen wolten und dem alten stadtschreibern Ulrich Wieland gnadeten[33], trifft ihn [177] daß gutt[34] an der stegen, und mußte ich denselbigen tag noch da bleiben. Er wardt lamm auf der einen seiten und verlohre die redt.

Den 9 Junij starb herr Ludwig von Ryschach, dem ich lang gedienet hatt. Den 13 Junij reit ich ghen Mülhusen zum stattschreiber und blib 3 tag bey ihme.

Den 18 Julij wardt mein magdt, daß Dorlin[35], an der pestilentz kranck, als sie eines pestilentzischen harn, den ich verschittet hatt, aufmachet. Ich erschrack sehr dorab, dann ich nur selbs viert wahr, mitt meinem knaben[36] auß Wallis; ich wardt im mittlesten haus allein. Ich gab ihren gleich ein, sie schwitzet oben im kemmerlin, und dieweil ich ihren nicht konte abwarten, fuhrte ich sie zu Sant Alban in deß strelmachers hauß, besuchte sie alle tag, und so baldt sie ein wenig gesundt worden, kame

---

30 *Waldrapp* (Corvus silvaticus): Conrad Gesner gibt in seinem Vogelbuch, dt. Ausgabe Zürich 1582, S. 199 eine sehr lebendige Darstellung des Vogels und verwendet daneben die Namen Steinrapp und Klausrapp («von den velsen und engen klausen, darin er sein näst machet»), abgedruckt bei Naumann: Naturgeschichte der Vögel Mitteleuropas, Bd. 7, 201f. Vgl. dazu Schw. Id. 6, 1173 und J. Strohl: Conrad Gesners «Waldrapp», Vierteljahrsschrift Naturf. Ges. Zch. 62/1917, S. 501–538. Der heutige Name ist «Geronticus eremita». Das Tier wurde wegen seines feinen Fleisches «für einen schläck gehalten» und daher oft von sich abseilenden Kletterern aus dem Nest genommen; es ist heute bei uns ausgestorben. Nach Dr. h. c. Martin Schwarz.

31 Die *Hundswut* (Tollwut, Lyssa), hervorgerufen durch infizierte Hunde und Wölfe, war damals nicht allzu selten. Der Basler Arzt *Joh. Bauhin* (1541–1613) in Montbéliard veröffentlichte 1591 eine Schrift über eine Art Epidemie dieser Krankheit: Histoire notable de la rage des loups, advenue l'an 1590 ... Nach H. Buess: Felix Platters «Observationes», I, S. 168, A. 13 u. S. 79f.

32 *Esaias:* unbekannt. Zu Hohenfirst s. Kap. 8, A. 439.

33 gnadeten = Abschied nahmen.

34 das gutt <gutta = Schlagfluss.

35 *Dorlin:* «mein magd Dorlin (den 18 Julij)». Hunziker 51.

36 Der «bub», wahrscheinlich Pierre Bonet, wurde ebenfalls krank am 5. Sept. 1564. Hunziker 51.

sie, noch hinckendt, widerumb zu mir in mein hauß. Über ein kurtzes kam sie widerumb ein frost und hitz an, und wurdt der schenckel gar rot, also daß ich forcht, die pest hatte sie widerumb angestoßen, doch wahr es nur die schöne[37]. Ich wolte sie widerumb zum strelmacher thun, aber sie wolte es nicht gestatten, sagte, sie hette mich sonsten schon viel gekostet, und begert in spital[38]. Ich schicket 16 schilling hinab, daß man sie auf die nacht solte abholen, aber sie wardt nach dem schweiß wider so munter, daß sie bey mir blib.

Den 25 Julij starb herr Ulrich Iselin[39]; der ließe ihm vor seinem endt [178] noch ein crucifix vorhalten. Er hatt viel almusen gethan bey seinem leben und überschicket in wehrender kranckheit einer ehrwürdigen regentz[40] ein kestlin voll gültbrieff, verpitschieret, sie bittendt und bey ihren conscientzen ermahnendt, daß sie denen ihre brieff wolten wider zusenden, welchen sie zustehendt, schicket ihnen auch zum selbigen endt sein pitschier und ein gewalt[41], daß waß sie in seinem ⟨namen⟩ handlen, kraft solle haben. Nach seinem todt haben seine erben die gültbrieff wider gefordert, und als es für die hohe obrigkeit kame, erkenneten sie es den erben wider zu und überliferte die regentz den erben die brieff wider.

Den 26 Julij stieß mein vatter die pest auch an[42]; er hatt ein kleins bleterlin im gleich[43] im rechten knie, daß sahe ich, wie ich ihm die hosen abzoge. Ich hatte ihme schon denselbigen morgen pilulas Rufi[44] eingeben,

---

37 schöne = Erysipelas (Rotlauf, Wundrose), s. M. Höfler: Deutsches Krankheitsnamenbuch.

38 Das *Spital* an der Freien Strasse. Nach der Peststatistik Platters von 1609/11 zeigt es sich, dass im Spital relativ weit mehr Pestkranke geheilt wurden als in den Privathäusern, was vielleicht mit der bessern Pflege und Hygiene zusammenhängt. Karcher 71ff.

39 *Joh. Ulrich Iselin:* *1520, †1564 25. Juli peste, Sohn des Würzkrämers Joh. Lukas I., d. R., und der Elisabeth Baer, stud. Basel 1533, Paris 1536, Dr. iur. Pavia 1547, in Basel 1547 Prof. f. röm. Recht, 3mal Rektor, 1548 ∞ Faustina Amerbach, Tochter des Bonifacius A. Nach Wpb. Ba. u. Matr. Ba. II 3. Der Vater war 1529 wegen seines katholischen Glaubens zum Austritt aus dem Rat gezwungen worden und galt auch nach seiner Rehabilitierung 1542 noch als des Papismus verdächtig, ebenso wie die verwandten Familien Baer und Amerbach. Vor der Wahl zum Professor wurde er, wie es scheint, noch schnell reformiert, s. Thommen, Gs. d. Univ. Basel 1532–1632, S. 161ff., spez. 164. Dazu passt die von Platter überlieferte Sterbeszene mit dem Kruzifix.

40 Regenz der Universität. – verpitschiert = versiegelt.

41 Petschaft (Siegel) und gewalt = Vollmacht.

42 «In meins vatter haus zum Gejegt (= Gejägd) und in meim haus Rotenfluw warden krank ... Baldt mein Vatter *Thomas Platterus* (den 26 Julij) ...» Pestbericht, Hunziker 51 und ähnlich in den Observationes (1614, lat.), II, S. 307.

43 gleich = Gelenk.

44 *pilulae Rufi: Rufus aus Ephesus* war einer der bedeutendsten alexandrinischen Ärzte der nachchristlichen Zeit, wahrscheinlich zur Zeit Trajans lebend, Verfasser zahlreicher medizinischer Schriften, von denen die meisten heute verloren sind. Hirsch, 2. Aufl., Bd. 4, 919f. – Pilulae Aloës cum Myrrha oder *Pilulae Rufi*, recipe: Aloës 10,0, Myrrhae 5,0, Croci 2,5. M. f. pulvis, ex quo, si poscitur, cum vino pilulae ponderis 0,15 efficiantur. »

ehe ich gewißt hatt, daß ihme waß widerfahren seye. Nachts, wie ich daß
bleterlin gesehen, habe ich ihm gleich von meinem antidoto Matthioli[45]
eingeben, und wahre damahlen die pestilentz am größisten[46], daß man
ettwan 21 biß in die 22 in ein loch leget, wie ich solches gesehen, darunder
auch vier kindtbetteren wahren. Auß meines vatters kleinem bletterlin
ist ein großer anthrax[47] der pestilentz blateren worden; er hatt sich zwar
nichts wegen deß schmertzens beklaget, und sindt dennocht seine kostgenger von ihme gezogen, welches ihn sehr bekümmeret hatt. Ich und
mein frauw bliben [179] schier stehts bey ihme, und hatte er auch ein

Diese Pillen galten als Pestmittel. H. Hager: Handb. d. Pharm. Praxis I, Berlin 1876,
S. 229. Auch in einer Augsburger Pharmakopöe von 1564 werden die «Pilulae Pestilen-
tiales Ruffi» genannt, mit ähnlichem Rezept wie oben, s. Publications of the State Hist.
Soc. of Wisconsin: A Facsimile of the first edition of the Pharmacopoea Augustana,
Madison 1927, S. 38. Mit freundl. Hilfe von Frl. Dr. M. L. Portmann.

45 antidotum Matthioli: *Pietro Andrea Mattioli*, als Sohn eines Arztes 1500 in Siena geboren,
studierte Medizin in Padua, promovierte dort 1523 und praktizierte in Siena, Perugia,
Rom, Trient, Görz, wurde 1554 Leibarzt Kaiser Ferdinands und seines Nachfolgers, verliess den Dienst 1562 und starb 1577 an der Pest. Hirsch, 2. Aufl., Bd. 4, 119. Offenbar
erfand der als Botaniker berühmte Arzt ein «antidotum» (Gegengift, Mittel) gegen die
Pest, das Platter besonders als Infusion mit Aquavit und Zitronensirup verwendete.
Observationes II 305; über Heilungen Berichte in seiner «Praxis medica».

46 In seinem Pestbericht, «*Siben regierende Pestilentzen ...*», den Platter nach dem Abklingen
der letzten grossen Epidemie 1611 verfasste (Univ.-Bibl. Ba., Mscr. A λ III 5ª) schreibt
er über den *dritten Sterbendt von 1563/64*, der neben dem von 1610/11 der schlimmste war,
dass «es erst Aº 1563 im winter angefangen, und den Rhin aufkommen (Und obsich ins
Schwitzerland vorrukt ...) und Aº 1564 zu endt des jars nachgelossen.» Der Höhepunkt war
im Sommer 1564, «Die zal der abgestorbenen war groß, doch ungewiß, wil man nit, wie
hernoch über ettlich jor, die abgestorbenen aufschreib. Man schetzt gemeinlich von vil
dusent ...» Th. Zwinger schätzt 5000, Wurstisen: 7000 und 3000 auf der Landschaft,
Diebold Ryff: 8000, Peter Ryff: 10 000 in Stadt und Land, Andreas Ryff gar
12 000. Platter vergleicht den 3. Sterbendt von 1563/64 an Ausmass mit dem 7.
Sterbendt von 1609/11, wo er eine genaue Statistik anlegte. Der Vergleich beruht
teilweise auf der ähnlichen Zahl der Toten in Spital und Almosenhaus, nämlich 1564:
200 und 1610: 269, woraus dann auf die Gesamtzahl der Opfer geschlossen wird. Wichtiger als dieser fragwürdige Vergleich scheint mir Platters Gesamteindruck sowie seine
Besprechung mit Dr. Sulzer, dem obersten Pfarrherrn, der auf Grund der Begräbnisse
einen Überblick hatte; durch «sunderbare abrechnung» kamen sie gemeinsam auf die
Schätzung von *ca. 4000*, «welches in Basel nit eine kleine zal ist». Wenn wir mit Albrecht
Burckhardt die Stadtbevölkerung von 1561 auf 16 600 schätzen, so dürfte also damals
jeder vierte Basler an der Pest gestorben sein. Albrecht Burckhardt: Demographie und
Epidemiologie d. St. Basel ... 1601–1900, Basel 1908. Für das MA vgl. Heinrich Buess:
Die Pest in Basel im 14. u. 15. Jh., BJ 1956, S. 45ff. Einen Auszug aus Platters Pest-
statistik gibt Rose Hunziker: Felix Platter als Arzt u. Stadtarzt in Basel, Diss. Basel 1939,
S. 46–79. Den interessantesten Bericht über das Erlebnis der Pest von 1564 am eigenen
Leibe gibt der gescheite Basler Kaufmann Andreas Ryff, s. Basler Beitr. z. vat. Gs.,
Bd. 9/1870, S. 55–59.

47 anthrax (griech. = Glutkohle) = fressendes Geschwür, lat. carbunculum. Georges, Lat.-
dtsch. Wörterbuch 1, 467.

knaben mitt nammen Jeronimum[48], sampt einer warterin, die stehts auf
ihn warteten, welche warterin wier woll befridigten. Er klagt immerdar,
er hette Gott nicht gnug gedancket, sonst klagt er nüt. Mein schwecher
heilet ihm die pestilentz blateren[49], und verzoge es sich 14 wochen, ehe
er widerumb ist außgangen.

Den 15 Augstmonat stieße die pestilentz mein muter[50] auch an. Sie
bekame 6 beülen, welche mehrtheils außgangen mit großem schmertzen;
sie wardt sehr gedultig und zuletst auch wider gesundt, forchte den todt
gar nicht.

Den 5 Septembris stieße mein buben[51] die pest auch an. Ich thatt ihn
in deß weinlegers hauß, da man 3 stapfen aufgehet, bey meines vatters
hauß, und zahlte ein kronen für ihn; er wardt baldt gesundt. Ich gedencke
noch woll, daß der herr Heinrich Petri und frauw Cätherin Reschin mein
vatter besucht haben, und wie er hinweg wolt, sagt er: «Es kompt ÿeder-
mann in disem hauß auf; es solte woll noch ettwan über einen außgehen,
den man am liebsten behielte.» Als ich solches hort, gedachte ich woll,
daß er auf mich redet[52].

Den 19 Septembris ritt ich ghen Liechstall zu einem, der an der pestilentz lag. [180] Den 25., 26. und 27. Septembris ritte ich ghen Stein[53], da
die muter und tochter an der pest lagen. Die muter wahre zevor melancholisch, und wahre ich auch zevor schon zu der tochter geritten. Ÿetz aber
lagen sie beidt an der pest kranck, und starb die tochter gleich; wie ich
zum dorf hinauß ritte, leütet man der tochter zur begrebnuß.

48　«Hieronimus ein schüler, so meim vatter hat gewartet, starb in der schul.» Hunziker 51.
49　Diese Stelle zeigt aufs neue, dass auch in der Pestzeit der Rat des gelehrten Arztes nicht
　　genügte, sondern dass der Scherer oder Wundarzt das Aufschneiden der Blasen und Beu-
　　len besorgte. Felix wird doch sicher seine eigenen Eltern ärztlich selbst betreut haben,
　　aber für manuelle Eingriffe holte er eben doch seinen Schwiegervater Jeckelmann; auch
　　wenn dieser damals gerade nicht gut mit ihm stand, so versöhnte sie wieder «der große
　　jamer», vgl. Kap. 10, A. 133.
50　«... und hernoch *Anna Dietschin* meine mutter (den 15. Aug.) und *ir magt* (den 11. Okt.),
　　kamen alle fünf durch Gottes gnadt uf, do der sterbendt am grössten war.» Hunziker 51
　　und ähnlich (lat.) in den Observationes (1614) II 307.
51　«... Dernoch *mein bub*» (= Diener), vielleicht der auf der Walliser Reise sie begleitende
　　Pierre Bonet.
52　*Henric Petri:* der angesehene Drucker und Ratsherr, s. Kap. 1, A. 80. – *Catherin Reschin*
　　ist die Witwe von *Konrad Resch (Rösch)* aus Kirchheim am Neckar, der seit 1515 als Buch-
　　händler in Paris tätig war; er wurde 1522 safranzünftig, wohnte 1540 am Fischmarkt 6
　　und heiratete nacheinander die Schwestern Anna Klein (erwähnt 1552) und *Katharina*,
　　welche bei Petrus Ramus schmeichelhaft erwähnt wird. Ausg. Fleig: Ramus, S. 53;
　　HGB; ausführlich B. R. Jenny: Amerbach-Korr. 6, 312, A. 2. – Solche *Krankenbesuche*
　　in Pestzeiten waren natürlich sehr gefährlich, doch freuten sie, wie Platters Beispiel zeigt,
　　den Kranken sehr, und auch Felix liess hier offenbar sein ärztliches Gewissen schweigen.
　　Die Szene zeigt auch den gesunden Optimismus des Vaters sowie seine tiefe Liebe zum
　　einzigen Sohn.
53　Stein = *Steinen* im Wiesental, zur Witwe des N. Kraft von Dellmensingen, s. Kap. 11, A. 5.

Den 11 Octobris wardt meines vatters hinkende magdt auch an der pest kranck; ich gabe ihren[54] viel kreftige sachen ein, und sie kame auch auf. Den 16 Octobris stieße meines vatters knecht, ein sennen, auch die pest an. Er lag in der kammer, da die magdt krank lag. Wie ich ihn fraget, waß ihm wehre, sagt er heßlich, es seye ihm neben dem zagel[55] wehe. Als wier den 17 Octobris am morgen auß der dinstag predig kamen, wolte ich ihm eingeben; da bracht man ihn schon todt daß schnecklin[56] ab.

Den 11 Novembris starb der Jeronimus, welcher meinem vatter gewartet hatt. Neben disen hab ich auch gedienet dem Stehelin zu Thann, junker Ludwig von Reinach, welcher maniacq[57], gantz daub gestorben, wolte mir die kanten an kopf werfen, dem Lorentz Zeck von Stocken, Balthasar Marschalck, vogt zu Lanseren und anderen mehr[58].

Waß sich sonsten in wehrendem sterbendt zugetragen, und waß für schreiben ich in selbigem jahr empfangen, wie viel ritt ich gethan, und wer sonderlich im sterbendt gestorben, soll hernach verzeichnet werden[59].

---

54 ihren = ihr (Dativ des Personalpronomens, schwz.).

55 zagel = penis (entstellt noch erhalten in «Rübe-zahl»). Der Knecht hatte Schmerzen in der Leistengegend (Anschwellen der Lymphgefässe).

56 schnecklin = Treppenturm. – «... ein *Senknecht*, der wardt gleich krank (17. Oct.) und starb.» Hunziker 51, ebd. der im folgenden Satz sowie oben genannte *Hieronymus*.

57 maniacq = tobsüchtig, «taub» (schwz.). – kante = Kanne. Vgl. Kap. 8, A. 114.

58 *Lorenz Zeck, Balthasar Marschalk* und der *Stehelin* zu Thann sind nicht mehr zu eruieren. – «*Stocken*»: Die 14 schweizerischen Orte dieses Namens sind alle zu weit weg, Geogr. Lex. d. Schw. 5, 703f. Da die andern 3 hier genannten Orte im Oberelsass sind, handelt es sich vielleicht um den Weiler Stoecken/Stockhen SW von Masmünster, Haut-Rhin, s. Ristelhuber 265, Clauss 2e éd., 534, Reichsland 3¹, S. 1057, Carte Michelin 87, pli 19.

59 In dem fast unleserlichen Konzept S. 14 steht hier die Bemerkung: «Anno 64: 38 reißen», S. 14 verso: «Anno 65: 36 reißen». Im Original (Reinschrift) folgen dann drei leere Seiten, S. 181-183. Wie die Bemerkung oben verrät, wollte hier Thomas den Abschnitt «*Der dritte sterbendt ...*» von 1563/64 sowie «Ex vita fratris» abschreiben, doch unterliess er es. Die wichtigsten Fakten daraus habe ich nach Hunziker 48ff. in den Anm. zitiert; eine vollständige Abschrift sollte zusammen mit der übrigen Peststatistik Platters publiziert werden. – Nur eine wichtige Stelle, die *Felix* persönlich betrifft, darf hier nicht übergangen werden: «In disser gfor, so in meim haus und meines vatters haus ich, wie auch mit heimsůchung der kranchen on zal ich ausgestanden, hatt mich doch Gott sampt meiner hausfrauwen gesundt erhalten, allein entsprang mir ein pestelentz bleterlin auf der handt bim dumen, do ich by h. Rudolf Schenken endt war, und in, do er den todt schweis schwitzet, by der hand hůlt und den puls greif.» Auch sein *Schwiegervater*, der als Scherer noch direkter der Ansteckungsgefahr ausgesetzt war, hatte ausgesprochen Glück: «Wie auch meim schwecher widerfaren einest uf dem fůß, das im dry bloteren entsprangen, aber nit weiter doruf kranck wardt. In meins schwechers Frantz Jeckelmans haus starb seim (nicht «sein»!) sun Daniel 2 kinder Madlenlin und Esterlin. Item ein scherer knab. Sein (d. h. Daniels) frauw Dorothe kam auf.» Hunziker 51f. (mit einigen Korrekturen). Ähnlich in den Observationes III 590: Pestpusteln ohne Fieber oder andern Schaden, infolge Berührung aufbrechend (lat.).

Anno 1565

[184] Der sterbendt liß gleich in disem jahr nach, und wardt der herr Stellin, so in meinem hauß gewohnt[60], an den schencklen kranck; ich mußte ihn artznen.

Den 9 Jenner starb mein schwager Frantz Jäckelmann[61], den man in seiner muter seligen grab gelegt hatt, dahin auch sein vatter und schwester Madlen viel jahr hernach sindt gelegt worden. Er starb am morgen früe umb 5 uhren zum Eglin an der Spahlen[62]. Er wahr lang trefenlich melancholisch, dieweil er ein steinschneider[63], sagt, er wolt kein mörder sein. Mein frauw und ich wußten nicht, was für ein kranckheit er hette. Wir waren bey einer hochzeit gewesen; am morgen holt man uns, da war er schon verscheiden[64].

21. Jan. Brunntrutt zu Jacob Rebstock, cantzlers haußfrauw Madlen, Wagners tochter. Ihr mutter, die eine witwen war[65], ritte mit; war so kalt, daß der Rhein überfroren. Ich wardt underwegen innen, daß sie schon todt war, sagt's doch der muter nitt. Man wolte uns zu Bruntrutt ob peyn[66] nitt einlaßen. Mußten zum schloß reiten, da man uns aufthätt;

60 Hptm. *Wolfgang Stelli* (Stölli), s. Kap. 1, A. 115ff.

61 *Franz Jeckelmann d. Jüngere*, ebenfalls Scherer wie sein Vater, s. Kap. 3, A. 585. – Das Familiengrab befand sich zu St. Martin. Privat-Archiv Lotz, Fasc. 254. – Der Hinweis auf Madlen, die 1613 starb, beweist, dass die Niederschrift erst nachher, vielleicht erst nach dem Tod des Felix erfolgte.

62 Der «*Eglin* an der Spahlen» beruht wohl auf einem Irrtum: im 16. Jh. befindet sich weder in der Spalenvorstadt noch deren Umgebung ein Egli(n), Ecklin oder Öuglin. (Ein Pfr. Hans Jakob Engel wohnte seit 1565 10. Okt. an der Spalenvorstadt Teil von 3 nb. 5, doch ist dies um Monate zu spät, und zudem sind die Namen zu verschieden.) Was machte Jeckelmann um 5 Uhr morgens wohl beim Eglin? War er auf Krankenvisite und starb dann plötzlich selbst? – Im «Blatzgeßlin» am Petersplatz starb 1610 ein Hans Egling, «so mein knecht vor jaren gwesen», Hunziker 62, doch ist dies auch nicht an der Spalen. *Hier endigt auf S. 184 des Mscr. die Reinschrift von Thomas II.* Es folgen die nie ins Reine geschriebenen vier Seiten 14 verso bis 16 recto des fast unleserlichen *Konzepts*. Die Sätze sind meist sehr knapp formuliert, zuweilen mit lateinischen Worten durchsetzt, wie sie Felix in der Eile wohl auf Zetteln notiert (oder diktiert?) hatte. Ich folge wo immer möglich dem Konzept des Thomas, wobei ich vergleichsweise die von Claudius Passavant bestellte Abschrift zu Rate ziehe (Mscr. J I 1 der Univ.-Bibl. Ba.). Statt der lateinischen Wortgruppen gebe ich im Text die deutsche Version von Passavant.

63 «*steinschneider*» (der die Blasensteine schneidet) ist wie «bruchschneider» eine Spezialität des Wundarztes oder Chirurgen. Ihre Methoden waren bestialisch, und man begreift leicht, dass einer dabei melancholisch werden konnte: «er wolt kein mörder sein.»

64 Hs. (Konzept Thomas): «Ignorabamus ego et uxor morbum, ... in nuptiis; am morgen holt man uns, wz schon verscheiden.»

65 *Margaretha Rappenberger* hatte ihren 1. Gemahl, den Burgvogt von Binzen, Werner Wagner (s. Reg.) im Vorjahre verloren, heiratete aber noch 1565 den Hans Philipp Offenburg, Obervogt auf Farnsburg. Wpb. Ba. Über Rebstock s. Kap. 8, A. 409.

66 Hs. undeutlich: «ob peyn» = bei Strafe. Man fürchtete sich wohl vor ihnen wegen der Pest.

fanden sie ins cantzlers hauß todt, und die priester bey ihnen[67]. Es hatte jedermann ein abscheühen ob uns und kam niemand zu uns. Man legt mich in ein kalte kammer, hatt nur ein decke, war schier erfroren. Den folgenden morgen frühe ferket[68] man mich wider heim. Umb der hirten zahlt man mich wegen Rudolff Feschen, vogts von Wallenburg. 1. Februarii Bruckh, mit junker Hartmann von Halweil[69]. Wir lagen in einem bett zu Bruck in seinem hoff. Morn ghen Schoffißen[70] zu frauw Beatrix, seinem eheweib, welche kranck war. Den 4. ghen G[r]auenstein[71] zu Ludwig von Mylenen. Den 5. Wildenstein, Castele, Schenkenberg[71]. An dem tag 5 Febr. geschah daß mordt an meister Hager dem buchbinder samt seiner tochter Sara; der thäter zündete das haus an[72]. (Vide Wurstisii chronicam). Im

67　Hs.: «cum sacertodibus», richtig: sacerdotibus. «Omnes nos abhorreba⟨n⟩t, nemo ad nos venit.»
68　ferket = fergte, fertigte ab, schickte.
69　*Jkr. Hartmann III. von Hallwil:* (1513), †1573, Sohn des Dietrich v. H. und der Siguna von Rotenstein, ∞ 1. Maria von Mülinen, 2. Beatrix II. ⟨von Bärenfels⟩, in *Brugg AG.* Nach Merz, Sisgau III, St.Taf. 7 u. I, St.Taf. 7 und (genauer) Hübner III (1728) Tab. 975f.
70　Schöffißen = *Schafisheim* AG, ca. 10 km E von Aarau.
71　*Auenstein* (auch Gauenstein) sowie die am folgenden Tag besuchten Schlösser *Wildenstein, Kastelen* und *Schenkenberg* stehen alle links der Aare, zwischen Aarau und Brugg, ca. 8–10 km NE von Aarau, ebenso *Ruchenstein.* Sie gehörten seit dem 15. Jh. sämtliche der *Familie von Mülinen* und gelangten im 17. Jh. an Hans Ludwig von Erlach, ausser Schenkenberg, das schon 1460 bernische Landvogtei wurde. HBLS 1, 473; 7, 536; 4, 460; 6, 160 sowie W. Merz: Burganlagen AG, 2 Bde. 1905/06. Über *Ludwig von Mylenen* s. Kap. 8, A. 368.
72　Der Täter war *Paul Schumacher,* der Weber aus Berschwil (= *Beretsweiler,* zwischen Basel und Altkirch, ca. 17 km W von Basel), der Patensohn des wohlhabenden 70jährigen Buchbindermeisters *Andreas Hager* in der St.Alban-Vorstadt, der ihn von klein auf erzogen und hatte ausbilden lassen. Paul hatte jedoch Schulden gemacht, besonders für ein auf Kredit gekauftes Handrohr. Am Samstag, dem 3. Febr. 1565, kam er zu seinem Paten nach Basel zu Besuch, ass und schlief bei ihm und zechte am Sonntag im Wirtshaus «zum Kreuz» an der Rheingasse, wo er auch die Nacht zubrachte. Am Montagmorgen, dem 5. Febr., kam er zum Paten zurück und ermordete den wehrlosen Greis im Bett mit einem Scherhammer und nachfolgenden Messerstichen. Die junge Verwandte *Sara Falkeisen,* die den Haushalt besorgte, wollte um Hilfe rufen, da brachte sie der Mörder auf die gleiche grausame Art um, öffnete dann mit ihren Schlüsseln alle Gemächer und Tröge, stahl alle Wertsachen, zündete das Haus an und floh mit dem Diebsgut in den Sundgau. Scheinbar ein perfektes Verbrechen. Aber das Haus brannte nicht recht, so dass die Nachbarn löschen konnten und die scheinbar Erstickten vorfanden. Erst nach einer Weile schöpfte man Verdacht, schickte Kundschafter aus und erfuhr, dass Schumacher einem Priester im Sundgau acht Silberbecher verkauft habe. Der Mörder wurde zu *Hagenthal* (an der Schweizergrenze nahe Schönenbuch) gefangen, nach Basel geführt und, nachdem er gestanden hatte, am 21. Febr. aufs Rad geflochten, stranguliert, mit Harzringen gebrannt und hingerichtet. So steht die Geschichte bei Chr. Wurstisen: Basler Chronik, Ausg. 1772 II, 687, in seinem Diarium, BZ 1/1902, S. 97 und bei Frid. Ryff, B. Ch. 1, 171f. Das eine Opfer der grausamen Mordtat ist der aus Passau gebürtige *Andreas Hager,* der 1527 Bürger von Basel und safranzünftig wurde und mit seiner Gemahlin Apollonia

heimbreißen, den 7. Febr., ward ich solches innen. Ich brachte meinen Jocklin, der hincket, mit mir. Man förchtet und schäuhete damalen die Basler, daß man viel gemach verriglet und vergatteret[73]. Mein bub ist in der nacht vor forcht aufgestanden. Den 9. Febr. ritt ich ghen Sept[74] zu herrn Carle, dem pfarherren; hab 3 tag zubracht. Den 14. dito bracht man obbesagten mörder; der wardt hernach den 21. mit radt und brand gerichtet.

Im Martio bauet ich mein hübschen saal im oberen hauß. Den 13. und 14. ritt ich ghen Velbach[75] zum probst. Den 19., 20. und 21. widerumb gehn Velbach. Den 1. April ward ich beruffen gehn Neuenburg[76] zum Balthasar Siegelmann, dem burgermeister, welcher an der colica kranckh lag. Alß ich da ankommen, versprach er mir 100 kronen, wan ich ihme den schmertzen linderte. Ich machte ein clystier und brauchte es ihme. Darvon hat es sich gestillet und nachgelaßen. Morndrist gab ich ihme ein purgatz[77], dadurch er dann wieder gesund worden. Er vergaß aber seines versprechens, gab mir 6 kronen.

Fasslin zuerst an der Freien Strasse wohnte, seit 1542/43 an der St.Alban-Vorstadt 28, HGB; Wpb. Ba. (Keigel); Ochs 5, 752; Wackernagel III 446, 93*. Das andere Opfer, *Sara Falkeisen*, war die Tochter des Hufschmieds Rudolf F. und der Ottilia Rossnagel, *1544; sie hatte sich soeben mit dem jungen Pfarrer Joh. II. Hospinian verlobt. Wpb. Ba.; Gauss, Bas. ref. 88. – Die 10 Seiten umfassenden *Akten* des Staatsarchivs, Criminalia S 21/8 ergeben im wesentlichen dasselbe Bild wie die Chronisten, nur dass der Täter zuerst in einem ausführlichen Geständnis einen Lienhart von Blotzen (Blotzheim b. Basel) als Mitschuldigen oder gar Haupttäter hinstellte, bis er endlich am 15. Febr. diese Behauptung aufgab und seine Alleinschuld gestand. Ausführlich spiegelt sich das Ereignis in den *Wochenausgaben* vom 31. März 1565: «Item xxvij lb v ß habenn Jerg Byrman ... (und 7 andere) verzert, als sy uff Pauli Schumacher von Barschwyl den Morder zu spechten unnd zu byfangenn hin unnd wider Jn das Land geschickt sind worden. Item iiij lb xiiij ß haben Jerg Byrman und Lux Grünagel sambt den Puren von Hagenthall, derselben Sachen halb, allhie zum Storchen verzert. Item xij lb iiij ß hat gemellter Pauli Schumacher sambt Jnen Vierenn, die sinen gefuret, Jnn 9 tag und nachten ... Inn der gfangenschaft ... verzert. Item v lb viij ß ... den Armen Menschen zu verhuten. Item 5 ß dem Nachrichter für Strickh unnd hendtschůch. Item 1 lb Ime vom Roß unnd dem Schlitenn. Item 10 ß vom Rad uffzurichten ... Item viij lb dem Puren von Hagenthal verert, in dessen hus gemellter P. Sch. gfangen ist worden» usw. Finanz G 19, S. 376ff.

73 wohl aus Angst vor der Pest. – Von hier an kopiere ich ein Stück weit die Abschrift Passavant, da das Konzept des Thomas völlig unleserlich wird.

74 *Sept*/frz. Seppois: ca. 32 km W von Basel, an der Strasse nach Delle. Pfarrherr Carle unbekannt.

75 Velbach = *Feldbach:* ca. 25 km W von Basel, an der Strasse nach Delle. Zum Probst s. Kap. 8, A. 431.

76 *Neuenburg a. Rh.:* Städtchen zwischen Basel und Freiburg. – Jkr. *Balthasar Siegelmann:* aus adliger Delsberger Familie, deren einer Zweig sich in N. niederliess. HBLS 6, 363. Balthasar war 1565–1569 des Rats, 1569 Bürgermeister von Neuenburg, s. Ed. Böhler, Das Markgräflerland, Jg. 19/1957, Heft 1, S. 26, 28.

77 purgatz <purgatio = Klistier, Einlauf; ein damals sehr beliebtes Mittel, über das sich Molière ausgiebig lustig machte.

Den 10. April ritt ich gehn Birseckh zum vogt Martin Jacob. Den 13., 14. und 15. zu junker Haman von Brünighofen seiner schwester. Den 21. starb junker Wolfgang Stelly, der das hauß inhatte[78]. Den 26. dito reit ich gehn Brundrutt zum burgermeister Bajol; der hatte deß de la Dechamps tochter, wie auch der Michael Kemmi eine gehabt hat. Den 28. gehn Müllhausen, den 30. wieder heimb, hat also viel mühe.

Den 21 May ritt ich gehn Entzen[79] zu junker Marx Reichen, der daselbst verstrickt[80] war, 2 tag. Den 24., 25. und 26. reith ich gehn Neuenburg zun juncker Max, der ihme ließ ein zehen abschneiden. Er hult ⟨sich⟩ ritterlich, wie er dan sonst verrucht ware.

Den 2. Junii reit ich gehn Oberen Baden, zu der frauen von Biengen, gebohrene von Ryschach[81]; hat einen von Pfirdt gehabt. Sie badete droben. Den 4. Junij reit ich gehn Zürich, und Christoph Surgant von Bruntrutt mit mir. Der Zwinglius, des alten Hulderici sohn[82], leistete uns gesellschaft, welcher alß es der Surgant vername, wolte er unsinnig werden. Folgenden tags machte ich mich wieder gehn Baden und heimb. Den 6. Junij reith ich gehn Befort zum de la Dechamps, der apoplecticus[83] war. Am 8. gehn Engelsodt; da starb deß Megerets frauw. Der Hummell reith mit mir, dem wurden 2 kronen nachts auß der taschen gestolen; er vermeint, ich hätte mit ihme geschimpft[84]. Von dannen gehn Murbach zum coadjutor Reitnauw, der abt worden[85].

78 das hauß: Platters später (1574) erworbenes *Haus «zum Samson»*, Petersgraben 18/22. – Zu den Personen s. Reg.; Michael Kemmi = Camus von Hertzberg, Kap. 8, A. 400.

79 Entzen = *Ensisheim*, 14 km N von Mülhausen, Zentrum der österr. Verwaltung mit schönem Rathaus. – Der «juncker Marx» ist Marx Reich v. Reichenstein, s. Kap. 9, A. 37f.

80 verstrickt = verpflichtet. Schw. Id. 11, 2197.

81 ⟨*Anastiasia*⟩ *von Rischach*: Stifterin des Spitals und der Kaplanei in *Biengen* (7 km NE von Sigmaringen), ∞ nach 1542 mit dem kaiserlichen Rat *Jopp von Pfirt* (†1577, begraben in Biengen, Epitaph im Freiburger Münster); sie selbst starb 1592 und wurde ebenfalls zu Biengen begraben. Kindler III, 481. Sie machte damals offenbar eine Badekur im aargauischen (Ober-)*Baden*.

82 *Huldrich Zwingli:* *1528, †1571, der Sohn des Zürcher Reformators. Er studierte 1546 in Basel und hatte Streit mit deutschen Studenten, die Schmählieder auf Zwingli und die Schweizer sangen, wobei der akademische Senat ihm drohend Schweigen gebot, aus Angst, die deutschen Studenten zu verlieren! In Zürich wurde er 1549 Leutpriester am Grossmünster, 1556 Prof. d. hebräisch. Sprache, 1557 Pfr. zu Predigern. Nach H. G. Wackernagel, Matr. Ba. II 44. – Surgant war ein scharfer Gegner der Reformation.

83 apoplecticus = vom Schlag gerührt, gelähmt.

84 geschimpft = Spass gemacht.

85 *Michael (Joh. Ulrich) Reitenau:* Sohn des Hans Werner R., Vogts zu Neuenburg (†1548/49) und der Margaretha von Syrgenstein, zu Kempten erzogen, stud. Freiburg i. Br. 1555, Coadjutor zu Murbach 1560, Fürstabt von Murbach und Luders 1570, †1587. Kindler III 486 und Andreas Burckhardt: Herold, Diss. Basel 1967, S. 122, A. 122. – Das Mscr. hat noch «war von Basel auß also auf 3 ...» und wird dann völlig unleserlich. Auch die Abschrift Passavant setzt hier aus.

Den 10. Junÿ reit ich am pfingsttag ghen Entzen, hernach gehn Murbach zu junker Hanß Heinrichs ⟨von Reinach⟩ haußfrauw[86]. Ich aß alda
zu mittag und reit noch auf Basell. Als ich durch Habsen reith, fand ich
den alten Rudolf Fäschen, des burgermeisters vatter, der lugt zu seinen
reben. Im wald bei Basell kam der Calderin[87], der deß Rudolf Fäschen
schwester hat, auß dem Niederland. Der war schon schier verdorben.

Den 19 Junij Sultzberg[88] zu einem metzger, der mich wollte, vide im
brief. Item zu einem vom adel, deß margraf Ernsten schwager[89], dann
margraf Ernst sein schwester hatt; war stähts bey mir, wohnet daselbst;
der margrävin sein schwester hatt ihr widem sitz da. Den 22./23. ⟨reith
ich⟩ ghen Butenheim[90] zu Cunradt Sen, schafner doselbsten.

86 *Jkr. Hans Heinrich von Reinach:* 1536, †1600, Herr zu Rotbach (*Roppach*/frz. Roppe, 7 km
     NE von Belfort) und *Steinbrunn* (10 km S von Mülhausen), ∞ 1. 1547 *Elisabeth Reich v.
     Reichenstein,* Tochter des Hans Thüring II. und der Marg. Stör (Brombacher Stollen),
     2. Helena von Rust. Merz, Sisgau III, St. Tf. 11 u. Wpb. Ba. Laut P. Stintzi, Jb. Sundgau
     III/1935, S. 146 war er österr. Rat und Statthalter im Obern Elsass. Ensisheim war also
     sein Amtssitz, Roppach sein Stammschloss. Weshalb seine Gemahlin in *Murbach* (5 km
     NW von Gebweiler) war, ist mir nicht klar. Vgl. Kap. 11, vor A. 104. «Die furten wir
     hernach ⟨von Roppach⟩ in einer senften ghen Entzen.»
87 *Calderin:* Gian Angelo Calderini, erwähnt 1534–1567, Gutfertiger aus Mailand, seit 1555
     Eigentümer des Hauses Neue Vorstadt (Hebelstr.) Teil von 3 nb. 1 und Teil von 3 Mitte
     sowie des anstossenden grossen Hauses *Petersplatz 14* seit 1555 bzw. 1566, 1583 gefrönt
     von Remig. Faesch, 1595 gekauft von Felix Platter (heute Schulzahnklinik). Seine Ge-
     mahlin war *Christiane Glaser,* Schwester der Anna, also nicht eine Schwester des Rudolf
     Faesch, sondern seine Schwägerin. HGB u. Wpb. Ba. (Glaser). Hunziker 52. – Von hier
     an folge ich wieder dem Original von Thomas II, Blatt 15 verso des Konzepts; Zusätze
     aus Passavant in Klammern m. Anm.
88 *Sulzburg:* kleines Städtchen zwischen Basel und Freiburg, 10 km NE von Müllheim,
     5 km SE von Heitersheim; Markgraf Ernst von Baden residierte hier 1515–1535 und er-
     baute das Schloss. – Sulzberg: Name des ehemaligen Benediktinerklosters.
89 Die dritte Gemahlin des Markgrafen Ernst war *Anna Bombastin von Hohenheim,* aus der
     schwäbischen Adelsfamilie, aus der Paracelsus stammte (Stammschloss im württemb.
     O.-A. Stuttgart). Sie war eine Tochter des Friedrich v. H. gen. Bombast und der Anna
     Maria Schilling von Cannstatt; sie starb 1574, begraben in der Schlosskirche zu Sulzberg.
     – Sie hatte mehrere Brüder; als Platters Begleiter kommt am ehesten in Frage *Georg von
     Hohenheim;* *1500, am Hofe des Kaisers Maximilian erzogen, trat er in den Johanniter-
     orden ein, war 1549 Comtur in Dorlisheim, seit 1553 Grossprior des Ordens in Deutsch-
     land und Fürst von *Heitersheim* (s. A. 88), als welcher er noch 1566 14. Aug. urkundet.
     Kindler II, 89f. – Die Schwester der Markgräfin Anna ist *Maria Jakobea v. Hohenheim* gen.
     Bombast, die Gemahlin von Joh. Jakob Nagel, der die Dörfer Au und Sölden (S von
     Freiburg) besass. Zufallsfund unter «Nagel» bei Kindler III 189. – Dass der Name des
     Paracelsus auch in diesem Zusammenhang nicht erwähnt wird, kann schon gar nicht mehr
     überraschen; Platter verschweigt ihn auch sonst geflissentlich; vgl. Einleitung. *Paracelsus*
     (Philipp Theophrast Bombast v. Hohenheim), *1493 26. Nov. zu Einsiedeln, war das
     einzige Kind des Wilhelm B. de Riett (v. Hohenheim), der ein natürlicher Sohn des
     Deutschordens-Komturs zu Rohrdorf, Georg B. v. H., war und seit 1502 in Villach/
     Kärnten als Arzt praktizierte (†1534). Kindler II 89f.
90 *Butenheim:* ehemaliges Schloss NW von Klein-Landau, beim St. Martins-Hof an der N 68,

Den 3. Julii Intzlingen, Hans Geörg Reich von Reichenstein.

Den 12. Julij Ottmarsen[91], zur eptissin schafner, so colica lag. Nachts sahe ich feurige mannen. Morn ghen Nüwenburg[92], zum Stoffel Brenner; ⟨seine frauw war ein⟩ Brinigkhoferin; er war krank; blib am folgenden tag bei ihm.

22./23. Julij ⟨ghen⟩ Sept, herr Carle, dem pfarrhern.

10. Aug. Bieterthal, junker Marx Reich.

14., 15., 16. Aug. ghen Engelsodt zum Megeredt.

17., 18. Bieterthal, Marx Reich.

19. Aucken[93], stift schafner, vide literas.

20. Aug. Oetliken[94], D. Michel.

23. Lörach, zu Fridlin Lüdi.

24. Landskron[95], junker Marx Reich.

28. Oetliken, Dr. Michel.

Den 2. September Weil, 8., 9., 10. September Liel, zu junker Dieboldt von Baden, dessen haußfrauw krank lag[96].

ca. 12 km E von Mülhausen, heute zerstört. P. Stintzi/Wacker: Sundgau (1943), S. 190f. – *Conrad Sen* (Hs. undeutlich, die Abschrift Lotz hat «Seer»), Schaffner, nicht mehr nachzuweisen.

91 Ottmarsen (dial.) = *Ottmarsheim:* Dorf nahe dem Rhein, 13 km NE von Mülhausen, berühmt durch seine romanische oktogone Stiftskirche, eine Nachahmung der Pfalzkapelle Karls d. Gr. in Aachen. Kloster und Dorf wurden 1445 und 1446 von den Baslern in Brand gesteckt, doch die Kirche blieb verschont. Stintzi/Wacker: Sundgau 262ff. – Der Schaffner, «so colicā (Abl.) lag» = der am Grimmen darnieder lag, war *Heinrich Schuchen* aus Neuenburg, «receveur» von 1551–1568. Freundl. Mitteilung von L. Roux, Colmar (Arch. dép. du Haut-Rhin, 12 G, 1/5).

92 *Neuenburg a. Rh.:* von Ottmarsheim aus ca. 5 km rheinabwärts, auf der badischen Seite, gegenüber von Chalampé. – *Jkr. Hans Christoph Brenner,* Bürgermeister der Stadt Neuenburg. Als Gemahlin nennt Kindler III 616 eine Ursula von Roppach (∞1576), ZGO, NF 10, S. 480 dagegen Judith Truchsess von Rheinfelden, Platter (wohl irrtümlich): «uxor Brinigkoferin».

93 *Auggen:* an der grossen Strasse halbwegs zwischen Basel und Freiburg, N von Schliengen.

94 *Oetlingen:* Dorf ca. 5 km N von Basel. Dr. Michel Rappenberger besass dort das Schloss seit 1561 (heute «Friedlingen»), Kap. 1, A. 544.

95 *Landskron:* heute Ruine bei Leimen im Sundgau, unmittelbar an der Schweizergrenze. Diese einst stattlichste Burg unserer Gegend kam als Lehen des Hauses Baden 1461 an die *Reich von Reichenstein.* Im Burgunder- und Schwabenkrieg zeigte sich aufs neue die militärische Bedeutung der Burg. Kaiser Maximilian unterstützte daher selbst deren Ausbau. *Jakob II. Reich v. R.* bewohnte sie bis zu seinem Tod 1561 und hat sie nach Wurstisens Zeugnis «herrlich erbauen und erneuert» (H. Aby: Gs. der Burg Landskron, o. J., S. 28f.). Er wurde ärztlich betreut von Vater und Sohn Jeckelmann und Felix Platter. Nach ihm wohnten wohl mehrere seiner Söhne dort. Keiner wollte die Burg allein übernehmen, sie blieb Besitz aller, und man versuchte damals, sie an die Stadt Basel zu verkaufen. Abt B. Niederberger, in: Die Reichensteinische Kapelle, S. 30. So ist wohl die Anwesenheit von Marx R. zu verstehen, der sonst in Biedertal ansässig war.

96 Hs.: uxor eius aegrotavit. – Freiherr *Hans Diebold von Baden,* Herr zu *Liel* (zwischen Schliengen und Kandern), ∞ N. Stürtzel von Buchheim. Merz, Sisgau IV, St. Tf. 4.

13., 14. Sept. St. Morand[97], zum probst; war hir zu St. Alban im kloster mönch.

20. Sept. Sieretz[98], Christoph Waldner.

22. Sept. Liechstal.

22./23. Badenweiler[99], junker Marx Reich, hatt daselbst badet.

28. Sept. Aristorf und Olsperg[100].

Den 3. Octobris Mart[101], zum Kraft von Delmesingen.

Den 10. und 11. Octobris St. Morandt, zum probst.

14., 15., 16., 17. ghen Engelsodt, zum Megeredt.

Den 1., 2., 3. Novembris ghen Altkirch zum junker Hermann von Eptingen[102], der lang zu Basell gefangen lag sampt dem junker Feij, da keiner vom andern sagen wolt, wer es than hatt, als sie den Rotgeb umbgebracht haben. Hernach ist er zu Desperin in Ungeren umbkommen, im stall

97 *St. Morand:* an der Ill bei Altkirch, 31 km W von Basel, Chorherrenstift, das von dem heiligen *Morand* (dem Schutzpatron des Sundgaus, †1115) in ein Cluniacenserpriorat umgewandelt wurde, Wallfahrtsort. Stintzi/Wacker: Sundgau 85. – Prior war von 1561–1573 *Pierre Govre.* Freundl. Mitteilung von L. Roux, Archiviste adj. du Haut-Rhin, Colmar (nach Grandidier, nouv. œuvres inéd.).

98 *Sierenz:* Dorf an der Bahnlinie halbwegs zwischen Basel und Mülhausen. Der obere Dinghof kam erst 1533 an die Waldner, s. Stintzi/Wacker: Sundgau 288f. – Über *Christoph Waldner* von Freundstein s. Kap. 8, A. 379.

99 *Badenweiler:* seit der Römerzeit bekanntes Thermalbad am Fusse des Blauens, E von Müllheim.

100 *Arisdorf* und *Olsberg,* im Baselbiet, ca. 6 km SE von Augst. In Olsberg besuchte P. wahrscheinlich die Äbtissin, s. Reg.

101 Mart = *Märkt:* kleines Dorf rechts des Rheins, ca. 8 km unterhalb Basels. – Kraft von Dellmensingen s. Kap. 11, A. 5 u. 8.

102 *Hermann von Eptingen:* (1549), †1567, ein Sohn von Puliants Bruder Peterman, der ebenfalls als Marschalk zu Waldighofen sass. Hermann hatte am 25. Juni 1555 zusammen mit *Jkr. Hans Jak. Vay* einen Totschlag an Niklaus Rotgeb begangen und wurde deshalb auf dem innern Spalentor am 11. Juli 1555 gebüsst. Aber schon 1557 6. Juli wurde er nebst Oheim und Bruder mit dem Marschalkenamt belehnt. Letzte Nennung: 1566 23. März. Er fiel 1567 bei Urspin in Ungarn im Türkenkrieg. Nach Aug. Burckhardt: Die Herren von Eptingen, Geneal. Handb. z. Schw. Gs., Bd. III, Zürich 1912, Taf. IV, Nr. 211. Vgl. Kap. 8, A. 376.

In ihrer *Urfehde* stellten die beiden Junker den Totschlag folgendermassen dar: «Nachdem wir bede, jnn einer loblichenn Statt Basell jnn die herberg zů der Cronen zů unseren gůten fründen und verwanthen vom Adell, die da selbst versamblet gwesen, unnd zů einem hyrath unnd hochzyt jnn gemelter Statt Basell erschinenn wollen, jnnkert unnd nach dem Nacht Jmbis ußer gemellter Herberg jnn meins, Hermans von Eptingen huß und hoff, denn ich jnn gedachter statt Basell, jnn der Nüwen vorstatt ston bed, zů unseren růwe und schlaff gon wollenn. Das wylannt *Niclaus Rotgeb* seligen, sambt *Hans Hugen* dem Maler, bed burgere zů Basell, unns underwegen und namblich uff sant Peters kilchhoff mit gewerter hand unnd gezuckten woffen, one unser verschuldenn überloffenn, uff uns gehawen, darus dann beidersyts Ein schlachen und fechten ervolgt, inmossen gmellter Rotgeb (leyder) lybloß gethon worden ...» Ratsbücher O IX, Urfehdenbuch IX (1551 bis 1562), S. 90. Von Reue über den Totschlag ist hier nicht viel zu spüren. – Der erwähnte Maler ist wahrscheinlich der bekannte Hans Hug Kluber.

verfallen, als sie es eingenommen und junker Veÿ an der leiteren todt bliben.

4., 5., 6. Novembris Thann, zu doctor Dieboldt Surgants selig wittib, quae obiit[103].

Den 16., 17., 18., 19. Nüwenburg, zu Marx Reich, der sein köchin kleglich tractiert.

Den 4. Decembris Rotbach, zu junker Hans Heinrich von Reinachs frauw. Die furten wir hernach in einer senften ghen Entzen. Pernoctavimus in Michelbach, ubi frater Diebold von Reinach[104]. Cras in Thann zur Surgantin ego, sequente die hinuß Michelbach, gleitet sie ghen Entzen, mansi 7 tag.

Den 18., 19., 20. Dec. Entzen zu junker Hans Heinrich von Reinachs frauw.

26., 27., 28., 29. ghen Oelenberg[105] zum probst Zasio, der kaiser Caroli V. prediger wahr. Sein köchin gnaß eins kindes einmahl, da ich bey ihm war. Frater cantzler[106].

103 quae obiit: sie starb nicht sofort, sondern erst im Mai 1566, Kap. 11, A. 123. – Vorausblickende Bemerkung des Autors, der im Jahre 1612 schrieb.

104 *Hans Diebold von Reinach:* (1550), †1572, Sohn des kaiserlichen Obersten und Hofmarschalls Melchior v. R. und der Claranna von St. Wolf, also ein Bruder des obengenannten Hans Heinrich. Er war verheiratet mit N. Stürtzel von Buchheim – laut Wpb. Ba. u. Kindler III 433 mit Anna v. Roppach – und wohnte in *Michelbach*, nicht in dem Dorfe M. bei Basel, sondern in dem halbwegs zwischen Belfort (–Roppach) und Ensisheim gelegenen gleichnamigen Dorfe. Sie übernachteten dort, von wo Platter am folgenden Tag (cras) den kurzen Abstecher nach Thann unternahm, am Tag darauf (sequente die) zurück nach Michelbach reiste und schliesslich nach Ensisheim, wo er einige Tage blieb. Das «mansi 7 tag» bezieht sich wohl auf die ganze Reise (= blieb aus).

105 *Ölenberg:* Stift in der Gemeinde Reiningen, ca. 8 km W von Mülhausen, gegründet ca. 1045 als Propstei der Augustiner Chorherren, im 16. Jh. verfallen. Der letzte Chorherr starb 1540. Seither vergab die vorderösterr. Regierung das Kloster an Kommendatare, die einen oder zwei Priester für Gottesdienst und Schule behielten. Clauss 821. – *Joachim Zasius,* *zwischen 1522 und 1528, †1569 4. Mai, stammte aus der 2. Ehe des berühmten Humanisten und Juristen Dr. Ulrich Zasius in Freiburg i. Br. (nicht zu verwechseln mit dem gleichnamigen Bruder aus 1. Ehe, der als savoyischer Sekretär vor 1540 30. März starb). Er wurde 1547 Priester und 1554 Dozent der Theologie in Ingolstadt, erhielt dann aber die Professur doch nicht, «wegen Faulheit, ärgerlichem Umgang mit Weibsbildern und lutherisch gefärbten Predigern». 1561 wurde er Propst in Ölenberg. Nach B. R. Jenny: Amerbach-Korr. 6, 111.

106 frater cantzler = *Joh. Ulrich Zasius:* *1521, †1570, ein Sohn des berühmten Freiburger Juristen Ulrich Z., vermutlich der älteste Sohn aus dessen 2. Ehe mit Barbara N., nach dem Urteil von B. R. Jenny «begabt und strebsam, aber verwöhnt und wenig charakterfest» (Amerbach-Korr. 6, 93, Anm.). Er begann seine Studien 1534 in Freiburg, zog nach dem Tode des Vaters als Hauslehrer nach Padua, wurde aber wegen Vernachlässigung der Studien 1538 heimgeschickt. Darauf bemühte er sich bei Amerbach vergeblich um ein Stipendium. 1541/42 tritt er im diplomatischen Dienst des Herzogs von Savoyen auf, 1542 wird er lic. iur. Als 20jähriger heiratete er die zweifach verwitwete, 56jährige *Brida Schlierbach* (†1547) und wohnte mit ihr im *Schlosse Binningen* (S von Basel), das deren Sohn

30., 31. Dec. Beuken[107], commenthur Yesteter[107].

Anno 1566

Anno 1566 gehn Bantzenen[108] an dem neuen Jahr, zum pfaffen Hiero-
nymo, der zu Basell studiert, war ein junger mann und von dem schlag
getroffen. Sein köchin hieß Barbell. Er rochlete starckh, war niemand
bey ihme die nacht; ich laß in der legend, die zeit zu vertreiben. Umb
mitternacht bin ich in der kammer entschlaffen, da gieng der rauch dardurch; der hahn krayet unden; ich hörte ihn rochlen, gegen tag starb er;
ich war allein bey ihme, sammt der köchin.

Morn ritt ich gehn Entzen, 3 tag zubracht. Von Entzen khert ich wieder heimb. Item gehn Hemmerstorff[109], herr von Frobergs frauw Mailly;
sie lag kranckh am stich. Den folgenden tag gehn Oelenberg zum Zasio,

aus 1. Ehe, Christoph Offenburg, gehörte. Im Juni 1542 wurde er zum Prof. f. Codex in
Basel gewählt und erwarb das verlangte Doktorat, allerdings in Freiburg, nicht in Basel;
auch gab er weder seinen diplomatischen Dienst noch seinen katholischen Glauben auf,
so dass nach einem Streit zwischen Rat und Deputaten seine Anstellung befristet wurde.
Im März 1545 übernahm ein anderer seine Nachfolge. In finanzieller Bedrängnis wandte
er sich wieder an Amerbach, ja er verpfändete ihm sogar die Bibliothek des Vaters, ohne
sie je einzulösen. – Diese (hier gekürzte) Jugendgeschichte verdanke ich Herrn Dr. B. R.
Jenny: Amerbach-Korr. 6, 93ff. – Um 1546 trat Z. in die Dienste des röm. Königs Ferdinand und besuchte als Gesandter die Reichstage, wobei er 1547/48 Amerbach u. Bürgermeister Theod. Brand mit Nachrichten vom Hofe bediente. Seit 1563 gehörte er dem
Hofrat Maximilians II. an, von 1565 bis † 1570 war er *Reichsvizekanzler*. Er war dem Hause
Österreich treu ergeben, geschäftlich gewandt, aber innerlich unsicher, kein schöpferi-
scher Staatsmann. Nach ADB 47, 706ff.
107 *Beuggen:* bei Badisch Rheinfelden, mit ehemaligem Deutschordens-Schloss (jetzt evange-
lische Kirche u. Kinderheim). – *Jkr. Hans Kaspar von Jestetten:* *1518 (laut Pantaleon, Heldenb.), 1555–1584 Komtur in Beuggen, 1582 30. April Bürger von Basel, † ca. 1592(?).
Pantaleon: Heldenb. 3, 420; Urkundenb. Beuggen; Kindler II 204; vgl. HBLS 4, 400. –
Ein Vetter von ihm, Marx v. J., war 1566–1588 Burgvogt von Binzen, ebenso dessen
Sohn und Enkel. Membrez 14.

Hier endet mit dem Jahre 1565 die Handschrift des Thomas, auf S. 16 verso des üblen Konzepts.
Die *Abschrift Passavant* enthält zum Glück noch 3 weitere Folioseiten, deren Vorbild
später offenbar verloren gegangen ist. Da über die Echtheit dieser Abschrift kein Zweifel
besteht, bringe ich diese *Fortsetzung über die Jahre 1566/67* natürlich ebenfalls im Text als
so gut wie gleichwertig.
108 Bantzenen = *Banzenheim:* zwischen Hartwald und Rhein, W von Chalampé. – Hieronymus: nicht bekannt.
109 Hemmerstorf = *Heimersdorf:* S von Altkirch, ca. 30 km W von Basel. Lehen der Froburg (Montjoie), die hier eine Burg besassen. Zu Frh. v. Froburg und Frau s. Kap. 8,
A. 426. – *stich* = stechender Schmerz, Brustfell- oder Lungenentzündung, Pleuritis.
Schw. Id. 10, 1292.

dem probst. Item gehn Sultz. Item zum coadjutor von Murbach. Gehn Reithnau, zu deß ertzbischoffs vatters bruder[110].

Gehn Rheinweyler[111] zum Hans Georg.

Gehn Sultz, zum Balthasar von Baden[112]; hab lang an ihme geartznet. Weiters ritte ich vide calender.

Gehn Thann, zum probst[113], war deß Schwäglers bruder; der hatte ein blasen stein.

Gehn Milen zu dem von Habspurg[114]. Hatte viel ritt zu ihme gethan; ware deß margckrafen ambtmann; auch zu seiner frouwen, war eine von Rottin, letstlich ist sie zu Basell gestorben.

Gehn Birseckh zum Martin Jacob.

Gehn Landscron, zu junker Marx Reichen von Reichenstein.

110 Fast sicher *Joh. Werner von Reitenau*, †1593, ein Bruder des Murbacher Abts, nicht zu verwechseln mit dem gleichnamigen Vater (†1548/49). – Der Erzbischof ist Marx Sittich III. *v. Hohenems*, 1612–1619 Erzbischof von Salzburg, sein Vater der oben (Kap. 8, A. 418) beschriebene Heerführer Jakob Hannibal I., sein «bruder» – genauer sein Schwager – ist Joh. Werner v. Reitenau, dessen Gemahlin Helena v. Hohenems eine Schwester Jakob Hannibals war. – Verwirrend ist nur die Identifikation von Familien- u. Ortsnamen: «ghen Reithnau». Kindler v. Knobloch I 296 u. III 486f.

111 *Rheinweiler:* an der Eisenbahnlinie Basel–Freiburg, ca. 20 km nach Basel. – Mit «Hans Georg» ist vermutlich der Jkr. Hans Georg Reich v. Reichenstein gemeint, obwohl er sonst in Inzlingen zu Hause war.

112 *Hans Balthasar von Baden:* 1557, †1613, aus der freiherrlichen Familie von Baden, ∞ Dorothea v. Baden, Tochter des obengenannten Hans Diebold v. B., also seine Cousine.

113 *Probst zu Thann:* Wie mir Monsieur Chr. Wilsdorf, Directeur des Archives dép. in Colmar freundl. mitteilt, hiess der Probst 1566 *Hans Steinhuser*. Nach Karl Scholly: Die Gs. ... d. Chorherrenstifts Thann, Beitr. Elsass-Lothringen, Heft 33, Strassburg 1907, S. 179, war der Jurist Joh. St. von 1567–1576 Propst zu Thann (†1576 15. Mai), wird aber nur einmal erwähnt und fehlt im Register der Anniversarien. Vielleicht, aber gar nicht sicher identisch mit ihm ist der aus der Amerbach-Korr. 4, S. 53, A. 4 und 6, S. 57* gut bekannte Jurist und Offizial des Bischofs von Basel, Hans Steinhuser, der 1531 als Probst von Thann nach Rom reist. Er wirkte später als Anwalt in Freiburg, von Amerbach beruflich und menschlich hochgeschätzt. – Ein *Schwegler*, von Platter irrtümlich als Probst von Thann bezeichnet, ist vielleicht *Hans Heinrich* Schw., Sohn des Josef, des Procurators des bischöflichen Hofs zu Altkirch. Er wohnte wie seine Brüder Andreas und Hans in Altkirch, dann zeitweilig in Dietwiller (bei Landser, 7 km S von Mülhausen, Archiv von Thann, F F 16), wurde dann 1580 Bürger von Basel, zft. z. Schlüssel (Koelner 353) und heiratete Sofia v. Bruck, Tochter v. Jkr. Georg und Valeria Rüedin, †1610. Der von Platter ohne Vornamen genannte, ihm bekannteste der vier Brüder ist wohl *Hans Ludwig* Schwegler: er erscheint 1562 als «Tannensis clericus» studierte in Freiburg und Basel (Matr. II 154), heiratete dann vor 1570 die im obern mittleren Gundeldinger Schlösschen ansässige Witwe Georgs v. Bruck, Valeria Rüedin, und wird daher «zu Gundeldingen» genannt; † vor 1581. Lotz, Fasc. 465.

114 «von Habspurg» = *Hans Hartmann von Habsberg*, ∞ Glodina Rot («eine von Rottin»), Oberamtmann der Herrschaft Badenweiler, sesshaft in Müllheim (= «Milen»), s. Kap. 8, A. 370.

Item einest gehn Lostorff[115], zum burgermeister Doppelstein, der da badet; ich suchte ihne heimb.

Item gehn Ötlicken, zu Dr. Michells frauw.

Gehn Intzlingen 11 mal, zu Hans Georg Marekh[116].

Gehn Telmensingen[117].

Gehn Beucken 6 mal zum commenthur Jestetter.

Gehn Seckingen, zur äbtissin[118].

Gehn Wildenstein, zum junker Albrecht von Mülenen.

Gehn Heimersdorff, zum Froberger.

Den 30. Martij ritt ich in eim tag von Basell gehn Elicourt[119], zu junker Christoff Waldners kind, den vierten tag wieder heimb. Zu Marx Reichen vatter Jacob, war Hans Georg⟨en⟩ bruder.

Den 9. Maij hat man zu Basell im collegio comoediam Haecasti agiert.

Den 26. Maij ist das burgerspiel Helisaeus auf dem kornmarckt gespielet worden[120].

Den 28. Maij zur tochter Justin, die anno 64 an der pest aufkommen war, obiit convulsionibus, deß Nahmans tochter[121].

Den 29. Maij ein rohten zellter[122] kaufft, war gar guth, per 18 kronen, braucht ihne lang, verkaufft mein roß.

115 *Lostorfer Bad SO:* links der Aare zwischen Olten und Aarau, Mineralquelle gegen Gicht, Rheuma usw., 1412 entdeckt. HBLS 4, 714. – Doppelstein s. Reg., ebenso für die andern Namen.

116 Ohne Zweifel *Hans Georg Reich* v. Reichenstein, der auf dem Wasserschloss Inzlingen bei Basel sesshaft war. Der Name «*Marek*» (Hs. undeutlich: «Marckh») der verwirrend wirkt, stammt wohl von einem Gut dieses Namens, s. Kindler III, 389, St. Tf.

117 Gehn Telmensingen: hier wohl wiederum der Orts- statt des Familiennamens: zu *Kraft von Dellmensingen* vgl. Kap. 11, A. 5 und 8.

118 *Säckingen:* eine der 4 österr. Waldstädte am Rhein, mit adeligem Damenstift. Dieses hatte in den Wirren des 15./16. Jh. sehr gelitten. Die 1550 gewählte Äbtissin *Agathe Hegenzer von Wasserstelz,* die «zweite Gründerin», brachte es wieder zu Ansehen. HBLS 5, 782. Sie war eine Tochter des kaiserlichen Rats und Landvogts Melchior H.; sie gehörte dem Predigerorden zu St. Katharinental bei Diessenhofen an und erhielt vom Papst 1556 12. Juni Dispens, um Vorsteherin des weltlichen Damenstifts zu werden. Sie starb 1571 21. März. Nach Otto Bally: Das Damenstift Säckingen, Aarau 1884, S. 17f.

119 Elicourt = *Héricourt:* 12 km SW von Belfort, Dép. Haute Saône, in der Schweizer Kriegsgeschichte mehrfach berühmt, s. HBLS 4, 191f. «in eim tag» ca. 77 km. – *Waldner* in Héricourt: ??? *Reich:* «war Hans Georg⟨en⟩ bruder» bezieht sich auf Marx; Jakob II. war der Vater der beiden. (Bei Kindler III 388f. und Merz, Sisgau 3, St. Tf. 10/11 wird Jakob II. zwar 1561 als tot gemeldet.)

120 *Spiele:* L. A. Burckhardt: Gs. d. dramat. Kunst zu Basel, Beitr. z. vat. Gs., Bd. 1/1839, S. 201 und 194 verzeichnet ebenfalls die Aufführung der «*Komödie des Hecasti*» (allerdings statt im Kollegium «auf der Pfalz hinter dem Münster, zu Ehren des neuen Rektors Dr. Basilius Amerbach») sowie des «*Helisaeus*» auf dem Kornmarkt, mit denselben Daten. Sonst ist mir über die beiden Spiele nichts Näheres bekannt.

121 Justin, des *Nahmans* Tochter: unbekannt.

122 zelter (roman.) = Passgänger, d. h. ein Pferd, das beide rechten Beine zugleich und dann

Zur Surgantin, deren mann waßersüchtig war und gestorben.
Zu Dr. Diebolds frauw[123], ist auch an der waßersucht gestorben.
Gehn Maßmünster[124], zum schaffner.
Den 12. Julij zum Stoffell Schwertfeger[125], dedit 24 kronen, mihi 12.
Er ist von hinnen wegzogen, sein sohn ist syndicus zu Thann worden;
da trieb Dr. Hans seine possen mit dem waßerbeschauwen.
Den 28. reit ich zum grafen von Montfort[126] gehn Enßheimb, der mei-
nes glücks ein anfang war. Vide alibi.
Hans Georg Valendinanus[127] cum uxore purgirt.
Am 15. Decembris starb der von Robß.
Herr Niclaus von Froberg starb auch.

Anno 1567

Den 19. Jenner gehn Wildenstein in der nacht im schnee.
Den 28. Februar gehn Wartenberg[128], zum graff Heinrich von Fürsten-

beide linken zugleich hebt wie ein Kamel, in höfischer Zeit für vornehme Reisende und
Damen gebraucht. Trübner 8, 364f.

123 Dr. Diebolds frauw: identisch mit der im letzten Satz vorher genannten «Surgantin»,
deren Gemahl Dr. Theobald Surgant in Thann ihr im Tod vorausgegangen war.

124 *Maßmünster*/Masevaux: an der N 466, 40 km E von Mülhausen. – Schaffner: unbekannt.

125 *Stoffel Schwertfeger* ist vielleicht zu identifizieren mit Christoph *Heckel*, dessen Sohn um
1560 Syndicus zu Thann war. Vgl. Kap. 8, A. 112. Ein Brief von Chr. Heckel an Felix
Platter: Fr. Gr. I 6, No. 57. – Dr. Hans, der seine Possen trieb, ist Prof. Huber.

126 *Graf Ulrich von Montfort* und Rotenfels, Herr zu Tettnang, aus uraltem rhätischem Grafen-
geschlecht, dessen Stammschloss bei Feldkirch gelegen war. Er war ein Sohn des Grafen
Hugo v. M. und der Magdalena von Schwarzenberg, 1548 immatr. in Dôle, 1551 adliger
Beisitzer am Reichskammergericht, 1559 ∞ *Ursula von Solms-Lich* (*1528 10. Okt.), Toch-
ter des Reinhardus v. S. und der Maria Gräfin zu Sayn, 1560 stand er im Dienste des
Herzogs Albrecht von Bayern, 1564 wurde er regierender Graf (Ulrich VIII.) und ver-
kaufte die Grafschaft Rotenfels an Kaiser Maximilian II. 1570 wurde er Beisitzer des
kaiserl. Hofrats und voderöster. Landeshauptmann. Er starb 1574 16. April als ultimus.
Nach Vanotti: Gs. der Grafen v. Montfort u. Werdenberg, Konstanz 1845, S. 152f. u. St.
Tf.; Geneal. Handb. z. Schw. Gs. I, S. 182f. u. Tf. XX, Nr. 109; Hübner: Geneal. Tab. II
(1727) Tab. 394 u. 497; B. R. Jenny: Amerbach-Korr. 6, 126, A. 5, wo das Todesdatum
Ulrichs korrigiert wird. Mit Platter verband ihn nicht allein das ärztliche Verhältnis, sondern die gemeinsame Sammelleidenschaft: Montfort besass eine kostbare Münzensammlung
mit Kunst- und Raritätenkabinett und tauschte gelegentlich mit Platter. Auch benutzte er
dessen Beziehungen zu Basler Künstlern, um diesen Aufträge zu erteilen. Diese wertvolle
Freundschaft meint wohl Platter, wenn er «meines glücks ein anfang» schreibt. Nach E.
Landolt: Materialien zu Felix Platter als Sammler und Kunstfreund, BZ 72/1972, S. 262ff.

127 Hans Georg Valendinanus: unbekannt, ebenso der folgende «von Robs».

128 *Wartenberg* (Hs.: Wanenberg, Lotz: Wahnenburg): 818 m, hoch über der Bahnlinie von
Donau-Eschingen nach Tuttlingen, 3 km W von Geisingen, ursprünglich Sitz einer Fa-
milie von Wartenberg, kam 1321 durch Erbgang an die *Fürstenberg*. Heute zwei Ruinen
und ein Lustschloss von 1780. Ca. 5 km westlich davon (Luftlinie) erhob sich einst das
Stammschloss der Fürsten zu *Fürstenberg* (918 m), unweit ihrer Residenzstadt *Donau-
Eschingen* mit der sog. Donauquelle. Baedekers Autoreiseführer 1967/68, S. 147, 138.

berg[129]. Graf Friedrichs vatter ist zum heiligen berg[130] gewesen, hat Jochum gheißen.

Den 7. Junij gehn Wartenberg; darnach gehn Stielingen[131], zur gräfin von Sultz, graff Eytelfritz [von Sultz] gemahel. Von Stielingen gehn Basell in einem tag ab dem schloß.

Den 22. Augusti gehn Wartenberg, von Wartenberg gehn Stielingen und heimb.

Den 1. Novembris gehn Stauffen[132], zur gräfin von Lupfen, die 18 kronen dedit, vide zedell.

Graff von Fürstenberg blieb in meinem hauß, umb rath zu pflegen, die gantze Basellmäß, von 5. bis 11. Novembris, samt einer von Solms, graff von Montforths frauw schwester[133].

129 *Fürstenberg:* altes schwäbisches Dynastengeschlecht, Ursprung ca. 800. Der von Platter genannte *Heinrich VIII.*, *1536, †1596, ist das zweitjüngste der 17 Kinder Friedrichs II. (*1496, †1559) und der Anna von Werdenberg-Heiligenberg. Er heiratete 1560 *Amalie Gräfin von Solms-Lich* und hinterliess nur 1 Tochter. Der jüngere Bruder Heinrichs, *Joachim I.* (Jochum), *1538, †1598, wurde mit seinen 15 Kindern zum Begründer der *Heiligenberger Linie,* die sich dann bald in eine Wartenberger und eine Donau-Eschinger Linie teilte. Seine Gemahlin war seit 1562 *Anna Gräfin von Zimmern.* Ihr ältester Sohn war der von Platter genannte *Friedrich IV.*, *1563, †1617, ∞ 1. 1584 *Elisabeth Gräfin von Sulz,* Tochter des Grafen Albicus, 2. 1606 *Anna Maria Gräfin von Arco.* Friedrich war Landgraf im Unterelsass, kaiserlicher Geheimrat und Obersthofmarschall. Nach Hübners Geneal. Tab., 3 Bde., Ausg. 1725/28, Bd. I, Tab. 268, II, Tab. 394; Kindler v. K. I 404ff. mit St. Tf.; Univ.-Lex. d. Grosshzgts. Baden, mit St. Tf.; Vorderösterreich II 579f.; Europ. Stammtafeln IV/1957, Tf. 127f. (Das Todesjahr Joachims ist hier mit 1568 falsch angegeben.)

130 Der *Heiligenberg* (726 m), nach dem sich eine Linie der Fürstenberg nennt, erhebt sich ca. 17 km von Überlingen; noch heute steht dort das Renaissance-Schloss aus dem 16. Jh. mit seinem prächtigen Rittersaal (Decke!) und seiner kostbaren Bibliothek. Baedekers Autoreiseführer 1967/68, S. 150.

131 *Stühlingen:* hübsch gelegenes Städtchen dicht an der Schweizergrenze (SH), an einer wichtigen Strassenkreuzung, überragt von dem alten Fürstenbergischen Schloss *Hohenlupfen* (601 m). Die erwähnte *Gräfin von Sulz* hiess *Margareta* und war verheiratet mit dem Landgrafen von Stühlingen, *Eitel-Friedrich,* Sohn des Wilhelm und der Margareta Gräfin von Pfirt. Hübner II, Tab. 558 u. 494. – Die *Grafen von Lupfen* hatten von 1251 bis 1582 zu Stühlingen die Landgrafenwürde inne. HBLS. 4, 735 – Platter ritt in 1 Tag von Stühlingen nach Basel, ca. 85 km.

132 *Staufen:* nicht das badische Faust-Städtchen, sondern wohl eher das unbedeutende Dorf St., in Luftlinie 18 km W von Stühlingen. Die Gräfin ist die obengenannte Margareta v. Lupfen, geb. v. Sulz.

133 Graf v. Montforts frauw schwester ist *Amalia von Solms-Lich,* *1537 10. Sept., die jüngere Schwester der Ursula, s. o. Kap. 11, A. 126 und 129. Ihr Begleiter ist wohl nicht ihr Gemahl Heinrich von Fürstenberg (sonst würde Platter dies sicher erwähnen: «husfrauw» od. ä.), sondern dann wohl *Jochum,* s. A. 129. – Die Stadt Basel ehrte die beiden hohen Gäste durch Übersenden von Schenkwein: «Item 2 lb umb 4 Maß Malvasier so man der Gräffenen vonn Fürstenberg den 6. November vereret» und «4 kannen dem graffen vonn fürstenberg». 1567, 7. und 29. Nov., Wochenausgabenbücher STAB, Finanz G 20, S. 119f. Dieselbe Spende wurde dem Grafen bei einem spätern Aufenthalt am 29. Jan. 1574 zuteil; Finanz G 21, S. 584. Ich verdanke diese Kenntnis der freundl. Mitteilung von Frau Dr. E. Landolt-Wegener.

12. Histori vom Gredlin[1]

[1r] A° . . . .[2] wahr es gar theur, giengen böse seuchen und hauptwehe[3] umb zu statt und landt. Accidit[4], als ettwan viel, die vor der statt verspetiget oder man sie nitt wolt einlaßen, in meines vatters Gundeldingen bliben, daß Benedict Simon, mein von Pontarlin[5], sampt seiner frauwen (Elsbeth Schärin glaub), hatt zu Bartenen[6] gedient und sie geneyet, im heimbziehen auch verspetiget dohin kamen; brachten ein kindt mitt, daß noch in der wiegen lag, nitt jährig, karten beym meyer ein, und wardt die frauw gleich in der nacht krank am hauptwehe, quo et ejus maritus laborabat[7]. Sie hatt ghen Embrach[8] im Zürich biet in ihr heimat wöllen, mußten also da bleiben. Als wiers vernammen, sagt ich, der meyer solt nicht also allerley volck auflesen, mißfiel mir. Über 2 tag fischet mein vatter den weyer; wahre die thumpröbstin selig auch druußen, und der Juppe Joklin[9], der fischer. Sie giengen zur kranken frauwen hinein; die lag unden in zügen[10], wie ich auch zum fenster ein[11] solches sahe. Daß kindt lag voraußen in der wiegen, streckt seine hendlin außen, lag mitt dem köpflin so hart, daß es daselbsten hinden verwunt wahrt; sie hatten ein bedauren mitt dem kindt. Baldt hernach starb die frauw; die vergrub man noch selbigen abendt zu St. Margreten[12], man fuhrt sie auf meins vatters esel hin.

1 Diese in mancher Hinsicht, vor allem aber menschlich interessante Episode steht auf Blatt 1 und 2 des letzten Teiles des Hs.-Bandes A λ III 3 und ist von Thomas als flüchtig hingeworfenes Konzept geschrieben, schwer lesbar und mit den typischen lateinischen Wortgruppen oder Satzteilen gespickt, wie sie dem Gelehrten eben leicht in die Feder flossen, gelegentlich auch mit Abkürzungen wie «dz» = dass. Die «Histori vom Gredlin» ist erstmals herausgegeben und besprochen worden von Albert Gessler im B. Jb. 1893, S. 251ff.
2 A° = Anno ... Leider fehlt das Datum. Der Verfasser liess eine Lücke, da er im Moment das Datum nicht gegenwärtig hatte, und vergass dann, diese zu schliessen, siehe Kommentar A. 29.
3 hauptwehe = Flecktyphus, Nervenfieber, das oft tödlich verlief.
4 Da geschah es, dass ... *B. Simon und seine Frau* auf Thomas Platters Landgut zu Gundeldingen kamen (da die Stadttore bereits geschlossen waren).
5 mein = ich glaube. – *Pontarlier*: Stadt in der Freigrafschaft, am Doubs, nahe der Schweizergrenze. – Am Rand steht hier «vide brief michel», damit ist Michel Rüedin, der spätere Gatte Gredlins, gemeint, s. u.
6 Bartenen = *Bartenheim* im Oberelsass, ca. 12 km NW von Basel.
7 An welchem auch ihr Gatte «herumlaborierte», d. h. angesteckt war und sich gegen den Ausbruch wehrte.
8 *Embrach:* ca. 18 km N von Zürich.
9 Juppe Jocklin = *Jakob Jüppen* der Fischer, ∞ Eulogia Trölin, †1582, Wpb. Ba.
10 in zügen = in den letzten Zügen.
11 zum fenster ein = durch das Fenster.
12 *St. Margrethen:* Kirchlein in Binningen, am südlichen Stadtrand Basels, für Platters Landgut der nächste Friedhof.

In der nacht traumet mir[13], es fiele ein kindt vom himmell, ich hebe mein langen rock under, empfienge es, daß es nicht zu todt fiel: dorab ich erschrackt und erwachet. Mein frauw sagt, es habe ihren auch von einem kindt traumet. Am morgen früe kompt der Benedict, bringt daß kind auf einer hurt[14] für daß oberhaus, stellet es auf daß benklin, kompt zu mir in garten, danket mir vleißig, plorans, reddidit vitra quae dedi cum ⟨nummis⟩, dicens se ignorare[15], wo er mit dem kindt hin wölle. Ich tröstet ihn, schanket ihm 10 schilling, hieß meiner frauwen auch zeigen. Sie gung hinab, beschauwet daß kindt in der wiegen; es lehnet sich gegen ihren, sie mußte mit ihm weinen. Also zug er mit ihm darvon ...[16] In prandio etiam piscator et pater ac mater ... sicut [1ᵛ] memini[17]; wier erzehlten unsere träum. Juppe Jokle sagt: «Warumb handt ihr nitt daß kindt gnommen, ihr handt doch keine?» Mein frauw sagt: «Es gulte mir gleich, wolts gern auferziechen.» Ego dixi[18]: «Madlen, waß du wilt» mit viel worten. Die Krössel neyerin waß do, sagt: «Ich wolt ihm gleich heublin machen, wann ihrs nemmen.» Mein vatter und muter rieten auch darzu, also daß wier ein begirt bekamen, wann wir nur wißten, wo es were. Mein vatter laßet gleich 2 schuler holen, schicket einen nittsich[19] gegen Mylhusen, den anderen ob sich gegen Liechstall. Sie fragten eim[20] nach, der ein kindt triege. Denselbigen abendt kam kein bottschaft hinwider. Morn früe kam der, so obsich gangen, sagt, er könne niemandt erfragen.

Ich aße zumittag im Collegio[21], do kombt mir über tisch bottschaft, der vatter hab daß kindt bracht. Er hatt ihn zu Bartenen funden in der scheuren, da er zevor gedient hatt. Mein frauw hatt daß kindt gantz nacket auß der wiegen gnommen ohne hübli etc. Man es badet; in ein beltzlin gewicklet, schlieffe es. Ich fragt ihn, ob er mirs vertrauwen wolt. Er war hertzlich woll zufriden, weinet vor freuwden. Ich ferckete ihn baldt wider ab[22], sagt ihm, er solt in 8 tagen wider kommen, so wolten wier die sach beschließen; welches er auch thatt. Da hab ich mitt ihm

13 traumte mir (baseldt.) = ich träumte.
14 hurt = Tragkorb am Rücken.
15 Weinend, gab mir die (Arznei-)Gläser zurück, die ich ihm mit einigen Münzen (Hs. unsicher: nummis?) gegeben hatte.
16 Hier eine Lücke in der Hs. (Papier zerstört). Passavant konnte es noch lesen: mein frauw gab ihm auch etwas.
17 Beim Mittagessen waren auch der Fischer sowie der Vater und die Mutter dabei, wie ich mich erinnere.
18 Ich sagte.
19 nittsich = abwärts; ob sich = aufwärts.
20 Hs.: ein.
21 Collegium = Universität. Man darf vielleicht vermuten, dass sich der berühmte Professor gelegentlich dazu herabliess, in der studentischen «bursa», der «Mensa», zu essen. Über die Bursen s. E. Bonjour: Die Universität Basel (1960), S. 74ff.
22 ferckete ab = schickte fort.

abghandlet, in der schul, hab den grichtschreiber Übelin[23] zu mir gnommen und die vergleichung gemacht, die vorhanden: daß er gleichwoll deß kindts vatter wehre, mechte es besuchen; sonst sollt er kein weitere ansprach an es haben. Promisi, educare und außzusteuwern[24], wie es im brief lautet. Also hab ich es, als wann [2ʳ] es mein kindt gewesen, auferzogen, laßen neyen, sticken, auf den instrumenten schlagen etc. Da es mir lange jahr treuwlich gedienet, daß wir es nitt gern von uns ließen, und es nun zimblich jahren, da wiers villeicht ettwan beßer underbringen können, sich selbs doch zuletst durch unser zulaßen mitt Michel Riedin verheüratet[25]. Mater mea et pater eam valde dilexerunt[26], biß es eigene kinder bekommen[27].

Es hatt auch sein vatter, ob er gleich ettlich mahl kommen, ex bello[28] geneheret, nienen dulden wöllen, sonder vor ihm als einem kriegsmann geförchtet. Hatt nitt anderst gemeint, dann es seye unser kindt, bis es zu hohem alter kommen und es ihme die bösen leüt offenbahret haben[29].

23 *Samuel Übelin:* *1541, †1609, Gerichtsschreiber 1570–1592, Eigentümer von Streitgasse 22 seit 1575. HGB und Priv.-A. Lotz, Fasc. 528.

24 Ich versprach, es zu erziehen und ihm später eine Aussteuer zu geben; vgl. Testament, B. Njbl. 1975, S. 162f., 164.

25 kompliziert ausgedrückt, Sinn: Es hat sich dann, nicht mehr ganz jung, selbst zur Heirat mit M. R. entschlossen, wozu wir schliesslich zustimmten, obwohl wir es vielleicht besser hätten unterbringen können. – *Michel Rüedin* (basl.: Riedi) stammte aus *Sarn*, einem evangelischen Pfarrdorf am Heinzenberg, NW von Thusis GR und war von Beruf Schneider. Er heiratete das Gredlin am 24. Sept. 1604 zu St. Peter: «M. Michel Rüedin von Sarnen aus den Bünten, burger alhie, und Jungfrauw Margaretha Simonin» (Trau-Reg. St. Peter). Er erwarb 1604 die Schneidernzunft («Michael Rudy aus Ober-Bündten»), 1619 die Safran- und 1623 die Schlüsselzunft (Koelner, Schlüsselzunft 381), wo er bereits Schneider und Tuchhändler genannt wird.

26 Meine Mutter und der Vater liebten sie sehr.

27 Sechs Knaben, die alle zu St. Peter getauft wurden: Felix 1605 16. April, Michael 1607 29. Sept., Marcus 1609 10. Jan., Caspar 1610 11. Sept., Emanuel 1612 4. Jan., Alexander 1613 27. Mai. – Michael, dem u. a. Thomas II. Pate stand, wurde Scherer. Tauf-Reg. St. Peter und Priv. Arch. Lotz, Fasc. 420.

28 aus dem Kriege.

29 *Würdigung* der «Histori vom Gredlin»:
Diese kurze, aber köstliche Episode steht ziemlich isoliert im Rahmen der Autobiographie. Nach den zuletzt sehr mageren Aufzeichnungen der Krankenvisiten bis 1567 klafft eine grosse Lücke bis zu den Berichten über Teilnahme an fürstlichen Festlichkeiten von 1577, 1596 und 1598, Berichte, die menschlich-psychologisch ebenfalls nicht sehr ergiebig sind. Die Gredlin-Geschichte steht dazwischen wie ein erratischer Block. Noch einmal spricht Platter wie in der Beschreibung seiner Jugend von rein menschlichen Dingen, die überdies ihn selbst und seine Gemahlin betreffen. Sogar von Träumen ist die Rede, und unter dem nur wenig gehobenen steifleinenen Gewand baslerisch-bürgerlicher Wortkargheit bietet sich ein kurzer Einblick in das Seelenleben des Ehepaares Platter. Die Kinderlosigkeit muss sie beide bedrückt haben, den jungen, zu Spielen und Spässen aufgelegten fröhlichen Mann, der in seinem Beruf doch mehr der düsteren Seite des Lebens begegnete, und noch viel mehr die sicher oft einsame Arztfrau, die wohl stets im Hause zu tun hatte,

aber nichts, das sie innerlich erfüllte, sie sehnte sich bestimmt schmerzlich nach der Mutterschaft, auch wenn sie selten davon sprach.

Betrachten wir, ohne Wiederholungen zu scheuen, *die Gefühle und die Verhaltensweise der beiden Hauptpersonen.* Felix vernimmt, dass der Meier seines Vaters wieder einmal «allerley volck» aufgenommen hat, «mißfiel mir»; das harte Wort «fremdes Gesindel» liegt in der Luft. Die Frau hat ein noch nicht jähriges Kind bei sich; zudem ist sie an Flecktyphus erkrankt und liegt im Sterben. Zwei Tage später: Vater Thomas, die befreundete Dompröbstin Anna von Pfirt und der Fischer gehen zur Kranken hinein, Felix schaut nur durch das Fenster hinein, gibt dann aber, wie wir später erfahren, einige Medikamente. Das Kindlein liegt in der harten Wiege und ist wund, «sie» hatten ein Bedauern (nicht «wir»). Die Frau stirbt, wird schleunigst auf dem Esel abtransportiert und «vergraben», wohl ohne Sarg. Kein Wort des Mitleids von Seiten des Felix. Aber die Sache beschäftigt ihn im Unterbewusstsein stärker, als er ahnt. Er träumt, es falle ein Kind vom Himmel, und er halte seinen langen Rock unter, um es zu retten. Das Kind fällt nicht irgendwo herunter, sondern aus dem Himmel! Er erzählt den Traum seiner Frau, auch sie hat von einem Kind geträumt. Und trotzdem fällt das erlösende Wort nicht.

Im Gegenteil: Am andern Morgen nimmt Benedikt weinend Abschied, sagt sogar, er wisse nicht wohin mit dem Kind! Felix tröstet ihn und gibt ihm 10 Schilling! Obwohl der «Beschenkte» fleissig dankt, möchte man Felix einen Stoss geben. Madlen beschaut das Kind, das sich ihr zuwendet, und weint mit ihm. Und dennoch – nichts. Abschied.

Erst beim Essen erzählen Felix und Madlen den andern ihre Träume. Das entscheidende Wort wird weder von ihnen noch von den Eltern gesprochen, sondern von dem schlichten Fischer Joklin. Madlen stimmt zu, aber mit dem typisch baslerischen «understatement»: nicht etwa mit überströmendem Herzen, sondern «Es gulte mir gleich ...» Erst jetzt beginnen sie zu reden, «mit viel worten», und auch zu handeln. Zwei Boten werden ausgesandt, und die Hi-story nimmt ein gutes Ende. Der praktische Felix bringt rasch auch die juristische Seite in Ordnung: Besuchsrecht des leiblichen Vaters, Aufgaben des Pflegevaters. Adoptiert wird das Kind nicht, aber wie ein eigenes behandelt. Von Mutterglück wird kaum geredet in jener Zeit, schon gar nicht in Basel, aber man erzieht es aufs beste und man hat es gern. Ganz besonders *die Grosseltern.*

Damit kommen wir zur *Datierungsfrage.* Wir möchten gar zu gern wissen, wer die glückliche Grossmutter ist. *Anna Dietschi,* die Mutter des Felix, starb am 20. Febr. 1572; am 24. April des gleichen Jahres heiratete Vater Thomas die junge *Esther Gross,* die ihm in der Folge noch sechs Kinder schenkte. Da Felix von «*mater mea*» spricht, denkt man natürlich an seine leibliche Mutter; das würde jedoch bedingen, dass die Gredlin-Geschichte viel früher spielt. Und selbst dann dürfte Felix nicht sagen, seine Eltern hätten das Gredlin sehr geliebt, «bis es eigene Kinder gehabt». Der Kindersegen Gredlins fällt in die Jahre 1605–1613, als Thomas über 20 Jahre tot war, ganz zu schweigen von seiner ersten Gemahlin. Wir müssen also, so schwer es uns fällt, annehmen, dass mit «mater mea» die Stiefmutter gemeint ist, die ja bis 1612 lebte. Die Nebenfiguren geben als Termini post et ante quem 1570 und 1581, s. A. 9 und 23.

Daniel Burckhardt-Werthemann, der in seinen «Häusern und Gestalten ...» (1925), S. 174 die Histori vom Gredlin nacherzählt, setzt dazu das Datum *1572,* leider ohne irgendwelche Herkunftsangabe oder Erklärung. Das könnte altersmässig stimmen: Gredlin wäre dann bei seiner Hochzeit 32 Jahre alt gewesen («nun zimblich jahren»), und es würde auch passen zu dem Hintergrund, da 1572 eine grosse Teuerung in Deutschland herrschte und Seuchen umgingen, s. Wurstisen 1580, S. 649 und Albrecht Burckhardt: Demographie und Epidemiologie ..., S. 30, 46, 48.

Einen Beweis könnte allerdings nur die Bestätigung durch das Taufregister von Bartenheim liefern, doch beginnt dieses erst mit dem Jahre 1664, wie mir Directeur Chr. Wilsdorf freundl. mitteilt.

Im Mscr. der Univ.-Bibl. Ba., Fr. Gr. I 5, fol. 148 existiert ein *Brief*, datiert den 3. Häw-
monats (Juli) anno 1581, ohne Ort, adressiert an Dr. Felix Platter ..., «meinem lieben und
getrewen herren», unterschrieben «E. allzeit w. *Dochter Margretha Platnerin*», ohne Zweifel
unser Gredlin, offiziell «Margret Simon». Doch kann diese *Schrift*, wie mir auch Herr Dr.
Max Burckhardt versichert, unmöglich die Schrift eines Mädchens sein, wohl nicht einmal
eine Frauenschrift. Der *Inhalt* ist eine langfädige frömmelnde Reimerei, wobei je zwei
Zeilen den gleichen Gedanken variieren. Denkbar, dass das 9jährige Kind beim Unterricht diesen Text kennen lernte und an dem Wortgeklingel Gefallen fand, so dass es das
Gedicht durch einen Hilfslehrer abschreiben liess, um damit seinem Vater eine Freude
zu machen. – In den Testamenten seiner Pflegeeltern wurde das Gredlin reichlich bedacht,
insgesamt mit 1600 Gulden, s. V. Lötscher im B. Njbl. 1975, S. 162 ff.

13. Reise nach Sigmaringen 1577 zur Hochzeit von Graf Christof von Zollern
(8.–26. Aug. 1577)[1]

Reiß gon Simringen auf graf Christof von Zolleren hochzeit[2]

[1] Anno 1577 im augsten wardt ich erforderet von herren Egenolf, herren zů Rappoltzstein[3] etc, mit ir gnaden auf graf Christophs zů Zolle-

1 Der Bericht über Felix Platters erste Reise zu einem Hoffest liegt in der *Originalhandschrift* des Verfassers vor und umfasst 6 einseitig beschriebene Blätter des Bandes A λ III 3. Die Redaktion erfolgte *frühestens 1598,* wie eine Anspielung auf ein Ereignis dieses Jahres beweist (nach A. 13), vielleicht erst 1612 zusammen mit der Reinschrift des Tagebuches. – Eine erste *Ausgabe* besorgte *Heinrich Boos* im B. J. 1887, S. 221–232. Leider folgte er dabei nicht dem Original, sondern der Abschrift Passavant, wie gewisse Modernisierungen des Lautstandes und die zahlreichen Majuskeln verraten. Eine kurz kommentierte Ausgabe von *Bruno Stehle* in «s'Zollerländle», Jg. 3/1927, Nr. 1 beruht auf Boos.

2 *Graf Christof von Hohenzollern,* *1552, †1592, heiratete am 18. Aug. 1577 Katharina von Welsperg, die Tochter des Freiherrn Christof. Sein Vater, *Karl I. von Hohenzollern* (*1516, †1576) hatte kurz vor seinem Tode noch 1575 seinen Besitz unter seine Söhne verteilt:
Eitel Friedrich IV.,   *1545, †1605, erhielt *Hechingen* (Grafschaft Zollern mit Stammburg),
Karl II.,   *1547, †1606, erhielt *Sigmaringen* und Veringen,
Christof,   *1552, †1592, erhielt *Haigerloch* und Wehrstein,
Joachim,   *1554, †1587, reformiert, erhielt Leibrente.
Alle Söhne hatten eine sorgfältige Ausbildung genossen, Eitelfriedrich und Karl an der streng katholischen schwäbischen Universität Dillingen, seit 1562 studierten die drei Brüder in Bourges. Auch hatten sie alle mehr oder minder die Musikliebe des Vaters geerbt; ihre Höfe, namentlich Hechingen, wurden zu blühenden Zentren der *Musikpflege,* s. *Ernst Fritz Schmid:* Musik an den schwäbischen Zollerhöfen der Renaissance, 730 S., Basel 1962 (1. Buch: Sigmaringen u. Haigerloch, 2. Buch: Hechingen).
Während die Linien Haigerloch und Hechingen 1634 bzw. 1869 erloschen, blüht die von Sigmaringen noch heute. Eur. St.-Tf. I, 153–155 und Kaufhold/Seigel: Schloss Sigm. u. d. Fürstl. Haus Hohenzollern, Konstanz 1966. Ungleich bedeutender noch als die schwäbischen wurde die *fränkisch-burggräfliche Linie,* aus der seit 1415 die Markgrafen und Kurfürsten von Brandenburg hervorgingen, seit 1701 die Könige von Preussen und 1871 bis 1918 die deutschen Kaiser. Eur. St.-Tf. I, 61ff. – Wichtige Nachbemerkung S. 513.
Sigmaringen («Simringen» bei Pl.), die ehemalige Hauptstadt der hohenzollerischen Lande, liegt an der Donau und hat heute 12 000 Einwohner; auf einem Felsen über dem Fluss erhebt sich das stattliche, im 19. Jh. allerdings umgebaute Schloss mit seiner prächtigen Kunstsammlung.

3 *Egenolf von Rappoltstein:* *1527, †1585, Sohn Ulrichs III. und der Anna Alexandria Gräfin v. Fürstenberg, hatte enge Beziehungen zu Basel und führte 1563 am Hofe zu *Rappoltsweiler* Ribeauvillé HR die Reformation ein. Er war verheiratet 1. mit Elisabeth v. Sayn, 2. seit 1558 mit *Maria v. Erbach.* Über die vielseitigen Beziehungen Platters zum Grafen von Rappoltstein unterrichtet *Elisabeth Landolt-Wegener* in dem Aufsatz «Materialien zu Felix Platter als Sammler und Kunstfreund», BZ 72/1972, S. 245–306, spez. 270ff. Platter diente dem Grafen als Arzt und als Mittelsmann im Verkehr mit Basler Künstlern, ja er überwachte für ihn auch den Umbau des «Roten Hauses» bei Muttenz, das jener 1580 von den Erben des David Joris erworben hatte. Hier sehen wir ihn im Gefolge des Rappoltsteiners bei einer Hofreise.

ren hochzeit zeverreißen. Deßhalb ich gon Heiteren⁴ ob Brisach den 8 augstens mich zů ir gn. zeroß verfůgt. Do beharten wir zwen tag, unnd dywil ir gn. vernam, daß herr Jacob Truckses von Waldtburg⁵, alß er vom pferdt steig, in zů überfallen, by Kempten durch ein buren erstochen war, wegen verwandtschaft wardt vil an kostlicheit der kleider, welche man zů ristet, underlaßen. Gemelter todt schleger, ob er gleich, wie man sagt, sich erweren mießen, wardt mit dem schwert gericht, unnd im die handt, mit welcher⁵ᵃ er gestochen hatt, abgehůwen.

Von Heiteren brach ir gnaden auf, den 11 augstens, unnd mit ir gn. der herr von Heideck⁶, ir gn. schwester sun, in dryen gutschen, dorinnen auch deß herren von Rappoltzstein³ gemachel Maria, geborne grefin von Er[d]bach, sampt zweien freuwlinen Alexandria unnd Barbara unnd ein freuwlin von Heideck unnd dem frauwenzimmer fůren, unnd ritten ettlich vom adel sampt den reisigen knechten mit. Zogen in anzal 35 pferden über Rhein gon Brisach, von dannen gon Friburg im Brißgeuw, do wir übernacht bleiben. Den 12 zogen wir über die steig durch Neuwenstatt, auf Fridoweiler in daß frauwen kloster, do man unns die nacht wol hielt⁷.

Morndeß den 13 fůr der von Heideck von unns, sich zů Simringen bei zeiten zů stellen unnd dester belder fort zezien zů dem margrafen von Brandenburg⁸ gon Anspach, von ir f. gn. berieft, by deren fürstlich gnaden er doselbst dienst bekam, unnd dywil sein erster gemachel, die von Polweil, Gott ergeben, wardt er doselbst wider verheurath unnd bekam ein ampt in Brüßen, do er hernoch starb. Der von Rappoltzstein aber sampt den seinen zog in waldt, do ein iagendt graf Heinrich von Fürsten-

4 *Heitĕren:* 5 km S von Neu-Breisach, gehörte zum Rappoltsteinischen Besitz.
5 *Jacob Truchseß von Waldburg:* vielleicht identisch mit jenem J. Truchsess v. W. in Wolfegg, der mit Johanna Gräfin von Zimmern verheiratet war. Eur. St. Tf. IV, 116. Die Familie war mit den Hohenzollern verwandt. Schmid a. a. O., S. 95, A. 351. Unsicher.
5 a Hs.: welchen.
6 Dieser N. von Heideck wird weiter unten mit vollem Namen genannt; es ist *Wilhelm zu Heideck*, *1544, †1588, und «ir gnaden schwester sun» bezieht sich auf die Ehe seines Vaters Johann Freiherr zu H. mit Elisabeth Gräfin von *Rappoltstein* (1541). Der Vater war ein Erzfeind des Hauses Österreich, s. B. R. Jenny: Amerbach-Korr. 6, 474, A. 2. Der Sohn Wilhelm wurde fränkischer Rat in Preussen und heiratete 1579 Magdalena Gräfin v. Gleichen. Er ist in Ansbach begraben; mit ihm erlosch der süddeutsche Zweig der Familie. Eur. St.-Tf. III 78. – Die von Platter erwähnte 1. Gemahlin, eine Polwil, finde ich nicht.
7 Von *Freiburg i. Br.* zog die Gesellschaft über die Höllentalstrasse, die «*Steig*», durch den Schwarzwald nach *Neustadt* (an der Wutach, NE des Titisees) und *Friedenweiler*, alles in östlicher Richtung, und schliesslich nach *Donaueschingen*, in das Schloss der Grafen von Fürstenberg.
8 *Markgraf Georg Friedrich* (zu Ansbach und Bayreuth), *1539, †1603, ∞ 1. 1558 Elisabeth, Tochter des Markgrafen Johann von Brandenburg-Küstrin, 2. 1578 Sofie, Tochter des Herzogs Wilhelm v. Braunschweig-Lüneburg. Eur. St.-Tf. I, 61. Mit ihm erlosch der Mannsstamm der ältern Linie Ansbach.

berg⁹ angestelt hatt, ir gn. zů gefallen, unnd der graf sampt zweien iungen
grafen von Sultz in den schirmen¹⁰ hielt, wie auch wir, unnd dorin ze
mittag aßen, doch in aller stille, das wildtbret nit zeruck zedriben. Sy
schoßen aber keins; warden doch zwei stuck gwildts by den thiecheren
von hunden nider gerißen unnd von buren gefangen. Man drŭwt mir
unnd dem von Veningen, daß er nit stil gewesen, ich aber gesagt, kem
nur ein has herfir, domit wir etwas sechend, nit solt ein hasen, sunder
kornhirtzen¹¹ genempt haben, daß weidt meßer zeschlachen; derhalben
wir heimlich durch den waldt strichen, der schir zů, do unsre pferdt
waren, unnd reisen gon Doneschingen, dohin auch hernoch die grafen
unnd herren kamen.

    Zů Doneschingen bleiben wir ein tag in deß grafen schloß, so auf der
ebne im dorf ist, eins weiten bezircks unnd hofs, dorinnen die Donauw
entspringt unnd ir ursprung uß der erden quilt unnd durch den hof wie
ein bechlin heruß flüßt, baldt aber durch ein ander waßer gemert wird.
Diser ursprung ist in muren ingefaßt mit zinnen wie ein wyer¹², unnd
hatt man vil groß karpfen uß dem Donneschiger wyer dorinnen, welcher
nit weit von dannen ligt unnd einer halben mil lang ist, gar groß karpfen
zuchtet unnd vil hecht, so zů zwei iaren um Galli¹³ abgeloßen, erst im
frieling gefischet wirdt unnd ein große nutzung dregt, wie auch anno 98,
alß er geseit wardt, in die dusent garben frucht dregt. Es ist auch in gemeltem schloß ein alt burgstel, nempt man das alt schloß; dorinnen ich
lag, stanck seer übel von den roß- unnd süwstelen, welche under meiner
kammer waren, daß ich morndeß nit mer doselbst [2] bleiben wolt. Es
hatt auch die gräfin von Fürstenberg Amelia, geborne von Sultz, ein
großen schönen lust garten darby, dorinnen rings weiß um greben in der
erden mit britteren vom grundt ingefaßt waren, etwan zwen schritt breit,
oben vergetteret, dorinnen allerley vögel flugen unnd iede art besunders
abgetheilt wardt¹⁴.

    Von Doneschingen ruckten wir den 15. Augusti, zogen neben Warten-
berg¹⁵ über den berg, unnd von dannen in ein veldt. Ich ließ ein anderen

---

 9 *Graf Heinrich VIII. von Fürstenberg:* *1536, †1596, ∞1560 Amalie v. Solms-Lich, s. Kap.
    11, A. 129. Er residierte in Donaueschingen; die grossen Wälder im W davon gehörten
    ihm auch.
10 schirme: kleine Hütten, aus denen man auf das Wild schoss.
11 «kornhirtzen» (Hs. undeutlich: hirizen?): unklar, vielleicht eine scherzhafte Bezeichnung
    der Hasen. – Zum «Weidmesserschlagen» s. Kap. 15, A. 132.
12 Die sogenannte «*Donauquelle*» im Schlosspark, die zusammen mit der Brigach und der
    weiter unten mündenden Breg die Donau bildet.
13 Galli: 16. Oktober.
14 Die damals in Lustgärten in Mode kommenden Volieren waren eine Art Vorstufe zu den
    Zoologischen Gärten. – Die genannte *Amelia* war eine geborene Gräfin *v. Solms*, nicht
    «Sulz» (Verwechslung), A. 9.
15 *Wartenberg:* 818 m hoch, ca. 10 km E von Donaueschingen, links der Donau, ursprüng-

mein pferdt reiten, satzt mich in der frauwen zimmer gutschen (wie ich auch zevor ietz in deß herren von Rappoltzstein[3], ietz deßen von Heidecks gutschen zů zeiten, wo gut weg waß, faren mocht, dorinnen ich etwan auch im faren die luten schlug), unnd als wir in ein diefen weg kamen, dardurch deß herr gutzschen mit beschwerden gebrocht wardt, fůr unser gutschier, denselbigen abzewichen, neben ab ein rein auf im velt, welches gar dief waß, unnd giengen uf der rechten handt die reder also dief hinin, daß die gutschen, welche gar schwer unnd wol geladen was, auf die seiten, do ich sas, umschlug. Ich fůl hart uff die hendt, vil bletz ab, unnd ergreif mir die gutschen den linchgen fůß, druckt mir in also seer, daß der sporen doran, den ich anhatt, gar krum wardt; etlich laden[16] fielen über mich auß, unnd die hofmeisterin Besterhoferin unnd ein iungfrauw von Růst, so mir ze ruck sas, der herr von Rappenstein selbs sampt ir gnaden gemachel sprangen auß ir gutschen; auch die zeroß kamen mir zehilf, dan sunst niematz nütt geschach, lupften die gutzschen auf, zogen mich herfir. Do geschwandt mir gleich[17], unnd geschwal mir der fůß bis ans kneuw, daß man mir den stifel, eb man mir in abzog, uf schniden můßt. Man lupft mich wider in die gutschen, verwiglet mir den fůß mit linen thiecheren unnd hůlt in uf einem sammeten kißen; fieng an, großen schmertzen doran leiden, wolt mir stets onmechtig werden, biß ich ein wenig roten Schafhauser wein in eim flecken zedrincken bekam unnd mich domit erlabet. Der schmertz ließ doch am fůß nit noch, sunder nam zů, belanget mich seer nach Duttlingen, dahin wir auf den obendt kamen unnd in karten[18], auch mich auß der gutschen hinuf in die herberg einer kretzlet[19] unnd uf ein lotter beth[20] leget.

Hie můs ich auch vermelden, daß eben in der unglick haftigen stundt, welches um dry nach mittag den donstag waß, do ich den fal thet, ze Basel auch ein unfal wie auch ze Simringen, dohin wir wolten, sich zů drieg. Dan zů Basell ist einem bügsenschmidt am Fischmarkt, als er ein ror, so geladen, hinden uf schlachen wellen unnd süberen, von eim funcken abgangen unnd dardurch ein iungfrauwen, so mit seiner frauwen redet unnd do stůndt, durchschoßen, also daß sy gleich auf dem blatz belyben ist; unnd ist die kugel gleich falß seiner frauwen under der achsel du⟨r⟩ch die brust gangen, davon sy auch am zwentzigisten tag hernach

---

lich Sitz der Freiherren von Wartenberg, seit 1321 im Besitz der *Fürstenberg*. Heute Ruine und ein Lustschloss aus dem 18. Jh. Ed. Schuster: Die Burgen und Schlösser Badens, Karlsruhe 1908, S. 112. – Etwa 5 km SW davon erhob sich einst das Stammschloss der Fürstenberg.

16 laden = Bretter.

17 geschwandt mir = ich wurde ohnmächtig.

18 in karten = einkehrten.

19 kretzlet⟨e⟩ = auf dem Rücken trug wie eine Krätze (Tragkorb). Seiler 62.

20 lotter beth = Couch, Kanapee.

den 3 september gestorben, welcher leidige unnd unversechenliche[n] todtschlag zweier personen, ob gleich von der oberkeit nit am theter am leben, sunder allein in dem, daß er ein zeit lang die statt gemitten, letstlich erbetten wider dorin kommen unnd dorin wonen dörfen, auch sich wider verhürathet, gestraft ist worden. Ist doch auch ein ander straf, daß er hernoch in einem schiffbruch im Rhein erdruncken, durch Gottes gerechten urtheil, der niemandt unrecht thůt, ervolget. Eß hatt auch in gemelter stundt, wie wir darnach innen sindt worden, der von Rechenberg auf dem schies rein[21] den dumen, in dem er ein stehelinen bogen ab geschoßen, mit der sennen[22] übel zerschlagen, welcher hernoch neben mir in einem sal von einem scherer verbunden ist worden.

[3] Zů Duttligen[23], alß wir ankamen, verbandt mich ein scherer, unnd aß der herr von Rappenstein[24] in der stuben, do ich lag, mir die wil kürtzer zemachen, aber ich aß gar nütt, unnd waß by mir nur angst unnd not, wie auch die gantze nacht ich kein schlof thet; solt mir ein koch wachen, der aber schlief, unnd alß ich mich bitter übel gehůb, stůndt ir gnaden, so neben mir in einem kemmerlin lag, auf, kam zů mir in aller nacht, dröstet mich mit vermelden, wie ir gnaden wol wißt, waß eß fir ein schmertzen brecht glider wee, alß der vilmolen die schenckel unnd arm durch fel gebrochen hette unnd daß podagram[25] gehept. Ich aber hette domolen alles, waß ich auf erden gehept, geben, den schmertzen zelindern.

Morndes den 16. thrůg[t] mich einer die stegen hinab wider auf die gutzschen, fůren fort auf Simringen[26], do die hochzeit gehalten solt werden, unnd underwegen rust man sich zum inritt, ich aber leidt große not. Zů Simringen kamen wir auf den obendt an, warden herlich im schloß, welches hoch ligt unnd auf die Donauw sicht, entpfangen. Man kretzlet[27]

21 Der *Schiessrain* am Petersplatz war die Übungsstätte der Stachelschützen (Armbrustschützen) am Stadtgraben; ihr Schützenhaus steht noch (heute Hygien. Anstalt).
22 senne = Sehne (der Armbrust).
23 *Tuttlingen:* 30 km E von Donaueschingen, an der Donau.
24 Rappenstein = Rappoltstein, Platters Schutzherr, s. o. A. 3.
25 podagra = Gicht, Zipperlein.
26 Simringen = *Sigmaringen*, ebenfalls an der Donau. Sie fuhren entweder über Messkirch wie auf dem Rückweg (39 km) oder aber der Donau entlang abwärts (53 km). – Platter sagt nicht, warum die Hochzeit nicht auf Haigerloch stattfand, sondern auf Sigmaringen, dem Schloss des Bruders des Hochzeiters. Doch war die alte Burg zu *Haigerloch* (ca. 1200) viel zu klein und unkomfortabel. Der Bau des heutigen grossen Schlosses wurde von dem jungen Grafen Christoph gleich nach der Hochzeit begonnen, die Schlosskirche 1584, wie eine Bauinschrift besagt. Vgl. Dt. Kunstdenkmäler, Bd. Baden-Württ., hg. v. R. Hootz, 1970, S. 389. – Zudem besass Sigmaringen eine treffliche *Hofmusik*, die der Schlossherr Karl II. seinem Bruder ebenso grosszügig zur Verfügung stellte wie seine ganze Hofhaltung mit Dienerschaft, Tafelsilber usw. Nach Ernst Fritz Schmid: Musik an den schwäb. Zollerhöfen d. Renaiss., Basel 1962, S. 101ff.
27 kretzlet⟨e⟩ = trug auf dem Rücken.

mich ellentglich in deß hofmeisters von Benheim sal unnd legt mich in ein rolbettlin; war nit weit vom heimlichen ort, daß schmach gar übel. Es verbandt mich ein scherer, unnd waß der fůß blauw in gäl, überal biß in die zechen unnd ein gůts über die knoden[28] heruff. Man gieng zum nachteßen; ich bleib allein, entschlief, unnd do ich erwacht, befandt ich etwaß milterung, unnd hungert mich, dan ich sit dem fal nüt geßen hatt. Alß man zů mir schickt, wie ich lebt, zefrogen, unnd ich z'eßen begert, bracht man mir vilerlei drachten[29], unnd war der schärer min gast neben dem beth; der dranck sich baldt vol. Ich hort gůte music unnd bergknappen singen; that mir wee, daß ich nit darby sein kont. Um mitnacht kamen vil in mein gemach zeschlofen, waren wol bezecht unnd gar unriewig.

Sambstag den 17 kamen vil grafen unnd herren an, die bliesen altzeit vil drommeter an, unnd warden ze hof unnd im stettlin infuriert[30]. Ich bleib im bett, wil ich nit gon kondt; war doch der schmertzen etwaß lidlicher.

Suntag den 18. rusten sich die grafen unnd herren sampt dem hochzeiter, die hochzeiteren zeentpfachen, deren sy entgegen ritten unnd baldt ins schloß mit einem starcken inritt brachten, unnd nach dem sy ußgestanden, entpfieng daß frauwen zimmer[31], so sich der ordnung nach in hof gestelt hatt, die hochzeiteren sampt irem frauwen zimmer unnd fůrt sy in ire losament[32], welchen inritt ich auch auß einem gemach, dohin man mich gedragen, zum fenster hinuß gesehen.

Unnd befandt sich von fürstlichen gesanten, graven, herren unnd vom adel, so do ankommen unnd diser hochzeit by gewont, volgende personen, in anzal der pferden, wie volgt:
Item graf Christoph zů Zolleren, der hochzeiter, hatt by sich pfert 24.
herr Christoph von Wellsperg der alt, sampt deren gemachel unnd seiner dochter Catharina, der hochzeiteren. pfert 24.
herr Sigmundt unnd herr Niclaus von Welsperg. pfert 11.
fürstlichen durchleuchtikeit ertzhertzog Ferdinandi gesanter, graf Ei⟨t⟩el Friderich zů Zolleren[33]. Pfert 27.

28 knoden = Knöchel.
29 drachten, trachten = aufgetragene Gerichte.
30 infuriert = einlogiert.
31 frauwen zimmer, hier: weibliches Gefolge, Hofdamen.
32 losament = Logis, Quartier.
33 *Eitel Friedrich IV.* (I.) Graf v. Hohenzollern-*Hechingen:* *1545, †1605, der älteste Sohn Karls I. und der Anna v. Baden-Durlach, der Begründer der Hechinger Linie. Er ist unter seinen Brüdern die imposanteste Gestalt, ein richtiger *Renaissance-Fürst* (der «Prächtige» genannt), als katholischer Landesherr und Mäzen zu vergleichen mit dem Bayernherzog Wilhelm V. und Erzherzog Ferdinand v. Tirol, mit denen er eng befreundet war. Humanistisch und musikalisch gebildet, schwärmte er vor allem für die Musik. Bei der

[4] Churfürst. Brandenburgischer gesanter, graf Joachim zů Zolleren[34]. Pfert 12.

Marggref. Badischer zů Durlach gesanter, Martin von Remchingen. Pfert 4.

Marggref. Badischer zů Baden gesanter. Pferdt 4.

fürst. Bayerischer gesanter, herr Ců⟨n⟩rath von Bemelberg. Pferdt 9.

fürst. Wirtenbergischer gesanter, Frideri⟨c⟩h von Breitenbach. Pferdt 4.

graf Heinric zů Fürstenberg[35], sampt deren gemachel unnd freuwlin Anna Maria unnd ein freuwlin von Sulmß. Pferdt 28.

graf Joachim zů Fürstenberg[36], sampt deren gemachel. Pferdt 23.

graf Albrecht zů Fürstenberg[37]. Pferdt 9.

herr Egenolf zů Rappoltzstein, sampt deren gemachel, zwey freuwlinen unnd freuwlin von Heideck. Pferdt 25.

herr Wilhelm zů Heideck. Pferdt 10.

frauw von Frindtsperg. Pf. 12.

graf Gotfridt zů Oetingen[38], sampt deren gemachel. Pf. 41.

graf Wilhelm zů Oetingen, sampt deren gemachel. Pf. 23.

«Lothringischen» Hochzeit Wilhelms V. lernte er den Leiter der Münchner Hofkapelle Orlando di Lasso und dessen Söhne kennen. 1568 führte er unter musikalischer Begleitung durch die Weingartner Klosterkantorei die junge protestantische Gräfin *Veronika v. Ortenburg* zum Traualtar, die jedoch schon 1573 starb. In 2. Ehe heiratete er 1574 die 16jährige *Sibylle Gräfin v. Zimmern*, die seine Musikbegeisterung teilte; sie war die Tochter jenes geistreichen und weitgereisten Grafen Christoph Froben v. Z., des Verfassers der Zimmerschen Chronik. 1576, nach dem Tode Karls I. folgte ihm Eitelfriedrich als Landesherr und gestaltete nun seine Residenz zum Sitz eines glanzvollen Hoflebens aus (s. Kap. 15: Hechingen). Schon sehr jung wurde er Reichserbkämmerer und Präsident des Reichskammergerichts, dank der Protektion durch Erzherzog Ferdinand von Tirol, als dessen Gesandter er hier auftritt. Eur. St.-Tf. I, 153f.; Grossmann: Geneal. ... HZ, Nr. 512; Schmid: Zollernmusik, spez. S. 165f. Vgl. o., A. 2.

34 *Joachim Graf v. Zollern* ist des Hochzeiters jüngster Bruder, der wegen seines reformierten Glaubens kein Land erbte und dann in Brandenburg (Ansbach) Karriere machte. Er heiratete im Jahre 1578 die Gräfin *Anna v. Hohenstein* und wurde zum Begründer der *schlesischen Linie*, die aber mit seinem Sohn Johann Georg im Mannsstamme ausstarb. Eur. St.-Tf. I, 153. Vgl. A. 1 und Kap. 15, A. 84a.

35 Graf *Heinrich zu Fürstenberg:* *1536, †1596, Sohn Friedrichs II. und Annas v. Werdenberg; seine Gemahlin: Amalie Gräfin zu Solms. Eur. St.-Tf. IV, 127 u. 128.

36 Graf *Joachim zu Fürstenberg:* *1538, †1568, ein Bruder Heinrichs; ∞ Anna Gräfin v. Zimmern. Tf. IV, 127.

37 Graf *Albrecht zu Fürstenberg:* *1557, †1599, Sohn des Grafen Christoph und der Gräfin Barbara v. Montfort (recop. Georg v. Frundsberg d. J.), also ein Neffe der beiden Obigen. Tf. IV, 128.

38 *Gottfried v. Öttingen:* *1554, †1622, ∞1591 Barbara, Tochter des Pfalzgrafen v. Zweibrücken (Eur. St.-Tf. I, 36), ist wahrscheinlich ein Bruder von *Euphrosine v. Ö.*, der Gemahlin Karls II. (A. 39). Der nächstgenannte *Wilhelm* (wohl auch ein Bruder), *1544, †1602, war seit 1564 verheiratet mit *Johanna v. Hohenzollern*, einer Schwester der oft genannten 4 Zollern-Brüder. Dagegen fehlt an dem Feste der Vater Euphrosines, Friedrich d. Ä.; vielleicht lebte er damals nicht mehr. Eur. St.-Tf. I, 36 u. 153.

graf Friderich zů Oetingen der iung. Pf. 11.
graf Carol zů Zolleren[39], sampt deren gemachel. Pf. 45.
graf Heinrich zů Lupffen[40], sampt deren gemachel. Pf. 25.
graf Růdolf zů Sultz. Pf. 4.
herr Peter von Mörspurg[41]. Pf. 6.
herr Friderich von Mörspurg[42]. Pf. 2.
frauw von Firmian. Pf. 5.
frauw Füchsin. Pf. 5.
herr Jacob Truckseß, gesanter N. von Neuneng. Pf. 2.
herr Carol Truckseß, gesanter N. von Hauß. Pf. 2.
herr prelat zů Salmansweiler. Pf. 6.
herr prelat zů Zwyfalten. Pf. 6.
Weingartnischer gesanter. Pf. 2.
Marchtalischer gesanter. Pf. 2.
Schußenriedischer gesanter. Pf. 2.
Waldischer gesanter. Pf. 2.

Vom adel:

Christoph von Bregrathen, statthalter zů Rotenburg,
hofmeister, pf. 4.
Joachim von Hausen. pf. 5.
Hans Wernher von Wangen. pf. 8.
Paulin von Freiberg. pf. 5.
Jacob Gramblich sampt drien söhnen. pf. 8.

39 *Graf Karl II.*, der Schlossherr von *Sigmaringen*, der seinem jüngern Bruder, dem Hochzeiter, grosszügig sein Schloss zur Verfügung stellte und das Fest organisieren half
(s. A. 26). Auch er hatte in Dillingen und Bourges studiert und verbrachte dann einige
Zeit am Hofe Albrechts V., des Gönners von Orlando di Lasso, in München. Von hier
führte er 1569 die junge Gräfin *Euphrosine v. Öttingen* als Gemahlin heim. Als diese nach
über 20jähriger glücklicher Ehe bei der Geburt des 15. Kindes starb, heiratete Karl die
geborene Holländerin *Elisabeth v. Cuylenburg*, die Witwe des badischen Markgrafen, indem er sie 1591 mit 60 bewaffneten Reitern überfiel und nach Sigmaringen entführte.
Auch er schuf sich, wenn auch bescheidener als sein Bruder in Hechingen, ein *Hof-
orchester*, dem der tüchtige Kapellmeister *Melchior Schramm* (s. Kap. 15, A. 63) 20 Jahre
lang vorstand. Neben der Musik verstand sich Karl auch sehr gut auf Jurisprudenz und
Staatswissenschaft. Er wurde Landvogt im Oberelsass und erzherzogl. Rat und leistete
dem Hause Österreich gute diplomatische Dienste. St.-Tf. I, 153 u. 155; Grossmann:
Geneal. HZ, Nr. 513; Schmid: Zollernmusik 40ff., 106.
40 *Graf Heinrich v. Lupfen:* *1543, †1582, Landgraf zu Stühlingen als Ultimus stirpis. Kindler v. K.: Oberbad. Geschl.-Buch 2, 548. Die Grafen v. L. bekleideten die Landgrafenwürde zu Stühlingen von 1251 bis 1582. HBLS 4, 735 (falsch: «Klettgau»).
41 *Graf Peter v. Mörsperg:* (1555), †1594, Sohn des Franz v. M.; ∞ 1. Margaretha Gräfin v.
Lupfen, 2. Anna Gräfin v. Waldburg, Eur. St.-Tf. IV, 124.
42 *Graf Joh. Friedrich v. Mörsperg:* (1583)–(1618), ein Bruder Peters, ∞ Margarethe Stommel.

Adolf
Ulrich   } von Weserstetten. pf. 7.
Friderich

[5] Diebolt } von Ehingen. pf. 3.
Wernher

Hans Görg Iflinger von Graneck. pf. 3.
Friderich von Auw. pf. 4.
Philips } von Auw. pf. 4.
Volmar

Peter von Gültlingen. pf. 4.
Reinhart von Dettingen. pf. 4.
N. von Hamer. pf. 2.
N. von Dorndorf. pf. 2.
Jacob vom Stein. pf. 3.
Hans Joachim Megentzer von Veldorff. pf. 3.
N. Rueff, hauptman. pf. 2.
Hans Caspar von Rischach. pf. 2.
Dietherich von Rotenstein. pf. 2.
Hans Jeorg von Freiburg. pf. 1.
In gemein, so von wegen der hochzeit ankommen. pf. 32.
Summarum aller pferdt thůt 524 pferdt, on die wagenroß, so aller handt victualia zůgefiert, sindt hie außgeloßen.

Nach versamlung gemelter personen, alß sich iederman zur zesamengebung gerüstet hatt, fůrt man die hochzeiteren, ein schöns freuwlin mit ufgethanem zerspreiteten gälem har, sampt dem hochzeiter kostlich angethon in ein großen sal, dorinnen ein altar mit sammet bedeckt ufgerichtet war, doruf brennende wachßliechter stůnden, do sy der apt von Zwyfalten zesamen gab. Doruf volgt ein kostlich pancquet, unnd darnoch der dantz zů den drummeten, mit vorgenden nachtliechteren[43], wie zehof der bruch, biß man die hochzeitleuth von dannen zů dem bischlaf fůrt.

Morndeß den 19. augusti[44] fůrt man die hochzeit leuth mit großem gebreng unnd vil kostlicheit, stattlicher music zur kirchen, geleitet von grafen, herren unnd frauwenzimmer, darunder waß nit catholisch waß, heraus bleib biß zů endt, alß dan sy wider zum imeß eßen geleiteten.

Vil kostliche⟨i⟩t mit tractieren, schauweßen[45], silber geschir darzestellen wardt do gedriben. Auch stattliche music mit allerley instrumenten ge-

---

43 Nachtliechter: der altertümliche *Fackeltanz*, den nur Trompetenschall begleiten durfte; zwei Vortänzer tanzten mit den Fackeln voraus, zwei Nachtänzer folgten dem Paar.
44 Hs. irrtümlich: octobris.
45 «Schauessen»: künstliche Konditorenwerke auf Torten, eine Burg oder eine Figur darstellend, vgl. Kap. 15, A. 61.

Schloss Sigmaringen von NW. Anonymes Ölgemälde, Hofbibliothek.

Graf Karl I. von *Hohenzollern*-Sigmaringen und seine drei Söhne:

a) *Graf Karl I.*, *1516, †1576, Ölbild im Schloss Sigmaringen, vgl. S. 456.

b) *Graf Eitelfriedrich IV*. (I.) von Hohenzollern-*Hechingen*, *1545, †1605, ein echter Renaissancefürst und Musikfreund. Ölbild eines niederländ. Meisters, Gemäldeslg. Sigmaringen.

Graf Karl II. von Hohenzollern-Sigmaringen, *1547, †1606.

Graf Christoph von Hohenzollern-Haigerloch, *1552, †1592, der *Hochzeiter* von 1577.

Gräfin Katharina von Hohenzollern-Haigerloch, geb. Freiin von Welsperg, *die Braut* von Graf
Christoph, ∞ 1577 18. Aug., † n. 1608. Anonymes Ölbild in Welsberg (Monguelfo).

halten, deren auch ein verriempter lutinist, Christoph Westermeier[46] genant, bywont. Eß sangen auch underweilen fünf bergknappen zierlich zesamen. So driben die schalksnarren auch vil boßen, unnd under andren macht Pauli von Zell mit seiner lauten schlachen, darzů er ietz mit weinen, baldt mit lachen zů stimmet, vil gelechter. Man hielt auch die dentz altzeit nach den mittag unnd nachtmolzeiten mit großer herlikeit, gebreng unnd allerley art manieren zedantzen, unnd warden vil seltzamer unnd kostlicher mumerien gemacht. So hůlt man auch ein ringle rennen[47], unnd gab man goben von kostlichem zeug, zů den pferden gehörende, denen so am besten sich hielten, auß.

Welchem allem, so domolen gedriben, ich der mertheil auch by gewont, dywil man mich, ob ich gleich nit gon kondt oder mit großem schmertzen mit hilf der kruchen hanch, in sal drůg unnd an der herren disch satzt, wie auch ich zeroß uf den renplatz selbs geritten unnd zůgesechen h⟨ab⟩.

[6] Unnd weret dise hochzeit freudt unnd kurzwil also biß in fünften tag, welcher zeit so vil speiß ufgieng unnd gebraucht wardt, daß man nit um kurzwil, sunder notdurft halben rot wildtbret[48] iagen unnd speisen můßt. Unnd schiedt also fritag den 23 augusti der herr von Rappoltzstein mit dem grafen Heinrich von Lupffen, seinen geferten, unnd ich mit inen in der gutschen nach mittag von Simringen hinweg, zogen neben Meßkirch[49] dem stattlichen haus, dem grafen von Zimmren zůgehörig, fürüber, unnd fiel die nacht in, eb wir die nacht herberg erreichten, můßten vil geforliche weg neben hohen reinen anhin faren, do ich in großer gfor unnd schrecken, dywil alle an solchen orten uß den gutschen wichen, ich aber meines fůs halben dorin bliben můßt unnd die gfor, daß mich etwan der gutschier hoch abhin werfe, beston, doch hatt mich Gott bewart. Unnd kamen gar weit in d'nacht gon Engen[50] in daß stettlin, dohin der

46 *Christoph Westermeier*, lutinist: vielleicht der Hechinger Stadtschreiber und Bassist Johann (Christoph?) Westermeier, so vermutet E. F. Schmid: Musik an den schwäb. Zollerhöfen d. Renaiss., S. 102. – Eine bekannte Figur ist dagegen der andere hier genannte Lautenist, *Pauli von Zell.* Er spielte auch eine bedeutende Rolle bei einer Fugger-Hochzeit in Augsburg im März 1585, und im Okt. 1598 treffen wir ihn wieder als Stegreif- und Bänkelsänger an der grossen Zollernhochzeit in Hechingen, s. Kap. 15, A. 65. Schmid a. a. O., 103.

47 *Ringelrennen:* ein letzter Abglanz des alten Turniers, ein Scheingefecht, bei dem das Kostüm und der dramatische Auftritt mehr galten als die Waffenübung selbst. Die Ringe waren an Pfählen befestigt und mussten vom Ritter in vollem Lauf des Pferdes mit der Lanze abgestochen werden. (Ein letzter Nachfahr des Spiels ist das Ringstechen bei der «Ressliritti», wo als «Dank» oder «Preis» eine Freifahrt gewährt wird.) Nach Bruno Stehle, in «s'Zollerländle».

48 «Rotwild»: weidmännische Bezeichnung für Edelhirsch, so wie «Schwarzwild» für Wildschwein.

49 *Meßkirch:* 16 km SW von Sigmaringen, mit einem Schloss der Grafen v. Zimmern. Von da – vermutlich über Stockach – nach Engen.

50 *Engen:* altes Städtchen, nahe dem Schaffhausergebiet; von da geht es südwärts durch den *Hegau,* vorbei an den mit Burgen gekrönten ehemaligen Basaltkegeln, s. A. 54 u. 55.

graf von Lupfen den herren von Rappoltzstein geladen hatt, unnd warden in dem schloß ingefuriert unnd gar wol tractiert. Schlief wegen der miede die nacht gar wol, morndeß dranck ich ob dem imeß panckel[51] gůten roten Schafhuser wein, legt mich uf den abendt in ein lotter bett[52], schlief gar wol, unnd darnach sach ich in daß lustig thal, mit so vil reben geziert, unnd fieng mich an, seer heim blangen[53]; besorgt altzeit, ich were etwan wegen der mie[u], die man mit mir haben můßt, unwert, wie wol mir alleß liebs beschach.

Batt derhalben morndeß am suntag den 25 augusti um ein urlůb, welches ich erlangt, unnd schanckt mir der herr von Rappoltzstein 60 gulden, gab mir diener unnd zerung biß nach hauß. Ich legt ein ufgehůwenen stifel an mein bösen fůß an, stalt in in ein schlingen, die ich am hals hatt, sampt dem stegreif, unnd reit also um acht uren am morgen, gleich wol nit on beschwerden unnd etwaß schmertzen, den ich doch willig leidt, nur heim zekommen, mit meinem diener fort, neben den bergschlößeren Hohenheben[54] fort über; gehört dem grafen von Lupfen, hatt die gerechtikeit, daß so einer doruf kompt, so noch nie doruf gewesen, man in uf ein roßhaut setzt, welche an vier orten von vieren so starck gezogen wirt, daß einer in die höhe springt; darnoch neben Hohenstophlen, Hohenkreien[55] reiten wir gon Schafhausen, war fast um ein ur nach mittag. Ich schikt nach doctor Benedickt Burgauwer[56], meim alten Mompelierer gespan, in die herberg, klagt im mein unfal, waren lustig, und reit ich, ob eß gleich spot was, noch gon Diengen[57]; war gar miedt, legt mich on geßen schlafen.

Morndeß frie[u] auf nach Waltzhůt, Laufenburg uf Basell, dohin ich die nacht mentag den 26 augusti, alß ich 19 tag ausgeblieben, wider heim kam unnd ein schrecken den meinen, dywil man mir vom pferdt abhelfen můst, mitbracht.

Ich můst noch ein gůte zeit, wohin ich wolt, reiten unnd ettlich wuchen hincken.

51 Mittagsbankett.
52 Couch, Kanapee.
53 blangen, mhd. belangen = mit Sehnsucht erwarten.
54 *Hohenhöwen*/-heben: Basaltkegel, 846 m, ehemals Schloss der Grafen v. Lupfen; nur wenige Reste davon erhalten.
55 *Hohenstoffeln* und *Hohenkrähen*: ruinengekrönte Basaltkegel (844 und 642 m hoch), westlich bzw. südlich von Mühlhausen, nahe bei Singen und dem durch Scheffels «Ekkehard» bekannt gewordenen *Hohentwiel*. Baedeker: Deutschland (1967), S. 154 usw.
56 *Benedikt Burgauer:* Stadtarzt in Schaffhausen, s. Kap. 3, A. 427.
57 *Thiengen:* 7 km E von Waldshut. Die Strecke Engen–Schaffhausen–Thiengen beträgt ca. 65 km, die zweite Tagesroute von Thiengen über Waldshut–Laufenburg nach Basel sogar 70 km, beides aussergewöhnliche Leistungen für einen Reiter mit geschwollenem Bein!

14. Reise nach Stuttgart 1596
zur Taufe des Prinzen August von Württemberg

(28. Februar – 2. April 1596)

Anmerkung zum Text: Von dieser zweiten Reise Platters zu einem Hoffest fehlt leider die Original-*Handschrift.* In dem grossen Band A λ III 3, der die meisten deutschen Schriften Felix Platters enthält, befindet sich von einem unbekannten Kopisten eine *späte Abschrift* – nennen wir sie N –, die zwar schön geschrieben ist, die jedoch wie alle Kopisten des 17./18. Jahrhunderts die ältere Sprache modernisiert: Statt «andüten» schreibt N «antheutten», statt «gerist»: «gerüstet», statt «pfifen»: «pfeiffen», statt «sun»: «Sohn» usw., dazu viele Konsonantenverdoppelungen und Majuskeln. Neben Schreibfehlern hat es eigentliche Missverständnisse: «folg» statt «flog», «für unns» statt «firuß», «von den richtern» statt «vor die r.». «gestrickt» statt «gestickt». Vor allem versteht N kein Latein: Aus «responsoria» macht er «respansaria», aus «cornu copiae»: «Corum Copia», aus «Cupido»: «Cupito», aus «Juno, Pallas, Venus» gar «Jumpolla, Venuß»! Zudem sind die 10 beidseitig beschriebenen Folioblätter in falscher Reihenfolge gebunden und paginiert; richtig wäre: 1–14, dann 17/18 und 15/16, 19 (2 Blätter vertauscht).

Zum Glück hat *D. A. Fechter*, dem 1840 noch das Original in losen Blättern vorlag, fast drei Viertel davon sorgfältig abgeschrieben und in seiner Platter-Edition festgehalten. Wie wir aus den vergleichbaren Teilen des Textes sehen, hat Fechter buchstäblich getreu kopiert, so dass wir hier seine Ausgabe S. 196–208 statt des fehlenden Originals dankbar übernehmen. Weggelassen hat er den Anfang (N 1, 2, Anfang 3) und den Schluss (N 19, 15, 16) sowie einige kleine und unbedeutende Stellen. Ich ergänze das Fehlende aus der späten Abschrift N und gebe deren Seitenzahlen in Klammern an; Grossschreibung und Interpunktion habe ich ausgeglichen.

[N 1] *Reiß Margroffen Georg Friderichen zu Baden unnd Hochburg*[1] *gon Stuttgarten inn Würtenberg zu der kindtstauffe des hertzogen von Würtenbergs*[2] *suns Augusti genannt, sampt den herligkheiten, so domohlen gehalten sindt wordenn anno 1596.*

Vonn Hochburg[3] zog ir fürstliche gnaden denn letsten februarii umb mittag ungefor mit anderthalb hundert pferden in diser ordnung hinweg:

1 Der Markgraf, in dessen Gesellschaft Platter reiste, ist *Georg Friedrich Markgraf zu Baden-Sausenberg*, zu dessen Herrschaft auch Rötteln und Badenweiler gehörten, der jüngste Sohn Karls II. und der Anna von Veldenz. Der Vater war bereits reformiert und führte 1556 den neuen Glauben in der Markgrafschaft ein; 1565 verlegte er die Residenz nach der neuerbauten «Kalsburg» in *Durlach.* Als er 1577 starb, hinterliess er drei unmündige Söhne, die dann *1584* entgegen seinem letzten Willen das Land aufteilten und die auch in ihren religiösen Bekenntnissen auseinandergingen:

Ernst Friedrich,   *1560, reg. 1577, †1604, zu Durlach, calvinistisch,
Jakob III.   *1562, reg. 1577, †1590, zu Hachberg, rekatholisiert,
Georg Friedrich,   *1573, reg. 1595, †1638, zu Badenweiler, lutherisch;
dies entspricht geographisch Nord-, Mittel- und Südbaden.

anfangs ein drometter, daruff die vom adell, alzeit drey in einem glidt geritten, darunder im ersten ir fürstlich gnaden hoffmeister Wolff Theüffell; waren ungevar bey fünfftzig adels personen, darnach volgendt drey drometter mit gell unnd rotten fanen, daran des fürsten waphen gemolt, nach inen der margraff allein geritten, unnd lauffen neben ir fürstlich gnaden zwen laggeyen, grauw angethon, bald reidt der margreffin hoffmeister junckher Höcklin, unnd uff inn für die margreffin[4] sampt dem eltsten freüwlin, ir f. g. hoffmeisterin, unnd frauwen zimer vom adell inn einer guttschen, welche mit 130 ellen sament überzogen. Die fůrden sechs schöne brune pferdt, daruff zwen guttscher, und neben der gutschen einer zufuoß, dieselbig zehalten. Nach der gutschen volgendt die reütter, ungevor bey 60, auch alzeit drey mit einanderen in ein glidt. Daruff volgt des margroffen guttschen; die zogen sechs schwartze stůtten, geregiert durch zwen gutscher unnd einem man darneben zefůß. Uff der guttschen saß ich unnd der secretarius sampt vier anderen ampts personen. Doch

Als Jakob kurz nach seiner Konversion 1590 in einem markgräfischen Badeort an Vergiftung starb, fielen seine Lande an die beiden Brüder. Daher nennt Platter 1596 seinen Schutzherrn, dessen Leibphysicus er war, «Markgraf zu Baden und Hochburg». Georg Friedrich war damals 23jährig, seit 1592 verheiratet mit der reformierten Wild- und Rheingräfin *Juliane Ursula von Salm-Neufville*, und hatte wohl seine Residenz von Badenweiler nach Emmendingen verlegt. Beim Tode seines andern Bruders 1604 erbte er dann auch Baden-Durlach und vereinigte wieder *die ganze Markgrafschaft* in einer Hand, da er überdies die von Ernst Friedrich besetzten Gebiete von Baden-Baden übernahm (s. A. 9). Als eifriger Anhänger der Reformation trat er, obwohl Lutheraner, 1608 der protestantischen Union bei und übergab 1622 seinem Sohn Friedrich V. die Regierung, um gegen die katholische Liga zu kämpfen, erlitt aber bei Wimpffen eine schwere Niederlage und wurde vom Kaiser abgesetzt. Trotzdem kämpfte er in dänischem Solde weiter und starb schliesslich 1638 in Strassburg. Nach Eur. St.-Tf. I, 85; Gessler, BJ 1891, S. 105f.; E. v. Chrismar: Genealogie des Gesamthauses Baden, Gotha 1892, S. 81f. usw. Felix Platter gewährte ihm ein Darlehen von 2000 Gulden, s. V. Lötscher, Njbl. 1975, S. 168.

2 Der einladende Fürst war *Herzog Friedrich von Württemberg*, *1557, †1608, Sohn Georgs I. und der Barbara, Tochter des Landgrafen Philipp von Hessen. Er folgte zu Mömpelgard 1581, als regierender Herzog 1593. ∞1581 *Sibylle*, Tochter des Fürsten Joachim Ernst *von Anhalt*. Das damals getaufte Söhnlein *August* war sein 14. Kind, *24. Jan. 1596; es starb schon 3 Monate später am 21. April. Eur. St.-Taf. I, 76. Platter weilte schon 1570 am Hof zu Stuttgart, wo er die Schwiegermutter des Herzogs von Sachsen betreute. Obs. und Buess S. 74. – Seit 1579 besass Herzog Friedrich in Basel den «*Württemberger Hof*» (wo heute das Kunstmuseum steht), doch kam er wohl selten auf Besuch. Er war ein grosser Schuldenmacher. Auch bei Felix Platter hatte er drei Anleihen von total 2480 Gulden gemacht, was einem stattlichen Vermögen entsprach. V. Lötscher, Njbl. 1975, S. 169.

3 *Hochburg* (Hachberg): altes Bergschloss N von Freiburg i. Br., 4 km E von Emmendingen, ursprünglich Sitz der Markgrafen zu Hachberg-Hachberg, seit 1418 badisch; 1689 zerstört, heute Ruine.

4 *Juliane Ursula von Salm:* *1572, †1614, älteste Tochter von Friedrich I. Graf v. Salm-Neufville und der Franziska Gräfin v. Salm; seit 1592 die Gemahlin des Markgrafen Georg Friedrich von Baden. Eur. St.-Tf. III, 138; vgl. A. 1.

rheyt ich der mehrtheill mit der fürstin hoffmeister, auch etwann [N 2] im feld mit meinem herren. Hieruff folgt ein guttschen mit megten, schreyber, auch mit sechs guttschen pferden unnd ein man darbey, darnach aber ein guttschen mit vier pferden unnd ein man darbey; daruff die musici mit iren instrumenten, zinckhen, pusounen, violen, cantary[5], darnach ein silber karch[6] unnd daruff zwen man, aber dry wegen woll geladen, mit schwartzen tuch bedeckht, daran des fürsten waphen, vor jedem sechs pferdt unnd fürsten kesten, felliß unnd allerley blunder, man allen guttschen unnd wegen, wo es dieff, noch zwey roßfor es trugen an etlich blunder[7], unnd lauffen etlich laggeyen zefůß mit.

Also khomen wir die nacht gon Schutteren[8] in acht stunden in das closter. Underwegen draffen wir margrof Edoardts[9] secretarium mit einem diener an; den fieng man, schickht in noch die nacht gefangen gon Durlach[10]. Den ersten martij zogen wir inn neün stunden gon Büehell[11]; ein meyll wegs darob entpfieng unns das margreffisch Badnisch gleidt mit zwölff pferden, welche vor unns herreithen. Denn anderen martij verruckhten wir unnd kamen in zehen stunden gon Durlach zuo margroff Ernst[12]; kart der margroff zuo Carolspurg[13] ein. Das gleidt enpfieng unns und⟨er⟩wegen mit zwentzig pferden, unnd sahen nit weit vonn Durlach

---

5 «Cantary» = Kantorei, Hofkapelle.

6 silber karch: Wagen mit Tafelsilber und Geld.

7 Satzkonstruktion sehr wirr (sicher ein oder mehrere Schreibfehler von N). Sinn: 3 Wagen mit Gepäck mit je 6 Pferden; wenn die Wagen zu tief einsanken, wurden zwei Rosse vor⟨gespannt⟩(?) oder: trugen zwei Rossknechte («roßf⟨u⟩or») einiges Gepäck.

8 *Schuttern:* Benediktinerkloster in der Ortenau, dann Burg und Stadt, N von Lahr. – Die erste Hälfte der *Reise* erfolgt in allgemeiner *Richtung S–N* (Freiburg–Karlsruhe), in 3 Etappen ca. 35, 40 und 45 km, die in 8, 9 und 10 Stunden zurückgelegt werden; die *Reisegeschwindigkeit* beträgt also etwa *4,5 km/Std.*

9 *Markgraf Eduard Fortunatus von Baden-Baden* (bernhardinische Linie), *1565, †1600, Sohn Christofs II. und der schwedischen Königstochter Caecilie, interessiert sich wenig für die Regierung seines Ländchens, führte eine Misswirtschaft und weilte meist im Ausland. Sein Vetter *Ernst Friedrich*, Markgraf v. Baden-Durlach (ernestinische Linie) besetzte und annektierte deshalb 1594 sein Land. Mit dieser Fehde mag es zusammenhängen, wenn hier der Sekretär des verschuldeten Markgrafen Eduard verhaftet und nach Durlach geschickt wurde. Eur. St.-Tf. I, 84; Das Grossherzogtum Baden (1885), S. 196; Chrismar, S. 77f., 82.

10 *Durlach:* E von der neuen, im 18. Jh. entstandenen Hauptstadt Karlsruhe, seit 1565 Residenz der Markgrafen v. Baden-Durlach.

11 Büehell = *Bühl*, halbwegs zwischen Offenburg und Karlsruhe. – «Ein meyll wegs darob», also 7,5 km nördlich davon, nahe bei Baden-Baden kam ihnen das markgräflich-badische Geleit entgegen; wahrscheinlich übernachteten sie in Baden-Baden.

12 *Markgraf Ernst Friedrich* von Baden-Durlach, der ältere Bruder von Platters Schutzherr Georg Friedrich, s. A. 1.

13 Carolspurg, *Karlsburg* in Durlach: erbaut 1562–1565 von Markgraf Karl II., der darauf die Residenz von Pforzheim nach Durlach verlegte; heute zerstört bis auf wenige Reste. Grosshzgt. Baden, S. 276.

das schön neüw schloß Gotzauw[14]; wir bleyben bis an den vierten martij. Darnach zogen wir sampt unserem geleidt gon Pfortzheim[15], kharten in dem schloß ein unnd besachen in der schloß kirchen margroff Ernsten unnd Carol sampt iren gemahelln unnd kinderen begrebnußen, auch margraven Albrechts von Brandenburg, welcher auch da begraben ligt.

Den fünfften empfieng unns des von Württenbergs gleidt mit dreysig pferden, füert unns [N 3] gon Lengberg[16] inn das schloß. den sech⟨s⟩ten zogen wir uff Stuttgartt sampt dem geleidt unnd Reingroffen Friderich[17] des margroffen schweher, welcher die nacht zuo unns mit einer guttschen unnd etlichen pferten khomen.

[F] Nit weit von Stutgardt uf der höche hult des hertzogen eltester sun[18] mit anderthalb hundert pferten, entpfieng den Margrofen (Georg Friedrich zu Baden und Hochburg) sampt seinem gemachel und ritten also uf 300 starck zu Stutgardten ein und gab diser inzug wol einer halben viertel meil wegs ein lenge[19]. Ze hof stunden bey 30 drabanden mit hallebarden, neuw in rot damast mit gäler siden durchzogen gekleidet, samete parretter mit wißen federen, hatten drummen und pfifen, was ein mechtig drometen, fanfaren und gethümel. [N3] Man reitt durch das schloß, unnd nach

---

14 Gotzauw = *Gottesau:* zwischen Durlach und Karlsruhe, erbaut als Benediktinerabtei im 12. Jh., 1525 zerstört, dann säkularisiert. Markgraf Ernst Friedrich liess hier 1588 ein prächtiges Wasserschloss errichten, das nach mehreren Bränden im 19. Jh. als Kaserne diente. Grosshzgt. Baden, S. 276. 1944 zerstört, seit 1964 wiederaufgebaut. W. Hotz: Kleine Kunstgs. der dt. Schlösser, Darmstadt 1970, S. 138 u. Tf. 29. – Der *zweite Teil der Reise* geht von hier an *in Richtung W-E* (Karlsruhe–Stuttgart), ebenfalls in 3 Etappen, die diesmal etwas kürzer sind: Pforzheim, Leonberg, Stuttgart.

15 *Pforzheim* (Hs. N hat irrtümlich «Pfalzheim»!): zwischen Karlsruhe und Stuttgart, an der Vereinigung des Enztal mit dem Nagoldtal. Nach der Teilung der badischen Lande nahm Markgraf Ernst, bisher in Sulzburg, 1535 hier seine Residenz. Auch nach der Verlegung der Residenz nach Durlach 1565 (A. 13) blieb die *Schlosskirche* von Pforzheim (St. Michael, im 11. Jh. begonnen, nach 1945 wiederaufgebaut) bis ins 19. Jh. die *Grablege* des badischen Fürstenhauses: vorn in der Mitte des Chors auf einem grossen Sarkophag der Stifter der Linie, *Markgraf Ernst* (†1553) und seine 2. Gemahlin Ursula v. Rosenfeld (†1538). Den Chor umgeben die Wandgrabmäler (Renaissance) *Karls II.* († 1577), des eifrigen Förderers der Reformation, und seiner Familie. Zur Linken der Schwager des Markgrafen, *Albrecht d. Jüngere v. Brandenburg*, †1557 zu Pforzheim in der Reichsacht. Alle Figuren über Lebensgrösse, aus dem Ende des 16. Jh., prächtige Beispiele deutscher Bildhauerarbeit. Schnar: Schwarzwaldführer (1901), S. 155, und Max Rieple: Erlebter Schwarzwald (1973), S. 68.

16 Lengberg (Hs. N. und Passavant) = *Leonberg:* alte, hübsche Stadt W von Stuttgart, mit Schloss.

17 *Wild- und Rheingraf Friedrich I. von Salm*-Neufville, *1547, †1608, reg. seit 1569, viermal verheiratet, s. Eur. St.-Tf. III, 138. Durch die Heirat seiner Tochter Juliane Ursula wurde er zum Schwiegervater (schweher) des Markgrafen Georg Friedrich. Vgl. A. 73.

18 *Johann Friedrich v. Württemberg:* *1582, †1628, reg. 1608 zu Stuttgart, ältester Sohn des Herzogs Friedrich und der Sibylle v. Anhalt, s. Eur. St.-Tf. I, 76. Als Kronprinz machte er hier die Honneurs, obwohl erst 14jährig.

19 ⅛ einer Meile (7,5 km): fast 1 km.

dem die fürsten einandern empfangen, ein jeder in sein losament woll naß, dan es sehr geregnet hat. Es khamen den tag auch andere, zevor der jung hertzog von Lunenberg[20] unnd sonnst vill groffen unnd herren mit adels doher: Holach, Thübingen, Eberstein, Limburg, Rappenstein, Winckhenstein.

[F] Morndes am suntag den 7. Mertzens zogen die Fürsten und herren in die hofkirch; Doctor Lucas Osiander[21] prediget, in einem damast angethon. Zu halber predig zogen die Fürsten sampt iren frauwenzimmer über gelegte bretter in der kirch, köstlich angethon; dan giengen vil vom Adel vor und drug des hertzogen eltist freuwlin den iungen herren, den man taufen solt, uf eim küße uf den armen und giengen uf ieder seiten neben iren ein grof, die huben auch an dem küße. Nach gethoner predig tauft man das kindt uß einem vergüldten beckhe; das huben beid Osiandri, vatter und sun, und goß der sun waßer uß einem beckhe in das ander, der vatter tauft das kindt, nampt in Augustum[22]. [N4] Unnd hub es der margraff Georg Friderich, darnach der groff von Winckhenstein innamen pfaltzgraffen Friderichen, churfürsten[23], und sonnst ein groff, gesander innamen des hertzogen frauw mutter, so jetzt den groffen von Waldteckh hat[24]. [F] Darby hult man die music mit 30 cantores, zinckenbleser, posunen, auch orglet man.

Darnoch gieng man zum eßen und pancketen; die hult man volgender wiß die gantze zeit, die wir do waren. Die herbucken[25] gond von erstem uf der altonen in der höhe, darnoch blasen 12 drommetter, altzeit sechs zemal, nach einander, [N4] letst alle zesamen mit stattlicher harmony und

---

20 Lunenberg = *Lüneburg*(?). Wenn es sich hier wirklich um das Herzogtum Braunschweig-Lüneburg handelt, so wäre der junge Herzog einer der Söhne des regierenden Herzogs Otto II., wahrscheinlich der jüngste, Otto III., da er weiter unten (n. A. 46) mit dem Sohn des Herzogs an Alter verglichen wird, s. St.-Tf. I, 71 u. Anm. 18.

21 *Osiander (= Wydmann): Lucas der Ältere*, *1534, †1604, Sohn des älteren Andreas O., geb. zu Nürnberg, stud. theol. Nürnberg, Königsberg, 1555 Diakon zu Göppingen usw., 1567 Hofprediger, 1596 General-Superintendent, Abt zu Adelberg. Mehrere Schriften, lutherisch-kämpferisch. – Der hier erwähnte Sohn ist entweder *Andreas O.*, *1562, †1617, der 1584 Diakon und 1590 ebenfalls württemb. Hofprediger wurde, oder *Lucas d. Jüngere*, *1571, †1638, der 1591 Diakon wurde und später viele hohe Ämter bekleidete. Jöcher 3, 1122f. u. 1119f.
Der gräzisierte Name Osiander geht, wie Herr Prof. Dr. theol. Ernst Staehelin herausgefunden hat, nicht zurück auf ὅσιος = heilig, sondern auf οἶσος = Weide (Strauch) und ἀνήρ = Mann. Chassang (1889), 652 u. Pape 2, 312.

22 Über den Täufling *Augustus* s. A. 2.

23 *Pfalzgraf Friderich IV.* (mittl. Linie): *1574, †1610, Kurfürst 1583, ∞1593 Luise Juliane, Tochter des Prinzen Wilhelm I. von Nassau-Oranien. Eur. St.-Tf. I, 32f.

24 Die Mutter (nicht Schwiegermutter) Herzog Friedrichs v. Württemberg, *Barbara*, Tochter des Landgrafen Philipp *von Hessen*, heiratete in 2. Ehe 1568 den Grafen Daniel *v. Waldeck*. Eur. St.-Tf. I, 98.

25 herbucken = Heerpauken.

ziert, dann [F] die herbucken und drommetten mit damastenen fanen gäl,
dorin des hertzogen wapen gemalt, geziert. Der hertzog sampt irem gemachel saßen in der rüterstuben ob einer langen tafel, ob einer anderen
die grofen und herren; aber ob einer langen tafel marschalck, hofmeister
und die, so die firnembsten empter tragen; aber ob einer langen tafel das
geadlet frauwenzimmer. Die rüterstuben war tapsiert mit gulden und
silberen stucken, man tregt als in silber uf, vil gerichter köstlich und
schauwessen[26]. Die music hult man stattlich mit gesang, spineten, dorunter auch pfifen mit harpfen, doch alles nit zu starck, sunder mit aller
liebligkeit. In der kirchenstuben aßen die vom adel, doctores, amptspersonen, predicanten by 20 tafel, in der tirnitz[27] allerley by 80 oder 90 tafel;
der nachtisch by 10 in die zwelf taflen; die megt, zwerg etc. auch 7 oder
8 taflen zu zeiten. Nach dem eßen, sunderlich gegen nacht hult man die
dentz, do die fürsten dantzen mit nachtliechteren, so inen vorgetragen
im dantzen, und dantzt man anfangs by drometten, darnoch by schal-
meyen und geben der marschalck und die hofmeister die dentz us, von
welchen vil ze schriben wer.

Am zinstag den 9. martii war das ritterspil zum ringlirennen verkin-
diget und zu hof angeschlagen. Uf dem renblatz in dem lustgarten, do vier
schöne sülen kunstlich gehuwen stondt und vergüldet, doselbst versamlet
sich ein groß menge volcks und zugen die fürstenen, die pfaltzgrefin
wittib von Wirtenberg, die margrefin und hertzogin von Wirtemberg[28],
bede gefirstete fräuwlin, [N5] welche an mentag erstlich zuo der predig
darnach sonnst auch auß der kindtbette gangen, [F] sampt vil frauwen-
zimmers in das lusthaus neben dem renblatz, dem ritterspil zuzusechen,
und war ein sundere brügin[29] mit sammat geziert für die richter, die
urteilen solten und doruf sich hielten, ufgericht; und gieng das ritterspil
umb 12 uren volgender gestalt an.

Es zugen uf die 10 parteyen oder cumpanyen, anfangs der hertzog,
darnoch die anderen, ettlich zeitlicher, ettlich speter, diewil man schon
im rennen war und waren all vermaschiert, das man niemand kant, wunderbar und köstlich verkleidet, so ich nit alles beschriben kan, allein ein
wenig andüten will.

26 schauwessen = kunstvolle Konditorenerzeugnisse in Form von Gebäuden, Menschen
oder Tieren. Vgl. Kap. 15, A. 61.
27 tirnitz (Fechter: Tirintz) <mhd. dürnitz stswf. = heizbares Zimmer, Wohnstube. Der
älteste erhaltene Teil des Schlosses.
28 «pfaltzgrefin wittib von Wirtenberg» ist wohl *Ursula*, Tochter des Pfalzgrafen Georg
Johann I. v. Veldenz, *1572, †1635; sie wurde 1585 mit 13 Jahren die 2. Gemahlin von
Herzog Ludwig III. v. Württemberg, der dann 1593 starb. Eur. St.-Tf. I, 76. – Die Markgräfin ist *Juliane Ursula*, s. A. 1. – Die Herzogin v. Württemberg ist *Sibylle Fürstin v. Anhalt*, s. A. 2. Es sind die drei vornehmsten weiblichen Personen.
29 brügin = Tribüne. Zum Lusthaus s. Kap. 14, A. 56f.

In dem ersten ufzug war der hertzog[30] und reit anfangs ein drometter, doruf zwen küriser, der ein in wißer ristung nach alter manier aller dingen verharnescht, mit einem schurtz, breiten hut, der rings wiß, mit schwartz und gälen federen umbgeben, das roß auch verharnescht; der ander uf die neuwe gattung im schwartzen vergülten harnesch und das pferdt gleicher gestalt gerist. Doruf volgt ein camel mit roter sydener decke bedeckt, drug ein globum der erden, der gar groß und schön gemalt, und furten es zwen Türcken, rot in syden bekleidet, allerköstlich angestrichen, versilberet und vergult. In dem globo, der sich zezeiten von einander dat, steckten zwen narren, welche zesamen geigten. Uf diß gieng ein ander camel gäl bedeckt und angethon mit gleich bekleideten Türcken, die es furten, alles gezieret, wie obstat, doruf stets einer die luten schlug und eine näben im hatt in hohen sättlen sitzend. Darnoch kam das dritt camel und uf daßelbig das viert, darnoch das fünft, ein iedes von zwen Türcken gefiert mit besonderer ristung und kleidung wiß, blauw und grien, und saß uf iedem ein par, man und wib, seltzam vermaschiert und angethon, die wiber als weren sy an armen und bristen nackendt, drugen ein iedes ein besunderes cornu copiae[31] in henden und andere wunderbare sachen, alles köstlich gemacht mit syden, sammat, goldt, edelgestein gestickt. Uf dise fünf camel folgt der hertzog, uf heidnische wiß in harnesch, so von moleren mit goldt wunder geziert, angethon, das helmlin mit vil federen von farben besteckt, der leib schön gemalt, ein umbschurtz libfarb von vergültem libfarben tuch bis uf die erden, welches im rennen sampt angehengten ermlen hindersich flog, also daß man meint, die schenckel weren nackendt, gleich wie auch die arm, dan sy also mit tuch angethon waren und gemolt. Allein trug er köstliche stifel an zum halben schenckel und sporen seltzam gemacht und vergült. Er trug ein vergülten sper in der rechten und in der lincken am arm ein schilt köstlich gemalt. Sein pfert war auch köstlich gerist und mit federen uf dem kopf und dem schwantz geziert. Im volgten zwen cameredellüt nachgeritten, glichergestalt gerist, doch nit also köstlich. Sy zugen zuerst ringsweiß im renblatz herumb, und wen sy fir das frauwenzimmer kamen, daten sy ir reverentz und legten sy die camel uf die knüw. Nach dem umzug stalt man die camel firuß vor den schrancken, domit die pferdt nit schüchen, und hult der hertzog zeoberst am renblatz mit seiner cumpany.

Der ander zug geschach vom grofen von Holach in gestalt der münchen und nunnen. Erstlich sex münchlin und nünlin zefuß, par und par, sangen uß biecheren responsoria. Doruf folgten sex par ze roß, alwägen ein münch und ein nun neben einander mit langen grauwen kutten an-

---

30 der *hertzog:* von hier an stets Herzog Friedrich v. Württemberg, s. A. 2.
31 cornu copiae = ein Füllhorn.

gethon und hatten schwartze kappen und die nunnen schwartze willer[32], dorunder wiße schleyer, hatten insgemein schwartze, kurtze stifelin an und drugen die münch wisch, domit man das wiewaßer gibt, in henden. Die pfert waren auch mit grauw und schwartzem zeug angethon. Dise partey nach gethonem umbzug stalte sich gleich nach des hertzogen ordnung.

Der dritt ufzug war Margrof Georg Friedrichen. Zuvordrist giengen fünf seine musici mit zincken, posunen, schalmeien. Darnoch ritten dry sperrütter, hungen an den sper fanen. Inen volgen dry ander nach, war der Margrof in der mitte, der Rheingrof[33] zur rechten, der von Rappenstein[34] zur lincken, drugen alle schilt an armen und giengen neben inen zwen zefuß. Doruf volgen dry, deren ein jeder ein ledig pfert fiert by dem zügel. Dise personen alle zeroß und zefuß drugen gemachte leibharnisch und umbschürtz, spitze hüt mit langen banden; ußerhalb scheinen sy, als weren sie nackendt, wie man die alten geharnescht molet und war alles libfarb von syden und die harnisch gemolt gleicher gestalt, mit silberen gilgen[35] und feurflammen, wie dan auch der pferten decke, settel, zum, alles gleicher farb und syden. Die schilt, welche die dry herren an lincken armen hielten, waren schön gemalt mit römischen historien und sprichen in latin, sunderlich aber verwundert man sich, das alle pfert, deren nün, alle gleicher größe und schimel.

Der viert ufzug geschach in gestalt Jani. Erstlich zwen schwartz rütter mit speren, der ein in gantzem küriß; darnoch zwen buben, der ein grien, der ander eschenfarb angethon, mit dem rucken an einander, als wer ein mensch zweyfacht, geigten zesamen. Doruf folgt der Janus zeroß gleicher gestalt, alß weren zwen an einander, der ein grien, der ander grauw. Der hinder drug ein schneballen, hat ein brunnen uf dem kopf, zwey angesicht. Der zeug an den pferdten war auch grien und grauw. Im zog auch einer mit zweyen angesichten nach.

Der fünft ufzug war in gestalt dryer götteren. Denen giengen vor dry giger, rot angethon, doruf dry sperrütter. Die sper sampt dem fanen doran blauw. Uf die gieng ein Cupido, als wer er nackendt; ein kindt von sechs jaren mit dem bogen. Doruf volgendt die dry göttinen zeroß, Juno, Pallas, Venus, mit blauwem taffet, langen röcken und ermlen, schön mit goldt silber verbremmt, hatten lange gäle har, und furt die Venus den Cupido an einer schnur. Der zeug an pferten aller blauw.

Der sechst ufzug. Erstlich zwen sackpfiffer, blauw angethon mit spitzhüten; darnoch dry sperrütter mit roten fanen, darnoch dry ze roß mit

32 wile, wil stm. = Nonnenhaube. Lexer.
33 der *Rheingraf:* Friedrich von Salm, s. A. 17.
34 Rappenstein = *Rappoltstein,* Graf Eberhard v. R. s. Kap. 15, A. 20.
35 gilgen = Lilien.

roten scharlachmentlen, mit goldt ringsumb ein spannen breit verbrembt, weite ermel, uf dem kopf breite hüt, dorumb rote und blauwe dicke bort, der züg an roßen rot und vergült; hatten zuvordrist an iren stirnen, wie auch uf der pferten schwentzen ufgebunden, schön schilt angehenckt, vergült und gemolt.

Der sibent ufzug. Vier violisten, zwen rot, zwen blauw angethon, ein lutenschlacher, darby dry sperrütter mit rot und blauwen fanen. Darnoch dry ze roß in blauwen casacken, roten ermeln, mit köstlicher ziert. Hinden am kopf drugen sy guldene zeichen, der ein ein sunnen, der ander ein mon, der dritt sternen. Die pfert in rotem und blauwem zeug, drugen an der stirnen und uf den ufgebundenen schwentzen gleiche zeichen.

Der acht ufzug waren siben planeten. Erstlich vier krumhernerbleser, blauw gekleidt. Doruf siben ze roß, ritten einandern nach. Dorunder sechs blauw angethon, von glantzender siden, wie auch die pfert, bedeckt, alles mit silberen flammen allenthalben durchzogen. Der erst war ein grof von Eberstein, hat anstatt der maschgen vor dem angesicht ein guldene sunnen; der ander, grof von Thübingen, Luna, für die maschgen ein silberen mon; die anderen drugen in henden antzeigungen der planeten. Zuletst reit Saturnus, gäl angethon, mit einem spitzhut, trug ein segißen[36] am rucken, in der handt ein kindt.

Der nünt ufzug geschach von eitel moren, waren margrefische junckherren. Erstlich vier sackpfifer, neben denen gieng ein mor, klopft mit zwey kupferen decklen zesamen, wie herbucken; doruf zwen[37] moren zeroß mit fanen; hernoch nün moren, alwegen dry zesamen, drugen lange pfeil, wiß und schwartz. Sy waren all geristet, als weren sy nackendt, gantz schwartz, wiße binden umb den bloßen kopf, krause schwarze har; drugen all sebel gleicher gestalt gemolt und geristet.

Der zechend ufzug von Türcken. Deren waren acht, wie Türcken angethon, rot gar schön, drugen spitzhüt, lange binden, sebel an den seiten, in henden vergülte stäb; ir music zevor von violen.

Dise parteyen, wann eine kam, wardt im umbzug beleitet durch ein deß hertzogen drometer und beide küriser; darnoch hulten sy nach einander uf dem renblatz, gab ein großen glast an der sunnen und giengen all instrument zesamen.

Das rennen zum ringlin fieng glich an, sobaldt die ander partey ufgezogen. Do muß der hertzog mit allen, so vil iren waren, rennen und all beston, dat mit iedem dry carrieren[38], etwan so sy gleich gedroffen hatten, noch eine oder zwo, biß man wust, wer das best gethon. Es bloß

---

36 segißen = Sense, ein Attribut des Saturn; ebenso das Kind in der Hand ein Symbol für den seine Kinder verschlingenden Gott.

37 zwen, Hs. N: dry.

38 carriere = Lauf.

zu anfang ieder carrieren ein drometer, und so einer das ringlin hinweg
nam, bliesen sy all zwelf zesamen. Der hertzog gwans ein und dryßig mol
und zelest mit dem margrofen noch einmal; bracht man iederzeit den, so
gewunnen, mit drometen vor die richter, die dorab iudicierten und die
becher ußgaben, ein becher, der mertheil vergült, ettlich groß zu 40 und
50 loten. Der hertzog gwann 32 becher, darnoch von den münchen einer
ein, item einer von roten mentlen, item von planeten die sun und der
mon; item bede grofen von Eberstein und Thübingen wider ein, item
von moren einer. Die übrige all, wie vermeldt, der hertzog, welcher darob
gar freudig, schüttlet das sper, verendert das pfert oft.

Nachvolgendem rennen zog man umb mit großer herlikeit, alle zechen
cumpanyen mit gewonlicher reverentz vor den fürstenen und frauwenzimmer. Darnoch zog man ab ein iede partey in sein losament. Nach gehaptem pancket gar spot dantzt man, darnoch theilt man die denck[39] uß.
Erstlich schlug der drummenschlacher umb und zogen die richter ein
iungfrauwen uf, zum ersten ein gefürstet freuwlin, darnoch die firnemsten
unter denen vom adel. Sobaldt sy eine herfirstalten, gaben sy iren ein
kostlichen krantz, doran hieng ein ringlin oder sunst ein kostlich kleinot.
Darnoch schlug der drummenschlacher widerumb, forderet den mit
namen und gebürlichem titel, welcher den danck verdient hatt zum
dritten mal; drat alßdan herfir und redten die richter mit im, gaben im
die iungfrauw in die handt. Die satzt im den krantz uf und dantzt er mit
ir, und nachvolgendem dantz und gethoner reverentz schenckt er iren
den krantz. Der danck wardt vom Hertzog, als der vor allen den preiß
hatt, erobert, dem margrofen, daß er, wie der richter vermeldt, neben
seinem best thun auch am zierlichsten uf ein weiß mit ristung und pferdten
ufgezogen, item dem grofen von Thübingen, der ein becher gewunnen,
item des grofen Holachs hofmeister, der under den Türcken in dryen
carrieren alweg das ringlin genomen, ob gleich der hertzog ime[40] es in
der vierten carrieren abgewunnen. Nach dem dantzt man noch ein wil
und umb ein ur in der nacht zog man zu bett.

Am mittwuchen den 10. Mertzens hult man den kübelturnier[41]. Es
zogen nach eßens 20 rütter, zechen wirtembergisch, zechen margrefisch
uf den renblatz, hatten anstatt der helmen große kübel oder sester uf,
gemolt, an die ristungen, welche sy umb den leib von harnisch drugen,
starck angebunden, waren gepecht und gar wol ufgefietret, das der kopf

---

39 danck = Preis, Auszeichnung. – Hs. N und Fechter haben zwar beide «dentz», doch
hat sich Platter hier offenbar verschrieben.
40 Hs.: inn der. Der Nebensatz fehlt bei Passavant und Fechter.
41 Im Gegensatz zur «tjoste», dem ritterlichen Zweikampf, handelt es sich bei dem *Kübelturnier* um einen «buhurt», einen Gruppenkampf, der jedoch durch die schützenden Polster sowie die groteske Aufmachung zum amüsanten Sport und Spiel herabgesunken ist.

der mertheil ledig dorinnen verwart. Über die ristung hatten sy zwilchene schwartz kuttinierte[42] iuppen, auch ploder gseß, gar wol mit heuw ausgefietret, ritten schlechte pferdt, saßen uf kleinen wagensettelin ohne gurt und vorbüg oder schwantzriemen, on allen hangenden stegreif, hatten höltzene lange sper, davornen stumpf wie weinstößel. So rant alwegen ein wirtenberger und ein margrefer uf einander mit eingelegter glen[43] uf freiem blan, stießen zu zeiten einander herab, wo sy die glen verloren. Eß waren vil bestelt, welche inen gleich widerumb uf halfen und die roß wider fiengen, und domit sy von inen nit gedretten wurden, wie auch beschach, bewarte sy ein stegen, doruf sy wider ufsaßen. Alß alle parteyen gerent handt, mießen fünf gegen fünf rennen, do dan vom fallen von den pferdten groß gelechter, doch nit on gefor; doch ist niemants sunderlichs widerfaren, den allen gute büff[44], wie ettlich nachvolgender tagen klagten. Man theilt durch die richter ettlichen goben us von sex gulden bis uf ein gulden.

Am Donstag den 11. martii wardt der fußturnier angeschlagen, darnoch gehalten volgender gestalt. Erstlich zog der hertzog uf den renblatz zefuß mit seinem haufen, all wiß angethon und waren auch die schu; die scheiden an weren alle wiß, one allein die hüt grauw, drugen wiße binden an den lincken armen von syden. Es zugen anfangs der capitän sampt dryen vom adel mit silberen steben, doruf pfifen und drummen; doruf der hertzog und im zur rechten der grof von Eberstein, zur lincken der grof von Thübingen, drugen wiß und schwartz angestrichene knebelspieß. Inen volgen dry junge nach mit langen spießen und drugen dry helm mit schönen feldtzeichen. Doruf zwen vom adel, aber dry gemelter wiß, gleich wiß gekleidt. Nach gethonem umbzug und reverentzen zum dritten mal zugen sy in ein zelten, welche kostlich ufgespant war.

Doruf volgt des hertzogen eltster sun[45] mit seiner cumpany. Anfangs giengen zwen drabanten mit steben schwartz und rot angestrichen; doruf die pfifer und drummenschlacher, darnoch des hertzogen sun allein in wißem küriß und helm ufgethon, das man die angesicht ersechen mocht, gälem schurtz, rotem gseß, schwarzen strimpfen und stiflen, zuoben schwartz, und gälem feldtzeichen am arm. Doruf volgen acht glider in iedem dry, [N13] under welchen im ersten in der mitte der hertzog von Lünenburg in des hertzogen sohns alter gieng. [F] Sy waren all gleicher gestalt, all wie der iung hertzog mit ristungen und kleiden angethon, drugen all lange spieß, vil federen uf den helmen rot, schwartz, wiß oder sunst andere zeichen. Sie zugen nach dem umbzug in ir eigne gezelt.

---

42 kuttiniert: aus grobem Stoff oder ähnlich. Schw. Id. 3, 574 und 154, mit Zitat. Hier wohl eher: wattiert. Auch die weiten Hosenböden («ploder gseß») waren mit Heu gestopft.

43 glen <glavin, frz. glaive = Lanze. Lexer.

44 büff stm. = Stösse, Püffe.   45 Johann Friedrich, 14jährig.

Zum dritten kam der margrof mit seinem hufen. Erstlich zugen zwen drabanten mit steben, zwen pfifer, zwen drummenschlacher rot und wiß angethon mit gleich geferbten federen; darnoch der Margrof, neben im der Rheingrof sein schweher in wißen kürißen und helmen ufgespert, roten schönen umbschürtzen, mit wißen strichen durchzogen, sunst wiß überal angethon, wie der hertzog, wiße federbüsche, zugen lange wiße binden von syden hernoch, die hingen inen am halß. Inen volgten nach zwen vom adel; darnoch aber pfifer und drummenschlacher, wie die ersten kleidt. Inen zugen nach vier und vier glider, under welchen im ersten in der mitte der groff von Winckhenstein war. Im ersten glid waren dry vom adel in schwartzer ristung, hatten alle wie auch die drabanten schwartze sammete gseß, rot und gäle casacken und gleicher farben federen und feldtzeichen an armen, die strimpf ungleich, halbe stifelin brun an den fießen, vilerlei zierdt an den fießen. Drugen alle, auch der margrof und Rheingrof lange spieß. Inen zugen zwen ander nach, so alle durnierschwerter drugen. Nach gethonem umbzug kamen sy under deß iungen hertzogen zelt.

Zum vierten kamen dry herren, zwen grofen von Holach und der herr von Rappoltzstein in schöner ristung schwartz und wiß mit eichelbrunen schürtzen, doruf sternen von goldt, die gseß eschenfarb, griene strimpf, wiße stifel, hatten große federbüsche, drugen auch lange spieß, hatten ire drabanten, drummenschlacher und pfifer rot angethon und zugen inen ire diener mit durnierschwerter nach.

Nach gethonem umbzug fieng der durnier an. Eß zugen alwegen zwen gegen einander mit beschloßenem helmlin, drugen durnierspieß. Die waren lang, ran[46], hatten zuvordrist runde isene zwingen. Wann sy biß an den schrancken, der überzwerch ufgericht war, gegen dem frauwen-zimmer kamen, stießen sy nach gethoner reverentz die spieß dreffenlich und mit gwalt gegen einander, firnemblich gegen helm und kragen, domit es hafte und ausweiche, und das zum dritten mol. Wer am mesten uf dem anderen spies zerbrach, hatt die eer. Dan so einer brochen, man gleich mit anderen do war. Darnoch zugen sy die durnierschwerter, sindt dick, stumpf zevordrist und an der schneide; die schlachen sy mit aller macht uf einander, ein ieder fünf streich seiner widerpart uf den helm, auch etwen bysits. Wer am meisten schwerter verschlecht, das die verspringen, hatt das lob; dan man auch gleich, so eins bricht, andere gibt. Zwen sindt by ieder partei, welche fridt nemen, so die zall der streich verricht, dan sy etwan erhitzen, nit nachlaßen wellen, wie der hertzog oft gethon.

Solcher gestalt fiengen an turnieren erstlich des hertzogen sun mit dem iungen hertzogen von Lünenburg, darnoch der hertzog von Wirtemberg

46 ran (mhd.) = rank, dünn. Lexer und Seiler. – Am Satzende hat Hs. N «isene zwingen mit stumpfen zingen» (Zinken).

Abb. 18. *Turnierbild.* Holzschnitt aus Sebastian Münsters Cosmographia, Basel 1544.

sampt seinen zwey grofen zu Eberstein und Thübingen; miesten die anderen all beston, kam altzeit einer nach dem anderen herfir[46a]. Letstlich theilt sich der gantz hufen in zwen theil, zugen in zwen und zwen glideren am schrancken gegen einanderen, scharmützleten fast eine halbe stundt, nachdem sy die spies gebrochen, mit den schwerten. Der zerschlugen sy vil ob einanderen, das der gantz blatz vol stuck lag, ließen nit nach, biß sy gar ermiedet waren, gab ein groß getöß. Darzu schlug man altzeit lermen und versach man sy altzeit mit nüwen weren, biß man retraide schlug und fridt nam. Da zoch ein ieder seiner zelten zu und darnoch in der ordnung, wie sy ufzogen, wider ab. Nach dem nachteßen und gethonem dantz gab man die danck uß, deren der ein dem hertzog, der ander margraffen, die anderen beide graffen von Eberstein unnd Thübingen, item dem von Rappenstein und unnder denen vom adell ein von Remkhingen, mit gleichen cerimonien, wie im vorigen ritterspil danck ußgetheilt wardt.

Frytags den 12. Mart. hult man zehof im schlos ein fechtschul, waren by zwelf federfechter[47] und so vil marxfechter wider sy, von allen orten, sunderlich von Straßburg dohin gezogen. Der hertzog verkindet inen, es mießte rot oder blut geben, sunst gelt es nit. Man fechtet in allen weren, sunderlich schlugen sy einander gar hart mit den dusecken[48] schwertern und stießen mit dem stenglin. Irer waren wol zechen wundt; eim war mit

---

46a Die Hs. N hat hier noch: wider 44 campattent (Combattanten), welcher lang werett.

47 feder = Spiess. Nach dem sportlichen Turnier der adligen Herren folgt nun das rohe, blutige Kampfspiel der Professionals: Es müsse Blut fliessen, sonst gelte es nicht.

48 dusecken: eine Art (hölzerne) Schwerter. Schw. Id. 13, 1842, mit Zitat dieser Stelle.

der dusecken ein aug aus dem kopf geschlagen, so ein goldschmidt gsell was. Wer den anderen blutruns macht, bekam von den richteren ein gob, ettlich münchsköpf[49], schnaphanen, auch ettlich thaler.

[N 18] Nach dem nacht eßen umb nün uhren gieng das feürwerck[50] an. Uff dem renblatz oder bann was ein grosse gallehen[51] gerüst, inn mitten darin mit einem thurn oben mit fahnen geziert; dartzu khamen vill geloffenn[52], [N 15] hatten brennende fackhlen von raggeten zeüg angezünt unnd prennend, die zunden die gallehen an einem ohrt ann, die fieng an brennen, uff das feür heruß schiessen, unnd fuoren heruß raggeten inn die höche ohne un⟨der⟩laß, das es alles zusamen knaschet; mitten zuo gieng die gallehen inn gantzen bann harumb, die sie an gezünt hattenn, stetts mit den fackhlen herumb unnd warffen in die höche ein unzall ragetten, welche gar hoch flogen unnd darnach zersprangen inn vill stuckh. Die branten gar hell, liesen starckhe klepff. Man schoß auch uß einem böller oder mörsell ach⟨t⟩ schütz, fürige khuglen, die inn merckliche höche fuhren[53] und im herab fallen mit starckhem knall zersprangen. Das feür inn der galehen kam zuo letst inn thurn, nach dem sie fast ein stundt gebrent hat unnd geschossen heruß, giengen zuo allentheillen heruß gar starckhe schütz aus khüpfferen roren, als geschach es mit hockhen[54] unnd mußgetten gegen dem thurn, und liessen die andern nit nach mit stettigem raggetten werffen unnd mit denn feürigen fackhlen zefechten, also das ein solches braschlen unnd thrometen, als wolte alles undergon. Es fuor hierzwüschen ein gutschen herumb umb die gallehen, die zogen iren vier, haten feürige fackhlen, unnd gieng uß allen vier rederen der guttschen ein groß unnd stettig feür werckh. Es sassen auch in der gutschen zwen, einer zuovorderist, der ander dahinden, hatten feürige fackhlen, unnd gieng inen feür zeoberst auß den hüetten. Das weret auch gar lang, zuoletst warffen sy auch khuglen in grosse wein züber mit wasser. Die branen ein will, fuoren darnach in die höche, zersprangen, warffen vill feürige kuglen heruß, deren jede wider [N 16] zersprang unnd andere khuglen warffen, alles mit lauthen[55] klepffen. Die feür werckh wert zwo gantzer stundt unnd gieng gar zierlich ab in gegenwärtigkheit vil volckhs.

49 münchskopf: Dreibätzner. Schw. Id. 3, 413, mit Zitat. schnapphan: ebenfalls eine Münze. Schw. Id. 2, 1309, mit Zitat.
50 Dieser letzte Abschnitt ist nur in der *liederlichen Abschrift N* erhalten und wimmelt von *Fehlern*, so dass auch die Passavant-Kopie nicht überall mehr hilft. Trotzdem ist der Bericht über das Feuerwerk sowie über die Kunstkammer sehr interessant.
51 gallehe: ältere Form für «Galere».
52 Hs. N: gelossen (sinnlos), Hs. Passavant: geloffen.
53 «fuhren» nach Hs. Passavant; Hs. N: «stigen».
54 hôckhen = Hakenbüchsen.
55 Hs. N: lauffen (sinnlos); Passavant: Lücke.

Markgraf Georg Friedrich von Baden-Sausenberg und Hachberg, *1573, †1638, reg. 1595, sei 1604 auch in Durlach, vgl. S. 467f., A. 1. Platter war sein Leibarzt, Freund und Gläubiger Kupferstich UBB.

Herzog Friedrich von Württemberg, *1577, †1608, reg. Mömpelgard 1581, als Herzog 1593, ein grosser Schuldenmacher. Kupferstich UBB.

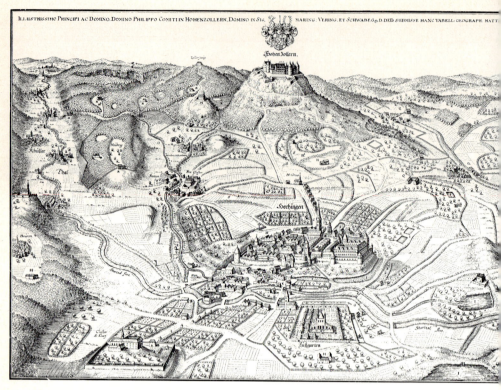

ILLUSTRISSIMO PRINCIPI AC DOMINO. DOMINO PHILIPPO COMITI IN HOHENZOLLERN, DOMINO IN *Sig.* MARING. VERING. ET *SCHWABE.* &c. D. DED. SUBMISSE HANC TABELL. GEOGRAPH. MATT.

Die Stammburg Hohenzollern und die Residenzstadt *Hechingen*. Kupferstich von Matth. Merian, 1643. Das Stadtschloss, das Platter auf S. 506f. beschreibt, existiert nicht mehr.

Stuttgart, altes Schloss, *Arkadenhof*, erbaut 1557–1560.

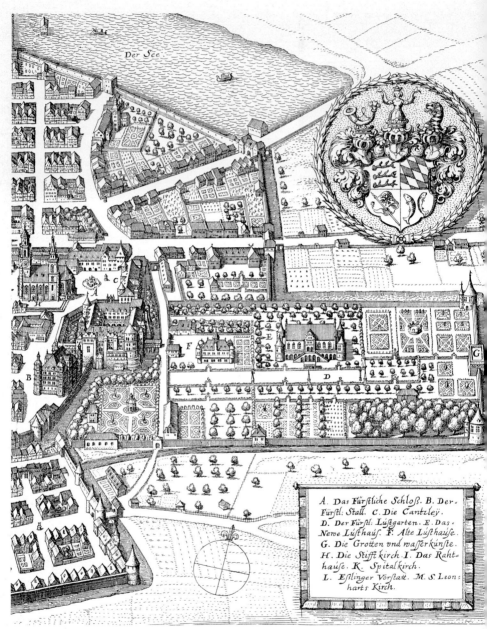

Stuttgart, altes Schloss und *Lustgärten*. Kupferstich von M. Merian, 1643.

Dis sindt die herligkheiten, so man zuo Stuttgart geüebt, sonst die zierten unnd khöstlichkeit des schloßes[56] und lustgartens ist nit zeschreiben, in welchem ein lusthaus ist, inwendig 90 schritt lang, 30 breit; das oberist gemach ist gwelbt, gar hoch unnd gemolt, das unnderst auch gewelbt gar zierlich. Darin drey weyer, springende brünen, ussen unnd inen mit schönen portalen von marmelstein stegen, seülengengen wunder geziert, so weit über ein thonen golts kosten soll, vill contrafeiten darinen[57]. Item ist sonst ein mechtig lusthauß im garten neben dem renblatz, item ein labyrinth mit brunwerckh, eins im khunstgarten mit sprützwerck unnd sonst eins im alten garten, auch sonst köstlich[en] abgetheilte bettwerckh, häg, beschnidten unnd grosse bögen, die pferdt darunder zeprobieren, ein mühle, schießhauß mit dem bogen, ein ballenspill, thaubheüser, reigerhauß, figenhauß, alles im garten.

Es hat mir der hertzog sein kunst khamer[58] gezeigt, darin vill köstlichs

56 *Altes Schloss in Stuttgart:* ursprünglich ein Wasserschloss aus dem 13./14. Jh., dann grosszügig ausgebaut zur heutigen Anlage 1553–1578 durch Alberlin Tretsch unter Herzog Christoph. Ein Juwel der deutschen Renaissance ist der Anbau einer dreiflügeligen *Hofanlage* mit dreigeschossigen steinernen *Arkaden*, als Turnierplatz gedacht. Damals entstand auch im SW-Flügel die *Schlosskapelle*, wo unsere Taufe stattfand, das *Alte Lusthaus* im obern Schlossgarten, das *Schiesshaus* bei der Rennbahn, der *Irrgarten* und der *Pomeranzengarten*, die erste Orangerie in Deutschland. – Der Sohn und Nachfolger Christophs, Herzog Ludwig, liess im Schlossgarten durch Georg Beer 1582–1592 das *Neue Lusthaus* bauen, das als das glänzendste Werk der deutschen Renaissance galt; es hatte im Erdgeschoss eine offene gewölbte Halle mit 3 Wasserbecken, im Obergeschoss den grossen, mit Gemälden verzierten Festsaal. Aussen besass es zwei doppelte Freitreppen und – wie das Alte Schloss und das Alte Lusthaus – ebenfalls vier Ecktürme. Ein gutes Bild des damaligen Zustandes geben der *Merian-Plan von 1634* sowie der gleichzeitige Stadtplan von Hch. Schickhardt. Karl Weidle: Der Grundriss von Alt-Stuttgart, 1961, Bd. I, S. 57f. u. II, Tf. X u. Plan 24; Deutsche Kunstdenkm., Baden-Württ., hg. v. Reinhardt Hootz, 2. Aufl. München 1970, 420; Walter Hotz: Kleine Kunstgs. der dt. Schlösser, Darmstadt 1970, S. 127, 132ff. – Das Alte Schloss ist nach 1944 wiederaufgebaut worden.

57 contrafeiten <frz. contrefaire: Abbildungen. Die Hs. N hat «contrafecken» sowie andere Irrtümer: partalen (Portale), labaraith (Labyrinth), zebropieren (zu probieren), gesten (gestehen) statt «kosten» (Passavant). – Die *Lusthäuser und künstlichen Gärten* (vgl. A. 56) waren typisch für Renaissance und Barock vor 1618. Eine bildliche Darstellung aller höfischen Lustbarkeiten bei Lucas v. Valckenborch, s. Knaurs Grosse Kulturen in Farben, Ex Libris München/Zürich 1970, S. 121f.

58 Auch die *Kunstkammer* ist ein Lieblingskind jener Zeit, Platter selbst war ja ein eifriger Kunstfreund und Sammler, s. den Aufsatz von Elisabeth Landolt-Wegener in BZ 1972, S. 245ff. sowie V. Lötscher im B. Njbl. 1975, Kap. 11. – Die *Stuttgarter Kunstkammer*, die noch nicht zusammenhängend beschrieben worden ist, geht zurück auf Herzog Friedrich I. (1593–1608); aufbauend auf dem von Herzog Ludwig stammenden römischen Lapidarium im grossen Lusthaus, legte er Kunst- und Altertumssammlungen an. Ein *Inventar* von 1634 (ca. 300 S.) gibt einen Überblick über die Gemälde, Plastiken, Münzen und die Kleinkunst bis zu Gegenständen der Völkerkunde und ausgestopften Tieren. Im gleichen Jahr ging der grösste Teil der Sammlungen durch die Kriegswirren verloren. Nach der freundl. Mitteilung von Staatsarchivdirektor Dr. Maurer, Stuttgart.

unnd fremder stuckhen von thischen, kesten, instrumenten, abgüssen von goldt, silber, edellgestein, ein kasten, daruff einer vergülten altanen[59] (?) bilder, welches durch das uhrenwerckh sich bewegt, darunder etlich tantzen, ein elefant[60] verkhert die augen, zwölff drometer blosen, alweg sechs zemahl, ein herbuckher schlacht den die herrbucken[61], der uff dem elifant schlacht den tact; so das uff hört, facht ein organischt an, lieblich und lang zeschlachen, [N19] darhinder ein bildt, so die ploßbelg lupffen. So hat ein frauw, welche durch urwerckh gatt, den khopff wendet unnd lutten schlecht, ein schilt von itell großen berlin und edell gestein, ein schilt krotten eins tisch groß, ein bauwell garn gestrickht, darin man sy legt, ligt uß amenea (?)[62]. Item brott von mandrockha[63], und sonst vill gehürn[64]. In der ritter stuben ist ein gantz silbere bückhe[65], darin man das brott würfft, welches die landtgraffschaff hertzog Ülrich verehrt hat. Item ein silbere wannen, ist sehr groß und schwer.

Am zinßtag den 16 martij zog der margroff sampt dem Ringroffen mit dem geleidt von Stuttgart gon Lengberg[66]. Den 17 gon Pforzheim[67]; do besach ich des herren apoteckhers Grüeniger garten. Den 18 gon Durlach, den 19 gon margroff Baden[68], zuo margroff Ernst[69], der daselbst im schloß badet. Am 22 zog ich mit dem margroffen in das clösterlin

59 altanen = Balkon.
60 Hs. N: «ehelisandt»!
61 Ein Paukist schlägt die Pauken. – Diese an Schiessbudenfiguren erinnernden *Automaten* haben eine Tradition, die bis auf das alte Byzanz zurückgeht; am beliebtesten waren sie bei uns im 18. Jh., vgl. etwa die schreibenden und musizierenden Figuren im Museum von Neuchâtel.
62 Das Inventar erwähnt «zwei Jungfrawen inwendig mit einem Uhrwerk» sowie «allerlei tiere unnd in der Mittin ein Drach, der sich bewegt». – «lutten schlecht» = Laute schlägt; «berlin» = Perlen. – Unter den «Indianischen Gegenständen» (Amerika) figuriert auch ein «Armenianisch Beth aus Brasilianischem Gras gemacht», das zwischen zwei Bäumen angebunden wird, also eine *Hängematte*, wohl identisch mit Platters «bauwell garn gestrickt». Das Wort «ligt» kommt wohl von lat. lectus, frz. lit = Bett, also ein «armenisches Bett». Auch Platters Kabinett enthielt «un lit indien», s. Elis. Landolt in BZ 1972, S. 258.
63 mandrockha: wohl Mandragora, eine Pflanze, die auch medizinisch verwendet wurde («Liebestrank»). Brot: Fladen aus getrocknetem Fruchtmark?, M. ist jedoch giftig.
64 gehürn: Gehörn, Geweihe.
65 bückhe = grosse Kufe. Schw. Id. 4, 1138ff. – *Herzog Ulrich* v. Württemberg, *1487, †1550, ist der aus der Reformationsgeschichte bekannte Fürst, der 1519–1534 aus seinem Land vertrieben war. Eur. St.-Tf. I, 76.
66 Lengberg = *Leonberg*, s. A. 16. Die *Rückreise* folgte also der *gleichen Route*.
67 Hs. N: «Pfarheim», Passavant ebenso, weiter oben (A. 15) sogar «Pfalzheim», doch kann es sich beidemal nur um *Pforzheim* handeln. – Der *Medizinalgarten* des Apothekers *Grüninger* interessierte Platter natürlich am meisten. Vgl. J. A. Häfliger: Felix Platters Hausapotheke, BJ 1939, S. 18ff.
68 Baden-Baden.
69 Ernst Friedrich, s. A. 12.

Lichterthall[70], da die alten margraffen begraben; besach zweyer begrebnuß. Die nunen gaben uns gutten win, zeigten uns des margroff Bern-
harts[71], so kanonierer in Safoy, begraben zuo Mo[l]velier[72], bildtnuß. Am
23 mertzens zinstag nach essen zog margroff Georg Friderich wider nach
Hochburg zehauß, und der Rheingroff über Rein gon Neüwiller[73]; bleib
ich bey margroff Ernst uff ir fürstlich gnaden begehren.

Zu margroff Baden besach ich die beder, item im schloß den schönen
gemolten sall, stuben unnd andere zierten des schlosses, do behart ich
biß an 30 martij; und reitt gon Stroßburg, sucht meine alten bekhanden
heim; wardt mir von statt unnd hochen schuell geschenkt. Reitt darnach
wider nach hauß und kham den anderen aprilis wider gesundt Gottlob
ze Basell an.

70 Hs. N und Passavant: «Lieberthall», doch existiert dieser Name nicht. Richtig: *Lichtenthal*, Kloster bei Baden-Baden. Die *Fürstenkapelle* wurde von Markgraf Rudolf I. 1288
gegründet und diente bis zu Rudolfs VI. Tod 1372 als Begräbnisstätte der Familie. Nach
Schnars: Schwarzwaldführer (1901), S. 108f.

71 *Markgraf Bernhard II.*, der Selige, †1458 15. Juli in Savoyen und begraben in Moncalieri
bei Turin. Freundl. Mitteilung von Herrn Dr. Schäfer, Oberstaatsarchivdirektor des
Badischen General-Landesarchivs Karlsruhe.

72 «Motelier» in der Hs. Passavant; die Hs. N hat «Molcelier» (c verschmiert). Richtig ist:
Moncalieri bei Turin, s. A. 71. Die Holzstatue aus dem 15. Jh., welche Prinzessin Margare-
the im Kloster zu Lichtenthal aufstellen liess, hat sich erhalten. Nach Wilh. Brambach:
Bildnisse z. Gs. d. bad. Fürstenhauses (ohne Illustr.!), Karlsruhe 1884, S. 14.

73 *Neuweiler*/Neuwiller: ca. 10 km N von Zabern (Saverne) im Unterelsass nahe der lothringischen Grenze, Residenz des Rheingrafen Friedrich von Salm, vgl. A. 17. – Die *Salm*
waren ein rheinisches Urgrafengeschlecht, das bis auf das 10. Jh. zurückgeht. Das Haus
Ober-Salm hatte seine Stammburg in dem Schlosse Salm bei Schirmeck im Elsass (heute
Ruine), das jedoch nie Residenz war. 1475 beerbten die Wild- und Rheingrafen den älte-
ren Zweig der Linie Ober-Salm. Diese teilte sich *1561* in die drei Herrschaften *Salm,
Grumbach und Dhaun*. Graf Friedrich besass die Grafschaften Salm und Langenstein sowie
die Herrschaften Fénétrange, Ogevillers, Bayon und Neuvillers, also den *lothringischen*
Teil. Er war reformiert geboren, neigte aber zum Katholizismus, und die meisten seiner
Kinder aus 4 Ehen wurden später katholisch. Eur. St.-Tf. III, 138; Reichsland 3², S. 954;
Lehr: L'Alsace noble, T. 1, p. 352; Grosser Brockhaus 16/1933, S. 353 und 13/1932, S. 333.

15. Reise nach Hechingen 1598
zur Hochzeit des Grafen Johann Georg von Hohenzollern.

(28. Sept. – 18. Okt. 1598)

Wie für die erste, so liegt für die dritte Hofreise das *Originalmanuskript* des Autors vor, und zwar auf 10 beidseits beschriebenen Folioblättern des Bandes A λ III 3. – *Albert Gessler* gibt im BJ 1891, S. 104–146, eine gute Bearbeitung in modernem Schriftdeutsch, indem er sich ausdrücklich auf das Beispiel Gustav Freytags beruft. Als Quelle diente ihm das im Besitz seines Freundes Dr. Carl Rudolf Burckhardt befindliche Manuskript, d. h. die Kopie Passavant, was in diesem Falle keine Rolle spielte. Ich übernehme von Gessler dankbar die meisten genealogischen Anmerkungen, wobei ich die Angaben anhand der moderneren Europäischen Stammtafeln, Bde. I–IV/1965 kontrolliere.

[1r] *Reiß marggrafen Georg Friderich zů Baden unnd Hochberg etc. nach Hechingen in der grafschaft Zolleren, auf die hochzeit, so zwischen graf Johan Georg von Zolleren unnd freuwlin Francisca Wildt- unnd Rheingrefin gehalten worden, wie solche abgangen, anno 1598*[1].

Von Hochburg[2] brach ir fürstliche gnaden auf, donstag den 28 septembris um acht uren vor mittag volgender gestalt: Im vordrab reiten zechen einspennig[3] unnd knecht, ir fürstlich gnaden zůstendig, dorunder der ein ein ledig, ir f. g. zůstendig leib pferdt an der handt fůrt, unnd volgt inen nach ein drommeter ze pferdt. Auf sy reiten sex unnd zwentzig adels personen, altzeit dry in eim glidt, namlich Martin von Remckingen, landtvogt zů Hochberg; Heinrich vom Starschedel, stallmeister; Caspar vom Stein, oberamptman zů Badenweiler; Růtprecht Castner, kammeriuncker;

---

1 Wiederum führt uns Platter auf ein Hohenzollernschloss, diesmal nach *Hechingen.* Der Fürst, in dessen Begleitung er reiste, war – wie zwei Jahre zuvor – *Markgraf Georg Friedrich zu Baden-Sausenburg und Hachberg,* *1573, †1638, ein eifriger Lutheraner, s. Kap. 14, A. 1.

Der Bräutigam war *Graf Johann Georg von Hohenzollern,* *1577, †1623, Sohn Eitel Friedrichs IV. (oder I.), des Begründers der Linie Hohenzollern-Hechingen, und der Gräfin Sibylle von Zimmern. Eur. St.-Tf. I, 154 u. 153. Er übernahm die Regierung 1605 und wurde kurz vor seinem Tod 1623 als guter Katholik vom Kaiser in den Fürstenstand erhoben. Die Linie Hohenzollern-Hechingen starb 1869 im Mannsstamm aus.

Die Braut war *Franziska von Salm,* das 3. Kind des Wild- und Rheingrafen Friedrich I. v. Salm-Neufville und der Franziska v. Salm. Eur. St.-Tf. III, 138. Ihr Geburtsjahr ist nicht bekannt, wohl ca. 1578, †1619. Sie war die jüngere Schwester von *Juliane Ursula,* der 1. Gemahlin des badischen Markgrafen Georg Friedrich. Dieser Beziehung verdankte Platter wohl auch seine Einladung.

2 *Hochburg* (besser «Hachberg»): altes Bergschloss N von Freiburg i. Br., seit 1590 im Besitz des Markgrafen Georg Friedrich, s. Kap. 14, A. 1 u. 3.

3 einspennig = Geleitsreiter.

Jacob von Rotburg, forstmeister; pferdtbereuter, Hans Jacob Nagel; Albrecht unnd Melchior Besolden; Wolf Wilhelm von Eptingen; Adam Hector von Rosenbach; Hans Melchior Schenck von Winterstetten; Ludwig von Bütikum; Hans Diebolt von Reinach; Melchior unnd Lüpolt von Berenfels; Caspar von Hohenfürst; Hans Ludwig von Andlůw; Hans Melchior von Landtsperg; Hans Georg Volmar; Christoph unnd Hans Caspar von Rockenbach; Wernhardt von Offenburg; Ludtwig Efinger; Ludtwig Reutner; Albrecht Gebweiler[4]. Darnoch volgende dry in eim glidt ze pferdt: doctor Hans Georg Kienlin, der rechten, doctor Felix Platter, der medicin doctores, die auch zů zeiten in der gutschen fůren, unnd Joseph Arhardt, burgvogt auf Hochburg. Hierauf reiten dry drommeter vor dem fürsten, unnd auf sy der margraf, unnd neben ir fürstlich gnaden giengen acht drabanten mit halbarten, rot unnd gel angethon, unnd luffen dry laggeien, schwartz sammat gekleidet.

Doruf reit der frauwenzimmer hofmeister, Frantz Ců⟨n⟩radt Höcklin, unnd volgt im nach die marggrefin in einer senfftin mit zweien pferden, by deren zwen knecht ze fůß, die senffti zů halten[5]. Es volgt hernoch ein kostliche gutzschen von sammat unnd vergülten spangen, dorinnen die hochzeiteren unnd dry andere freuwlin fůren; deßgleichen zwo andere gutschen, dorinnen die hofmeisterin unnd siben iungfrauwen von adel saßen; unnd waren vor ieder gutschen sex pferdt, unnd darby fůrleuth unnd knecht neun personen. Auf solche reiten glidts weis wie obgemelt, acht edle marggrefische iungen, von welchen die dry ersten die helmelin[6] fieren, unnd saß ein reuter uf dem dritten senfti pferdt, welchs zur abwegslung der ermiedeten dienet, darnoch sex unnd dreisig reisige knecht obgemelter junckeren unnd herren, do ieder ein diener, ettlich zwen unnd mer by sich hatten.

[1ᵛ] Nach solcher ordnung volgt der megt gutschen, in welcher sex megt waren, darzů sex pferdt unnd zwen zefůß. Item deß landtvogts von Rötelen, Hans von Ulm, gutzschen mit drien personen unnd drien fůrpferden. Als dan deß landtsschreibers doctor Joseph Hettlers gutschen, dorin er, sein schreiber unnd diener sas, sampt dem fůrman. Darnoch die cantzly gutschen unnd musicanten wagen, ein instrumenten unnd silberwagen mit dem silbergschir unnd gelt geladen, dorinnen zwei unnd zwentzig personen gefiert warden: der hofprediger Baldtauf, secretarius Thomas Stotz, cammerschreiber, balbierer, silbercammerer, zwen mundt-

---

4 Es sind trotz Platters Behauptung (26) nur 25. Der zuletzt genannte *Joh. Albrecht Gebweiler* ist nicht Platters Rötteler Jugendfreund (†1577), sondern dessen gleichnamiger Sohn (*1567, †1616). Wpb. Ba.

5 Die Sänfte, von zwei Pferden getragen und von je einem Knecht seitwärts vor dem Umkippen geschützt, ist neben den vielen Kutschen ein Sonderfall; im Marstall zu Sigmaringen sind solche noch zu sehen.

6 helmelin: Helme mit Wappenschmuck.

koch, ritter koch, stalknecht, jungfrauwen knecht, dry schneider, syben musicanten, ein maler, ein ristmeister oder blattner, unnd hatten ieder wagen sex pferdt unnd neun fûrleuth unnd knecht. Desgleichen reiten vorhin altzeit noch vier, zwen furrier, ein kuchi meister unnd ein wagenmeister, unnd luffen ze fûß dry jeger unnd dry kuche iungen. Eß fûrten auch sex marggrefische reuter sex renpferdt an der handt ledig, gantz bedeckt, unnd ettlicher junckeren diener droß pferdt, so luffen auch sunst laggeien mit. So schickt man altzeit ein tag zevor acht packwegen unnd ein karch, welche mit allerley blunder unnd zeug geladen, darzů braucht man fûrleuth unnd knecht fünf unnd zwentzig personen unnd fünftzig fûrpferdt.

Solcher gestalt unnd in anzal gemelter personen unnd pferden, so sich ungefor in dem furier zedel andraf, zweihundert unnd achtzechen personen unnd zwei hundert unnd ettlich mer pferdt befandt, ruckt man fort von Hochberg ein steig uf, neben Bilstein, ist ein schön iaghaus, dem marggrafen zůstendig, uf der ebne, biß an ein gechen berg[7]; hinab gon Haslach[8] in das Künschgerthal, graf Albrecht von Fürstenberg zůstendig, unnd ghart ir fürstlich gnaden im schlos im stettlin in, die übrigen warden hin unnd wider gefuriert. Eß kam auch die nacht der von Geroltzeck[9] mit den seinen dohin zů ir fürstlich gnaden. Freitag den 29 september auf Michaelis regnet es seer, reiten oft durch die Künßs[10], kamen in eim außspan[11] durch Hausen, Wolfach gon Schiltach[12], so wirtenbergisch ist, unnd unns darvor daßselbig gleidt entpfieng. Morndes sambstags den 30 septembris ruckten wir ein hohe steig auf, darnoch lang uf der ebne, biß wir das schloß Sultz sachendt. Do zugen wir in naßem wetter die steig

---

7 Dies erste Wegstück, offenbar in Richtung NE, ist schwer zu lokalisieren, viell. via Reichenbach-Bil⟨d⟩stein über den Geisberg ins Kinzigtal.

8 *Haslach:* an der *Kinzig* («Künschgertal»), etwa halbwegs zwischen Freiburg und Offenburg. Das Schlösschen in Haslach war von dem Fürstenberger, der in Wolfach residierte, arg vernachlässigt worden, s. Die Ortenau 21/1934, S. 388. Es handelt sich um Graf *Albrecht v. Fürstenberg*, *1557, †1599, Sohn Christophs und der Gräfin Barbara v. Montfort, er heiratete 1578 Elisabeth v. Pernstein und hatte zahlreiche Nachkommen. Eur. St.-Tf. IV, 128. – *Von Haslach an geht die Reise der Kinzig entlang in Richtung W-E.*

9 Die Herren *von Geroldseck*, ursprünglich wohl aus dem Elsass eingewandert, hatten ihren Stammsitz auf der *Hohengeroldseck* auf dem Schönberg, der die Wasserscheide zwischen Schutter und Kinzig bildet; sie wurde im 13. Jh. erbaut und 1688 zerstört, imposante Ruine. Der hier genannte Herrscher ist *Jacob v. G.*, Sohn des Quirin Gangolf und der Maria v. Sulz, 1584 mündig, ∞ Barbara von Rappoltstein, Tochter des Egenolph. Mit ihm starb 1634 die männliche Linie aus. Nach F. X. Steinhardt: Die Burgruine Hohengeroldseck, in Die Ortenau, H. 2/1934, S. 337–382, u. Schuster: Burgen Badens 244ff.

10 Hs. Künßs oder Künsch (?) = *Kinzig.*

11 mit nur einem Aufenthalt.

12 *Hausach, Wolfach, Schiltach:* alle an der Kinzig, 8, 12 bzw. 22 km E von Haslach; bei W. und Sch. münden gleichnamige Bäche.

hinab, in das stettlin Sultz[13], doselbst wir unser nacht leger hatten, unnd
loßt unns beide nachtleger auf disem wirtenbergischen boden der hertzog
von Wirtenberg auß[14].

[2ʳ] Suntag den 1 octobris zogen wir die steig hinuf, erreichten baldt
die grafschaft Zolleren, ruckten neben Werstein[15] dem schloß, doruß man
schos, firüber. Demnach kamen wir gon Heierloch[16], ein stettlin dief
unden am waßer gelegen, unnd drob am berg daß schloß, von dannen
neben einem alten schlos, Stein genant, in ein dorf, Rangendingen[17]. Doselbsten kam zů unnß freuwlin Elisabeth, ir fürstlich gnaden schwester[18],
so von Durlach kam, fůr in einer gutschen selbs viert mit sex gutschen
pferden; unnd reiten mit vom adel Christoph von Venningen, Carl von
Schornstetten, Erasmus von Erlach, Georg Friedrich von Rixleben, Melchior Sigelmann sampt iren reisigen knechten mit drey zechen pferden.
Eß stießen auch doselbst zů unnß dry Rheingraven, dorunder der hochzeiteren vatter[19], unnd mit inen vil Luthringisch gesindt unnd vom adel.
So dan der herr von Rappoltzstein[20], der graf von Hohenloe; do rust man
sich zum inrit, unnd sas der marggraf kostlich angethon uf ein wol geziert unnd mit fäderen gebutzt pferdt; unnd uff ir fürstlich gnaden reiten
dry edle spies iungen, so helmelin mit sammat überzogen auf hatten unnd
schefelin fůrten, unnd zogen also samethaft fort, biß wir auf ein weite
wisen, nit weit von Hechingen[21], kamen.

Do begegnet unnß graf Itelfritz von Zolleren der vatter[22], sampt seinem

13 *Sulz am Neckar:* ca. 34 km NE von Schiltach, altes Städtchen mit Resten einer Burg in
   der Nähe.
14 loßte auß: löste aus, bezahlte, vgl. S. 508, n. A. 109.
15 *Wehrstein:* Burgruine über Fischingen (416 m).
16 *Haigerloch* (Hs. und wohl auch dial.: ohne g): an der Eyach, ca. 20 km SE von Fischingen,
   in einem scharf eingeschnittenen Tal, das Schloss ist seit 1575 Sitz einer zollerischen Linie.
   s. Kap. 13, A. 2.
17 *Rangendingen:* 7 km E von Haigerloch.
18 *Elisabeth:* *1570, †1611, Tochter des Markgrafen Karl II. v. Baden-Durlach. Eur. St.-Tf.
   I, 85.
19 Der Wild- und *Rheingraf Friedrich I.* von Salm-Neufville, s. A. 1. und oben Kap. 14, A. 73.
20 *Eberhardt von Rappoltstein,* *1570, †1637, Sohn des Egenolph (*1527, †1585), Herr
   der bedeutenden elsässischen Grafschaft Rappoltsweiler (Ribeauvillé). Vater und Sohn
   waren mit Felix Platter eng befreundet, wie Frau E. Landolt in BZ 72/1972, S. 270ff.
   nachgewiesen hat. Platter widmete den beiden sein erstes Werk, «De corporis humani
   structura et usu» 1583, und überbrachte es persönlich. Landolt 273f.
21 *Hechingen:* 15 km E von Haigerloch, an der B 27, ca. halbwegs zwischen Tübingen und Rottweil, 16 000 Einwohner, bis 1850 Hauptstadt des Fürstentums Hohenzollern-Hechingen.
   – Etwa 5 km S der Stadt erhebt sich auf dem Burghügel (855 m) die *Burg Hohenzollern,*
   allerdings ein Neubau von 1850/56 an der Stelle der alten Stammburg des Geschlechts.
   Vgl. Kap. 13, A. 2. u. Kap. 15, A. 94.
22 *Graf Eitel Friedrich IV.,* *1545, †1605 (nicht 1604), der Stifter der Linie *Hohenzollern-
   Hechingen,* Vater des Hochzeiters Johann Georg, ist die zentrale Figur des Festes. Wir
   haben ihn bereits beim Anlass der Zollern-Hochzeit von 1577 kennen gelernt, s. Kap. 13,

488   1. Oktober 1598   Kap. 15

sun dem hochzeiter, graf Johan Georg von Zolleren, sampt ettlichen grafen, herren unnd vom adel mit 120 pferden, reiten zierlich unnd herlich gebutzt, mit vil fanfaren, sex drommeter, dorunder ettlich auß dem peierischen hof erfordert waren, um der hochzeiteren wagen, unnd theilten sich hiemit die grafen unnd herren, so vor dem marggrafen ritten, in, wie auch die vom adel unnd reisigen under die unsere und ruckten also fort, gegen dem stettlin Hechingen. Do schos man ab hohen Zolleren mit großen stucken²³, unnd geschach der inritt auf ettlich hundert starck um finf uren in gemelter ordnung: in welcher mitte die hochzeiteren neben der marggrefin²⁴ in der mitte in einem offnen kostlichen wagen fůr unnd sich sechen ließ, unnd volgten vil gutschen unnd wegen hernoch, dorunder einer allenthalben mit vergülten spangen beschlagen, lär, von sex schönen pferden gefiert wardt, welchen der hochzeiteren vatter ir nach der herren brauch[t] neben irem heurath gůt, kleider unnd kleinoten gibt unnd hiemit allerdingen auß steurt. Zogen also fort, daß stettlin hinab, durch der soldaten ordnung, die zů beiden seiten stůnden, in daß herlich schloß zů Hechingen, do noch vil entpfachens, so im hof geschach, die wolgeborne personen alle zehof, die übrige in daß stettlin ingefuriert warden, also daß wenig überbleib, so nit wardt ingenommen.

[2ᵛ] Unnd befandt sich auß den furier zedlen die anzal der personen, so zů diser hochzeit erscheinen sindt, von fürsten, eigner person oder durch gesante, graven, herren, adel unnd amptspersonen, reisigen knechten, dieneren, auch der pferden zal, wie volgt:

Marggraf Georg Friderich zů Baden unnd Hochberg etc, sampt der Marggrefen Juliana Ursula, ir f. g. gemachel; unnd freuwlin Francisca die hochzeiterin; freuwlin Elisabeth, kloster frauw zů Rimelsperg; freuwlin Anna, alle vier geborne Wildt- unnd Rheingrefen, schwesteren²⁵; unnd ein freuwlin Rheingraf Otten. Personen 218, pferdt 201.

spez. A. 33. Gleich nach seinem Regierungsantritt 1576 begann er, selbst die architektonischen Hauptideen gebend, den grossartigen Umbau und *Neubau seines Stadtschlosses in Hechingen*, das den glänzenden Rahmen zu unserem Feste bildet, s. A. 101.

23 stucken = Kanonen. Der junge Landesherr hatte 1579 bei dem Glocken- und Stückgiesser Hans Frey zu Kempten gleich *18 Geschütze* anfertigen lassen. In klarer Erkenntnis der kriegerischen Gefahren, die schon lange vor dem 30jährigen Kriege drohten, kaufte er am 10. Nov. 1576 in Strassburg für 3000 Gulden die volle *Kriegsausrüstung* für 300 Mann, Harnische, Hakenbüchsen, 200 Federspiesse, 21 Schlachtschwerter usw., die er auf der Bergfestung Hohenzollern und seit 1580 im neuerbauten Zeughaus des Stadtschlosses Hechingen verwahren liess; manches davon ist noch erhalten geblieben. Nach Schmid: Zollernmusik, S. 166f.

24 zwei Schwestern: die *Braut*, Franziska v. Salm (s. A. 1) und die Markgräfin, Juliane Ursula v. Salm, s. Kap. 14, A. 1.

25 Neben diesen beiden (A. 24) sind es *Elisabeth*, Äbtissin von Rimelsberg (Remiremont), und *Anna*, später Gemahlin des Johann Reinhard, Grafen zu Hanau. Eur. St.-Tf. III, 138.

Churfürsten von Brandenburg[26] gesanter, Hans Jacob Wurmser von Straßburg. Personen 8, pferdt 7.

Hertzogen auß Peieren[27] gesanter, herr Frobenius, erbtruckseß zů Waldtpurg. Pers. 22, pfert 22.

Hertzogen von Wirtenberg[28] gesanter, Sebastian Welling von Fehingen, sampt Achario von Gůtenberg, dem wirtenbergischen geleit. Pers. 14, pfert 14.

Hertzogen zů Vademont Francisci[29] gesanter, herr Eberhart zů Rappoltzstein[30], sampt seiner gemachel Anna, geborne Wildt- unnd Rheingrefe. Pers. 32, pferdt 31.

Margrafen zů Brandenburg von Anspach[31] gesanter, herr Thomas von Kriechingen. Pers. 15, pfert 10.

Margrafen Ernst Friderich zů Baden unnd Hochberg[32] etc. gesanter, Carl von Schornstetten. Pers. 6, pferdt 5.

Wildt unnd Rheingraf Friderich, der hochzeiteren herr vatter, sampt Rheingraf Philips[33] unnd Johan[34], ir gnaden sünen, dorunder Rhingraf Johan auch ein gesanter war graf Johans von Salm unnd der eptißin von Rimelsperg, Claudia geborne von Salm[35].

26 Kurfürst von *Brandenburg: Joachim Friedrich*, *1546, †1608, er wurde 1553 Bischof v. Brandenburg und Havelberg, 1556 auch zu Lebus, 1563 Administrator zu Magdeburg. Er residierte seit 1567 in Halle und vermählte sich 1570; er durfte deswegen den erzbischöflichen Sitz auf dem Reichstage nicht einnehmen. 1598 übernahm er das Kurfürstentum. Nach A. Gessler a. a. O.

27 *Maximilian*, *1573, †1651, der erste Kurfürst in *Bayern*.

28 Herzog *Friedrich von Württemberg*, *1557, †1608, reg. seit 1593. Wir haben ihn auf Platters 2. Hofreise kennengelernt, Kap. 14.

29 Graf *Franciscus von Vaudémont*, *1571, †1632, ∞ Christina Gräfin v. Salm in Lothringen. – Vaudémont ca. 35 km S von Nancy.

30 *Eberhardt von Rappoltstein*, s. A. 20. Seine Gemahlin war seit 1589 die Wild- und Rheingräfin *Anna* (†1608) von der Linie Kyrburg. Nach A. Gessler, BJ 1891, S. 113, A. 1. Eur. St.-Tf. I, 143. – Das Datum der Hochzeit ist jedoch 1589 1. Dez. und nicht 1598.

31 *Georg Friedrich, Markgraf von Brandenburg* zu Ansbach und Bayreuth, *1539, †1603; mit ihm erlosch die ältere fränkische Linie der Hohenzollern. Gessler 113, A. 2. Eur. St.-Tf. I, 61.

32 *Ernst Friedrich, Markgraf von Baden-Durlach*, *1560, †1604, kinderlos, ein eifriger Lutheraner wie sein Bruder Georg Friedrich von Baden-Sausenburg, der Schutzherr Platters, 1599 calvinistisch; vgl. Kap. 14, A. 1.

33 *Philipp Otto, Graf zu Salm*, *1575, †1634, reg. seit 1608, 1623 Reichsfürst; Bruder jener 4 Schwestern, A. 24f. Eur. St.-Tf. III, 138.

34 Unter den 13 Kindern Graf Friedrichs v. Salm hat es zwei Johannes: *Graf Johann Georg*, †1650 (nicht 1640, er heiratete 1644 zum zweiten Mal) und *Graf Johann August*, der Malteserritter wurde und 1648 starb. Welcher Johann der Gesandte des gleichnamigen Bruders war, ist nach Platters Bericht nicht zu unterscheiden. Nach Gessler 113, A. 5 und Eur. St.-Tf. III, 138.

35 Hier eine weitere Unklarheit: Nicht Claudia, sondern Elisabeth von Salm, Wild- und Rheingräfin, eine jener vier Schwestern, war Äbtissin von Rimmelsberg/Remiremont, s. o., A. 25. – Eine Cousine hiess Claudia (†1623), eine Tochter von Graf Joh. Philipp, doch war sie verheiratet, s. Eur. St.-Tf. III, 138.

Sodan Rheingraf Friderichen gemachel, Sibilla Juliana[36], unnd zwei freuwlin Agnes unnd Irmgardt, alle dry schwesteren geborne grefenen von Isenburg[37]. Item herr Ludtwig von Hohensax, ein iunger herr, mit inen. Pers. 45, pfert 44.

Wildt unnd Rheingraf Adolf[38] unnd sein gemachel Juliana, geborne von Naßauw grefin, unnd ein freuwlin Anna Maria geborne grevin von Zeiningen. Pers. 25, pfert 22.

Wildt unnd Rheingraf Otto[39] unnd ir gnoden gemachel, unnd mit im herr Peter Ernst, herr zů Kriechingen. Pers. 13, pfert 12.

Grav Itelfriderich zů hohen Zolleren, deß hochzeiters vatter[40]; sein gemachel Sibilla, geborne grevin von Zimmren; ir sun, der hochzeiter, grav Johan Görg; zwei freuwlin Juliana unnd Eleonora; item die erbtrukseßin wittib, geborne von Zolleren[41], sampt denen vom adel unnd amptspersonen allein gerechnet. Pers. 93, pferdt 93.

[3ʳ] Graf Carol zů hohen Zolleren[42]; ir gnaden gemachel Elisabetha,

---

36 Die eben erst am 15. Juni 1598 angetraute 3. Gemahlin des Wild- und Rheingrafen Friedrich, *Sibilla Juliana Gräfin v. Isenburg*, *1574, Tochter des Grafen Philipp von Isenburg zu Birnstein.

37 Ihre Schwestern *Agnes*, *1566, und Irmgard, *1577. – Der gleich nachher genannte *Joh. Ludwig v. Hohensax* ist ein Schweizer, aus einem uralten rätischen Geschlecht, das wegen seiner Streitsucht und Zügellosigkeit bekannt war. Seine Herrschaft lag im Werdenberger Amt im heutigen Kanton St. Gallen. Er heiratete 1608 die niederländische Gräfin *Elisabeth v. Cuylenburg*, die vorher mit Markgraf Jakob III. v. Baden-Hachberg (†1590) und dann mit dem Zoller Grafen Karl II. in Sigmaringen (†1606) verheiratet war. Nach Schmid: Zollernmusik, S. 104ff. Vgl. A. 42.

38 *Wild- und Rheingraf Adolf Heinrich* von der Linie Dhaun, *1557, †1605; seine Gemahlin war Juliana Gräfin v. Nassau-Dillenburg, *1565.

39 *Wild- und Rheingraf Otto* zu Kyrburg, *1578, †1637, und seine Gemahlin Claudia v. Manderscheid.

40 s. A. 22 und Kap. 13, A. 33; zum Sohn s. Kap. 15, A. 1.

41 Erbtruchsessin wittib: *Eleonore v. Hohenzollern*, *1551, † nach 1598 11. Okt., Tochter Karls I., ∞1572 Karl Truchsess Freiherr v. Waldburg. Eur. St.-Tf. I, 153.

42 *Karl II. Graf von Hohenzollern-Sigmaringen*, ein Onkel des Bräutigams. Wir haben ihn bereits im Kap. 13, A. 39 kennen gelernt als Schlossherrn und Gastgeber, und ebenfalls die von ihm gewaltsam entführte Gemahlin *Elisabetha Gräfin v. Cuylenburg*. Auch diesmal leistete er seinen Beitrag zur Organisation des Festes. In einem Brief, der die herzliche Verbundenheit mit seinem Bruder in Hechingen zeigt, schreibt er an Eitel Friedrich, den Vater des Bräutigams, er werde ihm zum Fest Tische, Tafelsilber, Geflügel, Fisch und allerlei von seiner Gattin selbst gezogene seltene Gemüsesorten wie «kukhumer und articokhi» senden; Trompeter habe er derzeit nur zwei, doch würden diese am Samstag vor der Hochzeit zu Hechingen sein. Für Mummerei und Turnier werde er sich eigens Kleider in München anfertigen lassen: es ist das Kostüm des «Joan Badello», in dem er dann mit 9 anderen Rittern in buntem Aufzug zum Turnier ritt (s. u., bei A. 77f.), begleitet von je 2 Zinkenisten und Posaunisten, die wohl aus seiner Sigmaringer Hofkapelle stammten. Das Gefolge, mit dem er über die Alb zur Hochzeit nach Hechingen geritten kam, bestand aus 36 Personen zu Pferd und in Kutschen mit insgesamt 49 Rossen. Auch sein Kapellmeister Marcus Bollius und sein Altist Mang Schatz waren unter dieser Schar, als

gräfin zů Killenberg; zwei freuwlin Maximiliana[43] unnd Johanna. Pers. 49, pfert 36.

Graf Friderich zů Fürstenberg[44]; ir gnaden gemachel Elisabetha, geborne gräfin von Sultz. Pers. 36, pfert 25.

Graf Friderich von Hohenloe. Pers. 20, pfert 15.

Grafen zwen von Helfenstein, Georg unnd Frobenius, presidenten im Cammergericht. Pers. 20, pfert 18.

Graf Emich von Lünigen[45]. Pers. 12, pfert 10.

Graf Jochums von Fürstenberg[46] gesanter. Pers. 3, pfert 3.

Graf Johan Görg von Zolleren[47]. Pers. 5, pfert 5.

Graf Wilhelm von Oetingen[48] gesanter. Pers. 4, pfert 4.

Fryherr zů Künigseck, Berchtolt[49]; ir gn. gemachel Cunigunda, geborne gräfin zů Zimmren. Pers. 16, pfert 14.

Fryherr Heinrich, erbtruckses; ir gn. gemachel Anna Maria, geborne von Mechselrein. Pers. 22, pfert 22.

Fryherr zů Mörspurg, herr Joachim. Pers. 6, pfert 6.

Herr Schenck Hans zů Limpurg[50]; ir g. gemachel Eleonora, geborne grävin zů Zimmren; unnd herr Schenck Heinrich zů Limpurg[50]. Pers. 32, pfert 29.

Herr Jacob zů Geroltzeck[51], sampt ir g. gemachel Barbara, geborne von Rappoltzstein. Pers. 30, pfert 23.

er der Braut entgegen ritt, um sie mit zierlichen Worten zu begrüssen. Nach E. F. Schmid: Zollernmusik, S. 58f.

43 *Marie Maximiliane*, *1583, †1649, ist eine Tochter Karls II. aus dessen 1. Ehe mit Euphrosyne Gräfin v. Öttingen-Wallerstein; sie heiratete 1598 Joachim Ulrich Freiherr v. Neuhaus.

44 *Graf Friedrich zu Fürstenberg*-Heiligenberg, *1563, †1617, Landvogt im Unterelsass, und seine erste Gemahlin, *Elisabeth Gräfin v. Sulz*, Tochter des Grafen Alwig, ∞1584, †1601. Eur. St.-Tf. IV, 127.

45 Hs.: Lünigen oder Liinigen. Gemeint ist wahrscheinlich *Graf Emico XI. v. Leiningen* und Dachsburg, *1562, †1607. A. Gessler 115, A. 2.

46 *Graf Joachim v. Fürstenberg*-Heiligenberg, *1538, †1598, der Vater von Friedrich, s. A. 44. Vgl. Kap. 11, A. 129.

47 *Johann Georg v. Hohenzollern:* *1580, †1622, Sohn des Joachim, nicht zu verwechseln mit seinem fast gleichaltrigen, gleichnamigen Vetter, unserem Hochzeiter. Er hatte trotz 11 Geburten aus 2 Ehen keinen männlichen Nachwuchs; mit ihm erlosch die *schlesische Linie* der Hohenzollern. Eur. St.-Tf. I, 153.

48 *Wilhelm II. Graf v. Öttingen* in Wallerstein, *1544, †1602, ∞1564 *Johanna Gräfin v. Hohenzollern*, *1548, †1604. Gessler 115, A. 5 und Eur. St.-Tf. I, 153.

49 *Freiherr Berchtold v. Königseck*, Sohn von Joh. Jak., ∞ Kunigunda v. Zimmern, Tochter des Grafen Froben Christoph; er war also der Schwager Eitel Friedrichs IV. Gessler 115, A. 6.

50 *Johannes v. Limpurg*-Gaildorf, *1543, †1608, ∞ Eleonora Gräfin v. Zimmern (†1606), und *Heinrich v. Limpurg*-Sontheim, *1573, †1637. Gessler 116, A. 1f.

51 *Jakob von Hohengeroldseck*, *1565, †1634, der Letzte seines Geschlechts (s. o., A. 9). Seine Gemahlin war *Barbara v. Rappoltstein*, *1566, †1621, eine Tochter Egenolphs. Gessler 116, A. 3.

Herren cometheur S. Johans, herr Augustin von Mörspurg gesanter. Pers. 2, pfert 2.

Marggräfin freuwlin Elisabeth ze Baden unnd Hochburg etc.[52] Pers. 17, pfert 19.

Grefin Apollonia zů Helfenstein, wittib, geborne von Zimmren. Pers. 6, pfert 12.

Grefin Catharina zů Zolleren, wittib[53], sampt zweien iungen herren, graven zů Zolleren, Christoph unnd Carl. Pers 10, pf. 7.

Fryfrauw Cunigundt zů Künigseck[54], geborne fryfrauw zů Waldtburg. Pers. 16, pfert 14.

Grefin Ursula zů Ortenburg, geborne grefin von Zimmren; unnd ein freuwlin Polixena. Pers. 8, pfert 7.

Frauw Johanna erbtruckseßin, geborne von Zimmren; unnd zwey freuwlin Sabina unnd Johanna. Pers. 14, pfert 14.

Summa summarum der personen unnd pferden, so vil man spetzificieren kennen auß den privat furier zedelen, thůt in personen 819, in pferden 746. Eß befandt sich aber noch weiter von gesanten der statt Reitligen unnd der landtschaft Zolleren unnd anderer orten, so hierin nit begriffen, auß dem general furier zedel zů Hechingen, daß by diser hochzeit erschinen, beherbriget unnd außgespißt sindt worden [3ᵛ] 984 personen, dorunder 68 wolgeborne, 148 vom adel von man unnd weibs personen, gewesen, unnd 865 allerley reit unnd fůr pferdt gefietert sindt.

Nach ankunft unnd versamlung gemelter personen rust man sich zur zesamen gebung, so noch vor dem nachteßen, aber spot erst um acht uren beschach. Um welche zeit kam der iung graf von sibentzechen iaren[55], der hochzeiter; neben dem gieng margraf Georg Friderich, unnd bliesen vorhin elf drummeter, dorunder der ein gar rein unnd zierlich blies, unnd giengen die vom adel vorhin, unnd volgten die grafen unnd herren hernoch, mit vil nachtliechteren vor unnd nach geleitet. Die zogen in ein große stuben, so 25 schritt lang unnd breit was, gar hoch, mit einer schö-

---

52 *Markgräfin freuwlin Elisabeth* ist wohl identisch mit Elisabeth ir f. gn. schwester, *1570, †1611, s. A. 18, trotz dem verwirrenden Titel Hochberg; ihr Vater Karl II. besass im Zeitpunkt ihrer Geburt neben Durlach auch noch Hochburg usw. Auch die Zahl der Pferde stimmt überein: 6 Kutsch- und 13 Reitpferde = 19 Pferde.

53 *Katharina*, Tochter des Freiherrn Christof *von Welsperg*, ∞1577 Christof von Hohenzollern-Haigerloch, die Hochzeiterin von 1577 (Kap. 13), seit 1592 verwitwet; die beiden «iungen herren» sind ihre Söhne *Joh. Christof* (*1586, †1620) und *Karl* (*1588, †1634). Gessler und Eur. St.-Tf. I, 153.

54 *Kunigunde von Königseck:* Tochter Jakob Georgs, Truchsessen v. Waldburg, Gemahlin von Graf Georg v. Königseck, des Bruders von Berchtold (s. A. 49). Nach A. Gessler 116, A. 5.

55 Das ist sicher eine Verwechslung. Der Hochzeiter war 1577 geboren, war also damals 21jährig.

nen himelzen[56], unnd kostlich allenthalben tapissiert. Baldt kam auch hernoch freuwlin Francisca, die hochzeiteren, durch zwen fürstliche gesanten gefiert, mit aufgethonem unnd zerthonem har, kostlichen krantz, kleinoten, halßbandt unnd kleidung; unnd giengen ir gnaden vor zwen hofmeister, vil schalmien, zincken unnd pausunen bleser, unnd volgten die wolgeborne freuwlin, frauwen, letstlich auch daß adelich frauwenzimmer, in langer procession, ie eins kostlicher unnd uf besundere manier geziert unnd angethon. Man stalt beide hochzytleut neben ein andren, unnd gab sy ein priester[57] mit vil ceremonien unnd zůsprechen in teutsch unnd latin zesamen, unnd hůlt man ein stattliche music von gesang unnd instrumenten, unnd branen hiezwischendt in der stuben seer vil nachtliechter unnd kertzen klein unnd groß, alles von wags gemacht, unnd angezündt.

Nach dem solches volendet um neun uren, fůrt man die hochzeitleut in vorgemelter procession in ein großen sal darneben, der 54 schritt lang unnd 25 breit was unnd gar hoch, mit einer kunstreichen himeltzen[56] von schreinerwerch gefürneßt, unnd sunst die wendt alle gegibßt unnd mit bildtwerch allenthalben gar kunstlich außgehauwen, unnd an eim ort daß silber geschir in großer anzal uf vil puffet nach ein ander ufgestelt; auch mit zweien schönen gehauwenen caminen, unden eins unnd oben eins, dorinnen stetigs starch feur branten, dorinnen auch vil große kertzen by den fensteren allenthalben stůnden, unnd zwen leuchter hiengen, unnd in iedem 15 kertzen branten, dergestalt gesetzt, alß branten zwo bapst kronen dorinnen. In disen sal stalten sich die wolgeborne personen, von herren zur rechten, von freuwlinen unnd frauwen zur linchgen seiten, der lenge nach, unnd kamen zwen hofmeister mit steben, beschlagen von silber unnd vergült, unnd giengen inen vor zwen paien, gäl unnd schwartz von sammet, zollerischer farb angethon, mit brennenden nachtliechteren, unnd volgten auf sy, welche vergülte große blatten, waßer kanten[58], kostliche zwechelen[59] [4r] drůgen unnd mit vil gebreng[t] den wolgebornen allen waßer gaben, unnd hernoch an zwo lange tafel, so deß halben sals lang waren unnd neben ein ander stůnden, satzten, dergestalt, daß der hochzeiter zeoberst unnd neben im die hochzeiteren sas, alß dan bysitz nechst am hochzeiter der marggraf zur rechten, die marggrefin an der hochzeiteren zur linchgen saßen, alß dan uf sy die fürstliche gesanten volgten, grafen, herren, doch altzeit die firnembsten von wolgebornen frauwen zwischen sy vermischet, biß die tafel gor besetzt wardt. Als dan satzt man die übrige von wolgebornen frauwen unnd freuwlinen alle auf

56 himelze = Dachhimmel, Baldachin.
57 Der Priester war Dr. Joh. Jakob Mirgel, der Weihbischof von Konstanz. – Die gräfliche Kantorei stimmte darauf eine 8stimmige Hochzeitsmotette an. Schmid, S. 596.
58 Wasserkannen.
59 zwèchele = Handtuch.

die ander tafel, also daß beide lange taflen mit 68 wolgebornen personen besetzt warden; daß überig frauwen zimmer vom adel, sampt den juncke-ren, herren unnd firnempsten amptspersonen, nach dem sy ein wil aufge-wartet um die taflen, satzt man an vier runde schiben, so auch in gemeltem sal zůgerist waren, unnd dan die übrigen satzt man unden im schloß in ein große stuben, do vil tisch waren bereitet, dorunder einer der priester-schaft[60], welche alle wol besetzt, daß kein blatz leer überbleib, warden, unnd gab man den megten, deren auch vil waren, ein besonderen blatz in. Waß sunst ringre mans personen waren, sampt den reuteren unnd knechten, bůben unnd laggeien, darvon man wenig gen hof inließ, die speißt man alle in der statt auf der stuben, by 120 auch etwan mer tisch.

Die tractation belangendt unnd apparat, so in diser moltzeit, auch her-noch acht tag gebraucht worden, war derselbige über die moßen kostlich unnd manigfaltig in der wolgebornen sal, sunderlich ob den langen taflen, dargestelt unnd zůgericht, alle geschir, blatten, teller, leuchter unnd waß geschir man braucht, silber, der mertheil auch vergült, merkliche große drinckgschir, sunderlich auch die schalen, dorin man die confeckt darstelt, breit unnd hoch mit fießen, unnd in ieder in der mitte ein hohes kunst-reich bildt gesetzt von allerley manier, die schauweßen[61] von gebüwen, gewegsen, thieren allerley, wunderbarlich unnd künstlich, so ein großes gekostet haben, ufgestelt unnd alle moltzeit verenderet, die servieten oder zwechelen auf mancherley figuren zamen gelegt unnd formiert alle mol uf die teller gesetzt, allerley kostliche eßen, pasteten, tarten, confeckt, ein unzal unnd nit zeschreiben, welche ettliche vom adel, so zů truckseßen geordnet waren, uf drůgen. By welchem panncketen stetigs in die drysig musicanten mit singen, pfif unnd andren instrumenten allerley alß violen, harpfen, spinetten ein herliche music, dergleichen ich nie gehört, fein sittig unnd nit ze hoch, fůrten unnd ir besunderen blatz im sal inhatten. Dorunder der halb theil des graven gewonliche unnd bestelte musici unnd instrumentisten waren, deren cappellen meister, Narcissus Zangkel[62], der

---

60   Hs. (irrt.): preisterschaft.

61   Über die mehrfach erwähnten «*schauwessen*» (Konditoren-Kunstwerke) vernehmen wir aus einer anderen Quelle noch Näheres: Die «cibi spectabiles» waren das Schloss Hechingen von Zuckerwerk, der Ritter St. Georg, der den Lindwurm tötet, St. Christophorus mit einem Baum in den Händen, ferner «Vil schöner Bäum, Gestäud und Hecken, Darunder wilde Tierlein stecken, Und Vögel sassen oben drauf». – Das Zitat stammt aus dem lang-atmigen *Reimwerk* des Reutlinger Schulrektors *Jakob Frischlin:* «Drey schöne und lustige Bücher von der Hohen Zollerischen Hochzeyt ...», gedruckt 1599 in Augsburg. Frischlin gibt sich als eine Art Hofhistoriograph. Er schildert im 1. Buch die Landschaft Zollern und die Geschichte seines erlauchten Herrscherhauses, im 2. Buch die Hochzeit, im 3. Buch Turnier, Jagd und Abschied der Gäste. Ein paar tausend Verse, aber ledern und langfädig; die besten daraus zitiert A. Gessler, S. 144f.

62   Kapellmeister *Narcissus Zangkel* (Zängel usw.): *ca. 1555 in Augsburg, † nach 1607. Nach 1570 Kantoreiknabe der bayrischen Hofkapelle unter Orlando di Lasso, Stipendium für

organist Hasler genant ist, [4ᵛ] die übrige von fernem von der keiserlichen maiestat hof von Prag, von München, worunder auch Ferdinandus de Lassus, Orlandi⁶³ sun, unnd von Simringen Melchior Scram cappelmeister war, beschickt unnd hoch besoldet.

Die übrige tractation deren, so nit in der wolgebornen sal saßen, war auch zimlich, zwuret ettlich richt ze mol aufgestelt⁶⁴, auch etwas zum nachtisch. So gieng mercklich vil auf in der statt by dem gesindt uf der stuben, sunderlich sindt vil fůder weins gedruncken, auch mit den morgensuppen, in die gemach gedragen, unnd sunst menglichem uf sein begeren geben, vil aufgangen. So saßen die wolgeborne ob der taflen

Frankreichreise, dann Organist in der Abtei Roggenbach bei Ulm, 1585–1590 in Augsburg, gelegentlich im Dienst Jakob Fuggers. 1590 übernahm er am Hof des musikbegeisterten Grafen Eitel Friedrich IV. von Hohenzollern-*Hechingen* als Nachfolger von Ferdinand di Lasso das gutbezahlte Kapellmeisteramt; 1596 wechselte er nach Sigmaringen über zu Graf Karl II., doch kehrte er zwei Jahre darauf zurück. In Hechingen leitete er 1598 an der in unserm Kapitel beschriebenen grossen Zollernhochzeit die umfangreichen musischen Veranstaltungen. 1599 schied er aus dem Hechinger Dienst aus. Z. war auch als Komponist sehr fruchtbar: «Cantiones sacrae, quas vulgo missas appellant, sex et octo vocibus» usw. Nach Musik in Gs. u. Ggw., Bd. 14, 1968, S. 980f., und Schmid a. a. O. 42f., 52. – Der gleich nachher genannte *Jakob Hassler*, der Bruder des genialeren Hans Leo H., war *Hoforganist* in Hechingen von 1597 bis 1603, als er dem Bruder in kaiserliche Dienste nach Prag und Eger folgte. Er bezog in Hechingen das hohe Gehalt von 200 Gulden bar (der Gymnasialrektor Thomas Platter verdiente nicht die Hälfte), dazu 1 Kleid und täglich 1 Mass Bier, später noch wertvolle Naturaleinnahmen dazu. Er war so wohlhabend, dass sogar der Erbprinz heimlich bei ihm Geld aufnahm, auch nach der Hochzeit noch, und dafür einen Teil der Hochzeitsgaben zum Pfand gab. In Prag verdiente Hassler noch weit mehr als das Doppelte! Vor den Kriegswirren in Böhmen (1620!) wollte er nach Augsburg ausweichen, doch wollte man ihn dort nicht mehr. Er starb 1621/22, wohl in Eger. Von ihm stammen zahlreiche Chorwerke, u. a. 14 kunstvolle italienische Madrigale zu 6 Stimmen. Schmid a. a. O. 240, 290, 294.

63 *Orlando di Lasso* (Roland de Lattre): *1530 oder 1532 in Mons (Hennegau), †1594 in München, niederländischer Komponist, wurde als Chorknabe nach Italien mitgenommen und erhielt dort seine Ausbildung, reiste dann nach Frankreich, England und Flandern, 1556 kam er zur bayrischen Hofkapelle und stieg 1560 zu deren Leiter auf. Er ist nächst Palestrina der grösste Komponist des 16. Jh., sehr vielseitig und fruchtbar (über 2000 Werke), von den Zeitgenossen als «Fürst der Musik» verehrt. Nach Schweizer Lex. IV, 1462. – Sein *Sohn Ferdinand* (†1666) hat sich als begabter Musiker und Kapellmeister in München hervorgetan. – *Melchior Schramm:* *ca. 1553 in Münsterberg (Schlesien), †1619 in Offenburg (Baden). Seit 1565 als Sängerknabe in der Hofkapelle Erzherzog Ferdinands von Tirol, zuerst in Prag, dann in Innsbruck. 1569 Stipendium, 1571/72 als *Organist* am Haller Damenstift. Der Sigmaringer Hof berief ihn 1574 als Kapellmeister und Organisten zugleich. Durch die Heirat mit der Sigmaringer Bürgermeisterstochter Anna Bürklin gelangte er zu Wohlstand. Als er nur noch als Organist beschäftigt wurde, verliess er 1594 den Hof Karls II. und wirkte dann von 1605 bis 1619 als Stadtorganist in Offenburg. Er selbst komponierte Motetten und «Teutsche Gesäng»; er war eine höchst eigenwillige Persönlichkeit von hohen schöpferischen Gaben. Musik in Gs. u. Ggw., Bd. 12/1965, S. 64f. und Schmid: Zollernmusik, S. 52–67.

64 Es wurden stets zweimal etliche Gerichte serviert.

by dry, die übrigen ze hof by zwo stunden, alß dan mûßten sy wider auf-
warten, do iedem erlûbt, um die taflen hin unnd wider zespatzieren unnd
zeschauwen, auch waß do geredt wardt zehören. Do dan auch die
schal⟨k⟩s narren[65] ire boßen mit reden unnd instrumenten driben, dorunder einer, Pauli genant, mit rimen in yl zesingen oder zesprechen, durch
welche er die wolgeborne personen wie auch die vom adel zierlich
stumpfieren[66] kont, unnd warin sy sich unhöflich gehalten hetten, rimenswiß kurtzwilig firbringen, vil kurtzwil unnd gelechter machet, auch über
die hundert kronen wert vereerungen darvon bracht.

Nach volendung vorgemelten[s] nachteßens, welches biß zwelfe wert,
nach langem gebreng, so mit waßer geben über disch unnd hendt
weschens, aufsten unnd andren ceremonien verbracht wardt, auch nach
etwas abdretten, tisch aufhebens unnd hinweg zethûn, fiengen die drommeter samethaft an, zum dantz aufzeblosen, unnd wurden die dentz durch
ettlich graven unnd herren, denen die hofmeister vorgiengen, ausgetheilt,
unnd dantzten zû der drummeten klang anfangs der hochzeiter sampt
seiner gespons, darnach der marggraf, hernoch die fürstliche gesanten,
auch ettlich grafen unnd herren, altzeit nur einer mit der hochzeiteren,
marggrefin unnd andren wolgebornen frauwen, mit vorgenden nachtliechteren, so zwen paie, in sammet wie vorgemelt angethon, drûgen,
unnd nochgenden, durch zwen herren, so hernoch dantzten, hûlten.
Unnd verzog sich der dantz nachzû biß zwei uren, do man erst die hochzeitleuth mit gleicher ordnung, wie sy dohin gefiert waren, also auch
hinweg schlofen fûrt.

Mentag den 2 octobris rust man sich zum kirchgang, unnd that sich
iederman kostlich an, nach iedes standt unnd wesen, auch driber, gebutzt
unnd geziert, unnd nach dem man vor deß hochzeiters unnd hochzeiteren, die bysamen waren, gemach sich gesamlet hatt, fûrt man sy in gleicher procession unnd triumph, [5r] wie die nacht zevor beschächen, in
die schloß cappel, unnd fûrten den hochzeiter zwen fürstliche gesanten,
die hochzeiterin der marggraf mit großem comitat, unnd bleib der marg-
gräfisch adel unnd geleit vor ußen ston, auß geheiß deß fürsten, unnd

---

65 Der *Hofnarr* gehörte damals zum Inventar jedes mittleren Hofhalts. Oft hatte man gemeiner Weise zu dieser Rolle Bucklige und Zwerge ausgewählt, die allein schon durch
ihre Missgestalt zum Lachen reizten; sie trugen die bunte, meist zweifarbige Livree des
jeweiligen Hofes, eine Narrenkappe mit Schellen und als «Szepter» den Narrenkolben.
Die hier vorkommenden Narren stehen bereits auf einer höheren Stufe: sie musizieren,
singen, dichten und geniessen vor allem eine gewisse Narrenfreiheit. Man lacht nicht
mehr auf ihre Kosten, sondern auf Kosten ihrer Opfer, und dazu kassierten sie an solchen
Festen reichlich Trinkgelder. – Über Pauli von Zell s. o., Kap. 13, A. 46. – Über Zwerge
berichtet Platter auch in den Observationes (1614) III, S. 546. Bei einer Fürstenhochzeit
in München 1574 war ein Zwerg in einer Riesenpastete verborgen und drang dann mit
seinem Degen daraus hervor.

66 «stumpfieren», ein damaliges Modewort für «ausspielen, auf die Rolle schieben».

kam auch der fürst selbs, die Rheingraven unnd andre herren, so evangelisch waren, wider baldt heraus auß der kirchen, wie auch die marggrefin unnd ander diser religion zůgewanten frauwenzimmer. In der cappel, welche schön verziert was, hůlt man mäß, unnd figurierten darzů die musici, unnd gieng die orglen unnd ander pfifwerch, darunder sampt andren instrumenten mit über auß hohem wolgestimpten zierlichen klang, unnd gab man mit vil do gewonlichen ceremonien, in latin alleß verrichtet, die eeleuth zesamen[67]. Nach welchem die abgedrettenen herren, frauwen unnd freuwlin wider kamen, wider in gleicher ordnung unnd triumph, die eeleuth in ir gemach, baldt zů dem imeß eßen geleitende.

Welches gleicher gestalt wie obgemelt und sunderlich diß mol mit schauweßen[61], vil unnd mancherley unnd seltzamen trachten, zum kostlichisten angerichtet wardt unnd zergieng, auch herlicher music unnd volgendem dantz, darby ietz mer alß die nacht zevor zemol dantzten, auch nit mer die drommeten, sunder violen, zwerchpfeifen unnd spineten alß stillere instrument gebraucht warden, wie auch gleicher gestalt in dem nachteßen unnd nach dem selbigen, unnd hernoch die andre zwen tag, gleiche ordnung unnd breuch gehalten wurden. Also daß man selten vor ein uren zum mittag eßen geseßen, vor vier uren aufgestanden ist, unnd nach gehaptem dantz unnd etwas abdretten vor zechen uren zenacht geßen, vor ein uren aufgestanden, unnd nach gewonlichem dantz vor dry, vier uren schlafen gangen ist.

Am zinstag den 3 octobris um vier uren nach mittag, nach gehaptem dantz, fieng man der hochzeiteren an zegoben, do dan ieder wolgeborner, selbs oder durch die gesanten oder statthalter, die gob mit einer zierlichen oration presentiert unnd auf ein tisch stalt, doruf altzeit doctor Pfeffer, des graven von Zolleren amptmann, mit dancksagung wider begegnet, welches ein gůte wil weret, dan der geschenck vil unnd kostlich dargestelt warden. Unnd gobt der marggraf den grösten becher, die andre graven unnd herren sampt der statt Reutlingen, Rotwil[68] allerlei silber-

---

67 Nach der ersten «*zesamen gebung*» am Sonntagabend, den 1. Okt., zwischen 20 und 21 Uhr, durch einen Priester, aber in einem profanen Raum (s. o., A. 57), fand nun am *Montag, dem 2. Okt.*, vormittags die *zweite* «*zesamen gebung*» in der Kirche statt. Frischlin, S. 110 sowie die Eur. St.-Tf. I 154 u. III 138 geben als Datum der Trauung statt des 1. den 11. Okt., gemäss dem neuen katholischen Kalender von 1582. – Interessant ist für dieses Zeitalter die Lösung des *konfessionellen Problems:* Der Bräutigam war katholisch, die Braut neugläubig; ob die Braut zuvor konvertierte, wird nirgends gesagt, jedenfalls fand die *Trauung nach katholischem Ritus* statt. Der reformierte Teil der Gäste, die Rheingrafen und die Markgräfischen verliessen während der Messe die Kapelle. Jedenfalls liess man sich auf beiden Seiten die Feststimmung keinesfalls durch konfessionelle Bedenken trüben. Auch unter den Musikern hatte es einige Protestanten (Hassler z. B.).

68 *Reutlingen* und *Rottweil* am Neckar, beides ehemals freie Reichsstädte im württ. Schwarzwaldbezirk, Rottweil damals zugleich «Zugewandter Ort» der Eidgenossenschaft.

gschir, kleinoter, der grav von Zolleren, der hochzeiteren schwecher[69],
ein kostlich halßband, unnd ein anders die eptißin von Rimelsberg, die
landtschaft Zolleren zwelf großer becher, alleß hernach inventiert unnd
mer alß zechen dusent gulden wert geschetzt.

[5ᵛ] Alß man zenacht geßen hatt unnd dantzt, fast um mitte nacht, kam
ein heroldt in einem seidenen kleidt Zollerischer farb, drůg in der rechten
ein vergülten zepter, in der linchgen ein runde große scheibe, gemolt
unnd doran geschrieben, nempt man ein «cartel»[70], unnd alß er dry mol
umzogen, mit vorgenden trummeteren, stalt er sich in die mitte, verlaß
den cartel, wie zwen ritter verhanden weren, die brechten daß kindt
Cupido oder die liebe gefangen; so iemans von ritteren, so do verhanden
weren, solches mit ritter spil retten wolten, erbiethen sy sich, den zů
«maintenir», daß ist «beston»; derhalben mechten dise cavallier, so «avanturier» weren, daß ist «woghels», morndes um mittag auf dem renblatz
erschinen. Laß auch, mit waß conditiones alleß verrichtet solte werden,
unnd wer die dry «denck» verdienen wurde. Nach solchem zog der
heroldt wider um, darnoch ab unnd hanckt den cartel im hof auf, daß er
von meniglich gelässen wurdt. Eß wardt aber morndeß mitwuchen wegen
deß regen wetters der aufzug ingestelt unnd der tag sunst in freuden unnd
kurtzwil verbrocht[71], unnd probierten sich ettlich herren nach mittag
zum ringle zerennen[72], auch ire pferdt, deren ein stattliche zal von
türckisch, neapolitanisch unnd andrer orten pferden, dorunder ettlich
seer hoch, verhanden waren unnd gar theur geschetz⟨t⟩, besunder ein
schwartze stůten deß marggrafen auf 500 gulden geschetzt. Eß reit auch
der graf von Holach ein schecken, den dumlet er, baldt pfeif er im ze
dantz, unnd dantzt daß pferdt lang wesenlich herumb, baldt steig der
graf ab, sprach im zů, do legt eß sich allerdingen an die seiten unnd den
kopf an herdt[73], unnd sas er ein gůte wil uf im, biß eß wider auß seinem
geheiß ufstůndt; er sprengt eß auch über ein hohen schrancken, unnd

---

69 schwecher = Schwiegervater.

70 Das «Kartell» war eine Herausforderung an die versammelte Ritterschaft und bildete den
    Auftakt zu einem Ringelrennen, wie wir es von den Hoffesten in Sigmaringen und vor allem
    in Stuttgart her kennen. Gegen die Herausforderer oder «Maintenierer» stellten sich nun
    eine Anzahl Abenteurer, «Waghälse» oder «Aventuriers», die in «Compagnien» auftraten, be-
    stehend aus 2 bis 10 Mann, gelegentlich auch einem einzelnen Ritter; jede Compagnie
    drückte durch Namen, Masken und Kostüme ein bestimmtes Sujet aus.

71 Hs. irrt.: wolbrocht.

72 Beim Ringelrennen jagten die Spielenden in möglichst engem Kreise herum, warfen ihre
    Lanzen nach einem bestimmten Ziele oder suchten, hinter einander gesteckte Metallringe
    mit der Lanzenspitze aufzufangen. Wer die meisten Ringe fasste, war Sieger und gewann
    den Einsatz, den sein Gegner «eingelegt» hatte. Zuletzt wurden noch vier spezielle
    «Dänke» oder Preise von den Richtern verteilt. Nach A. Gessler 124ff., Anm.

73 an die Erde.

alß er eß zum anderen mol thůn wolt, felt eß dem pferdt unnd fiel mit im zeruck, doch geschach im nütt.

Am donstag den 5 octobris rusten sich syben «companien», doch heimlich hin unnd wider, vermummet oder maschiert zum ufzug zum ringle zerennen, unnd zogen um mittag nach unnd nach iede company mit iren pfiferen unnd instrumentisten, die vorhin zugen, auf den ren blatz, do dan gleich vier drummeter inen vorreiten, item zwen marschelck ze roß sy entpfiengen, welche Martin von Remchingen unnd Georg Christoph von Veningen waren, unnd sy, biß sy dry mol umgezogen unnd darnoch an ein ort nach einander zepfert stalten, beleiteten.

Erstlich zogen auf alß jäger die zwen ritter oder cavaillier, welche solten maintenieren, namlich Brid'amour[74], daß was der marggraf unnd Scipio, der von Rappenstein, in grienen sammeten casachen mit fliegenden ermlen unnd hieten, alleß mit gůten guldenen paßementen vilfaltig verbremdt, also waren auch die settel unnd zeug an roßen, die stifel weis, oben über gelitzt unnd mit goldt verbremdt; so waren die weer, sporen, zeum, bucklen, stangen alles vergült, drůgen lange vergült [6ᵛ] pfil in henden, unnd der marggraf ein weiße, der von Rappenstein ein rote binden von siden um den rechten arm gebunden. Eß zogen inen vier vom adel vor, Nagel, Rosenbach, Rixleben, Sigelman, in griener siden allerdingen gekleidet, unnd der zeug an roßen gleicher gestalt gemacht, auch mit gulden paßementen ingefaßt, trůgen auf den heupteren griene krentz wie äbheuw[75], unnd in schweifen aufgebunden an roßen gleiches laub, alleß von seiden gemacht; am halß vergülte iägerhörner, daruß sy zůzeiten bliesen, unnd zwischen inen unnd den maintenieren fůrt einer, alß wer er nacket angethon, Horatio genant, ein klein bieblin, auch alß wer er gar nachet gekleidet, mit guldenen flyglen, Cupidinem, an stricken gefangen, mit disem betheut, daß die Ratio, daß ist die vernunfft, solte den Cupidinem, daß ist die liebe, gefangen halten. Auf dise volgten zefůß dry iäger, auch allerdingen grien gekleidet von siden, mit grienen filtz hieten, wie die iäger pflegen zehaben; deren ieder vier weißer pracken[76] an grienen stricken fůrten. Eß fůrten auch zelest sex einspennig sex ren pferdt, gleicher gestalt wie der ritteren pferdt, kostlich gesattlet unnd gezeumpt, an der hand hernoch. Diser zwen «Maintenir» hůlt einer nach dem anderen sein «Adversaire» auß.

Hierauf volgt die andre compagny der «Avanturieren», zechen ritter, par unnd par rittende, verbutzet wie die «Zanii»[77], besunder die zwen

---

74 Brid'amour <frz. brider (zügeln), also der, welcher den Liebesgott Cupido in Fesseln gefangen hält. Gessler 125, A. 3.

75 äbheuw, äbhai (baseldt.) = Efeu.

76 bracke swm. <frz. braque = Spür- und Spielhund. Lexer.

77 Zanni (<bergamaskisch Gianni, Giovanni) = Hanswurst, Possenreisser. Rigutini-Bulle.

Abb. 19.

Abb. 20.

letsten, welche heßliche larven oder angesicht vor sich hatten, daß waren
graf Carl von Zolleren, graf von Holach, Reingraf Ott, graf von Zeinigen,
schenck Heinrich von Limpurg, Frobenius Truchseß, Schornstetter, Wolf
Fuchs, Christoph Fuchs[chs], steurmeister, hatten blûwe, ettlich brune
wie nachthuben auf, weiße kappen dorunder, mit angehenckter kutten
unnd schürtz biß uf die stifel, kurtze mentelin wie goller, von farb blûw,
braun unnd gäl, nampten sich der 1. Joan Badello, legt in[78], dorumb
zerennen vor den richteren, 10 gulden, der ander Joan Frimocollo 10 fl.,
der dritt Scherisepho 8 fl., der viert Peterlino 8 fl., der fünft Jhan Four-
mage 5 fl 5 batzen, der sext Joan Fritada 4 kronen, der sibendt Franco-
trippo 9 gulden, der acht Pergomasco 5 fl, der neunt Zani 4 fl 7 batz.,
der zechendt Zani 5 fl 7 batz. Die Maintenierer gwanen die neun partido,
der Frimocollo die ein[79]. Ire «patrin», die inen nach ranten unnd sper ab-
namen, waren die grafen von Fürstenberg unnd Helfenstein.

Die dritt compagni waren zwen ritter, allenthalben mit silberem leib
harnest uf schwartz kostlich gemacht unnd verbliemdt angethon uf alte
manier, sampt den stiflen, hendt, hüft unnd halß, alß weren sy nacket, uf
dem kopf glicher manier hohe sturmhauben, doruf schwartz unnd [6ᵛ]
weiße hohe feder boschen, die pferdt mit gleicher silber unnd schwartzer
farb geziert techenen, drûgen in henden silberne regiment steb, unnd hatt
der auf der rechten handt, Philippus rex genant, so der alt graf Itelfritz
von Zolleren waß, ein silberne kron auf dem helm, der ander, Attalus
gennant, waß der von Kinigseck. Inen ritten zwen sperreuter vor, unnd
luffen zwen laggeien zefûß, gleicher gestalt gerüstet wie auch die pferdt,
unnd legt Philippus 20 gulden bin richteren in unnd gewans, Attalus
15 gulden, die er verlor.

Die vierte compagny waren zwen ander Cavallier, aller dingen wie die
in der dritten geristet, sampt den pferden unnd denen, so sy ze roß unnd
fûß geleiteten, allein wie der anderen ristung silberen uf schwartz gelegt
war, also war diser guldin uf rot, auch die kron guldin deßen, so zur
rechten reit, welcher sich Alexandrum magnum nennet, unnd der iung
graf von Zolleren, der hochzeiter was, legt in 10 cronen unnd verlors;
der ander, Antipater genant, waß der ein graf von Helfenstein, erlegt 12
gulden unnd gewans.

78 legt în = legte ein (als Einsatz). 1 Gulden hatte damals 15 Batzen zu je 4 Kreuzern.
79 Die beiden Maintenierer (Hs. irrt.: maintenieren) gewannen 9 von 10 Partien; von den
   Aventuriers war nur einer erfolgreich, der Frimocollo. – Ihre «patrin»: Sekundanten.

Abb. 19 und 20. *Trompeter und Spielleute* an der Hechinger Hochzeit 1598. Zwei Holzschnitte
aus Jakob Frischlins Hochzeitspoem «Drey schöne und lustige Bücher von der Hohen Zollerischen Hochzeyt ...», Augsburg 1599, S. 111 u. 118.

Die fünfte compagny war ein ritter in weißß kleideren angethon, hatt ein lange griene husegen[80] an unnd ein sammete schwartze spitzhauben auf, mit schmalmen federen[81] wiß unnd schwartz besteckt, unnd um die hauben ein lange seidene binden auch weiß unnd schwartz, wie auch um sich unnd um die arm gebunden, auch an daß pferdt, so hernoch zierlich im rennen flogen. Im ritten zwo megt vor, wie zwo metzen gekleidet, mit breitten schwebischen gefesleten schlappen[82], brunen gefelteten röcken, wißen stifelen, unnd drůg iede ein groß dupplet vergüldet in der handt. Inen ritt auch einer mit einem sper, doran ein weiß unnd schwartzer fanen hieng, vor, unnd fůrt man vier ledige schöne pferdt an der handt hernoch. Der cavaillier nempt sich die hůr von Speckeberstatt, legt in 10 taler unnd verlorß, waß Rheingraf Friderich der alt.

Die sexte compagny waren zwen ritter, avanturier oder woghelß, hatten versilberte harnist an unnd helmelin auf, auf alte manier, schöne vergülte bucklen an achslen unnd knüwen wie leuwen köpf; am halß, armen unnd hüften, alß weren sy nachet; die pferdt auch al antiquo gerüst. Die legten reimens weiß ein schrifft in, deren inhalt war: Sy weren oft uf dem mer in iren schiffarten, die welt zů erkundigen, durch ein Sirenam oder meerwunder mit irem lieblichen gesang bedrogen worden unnd in großen schaden kommen; die haben sy zelest durch hilf eins Mörens[83], der ein zauberer sy, gefangen; die bringen sy mit in dise herrliche versamlung, die zů zeigen, auch hiemit auch mit derselbigen ritter spil zeieben. Die Sirena, die sy fůrten, war wie ein halb [7r] schön weib, biß an nabel nacket, mit brüsten unnd langem gälen har, vom nabel an war sy wie eins halben fischs hindertheil ist, blauw unnd versilbert, groß unnd obsich gebogen, wie man die meerwunder molt. Sy sas also unnd bewegt sich hin unnd wider uf einem hohen mer, daß waß von thůch, angestrichen wie ein meer, auch dorinnen fisch unnd merschif gemolt, gemacht, zimlich groß, breit unnd beschloßen, daß von sich selbs herumb mit der Sirena auf dem renblatz fůr[84], unnd hort man dorinnen, alß wan die

---

80 hůsěcke <frz. housse: ein Mantel. Lexer.   81 mit Schwalbenfedern.
82 schlappen = Schlapphüte, Hüte; gefäslet = ausgefranst. Schw. Id. I, 1065. – In der Hand
   hielten die «zwo metzen» einen goldenen Becher (dupplet) als «symbolum ebrietatis».
83 Mör = Mohr.
84 Das Ganze war ein Wagen, dessen Räder und Gespann mit Tuch verhängt waren, das als
   Meer gemalt war; den Zuschauern unsichtbar waren Musiker im Wagen verborgen,
   während eine Puppe, das Meerweib vorstellend, darüber hinausragte. Gessler 129, A. 2.
   Dem Kommentator von 1891 fällt bereits damals der Vergleich mit Basler Fasnachts-
   wagen ein. Auch bei den historischen Umzügen der Jahrhundertwende waren solche
   Wagen beliebt. Typisch für Renaissance und Barock sind die zahlreichen mythologischen
   Sujets. Vgl. den Brüsseler Festzug von 1615 bei Knaurs Grosse Kulturen in Farben,
   Bd. Barock, München/Zürich, Ex Libris 1970, S. 91. Bei dem Lied «Venus du und dein
   Kind» handelt es sich um eine damals beliebte Melodie, vermutlich das Tricinium, das
   Jakob Regnart auf den Text geschrieben hatte. Schmid 606.

Sirena sung, herlich gesang unnd violen klang, «Venus, du unnd dein kindt» singende. Eß gieng auch der Sirena ein mör[83] nach, welcher sy an langen seilen gebunden fûrt, unnd doruf ein Fortuna, alß wan sy nachet angethon, drûg ein meer ancker in den henden. Eß reiten auch zwen sperreuter, gäl angethon, zevorderst, unnd nampt sich der ein Philotta, waß graf Jochum von Zolleren[84a], legt in 4 cronen, gewans. Der ander, Eurilogus, war ein reicher von adel von München, legt in 6 gulden, verlorß. Die andre ritter, «avanturier», welche von Pfortzheim die sachen gebrocht hatten unnd die musicanten, nampt sich der ein Lysander, waß Cû⟨n⟩rath Kechler von Schwandorf, legt in 9 gulden, verlors. Der ander, Flores genant, waß Adam von Au, legt in 15 gulden, gewans.

Die sibendt compagny, so zû lest uffzog, waren vier ritter, in gantzem küriß, überal vergült, mit schönem feder boschen rot unnd gäl uf den helmen, unnd ufgebundenen roß schweifen, die pferdt mit roßdeckenen rot bedeckt, doran vergülte sunnen, mon, sternen überal waren, schein alleß zierlich an inen; der ein, genant Perion de Gaule, waß Rheingraf Adolf, legt in 12 gulden; der ander, Angriote, waß der herr von Geroltzeck, legt in 12 pistolen[85]; der dritt, Luedragant, waß der stallmeister, legt in 6 gulden 6 batzen; der viert, Madanil, waß der von Rotburg, legt in 5 gulden 3 batzen, verlorens all. Ire patrin[86], so inen vorreiten, waren dry, in sammat schwartz angethon, hatten guldene steb, der von Erlach, Volmar, Canneck. Nach welchen reiten dry sperreuter mit fanen, waren rot angethon, in langen röcken, spitz huben, alleß mit goldt paßement[87] verbremdt; sind gwesen der von Andlûw, Bittikum, Schenck, nampten sich Frandalo, Vaillades, Caluanes, legt ieder in 5 gulden 3 batzen, verlorens auch all.

Zum beschluß ranten auch auß deß marggrafen erster compagni zwen, der Rixleben, legt in 5 gulden, verlors, unnd Sigelman, legt in 6 gulden, gewans. Die übrige zwen, Nagel unnd Rosenbach, wegen infallender nacht, hûlten still. Unnd zogen hieruf in gemein alle compagnien der ordnung nach dry mol uf dem ren[t]blatz mit fanfaren unnd klang der instrumenten herumb, alß dan dem stetlin wider zû, ein ieder in sein losament nach haus.

Nach dem man ze hof geßen hatt um mitnacht, blies man auf, unnd dratten die richter herfir, die «denck» auß [7ᵛ] zetheilen. Daß waren kost-

---

84a Verwechslung Platters: Joachim v. Hohenzollern (†1587), der Begründer der schlesischen Linie, war schon lange tot; es handelt sich vielmehr um seinen Sohn *Johann Georg*, s. A. 47.

85 Pistolen: deutsche Goldmünze, entsprechend der spanischen Dublone und dem frz. Louisdor, gewöhnlich alle goldenen 5 Thaler-Stücke. Selbst wenn man den Thaler (bei uns selten) kaum höher als das Pfund rechnet, stellt der Einsatz eine hohe Summe dar.

86 patrin: Sekundanten.

87 passement (frz.) = Borte, Tresse.

liche berlin krentz, mit einem kleinot ieder behenckt; zogen auf mit
sunderer reverentz die hochzeiterin, die solches verrichtet. Unnd wardt
der erste danck dem marggrafen, alß der daß ringle am meisten in den
dry ersten carrieren hinweg gefiert hette. Der ander aber, zier danck genant, gab sy dem hochzeiter, alß dem der am zierlichisten wer aufzogen.
Der drit, spies danck genant, wardt dem graven von Lünigen, alß dem
am lustigisten den spies gefiert hette. Über die dry gab man auch den
vierten graf Itel Friderichen dem alten, alß der in seinem alter sich noch
zů eeren dem frauwenzimmer sich wol gebraucht hette; do dan ieder nach
brauch, nach dem er die gob entpfangen hatt, mit der hochzeiteren
dantzet, mit vorgenden nachtliechteren by den drummeten.

Freitag den 6 octobris waß regen wetter, daß man nütt sunderlichs fir
nam; unnd postiert[88] der margraf zum hertzogen von Wirtenberg gon
Thübingen, aß mit ir fürstlich gnaden ze mittag im schloß Thübingen
unnd kam auf den abendt wider gon Hechingen.

Sambstag den 7 octobris stelt der graf von Zolleren nach mittag ein
iagen an im thier garten, welcher um den berg, doruf daß schloß hohen
Zolleren ligt, ein große weite innimpt unnd mit britteren von eichenem
holtz ringweis herumb ingefaßt unnd ingeschloßen ist, dorumb man acht
stundt zereiten hatt. In welchem by 900 stuck rot wildt bret ingethon
sich gemeinlich halten unnd dorin ir narung haben mögen, unnd neben
dem auch sunst vil zam v[e]ich, dorunder vil kie[u] sindt, denen ver-
schnitten ist, so sy «nunnen» heißen[89], domit wir auch zehof gespeißt
worden, erhalten wirt, on füchß, hasen, deren auch ein gůte zal dorinnen
lauft. In gemeltem garten oben am waldt im berg war ein zimlicher be-
zirck mit aufgespannenen thiecheren ingenommen unnd ettlich wildt bret
zevor durch die iäger gedriben, unnd macht man an dem ort, do daß
wildtbret hin durch die hundt gedriben solte werden unnd sein außlauf
uß den thiecheren hatt, dry «schirm», daß ist hüttlin vom lůb, doruß daß
firlaufende wildt bret zeschießen, unnd wartet der marggraf im obersten,
der von Rappoltzstein sampt dem forst meister von Rotburg im mittlesten, der Rheingraf unnd graf von Holach im understen, mit irem geschos,
unnd hinder inen hůlt daß frauwenzimmer in einem langen schirm[90]. Hiemit iagt man mit den hunden daß wildt bret herfir, unnd kamen etwan
zwei, etwan mer, auch by 18 stucken unnd laufen baldt firsich, baldt
hindersich, ettlich firüber. Auf die schos anfangs der marggraf, draf im
andern schus ein hirtzen auf die brust, der stutzt sich gleich uf den klopf[91]

---

88 postiert⟨e⟩ = fuhr, begab sich. – *Tübingen:* 23 km N von Hechingen, an der Strasse nach
   Stuttgart.
89 über die kastrierten Kühe s. F. Platter, «Observationes…», dt. hg. von H. Buess, Bd. 1, S. 162.
90 schirm = Jagdhütte, s. o. – Dass auch die Frauen dem Gemetzel zusahen, ist eher widerlich.
91 Hs. undeutlich: «klopf» oder «klepf». Sinn: auf den Klapf hin.

unnd bleib gefangen oder todt. Ettlich hirtzen ließ man durch lauffen, dan [8r] man nit gern hirtzen schos, dywil die hirs feißte[92] firüber was, aber uf die stuck wildt hatt man acht. Der Rheingraf schos ein iungen hirtzen, daß er fiel, dem gab der von Rotburg erst den fang[93] mit dem rappier unnd dreib die hundt ab. Ein stuck wildt unnd ein hirtzen reißen die hundt gleich hinder unnß ze holtz nider. Eß war gar spot, unnd fiel die nacht in, deßhalb man wider abzug nach Hechingen, dahin wir gar finster ankamen.

Am suntag den 8 octobris reit der marggraf mit dem graven Itelfriderich, Rheingrafen, in wenig anzal uf hohen Zolleren[94], hiezwischendt giengen wir hin unnd wider, alle sachen zů besechen: Erstlich spatzierten wir in lustgarten, so vor der stat neben dem ren blatz ligt, unnd besachen, wie die better dorinnen unnd bögen allerley zierlich abgetheilt unnd mit gewegsen umsetzt unnd beschnitten sindt. Item daß figenhaus[95], dorinnen vil niderdrechtiger figenbeum im boden gesetzt stondt unnd man im

92 Die Hirschfeisste (feistzeit) ist die Zeit im August, in der das Rotwild, und im September, in der das Damwild vor der Brunst besonders feist ist.

93 den Fang geben: Jagdausdruck für «Abfangen» (Abstechen) des angeschossenen Wilds; als Waffe dazu diente der zweischneidige «Hirschfänger», hier das Rapier.

94 *Hohenzollern*, das alte *Bergschloss* der ehemaligen Grafschaft, des spätern Fürstentums Hohenzollern-Hechingen, auf dem 855 m hohen kegelförmigen Berg Hohenzollern, ca. 5 km S von Hechingen. Die Burg kommt bereits zu Ende des 9. Jh. vor, wurde 1423 von den schwäbischen Reichsstädten zerstört, *seit 1454* jedoch unter Mithilfe des Markgrafen Albert Achilles von Brandenburg neu aufgebaut. Dieser *Neubau* ist dann unter wechselvollen Schicksalen wieder ziemlich verfallen und erst 1850/56 durch König Friedrich Wilhelm IV. von Preussen nach dem alten Grundriss wiederhergestellt und befestigt worden. Nach A. Gessler 133, A. 3.

95 *Das Feigenhaus* mit seinen «niderdrechtigen», d. h. niedrig gezogenen Feigenbäumen war für Platter ein Hauptanziehungspunkt. Besonders eindrücklich ist die Schilderung der *mobilen Treibhäuser*, die wohl allein die Möglichkeit einer Feigenzucht in unserem Klima erklären. Hier liegt wohl auch des Rätsels Lösung für eine andere gärtnerische Sensation: die *Limonen- und Pomeranzenbäumchen* Felix Platters, mit deren Verkauf er ein grosses Vermögen erwarb.

«aus pomerantzen, limonen beumen in gelt	1255 lb	6 ß	8 d
aus citron, limonen, öpfel in gelt	27 lb	11 ß	10 d
(on die aquam ex foliis)	1282 lb	18 ß	6 d

Der Ertrag der Zitruskultur ist beträchtlich höher als die Summe, die Vater Thomas für den Kauf von drei stattlichen Häusern an der Freien Strasse bezahlt hat. Felix muss in seinem Garten an der Hebelstrasse ebenfalls ein mobiles, heizbares Gewächshaus gesehen haben. Das verraten zwei Briefe des Bruders Thomas II. an Eberhard v. Rappoltstein vom 5. u. 8. Sept. 1617 (Archiv Colmar E 663). Thomas betont darin die Wichtigkeit eines heizbaren «Pomerantzen Haußelin» und rühmt sich, die schöneren Bäumchen zu besitzen als sein verstorbener Bruder, obwohl dieser mehr als das Doppelte dafür verlangt habe. Nach E. Landolt, BZ 72/1972, S. 282 f. – Einen ähnlichen Garten mit Orangen und ausgewachsenen Zitronen besass offenbar schon vor ihm der reiche *Joh. Jak. Loss* (†1560) an der St. Johanns-Vorstadt 17 (Schlierbachhof, später Erlacherhof), s. B. R. Jenny, Amerbach 6, 175, A. 3.

winter mit einem hauß bedeckt, welches man also gantz unnd aufge-
schlagen uf zweien schwellen, so stetigs do ligen unnd ein nůten haben,
dorinnen redlin, so unden am figen haus sindt, gondt, dorüber vor winter
zeucht unnd albereit schon drüber gezogen war, frielings zeit wider also
gantz dorab an ein ander ort zeucht. Mir beschůwten auch daß lust haus,
so in mitten dem garten in einem wyer, so in die vierung mit britteren
ingefaßt, auf pfileren steth unnd unden gewelbt ist unnd ußen har gar
zierlich in die vierung aufgefiert, mit schönen thürnelen an vier orten
scheinbarlich sicht, unnd inwendig ein schönen weiten gefierten ge-
gibtz⟨t⟩en, mit bilderen allerley gehauwenen unnd gemolten sall hatt.
Mir zogen auch in daß vogel haus, so auch am garten, ist gar weit, sindt
vil beum dorinnen unnd gestüdt allerley, auch eckerlin, die man umerdt
unnd seit[96], unnd in mitten dorinnen ein haus. Ist überall mit latten, so
eng zesamen, daß auch ein kleiner vogel nit heraus mag, geschlagen,
ingefaßt, unnd oben überall mit vergetteretem mit[97] dretten ramen, so
uf pfileren ligen, bedeckt, unnd sindt allerley klein unnd große vögel
dorinnen, on die raubvögel nit, auch vil reb- unnd hasel hiener unnd
fasanen noch ein gůten theil, ob man gleich vil daruß auf die hochzeit
abgewürgt hatt[98]. Dorunder ich ein wiß gesprengten[99] sach, so von einer
gemeinen hennen kommen sol. Dise alle zeugen unnd brůten iunge auß,
werden gespißt mit dem daß man seit[100] im summer, im winter gibt man
inen im haus allerley zeeßen, dohin sy in ein warm gemach kommen unnd
gewent werden. Eß hatt der graf auch nit weit vom garten ein wyer, allerdingen in holtz ingefaßt, nempt man den höltzenen wyer, mit allerley
fischen besetzt.

  Mir durchzogen auch den nachmittag daß schloß, die gmach unnd
gebeuw zů besichtigen, welches ein weiten begrif hatt, in die viere gebauwen, doch lenger alß breiter, unnd goth der vorder theil deß schloß,
dardurch man durch zwei thor ingeth, dorin vil gemach, auch die cantzly,
stallungen sindt um ein langen breiten hof, unnd darnoch wider der halb
theil deß schlos in die vierung um ein weiten gefierten hof, [8ᵛ] dorinnen
wol 300 pferdt halten kennen, so dan wider daß halb theil deß schloß[101],

96 Äckerlein, die man umgräbt und ansät.
97 Hs. undeutlich: «mit» oder «sint». Sinn: oben ist die Voliere überall mit Drahtgitterrah-
   men bedeckt, die auf Pfeilern liegen.
98 Die Volieren waren also wie die Wildgehege eine Art Kombination von Zoologischem
   Garten und Speisekammer.
99 weiss gesprenkelt.
100 seit = sät.
101 Das von Eitel Friedrich neuerbaute *Stadtschloss in Hechingen*, das in den Jahren 1812–1819
   unsinnigerweise abgebrochen wurde, muss ein Juwel deutscher Renaissance-Architektur
   gewesen sein, wie es heute nur noch wenige gibt, etwa das Fuggerschloss Kirchheim
   oder das Schloss der Hohenlohe zu Weikersheim. Das Bauwerk füllte die ganze NW-

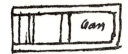

goth um ein gefierten kunstreichen garten, unnd hatt daß schloß überall
drier gemach höhene, vil schöner hoher zimmer dorin, also daß domolen
neben der gewonlichen haußhaltung by 68 wolgeborne personen dorinnen also gefuriert warden[102], daß sy noch zimliche weite hatten, unnd
waren die gemach der mertheil mit vergülten, versilberten, sidenen unnd
sunst kunstreichen gewürckten tapißerien umhenckt unnd gezieret; unden
weite gewelbte kuchenen, ein gegiptzte kirchen mit vil bilder unnd sunst
arbeit, orglen unnd gemelen. In den vier ecken schnecken[103], dorunder
der ein der gstalt gemacht, daß er durch ufhin zereiten ist, von welchen man
in weite geng, so vor allen gmachen gondt, kompt unnd durch umhin
wandlen kan, welche geng schön gewelbt unnd oben die gewelb dopplet
durchgebrochen, wunder kunstlich ußgehauwen sindt, wie auch alle portal, fenster gestel im gantzen schloß mit vil bildt werch, seulen gehauwen,
gemacht. So ist im hof vor der kuchi ein schöner springender brunnen,
auch von bildtwerch der stock unnd kasten erhaben. Unnd ist im garten,
so in seltzam gefigurierte better abgetheilt unnd umsetzt, auch in der
mitte ein schöner brunnen, unnd die gewelb, so gegipts sindt unnd in die
viere um den garten gondt, auch schön gehauwen, unnd die wendt mit
einem geiegt[104], so durch umhin geth, von bildtwerch in rechter größe
der ieger unnd menschen, auch der wilden thieren unnd wildt brets erhaben unnd besetzt.

Mentag den 9 octobris zog der mertheil herren unnd frauwen zimmers,
so noch verhanden, hinweg, unnd rust sich der marggraf auch zum abscheidt, letzte sich gar wol ze hof unnd hin unnd wider, wo die marggrefische ingefuriert[102] gwesen waren, unnd nach ingenommener frie[u]er

Ecke der Hechinger Oberstadt auf dem Höhenrücken über dem Starzeltal; ein Torturm
ging direkt zum Marktplatz. Es umfasste 127 Räume und erforderte einen Hofstaat
von 102 Personen, der ohne die Naturallieferungen gegen 3000 Gulden jährlich an Ge-
hältern kostete. Es würde hier zu weit führen, Platters Bericht über die Ausstattung zu
ergänzen. Sein lebhafter Bericht gibt ein anschauliches Bild. Was ganz darin fehlt, ist die
reichhaltige Schlossbibliothek, die weit über 1000 Bände in mehreren Sprachen und aus
allen Wissensgebieten aufwies. Vielleicht bekam er sie gar nicht zu sehen; jedenfalls
interessierten ihn viel lebhafter der Ziergarten, das Feigenhaus und die Volieren, wie die
obige Darstellung beweist. Auch nicht gesehen hat er das Raritätenkabinett, das ähnliche
Schätze aufwies wie das in Stuttgart. Nach Schmid: Zollernmusik 168ff.
102 gefuriert = einlogiert.
103 schnecken swm. = Wendeltreppe. Eine der 4 Treppen war so breit, dass man hinaufreiten
    konnte.
104 Hs.: geiegt = Gejägd. Die Bilderfolge erinnerte Platter sicher an sein Vaterhaus an der
    Freien Strasse, s. Kap. 1, A. 32.

moltzeit schiedt man von hof mit vil fanfaren in gewonlicher ordnung. Unnd mit ir fürstlich gnaden zog auch biß gon Hochberg Rheingraf Friderich mit ir gnaden zweien sünen, Rheingraf Adolf, der herr Schenck von Limpurg, die herren von Rappoltzstein unnd Geroltzeck, ein iunger graf Jochum von Zolleren, welcher an ir f. g. hof kam[105]. Eß geleitet auch ir f. g. graf Itel Friderich der alt sampt seinem sun, dem hochzeiter, unnd beider gemachel unnd freuwlin, uf ein vierthel meil wegß, unnd nach vilfaltigem genoden unnd abdancken schiedt man von einander, unnd zugen die nacht wider gon Sultz[106] in unser nacht leger. Do besachen wir die saltzpfannen in einem geheus vor der statt, dorin man daß saltz siedet, unnd in welche daß saltzwaßer durch kenel stetigs inlauft, welches von acht langen kesten, wie drotten better gemacht, mit decheren gedeckt unnd erhaben, unnd ieder besunder wie ein langer gang do steet, dohin geleitet wirdt, in welchen kesten daß saltzwaßer, so auß der statt auß dem saltz brunnen, dorin [9ᵣ] auch durch kenel fließt[107] unnd gesamlet wirt, ze vor an vil aufgehenckte streuwene büchs oftemolß geworfen wirt, ze evaporieren, daß ist, domit der weßerigen feuchte, so an dem strauw hangen blibt unnd ußdrocknet, ein gůter theil zů verzeren, domit daß überig dest kreftiger unnd reicher am saltz werde unnd dester ehr ingesotten werde. Wir besachen auch in der statt den saltz brunnen, der dief ingefaßt ist, doruß mit rederen, so ein fließendt waßer dreibt unnd die reder ettlich pumpen stätigs saltzwaßer geschepft wirt, welches auch mit eim anderen radt, dorinnen einer godt unnd eimer heraus zeucht, glichfalß so winters zeit die waßer reder wegen der gfrist gstondt, herauf gezogen wirdt unnd in die kenel, welche solches leiten, geschüttet.

Am zinstag den 10. octobris zugen wir gon Schiltach; do kam graf Eberhardt von Thübingen[108], obervogt zů Hornberg[109], zů unns unnd zog darnoch mit biß gon Hochberg. Wir warden ze Schiltach wol tractiert, wie ouch ze Sultz, unnd bezalt abermolß beide nacht leger der hertzog von Wirtenberg auß, wie zevor, welches ein gůte summa gelts, wie ich berichtet bin, gebrocht hatt.

Volgenden mitwuchen den 11 octobris reiten wir auf Haslach, unnd alß der graf von Tübingen durch die Küns[110] reit, welche dief was von regen unnd starck luf, drat sein pferdt uf ein großen stein, fiel mit dem kopf in daß waßer, that sich doch wider auf in alle höhe unnd fiel wider

105 An den Hof des Markgrafen, also nach *Hochburg*, s. A. 2.
106 *Sulz am Neckar* (s. A. 13) mit altem Salzbergwerk.
107 Hs.: fleißt.
108 Eberhard von Tübingen: †1608; seine Gemahlin war Elisabeth, Tochter Friedrich Schenks von Limpurg. Gessler 137, A. 2.
109 *Hornberg:* an der Gutach, zwischen Hausach und Triberg, überragt vom Schlossberg mit Burgruine.
110 Küns = die *Kinzig*, vgl. A. 10 u. 12.

ins waßer, also daß der graf were vom gaul kommen, wo er nit an stal-
meisters pferdt, der neben im reit, gefallen unnd sich doselbst enthalten
hette, von welchem fal auch dem stalmeister sein hůt mit einer berlenen
schnůr daß waßer ab schwam, doch wider aufgefangen wardt.

Donstag den 12. octobris kamen wir gar naß, dan eß seer geregnet hatt,
gon Hochberg, dohin der fürst zevor schon ankommen was mit ettlichen
vom adel unnd schon im ballenspil die parthi[t]en spilt. Eß was ein gros
volck by einandren, ingefuriert alle im schloß, der pferden ettlich im
meierhof unnd zů Eimatingen¹¹¹ gestelt.

Am fritag, nach dem pancketen, music unnd dentzen, do alleß stattlich
zůgieng unnd gehalten wardt, nach mitnacht kam ein herolt in rot[en]em
seidenen talar mit gälen ermlen marggrefischer farb angethon, drůg ein
vergülten scepter, zog dry mol um mit vorgenden drummeteren in dem
großen sal, dorinnen man dantzt, laß darnach in eim «cartel»¹¹², den er
drůg, wie ein ritter zimlich alterß ankommen wär, Fritz Wolgemůt genant, der wolt zůkünftigen suntag ein turnier ze roß mit schwerteren
halten und maintenieren; wo ettlich von gegenwirtigen herren «cavaillie-
ren» weren, die in gantzer rüstung mit ihm ein dreffen thůn wolten, denen
welte er fůs halten¹¹³. Laß auch, mit waß geding solchs geschächen solt
unnd waß er im vorbehielt unnd welche dry die «denck» verdienen solten,
unnd zog hiemit ab.

[9ᵛ] Am samstag wardt ein schweinhatz angestelt, nit weit von Hochberg im waldt, deßen ein theil mit ufgespannenen thiecheren ingeschloßen
war, dohin zog man um acht uren, unnd fieng daß iagen an, unnd dreiben
die iäger unnd buren mit den hunden rot unnd schwartz wildt bret¹¹⁴
herfir von holtz auf ein blatz nechst darby, haldechtig¹¹⁵, auch mit thiecheren ingeschloßen, do sich ir fürstlich gnaden sampt ettlichen herren unnd
vom adel mit schweinspiesen unnd weren gefaßt hielten unnd vorußen
dem schirm frauwenzimmer unnd andere zůsachen. Eß hůlten auch in dem
waldt die drummeter auf den beumen, welche, so sy wildt bret sachen
zum blatz, do man sy fon solt¹¹⁶, rucken, zeichen gaben. Unnd fieng man
erstlich ein stuck wildt, so in daß thůch geloffen, von den hunden daselbst gehalten wardt, gab im der von Rotberg den fang¹¹⁷. Darnach ein
anderß rißen die hundt zeholtz nider, wardt auch gefangen. Daß dritt

---

111 Eimadingen = *Emmendingen*, 10 km N von Freiburg i. Br.; es war der Hauptort der Graf-
      schaft Hochberg, wurde 1581 von Markgraf Jakob III. mit Mauern umgeben und 1590
      zur Stadt erhoben. Gessler 138, A. 1. – 4 km E davon die Ruine *Hochburg*.
112 cartel: Herausforderung, s. A. 70.
113 fůs halten: (ungewohnt), offenbar Synonym für «maintenir».
114 s. Kap. 13, A. 48.
115 haldechtig: leicht abfallendes Terrain.
116 fôn = fangen, d. h. töten.
117 s. A. 93.

stuck wilts driben die hundt von holtz herfir; daß hette man gern ledig gelaßen, dan daß iagen von der seuwen wegen angesechen war, derhalben man es uß dem schirm der thiecheren, so man aufhebt, laufen ließ, eß drangen aber auch die hundt mit gewalt heraus unnd erilten eß im tal in einer waßer, dorin eß geloffen was, reißens nider, also daß die buren, so hernach volgten, eß auch fangen mußten[116]. Man hatt vil mie[u], eb man die hundt wider in schirm ins iagen bracht, do sy darnach fünf früstling[118], daß sindt ierige seuw, von holtz driben unnd nider reißen mit starckem bellen unnd rochlen der seuwen. under welchen man drien den fang gab, zwei reißen die buren von hunden lebendig unnd banden sy unnd warfen daß ein auß befelch ir fürstlich gnaden in deß frauwen zimmers wagen, doruß sy flochen, unnd alß eß loß ward, erwurgten eß die iunge hundt. Man fieng auch gradt vor ir f. g. ein bach[119], daß ist zweierig schwein, unnd hülten die große hündt, so man abließ, mit kittlen[120] verwart, doselbst auch ein dryiärige sauw, deren stießen die bauren ein knebel in daß maul unnd reißen sy von den hunden, welche sy abdreiben, bunden ir die fie[u]ß, legten sy also lebendig auf ein karchen, aber sy war so abgemattet unnd kichet[121] so streng, daß sy todt gon Hochberg kam. Do entweidet man die syben seuw unnd dry stuck wildts, legts der ordnung nach im hof, wie man pflegt, unnd daß lüder[122] darvon that man in ein faß zesamen, den hunden theilsam zegeben, darnoch fürt man daß wildtbret in die metzgt.

[10ʳ] Am suntag hült man die predig, unnd braucht man die music under daß gesang; unnd wil eß seer regnet, wardt der turnier ingestelt, biß daß wetter nachließe, doch geschachen ettlich proben unnd versücht man sich vor dem hauptturnier auf dem renblatz, do dan der stalmeister an dem arm etwas geschediget wardt.

Der schwert turnier zeroß verwilt sich biß zinstag den 17 octobris wegen deß beharlichen regen wetters, daß auch den tag noch wert, dorumb der turnier nit auf dem renblatz, dywil eß dief doruf was, sunder by Eimatingen auf einem grien[123], so mit dem waßer umgeben wie ein insel sach, angestelt wardt. Unnd wardt diser blatz ringsum, domit die pferdt nit ins waßer kemendt, mit thiecheren, wie auf dem iagen beschicht, ufgespannen umgeben unnd ingeschloßen. Dohin geschach der aufzug nach mittag durch fünftzechen kürißer zeroß mit verschloßenen helmen, mit vorreitenden, die regiment steb fürten und veldtzeichen an

---

118 früstling = Frischlinge.
119 ein bach = eine Bache, ein 2jähriges Schwein.
120 kittlen = Ketten.
121 kichet = keuchte.
122 lüder = Eingeweide.
123 grien = Kiessand, sandiges Ufer. Wahrscheinlich wurde eine der Grieninseln der Elz zum Turnierplatz gewählt. Gessler 140, A. 2. Zu Emmendingen s. A. 111.

hattendt, sampt den drummeteren, unnd thaten iren umzug nach gewonheit mit reverentzen[124] vor den richteren unnd frauwen zimmer, welche also versamlet waren, stalten sich alß dan in der ordnung nacheinander.

Anfangs that sich herfir der alt Rheingraf Frideric, ein nach dem anderen zebeston oder maintenieren. Gegen welchen margraf Görg Friderich, ir gnaden dochterman, sich herfir stalt, ranten fünf carrieren neben einanderen unnd schlůgen iedes mal hart mit den ußgezuckten schwerteren sunderlich auf die helmelin zesamen, also daß dem Rheingrafen durch ein harten streich an der sturmhuben etwas ingebuckt[125] wardt. Der marggraf under dem arm under der agslen etwas verletzt, daß doch ir f. g. nicht schůde[126]. Doruf volgt der herr von Rappoltzstein mit dem Rheingrafen zedreffen, welcher aber in der andren carrieren gedroffen, von schwerer ristung überwegen vom pferdt fiel, doch baldt ufgehaben wardt on andren schaden. Daß dritt dreffen that der Rheingraf mit dem von Geroltzeck, unnd wardt in allen drey carrieren ritterlich gefochten. Wie auch im vierten, so der Rheingraf mit dem von Limpurg thet. Im fünften aber wardt Rheingraf Friderich der vatter von seinem sun Johan im ersten rann in der handt zehinderst also verwundt, daß er ferner nit mer turnieren oder maintenieren mocht. Derhalben daß sext dreffen von graf Johan Görg von Zolleren unnd Wolf Wilhelm von Eptingen geschach, unnd entpfiel dem grafen daß weer auß der fust, můßte derhalben abston unnd on ein vortheil in der ristung, welches beschwerlich zůgieng, wider aufsitzen unnd die carrieren volenden. Daß sibendt dreffen geschach zwischen dem forstmeister von Rotpurg unnd dem von Rinach, unnd wardt im dritten rit der von Rotburg in der rechten handt bim gleich[127] gar übel verletzt, also daß er die übrigen carrieren nit volenden kont.

[10ᵛ] Die übrige dreffen geschachen von dem von Berenfelß, Schencken, Steinkallenfelß, Landtsberg unnd Bittikum, altzeit par zesamen. Welches alß eß geschächen, volget die «Foille»[128], do ieder sein man fir sich nimpt, unnd der marggraf mit dem von Geroltzeck turniert, unnd ein gemein dreffen beschicht, welches ein gůte wil gewert hatt unnd wol abgieng, allein daß der Steinkallenfelß den von Landtsberg also abdreib, daß er durch die thiecher auf daß bort der insel kam unnd zeruck in aller ristung mit dem pferdt in daß waßer fiel, doruß im doch baldt wider außgeholfen wardt. Unnd wardt also dise turnier volendet, unnd zog man wider nach Hochberg.

---

124 reverentzen = Verbeugungen.
125 ingebuckt = eingestossen, -geschlagen.
126 schůde = schadete.
127 gleich = Gelenk.
128 *Foille:* wahrscheinlich <frz. fouille (Durchsuchung), Schlusskampf, wo jeder sich seinen Gegner aussucht.

Nach volendung deß panquets ze nacht unnd gehaptem dantz theilt
man die «denck» mit gewonlichen ceremonien auß, unnd wardt der erst
dem von Geroltzeck, der ander dem Steinkallenfelß, der dritt dem Rheingrafen, alß denen, so sich am ritterlichsten gehalten hatten, mitgetheilt.
Morgens mitwuchen den 18 octobris danckt man ab, unnd zug ieder
nach haus mit freuden, unnd ließ ich disen spruch zur letze an die wandt:
    hofflebens wirt man auch z'letst satt,
    ist dem gûtleben, wers gern hatt[129].
Mitwuchen den 8 novembris schickt marggraf Görg Frideric nach mir
gon Cander[130]. Unnd fûng den selben tag ir fürstlich gnaden auf einem
iagen 23 seuw, zwei rech unnd ein hasen, zevor haben ir f. g. um Sultzberg auch vil seuw unnd dorunder sex welf in einem iagen gefangen.
Nach dem nachteßen schlûg ir f. g. zweien freuwlinen auß dem frauwenzimmer, unnd nach mals der forstmeister anderen vom adel unnd sunst
daß weidtmeßer mit gewonlichen ceremonien. Dormit man die ange-
klagten, so uf dem iagen sich mit worten oder werchen vergriffen haben,
auf ein gefangens schwein knüwet, fir den hin deren mit deß weidt-
meßers breiten theil zwuret, darnoch zum dritten mit dem rucken
schlecht, mit vermeldung zû iedem streich, eß geschäche in ir f. ⟨g.⟩,
demnach der umstenden namen wegen, frogt in alß dan, eb im recht sye
geschächen; sagt er io, so ist er ledig, sagt er[131] nein, schlecht mans im
wider[132].

129 Dieser nachdenkliche *Abschiedsvers* Platters verrät in sehr höflicher und massvoller Form
    seine innere Distanz zum Hofleben, das er in drei Reiseberichten so ausführlich geschil-
    dert hat. Seine Berichte zeigen zwar, wie sehr er das höfische Treiben genoss: Besonders
    die prächtigen Kleider, die schöne Barockmusik und auch die allegorischen Maskeraden
    der Turnierreiter hatten es ihm angetan, und er schätzte es, dass er als Bürgerlicher den
    Adligen gleichgestellt war. Wir würden gerne wissen, ob er, obwohl er eben vor seinem
    62. Geburtstag stand, auch mitgetanzt hat, da wir seine Leidenschaft für höfische Tanz-
    kunst kennen; er schweigt darüber seltsamerweise. Der Vergleich mit Frischlin (A. 61)
    lässt erkennen, dass er da, wo er nicht den offiziellen Aufzählungen der «Furierzettel»
    folgt, lebendiger und persönlicher zu erzählen verstand als der offiziöse Lobredner; er
    hatte stets den Sinn für das Wesentliche und das Typische. Gerade darum erkannte er
    ebenso scharf die Schwächen des höfischen Treibens und setzte diesen markanten Schluss-
    akzent, mit dem der Bericht eigentlich schliessen sollte.
130 Cander = *Kandern*, ca. 20 km N von Basel. Der Markgraf, der ein grosser Jäger war, baute
    am N-Rand des Städtchens (beim «Ochsen») ein *Jagdschlösschen*, das heute noch als Forst-
    haus dient (Kauf des Bauplatzes am 26. Juni 1589, freundl. Mitteilung von Forstrat Seger).
    Im Jahre 1605 liess Georg Friedrich zur Erinnerung an ein besonderes «Jagdglück» bei
    einem Basler Goldschmied eine «goldene Sau» bestellen, ein silbervergoldetes Trink-
    gefäss, das heute noch gelegentlich benützt wird, s. A. Dietz: Die goldene Sau von Kan-
    dern, BN v. 27. März 1974, Nr. 73. Zugleich stiftete er ein «Willkommbuch» für die Gäste
    des Jagdschlosses, doch findet sich Platters Name nicht darin.
131 Hs. irrt.: ein.
132 Der hier beschriebene Brauch des *Waidmesserschlagens* war eine Art von höfischer Strafe
    für Leute, die sich nicht weidmännisch benommen haben; man will dem Betroffenen

deutlich machen, dass er im Unrecht ist. Dieselbe Strafe war einst auch Platter angedroht worden, als er bei seiner ersten Hofreise nach Sigmaringen gegen eine Jagdregel verstiess, s. Kap. 13, A. 11. Wie mir Herr Dr. Peter Ott, Redaktor des Schweizerdeutschen Wörterbuchs freundl. mitteilt, ist der Brauch des Waidmesserschlagens (Blattschlagens) ausführlich beschrieben in dem selten gewordenen Real- u. Verbal-Lexikon der Forst- und Jagdkunde ..., hg. v. Stephan Behlen, Frankfurt 1843, Bd. 6, S. 240/241. Das Wesentliche erzählt Platter selbst. Ergänzend seien vielleicht noch die Worte mitgeteilt, die der Jägermeister zu den drei Schlägen spricht: «Jo ho! das ist für meinen gnädigsten Fürsten und Herrn. Jo ho! das ist für Ritter, Reiter und Knecht. Jo ho! das ist das edle Jägerrecht.» Dazu blasen die umstehenden Jäger auf ihren Hüfthörnern. Dann erfolgt allgemeines Jagdgeschrei, worauf sich der Bestrafte mit einer Reverenz bedankt. Der Brauch ist im ganzen deutschen Schrifttum verbreitet, aber im 19. Jh. ausgestorben; in der Schweiz wurde er dagegen nie geübt.

Nachbemerkung zur ersten Hofreise, Kap. 13, A. 2:

Wie mir Herr Dr. Bernhardt vom Fürstlich Hohenzollernschen Haus- und Domänenarchiv Sigmaringen freundlich mitteilt, ist das von Platter mit 18. August 1577 angegebene Heiratsdatum Graf Christophs durchaus *richtig* (Hausarchiv Rubrik 53, Nr. 563), während die Genealogie des Gesamthauses Hohenzollern als auch die Europäischen Stammtafeln fälschlicherweise den 19. Oktober angeben.

Anhang

(Ein höfischer Brauch am Dreikönigstag)

Im Anschluss an die dritte Hofreise folgen 9 Seiten, die auf die Teilnahme Platters an einem weiteren Hoffest schliessen lassen, obwohl sein Name darin nicht genannt ist. Es handelt sich um 5 Blätter, deren Paginierung 11 bis 15 an die dritte Hofreise anschliesst; die Seitenzahlen stammen wohl von Felix selbst, der Text ist von unbekannter Hand geschrieben, doch gleichsam im Namen von Felix. Die Überschrift lautet: *Verzeichnuß der personen, so in dem königreich uff der khindttauffen gewesen, den 6. januarij anno 1600 gehaltten worden*. Ein Ort wird nicht genannt, und auch die Kindstaufe wird nicht näher bezeichnet. Konsultieren wir die Stammbäume der in Frage kommenden Herrscherhäuser, so finden wir, dass am Neujahrstag 1600 Juliane Ursula, die Gemahlin von Platters Schutzherr *Georg Friedrich, Markgraf von Baden-Durlach*, eine Tochter Juliane Ursula gebar, ihr sechstes Kind (Eur. St.-Tf. I 85). Der Zeitpunkt der Taufe ist zwar erstaunlich früh, am fünften Tage nach der Geburt, also sehr knapp für Einladungen und Vorbereitungen, wurde jedoch vielleicht im Hinblick auf den populären Dreikönigstag gewählt.

Die *Namensliste* nennt an erster Stelle «Mein gnediger fürst und herr» (wenn auch ohne Namen), bei den Frauen «Marggrävin Juliana Ursula», was einer Bestätigung gleichkommt. Dann folgen über 70 weitere Namen von Fürsten und Adligen, die wir zum grossen Teil von den andern Hofreisen kennen; eine vollständige Aufzählung würde sich hier nicht lohnen. Interessanter ist die jeweils auf der rechten Blatthälfte stehende *Liste von Hofämtern*, angefangen vom «leuttenambt» über den «narr, forstmeister, forstknecht, gartner, laggey, keller, fenderich, marschalckh, furier, jägermeister, beckh, caplon, pfenningmeister, pfaff, bereutter, vorschneider, gutscher, appoteckher, ziergartner ..., koch, pasteten beckh etc» bis hinunter zum «stalljung und hundsjung», ebenso bei den Frauen. Diese auf den ersten Blick rätselhafte Kombination von Adelspersonen und zum Teil niederen Hofämtern («Rheingraff Otto der jung – forstknecht») erklärt sich nur aus dem am Dreikönigstag gehaltenen *Brauch des «Königreichs»*. Von Felix wissen wir bereits, dass die deutschen Studenten in Montpellier diesen Tag gerne mit einem festlichen Mahl und entsprechender Trinkerei begingen, und auch von anderer Seite ist der Brauch bekannt, einen König und eine Königin zu wählen (Schw. Id. 6, 159 und 3, 334). Hier handelt es sich jedoch um einen vollständigen Hofstaat. Den Aufschluss darüber finde ich nur in der hochinteressanten Autobiographie von *Bartholomäus Sastrow* (*1520, †1603)[1], wo erzählt wird, wie damals in Speier und im Rheinland öfters an Neujahr oder am Dreikönigstag gleichsam als Gesellschaftsspiel ein «königlicher Hof errichtet» wurde. Man bestimmte durch das Los einen König, Marschall, Kanzler, Hofmeister, Schenken, Truchsess usw. und setzte für jeden fest, was er zum Königreiche beisteuern musste; nur der Narr, der stets dabei sein musste, ging frei aus, ja er zog sogar seinen Hauptnutzen aus dem Brauch. Nach Sastrow wurden diese «Königreiche» gewöhnlich an einem Sonntag Abend zwischen Regum und Fastnacht gehalten; die Amtsinhaber waren entsprechend verkleidet und spielten da die ihnen zustehende Rolle (Sastrow, 25. Kap., in d. Ausg. v. L. Grote, Halle 1860, S. 290f.). Ein direkter Nachfahr dieses Brauches ist der rheinische Karneval, wo neben den diversen Majestäten auch ein ganzes Hofgesinde auftritt. Neben dem König war wohl die beliebteste Rolle die des Narren, wobei hier sicher nicht das Los, sondern die Eignung entschied. Die «Königreicher» wurden auch von anderen besucht, die jedoch maskiert waren, und es wurde getanzt. Der Vergleich mit den Narrenfesten in Mainz und Köln drängt sich um so mehr auf, als schon damals Bänkelsänger auftraten, die Vorstufe zu den «Büttenrednern».

---

1 Seit 1578 Bürgermeister von Stralsund, s. ADB 30, 398–408, fehlt dagegen in den modernen Lexiken.

Eine Beschreibung fehlt bei Platter leider, doch liegt im Anschluss an die Namens- und Ämterliste noch ein solches *Scherzgedicht* bei. Man könnte sich sogar denken, dass es von Felix Platter selbst stammt und von ihm vorgetragen wurde. Schon bei Frischlin (s. Kap. 15, A. 61) wird er ja als «Historicus und Poet» vorgestellt; und aus seinem handschriftlichen Sammelband A G v 30, «Samlung allerhand meist lächerlichen Gedichten» (vgl. Kap. 7, A. 146), in dem allerdings nicht alles von ihm selber stammt, kennen wir seine ausgesprochene Gabe der Reimkunst, die vom familiären Gelegenheitsgedicht bis zur derbsten Zote reicht. Wir zögern, das Gedichtlein mit Sicherheit Platter selber zuzuweisen, da es nicht von seiner Hand geschrieben ist und sowohl in Versbau und Ideen etwas unter seinem üblichen Niveau liegt, doch spricht vieles für seine Autorschaft, schon die Überlieferung an dieser Stelle. Wahrscheinlich hat er die Verse in Eile in einem freien Moment verfasst, sicher in Durlach selbst. Sein Hauptspott gilt dem «Pfaffen», der von Hans Jakob Nagel gespielt wurde, wohl einem lustig-derben Rittersmann; auch die andern Spässlein taten erst recht ihre Wirkung, wenn man die Personen kannte!

Scherzgedicht zu dem «königreich» am 6. Jan. 1600 in Durlach

[14ʳ] Aller gnedigster könig, ich mueß euch sagen,
waß sich unlengst hatt zugetragen
under den weiben all zugleich
in euerem gantzen königreich;
allein die königin außgenommen,
von allen andren ich vernommen,
wie das in euerem königreich
die embter außgeteilt ganz ungleich.

Dann von der seigam (Säug-Amme) ahn zu fangen,
ist es mit ihr ganz übel gangen,
dann ihre düttlein (Brüste) vil zu klein,
zu nehren ihr armes kindelein;
dan sie sich so zusammen schmückhen,
das sie darauß kein mülch kan trückhen.

Des pfenningmeisters fraw ihr sachen
für war vil baß (besser) hätt können machen.

Doch hoff ich, mir (wir) soltten gar wol leben,
wans vil der dickhen köchin thet geben.

Die kindtsfraw bleibt in ihrem wesen,
würdt baldt eins kleinen kindts genesen.

[14ᵛ] Die fuetermeisterin seht gar eben,
das sie nicht korn für habern thue geben.

Die hoffschneiderin thue ich erblickhen,
soll dem fenderich die hosen flickhen.

Auß dem garten keren die kletten,
darumb mueß die gartnerin lernen jetten.

Die jägermeisterin tregt verlangen,
ein hüpschen glatten fux zu fangen.

Die kellerin württ sich wol ergötzen,
wann man sie baldt auffs salzfaß thet setzen.

Under allem aber mir keiner gefellt
wie diser, so ist pfaff erwellt;
würdt Euch nicht wol zu berichten nöthen,
denn ich glaub, er selbst nicht kan betten,
weiß nichts, darauff er ist so behendt,
euch zu schweren all zeit ein sacrament,
sagt wol darnach, es sey im leid,
thuet aber doch teufflisch gern bescheidt; (beim Zutrinken)
sorg also, mit disem losen pfaffen
werden wir wenig nutzen schaffen.

Darumb will ich euch gewarnet han
nembt euch der sachen beßer an.
[15ʳ] Bestellt rechte leutt zu disen sachen,
sonsten werden ihr übel erger machen.

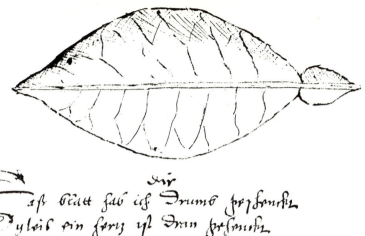

Daß blatt hab ich dir drumb geschenckt,
Dywil ein hertz ist dran gehenckt,
Welches daß blatt dir soll anzeigen,
Daß mein hertz ist allein din eigen.
Grien blibt daß blatt, starck sindt die est,
Also blibt unser liebe vest
Unnd grünet stets, blibt unbewegt.
Der bům schön pomerantzen dregt,
Die wolschmecken, sindt gel wie golt,
Bethütt, daß ich dir hertzlich holt.

Abb. 21. *Liebesgedicht Felix Platters* für seine Gemahlin, verbunden mit der Zeichnung eines Pomeranzenblattes mit geflügeltem Blattstiel. Aus dem Gedichtband Mscr. A G v 30, S. 40, UBB.

FELIX PLATTERS EINNAHMEN v. 1558–1612
(FOL. 1–8.)

Gleichzeitig mit der Reinschrift seines Tagebuches hat Felix Platter 1612 auch die Rechnung über seine Einnahmen zusammengestellt. Es ist vor allem der Ordnungssinn, der den 76 Jährigen dazu führte, Bilanz zu ziehen. Bereits 1586 hatte er sein Testament gemacht, das er dann in seinem Todesjahr 1614 durch ein anderes ersetzte (s. mein Neujahrsblatt, S. 164ff.). Dazu kommt noch ein ausgeprägter Sinn des Verfassers für Zahlen und Statistik, wie er sich im Vorjahre in seinem umfassenden Pestbericht äusserte. Als weitere Elemente gehören zu diesem rechnerischen Rückblick der berechtigte Stolz auf das Erreichte sowie die Dankbarkeit gegenüber Gott für seine reichen Gaben.

Für moderne Begriffe ist die *Darstellung* nicht mustergültig; der Verfasser war ja schliesslich kein gelernter Buchhalter. Es ist nicht immer leicht zu sehen, welche Zwischenresultate addiert werden, so dass ich in der Mitte und am Schluss eine knappe Zusammenfassung der wichtigsten Posten hinzufügte. Gelegentlich findet sich ein Rechenfehler, einmal wird ein wichtiger Posten in der Addition vergessen. Das Manuskript ist mehrfach beschädigt, doch war es mir dank der Kopie Passavant möglich, die noch bei Boos bestehenden Lücken zu schliessen; auch die von Boos weggelassene Liste der Jahreseinnahmen vom Examinieren in A 7 wird hier nachgetragen.

Das hier verwendete karolingische *Münzsystem* sei nochmals kurz rekapituliert: 1 lb (Pfund) = 20 ß (Schillinge), 1 ß = 12 d (Pfennige). Das vorkommende *Getreidemaß* ist das Vierzel: 1 vz = 2 Säcke = 273,31 Liter (s. H. Mulsow: Maß und Gewicht der Stadt Basel, Lahr 1910, S. 14 u. 67, Grimm, Dt. Wb. 12², 347).

A. Mit practicieren oder artznen gewunnen

1. Gemeine practic

Von burgeren: in kleinen posten under 5 ß vil hundert. in 12 ersten jaren von anno 58–69: 30 lb; in 43 übrigen jaren von 70–1612: 151 lb 9 ß 4 d; thůt in summa .... 181 lb 9 ß 4 d

Aber in großen posten in 12 ersten jaren 530 lb; in 43 übrigen Jahren, dorunder 536 burger genanset 4319 lb 16 ß; thůt in summa .... 4849 lb 16 ß – d

Summa summarum von burgeren die 55 jaren 5031 lb 5 ß 4 d

[Randnotiz:] Practic in gemein. In gelt

Von frembden, die by mir
raths gepflegt: in 13 ersten
jaren von anno 58–69 ...   3089 lb 15 ß 11 d

   in 42 übrigen jaren von
70–1612 ....   19968 lb 1 ß 11 d

Summa summarum von
frembden die 55 jar ....   23057 lb 17 ß 10 d

Von reißen, die ich aus
Basel zů den krancken be-
růft gethon: in 13 ersten
jaren 414 ritt ....   3089 lb 15 ß 11 d

   in 42 übrigen jaren, 7 jar
nit ausgereißt, die übrige
35 jar, darin ich 286 ritt
gethon ....   11960 lb 6 ß 10 d

Summa summarum fir die 700 ritt ....   15050 lb 2 ß 9 d

Thůt alles was ich in verloffnen 55 jaren meiner
practic gewunnen in gelt ....   43139 lb 5 ß 11 d

Waren Entpfangen in *waren,* wegen der practic: von
fremden und heimschen in denen 55 jaren: in ersten 28 jaren silbergschir, husroth, zum buw, kleidung, in dhußhalt, korn, wein, haber, heuw, spelts[1]
etc. thůt geschätzt ......   1177 lb   9 ß

   In übrigen 27 jaren:
   in kleinoteren, gnadenzeichen anno 96 zwei,
1601 eins, 1602 eins, 1612
eins, facit fünf, geschätzt   106 lb 13 ß 4 d

   ketten anno 1601 .....   241 lb 13 ß 4 d

   guldenring anno 90, 93,
94, 98, 1601, 1602 ......   42 lb 3 ß 4 d

   goldtstücklin, perlin an-
no 1602 ....   6 lb 6 ß 8 d

   silberbecher anno 93, 94
96 vier, 97, 98, 1601 ....   340 lb 5 ß

   silberlöfelin 94 ....   2 lb

   saltzfaß 93 ....   8 lb

   pfennig von goldt, silber, antiquische schau-
pfennig ....

---

1 spelts = Spreu.

1606, 7, 8, 9, 10, 11, 12
facit ....   105 lb 18 ß   7 d
Thůt geschetzt[2] 853 lb 3 d ....

Thůt alles so ich in ver-
loffenen 55 jaren meiner
practic entpfangen in waren ....   2030 lb   9 ß   3 d

Summa summarum *in gelt und waren* ....   45169 lb 15 ß. 2 d

Vom dienstgelt wegen der   Statartz-
practic.   dienst[3]
von der oberkeit alhie
ierlich 40 lb, thůt die 41 jor
summa ....   1660 lb[4] in gelt.

Vom bischof ⟨von⟩ Ba-   Bischof
sel in gelt, 4 jar, jerlich 12   dienstgelt
lb, thůt summa ....   48 lb
in früchten, korn, järl.
10 vz[5], thůt 40 vz, ge-
geschätzt 3 lb thůt ..... 120 lb
wein jerlich 4 sům,
bringt 16 sům par 2 lb 10 ß
facit .... 40 lb
Summa in früchten ...   160 lb

Summa bischof in gelt
und früchten ....   208 lb

Comethur Bücken, wein   Comentheur
in 16 jaren, jerlich 2 sům,   dienstgelt
thůt 32 sům. summa ....   80 lb

Thůt alleß, so ich in zeit
der gemelten jaren biß anno 1612 entpfangen:
in gelt ....   1708 lb
in waren ....   240 lb
Summa summarum in dienstgelt ....   1948 lb

---

2 Zwischenresultat der letzten 8 Posten («in übrigen 27 jaren»).
3 Vgl. Hunziker 16ff.; hier der Anstellungsvertrag Platters als Prof. praxeos und Stadtarzt
   vom 11. Juli 1571.
4 Rechenfehler: richtig wäre 1640 lb.
5 vz (Viernzel) = 2 Säcke oder 273,31 Liter.

2. Mit der schauw[6] gewunnen

Von wegen der schauw entpfangen in gelt in den 42 jaren die statartzet von 434 personen volgende sum, darin nit begriffen die ersten 7 jar, dan was 77 personen bezalt, so vilicht vergeßen oder in der practic reliqua begriffen; die übrige 34 jar haben die 357 person zalt summa summarum in gelt . . . . 371 lb 13 ß 11 d

3. Von der profession[7] in gelt gewunnen

in 11 jaren von anno 71– 81 thût	1106 lb 9 ß 6 d	
in 4 jaren von 82–85, do gwiße bsoldung bstimpt	497 lb 14 ß 6 d	
in 27 jaren hernoch von 86–1612 thût	5574 lb 7 ß 6 d	
weiter hußzins 9 jor in gelt	121 lb 5 ß	
item. can. VIII anno 87, 89. 96 postrema	35 lb 5 ß	
Summa wegen der profession in gelt		7325 lb 1 ß 8 d[8]

Von der profession in früchten:

rocken die 11 erste jar 9 seck geschätzt	22 lb 10 ß	
korn die 11 erste jar 270 vz gesch.	811 lb 10 ß	
die übrige 31 jar, do man jerlich 15 vz geben, thût 465 vz gesch.	2190 lb	
summa korn 735 vz thût		3001 lb 10 ß
haberen die 11 erste jar 114 vz gesch. . . .	229 lb	

6 schauw: Über Wundschau, Leichenschau und die Beteiligung Platters daran s. Dietegen Guggenbühl: Gerichtliche Medizin in Basel ..., Med. Diss. Ba. 1963, S. 16, 32, 100ff.

7 profession = Professur.

8 Additionsfehler: es gäbe eigentlich 7335 lb 1 ß 6 d, doch muss ich das falsche Zwischenresultat übernehmen, damit die Gesamtrechnung klappt.

die übrige 31 jar,
do man jerlich 5 vz
geben, thůt 155 vz
gesch. ....   486 lb 5 ß
  summa haber 269
vz thůt ....   715 lb 5 ß

  wein die 11 jar 30
sům gesch. summa .   75 lb
  Summa wegen der
profession in *früchten*   3814 lb 5 ß   3814 lb 5 ß
  Summa summarum von der profession in gelt
‹und früchten empfangen› ....   11139 lb 6 ß 8 d

4. *Vom anatomieren*[9]

Zwo anatomias gehalten
und einest presidiert; ist
mir worden in gelt .....   13 lb 16 ß 8 d
  sceleton academiae ver-
eert, darfir mir vereert ..   25 lb
  Summa in gelt ....   38 lb 16 ß 8 d

5. *Vom instituieren*[10]

in ersten jaren in gelt ...   50 lb 12 ß
in silbergschir, waren ...   44 lb
hernoch anno 87 in waren   3 lb
Summa in gelt ....   50 lb 12 ß
in waren ....   47 lb
thůt ....   97 lb 12 ß

6. *Vom publicieren*

wegen der *anatomi*[11] gab
mir Frobenius exemplar,
davon verkauft glich an-
fangs, gelöst in gelt ....   33 lb 4 ß 8 d
  hernoch in gelt ......   43 lb 13 ß 4 d
  Summa in *gelt* ....   76 lb 18 ß   G

9 zu Platters Anatomien s. Kap. 8, A. 171f. u. Njbl. 1975, S. 139f.
10 Instituieren: wahrscheinlich private Vorlesungen, die eben um 1570 aufkamen und besonders von jüngeren Dozenten gehalten wurden; daher fast nur Einnahmen «in ersten
   jaren». Andreas Staehelin: Gs. d. Univ. Basel 1632–1818, S. 81, 130.
11 Fel. Plater, de corporis humani structura et usu libri III etc. Basil. 1583. 1603. f.

	in waren: von der dedi- cation ein roß, den schim- mel gab mir der von Rapp ‹oltstein›[12], geschätzt....	50 lb	
	Elseßer wein 9 sům ge- schätzt	36 lb	
W	Summa in *waren*	86 lb	
	Summa summarum in gelt und waren, thůt		162 lb 18 ß
	Wegen *libro de febribus*[13] gab mir h. Aubri ettlich exemplar, verkauft um ..	18 lb 10 ß	
	von der dedication fürst von Radziwil in ducaten	133 lb 6 ß 8 d	
G	Summa summarum in *gelt* thůt	151 lb 16 ß 8 d	151 lb 16 ß 8 d
	Wegen *libro practico*[14] von dem 1. tractatu 50 exemplaria, vom 2. auch 50 entpfangen vom Waldt- kirch an zalung; von den 3 tracta‹ten› ettlich exem- paria an zalung genom- men; darvon verkauft und gelöß in gelt anno 1602. 3. 4. 7. 8. 10. 11. 12.	69 lb 12 ß 10 d	
	item an der zalung den überest	19 lb 12 ß 10 d	
	item wegen der dedica- tion in gelt	12 lb 10 ß	
G	Summa in *gelt*	101 lb 15 ß 10 d	

12 s. Elis. Landolt in BZ 72/1972, S. 274.

13 Fel. Plater, de febribus, genera, causas et curationes febrium tribus capitibus proponens. Francof. 1597. 8.

14 Fel. Plateri praxeos medicae opus, quinque libris adornatum et in tres tomos distinctum, methodo nova, sed facili et perspicua, diuque hactenus desiderata, consignatum: tum veterum et neotericorum, tum propriis observationibus ac remediis infinitis, refertum. Bas. I 1602. II 1603. III 1608; ed. 2. 1625; ed. 3. 1656; ed. 4. 1666; ed. 5. 1736.

in waren: pro dedicatio-
ne hertzog von Wirten-
berg et filius gulden ketten, gnaden zeichen Tho-
mae dupplet, großen be-
cher, geschätzt ....   513 lb 10 ß

item tractat, so noch
verhanden und nit ver-
kaufft 15 exemplar facit..   37 lb 10 ß

Summa in *waren* ......   551 lb   W

Summa summarum in
gelt und waren thůt ....   652 lb 15 ß 10 d

Wegen der *thesium* die   4 lb 3 ß 4 d
ich dediciert: G

Summa summarum in
gelt thůt:

uberal in gelt ....   334 lb 13 ß 10 d

in waren ....   637 lb

Thůt ....   971 lb 13 ß 10 d[15]

7. *Vom examinieren, promovieren, decanat gewunnen*   Vom

In ersten 16 jaren von anno 70–85, thůt .....   288 lb 19 ß 9 d[16]   Decanat

die übrigen 27 jar, nemlich

A°86 Exam.Prom.				36 lb 13 ß
1587	"	"		70 lb 11 ß
1588	"	"		54 lb 2 ß
1589	"	"		80 lb
1590	"	"		73 lb 6 ß 7 d
1591	"	" Decan. Hon.		110 lb 11 ß 3 d
1592	"	"	"	100 lb 9 ß
1593	"	"	"	103 lb 14 ß 4 d
1594	"	"	"	165 lb 4 ß 2 d
1595	"	"	Strenae[17]	64 lb 6 ß
1596	"			41 lb 9 ß

15 Die Einnahmen von den einzelnen Werken, von mir in einer zweiten Kolonne eingetragen (4 Posten), ergeben die Gesamtsumme. Platter addiert einzeln die Einnahmen in
Geld (G) und in Waren (W) und kommt so zum gleichen Resultat.

16 Diesen ersten (grössten) Posten hat Platter in der Addition vergessen.

17 strenae = étrennes, Neujahrsgeschenke.

1597	,,			Hon.			76 lb 2 ß 6 d
1598	,,		,,	,,			87 lb 0 ß 4 d
1599	,,		,,	,,			112 lb 16 ß 7 d
1600	,,	,,	,,				100 lb 0 ß 4 d
1601	,,	,,		,,			91 lb 18 ß 10 d
1602	,,		,,	,,	Insp. Str.		72 lb 11 ß 10 d
1603	,,		,,	,,	,,	,,	50 lb 8 ß 8 d
1604	,,		,,	,,	,,		119 lb 16 ß 0 d
1605	,,		,,	,,	,,	,,	78 lb 0 ß 0 d
1606	,,	,,		,,			88 lb 0 ß 0 d
1607	,,	,,	,,	,,	,,		182 lb 17 ß 6 d
1608	,,	,,	,,	,,	,,	,,	194 lb 15 ß 8 d
1609	,,	,,		,,			112 lb 4 ß 6 d
1610	,,	,,	,,	,,	,,		145 lb 12 ß 4 d
1611	,,	,,	,,	,,	,,	,,	158 lb 12 ß 10 d.
1612	,,	,,	,,	,,	,,		161 lb 16 ß 8 d

Summa summarum in gelt .... 2733 lb 0 ß 11 d

   In waren. Silbergschir, in ersten 16 jaren, thůt 35 lb 5 ß

   im jar 97. 98. 1604 vier becher, geschätzt ... 82 lb

   Summa in waren .... 117 lb 5 ß

   Thůt in gelt und waren, silbergschir, vom Cand.

und Decan., Stren., Inspect. .... 2850 lb 5 ß 11 d

   Summa summarum mit meiner kunst der medi-

cin die 55 jar gewunnen .... 62587 lb 4 ß 2 d

Diese erste Gesamtsumme (*Medizin*) setzt sich wie folgt zusammen:

1. Allgemeine Praxis	45169 lb 15 ß 2 d
Dienstgeld	1948 lb
2. Schau	371 lb 13 ß 11 d
3. Professur	11139 lb 6 ß 8 d
4. Anatomie	38 lb 16 ß 8 d
5. Instituieren	97 lb 12 ß
6. Publikationen	971 lb 13 ß 10 d
7. Examina usw.	2850 lb 5 ß 11 d
	62583 lb 80 ß 50 d
	oder 62587 lb 4 ß 2 d

   Es folgen unter B bis E (die Buchstaben stammen vom Herausgeber) alle andern Einnahmen; sie werden am Schluss zusammengefasst.

B
Gewunnen
mit meinen
diensten
Rectorat

so ich sexmol verwal-
thet: erstlich anno 71. 72;
die besoldung so man do
mol gab 15 lb, daß überig
ist vergeßen oder in der
practic reliqua begriffen,
thůt die bsoldung in gelt   15 lb

    secundo anno 76, 77.
die bsoldung und accid
⟨enzen⟩ . . . .   51 lb 5 ß

    tertio anno 82, 83 die
bsoldung   und   accid
⟨enzen⟩ . . . .   63 lb 16 ß 4 d

    quarto anno 88, 89 in
allen bsoldung abgeschaft   61 lb 7 ß 10 d

    quinto anno 95, 96 in
gelt . . . .   77 lb 18 ß 6 d

    sexto anno 1605, 6 in
gelt . . . .   69 lb 15 ß 8 d

    Summa summarum in
sex rectoraten thůt . . . . .   339 lb 3 ß 4 d

Vom Prorectorat

Prorectorat

    Strenas findt ich auf-
zeichnet nur einest in dry-
en ersten, thůt . . . .   1 lb 5 ß

    so dan nur zwuret in let-
sten dryen, namlich anno
90 und 97 . . . .   2 lb 10 ß

    Summa summarum in
gelt . . . .   3 lb 15 ß

Vom Stipendio Losii zeexequieren

Executio
stipendii
Losii

    Ein jar anno 1603 der
armen ußzetheilen min
bsoldung.

    Summa summarum in
gelt . . . .   5 lb

Conventus
acad. Petr

Von conventibus academicis et Petrinis

von beiden academicis et Petrinis ab anno 86 ad 96 facit	36 lb 5 ß
von conventibus academ. ab anno 97 ad 1612	47 lb 1 ß
von conventibus Petrinis ab anno 97–1612 sin. 15 lb f.	240 lb
Summa summarum ...	323 lb 6ß

Decanat
s. Peter

Vom decanat zů s. Peter

zwei mol verwalthet anno 99 u. 1609, darvon in gelt:	
Summa thůt	14 lb 5 ß

Cabinet
zeigen

Mein cabinet und garten zezeigen[18]

in elf jar. an. 97. 1602–1612 in gelt summa	101 lb 6 ß 10 d
anno 1605 ein ketten und gnodenzeigen landgrafen Heßen[19] und gnodenzeichen Brandenburg in waren summa	77 lb 18 ß 4 d
Summa in gelt und waren	179 lb 5 ß 2 d

Vogtien

Von Vogtien:

Abrahami Bechii[20] in gelt	33 lb
Annae Mariae in gelt .	3 lb
deren von Pfirdt in gelt	48 lb 5 ß
in silberlöfel, 11 becher und kanten geschätzt ...	100 lb 15 ß
Gemusein in gelt post mortem mir worden	37 lb 10 ß

18 Zu Platters Kunstkabinett und Garten s. mein Njbl. 1975, S. 131–150.
19 Platter besass anderseits einen Gültbrief von 1000 Gulden «auf dem Landtgraff Moritz aus Heßen», Njbl. 1975, S. 169.
20 Über Abraham Bächi s. o., Kap. 8, A. 274.

silber drinckgleser, geschätzt	37 lb 10 ß		
Summa in gelt	121 lb 15 ß		
in waren	138 lb 5 ß		
Thůt	260 lb		

In diensten

allerley gewunnen, dorunder auch vil wegen der practic von denen, so ich langest gedient				
in ersten jaren von anno 58 bis 85 in gelt	42 lb 15 ß			
in waren	618 lb 5 ß			
in volgenden 27 jaren, in gelt	149 lb 13 ß 4 d			
Summa summarum in gelt	810 lb 13 ß 4 d			G
In waren: silberbecher von Kilch	20 lb			
pfennig goldt, silber ..	84 lb 8 ß 2 d			
biecher, icones	35 lb 8 d			
wopen, zwei geschätzt.	20 lb			
gwandt	29 lb 5 ß			
farende hab	2 lb 6 ß 6 d			
holtz	1 lb 15 ß			
haber	16 lb 10 ß			
wein	4 lb			
käs	5 lb 5 ß			
wildtbret, gflügel	12 lb 13 ß 4 d			
Summa in waren	231 lb 3 ß 8 d			W
Summa summarum ...	1041 lb 17 ß			
Summa summarum mit meinen diensten mancherley die 55 jar gewunnen thůt	2166 lb 11 ß 6 d			Erspart

Vom veltbau⟨w⟩[21]

in gelt, so ich gelößt von dem ich verkauft und waren so geschetzt: erstlich, do ich vom praedio[22] und garten die 4 jar anno 82–85 in gelt und waren	777 lb 17 ß 4 d
die 8 volgende jor in gelt und waren (1586–1593) .	4748 lb 3 ß 5 d
die übrigen 19 jar in gelt	1095 lb 14 ß 11 d
in waren (1594–1612) .	3952 lb 18 ß 3 d
aber in waren, kreuter zur artzny gebruch, gerechnet	44 lb
Summa in gelt und waren	10618 lb 13 ß 11 d
Weiter vom veltbauw in gelt aus pomerantzen, limonen beumen in gelt[23] .	1255 lb 6 ß 8 d
aus citron, limonen, öpfel (on die aquam ex foliis) in gelt	27 lb 11 ß 10 d
aus rosmarin in gelt . .	265 lb 12 ß 8 d
aus plantis in gelt	502 lb 5 ß 9 d
Summa in gelt	2050 lb 16 ß 11 d
Summa summarum überal vom *veltbauw* in gelt und waren thůt	12669 lb 10 ß 10 d

In Zinsen[24]

Ererbt, dorunder auch die eesteuer	vom angelegten gelt, hauszins überschutz am gelt in ersten 17 jaren in gelt	3520 lb 10 ß

21 Hs. irrt.: «veltbaum».
22 praedium = Landgut Gundeldingen, s. dazu Kap. 1, A. 429 und B. Njbl. 1975, S. 63–80, spez 74. Felix verkaufte den Landsitz wohl um 1593.
23 Über den höchst einträglichen Handel Platters mit Pomeranzen- und Limonenbäumchen s. Kap. 15, A. 95 und Njbl. 1975, S. 145.
24 Zinsen: siehe das Vermögensverzeichnis im Njbl. 1975, S. 167–170. Nach den dort angegebenen verfallenen Zinsen und Marchzinsen betrug der Zinssatz gewöhnlich 5%.

in übrigen 27 jaren in
gelt ....   25775 lb 19 ß

Summa summarum ... 29296 lb 9 ß

Summa summarum er-
spart im veltbauw und
‹zinsen› thůt ....   41965 lb 19 ß 10 d

Ex legato   D

D. Amerbachius hat
mir legiert spinet, clavi-
cordus, luten, clavizinck
geschätzt[25] ....   50 lb

An (= Anna) Pfisterin
mihi et uxori in gelt ....   250 lb

in gelt und waren sum-
ma ....   300 lb

Ex dote

Summa ....   625 lb

Ex haereditate   Gelößt

in gelt und waren avun-
culi, soceri, patris, matris,
facit
Summa in gelt und waren
thůt ....   3144 lb 1 ß 6 d

Summa summarum ex
legato, eesteur und erben thůt ....   4069 lb 1 ß 6 d

Aus verkauftem   E

gelößt, deren gewinn,
zum theil etwas, zum teil
gar:

ein lauten ....   4 lb 12 ß ‹6 d›

sattel ....   3 lb

alt isen, zerbrochen glas
biecher 6, anno 88. 89.   1 lb 7 ß

91. 1600. 2. 10. ....   23 lb 10 ß

---

25 zu Platters Instrumentensammlung s. o., Kap. 1, A. 162, zu Amerbach Kap. 3, A. 800.

siden hosen gstricht[26] anno 1600	4 lb			
kreslin thuch[27] anno 90	6 lb			
faden, ab anno 94 bis 1600	20 lb	1 ß	8 d	
seiden von würmen anno 95 geschätzt	90 lb			
seidenwürm somen[28] verkauft um	2 lb	10 ß		
canarienvögelin gelößt	7 lb	15 ß		
hapich, duben		12 ß		
meerschwinle	5 lb	7 ß	6 d	
wein vom Hütter an zalung	3 lb			
hydromel gelößt	2 lb			
schimmel	15 lb	10 ß		
murmelthier	1 lb	10 ß		
minium miner	1 lb	10 ß		
Summa	192 lb	5 ß	8 d	
item zevor 86 jar (d. h. bis 1586) summa	3062 lb	11 ß	8 d	
Summa summarum in gelt und waren thůt	3254 lb	17 ß	4 d	

Von atzung wegen entpfangen (Tischgänger[29])

dischgenger handt bezalt, so vil ingeschriben von anno 64–71, und ettlich die ich beherbergt hab summa	2902 lb	19 ß	8 d
An von Kilch mit dem brůder von anno 86–90 .	832 lb	9 ß	8 d
Hen ‹ricus› (?) et fratres von anno 86–92	429 lb	17 ß	

26 gstricht = gestrickt.
27 kreslin thuch: ? vielleicht Stoff zur Herstellung des «kres» (krös, Halskrause), vgl. Schw. Id. 3, 859, litt. 2.
28 zur Seidenraupenzucht s. Kap. 11, A. 27. – Die nachher genannten *Tiere* zeigen Platters Mischung von Tierliebe (Tauben, Hund, Pferde) mit pharmazeutischem Interesse (Seide, Munkenfett) und Geschäftssinn, vgl. B. Njbl. 1975, S. 146f.
29 Diese Abrechnung beweist, dass auch Felix Tischgänger hielt, und zwar wesentlich teurer als der Vater, s. dazu Njbl. 1975, S. 88–91.

Magdalena Dosch, anno 90. 91	39 lb	
Budeus anno 90. 91 ..	102 lb	
Clemence anno 91. 92 .	90 lb	
Negre comte Cantecroy anno 1600	4 lb	
Claus Schauwen ⟨berg⟩ anno 1606	8 lb 15 ß	
Sibilla 1606	34 lb	
Henricus anno 1610 11. 12	183 lb	
Summa summarum ...	4626 lb 1 ß 4 d	

Summa summarum gelößt von wegen verkau-
fen und der atzung, thůt .... 7880 lb 18 ß 8 d

⟨Es ergibt sich also eine Gesamtsumme von ... 118669 lb 15 ß 8 d⟩

Zur Übersicht seien die Hauptposten wiederholt:

A. Medizin (1–7)	62587 lb 4 ß 2 d
B. Ämter und Dienste	2166 lb 11 ß 6 d
C. Feldbau und Zinsen	41965 lb 19 ß 10 d
D. Legat, Mitgift, Erbe	4069 lb 1 ß 6 d
E. Verkauf und Pension	7880 lb 18 ß 8 d
Summa summarum	118667 lb 53 ß 32 d
oder	118669 lb 15 ß 8 d

KOMMENTAR ZU PLATTERS EINNAHMEN

Platters Rechnung über seine Einnahmen bildet das Gegenstück und die Ergänzung zu seinem *Vermögensverzeichnis*, das ich zusammen mit seinem Testament anderorts publiziert habe[1]. Das Vermögen betrug bei seinem Tode rund 40 000 Gulden, bestehend aus ca. 30 000 fl in Gültbriefen und 10 000 fl in Liegenschaften und Bargeld; umgerechnet (1 fl = $^5/_4$ lb damals) macht dies 50 000 Pfund. Leider verzeichnete Platter nirgends seine Ausgaben für die Haushaltung (inkl. Kostgeberei usw.), doch wenn wir von den obengenannten Gesamteinnahmen von 118 669 Pfund das zurückgelassene Vermögen von ca. 50 000 Pfund abziehen, so betrugen die Ausgaben knapp $^3/_5$ der Einnahmen.

Einen Vergleich mit der heute geltenden Währung zu ziehen, ist aus verschiedenen Gründen äusserst problematisch, und die Finanzhistoriker raten davon dringend ab. Trotzdem sollte man eine wenigstens annähernd richtige Relation zur Gegenwart versuchen, damit die blossen Zahlen einen Vorstellungswert gewinnen. Während Hans Thieme in der Basler Zeitschrift 1966, S. 150 einen Gulden mit 50 Franken vergleicht, würde ich heute als Richtwert für 1 Pfund ca. 100 Franken annehmen, für 1 Schilling einen Fünfliber.

Häuser waren damals sehr billig. Thomas Platter zahlte 1541 für drei stattliche Häuser an der Freie Strasse 950 Gulden (thůtt 1200 Pfund), was also 120 000 Franken entspräche. Felix dagegen zahlte 1574 für seinen Hof «zum Samson» und Nebengebäude bereits 3000 Gulden = 3750 Pfund, also ca. 375 000 Franken und für Umbauten weitere 4126 lb, für das bescheidene Häuslein «zum Engel» am Petersplatz allerdings nur 700 lb $\sim$ 70 000 Fr.; sein Hausbesitz hatte somit – laut Inventar – einen Gesamtwert von 8576 lb $\sim$ 857 600 Franken.

Beim Doktorschmaus zahlte Platter pro Person 4 Batzen = 80 d oder 6 ß 8 d $\sim$ 33 Franken, während Wurstisen in der gleichen «Krone» für sein Bacchalaureats*essen* nur die Hälfte zahlte, was dem offiziell erlaubten Preis für Festessen entsprach. Für die Pension verlangte Thomas 2 ß pro Tag, also ca. 10 Fr., ebenso der Apotheker Catalan in Montpellier (Kap. 8, A. 26), was den Normen um die Jahrhundertmitte entsprach; Felix dagegen verlangte sicher mehr, obwohl wir darüber nicht so genau Bescheid wissen[2]. Das Rösslein, auf dem Felix nach Montpellier ritt, kostete nur 7 Kronen = 14 lb $\sim$ 1400 Fr., ein gutes *Reitpferd* dagegen schon damals ein Mehrfaches (s. o., S. 129, 362).

Die *Besoldung* Platters als Professor war sehr gering, anfangs nur 100 lb im Jahr, wie diejenige seines Vaters als Rektor, später gut das Doppelte

1 Felix Platter und seine Familie. B. Njbl. 1975, S. 160–170.
2 ebd., S. 88–91.

im Durchschnitt 174 lb; dazu kamen 40 lb Dienstgeld als Stadtarzt und im Durchschnitt Naturalbeträge in Roggen, Korn, Hafer und Wein von 91 lb sowie Einkünfte von Examina und vom Dekanat von durchschnittlich 100 lb, insgesamt also 174+40+91+100=*405 lb* oder rund 40 000 Fr.

Viel einträglicher war seine *Praxis* aurea. Um das Jahreseinkommen zu errechnen, suchen wir auch hier die Durchschnittszahlen. Von Bürgern verlangte Platter für kleine Dienste oft nur «under 5 ß», also um 20 Fr. herum, für grössere entsprechend mehr, im Jahr ca. 91 lb; von Fremden, die ihn aufsuchten, meist vermöglichen Leuten, verdiente er dagegen die sehr hohe Summe von 419 lb ~ 41 900 Fr., von auswärtigen Hausbesuchen pro Jahr 274 lb. Mit den Naturalbezügen von 37 lb ergibt dies ein durchschnittliches Jahreseinkommen von 91+419+274+37=*821 lb* ~ 82 100 Fr., also *doppelt soviel als das Einkommen aus der Professur.* Für einen Ritt berechnete er anfangs ca. 7 ½ lb ~ 750 Fr., später gar 40 lb ~ 4000 Fr., wobei er oft weit reisen musste, mehrere Tage ausblieb und meist eine Reihe von Patienten besuchte.

Die dritte und wichtigste Einnahmequelle bilden die Posten *Feldbau und Zinsen* (litt. C). Beim Feldbau fällt besonders die schon anderorts (Kap. 15, A. 95) gewürdigte enorme Einnahme aus der Citruskultur auf (1282 lb), den Hauptposten bilden jedoch die Zinsen: 29 296 lb (~ 2 929 600 Fr.). In dieser Summe inbegriffen sind auch Erbe und Mitgift, fallen jedoch nicht ins Gewicht neben den Zinsen aus Gültbriefen. Platter legte sein Erspartes in *Gültbriefen* an: bei seinem Tode waren es deren 29 in Höhe von 28 600 fl oder 35 750 lb (ca. 3 ½ Mio. Fr.) «Hauptgut» (Kapital)[3]. Unter den Schuldnern finden sich vor allem seine adligen und fürstlichen Freunde, so der Bischof von Basel, der Markgraf von Baden, der Herzog von Württemberg, der Pfalzgraf von Zweibrücken und der Landgraf von Hessen. Es ist klar, dass ein solches Kapital, zu 5 % angelegt, auch als es noch kleiner war, gewaltige Zinsen abwarf, die schon bald die Einnahmen aus der Praxis und dann gar die aus Praxis und Professur zusammen übertrafen. In den Jahren 1570–86 waren es im Durchschnitt 191 lb, 1587–1612 954 lb, zuletzt 1787 lb (~ 178 000 Fr.).

Noch krasser ist dieses Verhältnis bei einem andern reichen Basler Professor dieser Zeit, dem Juristen *Ludwig Iselin-Ryhiner*, von dessen Einnahmen im Jahre 1609 (ca. 1600 lb ~ 160 000 Fr.) drei Viertel aus Zinsen stammten, was ebenfalls auf ein Kapital von ca. 2 ½ Mio. Fr. schliessen lässt[4].

Interessant wäre auch der Vergleich mit einem älteren Schweizer Grosskapitalisten, dem Zürcher Heerführer, Landvogt und Bürgermeister

3 s. B. Njbl. 1975, S. 166–170.
4 s. Hans Thieme: Ludwig Iselin-Ryhiner, Erbe der beiden Amerbach, Basl. Ztschr. 66/ 1966, S. 133–155.

Hans Rudolf Lavater (1482–1557)[5], der ein Vermögen von 16 500 lb hinterliess, in einem Moment, wo bereits der Besitz von 100 fl als bescheidener
Wohlstand galt. Während die Quellen von Lavaters Reichtum jedoch
völlig im Dunkeln liegen, hat *Felix Platter* mit fast pedantischer Genauigkeit über seine Einnahmen Buch geführt. Dank seiner ärztlichen Kunst
und seiner Geschäftstüchtigkeit gelangte er im Laufe seiner 55jährigen
Tätigkeit zu einem Riesenvermögen von ca. 50 000 Pfund, das nach
heutigem Wert etwa 5 Millionen Franken betragen würde. Er war einer
der reichsten Männer nicht nur in Basel, sondern weit darüber hinaus.

5 s. Heinzpeter Stucki: Vom Vermögen des Bürgermeisters Hans Rudolf Lavater (†1557),
   Zürcher Taschenbuch 1975, S. 42–61. Vgl. HBLS 4, 635.

BILDNISSE

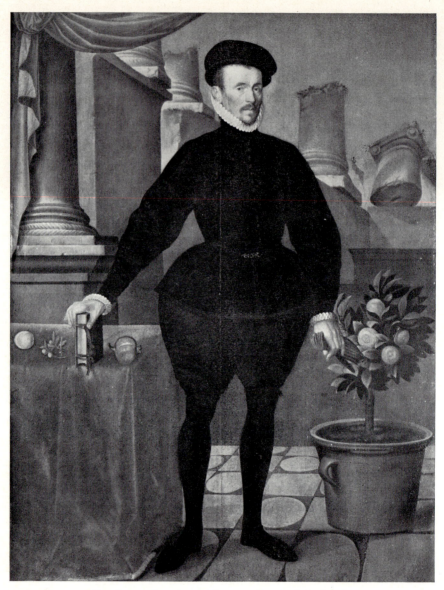

Felix Platter. *Ganz figurenbildnis* von *Hans Bock d. Ä.*, 1584.

Von den sieben bildlichen Darstellungen Felix Platters am besten bekannt ist das riesige *Ganzfigurenbildnis von Hans Bock d. Ä.*, das heute im Regenzsaal der Universität hängt; es ist signiert und datiert: «*1584 H. Bock F⟨ecit⟩*». Es handelt sich offenbar um einen privaten Auftrag des berühmt und reich gewordenen Professors, der hier sowohl seine ganze Person als auch seine Interessengebiete im Bilde festhalten wollte. Auf Talar, pelzverbrämtes Wams oder goldene Ehrenkette hat er jedoch bewusst verzichtet. Wichtiger, weil typischer erschien ihm die vornehme Standeskleidung, in der er gewöhnlich auftrat, das schwarze, auf Taille geschnittene Sammetwams und die mit Flaum gefüllten weiten Kniehosen über den schlanken Beinen, alles à l'espagnole, wie das Barett, die Handschuhe und die hohe Halskrause, die den Träger zu einem kurzen Haarschnitt zwang[1]. Das Gesicht des 48 Jährigen wirkt sehr fein, die ganze Erscheinung hat etwas Weltmännisches.

Zu seiner Linken steht ein Orangen- oder Pomeranzenbäumchen mit halbreifen, leicht abgeplatteten Früchten; in der rechten Hand hält er, auf den Tisch gestützt, ein Buch, zweifellos seine im Vorjahre erschienene Anatomie[2]. Auf dem Tisch liegen von links nach rechts eine angeschnittene Zitrone, die nur auf dem farbigen Original als solche zu erkennen ist, ein Zweiglein mit roten Beeren, vielleicht eine Solanum species, und ein angeschnittener Granatapfel (Punica granatum), eine apfelgrosse Frucht mit lederner bräunlich-gelber Schale mit Stiel und krönchenartigem Kelch[3], alle drei pharmazeutisch verwendbar. Im Hintergrund sieht man eine antike Säulenreihe, die wohl eine Beziehung zu dem römischen Augst andeutet. Tatsache ist, dass eben damals der reiche Kaufmann Andreas Ryff 1582–1585 dort die ersten Ausgrabungen unternahm und dass Bock im Auftrag von Basilius Amerbach die ersten Vermessungen vornahm. Dieser erkannte als erster, dass es sich um ein Theater oder Amphitheater handelte, und fertigte einen erstaunlich guten Plan des Zuschauerraumes an[4]. Der mit Amerbach und Bock befreundete Platter hat sich für diese Studien gewiss auch interessiert.

1 Vgl. Grete de Francesco: Das Kleid des Arztes, Ciba-Ztschr. Nr. 11, 1934, S. 363ff.
2 «De corporis humani structura et usu libri III», Basel 1583, das Erstlingswerk Platters. Nach Frau Dr. E. Landolt ist es vielleicht sogar der auf der Univ.-Bibl. erhaltene prächtige Lederband L b I 14, s. BZ 72/1972, S. 296.
3 Hegi: Flora von Mitteleuropa, mit freundl. Hilfe von Herrn Dr. h. c. Martin Schwarz; dies zur Korrektur von Njbl. 1975, S. 11.
4 Rud. Laur-Belart: Führer Augst, 4. Aufl. 1966, S. 51f. und Ausstellung Univ. Bibl. Basel von Dr. Frank Hieronymus, 1975.

FÉLIX PLATERVS. MED·ET ARCHIAT.
N: 1536.   Θ: 1614.

Felix Platter. *Professorenbild* in der Aula des Alten Museums, Kopie (Ende 17. Jh.) eines verlorenen Gemäldes von Hans Bock d. Ä. (ca. 1600).

Das andere Ölbild Felix Platters, das *Professorenbild in der Aula* des alten Museums (66 × 56,5 cm) ist weder datiert noch signiert, doch galt es bisher stets als ein Werk von *Hans Bock d. Ä.* (ca. 1550–1624), dem damals berühmtesten Porträtisten Basels, der ausser den beiden Platter auch Theodor Zwinger, Basilius Amerbach u. a. gemalt hat. Nach dem Urteil von Dr. Paul Leonhard Ganz, der die Professorenporträts der alten Aula gesamthaft untersucht und beschrieben hat, ist es eine *Kopie* vom Ende des 17. Jahrhunderts, und zwar wahrscheinlich ein Ausschnitt aus einem um 1600 von Bock geschaffenen, heute verlorenen Altersbildnis in Halbfigur, das auch dem anonymen Kupferstich auf der folgenden Tafel als Vorbild gedient hat. Die Inschrift wurde – nach Ganz – erst zu Beginn des 18. Jahrhunderts beigefügt, was dafür spricht, dass das Bild erst nachträglich zur Galerie kam. Die Qualität selbst der Nachbildung ist so hoch, dass als Meister des Originals «praktisch nur Hans Bock in Frage kommt[1]».

Während der nachfolgende postume Kupferstich (und so wohl auch das verlorene Original) ein vollständiges Brustbild bietet, mit Handschuhen und Blume in den Händen sowie einem Dekor ähnlich dem Ganzfigurenbildnis, gibt unser Aulabild davon nur einen Ausschnitt, unter Verzicht auf alle Attribute. Der leicht Gealterte trägt den üblichen Professorentalar mit der schönen, aber unbequemen Halskrause, dem «krös», aber weder Barrett noch Ehrenkette. Das Bild vermittelt wohl den besten Begriff von dem Aussehen und dem inneren Wesen des Gelehrten: die hohe Stirn mit der nachlässigen Frisur, der forschende, auf den Betrachter gerichtete kritisch abwägende Blick, die scharf geschnittene Nase, der von Schnurrbart und leichtem Kinnbart umrahmte feingeschwungene Mund und die edlen, von Wissen und Güte geprägten Gesichtszüge.

---

1 Herr Dr. Paul Ganz hat mir freundlicherweise gestattet, sein noch ungedrucktes Manuskript einzusehen und hier zu verwerten.

Felix Platter. *Anonymer Kupferstich* nach dem verlorenen Gemälde von Hans Bock d. Ä.

Der nebenstehende *anonyme Kupferstich* ist nach der These von Dr. Paul L. Ganz eine *Kopie* eines heute verlorenen Porträts von der Hand Hans Bocks d. Ä., das auch als Vorbild für das Aulaporträt gedient hat. Die Säulenreihe und der geraffte Vorhang erinnern stark an Bocks Ganzfigurenbildnis, sonst ist die Übereinstimmung mit dem Aulaporträt unverkennbar. Anders scheint das Gewand, doch ist dies nur eine Täuschung; betrachtet man das nachgedunkelte Aulabild von der Seite, konstatiert man darauf ganz schwach dasselbe Muster des Stoffes (Samt oder Damast) sowie den Pelzbesatz des Kragens wie auf unserem Kupferstich. Die eingravierten Daten geben Lebensdauer und Todesdatum: *B* (Bios) 78, *Θ* (Thanatos) 1614. In einer Hand hält Platter ein Paar Handschuhe, in der andern eine nicht sicher bestimmbare Pflanze, vielleicht eine Iris (Schwertlilie). Man könnte sich denken, dass der private Auftraggeber als Pendant dazu auch seine hochverehrte Gemahlin Magdalena Jeckelmann porträtieren liess, wie dies auch der Bruder Thomas II und andere damals taten (s. B. Njbl. 1975, S. 156f.), doch fehlt davon leider jede Spur.

Unter dem Brustbild stehen ein paar lateinische Distichen, gezeichnet I. Grasserus; da sie nach Platters Tod entstanden sind, kann der Verfasser nicht der dichtende Diakon zu St. Theodor Jonas Grasser sein (†1588), wohl aber sein Sohn und Amtsnachfolger, der Theolog und Historiker *Joh. Jakob I. Grasser* (1579–1627), der in der Jugend drei Jahre Professor zu Nîmes war und dort die Altertümer studierte (Gauss 77 u. Wackernagel: Matr. Ba. II 434):

FELICIS PLATERI ARCHIATRI BASIL. CELEBERRI-
mi meritissimi pientissimi genuina effigies.
Quam Musae et Charites divusque amplexus Apollo est
  Depictam faciem parva papyrus habet.
Ingenij aeternas dotes aeternus Olympus
  Et rara aetherei continet ausa animi.
Virtutum tituli coelesti in marmore vivunt
  Et celebrant meritum maximi honoris opus.
(Felix Platters des hochberühmten, verdienten und verehrten Stadtarztes von Basel lebensechtes Abbild.
Das Antlitz, das die Musen, die Grazien und der göttliche Apollo liebend umfangen haben, hält dies kleine Blatt Papier im Bilde fest. / Der ewige Olymp bewahrt die unsterblichen Gaben des Genies und die seltenen Wagnisse eines himmlischen Geistes. / Der himmlische Ruhm seiner Tugenden lebt in Marmor weiter und preist sein Werk, das höchste Ehre verdient.)

Felix Platter. Radierung von *Abel Stimmer* 1578.

Ganz anders wirkt die ebenso imposante Radierung, die von *Abel Stimmer* (1542–n. 1594) aus Schaffhausen stammt, dem Bruder des grossen Tobias; sie ist signiert (AS rechts unten) und mit 1578 datiert. Sie diente als Vorsatzblatt zum 3. Buch von Platters Anatomie; vermutlich sind auch die 50 Kupfertafeln des Werkes von ihm gestochen, nach dem Vorbild Vesals. Es ist das einzige Bildnis Felix Platters *im Profil*, künstlerisch eine ganz hervorragende Leistung. Hier ist nichts von der Altersmilde des Aulaporträts; der scharfe Blick und die spitze Nase des 41 Jährigen sind stärker ausgeprägt, der Ausdruck ist strenger, straffer, ungeheuer selbstbewusst. Das könnte ebenso gut ein Heerführer oder ein Staatsmann sein! Die Gestalt wirkt altertümlicher als auf den Ölbildern. Platter trägt hier eine elegante Werktagskleidung mit eigenartig gefransten Achselklappen. In der Hand hält er das bahnbrechende Anatomiebuch Vesals, dessen Name ostentativ auf dem Schnitt des Buches steht.

Einen merkwürdigen Kontrast zu diesem Porträt bildet die schwere barocke *Umrahmung.* Zu beiden Seiten stehen ein männlicher und ein weiblicher Akt, offenbar eine Parallele zu den Muskelfiguren der anatomischen Tafeln und eine Anspielung auf die vom Autor fabrizierten Skelette (s. B. Njbl. 1975, S. 139f.), daneben ein Affe und ein Adler in natura, darunter die beiden als Skelette, der Knochenaffe neckischerweise mit einem Apfel, den er gerade anbeissen will; zu dem Adler gibt es, wie Frau Dr. Landolt gefunden hat, in dem Mscr. A G v 30, S. 68 ein Gedicht, das auf den Fang des Vogels und dessen Skelettierung anspielt (BZ 72/1972, S. 305). Zu beiden Seiten hangen ein Fisch und dessen Skelett. Auf dem obern Gesimskranz sieht man, von zwei schaurigen Totenköpfen flankiert, ein lieblicheres Bild, ein nacktes Knäblein, umgeben von einem Eichhörnchen und einem Hund, Platters «Pocles», einem Korb voll Blumen und Früchten sowie zwei Schnecklein, alles Anspielungen auf die Gärten des Autors. Vor dem untern Bildrand liegen auf einer Brüstung eine Reihe anatomischer Geräte, Schermesser, Zange, Schere usw., ja sogar zwei lange Nadeln mit Saiten zum Zunähen der Wunden. Auf der Vorderfront der Brüstung, unter der das Platter-Wappen steht, lesen wir den Satz:

COMPAGO MIRA CORPORIS NOSTRI DEI MIRACULUM EST SOLERTIAE (Der wunderbare Organismus unseres Körpers ist das Wunderwerk der göttlichen Gestaltungskraft).

Felix Platter. Miniaturbild der *Matrikel* von *Hans Hug Kluber*, 1570.

Neben diesen erstrangigen Dokumenten, die sowohl künstlerisch wie menschlich bedeutsam sind, verblassen die andern Bildnisse. Das *Miniaturbild der Matrikel* ist von dem bekannten Basler Maler und Porträtisten *Hans Hug Kluber* (1535/36–1578) zum 1. Rektorat Felix Platters *1570* gemalt[1]. Im obersten Teil des Giebelaufsatzes steht das Monogramm des Künstlers, «·I·HK», auf dem Hauptgesims das Datum: M·D· ·LXX·. Die Komposition geht von Holbeinschen Motiven aus, überbietet diese jedoch durch eine manieristische Fülle von verwirrender Vielfalt und fast giftig wirkenden Farbkontrasten (nach Ganz). Das kreisrunde *Medaillon*[2] am Giebel zeigt als Brustbild den Gelehrten in seinem 34. Altersjahr; es ist ohne Ausdruckskraft und wirkt fast wie eine Zufallsphoto.

Das ganze Gebäude stellt einen *Ehrentempel* dar, bestehend aus Sockel, breitem Wandfeld mit einem vortretenden Säulentabernakel, überhöht von Giebel, Attika und einem weiteren Aufsatz, das Ganze überlagert von fackeltragenden Putten, Sphingen und Medaillons, neben den Säulen zwei allegorische Gestalten mit den Aufschriften «FIDES-CHARITAS» und «TEMPERANTIA-EXERCITIUM». Ihnen entsprechen die zwei Inschriften der obersten Tafel: «CREDERE ET DILIGERE / TEMPERARE ET LABORARE» (Glauben und Lieben, Masshalten und Arbeiten). Auf der untern Tafel steht: «BENEFACERE ET LAETARI / RECORDARI ET OBLIVISCI» (Gutes tun und sich freuen / sich erinnern und auch vergessen können). Das Mittelfeld zwischen den Säulen nimmt ein gelbes Tuch ein, vor dem das überreich geschmückte *Wappen der Platter*[3] steht: in Blau eine weisse flügelnde Taube auf einer Platte. Einen seltsamen Kontrast zu der überladenen Architektur bildet der Spruch auf dem Architrav: «Nihil est nisi, gloria, fumus» (Nichts ist der Ruhm als Rauch). Ich kann mir kaum vorstellen, dass der Besteller reine Freude an diesem Werk gefunden hat; Kluber, der wie sein Schüler Hans Bock auch sonst für Platter gearbeitet hat, hat andernorts weit Besseres geleistet.

---

1 H. G. Wackernagel: Matr. Ba. II 196 und Paul Leonhard Ganz: Die Miniaturen der Univ.-Matrikel, Ba. 1960, S. 152f. und 235, Abb. 65.
2 Eine farbige Wiedergabe des Medaillon-Porträts in dem Bande «75 Jahre CIBA», 1959, S. 105.
3 Vgl. S. 415, A. 76 und Tafel 55.

Felix Platter. Kupferstich von *François Hubert* (1742–1809).

Felix Platter. Nach einer Zeichnung von *Hieronymus Hess*, 1838.

Schliesslich gibt es von dem anonymen Kupferstich eine sehr späte Nachahmung von der Hand des Franzosen *François Hubert* (1742–1809), der verschiedene Porträtstiche geschaffen hat. Unter dem Stich steht nur «Hubert Sculp⟨sit⟩»: er befindet sich im Kupferstichkabinett der Öffentlichen Kunstsammlung unter der Inventar-Nr. X 687, 1, Tom. IV in den «Tableaux de la Suisse». Der Dargestellte sieht hier in anderer Richtung als das Vorbild infolge der Umkehrung beim Drucken eines Stiches. Das nette Medaillon hat keinerlei dokumentarischen Wert, doch verdient es seinen Platz hier in der Geschichte von Platters Nachruhm.

Ähnliches gilt auch von dem Bildchen Felix Platters von der Hand des bekannten Basler Kleinmeisters *Hieronymus Hess*. Ich fand es in den «Alpenrosen auf das Jahr 1839»; als Stecher zeichnet ein H. Meyer, 1838. Es ist offensichtlich eine Kompilation: es enthält die wesentlichen Elemente des Ganzfigurenbildnisses von Bock, in der Kleidung dagegen (Achselklappen) erinnert es an Stimmer. Das Platterporträt bildet das Titelblatt zu einem anonymen Aufsatz mit dem komischen Titel «Alte Liebe rostet nicht», der in leicht modernisiertem Deutsch einen Auszug aus Felix Platters Tagebuch bietet, im Zentrum, die Liebesgeschichte von Felix und Magdalena. Als Autor kommt vielleicht der Mitarbeiter Abel Burckhardt in Frage, der kurz zuvor für das Basler Neujahrsblatt XIV von 1836 «Das Leben Thomas Plater's» in populärer Form skizziert hatte. Als Illustrator diente nämlich auch dort Hieronymus Hess. Seine lavierte Federzeichnung (Inv. Nr. Z. 31) trägt den Titel «Gedenkblatt für Thomas Platerus Valesianus Gymnasiarcha Basiliensis» und zeigt in der Mitte dessen Porträt, daneben je zwei Szenen aus seinem Leben: den Geisshirten, den Scholar als Gänsedieb, den Seiler und den Schulmeister, signiert H. Hess, gestochen von I. Pack.

Alle diese Bilder und Aufsätze sind getragen von der romantischen Begeisterung für die vaterländische Vergangenheit, jener mächtigen Gefühlswoge, neben der die heutige Nostalgie nur einen schwachen Nachklang bildet.

Stifterscheibe von Felix II Platter 1656 zu Ehren seiner Vorfahren Platter und Jeckelmann.

Im Anschluss an die Bildnisse Felix Platters mag hier eine *Wappenscheibe* Platz finden, die sein Neffe *Felix II* (*1605, †1675) 1656 zum Gedenken seiner Vorfahren Platter und Jeckelmann gestiftet hat, offenbar für die Zunftstube der Schererzunft, da sich die Scheibe in deren Besitz erhalten hat und 1889 beim Verkauf des Zunfthauses «zum Goldenen Stern» an der Freien Strasse (heute «zum Pfauen») als Leihgabe in das Historische Museum gelangt ist.

Das obere Mittelfeld zeigt ein *Consilium von Ärzten und Wundärzten* auf der Zunftstube der Scherer; auf dem Tisch liegen zahlreiche medizinische Instrumente. Die im gleichen Jahre 1656 bei Emanuel König in Basel erschienene 3. Ausgabe von Felix Platters Hauptwerk, der «Praxis medica», hat als Frontispiz eine fast gleiche Bildkomposition. Auf der im Oberfeld breiter dargestellten Zunftstube sind die drei Gestalten viel deutlicher zu sehen als auf unserer Scheibe; mit grosser Wahrscheinlichkeit ist der links auf dem Meisterstuhl sitzende, federführende Vorsitzende *Felix Platter I* selbst, in der Mitte der massige, bärtige Kopf des Bruders *Thomas II*, der Mann rechts, der eine Säge in der Hand hält, ist sicher ein Chirurg (Scherer), vielleicht entsprechend der Inschrift ein Jeckelmann, obwohl dann die Anwesenheit des jungen Thomas, der erst 1600 doktorierte, als reine Fiktion zu verstehen wäre.

Während in dem Buchtitel zu beiden Seiten Hippocrates und Galen mit Namen genannt werden, sind die gleichen Gestalten auf unserer Scheibe zu Patronen der Ärzte (Becher) und Wundärzte (Greifzange und Säge) umfunktioniert. Statt des Buchtitels der «Praxis medica» prangt im Zentrum das *Platter-Wappen* (in Blau eine weisse Platte mit einer flügelnden weissen Taube), unten ergänzt durch *Basel-Schild* und *Wappen Jeckelmann* (schrägrechts geteilt von Schwarz und Silber mit einem Schrägbalken und zwei Lilien in gewechselten Farben).

In den oberen Eckfeldern stehen zwei Tiere aus der antiken Mythologie (Physiologus, Plinius usw.): Der *Kranich* hält in der Klaue einen Stein, der die Vögel wecken soll, wenn er ihn beim Einschlafen fallen lässt (Symbol der Wachsamkeit, s. Pauly, Realenzyklopädie, Bd. 11², Sp. 1574). Der *Schwan* ist bekannt für seinen Gesang, den er auch im Fluge und selbst beim Sterben ausstösst; das Bild zeigt den von der Schlange tödlich bedrohten Schwan, also den «Schwanengesang» (Pauly, Realenzykl., 2. Reihe, Bd. 2¹, Sp. 784ff.).

Das Bild der nächsten Seite gilt abschliessend dem jungen Halbbruder *Thomas II* (1574–1628), der die Familie fortpflanzte und ihre Traditionen weiterpflegte und der dank dem Prestige seines Namens ebenfalls Professor und Stadtarzt wurde (s. Rut Keiser: Thomas Platter d. J., Beschreibung der Reisen ..., B. Ch. 9/1968 und B. Njbl. 1975, S. 150ff.).

Thomas II Platter, *1574, †1628, 1600 Dr. med., 1614 Prof. für Botanik und Anatomie in Basel, 1625 Prof. für praktische Medizin und Stadtarzt. Porträt von *Bartholomäus Sarburgh*, 1617.

BILDERVERZEICHNIS
(Abbildungen auf Tafeln und im Text)

A. Tafeln

Fronstispiz
: *Felix Platter I,* *1536, †1614, Ausschnitt aus dem Ganzfigurenbildnis von Hans Bock d. Ä. im Regenzzimmer der Universität Basel, signiert und datiert 1584. Vgl. das vollständige Bild auf Tafel 49. Öl auf Leinwand, Öff. Kunstsammlung Inv. Nr. 84. Cliché: Leihgabe UBB (Andreas Staehelin: Professoren d. Univ. Basel ... 1960, S. 53).

Tafel 1
n. S. 48
: Der Vater *Thomas Platter I,* *1499 oder später (?), †1582, Porträt von Hans Bock d. Ä., signiert und datiert 1581, Öl auf Leinwand 60/44,5 cm, Öff. Kunstsammlung Inv. Nr. 83. – Im HBLS 5, 453 steht irrtümlicherweise statt dieses Bildes das Porträt seines Sohnes Thomas II, wie bereits Herr A. L. Schnidrig richtiggestellt hat. Vgl. Kap. 1, A. 6 und Einleitung.

Tafel 2
n. S. 48
: Merian-Plan 1615 (kolor. Federzeichnung): *Obere Freie Strasse* mit dem *Haus «zum Gejägd»* (* Nr. 90). St.-Arch. Ba., Bildersammlung 1, 286. Die Strassennamen wurden aus praktischen Gründen neu geschrieben, ebenso in Tafel 3, 6, 7, 8.

Tafel 3
n. S. 48
: Löffel-Plan 1859: Die *Häuser Thomas Platters* an der Freien Strasse, «zum Gejägd» (* Nr. 90), «Gross- und Klein-Rotenfluh» (* Nr. 92/94). Aufnahme St.-Arch. Ba. Beschriftung modern.

Zafel 4
n. S. 48
: *Die vier Gundeldinger Schlösschen* nach einem anonymen Plan von 1746 im St.-Arch. Basel, reproduziert und beschrieben von Carl Roth: «Gundeldingen», in W. Merz: Burgen des Sisgaus 2/1910, S. 295–310 und 4, S. 135.

Tafel 5a
n. S. 48
: Die zwei mittleren Gundeldinger Schlösschen 1752, nach *Emanuel Büchel,* reproduziert bei Carl Roth, s. Tafel 4. Cliché: Leihgabe «Regio Basiliensis».

Tafel 5b
n. S. 48
: Das *«Thomas Platter-Haus»,* Gundeldingerstrasse 280, als Landgut mit Weiherschlösschen 1549 von Thomas gekauft und ausgebaut, 1972–1974 prachtvoll restauriert und renoviert. Photo: V. Lötscher. Vgl. Kap. 1, A. 429 und Lötscher: Felix Platter und seine Familie, Njbl. GGG 153/1975, S. 63–80.

Tafel 6
n. S. 48
: Merian-Plan 1615 (kolor. Federzeichnung): * *Felix Platters Häuser am Petersgraben* 18–22 («zum Samson») und *Petersplatz* 15 («zum Engel»), gekauft 1574, 1576, 1595 und ausgebaut. Felix verkehrte als Knabe schon in dem Gehöft und träumte davon öfters, s. Kap. 1, A. 115–118. Hier richtete der Besitzer auch sein grossartiges *Privatmuseum* ein, das bis 1677 in dem Hause verblieb; zwischen den Häusern sein ebenso berühmter botanischer Garten, s. darüber B. Njbl. 1975, S. 131–149. Der Name «Samson» kommt zu jener Zeit noch nicht vor, geht aber wohl auf eine von Platter beim Bildhauer Hans Michel bestellte *Samson-Statue* zurück, die dann 1917 als Geschenk ins Hist. Museum gelangte. – St. Arch., Bildersammlung 1, 287, Beschriftung modern.

Tafel 7 n. S. 48	Merian-Plan 1617 (Kupferstich): *Petersplatz, Petersgraben, Hebelstrasse* mit den in Tafel 6 erwähnten Häusern Felix Platters, bezeichnet mit * links. Rechts, auf der andern Seite der Hebelstrasse, * die Baumgärten Platters beim Bollwerk. Photo: Öff. Kunstsammlung, Schrift modern.
Tafel 8a v. S. 49	*Das Haus «zum Samson»*, Eckhaus Petersgraben 18/Hebelstrasse 1, wo der reichgewordene Arzt in der zweiten Hälfte seines Lebens wohnte. Links davon der «obere Samson», Nr. 20 und nach der Einfahrt Nr. 22 (neu), am Bildrand der Petersplatz. Photo: V. Lötscher.
Tafel 8b n. S. 48	Löffel-Plan 1859: oben links Felix Platters Hof «zum Samson» *, unten rechts * seine Baumgärten an der Ecke Hebelstrasse/Schanzenstrasse, wo heute «Holsteinerhof» und Schwesternhaus stehen. Photo: St.-Arch.
Tafel 9 n. S. 112	*Alchemie: Schwefelgewinnung* im 16. Jahrhundert. Holzschnitt aus der 1. dt. Ausg. von Georg Agricola, «De re metallica», übersetzt von Philipp Bechius, Basel 1557. Links auf dem Ofen stehen feuerfeste Tongefässe (A), in denen der Schwefel aus dem Muttergestein ausgeschmolzen und in das Aufnahmegefäss (B) geleitet wird, von wo er in Holztröge abläuft. Vgl. die Experimente von Hans Rûst und Dr. Borrhaus, Kap. 1, A. 352f. Cliché: Leihgabe CIBA-Ztschr.
Tafel 10 v. S. 113	*Das Schererhandwerk:* Barbier, Zahnarzt, Feldscher und Wundarzt (Chirurg). a und b aus Jost Ammans Beschreibung aller Stande ... Frankfurt 1568, c und d aus Hans v. Gerssdorffs «Feldtbuch der Wundartzney», Strassb. 1534 (mehrere Aufl. seit 1517), s. spez. Kap. 23f. mit zahlreichen Bildern. Links unten das Herausziehen eines Pfeilschaftes, rechts Blutstillung mit Baumwolle und Glüheisen (Cauterium). Verzichtet habe ich auf eine der zahlreichen Abbildungen des Aderlasses. Vgl. S. 113, A. 501. Clichés c und d: Leihgaben CIBA-Ztschr.
Tafel 11 n. S. 128	Vogelschaubild der *Stadt Basel* von SW, Kupferstich von Matthäus Merian aus der Zeit zwischen 1615 und 1624. Cliché: Leihgabe St.-Arch. – Vgl. Kap. 1, A. 11. Der Abschied aus der pestbedrohten Stadt fiel Felix relativ leicht. Wie sehr er jedoch an der Vaterstadt hing, beweist der Freudenausbruch des Heimkehrenden beim Anblick der Münstertürme, Kap. 5, A. 2.
Tafel 12 v. S. 129	*Liestal* BL, Vogelschau der Altstadt um 1642, Stich von Merian/Ringle aus der Topographia Helvetiae, Frankf. 1654, ed. Wüthrich 1960, n. S. 48. Ganz rechts, wo heute das Rest. «Engel» steht, das *«capellin»* (Abschiedsszene, Kap. 2, A. 38). – Gegenüber dem Rathaus der ehemalige Gasthof «zum Schlüssel», wo Thomas und Felix 1541 mit Calvin zusammentrafen, s. Kap. 1, A. 359.
Tafel 13a n. S. 160	*Montpellier*, Stich aus dem 17. Jahrhundert. Cliché: Leihgabe CIBA-Ztschr. – Die älteste Darstellung von Montpellier (anonym reprod. bei Dulieu: Pharmacie) fand ich in der 3. Ausg. von Seb. Münsters Cosmographia, Ba. 1578, S. 122/123, noch ohne Bastionen, aber sonst kaum besser.
Tafel 13b n. S. 160	*Anatomie-Unterricht* im 14. Jahrhundert. Aus einem Manuskript von Guy de Chauliac (†1368) in der med. Fak. von Montpellier. Cliché: Leihgabe

CIBA-Ztschr. Statt anderer, «schönerer» Bilder habe ich dieses schadhafte Bild vorgezogen, da es nach Montpellier gehört und an den genialen Pionier der Anatomie erinnert. Ein interessantes Detail bilden die zwei Frauen unter den Zuschauern.

Familie, B. Njbl. 1975, S. 109, wo die Stickerei samt einer Zwillingsarbeit der Nichte Chrischona Jeckelmann beschrieben ist. Im Rahmen die 4 Evangelistensymbole, 6 Putten und zweimal das Allianzwappen Platter-Jeckelmann.

Tafel 28
v. S. 321

Theodor Brand, *1488, †1558, Scherer und Wundarzt, Bürgermeister, der ranghöchste von Platters Hochzeitsgästen. Lichtdruck auf der UBB nach einem unbekannten Ölbild, datiert 1544. Cliché: Leihgabe Verlag Helbing und Lichtenhahn Basel, aus Gustav Steiner: Zunft zum goldenen Stern als Zunft der Wundärzte und Scherer, Ba. 1956, n. S. 90.

Tafel 29
n. S. 352

Andreas Vesalius, *1514, †1564, Erneuerer der Anatomie und Vorbild Platters. Holzschnitt nach einer Joh. Stephan von Calcar zugeschriebenen Zeichnung. Aus Vesals Werk «De humani corporis fabrica», Ba. 1543. Cliché: Leihgabe CIBA-Ztschr.

Tafel 30
v. S. 353

Zwei berühmte *Skelette* in Basel:
a) das von *Vesal 1543* in Basel präparierte Skelett, in einer Vitrine der Anatomischen Anstalt, das älteste erhaltene anatomische Präparat der Welt. Ausführlich beschrieben von Prof. Dr. med. G. Wolf-Heidegger, dem Amtsnachfolger Felix Platters, s. Kap. 1, A. 74.
b) weibliches Skelett mit Sanduhr, präpariert von *Felix Platter* und 1573 der Universität geschenkt, in Fragmenten erhalten in der Anatom. Anstalt. Der Kupferstich in Platters Anatomiewerk von 1583 stammt wohl von Abel Stimmer. Vgl. Kap. 8, A. 172.
Beide Clichés: Leihgaben der CIBA-Ztschr.

Tafel 31
n. S. 368

Rheinfelden, die alte Rivalin Basels, Schauplatz der Rheinfelder Fehde, S. 366–369. Kupferstich von Matthäus Merian in Topographia Alsatiae, Frankf. 1663, ed. Wüthrich, Kassel/Basel 1964, n. S. 44, hier beschnitten und verkleinert.

Tafel 32
v. S. 369

David Joris, †1556, der heimliche Erzketzer Basels. Bildnis von Jan van Scorel, gefirnisste Tempera auf Eichenholz, 89/68,5 cm, Öff. Kunstslg. Inv. Nr. 561. Zu S. 349ff.

Tafel 33a
n. S. 384

Mülhausen i. E.: Das neue Rathaus von 1552, wo Felix Platter am 1. Mai 1558 am Hochzeitsfest seines Kollegen Dr. Myconius teilnahm (s. S. 340ff.). Heute Museum. Photo: Editions «La Cigogne», Strasbourg.

Tafel 33b
n. S. 384

Die Landskron im Sundgau, Sitz der Reich v. Reichenstein. Kupferstich von Matthäus Merian in Top. Alsatiae, 1663, ed. Wüthrich 1964, n. S. 14, verkleinert.

Tafel 34
v. S. 385

Pruntrut, die Residenz der Basler Bischöfe, wo Platter oft ärztliche Besuche machte (S. 385f.). Kupferstich von M. Merian in Top. Alsatiae, 1663, ed. Wüthrich 1964, n. S. 8, verkleinert.

Tafel 35a
n. S. 400

Einritt Kaiser Ferdinands I. in Basel am 8. Jan. 1563. Anonymes Historienbild des 19. Jhs., ohne Angaben reprod. bei Daniel Burckhardt-Werthemann: Häuser u. Gestalten ... 1925, S. 156. Nach dem Urteil von Frau Dr.

M. Pfister-Burkhalter könnte das Bild dem Stil nach von Albert Landerer (1816–1893) stammen, doch wird es im Schweiz. Künstler-Lexikon 2/1908, S. 220 leider nicht erwähnt.

Tafel 35b
n. S. 400

Kaiser Ferdinand I., *1503, †1564, 1530 dt. König, 1558 Kaiser. Anonymes zeitgenössisches Ölgemälde im Rathaus Rheinfelden, Photo: V. Lötscher. Der Kaiser trägt eine mit reichem Hermelin verbrämte spanische Tracht mit Barett, Halskrause und Handschuhen, an der schweren Halskette den Orden vom Goldenen Vliess; auf einem roten Kissen vor ihm liegen Krone, Schwert und Szepter. Text unter dem Bild: «Ferdinandus Primus Römischer Kayser Hatt Dise Seine Bildnus Der Statt Rheinfelden In Seiner Allerhöchsten Gegenwartt Alhier A° 1562 Zuer Ewigen Gedächtnuß Selbsten Aller Gnädigst Hinderlassen Unnd Ahnbey Dero In Siben Sternen Bestehenden Wappen Mit Annoch Zwey Sternen Vermöret Mit Beigefüegten Disen Allergnädigsten Wortten: Behaltet Euer Guet Lob Wie Bißhero. Renoviert ... Anno 1712.» Seltsam, dass auch hier wieder der verbreitete Irrtum «1562» statt 1563 erscheint, s. Kap. 9, A. 1.

Tafel 36
v. S. 401

Der Hohenfirstenhof, Rittergasse 19, das Basler Quartier Kaiser Ferdinands, Rheinseite. Cliché: Leihgabe Verlag Frobenius AG Basel aus dem Bildband von Hans Eppens: Baukultur im alten Basel, 3. A. 1937, S. 130.

Tafel 37a
n. S. 416

«Das Bad zu Leuk» (?), Gemälde von Hans Bock d. Ä., 1597, Öff. Kunstsammlung. Inv. Nr. 87. Cliché: Leihgabe von «Das Markgräflerland» aus Jgg. NF 5, Heft 1/2 1974, S. 72 (Elisabeth Landolt: «Des Mulberg Badts beschreibung» von Felix Platter). Die Lokalisierung in Leuk ist sehr unsicher, doch zeigt das Bild die auch von Platter erwähnten freien Badesitten (Kap. 10, A. 103).

Tafel 37b
n. S. 416

Die «Kinbrücke» bei Stalden VS, erbaut 1544 von Ulrich Ruffiner, 65 m hoch über der Matter Vispe. Photo: Klopfenstein, Adelboden. Auf der Brücke einige der schwerbepackten typischen Maulesel.

Tafel 38a
v. S. 417

Grächen VS, die Heimat Thomas Platters, mit Weisshorn und Brunegghorn. Am linken Bildrand ein Stadel auf Pfosten mit dem typischen Schutzstein gegen Mäuse. Photo: E. Walter, Grächen.

Tafel 38b
v. S. 417

Grächen, das Haus an der Platte, an der Stelle des alten Stammhauses, das wohl gar nicht viel anders aussah. Rechts hinten (mit Stadel) die Felsplatte, die dem Weiler «z'Blatten» und der Familie den Namen gegeben hat. Zu S. 415. Photo: V. Lötscher.

Tafel 39
n. S. 432

Cosmas und Damian, die Schutzheiligen der Medizin, Ausschnitte eines Holzschnittes von Urs Graf d. Ä., 1514, Kupferstichkabinett Basel. Clichés: Leihgaben CIBA-Ztschr.

Tafel 40a
v. S. 433

Wundarzt schneidet Pestbeule. Holzschnitt aus Hans Folz «Spruch von der Pestilentz», Nürnberg 1482. Cliché: Leihgabe CIBA-Ztschr. Wehr D.

Tafel 40b
v. S. 433

Arzt bei der Visite eines *Pestkranken*. Anonymer Holzschnitt aus dem Jahre 1512. Cliché: Leihgabe CIBA-Ztschr. Wehr D.

Abb. 16   *Sitten* VS von NW gesehen. Holzschnitt aus der Chronik von Johannes
S. 406   Stumpf, «Gemeiner loblicher Eydgnoschafft Stetten, Landen und Völcke-
                 ren Chronick wirdiger thaaten beschreybung», Zürich 1548, S. 351, ver-
                 kleinert. Vgl. Kap. 10, A. 25.

Abb. 17   *Kartenskizze des Oberwallis*, bestehend aus den 7 Zehnden: Goms, Brig,
S. 409   Visp, Raron, Leuk, Siders, Sitten; westlich der gestrichelten Linie das von
                 ihnen beherrschte welsche Unterwallis. Skizze des Herausgebers. Zur Reise-
                 route s. Kap. 10, A. 132.

, Abb. 18   *Turnierbild:* Holzschnitt aus Sebastian Münsters Cosmographia, Basel 1544,
S. 479   S. 262 usw. (Münster verwendet das Bild bei verschiedenen Gelegenheiten.)
                 Vgl. Kap. 14, A. 46.

Abb. 19/20   *Trompeter und Spielleute* an der Hechinger Hochzeit 1598. Zwei Holz-
S. 500   schnitte aus *Jakob Frischlins* Hochzeitspoem «Drey schöne und lustige Bücher
                 von der Hohen Zollerischen Hochzeyt ...», gedruckt Augsburg 1599, S. 111
                 und 118. Ich habe das seltene Buch in der Württemb. Landesbibl. Stuttgart
                 eingesehen. Vgl. Kap. 15, A. 61 und S. 499ff.

Abb. 21   *Liebesgedicht Felix Platters* für seine Gemahlin, verbunden mit der Zeich-
S. 517   nung eines Pomeranzenblattes mit geflügeltem Blattstiel. Aus dem Gedicht-
                 band Mscr. A G v 30, S. 40, UBB.

Randskizzen   Von *Felix Platter* selbst stammen die – hier nicht numerierten – drei kleinen
                 Randzeichnungen:
S. 132   Gedenktafel Fraubrunnen, vgl. A. 48 ff.

S. 139   Die «Aiguille» («piramis») zu Vienne, ein Rest des römischen Zirkus, vgl.
                 A. 119.

S. 507   Planskizze des Stadtschlosses Hechingen mit zwei Höfen und einem Garten
                 («Gart»), vgl. Tafel 46 n. S. 480.

                 Die einzige grössere Handzeichnung Platters auf Tafel 22a vor S. 225.

Vorsatzblätter:
Die Kartenskizzen der *Frankreichreise* sowie der *Regio Basiliensis* zeichnete
nach meinen Angaben Herr Bruno Baur vom Geographischen Institut der
Universität Basel. Die Karte der *Gallia Narbonensis* (Languedoc) stammt
aus dem Werk des belgischen Geographen *Abraham Ortelius*, «Theatrum
orbis terrarum», Antwerpen 1570 und geht zurück auf eine Zeichnung von
Charles de l'Escluse (Clusius); ich habe die bessere Wiedergabe in der
deutschen Ausgabe «Theatrum oder Schawbuch des Erdtkreys» (1580) als
Vorlage benützt. Platters Ausflüge nach Avignon (Juni 1554) und Marseille (Sept. 1555) habe ich darin nicht eingetragen, um die Karte nicht zu
überlasten.

Die meisten Reproaufnahmen ⸢besorgte Herr Marcel Jenni von der UBB.
Die neuen Clichés schuf Herr Claus Demnitz von der Firma Steiner & Co.,
Clichés-Photolithos.

PERSONEN- UND ORTSREGISTER

Zum Vorteil des Benutzers sind die beiden Register in einem vereinigt. Die Personennamen gebe ich in der üblichen Orthographie, im Zweifelsfalle in der Schreibweise Platters. Ein Fragezeichen bedeutet: Identifikation unmöglich oder unsicher. Regenten werden unter dem Namen der Herrschaft zitiert (Baden, Mkgf. Ernst), Frauen gewöhnlich unter ihrem ledigen Namen. Zitate von Anmerkungen (A.) beziehen sich auf die vorgenannte Textseite und besagen, dass dort einige Auskunft zu finden ist. Die wenigen Klammern bezeichnen Personen oder Örtlichkeiten, die im Text nicht namentlich vorkommen (Paracelsus, Sanetschpass).

HR = Haut-Rhin   BR = Bas-Rhin   F = Frankreich   D = Deutschland

SACHREGISTER

Einzelne wichtige Stichwörter wie «Ärzte», «Studenten» usw. sind bewusst weggelassen. Auch sonst wird keine Vollständigkeit angestrebt: unter «Musik», «Geld/Preise» oder «Pferde» stehen nur ein paar wichtige Stellen.

Nachträge und Berichtigungen

S. 66, A 105   Am Schluss sollte es heissen p. 701 (statt 201).

S. 73, A. 162   Zu Platters *Sammlung von Musikinstrumenten*. Statt der kurzen Anmerkung sei hier der volle originale Wortlaut aus dem «Hauptbuch» von Thomas II zitiert: «Musicalische Instrument: Item 4 Spineten. Item 1 Regal mit 2 Blasbelgen. Item 4 Clavicordij. Item 1 Clavicymbalum. Item 7 violen de la gamba. Item 1 Tenor und noch 2 Diskant. Item 1 Trumschen (Trumscheit: hohes, schmales Streichinstrument). Item 6 Lauten, darunder 1 Teorbe. Item 10 fleüten (Flöten). Item 2 Mandoren. 1 lobsa. Item 1 Zitt⟨r⟩en. Item 1 hölzin glechter» (= Xylophon). Die letzere Erklärung verdanke ich Herrn Dr. Walter Nef. Vgl. Njbl. 1975, S. 142.

S. 128, A. 4   Todesjahr Joh. Friedrich *Ryhiners* 1587 (nicht 1584).

S. 162, A. 108   Nachtrag zu *Sabran:* * gegen 1520, †1574, stud. Montp. 1539, bach. 1542, Dr. 1547, docteur régent 1548–1555, nachher prakt. Arzt in Mende im Dep. Lozère. Matr. Montp. 85.

S. 208, A. 483   *Lins* steht, verschrieben als «Luis», in der Matr. Montp. 133, 1554. 11. Dez.

S. 249, A. 765   *Olevianus:* Jöcher 3, 1058, dessen präzise Angaben ich übernehme, gibt als Vornamen des Olevianus «Caspar» an, die Matrikel von Genf dagegen «Antonius Olevianus, Trevirensis, Germanus» (Le livre du recteur, p. 81, No. 19, 1559).

S. 276, Zeile 4   Der Name «Reinhart Pohart» ist falsch gelesen; es soll heissen *Reichart Rohart* von Neuenstein, erwähnt 1547, später markgräfl.-badischer Rat usw. †1603, s. Kindler 3, 213.

S. 276, Zeile 7   Zu *Georg Nessel* (*ca. 1532, †1563) siehe Gustav Knod: G. Nessel, beider Rechte Doctor. Ein Strassburger Stadtstipendiat im Zeitalter der Reformation, ZGO, N. F. XIV, S. 438–464.

S. 276, Zeile 8   Zu Nicolaus Werner *v. Kippenheim* s. Kindler 2, 288.

S. 312   *Hochzeit:* Im ersten Abschnitt ist das Verständnis erschwert durch den bei Platter häufigen Wechsel des Subjekts. Einmal ist «er» der stürmisch werbende Vater Thomas («wider angerant»), einmal der Vater Jeckelmann («schier unwillig»).

S. 345, A. 104   Zu *Jakob Schäfer* und seinen wichtigen Verwandtschaften s. ferner Thanner Chronik, Colmar 1864 II, p. 169 und Theob. Walter: Alsatia sup. sepulta, p. 60 f. (†1571 23. Jan.)

S. 442, A. 87   Das palastartige Haus Calderins, *Petersplatz 14*, später Sitz des Faesch'schen Museums, hat Felix Platter nie besessen (danach Zeile 4 zu korrigieren), sondern natürlich das Haus «zum Engel», Petersplatz 15, wie ich S. 67, A. 118 beschrieben habe, und ausführlicher im Njbl. 1975, S. 124 f. Vgl. auch die Tafeln 6–8 vor S. 49. Beide Häuser bilden zusammen heute das Zahnärztliche Institut.

S. 444, A. 102   Der 1555 ermordete *Niklaus Rotgeb* war ein Sohn des Kronenwirts Diebold R. und der Amalia Bonndorf, * v. 1527, ∞ 1548 Catharina Falkner, von Beruf Zinsmeister im Klingental. Priv.-Arch. Lotz 417 und Wpb. Ba.

(Falkner). Der Jkr. Hans Jakob Grass genannt *Vay* war markgräfl. Burgvogt zu Hachberg 1530, Rat u. Amtsmann daselbst 1542 usw., tot 1573.
Kindler 1, 350.

S. 464   Zu Hans Jörg *Iflinger von Graneck* s. Kindler 2, 192.

S. 467, A. 1   Markgraf *Georg Friedrich* erhielt bei der Teilung der badischen Lande Röt-
teln, Sausenberg und Badenweiler. Er wohnte eine Zeit lang noch auf
Schloss Rötteln, begab sich jedoch schon 1595 nach dem ihm von seinem
Bruder Jakob zugefallenen *Hachberg*. Dazu stimmt auch der Anfang von
Platters Reisebericht, wonach der Markgraf 1596 von Hochburg aus zu
seiner Reise aufbrach. In Badenweiler oder Emmendingen dagegen hat der
Fürst nicht residiert. Vgl. J. Naeher u. H. Maurer: Die Alt-Badischen
Burgen u. Schlösser des Breisgaues, 2. Aufl. Emmendingen 1896, S. 5, 14,
102.

S. 515/516   Auf beiden Seiten ist in der Überschrift das Wort «*Durlach*» zu streichen;
denn die nordbadische Markgrafschaft mit der Hauptstadt Durlach erbte
Georg Friedrich erst 4 Jahre später, beim Tode seines ältesten Bruders
Ernst Friedrich 1604, s. S. 467, A. 1. (Die Herrschaftsverhältnisse sind
allerdings kompliziert; sogar in dem neuen, grossen Werk «Das Land
Baden-Württemberg», Bd. 1, Stuttgart 1974 werden auf S. 200 die beiden
Brüder Ernst Friedrich und Georg Friedrich verwechselt.) Georg Friedrich
residierte zuerst auf Hachberg, lebte auch eine Zeit lang in Sulzburg. Wo
die Taufe und das Dreikönigsfest 1600 stattfanden, kann ich nicht nachweisen, sicher noch nicht in der Karlsburg zu Durlach. Vgl. die Bemerkung
zu S. 467 sowie Naeher u. Maurer, S. 89.

Die „Regio Basiliensis"
Zu Platters Arztreisen
(Kap. 8 und 11)

Colmar

Hattstatt

Rufach

Hei

Lautenbach

Murbach

Meyenheim

Ill

Gebweiler

Ensisheim

Ranspach

Banzenheim

Staffelfelden

Neuenbu

Thann   Sennheim

Illzach L

Ottmarshei

Ochsenfeld   Thur

Masmünster

Mülhausen   Habsheim

Assele
(Auxelles)

Oelenberg

Rheinweil

Fröningen   Landser   Kembs

Engelsot
(Angeot)

Brünighofen L   Illfurth   L

Sieren

Belfort   Pérouse   Heidweiler L   Nieder-
-Steinbrunn

Gottestal

Chèvremont   Dammerkirch   Altkirch   Bartenhei

Hirzbach L   Hirsingen   Häs

Michelbach

Heimersdorf L   Waldighofen L   St.Apollinaris

Faverois   Sept   L
Feldbach

Mömpelgart
(Montbéliard)   Pfirt   Landskron

Oltingen   L Be

Biederthal L

L Mörsberg

Birs

L
Pruntrut   Delsberg

St.Ursitz
(St-Ursanne)

Doubs

Soloth

● Orte

L Schlösser

■ Klöster